KB155101

총무인사
업무매뉴얼

강 석 원

KO FE 코페하우스

머 리 말

개정판을 저술하면서

이 책은 중소기업에서 경영관리, 노무관리, 인사관리, 사무관리 등 총무인사 담당자가 수행하는 업무에 관하여 해당 업무를 이해하고 처리할 수 있게 그 내용과 절차, 실무요령을 「업무매뉴얼」 형식으로 구성하여 「총무인사 업무지침서」로 활용할 수 있도록 저술하였다.

중소기업의 총무인사 업무는 경영과 자산, 사무 등을 관리하는 「관리업무」와 사업·영업·생산 부문 활동 등을 지원하는 「지원업무」, 사원의 채용과 배치·이동 및 퇴직 등을 관리하는 「인사업무」, 사원의 임금과 복리후생 등을 관리하는 「노무업무」 등 기업에서 중추적이고 핵심적인 업무를 수행한다.

이를 위하여 총무업무와 인사업무를 중심으로 해당 업무를 다음과 같이 구성하고 업무처리 할 수 있도록 실무중심으로 설명하였다.

첫째, 총무업무를 「①사업장 주요 의무사항 ②월별업무일정 관리 ③정관관리 ④주주총회 관리 ⑤이사회 관리 ⑥임원관련업무관리 ⑦법인등기 관리 ⑧자산관리 ⑨문서·사무관리 ⑩법정교육관리」 등 분야별 업무를 PART로 구성하고, 그에 따른 세부 업무를 Chapter로 구성하여 「업무개요, 업무절차, 업무처리요령」 등 형식으로 설명하였다.

둘째, 인사업무를 「⑪채용관리 ⑫근로계약관리 ⑬복무·근태관리 ⑭근로시간관리 ⑮휴일휴가관리 ⑯임금관리 ⑰퇴직금제도 ⑱징계관리 ⑲퇴직관리 ⑳취업규칙 관리 ㉑4대보험 관리」 등 분야별 업무를 PART로 구성하여 그에 따른 세부 업무를 Chapter로 구성하여 「업무개요, 업무절차, 업무처리요령」 등 형식으로 설명하였다.

셋째, 총무업무와 인사업무에 대하여 업무별 내용과 해설에 그림, 표, 서식 등을 두어 설명하고, 그 내용에 관한 근거를 관련 법률과 판례, 행정해석 등을 두어 알기 쉽고 이해하기 쉽게 설명하였다.

이 책은 저자가 20여 년 이상을 중소기업의 현장에서 상담과 교육, 컨설팅 등을 수행하면서 기업의 경영관리 분야에 필요한 업무지침서 제공을 목적으로 저술한 것이다. 이처럼 개정판을 계속하여 발행할 수 있는 데에는 중소기업 경영자와 실무자의 성원과 격려, 교육기관 등의 직무연수교재 채택이 큰 힘이 되었다.

끝으로 이 책이 중소기업의 총무인사 업무를 수행하는 경영자와 업무담당자에게 조금이라도 도움이 된다면 지은이로서 더할 수 없는 보람이겠습니다.

2023. 1. .

개정판을 저술하면서

저자 강 석 원

《 법률 》

건설근로자의 고용개선 등에 관한 법률(건설근로자고용법)

고령자고용촉진법(고령자법)

고용보험 및 산업재해보상보험의 보험료징수 등에 관한 법률(보험료징수법)

고용정책기본법(고용정책법)

근로기준법(근기법)

근로자직업훈련촉진법(직훈법)

근로자참여 및 협력증진에 관한 법률(근로자참여법)

근로자퇴직급여보장법(퇴직급여법)

기간제 및 단시간 근로자 보호 등에 관한 법률(기간제법)

남녀고용평등 및 일과 가정에 관한 법률(남녀고용평등법)

남녀차별금지 및 구제에 관한 법률(남녀차별금지법)

노동조합 및 노동관계 조정법(노조법)

산업안전보건법(산안법)

산업재해보상보험법(산재법)

상법시행령(상법령)

외국인 근로자의 고용 등에 관한 법률(외국인고용법)

임금채권보장법(임금채권법)

장애인고용촉진 및 직업재활법(장애인고용법)

직업안정법(직업안정법)

파견근로자 보호 등에 관한 법률(파견법)

《 시행령 : 법령, 시행규칙 : 법칙 》

《 법령 조항 등 》

제1조제1항 〉 제1조1항 〉 1조① 〉 §1①

제1조제1항제1호제가목 〉 제1조1항1호가목 〉 1조①1가 〉 §1①1가

제1조제1호 〉 제1조1호 〉 1조1 〉 §1;1

《 판례 》

대법원 판례 (대판, 대법), 고등법원 판례(고판, 고법)

지방법원 판례(지판, 지법), 행정법원 판례(행판, 행법)

《 행정해석 》

근로기준과(근기, 기준), 근로기준개선과(근개과), 여성고용팀(여성, 여고), 임금정책과(임금, 임정) 근로감독과(근감), 비정규직대책팀(비정규), 지방노동위원회 판정(지노위), 중앙노동위원회 재결(중노위)

차 례

PART 21　　　　　　　　　　　**4대보험 업무관리**

출판권 등

PART 01

사업장 등 주요 의무사항

Chapter 1

사업장별 주요 의무사항

사업장별 사업주의 노무관리, 임금관리, 4대보험, 세무신고, 법정의무교육, 안전보건 관리, 휴게시설 설치 등 주요 의무사항은 다음과 같다.

📋 노무관리 등 의무사항

(○적용, ×비적용)

구분	의무사항	상시근로자		
		4인 이하	5인 이상	10인 이상
근로계약 등	• 근로계약서 작성/교부		○	
	• 근로자명부 작성/비치		○	
	• 근로 관련 계약서류의 보존		○	
근로시간 등	• 주 15시간 미만 근로자 초과근로	×	○	
	• 일 8시간 초과근로 제한	×	○	
	• 주 40시간 초과근로 제한	×	○	
	• 주 12시간 초과 연장근로 제한	×	○	
	• 법정 휴게시간 적용		○	
휴일·휴가	• 주휴일		○	
	• 법정공휴일	×	○	
	• 연차유급휴가	×	○	
	• 생리휴가	×	○	
	• 출산휴가		○	
해고 등	• 해고의 예고		○	
	• 해고의 제한	×	○	
취업규칙 등	• 취업규칙 작성/신고	×	×	○
	• 노사협의회 설치	30인 이상 사업장		
	• 노사협의회규정 작성/신고			

🔘 임금·급여 지급 등 의무사항

(○적용, ×비적용)

구분	의무사항	상시근로자		
		4인 이하	5인 이상	10인 이상
임금 지급 등	• 최저임금		○	
	• 임금정기지급		○	
	• 임금대장 작성/보관		○	
	• 임금명세서 교부		○	
제 수당 등	• 주휴수당		○	
	• 연장·야간·휴일근로수당	×	○	
	• 연차유급휴가수당	×	○	
	• 휴업수당	×	○	
퇴직급여 등	• 퇴직급여제도		○	

🔘 4대보험 적용 의무사항

(○적용, ×비적용)

구분	의무사항	상시근로자		
		4인 이하	5인 이상	10인 이상
4대 보험	• 건강보험 가입		○	
	• 국민연금 가입		○	
	• 고용보험 가입		○	
	• 산재보험 가입		○	

🔘 세무신고 등 의무사항

(○적용, ×비적용)

구분	의무사항	사업자	
		개인	법인
기장 의무	• 장부기장(간편장부·복식부기) 의무	○	
정규증빙 등	• 현금영수증 발행/수취	○	
	• 세금계산서(계산서) 발급/수취	○	
	• 전자(세금)계산서 발급/수취	○	
계좌등록 등	• 법인계좌/법인카드 등록	×	○
	• 사업용 계좌/신용카드 등록	○	×

구분	의무사항	사업자	
		개인	법인
지급명세서 제출	• 근로·퇴직·사업소득 지급명세서 제출	○	
	• 근로·사업소득 간이지급명세서 제출	○	
	• 이자·배당·기타소득 지급명세서 제출	○	
	• 일용근로소득 지급명세서 제출	○	
세무신고	• 원천세 신고		
	• 부가가치세 신고		
	• 개인사업자 종합소득세 신고	○	×
	• 법인세 신고	×	○

● 법정교육 의무

(○적용, ×비적용)

구분	의무사항	상시근로자		
		4인 이하	5인 이상	10인 이상
법정교육	• 직장내 성희롱 예방 교육		○	
	• 직장내 장애인 인식개선 교육		○	
	• 산업안전보건 교육	×	○	
	• 개인정보 보호 교육	개인정보처리자선임 사업자		
	• 퇴직연금 교육	퇴직연금제도가입자 사업자		

● 안전보건관리자 선임 의무

(산업안전보건법 제15조~제19조, 제62조)   (○적용, ×비적용)

선임자	업 종	상시근로자					
		5인 이상	20인 이상	50인 이상	100인 이상	500인 이상	1,000인 이상
관리감독자	제조업	1 (선임 의무 인원수)					
안전관리자	고무 및 플라스틱 제품 제조업 등	×		1		2	
	그 외 제조업	×			1		2
보건관리자	고무 및 플라스틱 제품 제조업 등	×		1		1	
	그 외 제조업	×			1		2
안전보건관리	제조업	×	1				

선임자	업종	상시근로자					
		5인 이상	20인 이상	50인 이상	100인 이상	500인 이상	1,000인 이상
담당자							
안전보건관리 책임자	고무 및 플라스틱 제품 제조업 등	×	1				
	그 외 제조업	×		1			
안전보건총괄 책임자	제조업	×		1			
	1차 금속제조업	×		1			

🌐 휴게시설 설치 등

(○적용, ×비적용)

구분	의무사항	상시근로자			
		10인 이상	20인 이상	50인 이상	100인 이상
산업안전 보건법	• 휴게시설 설치	×	○		
		공사대금 20억원 이상 건설업			
	• 안전보건관리규정 작성	×			○
장애인 고용촉진법	• 장애인고용 대상 (의무고용률 3.1%)	×		○	
	• 장애인고용계획 신고	×		○	
	• 장애인고용분담금 납부 대상 (의무고용률 3.1% 미만 사업장)	× (100인 미만)			○

* 7개 직종(한국표준산업분류) : 전화 상담원(39912), 돌봄 서비스 종사원(4211), 텔레마케터(5313), 배달원 (922), 청소원 및 환경미화원(941), 아파트 경비원(94211), 건물 경비원(94212)

Chapter 2

4인 이하 사업장의 주요 사항

❶ 4인 이하 사업장의 적용사항

노동관계법에서 규정한 4인 이하 사업장에 적용하는 의무사항을 요약하면 다음과 같다.

《 4인 이하 사업장 적용사항 》
(근로기준법 시행령 별표1)

구분	의무사항	법규
근로계약	• 근로계약서 작성/교부 의무	근기법§17③
임금	• 임금 전액지급·정기지급·통화지급	근기법§43
퇴직금	• 퇴직금제도 설정	퇴직급여법§8
휴게시간	• 계속근로 4시간에 30분 휴식 • 계속근로 8시간에 1시간 휴식	근기법§54
유급주휴일	• 1주간 소정근로일 개근에 1일 주휴일 부여	근기법§55①
해고	• 해고 시 30일 전에 해고예고 • 3개월 미만 근로자 해고예고 미적용	근기법§26
해고수당	• 미해고예고 예고시시 30일분 통상임금 지급 • 3개월 미만 근로자 해고예고수당 미적용	근기법§26
산전후유급휴가	• 산전후휴가 90일 부여 • 산전후유급휴가 60일 부여	근기법§74
업무상 재해	• 업무상 부상 및 질병의 치료비 부담	근기법§78

○ 근로계약

사용자는 근로자와 근로계약 체결 시에 임금의 구성항목·계산방법·지급방법, 근로시간, 휴일, 기타 등 근로조건이 명시된 서면 또는 전자문서를 근로자에게 교부하여야 한다.

○ 임금 지급

사용자는 근로를 제공한 근로자에게 임금 전액을 직접, 정기적으로 통화로 지급해야 하며 근로자가 퇴직하는 경우 14일 이내 임금 청산을 하여야 한다.

○ 휴게시간

사용자는 근로자에게 계속근로 4시간에 30분 이상 휴식시간, 계속근로 8시간인 경우에는 1시간 이상의 휴식시간을 주어야 한다.

○ 주휴일

사용자는 1주간의 소정의 근로일수를 개근한 근로자에게 1일 이상 유급주휴일을 주어야 한다.

○ 해고예고 등

사용자가 근로자를 해고하는 경우에 30일 전에 해고예고를 하여야 하며 해고예고를 하지 않은 경우에 해고수당을 지급해야 한다. 다만, 다음의 근로자는 제외한다.

1. 3개월을 계속 근무하지 아니하자,
2. 2개월 이내의 기간을 정하여 사용된 자,
3. 계절적 업무에 6월 이내의 기간을 정하여 사용된 자
4. 수습사용 중의 근로자

○ 재해보상

사용자는 근로자의 업무상 재해에 대한 치료비와 업무상 사망의 경우 장의비를 부담해야 한다.

○ 산전후유급휴가

사용자는 근로자가 임신하거나 출산한 경우 산전후유급휴가 60일을 부여해야 한다.

② 4인 이하 사업장의 비적용사항

노동관계법에서 규정한 4인 이하 사업장에 적용하지 않는 사항을 요약하면 다음과 같다.

《 4인 이하 사업장의 비적용사항 》

(근로기준법 시행령 별표1)

구분	비적용사항	법규
기간제근로자	• 기간제근로자의 2년 이상 사용 제한	기간제법§4②
	• 단시간근로자의 초과근로 제한	기간제법§6①
근로시간	• 일 8시간 근로 초과 제한	근기법§50②
	• 주 40시간 근로 초과 제한	근기법§50①
	• 주 12시간 연장근로 초과 제한	근기법§50①
제 수당	• 연장·야간·휴일근로수당 지급	근기법§56
	• 연차유급휴가수당 지급	근기법§60⑤
	• 휴업수당 지급	근기법§46
휴일·휴가	• 법정공휴일 부여	근기법§55②
	• 연차유급휴가 부여	근기법§60
	• 생리휴가 부여	근기법§73

* 2023.1.1. 현재

⟳ 초과근로시간 제한 비적용

상시근로자 4인 이하 사업장은 근로자의 기준근로시간 등에 대하여 초과근로 제한을 적용하지 아니한다.

구분	초과근로시간 비적용
4인 이하 사업장	• 기준근로시간 (일8시간, 주40시간) • 탄력적 근로시간제 • 선택적 근로시간제

⟳ 연장근로 제한 비적용

상시근로자 4인 이하 사업장은 근로자의 연장근로시간에 대하여 초과근로 제한을 적용하지 아니한다.

- 연장근로시간

♻ 시간외근로수당 비적용

상시근로자 4인 이하 사업장은 근로자의 다음의 시간외근로에 대하여 가산임금
지급을 적용하지 아니한다.

구분	시간외근로수당 비적용
4인 이하 사업장	• 연장근로수당 • 야간근로수당 • 휴일근로수당

♻ 휴업수당 비적용

상시근로자 4인 이하 사업장은 사용자의 귀책 사유로 인한 휴업기간 중의 휴업수
당의 지급을 적용하지 아니한다.

- 휴업수당

♻ 연차유급휴가 등 비적용

상시근로자 4인 이하 사업장은 근로자에게 부여하는 다음의 휴가를 적용하지 아
니한다.

구분	연차유급휴가 비적용
4인 이하 사업장	• 연차유급휴가 • 생리휴가

♻ 법정공휴일의 비적용

상시근로자 4인 이하 사업장은 법정공휴일을 적용하지 아니한다.

- 공휴일

♻ 부당해고의 노동위원회 구제신청 비적용

상시근로자 4인 이하 사업장은 사용자의 부당해고 등의 제한과 부당해고 등에 대
한 노동위원회에 구제신청을 적용하지 아니한다.

- 부당해고 노동위원회 구제신청

❸ 사업장의 상시근로자 수 산정 방법

사업장의 상시근로자 수는 파견근로자를 제외하고 통상근로자, 기간제근로자, 단시간근로자 등 고용형태를 불문하고 하나의 사업 또는 사업장에서 근로하는 모든 근로자를 포함하여 산정한다. (근기령§7조의2④)

또한 상시근로자 수는 해당 사업 또는 사업장에서 법 적용 사유 발생일 전 1개월 동안 사용한 근로자의 연인원을 같은 기간 중의 가동 일수로 나누어 산정한다. (근기령§7조의2①)

《 상시근로자 수 산정예시 》

구분	계산내용
• 산정 사유 발생일	2023.1.1.
• 산정기간	2022.12.1.~12.31.
• 산정기간 근로한 총인원	133명 (20일 × 5명 + 11일 × 3명)
• 산정기간 사업장 가동일 수	31일
• 상시근로자 수	133 ÷ 31 = 4.3명

Chapter 3
사업장의 노무관리 주요 사항

1 근로계약서 작성 등

① 근로자를 사용하는 사업주(사용자)는 임금의 구성항목·계산방법·지급방법 및 소정근로시간, 휴일, 연차유급휴가의 사항이 명시된 근로계약을 체결하여 근로계약서를 서면 또는 전자문서 등으로 근로자에게 교부하여야 한다.

② 사용자는 사업장별로 근로자명부를 작성하고 근로자의 성명, 생년월일, 이력, 법령으로 정하는 사항을 적어야 한다.

의무사항	법규	적용 대상
• 근로계약서 작성/교부	근기법§17①②	근로자 사용 사업장
• 근로자명부 작성/비치	근기법§41①②	

● 벌칙 등

사용자가 근로계약서 작성과 교부 및 근로자명부 작성을 하지 않았을 때는 다음의 벌칙 및 과태료를 부과한다.

구분	벌칙 등	법규
• 근로계약서	500만원 이하의 벌금	근기법§114
• 근로자명부	500만원 이하의 과태료	근기법§114

2 근로시간 준수 등

● 의무사항

① 기준근로시간 : 1일의 근로시간은 휴게시간을 제외하고 8시간을 초과할 수 없다. 1주간의 근로시간은 휴게시간을 제외하고 40시간을 초과할 수 없다.

② 연장근로시간 : 당사자 간에 합의하면 1주간에 12시간을 한도로 ①의 근로시간을 연장할 수 있다.

③ 휴게시간 : 사용자는 근로시간이 4시간인 경우에는 30분 이상, 8시간인 경우에는 1시간 이상의 휴게시간을 근로시간 도중에 주어야 한다.

의무사항	법규	적용 대상
• 주 40시간 이내 근로	근기법§50	상시근로자 5인 이상 사업장
• 주 12시간 이내 연장근로	근기법§53①	
• 4시간 근로에 30분 이상 휴게시간	근기법§54①	근로자 사용 사업장

벌칙 등

사용자가 법정근로시간 등을 준수하지 않았을 때는 다음의 벌칙 등에 처한다.

위반사항	벌칙 등	법규
• 법정근로시간	2년 이하의 징역 또는 2천만원 이하의 벌금	근기법§110
• 법정휴게시간		

③ 휴일·휴가 등

법정휴일

① 사용자는 근로자에게 1주에 평균 1회 이상의 유급휴일을 보장하여야 한다.
② 사용자는 근로자에게 법정공휴일을 유급휴일로 보장하여야 한다.

의무사항	법규	적용 대상
• 근로자의 날	근로자의날법	근로자고용사업장
• 주휴일	근기법§55①	상시근로자 5인 이상 사업장
• 공휴일	근기법§55②	

벌칙 등

사용자가 법정휴일 등을 부여하지 않았을 때는 다음의 벌칙 등에 처한다.

구분	벌칙 등	법규
• 유급휴일	2년 이하의 징역 또는 2천만원 이하의 벌금	근기법§110

연차유급휴가 등

구분	법규	적용 대상
• 연차유급휴가	근기법§60	상시근로자
• 생리휴가	근기법§73	5인 이상 사업장
• 임산부보호휴가	근기법§74	근로자고용사업장

① 연차유급휴가 : 사용자는 1년간 80% 이상 출근한 근로자에게 15일의 유급휴가를 주어야 한다. 사용자는 계속하여 근로한 기간이 1년 미만인 근로자 또는 1년간 80% 미만 출근한 근로자에게 1개월 개근 시 1일의 유급휴가를 주어야 한다.

② 생리휴가 : 사용자는 여성 근로자가 청구하면 월 1일의 생리휴가를 주어야 한다.

③ 임산부보호휴가 : 사용자는 임신 중의 여성에게 출산 전과 출산 후를 통하여 90일(한 번에 둘 이상 자녀를 임신은 120일)의 출산전후휴가를 주어야 한다. 이 경우 휴가 기간의 배정은 출산 후에 45일(한 번에 둘 이상 자녀를 임신은 60일) 이상이 되어야 한다.

벌칙 등

연차유급휴가 등 준수 의무를 위반한 사용자는 다음의 벌칙 등에 처한다.

구분	벌칙 등	법규
• 연차유급휴가	2년 이하의 징역 또는 2천만원 이하의 벌금	근기법§110
• 임산부보호휴가		
• 생리휴가	500만원 이하의 벌금	근기법§114

④ 임금·급여 지급 등

임금·퇴직급여

① 임금 지급 : 임금은 매월 1회 이상 일정한 날짜를 정하여 통화로 지급하여야 한다. 다만, 임시로 지급하는 임금, 수당, 그 밖에 이에 준하는 것은 그러하지 아니하다. (근기법 제43조)

② 퇴직급여 : 사용자는 계속근로기간 1년에 대하여 퇴직일 기준 30일분 이상의 평균임금을 퇴직금으로 퇴직근로자에게 지급하여야 한다.

구분	법규	적용 대상
• 임금 지급	근기법§43①②	근로자고용사업장
• 퇴직급여 지급	퇴직급여법§8①	

🔘 벌칙 등

1개월 이내 기간의 정기급여, 퇴직급여를 지급하지 않았을 때는 다음의 벌칙 등에 처한다.

구분	벌칙 등	법규
• 정기급여	3년 이하의 징역 또는 3천만원 이하의 벌금	근기법§109①
• 퇴직급여	〃	근참법§44

🔘 초과근로수당

상시근로자 5인 이상 사업장에 적용하는 시간외근로에 대한 50% 이상의 가산임금을 지급하여야 한다.

구분	법규	적용 대상
• 연장근로수당	근기법§56①	상시근로자 5인 이상 사업장
• 휴일근로수당	근기법§56②	
• 야간근로수당	근기법§56③	

① 연장근로수당 : 사용자는 일8시간, 주40시간을 초과하는 연장근로에 대하여는 통상임금의 100분의 50 이상을 가산하여 근로자에게 지급하여야 한다.

② 휴일근로수당 : 사용자는 휴일근로에 대하여는 다음 각호의 기준에 따른 금액 이상을 가산하여 근로자에게 지급하여야 한다.

　　1. 8시간 이내의 휴일근로: 통상임금의 100분의 50

　　2. 8시간을 초과한 휴일근로: 통상임금의 100분의 100

③ 야간근로수당 : 사용자는 야간근로(오후 10시부터 다음 날 오전 6시 사이의 근로)에 대하여는 통상임금의 100분의 50 이상을 가산하여 근로자에게 지급하여야 한다.

☷ 벌칙 등

초과근로수당을 지급하지 않았을 때는 다음의 벌칙 등에 처한다.

구분	벌칙 등	법규
• 연장근로수당	3년 이하의 징역 또는 3천만원 이하의 벌금	근기법§109①
• 휴일근로수당		
• 야간근로수당		

⑤ 임금명세서 교부 등

☷ 의무사항

① 사용자는 사업장별로 임금대장을 작성하고 임금과 가족수당 계산의 기초가 되는 사항, 임금액, 그 밖에 사항을 임금을 지급할 때마다 적어야 한다.

② 사용자는 임금을 지급하는 때에는 근로자에게 임금의 구성항목·계산방법, 임금의 일부를 공제한 경우의 내역 등을 적은 임금명세서를 서면 또는 전자문서 등으로 교부하여야 한다.

구분	법규	적용 대상
• 임금대장 작성/비치/보존	근기법§48①	근로자 사용 사업장
• 임금명세서 작성/교부	근기법§48②	

☷ 미교부 등 과태료

사용자가 임금대장 작성 및 임금명세서를 근로자에게 교부하지 않았을 때는 다음의 과태료를 부과한다.

구분	과태료 등	법규
• 임금대장 작성	500만원 이하의 과태료	근기법§116
• 임금명세서 교부		

⑥ 취업규칙 작성 등

😊 의무사항

구분	법규	적용대상
• 취업규칙 작성/신고	근기법§93	상시근로자 10인 이상 사업장
• 노사협의회 설치	근로자참여법§4	상시근로자 30인 이상 사업장
• 노사협의회규정 제정	근로자참여법§18	
• 고충처리위원 선임	근로자참여법§26	

○ 취업규칙 작성

상시 10명 이상의 근로자를 사용하는 사용자는 취업규칙을 작성하여 관할고용노동지청에 신고하여야 한다.

○ 노사협의회 설치

상시 30명 이상 근로자를 사용하는 사용자는 노사협의회를 설치하여야 한다.

○ 노사협의회규정 제정

노사협의회를 설치한 날부터 15일 이내에 노사협의회규정을 제정하여 관할고용노동지청에 신고하여야 한다.

○ 고충처리위원의 선임

상시 30인 이상 근로자를 사용하는 사업장은 근로자의 고충을 청취하고 이를 처리하기 위하여 고충처리위원을 두어야 한다.

😊 벌칙 등

취업규칙 등의 미작성 등에 대하여 다음의 벌칙 등에 처한다.

구분	벌칙 등	법규
• 취업규칙 작성	500만원 이하의 과태료	근기법§116
• 노사협의회 설치	1천만원 이하의 벌금	근참법§30
• 노사협의회규정 작성	30만원~200만원 이하의 과태료	근참법§33
• 고충처리위원 선임	200만원 이하의 벌금	근참법§32

Chapter 4

사업자의 세무신고 등 주요 사항

1. 원천징수와 원천세 신고

가 원천징수 개요

원천징수란 원천징수 대상 소득을 지급하는 원천징수 의무자(국가, 법인, 개인사업자, 비사업자 포함)가 소득자로부터 세금을 미리 징수하여 국가(국세청)에 납부하는 제도이다.

①소득금액 지급　②원천징수세액 징수　③원천세 신고·납부

원천징수의무자

원천징수의무자는 국내에서 거주자나 비거주자, 법인에게 세법에 따른 원천징수 대상 소득 또는 수입금액을 지급하는 개인이나 법인이다.

구분	원천세 징수 대상
원천징수의무자	• 개인(거주자, 비거주자) • 법인(국내법인, 외국법인)

원천징수 대상 소득

○ 소득세 : 소득세법

적용대상	대상 소득
거주자	• 이자소득, 배당소득, 사업소득, 근로소득, 연금소득, 기타소득 (종교인소득 포함), 퇴직소득

적용대상	대상 소득
비거주자	(국내원천소득 중 원천징수 대상 소득) • 이자소득, 배당소득, 부동산소득, 선박 등의 임대소득, • 사업소득, 인적용역소득, 근로소득, 퇴직소득, 연금소득 • 토지건물의 양도소득, 사용료소득, 유가증권 양도소득, 기타소득

⟳ 법인세 : 법인세법

적용대상	대상 소득
내국법인	• 이자소득, 배당소득(집합투자기구로부터의 이익 중 투자신탁의 이익에 한정)
외국법인	(국내원천소득 중 원천징수 대상 소득) • 이자소득, 배당소득, 부동산소득, 선박 등의 임대소득 • 사업소득, 인적용역소득, 토지건물의 양도소득, 사용료소득, 유가증권 양도소득, 기타소득

🔅 원천징수 시기

원천징수의무자가 원천징수 대상 소득금액 또는 수입금액을 지급하는 때가 원천징수 시기이다.

구분	원천징수 시기
원천징수 대상 소득	소득자에게 소득금액 또는 수입금액을 지급하는 때

🔅 원천세 신고 등

원천징수의무자는 납부(환급)세액의 유무와 관계없이 원천징수이행상황신고서를 작성하여 징수한 달의 다음달 10일까지 관할세무서에 신고 및 납부하여야 한다.

신고 구분	원천세 신고·납부 기한	신고서
매월분 신고·납부	• 지급월의 다음달 10일	원천징수이행 상황신고서
반기분 신고·납부	• 지급반기 말월의 다음달 10일	
수정신고·납부	• 제출월의 신고납부 마감일 다음날부터	
기한후신고·납부	• 지급월의 신고납부 마감일 다음날부터	

나 원천징수 세율

거주자의 원천징수 세율

과세표준		세율	비고
이자소득	비영업대금의 이익	25%	
	직장공제회 초과반환금	기본세율	연분연승법 적용
	실지명의가 확인되지 아니하는 소득	42%	
	금융실명법(제5조)에 따른 비실명소득(차등과세)	90%	
	그 밖의 이자소득	14%	
배당소득	출자공동사업자의 배당소득	25%	
	실지명의가 확인되지 아니하는 소득	42%	
	금융실명법(제5조)에 따른 비실명소득(차등과세)	90%	
	그 밖의 배당소득	14%	
사업소득	원천징수 대상 사업소득	3%	
근로소득	근로소득(연말정산)	기본세율	
	매월 분 근로소득	기본세율	
	일용근로자 근로소득	6%	
연금소득	국민연금·공무원연금 등	기본세율	
	퇴직연금·사적연금	3~5%, 4%	
	이연퇴직소득의 연금수령	(이연퇴직소득세/이연퇴직소득)×70(60*)% *연금실제수령연차가 10년 초과시	
기타소득	복권당첨금	20%	3억원 초과 30%
	연금계좌의 연금외수령	15%	
	종교인소득(연말정산)	기본세율	
	매월분 종교인소득	기본세율	간이세액표 적용
	기타소득(봉사료수입금액 적용분 제외)	20%	봉사료 5%
퇴직소득		기본세율	연분연승법 적용

● 내국법인의 원천징수 세율

과세표준		세율
이자소득	비영업대금의 이익	25%
	그 외	14%
배당소득	투자신탁의 이익	14%

● 비거주자 및 외국법인의 국내원천소득(조세조약이 없는 경우)

《 비거주자 등 분리과세 원천징수 세율 》

구분	비거주자 세율) (소득세법 제119조)	외국법인 (세율) (법인세법 제93조)
이자소득	20(채권이자 : 14)	20(채권이자 : 14)
배당소득	20%	20%
부동산소득	-	-
선박등임대소득	2%	2%
사업소득	2%	2%
사업료소득	20%	20%
유가증권, 양도소득	Min(양도가액 x 10%, 양도차익 x 20%)	Min(양도가액 x 10%, 양도차익 x 20%)
기타소득	20%	20%
근로소득	거주자와 동일	-
연금소득	거주자와 동일	-
인적용역소득	20%	20%
퇴직소득	거주자와 동일	
양도소득	Min(양도가액 x 10%, 양도차익 x 20%)	Min(양도가액 x 10%, 양도차익 x 20%)

다 지급명세서 등 제출 의무

지급명세서 제출

원천징수의무자는 1년간 근로소득, 퇴직소득, 기타소득, 사업소득, 이자소득 등 원천징수 한 소득별 지급명세서를 관할세무서에 제출하여야 한다.

구분	제출기한
• 근로·퇴직·사업소득 등 지급명세서	지급연도의 다음연도 3월 10일
• 이자·배당·기타소득 등 지급명세서	지급연도의 다음연도 2월 말일
• 일용근로소득 지급명세서	지급월의 다음달 말일

간이지급명세서 제출

원천징수의무자는 근로·사업·기타소득 간이지급명세서를 지급한 월 또는 반기 말월의 다음월 말일까지 관할세무서에 제출하여야 한다.

2023년까지

구분	제출기한
• 근로소득 간이지급명세서	지급반기 말월의 다음달 말일
• 원천징수 대상 사업소득 간이지급명세서	지급월의 다음달 말일
• 인적용역 관련 기타소득 간이지급명세서	지급연도의 다음연도 2월말일

2024년부터

간이지급명세서	제출기한
• 상용근로소득 간이지급명세서	지급월의 다음달 말일까지
• 원천징수 대상 사업소득 간이지급명세서	
• 인적용역 관련 기타소득 간이지급명세서	

2. 부가가치세 신고

가 부가가치세 개요

부가가치세란 상품(재화)의 거래나 서비스(용역)의 제공과정에서 얻어지는 부가가치(이윤)에 대하여 과세하는 세금이며, 사업자가 납부하는 부가가치세는 매출세액에서 매입세액을 차감하여 계산한다.

사업자 납부 부가가치세 = 매출세액 − 매입세액

부가가치세 납세의무자

사업상 상품(재화)의 판매나 서비스(용역)를 제공하는 모든 사업자는 부가가치세를 신고·납부 할 의무가 있다.

구분	기준금액	세액계산
일반과세자	1년간의 매출액 8,000만원 이상	매출세액(매출액의 10%) - 매입세액 = 납부세액
간이과세자	1년간의 매출액 8,000만원 이상	(매출액×업종별 부가가치율×10%) - 공제세액 = 납부세액 ※ 공제세액 = 매입액(공급대가) × 0.5%

부가가치세 신고와 대상

부가가치세는 법인사업자는 1년에 각각 2회 예정신고와 확정신고를 하여야 하며, 개인사업자는 1년에 2회 확정신고를 하여야 한다.

과세기간	과세대상기간		신고납부기간	신고대상자
1기 1.1.~6.30.	예정신고	1.1.~3.31.	4.1.~4.25.	법인사업자
	확정신고	1.1.~6.30.	7.1.~7.25.	법인·개인일반사업자
2기 7.1.~12.31.	예정신고	7.1.~9.30.	10.1.~10.25.	법인사업자
	확정신고	7.1.~12.31.	1.1.~1.25.	법인·개인일반사업자

🄱 부가가치세 세액계산

일반과세자의 부가가치세 세액계산의 과정과 내용은 다음과 같다.

계산과정	계산내용	
매출세액	① 과세분	• 세금계산서 교부분 + 기타 매출분
	② 영세율(수출)	• 세금계산서 교부분 + 기타 매출분
(−)	③ 예정신고 누락분	
	④ 대손세액 가감	
매입세액	⑤ 세금계산서 수취분	• 일반 매입분 - 수출기업 수입부가세 납부 유예분 + 고정자산 매입분
	⑥ 예정신고 누락분	
	⑦ 공제매입세액	• 신용카드매출전표등 + 의제매입세액 + 재활용폐자원등 매입세액 + 과세사업전환매입세액 + 재고매입세액 + 변제대손세액 + 외국인관광객에 대한 환급세액
(=)		
	⑧ 비공제매입세액	
납부(환급)세액		
(−)		
경감공제세액	⑨ 신용카드매출전표 발행공제	
	⑩ 기타경감공제세액	• 전자신고세액공제 + 택시운송사업자 경감세액 + 현금영수증사업자 세액공제 + 전자세금계산서 발급세액공제 + 대리납부 세액공제
(−)		
기타감면세액	⑪ 소규모 개인사업자 감면세액	
	⑫ 예정신고 미환급세액	
	⑬ 예정고지세액	
(−)	⑭ 사업양수자의 대리납부 기납부세액	
	⑮ 매입자 납부특례 기납부세액	
	⑯ 신용카드업자의 대리납부 기납부세액	
가산 세액		
(=)		
실납부(환급)세액		

다 부가가치세 신고서류

일반과세자의 부가가치세 확정신고서 첨부서류는 다음과 같다.

《 일반과세자 부가가치세 신고서류 》

구분	계산내용
신고서	1. 부가가치세 확정신고서
제출서류 (사업자별 해당 서류만 제출)	2. 매출처별세금계산서합계표 3. 매입처별세금계산서합계표 4. 영세율 매출명세서 및 첨부서류(영세율 해당자) 5. 대손세액공제신고서 6. 공제받지 못할 매입세액 명세서 및 계산근거 7. 매출처별계산서합계표 8. 매입처별계산서합계표 9. 신용카드매출전표 등 수령명세서 10. 전자화폐결제명세서(전산작성분 첨부가능) 11. 부동산임대공급가액명세서(부동산임대 시) 12. 건물관리명세서(부동산 관리업) 13. 사업장현황명세서(음식, 숙박업자 및 그 밖의 서비스업자) 14. 현금매출명세서(전문직, 예식장, 부동산중개업, 보건업 등) 15. 동물 진료용역 매출명세서(동물 진료용역 제공 시) 16. 사업양도 신고서(사업양도 시) 17. 주사업장 총괄납부를 하는 경우 사업장별 부가가치세과세표준 및 납부세액(환급세액) 신고명세서 18. 사업자단위과세를 적용받는 사업자의 경우에는 사업자단위과세의 사업장별 부가가치세과세표준 및 납부세액(환급세액)신고명세서 19. 건물 등 감가상각자산취득명세서(건물, 기계장치 등을 취득하는 경우) 20. 의제매입세액공제신고서 21. 재활용폐자원 및 중고자동차 매입세액 공제 신고서 22. 소규모 개인사업자 부가가치세 감면신청서 23. 그 밖의 필요한 증빙서류

3. 종합소득세 신고

가 종합소득세 개요

개인사업자는 직전년도 사업소득을 포함하여 각종 소득을 종합소득세 확정신고를 하여야 한다.

《 종합소득세 신고 소득과 내용 》

소득구분	소득 내용
1. 사업소득	• 부동산임대업을 포함한 사업에 의한 소득
2. 근로소득	• 근로의 대가에 의한 소득
3. 이자소득	• 공채, 국채, 예금 등 이자에 의한 소득
4. 배당소득	• 주식, 출자금 등 이익의 배당에 의한 소득
5. 연금소득	• 연금소득자 연금 수령에 의한 소득
6. 기타소득	• 상금, 복권당첨금 등 일시적 소득

종합소득세 신고기한

당해 사업소득(부동산임대 소득 포함)이 있는 개인은 다른 종합소득과 합하여 다음해 5월 31일까지, 성실신고확인대상자는 6월 30일까지 주소지 관할세무서에 신고하여야 한다. 종합소득세 신고기한은 다음과 같다.

구분	신고기한
개인(개인사업자 포함)	• 소득귀속연도 다음 해 5월 31일
성실신고확인대상자	• 소득귀속연도 다음 해 6월 30일

추계신고

추계신고란 장부나 증빙서류가 없는 납세의무자의 신고·납부 편의를 위해 마련한 제도이다. 납세의무자가 기준경비율 및 단순경비율로 계산하여 신고하는 제도로 납세의무자가 임의로 추계소득금액계산서를 제출하여도 장부 및 증빙서류 미제출 가산세가 부과된다.

나 종합소득세 신고유형

종합소득세 신고 기간이 되면 국세청에서 발송한 안내문에 신고유형이 기재되어 있다. 종합소득세 신고유형의 내용은 다음과 같다.

《 종합소득세 신고유형 》

유형	대상	장부	경비율*
A	외부조정대상 복식부기의무자	복식부기	기준경비율
B	자기조정 복식부기의무자		
C	복식부기의무자 추계신고자		
D	대규모소득 간편장부대상자	간편장부	기준경비율
E	소규모소득 간편장부대상자		단순경비율
F	사업소득만 있고 납부세액이 있는 간편장부대상자		
G	사업소득만 있고 납부할 세금이 없는 간편장부대상자		
I	국세청의 성실신고 주의 사업자	간편장부 복식부기	기준·단순경비율
S	성실신고확인대상자		
V	주택임대소득 분리과세 선택 임대사업자		-

*사업자가 추계신고 시 적용 경비율

다 종합소득세 세율

2022년 귀속 종합소득 세율

거주자의 2022년 귀속 종합소득의 소득세 세율은 다음과 같다(소득세법§제55①, 2020.12.29.).

과세표준	세율	누진공제
• 1,200만원 이하	6%	-
• 1,200만원 초과 4,600만원 이하	15%	1,080,000원
• 46,000,000원 초과 88,000,000원 이하	24%	5,220,000원
• 88,000,000원 초과 150,000,000원 이하	35%	14,900,000원

과세표준	세율	누진공제
• 150,000,000원 초과 300,000,000원 이하	38%	19,400,000원
• 300,000,000원 초과 500,000,000원 이하	40%	25,400,000원
• 500,000,000원 초과 1,000,000,000원 이하	42%	35,400,000원
• 1,000,000,000원 초과	45%	65,400,000원

◉ 2023년 귀속 종합소득 세율

거주자의 2023년 귀속 종합소득의 소득세 세율은 다음과 같다(소득세법§55①, 2022.12.31.).

과세표준	세율	누진공제
• 1,400만원 이하	6%	-
• 1,400만원 초과 5,000만원 이하	15%	1,260,000원
• 50,000,000원 초과 88,000,000원 이하	24%	5,760,000원
• 88,000,000원 초과 150,000,000원 이하	35%	15,440,000원
• 150,000,000원 초과 300,000,000원 이하	38%	19,940,000원
• 300,000,000원 초과 500,000,000원 이하	40%	25,940,000원
• 500,000,000원 초과 1,000,000,000원 이하	42%	35,940,000원
• 1,000,000,000원 초과	45%	65,940,000원

라 종합소득세 세액계산 절차

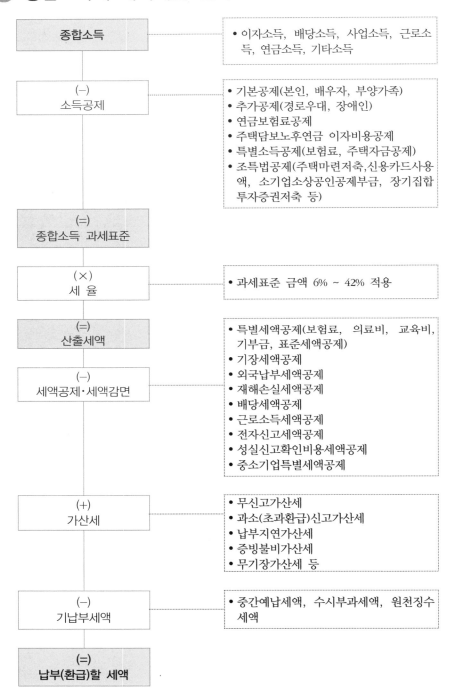

종합소득	• 이자소득, 배당소득, 사업소득, 근로소득, 연금소득, 기타소득
(−) 소득공제	• 기본공제(본인, 배우자, 부양가족) • 추가공제(경로우대, 장애인) • 연금보험료공제 • 주택담보노후연금 이자비용공제 • 특별소득공제(보험료, 주택자금공제) • 조특법공제(주택마련저축,신용카드사용액, 소기업소상공인공제부금, 장기집합투자증권저축 등)
(=) 종합소득 과세표준	
(×) 세 율	• 과세표준 금액 6% ~ 42% 적용
(=) 산출세액	
(−) 세액공제·세액감면	• 특별세액공제(보험료, 의료비, 교육비, 기부금, 표준세액공제) • 기장세액공제 • 외국납부세액공제 • 재해손실세액공제 • 배당세액공제 • 근로소득세액공제 • 전자신고세액공제 • 성실신고확인비용세액공제 • 중소기업특별세액공제
(+) 가산세	• 무신고가산세 • 과소(초과환급)신고가산세 • 납부지연가산세 • 증빙불비가산세 • 무기장가산세 등
(−) 기납부세액	• 중간예납세액, 수시부과세액, 원천징수세액
(=) 납부(환급)할 세액	

🅜 종합소득세 신고서류

종합소득세 신고 시 다음의 서류를 국세청(관할세무서)에 제출하여야 한다.

종합소득세 신고의 제출서류

1. 종합소득세·농어촌특별세·지방소득세 과세표준확정신고 및 납부계산서

2. 소득공제, 세액공제를 적용받는 경우
   - 소득공제신고서, 세액공제신고서
   - 인적공제, 연금보험료공제, 주택담보노후연금 이자비용공제, 특별소득공제, 자녀세액공제, 연금계좌세액공제 및 특별세액 공제임을 증명하는 다음의 서류
     - 입양관계증명서 또는 입양증명서 (동거 입양자가 있는 경우)
     - 수급자증명서
     - 가정위탁보호확인서 (위탁아동이 있는 경우)
     - 가족관계증명서 또는 주민등록표등본
     - 장애인증명서 또는 장애인등록증 (장애인공제 대상인 경우)
     - 일시퇴거자 동거가족상황표 (일시퇴거자가 있는 경우)
     - 주택담보노후연금 이자비용증명서
     - 보험료납입증명서 또는 보험료납입영수증
     - 의료비지급명세서
     - 교육비납입증명서, 방과후 학교 수업용 도서 구입 증명서
     - 주민등록표등본, 장기주택저당차입금이자상환 증명서, 분양계약서 또는 등기사항증명서
     - 기부금명세서, 기부금영수증

3. 재무상태표·손익계산서와 그 부속서류, 합계잔액시산표 및 조정계산서 (복식부기의무자)
   - 간편장부 소득금액계산서 (간편장부대상자)
   - 추계소득금액계산서 (기준·단순경비율에 의한 추계신고자)
   - 성실신고확인서, 성실신고확인비용 세액공제신청서(성실신고확인대상사업자)

4. 공동사업자별 분배명세서 (공동사업자)

5. 영수증수취명세서

6. 결손금소급공제세액환급신청서

7. 세액감면신청서

8. 소득금액계산명세서, 주민등록등본

4. 법인세 신고

🔵 가 법인세 신고 개요

🔹 법인세 신고 소득

법인세 신고 대상의 법인과 소득은 다음과 같다.

구분	신고 대상 소득
내국법인	• 본점, 주사무소 또는 사업의 실질적 관리장소가 국내에 있는 법인(내국법인)은 국내·외에서 발생하는 모든 소득
외국법인	• 본점 또는 주사무소가 외국에 있는 법인(외국법인)은 국내에서 발생하는 소득 중 법에서 정한 것(국내원천소득)

🔹 법인세 신고기한

법인결산일 기준 신고 대상의 법인과 신고·납부 기한 등은 다음과 같다.

구분	신고납부 기한	제출서류
• 12월 결산법인	3월 31일	1. 법인세과세표준 및 세액신고서
• 3월 결산법인	6월 30일	2. 재무상태표 3. 포괄손익계산서
• 6월 결산법인	9월 30일	4. 이익잉여금처분계산서(결손금처리계산서) 5. 세무조정계산서
• 9월 결산법인	12월 31일	6. 세무조정계산서 부속서류 및 현금흐름표

🔵 나 내국법인 법인세 세율

🔹 2022년 귀속 법인세율

내국법인의 2022년 귀속 사업연도의 소득에 대한 법인세의 세율은 다음과 같다 (법인세법§55①, 2018.12.24.).

과세표준	세율	누진공제
• 2억원 이하	10%	-
• 2억 초과 200억원 이하	20%	2,000만원
• 200억 초과 3,000억원 이하	22%	42,000만원
• 3,000억원 초과	25%	942,000만원

🔜 2023년 귀속 법인세율

내국법인의 2023년 귀속 사업연도의 소득에 대한 법인세의 세율은 다음과 같다 (법인세법§55①, 2022.12.31.).

과세표준	세율	누진공제
• 2억원 이하	9%	-
• 2억 초과 200억원 이하	19%	2,000만원
• 200억 초과 3,000억원 이하	21%	42,000만원
• 3,000억원 초과	24%	942,000만원

다 법인세의 계산 절차

《 법인세 계산 절차와 내용 요약 》

계산 절차	법인세 계산내용
당기순손익	기업회계기준에 의하여 작성한 재무제표상의 당기순손익
(±) 〈세무조정〉	결산상 당기순손익을 법인세법상 소득금액으로 조정하는 과정 • 결산조정 : 결산에 반영되어야 인정 　예) 감가상각비, 퇴직급여충당금, 대손충당금, 일정대손금, 자산 평가손실 등 • 신고조정 : 결산반영 없이 신고서 계상 가능 　예) 국고보조금의 손금산입, 손익귀속시기 차이 등
(+) 익금산입	• 익금의 범위: 순자산을 증가시키는 거래로 인하여 발생하는 수익의 금액 • 사업수입금액 : 장기할부판매, 용역제공에 따른 수입금액 조정 • 준비금·충당금 환입액 : 사유 발생시 미사용 잔액 등 환입 • 임대보증금 간주익금 : 부동산임대업 & 차입금이 자기자본 2배 초과 법인대상 • 가지급금 인정이자 : 특수관계인에게 무상·저리 대여시 이자상당액 익금산입

계산 절차	법인세 계산내용

(−)
익금불산입
	• 자본거래로 인한 수익 : 주식발행액면초과액, 합병·분할차익 등
	• 자산의 평가이익 : 보험업법 등 법률에 의한 평가이익 제외
	• 수입배당금 : 이중과세 방지
	  - 지주회사의 수입배당금액 중 일정액(100%, 90%, 80%)
	  - 내국법인의 수입배당금액 중 일정액(100%, 50%, 30%)
	• 국세 또는 지방세의 과오납금의 환급금에 대한 이자
	• 이월결손금 보전에 충당한 자산수증익·채무면제익

(−) 손금산입	• 손금의 범위 : 순자산을 감소시키는 거래로 인하여 발생하는 손비의 금액 • 법인세법상 준비금 : 책임준비금, 비상위험준비금 • 퇴직급여충당금·퇴직연금 부담금 : 장래에 지급할 퇴직급여를 대비하여 비용 설정 • 대손충당금 : 채권의 세법상 장부가액×max(1%, 대손실적률) • 일시상각(압축기장)충당금 : 국고보조금 등으로 취득한 사업용자산
(+) 손금불산입	• 채권자 불분명 사채이자, 지급받은 자가 불분명한 채권 이자, 건설자금에 충당한 차입금 이자, 업무무관자산 및 가지급금 등 관련 지급이자 • 감가상각비 한도초과액 : 감가상각방법, 내용연수와 상각률 등에 따라 계산한 상각범위액을 초과하는 금액 • 접대비 한도초과액 : 한도액(①＋②＋③) ① 1,200만원(중소기업 3,600만원)×당해 사업연도 월수/12 ② 일반수입금액×적용률(0.3%, 0.2%, 0.03%)＋특수관계자 거래 수입금액×적용률×10% ③ min[문화접대비, (①＋②)×20%] • 업무용승용차 관련비용 : 업무전용자동차보험 가입, 운행기록부 작성, 감가상각비 8백만원 한도 등
(＝) 차가감 소득금액	(＝당기순손익＋익금산입·손금불산입－손금산입·익금불산입)
(±) 기부금 한도초과 및 이월액 손금산입	• 기부금 귀속시기 : 지출한 사업연도의 손금(어음·실제 결제된 날) • 현물기부금 : 법정기부금, 특수관계인이 아닌 자에 대한 지정기부금(장부가액), 특수관계인에 대한 지정기부금, 비지정기부금〈max(시가, 장부가액)〉 • 기부금 한도초과액 • 기부금 한도초과액 이월액 : 법정·지정기부금 10년*간 이월공제
(＝) 각사업연도소득금액	(＝차가감 소득금액 ± 기부금 한도초과 및 이월액 손금산입)

(−)
이월결손금
	• 당해 사업연도 개시일 전 15년('19.12.31.이전 개시 사업연도 10년)
	이내에 발생한 결손금 중 다음 사유로 공제되지 아니한 금액
	  - 결손금소급공제에 따라 소급공제 받은 결손금
	  - 당해 사업연도 이전에 이월결손금으로 이미 공제된 금액
	  - 자산수증익 및 채무면제익으로 충당된 이월결손금 등

계산 절차	법인세 계산내용
	• 공제한도 : 중소기업 등은 당해 소득금액의 100%, 그 이외 법인은 60%
(−) 비과세소득	• 공익신탁의 신탁재산에서 생기는 소득 • 중소기업창업투자회사 등의 주식양도차익 등
(−) 소득공제	• 유동화전문회사 등에 대한 소득공제 : 배당가능이익의 90% 이상 배당시 그 배당금액 • 국민주택 임대소득 공제 등
(=) 과세표준	(＝각사업연도소득금액−이월결손금−비과세소득−소득공제)
(×) 세율	<table><tr><td>과세표준</td><td>2억원 이하</td><td>2억원 초과 200억원 이하</td><td>200억원 초과 3000억원 이하</td><td>3000억원 초과</td></tr><tr><td>세율</td><td>10%</td><td>20%</td><td>22%</td><td>25%</td></tr></table>
(=) 산출세액	과세표준에 세율을 적용하여 계산
(−) 공제·감면세액	• 법인세법상 세액공제 • 조세특례제한법상 세액감면(공제)
최저한세 계산	최저한세의 적용
(+) 가산세	• 국세기본법상 가산세 - 무신고·과소신고·납부불성실가산세 등 • 법인세법상 가산세 - 장부의 기록·보관 불성실·주주등의 명세서 제출불성실·증명서류 수취불성실·지급명세서 제출 불성실 가산세 등
(=) 가감계	(＝산출세액−공제·감면세액＋가산세)
(−) 기납부세액	• 기한내 납부세액 : 중간예납세액, 수시부과세액 등(가산세 제외) • 신고납부전 가산세액 : 중간예납 미납부가산세 등
(+) 감면분추가납부세액	• 준비금의 환입에 따른 추가납부세액 • 공제감면세액에 대한 추가납부세액 등
(=) 차감납부할 세액	(＝가감계−기납부세액＋감면분 추가납부세액)

라 법인세 신고서류

법인세 신고는 법인세 과세표준 및 세액신고서(별지1호)에 ②~⑥아래 서류를 첨부하여야 신고한다.

① 법인세 과세표준 및 세액신고서(별지1호)

② (기업회계기준) (표준)재무상태표, (표준)포괄손익계산서

③ (기업회계기준) 이익잉여금처분(결손금처리)계산서

④ 세무조정계산서(별지3호)

⑤ 현금흐름표, 표시통화재무제표·원화재무제표

⑥ 피합병법인 등의 재무상태표, 합병·분할로 승계한 자산·부채 명세서 등

PART
02

월별 업무 일정관리

Chapter 1

월별 이사회·주주총회 일정

1 월별 이사회 업무일정

● 이사회 소집 개요

① 주식회사의 이사는 3개월에 1회 이상 업무의 집행상황을 이사회에 보고하여야 한다(상법 제393조).

② 이사회는 각 이사가 소집한다. 다만, 이사회의 결의로 소집권자를 정한 경우 소집권자인 이사가 이사회를 소집한다(상법 제390조).

③ 감사는 이사회 소집을 대표이사에게 요청할 수 있다. 감사는 이사회에 참석하여 의견을 발표할 수 있으며, 이사회 경과요령에 대한 이사회 의사록은 감사의 서명 및 날인으로 증명해야 한다.

● 1분기 이사회 소집 일정

구분	월	기한	이사회 업무 사항
정기	1월	31일	• 전년 4분기 인사(정원/결원/충원)현황 보고 • 전년 4분기 사업실적 보고 • 전년 4분기(연간) 직원 실적성과급 결의 • 전년(연간) 임원경영성과급 결의
임시	2월	말일	• 12월 결산법인 정기주총 소집결의 • 12월 결산법인 전기 감사보고서 제출 • 12월 결산법인 전기 영업보고서 및 재무제표 보고 • 12월 결산법인 주주배당안 보고
임시	3월	31일	• 금년 취업규칙 개정 결의 • 금년 직원급여 및 지급규정 결의 • 금년 임원개별보수 및 지급규정 결의 • 2분기 사업계획 보고 • 2분기 인사(정원/결원/충원)계획 보고

🔹 2분기 이사회 소집 일정

구분	월	기한	이사회 업무 사항
정기	4월	30일	• 1분기 인사(정원/결원/충원)현황 보고 • 1분기 사업실적 보고 • 1분기 직원 실적성과급 지급 결의
임시	5월	31일	• 3월 결산법인 정기주총 소집결의 • 3월 결산법인 전기 감사보고서 제출 • 3월 결산법인 전기 영업보고서 및 재무제표 보고 • 3월 결산법인 주주배당안 보고
임시	6월	30일	• 3분기 사업계획 보고 • 3분기 인사(정원/결원/충원)계획 보고

🔹 3분기 이사회 소집 일정

구분	월	기한	이사회 업무 사항
정기	7월	31일	• 2분기 인사(정원/결원/충원)현황 보고 • 2분기 사업실적 보고 • 2분기(전반기) 직원 실적성과급 결의 • 전반기 임원경영성과급 결의 • 주주 중간배당 결의
임시	8월	31일	• 6월 결산법인 정기주총 소집결의 • 6월 결산법인 전기 감사보고서 제출 • 6월 결산법인 전기 영업보고서 및 재무제표 보고 • 6월 결산법인 주주배당안 보고
임시	9월	30일	• 4분기 사업계획 보고 • 4분기 인사(정원/결원/충원)계획 보고

🔹 4분기 이사회 소집 일정

구분	월	기한	이사회 업무 사항
정기	10월	31일	• 3분기 인사(정원/결원/충원)현황 보고 • 3분기 사업실적 보고 • 3분기 직원 실적성과급 결의

구분	월	기한	이사회 업무 사항
임시	11월	30일	• 9월 결산법인 정기주총 소집결의 • 9월 결산법인 전기 감사보고서 제출 • 9월 결산법인 전기 영업보고서및재무제표 보고 • 9월 결산법인 주주배당안 보고
임시	12월	31일	• 내년 사업계획 보고 • 내년 1분기 사업계획 보고 • 내년 1분기 인사(정원/결원/충원)계획 보고

② 주주총회의 소집 일정

정기주주총회 소집 일정

① 정기주주총회는 매년 1회 일정한 시기에 이를 소집하여야 한다. 연 2회 이상의 결산기를 정한 회사는 매기에 총회를 소집하여야 한다(상법 제365조).

② 총회의 소집은 상법에 다른 규정이 있는 것 외에는 이사회가 이를 결정한다(상법 제362조).

《 정기주주총회 소집 일정(예시) 》

구분	정기총회 기한	정기총회 결의사항
12월 결산법인	3월 31일	• 전기 영업실적의 보고 • 전기 재무제표의 승인 • 이사와 감사의 선임, 중임 등 • 이익배당의 결의 • 당기 임원 보수결정 결의 • 기타 정기총회 결의사항
3월 결산법인	6월 30일	
6월 결산법인	9월 30일	
9월 결산법인	12월 31일	

임시주주총회 소집과 일정

① 임시주주총회는 필요한 경우에 수시로 소집할 수 있다. (상법 제365조)

② 발행주식 총수의 100분의 3 이상에 해당하는 주식을 가진 주주는 회의목적 사항과 소집의 이유를 적은 서면 또는 전자문서를 이사회에 제출하여 임시총회의 소집을 청구할 수 있다. (상법 제366조)

🔅 주주명부의 폐쇄·기간

① 주주총회를 소집하기 위해서는 소집 시기, 소집에 따른 회의목적 사항에 따라 주주에게 주주명부 폐쇄 기간을 알리고 주주총회를 개최하여야 한다.

② 주주명부의 폐쇄 기간은 3개월을 초과하지 못한다(상법 제354조).

🔅 주주총회 보통결의사항

주식회사는 상법 또는 정관에 정하는 사항에 대하여 주주총회 결의로 한다(상법 제361조). 주주총회의 보통결의는 출석한 주주 의결권의 2분의1 이상, 발행주식총수의 4분의1 이상의 찬성으로 한다.

구분	보통결의 주요 사항
주주총회 보통결의	• 주주총회의 의장 선임 • 이사와 감사의 선임, 이사와 감사의 보수 결정 • 재무제표의 승인, 이익배당, 주식배당, 배당금 지급 시기의 결정 • 자기주식 취득, 지배주주의 소수주주에 대한 매도청구권 승인 • 결손 보전을 위한 자본금 감소, 준비금 감소 • 주식매수선택권 부여에 대한 승인(상장회사)

🔅 주주총회 특별결의사항

주식회사의 주주총회 특별결의 주요 사항은 다음과 같다.

구분	특별결의 주요 사항
주주총회 특별결의	• 정관변경 • 이사 또는 감사의 해임 • 주식매수선택권의 부여 • 영업의 전부 또는 중요한 일부의 양도, 영업 전부의 임대 또는 경영 위임 • 회사의 영업에 중대한 영향을 미치는 다른 회사와의 영업 전부 또는 일부의 양수 • 주주 외의 자에 대한 전환사채 및 신주인수권부사채의 발행 • 주식의 포괄적 교환 및 이전 • 주식분할, 주식의 액면미달 발행(할인발행)

Chapter 2

월별 세무신고 일정

　사업장의 월별 세무신고 일정 및 기한을 요약하면 다음과 같다. 다만, 국세기본법 제5조(기한의 특례) 규정에 따라 세무신고·납부 기한일이 공휴일·토요일 또는 근로자의 날에 해당하는 때에는 공휴일·토요일 또는 근로자의 날의 다음 날을 기한으로 한다.

1 1분기 월별 세무신고 등 일정

월	기한일	신고·납부·제출 사항
1	10	• 매월 원천세(원천징수이행상황신고서) 신고 및 납부 • 반기신고사업자 원천세(원천징수이행상황신고서) 신고 및 납부
	25	• 2기 부가가치세 확정신고 납부
	31	• 매월 일용근로소득 지급명세서 제출 • 매월 사업소득 간이지급명세서 제출 • 매월 용역제공자에 관한 과세자료 제출 • 반기 근로소득 간이지급명세서 제출 • 당기 소득세 중간예납분 분납 • 2024부터 매월 근로·기타소득 간이지급명세서 제출
2	10	• 매월 원천세(원천징수이행상황신고서) 신고 및 납부 • 연간 면세사업자 사업장현황신고서 제출
	28	• 매월 일용근로소득 지급명세서 제출 • 매월 사업소득 간이지급명세서 제출 • 매월 용역제공자에 관한 과세자료 제출 • 연간 기타소득 지급명세서 제출 • 12월말 결산법인 성실신고확인대상법인 선임 신고 • 6월말 결산법인 법인세 중간예납 • 6월말 결산법인 법인세 중간예납 • 6월말 결산법인 교육세(금융·보험) 제2차 중간예납 • 3월말 결산법인 교육세(금융·보험) 제3차 중간예납 • 2024부터 매월 근로·기타소득 간이지급명세서 제출
3	10	• 매월 원천세(원천징수이행상황신고서) 신고 및 납부 • 연간 근로·사업·퇴직소득 지급명세서 제출

월	기한일	신고·납부·제출 사항
		• 연간 근로소득 연말정산 환급신청(반기별 납부자 포함)
	31	• 매월 일용근로소득 지급명세서 제출
		• 매월 원천세 신고·납부, 원천징수이행상황신고서 제출
		• 매월 용역제공자에 관한 과세자료 제출
		• 12월말 결산법인 해외현지법인명세서 제출
		• 12월말 결산법인 법인세 신고납부
		• 12월말 결산법인 교육세(금융·보험) 신고납부
		• 2024부터 매월 근로·기타소득 간이지급명세서 제출

❷ 2분기 월별 세무신고 등 일정

월	기한일	신고·납부·제출 사항
	10	• 매월 원천세(원천징수이행상황신고서) 신고 및 납부
	25	• 1기 부가가치세 예정 신고납부
4	30	• 매월 일용근로소득 지급명세서 제출
		• 매월 사업소득 간이지급명세서 제출
		• 매월 용역제공자에 관한 과세자료 제출
		• 분기 성실신고확인자 선임 신고
		• 12월 말 공익법인의 결산 서류 등 공시
		• 2024부터 매월 근로·기타소득 간이지급명세서 제출
	10	• 매월 원천세(원천징수이행상황신고서) 신고 및 납부
5	31	• 매월 일용근로소득 지급명세서 제출
		• 매월 사업소득 간이지급명세서 제출
		• 매월 용역제공자에 관한 과세자료 제출
		• 연간 종합소득세 확정신고 납부
		• 해외현지법인명세서 등 제출(개인)
		• 해외부동산 취득 및 투자운용(임대)명세서 제출(개인)
		• 9월말 결산법인 법인세 중간예납
		• 2월말 공익법인의 출연재산 등 세무확인서 제출
		• 교육세(금융·보험) 신고납부
		• 주권 등의 거래명세서 제출
		• 2024부터 매월 근로·기타소득 간이지급명세서 제출
6	10	• 매월 원천세(원천징수이행상황신고서) 신고 및 납부

월	기한일	신고·납부·제출 사항
	31	• 매월 일용근로소득 지급명세서 제출 • 매월 간이지급명세서(거주자 사업소득) 제출 • 매월 용역제공자에 관한 과세자료 제출 • 연간 성실신고사업자 종합소득세 신고·납부 • 사업용계좌 신고 • 해외금융계좌 신고 • 원천세 반기별 납부 신청기한 • 3월말 결산법인 법인세 신고납부 • 2월말 공익법인의 결산서류 등 공시 • 12월말 법인 기부금영수증 발급명세서 제출 • 전년 12월말 결산법인 일감 증여세 신고납부 • 기부금영수증 발급명세서 제출기한 • 2024부터 매월 근로·기타소득 간이지급명세서 제출

③ 3분기 월별 세무신고 등 일정

월	기한일	신고·납부·제출 사항
7	10	• 매월 원천세(원천징수이행상황신고서) 신고 및 납부 • 반기신고사업자 원천세(원천징수이행상황신고서) 신고 및 납부
	25	• 1기 부가가치세 확정 신고납부
	31	• 매월 일용근로소득 지급명세서 제출 • 매월 사업소득 간이지급명세서 제출 • 매월 용역제공자에 관한 과세자료 제출 • 반기 근로소득 간이지급명세서 제출 • 종합소득세 확정신고분 분납 • 3월말 공익법인의 결산서류 등 공시 • 2024부터 매월 근로·기타소득 간이지급명세서 제출
8	10	• 매월 원천세(원천징수이행상황신고서) 신고 및 납부
	31	• 매월 일용근로소득 지급명세서 제출 • 매월 사업소득 간이지급명세서 제출 • 매월 용역제공자에 관한 과세자료 제출 • 종합소득세 확정신고분 분납(성실신고 확인대상 사업자) • 주권 등의 거래명세서 제출 • 12월말 결산법인 법인세 중간예납

월	기한일	신고·납부·제출 사항
		• 교육세(금융·보험) 신고납부 • 2024부터 매월 근로·기타소득 간이지급명세서 제출
9	10	• 매월 원천세(원천징수이행상황신고서) 신고 및 납부
	30	• 매월 일용근로소득 지급명세서 제출 • 매월 사업소득 간이지급명세서 제출 • 매월 용역제공자에 관한 과세자료 제출 • 6월말 결산법인 법인세 신고납부 • 6월말 공익법인의 출연재산 등 세무확인서 제출 • 종합부동산세 합산배제 및 과세특례 신고 • 2024부터 매월 근로·기타소득 간이지급명세서 제출

❹ 4분기 월별 세무신고 등 일정

월	기한일	신고·납부·제출 사항
10	10	• 매월 원천세(원천징수이행상황신고서) 신고 및 납부
	25	• 2기 부가가치세 예정 신고납부
	31	• 매월 일용근로소득 지급명세서 제출 • 매월 사업소득 간이지급명세서 제출 • 매월 용역제공자에 관한 과세자료 제출 • 2024부터 매월 근로·기타소득 간이지급명세서 제출
11	10	• 매월 원천세(원천징수이행상황신고서) 신고 및 납부
	30	• 매월 일용근로소득 지급명세서 제출 • 매월 간이지급명세서(거주자 사업소득) 제출 • 매월 용역제공자에 관한 과세자료 제출 • 소득세 중간예납·추계액 신고납부 • 주권 등의 거래명세서 제출 • 3월말 결산법인 법인세 중간예납 • 주권 등의 거래명세서 제출 • 소득세 중간예납 납부·추계액 신고 납부 • 6월 결산법인 교육세(금융·보험) 제1차 중간예납 • 3월 결산법인 교육세(금융·보험) 제2차 중간예납

월	기한일	신고·납부·제출 사항
		• 12월 결산법인 교육세(금융·보험) 제3차 중간예납 • 2024부터 매월 근로·기타소득 간이지급명세서 제출
12	10	• 매월 원천세(원천징수이행상황신고서) 신고 및 납부
	31	• 매월 일용근로소득 지급명세서 제출 • 매월 사업소득 간이지급명세서 제출 • 매월 용역제공자에 관한 과세자료 제출 • 종합부동산세 정기 신고납부 • 9월말 결산법인 법인세 신고 납부 • 원천세 반기별 납부 신청기한 • 12월말 결산법인 국제거래정보 통합보고서 제출 • 2024부터 매월 근로·기타소득 간이지급명세서 제출

월별 4대보험 일정

사업장에 적용하는 건강보험, 국민연금, 건강보험, 고용보험, 산재보험 등 4대 사회보험의 사업장가입자 신고 및 납부의 일정을 요약하면 다음과 같다.

① 월별 건강보험 업무일정

월	기한	업무 사항
매월	10일	전월분 건강보험료 납부
3월	10일	전년도 보수총액 신고
4월	20일	전년도 건강보험료 정산 접수
5월	10일	건강보험료 정산금 납부
12월	31일	내년도 건강보험료율 고시

② 월별 국민연금 업무일정

월	기한	업무 사항
매월	10일	전월분 국민연금 납부
	15일	전월 입사자 취득신고 전월 퇴사자 상실신고
5월	31일	개인사업자 보수총액신고

③ 월별 고용·산재보험 업무일정

월	기한	업무사항
매월	10일	고용·산재보험료 납부
	15일	고용·산재보험 근로내용 확인 신고

월	기한	업무사항
3월	31일	전년분 고용·산재보험 확정보험료 신고납부 금년분 개산보험료 신고납부 자진신고사업장(건설업·벌목업) 확정보험료 납부

개산보험료 분할납부 기한

분기별	대상 기간	납부 기한
1기	1.1~3.31	3.31
2기	4.1~6.30	5.15
3기	7.1~9.30	8.15
4기	10.1~12.31	11.15

월별 인사노무 일정

❶ 월별 인사관리 업무일정

월	인사관리사항	비고
1월	• 4분기 출결 현황 및 분석 • 1분기 정원계획 및 수급관리 • 연차유급휴가 발생자 사용신청 접수	• 인사관리대장 • 연차유급휴가관리대장 • 연봉계약서
2월	• 취업규칙 개정 및 신고 • 정기 인사이동 및 승진자 발표 • 사원연봉계약체결	• 취업규칙 • 연봉계약서
3월	• 사내규정 제개정 • 연간 임원보수한도 결정 • 연간 임원개별보수규정 개정	• 이사회 의사록 • 주주총회 의사록
4월	• 1분기 출결 현황 및 분석 • 2분기 정원계획 및 수급관리	• 인사관리대장
5월	• 기타인사관리사항	• 근로자의 날
6월	• 하반기 인사이동자 발표 • 연차유급휴가 미사용자 사용통보 • 전반기 퇴직자 처리와 관리	• 인사관리대장 • 정년퇴직확인서
7월	• 후반기 퇴직예정자 면담 • 2분기 출결 현황 및 분석 • 3분기 정원계획 및 수급관리 • 하계휴가 신청접수 및 시행	• 인사관리대장
8월	• 하계휴가 시행 • 기타 인사관리사항	
9월	• 기타 인사관리사항	
10월	• 3분기 출결 현황 및 분석 • 4분기 정원계획 및 수급관리 • 신입사원 채용계획 수립	
11월	• 신입사원 모집 활동 개시 • 신입사원 채용 시험 시행	• 면접질의서 확정 • 근로계약서
12월	• 신입사원 지원자 채용내정 • 연차유급휴가 미사용자 사용통보 • 후반기 퇴직자 처리와 관리	• 인사관리대장 • 연차유급휴가통보서 • 정년퇴직확인서

② 노무관리 업무 월별일정

➡ 정규직·계약직 근로자

일정		기간	노무관리 업무 사항
근태		매일	• 일간 결근자, 조퇴자, 지각자 근태기록
		매주	• 1주간 근무자 현황 주간 집계 및 보고
		매월	• 당월 출근 현황 회계팀 통보 • 당월 결근 현황 사장 보고
급여		매월	• 매월 ○일 급여지급 시행 • 임원 급여총액 월간 보고 • 직원급여 총액 및 지급현황 보고
연차유급휴가	월차 사용	매월	• 연차유급휴가 사용신청 및 연차유급휴가관리 • 생리휴가 신청자 휴가부여 현황기록
	하계 사용	7월~9월	• 연차유급휴가의 하계사용 신청공지 • 연차유급휴가(하계휴가) 사용관리
	휴가사용촉진	1월~12월	• 미사용 연차유급휴가 사용촉진 통보 • 미사용 연차유급휴가 대상자 휴가일정 통보

➡ 일용직·단시간직 근로자

기한		노무관리 업무 사항
매월	매일	현장별 직무별 정원 집계 및 수급 시행
	매주	1주간 현장별 직무별 출근현황 집계 및 보고
	말일	1개월간 현장별 정원 및 충원계획 보고

*현장 : 생산공장, 건설현장, 유통시설, 판매점, 기타시설

Chapter 5

월별 행사·교육·시설관리 일정

월별 행사·교육·시설관리 관련 일정은 다음과 같다.

월	행사관리	교육관리	시설관리
1월	• 시무식 • 1분기 이사회	• 신입사원 직무교육	• 1분기 정기 시설점검 • 소방·경비시설
2월	• 주총소집 이사회	• 법인결산교육	• 위생시설 점검
3월	• 정기주주총회	• 초임 관리자 교육	• 춘계시설점검
4월	• 2분기 이사회	• 임직원 직무교육	• 2분기 정기 시설점검
5월	• 상반기 워크숍	• 성희롱예방교육	
6월	• 하계휴가 공지	• 안전보건교육	• 냉방시설 점검
7월	• 3분기 이사회	• 연차휴가신청교육	• 3분기 정기 시설점검
8월	• 하계휴가 점검		
9월	• 하계휴가 마감	• 개인정보 보호 교육	• 추계시설점검
10월	• 4분기 이사회 • 하반기 워크숍		• 4분기 정기 시설점검
11월		• 연차휴가신청교육	• 동계 난방점검
12월	• 종무식	• 연말정산교육	• 시설사용점검

PART

03

주식회사 정관의 관리

Chapter 1

주식회사 정관의 기재사항

주식회사의 정관은 절대적 기재사항, 상대적 기재사항, 임의적 기재사항으로 기재사항을 구분한다.

① 절대적 기재사항

정관의 절대적 기재사항이란 상법의 규정에 따라 반드시 정관에 기재하여야 하는 사항으로서 그 기재가 없거나 위법하면 정관 자체가 무효로 되는 사항으로 다음과 같다. (상법 제289조 제1항)

구분	절대적 기재사항
주식회사 정관	① 목적 ② 상호 ③ 회사가 발행할 주식의 총수(발행예정 주식 총수) ④ 액면주식을 발행하는 경우 1주의 금액 ⑤ 회사의 설립시에 발행하는 주식의 총수 ⑥ 본점의 소재지 ⑦ 회사가 공고를 하는 방법 ⑧ 발기인의 성명·주민등록번호 및 주소

② 상대적 기재사항

정관의 상대적 기재사항은 기재하지 않아도 정관 자체의 효력에는 영향을 주지 않지만, 이를 정관에 기재하지 않으면 그 효력이 인정되지 않는 사항을 말한다. 즉 정관에 기재해야만 그 효력을 주장할 수 있는 사항이다. 일단 정관에 기재되면 절대적 기재사항과 같은 구속력을 가진다.

정관의 상대적 기재사항은 반드시 정관에 기재할 필요가 있는 것은 아니지만, 정관에 기재해야만 그 효력이 인정되는 사항으로 다음과 같다.

🔸 변태설립에 관한 사항

주식회사의 설립 시 변태설립에 관한 사항으로 정관에 기재함으로써 효력이 있는 정관의 기재사항은 다음과 같다. (상법 제290조)

구분	변태설립에 관한 사항
주식회사 정관	① 발기인이 받을 특별이익과 이를 받을 자의 성명(상법 제290조 1호) ② 현물출자를 하는 자의 성명과 그 목적인 재산의 종류·수량·가격과 이에 대하여 부여할 주식의 종류와 수(상법 제290조 2호) ③ 회사성립 후에 양수할 것으로 약정한 재산의 종류·수량·가격과 그 양도인의 성명(상법 제290조 3호) ④ 회사가 부담할 설립비용과 발기인이 받을 보수액(상법 제290조 4호)

🔸 주식에 관한 사항

주식회사의 주식에 관한 사항으로 정관에 기재함으로써 효력이 있는 정관의 기재사항은 다음과 같다. (상법 제290조)

구분	주식에 관한 사항
주식회사 정관	① 설립 당시의 주식발행사항(상법 제291조) ② 무액면 주식의 발행, 액면주식과 무액면주식 사이의 전환(상법 제329조) ③ 주식의 양도에 관한 이사회의 승인(상법 제335조 1항) ④ 명의개서대리인의 설치(상법 제337조 2항) ⑤ 주식매수선택권의 부여(상법 제340조의2) ⑥ 자기주식취득의 주주총회 결의를 이사회의 결의로 갈음(상법 제341조 2항) ⑦ 자기주식처분의 내용(상법 제342조) ⑧ 이익에 의한 주식의 소각(상법 제345조 1항) ⑨ 전자주주명부의 작성(상법 제352조의2 1항) ⑩ 주주명부의 폐쇄기간과 기준일의 지정(상법 제354조 4항) ⑪ 주식의 전자등록(상법 제356조의2) ⑫ 신주의 발행 이사회가 아닌 주주총회의 권한으로 하는 경우(상법 제416조 1항 단서)

주주총회에 관한 사항

주식회사의 주주총회에 관한 사항으로 정관에 기재함으로써 효력이 있는 정관의 기재사항은 다음과 같다.

구분	주주총회에 관한 사항
주식회사 정관	① 법정 결의사항 이외의 사항을 주주총회의 결의사항으로 정하려는 경우(상법 제361조) ② 본점소재지 또는 그 인접지 이외의 지에서 주주총회를 소집할 수 있도록 하는 경우(상법 제364조) ③ 정족수의 배제 기타 총회의 결의방법에 관한 다른 규정(상법 제368조1항) ④ 주주총회의 의장에 관한 사항(상법 제366조의2 1항) ⑤ 서면에 의한 주주의 의결권 행사(상법 제368조의3)

이사·감사에 관한 사항

주식회사의 이사와 감사, 이사회에 관한 사항으로 정관에 기재함으로써 효력이 있는 정관의 기재사항은 다음과 같다.

구분	이사와 감사에 관한 사항
주식회사 정관	① 이사 선임방법으로서 집중투표의 배제(상법 제382조의2 제1항) ② 이사의 임기연장(상법 제383조3항) ③ 2명의 이사를 둔 회사의 대표이사 선정방법(상법 제383조6항) ④ 이사의 자격주에 관한 사항(상법 제387조) ⑤ 주주총회에 의한 대표이사의 선정(상법 제389조1항) ⑥ 이사회의 소집통지기간의 단축(상법 제390조3항, 제542조2항) ⑦ 이사회의 결의요건의 가중(상법 제391조1항, 제542조2항) ⑧ 동영상 및 음성 통신수단에 의한 이사회의 결의방법의 배제(상법 제391조2항) ⑨ 이사회 내 위원회의 설치(상법 제393조의2 1항) ⑩ 이사회 내 위원회에의 이사회 권한 위임의 배제(상법 제393조의2 제2항) ⑪ 감사 선임 시 의결권행사의 제한 비율 인하(상법 제409조 3항) ⑫ 감사위원회 설치(상법 제415조의2)

🔅 사채발행 등 상대적 기재사항

주식회사의 사채발행 등에 관한 사항 등 정관에 기재함으로써 효력이 있는 상대적 기재사항은 다음과 같다.

구분	사채의 발행 등 기타에 관한 사항
주식회사 정관	① 재무제표의 이사회 승인(상법 제449조의2) ② 준비금의 자본전입을 이사회가 아닌 주주총회에서 결정(상법 제461조1항 단서) ③ 중간배당에 관한 규정(상법 제462조의3 1항) ④ 현물배당 결정(상법 제462조의4) ⑤ 사채의 발행을 이사회에서 대표이사에게 위임(상법 제469조 4항) ⑥ 사채권 전자등록(상법 제478조 3항) ⑦ 전환사채, 신주인수권부사채 발행사항을 이사회가 아닌 주주총회에서 결정(상법 제513조 2항, 제516조의2 2항) ⑧ 주주 외의 자에게 전환사채, 신주인수권부사채를 발행하는 경우 특정한 사항 결정(상법 제513조 3항, 제516조의2 4항) ⑨ 신주인수권증권 전자발행(상법 제516조의7) ⑩ 회사의 존립기간 또는 해산 이유(상법 제517조 1호)

③ 임의적 기재사항

임의적 기재사항은 정관에 기재하지 않더라도 정관을 무효로 하는 것도 아니고 정관에 기재해야만 그 효력이 발생하는 것은 아니지만, 정관에 기재하면 그 기재대로 효력이 발생하는 사항을 말한다.

정관의 임의적 기재사항은 정관에 기재하지 않아도 주주총회 또는 이사회의 결의로 그 효력이 발생하지만, 해당 사항의 존재나 내용을 명확히 하기 위하여 정관에 기재하는 사항이다.

정관의 임의적 기재사항은 다음과 같다.

구분	임의적 기재사항
주식회사 정관	① 주권의 종류 (상법 제344조~제346조) ② 주권의 재발행 절차 (상법 제360조) ③ 주식의 명의개서의 절차 ④ 기명주식에 대한 질권의 등록 또는 신탁표시에 관한 사항

구분	임의적 기재사항
	⑤ 주주와 법정대리인의 주소, 성명, 인감의 신고 등에 관한 사항
	⑥ 정기주주총회의 소집시기 (상법 제365조)
	⑦ 주주총회의 구체적인 개최장소 (상법 제364조)
	⑧ 주주 의결권의 대리행사에 관한 사항
	⑨ 이사·감사의 원수 (상법 제383조)
	⑩ 이사·보선이사 또는 대표이사의 임기 (상법 제383조 제386조)
	⑪ 회사의 영업연도
	⑫ 이익의 처분 방법

주식회사 정관의 변경

1 정관의 개정 절차

주식회사 정관의 개정(변경)은 주주총회의 특별결의로 개정(변경)한다. 주식회사 정관의 변경 절차를 요약하면 다음과 같다.

《 주식회사 정관의 개정 절차 요약 》

절차	일정	업무사항
이사회 개최	- 14	• 이사회 소집 • 주주총회 소집의 결의
주총소집 통지	- 14 (0)	• 주주총회 소집의 통지 • 총회소집 주주전원 서면 동의(자본금 10억 원 미만)
주주총회 개최	0	• 주주총회 소집 • 발행주식 총수의 3분의 1 이상 주주출석
정관변경 결의	0	• 특별결의: 출석주주 3분의 2 이상, 발행주식 총수의 3분의 1 이상
주주총회 의사록	0	• 주주총회 결의사항 및 경과 요령 기재 • 대표이사, 이사의 증명(기명날인 또는 서명) • 첨부서면: 출석 주주명부, 변경 전·후 정관
정관 인증	14	• 정관의 등기 예외 사항 변경 시 공증인 인증(선택) • 정관의 등기사항 변경 시 공증인 인증(필수)
정관 등기		• 정관의 등기사항 변경 시 변경정관의 등기(관할법원등기소)

2 정관의 개정 개요

① 주식회사 정관은 상법상 회사의 설립과 존속, 해산에 관한 내용을 규정한 것으로 이를 변경한다는 것은 정관의 절대적·상대적·임의적 기재사항을 변경한다는 뜻이다.

- 정관의 절대적 기재사항
- 정관의 상대적 기재사항
- 정관의 임의적 기재사항

② 정관의 변경에는 제한이 없으나, 정관의 규정을 강행법규와 주식회사의 본질을 위배하는 내용으로 규정을 변경할 수 없다. 따라서 정관의 변경으로 주주의 고유권이나 주주평등권의 원칙을 침해할 수 없으며, 이러한 정관의 변경은 무효이다.

3 정관의 개정 결의

총회소집의 이사회 결의

① 회사경영의 주체인 이사회가 정관 개정안을 확정하여 이를 주주총회에 승인을 요청하여야 한다. 이를 위해서는 주주총회의 소집 결정을 위한 이사회의 결의가 필요하다.

② 주주총회의 소집 결정은 이사회의 권한이다(상법 제362조).

③ 자본금 10억원 미만 회사로 이사의 수가 2인 이하인 회사는 정관변경안을 확정하여 주주총회에 승인을 요청하여야 한다. 이때, 각 이사가 이사회를 대신하여 주주총회 소집을 결정한다(상법 제383조).

정관 개정의 총회의 특별결의

정관의 변경은 주주총회 특별결의로 변경한다(상법 제433조1항).

특별결의는 출석한 주주의 의결권의 3분의 2 이상의 수와 발행주식 총수의 3분의 1 이상의 수로써 한다(상법 제433조, 제434조).

- 출석한 주주의 의결권의 3분의 2 이상의 수
- 발행주식 총수의 3분의 1 이상의 수

(임시) 주주총회 의사록

(개최) ○○ 주식회사는 다음과 같이 임시주주총회를 개최하였다.
　　　일시 : ○○○○년 ○○월 ○○일 ○○:○○시
　　　장소 : ○○주식회사 본사 회의실 (○○도 ○○구 ○○동 ○○번지)
　　　출석 : 발행주식의 총수 : ○○○○주　　주주의 총수 : ○○명
　　　　　　출석주주의 주식 수 : ○○○○주　출석주주의 수 : ○○명
　　　(별지1) 주주명부

(개회) 정관 규정에 의하여 의장인 대표이사 ○○○는 위와 같이 주주가 출석하여 총회가 적법하게 성립되었을 알리고 총회의 개회를 선언하다. (개회시각 : 10:10시)

(의결) 의안 : 정관의 변경 건
의장은 다음과 같이 정관의 변경 필요성을 설명하고 심의 및 결의를 요청하여 출석 주주 전원의 찬성으로 승인으로 가결하다.

현재	개정
제○○조(감사의 수) 회사는 감사를 1인 이상을 둔다.	제○○조(감사의 수) 회사는 감사를 1인 이상을 둔다. 다만, 자본금 10억원 미만일 때에는 감사를 두지 않을 수 있다.

　(첨부) 개정전 정관, 개정후 정관

(폐회) 의장은 상기와 같이 의안 모두를 심의 및 결의하였기에 총회의 종료를 알리고 폐회를 선언하였다. (폐회시각: 오전 10:30시)

(증명) 위와 같이 주주총회 의사에 관한 경과요령과 결의결과, 반대의사 등을 명확히 하기 위해 의사록을 작성하고 의장과 출석이사는 기명날인 또는 서명으로 증명하다.
　　　　　　　　　　○○○○년 ○○월 ○○일

　　　　　　　　　　　　　　　　　　　○○주식회사
　　　　　　　　　　　　　○○○시 ○○구 ○○○로 ○○길
　　　　　　　　　　　　　　의장·대표이사 ○○○ ㊞
　　　　　　　　　　　　　　　　사내이사 ○○○ ㊞
　　　　　　　　　　　　　　　　사내이사 ○○○ ㊞

Chapter 3

주식회사 정관의 효력

① 원시정관의 효력

① 상법은 회사 설립과정에서 작성하는 원시정관은 공증인의 인증으로 정관의 효력이 발생하는 것으로 규정하고 있다. 주식회사의 최초 설립 시 정관은 공증인의 인증을 받음으로써 효력이 생긴다. 다만, 자본금 총액이 10억원 미만인 회사를 발기설립(發起設立)하는 경우에는 각 발기인이 정관에 기명날인 또는 서명함으로써 효력이 생긴다. (상법 제292조)

- 원시정관의 공증인 인증에 의한 효력

② 자본금 총액이 10억원 미만인 회사를 발기설립하는 경우에는 정관의 절대적 기재사항을 작성하고, 각 발기인이 정관에 기명날인 또는 서명함으로써 효력이 생긴다(상법 제295조, 상법 제289조).

> 상법 제292조(정관의 효력 발생) 정관은 공증인의 인증을 받음으로써 효력이 생긴다. 다만, 자본금 총액이 10억원 미만인 회사를 제295조제1항에 따라 발기설립(發起設立)하는 경우에는 제289조제1항에 따라 각 발기인이 정관에 기명날인 또는 서명함으로써 효력이 생긴다.

② 변경정관의 효력

① 기설립된 주식회사의 정관은 주주총회의 특별결의에 의하여 정관변경이 이루어진 경우, 정관변경의 등기 또는 공증인의 인증 여부와 관계없이 정관변경이 주주총회의 특별결의로 유효하게 변경한 정관은 등기 또는 공증인의 인증 여부와 관계없이 주주총회의 특별결의로서 효력이 발생한다.

> 판례 주식회사의 원시정관은 공증인의 인증을 받음으로써 효력이 생기는 것이지만 일단 유효하게 작성된 정관을 변경할 경우에는 주주총회의 특별결의가 있으면 그때 유효하게 정관변경이 이루어지는 것이고, 서면인 정관이 고쳐지거나 변경 내용이 등기사항인 때의 등기 여부 내지는 공증인의 인증 여부는 정관변경의 효력발생에는 아무 영향이 없다(대법원 2007.6.28.선고., 2006다62362 판결)

② 정관의 변경은 주주총회의 결의와 동시에 효력이 발생한다. 다만, 정관변경의 효력을 과거로 소급(遡及)하는 것은 인정되지 않는다.

예를 들어 이번 주주총회에서 이사의 임기를 2년에서 3년으로 변경하였다면 정관 개정 후 선임되는 이사의 임기는 3년이지만 정관 개정 전에 선임된 이사의 임기는 변함없이 2년인 것이 원칙이다.

③ 다만, 정관변경의 효력 발생을 조건부로 하거나 기한부로 하는 것은 허용된다.

❸ 변경정관의 등기

정관의 절대적 기재사항의 변경은 법인등기사항의 변경으로 법인변경등기를 하여야 한다. 정관과 법인등기사항의 내용이 다른 경우 법인등기사항의 변경을 관할 등기소에 하여야 한다(상법 제317조④, 제183조).

이때 주의할 점의 원시정관(변경 전 정관)과 변경정관을 함께 가지고 가야 한다.

❖ 변경정관의 등기사항

주식회사는 정관의 절대적 기재사항을 변경한 경우 변경에 따른 등기를 하여야 한다. 정관의 변경에 따른 등기가 필요한 정관의 기재사항은 다음과 같다(상법 제289조 제1항).

구분	정관의 등기사항
주식회사 정관	① 목적 ② 상호 ③ 회사가 발행할 주식의 총수(발행예정 주식 총수) ④ 액면주식을 발행하는 경우 1주의 금액 ⑤ 회사의 설립시에 발행하는 주식의 총수 ⑥ 본점의 소재지 ⑦ 회사가 공고하는 방법 ⑧ 발기인의 성명·주민등록번호 및 주소

PART
04

주주총회와 의사록

주주총회 소집과 절차

❶ 주주총회의 절차

주식회사 주주총회의 소집과 절차를 요약하면 다음과 같다.

《 주주총회 소집 절차 요약 》

절차	일정	업무사항
이사회 개최	- 14 (0)	• 이사회의 소집통지 • (이사 전원의 소집 동의)
주주총회 소집통지	- 14 (0)	• 주주총회 소집통지 • (총회소집 주주 전원 동의서)
주주총회 개최	0	• 주총소집 및 법정 의결정족수
주주총회 결의	0	• 보통결의: 출석주주 과반수와 발행주식총수의 4분의 1 이상의 수 • 특별결의: 출석주주 3분의 2 이상의 수와 발행주식 총수의 3분의 1 이상의 수
주주총회 의사록	0	• 주주총회 경과요령 기재 • 이사·감사의 증명(서명 및 기명날인) • 첨부서면: 출석 주주명부, 기타 결의첨부서류
공증인 인증	(+ 14)	• 공증인 인증 필요할 때

2 주주총회의 소집

총회소집권자

주주총회의 소집은 상법에 다른 규정이 있는 것 외에는 이사회가 이를 결정한다 (상법 제362조). 주주총회는 매년 1회 일정한 시기에 개최하는 정기총회, 필요시에 수시로 개최하는 임시총회로 구분하여 소집할 수 있다. (상법 제365조)

구분	주주총회 소집 내용
주주총회 소집	• 주주총회 소집은 이사회가 결정한다(상법제362조). • 자본금 총액이 10억원 미만인 회사는 주주 전원의 동의로 소집 절차 없이 주주총회를 개최할 수 있다 (상법 제364조).

정기총회 소집

정기총회는 매년 1회 일정한 시기를 정하여 정기총회를 소집하거나, 연간 2회 이상의 결산기를 정한 회사는 매기에 정기총회를 소집하여야 한다.

- 매년 정기주주총회에서 임기 만료에 따른 이사·감사의 선임, 전기 재무제표의 승인, 주주이익배당, 당기 임원보수한도 결정 등을 결의한다.

구분	정기총회 소집 시기
정기총회	• 매 결산기 3개월 이내 개최 • 연간 1회 일정한 시기에 정기총회 소집

임시총회 소집

임시총회는 정기총회 소집사항을 포함하여 필요시에 수시로 소집할 수 있으며, 지점설치, 영업양도, 이사의 선임과 해임 등 필요에 따라 수시로 소집한다.

- 이사의 선임과 해임, 지점설치, 기업 인수·합병, 영업양도 등

구분	정기총회 소집 시기
임시총회	• 임시총회는 수시로 소집한다. • 상법과 정관에 규정한 총회결의사항을 결의한다.

총회의 소집통지

주주총회의 소집은 총회 2주간 전에 각 주주에 대하여 서면 또는 전자문서로 통지를 발송하여야 한다. 다만, 그 통지가 주주명부상의 주주 주소에 계속 3년간 도달하지 아니한 때에는 회사는 당해 주주에게 총회의 소집을 통지하지 아니할 수 있다. (상법 제363조)

구분	총회소집통지	비고
총회소집 통지	• 시기 : 총회소집일의 2주간 전까지 • 방법 : 서면 및 전자문서로 통지	상법 제363조

주주총회 소집통지서

○○○○시 ○○구 ○○동 ○○번지 전화 (○○)○○○○-○○○○

발　신 : ○○주식회사 총무부　　　　　(발송일자 :　　　　　)
수　신 : 주주 ○○○ 귀하
제　목 : 정기주주총회 소집안내

○○주식회사 주주님의 이해와 성원에 감사드립니다.
○○주식회사 정기주주총회를 다음과 같이 개최하오니 참석하여 주시기 바랍니다.

- 다　　　음 -

1. 일시 : ○○○○년 ○○월　○○일, ○○시
2. 장소 : ○○○○시 ○구 ○동 ○번지 ○○주식회사 본사 회의실
3. 회의 : 제○○기 정기주주총회
4. 회의목적사항
   ① 제1호 의안 : 제○기 재무제표의 승인 건
   ② 제2호 의안 : 이사의 보수 한도의 승인 건
   ③ 제3호 의안 : 정관의 변경 건

변경 전	변경 후
제○○조(이사와 감사의 수) 이사는 3인 이상, 감사는 1인 이상으로 한다.	제○○조(이사와 감사의 수) 이사는 3인 이상, 감사는 1인 이상으로 한다. 다만, 자본금 총액이 10억원 미만일 때에는 이사는 1인 또는 2인으로 할 수 있고, 감사는 선임하지 않을 수 있다.

5. 주주의결권 : 1주당 1의결권

위와 같이 주주총회 소집을 통지합니다.

○○○○년 ○○월 ○○일

○○ 주 식 회 사
○○○○시 ○○구 ○○로 ○○길
대표이사 ○ ○ ○　　㊞

주주총회 소집 주주동의서

　○○주식회사 주주 전원은 상법 제363조 제4항의 의하여 주주총회의 소집 절차를 생략하고, 주주총회를 다음과 같이 개최하는 것에 동의합니다.

(동의 사항)

1. 일시 : 202 년　월　일, 오전　시　분
2. 장소 : 서울 강남구 테헤란로 ○○길 코페하우스 19층 대회의실
3. 회의 : 정기주주총회 소집
4. 회의목적 사항

　　제1호 의안 : 제○기 재무제표의 승인 건

　　제2호 의안 : 이사의 보수 한도의 승인 건

　　제3호 의안 : 정관의 변경 건

변경 전	변경 후
제○○조(이사와 감사의 수) 이사는 3인 이상, 감사는 1인 이상으로 한다.	제○○조(이사와 감사의 수) 이사는 3인 이상, 감사는 1인 이상으로 한다. 다만, 자본금 총액이 10억원 미만일 때에는 이사는 1인 또는 2인으로 할 수 있고, 감사는 1인 또는 선임하지 않을 수 있다.

　위와 같이 ○○주식회사 정기주주총회를 주주 전원의 동의로 소집합니다.

20　년　월　일

○○주식회사

서울특별시 강남구 테헤란로 ○○○

주주 ○○○ (인)

주주 ○○○ (인)

주주 ○○○ (인)

Chapter 2

주주총회 결의와 결의사항

1 주주총회 의결권

의결권행사의 기준

상법상 의결권이란 주주가 주주총회에서 회사의 의사결정에 참가할 수 있는 권리를 말한다. 상법은 주주총회에서 의결권을 행사할 주주를 정하기 위하여 주주명부 패쇄제도와 기준일제도를 두고 있다. 따라서 주주총회에서 의결권을 행사할 주주는 기준일 현재 주주명부에 주주로 등재된 자이다.

구분	의결권행사 주주명부 기준일	비고
의결권행사의 기준	• 주주총회 의결권행사 기준일 현재 등재된 주주명부	상법 제354조

주주의 의결권

주식회사 주주총회 의결권은 상법상 1주 1의결권의 원칙이 적용된다. 1주 1의결권의 원칙은 강행법규이므로 법이 특별히 인정한 예외를 제외하고는 정관 규정이나 주주총회 결의라 하더라도 의결권을 배제·제한할 수 없다.

구분	총회결의 주요 사항	비고
의결권의 행사	• 의결권 : 1주에 1개의 의결권	상법 제369조

의결권의 제한

상법은 총회의 결의를 위한 정족수 및 의결권수의 계산방법을 명확히 하여 '의결권 없는 주식의 수' 및 '행사할 수 없는 주식의 의결권의 수'를 구분하여 규정하고 있다(상법 제371조).

발행주식총수에 산입하지 않는 의결권 없는 주식으로, 의결권이 없는 종류주식이나 의결권이 제한되는 종류주식, 회사가 가진 자기주식 그리고 상호주식을 열거하고 있다.

구분	의결권이 없는 주식	비고
의결권의 제한	• 의결권이 없는 주식(우선주 등) • 회사의 자기주식 • 회사의 10% 초과 상호보유주식	상법 제369조

○ 의결권이 없는 주식

의결권이 없는 우선주 등 종류주식을 발행하는 경우 의결권 없거나 제한되는 주식으로 발행할 수 있으며 그 수는 발행주식총수의 4분의 1을 초과하지 못한다(상법 제344조의3).

○ 자기주식 등

회사가 가진 자기주식은 의결권을 제한하고 있다. 상법상 자기주식은 이사회 결의에 의해 배당가능이익 범위 내에서 자유롭게 취득할 수 있고, 또 처분할 수 있다. 그런데 자기주식에 의결권을 부여한다면 회사(대표이사)가 의결권을 행사하여 이른바 출자 없는 회사지배를 가능하게 하는 문제가 발생한다. 따라서 회사가 가진 자기주식은 의결권이 없는 것으로 하고 있다(상법 제369조 제2항).

○ 상호보유주식

회사 또는 모회사 및 자회사 또는 자회사가 다른 회사의 발행주식의 총수의 10분의 1을 초과하는 주식을 가지고 있는 경우 그 다른 회사가 가지고 있는 회사 또는 모회사의 주식은 의결권이 없다. (상법 제369조)

○ 특별 이해관계자 주식

총회의 결의에 대하여 특별 이해관계를 가지는 자는 의결권을 행사하지 못한다(상법 제368조 제4항). 특별 이해관계란 특정한 주주가 주주로의 지위와 관계없이 개인적으로 이해관계가 있는 경우를 뜻한다.

② 주주총회 보통결의사항

⊙ 주주총회 보통결의

주식회사 주주총회의 결의는 상법 또는 정관에 다른 정함이 있는 경우를 제외하고는 출석주주의 의결권의 과반수와 발행주식 총수의 4분의 1 이상의 수로써 결의한다(상법 제368조).

보통결의	• 출석주주의 의결권 과반수와 발행주식 총수의 4분의 1 이상의 수

⊙ 보통결의 주요 사항

주식회사 주주총회의 보통결의로 결의할 사항은 다음과 같다.

구분	주주총회 보통결의 주요 사항
총회 보통결의	①이사·감사의 선임결의 (상법 제382조, 제415조) ②정관으로 대표이사를 주주총회에서 선임하도록 정한 경우 그 선임결의 (상법 제389조) ③이사·감사의 보수한도 승인결의 (상법 제388조, 제415조) ④재무제표의 승인 (상법 제449조) ⑤이익배당 또는 주식배당의 결의 (상법 제462조) ⑥외감법에 의한 외부감사인의 선임결의 (외감법 제4조) ⑦정관에서 신주발행(유상증자 또는 무상증자)을 주주총회에서 하도록 한 경우 그 결의(상법 제416조 단서. 제383조) ⑧청산의 승인 (상법 제247조, 제517조) ⑨그 외 상법의 규정 또는 정관에서 보통결의에 의할 것으로 규정한 사항들

③ 주주총회의 특별결의사항

⊙ 주주총회 특별결의

상법과 정관에 출석주주의 의결권 3분의 2 이상의 수가 발행주식 총수의 3분의 1 이상의 수로 결의를 특별히 규정한 사항은 그에 따른 결의를 한다(상법 제433조,

제435조).

특별결의	• 출석주주 의결권의 3분의 2 이상과 발행주식 총수의 3분의 1 이상의 수

🔹 특별결의 주요 사항

주식회사 주주총회의 특별결의로 결의할 사항은 다음과 같다.

구분	주주총회 특별결의 주요 사항	상법
총회 특별결의	①정관의 변경(상호, 목적, 액면분할, 예정주식 총수, 그 외 정관의 각 규정의 변경) ②이사·감사의 해임 ③자본감소 ④이익에 의한 주식소각 ⑤회사의 해산 또는 회사계속의 결의 ⑥합병계약서의 승인 ⑦회사의 분할·분할합병 ⑧신설합병에서의 설립위원의 선임 ⑨액면미달의 신주발행 ⑩영업의 전부 또는 중요한 일부의 양도 ⑪영업전부의 임대 또는 경영위탁 ⑫타인과 영업의 손익 전부를 같이하는 계약 기타 이에 준할 계약의 체결 등 ⑬그 외 상법의 규정 또는 정관에서 특별결의에 의할 것으로 규정한 사항들	• 제289조 제433조 • 제385조 • 제438조 • 제343조 • 제517조 519조 • 제522조 • 제532조의2 • 제527조 • 제417조 • 제374조 • 제374조 • 제374조

④ 주주총회의 특수결의사항

주식회사 주주총회의 특수결의란 주주 전원의 동의로서 결의하는 것을 말한다.

특수결의	• 총주주 전원의 동의

🔹 특수결의사항

주식회사 주주총회의 특수결의사항은 다음과 같다.

구분	주주총회 특수결의사항	상법
총회 특수결의	• 이사, 감사, 집행임원의 회사에 대한 책임의 감면 • 주식회사의 유한회사로의 조직변경	• 제400조 408조의9 제415조 • 604조, 287조의43

회사에 대한 책임면제

주식회사 이사, 감사의 회사에 대한 손해배상의 책임은 총주주 전원의 동의로 면제할 수 있다(상법 제400조, 제435조).

이사 등 손해배상의 책임

이사, 감사, 집행임원이 고의 또는 과실로 법령 또는 정관에 위반한 행위를 하거나 그 임무를 게을리한 경우에는 그 이사는 회사에 대하여 연대하여 손해를 배상할 책임이 있다. 이러한 행위가 이사회의 결의에 의한 것인 때에는 그 결의에 찬성한 이사도 책임이 있다. 또한, 이사회의 결의에 참가한 이사로서 이의를 한 기재가 의사록에 없는 자는 그 결의에 찬성한 것으로 추정한다.

• 관련법률 : 상법 제399조 제435조

유한회사로 조직변경

회사는 총주주의 일치에 의한 총회의 결의로 그 조직을 변경하여 이를 유한회사로 할 수 있다. 그러나 사채의 상환을 완료하지 아니한 경우에는 그러하지 아니하다(상법 제604조).

주주총회 의사록의 작성

❶ 주주총회 의사록의 기재사항

주주총회의 의사에는 의사록을 작성하여야 한다. 의사록에는 의사의 경과요령과 그 결과를 기재하고 의장과 출석한 이사가 기명날인 또는 서명하여야 한다. (상법 제373조).

《 주주총회 의사록 기재사항 요약 》

기재사항	의사록 기재사항 내용
의 사 록 의 명 제	1. 정기주주총회 명제 기재 2. 임시주주총회 명제 기재
소 집 일 시	1. 소집일시의 기재 2. 소집장소의 기재
총 회 성 립	1. 의결권 있는 발행주식과 주주의 총수 기재 2. 의결권 있는 출석 주주의 수와 주식의 수 기재
개 회 선 언	1. 의장의 선임과 개회선언 2. 개회시각
안 건 결 의	1. 안건의 결의 경과 기재 2. 의결사항의 찬성과 반대 기재 3. 의결사항의 반대 주주의 의견 기재 4. 의결사항의 찬성 및 승인 여부 기재
폐 회 선 언	1. 총회종료와 폐회선언의 기재 2. 폐회 일자와 시각의 기재
의 사 록 증 명	1. 대표이사의 기명날인 2. 사내이사의 기명날인 3. 기타 증명인의 기명날인
첨 부 서 면	1. 출석 주주의 명부 2. 반대 주주의 의견

② 주주총회 의사록의 작성요령

주주총회의 의사록에는 총회의 의사의 경과요령과 그 결과를 기재하여야 한다(상법 제373조 제2항). 총회의 경과요령에 관한 기재사항과 작성예시는 다음과 같다.

🌐 소집일시와 장소의 기재

총회의 소집일시와 장소는 의사록의 절대적 기재사항이다.

소집의 일자와 시간, 장소는 이사회에서 결의한 일시와 장소로 한다. 또는 자본금 10억원 미만의 주식회사는 주주 전원 동의로 정한 일시와 장소로 한다.

> (소집)
> • 일시 : ○○○○년 ○○월 ○○일 ○○:○○시
> • 장소 : ○○주식회사 본사 회의실 (○○도 ○○구 ○○동 ○○번지)

🌐 출석주주의 기재

총회에 출석한 의결권 있는 주주의 수와 주식 수는 총회성립요건으로 의사록의 절대적 기재사항이다.

> (출석)
> • 발행주식의 총수 : ○○○○주, 주주의 총수 : ○○명
> • 출석주주 주식의 수 : ○○○○주, 출석주주의 수 : ○○명

🌐 총회성립과 개회선언 기재

총회의 성립과 개회의 요건은 의사록의 절대적 기재사항이다.
• 보통결의 요건 : 출석주주 의결권 과반수와 발행주식 총수의 4분의 1 이상
• 특별결의 요건 : 출석주주 의결권 3분의 2와 발행주식 총수의 3분의 1 이상

> (개회)
> • 의장인 대표이사 ○○○는 총회가 출석한 주주와 출석한 주주의 의결권주식 수가 법정 총회성립 요건을 충족하여 적법하게 개최되었음을 선언하고, 오전 10시에 총회의 개회를 선언하다.

🌐 안건의 결의경과 기재

결의안건의 상정과 결의 경과에 대한 사항은 의사록의 절대적 기재사항이다.

의사록의 가장 중요한 내용으로 상정한 안건의 결의결과와 찬성과 반대한 주주의 수를 기재하고, 반대한 주주의 반대의견을 의사록에 첨부한다.

(의결)

　　　　제1호 의안 : 제○○기 영업보고 및 재무제표 승인의 건

의장은 제○○기 영업보고를 첨부한 제○○기 재무제표로 보고하고, 이에 따른 재무제표의 심의를 요청하여 출석주주의 전원 찬성으로 승인으로 가결하다.

• 첨부 : 제○○기 재무제표(재무상태표, 손익계산서, 이익잉여금계산서)

⊙ 총회종료와 폐회시각의 기재

총회의 종료 이유와 폐회시각은 의사록의 절대적 기재사항이다. 총회 목적 사항을 모두 처리한 경우 총회를 종료하고, 폐회시각을 의사록에 기재한다.

(폐회)

의장은 총회 목적 사항을 모두를 심의 및 결의하였기에 총회의 종료를 알리고 오전 11시에 폐회를 선언하다.

⊙ 의장과 출석이사의 증명

의장과 출석이사의 의사록의 증명은 절대적 기재사항이다. 총회의 의사록은 대표이사와 사내이사가 기명날인으로 의사록을 증명한다.

(증명)

위와 같이 주주총회 의사에 관한 경과요령과 결의결과, 반대의사 등을 명확히 하기 위해 의사록을 작성하고 의장과 출석이사는 기명날인 또는 서명으로 증명하다.

　　　　　　○○○○년 ○○월 ○○일

　　　　　　　　○○주식회사

　　　　○○○시 ○○구 ○○○로 ○○길

　　　　　　의장 겸 대표이사 ○○○ ㊞

　　　　　　　　　사내이사 ○○○ ㊞

　　　　　　　　　사내이사 ○○○ ㊞

---

③ 주주총회 의사록의 효력

주주총회 의사록은 총회의 의사의 경과요령과 그 결과를 기재하고 의장과 출석한 이사가 기명날인 또는 서명하여야 효력이 발생한다(상법 제373조).

구분	총회 의사록의 효력발생요건	법규
주주총회 의사록 효력	• 총회 의장의 기명날인 또는 서명 • 총회 출석한 이사의 기명날인 또는 서명	상법 제373조

기명날인 또는 서명

주주총회에 출석한 의장과 이사는 의사록에 기명날인 또는 서명으로 그 사실임을 증명하여야 한다.

- 의장, 이사(대표이사, 사내이사, 사외이사, 기타비상무이사)

기명날인의 증명

주주총회 의사록에 기명날인한 이사는 법인등기부에 등기할 사항의 경우 인감증명서를 첨부하여야 한다.

- 대표이사 : 법인인감증명서
- 사내이사 등 개인인감증명서

④ 주주총회 의사록의 작성예시

주식회사 주주총회 의사록의 작성을 예시하면 다음과 같다.

정기 주주총회 의사록

○○주식회사는 다음과 같이 주주총회를 소집하여 결의하였다.

(소집)

　　　일시 : ○○○○년 ○○월 ○○일 ○○:○○시

　　　장소 : ○○주식회사 본사 회의실 (○○도 ○○구 ○○동 ○○번지)

(출석)

　　　발행주식 총수 : ○○○○주　　　주주 총수 : ○○명

　　　출석주주 주식 수 : ○○○○주　　　출석주주 수 : ○○명

　　　• 첨부 : 출석주주명부

(개회)

의장인 대표이사 ○○○는 발행주식의 와　위와 같이 주주가 출석하여 총회가 법정성립요건을 충족하여 적법하게 개최되었음을 알리고 오전 10시에 개회를 선언하다.

(의결)

　　　　　제1호 의안 : 제○○기 영업보고 및 재무제표 승인의 건

의장은 제○○기 영업보고를 첨부한 제○○기 재무제표로 하고 이에 따른 재무제표의 심의 및 결의를 요청하여 출석 주주 전원의 찬성으로 승인으로 가결하다.

　　　• 첨부 : 제○○기 재무제표(재무상태표, 손익계산서, 이익잉여금계산서)

(폐회)

의장은 상기와 같이 의안 모두를 심의 및 결의하였기에 총회의 종료를 알리고 폐회를 선언하였다. (폐회시각: 오전 10:30시)

(증명)

위와 같이 주주총회 의사에 관한 경과요령과 결의결과, 반대의사 등을 명확히 하기 위해 의사록을 작성하고 의장과 출석이사는 기명날인 또는 서명으로 증명하다.

　　　　　○○○○년 ○○월 ○○일

　　　　　○○주식회사

　　○○○시 ○○구 ○○○로 ○○길

　　　　　　　　　의장 겸 대표이사　○○○　㊞

　　　　　　　　　　　　사내이사　○○○　㊞

　　　　　　　　　　　　사내이사　○○○　㊞

PART
05

이사회와 의사록

이사회 소집과 절차

1 이사회 소집과 절차

이사회를 소집함에는 이사회 소집의 일자를 정하고 그 1주간 전에 각 이사와 감사에게 통지를 발송하여야 한다. 그러나 그 기간은 정관으로 단축할 수 있다(상법 390조3항).

상법상 이사회의 소집과 절차 등 일정을 예시하면 다음과 같다.

《 이사회 소집과 절차 요약 》

절차	일정	업무사항
이사회 소집 결정	-7	• 소집권자 (대표이사) • 회의목적사항의 결정
이사회 소집통지	-7 (0)	• 이사회소집통지서 • 회의목적사항의 기재 • (이사·감사 전원동의서)
이사회 개최	0	• 총이사의 과반수 출석
이사회의 결의	0	• 회의목적사항의 결의 • 출석이사 과반수 찬성
이사회 의사록 작성	0	• 이사회 경과요령의 작성 • 이사와 감사 기명날인
공증인 인증	+14	• 공증인 법률사무소의 인증

② 이사회의 권한과 소집권자

이사회는 회사의 업무집행에 관한 의사결정을 위해 이사로 구성한 주식회사의 상설기관이다. 또한, 이사회는 주주총회에 제출하는 의안과 회사의 경영판단사항과 중요사항 등을 이사회에서 결정한다.

◉ 이사회의 권한

① 중요한 자산의 처분 및 양도, 대규모 재산의 차입, 지배인의 선임 또는 해임과 지점의 설치·이전 또는 폐지 등 회사의 업무집행은 이사회의 결의로 한다.

② 이사회는 이사의 직무의 집행을 감독한다.

③ 이사는 대표이사로 하여금 다른 이사 또는 피용자의 업무에 관하여 이사회에 보고할 것을 요구할 수 있다.

④ 이사는 3월에 1회 이상 업무의 집행상황을 이사회에 보고하여야 한다.

• 관련 법규 : 상법 제393조

◉ 이사회의 소집권자

① 이사회는 각 이사가 소집한다. 그러나 이사회의 결의로 소집할 이사를 정한 때에는 그러하지 아니하다(상법 제390조1항). 또는 정관 및 이사회운영규정을 제정하여 대표이사를 이사회의 의장으로 선임하여 이사회소집권자로 정한다.

② 다만, 소집권자로 지정되지 않은 다른 이사는 소집권자인 이사에게 이사회 소집을 요구할 수 있다. 소집권자인 이사가 정당한 이유 없이 이사회 소집을 거절하는 경우에는 다른 이사가 이사회를 소집할 수 있다(상법 제390조2항).

구분	이사회의 소집권자	법규
이사회의 소집	• 이사회 결의로 정한 이사 • 정관 또는 이사회운영규정으로 정한 이사 • 이사와 감사의 전원 동의로 이사회 소집	상법 제390조

⟳ 이사회 의장의 선임

주식회사 이사회는 이사회의 소집과 진행을 위하여 의장을 선임하여야 한다. 일반적으로 대표이사를 의장으로 선임한다.

③ 이사회의 소집시기

정기이사회 소집

상법상 주식회사 이사는 3개월에 1회 이상 업무의 집행상황을 이사회에 보고하여야 한다. 주식회사는 실무에서 이를 정기이사회 소집일로 정하여 운영한다.

구분	정기이사회 소집	법규
정기이사회	• 이사는 3개월에 1회 이상 이사의 업무집행 상황을 이사회에 보고하여야 한다.	상법 제390조

일반적으로 주식회사 정기이사회는 매분기 1회 개최를 원칙으로 한다. 이사회운영규정으로 정기이사회 소집일을 다음과 같이 정하여 운영한다.

[이사회운영규정]
제○조(이사회 소집) ① 정기이사회는 다음의 날에 소집한다.
 1. 매년 1월, 4월, 7월, 10월의 둘째 주 화요일 오전 9시

임시이사회 소집

임시이사회는 정관 또는 이사회운영규정 또는 이사회 결의로 선임한 의장의 요청으로 언제든지 소집할 수 있다.

구분	임시이사회 소집	법규
임시이사회	• 이사회는 이사의 소집 요청으로 언제든지 소집할 수 있다. 또한, 이사와 감사의 전원 동의로 소집할 수 있다.	상법 제390조

일반적으로 주식회사 임시이사회는 필요에 따라 수시 개최를 원칙으로 한다. 이사회운영규정으로 임시이사회 소집일을 다음과 같이 정하여 운영한다.

[이사회운영규정]
제○조(이사회 소집) ② 임시이사회는 수시로 개최할 수 있다. 다음의 날에 임시이사회를 소집한다.
 1. 의장의 이사회 소집이 있는 날
 2. 이사와 감사의 전원 동의로 이사회 소집이 있는 날
 3. 감사가 이사회 소집을 요청한 날

4 이사회의 소집통지

소집통지의 기한

① 이사회를 소집함에는 이사회 소집의 일자를 정하고 그 1주간 전에 각 이사와 감사에게 통지를 발송하여야 한다. 그러나 그 기간은 정관으로 단축할 수 있다(상법 390조3항).

② 다만, 이사와 감사 전원의 동의가 있는 때에는 언제든지 이사회를 개최 할 수 있다(상법 제390조4항).

구분	이사회 소집통지 기한	법규
이사회 소집통지	• 이사회일 1주간 전에 소집의 서면 또는 전자문서 통지 • 언제든지 이사와 감사의 전원 동의에 의한 이사회 소집	상법 제390조

회의목적사항의 기재 여부

회의목적사항의 기재의무

이사회 소집에 정관이나 이사회운영규정으로 소집통지서에 회의목적 사항을 기재하도록 정한 경우 이사회소집통지서에 회의목적사항을 기재하여야 한다(대법원 전계판결).

회의목적사항의 기재 예외

상법은 이사회의 소집에 회의목적사항의 통지를 규정하고 있지 않다(상법제390조). 또한, 정관이나 이사회의 규정으로 이사회의 정함이 없는 경우 이사회의 소집을 통지할 때는 회의목적사항을 함께 통지하지 아니하여도 된다(대법원 2011.6.24. 선고 2009다35033 판결).

Chapter 2

이사회 결의와 결의사항

1 이사회의 결의사항

상법상 주식회사 이사회에서 결의하는 주요 사항은 다음과 같다.

구분	이사회의 결의사항
이사회 결의	① 주주총회의 소집은 이사회가 이를 결정한다(상법 제362조). ② 대표이사는 이사회의 결의로 선정한다(상법 제389조). ③ 이사회 소집권자를 이사회의 결의로 정할 수 있다(상법 제390조). ④ 지점의 설치·이전 또는 폐지 등은 이사회의 결의로 한다(상법 393조). ⑤ 중요한 자산의 처분 및 양도, 대규모 재산의 차입 등은 이사회의 결의로 한다(상법 393조). ⑥ 준비금의 자본금에 전입은 이사회의 결의로 한다(상법 제461조). ⑦ 주주총회 의결권행사의 전자적 방법의 이사회의 결의로 정한다(제368조의4). ⑧ 이사는 이사회의 승인이 없이 타사의 임직원이 될 수 없다(제397조). ⑨ 기타 상법 및 정관에서 이사회의 결의로 정한 사항.

2 이사회의 결의기준

◉ 이사회의 결의요건

이사회의 결의는 이사의 과반수 출석과 출석이사의 과반수의 동의로 결의하여야 한다. 그러나 정관으로 그 비율을 높게 정할 수 있다(상법 제391조1항)

이사회의 결의요건은 정관으로 그 비율을 높일 수 있으나, 비율을 낮게 정하는 것은 허용하지 않는다. 또한, 이사회운영규정으로 결의요건을 강화할 수는 없다.

이사회 결의 기준	• 이사의 과반수 출석과 출석이사의 과반수 찬성

🌀 예시

이사회결의요건을 충족하려면 이사가 6명의 회사에서 4명 이상이 출석하여 출석한 4인 중에서 3인이 찬성하여야 결의가 성립한다.

이사 5명의 회사	• 4명 출석 2명 찬성 = 결의 미성립 • 3명 출석 2명 찬성 = 결의성립
이사 3명의 회사	• 3명 출석 2명 찬성 = 결의성립 • 2명 출석 = 이사회 미성립

🌐 이사회의 결의방법

① 정관에서 달리 정하는 경우를 제외하고, 이사회의 결의는 이사가 이사회에 직접 출석하여 결의하여야 한다(상법 제391조).

② 정관에서 이사회의 결의방법을 서면에 의한 결의 등을 정한 경우 이사는 이사회에 직접 출석한 것으로 본다(상법 제391조).

③ 정관에서 달리 정하는 경우를 제외하고, 이사회는 이사의 전부 또는 일부가 직접 회의에 출석하지 아니하고 모든 이사가 음성을 동시에 송수신하는 원격통신수단에 의하여 결의에 참가하는 것을 허용할 수 있다. 이 경우 당해 이사는 이사회에 직접 출석한 것으로 본다(상법 제391조2항).

구분	이사회 결의 방법	법규
이사회 결의	• 이사의 직접 출석에 의한 출석결의 • 이사의 정관규정에 의한 서면결의 • 이사의 원격통신수단에 의한 통신결의	상법 제391조

🌐 이해당사자의 결의제한

이사회의 결의에 관하여 특별한 이해관계가 있는 자는 의결권을 행사하지 못한다(상법 제391조3항).

• (예) 대표이사 선임 시 당사자는 결의에 참여하지 못한다.

이사회 의사록 작성과 사례

1 이사회 의사록의 작성의무

주식회사는 이사회를 소집하여 개최하면 그 소집일시와 장소, 이사회의 성립 여부, 이사회의 의사진행에 관한 경과요령과 그 결과 등을 의사록으로 작성하여야 한다. 이사회 의사록의 기재사항은 다음과 같다(상법 제391조의3).

의사록의 기재사항

이사회 의사록의 기재사항을 요약하면 다음과 같다.

《 이사회 의사록 기재사항 요약 》

구분	이사회 의사록 기재사항	법규
소집	• 이사회의 명칭 • 이사회의 소집일시와 장소 • 총의결권의 수와 출석의결권의 수	상법 제391조의3
개회	• 의장의 선임 • 이사회성립 여부와 개회선언	
의결	• 의사의 안건 • 의사의 경과요령과 그 결과(결의성립 여부) • 반대하는 자와 그 반대이유	
폐회	• 폐회선언과 폐회 시각	
증명	• 작성 연월일 • 출석한 이사와 감사의 기명날인 또는 서명	
첨부	• 이사회 구성원 명부	

의사록의 증명

상법은 이사회 의사록 작성에 기명날인 또는 서명으로 증명할 사람을 이사회에 출석한 이사와 감사로 하였다.

그러나 출석한 이사 중에서 일부가 의사록에 날인 또는 서명을 거부하는 경우, 날인 또는 서명한 이사들의 연명으로 그자가 날인을 거부한 사실 및 사유를 기재하고 인감을 날인하여 증명한다.

🔅 주주 열람권

주주는 영업시간 내에 이사회 의사록의 열람 또는 복사를 청구할 수 있다. (상법 391조의3 제3호)

회사는 열람 및 복사의 청구에 대하여 이유를 붙여 이를 거절할 수 있다. 이 경우 주주는 법원의 허가를 받아 이사회 의사록을 열람 또는 등사할 수 있다. (상법 391조의3 제4호)

② 이사회 의사록의 기재사항

이사회를 개최하면 회의 경과 요령 등을 이사회 의사록에 기재하여야 한다. 이사회의록의 작성 방법을 예시하면 다음과 같다.

🔅 소집일과 소집장소

이사회의 소집일과 소집장소는 의사록작성의 절대적 기재사항이다.

> (소집) ○○ 주식회사는 20○○년 ○월 ○○일 오전 ○○시 ○○분에 당사 본점 회의실에서 다음과 같이 이사회를 개최하다.

🔅 이사회성립과 개회선언

이사회의 성립요건은 의사록의 절대적 기재사항이다. 의결권이 있는 총이사의 수와 출석한 이사의 수를 기재하여, 이사회의 성립요건인 이사의 과반수 출석, 의결사항의 성립요건인 출석한 이사의 과반수 찬성에 필요한 이사의 수를 기재한다.

> (출석) - 총이사의 수 : ○명,　　　 - 출석이사의 수 : ○명
> (개회) 의장인 대표이사 ○○○은 위와 같이 ○○ 주식회사 이사의 출석으로 법정요건을 충족하여 이사회의 개최가 적법하게 성립되었음을 알리고 오전 ○○:○○시에 이사회의 개회를 선언하다.

🌐 안건의 상정과 결의

회의목적 사항인 이사회의 상정한 안건을 기재한다. 또한 그 결과를 찬성한 이사의 수와 함께 기재하여야 한다. 회의 안건의 경과와 결과는 의사록의 절대적 기재사항이다.

> (의결) 제1호 안건 : 임시주주총회 소집의 건
> 의장인 대표이사는 ○○○○년 ○○월 ○○일 사내이사 1명의 임기만료에 따라 이사의 선임을 위한 주주총회 소집 필요성을 설명하고 심의를 요청하여 출석이사 전원의 찬성으로 다음과 같이 주주총회를 소집할 것을 승인으로 가결하였다.
> 1. 의안 : 임시주주총회 소집
> 2. 일시 : ○○○○년 ○○월 ○○일 오전○○시
> 3. 장소 : ○○○도 ○○시 ○○로 당사 본점 회의실
> 4. 회의목적 사항 : 이사의 선임 건

🌐 폐회선언과 폐회시각

폐회 이유와 시각의 기재는 의사록의 절대적 기재사항이다.

> (폐회) 의장은 회의목적 사항인 의안 모두를 심의 및 결의하였음을 알리고, 이사회를 오전 ○○:○○시에 종료하고, 폐회를 선언하다.

🌐 의사록의 증명

이사회 의사록은 출석한 이사와 감사가 이사회 경과요령과 그 결과에 대한 사항을 확인하고 이를 기명날인 또는 서명으로 증명한다. 이는 의사록의 절대적 기재사항이다.

> (증명) 위와 같이 의사의 경과요령과 그 결과를 의사록으로 작성하고 출석한 이사와 감사가 기명날인 또는 서명으로 증명하다.
> 20○○년 ○월 ○○일
>
> ○○ 주식회사
> ○○○○시 ○○구 ○○로 ○○길
> 의장 겸 대표이사　○ ○ ○　(인)
> 사내이사　○ ○ ○　(인)
> 사내이사　○ ○ ○　(인)
> 감　　사　○ ○ ○　(인)

❸ 이사회 의사록의 효력

① 이사회 의사록은 이사회에 출석한 이사와 감사가 기명으로 날인 또는 서명하여야 한다(제391조의3).

② 출석한 이사와 감사의 이사회 의사록 기명날인은 필수이다. 감사의 기명날인이 없는 이사회 의사록은 효력이 없다. 다만, 출석한 이사 또는 감사가 날인을 거부하거나 감사가 출석하지 않아 날인 또는 서명할 수 없는 경우 그 사유를 의사록에 기재하여 출석한 이사가 연명으로 기재하고 인감으로 날인하여 증명하여야 한다.

③ 다만, 자본금 10억원 이하의 회사로 정관에 감사를 두지 않음을 규정한 회사는 감사가 없으므로 기명날인할 수 없으므로 감사를 두지 않은 근거 규정을 의사록에 기재한다.

❹ 이사회 의사록의 작성예시

이사회 의사록의 작성을 예시하면 다음과 같다.

이사회 의사록

(소집) ○○ 주식회사는 20○○년 ○월 ○○일 오전 ○○시 ○○분에 당사 본점 회의실에서 다음과 같이 이사회를 소집하여 개최하다.

(출석)   - 총이사 수 : ○명,   - 출석이사 수 : ○명
              - 총감사 수 : ○명,   - 출석감사 수 : ○명

(개회) 의장인 대표이사 ○○○은 위와 같이 ○○ 주식회사 이사의 출석으로 법정요건을 충족하여 이사회의 개최가 적법하게 성립되었음을 알리고 오전 ○○:○○시에 개회를 선언하다.

(의결) 제1호 안건 : 임시주주총회 소집의 건
의장인 대표이사는 ○○○○년 ○○월 ○○일 사내이사 1명의 임기만료에 따라 이사의 선임을 위한 주주총회 소집 필요성을 설명하고 심의와 결의를 요청하여 출석이사 전원의 찬성으로 주주총회의 소집을 다음과 같이 할 것을 승인으로 가결하였다.
 1. 의안 : 임시주주총회 소집
 2. 일시 : ○○○○년 ○○월 ○○일 오전○○시
 3. 장소 : ○○○도 ○○시 ○○로 당사 본점 회의실
 4. 회의목적 사항 : 이사의 선임 건

(폐회) 의장은 의안 모두를 심의 및 결의하였음으로 회의를 종료하고 오전 ○○:○○시에 폐회를 선언하다.

(증명) 위 의사의 안건, 경과요령, 그 결과, 반대하는 자와 그 반대이유를 사실임을 이 의사록을 작성하고 출석한 이사와 감사가 기명날인 또는 서명으로 증명하다.
                        202○년 ○월 ○○일
                        ○○ 주식회사
                ○○○○시 ○○구 ○○로 ○○길
                        의장 겸 대표이사   ○ ○ ○   (인)
                        사내이사   ○ ○ ○   (인)
                        사내이사   ○ ○ ○   (인)
                        감   사   ○ ○ ○   (인)

PART
06

임원 관련 업무관리

이사와 대표이사 선임 등

1 이사의 선임

✸ 이사의 선임 절차 요약

주식회사 이사의 선임 절차를 예시하면 다음과 같다.

《 주식회사 이사의 선임 절차 요약 》

절차	일정	업무 사항
이사회 소집	- 21 (0)	• 이사회일 1주일 전에 이사회 소집통지 • (이사와 감사의 전원 동의 시 언제든지 소집 가능)
이사회 개최	- 14 (0)	• 총회일 2주 전에 이사회의 개최 • 주주총회 소집의 이사회 결의
주총소집통지	- 14 (0)	• 총회일 2주 전에 총회소집통지 • (총회소집 주주전원동의)
주주총회 개최	0	• 총회성립요건: 발행주식 총수의 4분의 1 이상의 주주출석
이사선임총회결의	0	• 총회 보통결의사항 • 선임결의: 출석 주주의 과반수의 수 이상, 발행주식 총수의 4분의 1 이상
이사선임결의서 적성	0	• 주주총회 의사록 작성 • 출석 이사의 기명날인
이사의 등기	+14	• 공증인 인증(법률사무소) • 관할법원 등기소의 법인등기부 등기

이사의 선임 총회결의

① 주식회사 이사의 선임은 주주총회의 결의에 의하여야 한다(상법 제382조).

② 이사의 선임은 보통결의로 출석한 주주의 의결권의 과반수의 수와 발행주식 총수의 4분의 1 이상의 수로써 한다(상법 제368조1항).
- 출석한 주주의 의결권의 과반수의 수
- 발행주식 총수의 4분의 1 이상의 수

총회소집의 요건

① 주식회사 주주총회의 소집은 이사회가 결정한다(상법 제361조).

② 자본금 총액이 10억원 미만인 회사는 주주 전원의 서면 동의가 있으면 소집 절차를 생략하고 주주총회를 개최할 수 있다(상법 제363조4항).

구분	총회소집요건	법규
총회소집	• 이사회의 결의로 총회소집	상법§361
	• 자본금 10억원 미만 회사는 총주주의 서면 동의로 총회를 소집할 수 있다.	상법§363④

이사의 원수

주식회사의 이사는 3명 이상이어야 한다. 다만, 자본금 총액이 10억원 미만인 회사는 1명 또는 2명으로 할 수 있다(상법 제383조1항).

구분	이사의 원수	법규
자본금 10억원 이상 주식회사	3인 이상	상법§383①
자본금 10억원 미만 주식회사	1인 이상	

이사의 임기

① 이사의 임기는 3년을 초과하지 못한다(상법 제383조2항). 다만, 이사의 임기는 정관으로 정하여 그 임기 중의 최종의 결산기에 관한 정기주주총회의 종결에 이르기까지 연장할 수 있다(상법 제383조3항)

② 법률 또는 정관에 정한 이사의 원수를 결한 경우에는 임기의 만료 또는 사임으로 인하여 퇴임한 이사는 새로 선임된 이사가 취임할 때까지 이사의 권리의무가 있다(상법 제386조1항).

구분	이사의 임기 내용	법규
이사의 임기	• 선임 및 승낙일로부터 3년 • 정관으로 정한 임기 만료기간의 최종결산기까지 • 임기만료 이사는 새로 선임된 이사의 취임일까지	상법§383③

② 이사의 직무

🔹 이사의 의무

이사는 법령과 정관의 규정에 따라 회사를 위하여 그 직무를 충실하게 수행하여야 한다. (상법§382조의3)

이사는 재임중 뿐만 아니라 퇴임후에도 직무상 알게 된 회사의 영업상 비밀을 누설하여서는 아니된다. (상법§382조의4)

🔹 이사의 경업금지

이사는 이사회의 승인이 없으면 자기 또는 제삼자의 계산으로 회사의 영업부류에 속한 거래를 하거나 동종영업을 목적으로 하는 다른 회사의 무한책임사원이나 이사가 되지 못한다. (상법§397①)

🔹 이사회의 소집

• 관련법률 : 상법§390

① 이사회는 각 이사가 소집한다. 그러나 이사회의 결의로 소집할 이사를 정한 때에는 그러하지 아니하다.

② ①의 단서 규정에 의하여 소집권자로 지정되지 않은 다른 이사는 소집권자인 이사에게 이사회 소집을 요구할 수 있다. 소집권자인 이사가 정당한 이유없이 이사회 소집을 거절하는 경우에는 다른 이사가 이사회를 소집할 수 있다.

③ 이사회를 소집함에는 회일을 정하고 그 1주간전에 각 이사 및 감사에 대하여 통지를 발송하여야 한다. 그러나 그 기간은 정관으로 단축할 수 있다.

④ 이사회는 이사 및 감사 전원의 동의가 있는 때에는 언제든지 회의할 수 있다.

⚙ 이사회의 결의방법

- 관련법률 : 상법§392

① 이사회의 결의는 이사과반수의 출석과 출석이사의 과반수로 하여야 한다. 그러나 정관으로 그 비율을 높게 정할 수 있다.

② 정관에서 달리 정하는 경우를 제외하고 이사회는 이사의 전부 또는 일부가 직접 회의에 출석하지 아니하고 모든 이사가 음성을 동시에 송수신하는 원격통신수단에 의하여 결의에 참가하는 것을 허용할 수 있다. 이 경우 당해 이사는 이사회에 직접 출석한 것으로 본다.

⚙ 이사회의 권한

- 관련법률 : 상법§393

① 회사의 중요한 자산의 처분 및 양도, 대규모 재산의 차입, 지배인의 선임 또는 해임과 지점의 설치·이전 또는 폐지 등 회사의 업무집행은 이사회의 결의로 한다.

② 이사회는 이사의 직무의 집행을 감독한다.

③ 이사는 대표이사로 하여금 다른 이사 또는 피용자의 업무에 관하여 이사회에 보고할 것을 요구할 수 있다.

④ 이사는 3월에 1회 이상 업무의 집행상황을 이사회에 보고하여야 한다.

임시주주총회 의사록

(소집) ○○주식회사는 ○○○○년 ○월 ○○일 ○○시 본점 회의실에서 다음과 같이 임시주주총회를 개최하다.

(출석)　　　주주총수　　○○명　　　발행주식총수　　　○○○○주
　　　　　　출석주주수　○○명　　　출석주주 주식수　○○○○주
　　　　　　(별지1) 출석주주명부

(개회) 의장인 대표이사 ○○○는 정관에 따라 총회의장으로서 총회가 위와 같이 주주의 출석으로 법정요건을 충족하여 적법하게 성립되었음을 알리고 개회를 선언한 후 다음의 의안을 상정하여 심의와 결의를 요청하다(개회시각　○○시　○○분).

(의결)
제1호 의안: 사내이사 선임 건
　의장은 사내이사의 선임 필요성을 설명하고 ○○○를(을) 사내이사로 선임할 것을 심의 및 결의를 요청하여 출석주주 전원의 찬성으로 선임을 가결하다. 성명 ○○○는 사내이사 선임을 즉석에서 승낙하다.
(별지2) 사내이사취임승낙서

(폐회) 의장은 총회 의안을 모두 심의하였음을 알리고 폐회를 선언하다(폐회시각 ○○시 ○○분).
위 의사의 경과요령과 그 결과를 정확히 하기 위하여 의사록을 작성하고 의장과 출석한 이사가 기명날인 또는 서명으로 증명하다.

2020○년 ○월 ○○일
주식회사 ○○
(소재지) ○○○○시 ○○구 ○○로 ○○길

의장 겸 대표이사 ○　○　○　　(인)
사내이사 ○　○　○　　(인)
사내이사 ○　○　○　　(인)

⏩ 사내이사 취임승낙서

(사내이사) 취임승낙서

본인은 주식회사 ○○○○ 주주총회에서 20○○년 ○○월 ○○일에 사내이사로 선임하였기에 이를 승낙합니다.

20○○년 ○○월 ○○일

	인감

사내이사 성명○○○(주민등록번호)

○○주식회사 귀중

---

③ 이사의 해임

⏩ 이사의 해임 특별결의

이사는 언제든지 주주총회의 특별결의로 이를 해임할 수 있다(상법§385①). 이사를 해임할 때는 총회에서 주주의 의결권의 3분의 2 이상의 수와 발행주식 총수의 3분의 1 이상의 수로써 하여야 한다(상법§434).

구분	이사의 원수	법규
이사의 해임	• 출석한 주주의 의결권의 3분의 1 이상과 발행주식 총수의 3분의 2 이상의 수	상법§434

⏩ 이사의 해임 법원 청구

이사가 그 직무에 관하여 부정행위 또는 법령이나 정관에 위반한 중대한 사실이 있음에도 불구하고 주주총회에서 그 해임을 부결한 때에는 발행주식의 총수의 100분의 3 이상에 해당하는 주식을 가진 주주는 총회의 결의가 있는 날부터 1월내에 그 이사의 해임을 법원에 청구할 수 있다. (상법§385②)

● 이사의 임기 내 해임의 손해배상청구권

이사의 임기를 정한 경우에 정당한 이유없이 그 임기만료전에 이를 해임한 때에는 그 이사는 회사에 대하여 해임으로 인한 손해의 배상을 청구할 수 있다. (상법 §385①)

④ 대표이사의 선임

● 대표이사 선임 절차

대표이사는 주주총회에서 선임한 이사 중에서 이사회에서 선임한다. 이사회의 대표이사 선임 등 절차는 다음과 같다.

《 주식회사 대표이사 선임 절차 》

절차	일정	업무 사항
이사회소집통지	- 7 (0)	• 이사회 소집 1주일 전에 소집통지 (이사회 소집 이사감사 전원 동의 시 언제든지 소집 가능)
이사회 소집	0	• 이사회 소집 법정 요건 (이사의 과반수 출석)
대표이사 선임	0	• 출석이사 과반수 찬성
대표이사 선임 결의서	0	• 대표이사 선임 이사회 의사록 • 대표이사 취임승낙서
공증인 인증	+ 14	공증인사무소(공증인법률사무소) • 이사선임 주주총회 의사록 • 이사취임승낙서 • 대표이사 선임 이사회 의사록 • 대표이사 취임승낙서
대표이사 등기	+ 14	• 관할등기소 대표이사 변경등기

🔵 대표이사의 선임요건

① 대표이사는 정관에 특별히 정하지 아니한 이사회에서 선임한다(상법§389①).

② 대표이사는 주주총회에서 선임한 이사 중에서 이사회에서 1인 또는 2인 이상 수인의 대표이사가 공동으로 회사를 대표할 것을 정할 수 있다(상법§389②).

③ 대표이사 선임을 위한 이사회의 결의는 이사 과반수 출석과 출석이사 과반수 찬성으로 선임을 결의한다(상법§391①).

구분	대표이사 선임 관련 내용	법규
선임기관	• 이사회의 결의로 선임	상법§389①
대표이사의 수	• 1인 이상 수인	상법§389②
이사회결의요건	• 이사 과반수 출석과 출석이사 과반수 찬성으로 선임	상법§391①

🔵 대표이사의 임기

이사의 임기는 3년을 초과하지 못한다(상법 제383조2항). 다만, 이사의 임기는 정관으로 그 임기 중의 최종의 결산기에 관한 정기주주총회의 종결에 이르기까지 연장할 수 있다(상법 제383조3항).

● 대표이사 선임결의서 작성예시

이사회 의사록

(소집) ○○주식회사는 ○○○○년 ○월 ○○일 ○○시에 본점 회의실에서 다음과 같이 이사회를 개최하다.

- 총이사 수 : ○명,   - 출석이사 수 : ○명
- 총감사 수 : ○명,   - 출석감사 수 : ○명

(별지1) 출석이사(이사회) 명부

(개회) 사내이사 ○○○을(를) 임시의장으로 선출하여 의사진행을 하다. 임시의장은 ○○주식회사 이사회 구성원이 위와 같이 출석하여 이사회의 법정요건을 충족하여 성립되었음을 알리고 개회를 선언하다. (개회시각 ○○시 ○○분).
대표이사 선임을 위한 의안을 회의에 부쳐 다음과 같이 의안을 심의하다.

(의결)   제1호 의안 : 대표이사의 선임 건
임시의장은 ○○○○년 ○월 ○○일에 대표이사 김○○의 임기가 만료로 대표이사 선임의 필요성을 설명하고, 박○○을 대표이사로 선임할 것을 심의 및 결의를 요청하여 출석이사 전원의 찬성으로 승인으로 가결하다. 성명 박○○은 대표이사 선임을 즉석에서 승낙하다.
(별지2) 대표이사 취임승낙서

(폐회) 임시의장은 이사회 회의목적사항 모두를 심의 및 결의하였음을 알리고 폐회를 선언하다(폐회시각 ○○시 ○○분).

위 의사의 안건과 경과요령을 이 의사록을 작성하고 출석한 이사와 감사가 기명날인 또는 서명으로 사실임을 증명하다.

○○○○년   ○○월   ○○일

주식회사 ○○○○
(소재지) ○○○○시 ○○구 ○○로 ○○길
의장 사내이사   ○ ○ ○   (인)
사내이사   ○ ○ ○   (인)
사내이사   ○ ○ ○   (인)
감   사   ○ ○ ○   (인)

대표이사 취임승낙서

(대표이사) 취임승낙서

본인은 주식회사 ○○○○ 이사회에서 20○○년 ○○월 ○○일에 대표이사로 선임하였기에 이를 승낙합니다.

20○○년 ○○월 ○○일

대표이사 : 성명○○○(주민등록번호)

인감	

○○주식회사 귀중

---

5 대표이사의 해임

이사 해임의 총회결의

대표이사는 주주총회에서 이사로 선임하므로 주주총회에서 그 해임을 의결할 수 있다. 주주총회에서 이사의 지위를 상실하면 자동으로 대표이사의 지위도 상실한다. 주주총회의 이사의 해임은 특별결의로 언제든지 특별한 사유가 없더라도 특별결의 정족수 법정 요건으로 해임할 수 있다. (상법§385①)

이사 해임의 손해배상청구권

주주총회에서 이사 해임 결의하면 대표이사는 이사의 지위를 상실하지만, 정당한 이유 없이 임기 만료 전에 해임하면 이사는 손해배상으로서 급여의 지급을 임기 만료 시까지 청구할 수 있다. (상법§385①)

대표이사 해임의 이사회 결의

대표이사는 이사회에서 선임하면 그 해임을 의결할 수 있다. 대표이사를 이사회에서 해임하는 경우 대표이사 해임에 관한 정족수는 정관에 따르되, 정관에 특별히 정한 규정이 없으면 상법에 따른다. 대표이사에서 해임되면, 대표이사직만 상실되고 이사의 지위는 유지된다.

> **상법** 제391조(이사회의 결의방법) ①이사회의 결의는 이사과반수의 출석과 출석이사의 과반수로 하여야 한다. 그러나 정관으로 그 비율을 높게 정할 수 있다.

🔅 대표이사 해임의 손해배상 불가

이사회 결의에 의한 대표이사 해임은 상법상 손해배상으로 인한 급여 지급 의무가 없다. 대표이사가 해임되어서 무보수, 비상근 이사가 되어도 마찬가지이다. (대법 2004다25123)

Chapter 2

감사의 선임 등

1 감사의 선임

감사의 선임 절차

주식회사 감사의 선임 등 절차를 예시하면 다음과 같다.

《 주식회사의 감사선임 절차 》

절차	일정	업무 사항
이사회소집통지	- 21 (0)	• 이사회 소집일 1주간 전에 소집통지 • 언제든지 이사와 감사의 전원 서면 동의에 의한 이사회 소집 가능
이사회 소집	- 14	• 총회소집 2주간 전에 총회소집 결의
총회소집통지	- 14 (0)	• 총회일 2주간 전에 총회소집통지 • (주주전원동의 시 언제든지 총회소집 가능)
주주총회 소집	0	(총회소집정족수) • 발행주식 총수의 4분의 1 이상의 주주출석
감사의 선임	0	• 총회 보통결의사항 • 선임결의: 출석주주의 과반수의 수 이상, 발행주식 총수의 4분의 1 이상 • 의결권 제한 : 발행주식 총수의 3%를 초과하는 주식을 소유한 주주는 3% 이내만 의결권 행사
감사선임결의서	0	• 주주총회 의사록 작성
감사의 등기	+14	• 공증인 인증(공증(법률)사무소 • 관할법원 등기소 • 법인등기부등본

감사의 선임요건

① 주식회사는 자본금 총액 10억원 이상이고 자산총액 1천억원 미만인 주식회사는 상장회사 여부를 불문하고 감사를 선임하거나 감사위원회를 설치하여야 한다. 감사위원회를 설치한 경우에는 감사를 둘 수 없다. (상법§415조의2①)

② 주식회사의 감사는 주주총회에서 선임한다(상법 제409조1항). 감사의 선임은 이사의 선임과 별도로 각각의 선임 의안으로서 총회에 부쳐 의결하여야 한다.

② 주식회사 감사의 선임은 보통결의로 출석한 주주의 의결권의 과반수의 수와 발행주식 총수의 4분의 1 이상의 수로써 한다. (상법 제368조1항)

구분	감사 선임 관련 내용
감사 선임 의무	• 자본금 총액 10억원 이상 자산총액 1천억원 미만 주식회사
감사선임의안 별도결의	• 감사선임의안은 이사선임의안과 별도로 총회의결로 한다.
감사선임결의 정족수	• 출석주주 의결권 과반수와 발행주식총수의 4분의 1 이상

감사의 선임 의결권 제한

감사를 선임할 때 의결권 없는 주식을 제외한 발행주식의 총수의 100분의 3을 초과하는 수의 주식을 가진 주주는 그 초과하는 주식에 관하여 제1항의 감사의 선임에 있어서는 의결권을 행사하지 못한다(상법 제409조2항).

《 감사선임의 주총결의 가결 및 부결 예 》
• (예) 발행주식 총수 : 10,000주, (3% 초과 주주 의결권주식 수 : 300주)
• (예) 총주주와 총주주주식 수 :
     - A주주 : 6,000주(의결권 300주)   - B주주 : 2,000주(의결권 300주)
     - C주주 : 1,500주(의결권 300주)   - D주주 : 500주(의결권 300주)
• 의결권 총주식 수 : 의결권 300×4명 = 1,200주(전원출석 시 과반수 의결권 601주)
※감사 선임 시 주주 2인(의결권 600주)이 반대하면, 과반수(601주) 부족으로 부결됨

감사의 선임 예외

① 자본금의 총액이 10억원 미만인 회사의 경우에는 감사를 선임하지 아니할 수 있다(상법 제409조4항).

② 자본금 10억원 미만의 회사가 감사를 선임하지 아니한 경우에는 감사의 역할 (이사의 직무보고, 총회의 소집요구, 이사회의 소집요구 등)은 주주총회가 한다(상

법 제409조6항).

구분	주식회사 감사의 선임 예외
주식회사의 감사	• 자본금 총액 10억원 미만 주식회사

감사의 임기

감사의 임기는 취임 후 3년 내의 최종의 결산기에 관한 정기총회의 종결시까지로 한다(상법 제410조).

② 감사의 직무

겸임금지

감사는 회사 및 자회사의 이사 또는 지배인 기타의 사용인의 직무를 겸하지 못한다(상법§411).

감사의 직무와 보고요구, 조사의 권한

① 감사는 이사의 직무의 집행을 감사한다.

② 감사는 언제든지 이사에 대하여 영업에 관한 보고를 요구하거나 회사의 업무와 재산상태를 조사할 수 있다.

③ 감사는 회사의 비용으로 전문가의 도움을 구할 수 있다.

• 관련법률 : 상법§412

이사의 보고의무 등

이사는 회사에 현저하게 손해를 미칠 염려가 있는 사실을 발견한 때에는 즉시 감사에게 이를 보고하여야 한다. (상법§412조의2)

총회의 소집청구

감사는 회의의 목적사항과 소집의 이유를 기재한 서면을 이사회에 제출하여 임시총회의 소집을 청구할 수 있다. (상법§412조의3)

감사의 이사회 소집 청구

감사는 필요하면 회의의 목적사항과 소집이유를 서면에 적어 이사(소집권자가 있는 경우에는 소집권자를 말한다. 이하 이 조에서 같다)에게 제출하여 이사회 소집을 청구할 수 있다. 또한, 청구를 하였는데도 이사가 지체 없이 이사회를 소집하지 아니하면 그 청구한 감사가 이사회를 소집할 수 있다.

- 관련법률 : 상법§412조의4

조사·보고의 의무

감사는 이사가 주주총회에 제출할 의안 및 서류를 조사하여 법령 또는 정관에 위반하거나 현저하게 부당한 사항이 있는지의 여부에 관하여 주주총회에 그 의견을 진술하여야 한다. (상법§413조)

감사록의 작성

① 감사는 감사에 관하여 감사록을 작성하여야 한다.
② 감사록에는 감사의 실시요령과 그 결과를 기재하고 감사를 실시한 감사가 기명날인 또는 서명하여야 한다.

- 관련법률 : 상법§413조의2

감사의 책임

① 감사가 그 임무를 해태한 때에는 그 감사는 회사에 대하여 연대하여 손해를 배상할 책임이 있다.
② 감사가 악의 또는 중대한 과실로 인하여 그 임무를 해태한 때에는 그 감사는 제삼자에 대하여 연대하여 손해를 배상할 책임이 있다.
③ 감사가 회사 또는 제삼자에 대하여 손해를 배상할 책임이 있는 경우에 이사도 그 책임이 있는 때에는 그 감사와 이사는 연대하여 배상할 책임이 있다.

- 관련법률 : 상법§414

(임시) 주주총회 의사록

(소집)

○○주식회사는 ○○○○년 ○월 ○○일 ○○시 본점 회의실에서 다음과 같이 임시주
주총회를 개최하다.

(출석)

주주 총수 ○○명	발행주식총수	○○○○주
출석주주 수 ○○명	출석주주의결권 주식수	○○○○주

(별지1) 출석 주주명부

(개회)

정관에 따라 총회의장인 대표이사 ○○○는 위와 같이 주주출석으로 법정요건을 충족하
여 총회가 적법하게 성립되었음을 알리고, 오전 ○○시 ○○분에 개회를 선언하다.

(의결)

제1호 의안: 감사 선임의 건

의장은 2○○○년 ○○월 ○○일 감사의 임기 만료에 따라 성명 ○○○을 감사로 선임
을 총회 상정하여 심의 및 결의를 요청하여 출석한 주주 전원의 찬성으로 선임으로 가결
하다. 성명 ○○○는 감사의 선임을 승낙하다.

(별지2) 감사취임승낙서

(폐회)

의장은 총회 의안을 모두 심의하였음을 알리고 폐회를 선언하다.

(폐회시각 ○○시 ○○분)

위 의사의 경과요령과 그 결과를 정확히 하기 위하여 의사록을 작성하고 의장과 출석한
이사가 기명날인 또는 서명으로 증명하다.

○○○○년 ○월 ○○일

○○주식회사

(소재지) ○○○○시 ○○구 ○○로 ○○길

의장 겸 대표이사 ○ ○ ○　(인)

사내이사 ○ ○ ○　(인)

사내이사 ○ ○ ○　(인)

● (예시) 감사취임승낙서

(감사) 취임승낙서

본인은 주식회사 ○○○○ 주주총회에서 20○○년 ○○월 ○○일에 감사로 선임하였기
에 이를 승낙합니다.

20○○년 ○○월 ○○일

성명○○○(주민등록번호)

인 감	

○○주식회사 귀중

---

③ 감사의 해임

● 감사의 해임 특별결의

감사는 언제든지 주주총회의 특별결의로 이를 해임할 수 있다(상법§415). 이사를
해임할 때는 총회에서 주주의 의결권의 3분의 2 이상의 수와 발행주식 총수의 3분
의 1 이상의 수로써 하여야 한다(상법§434).

- 출석한 주주의 의결권의 3분의 1의 이사의 수
- 발행주식 총수의 3분의 2 이상의 수

● 감사의 해임 법원 청구

감사가 그 직무에 관하여 부정행위 또는 법령이나 정관에 위반한 중대한 사실이
있음에도 불구하고 주주총회에서 그 해임을 부결한 때에는 발행주식의 총수의 100
분의 3 이상에 해당하는 주식을 가진 주주는 총회의 결의가 있은 날부터 1월내에
그 이사의 해임을 법원에 청구할 수 있다(상법§415).

● 감사의 임기 내 해임의 손해배상청구권

이사의 임기를 정한 경우에 정당한 이유없이 그 임기 만료 전에 이를 해임한 때
에는 그 이사는 회사에 대하여 해임으로 인한 손해의 배상을 청구할 수 있다(상법
§415).

Chapter 3

집행임원과 비등기임원 선임 등

1 집행임원의 선임

집행임원의 선임 절차 요약

주시회사의 집행임원은 이사회 결의로 선임한다. 집행임원 선임 절차를 요약하면 다음과 같다.

《 집행임원의 선임 절차 요약 》

절차	일정	업무 사항
이사회의 소집통지	- 7 (0)	• 이사회의소집통지서 • 회의목적사항 기재 • (이사와 감사의 이사회 소집 전원동의서)
이사회의 개최	0	• 집행임원 선임 • 대표집행임원의 선임 • 출석이사 과반수 찬성
이사회 의사록 작성	0	• 집행임원 선임 • 대표집행임원의 선임 • 이사와 감사 기명날인
공증인 인증	+ 14	• 정관(집행임원설치규정 명시) • 집행임원 선임 이사회 의사록 • 집행임원 취임승낙서 • 대표집행임원 선임 및 취임승낙서
집행임원 등기	+ 14	• 관할등기소

⊕ 이사회의 결의방법

① 이사회의 결의는 이사과반수의 출석과 출석이사의 과반수로 하여야 한다. 그러나 정관으로 그 비율을 높게 정할 수 있다.

② 정관에서 달리 정하는 경우를 제외하고 이사회는 이사의 전부 또는 일부가 직접 회의에 출석하지 아니하고 모든 이사가 음성을 동시에 송수신하는 원격통신수단에 의하여 결의에 참가하는 것을 허용할 수 있다. 이 경우 당해 이사는 이사회에 직접 출석한 것으로 본다.

- 관련 법률 : 상법§391

② 집행임원제도

① 집행임원은 이사회가 결정한 사항을 실무에서 집행하는 임원이다. 집행임원 설치회사는 이사회가 의사결정과 감독 기능을 갖고, 업무집행 기능은 집행임원에게 맡기게 된다.

② 집행임원 설치회사와 집행임원의 관계는 "민법" 중 위임에 관한 규정을 준용한다. (상법 제408조의2)

③ 집행임원 설치회사는 대표이사를 둘 수 없으며, 이사회에서 이사회 의장을 선임하여 집행임원의 업무집행을 지휘 및 감독한다.

⊕ 집행임원의 설치

주식회사는 집행임원을 둘 수 있다. 다만, 집행임원 설치회사는 대표이사를 두지 못한다. (상법 제408조의2①)

구분	설치 규정
집행임원의 설치	• 정관 규정에 의한 집행임원 설치

⊕ 집행임원의 선임

집행임원 설치회사는 집행임원을 이사회에서 선임한다(상법 제408조의2 제3항).

회사는 2명 이상의 집행임원이 선임된 경우에는 이사회 결의로 집행임원 설치회사를 대표할 대표집행임원을 선임하여야 한다. 다만, 집행임원이 1명인 경우에는 그 집행임원이 대표집행임원이 된다(상법 제408조의5).

구분	선임기관
집행임원의 선임	• 이사회 결의에 의한 집행임원의 선임 • 2명 이상의 집행임원은 대표집행임원을 이사회의 결의로 선임

집행임원의 임기

집행임원의 임기는 정관에 다른 규정이 없으면 2년을 초과하지 못한다. 임기는 정관에 그 임기 중의 최종 결산기에 관한 정기주주총회가 종결한 후 가장 먼저 소집하는 이사회의 종결 시까지로 정할 수 있다. (상법 제408조의3 제1항, 제2항).

구분	집행임원의 임기
집행임원의 임기	• 선임일로부터 2년 • 선임일로부터 2년 초과 시 최종결산기 종결 후 최초 이사회소집일까지

이사회 의장 선임과 대표이사 제한

① 집행임원 설치(등기)회사는 대표이사를 두지 못한다. (상법 제408조의2 제1항)

② 집행임원 설치회사는 이사회의 회의를 주관하기 위하여 이사회 의장을 두어야 한다. 이 경우 이사회 의장은 정관의 규정이 없으면 이사회 결의로 선임한다 (상법 제408조의2 제4항).

구분	의무사항
집행임원 설치회사	• 대표이사 선임의 제한 • 이사회 의장의 선임 의무

집행임원의 등기

집행임원 설치회사는 집행임원을 선임한 경우에는 집행임원과 대표집행임원을 등기하여야 한다. 등기사항은 다음과 같다(상법 제317조2항9호10호).

1. 집행임원의 성명과 주민등록번호
2. 회사를 대표할 집행임원의 성명·주민등록번호 및 주소
3. 둘 이상의 대표집행임원이 공동으로 회사를 대표할 것을 정한 경우에는 그 규정

🔹 집행임원 설치회사의 이사회

집행임원 설치회사의 이사회는 다음의 권한을 갖는다(상법 제408조의2).

구분	이사회 권한
집행임원 설치회사 이사회 권한	1. 집행임원과 대표집행임원의 선임·해임 2. 집행임원의 업무집행 감독 3. 집행임원과 집행임원 설치회사의 소송에서 집행임원 설치회사를 대표할 자의 선임 4. 집행임원에게 업무집행에 관한 의사결정의 위임(이 법에서 이사회 권한사항으로 정한 경우는 제외한다) 5. 집행임원이 여러 명인 경우 집행임원의 직무 분담 및 지휘·명령관계, 그 밖에 집행임원의 상호관계에 관한 사항의 결정 6. 정관에 규정이 없거나 주주총회의 승인이 없는 경우 집행임원의 보수 결정

🔹 집행임원의 보고의무

① 집행임원은 3개월에 1회 이상 업무의 집행상황을 이사회에 보고하여야 한다. 이 외에도 이사회의 요구가 있으면 언제든지 이사회에 출석하여 요구한 사항을 보고하여야 한다. (상법 제408조의6①②)

② 이사는 대표집행임원으로 하여금 다른 집행임원 또는 피용자의 업무에 관하여 이사회에 보고할 것을 요구할 수 있다. (상법 제408조의6③)

🔹 집행임원의 직무

집행임원의 권한은 다음의 사항으로 한다. (상법 제408조의4)

1. 집행임원 설치회사의 업무집행

2. 정관이나 이사회의 결의에 의하여 위임받은 업무집행에 관한 의사결정

임원·이사 또는 감사와 연대하여 배상할 책임이 있다. (상법 제408조의8③)

🔹 집행임원의 해임

주식회사 집행임원의 해임은 이사회에서 과반수의 과반수 결의로 한다(상법 제408조의2③1).

③ 비등기임원의 선임 등

비등기임원의 이해

비등기임원이란 법인등기부에 등재할 수 없는 임원으로 주주총회에서 이사, 감사 또는 이사회에서 집행임원으로 선임하고 법인등기부에 등재하지 않은 미등기임원을 포함한다.

비등기임원의 선출

회사는 업무상 필요에 의하여 비등기임원을 둘 수 있다. 비등기임원은 주주총회 또는 이사회에서 선출할 수 있으나 일반적으로 이사회에서 선출한다. 비등기임원의 선임은 집행임원의 선임 규정을 준용한다.

- 비등기임원의 선임 : 총회 또는 이사회 결의에 의한 선임

비등기임원의 임기

비등기임원의 임기는 정관에 다른 규정이 없으면 2년을 초과하지 못한다. 비등기임원의 임기는 집행임원의 임기를 준용한다.

- 비등기임원의 임기 : 선임일로부터 2년

비등기임원의 해임

비등기임원은 해임은 이사회에서 과반수의 결의로 한다. 다만, 주주총회에서 선임과 해임을 정한 경우 주주총회의 결의로 해임한다. 비등기임원의 해임은 집행임원의 해임 규정을 준용한다.

- 비등기임원의 해임 : 총회 또는 이사회 결의에 의한 선임

Chapter 4

임원의 보수와 퇴직금 등

① 이사의 보수 결정과 지급

주식회사 이사의 보수는 정관에 그 액을 정하지 아니한 때에는 주주총회의 결의로 이를 정한다(상법 제388조).

구분	이사의 보수결정 방법	비고
이사의 보수	• 정관에 직접 규정 • 주주총회의 결의로 정관에 위임규정 • 정관의 위임으로 주주총회의 결의로 결정	상법§388

정관의 이사보수결정 위임규정

주식회사 이사의 보수액을 정관에 주주총회의 결의로 위임을 하는 규정을 예시하면 다음과 같다.

[정 관]
제○○조(이사의 보수) 이사의 보수는 주주총회의 결의로 그 한도를 정한다.

정관의 이사보수결정 직접규정

주식회사 이사의 보수액을 정관에 직접 명시하여 규정하는 규정을 예시하면 다음과 같다.

[정 관]
제○○조(이사의 보수) 이사의 1년간 보수총액 및 최고한도액은 다음과 같다.

구분	연간 (1.1.~12.31.)
이사의 수	5명
보수총액 및 최고한도액	5억 원

주주총회의 이사보수 결정

주식회사 이사의 보수액을 정관의 위임으로 주주총회의 결의로 정할 때 그 결의 방법을 예시하면 다음과 같다.

[주주총회 의사록]

제○호 의안 : 이사의 보수한도 승인의 건
의장은 당기 이사의 보수한도를 다음과 같이 상정하고 심의 및 결의를 요청하여, 출석 주주 전원이 찬성하여 승인으로 가결하다.

구분	전기 (2022)	당기 (2023)
이사의 수	5명	5명
보수총액 및 최고한도액	5억 원	5억 원

이사의 보수 지급기준

① 주식회사 이사의 보수는 정관에 그 액을 정하지 아니한 때에는 주주총회의 결의로 이를 정한다(상법 제388조). 그러므로 이사의 개별보수도 정관 또는 정관의 위임으로 주주총회의 결의로 정하여야 한다.

② 법인이 임원에게 지급하는 상여금 중 정관·주주총회·사원총회 또는 이사회의 결의에 의하여 결정된 급여지급기준에 의하여 지급하는 금액을 초과하여 지급한 경우 그 초과금액은 이를 손금에 산입하지 아니한다. (법인세령§42②)

③ 주주총회에서 이사의 보수를 최고한도액 등 포괄적으로 결정하고 그에 따른 이사에게 지급하는 개별보수를 이사회의 결의로 정함을 결의할 수 있다. 그러나 주주총회에서 이사의 보수액을 포괄적으로 이사회의 결의로 정함을 결의하여도 이는 효력이 없다. (대법원 2020.6.4.선고, 2016다241515, 241522판결)

이사의 보수 지급결의

주식회사 이사의 개별보수는 정관이나 정관의 위임으로 주주총회에서 포괄적으로 보수총액 및 최고한도를 정한 경우에 주주총회의 위임으로 이사회의 결의로 정할 때 그 결의 방법을 예시하면 다음과 같다.

이사의 퇴직급여 지급기준

법인이 이사에게 지급한 퇴직급여가 정관에 퇴직급여로 지급할 금액이 정하여진
경우에는 정관에 정하여진 금액(퇴직급여를 계산할 수 있는 기준이 기재된 경우를
포함)을 초과하는 금액은 손금에 산입하지 아니한다. (법인세령§44④1)

정관에서 주주총회의 결의로 위임된 퇴직급여지급규정이 따로 있는 경우에는 해
당 규정에 의한 금액을 초과하는 금액은 손금에 산입하지 아니한다. (법인세령§44
⑤)

이사의 퇴직급여지급규정 제정기준

주식회사 이사의 퇴직금을 정관의 위임으로 주주총회의 결의로 정할 때 그 결의
방법을 예시하면 다음과 같다.

② 감사의 보수 결정과 지급

감사의 보수 결정기준

주식회사 감사의 보수결정은 이사의 보수 결정기준을 준용한다(상법§415). 다만, 감사의 보수를 정관에 규정하거나 주주총회 결의로 정할 때는 이사의 보수결정 의안과 별도로 상정하여 의결하여야 한다.

감사의 보수 지급기준

주식회사 감사의 보수 지급기준은 이사의 보수 지급기준을 준용한다.

감사의 퇴직급여 지급기준

주식회사 감사의 퇴직금 지급은 이사의 퇴직급여 지급기준을 준용한다. 다만, 감사의 퇴직금을 정관에 규정하거나 주주총회의 결의로 정할 때는 이사의 퇴직금 의안과 별도로 상정하여 의결하여야 한다.

감사의 퇴직급여지급규정 제정기준

주식회사 감사의 퇴직급여 지급규정 제정기준은 이사의 퇴직급여지급규정 제정기준을 준용한다.

임원의 4대보험 적용 등

1 임원의 국민연금 적용

임원의 정의

국민연금법상 사용자는 해당 근로자가 소속되어 있는 사업장의 사업주를 말합니다(국민연금법제3조1항2호). 근로자는 직업의 종류가 무엇이든 사업장에서 노무를 제공하고 그 대가로 임금을 받아 생활하는 자를 말하며, 법인의 이사 기타 임원도 근로자에 포함한다(국민연금법제3조1항1호).

구분	국민연금법의 임원 정의	비고
사용자	• 근로자가 있는 사업장의 사업주	국민연금법§3①2
근로자	• 사업장에서 근로의 대가로 보수를 받는 사람으로 법인의 이사, 기타 임원을 포함한다.	국민연금법§3①1

사업장가입자 가입대상 임원

사업장에 근무하고 근로소득이 있는 18세 이상 60세 미만 근로자와 사용자는 국민연금 사업장 가입 대상이다.

구분	국민연금 사업장가입자 가입대상	비고
국민연금 적용 임원	• 근로소득이 있는 18세 이상 60세 미만 근로자(임원)와 사용자 • 1인 이상 근로자를 고용하는 사업주 • 1인 법인의 대표이사	국민연금법 제8조 및 시행령 제2조

사업장가입자 제외대상 임원

국민연금 사업장가입자 가입 대상에서 제외되는 사업장의 임원은 다음과 같다.

구분	국민연금 사업장가입자 제외대상	비고
국민연금 비적용 임원	• 18세 미만 60세 이상 사용자와 근로자(임원) • 소득세법상 근로소득이 없는 근로자(임원) • 1개월 미만만 근무하는 근로자(임원) • 사업장에 근무하는 사용자 또는 근로자(임원) 가 아닌 자	국민연금법 제8조 및 시행령 제2조

② 임원의 건강보험 적용

임원의 정의

국민건강보험법상 "사용자"란 근로자가 소속되어 있는 사업장의 사업주를 말한다(건강보험법제3조2호). "근로자"란 직업의 종류와 관계없이 근로의 대가로 보수를 받아 생활하는 사람으로 법인의 이사와 그 밖의 임원을 포함한다(건강보험법제3조1호).

구분	건강보험법의 임원 정의	비고
사용자	• 근로자가 소속되어 있는 사업장의 사업주	건강보험법§3;2
근로자	• 근로의 대가로 보수를 받는 사람으로 법인의 이사, 기타 임원을 포함한다.	건강보험법§3;1

직장가입자 적용대상 임원

모든 사업장에 근무하는 1개월간 60시간 이상 1개월 이상 근무하는 근로자(임원)와 사용자는 국민건강보험 직장가입자가 된다.

구분	건강보험 직장가입자 적용 대상	비고
직장가입자 적용 임원	• 1개월에 60시간 이상 사업장에서 1개월 이상 근무하는 임원	건강보험법§6②

직장가입자 적용제외 임원

국민건강보험법에 따라 직장가입자 적용 제외 대상 임원은 다음과 같다. (건강보험법§6②, 영§9)

구분	건강보험 직장가입자 제외 대상	비고
건강보험 비적용 임원	• 비상근 임원 • 1개월 미만 근무하는 임원 • 1개월 동안 60시간 미만 근무하는 임원 • 근로자가 없거나 1개월간 60시간 미만 근로자만 있는 사업장의 사업주 • 소재지가 없는 사업장에 근무하는 임원	건강보험법 §6②, 영§9

3 임원의 고용보험 적용

고용보험 가입 의무자

사업의 종류·영리성 여부 등과 관계없이 근로자를 사용(고용)하는 모든 사업 또는 사업장은 고용보험법 적용 대상이다(고용보험법§8①). 다만, 고용보험 가입 대상은 1개월간 근로시간이 60시간 이상인 65세 미만인 근로기준법상의

구분	고용보험 가입 대상	비고
고용보험 적용 근로자	• 1개월간 근로시간이 60시간 이상인 65세 미만의 근로자	고용보험법§8①

다만, 다음에 해당하는 자는 고용보험법상 고용보험의 적용을 제외한다.

• 65세 이후 고용되거나 자영업을 개시한 자
• 1개월간 소정근로시간이 60시간 미만인 자

고용보험 특례적용 사업주

근로자를 사용하지 아니하거나 50명 미만의 근로자를 사용하는 사업주로서 공단의 승인을 받은 경우 고용보험에 가입할 수 있다(고용보험징수법§49조의2①).

구분	고용보험 특례적용 사업주	비고
고용보험 특례적용 사업주	• 사업자등록을 한 사업자 • 근로자를 고용하지 않거나, 50명 미만의 근로자를 고용하는 개인사업장 대표자, 법인사업장 대표이사	고용보험법 고용산재보험징수법

다만, 농업·임업 및 어업 중 법인이 아닌 자가 상시 4명 이하의 근로자를 사용하

는 사업주 및 부동산임대업 사업주는 고용보험 특례 적용을 제외한다.(고용산재징수법§56의8)

고용보험 비적용 임원

고용보험 가입 대상은 원칙적으로 고용보험 적용 대상 사업장에 근로하는 근로기준법상 근로자이다(고용징수법§13①). 법인의 대표이사, 이사, 감사, 집행임원 등 등기임원은 고용보험의 가입 대상에서 제외된다.

구분	고용보험 가입 제외 대상	비고
고용보험 비적용	• 법인의 대표이사, 이사, 감사, 집행임원 등 등기임원	고용보험징수법§13①

④ 임원의 산재보험 적용

산재보험 특례적용 사업주

중소기업 사업주는 근로복지공단의 승인을 받아 자기 또는 유족을 보험급여를 받을 수 있는 사람으로 하여 산재보험에 가입할 수 있다. (산재보험법§124①, 영§122①)

구분	산재보험 적례적용 사업주	비고
산재보험 특례적용 사업주	1. 보험가입자로서 300명 미만의 근로자를 사용하는 사업주 2. 근로자를 사용하지 않는 사람	산재보험법§124①, 영122①

산재보험 적용제외 임원

산재보험 적용 대상은 원칙적으로 근로기준법상 근로자이다(산재보험법§5,6). 산재보험 특례적용 사업주를 제외한 근로자가 아닌 법인의 이사, 감사, 집행임원 등 등기임원은 산재보험 적용 대상에서 제외된다.

구분	산재보험 가입 제외 대상	비고
산재보험 비적용	• 법인의 대표이사, 이사, 감사, 집행임원 등 등기임원	산재보험법§5;2

PART 07

주식회사 법인등기 관리

Chapter 1

주식회사의 등기사항

> **법규** 주식회사는 설립 시 등기한 사항에 대하여 변경이 있는 때에는 관할등기소에 변경등기를 하여야 한다(상법 제317조, 제181조~제183조).

① 주식회사 등기사항

주식회사 설립과 변경에 따른 관할 법원 상업등기소에 등기할 사항은 다음과 같다.

① 목적

② 상호

③ 회사가 발행할 주식의 총수

④ 액면주식을 발행하는 경우 1주의 금액

⑤ 본점의 소재지

⑥ 회사가 공고를 하는 방법

⑦ 자본금의 액

⑧ 발행주식의 총수, 그 종류와 각종 주식의 내용과 수

⑨ 주식의 양도에 관하여 이사회의 승인을 얻도록 정한 때에는 그 규정

⑩ 주식매수선택권을 부여하도록 정한 때에는 그 규정

⑪ 지점의 소재지

⑫ 회사의 존립기간 또는 해산사유를 정한 때에는 그 기간 또는 사유

⑬ 주주에게 배당할 이익으로 주식을 소각할 것을 정한 때에는 그 규정

⑭ 전환주식을 발행하는 경우

⑮ 사내이사, 사외이사, 그 밖에 상무에 종사하지 아니하는 이사, 감사 및 집행임원의 성명과 주민등록번호

⑯ 회사를 대표할 이사 또는 집행임원의 성명·주민등록번호 및 주소

⑰ 둘 이상의 대표이사 또는 대표집행임원이 공동으로 회사를 대표할 것을 정한 경우에는 그 규정

⑱ 명의개서대리인을 둔 때에는 그 상호 및 본점소재지

⑲ 감사위원회 설치한 경우 감사위원회 위원의 성명 및 주민등록번호

② 주식회사 변경등기

주식회사 변경등기란 주식회사 등기사항에 변경이 생긴 경우 그 변경된 내용을 법인등기부에 반영하여 등기와 실체관계를 일치시키기 위해서 하는 등기이다.

- 주식회사 등기사항의 변경에 따른 등기

변경등기 기관

주식회사의 법인소재지 본점 또는 지점의 관할등기소에 변경등기를 하여야 한다.

- 법인소재지 본점 및 지점의 관할등기소

변경등기 신청기한

주식회사 등기사항의 변경이 있는 경우에 본점은 2주일 이내에, 지점은 3주일 이내에 변경등기를 신청하여야 하여야 한다.

- 본점 : 변경일로부터 본점소재지에서는 2주일
- 지점 : 변경일로부터 지점소재지에서는 3주일

변경등기 미등기 과태료

주식회사 등기사항의 변경에 대하여 변경등기를 하지 않는 때에는 과태료(5백만 원 이하)가 부과된다(상법 제635조1항1호)

이사·감사의 변경등기

법규 주식회사는 설립등기 시 등기한 임원의 변경(퇴임·해임·선임·중임)에 대하여 관할 법원 상업등기소(부)에 변경등기를 하여야 한다(상법 제40조, 제317조②8).

1 이사·감사의 변경등기

① 주식회사의 이사와 감사는 주주총회에서 선임한다. 이사와 감사가 사임 또는 취임 등으로 변경이 있을 때는 그에 따른 변경등기를 하여야 한다.

② 이사·감사의 퇴임(임기만료 또는 사임을 이유로)으로 인하여 법률 또는 정관에서 정한 이사·감사의 원수를 결하게 되는 때에는 퇴임한 이사·감사는 후임 이사·감사가 취임할 때까지 계속하여 이사·감사의 권리의무를 가진다.

③ 이 경우 이사·감사의 퇴임 등기만 신청할 수 없고 새로운 이사·감사를 선임하여 그 취임등기와 동시에 퇴임 등기를 신청하여야 한다.

④ 이때 등기신청의 기간은 새로운 이사·감사의 취임일로부터 기산한다.

신청기관

이사·감사 등의 변경등기는 회사의 영업소 소재지를 관할법원 등기소에 변경등기 신청을 한다.

신청기한

이사와 감사의 퇴임에 따른 변경등기는 퇴임한 날로부터 2주 이내에 하며, 이사와 감사의 취임에 따른 변경등기는 주주총회의 선임결의 또는 취임승낙의 효력이 발생한 날 중 늦은 날로부터 2주 이내에 회사의 대표이사 또는 대리인이 변경등기를 하여야 한다.

② 이사·감사의 변경등기 절차

🔹 등기절차

　이사와 감사의 변경등기는 이사와 감사를 선임한 주주총회결의 사항을 기록한 주주총회 의사록 등 관련 서류를 공증인법률사무소에서 인증을 받아 관할 시·군·구청(등기소에 대부분 출장소 있음)에 등록면허세와 지방세를 납부하고, 대법원인지를 구매하여 등기소에 주식회사변경등기신청서와 첨부서류를 제출하여 신청 및 접수한다.

《 이사와 감사 변경등기 절차 》

절차	사무	서류
이사·감사 선임	신청법인	주주총회 의사록
공증인 인증	공증법률사무소	공증인 인증서
등록세 납부	관할 시/군/구청	등록세납부확인서
변경등기	관할등기소	변경등기 서류

🔹 등록면허세 납부 준비서류

- 등록면허세신고서
- 대표자 신분증
- 위임장
- 법인 도장
- 정관사본
- 주주총회 의사록 사본

③ 이사·감사 변경등기 서류

변경등기 신청서류

이사·감사 변경등기 신청 시 제출할 서류는 다음과 같다.

1. 주식회사 변경등기신청서
2. 등록면허세 영수필확인서
3. 주주총회 의사록
4. 취임승낙서
5. 인감증명서
6. 주민등록표등(초)본
7. 정관(임기, 원수 확인)
8. 가족관계증명서(사망 시)
9. 판결 또는 결정등본 및 확정증명원 (해임판결 시)
10. 위임장(위임 시)

신청서류 검토사항

이사·감사 변경등기 신청서류의 검토사항은 다음과 같다.

주주총회 의사록

이사와 감사는 주주총회 결의로 선임하며, 주주총회의 의사에 관하여는 의사록을 작성하여야 한다. 의사록에는 의사의 경과요령과 그 결과를 기재하고 의장과 출석한 이사가 기명날인 또는 서명하여야 한다. 등기신청 시 첨부되는 의사록은 공증인의 인증을 받아 등기소에 제출하여야 한다.

사임서(인감증명서 포함)

이사·감사는 임기만료 이전에 언제든지 사임할 수 있으며 사임의 의사표시는 대표이사에게 하여야 한다.

사임서에는 이사·감사 본인이 사임의 의사를 표시하고 인감을 날인하여야 하며, 인감증명법에 따라 신고한 인감증명서(발행일로부터 3개월 이내)를 첨부하여야 한다.

사임하는 사람이 재외국민, 또는 외국인은 그 서면에 본국 관청에 신고한 인감을

날인하고 그 인감증명서를 첨부할 수 있으며, 본국에 인감증명제도가 없는 외국인
은 본인이 서명하였다는 본국 관청의 증명서나 공증인의 인증서로 대신할 수 있다.

🔹 가족관계증명서 등

이사 또는 감사가 사망으로 퇴임한 때에는 이를 증명하는 서면으로 사망사실이
등재된 가족관계증명서 또는 사망진단서 등을 첨부하여야 한다.

🔹 해임증명서(판결 또는 결정등본 및 확정증명원)

상법 제385조 제2항에 의하여 법원으로부터 이사의 해임재판이 확정되었을 경우,
이사 또는 감사가 사형, 무기징역 또는 무기금고 이상의 판결을 받은 경우, 이사가
되는 자격의 정지 판결을 받은 경우, 파산, 금치산선고를 받은 경우 그에 따른 변경
등기를 신청하는 때에는 원인서류로 해당 판결 또는 결정등본 및 확정증명원을 첨
부한다.

🔹 취임승낙서(인감증명서 포함)

이사와 감사로 선출된 임원의 취임 승낙이 반드시 필요하다. 취임승낙서에는 취
임하는 이사·감사 등이 취임의 의사를 표시하고 개인인감을 날인하여야 하며, 인감
증명법에 의하여 신고한 인감증명서(발행일로부터 3개월 이내)를 첨부하여야 한다.

취임하는 사람이 재외국민, 또는 외국인은 그 서면에 본국 관청에 신고한 인감을
날인하고 그 인감증명서를 첨부할 수 있으며, 본국에 인감증명제도가 없는 외국인
은 본인이 서명하였다는 본국 관청의 증명서나 공증인의 인증서 대신할 수 있다.

🔹 주민등록등본

취임하는 이사·감사의 주민등록번호를 증명하는 서면으로 주민등록등본을 제출
하여야 하며, 여권사본, 주민등록증 사본 또는 자동차운전면허증 사본으로도 가능
하다.

🔹 정관

등기소에서 이사의 임기 및 원수를 확인할 필요가 있는 경우, 감사의 원수 및 감사위원회의 설치 여부 등을 확인할 필요가 있는 경우에는 정관을 첨부하여야 한다. 첨부하는 정관은 사본으로도 가능하며 간인을 한 다음 원본과 동일하다는 원본대조필(법인인감날인)을 하여 제출한다.

🔹 등록면허세 영수필확인서

본점소재지 관할 시·군·구청장으로부터 등록면허세납부서를(지방세법 제137조 제1항) 발부받아 납부한 후 등록면허세 영수필확인서를 첨부하여야 한다. 다만 이사·감사 등 변경등기와 같이 정액으로 부과되는 등록면허세의 경우 대법원 인터넷등기소(www.iros.go.kr)에서 정액등록면허세 납부서를 작성·출력할 수 있으므로 수납기관에 납부한 후 제출한다.

🔹 위임장

등기신청권자(대표이사)의 위임에 의한 대리인이 등기신청을 하는 때에는 그 권한을 증명하는 서면으로 위임장을 첨부하여야 한. 등기업무를 수행하는 실무상 수임자, 위임자, 위임내용을 기재하고 등기소에 제출(신고)한 인감을 날인한다.

④ 주요등기사항 작성방법

💠 사례별 변경등기 작성요령

♻ 임기만료

임기만료로 퇴임한 경우에는 신청서상 등기원인을 임기만료일을 원인일로 하여 "20○○년 ○월 ○일 임기만료"로 기재한다.

주식회사(사내이사) 변경등기 신청					
접　　　수	년　월　일	처 리 인	등기관확인	각종통지	
	제　　　호				
①상　　　호	○○ 주식회사	②등기번호	○○○○○○		
③본　　　점	서울특별시 ○○구 ○○로 ○○				
④등 기 의 목 적	사내이사 변경등기				
⑤등 기 의 사 유	20○○년 ○월 ○일 사내이사○○○이 임기만료로 20○○년 ○월 ○일 주주총회에서 다음 사람이 사내이사 선임되어 같은 날 취임하였으므로 다음 사항의 등기를 신청함				
⑥본/지점신청구분	1.본점신청 ☐ 　 2.지점신청 ☐ 　 3.본·지점일괄신청 ☐				
등　　기　　할　　사　　항					
⑦대표이사·이사·감사 등의 퇴임·취임 등과 그 연월일	사내이사 ○○○ (　　-　　) 20○○년 ○월 ○일 임기만료				
	사내이사 △△△ (　　-　　) 20○○년 ○월 ○일 취임				
기　　　타					

♻ 사임

사임으로 퇴임하는 경우에는 사임일을 원인일로 하여 "20○○년 ○월 ○일 사임"으로 기재한다.

등　　기　　할　　사　　항	
⑦대표이사·이사·감사 등의 퇴임·취임 등과 그 연월일	사내이사 ○○○ (　　-　　) 20○○년 ○월 ○일 사임
	사내이사 △△△ (　　-　　) 20○○년 ○월 ○일 취임
기　　　타	

♻ 해임

해임으로 퇴임하는 경우에는 해임결의일을 원인일로 하여 "20○○년 ○월 ○일 해임"으로 기재한다.

	등 기 할 사 항
⑦대표이사 · 이사 · 감사 등의 퇴임 · 취임 등과 그 연월일	사내이사 ○○○ (-) 20○○년 ○월 ○일 해임 사내이사 △△△ (-) 20○○년 ○월 ○일 취임
기 타	

♻ 사망

사망으로 퇴임하는 경우에는 사망일을 원인일로 하여 "20○○년 ○월 ○일 사망"으로 기재한다.

	등 기 할 사 항
⑦대표이사 · 이사 · 감사 등의 퇴임 · 취임 등과 그 연월일	사내이사 ○○○ (-) 20○○년 ○월 ○일 사망 사내이사 △△△ (-) 20○○년 ○월 ○일 취임
기 타	

♻ 중임

임기가 만료된 이사·감사가 다시 같은 이사·감사로 선임(재선)된 경우, 임기만료로 인한 퇴임과 재선에 의한 취임과의 사이에 시간적 간격이 없는 때에는 그 취임일자를 원인일로 하여 "20○○년 ○월 ○일 중임"으로 기재한다.

	등 기 할 사 항
⑦대표이사 · 이사 · 감사 등의 퇴임 · 취임 등과 그 연월일	사내이사 ○○○ (-) 20○○년 ○월 ○일 중임
기 타	

📌 작성예시 (이사·감사 변경등기)

주식회사(사내이사·감사) 변경등기 신청					
접 수	년 월 일		처 리 인	등기관확인	각종통지
	제 호				
①상 호	○○ 주식회사		②등기번호	○○○○○○	
③본 점	서울특별시 ○○구 ○○로 ○○				
④등 기 의 목 적	사내이사, 감사 변경등기				
⑤등 기 의 사 유	20○○년 ○월 ○일 사내이사○○○, 감사○○○이 임기만료로 20○○년 ○월 ○일 주주총회에서 다음 사람이 사내이사, 감사로 선임되어 같은 날 취임하였으므로 다음 사항의 등기를 신청함				
⑥본/지점신청구분	1.본점신청 ☐ 2.지점신청 ☐ 3.본·지점일괄신청 ☐				
등 기 할 사 항					
⑦대표이사·이사·감사 등의 퇴임·취임 등과 그 연월일	사내이사 ○○○(-), 20○○년 ○월 ○일 임기만료 감 사 ○○○(-), 20○○년 ○월 ○일 임기만료 사내이사 △△△(-), 20○○년 ○월 ○일 취임 감 사 △△△(-), 20○○년 ○월 ○일 취임				
기 타					

❺ 이사·감사의 변경등기신청서

주식회사(이사·감사) 변경등기신청서는 원칙적으로 한글과 아라비아 숫자로 기재합니다(다만 취임하는 임원이 외국인은 성명은 국적과 원지음을 한글 등으로 기재한 후, 괄호를 사용하여 로마자 등의 표기를 병기할 수 있다).

신청서의 기재사항 난이 부족할 경우 별지를 사용하고 신청서와 별지 각 장 사이에 간인을 한다.

📌 이사·감사 등의 사임·취임 등과 그 연월일

사임하는 이사·감사 등의 성명, 주민등록번호, 사임의 취지와 그 연월일(해임의 경우 해임 일자)을 기재하고, 취임하는 사내이사·사외이사·기타비상무이사와 감사 등의 성명, 주민등록번호, 취임연월일을 기재한다.

주식회사(사내이사) 변경등기 신청

접 수	년 월 일	처 리 인	등기관확인	각종통지
	제 호			

①상 호	○○ 주식회사	②등기번호	○○○○○○	

| ③본   점 | 서울특별시 ○○구 ○○로 ○○ | | | |

| ④등 기 의 목 적 | 사내이사 변경등기 | | | |

| ⑤등 기 의 사 유 | 20○○년 ○월 ○일 사내이사○○○이 임기만료로 20○○년 ○월 ○일 주주총회에서 다음 사람이 사내이사 선임되어 같은 날 취임하였으므로 다음 사항의 등기를 신청함 |

| ⑥본/지점신청구분 | 1.본점신청 □   2.지점신청 □   3.본·지점일괄신청 □ |

등   기   할   사   항
⑦대표이사 · 이사 · 감사 등의 퇴임 · 취임 등과 그 연월일	사내이사 ○○○ (-) 　　20○○년 ○월 ○일 임기만료 사내이사 △△△ (-) 　　20○○년 ○월 ○일 취임
기 타	

⑧신청등기소 / 등록면허세 / 수수료					
순번	신청등기소	구분	등록면허세 지방교육세	농어촌특별세	세액합계	등기신청수수료
합 계					
등기신청수수료 납부번호					

⑨첨   부   서   면
1. 공증받은 주주총회 의사록 또는 이사회 의사록(해임,선임 등의 경우) 2. 사임서(인감증명서포함) 3. 가족관계 등록사항별 증명서 또는 사망진단서(사망한 경우) 4. 취임승낙서(인감증명서 포함)	1. 주민등록표등(초)본(선임한 경우) 2. 정관(필요한 경우) 3. 인감신고서(취임하는 대표이사) 4. 등록면허세영수필확인서 5. 등기신청수수료영수필확인서 6. 위임장(대리인이 신청할 경우)

년   월   일

⑩신청인　상　　호
　　　　　　본　　점
　　대표이사　성　　명　　　　(인)　(전화 :　　　　　)
　　　　　　주　　소
　　대리인　성　　명　　　　(인)　(전화 :　　　　　)
　　　　　　주　　소

지방법원 등기소 귀중

Chapter 3

대표이사 선임 변경등기

> 법규 주식회사는 임원의 선임과 중임, 퇴임에 대하여 관할등기소에 변경등기를 하여야 한다(상법 제40조, 제317조②9).

① 대표이사 변경등기

● 변경등기의 원인

① 대표이사의 퇴임에 따른 취임, 임기만료, 사임, 해임, 공동대표규정설정 등으로 대표이사에 대하여 변경이 있으면 그에 따른 변경등기를 관할법원등기소에 등기부 변경등기를 신청하여야 한다.

대표이사 변경의 등기원인은 다음과 같다.

- 퇴임
- 해임
- 사임
- 임기만료

② 주식회사의 대표이사는 주주총회에서 선임한 이사 중에서 이사회에 의하여 선임한다. 아울러 선임한 이사와 대표이사는 회사의 본점 또는 지점 주소지 관할법원 등기소에 등기하여야 한다. 또한, 등기한 자의 변경이 있을 시 그에 따른 변경등기를 하여야 한다.

- 본점소재지 관할등기소
- 지점소재지 관할등기소

● 변경등기의 기한

주식회사의 대표이사는 이사회에서 선임에 따라 취임을 승낙한 날로부터 본점소재지에서는 2주 이내, 지점소재지에서는 3주 이내에 새로 취임한 대표이사 또는 그 대리인이 변경등기를 신청하여야 한다.

- 본점소재지 : 2주 이내 변경등기
- 지점소재지 : 3주 이내 변경등기

● 미등기 과태료

대표이사의 변경이 있는 날로부터 등기기간 본점소재지는 2주, 지점소재지는 3주 이내에 등기하지 않으면 500만 원 이하의 과태료를 부과한다. (상법 제635조)

② 대표이사 변경등기 절차

대표이사 변경등기는 임기만료 또는 퇴임에 따라 주주총회에서 이사로 선임한 후 이사회의에서 대표이사로 선임한 관련 서류를 관할등기소에 제출한다. 대표이사의 변경등기 절차는 다음과 같다.

《 대표이사 변경등기 절차 》

절차	집행	관련서류
사내이사 선임	주주총회	• 주주총회 의사록
대표이사 선임	이사회의	• 이사회 의사록
공증인 인증	공증법률사무소	• 공증인 인증서
등록세 납부	관할 시/군/구청	• 등록세납부영수필증
변경등기신청	관할등기소	• 변경등기신청서 및 첨부서류
임감사용변경신청	관할등기소	• 법인인감카드

③ 대표이사 변경등기 서류

대표이사 변경등기를 위해서는 대표이사 변경에 따른 제반 서류를 갖추어 관할 등기소에 변경등기신청서를 제출하여 접수한다. 신청서류는 다음과 같다.

변경등기 신청서류

1. 주식회사변경등기신청서
2. 등록면허세 영수필증
3. 이사회 의사록(이사선임)
4. 주주총회 의사록(대표이사선임)
5. 주주명부
6. 주민등록초본
7. 인감증명서(대표이사 개인)
8. 인감신고서(법인인감)
9. 취임승낙서
10. 정관 (정관상 주주총회의 선출규정 확인 시)
11. 위임장 (대표이사 외 위임 시)

신청서류 검토사항

주주총회 의사록

대표이사는 주주총회에서 선임한 이사 중에서 선임해야 하므로 선임에 관한 주주총회 의사록을 제출하여야 한다. 의사록에는 의사의 경과요령과 그 결과를 기재하고 의장과 출석한 이사가 기명날인 또는 서명으로 증명한다.

- 등기신청 시 주주총회 의사록은 공증인의 인증을 받아 신청한다(공증인법 제66조의2).

이사회 의사록

① 대표이사는 주주총회에서 선임한 이사 중에서 이사회의 결의로 선임한다. 그러므로 등기신청 시 대표이사를 선임한 이사회 의사록을 제출하여야 한다.

② 의사록은 이사회의 의사에 관하여는 작성하여야 하며, 의사의 의안, 경과요령, 그 결과, 반대하는 자와 그 이유를 기재하고 출석한 이사와 감사가 기명날인 또는

서명으로 증명한다.

- 등기신청 시 제출하는 이사회 의사록은 공증인의 인증을 받아 신청한다(공증인법 제66조의2).

🔅 사임서(인감증명서 포함)

① 사임서에는 대표이사 본인이 사임의 의사를 표시하고 등록된 법인인감 또는 개인인감을 날인하여야 하며, 개인인감을 날인하였을 경우 인감증명법에 의하여 신고한 인감증명서(발행일로부터 3개월 이내)를 첨부하여야 한다.

② 사임하는 사람이 재외국민, 또는 외국인이면 그 서면에 본국 관청에 신고한 인감을 날인하고 그 인감증명서를 첨부할 수 있으며, 본국에 인감증명제도가 없는 외국인은 본인이 서명하였다는 본국 관청의 증명서면이나 공증인의 공증서면으로 대신할 수 있다.

🔅 가족관계 등록사항별 증명서 등

대표이사가 사망으로 퇴임하는 경우 이를 증명하는 서면으로 사망사실이 등재된 가족관계증명서 또는 사망진단서 등을 첨부하여야 한다.

🔅 취임승낙서(인감증명서 포함)

① 대표이사의 취임에는 반드시 선출된 대표이사의 승낙이 필요하다. 취임승낙서에는 대표이사 본인이 취임의 의사를 표시하고 개인인감을 날인하여야 하며 인감증명법에 의하여 신고한 인감증명서(발행일로부터 3개월 이내)를 첨부하여야 한다.

② 취임하는 사람이 재외국민, 또는 외국인인 경우에는 그 서면에 본국 관청에 신고한 인감을 날인하고 그 인감증명서를 첨부할 수 있으며, 본국에 인감증명제도가 없는 외국인은 본인이 서명하였다는 본국 관청의 증명서면이나 공증인의 공증서면으로 대신할 수 있다.

🔅 주민등록초본

취임하는 대표이사의 주민등록번호 및 주소를 증명하는 서면으로 주민등록초본(발행일로부터 3개월 이내)을 제출하여야 한다.

⏺ 정관

① 대표이사 변경등기에는 정관은 반드시 필요한 서면은 아니나 정관에 대표이사를 주주총회에서 선출한다고 규정된 경우나, 대표이사의 임기가 규정된 경우 등 등기원인에 대하여 정관의 내용을 확인할 필요가 있는 때에는 이를 첨부하여야 한다.

② 제출하는 정관은 사본으로 가능하며 간인을 한 다음 원본과 같다는 원본대조필(법인인감날인)하여 제출한다.

⏺ 인감신고서

① 등기신청서에 기명날인할 사람(법인의 대표자 등)은 등기소에 인감을 제출하여야 하는바, 새로운 대표이사가 선임되어 취임등기를 신청하는 때에는 인감신고서도 같이 제출하여야 한다.

② 인감신고서의 인감 날인란에는 대표이사가 사용할 인감을 날인하여야 하며 개인인감 날인란에는 신고인의 인감증명법에 의한 인감을 날인하고, 발행일로부터 3월 이내의 인감증명서를 첨부하여야 한다.

③ 또한, 인감신고서와 함께 인감대지도 함께 제출하여야 합니다(인감의 제출·관리 및 인감증명서 발급에 관한 업무처리지침).

⏺ 등록면허세 영수필 확인서

① 본점 소재지 관할 시·군·구청장으로부터 등록면허세납부서를(지방세법 제137조 제1항) 발부받아 납부한 후 등록면허세 영수필확인서를 첨부하여야 한다.

② 다만, 대표이사 변경등기와 같이 정액으로 부과되는 등록면허세의 경우 대법원 인터넷등기소(www.iros.go.kr)에서 정액등록면허세 납부서를 작성·출력할 수 있으므로 수납기관에 납부한 후 제출할 수 있다.

⏺ 위임장

① 등기신청권자(새로 취임한 대표이사)의 위임에 의한 대리인이 등기신청을 하는 때에는 그 권한을 증명하는 서면으로 위임장을 첨부하여야 한다.

② 등기업무를 수행하는 수임자와 위임자, 위임내용을 기재하고 등기소에 제출(신고)하는 인감을 날인한다.

④ 주요등기사항 작성방법

🌐 신청서 기재사항

① 대표이사의 변경등기에는 "주식회사변경등기신청서"를 작성하여야 한다.

② 주식회사변경등기신청서는 "등기의 목적, 등기의 사유, 등기원인과 일자" 등을 구체적으로 기재하여야 한다.

- 등기의 목적
- 등기의 사유
- 등기원인
- 등기 일자

🌐 대표이사 사임과 취임

① 사임하는 대표이사의 성명, 주민등록번호, 주소, 등기원인(사임)과 그 연월일을 기재하고, 취임하는 대표이사의 성명, 주민등록번호, 주소, 취임연월일을 기재한다.

- 사임하는 대표이사 : 성명, 주민등록번호, 주소, 등기원인(사임)과 그 연월일
- 취임하는 대표이사 : 성명, 주민등록번호, 주소, 취임연월일

② 주민등록번호가 없는 재외국민 또는 외국인은 주민등록번호를 대신하여 그 생년월일을 기재하며, 대표이사가 외국인인 경우 성명은 국적과 원지음을 한글 등으로 기재한 후, 괄호를 사용하여 로마자 등의 표기를 병기할 수 있다(예 : 대표이사 미합중국인 존에프케네디(John. F. Kennedy)).

- 재외국민 또는 외국인 : 생년월일
- 외국인 성명 : 국적과 원지음을 한글 (대표이사 미합중국인 존에프케네디)

🌐 사임에 따른 변경등기

대표이사의 사임으로 퇴임한 경우에는 등기원인을 사임일자를 원인일자로 하여 변경등기신청서에 "20○○년 ○월 ○일 사임"으로 기재한다.

- 사임일자 : 20○○년 ○월 ○일 사임

주식회사 변경등기 신청				
접 수	년 월 일	처 리 인	등기관확인	각종통지
	제 호			
①상 호	○○ 주식회사	②등기번호	○○○○○○	
③본 점	서울특별시 ○○구 ○○로 ○○			
④등 기 의 목 적	대표이사 변경등기			
⑤등 기 의 사 유	20○○년 ○월 ○일 대표이사 ○○○이 사임하고 20○○년 ○월 ○일 이사회에서 다음 사람이 대표이사로 선임되어 같은 날 취임하였으므로 다음 사항의 등기를 신청함			
⑥본/지점신청구분	1.본점신청 □ 2.지점신청 □ 3.본·지점일괄신청 □			
등 기 할 사 항				
⑦대표이사·이사·감사 등의 퇴임·취임 등과 그 연월일	대표이사 ○○○ (-) 　　　서울특별시 ○○구 ○○로 ○○ 　　　20○○년 ○월 ○일 사임 대표이사 △△△ (-) 　　　서울특별시 ○○구 ○○로 ○○ 　　　20○○년 ○월 ○일 취임			
기 타				

● 중임에 따른 변경등기

　임기만료 한 대표이사를 재선임한 경우에 임기만료일과 취임일 사이에 시간적 간격이 없는 때에는 그 취임 일자를 원인일자로 하여 변경등기신청서에 "20○○년 ○월 ○일 중임"으로 기재한다.

④등기의 목적	대표이사 변경등기
⑤등기의 사유	20○○년 ○월 ○일 대표이사 ○○○이 임기만료로 20○○년 ○월 ○일 이사회에서 대표이사로 중임되어 같은 날 취임하였으므로 다음 사항의 등기를 신청함
⑦대표이사 퇴임·취임 연월일	대표이사 ○○○ (-) 　　　○○도 ○○구 ○○로 ○○ 　　　20○○년 ○월 ○일 중임

🔅 사망에 따른 변경등기

대표이사가 사망으로 퇴임한 경우에 사망일자를 원인으로 하여 변경등기신청서에 "20○○년 ○월 ○일 사망"으로 기재한다.

④등기의 목적	대표이사 변경등기
⑤등기의 사유	20○○년 ○월 ○일 대표이사 ○○○이 사망으로 20○○년 ○월 ○일 이사회에서 다음 사람이 대표이사로 선임되어 같은 날 취임하였으므로 다음 사항의 등기를 신청함
⑦대표이사 퇴임·취임 연월일	대표이사 ○○○ (-) 　　　　○○도 ○○구 ○○로 ○○ 　　　　20○○년 ○월 ○일 사망 대표이사 △△△ (-) 　　　　○○도 ○○구 ○○로 ○○ 　　　　20○○년 ○월 ○일 취임

🔅 해임에 따른 변경등기

대표이사가 이사회에서 해임된 경우에 해임일을 원인일자로 하여 "20○○년 ○월 ○일 해임"으로, 대표이사 선출권한이 없는 주주총회에서 대표이사인 이사를 해임하였을 때 주주총회 해임일을 원인일자로 하여 변경등기신청서에 "20○○년 ○월 ○일 퇴임"으로 기재한다.

④등기의 목적	대표이사 변경등기
⑤등기의 사유	20○○년 ○월 ○일 대표이사 ○○○이 해임으로 20○○년 ○월 ○일 이사회에서 다음 사람이 대표이사로 선임되어 같은 날 취임하였으므로 다음 사항의 등기를 신청함
⑦대표이사 퇴임·취임 연월일	대표이사 ○○○ (-) 　　　　○○도 ○○구 ○○로 ○○ 　　　　20○○년 ○월 ○일 해임 대표이사 △△△ (-) 　　　　○○도 ○○구 ○○로 ○○ 　　　　20○○년 ○월 ○일 취임

⑤ 대표이사 변경등기 신청서

- 주식회사(대표이사) 변경등기 신청
- 취임승낙서, 위임장

주식회사(대표이사) 변경등기 신청

접 수	년 월 일	처 리 인	등기관확인	각종 통지
	제 호			

①상 호	○○ 주식회사	②등기번호	○○○○○○

③본 점	서울특별시 ○○구 ○○로 ○○		

④등 기 의 목 적	대표이사 변경등기

⑤등 기 의 사 유	20○○년 ○월 ○일 대표이사 ○○○이 사임하고 20○○년 ○월 ○일 이사회에서 다음 사람이 대표이사로 선임되어 같은 날 취임하였으므로 다음사항의 등기를 구함

⑥본/지점신청구분	1.본점신청 □ 2.지점신청 □ 3.본·지점일괄신청 □

등 기 할 사 항	

⑦대표이사·이사·감사 등의 퇴임·취임 등과 그 연월일	대표이사 ○○○ (-)
	    서울특별시 ○○구 ○○로 ○○
	    20○○년 ○월 ○일 임기만료
	대표이사 △△△ (-)
	    서울특별시 ○○구 ○○로 ○○
	    20○○년 ○월 ○일 취임

기 타	

⑧신청등기소 / 등록면허세 / 수수료

순번	신청등기소	구분	등록면허세 지방교육세	농어촌특별세	세액합계	등기신청수수료
합 계						
등기신청수수료 납부번호						

⑨첨 부 서 면

1. 공증받은 주주총회 의사록 또는 이사회 의사록 (해임,선임 등의 경우) 2. 사임서(인감증명서포함) 3. 가족관계 등록사항별 증명서 또는 사망진단서 (사망한 경우) 4. 취임승낙서(인감증명서 포함)	1. 주민등록표등(초)본(선임한 경우) 2. 정관(필요한 경우) 3. 인감신고서(취임하는 대표이사) 4. 등록면허세영수필확인서 5. 등기신청수수료영수필확인서 6. 위임장(대리인이 신청할 경우)

년 월 일

⑩신청인   상   호
　　　　　본   점
대표이사   성   명   (인)   (전화 :   )
　　　　　주   소
대리인   성   명   (인)   (전화 :   )
　　　　주   소

지방법원 등기소 귀중

취임승낙서

본인은 주식회사 ○○○○ 이사회에서 20○○년 ○○월 ○○일에 대표이사로 선임하였기에 이에 취임을 승낙합니다.

20○○년 ○○월 ○○일

	인감

대표이사 ○○○

주식회사 ○○귀중

위 임 장

법 인 의 표 시	상호 : 주식회사 ○○ 본점 : 서울특별시 ○○구 ○○동 ○○번지
등 기 의 목 적	
등 기 의 사 유	
대 리 인	성명 : ○○○ 서울특별시 ○○구 ○○동 ○○번지

위 대리인에게 위 등기의 신청 및 취하, 그리고 원본 환부청구 및 수령에 관한 모든 권한을 위임한다. 또한, 복대리인 선임을 허락한다.

201 년 월 일

위 임 인	상호 : 주식회사 ○○ 본점 : 서울특별시 ○○구 ○○동 ○○번지	
	대표이사 ○○○ 서울특별시 ○○구 ○○동 ○○번지	인감

대표이사 주소 변경등기

> **법규** 주식회사 대표이사의 성명·주민등록번호·주소의 변경 시 본점소재지에서는 2주간 내, 지점소재지에서는 3주간 이내에 변경등기를 하여야 한다(상법 제183조 제317조).

1 대표이사 주소 변경등기 신청

대표이사는 주식회사의 필수기관으로서 그 성명과 주민등록번호, 주소를 등기하도록 법으로 강제하고 있다. 따라서 대표이사의 주소가 변경된 경우에는 그 변경된 주소를 법인등기부에 반영하여 등기와 실체관계를 일치하여야 한다.

신청기관

대표이사 주소변경 등기는 회사의 영업소 소재지를 관할하는 지방법원, 그 지원 또는 등기소에 신청하며, 본점 관할 이외에 지점을 설치하여 지점등기부가 개설된 때에는 지점관할등기소에도 그 변경등기를 신청하여야 한다.

신청기한

대표이사의 주소변경등기는 주민등록표상의 변경일로부터 본점소재지에서는 2주 이내, 지점소재지에서는 3주 이내에 대표이사 또는 그 대리인이 변경등기를 신청한다.

2 대표이사 주소 변경등기 서류

대표이사 주소의 변경등기 신청서류는 다음과 같다.
1. 주식회사변경등기신청서
2. 등록면허세 영수필증
3. 주민등록초본
4. 위임장

🔵 주민등록초본

등기부상 대표이사의 주소는 주민등록표상의 주소지를 기준으로 하므로 주소변경등기를 신청할 때에는 그 변경사실을 증명하기 위하여 주민등록초본(발행일로부터 3개월 이내)을 제출한다.

〈외국인〉

대표이사가 외국인인 경우 본국 관공서나 본국 공증인의 공증, 또는 외국주재 한국대사관이나 영사관의 확인을 받은 확인서로 주민등록등(초)본을 대신할 수 있다. 국내에 외국인등록을 한 외국국적자라면, 외국인등록표등본을 첨부하고 주소는 외국인등록표등본에 나타난 국내 체류지로 한다.

〈재외국민〉

대표이사가 재외국민인 경우는 국내에 입국한 때는 국내거소신고사실증명, 외국에 체류하고 있을 때는 외국주재 한국대사관 또는 영사관에서 발행하는 재외국민거주사실증명 또는 재외국민등록부등본을 제출한다. 다만 등기원인서류로 제출하는 주민등록등(초)본 등은 등기부에 등재된 주소와 현재 변경된 주소가 모두 표시된 것이어야 한다.

🔵 등록면허세 영수필 확인서

본점소재지 관할 시·군·구청장으로부터 등록면허세납부서를(지방세법 제137조 제1항) 발부받아 납부한 후 등록면허세 영수필확인서를 첨부하여야 한다. 다만 대표이사 주소변경등기와 같이 정액으로 부과되는 등록면허세의 경우 대법원 인터넷등기소(www.iros.go.kr)에서 정액등록면허세 납부서를 작성·출력할 수 있으므로 수납기관에 납부한 후 제출한다.

🔵 위임장

등기신청권자인 대표이사의 위임에 의한 대리인이 등기신청을 하는 때에는 그 권한을 증명하는 서면으로 위임장을 첨부하여야 한다. 실무상 수임자, 위임자, 위임내용을 기재하고 등기소에 제출(신고)된 대표이사의 인감을 날인한다.

❸ 대표이사 주소 변경등기신청서

① 주식회사(대표이사 주소) 변경등기신청서는 원칙적으로 한글과 아라비아 숫자로 기재한다.

② 신청서의 기재사항 난이 부족할 경우 별지를 사용하고 신청서와 별지 각 장 사이에 사잇도장(간인)을 하여야 한다.

◈ 변경된 주소와 이전연월일

① 대표이사의 변경된 주소와 변경 일자를 기재한다.

② 변경된 주소와 변경 일자는 주민등록표등(초)본에 등재된 내용을 기재하며 변경 전의 주소와 변경 후의 주소가 모두 나오는 주민등록표등(초)본을 제출하여야 한다.

③ 대표이사의 주소가 여러 번 변경된 경우(A→B→C), 중간 주소지로의 변경등기(A→B)를 생략하고 최종 주소지로 변경등기(A→C)를 할 수 있다.

주식회사(대표이사 주소) 변경등기 신청

접 수	년 월 일 제 호	처 리 인	등기관확인	각종통지

①상 호	○○ 주식회사	②등기번호	○○○○○○

③본 점	서울특별시 ○○구 ○○로 ○○		
④등 기 의 목 적	대표이사 주소변경		
⑤등 기 의 사 유	20○○년 ○월○일 대표이사 ○○○의 주소를 이전하였으므로 다음 사항의 등기를 구함		
⑥본/지점신청구분	1.본점신청 □ 2.지점신청 □ 3.본·지점일괄신청 □		

등 기 할 사 항

⑦변경된 주소와 이 전 연 월 일	대표이사 ○ ○ ○ 서울특별시 ○○구 ○○로 ○○ 20○○년 ○월○일 주소변경
기 타	

⑧신청등기소 / 등록면허세 / 수수료

순번	신청등기소	구분	등록면허세 지방교육세	농어촌특별세	세액합계	등기신청수수료
합 계						
등기신청수수료 납부번호						

⑨첨 부 서 면

1. 주민등록표등(초)본 2. 등록면허세영수필확인서 3. 등기신청수수료영수필확인서 4. 위임장(대리인이 신청할 경우)	〈기 타〉

년 월 일

⑩신청인 상 호
        본 점
대표이사 성 명   (인) (전화 :   )
        주 소
대리인 성 명   (인) (전화 :   )
        주 소

지방법원 등기소 귀중

상호·목적·공고방법 변경등기

1 상호 등 변경 등기절차

《 상호·목적·공고방법 변경등기절차 》

절차	집행	관련 서류
이사회 소집/결의	이사회의 결의	• 이사회 의사록
주주총회 소집/결의	주주총회 결의 (정관변경)	• 주주총회 의사록 • 변경정관
공증인 인증	공증인 법률사무소	• 공증인 인증서
등록세 납부	관할 시/군/구청	• 등록세납부영수필증
변경등기 신청	관할등기소	• 변경등기신청서

2 상호 등 변경등기 신청

① 주식회사 변경등기란 등기된 사항에 변경이 생긴 경우 그 변경된 내용을 등기부에 반영하여 등기와 실체관계를 일치시키기 위해서 하는 등기를 이다.

② 주식회사의 상호·목적·공고방법은 정관의 절대적 기재사항으로 법인등기사항이다.

③ 상호나 목적 또는 공고방법의 변경은 주주총회 결의로 하며, 이를 결의한 때에는 그에 따른 변경등기를 하여야 한다.

🔹 신청기관

상호, 목적, 공고방법 등의 변경등기는 본점소재지 관할등기소에 신청하며, 본점 외에 지점설치에 따라 지점등기부가 개설된 경우에는 지점소재지 관할등기소에도 그 변경등기를 신청하여야 한다.

🔹 신청기한

상호나 목적 또는 공고방법을 변경한 경우 주주총회 결의일로부터 본점소재지에 서는 2주 이내, 지점소재지에서는 3주 이내에 대표이사 또는 그 대리인이 변경등기 를 신청하여야 한다.

🔹 과태료

상호·목적·공고방법이 변경된 경우 등기기간(본점소재지는 2주, 지점소재지는 3 주)내에 변경등기를 신청하지 아니한 때에는 500만 원 이하의 과태료를 부과할 수 있으므로 신청기한 내 등기한다. (상법 제635조)

③ 변경등기 유의사항

🔹 상호변경

상호변경은 동일시·군 내에 동종영업을 위하여 타인이 등기한 동일한 상호로는 변경등기를 할 수 없다. (상업등기법 제29조).

🔹 목적변경

목적변경은 목적을 변경함으로써 기존상호가 동종영업을 하는 타인의 상호와 동 일한 경우에는 상호변경등기를 하지 않고서는 목적변경등기를 할 수 없다(상법 제 22조, 상업등기법 제29조).

🔹 공고방법 변경

공고방법은 관보나 시사에 관한 사항을 게재하는 일간신문이어야 한다. 다만, 정 관에 회사의 웹사이트 또는 홈페이지를 공고방법으로 규정하여 변경할 수 있다.

🌐 인·허가증명

상호와 목적의 변경에 관청의 허가요건의 경우, 그 허가가 목적변경의 효력발생 요건일 때에는 허가서를 별도로 첨부하여야 한다.

④ 상호 등 변경등기 서류

🌐 신청서류

주식회사변경등기(상호, 목적, 공고방법)신청서류는 다음과 같다.

1. 주식회사변경등기신청서
2. 등록면허세 영수필증
3. 주주총회 의사록
4. 공증인 인증서
5. 정관(변경전 정관, 변경후 정관)
6. 인허가증명서 (인허가사항)
7. 위임장

🌐 주주총회 의사록

① 상호, 목적, 공고방법은 정관의 필요적 기재사항으로 이에 대해 변경을 하고자 하면 주주총회 특별결의로 한다. 결의요건은 출석주주의 의결권의 3분의 2 이상의 수와 발행주식 총수의 3분의 1 이상의 수로 한다.

② 주주총회 의사록은 의사의 경과요령과 그 결과를 기재하고 의장과 출석한 이사가 기명날인 또는 서명하여야 한다. 등기신청시 첨부되는 의사록은 공증인의 인증을 받아 제출하여야 한다.

🌐 등록면허세 영수필 확인서

본점소재지 관할 시·군·구청장으로부터 등록면허세납부서를(지방세법 제137조 제1항) 발부받아 납부한 후 등록면허세 영수필확인서를 첨부하여야 한다.

❖ 위임장

등기신청권자(대표이사)의 위임에 의한 대리인이 등기신청을 하는 때에는 그 권한을 증명하는 서면으로 위임장을 첨부하여야 한다. 실무상 수임자, 위임자, 위임내용을 기재하고 등기소에 제출(신고)한 인감을 날인한다.

❺ 상호 등 변경등기 신청서

◑ 등기의 사유

등기를 신청하는 이유를 기재하는 항목으로 일반적으로 "20○○년 ○월 ○일 주주총회에서 상호·목적·공고방법을 변경하였으므로 다음사항의 등기를 구함"으로 기재한다.

◑ 상호·목적·공고방법 등 변경과 그 연월일

주주총회에서 정관에 기재된 상호·목적·공고방법을 변경한 경우 변경되는 내용을 기재하며 변경연월일은 주주총회 의사록에 기재된 변경 결의일을 기재한다. 다만 상호나 목적변경이 주무관청의 허가를 요하는 경우에는 허가서상의 허가연월일이 변경등기 연월일이 됩니다.

주식회사(공고방법) 변경등기신청

접 수	년 월 일		처 리 인	등기관확인	각종통지
	제 호				

①상 호	○○ 주식회사	②등기번호	○○○○○○

③본 점	서울특별시 ○○구 ○○로 ○○

④등 기 의 목 적	공고방법 변경등기

⑤등 기 의 사 유	20○○년 ○월 ○일 주주총회 결의로 상호·목적·공고방법을 변경하였으므로 다음사항의 등기를 신청함

⑥본/지점신청구분	1. 본점신청 □ 2. 지점신청 □ 3. 본·지점일괄신청 □

등 기 할 사 항

⑦상호·목적·공고방법 변경과 그연월일	공고방법 변경
	  △△주식회사 웹사이트 http://www.△△.co.kr에 게재한다.
	  20○○년 ○월 ○일 변경

기 타	

⑨신청등기소 / 등록면허세 / 수수료

순번	신청등기소	구분	등록면허세 지방교육세	농어촌특별세	세액합계	등기신청수수료
합 계						
등기신청수수료 납부번호						

⑩첨 부 서 면

• 주주총회 의사록(공증받은 것) • 등록면허세영수필확인서 • 등기신청수수료영수필확인서 • 위임장(대리인이 신청할 경우)	〈기타〉

년 월 일

⑩신청인 상 호
　　　　　본 점
대표이사　성 명　　　(인)　(전화 :　　　　)
　　　　　주 소
대리인　　성 명　　　(인)　(전화 :　　　　)
　　　　　주 소
○○지방법원 등기소 귀중

Chapter 6

본점이전등기

> **상업등기법** **제54조(본점이전등기의 등기사항)** 신본점 소재지에서 본점 이전의 등기를 할 때는 회사성립의 연월일과 본점 이전의 뜻 및 그 연월일도 등기하여야 한다.
> **제55조(본점이전등기의 신청)** 본점을 다른 등기소의 관할구역 내로 이전한 경우에 신본점 소재지에서 하는 등기의 신청은 구본점 소재지를 관할하는 등기소를 거쳐야 한다.

① 같은 지역으로 본점이전등기

1) 관할 내 지역 본점이전등기 절차

주식회사의 본점이란 회사의 영업을 총괄하는 영업소를 말하며, 이 본점 소재지가 회사의 주소이다. 동일 관할 내에서의 본점이전등기란 같은 등기소 관할 구역 내로 본점의 소재 장소를 이전한 경우에 하는 등기다.

《 관할 내 지역 본점이전등기 절차 》

절차	집행/사무	서류
정관변경*	(주주총회 결의)	• (주주총회 의사록)
본점이전결정	이사회의 결의	• 이사회 의사록
공증인 인증	공증인 법률사무소	• 공증인 인증서
등록세 납부	관할 시/군/구청	• 등록세납부영수필증
본점이전등기신청	관할등기소	• 본점이전등기신청서

*정관상 본점의 소재지가 길(동, 지번), 건물, 호수 등으로 된 경우 이를 변경할 때 주주총회 결의가 필요함

🔹 주주총회 (정관상 상세소재지 변경 시)

정관에 본점 소재지가 지번·동·호수까지 상세하게 기재되어 있는 경우에는 주주총회의 결의로 정관을 본점을 이전할 신 본점 소재지로 변경하여야 한다.

(정관예시) 본점의 소재지는 "서울특별시 강남구 테헤란로 1"로 한다.

🔹 이사회의 결의(관할 소재지 내)

정관에는 본점의 소재 장소를 최소행정구역(서울특별시, 광역시, 시·군)으로 기재하는 것으로 족하지만, 등기사항증명서는 지번·동·호수까지 등기하고 있다.

따라서 정관에 규정된 최소행정구역 내로 본점을 이전한 경우에는 정관을 변경할 필요 없이 이사회의 결의로 한다.

(정관예시) 본점의 소재지는 "서울특별시"로 한다.

2) 관할 내 지역 본점이전등기 신청

🔹 이전등기

① 주식회사 본점이전등기는 회사의 영업소 소재지를 관할하는 지방법원, 그 지원 또는 등기소에 신청하여야 한다.
- 본점관할법원등기소

② 또한, 본점 관할 이외에 지점을 설치하여 지점 등기사항 증명서가 개설된 때에는 지점관할등기소에도 본점이전등기를 신청하여야 합니다.
- 지점관할등기소 : 본점이전등기신청

③ 회사의 본점에 지배인이 선임된 경우 지배인을 둔 장소의 이전등기 신청도 동시에 하여야 한다.
- 본점관할등기소
- 지배인이전등기신청

🔹 신청기한

본점이전등기는 본점 이전일로부터(이전일자를 예정하여 미리 등기할 수는 없음) 본점소재지에서는 2주 이내, 지점소재지에서는 3주 이내에 대표이사 또는 그 대리인이 등기신청을 하여야 한다.

⊙ 과태료

본점 이전 시 본점소재지에서는 2주간 내, 지점소재지에서는 3주간 내에 본점이전등기를 하지 않은 때에는 500만 원 이하의 과태료를 부과한다. (상법 제635조)

3) 관할 내 지역 본점이전등기 서류와 업무사항

⊙ 본점이전등기 신청서류

- 주식회사 본점이전등기신청서
- 공증받은 이사회 의사록
- 등록면허세영수필확인서
- 등기신청수수료영수필확인서
- 위임장(대리인이 신청할 경우)
- 추가첨부서류(변경전 정관, 변경후 정관)

⊙ 이사회 의사록

① 회사가 정관에 규정된 최소행정구역 내로 본점을 이전한 경우에는 정관을 변경할 필요 없이 이사회의 결의만으로 본점을 이전할 수 있다.

② 다만 정관상에 본점 소재지가 구체적인 소재 장소까지 기재되어 있는 경우에는 주주총회의 결의로 정관을 변경하여야 한다(이 경우 공증받은 주주총회 의사록을 첨부). 이때 이전 일자 등 업무집행에 관한 결정은 이사회의 결의에 의한다.

③ 이사회의 의사에 관하여는 의사록을 작성하여야 하며 의사록에는 의사의 의안, 경과요령, 그 결과, 반대하는 자와 그 이유를 기재하고 출석한 이사와 감사가 기명날인 또는 서명하여야 한다. 등기를 신청할 때에는 이사회의 의사록에 공증인의 인증을 받아 제출하여야 한다.

④ 자본금 총액이 10억 원 미만인 회사가 이사를 1인 또는 2인을 둔 경우 각 이사가 (다만 정관으로 대표이사를 정한 경우에는 대표이사를 말함) 회사를 대표하므로 업무집행에 관한 사항은 각 이사(또는 대표이사)가 결정한다.

⑤ 실무상 이사(또는 대표이사)가 이전장소, 이전 일자 등을 기재하고 법인인감을 날인한 본점이전결정서를 작성하여 제출한다.

📧 정관

① 동일관할 내에서의 본점이전등기신청의 경우 필수로 첨부하는 서면은 아니나 정관의 본점에 관한 사항 등을 확인하기 위하여 첨부하고 있다.

② 첨부하는 정관은 사본으로 가능하며 간인을 한 다음 원본과 동일하다는 원본대조필(법인인감날인)을 하여 제출한다.

📧 등록면허세 영수필확인서

① 이전하는 신 본점소재지 관할 시·군·구청장으로부터 등록면허세납부서를(지방세법 제137조 제1항) 발부받아 납부한 후 등록면허세 영수필확인서를 첨부하여야 한다.

② 동일관할 내에서의 본점이전등기신청의 등록면허세는 정액으로 대법원 인터넷등기소(www.iros.go.kr)에서 정액등록면허세 납부서를 작성·출력할 수 있으며 이를 수납기관에 납부한 후 제출한다.

③ 다만 유의할 점은 동일관할 내의 이전이라도 지역에 따라 등록면허세가 중과세되는 지역이 있으므로 관할 시·군·구청(세무과)에 확인하여 납부한다.

📧 위임장

① 등기신청권자(대표이사)의 위임에 의한 대리인이 등기신청을 하는 때에는 그 권한을 증명하는 서면으로 위임장을 첨부한다.

② 실무상 수임자, 위임자, 위임내용을 기재하고 등기소에 제출(신고)한 인감을 날인한다.

4) 관할 내 지역 본점이전등기 신청서

📧 신청인 등

① 본점이전등기를 신청하는 법인의 상호와 신본점 소재지, 대표이사의 성명과 주소를 기재하며, 위임받은 대리인이 신청할 경우 대리인의 성명과 주소를 기재한다.

② 대표이사는 등기소에 제출된 인감을 날인하여야 하며 대리인의 경우는 날인할 도장에 대한 제한은 없다.

주식회사 본점이전등기 신청

접 　 　 수	년 　 월 　 일	처 리 인	등기관 확인	각종 통지
	제 　 　 　 호			

① 상 　 　 　 　 호	○○ 주식회사	② 등기번호	
③ 구 　 　 본 　 　 점	서울특별시 ○○구 ○○로 ○○		
④ 등 기 의 목 적	본점이전등기		
⑤ 등 기 의 사 유	20○○년○월○일 이사회의 결의에 의하여 20○○년○월○일 본점을 이　전하였으므로 다음사항의 등기를 구함		
⑥ 본/지점 신청구분	1.본점신청 ☐ 　　2.지점신청 ☐ 　　3.본·지점 일괄신청 ☐		

등 　 기 　 할 　 사 　 항	
⑦ 신 　 　 본 　 　 점	서울특별시 △△구 ○○로 ○○
⑧ 본점을 이전한 뜻과 그 연월일	20○○년○월○일
⑨ 지배인을 둔 장소를 이전한 뜻(본점에 지배인을 두고 있는 경우)	지배인 ○ ○ ○(　　　　-　　　　) 서울특별시 △△구 ○○로 ○○
기 　 　 　 　 　 타	

⑩ 신청등기소 및 등록면허세/수수료						
순 번	신청등기소	구 분	등록면허세 지방교육세	농어촌특별세	세액합계	등기신청수수료
			금　　　원 금　　　원	금　　　원	금　　　원	금　　　원
합 　 　 　 계						
등기신청수수료 납부번호						

⑪ 첨 　 부 　 서 　 면	
• 공증받은 이사회 의사록 또는 주주총회 의사록 • 정관 • 등록면허세영수필확인서 • 등기신청수수료영수필확인서 • 위임장(대리인이 신청할 경우)	〈기 타〉

년 　 월 　 일

⑫ 신청인 　 상 　 호
　　　　　　　　 본 　 점
　　　　 대표이사 성 　 명 　　　(인)　 (전화 : 　　　　　)
　　　　　　　　　 주 　 소
　　　　 대리인 성 　 명 　　　(인)　 (전화 : 　　　　　)
　　　　　　　　 주 　 소
지방법원 　 등기소 　 귀중

❷ 다른 지역으로 본점이전등기

1) 관할 외 지역 본점이전등기 절차

주식회사의 본점이란 회사의 영업을 총괄하는 영업소를 말하며, 이 본점 소재지가 회사의 주소이다. 주식회사 본점이전관할외등기란 본점소재장소를 다른 등기소 관할 구역으로 이전한 경우에 하는 등기이다.

《 관할 외 지역 본점이전등기 절차 》

절차	집행/사무	서류
정관변경*	주주총회 결의	• 주주총회 의사록
본점이전결의	이사회의 결의	• 이사회 의사록
등록세 납부	관할 시/군/구청	• 등록세납부영수필증
본점이전등기	구(舊) 본점 관할등기소	• 본점이전(관할외)등기신청서

* 정관상 본점소재지가 관할 외 지역으로 변경되는 경우

💬 주주총회 결의

① 정관에는 본점의 소재 장소를 최소행정구역(서울특별시, 광역시, 시·군)으로 기재하는 것으로 족하지만, 등기부에는 지번·동·호수까지 등기한다.

② 따라서 정관에 규정된 최소행정구역 외로 본점을 이전한 경우에는 주주총회에서 정관상의 본점 소재지를 변경을 결의한다.

💬 이사회의 결의

① 정관에서 본점을 소재지를 관할 외 최소행정구역으로 변경하고, 이사회에서 본점의 구체적인 장소를 결정하여야 한다.

② 이같이 본점을 등기소 관할 외로 이전하였을 경우 주식회사 본점이전관할외등기를 하여야 한다.

2) 관할 외 지역 본점이전등기 신청

● 이전등기 : 구 본점관할등기소

① 주식회사 본점이전관할외등기는 신본점소재지에서 하는 등기신청 및 구본점 소재지에서 하는 등기신청을 구본점 소재지를 관할하는 등기소에 동시에 일괄하여 신청하여야 한다.

② 또한, 회사의 본점에 지배인이 선임되어 있는 경우 지배인을 둔 장소의 이전 등기 신청도 동시에 하여야 한다.

● 지점등기부 변경등기

또한, 본점 관할 이외에 지점을 설치하여 지점등기부가 개설되어 있는 때에는 지 점관할등기소에도 본점에서 등기를 경료한 후 별도의 본점이전등기를 신청하여야 한다(관할 외 본점이전등기신청은 본·지점 일괄신청을 할 수 없음).

● 신청기한

본점이전등기는 본점 이전일로부터(이전일자를 예정하여 미리 등기할 수는 없음) 본점소재지에서는 2주 이내, 지점소재지에서는 3주 이내에 대표이사 또는 그 대리 인이 등기신청을 하여야 한다.

● 과태료

본점을 이전한 경우 본점 이전일(의사록상 이전일)로부터 등기 기간(본점소재지 는 2주, 지점소재지는 3주) 내에 등기를 해태 했을 때는 500만 원 이하의 과태료를 부과한다.

3) 관할 외 지역 본점이전등기 서류와 업무사항

➡ 등기서류

- 공증받은 주주총회 의사록
- 공증받은 이사회 의사록
- 등록면허세영수필확인서
- 등기신청수수료영수필확인서
- 추가첨부서류(변경전 정관, 변경후 정관)

➡ 주주총회 의사록

① 주식회사 본점소재지는 정관의 필요적 기재사항으로 이에 대해 변경을 하고자 하면 주주총회 특별결의에 의한다.

② 정관상의 본점소재지 기재 정도는 최소행정구역으로 표시하는 것으로 족하며 확정적이 아닌 선택적 기재는 인정되지 않는다.

③ 주주총회 특별결의요건은 출석주주의 의결권의 3분의2이상의 수와 발행주식 총수의 3분의1 이상의 수로 한다.

④ 주주총회의 의사에 관하여는 의사록을 작성하여야 하며, 의사록에는 의사의 경과요령과 그 결과를 기재하고 의장과 출석한 이사가 기명날인 또는 서명하여야 합니다.

⑤ 등기신청 시 첨부되는 의사록은 공증인의 인증을 받아 제출하여야 한다.

➡ 이사회 의사록

① 회사가 정관에서 정한 본점소재지 이외의 장소로 본점을 이전하고자 할 경우에는 먼저 주주총회의 결의로 정관을 변경하고 이사회의 결의에 의하여 이전일자 등 업무집행에 관한 사항을 결정하여야 한다.

② 또한, 정관의 본점소재지를 구체적인 소재 장소까지 기재하는 것으로 정한 경우에도 이전일자 등 업무집행에 관한 결정은 이사회의 결의에 의하여야 한다. 다만 정관에 주주총회의 결의사항으로 규정되어 있는 경우 주주총회 의사록에 그 내용을 기재하는 것으로 충분하다.

③ 이사회의 결의는 이사 과반수의 출석과 출석이사의 과반수의 결의로써 하며 정관으로 그 비율을 높게 정할 수 있다.

④ 이사회의 의사에 관하여는 의사록을 작성하여야 하며 의사록에는 의사의 의안, 경과요령, 그 결과, 반대하는 자와 그 이유를 기재하고 출석한 이사 및 감사가 기명날인 또는 서명한다. 등기를 신청할 때에는 이사회의 의사록에 공증인의 인증을 받아 제출한다.

⑤ 자본금 총액이 10억 원 미만인 회사가 이사를 1인 또는 2인을 둔 경우 각 이사가 (다만 정관으로 대표이사를 정한 경우에는 대표이사를 말함) 회사를 대표하므로 업무집행에 관한 사항은 각 이사(또는 대표이사)가 결정한다.

⑥ 실무상 이사(또는 대표이사)가 이전장소, 이전일자 등을 기재하고 법인인감을 날인한 본점이전결정서를 작성하여 제출한다.

🔹 정관

① 등기신청 시 필수로 첨부하여야 하는 서면은 아니나 정관의 본점에 관한 사항 등을 확인하기 위하여 첨부하고 있습니다.

② 첨부하는 정관은 사본으로 가능하며 간인을 한 다음 원본과 동일하다는 원본대조필(법인인감날인)을 하여 제출한다.

🔹 등록면허세 영수필 확인서

① 이전하는 신·구 본점소재지 관할 시·군·구청장으로부터 각각의 등록면허세납부서를(지방세법 제137조 제1항) 발부받아 납부한 후 등록면허세 영수필확인서를 첨부한다.

② 본점이전관할외등기신청의 등록면허세는 모두 정액으로 대법원 인터넷등기소(www.iros.go.kr)에서 정액등록면허세 납부서를 작성·출력할 수 있으며 이를 수납기관에 납부한 후 제출한다.

③ 수도권정비계획법 시행령 제9조 별표1에 지정되어 있는 대도시권역 외에서 대도시권역 내로 본점을 이전하는 경우 법인의 설립으로 보아 세율을 적용한다(지방세법 제138조 제1항 제2호).

④ 또한, 대도시권역 내에서의 이전이라 하더라도 서울특별시 이외 지역에서 서울특별시 내로 전입하는 경우에도 대도시 내로의 전입으로 보아 당해 세율의 3배의 등록면허세(지방세법 제138조 제1항 제3호, 동시행령 제102조 제2항)를 납부한다(위 사항에 관하여는 등록면허세 부과관서인 관할 시·군·구청(세무과)에 문의하여 확인 바람).

◉ 위임장

① 등기신청권자(대표이사)의 위임에 의한 대리인이 등기신청을 하는 때에는 그 권한을 증명하는 서면으로 위임장을 첨부한다.

② 실무상 수임자, 위임자, 위임내용을 기재하고 등기소에 제출(신고)한 인감을 날인한다.

4) 관할 외 지역 본점이전등기신청서

◉ 등기의 사유

등기를 신청하는 이유를 기재하는 항목으로 일반적으로 "20○○년○월○일 주주총회의 결의로 정관을 변경하고 같은 날 이사회의 결의로 20○○년○월○일 본점을 이전하였으므로 다음 사항의 등기를 구함"으로 기재한다.

◉ 본점을 이전한 뜻과 그 연월일

신본점소재지와 이사회에서 결의한 이전일자를 기재한다.

주식회사 본점이전(관할외)등기 신청

접 수	년 월 일	처 리 인	등기관 확인	각종 통지
	제 호			

① 상 호	○○ 주식회사	②등기번호	○○○○○○

③ 본 점	경기도 ○○시 ○○구 ○○로 ○○

④ 등 기 의 목 적	본점이전등기

⑤ 등 기 의 사 유	20○○년○월○일 주주총회의 결의로 정관을 변경하고 같은 날 이사회의 결의에 의하여 20○○년○월○일 본점을 이전하였으므로 다음사항의 등기를 구함

구본점 관할등기소에 등기할 사항

⑥ 본 점 을 이 전 한 뜻 과 그 연 월 일	20○○년○월○일 이전
⑦ 지배인을 둔 장소를 이전한 뜻과 그 연월일	지배인 ○ ○ ○(주민등록번호) 서울특별시 △△구 ○○로 ○○

신본점 관할등기소에 등기할 사항

⑧ 본 점 을 이 전 한 뜻 과 그 연 월 일	서울특별시 △△구 ○○로 ○○ 20○○년○월○일 이전
⑨ 상 호 를 변 경 한 경 우	□□주식회사 20○○년○월○일 변경 (본점이전과 상호를 변경한 경우)
⑩ 이사·감사의 성명 및 주민등록번호, 취임연월일	이사 ○○○(주민등록번호) 20○○년○월○일 취임 이사 ○○○(주민등록번호) 20○○년○월○일 취임 이사 ○○○(주민등록번호) 20○○년○월○일 취임 감사 ○○○(주민등록번호) 20○○년○월○일 취임
⑪ 대표이사의 성명과 주소, 취 임 연 월 일	대표이사 ○ ○ ○(주민등록번호) 서울특별시 ○○구 ○○로 ○○ 20○○년○월○일 취임

⑫신청등기소 및 등록면허세/수수료

순번	신청 등기소	구분	등록면허세 지방교육세		농어촌특별세	세액합계	등기신청 수수료
		구본점	금 원 금 원		금 원	금 원	금 원
		신본점	금 원 금 원		금 원	금 원	금 원
합 계							
등기신청수수료 납부번호							

⑬첨 부 서 면

- 공증받은 주주총회 의사록
- 공증받은 이사회 의사록
- 정관
- 등록면허세영수필확인서

- 등기신청수수료영수필확인서
- 위임장(대리인이 신청할 경우)
〈기 타〉

년 월 일

⑭신 청 인 상 호		
본 점		
대표이사 성 명	(인)	(전화 :)
주 소		
대 리 인 성 명	(인)	(전화 :)
주 소		

지방법원 등기소 귀중

지점설치등기

> **참고** 주식회사의 지점의 설치는 이사회의 결의사항으로 지점설치등기 시에 지점설치 이사회의 결의 사실을 증명하는 이사회 의사록을 첨부서면으로 제출하여야 한다(상법 제393조).

1 지점설치 등기절차

《 지점설치 등기절차 》

절차	집행/사무	서류
지점설치 이사회의 결의	이사회의	• 이사회 의사록
등록세 납부	관할 시/군/구청	• 등록세납부영수필증
지점설치 등기신청	관할등기소	• 지점설치등기신청서

2 지점설치 등기신청

① 주식회사의 지점은 본점과 같이 회사 영업활동의 중심이 되는 장소(다만, 지점의 영업에 한함)를 말하며 지점의 설치는 이사회의 권한에 속하는 사항으로 이사회의 결의로 가능하다(상법 제393조).

② 그러나 정관에 지점소재지를 최소행정구역까지 정하고 최소행정구역 이외의 장소에 지점을 설치할 경우 주주총회에서 별도의 정관변경 절차를 거친 후 이사회의 결의로 지점을 설치하여야 한다.

⚙️ 신청기한

주식회사가 설립 후 지점을 설치하는 경우에는 본점소재지 관할등기소에 설치일로부터 2주간 이내에, 지점 관할등기소에는 3주간 이내에 대표이사 또는 그 대리인이 지점설치등기를 신청하여야 한다.

⚙️ 과태료

지점을 설치한 때로부터 등기기간(본점소재지는 2주, 지점소재지는 3주 단, 회사설립과 동시에 지점을 설치한 때에는 설립등기 후 2주간) 내에 등기하지 않은 때에는 500만 원 이하의 과태료를 부과한다. (상법 제635조)

③ 지점설치 등기서류와 업무사항

⚙️ 지점설치서류

지점설치 시 관할법원등기소에 제출할 등기신청서류는 다음과 같다.
1. 주식회사지점설치등기신청서
2. 등록면허세 영수필증
3. 이사회 의사록
4. 위임장

⚙️ 이사회 의사록

① 회사의 정관에 지점설치 방법에 관한 별도의 규정이 없는 때에는 이사회의 결의만으로 지점을 설치할 수 있다.

② 이사회의 의사에 관하여는 의사록을 작성하여야 하며 의사록에는 의사의 의안, 경과요령, 그 결과, 반대하는 자와 그 이유를 기재하고 출석한 이사 및 감사가 기명날인 또는 서명하여야 한다. 등기를 신청할 때에는 이사회의 의사록에 공증인의 인증을 받아 제출하여야 한다.

③ 자본금 총액이 10억 원 미만인 회사로서 이사를 1인 또는 2인을 둔 경우 대표이사가 설치장소, 설치일자 등을 기재하고 법인인감을 날인한 지점설치결정서를 작성하여 제출하여 신청할 수 있다.

⚙ 등록면허세 영수필확인서

① 본점소재지 관할 시·군·구청장으로부터 등록면허세납부서를(지방세법 제137조 제1항) 발부받아 납부한 후 등록면허세 영수필확인서를 첨부한다.

② 또한, 본·지점 일괄신청을 하는 경우 지점소재지의 지점설치등기의 등록면허세도 별도로 납부하여 영수필확인서를 첨부하여야 한다.

③ 다만 수도권정비계획법 시행령 제9조 별표1에 지정되어 있는 대도시권역 내에 지점을 설치하는 경우 당해 세율의 3배의 등록면허세(지방세법 제138조 제1항 제3호, 동시행령 제102조 제2항)를 납부하여야 한다.

⚙ 위임장

① 등기신청권자(대표이사)의 위임에 의한 대리인이 등기신청을 하는 때에는 그 권한을 증명하는 서면으로 위임장을 첨부한다.

② 실무상 수임자, 위임자, 위임내용을 기재하고 등기소에 제출(신고)한 인감을 날인한다.

④ 지점설치 등기신청서

⚙ 등기의 사유

등기를 신청하는 이유를 기재하는 항목으로 일반적으로 "20○○년○월○일 이사회의 결의에 의하여 20○○년○월○일 지점을 설치하였으므로 다음 사항의 등기를 구함"으로 기재한다.

⑤등 기 의 사 유	20○○년○월○일 이사회의 결의에 의하여 20○○년○월○일 지점을 설치하였으므로 다음 사항의 등기를 신청함

주식회사 지점설치 등기신청

접 수	년 월 일		처 리 인	등기관확인	각종통지
	제 호				

①상 호	○○ 주식회사	②등기번호	○○○○○○

③본 점	서울특별시 ○○구 ○○로 ○○

④등 기 의 목 적	지점설치등기

⑤등 기 의 사 유	20○○년○월○일 이사회의 결의에 의하여 20○○년○월○일 지점을 설치하였으므로 다음 사항의 등기를 신청함

⑥본/지점신청구분	1.본점신청 □ 2.지점신청 □ 3.본·지점일괄신청 □

등 기 할 사 항

⑦ 지 점	명 칭	△△지점
	소 재 지	○○도 ○○시 ○○로 ○○

⑧ 설 치 연 월 일	20○○년○월○일

기 타	

⑨신청등기소 / 등록면허세 / 수수료

순번	신청등기소	구분	등록면허세 지방교육세	농어촌특별세	세액합계	등기신청수수료
합 계						
등기신청수수료 납부번호						

⑩첨 부 서 면

• 이사회 의사록(공증받은 것) • 등록면허세영수필확인서 • 등기신청수수료영수필확인서 • 위임장(대리인이 신청할 경우)	〈기타〉

년 월 일

⑩신청인 상 호
대표이사 본 점
　　　　　성 명　　　　(인)　(전화 :　　　　)
　　　　　주 소
대리인　　성 명　　　　(인)　(전화 :　　　　)
　　　　　주 소

○○지방법원 등기소 귀중

PART
08

자산관리

Chapter 1

고정자산의 관리

> 고정자산 중에서 유형고정자산에 대하여 설명한다.

① 자산관리의 절차

고정자산의 관리목적은 회사 소유의 재산과 물품의 취득, 보관, 사용, 처분 등에 관하여 효율적으로 관리하여 비용을 절감하고 고정자산이 기업의 중요자산으로서 제품과 상품의 생산과 판매 및 영업 활동에 효율적으로 지원하는 데 있다.

《 고정자산 관리와 업무 》

절차	업무내용	주무부서	작업서
자산취득	• 자산변동보고 • 자산수급계획 • 취득자산등록	총무팀	자산취득명세서
자산운용	• 자산배치현황 • 자산운용매뉴얼비치 • 자산운용자등록	운용팀	자산배치관리대장
자산 현황	• 자산유지현황 • 자산보수사항등록 • 감가상각자산현황	운용팀	자산보수명세서
자산처분	• 자산손망실현황 • 자산불용처분결정 • 자산매각·폐기현황	총무팀	자산처분명세서

자산관리규정

고정자산의 취득과 운용은 자산관리규정의 사규를 정하여 이에 따라 취득하고 운용한다. 자산의 취득과 유지에 필요한 사규의 내용은 다음의 내용을 포함하여야 한다.

　1. 자산취득의 절차와 구매요령, 구매관리

2. 자산사용의 절차와 운용요령, 사용관리

3. 자산유지의 절차와 유지요령, 유지관리

4. 자산처분의 절차와 처분요령, 처분관리

② 고정자산의 종류

유형고정자산은 「토지, 건물, 구축물, 기계장치, 차량운반구, 공기구, 비품」 등이다.

○ 토지

토지는 대지, 임야, 전, 답, 잡종지 등을 회사의 유형자산으로 한다.

○ 건물

건물은 토지에 정착하여 주위를 기둥으로 구성하고 격벽, 지붕으로 외계와 단절된 구조물로 사람이 거주 및 사용, 물건의 저장, 제조 또는 작업장 등의 목적으로 건축한 건물 본체와 그에 부속된 부속설비를 말한다.

○ 구축물

구축물은 토지에 정착하는 토목설비, 또는 공작물과 완전시설이 아닌 일시적 목적에 사용하기 위하여 설치한 시설물 등으로 유형고정자산을 말한다.

○ 기계장치

기계와 장치, 운송설비(콘베어, 호이스트, 기중기 등)와 생산시설, 장비목록에서 정한 장비 등을 말한다.

○ 차량운반구

화물차, 지게차, 승용차, 건설관련차량 등 자동차와 기타 육상운반구 등을 말한다.

○ 공구와 기구

공구와 기구는 내용연수가 1년 이상으로 운반과 이동을 할 수 있는 물품으로 공구는 주로 기계 또는 장치에 부착시키거나 생산, 물류, 판매 현장에서 직접 사용하는 연장 등을 말하며, 기구는 주로 생산, 물류, 판매 현장에서 사용되는 계기류와 측정기구 등을 말한다.

○ 비품

비품은 내용연수가 1년 이상으로 운반과 이동을 할 수 있는 물품으로 주로 집기류, 책상, 의자, 컴퓨터 등 사무에 주로 사용하는 용품 등이다.

③ 고정자산의 취득

◉ 자산수급계획

부서자산관리자는 전년도 자산변동 및 증감사항에 대한 자산변동보고서와 내년도 자산취득과 처분에 관한 수급계획서를 매년 12월 말일까지 사장 또는 총괄자산관리자에게 제출하여야 한다.

- 금년도 자산변동보고서
- 내년도 자산수급계획서
- 제출기한 : 매년 12월 말일까지

◉ 자산구매 절차

일정액 이상의 자산구매는 자산운용부서장이 자산구매의 필요성을 사장에게 보고하고, 사장은 자산구매에 따른 계획과 비용을 확인하고 필요성을 판단하여 총무팀장에게 구매를 지시하여 구매한다.

그러나 일정액 이하의 물품구매는 자산운용부서장이 자산총괄관리자에게 구매요청서를 제출하여 사장의 결정으로 구매한다.

◉ 자산구매 명세

총무팀의 구매담당자는 자산(물품)을 구매하면 취득자산(물품)명세서를 작성하여 이를 자산운용부서와 자산총괄부서, 회계담당자에게 각각 배부하여야 한다. 이때 자산명세서(자산취득조서)에는 취득자산의 명세 및 이력사항을 기재하여야 한다.

④ 고정자산의 등록

회사의 고정자산관리를 위한 등록과 절차는 다음과 같다.

《 고정자산 등록과 업무 》

절차	업무내용	주무부서	자료
자산구매완료	• 구매절차이행	총무팀	구매명세서
구매물품검수	• 구매물품검수인 • 조서작성	총무팀 운용팀	구매물품검수조서
감가상각등록	• 구매비용명세서 • 내용연수확정	회계팀	세금계산서 감가상각명세서
총괄자산등록	• 자산·관리번호부여 • 자산사용부서등록	총무팀	총괄자산관리대당
부서자산등록	• 자산유지보수확인 • 자산운용매뉴얼확인	운용팀	부서자산관리대장
자산사용자등록	• 자산사용자등록	운용팀	부서자산관리대장

☷ 자산등록

회사의 자산을 취득하면 총무팀장은 총관자산대장에 이를 등록하고 운용팀장과 회계팀장에게 이를 통보한다. 또한, 총괄자산관리자는 자산총괄관리대장을 비치하여 관리하여야 한다. 다만, 전산파일로 대체할 수 있다.

부서의 자산관리자는 부서 자산관리대장을 비치하고 관리하여야 한다. 다만, 전산파일로 대체할 수 있다.

회계담당자는 구매자산의 내용연수를 확정하여 고정자산감가상각명세서 자료에 기록하고 이를 총무팀장과 운용팀장에게 배부한다.

☷ 고정자산 관리대장 기록

• 총무팀장과 자산사용부서팀장은 각자의 고정자산 관리대장에 기록한 기재사항의 일치 여부를 점검한다.

- 고정자산 관리대장은 물품명, 모델명, 규격, 번호 등 세부사항을 기재한다.

⑤ 고정자산의 관리

1) 총괄자산의 관리 : 총무팀장

총무팀장은 총괄자산관리자로서 자산총괄관리대장과 품목별자산관리대장을 비치하고 관리하여야 한다. 총괄팀장의 자산관리대장은 다음과 같다.

1. 자산총괄대장
2. 토지대장
3. 건물대장
4. 구축물대장
5. 차량운반구대장
6. 기계장비, 공구, 기구, 비품관리대장
7. 건물임대차대장
8. 부서 소프트웨어사용대장
9. 도서관리대장
10. 기타 총괄자산대장

2) 등기·등록자산 관리

총괄자산관리자 또는 부서자산관리자는 자산의 형태에 따라 신고 또는 등기·등록하여 권리보존을 위한 자산에 대하여 증빙서류를 갖추어 관리하여야 한다.

등기·등록 대상 자산

- 토지, 선박, 건물, 구축물, 차량운반구, 환경설비 등

권리증서

- 등기부등본
- 등록증
- 설비도면

⚙ 관리대장

- 등기등록자산관리카드
- 중요자산관리카드

3) 부서자산의 관리: 부서장

부서장은 부서자산관리자로서 당해 부서의 자산에 대하여 부서자산관리대장을 운용해야 한다. 부서장의 부서자산대장은 다음과 같다.

1. 부서 자산관리대장
2. 부서 차량운반구대장
3. 부서 기계장비 공구, 기구, 비품관리대장
4. 부서 도서관리대장
5. 부서 소프트웨어사용대장
6. 기타 부서자산대장

4) 감가상각자산의 관리

회계팀장은 감가상각자산 관리자로서 당해 감가상각자산에 대하여 감가상각자산대장을 운용해야 한다. 감가상각자산대장의 기재사항은 다음과 같다.

⚙ 관리대장 기재사항

- 내용연수 1년 이상 물품
- 물품내용연수
- 감가상각방법 (정률법 또는 정액법)
- 물품취득가액
- 상가누계액

5) 고정자산의 재물조사

부서자산관리자는 소관부서자산에 대하여 정기조사, 수시조사, 특별조사로 구분하여 조사한다.

⚙ 정기조사: 매년 12월

부서자산관리자는 소관자산을 매년 12월 1일부터 12월 31일까지 정기재물조사를 실시하여 자산의 과부족 및 망실, 훼손, 감모, 성능저하 등 변동사항에 대하여 1월

15일까지 총괄자산관리자에게 보고하여야 한다.

- 정기조사: 매년 12월 31일까지
- 조사보고: 매년 1월 15일까지

🌐 수시·특별조사

총괄자산관리자 또는 부서자산관리자는 다음의 사유가 발생하였을 때에는 수시 또는 특별재물조사를 실시할 수 있다.

1. 도난 또는 분실이 있을 때
2. 천재지변이 있을 때
3. 기타 사장의 조사지시가 있을 때

6) 보험가입의 자산

총무팀장 또는 부서장은 관리자산 중에서 손해보험, 자동차보험, 화재보험, 기타 보험 가입의무 자산 등에 관하여 보험에 가입하여 관리하여야 한다. 보험가입자산은 다음과 같다.

- 차량운반구
- 건물
- 구축물
- 기타자산

6 고정자산의 처분

1) 불용자산의 결정

부서자산관리자는 다음의 자산에 대하여 불용자산으로 결정할 수 있다. 다만, 소모되었거나 파손된 소모품에 대하여는 불용결정을 하지 아니한다.

1. 사용하지 아니하는 자산으로서 향후 사용전망이 없는 자산
2. 노후, 훼손, 마멸 등으로 수리가 불가하여 활용할 수 없는 자산
3. 수요를 초과하여 재고로 보유하고 있는 자산
4. 시설에서 제거된 것으로 사용할 수 없는 자산
5. 수리를 필요한 자산으로 수리비용이 비경제적인 자산
6. 주장비가 사용 불가능하여 사용할 수 없는 주장비 부속품

7. 규격 또는 형태가 달라져 본래의 목적에 사용할 수 없는 자산

8. 1~7에 해당하는 기타자산

2) 불용자산의 결정권자

● 토지, 건물 등

회사의 토지, 건물 등 중요자산의 불용결정 및 처분결정은 이사회 의결로 결정한다.

● 기계장치 등

회사의 기계장치 등 생산과 판매에 사용하는 중요자산의 불용결정 및 처분결정은 대표이사가 결정한다.

● 공구·기구·비품 등

부서에서 사용하는 공구·기구·비품의 불용결정 및 처분결정은 사용부서장이 결정한다.

3) 손실·망실 자산

● 손망실 보고

관리 또는 사용중인 자산이 망실, 훼손 또는 관리상에 사고가 발생하였을 때에는 당해자산의 사용자 또는 보관자와 이를 발견한 자는 지체없이 소관부서 자산관리자에게 사실을 보고하고, 부서자산관리자는 그 진상을 조사하여 필요한 조치를 하고 총괄자산관리자에게 지체없이 보고하여야 한다.

● 손망실 처분

총괄자산관리자는 자산손망실보고를 접수하였을 때에는 중요자산 또는 가액 100만원 이상의 자산은 이를 사장에게 보고한 후 자산불용 및 손망실처분결정을 받아 그 결과를 부서자산관리자에게 통보하여야 한다.

부서자산관리자는 사장의 손망실처분지시가 변상인 경우에는 변상명령서를 지체없이 변상의무자에게 전달하여야 한다.

💮 변상책임

자산관리업무에 종사하는 자가 소관자산에 대하여 고의 또는 중대한 과실로 손해가 발생하면 그 손해를 변상할 책임을 진다.

4) 불용자산의 매각 또는 폐기

💮 중요자산의 매각

불용자산으로 결정된 사항에 대하여 총무팀장은 불용자산의 매각 및 폐기를 담당한다. 토지 및 건물, 기계장치 등 중요자산은 사장의 승인으로 매각 여부를 결정하여 총무팀장이 매각한다.

💮 비품 등의 매각

비품 등의 매각은 총무팀장이 매각가격 등 여부를 결정하여 매각한다.

💮 비품 등의 폐기

비품 등의 폐기는 총무팀장이 폐기가격 등 여부를 결정하여 폐기한다.

7️⃣ 고정자산의 관리대장

1. 총괄자산관리대장
2. 부서자산관리대장
3. 자산변동현황(보고)서
4. 자산수급계획(보고)서
5. 자산불용처분신청서
6. 자산불용처분결정서

(총괄) 자산관리대장

(총괄자산관리팀 :　　　　　) 　　　　　　　　　　　　　　　(작성일:　　　　　)

취득자산								사용부서				감가상각			변동사항		
품명	관리번호	취득일	원인	수량	단가	금액	제조사	배치일	수량	부서명	부서장	내용연수	상각법	상각률	일자	불용명	수량
계																	

(부서) 자산관리대장

(부서명 :　　　　　) 　　　　　　　　　　　　　　　　　　(작성일:　　　　　)

취득자산								사용자				감가상각			변동사항		
품명	관리번호	취득일	원인	수량	단가	금액	제조사	배치일	사용자	수량	사용자	내용연수	상각법	상각률	일자	불용명	수량
계																	

자산변동현황

(부서명 :   )   (작성일:)

품목명	전년잔고		연중이동				연말잔고		비고
	수량	금액	증가		감소		수량	금액	
			수량	금액	수량	금액			
계									

(년) 자산수급계획표

(관리부서 :   )   (작성일:)

품목	취득		처분		임차		리스		비고
	수량	금액	수량	금액	수량	임차료	수량	리스료	
계									

자산불용처분신청서

부서명: 부서장: 신청일:

자산물품명						감가상각				불용사항		
품명	품번	취득일자	수량	단가	금액	상각금액	잔존가액	내용년수	경과년수	처분	원인	불용의견
계												

자산불용처분결정서

신청부서장		총무팀장		사 장	
신 청 일		상 신 일		결재일	

구분	품명	취득일자	매각		폐기		관리전환		처분결정		
			종수	금액	종수	금액	종수	전환	일자	결재권자	확인
기계장치											
공구기구											
비품											
합계											

비품의 자산관리

❶ 비품 자산의 종류

비품 자산은 회사에서 구매 또는 사용하는 부품 중에서 내용연수가 1년 이상인 물품으로 제조, 유통, 판매, 관리 등에 사용하는 공구와 기구, 비품 등이다.

회사의 유형자산 중에서 토지, 건물, 구축물, 선박, 기계장치, 차량운반구, 건설 중인 자산을 제외한 물품이다.

- 내용연수 1년 이상인 공구와 기구 비품
- 내용연수 1년 이상인 집기류 등 비품

《 비품 자산의 종류 》

자산 종류	비품 내역
공구와 기구	내용연수가 5년 또는 10년 이상인 생산·유통·판매 등에 사용하는 물품
집기류 비품	내용연수가 5년 또는 10년 이상인 행정·사무 등에 사용하는 물품
소모성 비품	내용연수가 1년 이상으로 장기간 사용으로 소모되어 재활용이 불가한 물품
소모품	내용연수가 1년 미만으로 한번 사용하면 원래의 목적에 다시 사용할 수 없는 물품

❷ 비품의 관리자

비품관리란 회사에서 사용하는 토지·건물·선박·구축물 등을 제외한 물품에 대하여 구매, 유지, 보수, 폐기 등의 업무를 총괄하는 것을 말한다.

중소기업은 비품의 주관리는 사용부서에서 하고, 비품의 구매와 폐기 또는 매각 등의 업무는 총무부에서 한다.

기업에 따라서는 총무부에서는 특정한 품목만 집중해서 관리하고, 그 밖의 것은 구매기준이나 관리상 편리성의 기분에 의하여 부문별, 사업별, 장소별 등으로 관리한다.

비품관리의 책임자와 관리자는 다음과 같다.

- 비품관리책임자 : 사용부서장
- 비품관리자 : 사용자
- 비품구매·처분 책임자 : 총무팀장

《 비품관리 매뉴얼 》

절차	비품계획	관리자료	관리부서
구매	구매계획	총괄 비품관리대장 자산감가상각대장	총무팀장
배치	배치계획	부서 비품관리대장	사용팀장
사용	사용계획	부서 비품관리대장	사용자
관리	관리계획	부서 비품관리대장	사용팀장

③ 비품의 수급관리

◉ 재물조사

부서장은 부서소관 물품에 대하여 매월 또는 매분기 정기조사를 실시하여야 하며, 총무팀장은 부서별 물품에 대하여 수시조사 또는 특별조사를 실시 할 수 있다. 재물조사 시 조사항목으로는 다음과 같다.

- 물품의 출납사항
- 물품의 재고사항
- 물품의 부족사항
- 물품의 구매가격
- 기타물품 사항

➡ 수급계획

부서장은 물품수급관리에 대한 실적, 계획, 변경에 대한 수급계획서를 작성하여 매분기 말월까지 총무팀장에게 제출하여야 한다.

부서장은 소관 물품수급계획서를 작성할 때에는 전년도 연간수급계획과 분기별 수급실적을 기재하고, 당분기의 사용예상 수량과 금액을 표시한 물품수급 관리실적 및 계획서를 총무팀장에게 제출하여야 한다.

➡ 물품수급 제한

총무팀장은 물품수급관리계획에 의하여 물품을 구매하여야 하며 당해 또는 당분기 물품수급관리계획에 계상되지 아니한 물품의 구매는 제한한다. 다만, 필수적 구매인 물품에 대하여 물품구매요청 부서장에게 물품수급계획변경서 작성을 요청하여야 한다.

➡ 재고수준

부서장은 소관부서의 재고유지 물품에 대하여는 품절로 인한 업무의 지장을 초래하지 않고 과다보유로 인한 예산 낭비를 방지하는 적정재고수준을 매월 또는 매분기 말월까지 총무팀장에게 재고 현황을 통보한다.

④ 비품관리대장

➡ 총괄 비품관리대장

총무팀장은 회사에서 사용하는 비품에 대하여 총괄 비품관리대장을 운용해야 한다. 총괄 비품관리대장에 기재하는 물품의 종류는 다음과 같다.

- 내용연수 1년 이상 공기와 기구 비품
- 내용연수 1년 이상 집기류, 사무기기 비품

↻ 총괄 비품관리대장 기재사항

비품관리대장의 기재사항은 다음과 같다.

- 물품의 종류 또는 품명
- 구매일
- 구매가격

- 구매처
- 내용연수
- 사용부서
- 기타 사항

⬤ 부서 비품관리대장

각 부서(팀)의 부서장은 부서에서 사용하는 비품에 대하여 당해 부서 비품관리대장을 운용해야 한다. 부서 비품관리대장에 기재하는 물품의 종류는 다음과 같다.

↻ 부서(팀) 비품관리대장

부서장은 공구와 기구, 집기류, 내용연수 1년 이상인 물품에 대하여 비품의 출납과 운용사항을 기록 유지하며 물품 출납 책임자가 작성 비치하고 물품관리책임자가 확인한다.

- 내용연수 5년 이상 공기와 기구 물품
- 내용연수 5년 이상 집기류, 사무기기 물품
- 내용연수 1년 이상 소모성 물품

↻ 부서(팀) 소모품관리대장

부서장은 소모성 비품의 출납과 운용사항을 기록 유지하며 물품출납 책임자가 작성 비치하고 물품관리책임자가 확인한다.

- 내용연수 1년 미만 소모품 대장

비품관리대장

(관리팀 :   )   (작성일:)

비품명세							사용부서			감가상각					확인
품명	비품번호	취득일	수량	단가	금액	제조사	부서명	수량	배치일	내용연수	상각금액	잔존가액	상각법	상각률	
계															
비고															

비품배치표

	품명			코 드		
				규 격		
				제조일		
				구매일		
일자	장소	부서	책임	담당	비고

비품배치(이동)표

일자	관리부서	관리자	
		정	부

코드	품명	규격	제조일	구매일

이 표는 총무부에서 비품청구표에 기초하여 기록한다. 배치시에 현품에 첨부하여 이동한다.

⑤ 비품의 불용결정

● 불용결정기준

비품의 사용부서장은 비품의 불용결정 기준을 정하여 불용처분을 결정할 수 있다. 비품의 불용결정기준은 다음과 같이 할 수 있다.

1. 사업계획의 변경 또는 사용기종의 변경 등으로 사용할 필요나 사용할 전망이 없는 물품

2. 예측할 수 있는 일정기간의 수요를 초과하여 장기사장으로 변질의 우려가 있거나 보관비용이 과다하게 소요될 우려가 있는 물품

3. 사용 불능상태에 있는 물품과 그 부속품

4. 규격 또는 모양이 달라지거나 자연감소, 변질 또는 파멸되어 수리하여도 원래의 목적에 사용할 수 없는 물품

5. 시설물에서 분리된 것으로 사용함이 비경제적인 물품

6. 수리 또는 개조하여 사용함이 비경제적인 물품

7. 공사현장에 투입된 건설용 자재중 공사준공과 동시에 발생된 잉여자재로서 시간 및 장소와 경제성, 안정성 등의 결여로 다른 기관에 전용이 곤란한 물품

8. 기타 불용 처리함이 유리하다고 인정되는 물품

● 불용결정 절차

회사 사용부서의 비품 및 물품의 불용결정 절차는 다음과 같다.

물품담당자
(불용신청) → 사용팀장
(불용검수) → 관리팀장
(불용승인)

○ 불용물품신청서 기재사항

사용부서 물품담당(관리)자는 불용물품에 대하여 불용의 결정을 받고자 할 때는 불용승인신청서에 불용물품사진 2매와 의견서를 첨부하여 사용부서장에게 제출하여야 한다.

물용물품신청서에 기재할 사항은 다음과 같다.

1. 불용 결정하고자 하는 품명, 규격, 수량 및 금액

2. 물품의 구입년월일과 현재 물품의 상태

3. 물품의 사용 경위와 수리명세 내역

4. 불용 결정하고자 하는 사유

5. 다른 목적으로 사용 가능성 확인 여부

6. 처분에 대한 의견

↻ 불용결정 기준금액

물품 사용부서장은 해당 물품의 불용신청서를 확인하고 검수한다. 검수한 물품에 대하여 일정액 미만은 부서장이 불용을 결정하고 일정액 이상은 물품관리(총무)팀장에게 불용신청서를 제출한다.

불용결정기준 금액은 다음과 같이 정할 수 있다.

- 사용부서장 불용결정기준 : 30만원 이하의 물품
- 사용부서장 불용결정기준 : 50만원 미만의 물품
- 사장의 불용결정기준 : 50만원 이상의 물폼

⑥ 비품의 손·망실

✦ 부서장의 손망실 보고

물품의 손실 또는 분실이 발견되었을 때에는 사용부서장은 지체없이 다음 사항을 조사하여 손망실 보고서를 작성, 관계 서류를 첨부하여 물품관리(총무)팀장에게 제출한다.

1. 발생일시 및 장소

2. 품명, 규격, 수량 및 가액

3. 발생원인

4. 발생 후 조치사항

5. 관련자의 인적사항 및 진술 내용

6. 기타 참고사항

✦ 총무팀장의 손망실 보고

총무팀장은 손망실보고서를 심사하고 물품의 망실 또는 훼손의 물품관리자가 회사에 손실을 끼친 것이 명백한 때에는 지체없이 사장에게 보고하여야 한다.

총무팀장은 사원의 고의 또는 과실에 의한 물품의 손망실이 발생한 때에는 위원회를 소집하여 물품의 손망실에 대한 처분을 결의한다.

● 손망실 물품의 변상

위원회에서 손망실처리가 변상으로 결의하였을 때에는 총무팀장은 사장명의로 손망실한 자에게 변상명령서를 발부하여야 한다. 변상은 일시 변상을 원칙으로 한다. 다만, 일시변상이 곤란한 경우에는 분할하여 변상할 수 있다.

❼ 비품의 매각 또는 폐기

● 매각

회사의 물품은 매각을 목적으로 한 것이거나 불용의 결정을 한 것이 아니면 이를 매각할 수 없다.

총무팀장은 매각책임자로서 장부금액이 50만원 미만이거나 감정의 필요성이 없다고 인정되는 불용품에 대하여는 감정절차를 생략하고 견적가격을 기준으로 매각업무를 처리한다.

● 폐기

회사의 물품은 폐기를 목적으로 한 것이거나 불용의 결정을 한 것이 아니면 이를 폐기할 수 없다.

총무팀장은 폐기책임자로서 폐기가격을 결정하고 폐기물업체를 선정하여 견적가격을 기준으로 폐기업무를 처리한다.

비품(손망실)관리대장

관리팀 :　　　　　　팀장 :　　　　　　담당자 :

관리 번호	품명	손실		망실		사용 부서	일자	확인
		수량	금액	수량	금액			
비고								

비품(매각·폐기)관리대장

관리팀:　　　　　　팀장:　　　　　　　　담당자:

관리 번호	품명	매각		금액		일자	확인
		수량	금액	수량	금액		
비고							

Chapter 3

차량의 자산관리

1 차량자산의 구분

차량자산

회사가 사용하는 차량자산은 다음과 간이 구분하여 관리한다.

《 차량 자산의 구분 》

차량자산	차량 자산 내용
자 사 차 량	• 회사 소유의 등록 차량으로 구매비용을 지급하고 취득한 차량으로 관할 구청에 회사 명의로 등록한 회사자산의 차량이다.
리 스 차 량	• 리스회사의 소유 차량으로 보증금과 리스료를 지급하고 사용하는 차량으로 리스 보증금은 회사의 자산이다.
임 차 차 량	• 임대회사의 소유 차량으로 회사가 차량을 임차하여 임차보증금 없이 임차료를 지급하는 차량으로 회사자산의 차량이 아니다.

차량자산의 자동차 종류

차량은 자동차관리법에 따라 형태와 용도에 따라 화물, 특수, 승합, 승용, 이륜자동차로 구분한다. 또한, 배기량, 승차정원, 화물적재량, 총 중량에 따라 소형, 중형, 대형차로 구분한다. (자동차관리법 제3조)

① 화물자동차

• 화물을 운송하기에 적합한 화물적재공간을 갖추고, 화물적재공간의 총적재화물의 무게가 운전자를 제외한 승객이 승차공간에 모두 탑승했을 때의 승객 무게보다 많은 자동차

② 특수자동차

• 다른 자동차를 견인하거나 구난작업 또는 특수한 작업을 수행하기에 적합하게 제작된 자동차로서 승용자동차·승합자동차 또는 화물자동차가 아닌 자동차

③ 승합자동차

- 11인 이상을 운송하기에 적합하게 제작된 자동차

④ 승용자동차

- 10인 이하를 운송하기에 적합하게 제작된 자동차

⑤ 이륜자동차

- 총배기량 또는 정격출력의 크기와 관계없이 1인 또는 2인의 사람을 운송하기에 적합하게 제작된 이륜의 자동차 및 그와 유사한 구조로 되어 있는 자동차

《 차량자산의 자동차 종류 》

구분	경형	소형	중형	대형
승용차 (배기량)	1,000cc 미만	1,600cc 미만	1,600cc 이상 2,000cc 미만	2,000cc 이상
승합 (승차정원)	1,000cc 미만	15인 이하	16인 이상 35인 이하	36인 이상
화물차 (최대적재량)	1,000cc 미만	1톤 이하	1톤 초과 5톤 미만	5톤 이상
특수차 (총중량)	1,000cc 미만	3.5톤 이하	3.5톤 초과 10톤 미만	10톤 이상
이륜차 (배기량)	50cc 미만	배기량이 100cc 이하	100cc 초과 260cc 이하	260cc 초과

* 자동차관리법 시행규칙 제2조

② 차량의 등록

회사의 소유차량은 회사명으로 관할관청에 등록한 차량을 말한다. 자동차 등록은 자동차의 회사의 본점 또는 지점의 주소지 관할 시·군·청에 등록한다.

1. 법인차량 : 법인 본점 또는 지점 주소지 관할 시·군·구청
2. 개인차량 : 차량 소유자의 주민등록지 관할 시·군·구청

⊕ 자동차 신규등록 서류

등록회사의 담당자는 자동차 신규등록의 경우 제작사 또는 수입사의 등록서류 등을 확인하여야 한다. 등록자와 관할관청의 등록시 필요한 서류는 다음과 같다.

《 자동차 신규등록 서류 》

구분	신규등록서류
등록자	주민등록등록등본(개인), 사업자등록증 또는 법인등기부등본(법인), 책임보험가입증서, 도장
제조사	자동차제작증, 수입면장(수입차), 자동차완성검사증, 임시운행허가증(임시운행번호판), 세금계산서
관할구(군)청	신규등록신청서, 자동차세납입필증, 채권매입필증, 도로교통분담금영수증, 번호판대금영수증, 기타증지대

자동차 이전등록 서류

자동차 이전등록서류는 양수자와 양도인이 필요한 서류는 다음과 같다.

《 자동차 이전등록 서류 》

구분	이전등록서류
양수인	주민등록등록등본(개인), 법인등기부등본(법인), 자동차번호판(타 시·도 자동차 양수시)
대리인	양수인인감증명서, 양수인위임장, 신청대리인 신분증, 도장
양도인	법인(등기부등본), (개인(주민등록등본), 자동차등록증, 인감증서(매매시), 인감도장, 양도증명서, 자동차세완납증명서(동사무서발행), 책임보험영수증
관할구(군)청	이전등록신청서, 매매계약서, 채권매입필증, 등록세납입필증

차량등록 대행

자동차등록업무는 구비서류를 준비하여 등록관할청을 방문하여 등록하는 등 시간과 비용이 발생한다. 따라서 총무담당자는 자동차 등록업무가 다수 발생하거나, 업무상 등록기한이 촉박한 때에는 등록대행업체를 이용하여 등록을 진행할 수 있다.

③ 차량 자산의 감가상각

- 감가상각의 3요소 : 취득원가, 잔존가액, 내용연수

취득원가

계정과목 : 차량운반구

개인기업이나 법인기업이나 회사소유차량의 구매비용은 "차량운반구" 계정으로 처리한다.

- 계정과목 : 차량운반구

회계상 차량취득일

회계상 차량의 "취득년월일"은 차량등록일이 아닌 차량대금을 지급하고 받은 "세금계산서 수취일자"이다.

취득원가의 항목

차량의 취득원가에 포함되는 항목은 차량대금과 차량구매 부대비용 중 자본적 지출액이다. 또한, 영업용차량이 아닌 비영업용차량 구매 시 매입세액불공제의 부가가치세 또한 취득원가에 포함한다.

- 차량대금(세금계산서 수취금액)
- 취득세, 등록세
- 탁송료(차량운반대금)
- 기타 차량구매 부대비용 중 자본적 지출금액

내용연수

회사가 처음에 자산을 취득하면서 취득비용을 전액 비용으로 처리하지 않고 "수익비용대응의 원칙(수익을 얻는데 발생한 비용은 같은 사업연도 즉 회계기간에 비용으로 계상을 하여야 한다)"에 따라 취득자산의 사용연수를 예상하여 내용연수기간을 5년 또는 10년 등으로 한다.

감가상각비

감가상각비란 유형자산의 취득원가를 내용연수(사용연수)기간에 걸쳐 매 회계기간에 적절히 배분한 비용을 말한다. 일반적으로 1년에 한 번 결산정리 할 때 감가상각방법 중 정액법과 정률법 중 택하여 처리한다.

정액법

정액법은 매년 동일한 금액을 비용으로 처리하는 방법으로 매년 일정액을 균등하여 상각한다.

정률법

정률법은 매년 초에 자산의 장부가액(취득원가에서 감가상각누계액을 차감한 금액)에 일정비율(상각률)을 곱한 금액만큼을 비용으로 처리하는 방법이다.

잔존가액

잔존가액이란 자산이 사용불능이 되어 폐기처분 할 때 받을 수 있는 금액으로서, 폐기처분 시 그에 소요비용이 있을 때는 그를 차감한 순수입액을 잔존가치로 한다.

우리나라 법인세에서는 유형자산 및 무형자산은 잔존가치를 0으로 일률적으로 정해 놓고, 정률법을 채택하는 경우에만 잔존가치를 취득원가의 5%로 하도록 하고 있다.

차량 자산의 가액 결정

회계상 차량 자산의 가액 결정은 감가상각 자산으로 1년에 결산기에 회계처리를 하는 내용을 바탕으로 감가상각 대장 또는 차량 자산 가액 대장으로 기재하므로, 평가자산의 가액과는 다르게 기재할 수 있다.

차량의 폐기 또는 매도 시 차량가액은 매도가액으로 기재한다. 또는 기타의 사정으로 평가액이 필요한 때에는 감정평가사의 차량자산평가서를 기준으로 한다.

차량자산관리대장

관리팀: 관리팀장: 작성일:

차량자산				취득		보험			감가상각			
관리 번호	차종	차대 번호	등록 번호	취득 일자	취득 가액	가입 기간	가입 금액	보험 사	내용 연수	잔존 가액	상각 법	상각 률
비고												

Chapter 4

부동산의 자산관리

① 부동산자산의 종류

기업은 유형·무형의 고정자산이 있고, 기업이 소유하는 토지, 본사·사업소·공장 등의 건물, 보육시설, 사택·기숙사 등의 부동산은 유형고정자산이다(특허 등의 공업소유권 등이 무형고정자산이다).

또한, 유형고정자산에는 기계장치자산으로 기계장치, 차량운반기구, 공구 등도 포함되는데, 이들에 대해서 총무는 간접관리를 할 뿐, 각 부문이나 사업소에서 관리 책임자를 정하여, 각각 직접 관리하는 경우가 많다.

《 부동산자산의 내역 》

구분	자산종류
부 동 산 자 산	• 공장 토지와 건물 • 본사 토지와 건물 • 창고 토지와 건물 • 기숙사 토지와 건물 • 기타 토지와 건물
기 계 장 치 자 산	• 기계장치 • 차량운반기구 • 공구

부동산자산관리의 사무

회사의 부동산자산관리에는 취득자산과 임차자산으로 구분하여 운용 및 관리하여야 한다. 주요관리항목으로는 유지보수 및 설치, 등기와 세무 등의 관련 사무가 있다.

- 등기, 확정일자 등록 등 법무관리
- 재산세 등 세무관리
- 유지 및 보수 관리

《 부동산 자산리의 사무 》

구분	내용
취득자산 부동산 관리	• 건축, 설치 등 운용관리 • 등기 등 법무관리 • 취득세 및 재산세 등 세무관리
임차자산 부동산 관리	• 등기 및 확정일자등록 관리 • 구축물 설치 관리 • 임차자산 임차료 관리

🌐 취득자산의 부동산

부동산의 취득자산에 대하여 매입과 보유, 처분에는 관련법에 따른 계약과 등기, 세무 등의 관리가 중요하다. 기업에서 부동산의 취득과 보유에 따른 법무와 세무, 관리 사항은 다음과 같다. 부동산 관리는 보유 부동산의 효과적인 활용과 자산가치의 증대에 그 목적이 있다.

- 부동산 취득 : 부동산등기, 취득세 납부
- 부동산 보유 : 건물건축, 구축물 설치, 재산세 납부
- 부동산 처분 : 양도세 납부

🌐 임차자산의 부동산

부동산의 임차자산에 대하여 임차한 토지, 또는 임차한 토지와 구축물, 임차한 토지에 기업에서 구축물을 건축하여 사용하는 경우 구축물의 등기 또는 구축허가 및 신고요건에 합당하게 관리하여야 한다.

- 부동산 임차 : 부동산 사용용도 확인
- 임차부동산매매계약서 확정일자 관할 세무서에 등록
- 임차료 지급

② 부동산매매계약

부동산을 매매계약할 때 사전에 반드시 확인해야 하는 부동산 공부서류는 다음과 같다.

부동산 공부서류

부동산등기부에 등기된 부동산 내역별 등기서류는 다음과 같다.

《 부동산등기부 관련 서류 》

구분	등기부서류		확인사항
건물·토지 매입	등기부 등본	건물등기부등본	건물주
		토지등기부등본	토지주
	건축물관리대장		건물의 면적, 층수, 구조 등
토지 매입	토지대장		토지의 사용면적, 실제면적 등
	지적도		토지의 모양, 경계 등
	토지이용계획확인서		토지이용제한사항

부동산매매서류

① 부동산매매 시 부동산매매계약서에 기재할 계약사항은 다음과 같다.

1. 매매물건
2. 매도인, 매수인
3. 매매대금(계약금, 중도금, 잔금)
4. 지급방법과 지급시기
5. 소유권이전등기시기
6. 소유권명도시기
7. 특약사항
8. 계약의 해제에 관한 사항

② 부동산매매 시 매매당사자와 중개인이 갖추어야 하는 서류는 다음과 같다.

《 부동산매매 관련 서류 요약 》

당사자	준비서류 등
매도인	1. 등기권리증 2. 인감증명서 3. 주민등록등본(법인등기부등본) 4. 인감도장
매수인	1. 주민등록등본(법인등기부등본) 2. 도장
중개인	1. 토지 및 건물 등기부등본 2. 토지대장 및 건축물관리대장 3. 공시지가확인원 4. 토지이용계획확인원 5. 중개대상물건 확인 및 설명서 6. 검인계약서

❸ 부동산취득등기

① 부동산등기의 구분은 다음과 같다.

1. 소유권이전등기
2. 근저당권설정등기
3. 전세권설정등기
4. 가등기
5. 소유권보존등기
6. 상속등기

② 소유권이전등기 등은 매수인이 매매 잔금을 지급하고 매도인으로부터 소유권이전등기에 필요한 서류를 받아 60일 이내에 관할등기소에 이전등기를 하여야 한다.

③ 등기의무자와 등기권리자가 준비해야 할 서류는 다음과 같다.

《 부동산 이전 등기서류 》

매도인(등기의무자)	매수인(권리자)
① 등기권리증(등기필 정보) ② 부동산 매도용 인감증명서(매수인 인적사항 기재된 것: 성명,주소,주민등록번호 기재) ③ 인감도장 ④ 신분증 ⑤ 주민등록초본(주소이력 포함) ⑥ 토지대장, 건축물관리대장 ⑦ 부동산등기부등본(토지,건물) ⑧ 계약서	① 주민등록등본 ② 도장 ③ 부동산(주택)거래신고필증 또는 토지거래허가필증(부동산거래신고위임시 : 인감증명서, 인감도장) ④ 농지일 경우 농지취득자격증명원 ⑤ 법인경우 법인등기부등본, 법인도장

《 근저당설정 등기서류 》

설정자(소유자)	근저당권자(채권자)
① 등기권리증(등기필정보) ② 인감증명서 ③ 인감도장 ④ 신분증 ⑤ 주민등록초본(주소이력 포함) ⑥ 등기부등본 ⑦ 근저당권 설정계약서	① 주민등록등본 ② 도장 (말소등기: 설정계약서, 도장)

《 전세권설정 등기서류 》

설정자(소유자)	전세권자(세입자)
① 등기권리증(등기필정보) ② 인감증명서 ③ 인감도장 ④ 신분증 ⑤ 주민등록초본(주소이력 포함) ⑥ 등기부등본 ⑦ 전세권설정계약서	① 주민등록등본 ② 도장 (말소등기: 전세권계약서, 도장)

《 가등기서류 》

가등기의무자(소유자)	가등기권리자
① 등기권리증(등기필 정보) ② 인감증명서 ③ 인감도장 ④ 주민등록초본(주소이력 포함) ⑤ 토지대장/건축물관리대장 ⑥ 등기부등본	① 주민등록등본 ② 도장 (말소등기: 가등기권리증, 인감도장, 인감증명서, 주민등록초본)

《 소유권보존등기서류 》

① 건축물 관리대장(도면첨부) ③ 공시지가확인원	② 주민등록초본(주소이력포함) ④ 도장

《 상속등기서류 》

피상속인(사망자)	상속인(협의분할상속)

① 원적지(부모님) 제적등본
② 제적등본
③ 말소자 주민등록초본
	① 가족관계증명서
	② 기본증명서
	③ 주민등록등본
	④ 토지대장, 건축물관리대장
	⑤ 협의분할에 의한 상속등기시에는 상
	   속인 전원의 인감증명서, 인감도장/
	   상속재산분할협의서 작성

부동산관리대장

(부서 :　　　　　　　책임 :　　　　　담당 :　　　　　　)

❖ 공장

부호	주소	총면적	소유		취득(임차)일자	등기
			자가	임차		

❖ 창고

부호	주소	총면적	소유		취득(임차)일자	등기
			자가	임차		

❖ 사무실

부호	주소	총면적	소유		취득(임차)일자	등기
			자가	임차		

PART
09

문서·사무관리

Chapter 1

문서관리

1 문서관리 개요

기업에서 문서관리는 사용과 등록, 보관과 열람에 따른 편리성과 보호에 있다. 기업의 문서는 사원이 쉽고 편리하게 문서를 작성하고 전달할 수 있어야 하며, 언제나 어디서나 보관된 문서를 열람하고 사용할 수 있어야 한다.

- 사용과 등록
- 보관과 열람

문서의 취급

문서관리의 핵심은 종이문서와 전자문서를 불문하고 문서가 가지고 있는 정보와 내용을 보호하기 위하여 "생산, 등록, 보관"에 중점을 두고 취급하여야 한다.

문서의 보관

기업의 모든 문서를 중앙문서보관소(W)에 보관하고 있다고 가정하면, 사원이 필요한 문서를 W에서 열람하여 이를 재가공하여 사용하고 재가공한 문서를 W에 등록하여 보관한다면 이것만으로도 사용과 보관에 따른 절차를 규칙으로 정하여 문서를 관리할 수 있다.

문서의 보호

특히 중소기업은 대다수 사원이 개별적으로 문서를 생산하고 보관하고 있어, 어느 문서가 어느 부서의 누구에게 있는지를 구두로 확인하고 전달받아 사용하는 실정이다. 그러므로 중소기업은 문서의 등록과 보관에 따른 문서관리가 문서의 정보 보호를 위한 사원의 의무와 책임을 부여하는 것임을 인식하여야 한다.

❷ 문서관리 절차

기업에서는 문서관리의 절차는 생산과 사용, 폐기에 따른 일련의 절차를 규칙 또는 기준에 따라 관리하는 절차로 주요 목적은 문서의 보호와 사용에 있다.

《 중소기업 문서관리 업무 요약 》

절차	문서	책임	문서대장
생산	발생문서	발생팀장	• 문서관리대장
	발신문서	발신팀장	• 문서발신대장
	접수문서	수신팀장	• 문서접수대장
분류	중요문서	관리팀장	• 경영문서, 계약서, 기밀문서
	업무문서	업무팀장	• 중요·일반문서 외 업무문서
	일반문서	사용자	• 중요·업무문서 외 일반문서
등록	중요문서	관리팀장	• 중앙보관문서등록대장
	업무문서	업무팀장	• 부서보관문서등록대장
	공유문서	업무팀장	• 공유문서등록대장
집행	승인문서	승인팀장	• 승인결재문서
	일반문서	사원	• 비승인결재문서
보관	중앙보관문서	관리팀장	• 중앙보관문서등록대장
	부서보관문서	업무팀장	• 부서보관문서등록대장
	사원보관문서	사원	• 사원보관문서등록대장
열람	보관문서	열람자	• 열람문서등록대장
보존	보존문서	문서팀장	• 보존문서등록대장
폐기	수시폐기문서	업무팀장	• 수시폐기문서등록대장
	정기폐기문서	관리팀장	• 정기폐기문서등록대장

③ 문서의 발송

발송문서는 사내에서 발생하여 사외로 발송 또는 발신(이하 "발송")하는 문서는 주로 업무문서, 보도자료, 홍보문서, 구매문서, 조달문서, 거래명세서, 견적서 등으로 발송문서 종류는 다음과 같다.

1. 보도자료 : 인사안내, 제품안내, 협조문 등 기타
2. 홍보문서 : 기업설명서, 상품안내서, 홍보물 등 기타
3. 구매문서 : 구매명세서, 구매신청서, 구매안내서 등 기타
4. 발주문서 : 발주명세서, 작업신청서, 발주안내서 등 기타
5. 거래문서 : 각종 거래명세서, 각종 공급서 등
6. 계약문서 : 각종 계약서 등

1) 종이문서 발송절차

관리부서 발송

기업에서 종이(서지) 문서의 발송 또는 발신(이하 "발송")은 문서관리 관리부서 (총무팀)장의 승인을 받아 발송하여야 한다. 종이문서의 발송은 발생부서에서 문서를 봉투에 투입 후 봉함하지 않은 상태에서 총무부에 발송을 의뢰하여야 한다.

관리(총무)팀장은 문서를 확인하고 봉함 후 문서발송대장에 생산자와 발송자, 수신자 등을 기록하고 발송한다.

발생부서 발송

종이문서를 생산(발생)부서에서 발송할 경우 생산자는 발송 부서장의 결재를 받아 발송문서를 부서 또는 총무부 발송대장에 기록하고 발송한다.

2) 전자문서 발신 절차

전자문서는 종류와 발신 방법이 다양하기에 기업에서 발신 방법에 대한 절차와 원칙이 중요하다.

일반전자문서의 발신은 생산부서에서 발송한다. 이때, 전자문서 생산부서장은 문서의 중요도를 판단하여 분류하고, 발생부서의 문서대장과 총무부의 문서총괄대장에 기록하고 승인하여 사원이 문서를 발신하게 한다.

《 전자문서 발송절차 》

절차	책임자	비고
생산	발생자	문서등록대장
분류	발생 팀장	중요도 분류
승인	발생 팀장	일반문서
발신	발생자	문서발신대장

4 문서의 접수

① 기업에서 사외문서의 접수는 총무과에서 총괄하여 대리 접수하거나, 수신부서에서 직접 접수하고 문서접수대장에 기록한다. 문서접수대장은 총괄대장과 부서접수대장으로 구분할 수 있으나, 총괄접수대장에 기록은 필수이다.

② 사외로부터 접수하는 문서는 문서관리규정에 강제하여 규정하여야 한다. 접수문서는 총무과에서 접수한 문서는 접수인을 하고, 문서등록대장에 접수 번호와 일시를 기재한다. 다만, 규정에 따라 접수과에서 직접 받은 문서는 접수과에서 접수대장에 접수일시를 기재하여 이를 총무과로 보낸다. 전자문서는 접수 번호와 일시가 자동으로 표시하여 접수한다.

《 문서접수절차 》

절차	담당	비고
접수	총무팀장	총괄접수대장
등록	총무팀장	–
수신	수신부서장	부서접수대장
보관	부서장	보관대장

③ 총무부의 문서접수자는 접수문서를 수신처에 전달하고, 수신부서장은 문서의 열람자 범위를 정하여 문서를 열람하게 할 수 있다. 다만, 전자문서는 아이디와 비밀번호, 인증의 절차를 거쳐 열람기록이 전자문서 시스템상에서 자동으로 표시되도록 하여야 한다.

④접수된 전자문서의 열람권자는 열람 기간과 방법을 지정하여 운영할 수 있다. 회사는 정보통신망을 이용하여 문서를 접수할 수 있도록 필요한 인터넷, 컴퓨터, 팩스, 문서관리 전문기업 등을 이용할 수 있는 조치를 하여 정보통신망을 이용한 문서의 유실이 없어야 한다.

⑤ 정보통신망을 이용하여 접수된 문서는 문서관리규정에 따라 처리하여야 한다. 다만, 발신자의 주소·성명 등이 불분명한 경우에는 접수하지 아니할 수 있다. 정보통신망을 이용한 전자문서는 회사의 홈페이지 또는 대표 전자우편주소를 이용하여 사외로부터 문서를 받아 총무과에서 접수할 수 있게 하여야 한다.

문서발송대장

(부서 :　　　　　　책임 :　　　　　　담당 :　　　　　　　)

문서 번호	문서명	분류	발송자	수신자	발송일	비고

문서접수대장

(부서 :　　　　　　책임 :　　　　　　담당 :　　　　　　　)

문서 번호	문서명	분류	수신자	발송자	접수일	비고

❺ 문서의 보관

1) 문서보관의 장소

중소기업에서 문서보관방법은 종이문서와 전자문서를 불문하고 다음과 같이 보관할 수 있다. 경영문서 계약서 등 중요한 문서는 중앙보관하고, 생산 영업 관리 등 업무부서 및 직무와 관련된 문서는 부서에서 보관하고, 사원이 수행하는 개별직무와 관련된 문서는 담당사원이 개별보관을 한다.

- 중앙보관
- 부서보관
- 사원보관

2) 종이문서의 보관

① 종이문서 중에서 보존문서, 기밀문서, 경영문서, 계약문서 등 중요문서, 기타문서 등은 중앙보관소에 보관하고, 총무(관리)팀장이 관리한다.

② 일상적으로 부서에서 업무에 사용하는 직무문서는 해당 조직에서 팀장이 보관 및 관리하고, 일상적으로 자주 사용하는 조직부문의 업무문서와 개별문서는 이를 사용하는 담당사원이 보관 및 관리한다.

종이문서의 종류

③ 보관 종이문서의 종류와 보관 책임자는 다음과 같다.

《 종이문서의 보관과 책임자 》

보관소	보관문서	책임자
중앙보관	보존문서 중요문서 계약문서 기타문서	총무팀장
부서보관	업무문서 기획서 신고서 보고서	부서팀장
사원보관	업무문서 개별문서	담당사원

3) 전자문서의 보관

전자문서의 보관방법은 기업에서 사내에 문서보관서버를 운영하거나 사외의 문서보관업체를 선정하여 위탁관리관리업체 서버에 보관하여 운영한다.

중소기업은 대체로 전자문서를 사내에 서버를 두고 전산팀장의 관리하에 보관 및 관리한다. 전산팀이 없는 경우 총무팀장이 전자문서의 관리와 보관을 책임진다.

전자문서의 가장 이상적인 보관방법은 전자문서를 한곳에 중앙보관하고, 이를 다른 곳에 백업(back-up)하여 보관하는 방법이다.

중소기업의 전자문서 보관형태는 다음과 같다.

《 전자문서 보관형태 》

보관문서	보관책임	보관소	
중요문서	총무팀장	중앙보관	백업(back-up)서버보관
부서문서	부서팀장	부서보관	백업(back-up)서버보관
업무문서	담당사원	사원보관	백업(back-up)서버보관

🔸 중앙 보관

문서를 사용과 보관에 편리한 방법은 한곳에 보관하는 방법이다. 전자문서는 "중앙보관소(서버)"에 보관이 사용과 관리가 편리하다. 개별사용자의 경리장부와 영업일지, 생산일지 등의 전자장부는 중앙보관소와 개별보관소에 동시에 보관하면 안전하게 보관할 수 있다.

보관방법은 허가받은 사원이 중앙보관소 서버에 접속하여 "보존문서, 경영문서, 계약문서" 등으로 구분하여 보관한다.

🔸 부서 보관

전자문서의 부서보관은 부서에서 사용하는 공용문서 또는 업무문서를 부서의 컴퓨터 서버에 보관하는 방법이다. 부서보관 관리자는 부서장으로 중요문서를 제외하고 공유문서와 업무문서를 부서의 구성원이 자유롭게 이용할 수 있어야 한다. 다만,

사용과 보관은 부서장의 허가받은 아이디(ID)와 패스워드(PW)를 부여받은 부서의 사원으로 한다.

보관 문서분류 ▷ 부서보관 문서등록 ▷ 문서 부서보관

사원 보관

전자문서의 사원보관은 컴퓨터 서버의 개별사원 폴더에 보관하고 관리한다. 개별 문서는 영업일지 생산일지 업무일지 및 기획서 제안서 등으로 사원 개인이 사용하는 문서로 한다. 역시 전자문서를 보관한 서버에 접속하여 사용 및 보관, 백업은 부서장으로부터 승인받은 아이디와 패스워드를 사용한다.

보관 문서분류 ▷ 사원보관 문서등록 ▷ 문서 사원보관

4) 법정보관문서

법으로 문서의 보관 기간을 정한 문서는 다음과 같다.

법정보관문서	보관기간	근거법
1. 상업장부나 영업에 관한 중요 서류 ex) 인수합병서류, 영업계약서류	10년	상법 제33조 제266조
1. 계산서, 세금계산서, 영수증 2. 지출증빙서류 3. 기부금영수증 4. 재무제표, 대차대조표, 손익계산서 5. 기타 거래 관련 서류	5년	법인세법 제116조 제112조 제112조의 2
1. 근로계약서 2. 임금대장 3. 임금의 결정·지급·계산에 관한 서류 4. 고용·해고·퇴직에 관한 서류 5. 승급·감급에 관한 서류 6. 휴가에 관한 서류 7. 근로 관련 승인·인가·합의·증명 서류	3년	근로기준법 제42조 동법시행령 제22조
1. 재해보상에 관한 서류	2년	근로기준법 제91조

5) 임의보관 주요문서

회사에서 임의로 보관 기간을 정하여 보관하는 주요문서는 다음과 같다.

임의보관문서	보관기간
1. 사규 등 조직관리에 관한 규칙문서 2. 사내복지기금 등에 관한 문서 3. 기부금 등에 관한 문서 4. 수출입 관련 보험에 관한 문서 5. 리스 등 금융에 관한 문서	10년
1. 동산, 부동산 등 자산처분에 관한 문서 2. 구매 등 계약에 관한 문서 3. 판매 등 계약에 관한 문서 4. 영업 관련 채권 및 채권회수에 관한 서류 5. 신규 사업계획서 등 신규사업 관련 서류	5년
1. 사내감사에 관한 문서 2. 인사에 관한 문서서 3. 상품 등 판매에 관한 문서 4. 상품 등 광고에 관한 문서 5. 당기 사업계획서 등 사업에 관한 서류	3년

⑥ 문서의 보존

🔹 보존문서 개요

① 문서의 보전은 법률로 문서의 보존기간을 정한 법정보존문서와 경영상 보존해야 할 문서, 사규 등으로 보존기간을 정한 문서 등이 있다.

② 일반적으로 법정보존문서, 영구보존문서, 단기보존문서 등으로 분류한다. 일반적으로 문서관리규정에 보존기간과 보존관리책임자, 보존관리부서 등을 규정하여 관리한다.

③ 보존문서의 관리는 총무부에서 일괄보관하거나 사용부서에서 일부문서를 보존하는 방법이 있으며, 총무부서는 총괄하여 보존문서 명세 또는 대장으로 총괄 관리한다. 보존문서는 대체로 총무부에서 보관한다.

- 총무팀 보존문서: 총괄보존
- 부서보존문서 : 부서문서

🔹 보존문서의 종류

사업 존속기간까지 보존해야 할 문서는 다음과 같다.

보존문서	보존기간	비고
1. 법인등기부등본 등 이에 관한 서류 2. 정관 등 이에 관한 서류 3. 주주명부 등 이에 관한 서류 4. 인수합병 등 이에 관한 서류 5. 면허·허가·인가 등에 관한 서류 6. 등기·송무·화해 등에 관한 서류 7. 주주총회 의사록, 이사회 의사록 등에 관한 서류	사업 존속 기간	상법 제33조 제266조

문서보관 관리대장

(관리부서: 책임: 담당:
)

번호	보관문서명	보관처	보관기간	일자	비고

문서보존 관리대장

(관리부서: 책임: 담당:
)

번호	보존문서명	본존처	보존기간	일자	비고

인장 관리

① 기업의 사용인장

　기업에서 사용하는 인장은 회사의 권리의무에 관계가 있는 사항을 기업 명의로 증명하기 위해 날인하는 도장이다. 기업에서 인장의 등록과 사용은 기업의 업무효율을 높이기 위한 데에 그 목적이 있다.

　기업의 인장은 법률 및 인장관리규정에 규정한 「인장의 종류와 등록, 보관과 폐기」 원칙에 따라 관리한다.

《 사용인장 관리절차 》

② 사용인장의 종류

　기업에서 사용하는 인장은 용도에 따라 법인, 사인, 대표인, 금융거래인, 계약인, 결재인 등의 인장이 있으며, 이 인장 등은 등기소, 관공서, 거래처, 금융기관 등에 등록하여 사용하는 인감과 사내 업무에 사용하는 인장으로 분류할 수 있다.

　인감을 제작할 때는 인장의 사용 목적과 사용자, 사용범위를 규정한 사규를 확인하고 모양과 형태, 크기 등을 대표이사의 승인으로 총무부장이 제작과 등록, 사용을 관리한다.

● 법인인감

　법원에 등록된 대표이사의 인감으로 회사 대표자가 대외적으로 거래할 때 사용하며, 법인인감증명서로 진위를 확인한다.

　법인인감의 제작은 원형 도장으로 지름 15mm의 원형으로 바깥쪽 원형에 "기호와 상호"를, 안쪽의 원형에 "대표이사"를 한글로 조각한다.

　법인인감은 관할등기소에 등록하고 법인인감증명서를 발급받아 회사 인감관리대장에 등록한다.

⚫ 사용인감

법원에 등록하지 않은 대표이사의 인장으로, 은행 등에 사용인감계 제출 및 등록하여 해당 입출금거래 등에 인장으로 사용한다.

사용인감의 제작은 사각형 또는 원형 도장으로 가로세로 20mm의 정사각형으로 바깥쪽에 2mm 사각형 테두리를, 안쪽에 "상호와 대표이사"를 한글로 조각할 수 있다.

⚫ 사인(상호인)

기업의 제증명 문서 등에 사용하는 인장으로 사내 규정에 따라 관리한다. 각종 증명서 발급이나 상장, 표창장 발행 등에 표시적 성격으로 사용하며, 법적 효력이 발생하지 않는 문서에 사용한다.

회사인의 제작은 사각형 도장으로 가로세로 30mm의 정사각형으로 바깥쪽에 3mm 사각형 테두리를, 안쪽에 "상호와 대표"를 한글로 조각한다.

⚫ 직인

회사의 대표 또는 회장, 부회장, 사장, 부사장, 전무, 상무, 부장, 과장, 대리, 사원임을 조각하여 사용하는 인장이다.

결재 또는 결제의 직무에 사용하며. 인장의 제작은 원형 도장으로, 직인의 제작은 지름 12mm의 원형으로 "직책자의 직급과 성명"을 한글로 조각한다.

⚫ 계인(계약인)

계인은 계약에 사용하는 인장이다. 제작은 타원형 도장으로 가로 10mm 세로 30mm 타원형으로 테두리를 두고 도장의 절반에 "계"라고 조각하고 나머지 절반에 "상호"를 한글로 조각한다.

③ 인장의 보관

인장은 당사자가 보관해야 하나, 일상적이고 반복적으로 행해야 하는 기업 업무상 권한을 위임받은 자가 보관하고 사용한다. 대체로 중소기업은 사장의 위임을 받은 총무부서장이 보관하며, 총무부장은 인장관리책임자이다. 인장관리규정에 의하여 다음과 같이 보관 및 사용자를 정한다.

《 인장 사용자와 보관자 》

구분	사용자	보관자
법인인감	대표자	대표
사용인감	대표자	대표
회사인	총무팀장	총무팀장
계인	총무팀장	총무팀장
직인	직급(책)자	개인

④ 인장의 폐기

사용 및 보관 중인 인장이 분실되거나 훼손 등 기타 사유로 사용이 불가하여 인장을 신규 제작 또는 폐기하고자 할 때는 대표이사의 승인으로 즉시 폐기하고, 인장관리대장에 기록하여 관리한다.

《 인장폐기절차 》

폐기 품의 → 폐기 승인 → 폐기 처분 → 폐기 등록

인장관리총괄대장

(총무팀장 :　　　　　담당자 :　　　　　　　　)

번호	인장명	인영	등록일	폐기일	보관부서

법인(사용)인감 날인기록부

(부서 :　　　　　팀장 :　　　　　담당 :　　　　　　)

일자	사용인감	사용문서	날인자명	사용부서	날인일자

Chapter 3

제 증명 발급관리

① 사원증 발급관리

사원증은 근태관리와 회사 시설물의 출입과 보안 등에 사용하기 위하여 상의에 부착 또는 목에 걸어 사원증 사람의 앞에 표식하여 사원임을 증명하고, 산업시설과 보안시설의 출입을 허가한 증서로 사용하기 위하여 발급한다.

사원증의 발급

신분증의 제작과 발급 시 정규직과 비정규직 등에 대하여 사원증 크기와 모양과 색상 등에 차이를 두어서는 안 된다. 정규직과 비정규직, 근무부서와 직위, 기타 등의 표기는 기호나 부호로 표기한다.

❖ 발급 대상

사원증의 발급 대상은 정규직과 비정규직 임원이다.

1. 정규직 임직원
2. 비정규직 임직원

❖ 용도와 사용

사원증은 출퇴근과 시설물의 출입 등의 기록과 근무에 패용하며, 사원증의 용도와 사용은 다음과 같다.

1. 출근과 퇴근
2. 근무
3. 시설물의 출입, 기타

출입 사원증의 제작

본사 및 지사의 출입에 사용하는 사원증의 형태와 모양, 표기방법은 다음과 같다.

① 형태 : 플라스틱 재질로 상의에 부착하거나 목걸이 겸용으로 제작2. 크기 : 가로

50mm 세로 80mm로 한다.

② 앞면 : 인상 가로 3mm 세로 4mm의 사진과 성명, 사원번호, 회사마크, 기타 등을 표기한다.

③ 뒷면 : 사용과 용도, 금지사항 및 분실에 대비한 연락처를 표기하고, 출입에 사용하는 사원정보를 보이지 않게 마그네틱으로 기록한다.

《 견 본 》

● 사원증발급대장

사원증의 발급과 분실, 폐기에 관한 내용을 사원증발급대장에 기록하여 관리한다. 사원의 서명, 사원번호, 발급일, 발급 사유 등을 기재한다.

❖ 주요기재사항

1. 발급사원정보 등
2. 발급 일자 등

사원증발급관리대장

(부서 :   책임: 담당 :   )

사번	성명	직급	발급일	분실일	폐기일	비고

❷ 재직·경력 증명서 발급관리

재직증명서와 경력증명서는 재직 또는 퇴직 사원의 인사기록부 내용을 사실로 정확하게 기재하여야 발급한다. 주의할 사항은 재직기간은 휴직기간을 제외하고 기재한다. 재직과 경력 증명서의 발급기준과 내용 등은 다음과 같다.

➡ 발급 대상

재직·경력 증명서 발급 대상은 다음의 재직자와 퇴직자이다.

1. 정규직 사원으로 3개월 이상 근무한 자.
2. 비정규직 사원으로 3개월 이상 근무한 자
3. 기타 재직기간 3개월 미만 근무자로 대표이사가 승인한 자

➡ 발급내용

재직·증명서에 기재하는 재직 내용은 다음과 같다.

1. 신청자 성명, 주민등록번호, 주소
2. 입사일, 퇴사일, 재직기간, 직책
3. 직무(경력증명서), 경력기간(경력증명서)
4. 근무형태 (정규직, 계약직, 단시간직)
5. 제호, 발급일, 발급권자

➡ 발급권자

재직·경력 증명서 발급권자는 대표이사이다. 대표이사의 위임으로 총무부서장이 대표이사를 대리하여 발급한다.

(발급: 제   호)

재직증명서

성 명		주민등록 번 호	
주 소			
재직기간		입사일자	
		퇴사일자	
직 책		기 타	
용 도			

위와 같이 재직하였음을 증명한다.

201 년   월   일

○○주식회사

대표이사 ○○○

(위임받은) 총무부장 ○○○ ㉑

(제   호)

경력증명서

성 명		주민등록 번 호	
주 소			
재직기간		입 사 일	
		퇴 사 일	

직 무	근 간	직 책

용 도	

위와 같이 재직 중 경력사항을 증명한다.

201 년   월   일

○○주식회사 대표이사 ○○○

총무부장 ○○○ ㊞

Chapter 4

인사기록관리

1 인사기록부

인사기록부는 대표이사의 위임으로 인사부서장(총무부서장)이 기록한다.

인사기록부는 입사조건에 따른 사원의 건강상태 확인과 학력 및 경력 등의 제증명의 사실관계를 확인하기 위한 기록부이다.

😊 인사기록부 기재사항

③ 인사기록부는 기본사항 인사기록, 학력 및 경력 인사기록, 자격증 및 면허증 인사기록, 가족관계 인사기록 등과 함께 제증명 제출서류를 기재한다.

- 기본사항 인사기록
- 학력 및 경력 인사기록
- 자격증 및 면허증 인사기록
- 신체 및 건강상태 인사기록
- 가족관계 인사기록
- 기타 인사기록

😊 기본사항 인사기록

사원의 인사기록부 기본사항의 기재사항은 다음과 같다.

성명	한글		주민등록번호		
	한문		생년월일		
부서			혼인		미혼, 기혼
본적				집전화	
주소				휴대전화	
입사일		입사 구분		신입, 경력, 기타( )	

😊 자격증 면허증 등 인사기록

사원의 인사기록부 자격증 등 인사기록 기재사항은 다음과 같다.

자격·면허	종류및등급		취득일	병역	역종		사유	
					군별		계급	
					병과		기간	

🔹 자격증 면허증 등 인사기록

사원의 인사기록부 학력 및 경력 등 기재사항은 다음과 같다.

학력	초등학교	년 월 ~ 년 월 졸업			전공	소 재 지
	중학교	년 월 ~ 년 월 졸업				
	고등학교	년 월 ~ 년 월 졸업(예정)				
	대학교	년 월 ~ 년 월 졸업(예정)				
	대학원	년 월 ~ 년 월 졸업(예정)				
능력	영어	상, 중, 하	기타 외국어			상, 중, 하
경력	근무처	소재지	근무기간		부서	직위
			~			
			~			
			~			
			~			

🔹 신체 및 건강 등 인사기록

사원의 인사기록부 신체 및 건강상태 등 기재사항은 다음과 같다.

신체·건강	신장		시력	(교정시력:)	
	체중		질병	유무	
	형액형		종교		특기	
	장애		출근거리		

🔹 인사기록부 제 증명 첨부서류

인사기록부 첨부서류는 인사기록부 기재사항을 확인 및 증명하는 서류로 다음과 같다.

1. 근로계약서, 서약서 등
2. 주민등록등본, 호적등본, 사진 등
3. 졸업증명서, 자격증명서, 병적확인서(주민등록초본) 등
4. 건강검진서 등
5. 신원보증서(신용보증보험증권), 신원조회서(관할경찰서)

인사기록부

성명	한글		주민등록번호		사 진
	한문		생년월일		
부서			혼인	미혼, 기혼	
본적			집전화		
주소			휴대전화		
입사일		입사 구분	신입, 경력, 기타( )		

학력	초등학교	년 월 ~ 년 월 졸업		전공	소 재 지
	중학교	년 월 ~ 년 월 졸업			
	고등학교	년 월 ~ 년 월 졸업(예정)			
	대학교	년 월 ~ 년 월 졸업(예정)			
	대학원	년 월 ~ 년 월 졸업(예정)			

능력	영어	상, 중, 하	기타 외국어		상, 중, 하

경력	근무처	소재지	근무기간	부서	직위
			~		
			~		
			~		
			~		

자격·면허	종 류 및 등 급	취득일	병역	역종		사 유	
				군별		계 급	
				병과		기 간	

신체·건강	신장		시력	(교정시력:)	
	체중		질병	유무	
	혈액형		종교		특기
	장애		출근거리		

가족관계	관 계	성 명	생 년 월 일	학 력	직 업

비고	

② 인사발령기록부

사원의 인사발령사항은 인사기록부 부본인 발령기록부에 기록한다. 기재항목으로는 발령의 내용과 일자를 기록한다. 발령사항의 기록은 신분증, 재직증명서, 경력증명서 발급에 확인자료로 사용하며, 사원의 이동과 배치, 승진 사항 등을 기록한다.

- 구분 : 정기인사, 긴급인사, 특별인사, 임시인사
- 발령사항 : 근무부서, 직책
- 직책, 직급 사항
- 발령일
- 기타 등

인사발령기록

사원의 인사발령기록부 기재사항은 다음과 같다.

성명 : 　　　　　　　　　주민등록번호 : 　　　　　　　사원번호 :

구분	발령사항	발령부서	직책	직급	발령일	비고

③ 상벌 기록부

사원의 상벌 사항은 인사기록부 부본인 상벌 기록부에 기재한다. 상벌 사항은 다음과 같다.

상의 종류

사원의 상벌기록부 표창 및 포상 등의 기재사항은 다음과 같다.

1. 표창 : 최우수상, 우수상, 근속상, 기술상 등
2. 포상 : 상금, 상품, 휴가, 기타 등
3. 인사포상 : 승진, 승급, 기타 진급 포상

징계의 종류

사원의 상벌기록부 징계의 기재사항은 다음과 같다.

1. 경고 : 잘못을 지적하며 금지 또는 재발방지 촉구
2. 견책 : 경위서와 서약서 제출하고 승진, 전보 등 인사에 반영
3. 감봉 : 일정 기간 임금 감액
4. 직위해제 : 직책 직위 직무 일시제한
5. 강등 : 직책, 직급, 호봉을 하향 조정
6. 정직 : 일정 기간 출근을 정지하고, 임금 지급을 중단
7. 징계해고 : 위반, 부정, 불법 행위 및 재산손실에 따른 퇴사조치

상벌 기록

사원의 상벌 기록부 기재형식은 다음과 같다.

구분	종류	사유	수여 및 처분	일자	비고
상					
벌					

인사발령기록부

성명 :   주민등록번호 :   사원번호 :

구분	발령사항	발령부서	직책	직급	발령일	비고

상벌 사항

구분	종류	사유	수여 및 처분	일자	비고
상					
벌					
비고					

PART 10

법정교육관리

개인정보 보호 교육

《 사업장 법정의무교육 요약 》

구분	교육 대상	관련 법규
개인정보 보호 교육	모든 사업장의 개인정보 취급자	개인정보 보호법 제28조
직장 내 성희롱 예방 교육	모든 사업장의 사업주와 근로자	남녀고용평등법 제13조
산업안전보건 교육	사무직만 고용 외 사업장 근로자 5인 미만 사업장 일부 근로자	산업안전보건법 제29조
직장 내 장애인 인식개선 교육	모든 사업장의 사업주와 근로자(1개월간 소정근로시간이 60시간 이상 근로자)	장애인고용법 제5조의2

1 개인정보 보호 교육개요

사업자(개인정보처리자)는 개인정보의 적정한 취급을 보장하기 위하여 개인정보 취급자에게 정기적으로 필요한 교육을 하여야 한다(개인정보 보호법 제28조2항).

교육대상

사업자의 지휘·감독을 받아 개인정보를 처리하는 개인정보 취급자에 대하여 적절한 관리·감독을 하여야 한다(개인정보 보호법 제28조1항).

- 교육대상 : 개인정보를 처리하는 모든 사업장의 개인정보 취급자

교육방법 등

① 교육방법 : 연 1~2회, 60분 이상의 집합교육 및 영상교육
② 교육관리 : 개인정보 책임자는 개인정보 보호 교육계획의 수립 및 시행에 관하여 관련 서류를 갖추어야 한다.

과징금 등

사업자(개인정보처리자)가 처리하는 주민등록번호가 분실·도난·유출·위조·변조 또는 훼손된 경우에는 5억원 이하의 과징금을 부과·징수할 수 있다(개인정보 보호법 제34조의2 제1호).

- 주민등록번호의 유출 등에 따른 과징금 : 5억원 이하

② 개인정보 보호 용어와 정의

개인정보 보호 관련 용어의 정의는 다음과 같다(개인정보 보호법 제2조).

용어	정의
개 인 정 보	살아 있는 개인에 관한 정보로서 다음의 어느 하나에 해당하는 정보를 말한다. 1. 성명, 주민등록번호 및 영상 등을 통하여 개인을 알아볼 수 있는 정보 2. 해당 정보만으로는 특정 개인을 알아볼 수 없더라도 다른 정보와 쉽게 결합하여 알아볼 수 있는 정보. 이 경우 쉽게 결합할 수 있는지 여부는 다른 정보의 입수 가능성 등 개인을 알아보는 데 소요되는 시간, 비용, 기술 등을 합리적으로 고려하여야 한다. 3. 1 또는 2를 가명처리에 따라 가명처리함으로써 원래의 상태로 복원하기 위한 추가 정보의 사용·결합 없이는 특정 개인을 알아볼 수 없는 정보로 가명정보라 한다
가 명 처 리 (가 명 정 보)	개인정보의 일부를 삭제하거나 일부 또는 전부를 대체하는 등의 방법으로 추가 정보가 없이는 특정 개인을 알아볼 수 없도록 처리하는 것을 말한다.
처 리	개인정보의 수집, 생성, 연계, 연동, 기록, 저장, 보유, 가공, 편집, 검색, 출력, 정정(訂正), 복구, 이용, 제공, 공개, 파기(破棄), 그 밖에 이와 유사한 행위를 말한다.
정 보 주 체	처리되는 정보에 의하여 알아볼 수 있는 사람으로서 그 정보의 주체가 되는 사람을 말한다.
개 인 정 보 파 일	개인정보를 쉽게 검색할 수 있도록 일정한 규칙에 따라 체계적으로 배열하거나 구성한 개인정보의 집합물(集合物)을 말한다.

③ 사업장의 개인정보 보호 담당자

➡ 개인정보처리자

- 사업자 : 개인정보처리자

개인정보처리자란 업무를 목적으로 개인정보파일을 운용하기 위하여 스스로 또는 다른 사람을 통하여 개인정보를 처리하는 공공기관, 법인, 단체 및 개인 등을 말한다(개인정보 보호법 제2조5호).

➡ 개인정보 취급자

사업자(개인정보처리자)는 개인정보를 처리에 개인정보가 안전하게 관리될 수 있도록 임직원, 파견근로자, 시간제근로자 등 개인정보처리자의 지휘·감독을 받아 개인정보를 처리하는 자(개인정보취급자)에 대하여 적절한 관리·감독을 하여야 한다(개인정보 보호법 제28조1항).

➡ 개인정보 보호 책임자

사업자(개인정보처리자)는 개인정보의 처리에 관한 업무를 총괄해서 책임질 개인정보 보호 책임자를 지정하여야 한다. 개인정보 보호책임자는 다음의 업무를 수행한다(개인정보 보호법 제32조1항2항).

1. 개인정보 보호 계획의 수립 및 시행
2. 개인정보처리 실태 및 관행의 정기적인 조사 및 개선
3. 개인정보처리와 관련한 불만의 처리 및 피해 구제
4. 개인정보 유출 및 오용·남용 방지를 위한 내부통제시스템의 구축
5. 개인정보 보호 교육계획의 수립 및 시행
6. 개인정보파일의 보호 및 관리·감독

Chapter 2

직장 내 성희롱 예방 교육

① 성희롱 예방 교육개요

🔅 교육개요

① 사업주, 상급자 또는 근로자는 직장 내 성희롱을 하여서는 아니 된다(남녀고용평등법 제12조).

② 근로자를 사용하는 모든 사업장의 사업주는 직장 내 성희롱을 예방하고 근로자가 안전한 근로 환경에서 일할 수 있는 여건을 조성하기 위하여 직장 내 성희롱의 예방을 위한 교육을 매년 실시하여야 한다(남녀고용법 제13조).

③ 사업주는 직장 내 성희롱 예방을 위한 교육을 연 1회 이상 하여야 한다(남녀고용평등법 제3조1항).

🔅 교육대상

모든 사업장의 사업주와 모든 근로자는 성희롱 예방 교육을 받아야 한다(남녀고용평등법 제13조2항).

- 교육대상 : 모든 사업장의 사업주와 모든 근로자

② 성희롱 예방 교육내용

직장 내 성희롱 예방 교육에는 다음의 내용이 포함되어야 한다(남녀고용평등법 제3조2항).

1. 직장 내 성희롱에 관한 법령
2. 해당 사업장의 직장 내 성희롱 발생 시의 처리 절차와 조치 기준
3. 해당 사업장의 직장 내 성희롱 피해근로자의 고충 상담 및 구제 절차
4. 그 밖에 직장 내 성희롱 예방에 필요한 사항

❸ 성희롱 예방 교육방법

직장 내 성희롱 예방 교육의 사업장별 교육방법은 다음과 같다(남녀고용평등법 제3조3·4항).

구분	교육방법
상시근로자 10인 이상 사업장	직장 내 성희롱 예방교육은 사업의 규모나 특성 등을 고려하여 직원연수·조회·회의, 인터넷 등 정보통신망을 이용한 사이버 교육 등을 통하여 실시할 수 있다.
상시근로자 10인 미만 사업장	직장 내 성희롱 예방교육내용을 근로자가 알 수 있도록 교육자료 또는 홍보물을 게시하거나 배포하는 방법으로 직장 내 성희롱 예방교육을 할 수 있다
구성원 모두가 남성 또는 여성인 사업장	

❹ 과태료

직장 내 성희롱 예방 교육의 위반행위에 관한 과태료는 다음과 같다.

위반행위	과태료	관련 법령
① 사업주가 남녀고용평등법 제12조를 위반하여 직장 내 성희롱을 한 경우		남녀고용평등법 제39조1항
1. 직장 내 성희롱과 관련하여 최근 3년 이내에 과태료 처분을 받은 사실이 있는 사람이 다시 직장 내 성희롱을 한 경우	1천만원	
2. 한 사람에게 수차례 직장 내 성희롱을 하거나 2명 이상에게 직장 내 성희롱을 한 경우	500만원	
3. 그 밖의 직장 내 성희롱을 한 경우	300만원	
② 사업주가 법 제13조 제1항을 위반하여 성희롱 예방 교육을 하지 않은 경우	500만원	법 제39조2항1호의2

Chapter 3

산업안전보건 교육

① 산업안전보건 교육개요

➡ 교육개요

사업주는 소속 근로자에게 고용노동부령으로 정하는 바에 따라 정기적으로 안전보건교육을 하여야 한다(산업안전보건법 제29조).

➡ 교육대상

• 교육대상 : 5인 이상 사업장 근로자

① 사업주는 소속 근로자에게 고용노동부령으로 정하는 바에 따라 정기적으로 안전보건교육을 하여야 한다.

② 사업주는 근로자를 채용할 때와 작업내용을 변경할 때에는 그 근로자에게 고용노동부령으로 정하는 바에 따라 해당 작업에 필요한 안전보건교육을 하여야 한다(산안법 제29조).

③ 사무직에 종사하는 근로자만을 사용하는 사업장(사업장이 분리된 경우로서 사무직에 종사하는 근로자만을 사용하는 사업장을 포함한다)은 산업안전보건교육의 적용을 제외한다(산안령 제2조1항 별표1)

④ 5인 미만 사업장으로 유해하거나 위험한 작업을 하는 근로자는 안전보건교육을 실시한다. 다만, 유해하거나 위험한 작업이 아닌 경우 교육을 제외한다(산안령 제2조1항 별표1).

② 산업안전보건 교육내용

산업안전보건법에 따라 사업주가 근로자에게 실시해야 하는 안전보건교육의 교육내용은 다음과 같다(산업안전보건법 시행규칙 제26조1항 별표5).

➠ 근로자 안전보건 정기교육 내용

구분	정기교육 내용
근로자 정기교육	○ 산업안전 및 사고 예방에 관한 사항 ○ 산업보건 및 직업병 예방에 관한 사항 ○ 건강증진 및 질병 예방에 관한 사항 ○ 유해·위험 작업환경 관리에 관한 사항 ○ 산업안전보건법령 및 일반관리에 관한 사항 ○ 직무스트레스 예방 및 관리에 관한 사항 ○ 산업재해보상보험 제도에 관한 사항

➠ 근로자 채용 시 등 안전보건교육 내용

구분	채용·작업내용변경 시 등 안전보건교육 내용
채용 시 및 작업내용 변경 시 교육	○ 기계·기구의 위험성과 작업의 순서 및 동선에 관한 사항 ○ 작업 개시 전 점검에 관한 사항 ○ 정리정돈 및 청소에 관한 사항 ○ 사고 발생 시 긴급조치에 관한 사항 ○ 산업보건 및 직업병 예방에 관한 사항 ○ 물질안전보건자료에 관한 사항 ○ 직무스트레스 예방 및 관리에 관한 사항 ○ 산업안전보건법령 및 일반관리에 관한 사항

③ 산업안전보건 교육방법

교육시간

산업안전보건법에 따라 사업주가 근로자에게 실시해야 하는 안전보건교육의 교육시간은 다음과 같다(산안칙 제26조1항 별표4).

《 근로자 안전보건교육 시간 》

교육과정	교육대상		교육시간
정기교육	1. 사무직 종사 근로자		매분기 3시간 이상
	2. 1외의 근로자	판매업무에 직접 종사하는 근로자	매분기 3시간 이상
		판매업무에 직접 종사하는 근로자 외의 근로자	매분기 6시간 이상
	관리감독자의 지위에 있는 사람		연간 16시간 이상
채용 시 교육	일용근로자		1시간 이상
	일용근로자를 제외한 근로자		8시간 이상
작업내용 변경 시 교육	일용근로자		1시간 이상
	일용근로자를 제외한 근로자		2시간 이상

교육방법

① 사업자는 산업안전보건법에 따라 근로자 안전보건교육을 실시하기 위한 교육방법과 그 밖에 교육에 필요한 사항은 고용노동부장관이 정하여 고시에 의한다.
- 고용노동부 고시 근로자 안전보건교육 방법에 의한 교육

② 사업주가 산안법 규정에 따른 안전보건교육을 자체적으로 실시하는 경우 교육을 할 수 있는 사람은 다음에 해당하는 사람으로 한다.
1. 산안법에 따른 안전보건관리책임자, 관리감독자, 안전관리자, 보건관리자, 안전보건관리담당자, 산업보건의
2. 공단에서 실시하는 해당 분야의 강사요원 교육과정을 이수한 사람
3. 산안법에 따른 산업안전지도사 또는 산업보건지도사
4. 고용노동부장관이 정하는 기준에 해당하는 사람

③ 고용노동부 등록 위탁 교육기관에 의한 교육

직장 내 장애인 인식개선 교육

❶ 장애인 인식개선 교육개요

교육개요

사업주는 장애인에 대한 직장 내 편견을 제거함으로써 장애인 근로자의 안정적인 근무여건을 조성하고 장애인 근로자 채용이 확대될 수 있도록 장애인 인식개선 교육을 하여야 한다(장애인고용법 제5조의2①).

교육대상

직장 내 장애인 인식개선 교육대상은 모든 사업장의 사업주와 근로자이다(장애인고용법 제5조의2②). 다만, 「1개월의 소정근로시간이 60시간 미만 근로자」는 제외한다(장애인고용법령 제5조).

- 모든 사업장의 사업주
- 소정근로시간이 1개월에 60시간 이상인 근로자

❷ 장애인 인식개선 교육내용

직장 내 장애인 인식개선 교육내용은 다음의 내용이 포함되어야 한다(장애인고용법령 제5조의2).

1. 장애의 정의 및 장애유형에 대한 이해
2. 직장 내 장애인의 인권, 장애인에 대한 차별금지 및 정당한 편의 제공
3. 장애인 고용촉진 및 직업재활과 관련된 법과 제도
4. 그 밖에 직장 내 장애인 인식개선에 필요한 사항

③ 장애인 인식개선 교육방법

사업주는 직장 내 장애인 인식개선 교육을 연 1회, 1시간 이상 실시하여야 한다 (장애인고용법령 제5조의2).

《 직장 내 장애인 인식개선 교육방법 》

구분	교육방법
상시근로자 50명 이상 사업장	• 사업주는 사업의 규모나 특성을 고려하여 직원연수·조회·회의 등의 집합교육, 인터넷 등 정보통신망을 이용한 원격교육 또는 체험교육 등을 통하여 제1항에 따른 교육을 할 수 있다. • 사업주는 장애인 인식개선 교육기관의 강사를 활용하여 교육을 실시할 수 있다.
상시근로자 50명 미만 사업장	• 사업주는 고용노동부장관이 보급한 교육자료 등을 배포·게시하거나 전자우편을 보내는 등의 방법으로 장애인 인식개선 교육을 실시할 수 있다.

④ 과태료

직장 내 장애인 인식개선 교육 관련 다음의 위반을 한 사업주는 300만원 이하의 과태료를 부과한다(장애인고용법 제86조).

1. 장애인 인식개선 교육을 실시하지 아니한 자
2. 장애인 인식개선 교육 실시 관련 자료를 3년간 보관하지 아니한 자

PART
11

채용업무관리

Chapter 1

채용법률의 준수

1 채용절차법 준수사항

채용절차법의 적용 대상

채용절차법은 상시 30명 이상의 근로자를 사용하는 사업 또는 사업장의 채용절차에 적용한다. (채용절차법§3)

구분	적용 사업장
채용절차법	• 상시근로자 30인 이상 사업 또는 사업장

채용강요 등 금지

채용절차법은 누구든지 채용의 공정성을 침해하는 다음의 어느 하나에 해당하는 행위를 할 수 없다. (채용절차법§4조의2)

구분	금지행위
채용강요의 금지	1. 법령을 위반하여 채용에 관한 부당한 청탁, 압력, 강요 등을 하는 행위 2. 채용과 관련하여 금전, 물품, 향응 또는 재산상의 이익을 제공하거나 수수하는 행위

⟳ 위반 시 과태료

채용절차법을 위반하여 채용강요 등의 행위를 한 자에게는 3천만원 이하의 과태료를 부과한다(채용절차법§17①). 또한, 채용과 관련하여 금전, 물품, 향응 또는 재산상의 이익을 제공하거나 수수하는 행위자에게는 500만원 이하의 과태료를 부과한다(채용절차법§17②①).

거짓 채용광고 등 금지

구인자는 채용을 가장하여 아이디어를 수집하거나 사업장을 홍보하기 위한 목적

등으로 거짓의 채용광고를 내서는 아니 된다. (채용절차법§4①)

구인자는 구직자를 채용한 후에 정당한 사유 없이 채용광고에서 제시한 근로조건을 구직자에게 불리하게 변경하여서는 아니 된다. (채용절차법§4③)

↻ 위반 시 벌칙

채용절차법 제4조제1항을 위반하여 거짓의 채용광고를 낸 구인자는 5년 이하의 징역 또는 2천만원 이하의 벌금에 처한다. (채용절차법§16)

● 출신지역 등 개인정보 요구금지

구인자는 구직자에 대하여 그 직무의 수행에 필요하지 아니한 다음의 정보를 기초심사자료에 기재하도록 요구하거나 입증자료로 수집하여서는 아니 된다. (채용절차법§4조의3)

구분	요구금지 개인정보
개인정보 요구금지	1. 구직자 본인의 용모·키·체중 등의 신체적 조건 2. 구직자 본인의 출신지역·혼인여부·재산 3. 구직자 본인의 직계 존비속 및 형제자매의 학력·직업·재산

↻ 위반 시 과태료

채용절차법 제4조의3을 위반하여 그 직무의 수행에 필요하지 아니한 개인정보를 기초심사자료에 기재하도록 요구하거나 입증자료로 수집한 구인자에게는 500만원 이하의 과태료를 부과한다. (채용절차법§17②3)

● 채용일정 및 채용과정의 고지

구인자는 구직자에게 채용일정, 채용심사 지연의 사실, 채용과정의 변경 등 채용과정을 알려야 한다. 고지방법은 홈페이지 게시, 휴대전화에 의한 문자전송, 전자우편, 팩스, 전화 등으로 알려야 한다. (채용절차법§8)

구분	채용 일정·과정 고지 사항
채용일정 등 고지	1. 채용일정 2. 채용심사 지연의 사실 3. 채용과정의 변경 등

② 고용정책기본법 준수사항

채용기업은 근로자의 모집·채용 시 출신지역, 출신학교, 병력 외에도 학력을 이유로 차별하여서는 아니 된다. (고용정책기본법§7)

구분	차별금지 사항
모집·채용·고용	• 성별, 신앙, 나이, 신체조건 • 사회적 신분, 출신 지역, 학력, 출신학교 • 혼인·임신 또는 병력(病歷)

⟫ 모집·채용 시 차별금지

사업주는 근로자를 모집·채용할 때 합리적인 이유 없이 성별, 신앙, 나이, 신체조건, 사회적 신분, 출신 지역, 학력, 출신학교, 혼인·임신 또는 병력(病歷) 등을 이유로 차별을 하여서는 아니 되며 균등한 취업 기회를 보장하여야 한다. (고용정책기본법§7①)

⟫ 고용 시 차별금지

사업주는 고용 업무를 수행할 때 합리적인 이유 없이 성별, 신앙, 나이, 신체조건, 사회적 신분, 출신 지역, 학력, 출신학교, 혼인·임신 또는 병력(病歷) 등을 이유로 구직자를 차별하여서는 안 된다. (고용정책기본법§7②)

③ 남녀고용평등법 준수사항

⟫ 모집·채용 시 남녀차별 등 금지

사업주는 근로자를 모집하거나 채용할 때 남녀를 차별하여서는 아니 된다. (남녀고용평등법§7①)

⟫ 여성근로자 모집·채용 시 요구금지 사항

사업주는 여성 근로자를 모집·채용할 때 그 직무의 수행에 필요하지 아니한 용모·키·체중 등의 신체적 조건, 미혼 조건, 그 밖에 고용노동부령으로 정하는 조건을 제시하거나 요구하여서는 아니 된다. (남녀고용평등법§7②)

구분	요구금지 사항
여성근로자 모집·채용	• 용모·키·체중 등의 신체적 조건, 미혼 조건 등

🔹 모집과 채용의 남녀차별 여부 판단기준

사업주가 근로자를 모집하거나 채용할 때 다음의 행위는 남녀 차별적인 행위에 해당한다. (고용노동부 예규 제117호)

① 특정 성에게 모집·채용의 기회를 주지 아니하는 경우

② 직종·직무별로 남녀를 분리하여 모집하거나 성별로 채용 예정인원을 배정함으로써 특정 직종·직무에 특정 성의 채용기회를 제한하는 경우

③ 채용 시 특정 성에게만 합리적인 이유없이 별도의 구비서류 등을 요구하는 경우

④ 모집·채용에 있어 특정 성만을 가르키는 직종의 명칭을 사용하는 경우. 다만, 특정 성을 배제하는 것이 아님이 분명한 경우는 제외한다.

⑤ 학력·경력 등이 같거나 비슷함에도 불구하고 특정 성을 다른 성에 비해 낮은 직급 또는 직위에 모집·채용하는 경우

⑥ 남녀가 같거나 비슷한 자격을 갖추고 있음에도 불구하고 특정 성을 다른 성보다 불리한 고용형태로 채용하는 경우

⑦ 구인광고 내용에 합리적인 이유없이 특정 성을 우대한다는 표현을 하는 경우. 다만, 특정 성의 비율이 현저히 낮은 사업장에서 현존하는 차별을 해소하기 위하여 특정 성을 우대하는 것은 합리적인 이유가 있는 것으로 본다.

⑧ 특정 직종의 모집연령을 합리적인 이유없이 성별로 차이를 두는 경우

⑨ 특정 성에게만 직무수행에 필요하지 않는 용모 등 신체적 조건이나 결혼 여부 등의 조건을 부과하는 경우

⑩ 특정 직종을 모집함에 있어서 특정 성이 충족하기 어려운 신장·체중·체력 등을 채용조건으로 한 것으로 인하여 특정 성의 채용비율이 다른 성에 비해 현저하게 적은 경우. 다만, 직무관련성, 정당성 등에 대한 사업주의 입증이 있는 경우는 제외한다.

⑪ 서류전형·면접·구술시험 등 채용절차에서 객관적인 기준에 의하지 아니하고 특정 성을 불리하게 대우함으로써 채용기회를 제한하는 경우

⑫ 모집·채용에 관한 정보를 성별에 따라 다르게 제공하는 경우

⑬ 그 밖에 합리적인 이유없이 근로자의 모집·채용에 있어서 특정 성을 차별하여 근로자를 모집·채용하거나 모집·채용 기준은 성 중립적이나 그 기준이 특정 성이 충족하기에는 현저히 어려워 결과적으로 특정 성에게 불이익이 발생하고 사업주가 그 기준의 정당성을 입증하지 못하는 경우

🔅 위반 시 벌금 등

남녀고용평등법 제7조의 근로자의 모집 및 채용에서 남녀를 차별하거나, 여성 근로자를 모집·채용할 때 그 직무의 수행에 필요하지 아니한 용모·키·체중 등의 신체적 조건, 미혼 조건 등을 제시하거나 요구한 경우 500만원 이하의 벌금에 한다. (남녀고용평등법§37④1)

4 고령자고용법 준수사항

🔅 모집·채용 시 연령차별 금지

사업주는 모집·채용 등 다음의 분야에서 합리적인 이유 없이 나이를 이유로 근로자 또는 근로자가 되려는 자를 차별하여서는 아니 된다(고령자고용법§4조의4①).

구분	금지 분야
연령차별 금지	1. 모집·채용 2. 임금, 임금 외의 금품 지급 및 복리후생 3. 교육·훈련 4. 배치·전보·승진 5. 퇴직·해고

연령차별 금지 분야를 적용할 때 합리적인 이유 없이 나이 외의 기준을 적용하여 특정 연령집단에 특히 불리한 결과를 초래하는 경우에는 연령차별로 본다(고령자고용법§4조의4②).

🔅 고령자의 기준

고령자고용법은 고령자 및 준고령자의 기준을 다음과 같이 정하고 있다.

구분	나이	법규
고령자	55세 이상	고령자고용법령§2①
준고령자	50세 이상 55세 미만	고령자고용법령§2②

◉ 고령자 고용의 노력 의무

상시 300명 이상의 근로자를 사용하는 사업주는 기준고용률 이상의 고령자를 고용하도록 노력하여야 한다(고령자고용법§12조).

《 상시 300명 이상 사업장의 고령자 기준고용률 》

구분	기준고용률
제조업	그 사업장의 상시근로자수의 100분의 2
운수업, 부동산 및 임대업	그 사업장의 상시근로자수의 100분의 6
그 밖의 산업	그 사업장의 상시근로자수의 100분의 3

◉ 위반 시 벌금 등

고용자고용법 제4조의4제1항제1호를 위반하여 모집·채용에서 합리적인 이유 없이 연령을 이유로 차별한 사업주는 500만원 이하의 벌금에 처한다. (고용자고용법§23조의3②)

⑤ 장애인고용촉진법 준수사항

◉ 장애인의 고용 및 차별금지

사업주는 장애인이 가진 능력을 정당하게 평가하여 고용의 기회를 제공함과 동시에 적정한 고용관리를 할 의무를 가진다. 또한, 근로자가 장애인이라는 이유로 채용·승진·전보 및 교육훈련 등 인사 관리상의 차별대우를 하여서는 아니 된다. (장애인고용법§5①②)

◉ 장애인 고용 의무

상시 50명 이상의 근로자를 고용하는 사업주는 그 근로자의 총수의 100분의 5의 범위에서 의무고용률(1000분의 31) 이상에 해당하는 장애인을 고용하여야 한다. (장애인고용법§28,영§25)

구분	의무 고용 내용
장애인고용의무 사업장	상시근로자 50명 이상 사업장
사업장 장애인고용 범위	근로자 총수의 100분의 5
2019년 이후 장애인의무고용률	1,000분의 31 이상

🔵 장애인 고용부담금의 납부

의무고용률에 못 미치는 장애인을 고용하는 사업주(상시근로자 100명 미만 사업장 제외)는 대통령령으로 정하는 바에 따라 매년 고용노동부장관에게 부담금을 납부하여야 한다. (장애인고용법§33)

의무고용률에 못 미치는 장애인을 고용하는 사업주(상시 100명 미만의 근로자를 고용하는 사업주는 제외)는 매년 한국장애인고용공단에 부담금을 납부해야 한다. (장애인고용법§33)

○ 장애인고용부담금

구분	계산 및 금액
월 장애인고용부담금	• 해당 월 고용의무 미달 인원(해당 월 의무고용률에 따른 장애인 총수 - 매월 상시 고용하고 있는 장애인 수) × 장애인 고용률에 따른 부담기초액 및 가산금액
장애인고용부담금 납부 총액	• 매월 장애인고용부담금의 연간 합계액

○ 부담기초액(2022년 기준)

- 부담기초액: 1,149,000원(장애인 의무고용인원 대비 고용하고 있는 장애인근로자 비율이 3/4이상인 경우에 해당)
- 장애인 의무고용인원 대비 고용하고 있는 장애인근로자 비율

1/2 이상 3/4 미만	1/4 이상 1/2 미만	1/4 미만	장애인을 고용하지 않은 경우
1,217,940원	1,378,800원	1,608,600원	1,914,440원

⑥ 개인정보 보호법 준수사항

🔹 개인정보의 수집·이용

① 개인정보처리자는 정보주체의 동의를 받은 경우 등에 해당하는 경우에는 개인정보를 수집할 수 있으며 그 수집 목적의 범위에서 이용할 수 있다(개인정보보호법§15①).

② 개인정보처리자는 정보주체의 동의를 받은 때에는 개인정보의 수집·이용 목적 등의 사항을 정보주체에게 알려야 하며, 이를 변경하는 경우에도 이를 알리고 동의를 받아야 한다(개인정보보호법§15②).

🔹 개인정보의 수집 제한

① 개인정보처리자는 제15조제1항 각 호의 어느 하나에 해당하여 개인정보를 수집하는 경우에는 그 목적에 필요한 최소한의 개인정보를 수집하여야 하며, 이 경우 최소한의 개인정보 수집이라는 입증책임은 개인정보처리자가 부담한다. (제1항)(개인정보보호법§16①)

② 개인정보처리자는 정보주체의 동의를 받아 개인정보를 수집하는 경우 필요한 최소한의 정보 외의 개인정보 수집에는 동의하지 아니할 수 있다는 사실을 구체적으로 알리고 개인정보를 수집하여야 한다. (개인정보보호법§16②)

③ 개인정보처리자는 정보주체가 필요한 최소한의 정보 외의 개인정보 수집에 동의하지 아니한다는 이유로 정보주체에게 재화 또는 서비스의 제공을 거부하여서는 아니 된다. (개인정보보호법§16③)

🔹 위반 시 과태료 등

- 개인정보의 수집·이용을 위반하여 개인정보를 수집한 자에게는 5천만원 이하의 과태료를 부과한다.
- 개인정보의 수집 동의를 위반하여 정보주체에게 알려야 할 사항을 알리지 아니한 자에게는 3천만원 이하의 과태료를 부과한다.

채용계획의 수립

❶ 채용계획의 업무 요약

《 채용계획의 단계별 업무 요약 》

절차		일정(일)	내용
채용계획		-42 (+35)	• 채용 직종·인원·시기 등 계획 • 정규직·계약직 등 근무조건 계획
채용공고·광고			• 모집직종, 지원자격, 모집기간 • 근무조건, 전형방법, 합격자 발표
채용심사	서류심사	-21 (-14)	• 이력서, 자기소개서 • 직무적성검사 • 직무심층심사 • 직무증명서 • 가치관·사회성·조직성 등 • 평판조회동의서·조사 확인
	직무면접		
	인성면접		
채용내정	신원조회	-7 (0)	• 신원조회동의서·확인서 • 건강검진진단서 확인 • 채용내정서
	건강검진		
	채용내정		
채용확정	수습계약	0 (+7)	• 수습평가동의서 접수 • 수급계약서 교부, 채용내정 고지 • 채용확정 고지 • 근로계약서 교부
	근로계약		
채용서류 반환·파기		+7 (+14)	• 발생일로부터 14일 이내 • 지원자 제출서류 반환 및 파기

② 채용형태별 채용계획

● 정기채용 계획

중소기업은 당기 또는 매년 사업계획에 따라 필요한 채용인력을 예정하여 정기채용 계획을 수립한다. 매년 사업계획의 정규직 인원과 1년 또는 2년 미만의 계약직 인원을 확정하여 채용계획을 수립한다.

《 정기채용계획 》

사업계획 〉 정원계획 〉 채용계획 〉 정기채용

○ 정기채용 인력

정기채용은 회사의 정원관리에 따라 정규직 채용인력을 중심으로 채용한다. 정규직 채용인력은 다음의 부문별로 필수인력으로 채용한다.
- 채용분야 : 사업부문별 기획·기술·생산·영업·관리 인력
- 채용인원 : 정규직 ○명, 계약직(기간제) ○명

○ 정기채용 시기

중소기업의 정기채용은 시기는 상반기 또는 하반기 중 선택하여 시행하거나 상반기 하반기 연간 2회에 걸쳐 시행할 수 있다.
- 상반기 채용 : 매년 1분기 (1월 ~ 3월)
- 하반기 채용 : 매년 3분기 (7월 ~ 9월)

● 수시채용 계획

중소기업의 수시채용은 사업계획에서 장기적으로 필요한 정규직 인원과 2년 미만의 일시적으로 필요한 계약직 인원을 확인하여 수시채용 계획을 수립한다.

《 수시채용계획 》

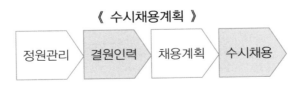

정원관리 〉 결원인력 〉 채용계획 〉 수시채용

○ 수시채용 인력

중소기업의 수시채용 인력은 사업계획에서 일정기간 필요한 인력을 중심으로 채

용한다. 또는, 정기채용에서 확보하지 못한 필수인력을 수시채용할 수 있다.

- 채용분야 : 사업부문별 결원 필수인력
- 채용인원 : 정규직 ○명, 계약직(기간제) ○명

○ 수시채용 시기

중소기업에서 수시채용 시기는 매 분기에 1주간 또는 10일간의 기간을 정하여 시행한다.

- 1분기 : 2월 10일부터 2월 17일까지 7일간
- 2분기 : 4월 10일부터 4월 17일까지 7일간
- 3분기 : 9월 1일부터 9월 7일까지 7일간
- 4분기 : 11월 1일부터 11월 7일까지 7일간

상시채용 계획

중소기업에서 상시채용 계획은 만성적으로 부족한 인력을 중심으로 채용계획을 수립한다. 상시채용의 계획수립은 퇴직률이 높은 직종과 업무를 파악하여, 매월 결원에 따른 모집을 한다.

《 상시채용계획 》

○ 상시채용 인력

중소기업은 생산, 판매, 서비스 등 현장 인력이 부족한 인력을 1년 이하 계약직 및 3개월 이하 일용직으로 상시 모집하여 채용한다.

- 채용분야 : 사업부문별 결원인력
- 채용인원 : 계약직(2년 이하 계약기간) ○명
  일용직(3개월 이하 계약기간) ○명

○ 상시채용 시기

중소기업에서 상시채용 시기는 매월 1주간 이내 기간을 정하여 시행한다.

- 채용 시기 : 매월 10일부터 15일까지 5일간

③ 채용분야별 채용계획

중소기업은 매년 사업계획을 수립하고 그에 따라 채용분야별 채용 시기, 채용인원, 채용방법 등 채용서류심사계획, 채용 시험계획, 채용면접계획, 채용내정계획, 채용확정계획 등 채용계획을 수립하여야 한다.

⟳ 중소기업의 직무체계 등

중소기업의 인사관리 직급체계는 일반적으로 5단계 또는 3단계 직급체계를 운용하며, 급여체계는 9단계 급여체계 또는 직급별 3단계 급여체계를 운용한다. 이에 따라 신입 및 경력 사원의 채용계획은 인사관리에 따라 수립하여야 한다.

구분	단계	직급 구분								
직급체계	5	평사원(5)		대리(4)		과장(3)		차장(2)	부장(1)	
	3	담당(3)			책임(2)				팀장(1)	
급여체계	9	1	2	3	4	5	6	7	8	9
	3	1	2	3	1	2	3	1	2	3

⊕ 경영지원분야 채용계획

⟳ 채용 구분

- 정기채용 : 2023.1.1.~2023.1.30
- 채용형태 : 정규직 ○명, 계약직 ○명
- 직무역량 : 신입 ○명, 경력 ○명

⟳ 직무·자격 기준

부문	직급		직무·자격 기준
경영지원	신입	5	회계사무, 노무관리, 수출입금융, 기타
	경력	3	원가계산, 세무조정, 수출입금융, 재무관리 업무

⊕ 상품기획분야 채용계획

⟳ 채용 구분

- 정기채용 : 2023.1.1.~2023.1.30

- 채용형태 : 정규직 ○명, 계약직 ○명
- 직무역량 : 신입 ○명, 경력 ○명

○ 직무·자격 기준

부문	직급		직무 자격 기준
상품기획	신입	5	화장품, 생활용품, 의료보조기 등 상품기획
	경력	4, 3	화장품, 건강용품, 의료보조기 등 5년 이상

● 마케팅분야 채용계획

○ 채용 구분

- 정기채용 : 2023.1.1.~2023.1.30
- 채용형태 : 정규직 ○명, 계약직 ○명
- 직무역량 : 신입 ○명, 경력 ○명

○ 직무·자격 기준

채용부문	직급		직무 자격 기준
마케팅	신입	5	홍보, 광고, 마케팅 온라인마케팅
	경력	4, 3	온라인 및 오프라인 마케팅 경력

● 영업관리분야 채용계획

○ 채용 구분

- 정기채용 : 2023.1.1.~2023.1.30
- 채용형태 : 정규직 ○명, 계약직 ○명
- 직무역량 : 신입 ○명, 경력 ○명

○ 직무·자격 기준

부문	직급		직무 자격 기준
영업 관리	신입	5	화장품 원료 및 제품공급 등 영업 및 관리
	경력	4, 3	화장품 원료 및 제품공급 등 영업 및 관리

생산기술분야 채용

채용 구분
- 정기채용 : 2023.1.1.~2023.1.30
- 채용형태 : 정규직 ○명, 계약직 ○명
- 직무역량 : 신입 ○명, 경력 ○명

직무·자격 기준

채용부문	직급		직무 자격 기준
생산·기술	신입	5	화장품, 건강기능식품 제조자격자
	경력	4, 3	화장품, 건강기능성식품 제조경력 기술사

④ 지원자격의 채용계획 수립

지원 자격

채용기업은 사원을 채용할 때 채용 분야별 지원 자격을 안내하여야 한다. 모집 및 채용 관련 법률에 저촉되지 않게 채용 분야 지원자의 지원자격을 모집공고 및 광고하여야 한다.

구분	지원 자격 예시
○○ 생산 분야	• 근무지 : 경기도 수원시 소재 • 연　령 : 18세 이상 55세 미만 • 성　별 : 제한 없음 • 남　자 : 병역필자 또는 병역면제자 • 학　력 : 고등학교 졸업 이상 • 거주자 구분 : 국내 거주자

지원 자격의 제한

채용기업은 법령 등으로 정한 채용 및 차별금지사항을 제외하고, 지원자의 지원 자격을 제한할 수 있다.

지원 자격 제한 (채용결격사유)

1. 피성년후견인 또는 피한정후견인
2. 금고 이상의 실형을 선고받고 그 집행이 종료되거나 집행을 받지 아니하기로 확정된 후 5년이 지나지 아니한 자
3. 금고 이상의 형을 선고받고 그 집행유예 기간이 끝난 날부터 2년이 지나지 아니한 자
4. 금고 이상의 형의 선고유예를 받은 경우 그 선고유예기간 중에 있는 자
5. 징계로 파면처분을 받은 때로부터 5년, 해임처분을 받은 때로부터 3년이 지나지 아니한 자
6. 「병역법」제76조제1항에 규정된 병역의무 불이행자
7. 채용 시 허위사실이 있는 서류를 제출한 자
8. 신체검사결과 해당업무에 정상적인 근무를 할 수 없다고 판단된 자
9. 법원의 판결 또는 다른 법률에 따라 자격이 상실되거나 정지된 자
10. 재직기간 중 직무와 관련하여 「형법」 제355조 및 제356조에 규정된 죄를 범한 자로서 300만원 이상의 벌금형을 선고받고 그 형이 확정된 후 2년이 지나지 아니한 자
11. 「형법」제303조 또는 「성폭력범죄의 처벌 등에 관한 특례법」제10조에 규정된 죄를 범한 자로서 300만원 이상의 벌금형을 선고 받고 그 형이 확정된 후   2년이 지나지 아니한 자
12. 파산선고를 받고 복권되지 아니한 자
13. 공공기관 또는 다른 기업 및 단체 등에서 부정한 방법으로 채용된 사실이 적발되어 채용이 취소된 자

Chapter 3

채용공고의 내용

1 채용공고 내용 요약

《 채용공고 항목별 내용 요약 》

공고	공고내용
① 모집 및 전형 기간	1. 제출기간 : 2023.2.1.~2023.2.10. 2. 서류전형 : 2023.2.1.~2023.10.13. 3. 면접전형 : 2023.2.14.~2023.2.17. 4. 채용내정 : 2023.2.28.
② 모집 분야 및 인원	1. 경영관리분야 : ○명 2. 상품기획분야 : ○명 3. 광고마케팅분야 : ○명 4. 생산기술분야 : ○명 5. S/W 및 DATA개발 분야 : ○○명
③ 지원서류	• 본사양식(홈페이지 게재) 1. 지원서 2. 이력서 3. 자기소개서 4. 개인정보제공동의서
④ 채용 결격	1. 당사 인사규정에 의한 결격사유자
⑤ 근무처	1. 본사 : 서울특별시 2. 지사 : 경기도, 대전광역시, 부산광역시 3. 공장 : 경기도 4. 국외 : 베트남, 중국
⑥ 지원서류접수	1. 접수방법 : 전자우편 접수 2. 접수기한 : 2023.2.10. 18시까지 3. 전자우편 : job@kofe.kr 4. 홈페이지 : www.kofe.kr
⑦ 문의	1. 회사명 : ㈜코페하우스 인사팀 2. 주　소 : 서울시 강남구 테헤란로 ○○ 3. 전　화 : ○○-○○○○-○○○○

❷ 채용공고의 차별금지

사원의 모집에서 남녀를 차별하여서는 안 된다(남녀고용평등과 일·가정 양립 지원에 관한 법률 7조). 여성 근로자를 모집·채용함에서 용모·키·체중 등의 신체적 조건, 미혼 조건 등을 제시하거나 표기하면 안 된다.

⬧ 채용공고 차별사례

사원모집 및 채용공고에 남녀분리 모집 등 차별 표기하여 공고하여서는 안 된다. 모집공고 차별사례는 다음과 같다.

① 여성 지원자의 응모 불가 등

    1. 남자 사원 ○명 모집

    2. 사무직 남자 ○명 모집

    3. 병역필한 남자에 한함

② 직종별로 남녀를 분리 모집 등

    1. 관리·사무직 남자 ○명, 판매직 여자 ○명 모집

    2. 판매직 남자 ○○명, 여자 ○명 모집

    3. 여성에게만 제한적 조건을 부과하는 것

    4. 남녀사원 모집. 단, 남자는 25～35세, 여자는 25세 이하

    5. 단, 여자는 미혼에 한함

    6. 여자는 용모단정한 자 또는 부양가족이 없는 자에 한함

③ 학력·경력 등에 차별 모집 등

    1. 기능직(6급) : 고졸 남자, 여자

    2. 기능직(5급) : 2년제 대졸 남자, 여자

    3. 사무직(4급) : 4년제 대졸 남자, 여자

④ 신체조건 제시

    1. 사무직 모집 시 신장 170cm, 체중 60kg 이상인 자

    2. 여성은 신장 160cm 이상, 체중 50kg 미만인 자

⑤ 남녀 채용 시험과목이 다른 경우 (1989.9.27, 부소1254-14038)

❸ 채용공고의 내용

구인자의 사원모집 공고는 최초의 공고내용이 지원자인 구직자에게 불리하게 변경되면 채용절차법 준수사항을 위반하게 되므로 유의하여야 한다.

① 지원 기간

지원자가 사원모집에 지원하는 기간의 설정은 중소기업에서 대체로 2주간 또는 1주간으로 한다. 모집 활동 및 광고 등에 활동으로 지원자가 많을 것을 예상하면, 지원 기간을 2주간 이내의 단기로 하고 지원자가 적을 것을 예상하면 지원기간을 1개월간으로 지원기간을 장기로 한다.

② 모집직종

기술 및 기능 인력의 모집은 직무 또는 직종을 구체적으로 표기한다. 사무직 등의 모집은 직무 등을 포괄적으로 표시한다.

③ 모집인원

모집인원은 ○명, ○○명 등으로 모집인원을 표기한다.

④ 자격기준

모집직종에 따라 최종학력, 자격증 등을 표기하여 지원자격의 제한을 둘 수 있다.

⑤ 근무지역

모집 직종에 따라 근무지역을 ○○소재지 본사 또는 ○○소재지 생산공장 등을 표기하여 지원자가 근무지역을 확인할 수 있게 한다.

⑥ 지원서류

지원자가 제출할 지원서류를 모집공고에 표기하고, 추후 추가 제출서류를 요구할 수 있음을 알린다.

      1. 이력서 (사진첨부)

      2. 지원서 : 사원모집 지원서(당사양식, 이력서 대체)

      3. 기타서류

⑦ 지원자 접수방법

지원자의 접수방법을 모집공고에 표기한다. 지원방법은 다음과 같이 표기한다.

      1. 홈페이지 접수 : (웹사이트 주소)

2. 이메일 접수 : (이메일 주소)

3. 우편접수 : (주소, 상호)

3. 방문접수 : (장소) 코페하우스 총무팀

⑧ 접수처 및 연락처

1. 상호

2. 지원서류 접수부서

3. 사업장 주소

4. 연락처 : 전화번호

5. 웹사이트 홈페이지 주소

6. 이메일 주소

④ 채용광고 내용 등 변경 금지

🔹 구직자에 불리한 내용변경 금지

구인자는 정당한 사유 없이 채용광고의 내용을 구직자에게 불리하게 변경하여서는 아니 된다. (채용절차법§4조②)

- (예시) 구인광고의 채용직급보다 낮은 직급으로 구직자에게 적용하여 채용하는 경우

🔹 구직자에 불리한 근로조건 변경 금지

구인자는 구직자를 채용한 후에 정당한 사유 없이 채용광고에서 제시한 근로조건을 구직자에게 불리하게 변경하여서는 아니 된다. (채용절차법§4조③)

🔹 위반 시 과태료

채용절차법 제4조 제2항을 위반하여 정당한 사유 없이 채용광고의 내용을 구직자에게 불리하게 변경한 구인자 또는 법 제4조제3항을 위반하여 채용광고에서 제시한 근로조건을 정당한 사유 없이 구직자에게 불리하게 변경한 구인자는 500만원 이하의 과태료를 부과한다. (채용절차법§17②1)

채용서류의 관리

① 채용전형 단계별 채용서류 요약

기업의 사원 채용절차에 의하여 채용심사, 채용내정, 채용확정의 단계별 채용서류를 요약하면 다음과 같다.

《 채용전형 단계별 채용서류 요약 》

단계		채용서류	비고
서류전형		1. 지원서(이력서) 2. 자기소개서 3. 개인정보제공동의서	기초심사자료
직무면접		1. 주민등록초본(병역사항포함) 2. 졸업증명서 3. 성적증명서 3. 자격증명서 4. 경력증명서(4대보험증명)	입증자료
(심층면접)		5. 직무수행 포트폴리오	
인성면접		1. 자기평가서, 임원면접평가서 2. 평판조회동의서	심층심사자료
채용내정		1. 신원조회동의서(결격사유 및 범죄경력 등) 2. 신용조회동의서(금융신용불량 등) 3. 건강진단서	채용내정자료
채용확정	수습직	1. 신원(재정)보증서(보증증권) 2. 제출서류증명서약서 3. 서약서(보안, 영업비밀, 기타) 4. 수습평가동의서 5. 수습근로계약서	채용확정자료
	정규직	1. 주민등록등본(4대보험가입적용 등) 2. 정규직 근로계약서 3. 인사이동배치동의서	

❷ 채용서류의 접수

> • 채용절차의 공정화에 관한 법률
> 제7조(전자우편 등을 통한 채용서류의 접수) ① 구인자는 구직자의 채용서류를 사업장 또는 구인자로부터 위탁받아 채용업무에 종사하는 자의 홈페이지 또는 전자우편으로 받도록 노력 하여야 한다.

◎ 채용서류의 접수 방법

구인 기업은 지원자의 지원서류(채용서류)를 기업의 홈페이지 또는 전자우편으로 받도록 하여야 노력하여야 한다. 다만, 그 외 방법으로 채용서류를 우편으로 접수 할 수 있도록 할 수 있으며, 방문 접수는 채용의 공정성을 위해 하지 않는 것이 좋 다.

《 채용서류의 접수 요약 》

접수 방법	접수 기간 고지	접수처
홈페이지 접수	• 접수기간: 2023.2.1. ~ 2023.2.10. • 접수시한: 2023.2.10. 18시까지 등록 유효	www.kofe.kr
전자우편 접수	• 접수기간: 2023.2.1. ~ 2023.2.10. • 접수시한: 2023.2.10. 18시까지 발신 자 유효	mail@kofe.kr
우편 접수	• 접수기간: 2023.2.1. ~ 2023.2.10. • 접수시한: 2023.2.10. 18시까지 접수 우체국소인 유효	서울시 강남구 테혜란로 406. 코페하우스 인사처
방문 접수	당사는 채용서류를 직접 접수하지 않음	-

◎ 채용서류의 홈페이지 접수

구인 기업이 홈페이지로 구직자의 제출서류를 접수할 때 접수하는 홈페이지 주소, 제출서류, 등록일시 등을 구직자인 등록자가 확인할 수 있어야 한다.

구인 기업은 구직자가 홈페이지로 채용서류를 제출할 때 [등록한 사람]을 제출자 실명으로 하고, [제목]에 제출자 이름과 제출서류를 기재하도록 하여야 한다.

다만, 홈페이지로 구직자가 접수할 때 접수신청을 위하여 회원에 가입하는 경우 과도한 개인정보를 요구하여서는 아니된다. 접수상태를 알려줄 수 있는 전자우편주소, 휴대전화번호 등은 가능하나 주민등록번호 등은 요구할 수 없다.

접수 방법	접수내용	홈페이지
홈페이지 접수	• 홈페이지 주소 • 제출자 • 제출서류 • 등록일시 • 접수확인	www.kofe.kr

홈페이지로 채용서류를 등록하는 경우 홈페이지 접수화면을 예시하면 다음과 같다.

《 채용서류의 홈페이지 접수예시 》

등록자	제목	등록일시	첨부
홍 * *	홍** 이력서, 자기소개서	2022.11.10.	제출서류
연 * *	연** 이력서, 자기소개서	2022.11.09.	제출서류

채용서류의 전자우편 접수

구인 기업이 전자우편으로 구직자의 제출서류를 접수할 때 접수하는 전자우편주소, 제출서류, 제출일시 등을 구직자인 제출자가 확인할 수 있어야 한다.

구인 기업은 구직자가 전자우편으로 채용서류를 제출할 때 [보낸 사람]을 제출자 실명으로 하고, [제목]에 제출자 이름과 제출서류를 기재하도록 하여야 한다.

구인 기업은 전자우편으로 채용서류를 접수한 경우 이를 제출자의 전자우편 및 휴대전화 등으로 접수를 고지하여야 한다.

접수 방법	접수내용	전자우편
전자우편 접수	• 보낸사람 : 제출자 실명 • 전자우편 제목 : 제출자 성명, 제출서류명 • 제출서류 : 첨부파일 • 접수일시, 접수확인	mail@kofe.kr

전자우편(E-mail)으로 채용서류를 접수하는 경우 전자우편 접수화면을 예시하면 다음과 같다.

《 채용서류의 전자우편 접수예시 》

보낸사람	첨부	제목	받은 날짜
홍 * *	제출서류	홍** 이력서, 자기소개서	2022.11.10.
연 * *	제출서류	연** 이력서, 자기소개서	2022.11.09.

채용서류의 우편 접수

구인 기업이 우체국을 통한 우편으로 구직자의 제출서류를 접수할 때 접수하는 제출서류 봉함에 찍힌 우체국의 접수일 및 발송일을 기준으로 접수하여야 한다.

우체국 우편의 제출기한을 정한 경우 해당 우체국의 접수 및 발송일을 기준으로 한다.

구인 기업은 구직자가 우편으로 채용서류를 보낼 때 [보낸사람]을 제출자 실명으로 하고, [제출서류] 봉투에 [제출서류 재중]으로 기재하도록 하여야 한다.

구인 기업은 우편으로 채용서류를 접수한 경우 이를 제출자의 전자우편 및 휴대전화 등으로 접수를 고지하여야 한다.

접수 방법	접수내용	주소 등
우편 접수	• 보낸사람 : 제출자 서명 • 우편봉투 : 제출서류 재중 표기 • 제출서류 : 한 봉투에 봉하여 제출 • 접수일시 : 우체국 소인일 • 접수확인	• (우편번호) • (주소) • (회사명) • (받는 부서)

우편으로 채용서류를 접수하는 경우 채용서류 담당자는 채용서류 우편접수대장에 다음과 같이 기재하여야 한다.

《 채용서류의 우편접수대장 예시 》

접수일	우체국소인일	보낸 사람	제목	비고
2022.11.10.	2022.11.7.	홍**	이력서 등	
2022.11.09.	2022.11.6.	연**	이력서 등	

③ 채용심사자료 채용서류

채용서류란 채용 시 구인자가 구직자로부터 채용과 관련하여 제출받는 기초심사 자료, 입증자료, 심층심사자료 등 유형·무형의 모든 자료를 의미한다. (채용절차법 §2)

《 채용심사자료 》

구분	채용심사자료
기초심사자료	응시원서, 이력서, 자기소개서
입증자료	학위증명서, 경력증명서, 자격증명서 등 기초심사 자료에 기재한 사항을 증명하는 모든 자료
심층심사자료	작품집, 연구실적물 등 구직자의 실력을 알아볼 수 있는 모든 물건 및 자료

구인 기업은 사원을 모집할 때 채용심사를

❖ 기초심사자료 채용서류

기초심사자료는 응시원서, 이력서, 자기소개서로 채용심사기준의 서류심사에 활용하는 자료로 다음 항목을 필수요소로 구성하여 응시원서로 제출하게 한다.

구분	응시서류
기초심사자료	• 지원서 • 이력서 • 자기소개서 • 자격증서 사본 등 • 기타 응시서류

사 원 채 용 지 원 서			응시번호
			사 진(1) 반명함판 (3.5cm× 4.5cm)

성 명	한글		사 진(1) 반명함판 (3.5cm× 4.5cm)
	한문		
생 년 월 일			
휴 대 전 화			
주 소			
최 종 학 교	학 교 명		
	학 과		
근 무 경 력	회 사 명		
	근 무 부 서		
	직 급		
	근 무 기 간		
채 용 분 야			

귀사에 사원 채용에 지원합니다.

202 년 월   일

지원자(성명)

주식회사 코페하우스 인사팀 귀하

구비서류
 1. 이력서 1부
 2. 개인정보의 수집·이용 동의서 1부
 3. 자격증 사본 1부(해당자에 한함. 면접 시 원본 지참)
 4. 기타 증명서 1부(해당자에 한함)

이력서

<table>
<tr><td rowspan="2">인적
사항</td><td rowspan="2">성명</td><td>한글</td><td></td><td>생년월일</td><td></td><td rowspan="2">사진</td></tr>
<tr><td>한자</td><td></td><td colspan="2"></td></tr>
<tr><td>주소</td><td colspan="5"></td></tr>
</table>

<table>
<tr><td rowspan="7">학력
사항</td><td>년　월　일</td><td colspan="2">학교</td><td>소재지</td></tr>
<tr><td></td><td colspan="2">고등학교 졸업</td><td></td></tr>
<tr><td></td><td colspan="2">대학교 입학</td><td></td></tr>
<tr><td></td><td colspan="2">대학교 편입</td><td></td></tr>
<tr><td></td><td colspan="2">대학교 졸업</td><td></td></tr>
<tr><td></td><td colspan="2">대학원 입학</td><td></td></tr>
<tr><td></td><td colspan="2">대학원 졸업</td><td></td></tr>
</table>

<table>
<tr><td rowspan="4">병
역</td><td>군별</td><td>복무기간</td><td>계급</td><td>예비군(○,×)</td></tr>
<tr><td></td><td>　　개월</td><td></td><td></td></tr>
<tr><td>면제사유</td><td colspan="3"></td></tr>
<tr><td>미필사유</td><td colspan="3"></td></tr>
</table>

<table>
<tr><td rowspan="3">자격
면허</td><td>자격증</td><td>취득일</td><td>면허기관</td><td>작격번호</td></tr>
<tr><td></td><td></td><td></td><td></td></tr>
<tr><td></td><td></td><td></td><td></td></tr>
</table>

<table>
<tr><td rowspan="4">경력</td><td>근무처</td><td>근무기간</td><td>직급</td><td>퇴직사유</td></tr>
<tr><td></td><td></td><td></td><td></td></tr>
<tr><td></td><td></td><td></td><td></td></tr>
<tr><td></td><td></td><td></td><td></td></tr>
</table>

<table>
<tr><td>경력
사항</td><td></td></tr>
</table>

📖 입증자료 채용서류

입증자료는 지원자가 서류심사에 통과하여 면접심사에 제출하는 자료이다. 기초심사자료에 기재한 사항을 증명하는 자료로 직무면접 등에 제출을 요구하는 서류이다.

《 면접심사 제출자료 》

면접심사	제출서류
입증자료	• 학위증명서 • 성적증명서 • 병적증명서(주민등록초본) • 자격증명서 • 신입사원 사회활동증명서 • 신입사원 단기아르바이트, 인턴경력 경력증명서 • 경력사원 경력증명서 • 기초심사자료 입증자료

📖 심층심사자료 채용서류

심층심사자료는 채용자의 직무능력을 평가할 수 있는 수행자료로 설계도, 소프트웨어설계자료, 인공지능설계자료, 광고홍보실행자료 등 포트폴리오 등으로 구직자의 능력 및 실력을 검증받는 데 필요한 자료 등이다.

《 심층심사자료 채용서류 》

심층면접	제출서류
심층심사자료	• 회계팀 지원자의 법인세조정내역서 • 상품개발팀 지원자의 상품개발실적서 • 디자인팀 지원자의 디자인 포트폴리오 • S/W개발팀 지원자의 S/W개발 포트폴리오 • 건축설계사무소 지원자의 건축설계도 • 기타 화장품개발 포트폴리오

④ 채용예정자 제출서류

채용예정자 제출서류

채용기업은 직무면접 및 심층면접의 합격자를 대상으로 채용예정자로 통보하고 그에 따른 추가서류 제출을 채용예정자에게 요구할 수 있다.

추가제출서류는 취업규칙 및 인사규정에서 정한 사원 채용 결격사유에 해당하는 것으로 법률로 정한 기준에 의하여 조회할 수 있는 사항이어야 한다.

채용예정자의 추가제출 서류를 요약하면 다음과 같다.

《 채용예정자 제출서류 》

구분	제출서류
채용예정자	1. 신원조회동의서 범죄사실, 후견등기사실 등 2. 평판조사동의서 3. 건강검진진단서

채용내정자 등 제출서류

채용을 확정하는 최종 합격자에게 다음의 보증서류와 서약서를 제출하도록 한다. 또한, 1차 또는 2차 합격자의 제출서류를 요구하지 않은 경우 이를 포함하여 제출하게 한다.

《 채용내정자 등 제출자료 》

구분	채용내정 및 확정자 제출서류
채용내정자	1. 수습근로계약서 2. 수습평가동의서 3. 보안서약서
채용확정자	1. 근로계약서 2. 인사이동동의서 3. 주민등록등본(4대보험 직장가입자 등록) 4. 영업비밀보호서약서 5. 신원/재정보증서(보증보험증권) 6. 기타제출서류

신입사원 제출서류 서약서

성 명		생년월일	
주 소			
연 락 처	(휴대전화)		

1. 위 사원은 다음의 채용서류를 제출합니다.
2. 회사에 제출한 채용서류가 사실 다르거나 거짓 또는 허위로 제출한 경우 채용 취소 등 방침에 따르며, 민사 및 형사상의 책임을 지겠습니다.
3. 제출서류

구분	제출서류
서류심사	1. 이력서 2. 자기소개서 3. 개인정보제공동의서
면접심사	1. 졸업증명서(학위증명서) 2. 성적증명서 3. 자격증서 4. 직무분야 포트폴리오(설계도 등)
채용내정	1. 경력증명서 2. 신원조회동의서 3. 평판조사동의서 4. 병적증명서(주민등록초본)

202 년 월 일

제출자 서명

○○ 주식회사 귀중

5 채용서류의 반환 등

채용서류의 반환

구인자는 구직자의 채용 여부가 확정된 이후 구직자(확정된 채용대상자는 제외한다)가 채용서류의 반환을 청구하는 경우에는 본인임을 확인한 후 대통령령으로 정하는 바에 따라 반환하여야 한다.

다만, 홈페이지 또는 전자우편으로 제출된 경우나 구직자가 구인자의 요구 없이 자발적으로 제출한 경우에는 그러하지 아니하다. (채용절차법§11①)

구분	채용서류의 반환	법규
반환청구	• 채용서류는 지원자가 반환청구에 의하여 한다.	채용절차령§2①
반환기한	• 채용서류는 반환청구일로부터 14일 이내에 반환하여야 한다.	채용절차령§2①
반환방법	• 채용서류는 등기우편으로 반환하여야 한다. • 구직자와 합의 방법으로 반환할 수 있다.	채용절차령§2②
통보의무	• 채용기업은 채용서류 등 채용 여부가 확정되기 전까지 지원자에게 이를 알려야 한다.	채용절차법§11⑥

채용서류의 반환 청구

구직자의 채용서류 반환 청구는 서면 또는 홈페이지, 전자우편 또는 팩스 등으로 구인자에게 제출하여야 한다. (채용절차규칙§3)

구인자의 채용서류의 반환의 청구기간은 채용 여부가 확정된 날 이후 14일부터 180일까지 범위에서 구인자가 정한 기간으로 한다. 이 기간이 지난 경우에 채용서류를 반환하지 아니한 경우에는 「개인정보 보호법」에 따라 채용서류를 파기하여야 한다. (채용절차령§4)

구분	채용서류반환 청구	법규
청구방법	• 서면, 전자우편, 홈페이지, 팩스 등	채용절차규칙§3
청구기한	• 채용확정일 이후 14일부터 180일까지 구인자가 정한 반환청구 기간	채용절차령§3

⚙ 채용서류의 보관

채용기업은 지원자의 제출서류 반환 청구에 대비하여 채용확정일 14일 이후 180일 이내에서 보관기간을 정하여 지원자에게 통보하고 그 기한까지 채용서류를 보관하여야 한다. 다만, 천재지변이나 그 밖에 구인자에게 책임 없는 사유로 채용서류가 멸실된 경우 지원자에게 채용서류의 반환 의무를 이행한 것으로 본다. (채용절차령§3)

구분	채용서류 보관기한	법규
보관기한	• 채용확정일 이후 14일부터 180일까지 채용기업이 보관기한을 정한 기간	채용절차법령 §3

⚙ 채용서류의 반환 고지

채용기업은 지원자가 제출한 서류의 반환청구, 청구방법, 청구기한, 보관기한, 반환방법 등을 지원자에게 채용 여부가 확정되기 전까지 구직자에게 이에 대한 내용을 알려야 한다. (채용절차법§11⑥)

채용기업은 채용서류의 반환을 구직자에게 홈페이지 게시, 휴대전화에 의한 문자전송, 전자우편, 팩스, 전화 등으로 알려야 한다. (채용절차법§7②)

구분	채용서류 반환 통보	법규
고지의무	• 채용서류 반환청구, 청구방법, 청구기한, 보관기한, 반환방법	채용절차법§11⑥
고지방법	• 홈페이지, 전자우편, 휴재전화문자, 전화, 팩스 등	채용절차법§7②

채용과정의 고지

1 채용과정 고지 업무 요약

사원을 채용하는 기업(채용기업)은 사원모집 공고 및 광고를 하고 지원자가 지원서류를 하여 서류전형 및 면접전형 등을 통하여 채용대상자를 확정하여 통보하기까지 일련의 채용과정 단계별 당사자에게 그에 따른 고지의무를 법률로 규정하고 있다.

《 채용과정 고지 업무 요약 》

고지 구분	법규
채용서류 접수의 고지	채용서류의 접수 사실 (채용절차법§7②)
채용일정 등 과정의 고지	채용 일정 및 채용과정 (채용절차법§8)
채용서류 반환의 고지	채용서류의 반환 등 (채용절차법§11⑥)
채용확정 여부의 고지	채용 여부 (채용절차법§10)

2 채용서류 접수의 고지

◉ 서류접수 고지 개요

채용기업은 채용서류를 전자우편 등으로 받은 경우에는 지체 없이 구직자에게 접수된 사실을 홈페이지 게시, 휴대전화에 의한 문자전송, 전자우편, 팩스, 전화 등으로 알려야 한다. (채용절차법§7②)

구분	채용서류접수 고지 검토
고지 개요	• 채용서류접수 고지 대상 • 채용서류접수 고지 시점 • 채용서류접수 고지 방법

🔸 서류접수 고지 대상

채용서류를 전자우편 등으로 접수한 경우란 전자우편을 포함하여 온라인(on-line)·오프라인(off-line)을 구분하지 않고 홈페이지와 전자우편, 우편 접수와 접수창구를 통한 직접 접수 등을 포함하여 채용기업이 지원자로부터 채용서류를 접수한 모든 경우를 고지 대상으로 본다.

구분	접수수단별 접수사실 고지
고지 대상	• 채용서류 홈페이지 접수사실 고지 • 채용서류 전자우편 접수사실 고지 • 채용서류 우편 접수사실 고지 • 채용서류 접수창구 직접접수사실 고지

🔸 서류접수 고지 시점

채용기업이 지원자로부터 채용서류를 전자우편 등으로 받은 때에 지체없이 접수된 사실을 알려야 한다. 채용서류를 접수한 채용기업이 접수된 사실을 통상적으로 소요되는 시간 내에 알린다.

채용기업의 사정에 의하여 채용인력 규모, 당해 채용의 채용서류 접수 기간, 고지 방법 등에 따라 고지하는 시점에 차이가 날 수 있다.

구분	채용서류접수 고지 기간
고지 시점	• 채용서류접수 후 접수 사실 고지

🔸 서류접수 고지 방법

구인자인 채용기업은 지원서류의 접수된 사실을 「홈페이지, 휴대전화, 전자우편(E-mail), 팩스(FAX), 전화(TEL) 등으로 알려야 한다(채용절차법§7②). 홈페이지에 집단고지하거나 개별적인 고지 방법으로 휴대전화에 의한 문자전송, 전자우편, 팩스 등을 통한 방법으로 기업의 사정에 맞게 적절하게 지원자에게 알리면 된다.

구분	채용서류접수 고지 방법
고지 방법	• 홈페이지, 전자우편, 휴대전화 문자, 팩스, 전환 등

❷ 채용일정 등 고지

❖ 채용 관련 고지개요

채용기업은 모집고고 및 모집광고에 응시한 지원자에게 채용일정, 채용심사 지연의 사실, 채용과정의 변경 등 채용과정을 알려야 홈페이지 게시, 휴대전화에 의한 문자전송, 전자우편, 팩스, 전화 등으로 알려야 한다. (채용절차법§8).

구분	채용 관련 고지사항
채용관련고지	• 접수사실 고지 • 채용일정 고지 • 채용과정 고지 • 채용 여부 고지

❖ 채용 관련 일정고지

구인자는 구직자에게 채용일정, 채용심사 지연의 사실, 채용과정의 변경 등 채용과정 등을 알려야 한다. 지원서류 접수부터 최종합격자발표까지의 채용일정 전체 및 채용과정에서 발생되는 여러 상황 등 구직자가 알아야 할 사항들을 대상으로 한다.

구분	채용 관련 일정 고지사항	
채용일정고지	원서접수	• 2023.11.10.~2023.11.15.
	서류전형	• 2023.11.16.~2023.11.18.
	서류전형 합격자	• 2023.11.19.
	면접전형	• 2023.11.20.~2023.11.22.
	채용대상자 발표	• 2023.11.30

❖ 채용 관련 고지시점

채용절차법에서 채용일정 및 채용과정의 고지 시점은 규정하고 있지 않다.

다만, 채용일정 및 채용과정을 알려야 한다는 점에서 채용광고 또는 구인공고 시 전체일정을 알려 구직자가 그에 대비하여 준비할 수 있게 한다.

단계적으로 채용일정을 진행하는 경우는 그 단계마다 알릴 수도 있을 것이며, 채용 일정이나 채용과정이 변경되는 경우에는 변경될 때마다 알리는 것이 바람직하다.

구분	채용 관련 고지시점 내용
채용고지시점	• 채용공고 및 광고할 때 • 채용서류접수 사실 고지할 때 • 서류전형 합격자 고지할 때 • 면접전형 대상자 고지할 때 • 채용확정 대상자 고지할 때

⚙ 채용 관련 고지방법

채용일정 등 고지 방법은 채용서류 접수 방법을 준용한다(채용절차법§7②). 즉, 홈페이지 게시, 휴대전화에 의한 문자전송, 전자우편, 팩스, 전화, 우체국 우편 등으로 알려야 한다.

구분	채용 관련 고지수단 내용
채용고지방법	• 홈페이지 게시 • 휴대전화 문자 • 전자우편(E-MAIL) • 팩스 • 전화 • 우체국 우편 • 기타의 방법

3 채용 여부의 고지

채용 여부의 고지개요

채용기업은 채용대상자를 확정한 후 지체 없이 지원자에게 채용 여부를 홈페이지 게시, 휴대전화에 의한 문자전송, 전자우편, 팩스, 전화 등으로 알려야 한다. (채용절차법§10)

구분	채용여부 고지사항
채용여부고지	• 채용 여부 고지 대상 • 채용 여부 고지 기간 • 채용 여부 고지 방법

채용 여부의 고지대상

채용기업은 채용대상자 확정 후 합격자에게 추가서류 제출 및 미제출 시 불합격 처리와 채용 승낙 여부를 고지한다. 추가서류 미제출 및 채용승낙 여부를 확인하고 추가합격자를 고지한다. 최종전형 불합격자에게 채용서류 반환을 고지한다.

구분	채용대상 고지사항
채용대상고지	• 채용확정자 채용 고지 • 추가채용확정자 채용 고지 • 불합격자 채용서류 반환 고지

채용 여부의 고지시점

채용기업은 채용대상자를 확정한 때에 지원자에게 채용을 지체없이 고지하여야 한다. 채용을 확정한 때에 지체없이란 사정이 허락하는 한 가장 신속하게 처리해야 하는 기간을 의미한다.

구분	채용대상 고지시점
채용시점고지	• 채용대상자 확정 후 합격자 고지 • 채용대상자 채용승낙 확인 후 추가합격자 고지 • 추가합격자 채용승낙 확인 후 불합격자 고지

● 채용 여부의 고지 방법

채용 여부의 고지 방법은 채용서류 접수 사실 고지 방법을 준용한다(채용절차법 §7②). 채용 여부의 고지 방법은 홈페이지에 게시하거나, 전자우편(E-mail) 또는 휴대전화에 의한 문자전송 등으로 선택하여 알린다.

구분	채용 고지 수단
채용고지 방법	• 홈페이지 게시 • 휴대전화 문자 • 전자우편(E-MAIL) • 팩스 • 전화 • 우체국 우편 • 기타의 방법

PART
12

근로계약 관리

근로계약 개요

1 근로계약 당사자

근로계약 체결 당사자는 근로자와 사용자이다. 근로계약은 근로자가 사용자에게 근로를 제공하고 사용자는 이에 대하여 임금을 지급하는 것을 목적으로 체결하는 계약이다(근기법 제2조1항4호).

근로자

근로자는 직업의 종류와 관계없이 임금을 목적으로 사업이나 사업장에 근로를 제공하는 자이다. (근기법 제2조1항1호)

사용자

사용자는 사업주 또는 사업경영 담당자, 그 밖에 근로자에 관한 사항에 대하여 사업주를 위하여 행위하는 자이다. (근기법 제2조1항2호)

임금

임금은 사용자가 근로의 대가로 근로자에게 임금, 봉급, 그 밖에 어떠한 명칭으로든지 지급하는 모든 금품이다. (근기법 제2조1항5호)

2 근로계약의 명시사항

근로계약은 사용자와 근로자가 서면으로 체결하여야 한다. 구두계약이나 관행 또는 관습에 의한 근로관계는 성립하는 것으로 본다. 그러나 당사자 사이의 분쟁을 예방하기 위하여 서면으로 근로조건 내용을 명확히 하여 체결하는 것이 필요하다.

근로계약의 명시사항

사용자는 근로계약을 체결할 때 근로자에게 다음의 사항을 명시하여야 한다. 근로계약 체결 후 다음의 사항을 변경하는 경우에도 또한 같다(근기법 제17조, 근기령 제8조).

구분	근로계약 명시사항
근로계약	1. 임금 2. 소정근로시간 3. 휴일 4. 연차유급휴가 5. 취업 장소와 종사업무 6. 취업규칙 작성사항 7. 사업장의 부속 기숙사 근로자의 기숙사 규칙

정규직 근로계약

사용자는 정규직 근로자와 "기간의 정함이 없는 근로계약"을 체결할 때 다음의 사항을 서면으로 명시하여 근로자에게 교부하여야 한다(근기법 제17조 제2항).

구분	근로계약서 명시사항
정규직 근로계약	1. 임금의 구성항목·계산방법·지급방법 2. 소정근로시간 3. 주휴일, 공휴일 4. 연차 유급휴가

계약직 근로계약

사용자는 계약직 근로자와 "기간의 정함이 있는 근로계약"을 체결할 때 다음의 사항을 서면으로 명시하여 근로자에게 교부하여야 한다(기간제법 제17조).

구분	근로계약서 명시사항
계약직 근로계약	1. 근로계약기간에 관한 사항 2. 근로시간·휴게에 관한 사항 3. 임금의 구성항목·계산방법 및 지불방법에 관한 사항 4. 휴일·휴가에 관한 사항 5. 취업의 장소와 종사하여야 할 업무에 관한 사항

⊷ 단시간근로자 근로계약

"단시간근로자"란 1주 동안의 소정근로시간이 그 사업장에서 같은 종류의 업무에 종사하는 통상 근로자의 1주 동안의 소정근로시간에 비하여 짧은 근로자를 말한다.(근기법제2조1항9호)

사용자는 단시간근로자와 근로계약을 체결하는 때에는 다음의 사항을 서면으로 명시하여 근로자에게 교부하여야 한다(기간제법 제17조).

구분	근로계약서 명시사항
단시간근로자 근로계약	1. 근로계약기간에 관한 사항 2. 근로시간·휴게에 관한 사항 3. 임금의 구성항목·계산방법 및 지불방법에 관한 사항 4. 휴일·휴가에 관한 사항 5. 취업의 장소와 종사하여야 할 업무에 관한 사항 6. 근로일 및 근로일별 근로시간

③ 근로계약 기재사항의 이해

⊷ 소정근로시간

① 소정근로시간은 근로계약의 필수 기재사항으로 사용자는 근로계약서 작성 시 근로자의 "소정근로시간"을 법정근로시간 이내의 시간으로 정하여 작성하여야 한다. (근기법 제17조2항).

② 근로자의 법정근로시간은 1일 8시간, 1주 40시간(5인 이상 사업장)을 지켜야 한다(근기법 제50조).

③ 1일에 8시간, 1주에 40시간을 초과하여 근로를 할 때에는 근로자와 반드시 합의하여야 한다. 이 경우에도 1주일에 12시간을 초과할 수 없다(근기법 제59조).

구분	근로계약서 명시사항
소정근로시간	• 근로의 시작과 종료 시각 • 1일의 근로시간 • 1주 52시간 이내의 근로시간

⊙ 휴일

사용자는 근로계약서 작성 시 근로자의 "휴일"을 필수 기재사항으로 작성하여야 한다(근기법 제17조2항).

구분	휴일의 내용
주휴일	• 1주간 개근 시에 주 1일의 유급휴일
공휴일	• 국경일 중 3·1절, 광복절, 개천절, 한글날 • 1월 1일, 설·추석 연휴 3일, 부처님오신날 • 기독탄신일, 어린이날, 현충일 • 공직선거법상 선거일 • 기타 수시 지정일(임시공휴일)
대체공휴일	• 설·추석 연휴, 어린이날, 국경일 중 3·1절, 광복절, 개천절, 한글날이 토·일요일 또는 다른 공휴일과 겹치면 다음 비공휴일을 대체공휴일로 정함 • (설, 추석 연휴는 토요일과 겹치는 경우 제외)

↻ 주휴일

사용자는 근로자에게 1주에 평균 1회 이상의 유급휴일을 보장하여야 한다(근기법 제55조1항). 다만, 1주간은 개근한 근로자에게 1일의 유급주휴일을 주어야 한다.

↻ 공휴일

2022.1.1.부터 상시근로자 5인 이상 사업자는 근로자에게 공휴일을 유급으로 보장하여야 한다. 다만, 근로자대표와 서면으로 합의한 경우 특정한 근로일로 대체할 수 있다(근기법 제55조2항).

구분	근로계약서 명시사항
휴일	• 주휴일 • 공휴일(관공서 공휴일 및 대체공휴일)

⊙ 임금

① 사용자는 근로계약서 작성 시 근로자의 임금의 구성항목, 계산방법, 지급방법은 법정 기재사항으로 필수로 작성하여야 한다(근기법 제17조2항).

② 사용자는 근로자에게 당해연도 최저임금 이상의 급여를 지급하여야 한다. 사

용자는 근로자에게 임금을 직접 현금으로 그 전액을 지급하여야 한다.

③ 임금은 매월 1회 이상 일정한 날짜를 정하여 지급하여야 한다. 다만, 임시로 지급하는 임금, 수당, 그 밖에 이에 준하는 것은 법령으로 정하는 임금에 대하여는 그러하지 아니하다. (근기법 제43조)

구분	근로계약서 명시사항
임금	• 임금의 구성항목, 계산방법, 지급방법

연차유급휴가

① 사용자는 근로계약서 작성 시 근로자의 연차유급휴가는 법정 기재사항으로 필수로 작성하여야 한다(근기법 제17조2항).

② 사용자는 1년간 80% 이상 출근한 근로자에게 15일의 유급휴가를 주어야 한다 (근기법 제60조1항).

③ 사용자는 계속하여 근로한 기간이 1년 미만인 근로자 또는 1년간 80퍼센트 미만 출근한 근로자에게 1개월 개근 시 1일의 유급휴가를 주어야 한다(근기법 제60조 2항).

④ 사용자는 3년 이상 계속하여 근로한 근로자에게는 ②에 따른 휴가에 최초 1년을 초과하는 계속 근로 연수 매 2년에 대하여 1일을 가산한 유급휴가를 주어야 한다. 이 경우 가산휴가를 포함한 총 휴가 일수는 25일을 한도로 한다(근기법 제60조3항).

구분	근로계약서 명시사항
연차유급휴가	• 근로기준법상 연차유급휴가의 부여

퇴직금

① 사용자는 1년 이상 근무한 근로자에게 근속연수 1년에 평균임금 1개월분을 퇴직금으로 지급해야 한다.

② 사용자는 퇴직하는 근로자에게 급여를 지급하기 위하여 확정급여형퇴직연금제도, 확정기여형퇴직연금제도, 중소기업퇴직기금제도, 개인형퇴직연금특례제도 등 퇴직급여제도 중 하나 이상의 제도를 설정하여야 한다. 다만, 계속근로기간이 1년

미만인 근로자, 4주간을 평균하여 1주간의 소정근로시간이 15시간 미만인 근로자에 대하여는 그러하지 아니하다(퇴직급여법 제4조).

③ 퇴직금제도를 설정하려는 사용자는 계속근로기간 1년에 대하여 30일분 이상의 평균임금을 퇴직금으로 퇴직근로자에게 지급할 수 있는 제도를 설정하여야 한다(퇴직급여법 제8조).

구분	근로계약서 명시사항 (선택)
퇴직급여	• 퇴직금 = 근속연수 × 월평균임금 • 퇴직금제도 및 퇴직연금제도 가입

해고

근로계약 당사자는 해고에 대하여 서면으로 체결할 수 있다. 사용자는 경영상의 이유 또는 기타 사항으로 근로자를 해고할 때 30일 전에 예고하여야 하고, 30일 전에 예고하지 아니하였을 때는 30일분 이상의 통상임금을 지급하여야 한다(근기법 제26조).

구분	근로계약서 명시사항
해고	• 고의적 과실에 대한 해고의 기준 • 경영상 정리해고에 관한 사항

④ 근로계약의 제한과 차별금지

근로의 제한

미성년자의 근로계약은 다음과 같이 동의서를 첨부해야 하며, 15세 미만자는 근로를 제한한다(근기법 67조).

① 미성년자 (20세 미만) : 친권자나 후견인의 동의서를 첨부해야 한다.

② 15세 미만자 : 사용금지 (노동부 장관이 발급한 취직인허증 소지자 가능)

③ 18세 미만자 : 호적증명서와 친권자 또는 후견인의 동의서를 사업장에 비치해야 한다.

④ 친권자나 후견인은 미성년자의 근로계약을 대리할 수 없다.

🔹 근로의 금지

사용자는 다음의 자를 사용 및 근로하게 할 수 없다(근기법 65조).

① 임신 중이거나 산후 1년이 지나지 아니한 여성과 18세 미만자를 도덕상 또는 보건상 유해·위험한 사업장에 근로할 수 없다.

② 18세 이상의 여성으로 임신 또는 출산에 유해·위험한 사업장에 근로할 수 없다.

🔹 단시간근로자 차별금지

사용자는 단시간근로자임을 이유로 당해 사업 또는 사업장의 동종 또는 유사한 업무에 종사하는 통상근로자에 비하여 차별적 처우를 하여서는 아니 된다(기단법 8조). 차별적 처우란 다음 사항에 대한 합리적인 이유 없이 불리하게 처우하는 것을 말한다.

1. 근로자에게 지급하는 임금
2. 정기상여금, 명절상여금 등 정기적으로 지급되는 상여금
3. 경영성과에 따른 성과금
4. 그 밖에 근로조건 및 복리후생 등에 관한 사항

🔹 위약금 및 손해배상금의 약정금지

근로계약 체결시 근로계약 불이행에 대한 위약금 또는 손해배상액을 예정하는 계약을 체결할 수 없다.

⟳ 약정금지

1. 미수금 대납약정
2. 퇴직예고 미이행을 이유로 한 임금삭감
3. 사고에 대한 손해배상액의 예정

⟳ 약정금지가 아닌 것

1. 근로자가 근로 중 회사에 손해를 입힌 사실에 대해 손해배상청구 할 수 있다는 약정
2. 장학금 수령 후 또는 외국연수 일정 기간 근무하지 않으면 장학금 또는 외국연수비를 반환한다는 약정
3. 신원보증계약

🌐 전차금상계와 채무공제의 약정금지

근로계약 체결 시 전차금 및 임금의 상계 계약을 체결할 수 없다.

↻ 약정금지

1. 전차금 기타 근로조건으로 전대채권과 임금의 상계
2. 회사가 근로자 채무액을 임금에서 공제

↻ 약정금지 아닌 것

1. 가불공제
2. 근로자의 자녀를 위한 학자금 대여금, 주택자금 대여금 등을 일정한 기한 후에 근로자의 동의로 임금에서 상계

Chapter 2

근로계약 갱신과 해지

1 근로계약의 갱신

묵시에 의한 갱신

계약기간이 종료하였으나 근로자가 계속하여 근로를 제공하고 사용자가 계약해지를 통보하지 않아 계약기간 종료일이 상당기간 지난 때에는 상호 묵시에 따른 근로계약의 기간과 조건, 내용을 전과 같게 갱신한 것으로 본다.

합의에 의한 갱신

일반적으로 근로계약서에 '계약만료 전에 당사자의 이의제기가 없으면 자동 연장한다'는 갱신조항을 설정한다. 하지만 당시자 합의로 계약기간이 종료하면 상호 필요에 따라 근로계약을 전과 같게 또는 일부 개정을 합의로 갱신하여 체결할 수 있다.

기간제근로자의 갱신과 전환

① 사용자가 기간제법에서 정한 2년 초과 사용 사유가 소멸하였거나, 기간제근로자를 2년을 초과하여 기간제근로자로 사용하는 경우에는 그 기간제근로자는 기간의 정함이 없는 근로계약을 체결한 근로자로 본다(기간제법 제4조2항).

② 또한, 2년을 초과하여 근로한 근로자를 사용자가 정당한 사유 없이 재계약 체결을 거절하면 부당해고가 된다.

2 근로계약의 해지

해고 등의 제한

① 사용자는 근로자에게 정당한 이유 없이 해고, 휴직, 정직, 전직, 감봉, 그 밖의 징벌(懲罰)(이하 "부당해고등"이라 한다)을 하지 못한다 (근기법 제23조1항).

② 사용자는 근로자가 업무상 부상 또는 질병의 요양을 위하여 휴업한 기간과 그 후 30일 동안 또는 산전(産前)·산후(産後)의 여성이 이 법에 따라 휴업한 기간과 그 후 30일 동안은 해고하지 못한다. 다만, 사용자가 근로기준법 제84조에 따라 일시 보상을 하였을 경우 또는 사업을 계속할 수 없게 된 경우에는 그러하지 아니하다 (근기법 제23조2항).

🌑 계약해지의 일반원칙

① 근로계약기간을 정하지 아니한 경우 각 당사자는 언제든지 계약해지의 통고를 할 수 있는 것이 원칙이다(민법 제660조1항).

② 근로기준법 제23조는 사용자는 정당한 이유없이 근로자를 해고하지 못한다고 규정하여 사용자의 근로계약 해지권을 제한하고 있다.

③ 근로자는 근로기준법상 특별한 제한이 없으므로 자유로이 근로계약 해지를 통고할 수 있음

🌑 계약해지의 효력 발생

① 근로자의 해지통보로 인해 언제부터 해지의 효력이 발생하는지는 근로기준법에 별도로 정한 바가 없으므로, 당사자가 함께 동의하는 시점부터 효력이 발생한다고 본다.

② 그러나, 사용자가 사표를 수리하지 않거나 수리를 지연할 경우 민법의 원리에 따르는데,

1. 사표를 제출한 날부터 1개월이 경과하면 근로계약 해지의 효력이 발생한다(민법 제660조2항).
2. 다만, 기간으로 보수를 정한 때에는 계약해지 통고를 한 후 당기 후의 1기를 경과함으로써 해지의 효력이 발생한다(민법 제660조3항).

Chapter 3

정규직 표준근로계약서

① 기간의 정함이 없는 근로계약

① 정규직 근로계약은 「기간의 정함이 없는 근로계약」으로 취업규칙에서 정한 정년까지의 근로계약 기간을 말한다. 다만, "취업규칙의 정년"이란 고령자고용법에서 정한 「정년」이상의 기간을 말한다.

② 사업주는 근로자의 정년을 60세 이상으로 정하여야 한다. 근로자의 정년을 취업규칙 등으로 60세 미만으로 정한 경우에는 정년을 60세로 정한 것으로 본다. (고령자고용법 제19조).

③ 일반적으로 근로자의 정년은 취업규칙 및 근로계약서에 정년을 정하여 시행한다.

② 정규직 근로계약서 필수명시사항

사용자는 정규직 근로계약을 "기간의 정함이 없는 근로계약"으로 취업규칙의 정년까지의 기간으로 하고, 정규직 근로자와 근로계약을 체결할 때 근로자에게 다음의 사항을 서면으로 명시하여 근로자에게 교부하여야 한다(근기법 제17조).

1. 임금의 구성항목·계산방법·지급방법
2. 소정근로시간
3. 주휴일, 공휴일
4. 연차유급휴가

③ 정규직 표준근로계약서

표준근로계약서
(기간의 정함이 없는 근로계약)

_____(이하 "사업주"라 함)과(와) _____(이하 "근로자"라 함)은 다음과 같이 근로계약을 체결한다.

1. 근로개시일 :   년   월   일부터

2. 근 무 장 소 :

3. 업무의 내용 :

4. 소정근로시간 :   시   분부터   시   분까지 (휴게시간 :   시 분~ 시   분)

5. 근무일/휴일 : 매주   일(또는 매일단위)근무, 주휴일 매주   요일

6. 임   금

   - 월(일, 시간)급 :   원

   - 상여금 : 있음 (   )   원, 없음 (   )

   - 기타급여(제수당 등) : 있음 (   ),   없음 (   )

      ·   원,   원

      ·   원,   원

   - 임금지급일 : 매월(매주 또는 매일)   일(휴일의 경우는 전일 지급)

   - 지급방법 : 근로자에게 직접지급(   ),   근로자 명의 예금통장에 입금(   )

7. 연차유급휴가

   - 연차유급휴가는 근로기준법에서 정하는 바에 따라 부여함

8. 사회보험 적용여부(해당란에 체크)

   □ 고용보험   □ 산재보험   □ 국민연금   □ 건강보험

9. 근로계약서 교부

   - 사업주는 근로계약을 체결함과 동시에 본 계약서를 사본하여 근로자의 교부요구와 관계없이 근로자에게 교부함(근로기준법 제17조 이행)

10. 근로계약, 취업규칙 등의 성실한 이행의무

 - 사업주와 근로자는 각자가 근로계약, 취업규칙, 단체협약을 지키고 성실하게 이행하여야 함

11. 기　타

 - 이 계약에 정함이 없는 사항은 근로기준법령에 의함

년　　　월　　　일

(사업주) 사업체명 : 　　　　　　　　　　(전화 : 　　　　　　　　　)

　　　　주　　소 :

　　　　대 표 자 : 　　　　　　　　　　(서명)

(근로자) 주　　소 :

　　　　연 락 처 :

　　　　성　　명 : 　　　　　　　　　　(서명)

계약직 표준근로계약서

1 기간의 정함이 있는 근로계약

계약직 근로자란 법정용어는 기간제근로자를 말한다. 「기간제근로자」라 함은 기간의 정함이 있는 근로계약을 체결한 근로자를 말한다(기간제법 제2조1호).

2년을 초과하지 않는 근로계약

사용자는 2년을 초과하지 아니하는 범위 안에서(기간제 근로계약의 반복갱신 등은 그 계속 근로한 총기간이 2년을 초과하지 아니하는 범위 안에서) 기간제근로자를 사용할 수 있다(기간제법 제4조1항).

제4조(기간제근로자의 사용) ①사용자는 2년을 초과하지 아니하는 범위 안에서(기간제 근로계약의 반복갱신 등의 경우에는 그 계속근로한 총기간이 2년을 초과하지 아니하는 범위 안에서) 기간제근로자를 사용할 수 있다.

다만, 다음 각 호의 어느 하나에 해당하는 경우에는 2년을 초과하여 기간제근로자로 사용할 수 있다.

2년을 초과하는 근로계약

다음 중 어느 하나에 해당하는 경우에는 2년을 초과하여 기간제근로자로 사용할 수 있다(기간제법 제4조1항).

1. 사업의 완료 또는 특정한 업무의 완성에 필요한 기간을 정한 경우
2. 휴직·파견 등으로 결원이 발생하여 당해 근로자가 복귀할 때까지 그 업무를 대신할 필요가 있는 경우
3. 근로자가 학업, 직업훈련 등을 이수함에 따라 그 이수에 필요한 기간을 정한 경우
4. 55세 이상의 고령자와 근로계약을 체결하는 경우
5. 전문적 지식·기술의 활용이 필요한 경우와 정부의 복지정책·실업대책 등에 따라 일자리를 제공하는 경우로서 대통령령이 정하는 경우

6. 1~5에 따르는 합리적인 사유가 있는 경우로서 대통령령이 정하는 경우

🌐 근로계약의 해지

① 기간제근로자는 계약기간이 만료하면 근로관계는 자동으로 종료한다.
② 일정한 사업 완료에 필요한 기간을 정한 근로계약은 계약기간이 만료하거나 사업이 완료되면 근로관계는 자동으로 종료된다.

🌐 기간의 정함이 없는 기간으로 전환

사용자가 기간제 사유가 소멸 후에도 2년을 초과하여 기간제근로자로 사용하는 경우에는 그 기간제근로자는 기간의 정함이 없는 근로계약을 체결한 근로자로 본다.

② 계약직 근로계약서 필수명시사항

사용자는 기간제근로자와 근로계약을 체결할 때는 다음의 사항을 근로계약서에 명시하고 교부하여야 한다(기간제법 제17조).

　　1. 근로계약기간에 관한 사항
　　2. 근로시간·휴게에 관한 사항
　　3. 임금의 구성항목·계산방법 및 지불방법에 관한 사항
　　4. 휴일·휴가에 관한 사항
　　5. 취업의 장소와 종사하여야 할 업무에 관한 사항

③ 계약직 표준근로계약서

표준근로계약서
(기간의 정함이 있는 근로계약)

_____(이하 "사업주"라 함)과(와) _____(이하 "근로자"라 함)은 다음과 같이 근로계약을 체결한다.

1. 근로계약기간 :   년   월   일부터   년   월   일까지

2. 근 무 장 소 :

3. 업무의 내용 :

4. 소정근로시간 :   시   분부터   시   분까지 (휴게시간 :   시 분~ 시   분)

5. 근무일/휴일 : 매주   일(또는 매일단위)근무, 주휴일 매주   요일

6. 임   금

  - 월(일, 시간)급 :   원

  - 상여금 : 있음 (   )   원, 없음 (   )

  - 기타급여(제수당 등) : 있음 (   ),   없음 (   )

    ·   원,   원

    ·   원,   원

  - 임금지급일 : 매월(매주 또는 매일)   일(휴일의 경우는 전일 지급)

  - 지급방법 : 근로자에게 직접지급(   ),   근로자 명의 예금통장에 입금(   )

7. 연차유급휴가

  - 연차유급휴가는 근로기준법에서 정하는 바에 따라 부여함

8. 사회보험 적용여부(해당란에 체크)

  □ 고용보험   □ 산재보험   □ 국민연금   □ 건강보험

9. 근로계약서 교부

  - 사업주는 근로계약을 체결함과 동시에 본 계약서를 사본하여 근로자의 교부요구와 관계없이 근로자에게 교부함(근로기준법 제17조 이행)

10. 근로계약, 취업규칙 등의 성실한 이행의무

  - 사업주와 근로자는 각자가 근로계약, 취업규칙, 단체협약을 지키고 성실하게 이행하여야 함

11. 기　타
　- 이 계약에 정함이 없는 사항은 근로기준법령에 의함

년　　　월　　　일

(사업주) 사업체명 :　　　　　　　　(전화 :　　　　　　　)
　　　　주　　소 :
　　　　대 표 자 :　　　　　　　(서명)
(근로자) 주　　소 :
　　　　연 락 처 :
　　　　성　　명 :　　　　　　　(서명)

단시간근로자 표준근로계약서

① 단시간근로자의 근로계약

「단시간근로자」란 1주 동안의 소정근로시간이 그 사업장에서 같은 종류의 업무에 종사하는 통상근로자의 1주 동안의 소정근로시간에 비하여 짧은 근로자를 말한다(근기법 제2조9호, 기간제법 제2조2호).

⬤ 근로일 및 근로일별 근로시간

사용자는 단시간근로자와 근로계약서를 작성할 때 반드시 "근로일 및 근로일별 근로시간"을 기재하여야 한다(기간제법 제17조6항).

⬤ 단시간근로자의 초과근로 제한

① 사용자는 단시간근로자에 대하여 근로기준법 제2조의 소정근로시간(1주에 40시간)을 초과하여 근로하게 하는 경우에는 당해 근로자의 동의를 얻어야 한다. 이 경우 1주간에 12시간을 초과하여 근로하게 할 수 없다(기간제법 제6조1항).

② 단시간근로자는 사용자가 연장근로에 대한 동의를 얻지 아니하고 초과근로를 하게 하는 경우에는 이를 거부할 수 있다.(기간제법 제6조2항)

③ 사용자는 단시간 근로자가 연장근로 시 초과근로에 대하여 통상임금의 100분의 50 이상을 가산하여 지급하여야 한다. (기간제법 제6조3항)

② 단시간근로자 근로계약서 필수명시사항

사용자는 단시간근로자와 근로계약을 체결하는 때에는 다음의 모든 사항을 근로계약서에 명시하고 근로계약서를 교부하여야 한다(기간제법 제17조).

1. 근로계약기간에 관한 사항
2. 근로시간·휴게에 관한 사항
3. 임금의 구성항목·계산방법 및 지불방법에 관한 사항
4. 휴일·휴가에 관한 사항

5. 취업의 장소와 종사하여야 할 업무에 관한 사항

6. 근로일 및 근로일별 근로시간

③ 근로일별 근로시간 작성요령

단시간근로자의 "근로일 및 근로일별 근로시간"의 작성요령은 다음과 같다.

(예시①) 주 5일, 일 6시간(근로일별 근로시간 같음)

- 근로일 : 주 5일, 근로시간 : 매일 6시간
- 시업 시각 : 09시 00분, 종업 시각: 16시 00분
- 휴게시간 : 12시 00분부터 13시 00분까지
- 주휴일 : 일요일

(예시②) 주 2일, 일 4시간(근로일별 근로시간 같음)

- 근로일 : 주 2일(토, 일요일), 근로시간 : 매일 4시간
- 시업 시각 : 20시 00분, 종업 시각: 24시 30분
- 휴게시간 : 22시 00분부터 22시 30분까지
- 주휴일 : 해당 없음

(예시③) 주 5일, 근로일별 근로시간이 다름

구분	월요일	화요일	수요일	목요일	금요일
근로시간	6시간	3시간	6시간	3시간	6시간
시업	09시 00분	09시 00분	09시 00분	09시 00분	09시 00분
종업	16시 00분	12시 00분	16시 00분	12시 00분	16시 00분
휴게시간	12시 00분 ~ 13시 00분	-	12시 00분 ~ 13시 00분	-	12시 00분 ~ 13시 00분

- 주휴일 : 일요일

(예시④) 주 3일, 근로일별 근로시간이 다름

구분	월요일	화요일	수요일	목요일	금요일
근로시간	4시간	-	6시간	-	5시간
시업	14시 00분	-	10시 00분	-	14시 00분
종업	18시 30분	-	17시 00분	-	20시 00분
휴게시간	16:00~16:30	-	13시 00분 ~ 14시 00분	-	18시 00분 ~ 19시 00분

• 주휴일 : 일요일

※ 기간제·단시간근로자 주요 근로조건의 서면명시 의무위반 적발 시 과태료 (인당 500만원 이하) 즉시 부과에 유의('14.8.1.부터)

④ 단시간근로자 표준근로계약서

표준근로계약서
(단시간근로자)

_____(이하 "사업주"라 함)과(와) _____(이하 "근로자"라 함)은 다음과 같이 근로계약을 체결한다.

1. 근로개시일 :   년   월   일부터

※ 근로계약기간을 정하는 경우에는 "   년   월   일부터   년   월   일까지" 등으로 기재

2. 근 무 장 소 :

3. 업무의 내용 :

4. 근로일 및 근로일별 근로시간

구분	( )요일	( )요일	( )요일	( )요일	( )요일	( )요일
근로시간	시간	시간	시간	시간	시간	시간
시 업	시 분	시 분	시 분	시 분	시 분	시 분
종 업	시 분	시 분	시 분	시 분	시 분	시 분
휴게시간	시 분 ~ 시 분	시 분 ~ 시 분	시 분 ~ 시 분	시 분 ~ 시 분	시 분 ~ 시 분	시 분 ~ 시 분

ㅇ 주휴일 : 매주   요일

5. 임 금

• 시간(일, 월)급 :   원(해당사항에 ㅇ표)

• 상여금 : 있음 (   )   원, 없음 (   )

• 기타급여(제수당 등) : 있음 :   원(내역별 기재), 없음 (   ),

• 초과근로에 대한 가산임금률: %

※ 단시간근로자와 사용자 사이에 근로하기로 정한 시간을 초과하여 근로하면 법정 근로시간 내라도 통상임금의 100분의 50% 이상의 가산임금 지급함

•   임금지급일 : 매월(매주 또는 매일)   일(휴일의 경우는 전일 지급)

- 지급방법 : 근로자에게 직접지급(   ), 근로자 명의 예금통장에 입금(   )

6. 연차유급휴가: 통상근로자의 근로시간에 비례하여 연차유급휴가 부여

7. 사회보험 적용여부(해당란에 체크)

      □ 고용보험   □ 산재보험   □ 국민연금   □ 건강보험

8. 근로계약서 교부

     • "사업주"는 근로계약을 체결함과 동시에 본 계약서를 사본하여 "근로자"의 교부요구와 관계없이 "근로자"에게 교부함(근로기준법 제17조 이행)

9. 근로계약, 취업규칙 등의 성실한 이행의무

    • 사업주와 근로자는 각자가 근로계약, 취업규칙, 단체협약을 지키고 성실하게 이행하여야 함

10. 기 타

    • 이 계약에 정함이 없는 사항은 근로기준법령에 의함

년   월   일

(사업주) 사업체명 :   (전화 :   )

         주   소 :

         대 표 자 :   (서명)

(근로자) 주   소 :

         연 락 처 :

         성   명 :   (서명)

건설일용직·연소근로자 표준근로계약서

1 건설일용직 표준근로계약서

건설일용근로자 표준근로계약서

_____(이하 "사업주"라 함)과(와) _____(이하 "근로자"라 함)은 다음과 같이 근로계약을 체결한다.

1. 근로계약기간 :   년 월 일부터   년 월 일까지
   ※ 근로계약기간을 정하지 않는 경우에는 "근로개시일"만 기재

2. 근 무 장 소 :

3. 업무의 내용(직종) :

4. 소정근로시간 :   시 분부터   시 분까지 (휴게시간 : 시 분~ 시 분)

5. 근무일/휴일 : 매주   일(또는 매일단위)근무, 주휴일 매주   요일(해당자에 한함)
   ※ 주휴일은 1주간 소정근로일을 모두 근로한 경우에 주당 1일을 유급으로 부여

6. 임 금
   • 월(일, 시간)급 :   원(해당사항에 ○표)
   • 상여금 : 있음 (   )   원, 없음 (   )
   • 제수당(시간외·야간·휴일근로수당 등):   원(내역별 기재)
       시간외근로수당: 원(월   시간분)
       야간 근로수당: 원(월   시간분)
       휴일 근로수당: 원(월   시간분)
   • 임금지급일 : 매월(매주 또는 매일)   일(휴일의 경우는 전일 지급)

- 지급방법 : 근로자에게 직접지급(   ),   근로자 명의 예금통장에 입금(   )

7. 연차유급휴가
- 연차유급휴가는 근로기준법에서 정하는 바에 따라 부여함

8. 사회보험 적용여부(해당란에 체크)
  - □ 고용보험   □ 산재보험   □ 국민연금   □ 건강보험

9. 근로계약서 교부
- "사업주"는 근로계약을 체결함과 동시에 본 계약서를 사본하여 "근로자"의 교부요구와 관계없이 "근로자"에게 교부함(근로기준법 제17조 이행)

10. 근로계약, 취업규칙 등의 성실한 이행의무
- 사업주와 근로자는 각자가 근로계약, 취업규칙, 단체협약을 지키고 성실하게 이행하여야 함

11. 기   타
- 이 계약에 정함이 없는 사항은 근로기준법령에 의함

년   월   일

(사업주) 사업체명 :   (전화 :   )

　　　　주　　소 :

　　　　대 표 자 :   (서명)

(근로자) 주　　소 :

　　　　연 락 처 :

　　　　성　　명 :   (서명)

❷ 연소근로자 표준근로계약서

연소근로자 표준근로계약서
(18세 미만인 자)

_____(이하 "사업주"라 함)과(와) _____(이하 "근로자"라 함)은 다음과 같이 근로계약을 체결한다.

1. 근로개시일 :   년   월   일부터

 ※ 근로계약기간을 정하는 경우에는 "   년   월   일부터   년   월   일까지" 등으로 기재

2. 근 무 장 소 :

3. 업무의 내용 :

4. 소정근로시간 :   시   분부터   시   분까지 (휴게시간 : 시 분~ 시 분)

5. 근무일/휴일 : 매주   일(또는 매일단위)근무, 주휴일 매주   요일

6. 임 금

 • 월(일, 시간)급 :   원

 • 상여금 : 있음 (   )   원, 없음 (   )

 • 기타급여(제수당 등) : 있음 (   ),   없음 (   )

  ·   원,   원

  ·   원,   원

 • 임금지급일 : 매월(매주 또는 매일)   일(휴일의 경우는 전일 지급)

 • 지급방법 : 근로자에게 직접지급(   ), 근로자 명의 예금통장에 입금(   )

7. 연차유급휴가

 • 연차유급휴가는 근로기준법에서 정하는 바에 따라 부여함

8. 가족관계증명서 및 동의서

 • 가족관계기록사항에 관한 증명서 제출 여부:

 • 친권자 또는 후견인의 동의서 구비 여부 :

9. 사회보험 적용여부(해당란에 체크)

  □ 고용보험 □ 산재보험 □ 국민연금 □ 건강보험

10. 근로계약서 교부
   • 사업주는 근로계약을 체결함과 동시에 본 계약서를 사본하여 근로자의 교부요
     구와 관계없이 근로자에게 교부함(근로기준법 제17조, 제67조 이행)
11. 근로계약, 취업규칙 등의 성실한 이행의무
   • 사업주와 근로자는 각자가 근로계약, 취업규칙, 단체협약을 지키고 성실하게
     이행하여야 함
12. 기타
   • 13세 이상 15세 미만인 자에 대해서는 고용노동부장관으로부터 취직인허증을
     교부받아야 하며, 이 계약에 정함이 없는 사항은 근로기준법령에 의함

                              년   월   일

(사업주) 사업체명 :   (전화 :   )
        주   소 :
        대 표 자 :   (서명)
(근로자) 주   소 :
        연 락 처 :
        성   명 :   (서명)

친권자(후견인) 동의서
(18세 미만인 자)

○ 친권자(후견인) 인적사항
　　성　　명 :
　　생년월일 :
　　주　　소 :
　　연 락 처 :
　　연소근로자와의 관계 :

○ 연소근로자 인적사항
　　성　　명 :　　　　　　　　　(만　　　세)
　　생년월일 :
　　주　　소 :
　　연 락 처 :

○ 사업장 개요
　　회 사 명 :
　　회사주소 :
　　대 표 자 :
　　회사전화 :

　　본인은 위 연소근로자 _____가 위 사업장에서 근로를 하는 것에 대하여
　　동의합니다.

　　　　　　　　　　　　　　년　　　월　　　일

　　　　　　　　　　　친권자(후견인)　　　　　　　　(인)

첨　부 : 가족관계증명서 1부

PART
13

복무·근태관리

Chapter 1

복무관리

❶ 복무방침

회사의 복무방침은 기업의 안전과 발전을 위하여 구성원에게 복무 중에 지켜야 할 규범과 규율을 정하여 시행하는 것을 말한다.

복무방침에는 회사의 질서와 제도 등을 정한 복무규정과 종업원의 근로조건을 정한 취업규칙 등이 있다.

1. 복무규정 : 기업의 질서와 제도
2. 취업규칙 : 종업원의 근로조건을 규정한 규칙

● 복무규정

회사의 구성원이 사내외에서 지켜야 할 질서와 태도를 복무규율로 정하여 시행하는 것으로 복무규율, 복무규범, 복무수칙, 복무규정 등이 같은 뜻의 규정으로 시행되고 있다.

- 복무규칙, 복무수칙
- 복무규율, 복무규범

● 취업규칙

취업규칙은 근로기준법에 따라 종업원 10인 이상의 기업이 반드시 작성하여 관할 노동사무소에 신고하여야 한다.

취업규칙은 종업원의 근로조건을 정하여 근로자가 제공하는 노무에 대하여 기업과 근로자가 지켜야 할 사항으로, 근로자의 기본권과 생활을 보장하고 향상하는 데 목적이 있다.

- 기업과 근로자가 준수하여야 할 법정규정

② 성실의무

기업의 구성원은 조직에서 정한 복무 관련 규율과 기본수칙을 성실히 준수하여야 한다. 복무규율은 크게 성실의무와 품위유지, 금지행위 등이 있으며, 이를 지키지 않을 시 복무규율로서 징계 또는 퇴사처리 된다.

1. 성실의무
2. 품위유지의무
3. 부당행위금지의무

① 신의성실의무

사원은 사원으로서 회사의 제규정과 직무를 성실히 수행하여야 한다.

② 복종의무

사원은 직무수행에서 상사의 직무상 명령에 복종하여야 한다.

③ 경업금지

사원은 회사의 승인없이 회사 외의 타사의 사업장에서 근로하거나 사업을 경영할 수 없다.

이사는 이사회의 승인이 없으면 자기 또는 제삼자의 계산으로 회사의 영업부류에 속한 거래를 하거나 동종영업을 목적으로 하는 다른 회사의 무한책임사원이나 이사가 되지 못한다(상법 제397조).

④ 질서유지

사원은 회사와 부서의 조직 내 질서를 존중하고, 유지하여야 한다. 사원은 회사 내에서 담당 직무수행을 위한 목적이외의 사유로 연설, 집회, 유인물의 게시·배포 기타 이와 유사한 행위를 하고자 할 때에는 사전에 회사 및 관리자의 허가를 받아야 한다.

⑤ 직무/직장 이탈금지

사원은 소속 부서장의 승인 또는 정당한 사유 없이 직무를 이탈하여서는 아니 된다. 사원이 휴가를 얻거나 외출, 퇴근, 결근, 지각 등을 하고자 할 때에는 소정의 절차에 따라 승인 또는 허락을 받아야 한다.

⑥ 불이익행위 금지

사원은 회사의 이익을 저해하는 행위를 하여서는 아니 된다. 사원은 회사의 이익에 반하거나, 저해하는 활동을 하여서는 아니 된다. 사원은 법령·사규 등으로 인정되거나 사장 또는 소속 부서장이 인정하는 경우를 제외하고는 직무 이외의 일을 목적으로 한 집단적 행위를 하여서는 아니 된다.

❸ 품위유지 등

사원은 회사의 명예와 위신을 손상하는 행위를 하여서는 아니 된다. 사원은 구성원으로서 다음의 품성과 품위를 갖추어 행동한다.

① 예절과 품행

사원은 직장인으로서의 기본예절을 갖추어야 한다. 사원은 항상 정결하고 단정한 품행을 갖춰 상사와 동료, 기타 상대방에게 불손, 불쾌감을 주지 않도록 노력한다.

② 언행과 성희롱

사원은 상사와 동료 간의 언행은 정중하고 바른 언어를 사용해야 하며, 상사는 부하 직원에게 함부로 대하거나, 비속어로 업무명령을 하여서는 아니 된다.

사원은 근무 시 여성 또는 남성을 비하하거나 잡담, 농담, 음담패설 등으로 성희롱할 수 없으며, 이를 어길 시 징계처분하며, 사원은 성희롱방지교육을 이수할 의무가 있다.

③ 복장 준수

사원의 근무복은 회사에서 별도로 정한 규정에 따르며, 특별히 정하지 않은 때에는 작업시 위험으로부터 안전한 복장을 준수하여야 하며, 업무상 구성원 또는 상대방에게 위화감을 주는 복장은 피하여 착용 및 착화하여야 한다.

④ 부당행위 등 금지

사원은 법률에서 정한 부당행위 및 취업규칙 등 사규에서 정한 부당행위를 하여서는 안 된다.

① 부당행위금지

사원은

직무와 관련하여 직접 또는 간접으로 향응 등을 수수할 수 없으며, 직무상의 관계 여하를 불문하고 그 소속 상사에게 증여하거나 소속 직원으로부터 증여받는 행위를 하여서는 안 된다.

② 집단행위금지

사원은 사전 승인 없이 직무 이외의 일을 위한 집단행위를 하여서는 안 된다.

③ 불법행위금지

사원은 사내외를 불문하고 법으로 금지하는 행위를 하여서는 안 된다.

④ 사이비종교금지

사원은 회사의 설립과 경영 이념에 배치된 사이비종교의 활동을 회사 내 사원을 대상으로 가입을 권유하거나, 활동하여서는 안 된다.

Chapter 2

근태관리

① 근태관리의 개요

　　중소기업의 근태관리는 사원의 출근과 퇴근, 결근과 조퇴 등 근로자의 근무 현황의 관리 등이 주요 업무이다. 기업은 근태관리의 기준과 방침을 정하여 시행함으로써 근무질서의 확립과 최적의 정원관리(定員管理)를 할 수 있다.

- 출근 관리
- 근무 현황관리
- 퇴근 관리

《 근태관리 업무 내용 》

절차	업무 사항	비고
출근 관리	• 출근기록 • 결근기록 • 조퇴기록	• 출근기록부
근무현황관리	• 근무시간 점검 • 근무복장 점검 • 근무이탈자 점검 • 연장/야간근로자 점검	• 근무일지 • 연장(야간)근무일지 • 연장(야간)근로동의서
퇴근 관리	• 퇴근기록 점검	• 퇴근기록부
정원관리	• 일용직 인원 관리 • 계약직 인원 관리 • 정규직 인원 관리 • 인사(배치·이동·승급)관리 • 채용/퇴직 인원 관리	• 인사관리대장

② 출근 관리

⊙ 출근기록

사원의 출근관리는 출근기록부를 사업장별 또는 부서별로 갖추고, 당해 사원이 출근기록부에 직접 서명으로 출근을 증명한다. 또한, 출근계수기카드, 지문인식출근기록기, 기타방식에 의한 출근기록을 출근으로 한다.

사원의 출근기록부 기록내용은 다음을 포함한다.

    1. 출근시각

    2. 출근자 성명

    3. 출근부서

    4. 출근자 서명 및 표시

⊙ 출근 보고

각 부서장은 출근기록부를 확인하여 당일 근무자와 결근자를 확인하여 출근현황을 소관(총무)부서장에게 통보한다. 총무부서장은 사원의 출근 현황을 적정 업무집행 정원 수와 함께 보고한다.

    1. 사원 : 총수 ○○명

    2. 정원 : ○○명 (부문별, 부서별, 현장별)

    3. 출근 : ○○명 (부서별, 현장별)

    4. 결근 : ○명 (부서별, 현장별)

⊙ 지각자의 보고

사원은 지각이 예상되는 때는 사전에 전화 또는 기타의 방법으로 지각 출근을 부서장에게 보고한다. 3시간 이내의 지각은 구두로 부서장에게 보고하고, 3시간을 초과하는 지각은 사유서를 제출한다.

다만, 천재지변 및 기타 불가 항력으로 지각하는 경우 지작으로 처리하지 않는다. 지각사유서를 제출하지 않은 경우 무단지각으로 간주한다. 무단지각자는 회사규정에 따라 경고 등의 징계사유가 된다.

참고 지각사유서, 조퇴계, 경위서, 서약서

⟶ 조퇴 관리

사원이 근무 중에 특별한 사정이 있어 조퇴하는 때에는 조퇴신청서를 부서장에게 제출하고, 승인 후 조퇴할 수 있다. 다만, 3시간 이내의 조퇴시간은 구두로 신청할 수 있다.

참고 조퇴신청서, 조퇴계

조퇴신청서				
성명		㉙	연락처	
소속			직 급	
기간	201 년 월 일부터 201 년 월 일까지 (일간)			
사유				
위와 같은 사유로 조퇴를 신청합니다. 20 년 월 일 성명 (서명) ○○(주) 대표이사 위임전결권자 귀중				
인사기록	소속팀장		총무팀장	사장

③ 근무현황 관리

근무 현황은 일일, 주간, 월간 등 기간으로 구분하여 근무현황을 점검하여 근무현황 자료에 기록하여 관리한다. 근무내용, 휴가내용, 사고내용, 기타내용을 기재하여 근무현황.을 알 수 있게 한다.

⟶ 근무현황 자료

근무 현황 자료는 총원, 현원, 근무내용(주간근무, 연장근무, 야간근무, 출장, 교육), 사고내용(지각, 조퇴, 결근), 휴가내용(연가, 병가, 생휴, 휴직, 기타), 비고 등으로 구분하여 인원수와 사고내용을 기재한다.

🔹 근무현황 점검

근무 현황 점검시각은 정상 근무시간이 9시부터 18시까지 8시간 근무하는 경우, 시업 후 30분, 종업 전 30분에 시행한다.

1. 일일근무 시업 09:00시, 종업 18:00시
2. 연장근무 시업 18:00시, 종업 20:00시
3. 야간근무 시업 20:00시, 종업 익일 06:00시

참고 근무현황표, 일일근무현황표, 야간근무현황표

근무현황집계표

일자	총원	현원	근무					사고			휴가			기타	확인
			주간	연장	야간	출장	교육	지각	조퇴	결근	연가	생휴	휴직		

🔹 연장근무 관리

연장근무는 사용자와 근로자가 합의하여 시행하는 것으로 합의내용과 연장근무 대장을 비치하여 실시하며, 근무자의 근무장소 이탈방지와 근무시간을 지키도록 관리하여야 한다.

연장근무자는 종업하면 안전관리와 보안관리를 점검하고 퇴근기록부에 퇴근을 기록하도록 한다.

참고 연장근로합의서(동의서), 연장근무일지

연장근무(신청) 관리대장

일자	근무자		업무내용	시간	비고	결재		
	직위	성명				부서	담당	팀장

야간근무 관리

야간근무는 사용자와 근로자가 야간근무를 합의로 시행한다. 야간근무 관리자는 야간근무합의서를 확인하고 야간근무에 임하도록 한다. 야간근무 책임자는 야간근무 수칙을 야간근무자에게 알리고 근무를 하도록 한다.

참고 야간근로신청서(동의서), 야간근무일지

야간근무(신청) 관리대장

일자	총원	현원	( )팀	( )팀	( )팀	( )팀	확인
			성명	성명	성명	성명	

💬 휴일근무 관리

근로자가 공휴일 등 휴일에 근무하는 때에는 사용자와 근로자가 합의하여 휴일근무를 할 수 있다. 회사는 휴일근무 시 대체 휴일을 정하거나 휴일근무수당을 지급하여야 한다.

참고 휴일근무신청서(동의서), 대체휴일신청서, 휴일근무일지

일자	총원	현원	( )팀		( )팀		( )팀		( )팀		확인
			성명		성명		성명		성명		

휴일근무(신청) 관리대장

④ 퇴근관리

사원의 퇴근관리는 퇴근기록부를 사업장별 또는 부서별로 갖추고 당해 사원이 직접 퇴근을 기록한다. 출근기록부와 같이 사용할 수 있으며, 기기 및 전자방식을 통한 퇴근기록을 할 수 있다.

당해 부서 또는 현장, 사업장별로 산업보안점검과 안전관리점검 기록부를 비치하고 퇴근기록 전에 기록하도록 한다.

💬 안전 및 보안 점검

1. 안전관리점검기록부
2. 보안관리점검기록부

⏩ 퇴근기록

퇴근기록부의 기재 내용은 다음과 같다.

1. 퇴근시각
2. 퇴근자 성명
3. 퇴근자 부서
4. 사원의 서명 및 표시

⑤ 결근관리

⏩ 결근신청

결근사유와 결근일수를 기재한 결근신청서와 증빙서류를 결근일 전에 부서장에게 제출하여 승인을 받는다.

⏩ 결근보고

긴급 또는 불가피한 사유로 사전에 결근신청서를 제출하지 않은 때에는 결근일 업무개시 3시간 전까지 전화 또는 기타 방법으로 보고한다.

참고 결근계, 결근신청서, 결근사유서, 결근증빙서류

⏩ 무단결근

① 사전 또는 사후에 결근계 등을 제출하지 않고 결근한 경우
② 결근계 등을 허위로 작성하여 제출하고 결근한 경우
③ 기타 결근보고를 하지 않은 경우

무단결근 등에 해당하는 결근을 한 때에는 재발방지서약과 경위서 등을 제출하고 사규에 따라 경고 등을 할 수 있다.

⏩ 대체근로

사원이 결근신청서를 제출하고 부서장이 승인한 경우 결근일을 연차유급휴가로 대체하여 사용할 수 있다.

참고 연차유급휴가신청서, 결근대체연차유급휴가신청서

결 근 계

성명		연락처	
소속		직급	
기간	201 년 월 일부터 201 년 월 일까지 (일간)		
사유			

위와 같은 사유로 (   )일간 결근하였기에 결근계를 제출합니다.

20 년 월 일

성명   (서명)

○○(주) 대표이사 위임전결권자 귀중

인사기록	소속팀장	총무팀장	사장

출장관리

① 출장관리 개요

출장 절차

출장부서는 출장업무에 따른 일정과 계획을 수립하여 출장을 부서장에게 신청하여 부서장의 승인을 받아 출장업무를 수행한다.

또한, 출장 중에 부서장에게 중간보고를 하고 출장종료 후에 결과보고를 한다. 또한, 총무부서에 근태보고와 출장비용을 정산한다.

《 출장관리 절차와 업무 》

절차	업무내용
출장신청	• 사원은 출장계획서를 팀장에게 제출하여 출장을 신청한다.
출장승인	• 팀장은 출장계획서를 검토하여 출장을 승인하고 사원은 출장서약서를 팀장에게 제출한다.
출장근무	• 출장팀장은 총무팀장에게 출장신청서와 출장서약서를 첨부하여 출장비를 청구한다. • 출장사원은 출장업무 중매일 팀장에게 중간보고를 하고 업무를 지시받는다
출장보고	• 출장사원은 출장근무를 종료하면 출장업무수행에 대한 보고서를 팀장에게 보고한다. • 출장사원은 출장여비정산서와 영수증을 총무팀장에게 제출하여 출장비용을 정산한다.

⚫ 출장 구분

출장은 국내출장과 국외출장으로 크게 구분할 수 있다. 또한, 국내출장은 숙박과 비숙박, 출장기간, 국외출장은 지역별, 기간별로 출장업무와 기간을 구분하여 출장 관리를 집행할 수 있다.

구분	출장내용	관련 규정
국내출장	비숙박출장업무 숙박출장업무	출장여비규정 출장근무규정
국외출장	단기출장업무 중기출장업무 장기출장업무	해외출장여비규정 해외출장근무규정

참고 국내출장규정, 국외출장규정, 출장여비규정

② 출장계획

출장계획은 출장업무를 효과적으로 수행하기 위하여 출장목적, 출장업무, 출장 지, 출장일정, 출장비용 등의 출장계획을 구체적으로 수립한다.

출장부서장의 명령에 따라 출장은 명령자로부터 출장목적과 출장업무를 구체적 으로 확인하여 출장계획을 수립한다.

참고 출장계획서, 출장명령서

《 출장계획과 업무계획 》

출장계획	출장업무
1. 출장목적과 내용 2. 출장자와 동행자 3. 출장 장소와 회사명, 만날 사람과 취급상품 등 4. 출장기간 5. 출장비용	1. 국내외 지점 및 지사 등 방문 2. 국내외 거래처와 구매자와 판매자 등 방문 3. 국내외 상품전시, 전시회 참관 4. 국내외 회의 주최와 주관 및 참석 5. 국내외 교육 주최와 주관 및 참석 6. 기타 국내외 업무

출장계획서

(201 년 월 일)

담당	팀장	이사

신청자	소속		성명	직위

출장기간	201부터 201까지 (일간)

출장목적	

출장업무	일자 (부터 ~ 까지)		방 문 처	업 무 내 용
	/	/		
	/	/		
	/	/		
	/	/		
	/	/		

출장비용	비 용	금 액 (원)	산 출 내 역
	업 무 비		
	숙 박 비		
	교 통 비		
	합 계		

비고	

③ 출장신청

➡ 출장신청

　출장신청은 출장계획을 바탕으로 출장목적과 출장기간, 출장비용 등을 기재한 출장계획서를 첨부하여 출장부서장에게 신청한다. 간단한 출장 등은 출장계획서 첨부를 생략하고 출장신청서로 갈음하여 신청한다.

　　1. 출장사원 성명
　　2. 출장지 및 출장처
　　3. 출장 기간
　　4. 출장목적
　　5. 출장비용

➡ 신청기한

　출장근무의 신청기한은 출장근무규정에서 정한 기한까지 신청한다. 다만, 규정이 없거나 신청기한을 정하지 아니한 경우 다음과 같이 공지한다.

　참고 출장신청서, 출장품의서, 출장여비신청서

구분	지역	신청기한
국내출장	비숙박출장근무	출장 2일 전까지
	숙박출장근무	출장 3일 전까지
국외출장	아시아, 오세아니아	출장 1주 전까지
	북아메리카, 유럽	출장 1주 전까지
	중·남아메리카, 아프리카	출장 2주 전까지

	담당	팀장	이사

출장신청서

(신청일 201 년 월 일)

소　　속		직　　위	
성　　명		연 락 처	
출 장 처		출장지역	
출 장 기 간	201 년 월 일부터 201 년 월 일까지 (총 ○○일간)		
출 장 비 용			
출 장 목 적			
지 시 사 항			
비　　　고	(첨부)		

🔹 출장승인

출장부서장은 출장신청서를 검토하여 승인 여부를 결재한다. 출장의 결재는 출장목적의 달성 여부, 출장기간의 적정성, 출장비용 대비 효과, 출장자의 역량, 출장의 필요성 등을 검토하여 결정한다.

출장부서장은 출장승인 시 출장에서 처리할 지시사항을 기재하여 출장자에게 전달한다. 또한, 출장 중 복무규정 준수 등 출장근무서약으로 출장을 승인한다.

1. 출장업무검토
2. 출장업무지시
3. 출장업무조정
4. 출장근무서약

참고 출장승인(신청)서, 출장업무지시(조정)서, 출장근무서약서

④ 출장지원

🔹 출장서약

출장자는 출장승인을 받아 출장근무 할 때는 성실하게 근무할 것을 서약하고 출장근무에 임한다. 출장근무서약서는 총무부서 또는 출장부서에 제출하고 출장근무에 임한다.

출장근무서약의 내용은 출장 중 법률로 정한 도박 등 위법행위금지. 인사불성의 음주고성방가금지 등으로 회사의 명예를 실추하는 행위 등이다.

🔹 출장비용의 신청

출장자는 출장부서장으로부터 출장승인을 받으면 총무부서에 출장비신청을 한다. 출장비는 구성은 교통비, 숙박비, 식비, 접대비 등 출장업무를 수행하면서 발생할 비용을 신청한다.

참고 출장여비신청서

🔹 출장비용의 지급

총무부서는 사규에서 정한 출장규정에 따라 출장비용을 지급하고, 사규에서 정하지 아니한 때는 출장부서장으로부터 예비승인을 받은 출장비용의 신청금액을 지급한다.

이때 주의할 사항은 출장여비를 지급할 때 총무부서는 현금지급분과 신용카드사용분의 한도를 정확하게 안내하여야 한다. 또한, 모든 출장경비는 영수증 수취를 의무로 하며, 사원 개인카드사용 영수증은 출장경비로 처리할 수 없음을 안내한다.

> 참고 국내출장여비지급표, 국외출장여비지급표, 출장근무신청서

❺ 출장근무

⟫ 출장근무

출장자는 출장근무 시 출장목적에 따른 목표달성을 위하여 신속하게 출장부서장과 협의하여 업무를 진행하여야 한다. 또한, 출장자는 근무상태와 업무에 대해 중간보고를 하여야 한다. 출장 중 업무보고는 전화 또는 기타 방법으로 할 수 있으며 근무상태보고는 출장부서 또는 총무부서에 한다.

다만, 온라인상에서 출장자가 직접 근무(출퇴근) 현황을 등록하지 않을 때에는 출장부서에서 출장자의 보고를 받아 총무부서에 근무현황을 통보한다.

> 참고 출장근무등록, 출장업무보고서

⟫ 근무원칙

① 소속장의 명을 받아 출장하는 사원은 해당 직무 수행을 위하여 전력을 다하여야 하며, 근무시간에 사적인 일을 하여서는 안 된다.
② 출장사원은 지정된 출장기일 안에 그 업무를 완수하지 못할 사유가 발생하였을 때에는 전화 등 그 밖의 방법으로 소속장에게 보고하고 그 지시를 받아야 한다.
③ 출장사원은 그 출장 용무를 마치고 회사로 돌아왔을 때에는 바로 소속장에게 출장결과 보고서를 제출하여야 한다. 다만, 간단한 출장결과의 보고는 말로 할 수 있다.

⟫ 출장보고

출장근무가 종료되면 출장결과를 업무결과와 비용정산, 출장기간 등으로 분류하여 보고한다. 업무결과는 출장부서장에게 서면으로 보고한다. 이때 출장결과를 객관적 사항과 내용을 중심으로 보고하고, 출장자의 주관적인 관점과 사항은 보조적 내용으로 구분하여 보고한다.

출장결과와 내용, 거래처에서 회사에 전달하는 내용 등이며, 향후 출장에서 주의

할 사항과 필요한 사항을 보고한다.

    1. 출장목적 달성 여부

    2. 출장결과 객관적 내용

    3. 기타 출장내용

참고 출장보고서, 출장사고진술서, 출장여비정산서

● 출장비용의 정산

출장자는 출장을 마치고 회사에 복귀하면 총무부에 출장여비를 정산하여야 한다. 출장여비의 가지급한 현금지급분의 과지급금 또는 부족금액을 영수증 유무를 확인하여 지급 또는 환급한다.

사업자신용카드 사용분은 사적인 사용이 없는지를 신용카드영수증을 확인하여 정산한다.

참고 세금계산서, 계산서, 현금영수증, 법인신용카드영수증

출장보고서

(201 년   월   일)

담당	팀장	이사

보고자	소속	성명	직위

출장기간	201부터 201까지 (일간)

출장결과	1. 2. 3. 4. 5.

출장업무	일자 (부터 ~ 까지)		출 장 처	업무결과
	/	/		
	/	/		
	/	/		
	/	/		
	/	/		

비고	(첨부) 출장비용정산서

PART
14

근로시간 관리

Chapter 1

법정·소정근로시간

1 법정근로시간

◉ 법정근로시간 개요

법정근로시간이란 근로기준법과 노동법, 특별법으로 정한 근로시간으로, 근로자가 사용자의 지휘·감독하에서 대기시간을 포함하여 휴게시간을 제외하고 실제 근로하는 시간이다.

- 기준근로시간
- 연장근로시간
- 근무형태별 근로자별 법정근로시간
- 기타 법정근로시간

법정근로시간을 1일, 1주간, 1년간 등으로 정한 기준근로시간과 연장근로시간을 요약하면 다음과 같다.

《 법정근로시간 요약 》

구분	기준근로시간		연장 근로시간	관련 법규
	1일	1주		
• 일반성인근로자	8시간	40시간	주 12시간	근기법 제50조
• 임신 중인 여성 근로자	8시간	40시간	금지	근기법 제50조 제74조⑤
• 산후 1년 미만 여성 근로자	8시간	40시간	일 2시간 주 6시간 연 150시간	근기법 제50조 제71조
• 연소근로자(15세~18세)	7시간	35시간	일 1시간 주 5시간	근기법 제69조
• 잠함·잠수작업 근로자	6시간	34시간	불가	산안법 139조

⊕ 기준근로시간

↻ 1일의 근로시간

사용자는 근로자가 사용자의 지휘·감독 아래에 있는 대기시간을 포함하여 1일의 근로시간은 휴게시간을 제외하고 8시간을 초과하여 근로하게 할 수 없다(근기법 제50조②).

- 1일의 근로시간 한도 : 8시간 이내

↻ 1주의 근로시간

사용자는 근로자가 사용자의 지휘·감독 아래에 있는 대기시간을 포함하여 1주간의 근로시간은 휴게시간을 제외하고 40시간을 초과하여 근로하게 할 수 없다(근기법 제50조①).

- 1주간의 근로시간 한도 : 40시간 이내

↻ 관련 법규

> 근로기준법 제50조(근로시간) ① 1주간의 근로시간은 휴게시간을 제외하고 40시간을 초과할 수 없다.
> ② 1일의 근로시간은 휴게시간을 제외하고 8시간을 초과할 수 없다.
> ③ 제1항 및 제2항에 따른 근로시간을 산정함에 있어 작업을 위하여 근로자가 사용자의 지휘·감독 아래에 있는 대기시간 등은 근로시간으로 본다.

⊕ 연장근로시간

↻ 연장근로시간 한도

사용자와 근로자가 당사자 간에 합의하면 법정 기준근로시간(주 40시간)에 더하여 1주간에 12시간을 한도로 근로시간을 연장할 수 있다(근기법 제53조①).

- 1주간의 연장근로시간 한도 : 12시간
- 1주간의 기준근로시간 + 연장근로시간 한도 = 40시간 + 12시간

↻ 관련 법규

> 근로기준법 제53조(연장 근로의 제한) ① 당사자 간에 합의하면 1주간에 12시간을 한도로 제50조의 근로시간을 연장할 수 있다.

❷ 소정근로시간

⟩ 근로시간

근로시간이란 사용자의 지휘·감독(묵시적인 것도 포함) 아래서 근로계약상의 근로를 제공하는 시간, 즉 실근로시간을 의미한다(대법 91다14406, 1992.10.9.). 근로자가 실제로 근로를 제공하지 않더라도 그의 노동력을 사용자의 처분아래에 둔 시간은 근로시간에 해당한다(대법 64누162, 1965.2.4.).

⟩ 소정근로시간

소정근로시간이란 근로자와 사용자가 정한 근로시간으로, 일반적으로 취업규칙에 규정한 시업 및 종업 시각과 근로시간을 근로계약서에 명시한 근로시간을 말한다(근기법 제2조①8).

취업규칙 및 근로계약서 명시하는 소정근로시간을 예시하면 다음과 같다.

《 소정근로시간 예시 》

구분	소정근로시간		비고
• 일반성인근로자	1일 : 8시간 이내 1주 : 40시간 이내	시업 : 9시 휴게 : 12시~13시 종업 : 18시	근기법 제50조
• 15세 이상 18세 미만 근로자	1일 : 7시간 1주 : 35시간	시업 : 9시 휴게 : 12시 ~13시 종업 : 17시	근기법 제62조
• 잠함 및 잠수작업 근로자	1일 : 6시간 1주 : 34시간	시업 : 10시 휴게 : 12시 ~13시 종업 : 16시	산업안전보건법 139조①

⟩ 소정근로시간의 서면명시

사용자는 근로계약을 체결할 때에 근로조건의 명시사항으로 '소정근로시간'을 서면으로 명시하여 교부하여야 한다. 근로계약 체결 후 변경하는 경우에도 또한 같다(근기법 제17조①②).

> (근로계약서)
> 제○조(근로시간) 오전 9시부터 오후 6시까지 1일에 8시간(휴게시간 1시간)

휴게시간과 근로시간

❶ 휴게시간

> 근로기준법 제54조(휴게) ① 사용자는 근로시간이 4시간인 경우에는 30분 이상, 8시간 인 경우에는 1시간 이상의 휴게시간을 근로시간 도중에 주어야 한다.

● 휴게시간의 개념

휴게시간은 근로자가 사용자의 지휘·감독에서 벗어나 자유로이 사용할 수 있는 시간이다(근기법 제54조).

● 휴게시간의 부여

사용자는 계속근로 4시간에 휴게시간 30분 이상, 계속근로 8시간에 휴게시간 1시 간 이상을 근로시간 도중에 주어야 한다(근기법 제54조).

《 근로시간과 휴게시간 》

계속근로시간	휴게시간
4시간	30분 이상
8시간	1시간 이상

● 휴게시간의 제한

휴게시간은 근로할 의무가 없는 시간이기는 하지만 작업의 시작으로부터 종료 시까지 제한된 시간 중의 일부이므로 다음 작업의 계속을 위하여 어느 정도의 범위 내에서 사용자의 제약을 받는 것은 부득이한 것으로서 예컨대 사업장 내의 최소한 도의 질서유지를 위해 외출을 어느 정도 제한하거나 휴게시간의 이용장소와 이용방 법을 사용자가 어느 정도 제한하는 것은 위법이라 할 수는 없을 것이다(법무 811-28682, 1980.5.15.).

② 근로시간의 판단

➠ 대기시간의 근로시간 여부

○ 대기시간의 판단

대기시간은 근로자가 그 시간을 자유롭게 이용할 수 있는지에 따라 휴식시간 또는 근로시간으로 결정된다. 작업준비, 정리정돈, 작업개시 전후의 단순한 준비·정리 행위 업무와의 관련성 및 강제되는 정도 등을 종합적으로 고려하여 근로자에게 자유로운 이용이 보장되는지로 판단한다.

1. 탈의, 목욕, 책상 정리 등은 근로시간으로 볼 수 없으나 기계점검, 보호장비착용, 인수인계 등은 근로시간으로 볼 수 있다.
2. 판매직 근로자가 고객이 없어 대기중인 시간, 응급실 의사의 응급환자 대기시간 등은 근로시간에 해당한다.

○ 작업시간 중간의 휴식 시간

근로자가 작업시간의 중간에 현실로 작업에 종사하지 않는 대기시간이나 휴식, 수면시간 등이라 하더라도 그것이 휴식시간으로서 근로자에게 자유로운 이용이 보장된 것이 아니고 실질적으로 사용자의 지휘·감독하에 놓여 있는 시간이라면 이를 당연히 근로시간에 포함해야 함(대법 91다20548, 1992.4.14).

○ 작업준비시간, 교대준비시간

작업 전후의 준비, 마무리와 관련하여 3교대 근무자의 업무인계시간 및 작업 준비시간이 근로시간에 포함되는지는 개별사업장의 단체협약, 취업규칙 등에 정하는 바에 따라야 할 것이나, 그러한 규정이 없는 경우에는 실제 근로에 부속되는 시간과 근로형태가 사용자의 지휘·명령하에서 이루어지는지 아닌지에 따라 구체적으로 결정되는 것이 타당함 (근기 68207-1029, 1996.8.1)

○ 회사의 지휘·감독을 받지 않는 대기시간의 근로시간 여부

Ⓠ 운행시간과 대기시간이 명백하게 구분되고, 대기시간은 휴게실에서 휴식을 취하거나 사업장 밖으로 이탈하여 개인적 업무도 가능하여 회사의 지휘·감독을 받지 않는 경우 대기시간을 근로시간으로 인정할 수 있는지 여부

Ⓐ 대기시간과 운행시간의 구분이 명확하고, 대기시간 중에는 근로자가 사용자의 지휘·감독을 받지 않고 자유롭게 이용할 수 있는 경우라면 그 시간은 근로시간

이 아닌 휴식시간으로 보아야 할 것으로 사료됨(근개과-2760, 2013.05.08.).

교육시간의 근로시간 여부

사용자의 지시에 의한 교육시간

직무교육과 교양 교육도 사용자의 지시·명령에 따라 이루어지고, 근로자가 이를 거부할 수 없다면 근로시간에 해당한다.

근로자 의무교육시간

근로시간 종료 후 또는 휴일에 사용자 책임으로 작업 안전, 작업능률 등 생산성 향상을 위하여 근로자에게 의무적으로 소집, 실시하는 교육은 근로시간으로 본다(근기 01254-554, 1989.1.10).

교육이수의무가 없는 교육시간

Q 직원들의 직무역량 향상을 위하여 교육참여 근로자에게 교육수당을 지원하고 있으나, 직원들은 교육이수의무가 없으며, 회사에서는 교육 불참을 이유로 인사상 어떠한 불이익도 가하지 않음. 이 경우 교육수당을 지급하는 동 교육시간을 근로시간으로 보아야 하는지?

A 1. 교육이 사용자의 지시에 의해서 이루어지고, 그러한 지시에 근로자가 거부할 수 없으면 그 시간을 근로시간으로 볼 수 있을 것이나, 근로자가 교육 참가를 거부할 수 있으며 이에 대하여 어떠한 불이익이 없다면 근로시간으로 보기 어려울 것이다.

A 2. 직원들에게 교육 이수 의무가 없고, 사용자가 교육 불참을 이유로 근로자에게 어떠한 불이익도 주지 않는다면 이를 근로시간으로 볼 수는 없을 것임. 아울러, 사용자가 동 교육에 근로자의 참석을 독려하는 차원에서 교육수당을 지급하였다고 하여 근로시간으로 인정되는 것은 아님(근개과-798, 2013.01.25.)

회식 등

회식은 근로자의 기본적인 노무 제공과 관련 없이 사업장 내 구성원의 사기 진작, 조직의 결속 및 친목 등을 강화하기 위한 차원임을 고려할 때 근로시간으로 인정하기는 어렵다. 부장 또는 과장 등 사용자를 대신하는 직장의 상사가 참석을 강제하는 언행을 하였다고 하더라도 회식을 근로계약상의 노무제공으로 보기가 어렵다.

Chapter 3

주 52시간제와 근로시간

1 1주의 정의

근로기준법은 1주의 정의를 휴일을 포함한 7일로 규정하였다(근기법 제2조①7).

> 근로기준법 제2조(정의) ① 이 법에서 사용하는 용어의 뜻은 다음과 같다.
> 7. "1주"란 휴일을 포함한 7일을 말한다.〈개정 2018.3.20.〉

주 7일의 시행일

5인 이상 사업장은 1주에 휴일을 포함하여 7일로 규정한 근로기준법을 준수하여야 한다. 주 7일의 규정은 근로시간(1주에 40시간 근로, 1일에 8시간 근로, 1주에 12시간 연장근로)의 한도를 의미한다.

사업장 규모별 주 7일로 규정한 근로기준법의 시행일은 다음과 같다(근기법 부칙 제15513호, 2018.3.20.).

구분	시행일
• 상시근로자 300인 이상 사업장	2018년 7월 1일
• 상시근로자 50명 이상 300명 미만 사업장	2020년 1월 1일
• 상시 5명 이상 50명 미만 사업장	2021년 7월 1일

2 1주의 근로시간

1주간의 기준근로시간

① 근로자가 사용자의 지휘·감독 아래에 있는 대기시간 등을 포함하여 1주간의 근로시간은 휴게시간을 제외하고 40시간을 초과할 수 없다(근기법 제50조①).

② 1일의 근로시간은 휴게시간을 제외하고 8시간을 초과할 수 없다(근기법 제50조②).

- 1주간 근로시간 한도 : 40시간
- 1일의 근로시간 한도 : 8시간
- 1주간 연장근로시간 한도 : 12시간

⏻ 4인 이하 사업장의 적용 예외

상시근로자 4인 이하 사업장에 대하여 1주에 40시간 근로의 근로시간 한도를 적용하지 아니한다(근기령 제7조 별표1).

● 1주간의 연장근로시간

사용자와 근로자 당사자 간에 합의하면 1주간에 12시간을 한도로 법정 기준근로시간(주 40시간)을 연장할 수 있다(근기법 제53조①)
- 1주간 연장근로시간 한도 : 12시간

⏻ 4인 이하 사업장의 적용 예외

상시근로자 4인 이하 사업장은 1주간에 12시간 연장근로의 근로시간 한도를 적용하지 아니한다(근기령 제7조 별표1).

❸ 주 52시간 근로의 한도

● 개정 후 근로시간 : 주 52시간

근로기준법의 주 7일의 규정(2018.3.20.) 이후 근로자가 1주에 7일간 최대한 근로할 수 있는 시간은 근로기준법에서 정한 기준근로시간 40시간과 연장근로시간 12시간을 포함한 주 52시간 이다.

구분	근로시간	비고
• 1주간 기준근로시간 한도	주 40시간	근기법§50①
• 1주간 연장근로시간 한도	주 12시간	근기법§53①
(1주간 총 근로시간 한도)	주 52시간	-

● 개정 전 근로시간: 주 68시간

근로기준법의 주 7일의 규정(2018.3.20.) 이전에는 주 5일 해석에 따른 주 40시간의 근무에 주 12시간의 연장근로, 1주간 최대 16시간의 휴일근로를 허용해 총 주 68

시간 근무할 수 있었으나, 2018.3.20. 근로기준법 개정 후에는 주 40시간 기준근로시간 외 휴일근로시간을 포함한 연장근로시간을 주 12시간으로 제한하여 주 52시간으로 근로시간을 제한하였다.

④ 주 52시간제의 시행

주 52시간제 시행일

① 근로기준법은 1주의 정의를 7일로 규정하여 2018년 3월 20일 시행하였다. 더 정확히 말하면 주 52시간제의 시행은 주 7일의 시행이다.

② 이는 법 개정 전부터 주 40시간 근로와 주 12시간 연장근로는 이미 시행하고 있었기 때문이다. 다만, 1주의 행정해석, 판례 등이 달라 법으로 주 7일을 규정함으로써 주 52시간제가 시행되었다.

③ 근로기준법에서 정한 주 52시간제의 사업장별 시행일을 다음과 같다.

구분	시행일
• 상시근로자 300인 이상 사업장	2018년 7월 1일
• 상시근로자 50명 이상 300명 미만 사업장	2020년 1월 1일
• 상시 5명 이상 50명 미만 사업장	2021년 7월 1일

주 52시간제 유예 및 계도기간

① 고용노동부는 주 52시간 근로 한도의 적용 50인 이상 300인 미만 사업장에 대하여 최장 1년 6개월을 유예하는 계도기간을 다음과 같이 정하였다.

② 계도기간에는 주 52시간 근로 한도의 법 위반에 대하여 처벌을 하지 않는 기간이다.

구분	계도기간	추가기간	비고
• 50인 ~ 99인 사업장	최소 1년	6개월	최장 2021년 6월까지 연장
• 100인 ~ 299인 사업장	최소 1년	3개월	최장 2021년 3월까지 연장

*개선계획제출을 전제로 추가 계도기간 부여

Chapter 4

탄력적·선택적 근로시간제

① 탄력적 근로시간제

💬 취업규칙에 의한 탄력적 근로시간

사용자는 취업규칙에서 정하는 바에 따라 2주 이내의 일정한 단위기간을 평균하여 1주간의 근로시간이 40시간을 초과하지 아니하는 범위에서 특정한 주에 40시간을, 특정한 날에 8시간을 초과하여 근로하게 할 수 있다. 다만, 특정한 주의 근로시간은 48시간을 초과할 수 없다(근기법 제51조①).

구분	근로 가능 시간
• 2주간 평균 1주간 근로시간	40시간 이내
• 2주간 중 특정한 주 근로시간	48시간 이내
• 2주간 중 특정한 날 근로시간	8시간 초과

💬 근로자대표와 서면 합의에 의한 탄력적 근로시간

사용자는 근로자대표와 서면 합의에 따라 다음의 사항을 정하면 3개월 이내의 단위기간을 평균하여 1주간의 근로시간이 40시간을 초과하지 아니하는 범위에서 특정한 주에 40시간의 근로시간을, 특정한 날에 1일에 8시간의 근로시간을 초과하여 근로하게 할 수 있다. 다만, 특정한 주의 근로시간은 52시간을, 특정한 날의 근로시간은 12시간을 초과할 수 없다(근기법 제51조②).

1. 대상 근로자의 범위
2. 단위기간(3개월 이내의 일정한 기간)
3. 단위기간의 근로일과 그 근로일별 근로시간
4. 서면 합의의 유효기간(근기령 제28조)

구분	근로가능시간
• 3개월 평균 1주간 근로시간	40시간 이내
• 특정한 주의 근로시간	40시간 초과 52시간 이내
• 특정한 날 근로시간	8시간 초과 12시간 이내

② 선택적 근로시간제

선택적 근로시간

사용자는 취업규칙에 따라 업무의 시작 및 종료 시각을 근로자의 결정에 맡기기로 한 근로자에 대하여 근로자대표와 서면 합의에 따라 1개월 이내의 정산기간을 평균하여 1주간의 근로시간이 주 40시간의 근로시간을 초과하지 아니하는 범위에서 1주간에 주 40시간의 근로시간을, 1일에 8시간의 근로시간을 초과하여 근로하게 할 수 있다(근기법 제52조).

구분	근로 가능 시간
1. 1개월간의 1주간 평균 근로시간	40시간 이내
2. 1의 근로시간 이내의 1주간 근로시간	40시간 초과
3. 1의 근로시간 니내의 1일간 근로시간	8시간 초과

서면 합의사항

사용자는 선택적 근로시간제 시행을 위한 취업규칙으로 정하는 근로자대표와의 서면 합의사항은 다음과 같다. (상법 제52조 제1항)

1. 대상 근로자의 범위(15세 이상 18세 미만의 근로자는 제외한다)
2. 정산기간(1개월 이내의 일정한 기간으로 정하여야 한다)
3. 정산기간의 총 근로시간
4. 반드시 근로하여야 할 시간대를 정하는 경우에는 그 시작 및 종료 시각
5. 근로자가 그의 결정에 따라 근로할 수 있는 시간대를 정하는 경우에는 그 시작 및 종료 시각
6. 1일의 표준근로시간(유급휴가 등의 계산기준으로 사용자와 근로자대표가 합의하여 정한 1일의 근로시간)(근기령제29조)

연장·야간·휴일 근로시간

1 연장근로시간

1) 연장근로의 요건

사용자는 근로자와 합의하여 1주간에 12시간을 한도로 근로시간을 연장할 수 있다(근기법 제53조①).

《 근로자별 연장근로 요약 》

근로자	연장근로시간		요건
	1일	1주	
• 일반 성인근로자	-	12시간	당사자 합의
• 임신중인 여성근로자	불가	불가	불가
• 산후 1년 미만 여성근로자	2시간 이내	6시간	당사자 합의 1년 150시간 이내
• 연소근로자(15세~18세)	1시간	6시간	당사자 합의
• 잠함·잠수 근로자	불가	불가	불가

일반근로자의 연장근로

기준근로시간

1주간의 근로시간은 휴게시간을 제외하고 40시간을 초과할 수 없다. 1일의 근로시간은 휴게시간을 제외하고 8시간을 초과할 수 없다(근기법 제50조).

- 1주간 기준근로시간 : 40시간
- 1일의 기준근로시간 : 8시간

(예시) 연장근로

일반근로자가 오전 9시~ 오후 8시까지 근로하는 경우

- 소정근로시간 : 8시간 (시업: 9시, 종업: 오후 6시, 휴게시간 1시간)
- 연장근로시간 : 2시간 (오후 6시부터 8시까지)

● 단시간근로자의 연장근로

① 사용자는 단시간근로자에 대하여 소정근로시간을 초과하여 근로하게 하는 경우에는 당해 근로자의 동의를 얻어야 한다. 이 경우 1주간에 12시간을 초과하여 근로하게 할 수 없다(기간제법 제6조①).

② 사용자는 소정근로시간의 초과근로에 대하여 통상임금의 100분의 50 이상을 가산하여 지급하여야 한다(기간제법 제6조③)

❖ (예시) 연장근로

단시간근로자가 오전 11:00시~ 오후 4:00시까지 근로하는 경우
- 소정근로시간 : 4시간 (시업: 11:00시, 종업: 오후 3:30시, 휴게시간 30분)
- 연장근로시간 : 30분 (오후 3:30시부터 4:00시까지)

2) 연장근로의 제한

● 연소자 근로자

사용자는 당사자 사이에 합의에 따라 연소근로자(15세 이상 18세 미만자)에 대해서는 1일에 7시간에 더하여 연장근로 1시간, 1주에 35시간에 더하여 6시간 한도 내에서만 연장근로가 가능하다(근기법 69조).

● 임신한 여성 근로자

사용자는 임신 중인 여성에 대해서는 1일에 8시간, 1주에 40시간을 초과하는 연장근로를 금지한다(근기법 74조4항).

● 산후 여성 근로자

사용자는 산후 1년이 경과되지 아니한 여성에게는 단체협약이 있는 경우라도 1일에 8시간에 더하여 2시간, 1주 40시간에 더하여 6시간을 초과하는 연장근로를 할 수 없다. 또한, 1년에 연장 근로시간을 150시간을 초과하여 근로하게 할 수 없다(근기법 71조).

3) 30인 미만 사업장의 연장근로시간

상시근로자 30명 미만의 사업장은 근로자대표와 다음 사항을 서면으로 합의한 경우 1주에 12시간 연장된 근로시간에 더하여 1주간에 8시간을 초과하지 아니하는

범위에서 근로시간을 연장할 수 있다(근기법 제53조③).

1. 1주에 12시간 연장된 근로시간을 초과할 필요가 있는 사유 및 그 기간
2. 대상 근로자의 범위

《 30인 미만 사업장의 연장근로 가능 시간 》

구분	근로 가능 시간	비고
• 당사자 합의에 의한 연장근로	주 12시간	근기법 제53조
• 근로자대표와 서면 합의 연장근로*	주 12시간 + 8시간*	
(연장근로 가능 총근로시간)	(주 20시간)	-
(1주간 근로 가능 총근로시간)	(주 60시간)	-

*2022년 12월 31일까지 유효

② 다만, 30인 이상 사업장의 연장근로 가능 시간의 적용 기간은 2022년 12월 31일까지이다.

4) 연장근로시간 적용예외 업종

① 사용자는 근로자대표와 서면 합의로 1주에 12시간을 초과하여 연장근로가 가능한 업종은 다음과 같다(근기법 제59조①).

② 다만, 초과 연장 근로를 한 경우 사용자는 근로일 종료 후 다음 근로일 개시 전까지 근로자에게 연속하여 11시간 이상의 휴식시간을 주어야 한다(근기법 제59조②).

1. 운수업, 물품판매 및 보관업, 금융보험업
2. 영화제작 및 흥행업, 통신업, 교육연구 및 조사사업
3. 광고업, 의료 및 위생사업,
4. 접객업, 소각 및 청소업, 이용업
5. 그 밖에 대통령령으로 정하는 사회복지사업

5) 사례별 연장근로 해당 여부

🔘 대체근로의 연장근로 해당 여부

사원이 지각하여 근무시간을 종업시각 이후에 지각시간만큼 근무를 더 할 때에는 그날의 실근로시간이 8시간을 넘지 않으면 연장근로로 보지 않는다.

🔹 휴일 초과근로시간의 연장근로 해당 여부

휴일에 1일 법정기준근로시간인 8시간을 초과하여 근로한 경우에는 그 초과한 시간에 대하여 휴일근로가산수당 외에 연장근로가산수당도 지급해야 하며, 이 경우 그 초과한 시간은 근로기준법 제52조제1항에 의한 연장근로시간에 포함된다(근기 68207-3125, 2002.10.28).

🔹 밤샘 근무 후 소정근로시간이 연장근로 해당 여부

철야 근무 후 다음날에도 계속 근무하는 경우 소정근로시간대(시업시각~종업시각)는 당사자가 당초부터 근로제공의 의무가 있는 시간이므로 다음날의 시업시각 이후의 근로는 근로계약·취업규칙 등에 의하여 당초 근로제공 의무가 있는 소정근로이므로 이를 전일 근로의 연장으로는 볼 수 없음(근기68207-402, 2003.3.31)

6) 연장근로수당

사용자는 근로자가 연장근로를 하는 경우 연장된 근로시간에 대하여는 통상임금의 50% 이상을 가산하여 근로자에게 지급하여야 한다(근기법 제56조①)

구분	연장근로시간	연장근로수당	비고
일반근로자	• 일8시간 초과근로시간 • 주 40시간 초과근로시간	통상임금의 50% 가산	근기법 제56조①
단시간근로자	• 소정근로시간 초과근로시간	통상임금의 50% 가산	기간제법 제6조③

❷ 야간근로시간

➠ 야간근로의 시간

야간근로시간은 오후 10시부터 다음 날 오전 6시까지 사이의 근로시간이다(근기법 제56조③).

➠ 야간근로의 요건

사용자는 근로자에게 야간근로를 실시할 때에는 근로자의 동의 등의 야간근로요건을 갖추어 실시하여야 한다.

구분	야간근로요건	비고
• 일반 성인근로자	근로자 동의	근기법 제70조
• 18세 이상 여성근로자	근로자 동의	

➠ 야간근로의 제한

사용자는 임신 중인 여성 근로자 등은 원칙적으로 야간근로를 금지하지만, 다음의 근로자가 야간근로를 동의 및 청구하고 고용노동부장관의 인가 등 다음의 야간근로요건을 갖추어 실시하여야 한다.

구분	야간근로요건	비고
임신 중인 여성 근로자	• 근로자의 명시적 청구 • 고용노동부장관 인가	근기법 제70조
산후 1년 미만 여성 근로자	• 본인 동의 • 고용노동부장관 인가	
연소근로자(15세~18세)	• 본인 동의 • 고용노동부장관 인가 시 허용	

➠ 야간근로의 수당

사용자는 야간근로(오후 10시부터 다음 날 오전 6시)에 대하여는 통상임금의 50% 이상을 가산하여 근로자에게 지급하여야 한다(근기법 제56조③).

야간근로시간	가산임금	비고
오후 10시~다음날 6시	통상임금의 50% 가산	근기법 제56조③

③ 휴일근로시간

🔷 근로자의 날의 근로 금지

사용자는 근로자의 날에 근로자를 근로하게 할 수 없다. 또한, 단체협약, 취업규칙, 근로계약 등으로 약정하여도 근로자의 날은 근로할 수 없는 휴일로 한다.

🔷 법정휴일의 근로

사용자는 주휴일, 공휴일, 약정휴일에 근로자대표와 서면 합의로 법정근로시간 이내에서 휴일근로를 할 수 있다.

《 법정휴일과 약정휴일 요약 》

구분	휴일	비고
법정 휴일	• 주휴일 • 근로자의 날 • 공휴일(법정 시행일 이후)	근로기준법 제55조1항 근로자에 날 제정에 관한 법률 근로기준법 제55조2항
약정 휴일	• 공휴일(법정 시행일 이전) • 회사창립일 • 기타 휴일 및 휴무일	단체협약, 취업규칙, 근로계약 등으로 정한 휴일

🔷 휴일근로의 제한

사용자는 임신 중인 여성 근로자 등은 원칙적으로 휴일근로를 금지하지만, 다음의 근로자가 휴일근로를 동의 및 청구하고 고용노동부장관의 인가 등 다음의 야간근로요건을 갖추어 실시하여야 한다.

구분	휴일근로요건	비고
임신 중인 여성 근로자	• 근로자의 명시적 청구 • 고용노동부장관 인가	근기법 제70조
산후 1년 미만 여성 근로자	• 본인 동의 • 고용노동부장관 인가	
연소근로자(15세~18세)	• 본인 동의 • 고용노동부장관 인가 시 허용	

🔷 휴일대체근로와 보상휴가

① 사용자는 해당 휴일 1일 이전에 근로자의 동의로 특정된 휴일을 근로일로 하

고 통상의 근로일을 휴일로 대체할 수 있다(근개과 875, 2013.01.30.).

② 취업규칙 또는 단체협약으로 특정된 휴일을 근로일로 하고 통상의 근로일을 휴일로 대체할 수 있다.

③ 사용자는 근로자대표와 서면 합의에 따라 휴일근로에 대하여 임금을 지급하는 것을 갈음하여 휴가를 줄 수 있다(근기법 제57조).

휴일대체	휴일근로요건	비고
휴일대체근로	• 근로자 본인 동의 • 근로자대표와 서면 합의 • 취업규칙에 의한 대체 • 단체협약에 의한 대체	근개과 875, (2013.01.30.)
휴일근로보상휴가	• 근로자대표와 서면 합의	근기법 제57조

💠 휴일근로수당

사용자는 휴일근로에 대하여는 다음의 기준에 따른 금액 이상을 가산하여 근로자에게 지급하여야 한다(근기법 제56조②).

구분	가산임금	비고
• 8시간 이내의 휴일근로	통상임금의 50% 가산	근기법
• 8시간을 초과한 휴일근로	통상임금의 100% 가산	제56조②

PART
15

휴일·휴가 관리

법정휴일과 공휴일

1 법정휴일

법정휴일은 법률로 정한 휴일로서 사용자는 근로자에게 의무적으로 법정휴일을 부여하여 시행하여야 한다. 법정휴일은 유급휴일로서 다음과 같이 시행한다.

《 법정휴일과 공휴일의 요약 》

법정휴일	유급휴일	관련 법규
주휴일	1주에 1일 이상	근로기준법 제55조1항
근로자의 날	5월 1일	근로자의날법
공휴일	일요일 등 관공서 휴일	근기법 제55조2항

주휴일

① 사용자는 근로자에게 1주일에 평균 1회 이상의 유급휴일을 주어야 한다(근기법 제55조①). 다만, 유급휴일은 1주 동안의 소정근로일을 개근한 자에게 주어야 한다(근기령30조①.

② 즉, 근로자가 1주간 개근하여 근로한 경우에 유급휴일을 부여하는 것으로, 1주간 개근하지 않는 근로자에게는 사용자는 유급휴일을 부여하지 아니한다.

- 주휴일 : 1주일에 평균 1회 이상의 유급휴일
- 주휴일 조건 : 1주간 개근 시
- 대체휴일 : 사업주와 근로자 협의하여 휴일을 다른 날로 대체 가능

③ 사업장의 사정에 따라 1주간 중에서 특정요일을 정하여 1회 이상 유급주휴일로 부여하여야 한다.

근로자의 날

근로자의 날은 매년 5월 1일로 「근로자의 날 제정에 관한 법률에 관한 법률」로 정한 유급휴일로 근로자의 날은 개근 여부와 관계없이 부여하는 유급휴일로 다른

날로 대체하여 휴일을 부여할 수 없다(근로자의날법).

- 근로자의 날 : 유급휴일
- 휴일대체근로 : 불가

② 공휴일의 시행

법정공휴일의 시행

사용자는 근로자에게 다음의 공휴일을 유급휴일로 부여하여야 한다(공휴일규정 제2조).

법정공휴일	관련 법규
1. 일요일 2. 국경일 중 3·1절, 광복절, 개천절 및 한글날 3. 1월 1일 4. 설날 전날, 설날, 설날 다음날 (음력 12월 말일, 1월 1일, 2일) 5. 부처님오신날 (음력 4월 8일) 6. 5월 5일 (어린이날) 7. 6월 6일 (현충일) 8. 추석 전날, 추석, 추석 다음 날 (음력 8월 14일, 15일, 16일) 9. 12월 25일 (기독탄신일) 10. 공직선거법(제34조)에 따른 임기만료에 의한 선거의 선거일 11. 기타 정부에서 수시 지정하는 날	근기법 제55조②

공휴일 적용 사업장

상시근로자 수로 구분한 사업장의 유급공휴일의 시행일은 다음과 같다.

《 사업장별 공휴일 시행일 요약 》

구분	시행일	관련 법규
상시근로자 300명 이상 사업장	2020년 1월 1일	• 근기법 제55조2항 • 부칙(제15513호) 　제1조4항
상시근로자 30명 이상 300명 미만 사업장	2021년 1월 1일	
상시근로자 5명 이상 30명 미만 사업장	2022년 1월 1일	

유급공휴일의 보장

사용자는 근로자에게 공휴일(관공서 휴일)을 유급으로 보장하여야 한다. 법정 공휴일은 근로자의 개근 및 만근 여부와 상관없이 유급휴일로 한다.

대체공휴일의 부여

① 사용자는 근로자대표와 서면으로 합의한 경우 공휴일을 대체한 특정한 근로일로 대체할 수 있다(근기법 제55조②).

② 공휴일에서 설날 전날, 설날, 설날 다음날, 추석 전날, 추석, 추석 다음 날에 따른 공휴일이 다른 공휴일과 겹칠 경우 공휴일 다음의 첫 번째 비공휴일을 공휴일로 한다(공휴일규정 제3조①).

- 설날 전날, 설날, 설날 다음날
- 추석 전날, 추석, 추석 다음 날

③ 공휴일에서 5월 5일(어린이날)에 따른 공휴일이 토요일이나 다른 공휴일과 겹칠 경우 공휴일 다음의 첫 번째 비공휴일을 공휴일로 한다(공휴일규정 제3조②).

- 5월 5일 (어린이날)

4인 이하 사업장의 적용예외

상시근로자 4인 이하 사업장은 유급 공휴일의 적용을 하지 아니한다.

Chapter 2

약정휴일과 휴무일

① 약정휴일

약정휴일은 법정의무 휴일이 아니며 원칙적으로 근로자와 사용자가 자율적으로 결정하여 시행하는 휴일이다. 약정휴일은 개별 근로자와 약정하여 휴일을 부여하는 의미가 아니고 사업장의 모든 근로자에게 공통으로 적용하는 휴일을 말한다.

◈ 약정휴일의 요건

근로자와 사용자는 법정휴일 외의 날을 단체협약, 취업규칙, 근로계약서 등으로 휴일의 조건을 명시하여 휴일로 시행할 수 있다.

약정휴일 명시사항	약정
• 휴일부여 대상 • 휴일부여 대상일 • 임금 지급 여부 • 기타 휴일부여 사항	단체협약 취업규칙(회사규정 등) 근로계약

◈ 약정휴일

노사(근로자대표와 사용자)가 법정휴일 외의 날을 약정휴일로 정하여 시행할 수 있다. 약정휴일을 예시하면 다음과 같다.

유급약정휴일	약정
• 회사창립일 • 매년 말일(12월 31일) • 기타 약정휴일로 정한 날	단체협약 취업규칙(회사규정) 근로계약

② 휴무일

휴무일은 노사(근로자와 사용자)가 휴일로 정하지 아니하고, 소정근로일로 정하지 않은 근로자가 근로의무가 없이 휴무하는 날이다. 휴무일은 별도 정함이 없으면 무급으로 하는 것이 원칙이다.

🔵 휴무일 요건

사업장 휴무일은 노사(근로자와 사용자)가 근로일로 정하지 않은 날, 휴일로 정하지 않은 날로 다음의 요건을 충족하여야 한다.

사업장 휴무일	비고
• 사업장의 소정근로일로 정하지 않은 날 • 근로자가 근로의무가 없는 날	휴일로 정하지 않은 날

🔵 휴무일 예시

특정한 주에 1일에 8시간씩 주 5일(예: 월~금)을 근로하고 주휴일을 제외한 근로를 제공하지 않는 날(예: 토)을 노사가 휴일로 정하지 않은 경우 '무급휴무일'로 본다(근로기준과 2325, 2004.5.10., 근로조건지도과 3560, 2008.9.3.).

사업장 휴무일	비고
• 교대제 근무제에서 비번일(근무하지 않는 날) • 주 5일 근무제에서 근무하지 않는 날	휴일로 정하지 않은 날

🔵 휴무일 근로

휴무일에 근로자가 근로하는 경우 통상임금 100%를 지급하여야 하며, 휴일근로 가산수당은 발생하지 않는다. 다만, 사용자는 휴무일 근로시간이 1일 또는 1주의 법정근로시간을 초과하여 근로하면 연장근로에 대한 가산수당을 지급해야 한다.

- 휴무일에 법정근로시간 이내의 근로 : 통상임금 100% 지급
- 휴무일에 법정근로시간의 초과 근로 : 연장근로 가산수당 지급

Chapter 3

연차유급휴가

1 최초 1년 미만 계속근로자의 유급휴가

> 근로기준법 제60조(연차유급휴가) ② 사용자는 계속하여 근로한 기간이 1년 미만인 근로자
> 또는 1년간 80퍼센트 미만 출근한 근로자에게 1개월 개근 시 1일의 유급휴가를 주어야 한
> 다.

1년 미만인 계속근로자의 유급휴가

사용자는 최초 1년 미만인 계속근로자 또는 1년간 80% 미만 출근한 근로자에게
1개월 개근 시 1일의 유급휴가를 주어야 한다. (근기법§60②)

1개월 개근 시 1일의 유급휴가

계속근로 1년 미만자의 1개월 개근 시 유급휴가는 1개월 근로를 마친 다음 날까
지 근로관계가 존속되어야 전월의 개근에 대하여 1일의 연차유급휴가가 발생한다.

《 최초 1년 미만 계속근로자의 유급휴가 일수 》

근속월수	1	2	3	4	5	6	7	8	9	10	11	12	총일수
월연차	-	1	1	1	1	1	1	1	1	1	1	1	11일
누계	-	1	2	3	4	5	6	7	8	9	10	11	

(예) 만7개월 개근 후 퇴사하는 경우 연차휴가 일수

1년 미만인 근로자가 1개월 개근 시마다 발생하는 1일의 유급휴가도 그 1개월의
근로를 마친 다음 날 근로관계가 있어야 유급휴가가 발생한다.

따라서, 7개월째 개근 후 다음날 근로관계가 없으면 연차휴가 일수는 최대 6일만
발생한다.

유급휴가 청구와 시기

사용자는 근로자의 유급휴가를 근로자가 청구한 시기에 주어야 한다. 다만, 근로
자가 청구한 시기에 휴가를 주는 것이 사업 운영에 막대한 지장이 있는 경우에는

그 시기를 변경할 수 있다. (근기법§60⑤)

📶 유급휴가수당의 지급

사용자는 근로자의 유급휴가 시 그 기간에 대하여는 취업규칙 등에서 정하는 통상임금 또는 평균임금을 지급하여야 한다. (근기법§60⑤)

⏱ 퇴직 시 유급휴가 미사용수당의 청구

근로자가 1개월 1일 근로하고 퇴직할 경우, 퇴직 전월의 개근에 대한 유급휴가를 사용자의 귀책 사유로 사용하지 않았으면 유급휴가 미사용수당의 청구가 가능하다.

📶 1년 미만인 근속자의 유급휴가 사용 촉진

사용자가 최초 1년 미만인 계속근로자의 유급휴가 사용을 촉진하기 위하여 다음의 조치를 하였음에도 불구하고 근로자가 휴가를 사용하지 아니하여 1년 미만 계속근로기간의 연차유급휴가가 소멸된 경우에는 사용자는 그 사용하지 아니한 휴가에 대하여 보상할 의무가 없고, 사용자의 귀책사유에 해당하지 아니하는 것으로 본다. (근기법 제61조②)

《 1년 미만인 근속자의 유급휴가 사용 촉진 》

구분	사용기한	1년 미만인 근속자의 유급휴가 사용촉진	법규
1차 서면촉구	(-) 3개월	1. 최초 1년의 근로기간이 끝나기 3개월 전을 기준으로 10일 이내 촉구 2. 근로자별로 사용하지 아니한 휴가 일수 통지 3. 근로자의 그 사용 시기 청구 촉구	근기법 §61②1
	(-) 1개월	사용자가 서면 촉구한 후 발생한 휴가에 대해서는 최초 1년의 근로기간이 끝나기 1개월 전을 기준으로 5일 이내에 촉구	
2차 서면촉구	(-) 1개월	(근로자가 촉구받은 때부터 10일 이내에 휴가사용 시기를 통보하지 아니한 경우) 1. 최초 1년의 근로기간이 끝나기 1개월 전까지 2. 휴가 사용시기 정하여 서면 통보	근기법 §61②2
	(-) 10일	서면촉구 후 발생한 휴가에 대하여 최초 1년의 근로기간이 끝나기 10일 전까지	

1년 미만인 근속자의 유급휴가 소멸

1년 미만 계속근로자의 유급휴가는 최초 1년의 근로가 끝날 때까지의 기간으로 행사하지 아니하면 소멸한다. 다만, 사용자의 귀책 사유로 사용하지 못한 경우에는 그러하지 아니하다. (근기법§60⑦).

- 월 연차휴가 행사기한 : 입사일로부터 1년

② 1년 초과 계속근로자의 연차유급휴가

> 근로기준법 제60조(연차유급휴가) ① 사용자는 1년간 80퍼센트 이상 출근한 근로자에게 15일의 유급휴가를 주어야 한다.

1년 초과 근속자의 연차유급휴가

사용자는 1년간 80% 이상 출근한 근로자가 1년을 초과하여 근로하는 경우 계속근로 1년에 대하여 15일의 유급휴가를 부여하여야 한다(근기법 제60조①).

80% 이상 출근율의 계산

80% 이상 출근율은 법령, 단체협약, 취업규칙, 근로계약 등에 의하여 정한 연간 근로의무가 있는 날(소정근로일)을 기준으로 근로자가 출근한 날(실근로일)이 80% 이상의 날을 말한다.

> 연간출근율 = 연간 실근로일수 ÷ 연간 소정근로일수

최초 1년 초과 근속자의 연차유급휴가

입사 후 최초 1년간 80% 이상 출근한 계속근로자는 1년 미만 근속기간에 부여하는 월연차유급휴가일수 연간 11일과 1년을 초과하여 근무하는 경우 발생하는 연간 연차유급휴가일수 15일을 합하여 26일이 발생한다.

《 최초 1년 초과 근속자의 연차유급휴가 일수 》

근속월수	1	2	3	4	5	6	7	8	9	10	11	12	계	총일수
월연차	-	1	1	1	1	1	1	1	1	1	1	1	(11)	26
연차													(15)	(11+15)

🔅 연차유급휴가 청구와 시기

사용자는 근로자의 유급휴가를 근로자가 청구한 시기에 주어야 한다. 다만, 근로자가 청구한 시기에 휴가를 주는 것이 사업 운영에 막대한 지장이 있는 경우에는 그 시기를 변경할 수 있다. (근기법§60⑤)

- 해당 근로자의 연차유급휴가를 신청한 시기

🔅 연차유급휴가수당의 지급

사용자는 근로자의 유급휴가 시 그 기간에 대하여는 취업규칙 등에서 정하는 통상임금 또는 평균임금을 지급하여야 한다. (근기법§60⑤)

- 연차유급휴가 수당 발생 : 해당 근로자의 연차유급휴가 기간

🔅 1년 초과 근속자의 연차유급휴가 사용 촉진

사용자가 1년 초과 계속근로자의 유급휴가 사용을 촉진하기 위하여 다음의 조치를 하였음에도 불구하고 근로자가 휴가를 발생일로부터 1년간 행사하지 않아 소멸된 경우에는 사용자는 그 사용하지 아니한 휴가에 대하여 보상할 의무가 없고, 사용자의 귀책사유에 해당하지 아니하는 것으로 본다. (근기법§61조①)

《 1년 초과 근속자의 유급휴가 사용 촉진 》

구분	사용기한	연차유급휴가 사용 촉진	법규
1차 서면촉구	(-) 6개월	1. 휴가 사용기간 끝나기 6개월 전 기준으로 10일 이내 촉구 2. 근로자별로 사용하지 아니한 휴가 일수 통지 3. 근로자의 그 사용 시기 청구 촉구	근기법 §61조①1
2차 서면촉구	(-) 2개월	(근로자가 촉구받은 때부터 10일 이내에 휴가사용시기를 통보하지 아니한 경우) 1. 휴가 사용기간 끝나기 2개월 전까지 2. 휴가 사용시기 정하여 서면 통보	근기법 §61조①2

🔅 연차유급휴가의 소멸

1년 초과 계속근로자의 연차유급휴가는 발생일로부터 1년간 행사하지 아니하면 소멸된다. 다만, 사용자의 귀책사유로 사용하지 못한 경우에는 그러하지 아니하다. (근기법§60⑦).

◉ 1년 초과 근속자의 퇴직 시 연차유급휴가

⟳ (예) 1년 1일을 근로하고 퇴직한 근로자의 연차휴가일수

이 경우 1년의 근로를 마친 다음 날(366일째) 근로관계가 있으므로 1년 미만일 때 1개월 개근 시마다 주어지는 연차 최대 11일과 함께, 1년간 80% 이상 출근율 요건을 충족함에 따라 주어지는 15일의 연차도 확정적으로 발생하여 최대 26일이 된다.

- 최초 1년 미만의 개근 월연차유급휴가일수 : 11일
- 1년 1일 근무 후 연차유급휴가일수 : 15일

⟳ 퇴직 시 연차휴가미사용수당의 청구

근로자가 1년 1일을 근로하고 퇴직할 경우, 미사용한 연차유급휴가(최대26일)를 수당으로 청구할 수 있다.

- 퇴직 시 연차유급휴가 미사용수당 청구

③ 3년 이상 계속근로자의 연차유급휴가

근로기준법 제60조(연차유급휴가) ① 사용자는 1년간 80퍼센트 이상 출근한 근로자에게 15일의 유급휴가를 주어야 한다.
④ 사용자는 3년 이상 계속하여 근로한 근로자에게는 제1항에 따른 휴가에 최초 1년을 초과하는 계속 근로 연수 매 2년에 대하여 1일을 가산한 유급휴가를 주어야 한다. 이 경우 가산휴가를 포함한 총 휴가 일수는 25일을 한도로 한다.

◉ 3년 이상 근속자의 연차유급휴가

⟳ 연차유급휴가의 가산휴가

3년 이상 계속하여 근로한 근로자에게는 최초 1년을 초과하는 계속근로연수 매 2년에 대하여 1일을 가산한 유급휴가를 주어야 한다. 이 경우 가산휴가를 포함한 총 휴가 일수는 25일을 한도로 한다. (근기법§60④)

⟳ 가산휴가의 한도

3년 이상 계속하여 근로한 근로자에게는 연차유급휴가와 가산휴가를 포함한 총 휴가 일수는 25일을 한도로 한다. (근기법§60④)

⊙ 근속기간별 연차유급휴가일수 계산

3년 이상 근속자의 근속기간별 연차유급휴가일수는 다음과 같다.

근속기간	연차유급 휴가일	근속기간	연차유급 휴가일
11개월 이상 1년 미만	11일	11년 이상 13년 미만	20일
1년 이상 3년 미만	15일	13년 이상 15년 미만	21일
3년 이상 5년 미만	16일	15년 이상 17년 미만	22일
5년 이상 7년 미만	17일	17년 이상 19년 미만	23일
7년 이상 9년 미만	18일	19년 이상 21년 미만	24일
9년 이상 11년 미만	19일	21년 이상	25일

Chapter 4

임산부 보호 휴가

① 출산전후휴가

사용자는 임신 중인 여성근로자에게 출산 전후 90일의 보호휴가를 주어야 한다. 다만, 반드시 90일 중에 출산 후 45일 이상의 보호휴가를 한다. 다만, 한 번에 둘 이상 자녀를 임신한 경우 출산 전후 120일의 보호휴가를 주어야 하나, 반드시 출산 후 60일 이상의 보호휴가를 주어야 한다. (근기법 제74조①)

구분	출산전후휴가일	출산후보호휴가일
한 자녀 임신 여성 출산휴가	90일	45일 이상
둘 이상 자녀 임신 여성 출산휴가	120일	60일 이상

유산위험이 있는 근로자: 휴가분할사용 가능

① 사용자는 임신 중인 여성 근로자가 유산의 경험 등 다음의 사유로 출산전후휴가를 청구하는 경우 출산 전 어느 때라도 휴가를 나누어 사용할 수 있도록 하여야 한다. (근기법 74조②, 근기령 43조)

1. 임신한 근로자에게 유산·사산의 경험이 있는 경우
2. 임신한 근로자가 출산전후휴가를 청구할 당시 연령이 만 40세 이상인 경우
3. 임신한 근로자가 유산·사산의 위험이 있다는 의료기관의 진단서를 제출한 경우

② 이 경우 출산 후의 휴가기간은 연속하여 45일(한 번에 둘 이상 자녀를 임신한 경우에는 60일) 이상이 되어야 한다. (근기법 74조②)

구분	휴가분할가능일	출산후보호휴가일
한 자녀 임신 여성 출산휴가	90일	45일 이상
둘 이상 자녀 임신 여성 출산휴가	120일	60일 이상

② 유산·사산휴가

사용자는 임신 중인 자녀가 유산하거나 사산한 여성 근로자에게는 의료기관의 유산 및 사산 진단서를 제출한 경우 임신기간에 따라 다음과 같이 유산·사산휴가를 주어야 한다. (근기법 제74조③)

임신기간	유산·사산휴가일	임신기간	유산·사산휴가일
11주 이내	5일	22주~27주	60일
12주~15주	10일	28주 이상	90일
16주~21주	30일		

근로자 제출서류

- 의료기관의 유산 및 사산 진단서

③ 출산전후유급휴가

사용자는 출산전후휴가 및 유산사산휴가 중 최초 60일(한 번에 둘 이상 자녀를 임신한 경우에는 75일)은 유급으로 한다. (근로기준법 제74조④)

구분	유급휴가일
• 한 자녀 임신 여성 출산전후휴가	최초 60일
• 둘 이상 자녀 임신 여성 출산전후휴가	최초 75일

다만, 남녀고용평등법 제18조에 따라 출산전후휴가 급여 등이 지급된 경우에는 그 금액의 한도에서 지급의 책임을 면한다. (근로기준법 제74조④)

구분	지급면제
• 출산전후휴가 급여를 지급한 경우	지급급여한도

PART
16

임금과 제 수당 관리

최저임금

1 최저임금의 적용

최저임금은 시간급으로 고용노동부에서 매년 고시하며, 종업원을 고용하는 사업 또는 사업장은 1시간 이상 근로를 제공받은 대가로 당해연도 고시한 최저임금 이상의 임금을 지급하여야 한다.

● 최저임금의 고시

최저임금법은 1986.12.31부터 제정하여 시행하고 있다. 고용노동부 장관은 매년 8월 5일까지 최저임금위원회에서 의결한 최저임금안을 다음해 1월 1일부터 12월 31일까지 최저임금으로 고시한다. (최저임금법 8조~10조)

2022.8.5. 고용노동부는 2023년 적용 최저임금을 시간급 9,620원으로 고시하였다. 업종별 구분 없이 전 사업장에 동일한 최저임금이 적용된다. 최저임금의 연도별 고시는 다음과 같다.

《 최저임금 적용 고시 》

년도	시급	일급(일8시간)	월급(월209시간)
2020	8,590원	68,720원	1,795,310원
2021	8,720원	69,760원	1,822,480원
2022	9,160원	73,280원	1,914,440원
2023	9,620원	76,960원	2,010,580원

* 매년 8월 고용노동부장관 고시

● 최저임금 적용 사업(장)

① 최저임금은 근로자를 사용하는 '모든 사업 또는 사업장'에 적용하므로 근로자 1명을 1시간 이상 고용하면 적용한다. (최저임금법 제2조).

② 최저임금법은 모든 사업 및 사업장의 근로자에게 그해 고용노동부에서 고시한 최저임금액 이상의 임금을 적용해야 한다.

❷ 최저임금의 적용 예외

⊙ 동거하는 친족만의 사업장 등

동거의 친족만을 사용하는 사업과 가사사용인에게는 적용하지 아니한다. (최저임금법 제3조1항)

- 가족구성원
- 가사사용인

⊙ 선원법 적용 선박

선원법의 적용을 받는 선원과 선원을 사용하는 선박의 소유자에게는 적용하지 아니한다. (최저임금법 제3조1항)

- 선원법 적용 선원

⊙ 업무수행에 장애가 있는 정신 및 신체장애인 고용사업장

정신 또는 신체장애가 업무수행에 직접적으로 현저한 지장을 주는 것이 명백하다고 인정되는 근로자를 고용한 경우 고용노동부장관의 인가를 받아서 최저임금을 적용하지 않을 수 있다. (최저임금법 제7조, 제영 6조)

- 고용부장관 인가 정신 및 신체 장애가 있는 자

❸ 최저임금의 감액 등

⊙ 감액 가능 수습근로자

1년 이상의 기간을 정하여 근로계약을 체결하고 수습 중에 있는 근로자로서 수습을 시작한 날부터 3개월 이내인 자에 대하여는 시간급 최저임금액에서 10% 감액한 금액을 수습근로자의 최저임금액으로 정할 수 있다(최저임금법 제5조2항, 영3조).

- 감액 가능 수습근로자 : 1년 이상 근로계약 체결 근로자
- 감액 가능 수습기간 : 3개월 이내
- 감액 한도 : 시간급 최저임금액에서 10% 감액

🔹 최저임금의 감액 불가

❖ 단순노무종사자 : 최저임금 100% 지급

① 단순노무업무로 고용노동부장관이 정하여 고시한 직종에 종사하는 근로자는 최저임금을 감액하지 아니하고 100% 지급하여야 한다(최저임금법 제5조2항).

② 최저임금 감액규정이 적용되지 않는 '단순노무직종근로자'를 통계청이 고시하는 "한국표준직업분류상 대분류 9" 단순노무종사자로 규정하였다(고용노동부 고시 제2018-30호).

♻ 단순노무직종

최저임금을 100% 지급하는 한국표준직업분류상 단순노무직종(중분류)은 다음과 같다.

- 91 건설 및 광업 관련 단순노무직
- 92 운송 관련 단순노무직
- 93 제조 관련 단순노무직
- 94 청소 및 경비 관련 단순노무직
- 95 가사·음식 및 판매 관련 단순노무직
- 99 농림·어업 및 기타 서비스 단순노무직

④ 최저임금의 범위

🔹 최저임금에 산입하는 임금

최저임금에 산입하는 임금은 매월 1회 이상 근로자에게 정기적으로 지급하는 임금이다(최저임금법 제6조4항).

최저임금 산입분	=	매월 1회 이상 지급되는 임금	−	최저임금에 산입하지 않는 임금

🔹 최저임금에 산입하지 않는 임금

최저임금에 산입하지 않는 임금의 범위는 다음과 같다. (최저임금법 제6조4항 단서)

구분	최저임금에 포함하는 임금	산입 여부
법정수당	1. 연장·휴일근로 임금 및 연장·휴일근로 가산임금 2. 연차유급휴가 미사용수당 3. 주휴일 외 휴일수당 4. 1~3에 준하는 수당	미산입 (최저임금법 시행규칙 제2조1항)
상여금 등	1. 1개월 초과하는 기간에 지급되는 상여금 등으로 최저임금 월 환산액의 해당연도 금액 2. 1개월 초과하는 기간에 지급되는 정근수당 등	월 환산액 10% 초과분 산입 (최저임금법 제6조4항2호)
복리후생비 등	1. 현금 외의 것으로 지급하는 복리후생비 등 2. 현금성으로 지급하는 생활보조비 및 복리후생비 등으로 최저임금 월 환산액의 해당연도 금액 - 식비, 숙박비, 교통비 등	미산입 월 환산액 2% 초과분 산입 (최임금법 제6조4항3호)

《 최저임금 월 환산액 미산입 비율 》

구분	2019	2020	2021	2022	2023	2024
상여금 등	25%	20%	15%	10%	5%	0%
복리후생비	7%	5%	3%	2%	1%	0%

❺ 최저임금의 환산방법

① 최저임금액은 시간·일·주·월을 단위로 정하며, 일·주·월 단위로 정할 때는 반드시 시간급을 표시하여야 한다. (최저임금법 5조1항)

② 근로자의 임금을 정하는 단위가 된 기간이 그 근로자에게 적용되는 최저임금액을 정할 때의 단위가 된 기간과 다른 경우에는 그 근로자에 대한 임금을 다음의 구분에 따라 시간에 대한 임금으로 환산한다. (최저임금법령 제5조1항)

《 최저임금 적용을 위한 임금 환산방법 》

임금	최저임금 시급 환산방법
일급	• 그 금액을 1일의 소정근로시간 수로 나눈 금액 (일급 ÷ 1일 근로시간) = 시간급
주급	• 그 금액을 1주의 최저임금기준시간 수로 나눈 금액 [주급 ÷ (1주 근로시간 + 유급주휴시간)] = 시간급
월급	• 그 금액을 1개월의 최저임금기준시간 수로 나눈 금액 월급 ÷ (1주의 최저임금기준시간 ÷ 연평균주수 × 12) = 시간급

*최저임금법 시행령 제5조(최저임금 적용을 위한 임금의 환산)

⑥ 최저임금 주지 의무

① 최저임금의 적용을 받는 사용자는 해당 최저임금을 그 사업의 근로자가 쉽게 볼 수 있는 장소에 게시하거나 그 외의 적당한 방법으로 근로자에게 널리 알려야 한다. (최저임금법 제11조)

② 최저임금의 주지 의무에 따른 게시에 포함할 내용은 다음과 같다. (최저임금법 제11조)

- 적용받는 근로자의 최저임금액
- 최저임금에 산입하지 아니하는 임금
- 최저임금의 적용을 제외할 근자의 범위
- 최저임금의 효력발생 연월일

③ 최저임금의 적용을 받는 사용자가 최저임금의 주지 의무를 위반하면 100만원 이하의 과태료 처분을 받는다. (최저임금법 제31조)

최저임금법 시행령 제11조(주지 의무)
① 법 제11조에 따라 사용자가 근로자에게 주지시켜야 할 최저임금의 내용은 다음 각 호와 같다.
　1. 적용을 받는 근로자의 최저임금액
　2. 법 제6조제4항에 따라 최저임금에 산입하지 아니하는 임금
　3. 법 제7조에 따라 해당 사업에서 최저임금의 적용을 제외할 근로자의 범위
　4. 최저임금의 효력발생 연월일
② 사용자는 제1항에 따른 최저임금의 내용을 법 제10조제2항에 따른 최저임금의 효력발생일 전날까지 근로자에게 주지시켜야 한다.

Chapter 2

통상임금

① 통상임금의 개요

● 통상임금의 개요

① 통상임금이란 사용자가 근로자에게 정기적이고 일률적으로 소정근로 또는 총 근로에 대하여 지급하기로 정한 시간급 금액, 일급 금액, 주급 금액, 월급 금액 또는 도급 금액을 말한다(근기령 제6조1항).

② 통상임금은 근로계약에서 정한 근로를 제공하고 확정적으로 지급되는 임금으로 소정근로의 대가로서 정기적·일률적·고정적으로 지급하는 것이다(대법원 2012다89399, 2013.12.18.).

● 통상임금의 적용

통상임금은 다음의 수당 등의 임금을 산정하는데 기초로 적용한다.

1. 평균임금의 최저한도 보장 (근기법 제2조2항)
2. 연장·야간·휴일근로수당 (근기법 제56조)
3. 연차유급휴가수당 (근기법 제60조5항)
4. 해고예고수당 (근기법 제26조)
5. 출산전후휴가급여 (고용보험법 제76조)

● 통상임금산정의 기초 임금

① 통상임금의 산정기초가 되는 임금은 근로계약이나 취업규칙 또는 단체협약 등에 따라 소정근로시간(소정근로시간이 없는 경우에는 법정근로시간)에 대해 근로자에게 지급하기로 정하여진 기본급 임금과 정기적·일률적으로 1임금산정기간에 지급하기로 정하여진 고정급 임금으로 한다(통상임금산정지침 제3조1항), 2012.9.25.)

② 그러나 도급금액으로 정하여진 임금에 대하여는 그 임금산정기간에 있어서 도급제에 따라 계산된 임금의 총액(연장·야간·휴일근로 등에 대한 가산수당은 제

외)으로 한다(통상임금 산정지침 제3조2항).

통상임금산정의 기초 임금
1. 근로계약, 취업규칙, 단체협약 등에 근로의 대가로 정기적 일률적으로 지급하는 임금
2. 근로의 대가로 지급하기로 정한 시간급, 일급, 주급, 월급
3. 근로의 대가로 지급하기로 정한 도급 금액
4. 소정근로의 대가로 정기적·일률적·고정적으로 지급하는 임금

🔘 통상임금의 적용예외

다음의 임금은 통상임금으로 보지 아니한다.

> 1. 복리후생적·실비변상적인 임금
> 2. 비일률적·비정기적인 임금

② 통상임금의 범위

🔘 소정근로시간에 대하여 지급하는 기본급

소정근로시간 또는 법정근로시간에 대하여 지급하기로 정하여진 기본급은 대표적인 통상임금이다.

🔘 정기적 일률적으로 지급하는 고정급

일·주·월 기타 1임금산정기간내의 소정근로시간 또는 법정근로시간에 대하여 일급·주급·월급 등의 형태로 정기적·일률적으로 지급하기로 정하여진 고정급은 통상임금이다.

❖ 수당 등 통상임금의 판단기준 예시

고용노동부는 통상임금산정지침을 예규로 고시하고 그 이후로는 행정해석 등을 통하여 통상임금에 대한 해당 여부를 알리고 있다. 고용노동부의 통상임금의 판단기준을 예시하면 다음과 같다.

《 통상임금 판단기준 예시 》

임금 구분	임금특징	통상임금
직 무 수 당	• 담당업무나 직책의 경중 등에 따라 미리 정하여진 지급조건에 의해 지급하는 수당(직무수당, 직책수당) 등	(○)
기 술 수 당	• 기술이나 자격증 보유자에게 지급하는 수당(자격수당, 면허수당 등)	(○)
생 산 수 당	• 생산기술과 능률을 향상시킬 목적으로 근무성적에 관계없이 매월 일정한 금액을 일률적으로 지급하는 수당(생산장려수당, 능률수당) 등	(○)
근 속 수 당	• 근속기간에 따라 지급 여부나 지급액이 달라지는 임금	(○)
벽 지 수 당	• 특수지역에 근무하는 근로자에게 정기적·일률적으로 지급하는 수당(벽지수당, 한냉지근무수당) 등	(○)
가 족 수 당	• 부양가족 수에 따라 달라지는 가족수당	(×)
	• 부양가족수에 관계없이 모든 근로자에게 지급하는 가족수당	(○)
성 과 급	• 근무실적을 평가하여 지급여부나 지급액이 결정되는 임금	(×)
	• 최소한도가 보장되는 성과급의 최소한도액	(○)
상 여 금	• 정기적인 지급이 확정된 상여금(정기상여금)	(○)
	• 기업실적에 따라 일시적, 부정기적, 사용자 재량에 따라 지급하는 상여금(경영성과분배금, 격려금, 인센티브)	(×)
특정시점에 지급하는 금 품	• 특정시점에 재직 근로자에게 지급하는 금품(명절금품, 휴가비)	(×)
	• 특정시점이 되기 전 퇴직 시에 근로일수에 비례하여 지급하는 금품	(○)

🔹 지급액 또는 임금산정기간이 변동되는 금품

실제 근로 여부에 따라 지급액이 변동되는 금품과 1임금산정기간 이외에 지급되는 금품의 통상임금 여부는 다음과 같다.

《 통상임금 판단기준 예시 》

임금 구분	임금특징	통상임금
시간외근로수당	• 연장·야간·휴일근로수당 • 연차유급휴가근로수당 • 약정휴일근로수당	(×)
승 무 수 당	• 근무일에 따라 일정금액을 지급하는 수당 : 승무수당, 운항수당, 항해수당, 입갱수당 등	(×)
생산장려수당	• 생산기술과 능률을 향상시킬 목적으로 근무성적 등에 따라 정기적으로 지급하는 수당 : 생산장려수당, 능률수당 등	(×)
개 근 수 당	• 장기근속자의 우대 또는 개근을 촉진하기 위한 수당 : 개근수당, 근속수당, 정근수당 등	(×)
숙 직 수 당	• 취업규칙 등에 미리 지급금액을 정하여 지급하는 일·숙직수당	(×)
일괄봉사료	• 봉사료(팁)로서 사용자가 일괄관리 배분하는 경우	(×)

🔹 복리후생으로 지급하는 금품

근로시간과 관계없이 근로자에게 생활보조적·복리후생적으로 지급되는 금품의 통상임금 여부는 다음과 같다.

《 통상임금 판단기준 예시 》

임금 구분	임금특징	통상임금
차 량 유 지 비	통근수당, 차량유지비 등	(×)
월 동 비 수 당	사택수당, 월동연료수당, 김장수당	(×)
가 족 수 당	가족수당, 교육수당 등	(×)
식 대	급식 및 급식비 등	(×)

③ 통상임금의 산정

시간급 통상임금의 산정

① 통상임금은 시간급으로 산정함이 원칙이다. 통상임금을 시간급 금액으로 산정할 경우에는 다음의 방법에 따라 산정된 금액으로 한다(근기령 제6조2항).

임금	통상임금 산정방법
시 간 급	• 시간급 금액으로 정한 그 금액
일 급	• 그 금액을 1일의 소정근로시간 수로 나눈 금액
주 급*	• 그 금액을 주의 통상임금 산정기준시간 수(근기법 제2조1항7호에 따른 주의 소정근로시간과 소정근로시간 외에 유급으로 처리되는 시간을 합산한 시간)로 나눈 금액
월 급*	• 그 금액을 월의 통상임금 산정기준시간 수(주의 통상임금산정기준시간 수에 1년 동안의 평균주의 수를 곱한 시간을 12로 나눈 시간)로 나눈 금액
기 간 급	• 일·주·월 외의 일정한 기간으로 정한 임금은 일급 주급 월급의 산정방법으로 산정된 금액
도 급	• 그 임금산정기간에서 도급제에 따라 계산된 임금의 총액을 해당 임금 산정 기간(임금 마감일이 있는 경우에는 임금 마감 기간을 말한다)의 총 근로시간 수로 나눈 금액
둘 이상의 임 금	• 근로자가 받는 임금이 둘 이상의 임금인 때에는 1~6에서 정한 각각 산정된 금액을 합산한 금액

② ①의 주급, 월급 시간급 산정의 사업장별 시행일은 다음과 같다.
- 300명 이상 사업장 : 2019.7.1.
- 50명 이상 300명 이하 사업장 : 2020.1.1.
- 5명이상 300명 이하 사업장 : 2021.1.1.

일급 통상임금의 산정

통상임금을 일급 금액으로 산정할 때에는 위의 산정 방법에 따라 산정된 시간급 통상임금에 1일의 소정근로시간 수를 곱하여 계산한다(근기령 제6조3항).

④ 통상임금의 해당 여부 등

● 식대 등의 통상임금 여부

○ 자사의 근로자 전원에게 식대로 10만원을 지급하는 경우
○ 식대가 근로자 전원에게 매월 일정액인 월 10만원씩 지급되는 경우라면 이는 소정근로의 대가로서 정기적·일률적·고정적으로 지급되는 것으로 보이므로 다른 추가적인 조건이 없다면 통상임금에 해당함(근기과-6657, 2014.11.27.).

○ 급식비를 근무처별로 다르게 일정액을 지급하는 경우
● 월정액 급식비: 본사 15만원, 송전소 17만원, 사무행정 21만원
  1. 월정액의 30분의 1을 기준으로 근무일수에 따라 계산 지급
  2. 공제대상 : 신규입사자, 휴직, 정직자, 결근자, 1개월 이상 휴가자, 퇴직자
○ 급식보조비가 복리후생관리규정에 지급대상 및 지급액이 명시되어 있고 본사직원 15만원, 송전·중계소 근무자 17만원, 사무행정 21만원 등으로 매월 고정적으로 지급(퇴직시 일할계산 지급)되는 경우라면, 이는 소정근로의 대가로서 정기성·일률성·고정성을 갖추었다고 판단되는 바, 통상임금에 해당할 것임(근기과 4754, 2014.08.26.).

● 근속수당의 통상임금 여부

○ 근속수당을 평사원에게만 지급하는 경우
● 평사원이 계속 근무하여 3년 차에는 3,000원의 근속수당으로 지급하고 있고, 3년 초과 매년 3,000원 가산 지급하고 있음. 근속수당은 평사원에 한하여 지급하고 있으며 평사원이 승진하여 주임이 되면 근속수당을 지급하지 않음.
○ 근속수당이 근속기간 3년 차에는 3,000원, 3년 초과 시 매년 3,000원을 가산하여 지급하는 경우라면, 초과근로를 제공하는 시점에서 근속기간이 얼마인지는 이미 확정된 것이므로 평사원에 한하여 지급된다 하더라도 통상임금에 해당(근기과-3767, 2014.07.04.).

● 현장수당의 통상임금 여부

○ 월급과 별도로 현장수당을 15일 이상 현장근무자에게 지급하는 경우
● 당사는 현장근무 발령자에게 월 15일 이상 출근 시 월급과 별도로 월 30만원을

"현장수당"으로 추가하여 지급하고 있음

1. 현장에서 5일을 근무하다가 본사로의 인사명령을 받은 경우에는 5일에 대해서 일할계산하고 있으며, 현장에서 20일 근무하다가 본사로 발령명령을 받은 경우에는 30만원을 지급하고 있음.

2. 퇴사 시에도 동일한 방법으로 지급함.

○ 현장수당이 현장근무자를 대상으로 15일 이상 근무 시 월 30만원이 지급되고 15일 미만 근무 시 근무일수에 따라 일할 계산하여 지급되는 경우라면, 소정근로를 제공하면 적어도 일정액 이상의 임금이 지급될 것이 확정되어 있는 최소 한도의 범위, 즉 일할 계산되는 금액 한도는 고정성이 인정되므로 통상임금에 해당(근기과-2613, 2014.04.30).

🌐 상여금의 통상임금 여부

♻ 상여금을 급여규정에 따라 매월 분할지급하는 경우

● 당사는 급여규정에 따라 상여금을 급여의 70%를 기준으로 연간 500%를 지급하며, 지급시기는 12분할하여 매월 급여와 함께 지급한다.

1. 중도입사자의 상여금은 일할계산하여 지급한다.

2. 퇴직자의 상여금은 일할계산하여 지급한다

○ 귀 질의상 상여금이 단체협약 등에서 정한 바에 따라 전 근로자에게 급여의 70%를 기준으로 연간 500%를 12분할하여 매월 지급하고 다른 추가적인 조건없이 퇴직자에 대하여는 일할계산하여 지급하는 경우라면, 이는 소정근로를 제공하기만 하면 그 지급이 확정된 것이라고 볼 수 있어 통상임금에 해당(근로개선정책과-2438, 2014.04.22).

♻ 상여금을 특정시점 재직자에게만 지급하는 경우

● 당사는 "홀수 달의 말일"을 기준으로 재직 중인 자에게 해당 상여금 전액을 지급하고 홀수 달 말일 이전 퇴직한 자에게는 상여금을 일절 지급하지 않음(일할 계산하여 지급하지 않음).

○ 질의 상 상여금이 홀수 달의 말일을 기준으로 재직 중인 자에게는 정해진 상여금을 지급하고 그 이전에 퇴직한 자에게는 미지급(일할 계산하여 지급하지 않음)하는 경우라면, 특정 시점에 재직 중인 근로자에게만 지급되는 임금에 해당하여 고정성이 부정되므로 통상임금에 해당하지 않을 것임(근기과-3628, 2014.06.26.)

◑ **상여금을 월 15일 이상 근무자에게만 지급하는 경우**

● 당사는 상여금을 기본급의 연 600%를 12월로 분할하여 매월 지급한다. 다음과 같이 월중 15일 미만 근무자에게는 지급하지 않음.

    1. 기본급의 연 600%를 12월 분할 지급

    2. 근무기간 15일 이상 시 1월 계산

    3. 근무기간 15일 미만 시 1월 미계산

○ 상여금이 기본급의 연 600%를 12개월 분할 지급되면서 월중 15일 이상 근무하고 퇴직한 자에 대해서는 전액 지급되고 월중 15일 미만 근무하고 퇴직한 자에 대하여는 미지급되는 경우라면, 이는 소정근로 외에 월 15일 이상 근무하여야만 지급되는 임금에 해당하는 경우로서 초과근무를 제공하는 시점에 15일 이상 근무 여부가 불분명하므로 고정성이 결여되어 통상임금에 해당하지 않음(근기과 4754, 2014.08.26.).

⚙ **부대경비의 통상임금 여부**

● 기본급 외 지급하는 부대경비가 통상임금에 해당하는지 여부

▷ ○○시는 공공일자리 참여자에게 1일 기본급 44,000원외에 실제 근로일을 기준으로 교통비, 식대보조비 명목으로 부대경비 1일 5,000원을 지급함. 참여자에 대한 주휴수당 및 연차유급휴가 미사용수당 지급시 부대경비를 제외한 1일 기본급만으로 지급하고 있음.

○ 부대경비가 소정근로 외에 추가적인 조건과 관계없이 매 근무일마다 5천원이 지급되는 경우라면, 이는 명칭에 관계없이 소정근로의 대가로서 정기적·일률적·고정적으로 지급되는 임금으로 보아 통상임금에 해당한다고 봄(근기과-4186, 2014.07.25.).

⚙ **가족수당의 통상임금 여부**

● 가족수에 따라 지급하는 가족수당의 통상임금 여부

▷ 당사는 미혼사원 10,000원, 결혼(2인 가족) 20,000원, 자녀 1명(3인 가족) 30,000원을 지급하고 있음(1명 추가시 10,000원 추가지급)을 가족수에 따라 달리 지급하고 있는 가족수당의 통상임금 여부

○ 모든 근로자에게 기본금액을 가족수당 명목으로 지급하면서 실제 부양가족이 있는 근로자에게는 일정액을 추가적으로 지급하는 경우 그 기본금액은 소정근

로에 대한 대가이므로 통상임금에 속함. 가족수당이 부양가족 수와 관계없이 전 사원에게 1만원씩 지급하고 부양가족 수에 따라 추가 지급하는 경우라면, 전 사원에게 동일하게 지급되는 가족수당 분은 통상임금에 해당될 것임(근기과-3767, 2014.07.04.).

Chapter 3

평균임금

1 평균임금의 개요

임금과 평균임금

① 임금이란 사용자가 근로의 대가로 근로자에게 임금, 봉급, 그 밖에 어떠한 명칭으로든지 지급하는 일체의 금품을 말한다(근기법§2①5).

② '평균임금이란 이를 산정해야 할 사유가 발생한 날 이전 3개월 동안에 그 근로자에게 지급된 임금의 총액을 그 기간의 총일수로 나눈 금액이다. 이때 근로자가 취업한 후 3개월 미만인 경우도 이에 준한다.(근기법§2①6).

실근로임금과 평균임금

① 평균임금은 근로자가 일정 기간 실제 제공한 근로에 대하여 실제로 받는 임금이다.

② 평균임금은 사용자가 근로의 대가로 근로자에게 정기적 일률적으로 계속적으로 지급하는 임금, 봉급, 그 밖에 일체의 금품으로 근로기준법상의 임금범위에 포함된 다음의 금품이다.

1. 근로자에게 실제 지급하는 정기적 제도적으로 지급하는 임금
2. 단체협약과 취업규칙, 관행에 따라 모든 근로자에게 일률적 정기적으로 지급하는 임금
3. 유급휴일수당, 연차유급휴가수당, 사용자 귀책사유 부담금 등
4. 임금채권으로 확정된 임금 등

2 평균임금의 적용

근로기준법 등에서는 평균임금을 적용하여 산정하는 다음의 수당 및 급여 등으로 규정하고 있다.

1. 퇴직급여(근로기준법 제34조)

2. 휴업수당(근로기준법 제46조)

3. 연차유급휴가수당(근로기준법 제60조5항)

4. 재해보상 및 산업재해보상보험급여(근로기준법 제79조, 제80조, 제82조, 제83조, 제84조 및 산업재해보상보험법 제36조)

5. 감급액(근로기준법 제95조)

6. 구직급여(고용보험법 제45조)

③ 평균임금의 범위

● 소정근로시간에 대하여 지급하는 기본급

소정근로시간 또는 법정근로시간에 대하여 지급하기로 정하여진 기본급 임금은 평균임금 산정에 포함한다.

● 일급 주급 월급 등으로 지급하는 고정급

일·주·월 기타 1임금산정기간내의 소정근로시간 또는 법정근로시간에 대하여 일급·주급·월급 등의 형태로 정기적·일률적으로 지급하기로 정하여진 고정급 임금의 평균임금 산정 여부는 다음과 같다.

《 평균임금 판단기준 예시 》

임금 구분	임금 특징	평균임금
직 무 수 당	• 담당업무나 직책의 경중 등에 따라 미리 정하여진 지급 조건에 의해 지급하는 수당(직무수당, 직책수당) 등	(O)
기 술 수 당	• 기술이나 자격증 보유자에게 지급하는 수당(자격수당, 면허수당 등)	(O)
생 산 수 당	• 생산기술과 능률을 향상시킬 목적으로 근무성적에 관계 없이 매월 일정한 금액을 일률적으로 지급하는 수당(생산장려수당, 능률수당) 등	(O)
근 속 수 당	• 근속기간에 따라 지급 여부나 지급액이 달라지는 임금	(O)
벽 지 수 당	• 특수지역에 근무하는 근로자에게 정기적·일률적으로 지급하는 수당(벽지수당, 한냉지근무수당) 등	(O)

임금 구분	임금 특징	평균임금
가 족 수 당	• 부양가족수에 관계없이 모든 근로자에게 지급하는 가족수당	(○)
성 과 급	• 근무실적을 평가하여 지급 여부나 지급액이 결정되는 임금	(×)
	• 최소한도가 보장되는 성과급의 최소한도액	(○)
상 여 금	• 정기적인 지급이 확정된 상여금(정기상여금)	(○)

🌐 실제 근로 여부에 따라 지급액이 변동되는 금품

실제 근로여부에 따라 지급금액이 변동되는 금품과 1임금산정기간 이외에 지급되는 금품의 평균임금 여부는 다음과 같다.

《 실근로변동임금의 평균임금 판단기준 예시 》

임금 구분	임금특징	평균임금
시 간 외 근 로 수 당	• 소정근로기간 계속근로자의 연장·야간·휴일근로수당, 연차유급휴가근로수당, 약정휴일근로수당	(○)
승 무 수 당 운 항 수 당	• 근무일에 따라 일정금액을 지급하는 수당	(○)
생산장려수당	• 생산기술과 능률을 향상시킬 목적으로 근무성적 등에 따라 정기적으로 지급하는 수당	(○)
개 근 수 당 근 속 수 당	• 장기근속자의 우대 또는 개근을 촉진하기 위한 수당	(○)
숙 직 수 당 일 직 수 당	• 취업규칙 등에 미리 지급금액을 정하여 지급하는 일·숙직수당	(○)
일 괄 봉 사 료	• 봉사료(팁)로서 사용자가 일괄관리 배분하는 경우	(○)

복리후생적으로 지급되는 금품

근로시간과 관계없이 근로자에게 생활보조적·복리후생적으로 지급되는 금품의 평균임금 여부는 다음과 같다.

《 복리후생적 임금의 평균임금 판단기준 예시 》

임금 구분	임금특징	평균임금
차량유지비 통근수당	• 전 근로자에게 정기적·일률적으로 지급	(○)
	• 출근일수에 따라 변동적으로 지급하거나 일부 근로자에게 지급	(×)
월동비수당 김장수당	• 전 근로자에게 정기적·일률적으로 지급	○
	• 일시적으로 지급하거나 일부 근로자에게 지급	(×)
가족수당 교육수당	• 전 근로자에게 일률적으로 지급	○
	• 가족수에 따라 차등 지급되거나 일부 근로자에게만 지급	(×)
식대	• 전 근로자에게 일률적으로 지급	○
	• 출근일수에 따라 차등 지급하는 경우	(×)

4 평균임금의 산정

평균임금의 산정방법

평균임금은 이를 산정해야 할 사유가 발생한 날 이전의 3월간에 그 근로자에 대하여 지급된 임금총액을 그 기간의 총일수로 나눈 금액이다.

$$\text{1일 평균임금} = \frac{\text{사유 발생일 전 3개월간 임금총액}}{\text{사유 발생일 전 3개월간 총일수}}$$

평균임금 산정에서 제외되는 기간

평균임금 산정기간 중에 다음의 어느 하나에 해당하는 기간이 있는 경우에는 그 기간과 그 기간 중에 지급된 임금은 평균임금 산정기준이 되는 기간과 임금의 총액에서 각각 제외한다(근기령 제2조1항).

《 평균임금 산정의 제외 기간 》

구분	내용	비고
수 습 기 간	• 수습 시작일로부터 3개월 이내의 기간	
출산전후휴가 기간	• 출산전후휴가 기간(근기법 제74조)	근기법 제74조)
육 아 휴 직 기 간	• 육아휴직기간	남녀고용법 제19조
휴 업 기 간	• 사용자의 귀책사유로 휴업한 기간	근기법 제46조
	• 업무상 부상 또는 질병으로 요양하기 위하여 휴업한 기간	근기법 제78조
	• 업무 외 부상이나 질병, 그 밖의 사유로 사용자의 승인을 받아 휴업한 기간	
쟁 의 행 위 기 간	• 법정 쟁의기간	노동조합법 제2조6호
휴 직 기 간	• 병역법, 예비군법 또는 민방위기본법에 따른 의무를 이행하기 위하여 휴직하거나 근로하지 못한 기간	

평균임금 산정과 기준일

평균임금으로 산정하는 다음의 임금의 기준일은 다음과 같다.

1. 퇴직금 : 근로계약해지일
2. 재해보상금 : 재해발생일
3. 휴업수당 : 휴업개시일

평균임금으로 산정하는 임금의 계산식은 다음과 같다.

구분	계 산 식
퇴 직 금	= 1일 평균임금 × 30일 × 계속근로연수
휴업급여	= 1일 평균임금 70% × 휴업일수
실업급여	= 1일 평균임금 50% × 구직일수

⑤ 평균임금의 판례 및 해석

가족수당의 평균임금 산정 여부

- 일정한 요건(가족수)에 따라 지급되는 가족수당의 경우, 퇴직금 산정의 기초가 되는 평균임금에 해당되는지 여부

▷ 당사는 무기계약근로자는 단체협약에 따라 전 근로자에게 일률적이 아닌(독신자미포함) 가족수에 따라 배우자는 월 4만원, 다른 부양가족은 1인당 월 2만원씩 매일 지급하고 있음

○ 귀 질의 상 가족수당이 단체협약에 따라 배우자 4만원, 자녀 1인당 2만원씩 매월 지급되는 경우라면, 단체협약에 의해 지급의무가 지워져 있고 일정한 요건에 해당하는 근로자에게 일률적으로 지급되는 금품으로 「근로기준법」상 임금에 해당하므로 평균임금 산정 시 포함하여야 할 것임(근기과-2806, 2015.06.29.)

건강보험료 근로자부담금을 회사가 납부하는 경우

- 취업규칙에 정하여 회사가 납부하는 건강보험료 근로자부담액

▷ 당사의 취업규칙은 회사가 국민건강보험제도에 따른 건강보험료의 100%를 납부하도록 규정하고 있고, 그에 따라 당사는 건강보험료 회사부담분뿐만 아니라 근로자들의 본인부담액까지 납부하고 있음.

- 위와 같이 당사가 취업규칙에 따라 근로자들이 부담하여야 하는 건강보험료까지 회사가 납부해 온 경우에 회사가 부담하여 온 근로자부담분 건강보험료가 「근로기준법」상 퇴직금 산정을 위한 평균임금에 포함되는지 여부.

○ 근로기준법상 평균임금이란 이를 산정하여야 할 사유가 발생한 날 이전 3개월 동안에 그 근로자에게 지급된 임금의 총액을 그 기간의 총일수로 나눈 금액을 말하며, 또한, 임금이란 같은 법 제2조제1항제5조의 규정에 따라 사용자가 근로의 대가로 근로자에게 임금, 봉급, 그밖에 어떠한 명칭으로든지 지급하는 일체의 금품을 말함.

○ 취업규칙에 의해 법령상 근로자가 부담하여야 하는 건강보험료를 회사가 납부하고 그에 해당하는 금액을 계속적·정기적으로 근로자에게 지급해 온 경우라면 이는 근로의 대가로서 임금에 해당할 것으로 사료됨(근기과-3623, 2015.08.10.).

🔵 매월 지급 연구수당의 평균임금 산정 여부

- 연구수당이 퇴직금 산정을 위한 평균임금에 포함되는지 여부
- ▷ 당사는 연구원운용규정 상 "연구원(계약직)에 대하여는 보수 이외의 예산의 범위 내에서 연구수당을 지급할 수 있다"고 규정하고 있으며, 연구활동의 효율적 지원을 위해 연구지원 수당 성격의 연구수당을 연구원에게 매월 정기지급하고 있음.
- ○ 귀 질의 상 연구수당이 연구원 운영규정에 따라 연구원을 대상으로 매월 일정 금액(20~30만원)을 연구원 직급별로 차등 지급하는 경우라면, 이는 근로의 대가로서 「근로기준법」상 임금에 해당하므로 평균임금 산정 시 포함하여야 할 것으로 사료됨(근개과-4338, 2014.08.04.).

🔵 명절휴가비의 평균임금 여부

- 지급일을 기준으로 재직 시에만 정액으로 지급하는 명절휴가비가 평균임금에 해당하는지 여부
- ○ 귀 질의상 명절휴가비가 단체협약·취업규칙 등에 그 지급근거가 정하여져 있거나 또는 관행에 따라 전체 근로자에게 정기적·일률적으로 지급되는 경우라면 이는 근로기준법상의 임금으로 평균임금에 해당할 것임(근개과-2185, 2014.04.09).

🔵 연차유급휴가 미사용수당 평균임금 산정 여부

- 2011.1.1. 입사한 근로자가 2013.1.1.자로 퇴직함에 따라 퇴직 시에 나머지 미사용 10일에 대하여는 '연차유급휴가 미사용수당'(연차수당)으로 지급받은 경우 이 연차수당의 3/12이 퇴직금 계산을 위한 평균임금에 포함되는지 여부
- ○ 귀 질의 상 2011.1.1. 입사한 근로자가 2011년도 출근율에 의하여 2012년도에 부여받은 연차유급휴가 15일 중 10일을 미사용하고 2013.1.1.자로 퇴직하는 경우 이때 지급되는 연차유급휴가 미사용수당은 평균임금산정사유 발생일인 2013.1.1. 이전에 이미 지급된 임금이 아니므로 퇴직금 산정을 위한 평균임금 산정 기준임금에 포함되지 않음(근개과-4298, 2013.07.23).

🌐 근로자의 무단결근 기간의 평균임금 산정 여부

● 무단결근 기간도 평균임금 산정기준 기간에서 제외해야 하는지?

○ 평균임금은 근로기준법 제2조제1항제6호에 따라 이를 산정해야 할 사유가 발생한 날 이전 3월간에 지급된 임금 총액을 그 기간의 총일수로 나눈 금액을 말하며, 이러한 방법으로 산출된 평균임금액이 해당 근로자의 통상임금보다 저액일 경우에는 그 통상임금액을 평균임금으로 해야 함.

○ 또한, 근로기준법 시행령 제2조제1항의 각호에서 평균임금 산정 시 제외되는 기간 및 그 기간 중에 지불된 임금을 규정하고 있는바, 근로자의 귀책 사유로 무단결근한 기간 및 그 기간 중에 지급된 임금은 제외되는 기간에 포함되지 않음.

○ 따라서 평균임금을 산정해야 할 사유가 발생한 날 이전 3월간 중에 근로자 귀책 사유에 의한 무단결근 기간이 포함되었더라도 동기간을 포함하여 평균임금을 산출해야 하며, 이러한 방법으로 산출된 평균임금액이 해당 근로자의 통상임금보다 낮을 경우에는 그 통상임금액을 평균임금으로 해야 함.

연장·야간·휴일 근로수당

1 연장근로수당

상시근로자 5인 이상 사업장의 연장근로수당 발생과 가산임금을 요약하면 다음가 같다.

구분	초과근로시간	연장근로수당	비고
일반근로자	일8시간 초과시간 주40시간 초과시간	통상임금의 50% 이상 가산임금	근기법 제50조①
단시간근로자	소정(약정)근로시간 초과시간	통상임금의 50% 이상 가산임금	기간제법 제6조①

일반근로자의 연장근로수당

사용자는 일반근로자가 기준근로시간을 초과하여 근로하는 경우 연장근로에 대하여는 통상임금의 50%를 이상을 가산하여 근로자에게 지급하여야 한다(근기법 제56조①)

- 연장근로수당 : 통상임금의 50% 이상

법정기준근로시간

상시근로자 5인 이상 사업장의 근로기준법에서 정한 기준근로시간은 다음과 같다.

- 1일 법정근로시간 : 8시간
- 1주 법정근로시간 : 40시간

연장근로시간의 제한

상시근로자 5인 이상 사업장은 주 12시간 한도에서 근로자의 동의로 연장근로 할 수 있다.

- 1주 연장근로시간 한도 : 12시간

○ 법정근로시간 이내의 연장근로수당

일반근로자가 당사자 간 합의로 정한 소정근로시간이 법정근로시간보다 적어 연장근로를 하더라도 법정근로시간(일8시간, 주40시간)을 초과하지 않는 경우 법에서 정하는 시간외근로에 해당하지 않으므로 당사자 간에 약정이 없다면 연장근로수당을 지급할 필요가 없다(대법원 1995.11.10., 94다54566).

❖ 관련 법규

근로기준법 제50조(근로시간) ① 1주간의 근로시간은 휴게시간을 제외하고 40시간을 초과할 수 없다.
② 1일의 근로시간은 휴게시간을 제외하고 8시간을 초과할 수 없다.
③ 제1항 및 제2항에 따라 근로시간을 산정하는 경우 작업을 위하여 근로자가 사용자의 지휘·감독 아래에 있는 대기시간 등은 근로시간으로 본다. 〈신설 2020.5.26.〉

근로기준법 제56조(연장·야간 및 휴일 근로) ① 사용자는 연장근로(제53조·제59조 및 제69조 단서에 따라 연장된 시간의 근로를 말한다)에 대하여는 통상임금의 100분의 50 이상을 가산하여 근로자에게 지급하여야 한다. 〈개정 2018.3.20.〉

● 단시간근로자의 연장근로수당

① 사용자는 단시간근로자에 대하여 소정근로시간을 초과하여 근로하는 경우에는 당해 근로자의 동의를 얻어야 한다. 이 경우 1주간에 12시간을 초과하여 근로하게 할 수 없다(기간제법 제6조①).

② 사용자는 단시간근로자의 동의로 초과근로 하는 경우 초과근로에 대하여 통상임금의 50%를 이상을 가산하여 지급하여야 한다(기간제법 제6조③).

❖ 관련 법규

근로기준법 제2조(정의) ① 이 법에서 사용하는 용어의 뜻은 다음과 같다.
9. "단시간근로자"란 1주 동안의 소정근로시간이 그 사업장에서 같은 종류의 업무에 종사하는 통상 근로자의 1주 동안의 소정근로시간에 비하여 짧은 근로자를 말한다.

기간제법 제6조(단시간근로자의 초과근로 제한) ①사용자는 단시간근로자에 대하여 「근로기준법」 제2조의 소정근로시간을 초과하여 근로하게 하는 경우에는 당해 근로자의 동의를 얻어야 한다. 이 경우 1주간에 12시간을 초과하여 근로하게 할 수 없다.
② 단시간근로자는 사용자가 제1항의 규정에 따른 동의를 얻지 아니하고 초과근로를 하게 하는 경우에는 이를 거부할 수 있다.
③ 사용자는 제1항에 따른 초과근로에 대하여 통상임금의 100분의 50 이상을 가산하여 지급하여야 한다.

② 야간근로수당

🔅 야간근로수당의 발생

상시근로자 5인 이상의 사업장의 사용자는 근로자가 오후 10시부터 다음 날 오전 6시 사이의 야간근로를 하는 경우 통상임금의 50%를 가산하여 근로자에게 지급하여야 한다(근기법 제56조③).

구분	근로시간	야간근로수당	비고
5인 이상 사업장	오후 10시부터 다음 날 6시까지	통상임금의 50% 이상 가산	근기법 제56조③

🔅 관련 법규

근로기준법 제56조(연장·야간 및 휴일 근로)
③ 사용자는 야간근로(오후 10시부터 다음 날 오전 6시 사이의 근로를 말한다)에 대하여는 통상임금의 100분의 50 이상을 가산하여 근로자에게 지급하여야 한다.

③ 휴일근로수당

🔅 휴일근로수당의 발생

상시근로자 5인 이상 사업장의 사용자는 휴일근로에 대하여는 8시간 이내의 휴일근로시간에 대하여 통상임금의 50% 이상, 8시간을 초과하는 휴일근로시간에 대하여 통상임금의 100% 이상을 가산하여 근로자에게 지급하여야 한다(근기법 제56조②).

구분	휴일근로수당	비고
• 8시간 이내의 휴일근로	통상임금의 50% 이상 가산	근기법 제56조②
• 8시간을 초과한 휴일근로	통상임금의 100% 이상 가산	

Chapter 5

주휴수당·연차휴가수당

① 주휴수당

모든 사업장의 사업주는 1주 이상 계속근로자로 주 15시간 이상 1주간 소정근로일에 개근한 근로자에게 주휴수당을 지급하여야 한다. 주휴수당의 발생요건을 요약하면 다음과 같다.

구분	주휴수당 발생요건	비고
일 반 근 로 자	• 계속근로자로 1주간 소정근로일 개근	근기법 제55조①
단 시 간 근 로 자	• 계속근로자로 주 15시간 이상 1주간 소정근로일 개근	근기법 제18조③

주휴수당의 계산

주휴수당의 발생

① 주휴수당으로 지급되는 임금의 범위는 당해 사업장의 근로시간이 법정근로시간을 초과하면 법정근로시간에 대한 임금을, 근로시간이 법정근로시간보다 적으면 소정근로시간에 대한 임금으로 한다(1987.4.2, 근기 01254-5392).

② 유급휴일, 연월차휴가의 유급임금을 특정일 구분 없이 정상 근로일의 소정근로시간을 기준으로 산정하여 지급하는 것이므로 1일 8시간을 기준으로 하여야 할 것임(1990.10.17, 근기 01254-14463).

주휴수당의 계산

• 법정근로시간을 초과하는 경우 법정근로시간으로 주휴수당을 계산한다.

$$주휴수당 = 1일 \times 8시간 \times 시급$$

• 법정근로시간 이내의 경우 소정근로시간으로 주휴수당을 계산한다.

$$주휴수당 = (1주간 소정근로시간^* \div 40시간) \times 8시간 \times 시급$$

*1주간 근로시간이 40시간을 초과한 경우 40시간으로 계산한다.

🔵 일반근로자의 주휴수당

사용자는 1주간 소정근로일에 근로한 근로자에게 1주에 평균 1회 이상의 유급휴일을 보장하여야 한다(근기법 제55조①). 이때 휴일에 지급하는 임금이 주휴수당이다. 일반근로자의 주휴수당은 1일 8시간, 1주 40시간의 법정근로시간을 초과하여 근로한 경우에도 법정근로시간(1일 8시간)으로 계산하여 지급한다.

> 주휴수당 = 1일 × 8시간 × 시급

🔵 단시간근로자의 주휴수당

① 사용자는 근로자가 4주 동안(4주 미만으로 근로하는 경우에는 그 기간)을 평균하여 1주 동안의 소정근로시간이 15시간 이상의 근로자에 대하여 주휴수당을 지급하여야 한다. (근기법 제18조③)

② 사용자는 주 5일, 주 40시간 미만 근로자라도 주 15시간 이상 근로하면 근로시간에 비례하여 주휴수당을 지급하여야 한다.

> 주휴수당 = (1주간 근로시간 ÷40시간) × 8시간 × 시급

🔵 4인 이하 사업(장)의 주휴수당

① 상시근로자 4인 이하 사업(장)의 경우에도 주휴수당을 지급하여야 한다.

② 상시근로자 4인 이하 사업장은 법정근로시간인 1일 8시간, 1주 40시간을 초과하여 근로자가 근로할 수 있으나, 법정근로시간을 초과하여 근로한 경우 주휴수당은 법정근로시간의 주휴수당으로 계산한다.

③ 근로기준법에서 주휴일 부여는 근로자에게 휴식을 부여하는 것으로, 근로시간에 상응한 보상이 아니라는 점에서 상시근로자 4인 이하 사업장에서 1일 8시간 1주 40시간을 초과하여 근로하기로 약정한 기간에도 1일 8시간분에 해당하는 주휴수당을 지급하여야 한다. (1987.4.2, 근기 01254-5392)

> 주휴수당 = (1주간 소정근로시간* ÷40시간) × 8시간 × 시급

*1주간 근로시간이 40시간을 초과한 경우 40시간으로 계산한다.

❷ 연차휴가수당

연차유급휴가의 사용과 미사용에 따른 수당을 요약하면 다음과 같다.

구분	수당계산	비고
• 연차유급휴가 수당	연차유급휴가기간	- 통상임금 등으로 지급
• 연차유급휴가 미사용수당	연차유급휴가 미사용일	- 통상임금, 평균임금으로 지급 - 가산 없음

🔅 연차유급휴가 수당

사용자는 근로자의 연차유급휴가에 대하여 통상임금 등으로 연차유급휴가수당을 지급한다. (근기법 제60조⑤)

연차유급휴가 수당 지급시기는 연차유급휴가를 주기 전이나 준 직후의 급여지급일에 지급하여야 한다. (근기령 제33조)

구분	지급시기
연차유급휴가 수당	연차유급휴가일 직전 또는 직후

🔅 연차유급휴가 미사용수당

사용자는 근로자가 연차유급휴가를 사용하지 않고 근로를 제공한 경우 사용하지 않은 연차휴가일수에 대하여 연차유급휴가 미사용수당을 지급하여야 한다. 다만, 미사용수당은 가산하여 계산하지 않는다.

근로자가 계속근로 1년에 대하여 2년차 근로기간에 발생한 연차유급휴가를 사용하지 아니하고 근로를 제공한 경우

① 연차유급휴가 사용기간이 소멸된 다음날에 연차유급휴가 미사용수당이 발생한다.

구분	사용기간	미사용수당 지급 시기
연차유급휴가	2023.1.1.~2023.12.31.	2024.1.1.

② 연차유급휴가 미사용수당은 취업규칙 및 급여규정 등으로 연차유급휴가 사용기간이 소멸된 날 이후 첫 임금지급일에 지급하는 것으로 규정하여도 근로기

준법 위반으로 보지 않는다.

⬡ (예시) 입사일기준의 연차유급휴가 미사용수당 계산

연차유급휴가를 입사일을 기준으로 산정하는 경우

❖ 입사일기준(예. 2020.4.1 입사자)

예) 2022.4.1.~2023.3.31. 연차휴가미사용 일수 5일

- 지급 : 2023년 4월 급여지급일에 지급

① 통상임금으로 지급하는 경우

- 2023년 3월 통상임금 ÷ 209시간 × 8시간 × 5일

② 평균임금으로 지급하는 경우

- 2023년 1~3월 급여총액 ÷ 90일(1~3월 총일수) × 8시간 × 5일

⬡ (예시) 회계연도기준의 연차유급휴가 미사용수당 계산

연차유급휴가를 취업규칙 등으로 회계연도를 기준으로 산정하는 경우

❖ 회계연도기준(매년 1.1.~12.31.)

예) 2022년 연차휴가 미사용 일수 5일

- 지급 : 2023년 1월 급여지급일에 지급

① 통상임금으로 지급하는 경우

- 2022년 12월 통상임금 ÷ 209시간 × 8시간 × 5일

② 평균임금으로 지급하는 경우

- 2022년 10~12월 급여총액 ÷ 92일(10~12월 총일수) × 8시간 × 5일

⬡ 퇴직자의 연차유급휴가 미사용수당

① 퇴직근로자는 퇴직 전년도 출근율에 의하여 퇴직연도에 발생한 연차유급휴가 청구권이 근로관계가 종료됨에 따라 발생한다.

② 사용자는 퇴직연도의 휴가사용가능일수에 상관없이 미사용한 연차휴가일수에 대하여 퇴직일로부터 14일 이내에 취업규칙이나 그 밖의 정하는 바에 의한 통상임금 또는 평균임금을 지급하여야 한다.

Chapter 6

임금명세서 작성과 교부

① 임금명세서의 교부

🔅 교부 의무

2021년 11월 19일부터 사용자는 임금을 지급하는 때에 근로자에게 반드시 임금명세서를 교부하여야 한다. (근로기준법 제48조제2항)

① 사용자는 근로자에게 임금을 지급하는 때에 임금명세서를 교부하여야 한다.

② 임금명세서는 임금의 구성항목·계산 방법, 공제내역 등 대통령령으로 정하는 사항을 기재해야 하며,

③ 임금명세서는 서면 또는 「전자문서법」에 따른 전자문서로 교부하여야 한다.

🔅 교부 방식

임금명세서는 서면 또는 전자문서로 교부한다. 가능한 교부 방식은 다음과 같다.

1. 근로자에게 서면 임금명세서 직접 교부

2. 전자임금명세서를 작성하고 자동으로 송·수신 되도록 구축된 정보처리시스템을 활용하여 전송 교부

3. 사내 전산망의 정보처리시스템, 애플리케이션 등을 통한 전달

4. 전자임금명세서를 작성하고 공인전자주소, 포털사이트 등에서 제공하는 이메일 등 각종 전자적 방법을 이용하여 전송 교부

5. 임금총액 등 근로기준법령상 기재사항을 포함하여 휴대전화 문자메시지로 근로자에게 전송 교보

🔅 교부 시기

임금명세서 교부 시기는 사용자가 근로자에게 임금을 지급하는 날에 교부하여야 한다. 즉, 임금의 정기 지급일 등에 임금명세서를 교부하여야 한다. (근기법 제43조 제2항)

• 임금명세서 교부일 : 임금 지급일

➠ 교부위반 과태료

임금명세서 교부 의무를 위반한 사용자에게는 500만원 이하의 과태료를 부과하한다(근기법§116②). 근로기준법 시행령 별표 7에 위반행위 및 횟수에 따른 과태료 부과기준을 두고 있으며, 임금명세서 교부 의무위반 근로자 1명 기준으로 과태료를 부과한다.

위반행위	과태료(만원)		
	1차	2차	3차 이상
근기법 제48조제2항에 따른 임금명세서 교부의무를 위반한 경우			
1) 임금명세서를 교부하지 않은 경우	30	50	100
2) 임금명세서에 기재사항을 적지 않거나, 사실과 다르게 적어 교부한 경우	20	30	50

② 임금명세서 작성 항목

사용자는 근로자에게 임금을 지급할 때 다음의 임금명세서 항목을 작성하여 교부하여야 한다.

➠ 근로자 성명 등

근로자를 특정할 수 있는 정보를 기재한다. 다만, 성명 외에도 생년월일, 사원번호, 부서 등 근로자를 특정할 수 있는 정보를 기재할 수 있다.

- 성명, 생년월일, 사원번호 등

➠ 임금 지급일

근로기준법 제43조제2항에 의하여 사용자는 근로자에게 임금을 매월 1회 이상 일정한 날짜를 정하여 지급해야 한다. 임금 지급일은 정기 지급일을 기재한다.

- 임금지급일 : 매월 정기지급일

➠ 임금 총액

근로소득세 등 원천공제 이전 임금 총액을 기재해야 한다. 근로소득세, 사회보험료 근로자부담분 등을 공제한 경우에는 공제 후 실지급액을 함께 기재한다.

- 임금 총액
- 실지급액

🔹 임금 항목과 지급액

임금을 구성하고 있는 모든 항목을 기재한다.

① 매월 지급되는 항목
- 기본급, 연장근로수당, 가족수당, 식대, 직책수당 등 매월 정기적으로 지급하는 항목 기재
② 격월·부정기적으로 지급하는 항목
- 명절상여금, 성과금 등 격월 또는 부정기적으로 지급하는 항목이 있는 경우에도 해당 항목 모두 작성

🔹 공제 항목과 공제액

근로기준법 제43조제1항 단서에 따라 임금의 일부를 공제한 경우 그 항목과 금액을 기재한다.
- 근로소득세, 4대 보험료, 조합비 등

🔹 임금 계산방법

① 임금 계산방법은 해당 임금항목란 또는 별도로 작성란을 마련하여 기재할 수도 있다.
② 임금의 구성항목별 금액이 어떻게 산출되었는지, 산출식 또는 산출방법을 작성하되, 추가적인 정보 확인 없이 근로자가 바로 알 수 있도록 구체적인 수치를 포함한 산출식을 기재한다.
- 예) 연장근로수당 288,000원 = 16시간 × 12,000원 × 1.5
③ 임금명세서 일괄 작성 등 편의를 위해 취업규칙이나 근로계약서 등에 기재된 기본적인 계산방법을 공통적으로 기재하고, 계산에 필요한 정보를 별도로 기재하는 것도 가능하다.
- 예) 영업수당 : 345,600원 (급여규정에 의한 수당액)
④ 모든 임금 항목에 대한 산출식 또는 산출방법을 기재할 필요는 없으며, 출근일수·시간 등에 따라 금액이 달라지는 항목에 대해서만 계산방법을 기재한다.
⑤ 정액으로 지급되는 임금 항목은 계산방법을 작성하지 않아도 된다.

- 예) 월 식대 : 200,000원, 월 출퇴근교통비 200,000원

매월 20만원씩 고정적으로 지급되는 식대는 계산방법을 별도로 기재할 필요가 없으나, 근로일수에 따라 일당 7천원씩 지급되는 식대의 경우 계산방법에 '8일(근로일수) × 7,000원'과 같이 작성한다.

- 식대 56,000원 (8일 × 7,000원)

⑥ 연장·야간·휴일 근로를 하는 경우 추가된 근로시간에 대한 임금 이외에 가산수당이 발생하므로, 실제 연장·야간·휴일 근로시간 수를 포함하여 계산방법을 작성

- (예시) 연장근로수당 288,000원 = 16시간 × 12,000원 × 1.5
- 연장 및 휴일근로의 경우 소정근로시간을 넘어 추가적인 근로에 해당하므로 통상임금의 1.5배를 지급해야 하나, 야간근로의 경우에는 소정근로시간에 해당하면 통상임금의 50%를 가산하여 임금을 지급

⑦ 가족수당의 경우 가족수에 따라 지급금액이 달라진다면 계산방법에 가족 수 및 각각의 금액 등을 기재한다.

- (예시) 1. 부양가족 1인당 2만원, 2. 배우자 4만원, 직계존비속 2만원 등
- 다만, 취업규칙이나 근로계약서에 특정 임금항목에 대한 지급요건이 규정되어 있는 경우에는 임금명세서에 이를 기재하지 않더라도 무방

연장근로시간 수

해당 월의 실제 근로한 연장근로시간 수를 기재
- 상시 5인 이상 사업장의 경우 통상임금의 50%를 가산하여 근로자에게 지급(연장근로 관련 총지급액: 통상임금의 150%)
- 상시 5인 미만 사업장 및 농수축산업의 경우 해당 근로시간에 따른 통상임금의 100%를 지급하더라도 법 위반은 아님

야간근로시간 수

오후 10시부터 다음날 오전 6시 사이에 근로한 경우 해당 근로시간을 기재
- 상시 5인 이상 사업장의 경우 통상임금의 50%를 가산하여 지급

야간근로수당

① 소정근로시간이 아닌 시간에 근로를 제공하는 연장근로 및 휴일근로와 달리 야

간근로는 소정근로시간 여부와 관계없이 발생할 수 있다.

② 따라서, 사업장 편의에 따라 야간근로수당을 별도의 항목으로 구분하여 지급할 수도 있고,

③ 야간근로가 연장 또는 휴일근로에 해당할 경우에는 연장 또는 휴일근로수당에 포함하여 산정하는 것도 가능하다.

④ 야간근로가 연장근로에 해당하는 경우 기재방법

- 연장근로수당(근로시간 수 × 통상임금의 200%)
- 또는, 연장근로수당(근로시간 수 × 통상임금의 150%) + 야간근로수당(근로시간수 × 통상임금의 50%)

휴일근로시간 수

휴일에 근로한 시간 수 기재

- 상시 5인 이상 사업장의 경우 하루 8시간 이내 휴일근로는 통상임금의 50%를 가산하며, 8시간을 초과한 휴일근로는 통상임금의 100%를 가산하여 지급(휴일근로 관련 총지급액: 통상임금의 150% 또는 200%)

④ 임금명세서 작성예시

〈사례1〉 제 수당이 없는 시급·일급제 또는 월급제인 경우

임 금 명 세 서

(성명) 홍 길 동			지급일 : 2023-03-25	
세부 내역				
지 급		공 제		
임금 항목	지급 금액(원)	공제 항목	공제 금액(원)	
기본급	2,090,000	근로소득세	24,660	
(계산방법)	(209시간 × 10,000원)	국민연금	94,050	
식대	200,000	건강보험	69,700	
		장기요양보험	7,140	
		고용보험	16,720	
지급액 계	2,290,000	공제액 계	212,270	
실지급액		2,077,730		

*월급제 급여의 경우 기본급 계산 방법을 생략할 수 있다.

● 〈사례2〉 제 수당이 있는 월급제 임금명세서

임 금 명 세 서

지급일 : 2023-03-25

성명	홍 길 동	사번	073542
부서	개발지원팀	직급	사원

세부 내역

지 급			공 제	
임금 항목		지급 금액(원)	공제 항목	공제 금액(원)
매월 지급	기본급	3,000,000	소득세	87,430
	연장근로수당	344,496	국민연금	163,120
	야간근로수당	14,354	건강보험	120,890
	휴일근로수당	86,124	장기요양보험	12,390
	식대	200,000	고용보험	28,990
격월 또는 부정기 지급				
지급액 계		3,644,974	공제액 계	412,820
실수령액(원)			3,232,154	

연장근로시간	야간근로시간	휴일근로시간	기타	통상시급(원)
16	2	4	-	14,354

계산 방법

구분	산출식 또는 산출방법	지급액(원)
연장근로수당	16시간×14,354원×1.5	344,496
야간근로수당	2시간×14,354원×0.5	14,354
휴일근로수당	4시간×14,354원×1.5	86,124

PART 17

퇴직급여제도 관리

Chapter 1

퇴직급여제도의 개요

1 퇴직급여제도의 개요

사용자는 1년 이상 근로한 근로자가 퇴직할 때 퇴직급여를 지급하기 위하여 퇴직급여제도 중 하나 이상의 제도를 설정하여야 한다.

퇴직급여 지급 대상

근로자를 고용하는 사용자는 1년 이상 계속근로한 근로자 등 다음의 근로자가 퇴직할 때 근속기간 1년에 대하여 평균임금 1개월 이상의 퇴직급여를 지급하여야 한다. (퇴직급여법§4①)

구분	퇴직금 지급 대상
퇴직급여	① 1년 이상 계속근로자 ② 4주간을 평균하여 1주간의 소정근로시간이 15시간 이상인의 ①의 근로자

퇴직급여 예외 대상

근로자를 고용하는 사용자는 다음의 1년 미만 근속한 근로자 등이 퇴직할 때에 퇴직급여를 지급할 의무가 없다(퇴직급여법§4①). 다만, 퇴직급여 예외 대상자를 취업규칙 및 퇴직금규정, 퇴직급여제도의 규약 및 계약 등으로 설정하는 경우 퇴직금을 지급할 수 있다.

구분	퇴직금 제외 대상
퇴직급여	• 계속근로기간이 1년 미만인 근로자 • 4주간을 평균하여 1주간의 소정근로시간이 15시간 미만인 근로자 • 동거하는 친족만을 사용하는 사업장의 근무자 • 가구 내 고용자

② 퇴직급여제도의 설정

퇴직급여제도의 설정 대상

사용자는 1년 이상 근로한 근로자가 퇴직할 때 퇴직급여를 지급하기 위하여 퇴직급여제도 중 하나 이상의 제도를 설정하여야 한다. 다만, 계속근로기간이 1년 미만인 근로자, 4주간을 평균하여 1주간의 소정근로시간이 15시간 미만인 근로자는 퇴직급여 지급대상에서 제외한다. (퇴직급여법§4①)

구분	퇴직급여제도 설정 의무자
퇴직급여제도	• 근로자를 고용하는 사용자

퇴직급여제도의 종류

퇴직급여제도란 퇴직하는 근로자에게 퇴직급여를 지급하거나, 재직 근로자에게 퇴직급여 상당액을 적립하기 위하여 근로자퇴직급여보장법에서 정한 다음의 퇴직연금제도와 퇴직금제도를 말한다. (퇴직급여법§2;6.§25①)

《 퇴직급여제도 종류와 설정 사업자 》

퇴직급여제도	설정 의무자
1. 퇴직금제도	• 사업자
2. 확정급여형(DB) 퇴직연금제도	• 사업자
3. 확정기여형(DC) 퇴직연금제도	• 사업자
4. 중소기업퇴직연금기금제도	• 상시근로자 30인 이하 사업장
5. 개인형(IRP) 퇴직연금제도 특례	• 상시근로자 10인 미만 사업장

③ 퇴직급여제도의 변경

근로자대표의 동의

사용자가 퇴직급여제도를 설정하거나 설정된 퇴직급여제도를 다른 종류의 퇴직급여제도로 변경하려는 경우에는 근로자의 과반수가 가입한 노동조합이 있는 경우에는 그 노동조합, 근로자의 과반수가 가입한 노동조합이 없는 경우에는 근로자 과반수의 동의를 받아야 한다. (퇴직급여법§4③)

⟫ 근로자대표의 의견 청취

사용자가 근로자의 동의로 설정 및 변경된 퇴직급여제도의 내용을 변경하려는 경우에는 근로자대표의 의견을 들어야 한다. 다만, 근로자에게 불리하게 변경하려는 경우에는 근로자대표의 동의를 받아야 한다. (퇴직급여법§4④)

④ 퇴직급여제도의 비교

근로자 1인 이상 사업장 사업자는 근로자에게 퇴직급여를 지급하기 위하여 퇴직급여제도를 설정할 의무가 있다. 퇴직급여제도를 비교하면 다음과 같다.

《 퇴직급여제도의 비교 》

구분	퇴직금제도	확정급여형 퇴직연금제도	확정기여형 퇴직연금제도	중소기업 퇴직기금제도	개인형 퇴직연금제도
제도설정	근로자 사용 모든 사업장			상시 30인 이하 사업장	상시 10인 미만 사업장
적립방법	사내	금융기관	금융기관	근로복지공단	금융기관
부담금	-	퇴직금 100%	연간 임금총액의 12분의 1 이상		
적립	-	연간 1회 이상			
운영 주체	사용자	사용자	근로자	근로복지공단	근로자
적립금 운용	사용자	퇴직연금사업자(금융회사)		근로복지공단	퇴직연금사업자(금융회사)
운용책임	-	사용자	근로자	근로복지공단	근로자
중간정산 등	법정 요건 시	불가	법정 요건 충족 시		
퇴직급여 수준	퇴직일 기준 30일분 평균임금 이상 × 근속연수		부담금납입액 + 수익률		
급여 지급	55세 미만 : IRP계정 이전, 55세 이상 : 일시금 등 지급				
원천징수	사용자(사업자)		퇴직연금사업자(금융회사)	근로복지공단	퇴직연금사업자(금융회사)

Chapter 2

퇴직금제도의 설정

① 퇴직금제도의 개요

💠 퇴직금제도의 설정의무

일반퇴직금제도는 퇴직연금제도를 설정하지 않은 사업자가 1년 이상 근속한 근로자가 퇴직하는 경우에 "계속근로기간 1년에 대하여 30일분 이상의 평균임금을 퇴직금"으로 지급하는 제도이다. (퇴직급여법§8①)

↻ 퇴직급여 수준

일반퇴직금제도 설정 사업자의 퇴직하는 근로자의 퇴직급여는 다음과 같다. 평균임금이란 산정 사유가 발생한 날 이전 3개월 동안에 근로자에게 지급된 임금의 총액을 그 기간의 총일수로 나눈 금액을 말한다(퇴직급여법§2조6호).

> 퇴직금 = 퇴직 시 30일분의 평균임금×근속연수

② 퇴직금제도의 설정 절차

① 퇴직금제도를 설정하려는 사용자는 계속근로기간 1년에 대하여 30일분 이상의 평균임금을 퇴직금으로 퇴직근로자에게 지급할 수 있는 퇴직급여제도로 설정하여야 한다. (퇴직급여법§8①)

② 근로자를 고용하는 사업자가 퇴직연금제도를 설정하지 않은 경우 「퇴직금제도」를 설정한 것으로 본다. (퇴직급여법§11)

● 퇴직금제도의 적용 요건

상시근로자 10명 이상 사업장은 퇴직금제도의 설정에 관한 사항을 취업규칙 또는 퇴직금규정을 작성하여 근로자대표의 동의로 시행한다.

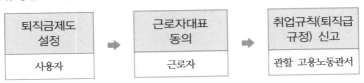

❸ 퇴직금제도의 요약

사업자의 일반퇴직금제도 설정을 요약하면 다음과 같다.

《 퇴직금제도 설정 요약 》

구분	퇴직금제도 내용
적립	• 사내 적립
설정 방법	• 취업규칙 및 퇴직금규정으로 제정
퇴직급여 수준	• 근속연수 × 퇴직일 기준 30일분의 평균임금 이상
적립 의무	• 없음
중간 정산	• 법정 요건 충족 시 가능
지급 방법	• IRP계정 지급 : 55세 미만 퇴직자 • 일시금 지급 : 55세 이상, 300만원 이하 퇴직금

퇴직연금제도의 설정

1 확정급여형 퇴직연금제도의 설정

확정급여형 퇴직연금제도 개요

확정급여형(DB : Defined Benefit Plan) 퇴직연금제도는 근로자가 퇴직할 때 받을 퇴직급여의 수준이 사전에 결정되어있는 퇴직연금제도이다(퇴직급여법§2;8).

근로자의 퇴직급여 수준은 가입자의 퇴직일을 기준으로 산정한 일시금이 계속근로기간 1년에 대하여 30일분 이상의 평균임금이 되도록 하여야 한다(퇴직급여법§15).

> DB형 퇴직급여 = 퇴직 시 평균임금 30일분 이상 × 근속연수

확정급여형 제도설정 절차

확정급여형 퇴직연금제도를 설정은 사용자가 DB형 제도를 선택하여 퇴직연금사업자를 선정하고, 취업규칙(퇴직금규정)으로 근로자대표 동의 및 의견을 들어 DB형 퇴직연금 규약을 작성하여 관할 고용노동관서에 신고함으로써 설정할 수 있다.

확정급여형 퇴직연금제도 요약

DB형 퇴직연금제도 적립금의 적립과 운용책임 주체는 사업자이다. DB형 퇴직연금제도를 요약하면 다음과 같다.

《 확정급여(DB)형 퇴직연금제도 요약 》

구분	DB형 제도 주요 내용
설정 대상	• 사용자(사업자)
부담금 수준	• 연간 임금총액의 12분의 1 이상
퇴직연금사업자	• 금융회사(은행, 증권, 기타)
부담금 납입	• 연간 1회 이상 정기적 적립
중도 인출	• 적립금 중도인출 불가
퇴직급여 수준	• 근속연수 × 퇴직 시 30일분 평균임금 이상
지급 형태	• 퇴직연금사업자 또는 사용자가 지급
지급 방법	• IRP계정, 직접지급(계좌이체)
원천징수 의무	• 사용자(사업자)

② 확정기여형 퇴직연금제도 설정

● 확정기여형 퇴직연금제도 개요

확정기여형(DC : Defined Contribution Plan) 퇴직연금제도는 퇴직급여의 지급을 위하여 사용자가 부담하여야 할 부담금의 수준이 사전에 결정되어있는 퇴직연금제도이다(퇴직급여법§2;9).

사용자는 가입자의 연간 임금총액의 12분의 1 이상에 해당하는 부담금을 현금으로 가입자의 확정기여형퇴직연금제도 계정에 납입하여야 한다(퇴직급여법§20①).

> DC형 사용자부담금 = 연간 임금총액의 12분의 1 이상

● 확정기여형 DC형 제도설정 절차

확정기여형 퇴직연금제도를 설정은 취업규칙(퇴직금규정)으로 근로자대표 동의 및 의견을 들어 퇴직연금사업자를 선정하여 DB형 퇴직연금규약서를 작성하여 관할 고용노동관서에 신고함으로써 설정한다.

⊕ DC형 퇴직연금제도 요약

DC형 퇴직연금제도 부담금 납입의무자는 사용자이며, 부담금의 운용 주체는 근로자이다. DC형 퇴직연금제도를 요약하면 다음과 같다.

《 확정기여형 퇴직연금제도 요약 》

구분	확정기여 퇴직연금 내용
설정 대상	• 사용자(사업자)
부담금 수준	• 연간 임금총액의 12분의 1 이상
부담금 납입	• 사용자(사업자)
적립금 운용	• 퇴직연금사업자(금융회사)
운용 주체	• 근로자
중도 인출	• 법정 인출요건 충족 시
퇴직급여 수준	• 적립금＋운용손익
지급 방법	• IRP계정지급, 직접지급

③ 중소기업 퇴직연금기금제도 설정

⊕ 중소기업 퇴직연금기금제도 개요

중소퇴직기금제도는 상시근로자 30명 이하 사업장이 퇴직급여제도로 선택할 수 있는 제도이다. 사용자가 부담하여야 할 부담금의 수준이 사전에 결정되어있는 퇴직연금제도이다(퇴직급여법§23조의6).

사용자는 매년 1회 이상 정기적으로 가입자의 연간 임금총액의 12분의 1 이상에 해당하는 사용자부담금을 현금으로 가입자의 중소기업 퇴직연금기금제도 계정에 납입하여야 한다(퇴직급여법§23조의7).

중소퇴직기금 사용자부담금 = 연간 임금총액의 12분의 1 이상

⊕ 중소기업 퇴직기금제도 설정 절차

상시근로자 30인 이하 중소기업 사용자는 중소기업퇴직연금기금표준계약서에서 정하고 있는 사항에 관하여 근로자대표의 동의를 얻거나 의견을 들어 근로복지공단과 계약을 체결함으로써 중소기업퇴직연금기금제도를 설정할 수 있다. (퇴직급여법§23의6①)

중소퇴직기금제도 선택 → 근로자대표 동의 → 계약체결
사업자　　　　근로자　　　　근로복지공단

💬 중소기업 퇴직기금제도 설정 사업자

중소기업퇴직연금기금제도(또는 중소퇴직기금)는 2022.4.14.부터 시행하는 제도로 상시근로자 30명 이하의 근로자를 사용하는 사업장에 한정하여 근로자 퇴직급여제도로 설정할 수 있다. (퇴직급여법§2조14호)

구분	설정 대상 사업장
중소퇴직기금제도	• 상시근로자 30인 이하 사업장

💬 중소퇴직기금제도 가입 대상

중소퇴직기금제도의 가입자는 근로복지공단과 계약을 체결한 상시근로자 30인 이하 사업장에서 근무하는 계속근로기간 1년 이상의 퇴직급여 지급대상 근로자이다.

💬 중소기업 퇴직연금기금제도 요약

중소기업 퇴직기금제도 부담금 납입의무자는 사용자이며, 운용 주체는 근로복지공단이다. 중소기업 퇴직기금제도 설정과 가입 등을 요약하면 다음과 같다.

《 중소기업 퇴직연금기금제도 요약 》

구분	퇴직기금제도 내용
설정 대상	• 상시근로자 30인 이하 사업장
부담금 수준	• 연간 임금총액의 12분의 1 이상
부담금 납입	• 사용자, (근로자)
운용 주체	• 근로복지공단
퇴직연금사업자	• 공단과 자산운용계약을 체결한 금융회사
지원금	• 사업자부담금
적립금 운용	• 공단 계약의 자산운용 퇴직연금사업자
중도 인출	• 특정 사유 충족 시
퇴직급여 수준	• 적립금＋운용손익

④ 개인형(IRP) 퇴직연금제도 특례

개인형(IRP) 퇴직연금제도 특례 개요

개인형 퇴직연금제도 특례는 상시근로자 10명 미만 사업장에서 사용자가 근로자의 요구로 선택할 수 있는 제도이다. 사용자가 부담하여야 할 부담금의 수준이 사전에 결정되어있는 퇴직연금제도이다(퇴직급여법§25조).

> IRP제도 특례 사용자부담금 = 연간 임금총액의 12분의 1 이상

• 특례대상 사업자 : 상시근로자 10인 미만 사업의 사용자

IRP특례 설정 절차

상시근로자 10인 미만 사업자는 근로자의 동의 및 요구로 퇴직연금사업자를 선정하여 퇴직급여제도로 개인형퇴직연금제도를 설정할 수 있다.

사용자의 근로자의 동의

사용자가 퇴직연금사업자를 선정하는 경우에 개별근로자의 동의를 받을 것. 다만, 근로자가 요구하는 경우에는 스스로 퇴직연금사업자를 선정할 수 있다. (퇴직급여법§25②1)

IRP특례 사용자부담금

① 사용자는 가입자별로 연간 임금총액의 12분의 1 이상에 해당하는 부담금을 현금으로 가입자의 개인형퇴직연금제도 계정에 납입하여야 한다. (퇴직급여법§25②2)

② 사용자는 매년 1회 이상 정기적으로 사용자부담금을 가입자의 개인형퇴직연금제도 계정에 납입하여야 한다. (퇴직급여법§25②4)

③ 사용자부담금납입이 지연된 부담금에 대한 지연이자의 납입하여야 한다. (퇴직급여법§25②4)

구분	IRP제도 사용자부담금 등
사용자부담금	• 연간 임금총액의 12분의 1 이상
부담금납입	• 연간 1회 이상 납입
납입계정	• IRP제도 가입자(근로자) 계정

⊕ IRP특례설정 의무사항 면제

개인형퇴직연금제도 특례 설정 사업자는 퇴직연금규약의 작성과 신고 의무가 면제된다. 또한, 퇴직연금제도 가입자 교육 의무를 면제한다.

- 퇴직연금규약 작성 및 신고 의무 면제
- 퇴직연금제도 가입자 교육 의무 면제

⊕ IRP계정 가입자 추가부담금

IRP퇴직연금제도 특례사업장의 근로자는 사용자부담금 외에 가입자부담금을 추가부담금으로 납입할 수 있다. (퇴직급여법§25②4)

⊕ IRP특례 설정 요약

개인형퇴직연금제도 특례 설정과 부담금 등을 요약하면 다음과 같다.

《 개인형 퇴직연금제도 특례 설정 요약 》

구분	퇴직기금제도 내용
설정 대상	• 상시근로자 10인 미만 사업장
사용자부담금	• 연간 임금총액의 12분의 1 이상
부담금 납입일	• 연간 1회 이상 정기적 납입
운용 주체	• 근로자
적립금 운용	• 퇴직연금사업자(금융회사)
중도 인출	• 법정 요건 충족 시
퇴직급여 수준	• 적립금＋운용손익

Chapter 4

퇴직급여의 중간정산과 지급

1 퇴직급여의 중간정산

퇴직급여의 중간정산 개요

퇴직급여제도 및 퇴직연금제도를 설정한 사업장은 근로자가 주택구입 등 근로자 퇴직급여보장법 시행령에 정한 사유로 근로자가 요구하는 경우에는 사용자는 근로 자가 퇴직하기 전에 사용자의 승낙으로 해당 근로자의 계속근로기간에 대한 퇴직금 을 미리 정산하여 지급할 수 있다. (퇴직급여법§8②)

퇴직금(적립금)의 법정 요건을 충족하는 경우 중간정산(중도인출)의 가능 여부는 다음과 같다.

구분	퇴직금 중간정산 등
• 퇴직금제도	• 퇴직금 중간정산 가능
• 확정급여형 퇴직연금제도	• 적립금 중도인출 불가
• 확정기여형 퇴직연금제도	
• 중소퇴직기금제도	• 적립금 중도인출 가능
• 개인형 퇴직연금제도 특례	

퇴직급여의 중간정산 사유

퇴직금제도 설정 사업장은 퇴직급여법 시행령에서 정한 다음의 어느 하나에 해당 하는 사유에 퇴직금을 중간정산을 할 수 있다.

퇴직급여 중간정산 사유 (퇴직급여법 시행령 제3조 제1항)

1. 무주택자인 근로자가 본인 명의로 주택을 구입하는 경우
2. 무주택자인 근로자가 주거를 목적으로 「민법」 제303조에 따른 전세금 또는 「주 택임대차보호법」 제3조의2에 따른 보증금을 부담하는 경우. 이 경우 근로자가 하 나의 사업에 근로하는 동안 1회로 한정한다.

3. 근로자가 6개월 이상 요양을 필요로 하는 다음 각 목의 어느 하나에 해당하는 사람의 질병이나 부상에 대한 의료비를 해당 근로자가 본인 연간 임금총액의 1천분의 125를 초과하여 부담하는 경우

    가. 근로자 본인

    나. 근로자의 배우자

    다. 근로자 또는 그 배우자의 부양가족

4. 퇴직금 중간정산을 신청하는 날부터 거꾸로 계산하여 5년 이내에 근로자가 「채무자 회생 및 파산에 관한 법률」에 따라 파산선고를 받은 경우

5. 퇴직금 중간정산을 신청하는 날부터 거꾸로 계산하여 5년 이내에 근로자가 「채무자 회생 및 파산에 관한 법률」에 따라 개인회생절차개시 결정을 받은 경우

6. 사용자가 기존의 정년을 연장하거나 보장하는 조건으로 단체협약 및 취업규칙 등을 통하여 일정나이, 근속시점 또는 임금액을 기준으로 임금을 줄이는 제도를 시행하는 경우

7. 사용자가 근로자와의 합의에 따라 소정근로시간을 1일 1시간 또는 1주 5시간 이상 변경하여 그 변경된 소정근로시간에 따라 근로자가 3개월 이상 계속 근로하기로 한 경우

8. 근로기준법 일부개정법률의 시행에 따른 근로시간의 단축으로 근로자의 퇴직금이 감소되는 경우

9. 재난으로 피해를 입은 경우로서 고용노동부장관이 정하여 고시하는 사유에 해당하는 경우

퇴직금 중간정산 신청서

■ 신청자

성 명		소 속 부 서	
입 사 일 자			
중간정산기간			

■ 신청사유

①무주택자의 주택구입 ②무주택자의 전세금 또는 임차보증금 부담 ③본인, 배우자, 부양가족의 6개월 이상의 요양 ④최근 5년 이내의 파산선고 ⑤최근 5년 이내의 회생절차개시결정 ⑥임금피크제시행 ⑦천재지변 등에 의한 피해 ⑧ 소정근로시간을 변경하여 3개월 이상 계속 근로 ⑨ 근로시간 단축입법 시행으로 퇴직금이 감소

상기 본인은 상기 중간정산 사유 중 (   )의
사유로 202 년 월 일 부터 202 년 월 일 까지의 퇴직금 중간정산을 관련 증빙서류 일체를 제출하여 신청합니다.

첨부: 중간정산사유 증빙서류 일체 1부

신청일 202 년   월   일

신청자   (기명날인 또는 서명)

○○주식회사 대표이사 귀중

② 퇴직금의 지급

퇴직급여의 지급 시기

퇴직금제도를 설정한 사용자는 근로자가 퇴직한 경우에는 그 지급사유가 발생한 날부터 14일 이내에 퇴직금을 지급하여야 한다. 다만, 특별한 사정이 있는 경우에는 당사자 간의 합의에 따라 지급기일을 연장할 수 있다(퇴직급여법§9①).

퇴직급여제도의 퇴직금 지급 시기는 다음과 같다.

《 퇴직급여 지급 시기 》

퇴직급여제도	퇴직금 지급 기한
• 퇴직금제도 • 확정급여형 퇴직연금제도	퇴직일로부터 14일 이내
• 확정기여형 퇴직연금제도 • 중소기업 퇴직연금기금제도 • 개인형 퇴직연금제도	사용자부담금 정기납입기한 이내

퇴직급여의 IRP 지급

2022년 4월 14일부터 퇴직연금제도 미도입 업체라도 근로자의 퇴직금은 근로자가 지정한 개인형(IRP) 퇴직연금 계좌로 의무 이전하는 방법으로 지급하여야 한다. 다만, 근로자가 55세 이후에 퇴직하여 급여를 받는 경우 또는 300만원(고용노동부 고시) 이하는 그러하지 아니하다. (퇴직급여법§9②)

구분	퇴직금 지급 방법	법규
• 55세 미만 퇴직근로자	• 가입자 IRP계정 이전	퇴직급여법 §9②③
• 55세 이후 퇴직근로자 • 300만원 이하 퇴직급여자 • 퇴직금담보대출 상환 퇴직자	• 퇴직근로자 계좌이체	

기한 내 미지급 등 벌칙

① 사용자가 퇴직금을 퇴직일부터 14일 이내에 지급하지 아니한 경우 3년 이하의 징역 또는 2천만원 이하의 벌금에 처한다. (퇴직급여법§44)

② 다만, 특별한 사정이 있는 경우에는 당사자 간의 합의에 의하여 지급기일을

연장할 수 있으며, 피해자의 명시적인 의사에 반하여 공소를 제기할 수 없다.

③ 당사자 간 합의에 의하여 지급기일을 연장하였더라도 지연이자 적용제외 사유에 해당하지 않는 한, 당사자 간 합의만으로 지연이자 지급책임을 면할 수 있는 것은 아니다.

➡ 퇴직급여 소멸시효

근로자가 퇴직하는 경우에 사용자의 특별한 사정으로 당사자 간의 합의에 따라 지급기일을 연장하는 경우를 제외하고는 퇴직금을 받을 권리를 3년간 행사하지 않을 경우에는 시효가 종료되어 퇴직금을 지급받을 권리를 행사할 수 없다. (퇴직급여법§10)

PART
18

징계업무관리

Chapter 1

징계의 이해

1 징계의 이해

징계의 목적

징계란 조직구성원의 의무위반에 대한 제재이다. 징계는 조직구성원이 맡은 바 직무를 성실하게 수행하고 행동 규범을 준수하게 하기 위한 통제 활동으로, 의무 위반자에 대한 제재를 통해 구성원들의 잘못된 질서위반 행위를 교정하고, 질서를 지키는 사원과의 공평성과 정당성 등 조직관리의 질서확립과 인사관리 등에 그 목적이 있다.

징계의 근거

사용자는 근로자의 기업질서 위반행위에 대하여 근로기준법 등 관련 법령에 반하지 않는 범위 내에서 이를 규율하는 취업규칙 등에 제정할 수 있고, 이를 근거로 근로자를 징계할 수 있다. (대법 2000.9.29, 99두10902)

원칙적으로 근로자의 징계처리는 취업규칙 또는 단체협약에 정직, 감봉, 강등, 견책, 경고, 출근정지 및 징계해고 등에 관한 규정을 두는 것이 일반적으로, 징계규정에 따라 노사공동으로 구성된 징계위원회에서 처리한다.

징계요건

징계처분이 효력을 발생하기 위해서는 단체협약, 취업규칙, 사규, 근로계약서 등에 규정하여 다음과 같은 요건을 갖추어야 한다.

첫째 징계규정이 설정되어 근로자에게 충분히 숙지 되어야 하고

둘째 징계의 요건과 종류 및 효과 등이 상세히 규정되어야 하고

셋째 적법한 절차에 의하여 행해져야 하며

넷째 당해 근로자에게 청문과 변명의 기회가 주어져야 한다.

② 징계의 대상

➡ 징계처분의 대상

기업과 단체 등은 취업규칙 및 사규 등에 정당한 사유에 의한 "전직, 휴직, 정직, 감봉, 해고 등"의 징계처분의 대상이 되는 징계사유를 규정하여 징벌과 제재를 하여야 한다.

징계처분 대상이 되는 징계사유를 취업규칙 등에 규정할 때에는 다음 사항을 참고하여 정할 수 있다.

1. 징계규정을 위반하였을 때
2. 의무를 위반하였을 때
3. 부정행위를 하였을 때
4. 손상행위를 하였을 때
5. 기타 징계가 필요할 때

➡ 징계처분의 사유

징계처분 대상이 되는 구체적인 징계사유로 취업규칙, 단체협약, 사규 등에 규정하는 다음과 같은 사유가 있다.

《 징계처분의 사유요약 》

구분	사유	구분	사유
근태사유	• 근무태만 • 직무유기 • 권한남용	부정행위	• 부정행위 • 불법행위 • 금품수수
재산손실	• 공금유용 • 공금횡령 • 기물파괴	사규위반	• 협약위반 • 규칙위반 • 계약위반
영업 방해	• 고의사고 • 기밀누설 • 영업비밀유출	기타사유	• 기타징계사유

③ 징계의 제한

징계의 제한

징계처분의 대상이 되는 징계사유를 법률로 특별히 정한 것이 없다. 다만, 근로기준법에서 사용자는 근로자에게 정당한 이유 없이 해고, 휴직, 정직, 전직, 감봉, 그 밖의 징벌(懲罰)을 하지 못한다(근기법 23조).

감급의 제한

근로기준법은 취업규칙에서 근로자에 대하여 감급(減給)의 제재를 정할 경우에 그 감액은 1회의 금액이 평균임금의 1일분의 2분의 1을, 총액이 1임금지급기의 임금 총액의 10분의 1을 초과하지 못한다(근기법 95조).

④ 징계의 종류

사용자가 기업의 질서위반에 대한 근로자를 징계처분하는 경우 징벌의 종류는 정직, 감봉, 강등, 견책, 경고, 출근정지 및 징계해고 등이 있다.

징계에는 정당성이 확보되어야 하고, 징계 사항에 대하여 취업규칙 등에 규정하고 사원에게 의무사항의 위반, 부정행위금지 등의 징계대상에 대하여 알려야 한다. 징계의 종류를 요약하면 다음과 같다.

《 징계처분의 요약 》

징계 구분	징계 조치	인사기록
경고	• 주의 및 재발 방지 촉구	-
견책	• 경위서 제출, 인사상 불이익	전보 등에 반영
감급	• 임금의 일정 기간 감액	승진 등에 반영
강등	• 직급·직책·임금 하향 조정	직급 등에 반영
정직	• 출근정지, 임금 지급 중지	해고 전 단계 기록
해고	• 근로관계 종료	해고처분 기록

징계예고의 경고

🌐 경고의 개요

「경고」는 「견책」보다 징계 수위가 낮은 「징계」의 가장 낮은 단계의 징계예고처분이다. 근태관리 상 위반한 사원에게 재발 방지를 위한 징계 조치로 취업규칙 및 사규 등에서 정한 근무 사항 및 직무 태만 등에 대하여 「주의」를 주고 재발 시 징계로 처분하는 「징계예고」를 한다.

🌐 징계예고의 경고 사유

「경고의 징계예고」는 일반적으로 다음의 행위자를 취업규칙 및 사규 등에 징계 사유로 규정하고 있다.

- 무단지각, 무단퇴근
- 무단이탈
- 직무태만

🌐 징계예고의 조치

「경고의 징계예고 조치」는 잘못된 행위에 대하여 재발 방지 등 서면으로 주의 등으로 징계예고를 한다.

- 징계예고의 서면 통지
- 1회의 경고는 인사기록 하지 아니한다.
- 2회 이상의 경고는 인사기록 한다.

🌐 징계예고의 통보

「경고의 징계예고 통보」는 주의조치 대상 사원에게 조직의 책임자가 경고를 구두 또는 서면으로 개별 통보하고, 2회 이상 경고의 주의를 받은 자는 사내에 공개로 게시한다.

3회 이상 경고의 징계예고 경고자는 견책으로 징계한다.

Chapter 3

견책의 징계

🌑 견책의 개요

「견책」은 「경고」보다 징계수위가 높고, 「감봉」보다 낮은 징계이다. 사원이 업무상 잘못에 저지른 사원에게 잘못을 뉘우치게 하는 징계처분으로 취업규칙 및 사규 등에서 정한 질서와 위반에 따른 벌칙으로 「견책」의 징계 조치를 한다.

🌑 징계사유

「견책의 징계사유」는 일반적으로 다음의 행위자를 취업규칙 및 사규 등에 징계사유로 규정하고 있다.

* 경고 징계예고의 반복행위
* 무단결근의 반복 행위
* 직무불이행, 직무위반행위의 반복행위
* 사규 위반 등의 반복행위

🌑 징계 조치

「견책의 징계 조치」는 경위서(시말서) 제출을 의무로 하고 "근무부서 및 직무전환 등" 견책 횟수에 따른 인사상 불이익처분으로 처벌한다.

* 경위서(시말서) 제출
* 인사기록에 징계기록
* 견책횟수에 따른 인사상 승진 제한
* 근무부서 전환 및 이동
* 직무 전환 등

🌑 징계 통보

「견책의 징계 통보」는 징계대상 사원으로부터 "경위서(시말서)"를 제출받고, 징계통지서를 개별통지하고 사내공개공지 등으로 통보하고 게시한다.

Chapter 4

감급의 징계

감급의 개요

「감봉 또는 감급(減給)」은 징계수위가 견책보다 높고, 「직위해제」보다 낮은 징계이다. 사원이 업무상 부정행위 및 부당금품수수, 회사의 재산과 신뢰 등을 손상한 경우 그에 대한 벌칙으로 취업규칙 및 사규 등에서 정한 「감봉징계」를 한다.

징계사유

「감봉의 징계사유」는 다음의 행위자를 일반적으로 취업규칙 및 사규 등에 징계사유로 규정하고 있다.

- 견책징계의 반복행위
- 부정행위, 부당금품수수
- 사내사행위
- 사규 위반

징계 조치

「감봉의 징계 조치」는 근로자에 대하여 급여를 일정기간 감액하여 지급하는 것으로 그 감액은 1회의 금액이 평균임금의 1일분의 2분의 1을, 총액이 1임금지급기의 임금총액의 10분의 1을 초과하지 않는 감봉의 징계 조치를 시행한다. (근기법 95조)

- 일정기간 급여의 감액 조치

징계 통보

「감봉의 징계 통보」는 징계대상 사원에게서 "진술서와 재발금지서약서"를 제출받고 징계통지서를 개별통지하고, 징계확정 후 "사내공개공지" 등으로 통보 및 게시한다.

Chapter 5

강등의 징계

강등의 개요

「강등」은 「직위해제」보다 징계수위가 높고, 「정직」보다 낮은 징계이다. 강등은 직책이나 직급, 호봉 등을 낮추어서 징계사원에게 인사상 불이익한 처벌로 취업규칙 및 사규 등에서 정한 「강등」으로 조치한다.

기업조직에서 강등의 징계처분은 당사자가 받는 정신적 충격이 상당한 징계처분으로, 징계사유의 정당성은 매우 중요하다.

징계사유

「강등의 징계사유」는 일반적으로 다음의 행위자를 취업규칙 및 사규 등에 징계사유로 규정하고 있다.

- 감봉 및 직위해제 징계의 반복행위
- 회사기밀유출자, 영업비밀 유출자
- 부정사행위자
- 사규 위반자 등

징계 조치

「강등의 징계 조치」는 직위를 과장에서 대리로 직급을 4급 사원에서 5급 사원으로, 직급을 낮추어 인사발령을 하는 것으로 처벌한다.

징계 통보

「강등의 징계 통보」는 징계대상자에게 "진술서와 재발금지서약서"를 제출받고, 징계위원회의 징계통지서를 개별통지하고, 징계확정 후 "사내공개공지" 등으로 통지 및 게시한다.

정직의 징계

● 정직의 개요

「정직」은 「강등」보다 징계수위가 높고, 「징계해고」보다 낮은 징계이다. 정직은 사원의 출근을 일정기간 정지하며, 이 기간에 임금을 지급하지 않는 징계처분이다. 정직은 사원에게 행하는 중징계에 해당하므로, 징계사유의 정당성이 매우 중요하다.

● 징계사유

「정직의 징계사유」는 일반적으로 취업규칙 및 사규 등에 다음의 행위자를 징계사유로 규정하고 있다.

- 강등 및 직위해제 징계의 반복행위
- 불법행위로 처벌받은 자
- 부정에 의한 일정액 이상의 금품수수자, 일정액 이상의 공금사적사용자
- 중대기밀유출자, 중대영업비밀유출자, 회사자산유출자
- 사규위반자

● 징계 조치

「정직의 징계 조치」는 징계사원에게 일정 기간 출근과 임금 지급을 정지한다. 그에 대한 정직과 임금지급정지의 기간을 징계위원회의 결정에 따라 처벌한다.

- 출근정지
- 임금지급정지

● 징계 통보

「정직의 징계 통보」는 징계대상자에게 "진술서와 재발 시 징계해고 서약서"를 제출받고, 징계위원회의 징계통지서를 개별통지"하고, 징계확정 후 "사내공개공지" 등으로 통보 및 게시한다.

Chapter 7

해고의 징계

징계해고의 개요

「징계해고」는 「정직」보다 높은 「징계」의 가장 높은 단계의 징계 조치이다. 징계 대상자의 위반행위가 매우 중대하여 회사는 근로관계를 종료하고 퇴사로 처리하는 징계로 징계의 정당성이 매우 중요하다. 징계해고는 징계파면, 징계해임, 징계면직 등으로 불리고 있다.

징계사유

「징계해고의 사유」는 일반적으로 다음의 행위자를 취업규칙 및 사규 등에 징계 사유로 규정하고 있다.

- 정직징계의 반복행위자
- 법정형사처벌자, 법정범죄자
- 해고사유 회사자산을 고의로 훼손한 자와 파손한 자
- 해고사유 회사기밀 고의유출자, 회사영업비밀 고의유출자
- 해고사유 불법금품수수자, 사규위반 회사금품횡령자
- 해고사유 회사의 미승인 겸업자와 겸직자
- 해고사유 사내성희롱징계처분자
- 해고사유 사규위반자 처분자

징계 조치

「징계해고의 징계 조치」는 징계대상자에게 근로관계를 청산하고, 퇴사로 처벌한다.

징계 통보

「징계해고의 징계 통보」는 징계대상자에게 징계위원회의 징계통지서를 개별통지하고, 징계확정 후 "사내공개공지" 등으로 통보 및 게시한다.

PART
19

퇴직업무관리

Chapter 1

정년퇴직

《 정년퇴직 절차 》

1 정년의 개요

정년은 근로자가 사업 및 사업장에서 일정한 나이에 도달하면 퇴직하도록 만든 제도이다.

사업주는 「고용상 연령차별금지 및 고령자고용촉진에 관한 법률(이하 "고용촉진법")에 의하여 근로자의 정년을 60세 이상으로 정하여 시행하여야 한다(고용촉진법 제19조).

1. 2016.1.1.부터 상시 300명 이상의 근로자를 사용하는 사업 또는 사업장은 근로자의 정년을 60세 이상으로 정하여 시행하여야 한다.

2. 2017.1.1.부터 상시 300명 미만의 근로자를 사용하는 사업 또는 사업장은 근로자의 정년을 60세 이상으로 정하여 시행하여야 한다.

근로자의 정년

사용자는 근로자의 정년을 고용촉진법에서 정한 60세 이상으로 취업규칙, 근로계약 등으로로 정할 수 있으며, 사용자와 근로자가 합의하여 "단체협약"으로 근로자의 '정년'을 60세 이상으로 정할 수 있다.

정년퇴직의 시기

우리나라 공무원은 연간 2회 정년퇴직 시기를 설정하고 있다. 기업의 인적 특성을 고려하여 년 1~2회 정도 기준시점을 설정하고 정년퇴직을 시행하는 것이 노무관리 측면에서 편리하다.

60세 도달한 날

취업규칙 등에 "정년을 만 60세로 한다"고 정한 경우 "60세에 도달한 날"이 근로관계가 종료한 날이다.

② 정년의 규정

근로자의 정년은 단체협약, 취업규칙, 근로계약서 등에 정년의 시점을 명확히 규정해야 한다. 회사의 취업규칙 등에 "정년"을 정한 경우 당사자 간에 별도의 정년의 시점에 대하여 정함이 없으면 정년에 도달한 날을 근로관계의 종료일로 본다(대법 71다2669, 1973.6.12).

단체협약, 취업규칙, 사규, 근로계약서 등에 정년의 기준을 규정하는 방법은 다음과 같다.

⟳ 당년 기준

- 제○조(정년) 사원의 정년은 만 60세가 되는 해의 말일까지로 한다.

⟳ 반기 기준

- 제○조(정년) 사원의 정년은 만 60세가 되는 반기(6월 또는 12월)의 말일까지로 한다.

⟳ 분기 기준

- 제○조(정년) 사원의 정년은 만 60세가 되는 해당 분기의 말일까지로 한다.

⟳ 당월 기준

- 제○조(정년) 사원의 정년은 만 60세가 되는 월의 말일까지로 한다

⟳ 당일 기준

- 제○조(정년) 사원의 정년은 만 60세가 되는 날까지로 한다.

Chapter 2

합의퇴직

《 합의퇴직 절차 》

사직서 제출 → 사직서 승인 → 근로관계 종료 → 퇴직금 지급

① 합의퇴직의 개요

근로자가 근로관계를 종료하고자 하는 경우 1임금지급기 전에 사직서를 제출하고, 사용자가 사직서를 수리하는 경우 이를 합의퇴직이라 한다. 이때, 사용자가 사직서를 수락하지 않은 상태에서 근로자가 출근하지 않는 경우 즉, 근로를 제공하지 않는 경우 임의퇴직이 된다.

⊕ 퇴직의 신청

근로자가 사용자에게 사직서를 제출하면 특별한 사정이 없으면 근로계약 관계를 해지하는 의사표시를 한 것으로 본다. 다만, 근로자는 1임금지급기 전에 사직의 의사표시를 하여야 한다.

⊕ 퇴직의 성립

사직원을 제출할 때, 사직일을 지정하여 제출한 경우 이를 존중하여야 하며, 사용자 승낙의 의사표시가 있었다면 그 일자에 근로계약의 해지에 대한 합의로 본다. (서울고법 2002누14104)

① 사원이 직접 사직원을 회사에 제출하고 대표가 승인한 경우
② 기간을 정함이 있는 임시 또는 계약 사원 등의 고용계약이 만료된 경우

② 사직원의 철회

근로자가 사직원을 제출하였으나 사용자가 승낙의사를 확정적으로 표시하지 않은 경우, 근로계약 종료의 효과가 발생하기 전에는 그 사직의 의사표시를 계약당사

자가 자유로이 철회할 수 있다. 이때, 사용자가 사직의 승낙을 하지 않은 상태에서 계약당사자인 근로자가 사직을 철회한 경우, 철회 이전의 사직원을 대상으로 근로자를 의원면직시킬 수 없다. (대법 91다43138)

③ 형식적 사직

① 사용자가 사직의 의사가 없는 근로자로 하여금, 집단으로 사직서를 작성하여 제출케 하여 그중 일부만 선별 수리한 후 이들을 의원면직 처리한 것은 정당한 이유와 절차의 과정을 거치지 아니한 해고조치로서 근로기준법 등의 위반에 해당된다. (대법 92다3670)

② 사표 제출이 형식적으로 이루어진 것이 명백하다면 이를 해고의 추인, 부당해고 불복의 포기 등으로 볼 수 없으며, 이를 이유로 한 해고는 무효가 될 수 있다. (대법 89다카24445)

Chapter 3

명예퇴직

《 명예퇴직 절차 》

근로자 명예퇴직 신청 → 회사 명예퇴직자 승인 → 근로관계 종료 → 퇴직금 지급

1 명예퇴직의 개요

① 명예퇴직은 근로자의 사정에 의한 것보다는 회사의 사정에 의한 조건으로 정년연령에 도달하지 않는 근로자에게 단체협약, 취업규칙, 사규, 근로계약 등에 따라 근속연수 또는 나이 등 규정상 일정한 기준을 충족하거나 기업의 경영상 특별한 사정에 따라 근로자의 자발적 의사에 따라 근로계약 관계를 종료하는 제도를 말한다.

② 명예퇴직제도는 일반적으로 퇴직금 이외에 금전상 보상이나 가산퇴직금 또는 위로금을 추가로 지급하는 등 우대조치를 하여 정년 전에 사직의 형태로 이를 조기퇴직우대제, 희망퇴직제, 선택정년제 등으로 불리고 있다.

③ 명예퇴직은 근로계약의 합의해지라는 측면에서 해고와 구별되며 회사의 사정에 의한 조건의 설정이라는 측면에서 일반적인 사직과 구별된다.

2 명예퇴직의 기준

① 명예퇴직의 대상자는 단체협약, 취업규칙, 사규, 근로계약 등에서 정한 근속연수 또는 일정한 나이에 도달한 근로자를 대상으로 한다. 명예퇴직은 일정기준에 도달한 근로자를 대상으로 금전적 보상을 요건으로 함으로 취업규칙 등에 명확하게 규정하여 시행하여야 한다.

② 일반적으로 취업규칙 등에 정하는 명예퇴직 대상자의 근속연수 및 나이의 규정 기준은 다음과 같이 규정할 수 있다.

- 근속연수 기준 : 15년 이상 근로자
- 근로자 나이 기준 : 55세 이상 근로자

③ 회사의 사정으로 자발적 희망퇴직자를 다음과 같이 정할 수 있다.

- 근속연수 기준 : 10년 이상 근로자
- 근로자 나이 기준 : 50세 이상 근로자

❸ 명예퇴직금의 설계

명예퇴직금은 일반적으로 명예퇴직일 기준으로 정년까지의 기간 또는 일정기간에 대하여 보상하는 것으로 설계한다. 취업규칙 등에 명예퇴직금을 규정할 때 다음과 같이 정할 수 있다.

↻ (예시) 근속연수 기준

- 근속연수 10년 이상자 : 5,000만원
- 근속연수 15년 이상자 : 4,000만원
- 근속연수 20년 이상자 : 3,000만원

↻ (예시) 정년퇴직일(나이) 기한 기준

- 59세 : 명예퇴직일 기준 월 기본급 50% × 12개월
- 58세 : 명예퇴직일 기준 월 기본급 50% × 24개월
- 57세 : 명예퇴직일 기준 근로자의 월 기본급 50% × 36개월

❹ 명예퇴직의 신청

① 명예퇴직은 근로자가 명예퇴직의 신청을 하면 사용자가 요건을 심사한 후 이를 승인함으로써 합의로 근로관계를 종료하는 것이므로, 근로자들의 명예퇴직 신청을 심사하여 수리 여부를 결정할 권한은 사용자에게 있다.

② 회사의 제안에 따라 근로자가 명예퇴직을 신청했다면 회사와 근로자 사이에는 명예퇴직의 합의가 성립한 만큼 이후 근로자가 명퇴의사를 철회했더라도 퇴직예정일이 도래하면 근로자는 당연히 퇴직하고 명예퇴직금을 지급해야 한다.

③ 명예퇴직제도를 실시하는 기업이 인력구조조정의 일환으로 명예퇴직자 선정기준을 정하고 이 기준에 해당하는 근로자가 명예퇴직을 위해 퇴직원을 제출하는경우, 사용자가 이를 수리하여 퇴직 처리하였다면 이는 회사의 강요에 의한 사직서로 볼 수 없다. (대법 2000두9977)

⑤ 명예퇴직의 관련 판례

【판결요지】 (서울고법 1997.1.22. 96나21289)

○ 명예퇴직은 근로자의 권리라고 단정할 수 없을 뿐만 아니라 인사규정에 명예 퇴직에 대한 심사에 관한 사항이 규정되어 있고, 단체협약에는 노동조합 위원장이 명예퇴직 심사 시 인사위원회에 참석하여 의견을 개진할 수 있도록 규정되어 있어 이는 회사에게 명예퇴직 신청을 받아들일 것인지 여부에 대한 재량권이 있음을 전제로 한 것

○ 명예퇴직제도의 근본 취지는 노령화로 인하여 점차 업무 추진 능력이 쇠퇴되어 가는 직원의 명예로운 퇴직을 유도하여 젊고 우수한 인력의 승진 적체를 해소함으로써 직원들의 사기를 진작시키고 조직의 활성화 및 업무의 생산성 향상을 위한 것이라고 할 것이어서, 후불적 임금의 성질을 가지는 통상의 퇴직금제도에 한하여 적용되는 퇴직금 차등제도를 금지한 구 근로기준법 제28조 제2항은 그와 같이 특수한 목적하에 설치된 명예퇴직금제도에는 적용 되지 않는다고 판결

【판결요지】 (대법원 2007.11.29. 선고 2005다28358)

○ 사용자가 근속기간과 평균임금을 산정기초로 삼는 퇴직금제도 외에 별도로 명예퇴직금제도를 두고 그에 따라 지급하는 명예퇴직금은 그 지급대상, 지급 요건 및 산정방법 등이 다양하여 그 성격을 한 가지로만 규정할 수는 없는데, 장기근속자의 정년 이전 조기 퇴직을 유도하기 위하여 퇴직일부터 정년까지의 기간이 길수록 많은 금액이 지급되는 내용의 명예퇴직금제도를 설정하여 운영하는 경우, 그 명예퇴직금은 후불임금 이라기보다는 조기 퇴직에 대한 사례금 또는 장려금적인 성격이 농후하다 할 것인바, 그러한 명예퇴직금제도는 구 근로기준법 (2005.1.27.법률 제7379호로 개정되기 전의 것) 제34조에서 규율하고 있는 퇴직금제도와는 그 성질을 달리하는 것이어서 같은 조 제2항에 정한 차등금지원칙이 적용된다고 보기 어렵다.

Chapter 4

임의퇴직

《 임의퇴직 절차 》

근로자 일방사직 ▷ 사용자 미승낙 ▷ 근로자 미근로 ▷ 근로관계 종료

임의퇴직의 개요

① 근로자가 근로관계를 종료시키고자 사직의 의사표시를 할 때 수락하지 않은 상태에서 근로자가 근로를 제공하지 않으면 임의퇴직으로 본다. 즉, 근로자에 의한 근로계약의 해지, 근로자의 일방적 사직의 의사표시로 근로계약을 종료하는 것이다.

② 근로자가 일방적으로 근로관계의 종료를 선언하고 근로를 제공하지 않는 경우로 기간의 정함이 없는 근로계약인 경우(무기계약)에는 민법 제660조 규정에 의해 근로자는 언제든지 사직의 의사표시를 할 수 있다.

퇴직의 절차

퇴직 절차에 대해서는 노동관계법에 직접 명시하고 있지 않으므로 민법규정에 따르게 된다. 이와 관련하여 민법규정 및 판례에 의하면,

① 합의퇴직 : 근로자가 근로관계를 종료시키고자 사직의 의사표시를 할 때 사용자가 바로 수락하면 합의퇴직이 된다.

② 임의퇴직 : 근로자가 사직을 신청하고 사용자가 바로 수락하지 않은 상태에서 근로자가 근로를 제공하지 않으면 임의퇴직이 되며,

이때 근로기간을 정한 근로계약인 경우(유기계약)에는 근로자가 임의로 퇴직하였다면 사용자는 근로제공을 강제할 수 없으나 고용계약 위반으로 근로자에게 손해배상을 청구할 수 있다.

③ 사직의사 : 기간의 정함이 없는 근로계약인 경우(무기계약)에는 민법 제660조 규정에 의해 근로자는 언제든지 사직의 의사표시를 할 수 있다.

사용자의 손해배상 청구권의 발생

근로계약 기간을 약정한 경우 기간이 소멸하지 않은 상태에서 근로자가 임의로 퇴직하였다면 사용자는 근로제공을 강제할 수 없으나 사용자는 고용계약 위반으로 민법상 손해배상을 청구할 수 있다.

- 근로계약 약정기간의 위반

근로계약해지의 효력: 1임금지급기

① 근로계약기간을 약정하지 않은 근로자 또는 기간을 약정하였지만 ,기간 만료 후 묵시의 갱신이 이루어진 근로자는 언제든지 사직을 사용자에게 통고할 수 있다. 다만, 1개월의 통고기간이 지나야 사직의 효력이 발생하여 노동관계가 종료된다(민법 660조, 662조).

② 퇴직의 효과는 원칙적으로 취업규칙, 단체협약 등에 정한 내용에 따르며, 정한 바가 없다면 해지통고일로부터 1개월이 경과하거나 기간을 정하여 임금을 지급하는 경우에는 당기 후 1임금지급기가 지난 후에 해지의 효력이 발생한다.

❖ 예시 : 1임금지급기의 효력

예를 들어 매월 1일에서 말일까지 임금을 계산하여 월급으로 지급하는 경우에 2020년 3월 27일에 퇴사의사를 통보했다면 당기후 1임금지급기가 지난 2020년 5월 1일에 퇴직효력이 발생한다.

- 근로자의 퇴직통보 : 2020년 3월 27일
- 근로계약 해지효력 : 2020년 5월 1일

PART
20

취업규칙 관리

Chapter 1

취업규칙의 작성

① 취업규칙의 작성 의무

상시 10명 이상의 근로자를 사용하는 사용자는 근로기준법 제93조에 규정한 사항을 취업규칙으로 작성하여 고용노동부장관에게 신고하여야 한다. 이를 변경하는 경우에도 또한 같다. (근기법§93)

⊕ 취업규칙 작성과 개정

취업규칙의 작성과 개정은 해당 사업장에 적용할 근로기준법상 취업규칙의 작성 사항을 포함하여 작성하여 근로자의 서면에 의한 의견청취 또는 불익한 변경에 대한 근로자의 동의로 작성하여 시행하여야 한다.

- 취업규칙 작성 및 개정의 근로자 의견청취
- 불이익한 변경에 대한 근로자의 서면동의

《 취업규칙 작성·개정 절차 요약 》

절차	일정	업무 내용	비고
작성(개정)	1월~2월	• 개정안 개정법률 검토 • 당년도 적용 취업규칙 작성	• 사용자
의견·동의	1월~2월	• 근로자 의견청취서 작성 • (또는 근로자동의서 작성)	• 근로자
신고	2월~3월	• 취업규칙신고서 제출(관할지청) • 근로자의견청취(동의)서 제출	• 관할노동지청
승인	2월~3월	• 취업규칙승인서 발급 및 수취	• 관할노동지청
게시	2월~2월	• 취업규칙 게시	• 사용자

❷ 취업규칙의 작성 사항

근로기준법의 취업규칙 작성 사항은 다음과 같다(근기법 제93조).

《 취업규칙 작성 사항 》

취업규칙 작성 사항 (근기법§93조)	비고
1. 업무의 시작과 종료 시각, 휴게시간, 휴일, 휴가 및 교대 근로에 관한 사항	필수
2. 임금의 결정·계산·지급 방법, 임금의 산정기간·지급시기 및 승급(昇給)에 관한 사항	필수
3. 가족수당의 계산·지급 방법에 관한 사항	(선택)
4. 퇴직에 관한 사항	필수
5. 「근로자퇴직급여 보장법」 제4조에 따라 설정된 퇴직급여, 상여 및 최저임금에 관한 사항	필수
6. 근로자의 식비, 작업 용품 등의 부담에 관한 사항	(선택)
7. 근로자를 위한 교육시설에 관한 사항	(선택)
8. 출산전후휴가·육아휴직 등 근로자의 모성 보호 및 일·가정 양립 지원에 관한 사항	필수
9. 안전과 보건에 관한 사항	필수
9의2. 근로자의 성별·연령 또는 신체적 조건 등의 특성에 따른 사업장 환경의 개선에 관한 사항	(선택)
10. 업무상과 업무 외의 재해부조(災害扶助)에 관한 사항	(필수, 선택)
11. 직장 내 괴롭힘의 예방 및 발생 시 조치 등에 관한 사항	(필수)
12. 표창과 제재에 관한 사항	(선택)
13. 그 밖에 해당 사업 또는 사업장의 근로자 전체에 적용될 사항	(선택)

Chapter 2

취업규칙의 변경

1 급여의 감액규정 제한

사용자는 취업규칙을 작성 및 변경할 때 근로자에 대하여 감급(減給)의 제재를 정할 경우에 그 감액은 1회의 금액이 평균임금의 1일분의 2분의 1을, 총액이 1임금 지급기의 임금 총액의 10분의 1을 초과하지 못한다. (근기법 제95조)

2 근로자의 의견청취 의무

① 사용자는 취업규칙을 작성 및 변경할 때 사업장의 근로자 과반수로 조직된 노동조합이 있는 경우에는 그 노동조합, 근로자의 과반수로 조직된 노동조합이 없는 경우에는 근로자 과반수의 의견을 들어야 한다. (근기법 제94조①).

② 또한, 사용자는 취업규칙을 신고할 때는 근로자의 의견을 적은 서면을 첨부하여 신고하여야 한다. (근기법 제94조②).

- 근로자의 과반수로 조직된 노동조합의 의견서
- 노동조합이 없는 경우 근로자의 과반수의 의견서

3 근로자의 동의 의무

사용자는 취업규칙을 작성 및 변경할 때 근로자에게 불리하게 변경하는 경우에는 사업장의 근로자 과반수로 조직된 노동조합이 있는 경우에는 그 노동조합, 근로자의 과반수로 조직된 노동조합이 없는 경우에는 근로자 과반수의 동의를 받아야한다. (근기법 제94조①)

② 또한, 사용자는 취업규칙을 신고할 때에는 근로자의 의견을 적은 서면을 첨부하여 신고하여야 한다. (근기법 제94조②)

- 근로자의 과반수로 조직된 노동조합의 동의서
- 노동조합이 없는 경우 근로자의 과반수의 동의서

취업규칙 의견청취(동의)서

(20 년 월 일)

번호	부서	직책	성명	의견청취(동의)	서명

총근로자 수	의견청취(동의) 근로자 수	과반수 여부	비고

위와 같이 취업규칙의 작성 및 변경에 관하여 근로자의 의견청취(동의)서 제출합니다.

20 년 월 일

○○주식회사
대표이사   ○○○ (서명 또는 날인)

○○노동지청장   귀하

Chapter 3

취업규칙의 신고

① 취업규칙의 신고의무

상시근로자 10인 이상 사업장의 사용자는 취업규칙을 작성하여 관할 지방노동청에 신고해야 한다(근기법 제93조). 법에 기한의 규정은 없으나 사업자는 상시 10인이상의 근로자를 채용하여 취업규칙 작성의무가 발생한 시점부터 **빠른 시일내에** 신고하여야 한다.

😊 사업장 또는 본사 신고

사업장이 소재지를 달리하는 경우 각 소재지를 관할하는 지방노동청에 취업규칙을 신고하여야 한다. 그러나 동일한 지방관서의 관할지역 내에 본사와 지점, 영업소 등 동일사업의 수 개 사업장이 소재하고 각 사업장에 동일한 규칙이 적용되는 때에는 본사에서 신고한 취업규칙이 동일소재지 각 사업장의 규칙을 신고한 것으로 본다.

② 취업규칙 신고서류

사용자는 취업규칙을 신고하거나 변경신고 하려면 취업규칙 신고 또는 변경신고서에 다음 각호의 서류를 첨부하여 관할 지방고용노동관서의 장에게 제출하여야 한다(근기칙 제15조).

1. 취업규칙 신고서(취업규칙 변경신고서)
2. 취업규칙, 변경 전/후 취업규칙
3. 근로자 과반수 의견청취서
4. 근로자 과반수 동의서(근로자 불이익 변경 시)

<table>
<tr><td rowspan="2" colspan="2">취업규칙</td><td>[ ]신고서</td></tr>
<tr><td>[ ]변경신고서</td></tr>
</table>

취업규칙   [ ]신고서 / [ ]변경신고서

※ [ ]에는 해당되는 곳에 ∨표시를 합니다.

접수번호	접수일	처리기간 1일

신고 내용	사업장명		사업의 종류	
	대표자 성명		생년월일	
	소재지 (전화번호 :)			
	근로자수 명 (남 명, 여 명)		노동조합원수 명	
	의견청취일 또는 동의일 년 월 일			

「근로기준법」 제93조와 같은 법 시행규칙 제15조에 따라 위와 같이 취업규칙을 [ ] 신고, [ ] 변경신고합니다

년   월   일

신청인   (서명 또는 인)

대리인   (서명 또는 인)

○○지방고용노동청(지청)장 귀하

첨부서류	1. 취업규칙 (변경신고 하는 경우에는 변경 전과 변경 후의 내용을 비교한 서류를 포함한다)	수수료
	2. 근로자의 과반수를 대표하는 노동조합 또는 근로자 과반수의 의견을 들었음을 증명하는 자료	
	3. 근로자의 과반수를 대표하는 노동조합 또는 근로자 과반수의 동의를 받았음을 증명하는 자료(근로자에게 불리하게 변경하는 경우에만 첨부합니다.)	없음

➡ 취업규칙 신고서 처리 절차

신청서 제출	⇨	접 수	⇨	내용검토	⇨	결 재	⇨	통 보
신청인		지방고용노동청 (민원실)		지방고용노동청 (근로개선지도과)		지방고용노동청 (지청)장		변경명령 (법령 또는 단체협약 에 저촉되는 경우)

Chapter 4

취업규칙의 효력

① 취업규칙의 효력

🔹 신고 전 효력

취업규칙은 신고 여부와 관계없이 취업규칙을 작성하여 근로자의 의견청취 및 근로자에게 불이익한 변경의 경우 근로자의 동의를 받아 게시 또는 주지한 때부터 효력이 발생한다는 것이 판례의 입장이다. 다만, 관련 법률 등에 반하지 않는 범위에서 작성하여 시행한 경우이다.

🔹 사후 신고의 효력

취업규칙은 관할 지방노동청에 사전에 신고하여 승인 후 시행하여야 하나, 회사의 사정으로 시행 후 사후에 신고하여 승인받을 때도 같은 효력이 발생한다.

🔹 사전 시행사항의 취소

사후 신고에서 법률위반 및 승인조건 미비로 승인이 반려되면 사전 시행에서 승인조건 불가 내용으로 근로자가 제재받았으면 이를 취소하여야 한다.

🔹 게시와 효력

① 사용자는 취업규칙을 상시 각 사업장에 게시 또는 비치하여 근로자에게 주지시켜야 할 의무가 있다(근기법 제14조). 취업규칙은 사업주에 의해 일방적으로 작성되지만 실제적으로 그 효과는 해당 근로자에게 미치므로 근로자에 대한 주지의무는 매우 중요하다.

② 취업규칙이 작성신고 되었더라도 해당 사업장의 근로자가 그 취업규칙의 내용에 대해 전혀 모르고 있다면 그 취업규칙은 효력이 없다고 볼 수 있다. 그러므로 회사가 적법한 취업규칙을 작성하여 소속 근로자에게 정확하게 알리고 이를 지킬 수 있도록 하여야 한다.

② 근로계약 등과 관계

🔅 근로계약과 관계

① 취업규칙은 근로관계에 관한 규율을 명시한 것으로서 기업 내부의 규율로서 효력을 가진다.

② 취업규칙에 정한 기준에 미달하는 근로조건을 정한 근로계약은 그 부분에 관하여는 무효가 되며, 무효로 된 부분은 취업규칙에 정한 기준에 따른다.

③ 근로계약에서 정함이 없는 내용은 근로기준법에 반하지 않는 한 취업규칙에 정함에 따른다.

🔅 단체협약과 관계

① 취업규칙은 법령 또는 당해 사업 또는 사업장에 적용되는 단체협약에 반할 수 없고, 고용노동부장관은 법령 또는 단체협약에 저촉되는 취업규칙의 변경을 명할 수 있다(근기법 96조).

② 단체협약에 정한 근로조건 기타 근로자의 대우에 관한 기준에 위반하는 취업규칙은 단체협약에 정한 기준을 따른다.

③ 또한, 단체협약에 미달하는 근로조건을 정한 취업규칙과 근로계약은 그 부분에 관하여는 무효가 되며, 무효로 된 부분은 단체협약에 정한 기준에 따른다.

Chapter 5

표준 취업규칙(안) 예시

표준 취업규칙(안)은
고용노동부 및 코페하우스 웹사이트에서 내려받을 수 있습니다.

🌐 표준 취업규칙(안)

- 고용노동부〉 정책자료〉 정책자료실

  https://www.moel.go.kr

- 코페하우스 〉 고객센터 〉 도서자료

  https://kofe.kr

PART
21

4대보험 업무관리

Chapter 1

4대보험 업무 요약

🔵 4대보험 사업장가입자 요약

《 4대보험 사업장가입자 요약 》

구분		국민연금	건강보험	고용보험	산재보험
사업장 가입자		• 모든 사업장 18 세 이상 60세 미만의 사용자 와 근로자	• 근로자를 고용한 사용자 • 사업장에 고용된 근로자 • 1인 회사 법인 사업장 대표자	• 모든 사업장 근로자	• 모든 사업장 근로자
적용 제외	일용직	• 1개월간 8일 미만 근로자 • 1개월간 60시간 미만 근로자	• 비상근 근로자 • 1개월간 60시간 미만 근로자	• 1개월간 60시간 미만 근로자	• 1개월간 60시간 미만 근로자
	기한부	• 월 8일 미만 근로자	• 1개월 미만의 일용근로자	• 1주간 15시간 미만 근로자	• 1주간 15시간 미만 근로자
	일시적	상동	상동	상동	상동
관리단위		개인	개인(세대주)	• 개인(실업급여) • 사업장(고용안정 등)	사업장
당연적용 근로자		• 18세 이상 60세 미만	제한 없음	• 65세 미만(실업급여) • 65세 이상(고용안정 등)	제한 없음
둘 이상 사업장		• 각 사업장 적용	• 각 사업장 적용	• 주사업장 관리	• 각 사업장 적용
사용자 적용 여부		• 근로자와 동일한 가입자로 관리	• 직장가입자로 관리	• 50인 미만 사업주 또는 근로자 없는 자영업자 임의가입 가능	• 50인 미만 사업주, 화물지입차주 등 임의가입 가능

● 4대보험 보험료율 요약

구분			근로자	사업주	보험료율
국민연금		2022~2023	4.5%	4.5%	9.0%
건강보험 (장기요양)		2022	3.495% (6.135%)	3.495% (6.135%)	6.99% (12.27%)
		2023	3.545% (6.405%)	3.545% (6.405%)	7.09% (12.81%)
고용 보험	실업급여	2022.7~ 2023	0.9%	0.9%	1.8%
	고용안정 및 직업능력 개발	2022.7 2023	상시근로자 150인 미만		0.25%
			상시근로자 150인 이상 (우선적용대상기업)		0.45%
			150인 이상 1,000인 미만 기업		0.65%
			1,000인 이상 기업		0.85%
산재보험		2022.7~ 2023	업종별 보험료율 적용		출퇴근재해 1.0/1000

● 4대보험 주요 용어 해설

용어	정의
사업장	사업 또는 사업소나 사무소
사용자	근로자가 소속되어 있는 사업장의 사업주
근로자	직업의 종류와 관계없이 근로의 대가로 보수를 받아 생활하는 사람(임원 포함)으로서 공무원과 교직원을 제외한 사람
상용근로자	일정기간 또는 기간의 정함이 없이 고용이 보장되는 근로자
일용근로자	고용기간의 보장 없이 1일 단위로 고용되어 그 날로 고용계약이 종료되는 자 즉, 다음 날의 고용이 확정되지 아니한 상태로 근무하는 근로자
시간제근로자	통상 근로자와 근무형태는 동일하나 소정근무시간이 상대적으로 짧은 근로자
비상근자	사용자의 구체적인 지휘·감독이 없고, 근무일수·시간·장소 등에 제한이 없으며, 일비·활동비·수수료 등의 실비 변상적 금품을 지급받는 자
보수	근로의 대가로 받은 봉급·급료·보수·세비·임금·상여·수당 그 밖에 이와 유사한 성질의 금품 중 퇴직금, 현상금·번역료 및 원고료 등

Chapter 2

건강보험 업무관리

① 건강보험의 업무 요약

건강보험 적용 대상 사업장 신고와 업무 사항을 요약하면 다음과 같다.

구분	신고기한	신고내용
사업장 적용 신고	발생일로부터 14일 이내	• 적용 : 근로자 1인 이상 고용 사업장 • 서식 : 건강보험 사업장적용신고서 • 신고 : 국민건강보험공단 관할 공단
사업장 변경 사항 신고	발생일로부터 14일 이내	• 사용자, 사업종류, 명칭, 소재지, 전화번호 등 변경이 있을 때
직장가입자 신고	근로일로부터 14일 이내	• 의무 : 사업·사업장의 사용자 • 대상 : 직장가입자 발생 근로자·사용자 • 신고 : 국민건강보험공단 관할 공단
피부양자신고	발생일로부터 14일 이내	• 피부양자 자격취득 및 상실 신고
가입자 등 보수 신고	변경한 때	• 가입자 보수 신고 및 보수월액 변경 신고 • 퇴직자 지급한 보수총액 신고
건강보험료 납부	매월 10일까지	• 부과대상 : 전년도 기준 보수월액 • 납부대상 : 건강보험료, 장기요양보험료 • 건강보험료 : 기준보수월액 × 보험료율 • 장기요양보험료 : 건강보험료 × 요양보험료율
확정보험료 정산신고	매년 3월 10일	• 전년도 근로자 보수총액 신고
	매년 5월 31일	• 개인사업자 보수총액 신고
	매년 6월 30일	• 개인사업자 성실신고사업자 보수총액 신고
직장가입자 변동(상실) 신고	변동(상실)일로부터 14일 이내	• 근로자 변동(휴직 등) 시 변동 신고 • 근로자 퇴직 시 상실 신고

2 건강보험의 사업장 신고

사업장의 신고

근로자를 고용하는 사업장은 국민건강보험의 적용 대상 사업장이다.
- 근로자 고용사업장 명칭
- 사용자, 사업의 종류
- 소재지, 전화번호
- 사업장별 근로자 현황

사업장 신고기관

국민건강보험의 사업장 적용 신고기관은 국민건강보험공단이다. 사업자 소재지의 관할 공단 지사에 건강보험의 사업장적용신고를 하여야 한다.
- 사업장 소재지 국민건강보험공단 관할 지사

사업장 신고기한

국민건강보험의 사업장 적용신고는 사유 발생일로부터 14일 이내에 신고하여야한다.
- 사유 발생일(고용관계성립일)부터 14일 이내

사업장적용신고서 및 첨부서류 등

건강보험 적용 대상 사업자는 관할 공단의 지사에 건강보험의 사업장적용신고서, 직장가입자격취득신고서를 제출하여야 한다.

《 사업장 적용 건강보험신고서 등 》

업무구분	신고 서식	첨부 서식
사업장 신규적용	• 사업장(기관)적용신고서	• 사업자등록증 • 고용관계증명서류
사업장 변경신고	• 사업장(기관)변경신고서	• 대표자, 사업자등록번호, 상호, 주소, 전화 등
사업장 탈퇴신고	• 사업장탈퇴신고서 • 직장가입자격상실신고서	
직원 입사 시	• 직장가입자격취득신고서	• 가족관계등록부의 증명서(피부양자가 본

업무구분	신고 서식	첨부 서식
	(피부양자 동시 신고)	인과 주민등록상 주소지가 다를 경우)
외국인·재외국민 입사 시	• 직장가입자자격취득신고서 (피부양자 동시 신고) • 재외국민 및 외국인 근로자 건강보험가입제외신청서	〈취득 시〉 • 외국인등록증 사본 또는 국내 거소신고증 사본 〈가입제외신청 시〉 • 외국의 의료보장을 받는 경우 외국법령의 적용대상 여부에 대한 확인서나 보험계약서 등 1부 • 사용자와의 계약 등으로 의료보장을 받는 경우 증명할 수 있는 서류(한글 번역본 포함) 1부 * 해당 사업장 소속 근로자에게 의료비를 지급한 사실을 증명하는 서류(한글 번역본 포함) 1부
직원이 퇴사 시	• 직장가입자자격상실신고서	
직원의 근무처 및 근무내역이 변동된 경우	• 직장가입자내용변경신고서 • 직장가입자(근무처·근무내역)변동 신고서	
가족을 피부양자로 등재하고자 하는 경우	• 피부양자자격취득·상실신고서	• 가족관계증명원: 피부양자로 등재하려는 가족이 본인과 주민등록상 주소지가 다를 경우 • 혼인관계 증명원: 미혼인 경우에만 인정되는 경우
직원의 보수가 변경된 경우	• 직장가입자보수월액변경신청서	
연말정산용 전년도 보수총액을 신고하는 경우	• 직장가입자보수총액통보서 • (연말정산시 공단으로부터 교부받아 작성하여 제출)	

③ 건강보험 직장가입자 신고

❋ 직장가입자 가입 대상자

1개월 이상 고용된 근로자 1인 이상을 사용하는 사업장의 근로자와 사용자는 건강보험 직장가입자 대상자이다.

대상	건강보험 직장가입자 대상자
근로자	• 1개월 이상 고용된 사업장 근로자
사용자	• 1인 이상 근로자가 있는 사업장의 사용자

❋ 직장가입자 제외 대상자

건강보험 직장가입자 대상에서 제외하는 대상자는 다음과 같다(건강보험법 제6조2항, 영제9조).

제외 대상	건강보험 직장가입자 제외 대상자
일용근로자	• 1개월 미만의 기간에 고용되는 일용근로자
선출직 공무원	• 선거에 의하여 취임하는 공무원으로서 매월 보수 또는 이에 준하는 급료를 받지 아니하는 자
비상근 근로자 등	• 비상근 근로자 또는 1개월간의 소정근로시간이 60시간 미만인 단시간근로자 • 비상근 교직원 또는 1개월간의 소정근로시간이 60시간 미만인 시간제 공무원 및 교직원
미소재 근로자 등	• 소재지가 일정하지 아니한 사업장의 근로자 및 사용자
미근로자 사업주	• 근로자가 없거나 1개월 미만의 일용근로자만 고용하고 있는 사업장 사업주

❋ 직장가입자 자격취득 신고

가입자의 자격취득 신고 시기는 다음과 같다. (법 제8조 및 제9조, 규칙 제4조제2항)

구분	건강보험 직장가입자 자격취득일
근로자	• 근로자가 적용 사업장에 사용된 날 또는 근로자가 근무하고 있는 사업장이 적용 사업장으로 된 날
사용자	• 적용 사업장의 사용자가 된 날 또는 사용자가 경영하고 있는 사업장이 적용 사업장으로 된 날
외국인 등	• 외국인등록을 한 외국인 또는 외국국적동포, 국내거소신고를 한 재외국민 또는 외국국적동포가 사업장에 사용(임용·채용)된 날

🌐 직장가입자 신고기한

사업자는 근로자가 근로를 개시한 날로부터 14일 이내에 근로자의 건강보험 직장가입자 신고를 하여야 한다. 또한, 사업장은 근로자 1인 이상이 근로를 시작한 날로부터 14일 이내에 사용자의 건강보험 직장가입자 신고를 하여야 한다.

대상	직장가입자 신고기한
근로자	• 근로를 개시한 날로부터 14일 이내
사용주	• 1인 이상 근로자를 고용한 날로부터 14일 이내

🌐 직장가입자 신고서 등

직장가입자 신고서류는 다음과 같다(건보법칙 제4조2항, 제61조).

구분	직장가입자 신고서류
내국인	• 직장가입자자격취득신고서
외국인(외국국적동포포함)·재외국민	• 직장가입자자격취득신고서
외국인·외국국적동포	• 외국인등록증(외국인등록사실증명포함) 사본 1부
재외국민·외국국적동포	• 국내거소신고증(국내거소신고사실증명포함) 사본 1부

🌐 3개월 이상 지연 신고

사업자는 근로자의 건강보험 가입신고를 공단에 3개월 이상 지연하여 직장가입자 자격취득 신고를 할 때 근로자의 입사 시점을 증명하는 서류를 제출하여야 한다.

제출서류	3개월 이상 지연 신고 시 신고서류
신고서	• 직장가입자 자격 취득신고서
첨부서류	• 근로계약서, 재직증명원 • 근로소득원천징수부, 원천징수영수증 • 갑근세납부영수증, 임금대장 등 • 출근부, 인사서류, 인사명령서 • 기타 자격취득일을 입증할 수 있는 증빙서류

④ 건강보험료의 산정

건강보험료 산정 방법

직장가입자 건강보험료 산정은 다음과 같이 한다(건강보험법 시행령 제44조).
- 보수월액(월평균보수) = (연간보수총액 ÷ 근무월수)

> 건강보험료 = 보수월액 × 건강보험료율

산정 대상의 보수월액

건강보험료 산정의 기초가 되는 보수(보수월액)란 근로를 제공하고 받는 다음의 것을 말한다.
1. 봉급, 급료, 보수, 세비
2. 임금, 상여, 수당
3. 근로를 제공하고 받는 1, 2와 유사한 성질의 금품

산정 제외 대상의 보수

다음의 금품은 건강보험료 산정에서 제외한다.
1. 퇴직금
2. 현상금·번역료 및 원고료
3. 소득세법 규정에 의한 비과세 근로소득

🔹 건강보험료율

　직장가입자의 건강보험료 보험료율은 국민건강보험법 시행령에 의하여 보건복지부에서 매년 12월에 다음해 적용할 보험료율을 고시한다. 보건복지부장관 고시 및 건강보험료율 결정안은 다음과 같다.

구분		근로자	사용자	보험료율
건강보험료 (보수기준)	2022	3.495%	3.495%	6.99%
	2023	3.545%	3.545%	7.09%
장기요양보험료(건보료기준)	2022	6.135%	6.135%	12.27%
	2023	6.405%	6.405%	12.81%

*2022~2023 건강보험령§44①, 2022~2023 장기요양법령§4

🔹 장기요양보험료

　장기요양보험료는 건강보험료에 장기요양보험료율을 곱하여 산정한다. 장기요양 보험료율은 보건복지부 장기요양위원회에서 결정하여 고시한다. 장기요양보험료율의 부담률은 근로자와 사용자가 각각 50%씩 부담한다.

> 장기요양보험료 = 건강보험료 × 장기요양보험료율

*노인장기요양보험법 제7조~제10조, 동법 시행령 제4조, 제5조

🔹 직장가입자 보수월액 상한액·하한액

　건강보험료의 산정 대상이 되는 직장가입자의 월별보험료의 상한과 하한은 국민건강보험법 시행령으로 제시한다. 건강보험료 직장가입자의 월별보험료의 상한과 하한(건보령 제32조) 및 이를 역산한 보수월액은 다음과 같다.

구분	월별보험료	보수월액
하한액	19,500원	279,256원
상한액	7,307,100원	104,536,481원

*2022.9.15. 보건복지부 고시

⑤ 직장가입자의 상실신고

직장가입자의 자격상실일

국민건강보험 직장가입자가 퇴사 등을 하는 경우 그 자격상실일은 다음과 같다.

1. 사망한 날의 다음 날
2. 국적을 잃은 날의 다음 날
3. 의료급여수급권자가 된 날
4. 유공자 등 의료 보호 대상자가 건강보험 적용배제신청을 한 날
5. 적용사업장에서 퇴직·퇴사한 날의 다음 날

직장가입자의 상실신고

사용자는 건강보험 직장가입자가 퇴사 등을 하는 경우 상실로부터 14일 이내에 상실신고를 하여야 한다.

1. 신고 의무자 : 사용자
2. 신고기한 : 자격상실(변동)일부터 14일 이내

신고서류

1. 직장가입자 자격상실신고서
2. 사망 사실이 기록된 가족관계등록부의 증명서, 사망진단서 또는 사체검안서 중 1부
3. 의료급여수급권자가 된 경우에는 의료급여증 사본 1부
4. 유공자 등 의료 보호 대상자로서 건강보험 적용배제신청을 하는 경우에는 국가유공자 건강보험 배제신청서 및 국가유공자증 사본 1부

3개월 이상 지연 상실신고

사용자는 직장가입자의 자격상실신고를 3개월 이상 지연하는 경우 직장가입자의 퇴사 시점을 객관적으로 명확히 확인할 수 있는 증빙서류 제출한다.

(예시) • 퇴직증명원, 인사서류·인사명령서
　　　 • 근로소득원천징수부·원천징수영수증, 임금대장
　　　 • 기타 자격상실일을 입증할 수 있는 증빙서류

❻ 건강보험료의 정산신고

보험료 부과의 기초가 되는 당해연도의 보수월액은 사실상 전년도 보험료 정산 결과에 따라 산출된 것이므로 당해연도 보수월액은 결국 회계연도가 종료되어야 알 수 있기에 반드시 정산이 필요하다.

- 정산신고의무자 : 사용자

수시정산

사용자는 당해 사업장 소속 직장가입자의 자격 또는 보수 등이 변동되었을 시에는 이를 공단에 신청하여야 하는데, 이에 대한 신청이 지연되었을 경우 가입자의 보험료를 다시 산정하여 납부한 보험료와의 차액을 추가납부 또는 반환하는 절차이다.

구분	수시 정산
정산신고	• 직장가입자 자격 변동에 따른 보험료 정산 • 보수변동에 따른 보험료 정산

퇴직정산

연도 중 퇴직할 경우 당년도 보수총액을 근무 월수로 나눈 보수월액으로 납부한 보험료와 당년도 퇴직 시까지 납부하여야 할 보험료를 정산한다.

사용자는 근로자 퇴직 시 근로자와 보험료를 정산한 후 공단과 정산절차를 거쳐야 한다. (국민건강보험법 시행령 제39조2항)

구분	퇴직 정산
신고기한	• 사유 발생일(퇴직일)로부터 14일 이내
자격상실	• 직장가입자자격상실신고서(별지 제4호의2 서식)

연말정산

직장가입자의 건강보험료는 전년도 기준소득을 기준으로 우선 부과한 후, 다음해 2월(개인사업자 5월)에 사업장에서 확정된 소득에 의해 전년도 보험료를 다시 산정하여 3월 10일까지 공단에 신고하면, 납부한 보험료와 정산하여 4월분(개인사업자 6월) 보험료에 추가 또는 환급하는 절차이다.

> 기납부보험료 − 확정보험료 = 연말정산보험료

♻ 연말정산 절차

《 건강보험료 연말정산 절차 》

신고·납부	구분	기한	정산업무
직장가입자 보수총액통보서	근로자	3월 10일	확정보험료 • 전년도 총보수 • 전년도 근무월수
	개인사업자 (성실신고사업자)	5월 31일 (6월 30일)	
정산보험료이의 신청서	근로자	2월 1일 ~ 4월 15일	정산보험료 산출내역 결과에 따른 착오자 이의신청서 공단제출
	개인사업자	6월 15일	
정산보험료 납부	근로자	5월 10일	정산보험료 납부 및 분할납부신청서 공단제출(납부마감일까지 신청 가능)
	개인사업자 (성실신고사업자)	7월 10일 (8월 10일)	

♻ 연말정산 대상

건강보험료의 연말정산의 대상자은 다음과 같다.

구분	건강보험료 연말정산 대상 등
연말정산 대상	• 매년 12월 말일 현재 직장가입자 자격 유지자
연말정산 제외	• 퇴직자 • 보험료 부과가 되지 않은 휴직자, 시설수용자, 군입대자

♻ 연말정산 신고기한

사업장 일반근로자와 개인사업자의 건강보험료 정산과 정산보험료 반영시기는 다음과 같다.

대상	건강보험료 연말정산 신고
일반근로자	• 매년 3월 10일까지 신고, 4월 건강보험료에 정산보험료 반영
개인사업자	• 매년 5월 말일까지 신고, 6월 건강보험료에 정산보험료 반영 • 성실신고사업자: 매년 6월 말일까지 신고, 7월 건강보험료에 정산보험료 반영

Chapter 3

국민연금 업무관리

1 국민연금의 업무 요약

국민연금 당연적용사업장과 사업장가입자 업무를 요약하면 다음과 같다.

《 국민연금 사업장가입자 업무 요약 》

구분	업무 요약	신고서
납부기관	• 국민연금공단	-
사업장가입	• 가입대상자(사용자와 근로자) 자격취득 신고서도 같이 제출	당연적용사업장해당 신고서
사업장변경 신고	• 대표자, 사업자등록번호, 주소, 명칭 등 변경 시 제출	사업장내용변경신고서
사업장탈퇴 신고	• 휴·폐업, 최종 근로자 퇴사 등 • 근로자가 없는 경우 제출	사업장탈퇴신고서
신규 근로자 신고	• 근로자 1인 이상을 채용 시 당연적용사업장 해당 신고도 같이 제출	자격취득신고서(외국인 포함)
신고기한	• 근로자를 고용한 달의 다음달 15일까지	-
연금보험료율	• 9% (사업자 4.5%, 근로자 4.5%)	-
연금보험료 납부	• 급여를 지급한 달의 다음달 10일까지	4대보험료납부서
근로자 퇴사	• 최종 1인 근로자 퇴사 시 사업장탈퇴신고도 같이 함	자격상실신고서
무보수 휴직	• 납부예외신청이 없으면 납부의사가 있는 것으로 봄 • ※무보수 대표이사의 경우 상실 대상임	납부예외신청서
건설현장별 사업장 성립	• 현장에 근무하는 상용직근로자는 일용근로자와 별도로 사업장용 자격취득신고 • ※ 대표이사는 본점과 현장간 분리전출입 안됨	당연적용사업장해당신고서(건설현장사업장용) 일괄경정고지신청서
사업장 분리 적용	• 신규로 분리적용하는 경우 • (당연적용사업장 해당 신고서의 분리적용사업장 해당여부에 체크)	분리적용사업장가입자 전입신고서(본·지점간 이동 근로자)

② 국민연금의 사업장 신고

🔅 국민연금 당연적용사업장

1인 이상의 근로자를 사용하는 모든 사업장은 국민연금 의무가입 대상으로 당연적용사업장이다(국민연금법령 제19조).

《 국민연금 당연적용사업장 신고요약 》

구분	국민연금 당연적용사업장 신고사항
신고대상	• 근로자를 1명 이상 사용하는 사업장 • 보수가 있는 대표이사 1명만 있는 법인사업장
신고기관	• 사업장 관할 국민연금공단 지사
신고기한	• 근로자 1명을 고용한 또는 법인사업장 1인 대표이사가 된 달의 다음달 15일까지
신고서류	• 당연적용사업장 해당 신고서 1부 • 사업장가입자 자격취득신고서 1부

🔅 사업장 적용의 신고

↻ 근로자 1인 이상 사업장

국민연금의 당연적용사업장은 근로자를 1인 이상 사용하고 있는 사업장이다.

↻ 1인의 법인사업장

근로소득이 발생하는 대표이사 1인만 있는 법인사업장도 국민연금가입 신고대상 사업장이다. 다만, 무보수 대표이사 1인만 있는 법인사업장은 국민연금가입 당연적용사업장에 해당하지 않는다.

- 당연적용사업장 : 근로소득이 발생하는 1인 대표이사의 법인사업장
- 당연적용제외사업장 : 무보수 1인 대표이사의 법인사업장

🔅 사업장의 범위

국민연금법상 "사업장"은 근로자를 사용하는 사업소 및 사무소를 말하며, 사업소, 영업소, 사무소, 점포, 공장 등 근로자를 사용하고 있는 곳은 모두 사업장에 해당한다(국민연금법 제3조1항13호).

이 경우 사업장의 본점과 지점, 대리점 또는 출장소 등의 관계에 있고, 그 사업경

영이 일체로 되어 있는 경우에는 이를 하나의 사업장으로 본다.

❸ 국민연금 사업장가입자 신고

국민연금 사업장가입자의 업무를 요약하면 다음과 같다.

《 국민연금 사업장가입자 업무 요약 》

구분	신고 관련 사항
신고의무	• 사업장의 사용자
신고기한	• 해당 사실이 발생한 날이 속하는 달의 다음달 15일까지 • 예) 2월 중 입사한 때에는 3월 15일까지 신고
신고장소	• 사업장의 주소지를 관할하는 국민연금공단 지사
신고방법	다음의 신고 방법이 모두 가능하다. • 방문에 의한 직접 신고 • 우편이나 팩스에 의한 신고 • 4대 사회보험 정보포털서비스(www.4insure.or.kr) 신고 • EDI를 통한 인터넷 신고
취득신고	• 사업장가입자 자격취득신고서(4대 사회보험 공통 서식) • 특수직종근로자가 포함된 경우에는 임금대장 사본 또는 선원수첩 사본 등 특수직종근로자임의 입증할 수 있는 서류
상실신고	• 사업장가입자 자격상실신고서(4대 사회보험 공통 서식)

⬤ 사업장가입자 대상

국민연금 사업장가입자 대상은 국민연금에 가입된 사업장의 18세 이상 60세 미만의 사용자 및 근로자이다(국민연금법 제18조).

근로자별 국민연금 사업장가입자 대상을 요약하면 다음과 같다.

구분	국민연금 사업장가입자 대상
일반근로자	• 18세 이상 60세 미만인 사용자 및 근로자
일용근로자	• 1개월 이상 계속 사용되면서, 1개월간 근로일수가 8일 이상 또는 근로시간이 60시간 이상인 근로자로 3개월 미만 계속근로자
건설일용근로자	• 건설업에 종사하는 1일 단위로 고용되는 1개월 이상, 월 8일 이상 근로자

➡ 사업장가입자의 취득신고

국민연금 사업장가입자의 취득신고 시기는 다음과 같다.

구분	사업장가입자 취득시기
국민연금 취득신고	• 취득시기 국민연금 적용 사업장의 근로자로 사용된 때 • 국민연금 적용 사업장의 사용자가 된 때 • 사업장이 국민연금 당연적용사업장에 해당된 때

➡ 사업장가입자의 상실신고

국민연금 사업장가입자의 상실신고를 하여야 할 시기는 다음과 같다.

구분	사업장가입자 상실시기
국민연금 상실신고	• 사망한 때 • 국적을 상실하거나 국외에 이주한 때 • 사용관계가 종료(퇴직)된 때 • 60세에 도달한 때 • 국민연금 가입대상에서 제외된 때

④ 국민연금 보험료의 산정과 납부

국민연금 보험료의 산정개요

사업장가입자의 국민연금 납부금은 사용자와 근로자가 각각 연금보험료를 절반씩 부담하여 일괄납부한다. 사용자는 납부의무자로 매월 근로자 보수월액에서 근로자부담분을 급여에서 원천징수하여, 공단에서 고지한 금액을 다음달 10일까지 일괄납부하여야 한다.

《 국민연금 보험료의 산정 요약 》

구분	국민연금 보험료 산정 사항
국민연금 보험료	• 가입자의 기준소득월액 × 연금보험료율
기준소득월액	• 기본급, 직책수당, 직급보조비, 정기(명절)상여금, 기본 성과급, 휴가비, 교통비, 고정 시간외근무수당, 복지연금, 기타 각종 수당 등
보험료율	• 9% (사용자 4.5%, 근로자 4.5%)
보험료납부	• 매월 10일까지 전월 소득산정분 납부
소득총액 신고기한	• 소득총액 : 전년도 소득총액 • 매년 5월 31일 : 사업장 근로자 및 사용자 • 매년 6월 30일 : 개인사업장 성실신고사업자
변경신고	• 성명, 주민등록번호, 특수직종근로자 해당 여부 등
상실신고	• 퇴직 등 사용 관계 종료

국민연금 보험료의 산정

국민연금 보험료는 사업장가입자 자격취득 시의 신고 또는 정기결정에 따라 결정되는 월보험료는 기준소득월액에 보험료율을 곱하여 산정한다.

> 연금보험료 = 가입자의 기준소득월액 × 연금보험료율

기준소득월액의 결정

기준소득월액이란 국민연금의 보험료 및 급여 산정을 위하여 가입자가 신고한 소득월액에서 천원 미만을 절사한 금액을 말하며, 보건복지부 장관이 고시한 기준

소득월액의 하한액과 상한액의 범위로 한다.

⟳ 자격취득 및 납부재개 시 기준소득월액

사용자가 근로자에게 지급하기로 약정하였던 금액으로 결정하며, 입사(복직) 당시 지급이 예측 가능한 모든 근로소득을 포함하여 사용자가 공단에 신고한 소득으로 결정한다.

⟳ 가입기간의 기준소득월액

전년도 중 당해 사업장에서 얻은 소득총액을 근무일수로 나눈 금액의 30배에 해당하는 금액으로 결정하되 전년도의 소득을 당해연도 7월부터 다음연도 6월까지 적용한다.

⟳ 기준소득월액 상한액과 하한액

기준소득월액 상한액과 하한액은 국민연금 사업장가입자와 지역가입자 전원(납부예외자 제외)의 평균소득 월액의 3년간 평균액이 변동하는 비율을 반영하여 매년 3월 말까지 보건복지부 장관이 고시한다.

구분	상한액	하한액
기준소득월액	5,530,000원	350,000원
국민연금 보험료	497,700원	31,500원

*2022.7.1.~2023.6.30. 보건복지부장관 고시

🔅 소득월액에 포함하는 소득기준

사업장 근로자의 소득월액은 사용자가 근로자에게 지급하기로 약정하였던 금액으로, 입사 당시 지급이 예측 가능한 모든 근로소득을 포함해야 한다.

구분	포함하는 소득	포함하지 않는 소득
판단기준	• 입사(복직) 당시 근로계약서, 보수규정 등에서 지급하기로 확정된 모든 과세소득	• 소득세법상 비과세소득, 입사(복직)당시 지급 여부 및 지급 금액이 확정되지 않은 소득
급여항목	• 기본급, 직책수당, 직급보조비, 정기(명절)상여금, 기본성과급, 휴가비, 교통비, 고정시간외근무수당, 복지연금, 기타 각종 수당 등	• 비과세소득(월 10만원 이하 식사대, 출산이나 6세 이하 보육수당 월 10만원 이내 등), 실적에 따라 지급하는 실적급 등

🔅 국민연금 보험료율

국민연금 보험료율은 법령으로 보건복지부 장관이 고시하며 사업장가입자 보험료율은 기준소득의 9%이다. 사용자와 근로자가 각각 4.5%씩 부담한다.

《 소득기준 보험료율 》

보험료율(계)	사용자	근로자
9%	4.5%	4.5%

*2023.1.1.기준 (88년 3% → '93년 6% → '98년 이후 9%)

🔅 보험료의 납부

⭮ 납부 기한

연금보험료의 납부 기한은 해당 월의 다음달 10일이며, 10일이 토·일요일, 공휴일인 경우 그다음 영업일까지 납부한다. 납부 기한은 법정기한이므로 기한 내 연금보험료를 납부하지 아니하면 연체금이 가산된다.

- 납부 기한 : 매월 10일 (전월 분)
- 납부기관 : 국민연금관리공단

⭮ 납부 기한 연장신청

납부의무자의 책임이 없는 사유로 고지서를 받을 수 없었거나 자동이체자(예금주)의 책임이 없는 사유로 보험료가 이체되지 못한 경우에는 해당 월의 다음달 연금보험료 납부 기한까지 국민건강보험공단 관할 지사에 신청하고 납부하여야 한다.

① 납부의무자의 책임이 없는 사유 고지서가 지사로 반송된 후 주소불명 등으로 송달되지 못하거나 납부 기한이 경과한 후 송달된 경우

② 주소, 성명이 달라 고지서 발송이 누락되는 등 납부의무자의 책임이 없는 사유로 고지서가 지연송달 또는 미송달 되어 연체금 부과가 부당하다고 인정된 경우

③ 자동이체 납부자의 경우 납부의무자(예금주)의 책임 없는 사유로 출금이 안되거나 과오출금된 경우

❺ 국민연금 보험료의 소득총액 신고

국민연금사업장가입자에게 적용할 기준소득월액을 결정하기 위해 전년도의 소득총액을 신고하는 절차이다

😃 소득총액 신고대상자

국민연금 소득총액 신고대상자는 신규입사자와 일반근로자 다음과 같다.

구분	소득총액 신고대상자
입사자	• 전년도 입사일(사업개시일)부터 전년도 12월 31일까지 입사자
근로자 사용자	• 전년도 일반근로자와 사용자로 국민연금공단에서 발부한 소득총액신고서에 기재된 대상자

😃 소득총액 신고사항

국민연금 소득총액 신고 시 해당 근로자와 사용자의 근무일수와 소득총액을 기재하여 신고하여야 한다.

구분	소득총액 신고사항
근무일수	• 전년도 사업장에서 근무한 총 근무일수
소득총액	• 전년도(1.1.~12.31) 사업장에서 지급받은 소득총액

😃 소득총액 신고기한

국민연금 소득총액의 신고기한은 매년 5월 말까지 하여야 한다. 다만, 개인사업자로 성실신고사업자는 6월 말일까지이다.

구분	소득총액 신고기한
근로자·사용자	• 매년 5월 말일까지
개인사업 성실신고자	• 매년 6월 말일까지

⑥ 국민연금의 변경신고

변경신고 내용

① 내용변경(4대기관 공통) : 성명, 주민등록번호, 특수직종근로자 해당 여부 등
② 내용정정(국민연금 고유) : 취득일, 상실일, 기준소득월액 등
   - 내용정정 신고는 명백한 착오인 경우에만 가능하며 단순한 사정변경은 정정대상이 아님에 유의

변경신고 기간

① 신고의무자 : 사용자
② 신고기한 : 내용변경은 사유발생일이 속하는 달의 다음달 15일까지, 내용정정의 경우 착오발견 즉시

변경신고 제출서류

① 내용변경(4대기관 공통) : 사업장가입자 내용변경신고서(4대사회보험 공통내용 변경 신고 시)
② 내용정정(국민연금 고유) : 국민연금 사업장가입자 내용변경(정정)신고서

⑦ 국민연금의 상실신고

상실신고 대상

국민연금 사업장 근로자의 상실신고 대상은 다음과 같다.
① 사용 관계 종료(퇴직)
② 국외이주 또는 국적상실
③ 60세 도달
④ 사망
⑤ 60세 미만 특수직종 근로자가 노령연금수급권을 취득한 자
⑥ 60세 미만자로서 조기노령연금 수급권을 취득한 때
⑦ 다른 공적연금 가입 및 퇴직연금 등 수급권 취득

상실신고 제출서류

- 사업장가입자 자격상실신고서 1부

자격상실 시기

- 각 사유가 발생한 날의 다음 날

① 다른 공적연금에 가입했거나 퇴직연금 등 수급권을 취득한 경우에는 그 사유가 발생한 날이 자격상실일이다.

② 근로계약이 없는 일용직(단시간) 근로자가 계속 근로 중 월 60시간 미만을 사유로 자격상실 신고를 하면 월간 근로시간이 60시간 미만에 한하여 '해당 월 기산일'로 상실처리 한다.

Chapter 4

고용보험 업무관리

1 사업장의 고용보험 업무 요약

《 사업장의 고용보험 업무 요약 》

구분	신고·납부	업무내용
보험관계 성립신고	고용일로부터 14일 이내	• 신고대상: 근로자 1인 이상 고용사업장 • 고용보험성립일: 근로자 고용일
피보험 자격 신고	다음달 15일까지	• 근로자 입사 (신규고용) • 피보험자격 취득신고
		• 근로자 퇴사 (고용종료) • 피보험자격상실신고
		• 일용근로자 근로내용확인신고서
	발생일로부터 14일 이내	• 근로자가 타사업장으로 전보 • 피보험자내역 변경신고
		• 근로자가 휴업 등의 사유로 휴직 • 근로자 휴직 등 신고
		• 근로자의 성명, 주민등록번호 등 변경 • 피보험자내역 변경신고
월별보험료 납부	다음달 10일까지	• 월별보험료산정 : 월평균보수 × 보험료율 • 고지: 건강보험공단에서 분리(합산)고지
퇴직정산	다음달 10일까지	• 근로자자격상실신고 시 지급한 보수총액신고 • 퇴직정산 결과 월별보험료에 합산고지
보수총액신고	매년 3월 15일이내	• 부과고지대상사업장 • 전년도 근로자별 보수총액신고
확정·개산보험료 신고·납부	매년 3월 31일 이내	• 건설업 등 자진신고사업장 • 전년도 확정보험료 신고·납부 • 전년도 개산보험료 신고·납부

❷ 사업장의 고용보험 가입신고

◉ 고용보험 당연가입사업장

○ 당연가입사업장

근로자를 1인 이상 사용하는 모든 사업 또는 사업장은 고용보험 당연가입사업장이다. 당연가입사업장은 사업주의 고용보험 가입 의사와 관계없이 자동으로 고용보험관계가 성립되는 사업장으로 신고의무가 있다.

○ 계속사업의 당연적용

계속사업자는 자동으로 고용보험을 적용하는 사업장으로 상시 1인 이상의 근로자를 사용하는 사업으로 최초로 1인 이상이 된 날부터 적용한다.

○ 건설공사의 당연적용

건설업자의 사업장은 자동으로 고용보험을 적용한다.
① 건설업자 등에 의한 건설공사는 총공사금액·연면적을 고려하지 않고 고용보험에 당연적용 한다.
② 건설업자 등이 아닌 자가 행하는 건설공사의 경우에는 연면적 또는 총공사금액을 기준으로 판단

○ 도급사업자의 고용보험 적용

건설업에서 도급계약 형식으로 수차의 하도급이 이루어지는 경우 원칙적으로 원수급인이 보험가입자가 된다. 다만, 원수급인이 서면계약으로 하수급인에게 보험료의 납부를 인수하게 하는 경우에는 원수급인의 신청에 의하여 근로복지공단의 승인을 얻은 때에 그 하수급인이 보험가입자가 된다.

국내 건설사가 국내에 소재하지 않는 외국건설사로부터 하도급을 받아 시행하는 경우에는 그 최초 하수급인이 보험가입자가 된다.

◉ 고용보험 적용 제외사업

다음은 사업은 고용보험 적용 제외사업이다.
① 농업·임업·어업·수렵업 중에서 법인이 아닌 자가 상시 5명 미만의 근로자를 사용하는 사업
② 가구내고용활동(가사서비스업)

③ 건설업자, 주택건설사업자, 전기공사업자, 정보통신공사업자, 소방시설업자 또는
문화재수리업자가 아닌 자가 시공하는 공사로 다음 각호에 해당하는 공사
　　1. 총공사금액이 2천만원 미만인 공사
　　2. 전체면적이 100제곱미터 이하인 건축물의 건축 또는 전체면적이 200제곱
　　　미터 이하인 건축물의 대수선에 관한 공사

📍 사업장의 고용보험 신고서류

고용보험은 당해 사업이 개시된 날 또는 일정 규모 이상의 사업에 해당하게 된
날로 보험가입이 성립되어, 사업주는 보험료 신고·납부의무가 발생한다. 사업장의
고용보험 성립의 제출서류와 신고사항을 요약하면 다음과 같다.

《 고용보험 신고 제출서류 요약 》

구분	당연가입사업장	임의가입사업장
고용보험 성립일	해당 사업이 개시된 날 또는 일정 규모 이상의 사업에 해당하게 된 날	보험가입신청서를 근로복지공단에 접수한 날의 다음날 (하수급인사업주인정승인을 받은 경우는 하도급공사 착공일)
신고서류	〈일반사업〉 • 보험관계성립신고서 • 사업자등록증 • 주민등록표초본 • 기타(근로자명부 등)	〈일반사업〉 • 보험관계성립신고서 • 사업자등록증 • 주민등록표초본 • 기타(근로자명부 등)
	〈건설공사 및 벌목업〉 • 보험관계성립신고서 • 공사도급계약서 • (공사비내역서포함) • 건축 또는 벌목허가서	〈건설공사 및 벌목업〉 • 보험관계성립신고서 • 공사도급계약서 • (공사비내역서포함) • 건축 또는 벌목허가서
제출기한	보험관계 성립한 날부터 14일 이내(14일 이내 종료되는 사업은 종료일의 전날)	건설공사 및 벌목업의 경우는 사업 종료일의 전날
근로자 고용신고서	근로자 고용한 날이 속하는 달의 다음달 15일까지	근로자 고용한 날이 속하는 달의 다음달 15일까지

③ 사업장의 고용보험 변경신고

🔵 사업장 정보 변경신고

🔵 변경 신고사항

사업주는 고용보험 관련 다음의 사항이 변경되면 근로복지공단에 변경 신고를 하여야 한다.

구분	변경신고사항
고용보험 변경신고	1. 사업주(법인 대표자)의 이름과 주민등록번호 2. 사업의 명칭 및 소재지 3. 사업의 종류 4. 사업자등록번호(법인등록번호 포함) 5. 사업의 기간(건설공사 또는 벌목업 등 기간의 정함이 있는 사업) 6. 상시근로자 수

🔵 변경 신고서류

사업주는 고용보험 관련 변경사항의 신고 시 서류는 다음과 같다.

구분	변경신고서류
고용보험 변경신고	1. 보험관계 변경사항신고서 1부 2. 상시근로자 수 변경 : 보험연도의 초일부터 14일 이내에 우선지원대상기업신고서를 제출한다. 3. 사업장 소재지 변경 : 소재지 변경 전 관할 지역본부(지사)에 신고한다.

🔵 변경 신고기한

사업장의 고용보험 관련 변경 사항의 신고기한은 그 변경된 날부터 14일 이내에 공단에 신고하여야 한다.

구분	변경신고기한
고용보험 변경신고	• 변경된 날로부터 14일 이내

🔅 근로자 등 고용정보 변경신고

⭘ 고용상태의 신고

고용보험적용사업장의 사용자는 근로자의 고용상태에 대하여 변경이 있는 경우이를 근로복지공단에 신고하여야 한다.

《 근로자 고용상태의 신고요약 》

신고 사유	신고	신고기한
1. 근로자를 새로 고용한 경우	피보험자격취득신고	다음달 15일
2. 근로자와 고용관계를 종료한 경우	피보험자격상실신고	다음달 15일
3. 근로자가 다른 사업장으로 전보되는 경우	피보험자전근신고	사유 발생일로부터 14일 이내
4. 근로자가 휴업 등의 사유로 근로를 제공하지 않게 된 경우	근로자 휴직 등 신고	사유 발생일로부터 14일 이내
5. 근로자의 성명 또는 주민등록번호가 변경된 경우	피보험자내역변경신고	사유 발생일로부터 14일 이내
6. 일용직근로자 고용정보 신고	근로내용확인신고	다음달 15일

⭘ 고용종료의 신고

고용보험적용사업장의 근로자고용종료에 따른 고용종료별 신고사유와 종료일의 판단은 다음과 같다.

《 근로자 고용종료의 신고요약 》

신고사유	고용종료일
1. 근로자의 퇴사	퇴사한 날의 다음 날
2. 근로자의 사망	사망한 날의 다음 날
3. 산재보험 적용근로자가 적용 제외 근로자가 된 때	적용 제외된 날
4. 사업종류 변경으로 부과고지대상사업에서 자진신고대상사업으로 변경	변경된 날
5. 국내사업장 소속 근로자의 해외로 파견	국내사업장에서 고용관계가 끝나는 날의 다음 날
6. 보험관계의 소멸	보험관계가 소멸한 날

4 근로자 등의 고용보험 가입

고용보험 가입 대상

고용보험의 가입 대상은 1인 이상 근로자를 사용하는 모든 "사업" 또는 "사업장"으로 근로자와 사업주가 가입 대상이다.

구분	고용보험가입자
고용보험 적용	• 1인 이상 근로자를 사용하는 법인사업체 • 1인 이상 근로자를 사용하는 개인사업자 대표 • 사업장에 근무하는 근로자

가입대상 건설업 등 도급사업자

① 건설업은 도급계약 형식으로 수차의 하도급이 이루어지는 경우 원칙적으로 원수급인이 보험가입자가 된다.

② 국내건설사가 국내에 소재하지 않는 외국건설사로부터 하도급을 받아 시행하면 그 최초 하수급인이 보험가입자가 된다.

③ 원수급인이 서면계약으로 하수급인에게 보험료의 납부를 인수하게 하면 원수급인의 신청으로 근로복지공단의 승인을 얻은 때에 그 하수급인을 고용보험법의 적용을 받는 사업주로 본다.

가입대상 외국인 근로자

외국인 근로자는 고용보험 제외 대상이나, 다음의 외국인 근로자는 고용보험 가입 대상이다.

구분	고용보험 가입 대상자
외국인 근로자	1. 외국인의 체류자격 중 주재·기업투자 및 무역경영의 체류자격을 가진 자 2. 취업 활동을 할 수 있는 체류자격을 가진 자로 고용보험 가입 신청자 3. 결혼이민의 체류자격을 가진 자 4. 체류자격을 가진 자로 고용보험 가입 신청자 5. 외국인의 체류자격 중 영주의 체류자격을 가진 자

고용보험 제외 대상

고용보험은 적용 사업에 고용된 모든 근로자에게 적용되나, 다음 어느 하나에 해당하는 자에게는 적용을 제외하고 있다.

① 1개월간 소정근로시간이 60시간 미만인 자(1주간의 소정근로시간이 15시간 미만인자 포함). 다만, 3개월 이상 계속하여 근로를 제공하는 자와 1개월 미만동안 고용되는 일용근로자는 적용 대상임

② 65세 이후 고용되거나 자영업을 개시한 자 : 실업급여(법 제4장), 육아휴직급여 등(법 제5장) 적용 제외(고용안정·직업능력개발사업은 적용함에 따라 고용보험 피보험자격 취득 대상임). 다만, 65세 전부터 피보험자격을 유지하던 사람이 65세 이후에 계속하여 고용된 경우는 실업급여 등 고용보험 전 사업 적용(19.1.15 시행)

③ 공무원(국가공무원법과 지방공무원법에 따른 공무원)

④ 별정우체국 직원(별정우체국법에 따른 별정우체국 직원)

⑤ 외국인근로자 : 다만, 외국인 근로자로 일부 체류자격의 경우 당연, 임의, 상호주의로 구분하여 고용보험을 적용한다.

《 고용보험 적용 제외 대상 》

구분	고용보험 적용 제외 대상
고용보험 제외	• 1월간 소정근로시간이 60시간 미만인 자 • 1주간 소정근로시간이 15시간 미만인 자 • 65세 이후 고용되거나 자영업을 개시한 자 • 외국인 근로자

5 고용보험료의 산정

고용보험율 고시

고용보험료율은 보험수지의 추이와 경제 상황 등을 고려하여 1000분의 30 범위에서 고용안정·직업능력 개발사업의 보험료율 및 실업급여의 보험료율로 구분하여 결정하여 고용보험징수법 시행령으로 고시한다.

2022.7.~2023.6. 적용하는 고용보험률은 다음과 같다(고용산재보험징수령§12①).

《 고용보험료율 (2022.7.~2023.6.) 》

사업 구분		부담률		
		근로자	사업주	계
실업급여		0.9%	0.9%	1.8%
고용안정 · 직업능력 개발사업	150인 미만 기업	-	0.25%	2.05%
	150인 이상 (우선지원대상기업)	-	0.45%	2.25%
	150인 이상 1,000인 미만 기업	-	0.65%	2.45%
	1,000인 이상 기업	-	0.85%	2.65%

- 우선지원 대상기업 : 제조업 500인 이하, 광업 300인 이하, 건설업 300인 이하, 운수·창고·통신업 300인 이하, 기타 산업 100인 이하

🔅 고용보험료의 계산

고용보험료는 근로자가 지급받는 「보수총액」에 보험료율을 곱하여 산정하고, 개인사업자는 사업소득에 보험료율을 곱하여 산정한다.

- 고용보험료 = 보수총액×고용보험료율
- 근로자 부담 보험료 = 보수총액×실업급여 보험료율
- 사업주 부담 보험료 = (보수총액×실업급여보험료율)+(보수총액×고용안정·직업능력개발사업 보험료율)

🔅 보험료 구성

고용보험료의 구성은 다음과 같다.

1. 실업급여
2. 고용안정
3. 직업능력개발사업

🔅 고용보험료 산정기간

사업장별 고용보험료 산정기간은 다음과 같다.

고용보험 사업장 구분	고용보험료 산정기간
계속 사업장	매 보험연도 1월 1일부터 12월 31일까지
년도 중 성립 사업장	보험관계성립일부터 12월 31일까지
년도 중 소멸 사업장	보험년도 1월 1일부터 사업폐지·종료일까지
년도 중 성립·소멸 사업장	보험관계성립일부터 사업폐지·종료일까지

🔹 고용보험료의 부담

고용보험료는 사업주와 근로자가 다음과 같이 부담한다.
① 실업급여 : 사업주와 근로자가 각각 50%씩 부담
② 고용안정·직업능력개발사업 : 사업주가 전액 부담

🔹 폐업자의 보험료 산정 = 기준소득월액

사업의 폐업·도산 등으로 보수를 산정·확인하기 곤란한 경우 또는 기준보수 적용 사유에 해당하는 경우에는 고용노동부장관이 고시하는 금액을 보수로 한다.
1. 사업의 폐업·도산 등으로 보수의 산정·확인이 곤란한 경우
2. 보수 관련 자료가 없거나 불명확한 경우
3. 사업 또는 사업장(사업)의 이전 등으로 사업의 소재지 파악이 곤란한 경우

⑥ 보험료의 납부

🔹 고용보험료의 납부

고용보험료는 그달의 보험료를 다음달 10일까지 납부한다. 사회보험 징수통합에 따라 전 사업에 대하여 공단에서 월별보험료를 산정·부과하고 국민건강보험공단에서 발송하는 고지서로 납부하거나 자동이체, 가상계좌 등으로 납부한다.

> • 고용보험 월별보험료 = (근로자 개인별 월평균보수 × 보험료율)

🔹 고용보험 업무절차

사업장		근로복지공단		건강보험공단		사업장
보험가입(변경) 신고	▶	월별보험료 부과	▶	통합고지서 매월 21일 발송	▶	전월 분 매월 10일 납부

🔹 고지·납부

고용보험료는 사업주가 신고한 근로자 개인별 보수에 보험료율을 각각 곱한 금액을 합산하여 산정한 보험료를 공단에서 매월 부과고지 한다.

사업 종류	보험료 납부
• 전 사업(건설업 등의 사업 제외) • 건설업 중 건설장비운영업 • 중소기업사업주·특수형태근로종사자 • 해외파견(건설업 외) • 고용보험 자영업자	부과고지

신고·납부

고용보험료는 건설업 등 다음의 사업은 자진 신고 및 납부하여야 한다.

사업 종류	보험료납부
• 건설업(건설본사 포함) • 임업 중 벌목업 • 해외파견사업(건설업) • 고용보험 자영업자	자진 신고·납부

7 보수총액의 신고

보수총액 신고

사업장에서 전년도 근로자가 받은 보수총액을 당해 3월 15일까지 보수총액을 공단에 신고하여야 한다. 이는 전년도 납부한 고용보험료와 실제 근로자에게 지급한 보수총액을 산정하여 당해 확정보험료를 산정하는 절차이다.

신고방법

고용보험료는 전자신고(http://total.kcomwel.or.kr) 및 서면신고 의무 대상은 다음과 같다.

구분	신고 의무 대상
전자신고	• 상시근로자 10인 이상 사업장
전자 및 서면 신고	• 상시근로자 10인 미만 사업장

신고기한

사업장의 고용보험료 신고기한은 다음과 같다.

구분	신고 의무 대상
계속사업	• 매년 3월 15일까지
사업종료	• 보험관계 소멸일로부터 14일 이내

보수총액 신고 시 유의사항

① 보수총액신고는 전자신고를 하여야 한다. 다만, 근로자 수가 10인 미만인 사업장은 서면으로 작성하여 신고할 수 있다.

② 전년도에 이미 퇴사(고용종료)된 근로자도 보수총액신고를 해야 한다.

③ 일용근로자와 월 60시간 미만 단시간 상용근로자는 구분하여 각각 신고한다.

④ 공단에서 보수총액신고를 위해 제공하는 정보가 틀린 경우 별도 변경 신고한다.

⑤ 전년도 근로자(상용, 일용, 그밖의 근로자 등 모두 포함) 사용이 없어 지급된 보수총액이 없는 경우에는 "○○4년도 근로자 사용 및 보수지급액 없음"에 표시하여 신고한다.

⑥ 전보근로자의 경우 전보일 기준으로 전보이전 사업장과 전보이후 사업장에서 발생한 보수를 구분하여 각각 작성한다.

   ※ 전보이전 사업장에서는 고용종료(상실)일이 전보일, 전보이후 사업장에서는 고용(취득)일이 전보일에 해당한다.

⑦ 휴직기간 중 지급된 보수가 있는 경우 산재보험은 제외, 고용보험은 포함하여 보수총액을 신고한다.

⑧ 연도 중 산재보험 업종변경이 있는 사업장은 「⑨ 연도 중 산재보험 업종변경 사업장기간별 보수총액」 별도 작성

⑨ "자활근로종사자" 또는 "노동조합 등으로부터 금품을 지급받은 노조전임자"의 보수총액은 신고서 뒷면에 별도 작성

⑩ 특수형태근로종사자는 보수총액신고서를 작성하지 않는다.

🔟 고용보험료의 정산

전년도 보수총액 또는 해당 연도 고용 신고를 기초로 산출된 월평균보수로 산정·부과한 보험료를 사업장에서 실제 지급한 보수총액을 신고하여 확정된 보험료를 산정하는 절차이다.

정산결과 납부한 보험료가 많으면 납부할 보험료에 충당하거나 반환하고 추가납부액이 있으면 4월분 보험료에 추가액을 납부한다.

《 고용보험료 정산 절차 》

절차	업무 내용
근로복지공단	• 전년도 「보수총액신고서」 제출 안내 : 매년 2월
사업장	• 보수총액신고서 제출 : 매년 3월 15일까지
근로복지공단	• 정산보험료 산정(추가납부, 충당, 반환)
건강보험공단	• 정산보험료 고지
사업장	• 정산보험료 납부

🌑 정산 시기

① 정상사업장 : 매년 3월 15일까지 보수총액을 신고
② 소멸사업장 : 소멸일로부터 14일 이내 보수총액을 신고

🌑 정산 대상

전년도 또는 소멸일 전날까지 사업주가 고용한 모든 근로자에게 지급한 보수총액이다.

① 고용정보가 있는 상용근로자는 개인별 보험료 정산한다.
② 일용근로자 및 고용정보가 없는 상용근로자(월 60시간 미만 단시간 상용근로자 또는 산재보험고용정보미신고 외국인근로자)는 사업장 보수총액으로 정산한다.

⑨ 보험관계의 소멸 신고

사업장의 고용보험 성립에 관한 소멸 사유가 발생하면 보험관계는 소멸한다. 소멸 사유는 다음과 같다.

🌐 사업의 폐지 또는 종료

사업이 사실상 폐지 또는 종료된 경우를 말하는 것으로 법인의 해산등기 완료, 폐업신고 또는 보험관계소멸신고 등과는 관계없다.

1. 소멸일 : 사업이 사실상 폐지 또는 종료된 날의 다음 날
2. 제출서류 : 보험관계소멸신고서 1부
3. 제출기한 : 사업이 폐지 또는 종료된 날의 다음 날부터 14일 이내

🌐 직권소멸

근로복지공단이 보험관계를 계속해서 유지할 수 없다고 인정하는 경우에는 직권소멸 조치한다.

- 소멸일 : 공단이 소멸을 결정·통지한 날의 다음날

🌐 임의가입 보험계약의 해지 신청

사업주의 의사에 따라 보험계약해지 신청이 가능하나 신청시기는 보험가입승인을 얻은 해당 보험연도 종료 후 가능하다.

1. 소멸일 : 보험계약해지를 신청하여 공단의 승인을 얻은 날의 다음 날
2. 제출서류 : 보험관계해지신청서 1부

🌐 근로자를 사용하지 아니할 경우

사업주가 근로자를 사용하지 아니한 최초의 날부터 1년이 되는 날의 다음 날 소멸한다.

🌐 일괄 적용의 해지 신청

보험가입자가 승인을 해지하고자 할 경우에는 다음 보험연도 개시 7일 전까지 일괄적용해지신청서를 제출하여야 한다.

Chapter 5

산재보험 업무관리

1 산재보험의 개요

산업재해보상보험(이하 '산재보험')제도는 근로자의 업무상 재해와 관련하여 국가가 사업주로부터 소정의 보험료를 징수하여 그 기금(재원)으로 사업주를 대신하여 보상함으로써

① 재해근로자에게는 치료와 생계, 사회복귀를 지원하여 재해근로자와 그 가족의 생활 안정을 도모하고

② 사업주에게는 일시에 드는 과중한 보상비용을 분산시켜 정상적인 기업 활동을 보장하기 위함이다.

산재보험 급여의 종류

산재보험 급여의 종류는 다음과 같다.

① 요양급여(치료비) ② 휴업급여   ③ 장해급여

④ 유족급여   ⑤ 상병보상연금   ⑥ 장의비

⑦ 간병급여   ⑧ 직업재활급여

산재보험기관: 근로복지공단

산재보험 업무는 근로복지공단에서 한다.

① 산재보험의 적용·부과·징수,

② 산재보험 관련 근로자의 고용정보 관리

③ 산재보험 관련 근로자의 요양에 따른 각종 보험급여 등의 지급

산재보험의 특성

① 근로자의 업무상의 재해에 대하여 사용자에게는 고의·과실의 유무를 불문하는 무과실 책임주의이다.

② 보험사업에 소요되는 재원인 보험료는 원칙적으로 사업주가 전액 부담한다.

③ 산재보험 급여는 재해발생에 따른 손해 전체를 보상하는 것이 아니라 평균임

금을 기초로 하는 정률보상 방식이다.

④ 자진신고 및 자진납부가 원칙이다.

⑤ 공단은 재해보상과 관련되는 이의 신청에 대한 심사 및 재심사청구 제도를 운영한다.

❷ 산재보험의 적용사업장

⬤ 가입범위 : 모든 사업 및 사업장

①산재보험은 근로자를 사용(고용)하는 모든 사업 또는 사업장에 적용에 적용한다.

② 2018.7.1. 산재보상보험법(이하 '산재보험법')의 적용제외사업으로 규정하고 있던 산재보험법 시행령 제2조가 개정·시행되면서 산재보험의 가입대상이 근로자를 사용하는 모든 사업으로 확대되었다.

③ 따라서 사업의 종류·영리성 여부 등과 관계없이 근로자를 사용(고용)하는 모든 사업 또는 사업장은 원칙적으로 가입대상이다.

⬤ 가입의무: 계속사업

업종별 계속사업 및 건설공사의 산재보험 의무가입대상은 다음과 같다.

구분	산재보험 의무가입 대상
제조업, 도소매업, 음식업 등 (계속사업)	○ 근로자를 사용하는 모든 사업 - 다만, 개인이 운영하는 농·임(벌목업 제외)·어업의 상시 5명 미만 사업은 임의가입 가능
건설공사	○ 모든 건설공사 (2018.7.1. 이후 착공하는 공사)

↻ 아르바이트를 일시적으로 사용하는 경우 고용·산재보험 가입 여부

- 고용·산재보험의 적용은 「산업재해보상보험법」 제6조(적용범위) 및 「고용보험법」 제8조(정의)에 따라 근로자를 사용하는 "모든 사업" 또는 "사업장"을 적용대상으로 한다. 따라서 일시적으로 일용직 또는 아르바이트를 사용한 경우에도 고용 및 산재보험에 가입하여야 한다.

ⓒ 개인이 건축공사(인테리어 등)을 직영하는 경우 고용·산재보험 가입 여부

> • 산재보험의 경우 건설사업자가 아닌 개인이 근로자를 고용하여 건축공사(인테리어 등)을 직영하는 경우라도 연면적 및 총공사금액 관계없이 산재보험에 의무적으로 가입하여야 한다.
> • 다만, 고용보험의 경우 건축 연면적이 100㎡(대수선은 연면적 200㎡) 이하이거나 총 공사금액이 2천만원 미만인 경우 사업주의 의사에 따라(근로자 과반수의 동의를 받은 경우) 근로복지공단의 승인을 얻은 경우 고용보험에 가입할 수는 있다.

산재보험의 사업장 가입기준

ⓒ 일반사업 가입기준

산재보험은 동일한 장소에 있는 것은 하나의 사업으로 하고, 장소로 분리된 것은 별도의 사업으로 가입("사업장" 단위)함을 원칙으로 한다.
- 동일한 장소 기준 : 단일사업장으로 가입
- 분리된 장소 기준 : 별도사업장으로 각각 가입

ⓒ 건설업 가입기준

건설사업자에 의한 건설공사는 건설공사 현장 전체를 하나의 보험가입 단위로 한다.

건설사업자란 건설사업자(「건설산업기본법」에 따른 건설사업자, 「주택법」에 따른 주택 건설사업자, 「전기공사업법」에 따른 공사업자, 「정보통신공사업법」에 따른 정보통신공사업자, 「소방시설공사업법」에 따른 소방시설업자, 「문화재수리등에 관한 법률」에 따른 문화재수리업자) 및 면허 없이 사업자등록증을 발급받아 한국표준산업분류표의 대분류에 따른 건설업을 업으로써 계속적으로 행하는 자는 공사현장 전체를 하나의 보험가입 단위로 하여야 한다.

❖ 건설공사 가입기준

건설사업자 등이 아닌 자가 행하는 건설공사는 현장(사업장)별 가입한다.

ⓒ 벌목업 등 사업 기한의 정함이 있는 사업

허가 단위별 사업의 기간을 각각의 사업으로 보아 "사업장" 단위로 판단한다.

❸ 산재보험 가입 대상자

🔵 산재보험의 가입자 범위

♻ 산재보험 가입대상 사업장

① 산재보험의 가입 의무자는 사업장의 사업주로 법인의 경우는 법인 그 자체를, 개인사업체의 경우는 개인사업자 대표가 가입자이다.

② 산재보험은 사업주만 보험가입자가 되고, 고용보험은 사업주와 근로자 모두 보험가입자가 된다.

♻ 산재보험 가입대상 근로자

산재보험 가입대상 근로자는 「근로기준법」에 규정된 근로자로서 "직업의 종류를 불문하고 사업 또는 사업장에서 임금을 목적으로 근로를 제공하는 자"이다.

구분	보험가입자
고용보험	• 사업주(법인, 개인사업자) • 근로자
산재보험	• 법인체 • 개입사업체 대표

🔵 건설업 등 도급사업 보험가입자

♻ 도급에 의하여 시행되는 경우

건설업에 있어서 도급계약 형식으로 여러 차례의 도급에 의하여 시행되는 경우 발주자와 직접 계약한 최초 원수급인이 보험가입자이다.

♻ 하수급인이 보험가입자가 되는 경우

① 국내 건설사가 국내에 소재하지 않는 외국 건설사로부터 하도급을 받아 시행하는 경우에는 국내의 그 최초 하수급인이 보험가입자이다.

② 원수급인의 신청에 의하여 하수급인을 보험가입자로 인정해 달라는 신청에 대하여 공단이 승인하는 때에는 그 하수급인이 법의 적용을 받는 보험가입자이다.

④ 산재보험의 가입 신고

사업주는 근로자를 고용하여 고용·산재보험 취득(고용) 신고 사유가 발생한 경우 그 근로자의 성명 및 주민등록번호 등을 근로자를 고용한 날이 속하는 달의 다음달 15일까지 공단에 신고하여야 한다.

▶ 보험성립일의 판단기준

근로자를 사용하는 사업은 근로자 유형(일용, 상용, 시간제 등)에 상관없이 근로자 채용일부터 산재보험 관계를 적용한다.

- 근로자의 채용일부터 산재보험 관계 적용

▶ 산재보험의 성립과 제출서류

산재보험의 신고에 따른 성립일과 제출서류는 다음과 같다.

《 산재보험의 성립일과 제출서류 》

구분	당연가입사업장	임의가입사업장
성립일	해당 사업이 개시된 날 또는 일정 규모 이상의 사업에 해당하게 된 날	보험가입신청서를 근로복지공단에 접수한 날의 다음날 (하수급인사업주인정승인을 받은 경우는 하도급 공사 착공일)
제출서류	〈일반사업〉 • 보험관계성립신고서 • 사업자등록증 • 주민등록표초본 • 기타(근로자명부 등) 〈건설공사 및 벌목업〉 • 보험관계성립신고서 • 공사도급계약서 • (공사비내역서포함) • 건축 또는 벌목허가서	〈일반사업〉 • 보험관계성립신고서 • 사업자등록증 • 주민등록표초본 • 기타(근로자명부 등) 〈건설공사 및 벌목업〉 • 보험관계성립신고서 • 공사도급계약서 (공사비내역서포함) • 건축 또는 벌목허가서
제출기한	보험관계 성립한 날부터 14일 이내 (14일 이내 종료되는 사업은 종료일의 전날)	건설공사 및 벌목업의 경우는 사업 종료일의 전날
근로자 고용신고서	근로자 고용한 날이 속하는 달의 다음달 15일까지	근로자 고용한 날이 속하는 달의 다음달 15일까지

🔸 보험관계의 변경

사업주는 보험에 가입된 사업에 다음 사항이 변경되면 그 변경된 날부터 14일 이내에 공단에 신고하여야 한다.

🔹 변경 내용
1. 사업주(법인의 경우에는 대표자)의 이름 및 주민등록번호
2. 사업의 명칭 및 소재지
3. 사업의 종류
4. 사업자등록번호(법인은 법인등록번호 포함)
5. 사업의 기간(건설공사 또는 벌목업 등 기간의 정함이 있는 사업)
6. 상시근로자 수

🔹 제출서류
- 보험관계변경사항신고서 1부

다만, 우선지원대상 기업 해당 여부에 변경이 있는 사업장의 상시근로자 수 변경은 보험연도의 초일부터 14일 이내에 우선지원 대상기업 신고서를 제출하여야 한다.

🔸 보험관계의 소멸

🔹 보험관계의 소멸사유
① 사업의 폐지 또는 종료
- 사업이 사실상 폐지 또는 종료된 경우를 말하는 것으로 법인의 해산등기 완료, 폐업신고 또는 보험관계소멸신고 등과는 관계없음

② 직권소멸
- 근로복지공단이 보험관계를 계속해서 유지할 수 없다고 인정하는 경우에는 직권소멸 조치

③ 임의가입 보험계약의 해지신청
- 사업주의 의사에 따라 보험계약해지 신청가능하나 신청 시기는 보험가입 승인을 얻은 해당 보험연도 종료 후 가능

④ 근로자를 사용하지 아니할 경우
- 사업주가 근로자를 사용하지 아니한 최초의 날부터 1년이 되는 날의 다음 날

⑤ 소멸일괄적용의 해지
- 보험가입자가 승인을 해지하고자 할 경우에는 다음 보험연도 개시 7일 전까지 일괄적용해지신청서를 제출하여야 한다.

◎ 보험관계의 소멸일 및 제출서류
① 사업의 폐지 또는 종료의 경우
- 소 멸 일 : 사업이 사실상 폐지 또는 종료된 날의 다음 날
- 제출서류 : 보험관계소멸신고서 1부
- 제출기한 : 사업이 폐지 또는 종료된 날의 다음 날부터 14일 이내
② 직권소멸조치한 경우
- 소 멸 일 : 공단이 소멸을 결정·통지한 날의 다음날
③ 보험계약의 해지신청
- 소 멸 일 : 보험계약해지를 신청하여 공단의 승인을 얻은 날의 다음 날
- 제출서류 : 보험관계해지신청서 1부

다만, 고용보험의 경우 근로자(적용제외 근로자 제외) 과반수의 동의를 받은 사실을 증명하는 서류(고용보험 해지신청 동의서)를 첨부하여야 함

⑤ 산재보험 가입 근로자 신고

◎ 보험 가입 대상

① 산재보험과 고용보험 가입 대상인 근로자는 「근로기준법」에 규정된 근로자로서 "직업의 종류를 불문하고 사업 또는 사업장에서 임금을 목적으로 근로를 제공하는 자"이다.
- 사업 또는 사업장에서 임금을 목적으로 근로를 제공하는 자
② 다만, 특례에 따라 비록 근로자는 아니나 다음의 자 등은 근로자와 동일하게 보험을 적용한다.
- 특수형태근로종사자
- 자활수급자
- 현장실습생 등

보험 적용 제외 대상

근로자에 해당하나 다른 법률에 따라 산재보험 또는 고용보험과 유사하게 보호를 받는 경우 산재보험 또는 고용보험에서 적용을 제외한다.

산재보험의 가입 제외 대상자는 다음과 같다.

- 공무원연금법 또는 군인연금법」에 따라 재해보상이 되는 자
- 선원법 또는 어선원 및 어선재해보상보험법에 따라 재해보상이 되는 자
- 사립학교교직원연금법」에 따라 재해보상이 되는 자

근로자 자격취득(고용)신고서 사유

산재보험 근로자 자격취득(고용) 신고서 제출사유는 다음과 같다.

《 산재보험 자격취득(고용)신고서 제출사유 》

구분	자격취득신고서 제출사유	취득일
공통	• 고용·산재보험 적용제외근로자가 적용을 받게 된 경우	적용을 받게 된 날
	• 고용·산재 보험관계 성립일 전에 고용된 근로자의 경우	보험관계가 성립한 날
	• 고용·산재보험 적용사업에 새로이 채용된 경우	처음 근로를 시작한 날
산재보험	• 자진신고 사업에서 부과고지 사업으로 사업종류 변경된 경우	변경된 날
	• 해외파견 사업에서 국내 부과고지 사업으로 복귀하는 경우	복귀한 날
	• 특수형태근로자가 고용관계가 변동되어 일반 근로자가 되는 경우	고용관계가 변동된 날
	• 근로자 정보 신고제외자가 고용관계가 변동되어 신고대상이 되는 경우	고용관계가 변동된 날
	• 적용제외 사업장이 적용사업장으로 변경된 경우	변경된 날

❻ 근로자 자격상실(고용종료) 신고

사업주는 고용된 근로자가 이직하여 상실(종료)사유가 발생한 경우 상실연월일, 상실사유, 보수총액 등을 이직한 날이 속하는 달의 다음달 15일까지 공단에 신고하여야 한다.

다음의 경우에 산재보험 근로자 자격상실(고용종료)신고서를 공단에 제출하여야 한다.

《 산재보험 자격상실(고용종료)신고서 제출사유 》

구분	자격상실신고서 제출사유	자격상실일
공 통	• 근로자가 고용·산재보험 적용제외 근로자가 된 경우	적용 제외된 날
	• 고용·산재보험 적용제외 사업으로 근로자의 고용관계가 변경되는 경우	변경된 날
	• 보험관계가 소멸하는 경우	보험관계가 소멸한 날
	• 사업주와 고용관계가 종료된 경우 (근로자가 이직한 경우)	고용관계가 끝나는 날의 다음 날
	• 근로자가 사망한 경우	사망한 날의 다음날
산재보험	해외파견 사업으로 파견되는 경우	국내 사업에서 고용관계가 끝나는 날의 다음날
	사업종류 변경으로 부과고지 사업에서 자진신고 사업으로 변경된 경우	변경된 날

❼ 보험료의 산정

⬤ 산재보험료의 산정기준

⟳ 일반사업

일반사업은 근로자 「개인별 월평균 보수」에 「보험료율」을 곱하여 산정한 고용 및 산재보험료는 매월 근로복지공단이 부과하고 건강보험공단이 통합징수 한다(건설업과 벌목업 제외).

> 산재보험료 = 개인별 월평균 보수 × (사업종류별 보험료율+출퇴근재해 보험료율)

⟳ 건설업 등

'건설업'과 '벌목업'은 사업주가 직접 당해연도 '보수총액 추정액'에 '보험료율'을 곱한 금액(=개산보험료)을 당해연도 3월 31일까지 근로복지공단에 자진 신고·납부한다.

> 산재보험료= 당해연도 보수총액의 추정액 × (사업종류별 보험료율+출퇴근재해 보험료율)

• 전년도 확정보험료(=확정보수총액×보험료율)도 당해연도 3월 31일까지 함께 자진 신고·납부 (또는 충당·반환)

⟳ 보험료의 부담 원칙

• 산재보험료 : 사업주 전액 부담

※ 특수형태근로종사자는 사업주와 근로자가 보험료의 1/2을 각각 부담

⬤ 보수의 정의

"보수"는 근로소득에서 비과세 근로소득을 제외한 금액을 말한다.

> ※ "보수"는 소득세법에 따른 총급여액(소득세법에 의한 비과세소득의 금액을 제외한 근로소득 금액의 합계액)의 개념과 동일, 근로소득금액(소득세법에 의한 근로소득 금액의 합계액(총급여액)에서 근로소득공제를 적용한 금액)의 개념과는 상이하며, 연말정산에 따른 갑근세 원천징수 대상 근로소득과 동일하다.

⟳ 근로소득의 범위

① 근로의 제공으로 인하여 받는 봉급·급료·보수·세비·임금·상여·수당과 이와 유사한 성질의 급여
② 법인의 주주총회·사원총회 또는 이에 준하는 의결기관의 결의에 의하여 상여로 받는 소득
③ 법인세법에 의하여 상여로 처분된 금액
④ 퇴직으로 인하여 받는 소득으로서 퇴직소득에 속하지 아니하는 소득

⊕ 산재보험료율

⟳ 산재보험료율의 고시

「고용보험 및 산업재해보상보험의 보험료징수 등에 관한 법률」 제14조제3항, 제4항 및 제7항과 같은 법 시행령 제13조 및 같은 법 시행규칙 제12조 및 제12조의 2에 따라 다음년도에 적용할 "사업종류별 산재보험료율"과 "통상적 경로와 방법으로 출퇴근하는 중 발생한 재해에 관한 산재보험료율"을 매년 12월에 고용노동부장관이 고시한다.

⟳ 산재보험료율의 구성

① 산재보험료율은 '사업종류별 산재보험료율'과 '출퇴근재해 산재보험료율'로 구성한다.

② 매년 6월 30일 현재 과거 3년 동안의 보수총액에 대한 산재보험급여총액의 비율을 기초로 하여, 「산재보험법」에 의한 연금 등 산재보험급여에 드는 금액, 재해예방 및 재해근로자의 복지증진에 드는 비용 등을 고려하여 사업의 종류별로 매년 고시한다.

⟳ 보험료율 적용방법

① 하나의 적용 사업장에 대하여는 하나의 보험료율을 적용한다.

② 하나의 사업장에서 보험료율이 다른 2종 이상의 사업이 행하여지는 경우 다음 순서에 따라 주된 사업을 결정하여 적용한다.

    1. 근로자 수가 많은 사업

    2. 근로자 수가 동일하거나 그 수를 파악할 수 없는 경우는 보수총액이 많은 사업

    3. 상기 방법에 의하여 주된 사업을 결정할 수 없는 경우에는 매출액이 많은 제품을 제조하거나 서비스를 제공하는 사업을 주된 사업으로 결정

《 2023년도 사업종류별 산재보험료율 》

1. 2023년 1월 1일부터 2023년 12월 31일까지 사업종류별 적용하는 산재보험료율은 다음과 같다.

〈단위: 천분율(%)〉

사 업 종 류	요율	사 업 종 류	요율
1. 광업		4. 건 설 업	36
석탄광업 및 채석업	185	5. 운수·창고·통신업	
석회석·금속·비금속·기타광업	57	철도·항공·창고·운수관련서비스업	8
2. 제조업		육상 및 수상운수업	18
식료품 제조업	16	통신업	9
섬유 및 섬유제품 제조업	11	6. 임 업	58
목재 및 종이제품 제조업	20	7. 어 업	28
출판·인쇄·제본업	10	8. 농 업	20
화학 및 고무제품 제조업	13	9. 기타의 사업	
의약품·화장품·연탄·석유제품 제조업	7	시설관리 및 사업지원 서비스업	8
기계기구·금속·비금속광물제품 제조업	13	기타의 각종사업	9
금속제련업	10	전문·보건·교육·여가관련 서비스업	6
전기기계기구·정밀기구·전자제품 제조업	6	도소매·음식·숙박업	8
선박건조 및 수리업	24	부동산 및 임대업	7
수제품 및 기타제품 제조업	12	국가 및 지방자치단체의 사업	9
3. 전기·가스·증기·수도사업	8	0. 금융 및 보험업	6
		* 해외파견자: 14/1,000	

2. 2023년도 통상적인 경로와 방법으로 출퇴근하는 중 발생한 재해에 관한 산재보험료율: 전 업종 1.0/1,000 동일

* 사업종류의 세목과 내용예시 및 총칙을 규정한 사업종류 예시표는 고용노동부 홈페이지 (www.moel.go.kr) 정보공개-법령정보-훈령·예규·고시란과 근로복지공단 홈페이지 (www.comwel.or.kr) 가입·납부서비스-보험료 신고 및 납부-보험료율-연도별 산재보험료율표에 게재

⑧ 중소기업 사업주에 대한 산재보험 특례

　실제 근로에 종사함으로써 근로자와 같이 재해 위험에 노출된 중·소기업 사업주(근로자를 사용하지 않는 사람 포함)를 업무상 재해로부터 보호하기 위해 산재보험에 공단의 승인으로 자기 또는 유족으로 임의가입 할 수 있도록 하는 제도이다.

➡ 산재보험의 적용

　산재보험 적용 중소기업 사업주는 다음과 같다.
　① 근로자를 사용하는 사업주 또는 명의 사업주의 배우자(법률혼에 한함)인 실제 사업주이다. (산재보험령§122①)
- 산재보험 보험가입자로서 300명 미만의 근로자를 사용하는 사업주
- 근로자 300명 미만 사용하는 건설업 원수급인 및 건설업 하수급인

　② 근로자를 사용하지 않는 사람 다만, 특수형태근로종사자에 해당하는 사람은 제외)

↻ 관련 법령

> [산재보험법] 제124조(중·소기업 사업주등에 대한 특례)
> ① 대통령령으로 정하는 중·소기업 사업주(근로자를 사용하지 아니하는 자를 포함한다. 이하 이 조에서 같다)는 공단의 승인을 받아 자기 또는 유족을 보험급여를 받을 수 있는 사람으로 하여 보험에 가입할 수 있다.

➡ 산재보험의 신고

　① 제출서류
　중소기업 사업주의 산재보험 적용을 위하여 다음의 서류를 근로복지공단에 제출하여야 한다.
　　1. 중·소기업 사업주 산재보험 가입신청서(근로자를 사용하는 사업주)
　　2. 건강진단서(특정업무를 행하는 경우만 해당)
　② 제출기관
　사업장 소재지를 관할하는 지사에 제출하여야 하나, 사업자등록이 없는 중·소기

업 사업주는 보험가입 신청자의 주민등록상 주소지(주민등록상 주소지가 없는 경우 거소지)를 관할하는 지사에 제출한다.

업무상 재해의 인정기준

중소기업 사업주 등에 대한 업무상 재해의 인정 범위에 관하여는 다음을 준용한다(산업보험령§123).

1. 업무수행중의 사고(산재보험령§27)
2. 시설물 등의 결함 등에 따른 사고(산재보험령§28)
3. 행사 중의 사고(산재보험령§30)
4. 특수한 장소에서의 사고(산재보험령§31)
5. 요양 중의 사고(산재보험령§32)
6. 제3자의 행위에 따른 사고(산재보험령§33)
7. 업무상 질병의 인정기준(규제)(산재보험령§34)
8. 진폐증에 대한 업무상 질병의 인정기준(규제)(산재보험령§34)
9. 출퇴근 중의 사고(산재보험령§35조)
10. 자해행위에 따른 업무상 재해의 인정기준(규제)(산재보험령§36)

보험급여의 산정과 지급제한

보험급여의 산정기준

중소기업 사업주등에 대한 보험급여의 산정 기준이 되는 평균임금은 위의 〈중소기업 사업주에 대한 산재보험료 산정의 기초가 되는 임금액 및 평균임금〉 표에서 정한 평균임금으로 한다(규제(산업보험법§124⑤).

보험급여 지급의 제한

중소기업 사업주 등이 보험료를 체납한 기간 중 발생한 업무상 재해에 대해서는 산업재해보상 보험급여를 지급하지 않습니다. 다만, 체납한 보험료를 보험료 납부기일이 속하는 달의 다음다음달 10일까지 납부한 경우에는 보험급여를 지급한다(규제(산재보험법§124⑥ 및 규제(산재보험령§124).

산재보험의 해지 및 소멸

① 산재보험에 가입한 중소기업 사업주가 보험계약을 해지하고자 할 때는 공단의 승인을 받아야 한다. 다만, 공단이 중·소기업사업주의 보험관계를 계속해서 유

지할 수 없다고 인정하는 경우에는 해당 보험관계를 소멸시킬 수 있다.

② 보험관계 소멸일

    1. 사업이 폐지 또는 종료된 날의 다음 날

    2. 근로자를 사용하였던 사업주가 근로자를 사용하지 않게 된 경우에는 근로자를 사용하지 아니한 최초의 날부터 1년이 되는 날의 다음 날

    3. 보험계약의 해지신청을 하는 경우에는 그 해지에 관하여 공단의 승인을 받은 날의 다음 날(보험가입을 신청한 해당연도에는 보험계약 해지 불가)

    4. 공단이 직권으로 보험관계를 소멸시키는 경우 그 소멸을 결정·통지한 날의 다음 날

    5. 보험가입자인 대표자가 변경된 경우 대표자가 변경된 날

③ 산재보험에 가입한 중·소기업 사업주가 300명 이상의 근로자를 사용하게 된 경우에도 본인이 보험관계를 유지하려는 경우에는 계속하여 보험에 가입된 것으로 본다.

참 고 자 료

강석원 · KOFE 회사규정집
강석원 · KOFE 회사(업무)서식집
강석원 · 근로계약서 작성
강석원 · 기업경영입문, 경영관리매뉴얼
강석원 · 임원보수와 퇴직금 규정 작성매뉴얼
강석원 · 취업규칙의 변경에 대한 문제점에 관한 연구
고희동 · 경비지출 증빙실무
안상근 · 회사경리와 세무실무
이상윤 · 노동법. 근로기준법
이철호 · 개인기업 법인전환 실무해설
한정봉 · 노무관리 4대 핵심실무
홍복기 · 회사법. 상법해설

고용노동부 · 근로기준 관련 자료 및 행정해석
국세청 · 조세법 등 자료 및 행정해석
기획재정부 ·2022년 세제개편안
국민건강보험공단 · 국민건강보험 자료
국민연금공단 · 국민연금보험 자료
근로복지공단 · 고용·산재보험 자료
대법원 · 근로기준법 등 노동관계법 판례
대법원등기소 · 법인등기사항

♣ 저자소개

● 강 석 원

현재 중소기업의 성장전략과 경영관리 등을 연구·교육 및 컨설팅하는 코페경영연구소 소장이다. 연세대학교와 동 대학원에서 경영 법무를 전공 및 졸업하고, 한국재정경제연구소 실장·소장, 공우화학(주) 대표이사를 역임하였다.

중소기업의 성장전략, 경영관리, 경영법무, 회사규정, 임원보수규정, 조직관리, 인사관리, 경영전략, 정책자금, 법인전환, 스톡옵션 부여와 행사, 스타트업 경영전략, 사업계획작성 등 기업경영관리 분야에 다수의 기업과 대학에 출강하고 있다.

저서로는 KOFE 회사규정집, 사업계획서 작성매뉴얼, 경영관리매뉴얼, 기업경영입문, 근로계약서작성, 개인기업의 법인전환, 임원보수와 퇴직금규정 작성매뉴얼 등 다수와 동기부여리더십, 목표관리실무, 재무코칭, 기획서제안서, 보고서리포트작성, 판매계획서 등 감수서가 있다.

논문으로 「취업규칙의 변경에 대한 문제점에 관한 연구(연세대학교)」 등이 있다.

🌐 교육 | 컨설팅 등 안내

홈페이지 www.kofe.kr   메일 kofe@kofe.kr
전   화 02) 562-4355   팩스 02) 552-2210

총무인사 업무매뉴얼

발행일   2008년 3월 5일 1판 1쇄 발행
         2023년 1월 25일 9판 1쇄 발행

저자   강 석 원
발행처   한국재정경제연구소<코페하우스>
출판등록 제2-584호 (1988.6.1)

주소   서울특별시 강남구 테헤란로 406, A-1303호
전화   (02) 562 - 4355, 4356
팩스   (02) 552 - 2210
전자우편 kofe@kofe.kr
홈페이지 www.kofe.kr

ISBN   978-89-93835-70-0 (13320)

값   30,000원

KOFE
회사규정집

(제19판)

강 석 원

코페하우스
회사규정센터

■ ■ ■ ■

머 리 말

(제19판을 내면서)

KOFE 회사규정집 제19판은 정관부터 홈페이지 관리규정까지 총 제152종 규정사례를 수록하여 개정판으로 발행하였습니다.

회사규정은 회사의 경영과 조직관리에 필요한 규칙으로, 회사에 실제 적용할 수 있는 유용한 규정으로 제정하여 조직과 구성원이 상호 추구하는 목적을 달성할 수 있도록 합리적이고 적법한 내용으로 알기 쉽고 이해하기 쉽게 규정하여야 합니다.

KOFE 회사규정집 제19판은 총 152종 규정사례를 다음과 같이 구성하였습니다.

첫째, 회사규정의 작성방법에 관하여 수록하였다. 작성원칙, 구성방법, 검토사항, 유의사항 등에 관하여 제1편에 수록하였다.

둘째, 회사의 설립과 존립 등에 필요한 필수규정을 수록하였다. 「신설법인, 일반법인, 벤처기업, 상장회사, 유한회사」 등의 설립과 존립에 필요한 「정관, 총회, 이사회, 위원회」 등의 규정 작성과 변경에 참고하도록 하였다.

셋째, 회사의 조직과 직제, 구성원의 복무 관련 규정을 수록하였다. 「조직·직제, 직무·전결, 감사, 임원」, 「취업규칙, 근로계약, 복무, 인사, 교육」 등의 규정을 수록하여 조직관리와 복무관리, 인사관리 등의 규정 작성과 변경에 참고하도록 하였다.

넷째, 회사의 임금과 직무, 사무와 문서 등 관련 규정을 수록하였다. 「임금, 복리후생, 보상, 사무, 문서」, 「구매, 생산, 영업, 자산, 해외」 등의 규정을 수록하여 임금관리와 사무관리, 문서관리, 생산관리, 자산관리, 해외근무, 홈페이지 등의 규정 작성과 변경에 참고하도록 하였다.

다섯째, 회사규정과 관련된 서식과 표, 계약서 등을 되도록 많이 수록하였다. 「주주총회와 이사회의 의사록에 관한 서식」, 「인사노무에 관한 서식」, 「복무·근태·출장에 관한 서식」, 「근로계약에 관한 서식」, 「연봉계약에 관한 서식」 등 각각의 규정과 관련된 표와 서식 등을 많이 두어 규정 작성과 변경에 참고하도록 하였다.

여섯째, 이 책의 모든 내용은 알기 쉽게 한글로 표기하였다. 다만, 한글 외 한문 또는 영문 등으로 일부 표기하였으나, 조금만 헤아리면 한글 표기의 그 뜻과 내용을 정확하게 인식할 수 있어 모두 한글로 표기하였습니다.

끝으로, 각각의 회사가 이 책에서 제시한 규정사례로 가장 현실적이고 정확한 사규 또는 규정을 작성한다는 것은 무리일 것이므로 이 책의 내용과 관련 법규 등을 참조하여 자사에 맞는 합리적이고 유용한 회사규정을 제정하여야 할 것이다.

KOFE 회사규정집이 30여 년간 계속해서 개정판을 발행할 수 있었던 것은 매년 많은 자료와 연구조사에 도움을 준 관련 기업과 단체 등 관계자의 협조와 성원이 없었다면 이같이 실무에 바로 적용할 수 있는 회사규정집을 펴내기가 어려웠을 것입니다. 이처럼 많은 도움을 준 기업과 단체의 관계자 여러분에게 깊이 감사드립니다.

이 회사규정집이 기업과 단체 등의 규정 작성에 조금이라도 도움을 줄 수 있다면 30여 년간 우리나라 회사규정의 연구와 발행에 전념한 집필자로서 더할 수 없는 보람이겠습니다.

2020년 6월 20일

코페하우스 회사규정센터 소장

강 석 원

줄인 글

- 건설근로자의 고용개선 등에 관한 법률(건설근로자법)
- 고령자고용촉진법, 시행령, 시행규칙(고령자고용법, 고령자고용법령, 고령자고용법칙)
- 고용보험 및 산업재해보상보험의 보험료징수 등에 관한 법률(징수법)
- 고용보험법, 시행령, 시행규칙(고용보험법령, 고용보험법칙)
- 고용정책기본법(고정법)
- 공증인법(공증법)
- 근로기준법, 시행령, 시행규칙(근기법, 근기법령, 근기법칙)
- 근로자복지기본법(근로자복지법)
- 근로자직업훈련촉진법(직업훈련법)
- 근로자참여 및 협력증진에 관한 법률, 시행령, 시행규칙(근로자참여법, 근참법령, 근참법칙)
- 근로자퇴직급여보장법, 시행령, 시행규칙(퇴직급여법, 퇴직급여법령, 퇴직급여법칙)
- 기간제 및 단시간근로자 보호 등에 관한 법률, 시행령, 시행규칙(기간제법, 기간제법령, 기간제법칙)
- 남녀고용평등 및 일과 가정에 관한 법률(남녀평등법, 남녀평등법령, 남녀평등법칙)
- 노동조합 및 노동관계 조정법(노조법)
- 산업안전보건법, 시행령, 시행규칙(산업안전법, 산업안전법령, 산업안전법칙)
- 산업재해보상보험법, 시행령, 시행규칙(산재법, 산재법령, 산재법칙)
- 상법, 시행령, 시행규칙(상법, 상법령, 상법칙)
- 상법, 시행령, 시행규칙(상법, 상법령, 상법칙)
- 외국인 근로자의 고용 등에 관한 법률, 시행령, 시행규칙(외국인근로자법, 외국인근로자법령, 외국인근로자법칙)
- 임금채권보장법, 시행령, 시행규칙(임금채권법, 시행령, 시행규칙)
- 장애인고용촉진 및 직업재활법, 시행령, 시행규칙(장애인고용법, 장애인고용법령, 장애인고용법칙)
- 중소기업기본법, 시행령, 시행규칙(중기법, 중기법령, 중기법칙)
- 중소기업기본법(중기법, 중기법령, 중기법칙)
- 직업안정법, 시행령, 시행규칙(직업안전법령, 직업안전법칙)
- 최저임금법, 시행령, 시행규칙(최저임금법령, 최저임금법칙)
- 파견근로자보호 등에 관한 법률, 시행령, 시행규칙(파견법, 파견법령, 파견법칙)
- 대법원 판례(대판, 대법)
- 고등법원 판례(고판, 고법)
- 지방법원 판례(지판, 지법)
- 행정법원 판례(행판, 행법)
- 행정해석(근기, 근정, 근로기준과, 기준, 여원, 여정, 여성고용팀, 여고, 임금, 임금정책과, 근로시간임금정책팀, 해지. 법무, 부소, 노정근, 사노, 감독, 고관, 비정규직대책팀, 노조, 협력),
- 지방노동위원회 판정(지노위), 중앙노동위원회 재결(중노위)

■ ■ ■ ■

차　례

제1편

회사규정 작성방법

1장 회사규정의 이해

회사규정은 회사 성립과 존속, 운영에 필요한 제반 규칙과 지침, 규범, 제도 등을 구체적으로 규정한 것으로 회사의 성립과 존속에 따른 조직과 구성원이 지키고 행하여야 할 경영 등의 사항을 정한 것이다.

회사규정은 크게 회사와 단체 등의 조직과 구성원의 인적, 물적, 활동 등에 관한 사항을 정한 것을 법정규정, 필수규정, 임의규정 등으로 구분할 수 있다.

◉ 법정규정

법정규정은 회사의 성립과 존속, 조직과 구성원에 관하여 규정을 작성을 법률로 정한 것이다.

1. 정관
2. 주주총회의사록
3. 이사회의사록
4. 취업규칙
5. 기타 규정

◉ 필수규정

임의규정은 법률, 정부 또는 감독기관의 요구 등으로 작성하는 규정으로 규정의 유·무에 따라서 효력이 발생하는 것으로 법률, 고시, 지침 등으로 요구하는 규정이다.

1. 단체협약
2. 노사협의회규정
3. 외환관리규정
4. 내부회계관리규정
5. 기타규정

◉ 임의규정

임의규정은 회사와 단체의 경영 연속에 따른 조직과 구성원의 관리를 위하여 규범 또는 규율로서 작성하는 규정이다.

↻ 임원 관련 규정

회사 임원의 인사와 임금 그 밖의 사항에 대하여 정한 규정 등이다.

1. 임원관리규정

2. 경영위원회규정

3. 사외이사후보추천위원회규정

4. 임원보수규정, 임원퇴직금규정

5. 기타임원규정

↻ 조직 관련 규정

회사의 조직과 직제에 대하여 체계를 정한 규정 등이다.

1. 조직규정

2. 직제규정

3. 경영조직규정

4. 생산조직규정

5. 영업조직규정

6. 위임전결규정

7. 기타규정

↻ 직무 관련 규정

회사 구성원의 직무활동에 대하여 직무관리에 필요한 사항을 정한 규정 등이다.

1. 회계규정

2. 영업규정

3. 구매규정

4. 생산규정

5. 기타규정

↻ 복무 관련 규정

회사의 구성원이 복무 중 지켜야 할 규율과 규범에 대하여 정한 규정 등이다

1. 복무규정

2. 근태규정

3. 출장규정

4. 휴가규정

5. 기타규정

↻ 임금 관련 규정

회사 구성원에게 지급하는 임금의 계산과 지급 등 임금에 관하여 정한 규정 등이다

1. 급여규정

  2. 상여금규정

  3. 연봉제규정

  4. 성과급규정

  5. 기타규정

⟳ 인사 관련 규정

인사 관련 규정은 회사 구성원의 이동과 배치, 승진과 승격 등 인사에 관하여 정한 규정 등이다.

  1. 인사규정

  2. 인사고과규정

  3. 인사평가규정

  4. 인사위원회규정

  5. 기타규정

⟳ 기타규정

회사의 자산과 설비, 구매와 자재, 창고와 물류 등 관리에 대하여 정한 규정 등이 있다.

  1. 자산관리규정

  2. 차량관리규정

  3. 구매관리규정

  4. 자재관리규정

  5. 창고관리규정

  6. 기타 규정

2장 회사규정의 작성원칙

회사규정은 경영활동과 질서의 유지를 위하여 정하는 것으로 다음과 같은 사항에 유의하여 작성하여야 한다.

❁ 표기방법

회사규정은 구성원이 지켜야 규칙을 정한 것으로 문체는 구성원 모두가 알기 쉽게 다음과 같이 작성한다.

① 한글 사용을 원칙으로 하고, 맞춤법과 띄어쓰기를 하며, 의미가 모호한 경우에는 한자 및 영문으로 작성한다.

② 규정의 내용을 조문으로 표기하고, 표와 서식 및 그림으로 작성한다.

③ 전문용어나 관용어를 사용할 때는 해석과 주석으로 작성한다.

④ 조문의 순서는 아라비아 숫자를 사용함을 원칙으로 작성한다.

⑤ 마침표(.) 쉼표(,) 등을 사용한다.

❁ 작성원칙

회사규정은 추상적인 표현을 배제하고 구체적으로 정확하게 작성하여야 한다. 또한, 규정이 유용하고 적합하며, 일관성이 있어야 하며, 적법하여야 한다.

↻ 유용성

회사의 경영 목적과 구성원의 요구를 객관적이고 정확하게 판단하여 회사와 구성원에게 유용하게 작성하여야 한다.

↻ 적합성

회사와 구성원의 공통적 규칙과 목표를 현실에 바탕을 두고 작성하여 조직과 구성원에게 합당한 규정이 되어야 한다.

↻ 정확성

회사규정의 문장은 해석을 둘러싸고 다툼이 생기지 않도록 이해하기 어려운 단어, 읽기 어려운 단어, 틀리기 쉬운 단어는 사용하지 않아야 한다. 그리고 문장은 짧고 간결하게 작성하여 내용의 이해가 쉽도록 한다.

↻ 일관성

회사규정은 정관, 이사회규정, 감사규정, 취업규칙, 조직규정, 직무규정, 임금규정 등 각각의 규정과 내용이 일관성이 있어야 규칙으로서 효력이 있다.

⟳ **적법성**

회사규정은 관련법률의 적법한 범위에서 작성해야 하며 실무적으로는 적법한 한도 내에서 운용해야 한다.

3장 회사규정의 구성

회사규정은 총칙(總則)과 부칙(附則), 별표(別表)와 서식(書式)으로 구성한다. 또한, 규정의 이해와 열람의 편리를 위하여 총칙과 부칙에 편(篇), 장(章), 절(節), 등으로 조문을 구성할 수 있다.

회사규정의 총칙부와 부칙부의 내용은 조문(條文)으로 표기한다.

1. 총칙(總則)의 구성

회사규정의 전문을 총칙이라 칭한다. 즉, 당해 규정의 부칙, 별표와 서식을 제외한 규정의 본문은 「총칙」으로 표기한다. 다만, 조문의 내용을 구분하거나 이해하기 쉽게 표기하기 위하여 총칙에 "통칙"과 "본칙"을 표기하거나 생략할 수 있다.

✪ 총칙 또는 통칙 (通則)

당해 규정의 목적과 적용 대상과 범위, 용어의 정의 등을 「통칙」으로 표기한다. 다만, 규정의 본문을 "편, 장, 절" 등으로 구분 표기한 경우 "통칙"의 표기를 생략 또는 "총칙"으로 표기할 수 있다.

⟳ 목적

회사규정은 대부분 제1조에 규정의 목적을 표기한다. 이는 규정 운영의 지침과 해석의 기준을 부여하는 것으로, 목적을 표기하여 그 목적에 따라 종합된 하나의 체계를 형성하여 당해 규정이 의도하는 목적의 기본을 나타내고자 하는 것이다.

⟳ 적용범위 또는 적용대상

회사규정의 제정에서 당해 규정의 적용 대상 및 범위를 표기하여야 한다. 이는 규정의 적용 대상과 범위를 분명히 함으로써, 규정에서 정한 권한과 책임, 의무 등의 효력이 발생함을 말한다.

○ 용어의 정의

규정의 내용을 이해하기 쉽게 하고 해석상 기준을 마련하기 위해 용어를 정의한다. 또한 규정 전체를 통해 용어가 많은 문자로 이루어진 용어는 '이하 ○○○라고 한다.' 등으로 줄여서 표기하거나, 용어의 내용이 2개의 단어 또는 뜻을 포함할 때는 '이하 ○○○를 포함한다.' 등으로 표기한다.

● 본칙 (本則)

「본칙」은 '규정'의 본문으로 편(篇), 장(章), 절(節), 관(管) 등으로 구분하여 표기한다. 일반적으로 본칙의 표기를 생략하고 장과 절, 관으로 구분하여 조문(條文)을 표기한다.
편(篇), 장(章), 절(節), 관(管)

● 보칙 (補則)

「보칙」은 '통칙, 본칙'의 내용에 추가하거나, 제한하는 내용을 주로 조문(條文)으로 표기한다.

2. 부칙(附則)의 구성

부칙은 일반적으로 총칙의 시행 및 경과규정에 관하여 규정한다. 여기서 '시행'이라는 용어는 규정의 효력을 일반적이고 현실적인 작용을 하는 것을 말한다.
부칙은 다음의 내용으로 구성하여 규정한다.

  1. 시행일에 관한 규정
  2. 경과에 관한 규정
  3, 서식과 별표에 관한 규정
  4. 기타 총칙에서 규정하지 않은 사항의 규정

3. 별표와 서식의 구성

별표와 서식은 부칙과 규정에서 별도로 표기를 제시한 것으로 「별표1, 별표 제1호」 및 「서식1, 서식 제1호」 등으로 별지에 표기한다. 부칙과 서식 및 별표의 장에 조문으로 표기할 수 있다. 다음과 같이 표기한다.

  • 별표 1 또는 별표 제1호
  • 서식 1 또는 서식 제1호

4장 회사규정의 조문

● 조문(條文)의 구성

회사규정의 내용은 조문으로 구성한다. 회사규정의 조문은 숫자와 문자로 조문(條文)을 구성한다. 「조문」은 '규정'의 내용을 알기 쉽고 숫자와 문자로 조(條), 항(項), 호(號목), 목(目)의 순서와 내용으로 표기한다.

↻ 조(條)

「조」는 '규정'의 내용을 구분하여 열거할 때 순서를 숫자로 표기하고, 조의 제목(조목)을 괄호에 표기하고, 조의 내용(조문)을 한글로 표기한다. 다만, 제목과 내용을 이해하기 쉽게 영문과 한문을 함께 표기할 수 있다.

(예) 제1조(목적)

↻ 항(項)

「항」은 '조"의 내용을 구분하여 열거할 때 숫자 원문자 ①, ②, ③ …순으로 순서와 내용을 표기한다.

(예) 제2조(적용범위) ①이 규정은 ○○주식회에 재직하는 사원에게 적용한다.

↻ 호(號)

「호」는 '조' 또는 '항'의 내용을 구분하여 열거할 때 숫자 1, 2, 3 …순으로 순서와 내용을 표기한다.

(예) 제2조(용어의 정의) ①이 규정에서 적용하는 용어의 정의는 다음과 같다.

    1. 직원 : 회사에 재직하는 종업원 및 근로자를 말한다.
    2. 임원 : 주주총회 및 이사회에서 선임한 이사와 감사, 집행임원을 말한다.

↻ 목(目)

「목」은 '호'의 내용을 구분하여 열거할 때 한글 가, 나, 다 …순으로 순서와 내용을 표기한다.

(예) 제2조(용어의 정의) ①이 규정에서 적용하는 용어의 정의는 다음과 같다.

    1. 회사의 임원은 다음과 같이 구분한다.
      가. 이사 : 주주총회에서 선임한 등기임원으로 이사회 구성원을 말한다.
      나. 집행임원 : 이사회에서 선임한 비등기 임원을 말한다.

제2편

주식회사 정관 관련 규정

📑 주식회사 정관의 작성방법
📑 주식회사 정관 작성시 검토사항

[1] 신설법인 주식회사 정관
[2] 중소기업 주식회사 정관
[3] 벤처기업 주식회사 정관
[4] 코스닥시장 상장법인 주식회사 정관
[5] 유가증권시장 상장법인 주식회사 정관

주식회사 정관의 작성방법

1. 주식회사 정관의 작성

정관(定款)은 회사의 조직과 활동을 정한 근본규칙으로 이를 기재한 서면이다. 주식회사 정관의 기재사항에는 반드시 기재해야 하는 절대적 기재사항, 정관에 기재해야 효력이 발생하는 상대적 기재사항, 정관에 기재하면 기재한 대로 효력이 발생하는 임의적 기재사항이 있다.

● 발기인의 정관작성

주식회사를 설립할 때 발기인은 정관을 작성하고 성명, 주민등록번호, 주소 등을 기재하고 기명날인하여야 한다(상법 제288조).

● 절대적 기재사항

정관의 작성에서 절대적 기재사항이란 상법 규정에 따라 반드시 기재하여야 할 사항으로 이를 기재하지 않으면 정관 자체를 무효로 만든다. 정관에 반드시 기재할 사항으로 기재사항 중에서 어느 것 하나라도 기재하지 않으면 정관으로서 효력이 없으며 또한, 공증을 받을 수 없다.

주식회사 정관의 절대적 기재사항은 다음과 같다(상법 제289조).

① 목적

② 상호

③ 회사가 발행할 주식의 총수

④ 액면주식을 발행하는 경우 1주의 금액

⑤ 회사의 설립시에 발행하는 주식의 총수

⑥ 본점의 소재지

⑦ 회사가 공고하는 방법

⑧ 발기인의 성명·주민등록번호 및 주소

● 상대적 기재사항

상대적 기재사항은 정관에 기재하지 않아도 정관 자체의 효력에는 영향을 주지 않으나, 이를 정관에 기재하여야 효력이 발생한다.

주식회사 정관의 상대적 기재사항은 다음과 같다(상법 제290조).

① 변태설립사항(상법 제290조)

② 주식매수선택권의 부여(상법 제340조의2제1항)

③ 종류주식발행(상법 제344조제2항)

④ 전환주식의 발행(상법 제346조제1항)

⑤ 서면투표의 채택(상법 제368조의3제1항)

⑥ 감사위원회 등 이사회 내부위원회의 설치(상법 제393조의2 및 제415조의2)

⑦ 이사 임기의 총회 종결까지의 연장(상법 제383조제3항)

⑧ 대표이사의 주주총회 선임(상법 제389조제1항 단서)

⑨ 이사회 소집 기간의 단축(상법 제390조제3항 단서)

⬡ 임의적 기재사항

임의적 기재사항이란 임의로 정관에 기재하는 사항으로는 주식회사의 본질, 법의 강행규정, 사회질서 등에 반하지 않는 범위에서 회사 운영에 대한 사항 등을 정관에 기재하면 효력이 발생한다.

주식회사 정관의 임의적 기재사항은 다음과 같다.

① 지점의 설치·이전·폐지(상법 제393조)

② 이사, 감사, 감사위원회 위원의 수(상법 제383, 415조)

③ 이사와 감사 등의 보수(상법 제388조)

④ 영업연도

⑤ 정기주주총회의 소집시기

⑥ 주주총회의 의장

⑦ 중간배당

⑧ 보선에 의하여 선임된 이사의 임기

2. 주식회사 정관의 변경

회사설립 시 발기인이 작성한 원시정관은 회사의 성장에 따라 정관의 절대적·상대적·임의적 기재사항의 변경이 필요한 경우 정관을 변경하여야 한다.

◉ 정관의 변경방법

주식회사 정관의 변경은 주주총회의 특별결의로 의하여 변경한다. 주주총회 특별결의는 출석한 주주의 의결권의 3분의 2 이상의 수와 발행주식 총수의 3분의 1 이상의 수로써 결의한다(상법 제433조, 제434조).

↻ 주주총회 특별결의

- 발행주식 총수의 3분의 1 이상
- 출석주주의 3분의 2 이상

◉ 절대적 기재사항의 변경

주로 발생하는 정관의 절대적 기재사항의 변경사항은 다음과 같다.

1. 상호
2. 목적
3. 소재지
4. 공고방법
5. 발행주식 총수

◉ 상대적 기재사항의 변경

주로 발생하는 정관의 상대적 기재사항의 변경사항은 다음과 같다.

1. 대표이사의 수
2. 이사의 수
3. 감사의 수
4. 집행임원의 설치와 선임방법
5. 주식매수선택권

◉ 임의적 기재사항의 변경

주로 발생하는 정관의 상대적 기재사항의 변경사항은 다음과 같다.

1. 이사의 보수와 퇴직금
2. 감사의 보수와 퇴직금
3. 중간배당

3. 주식회사 정관의 효력

정관은 회사의 자치적인 법규로서 그 내용이 강행 법률과 규정에 반하지 않는 한, 정관을 작성한 발기인은 물론 회사의 주주와 기관에 효력이 미친다.

⊕ 원시정관의 인증

회사 설립 시 작성된 정관을 원시정관이라 한다. 원시정관은 공증인의 인증을 받아야 효력이 발생한다. 다만, 자본금 총액이 10억원 미만인 회사를 제295조 1항에 따라 발기설립(發起設立)하는 경우에는 각 발기인이 정관에 기명날인 또는 서명함으로써 효력이 생긴다. (상법 제292조)

⊕ 변경정관의 등기

전관의 변경으로 법인등기사항에 변경이 있을 때에는 그 법인등기사항에 대해 변경사항을 등기하여야 한다(상법 제317조④, 제183조). 다만, 정관을 변경하였다고 해서 등기하는 것은 아니며, 등기가 정관변경의 효력을 발생하는 요건은 아니다.

회사 설립 후 작성된 정관을 변경하는 경우에는 공증인의 인증을 받지 않아도 된다(상법 제288,289,292조). 다만, 변경된 정관의 내용이 법인등기사항으로 인증을 필요로 하는 등기서류이면 공증인 인증이 필요하다.

⊕ 정관의 위반

주주총회의 결의 방법 및 내용이 정관을 위반하는 경우에는 결의취소의 사유가 되고, 이사가 정관에 위반하는 행위를 할 때에는 그 행위의 유지 및 손해배상을 청구할 수 있다(상법 제376, 402, 399조).

주식회사 정관 작성시 검토사항

구분	검토사항	비고
공 고 방 법	• 공고방법을 일간신문 외 인터넷 홈페이지를 공고방법으로 할 경우 홈페이지 주소를 등기하여야 한다.	상법§289③ 상법령§6②
자 본 금	• 최저 자본금의 한도는 없으나, 국세청에 사업자등록상 100만원 이상을 권장한다. • 액면주식 발행은 1주의 금액을 100원 이상으로 한다. • 자본금은 법인등기사항이다.	상법§289 상법§329 상법§317
이사의 선임	• 창립총회에서는 이사와 감사를 선임하여야 한다. • 이사는 주주총회에서 선임한다.	상법§312 상법§386①
이사의 원수, 임 기	• 이사는 3명 이상이어야 한다. 다만, 자본금 총액이 10억원 미만인 회사는 1명 또는 2명으로 할 수 있다. • 이사의 임기는 3년을 초과하지 못한다.	상법§383①②
대 표 이 사 의 선 임	• 대표이사는 이사회의 결의로 선임한다. 다만, 이사가 2인 이하이면 주주총회결의로 선임한다. 2인 이상의 대표이사를 공동대표로 정관에 규정할 수 있다.	상법§389①②
감사의 선임	• 감사는 주주총회에서 선임한다.	상법§409①
감 사 의 수	• 자본금의 총액이 10억원 미만인 회사의 경우에는 감사를 선임하지 아니할 수 있다.	상법§409④
이사와 감사 의 보 수	• 이사와 감사의 보수 또는 보수한도는 정관에 그 액을 정하지 아니한 때에는 주주총회의 결의로 정함을 정관에 규정한다.	상법§388
이사와 감사 의 퇴 직 금	• 이사와 감사의 퇴직금은 정관 또는 정관에서 주주총회결의로 정한 퇴직급여지급규정으로 위임할 수 있다.	법인세법§·44④1
중 간 배 당	• 연간 1회의 결산기를 정한 회사는 영업연도 중 1회에 한하여 이사회의 결의로 일정한 날을 정하여 그날의 주주에 대하여 이익을 배당할 수 있음을 정관으로 정할 수 있다.	상법462의3①
발 기 인	• 발기설립의 경우 발기인의 성명·주민등록번호 및 주소를 정관에 기재하여야 한다.	상법§289
공증인 인증	• 회사설립 시 정관은 공증인의 인증을 받음으로써 효력이 생긴다. • 자본금 총액이 10억원 미만인 회사는 발기설립 경우에 발기인이 정관에 기명날인 또는 서명함으로써 효력이 생긴다.	상법§292

[1]
신설법인 주식회사 정관

제정 ○○○○년 ○○월 ○○일
개정 ○○○○년 ○○월 ○○일

〈총　칙〉

제1장 통칙

제1조【상호】

회사는 ○○○○ 주식회사(이하 "회사"라고 한다)라 한다.

제2조【목적】

회사는 다음 각 호의 사업을 경영함을 목적으로 한다.

1. ○○○○업
2. ○○○○업

27

3. ○○○○업

4. 위 각 호에 관련된 부대사업 일체

제3조【본점의 소재지】

회사는 본점을 소재지는 ○○특별시(광역시·시·군)로 한다.

제4조【지점 등 설치】

회사는 국내 및 외국에 지점 또는 출장소와 영업소를 둘 수 있다.

제5조【공고방법】

회사의 공고는 ○○○시(○○○도) 내에서 발행하는 일간지 ○○일보 또는 전국일간지 ○○일보에 한다.

> 회사의 공고는 회사의 인터넷 홈페이지 http://www.○○○○.○○에 공고한다.

> **참고** (상법 제289조)③ 회사의 공고는 관보 또는 시사에 관한 사항을 게재하는 일간신문에 하여야 한다. 다만, 회사는 그 공고를 정관으로 정하는 바에 따라 전자적 방법으로 할 수 있다. 〈개정 2009.5.28.〉
> - (상법 시행령 제6조) ② 법 제289조제3항 단서에 따라 회사가 정관에서 전자적 방법으로 공고할 것을 정한 경우에는 회사의 인터넷 홈페이지 주소를 등기하여야 한다.

제2장 주식과 주권

제6조【회사가 발행할 주식의 총수】

회사가 발행할 주식은 보통주식으로 총수는 ○○○○주로 보통주식으로 한다.

> **참고** 상법 제291조(설립 당시의 주식발행사항의 결정) 회사설립시에 발행하는 주식에 관하여 다음의 사항은 정관으로 달리 정하지 아니하면 발기인 전원의 동의로 이를 정한다. (2011.4.14)
> 1. 주식의 종류와 수
> 2. 액면주식의 경우에 액면 이상의 주식을 발행할 때에는 그 수와 금액
> 3. 무액면주식을 발행하는 경우에는 주식의 발행가액과 주식의 발행가액 중 자본금으로 계상하는 금액

제7조【1주의 금액】

회사가 발행하는 주식 1주의 금액은 금○○○○원으로 한다.

제8조【회사 설립시 발행하는 주식의 총수】

회사는 설립시에 발행하는 주식은 ○○○○주의 주식을 발행하기로 한다.

제9조【주권의 종류】

회사의 주식은 전부 기명식으로서 주권은 1주권, 10주권, 100주권의 3종류로 한다.

> **참고** 주식회사의 설립시 최저자본금제도를 폐지(2009) 및 개정하였다. (2011.4.14)
> 제329조(자본금의 구성) ①회사는 정관으로 정한 경우에는 주식의 전부를 무액면주식으로 발행할 수 있다. 다만, 무액면주식을 발행하는 경우에는 액면주식을 발행할 수 없다.
> ②액면주식의 금액은 균일하여야 한다.
> ③액면주식 1주의 금액은 100원 이상으로 하여야 한다.
> ④회사는 정관으로 정하는 바에 따라 발행된 액면주식을 무액면주식으로 전환하거나 무액면주식을 액면주식으로 전환할 수 있다.

제10조【주권 불소지】

회사는 주권불소지제도를 채택하지 아니한다.

제11조【주금납입의 지체】

회사설립시의 주식인수인이 주금납입을 지체한 때에는 납부기일 다음 날부터 납부가 끝날 때까지 지체주금(遲滯株金) 1,000원에 대하여 1원의 비율로서 과태금(過怠金)을 회사에 지급하고 또 이 때문에 손해가 생겼을 때는 그 손해를 배상하여야 한다.

제12조【주식의 명의변경】

① 회사의 주식에 관하여 명의변경을 청구하면서는 회사 소정의 청구서에 기명날인하고 이에 주권을 첨부하여 제출하여야 한다.

② 양도 이외의 사유로 주식을 취득한 경우에는 그 사유를 증명하는 서류도 함께 제출하여야 한다.

③ 제1, 2항의 청구를 하는 자는 회사가 정한 수수료를 납부하여야 한다.

제13조【질권의 등록 및 신탁 재산의 표시】

① 회사의 주식에 관하여 질권의 등록 또는 신탁재산의 표시를 청구할 때는 회사 소정의 청구서에 당사자가 기명날인하고 이에 확정된 제권판결의 정본 또는 주권을 첨부하여 제출하여야 한다. 그 등록 또는 표시의 말소를 청구할 때도 같다.

② 제1항의 청구를 하는 자는 회사가 정한 수수료를 납부하여야 한다.

제14조【주권의 재발행】

① 주식의 분할·병합, 주권의 오손 등의 사유로 주권의 재발행을 청구할 때는 회사 소정의 청구서에 기명날인하고 이에 주권을 첨부하여 제출하여야 한다.

② 주권의 상실로 말미암아 그 재발행을 청구할 때는 회사 소정의 청구서에 기명날인하고 이에 확정된 제권판결의 정본 또는 등본을 첨부하여 제출하여야 한다.

③ 제1, 2항의 청구를 하는 자는 회사가 정한 수수료를 납부하여야 한다.

제15조【주주명부의 폐쇄 및 기준일】

① 회사에서는 매년 1월 1일부터 정기 주주총회의 종결일자까지 주주명부 기재의 변경을 정지한다.

② 제1항의 경우 이외에 주주 또는 질권자로서 권리를 행사할 자를 확정하는 데 필요한 때에는 이사회의 결의에 의하여 일정한 기간 주주명부 기재의 변경을 정지하거나 또는 기준일을 정할 수 있다. 이 경우에는 그 기간 또는 기준일의 2주간 전에 공고하는 것으로 한다.

제16조【주주 등의 주소, 성명 및 인감의 신고】

주주, 등록질권자 또는 그 법정대리인이나 대표자는 회사 소정의 서식에 의하여 성명, 주소 및 인감을 회사에 신고하여야 한다. 신고사항에 변경이 있을 때에도 또한 같다.

제3장 주주총회

제17조【소집】

회사의 정기 주주총회는 영업연도 말일의 다음날부터 3월 이내에 소집하고 임시주주총회는 필요한 경우 수시 소집한다.

제18조 【의장】

대표이사가 주주총회의 의장이 된다. 대표이사가 유고일 때에는 이사회에서 선임한 다른 이사가 의장이 된다.

제19조 【결의】

주주총회의 결의는 법령 또는 정관에 다른 규정이 있는 경우를 제외하고는 발행주식 총수의 과반수에 해당하는 주식을 가진 주주의 출석으로, 그 출석 주주의 의결권의 과반수에 의한다.

제20조 【의결권의 대리행사】

주주는 대리인으로 하여금 그 의결권을 행사하게 할 수 있다. 다만, 대리권을 증명하는 서류를 주주총회 전에 제출하여야 한다.

제21조 【총회의 의사록】

주주총회는 의사록을 작성하여야 하며, 의사록에는 의사의 경과요령과 그 결과를 기재하고 의장과 출석한 이사가 기명날인 또는 서명하여야 한다.

> **참고** 상법: 총회의 소집(제365조), 검사인의 선임(제367조), 의결권의 행사(제368조, 368의2, 368의3, 368의4, 369조), 결의(제372), 의사록(제373조)

제4장 임원과 이사회

제22조 【이사와 감사의 수】

회사의 이사는 1인 이상을 두고, 감사는 1인 또는 설치하지 않을 수 있다.

> **참고** 회사의 자본금이 10억 미만일 때에는 이사는 1인 또는 2인으로 할 수 있고, 감사는 선임하지 않을 수 있다. (상법 제383조, 409조)

제23조 【이사의 선임】

① 회사의 이사는 주주총회에서 발행주식 총수의 과반수에 해당하는 주식을 가진 주주가 출석하여 그 의결권의 과반수로 선임한다.

② 2인 이상의 이사를 선임은 상법 제382조의2에 규정된 집중투표제를 적용하지 아니한다.

> **참고** 집중투표(상법 제382조의2)
> ①2인 이상의 이사의 선임을 목적으로 하는 총회의 소집이 있는 때에는 의결권없는 주식을 제외한 발행주식총수의 100분의 3 이상에 해당하는 주식을 가진 주주는 정관에서 달리 정하는 경우를 제외하고는 회사에 대하여 집중투표의 방법으로 이사를 선임할 것을 청구할 수 있다.
> ②제1항의 청구는 주주총회일의 7일 전까지 서면 또는 전자문서로 하여야 한다.

제24조 【감사의 선임】

① 감사는 주주총회에서 발행주식 과반수 주주가 참석하여 그 의결권의 과반수로 선임한다.

② 제1항의 감사의 선인에서 의결권 없는 주식을 제외한 발행주식 총수의 100분의 3을 초과하는 주식을 가진 주주는 그 초과하는 주식에 관하여는 의결권을 행사할 수 없다.

> **참고** 감사를 선임하지 아니한 경우에는 "감사"는 각각 "주주총회"로 본다.(상법 제409조)

제25조 【이사와 감사의 임기】

① 이사의 임기는 취임 후 3년으로 한다. 다만, 임기 중의 최종의 결산기에 관한 정기주주총회의 종결 시까지 연장할 수 있다.

② 감사의 임기는 취임 후 3년 내의 최종의 결산기에 관한 정기주주총회의 종결 시까지로 한다.

> **참고** 상법 제410조, 제527조의4, 제360조의13

제26조 【감사의 직무】

감사는 회사의 회계와 업무를 감사한다. 감사는 이사회에 출석하여 의견을 진술할 수 있다.

제27조 【이사회의 구성】

회사의 이사회는 이사로 구성한다.

제28조 【이사회의 권한】

① 이사회는 법령과 정관 및 주주총회에서 이사회결의사항으로 정한 사항을 결의한다.

② 회사의 중요한 자산의 처분 및 양도, 대규모 재산의 차입, 지배인의 선임 또는 해임과 지점의 설치·이전 또는 폐지 등 회사의 업무집행은 이사회의 결의로 한다.

③ 이사는 3개월에 1회 이상 업무의 집행상황을 이사회에 보고하여야 한다.

> **참고** 상법 제393조(이사회의 권한)

제29조 【이사회의 소집】

① 이사회는 대표이사 또는 이사회에서 따로 정한 이사가 있을 때에는 그 이사가 회일 7일 전에 각 이사와 감사에게 통지하여 소집한다.

② 제1항의 규정에 의하여 소집권자로 지정되지 않은 다른 이사는 소집권자인 이사에게 이사회 소집을 요구할 수 있다. 소집권자인 이사가 정당한 이유 없이 이사회 소집을 거절하는 경우에는 다른 이사가 이사회를 소집할 수 있다.

③ 이사와 감사 전원의 동의가 있을 때에는 제1항의 소집절차를 생략할 수 있다.

④ 이사회의 의장은 제1항 및 제2항의 규정에 의한 이사회의 소집권자로 한다.

> **참고** 이사회는 이사 및 감사 전원의 동의가 있는 때에는 언제든지 회의할 수 있다. (상법 390조)

제30조 【이사회의 결의방법】

① 이사회의 결의는 법령과 정관에 다른 정함이 있는 경우를 제외하고는 이사 과반수의 출석과 출석이사의 과반수로 한다.

② 이사회는 이사의 전부 또는 일부가 직접 회의에 출석하지 아니하고 모든 이사가 음성을 동시에 송수신하는 원격통신수단에 의하여 결의에 참가하는 것을 허용할 수 있다. 이 경우 당해 이사는 이사회에 직접 출석한 것으로 본다.

③ 이사회의 결의에 관하여 특별한 이해관계가 있는 자는 의결권을 행사하지 못한다.

제31조【이사회의 의사록】

① 이사회의 의사에 관하여는 의사록을 작성하여야 한다.

② 의사록에는 의사의 안건, 경과요령, 그 결과, 반대하는 자와 그 반대이유를 기재하고 출석한 이사 및 감사가 기명날인 또는 서명하여야 한다.

제32조【대표이사】

① 대표이사는 회사를 대표한다.

② 회사는 대표이사 1명을 두고 이사회의 결의로 대표이사를 보좌할 부사장, 전무이사, 상무이사를 둘 수 있다.

③ 필요에 따라 수인의 대표이사 또는 공동대표이사를 둘 수 있다.

④ 대표이사, 부사장, 전무이사, 상무이사는 이사회의 결의로 이사 중에서 선임한다.

제33조【업무진행】

① 대표이사 사장은 회사의 업무를 총괄하고 전무이사와 상무이사는 사장을 보좌하고 이사회에서 정하는 바에 따라 회사의 업무를 분담 집행한다.

② 대표이사 사장의 유고 시에는 미리 이사회에서 정한 순서에 따라 전무이사 또는 상무이사가 사장의 직무를 대행한다.

제34조【임원의 결원과 보선】

이사 또는 감사가 결원되었을 때는 임시주주총회를 소집하여 보선한다. 다만, 법정 수를 결하지 아니하면 그러하지 않을 수 있다. 보선 및 증원으로 선임된 이사나 감사의 임기는 취임한 날로부터 기간을 계산한다.

제35조【임원의 보수와 퇴직금】

① 이사와 감사의 보수는 주주총회의 결의로 그 한도를 정한다.

② 이사와 감사의 퇴직금은 주주총회결의로 정한 임원퇴직급여 지급규정에 의한다.

> **참고** 이사의 보수는 정관에 그 액을 정하지 아니한 때에는 주주총회의 결의로 이를 정한다(상법 제388조).

제5장 회 계

제36조【영업연도】

회사의 영업연도는 매년 1월 1일부터 12월 31일까지로 한다.

제37조【재무제표, 영업보고서의 작성·보고】

① 회사의 사장은 정기총회 개최 6주간 전에 다음 서류 및 그 부속명세서와 영업보고서를 작성하여 이사회의 승인과 감사의 감사를 받아 정기총회에 제출하여야 한다.

  1. 재무상태표
  2. 손익계산서
  3. 이익금처분계산서 또는 결손금처리계산서

② 제1항의 서류는 감사보고서와 함께 정기총회 개최 1주일 전부터 회사의 본점과 지점에 비치하여야 하고, 총회의 승인을 얻었을 때에는 그 중 재무상태표를 지체없이 공고하여야 한다.

제38조 【이익금의 처분】

회사는 매 사업연도 이익금을 다음과 같이 처분한다.

1. 이익준비금
2. 별도적립금
3. 주주배당금
4. 임원상여금
5. 차기이월금

제39조 【이익배당】

이익배당금은 매 결산기 말일 현재의 주주명부에 기재된 주주 또는 등록질권자에게 지급한다.

〈보 칙〉

제40조 【준용규정 및 내부규정】

① 이 정관에 규정되지 않은 사항은 주주총회결의 및 상사에 관한 법규, 기타 법령에 의한다.

② 회사는 필요에 따라 이사회 결의로 업무수행 및 경영상 필요한 세칙 등 내규를 정할 수 있다.

〈부 칙〉

제41조 【최초의 영업연도】

회사의 최초 영업연도는 회사의 설립일로부터 당년도 12월 31일까지로 한다.

제42조 【발기인의 성명과 주소 등】

회사의 설립 발기인의 성명, 주민등록번호와 주소는 이 정관 끝에 기재한다.

제43조 【시행일자】

이 정관은 ○○○○년 ○○월 ○○일부터 시행한다.

위와 같이 ○○주식회사을 설립하기 위하여 이 정관을 작성하고 발기인 전원이 이에 기명날인하다.

○○년 ○○월 ○○일

〈발기인〉

성명　○○○(주민등록번호:　　　　) (인)
　　　(주소:　　　　　　　　　　　　　　　　　)

성명　○○○(주민등록번호:　　　　) (인)
　　　(주소:　　　　　　　　　　　　　　　　　)

성명　○○○(주민등록번호:　　　　) (인)
　　　(주소:　　　　　　　　　　　　　　　　　)

[2]
중소기업 주식회사 정관

제정 ○○○○년 ○○월 ○○일
개정 ○○○○년 ○○월 ○○일

〈총　칙〉

제1장　통칙

제1조【상호】

회사는 한글로 ○○주식회사, 한문으로 ○○株式會社, 영문으로 ○○○○ CO., Ltd.라고 한다.

> 참고 회사의 상호에는 주식회사 문자를 사용하여야 한다.(상법제19조)

제2조【목적】

회사는 ○○사업을 주 사업으로 하고, 다음 각 호의 사업을 부대사업으로 한다.
1. ○○○의 제조업
2. ○○○의 유통업
3. ○○○의 판매업
4. 위 각 호에 관련된 부대사업

> 참고 절대적 기재사항으로 사업목적을 알 수 있도록 구체적으로 기재하여야 한다(상법289조).

제3조【본점의 소재지 및 지점의 설치】

① 회사는 본점을 ○○특별시(○○광역시, ○○○○도) ○○구(○○군)에 둔다.
② 회사는 필요한 경우에 이사회(주주총회) 결의로 지점, 영업소, 출장소를 둘 수 있다.

> 참고 본점 소재지는 절대적 기재사항으로 최소행정구역까지만 정하여도 된다(상법289조). 지점 등의 설치는 임의적 기재사항으로 회사가 경영상 필요에 따라 임의로 정한다.

제4조【공고방법】

회사의 공고는 회사의 인터넷 홈페이지 http://www.○○○○.co.kr에 게재한다. 다만, 전산장애 또는 그 밖의 부득이한 사유로 회사의 인터넷 홈페이지 공고를 할 수 없을 때에는 ○○○○시에서 발행하는 ○○일보(신문)에 게재한다.

> 참고 공고방법은 절대적 기재사항이다 (상법289조).

제2장　주식

제5조【발행예정주식의 총수】

회사가 발행할 주식의 총수는 ○,○○○,○○○주로 한다.

> ※ 회사가 발행할 주식의 총수는 절대적 기재사항이다(상법289조).

제6조【1주의 금액】

회사가 발행하는 주식 1주의 금액은 금 ○,○○○원으로 한다.

> 참고 발행주식의 1주의 금액은 절대적 기재사항이다. (상법 289조)

제7조 【회사의 설립시에 발행하는 주식의 총수】

회사가 설립시에 발행하는 주식의 총수는 ○○,○○○주로 한다.

> **참고** 회사설립시 발행할 주식의 총수는 절대적 기재사항으로, 회사가 발행할 주식의 총수의 4분의 1 이상이어야 한다(상법289조②).

제8조 【주권의 발행과 종류】

회사의 주식은 보통주식으로서 기명식으로 하고, 주권은 1주권, 10주권, 100주권, 1000주권의 4종으로 한다.

제9조 【신주인수권】

① 주주는 그가 소유한 주식의 수에 비례하여 신주의 배정을 받을 권리를 갖는다.

② 회사는 제1항의 규정에도 불구하고 다음 각 호의 어느 하나에 해당하는 경우 이 사회의 결의로 주주 외의 자에게 신주를 배정할 수 있다.

  1. 상법 제542조의3에 의한 주식매수선택권의 행사로 인하여 신주를 발행하는 경우

  2. 발행하는 주식총수의 100분의 20 범위 내에서 우리사주조합원에게 주식을 우선배정하는 경우

  3. 근로복지기본법 제39조의 규정에 의한 우리사주매수선택권의 행사로 인하여 신주를 발행하는 경우

  4. 발행주식총수의 100분의 50을 초과하지 않는 범위 내에서 긴급한 자금조달을 위하여 국내외 금융기관 또는 기관투자자에게 신주를 발행하는 경우

  5. 발행주식총수의 100분의 50을 초과하지 않는 범위 내에서 사업상 중요한 기술 도입, 연구개발, 생산, 판매, 자본제휴를 위하여 그 상대방에게 신주를 발행하는 경우

  6. 발행주식총수의 100분의 50을 초과하지 않는 범위 내에서 자본시장과 금융투자업에 관한 법률 제165조의6에 따라 일반공모증자 방식으로 신주를 발행하는 경우

  7. 주권을 상장하기 위하여 신주를 모집하거나 인수인에게 인수하게 하는 경우

③ 제2항 각 호 중 어느 하나의 규정에 의해 신주를 발행할 경우 발행할 주식의 종류와 수 및 발행가격 등은 이사회의 결의로 정한다.

④ 신주인수권의 포기 또는 상실에 따른 주식과 신주배정에서 발생한 단주에 대한 처리방법은 이사회의 결의로 정한다.

제10조 【주식매수선택권】

① 회사는 주주총회의 특별결의로 발행주식총수의 100분의 10 범위 내에서 주식매수선택권을 부여할 수 있다. 다만, 상법 제542조의3 제3항의 규정에 따라 발행주식총수의 100분의 3 범위 내에서 이사회의 결의로 주식매수선택 권을 부여할 수 있다. 이 경우 주식매수선택권은 경영성과 또는 주가지수 등에 연동하는 성과연동형으로 부여할 수 있다.

② 제1항 단서의 규정에 따라 이사회 결의로 주식매수선택권을 부여한 경우에는 그 부여 후 처음으로 소집되는 주주총회의 승인을 얻어야 한다.

③ 제1항의 규정에 의한 주식매수선택권 부여대상자는 회사의 설립, 경영과 기술혁 신 등에 기여하거나 기여할 수 있는 회사의 이사, 감사 또는 피용자 및 상법 시행령 제30조 제1항이 정

하는 관계회사의 이사, 감사 또는 피용자로 한다. 다만, 회사의 이 사에 대하여는 이사회의 결의로 주식매수선택권을 부여할 수 없다.

④ 제3항의 규정에 불구하고 상법 제542조의8 제2항 제5호의 최대주주(이하 "최대 주주"라 함)와 주요주주 및 그 특수관계인에게는 주식매수선택권을 부여할 수 없다. 다만, 회사 또는 제3항의 관계회사의 임원이 됨으로써 특수관계인에 해당하게 된 자 (그 임원이 계열회사의 상무에 종사하지 아니하는 이사, 감사인 경우를 포함한다)에게 는 주식매수선택권을 부여할 수 있다.

⑤ 임원 또는 직원 1인에 대하여 부여하는 주식매수선택권은 발행주식총수의 100분 의 10을 초과할 수 없다.

⑥ 다음 각 호의 어느 하나에 해당하는 경우에는 이사회의 결의로 주식매수선택권의 부여를 취소할 수 있다.

　1. 주식매수선택권을 부여받은 자가 본인의 의사에 따라 사임 또는 사직한 경우

　2. 주식매수선택권을 부여받은 자가 고의 또는 과실로 회사에 중대한 손해를 입힌 경우

　3. 회사의 파산 등으로 주식매수선택권의 행사에 응할 수 없는 경우

　4. 기타 주식매수선택권 부여계약에서 정한 취소사유가 발생한 경우

⑦ 회사는 주식매수선택권을 다음 각 호의 1에서 정한 방법으로 부여한다.

　1. 주식매수선택권의 행사가격으로 새로이 보통주식(또는 종류주식)을 발행 하여 교 부하 는 방법

　2. 주식매수선택권의 행사가격으로 보통주식(또는종류주식)의 자기주식을 교부하는 방법

　3. 주식매수선택권의 행사가격과 시가와의 차액을 현금 또는 자기주식으로 교부하 는 방 법

⑧ 주식매수선택권을 부여받은 자는 제1항의 결의일부터 2년 이상의 재임 또는 재직 한 날부터 5년 내에 권리를 행사할 수 있다. 다만, 제1항의 결의일로부터 2년 내에 사망하거나 그 밖에 본인의 책임이 아닌 사유로 퇴임 또는 퇴직한 자는 그 행사기간 동안 주식매수선택권을 행사 할 수 있다.

⑨ 주식매수선택권의 행사로 인하여 발행한 신주에 대한 이익의 배당에 관하여는 제 11조의 규 정을 준용한다.

제11조 【우리사주매수선택권】

① 회사는 주주총회의 특별결의로 우리사주조합원에게 발행주식총수의 100분의 20 범위 내에서 근로복지기본법 제39조의 규정에 의한 우리사주매수선택권을 부여할 수 있다. 다만, 발행주 식총수의 100분의 10 범위 내에서는 이사회의 결의로 우리사주매수선택권을 부여할 수 있다.

② 우리사주매수선택권의 행사로 발행하거나 양도할 주식은 보통주식으로 한다.

③ 우리사주매수선택권을 부여받은 자는 제1항의 결의일부터 6월 이상 2년 이하의 기간 이내에 권리를 행사할 수 있다. 다만, 제1항의 결의로 그 기간 중 또는 그 기간 종료 후 일정한 행사 기간을 정하여 권리를 행사하게 할 수 있다.

④ 우리사주매수선택권의 행사가격은 근로복지기본법 시행규칙 제14조의 규정이 정 하는 평가 가격의 100분의 80 이상으로 한다. 다만, 주식을 발행하여 교부하는 경 우로서 행사가격이 당 해 주식의 권면액보다 낮은 때에는 그 권면액을 행사가격으로 한다.

⑤ 다음 각호의 어느 하나에 해당하는 경우에는 이사회의 결의로 우리사주매수선택권의 부여를 취소할 수 있다.

　1. 우리사주매수선택권을 부여받은 우리사주조합원이 고의 또는 과실로 회사에 중 대한 손해를 끼친 경우

　2. 회사의 파산 또는 해산 등으로 우리사주매수선택권의 행사에 응할 수 없는 경우

　3. 기타 우리사주매수선택권 부여계약에서 정한 취소사유가 발생한 경우

⑥ 우리사주매수선택권의 행사로 인하여 발행한 신주에 대한 이익의 배당에 관하여 는 제11조의 규정을 준용한다.

제12조【주식의 양도제한】

① 회사의 주식은 이사회의 승인이 없으면 양도할 수 없다.

② 제1항의 규정을 위반하고 주식을 양도한 경우, 회사에 대하여 대항할 수 없다.

> **참고** 주식의 양도를 제한하기 위해서는 정관에 이사회의 승인 규정을 두고, 그 내용을 등기하고, 그 내용을 주권(주식청약서, 채권, 사채, 사채원부, 신주인수권증권) 등에 기재하여야 한다(상법 37, 183, 302, 317, 335, 356, 514, 516조).

제13조【주식의 양도승인】

① 주주는 회사에 대하여 양도의 상대방 및 양도 주식의 종류와 수를 기재한 서면으로 그 승인을 청구하여야 한다.

② 주주의 승인청구가 있을 때에 회사는 청구한 날로부터 1월 이내에 그 승인 여부를 서면으로 통지하여야 한다.

③ 회사가 제2항의 기한에 주주에게 거부를 통지하지 않은 경우 주식양도에 관하여 이사회의 승인으로 본다.

> **참고** 주식양도의 승인은 상대적 기재사항이다(상법 335조).

제14조【주권의 재발행】

주권의 재발행을 청구할 때에는 회사 소정의 청구서에 다음 서류를 첨부하여 제출해야 한다.

　1. 주권을 상실한 때에는 확정된 제권판결정본

　2. 주권을 훼손한 때에는 그 주권, 다만 훼손으로 인하여 그 진위를 판별할 수 없는 때에는 전 호에 따른다.

제15조【주권의 명의개서】

① 주식의 양도로 인하여 명의개서를 청구할 때에는 회사 소정양식에 주권을 첨부하여 제출하여야 한다.

② 상속 및 유상증자 기타 계약 이외의 사유로 인하여 명의개서를 청구할 때에는 회사 소정양식에 주권 및 취득원인을 증명하는 서류를 제출하여야 한다.

제16조【명의개서대리인】

① 회사는 이사회결의로 명의개서대리인을 둘 수 있으며, 그 영업소와 대행업무의 범위를 이사회 결의로 정한다.

② 회사는 주주명부 또는 그 복본을 명의개서대리인의 사무취급장소에 비치하고, 주식의 명의개서, 질권의 등록 또는 말소, 신탁재산의 표시 또는 말소, 주권의 발행, 신고의 접수, 기타 주식에 관한 사무는 명의개서대리인으로 하여금 취급하게 한다.

③ 제2항의 사무취급에 관한 절차는 명의개서대리인의 증권명의개서대행업무규정에 따른다.

제17조【주주의 성명, 주소 등의 신고】

① 주주와 등록질권자는 그 성명, 주소 및 인감 또는 서명 등을 회사 또는 명의개서대리인에게 신고하여야 한다.

② 외국에 거주하는 주주와 등록질권자는 대한민국내에 통지를 받을 장소와 대리인 을 정하여 신고하여야 한다.

③ 제1항 및 제2항에 정한 사항에 변동이 있는 경우에도 이에 따라 신고하여야 한다.

제18조【주주명부의 폐쇄 및 기준일】

① 회사는 매년 1월 1일부터 1월 31일까지 주주의 권리에 관한 주주명부의 기재변경을 정지한다.

② 회사는 매년 12월 31일 현재 주주명부에 기재되어 있는 주주를 그 결산기에 관한 정기주주총회에서 권리를 행사할 주주로 한다

③ 회사는 임시주주총회의 소집 기타 필요한 경우 이사회의 결의로 3월을 경과하지 아니하는 일정한 기간을 정하여 권리에 관한 주주명부의 기재변경을 정지하거나, 이사회의 결의로 3월내로 정한 날에 주주명부에 기재되어 있는 주주를 그 권리를 행사할 주주로 할 수 있다. 이 경우 이사회는 필요하다고 인정하는 때에는 주주명 부의 기재변경 정지와 기준일의 지정을 함께 할 수 있다. 이 경우 회사는 주주명 부 폐쇄기간 또는 기준일의 2주간 전에 이를 공고하여야 한다.

제3장 사채

제19조【전환사채의 발행】

① 회사는 다음 각 호의 어느 하나에 해당하는 경우 이사회의 결의로 주주 외의 자에게 전환사채를 발행할 수 있다.

1. 사채의 액면총액이 ○○○원을 초과하지 않는 범위 내에서 일반공모의 방법으로 전환사채를 발행하는 경우

2. 사채의 액면총액이 ○○○원을 초과하지 않는 범위 내에서 긴급한 자금조달을 위하여 국내외 금융기관 또는 기관투자자에게 전환사채를 발행하는 경우

3. 사채의 액면총액이 ○○○원을 초과하지 않는 범위 내에서 사업상 중요한 기술도입, 연구개발, 생산, 판매, 자본제휴를 위하여 그 상대방에게 전환사채를 발행하는 경우

② 전환으로 인하여 발행하는 주식은 보통주식으로 하고, 전환가액은 주식의 액면금액 또는 그 이상의 가액으로 사채발행시 이사회가 정한다.

③ 전환을 청구할 수 있는 기간은 당해 사채의 발행일후 1월이 경과하는 날로부터 그 상환기일의 직전일까지로 한다. 그러나 위 기간 내에서 이사회의 결의로써 전환청구기간을 조정할 수

있다.

④ 전환으로 인하여 발행하는 신주에 대한 이익의 배당과 전환사채에 대한 이자의 지급에 대하여는 제11조의 규정을 준용한다.

제20조 【신주인수권부사채의 발행】

① 회사는 다음 각 호의 어느 하나에 해당하는 경우 이사회의 결의로 주주 외의 자에게 신주인수권부사채를 발행할 수 있다.

1. 사채의 액면총액이 ○○○원을 초과하지 않는 범위 내에서 일반공모의 방법으로 신주인수권부사채를 발행하는 경우

2. 사채의 액면총액이 ○○○원을 초과하지 않는 범위 내에서 긴급한 자금조달을 위하여 국내외 금융기관 또는 기관투자자에게 신주인수권부사채를 발행하는 경우

3. 사채의 액면총액이 ○○○원을 초과하지 않는 범위 내에서 사업상 중요한 기술도입, 연구개발, 생산, 판매, 자본제휴를 위하여 그 상대방에게 신주인수권부사채를 발행하는 경우

② 신주인수를 청구할 수 있는 금액은 사채의 액면총액을 초과하지 않는 범위 내에서 이사회가 정한다.

③ 신주인수권의 행사로 발행하는 주식의 종류는 보통주식으로 하고, 그 발행가액은 액면금액 또는 그 이상의 가액으로 사채발행시 이사회가 정한다.

④ 신주인수권을 행사할 수 있는 기간은 당해 사채발행일후 1월이 경과한 날로부터 그 상환기일의 직전일까지로 한다. 그러나 위 기간 내에서 이사회의 결의로써 신주인수권의 행사기간을 조정할 수 있다.

⑤ 신주인수권의 행사로 발행하는 신주에 대한 이익의 배당에 대하여는 제11조의 규정을 준용한다.

제21조 【사채발행에 관한 준용규정】

사채의 발행에 관하여 제16조, 제17조의 규정을 준용한다.

> **참고** 상법 제469조(사채의 발행) ①회사는 이사회의 결의에 의하여 사채(社債)를 발행할 수 있다.
> ④제1항에도 불구하고 정관으로 정하는 바에 따라 이사회는 대표이사에게 사채의 금액 및 종류를 정하여 1년을 초과하지 아니하는 기간 내에 사채를 발행할 것을 위임할 수 있다.〈2011.4.14〉

제4장 주주총회

제22조 【총회의 권한 및 결의사항】

주주총회는 법령과 정관에 정하는 사항에 한하여 결의할 수 있다.

> **참고** 상법 제329, 360, 434, 438, 518, 519, 385, 415, 374, 375, 513, 516, 520, 175, 31조

제23조 【소집시기】

① 회사의 주주총회는 정기주주총회와 임시주주총회로 구분한다.

② 회사의 정기주주총회는 매 사업연도 종료 후 3월 이내에 소집한다.

③ 회사의 임시주주총회는 필요에 따라 소집한다.

제24조【소집권자】

주주총회는 법령에 다른 규정이 있는 경우를 제외하고는 이사회의 결의로 소집한다.

제25조【소집통지】

① 주주총회를 소집은 그 일시, 장소 및 회의의 목적사항에 관하여 주주총회일의 2주 전에 주주에게 서면으로 통지를 발송하거나 각 주주의 동의를 받아 전자문서로 통지를 발송하여야 한다.

② 제1항의 주주총회의 소집방법 외에 회사의 자본금 총액이 10억원 미만인 때에는 주주총회일 10일 전에 각 주주에게 서면으로 통지하거나 각 주주의 동의로 전자문서로 통지할 수 있다.

③ 자본금 총액이 10억원 미만인 회사는 주주 전원의 동의가 있을 경우에는 소집절차 없이 주주총회를 개최할 수 있고, 서면에 의한 결의로써 주주총회의 결의를 갈음할 수 있다. 결의의 목적사항에 대하여 주주 전원이 서면으로 동의를 한 때에는 서면에 의한 결의가 있는 것으로 본다.

> **참고** (상법 363조) ⑤서면에 의한 결의는 주주총회의 결의와 같은 효력이 있다. 〈개정 2014.5.20.〉
> ⑥서면에 의한 결의에 대하여는 주주총회에 관한 규정을 준용한다. 〈개정 2014.5.20.〉
> ⑦의결권 없는 주주에게는 적용하지 아니한다. 〈개정 2014.5.20.〉

제26조【소집지】

주주총회는 본점소재지에서 개최한다. 다만, 필요에 따라 이의 인접지역에서 개최할 수 있다.

제27조【의장】

주주총회의 의장은 대표이사이며, 대표이사가 유고시에는 이사회에서 정한 순서에 따라 다른 이사가 의장직무를 대행하며, 이사 전원이 유고 시에는 출석한 주주 중에서 선임된 자가 그 직무를 대행한다.

제28조【의장의 질서유지권】

① 주주총회의 의장은 주주총회에서 고의로 의사진행을 방해하기 위한 발언?행동을 하는 등 현저히 질서를 문란하게 하는 자에 대하여 그 발언의 정지 또는 퇴장을 명할수 있다.

② 주주총회의 의장은 원활한 의사진행을 위하여 필요하다고 인정할 때에는 주주의 발언 시간과 회수를 제한할 수 있다.

제29조【주주의 의결권】

주주의 의결권은 1주마다 1개로 한다.

제30조【상호주에 대한 의결권 제한】

회사, 회사와 회사의 자회사 또는 회사의 자회사가 다른 회사의 발행주식총수의 10분의 1을 초과하는 주식을 가지고 있는 경우, 그 다른 회사가 가지고 있는 이 회사의 주식은 의결권이 없다.

제31조【의결권의 불통일행사】

① 2 이상의 의결권을 가지고 있는 주주가 의결권의 불통일행사를 하고자 할 때에는 회일의 3일 전에 회사에 대하여 서면 또는 전자문서로 그 뜻과 이유를 통지하여야 한다.

② 회사는 주주의 의결권의 불통일행사를 거부할 수 있다. 그러나 주주가 주식의 신탁을 인수하

였거나 기타 타인을 위하여 주식을 가지고 있는 경우에는 그러하지 아니하다.

제32조 【의결권의 행사】

① 주주는 총회에 출석하지 아니하고 서면에 의하여 의결권을 행사할 수 있다.

② 서면에 의하여 의결권을 행사하고자 하는 주주는 의결권행사에 관한 서면에 필요한 사항을 기재하여, 회일의 전일까지 회사에 제출하여야 한다.

③ 주주는 대리인으로 하여금 그 의결권을 행사하게 할 수 있으며, 이 경우 대리인은 주주총회 개시 전에 그 대리권을 증명하는 서면(위임장)을 제출하여야 한다.

제33조 【주주총회의 결의방법】

주주총회의 결의는 법령과 정관에 다른 정함 이 있는 경우를 제외하고는 출석한 주주의 의결권의 과반수와 발행주식총수의 4분의 1 이상의 수로써 한다.

제34조 【주주총회의 의사록】

① 주주총회의 의사에는 의사록을 작성하여야 한다.

② 의사록에는 그 경과요령과 결과를 기재하고, 의장과 출석한 이사가 기명날인 또는 서명을 하여 본점과 지점에 비치한다.

제5장 이사

제35조 【이사의 수】

회사의 이사는 3인 이상 10인 이내로 한다.

> **참고** 이사는 3인 이상, 감사는 1인 이상으로 한다. 다만, 자본금이 10억원 미만인 회사는 이사는 1인 또는 2인으로 할 수 있다. (상법 383조)

제36조 【이사의 선임】

① 이사는 주주총회에서 선임한다.

② 이사의 선임은 출석한 주주의 의결권의 과반수로 하되 발행주식총수의 4분의 1 이상의 수로 하여야 한다.

③ 2인 이상의 이사를 선임하는 경우 ?상법? 제382조의2에서 규정하는 집중투표제는 적용하지 아니한다.

제37조 【이사의 임기】

① 이사의 임기는 3년으로 한다. 그러나 그 임기가 최종의 결산기 종료 후 당해 결산기에 관한 정기주주총회 전에 만료될 경우에는 그 총회의 종결시까지 그 임기를 연장한다.

② 보궐선임된 이사의 임기는 전임자의 잔여기간으로 한다.

제38조 【이사의 직무】

대표이사 외 이사는 대표이사를 보좌하고, 이사회에서 정하는 바에 따라 회사의 업무를 집행하며, 대표이사의 유고시에는 ①부대표이사 ②전무이사 ③상무이사 직위순서로 그 직무를 대행한다.

제39조 【이사의 의무】

① 이사는 법령과 정관의 규정에 따라 회사를 위하여 그 직무를 충실하게 수행하여야 한다.

② 이사는 선량한 관리자의 주의로서 회사를 위하여 그 직무를 수행하여야 한다.

③ 이사는 재임 중 또는 퇴임 후에도 직무상 취득한 회사의 영업상 비밀을 누설하여서는 아니 된다.

④ 이사는 회사에 현저하게 손해가 있는 사실을 발견한 때에는 즉시 감사에게 이를 보고하여야 한다.

제40조 【대표이사의 선임】

대표이사는 이사회에서 선임한다.

> 참고 1. 회사는 이사회의 결의로 회사를 대표할 이사를 선정하여야 한다. 그러나 정관으로 주주총회에서 이를 선정할 것을 정할 수 있다. 수인의 대표이사가 공동으로 회사를 대표할 것을 정할 수 있다. (상법 389조)
> 2. 대표이사를 선임한 경우 등기하여야 한다(상법 317조).

제41조 【대표이사의 직무】

대표이사는 회사를 대표하고 회사의 업무를 총괄한다.

제42조 【이사의 보수와 퇴직금】

① 이사의 보수는 주주총회의 결의로 그 한도를 정한다.

② 이사의 퇴직금은 주주총회결의로 정한 임원퇴직금지급규정에 따라 지급한다.

제6장 이사회

제43조 【이사회의 구성】

회사의 이사회는 이사로 구성한다.

제44조 【이사회의 권한】

① 이사회는 법령과 정관 및 주주총회에서 이사회결의사항으로 정한 사항을 결의한다.

② 회사의 중요한 자산의 처분 및 양도, 대규모 재산의 차입, 지배인의 선임 또는 해임과 지점의 설치·이전 또는 폐지 등 회사의 업무집행은 이사회의 결의로 한다.

③ 이사는 3개월에 1회 이상 업무의 집행상황을 이사회에 보고하여야 한다.

> 참고 상법 제393조(이사회의 권한) ①중요한 자산의 처분 및 양도, 대규모 재산의 차입, 지배인의 선임 또는 해임과 지점의 설치·이전 또는 폐지 등 회사의 업무집행은 이사회의 결의로 한다.
> ②이사회는 이사의 직무의 집행을 감독한다.
> ③이사는 대표이사로 하여금 다른 이사 또는 피용자의 업무에 관하여 이사회에 보고를 요구할 수 있다.
> ④이사는 3월에 1회 이상 업무의 집행상황을 이사회에 보고하여야 한다.

제45조 【이사회의 소집】

① 이사회는 대표이사 또는 이사회에서 따로 정한 이사가 있을 때에는 그 이사가 회일 7일 전에 각 이사와 감사에게 통지하여 소집한다.

② 제1항의 규정에 의하여 소집권자로 지정되지 않은 다른 이사는 소집권자인 이사에게 이사회

소집을 요구할 수 있다. 소집권자인 이사가 정당한 이유 없이 이사회 소집을 거절하는 경우에는 다른 이사가 이사회를 소집할 수 있다.

③ 이사와 감사 전원의 동의가 있을 때에는 제1항의 소집절차를 생략할 수 있다.

④ 이사회의 의장은 제1항 및 제2항의 규정에 의한 이사회의 소집권자로 한다.

> **참고** 이사회는 이사 및 감사 전원의 동의가 있는 때에는 언제든지 회의할 수 있다. (상법 390조)

제46조 【이사회의 결의방법】

① 이사회의 결의는 법령과 정관에 다른 정함이 있는 경우를 제외하고는 이사 과반수의 출석과 출석이사의 과반수로 한다.

② 이사회는 이사의 전부 또는 일부가 직접 회의에 출석하지 아니하고 모든 이사가 음성을 동시에 송수신하는 원격통신수단에 의하여 결의에 참가하는 것을 허용할 수 있다. 이 경우 당해 이사는 이사회에 직접 출석한 것으로 본다.

③ 이사회의 결의에 관하여 특별한 이해관계가 있는 자는 의결권을 행사하지 못한다.

제47조 【이사회의 의사록】

① 이사회의 의사에 관하여는 의사록을 작성하여야 한다.

② 의사록에는 의사의 안건, 경과요령, 그 결과, 반대하는 자와 그 반대이유를 기재하고 출석한 이사 및 감사가 기명날인 또는 서명하여야 한다.

제48조 【상담역 및 고문】

회사는 이사회의 결의로 상담역 또는 고문 약간 명을 둘 수 있다.

제7장 감 사

제49조 【감사의 수】

회사는 1인 이상 3인 이내의 감사를 둘 수 있다.

> **참고** 자본금의 총액이 10억원 미만인 회사의 경우에는 감사를 선임하지 아니할 수 있다. (상법 409조)

제50조 【감사의 선임】

① 감사는 주주총회에서 선임한다.

② 감사의 선임을 위한 의안은 이사의 선임을 위한 의안과는 별도로 상정하여 의결하여야 한다.

③ 감사의 선임은 출석한 주주의 의결권의 과반수로 하되 발행주식 총수의 4분의 1 이상의 수로 하여야 한다. 그러나 의결권 있는 발행주식 총수의 100분의 3을 초과하는 수의 주식을 가진 주주는 그 초과하는 주식에 관하여 감사의 선임에는 의결권을 행사하지 못한다. 다만, 소유주식수의 산정에 있어 최대주주와 그 특수관계인, 최대주주 또는 그 특수관계인의 계산으로 주식을 보유하는 자, 최대주주 또는 그 특수관계인에게 의결권을 위임한 자가 소유하는 의결권 있는 주식의 수는 합산한다.

제51조 【감사의 임기와 보선】

① 감사의 임기는 취임 후 3년 내의 최종의 결산기에 관한 정기주주총회 종결 시까지로 한다.

② 감사 중 결원이 생긴 때에는 주주총회에서 이를 선임한다.

제52조【감사의 직무 등】

① 감사는 회사의 회계와 업무를 감사한다.

② 감사는 회의의 목적사항과 소집의 이유를 기재한 서면을 이사회에 제출하여 임시주주총회의 소집을 청구할 수 있다.

③ 감사는 그 직무를 수행하기 위하여 필요한 때에는 자회사에 대하여 영업의 보고를 요구할 수 있다. 이 경우 자회사가 지체없이 보고를 하지 아니할 때 또는 그 보고의 내용을 확인할 필요가 있는 때에는 자회사의 업무와 재산상태를 조사할 수 있다.

④ 감사는 회사의 비용으로 전문가의 도움을 구할 수 있다.

⑤ 감사는 필요하면 회의의 목적사항과 소집이유를 적은 서면을 이사(소집권자가 있는 경우에는 소집권자)에게 제출하여 이사회 소집을 청구할 수 있다. 다만, 이사회 소집을 청구하였는데도 이사가 지체없이 이사회를 소집하지 아니하면 그 청구한 감사가 이사회를 소집할 수 있다.

제53조【감사록】

감사는 감사에 관하여 감사록을 작성하여야 하며, 감사록에는 감사의 실시요령과 그 결과를 기재하고 감사를 실시한 감사가 기명날인 또는 서명하여야 한다.

제54조【감사의 보수와 퇴직금】

① 감사의 보수와 퇴직금에 관하여는 제39조의 규정을 준용한다.

② 감사의 보수를 결정하기 위한 의안은 이사의 보수결정을 위한 의안과 구분하여 상정 및 의결하여야 한다.

제8장 회 계

제55조【사업연도】

이 회사의 사업연도는 매년 1월 1일부터 동년 12월 말일까지로 한다.

제56조【재무제표와 영업보고서의 작성과 제출】

① 대표이사는 매 결산기에 관련법령에서 정하는 중요사항을 기재한 영업보고서를 작성하여 이사회의 승인을 받아야 한다.

② 대표이사는 결산기에 다음 각 호의 재무제표와 부속명세서를 작성하여 이사회의 승인을 받아야 한다.

1. 재무상태표
2. 손익계산서
3. 이익잉여금 처분계산서 또는 결손금처리계산서

③ 대표이사는 정기주주총회일의 6주간 전에 제1항 및 제2항의 서류를 감사에게 제출하여야 한다.

제57조【창업비·개업비의 계상】

① 회사가 부담할 설립비용과 발기인이 받는 보수액과 설립등기에 지출한 세액은 재무상태표 자산항목에 계상한다.

② 개업의 준비를 위하여 지출한 금액은 재무상태표 자산항목에 계상할 수 있다.

제58조 【이익배당】

① 이익의 배당은 금전과 금전외의 재산으로 할 수 있다.

② 이익의 배당을 주식으로 하는 경우 회사가 수종의 주식을 발행한 때에는 주주총회의 결의로 그와 다른 종류의 주식으로도 할 수 있다.

③ 제1항의 배당은 매 결산기말 현재의 주주명부에 기재된 주주 또는 등록된 질권자 에게 지급한다

④ 이익배당은 주주총회의 결의로 정한다. 다만, 제52조제6항에 따라 재무제표를 이 사회가 승인하는 경우 이사회의 결의로 이익배당을 정한다.

제59조 【중간배당】

① 회사는 이사회의 결의로 매년 ○○월 ○○일 기준 현재의 주주에 대하여 현금으로 중간배당을 할 수 있다.

② 중간배당은 직전 결산기의 재무상태표의 순자산액에서 다음 각 호의 금액을 공제한 액을 한도로 한다.

  1. 직전 결산기의 자본금의 액

  2. 직전 결산기까지 적립된 자본준비금과 이익준비금의 합계액

  3. 직전 결산기의 정기총회에서 이익으로 배당하거나 지급하기로 정한 금액

  4. 중간배당에 따라 당해 결산기에 적립하여야 할 이익준비금

③ 제1항의 중간배당 결의에 따른 중간배당금의 지급시기는 결의를 한 날부터 1개월 이내에 현금으로 지급하여야 한다.

〈부   칙〉

제60조 【시행일】

이 정관은 ○○○○년 ○○월 ○○일부터 시행한다.

[3]
벤처기업 주식회사 정관

제정 ○○○○년 ○○월 ○○일
개정 ○○○○년 ○○월 ○○일

〈총 칙〉

제1장 통칙

제1조 【상호】

회사는 한글로 ○○주식회사, 한문으로 ○○株式會社, 영문으로 ○○○○ CO., Ltd.라 표기한다.

> ※ 정관의 작성에서 상호는 절대적 기재사항이다(상법289조). 회사의 상호를 기재에서 '주식회사'라는 문자는 반드시 포함하여야 한다(상법 제19조).

제2조 【목적】

회사는 다음의 사업을 경영함을 목적으로 한다.

1. ○○○업
2. ○○○업
3. ○○○업
4. 기타 위 각호에 관련된 부대사업

> ※ 정관의 작성에서 목적은 절대적 기재사항이다(상법289조).

제3조 【본점의 소재지】

① 회사는 본점의 소재지를 ○○특별시(○○광역시·○○○○도)에 둔다.
② 회사는 이사회의 결의로 국내외에 지점, 출장소, 사무소 및 해외법인을 둘 수 있다.

> ※ 정관의 작성에서 본점의 소재지는 절대적 기재사항이다(상법289조).

제4조 【공고방법】

이 회사의 공고는 ○○특별시(○○광역시·○○도)에서 발행하는 일간신문에 공고한다.

> ※ 정관의 작성에서 공고하는 방법은 절대적 기재사항이다(상법289조).

`참고` 정관에 반드시 들어가야 하는 내용은 ①목적, ②상호, ③회사가 발생할 주식의 총수, ④액면주식을 발행하는 경우 1주의 금액, ⑤회사의 설립시에 발행하는 주식의 총수 등 상법 등에서 정한 사항으로 이 중 하나라도 빠지면 안 된다.

제2장 주식과 주권

제5조 【발행할 주식의 총수】

회사가 발행할 주식의 총수는 ○○○,○○○,○○○주로 한다.

> ※ 정관의 작성에서 회사가 발행할 주식의 총수는 절대적 기재사항이다(상법289조).

제6조 【1주의 금액】

회사가 발행하는 주식 1주의 금액은 일금 5,000원(100원이상)으로 한다.

> ※ 정관의 작성에서 회사가 발행할 주식의 1주의 금액은 절대적 기재사항이다(상법289조).

제7조【회사설립시 발행주식의 총수】

회사는 설립시에 ○○○,○○○주의 주식을 발행하기로 한다.

> ※ 1. 회사설립시 발행할 주식의 총수는 정관작성시 절대적 기재사항이다(상법289조)
> 2. 회사설립시 발행하는 주식의 총수는 회사가 발행할 주식 총수의 4분의 1 이상이다(상법289조②).

제8조【주식의 종류】

이 회사가 발행하는 주식은 기명식 보통주식으로 한다.

제9조【주권의 종류】

이 회사가 발행하는 주식의 주권은 1주권, 10주권, 100주권, 1,000주권, 10,000주권의 5종으로 한다.

제10조【신주발행】

회사는 신주를 발행할 경우 이사회의 결의로 정한다.

제11조【시가발행】

① 신주를 발행할 때 그 일부 또는 전부를 시가로 발행할 수 있으며, 이 때 그 발행가액은 이사회의 결의로 정한다.

② 신주를 시가로 발행하는 경우 관련법규에 의하여 신주권자를 모집하거나 인수인에게 인수하게 할 수 있다.

제12조【신주인수권】

① 이 회사의 주주는 신주발행에서 그가 가진 주식의 수에 따라서 신주의 배정을 받을 권리가 있다. 그러나 주주가 신주인수권을 포기 또는 상실하거나 신주배정에서 단주가 발생하면 그 처리방법을 이사회의 결의로 정한다.

② 이사회는 제1항에도 불구하고 증권거래법의 규정에 따라 주식매수선택권의 행사로 말미암아 신주를 발행하는 경우에는 이사회의 결의로 주주 이외의 자에게 신주를 배정할 수 있다.

제13조【주식매수선택권 부여】

회사는 발행주식의 총수의 100분의 10의 한도 내에서 주주총회의 결의로 회사의 설립 및 경영과 기술혁신 등에 이바지하거나 이바지할 수 있는 회사의 임직원에게 '주식매수선택권'을 부여할 수 있다.

> 참고 주주총회 결의: 상법 제434조(정관변경의 특별결의) 주주총회 결의는 출석한 주주의 의결권의 3분의 2 이상의 수와 발행주식총수의 3분의 1 이상의 수로써 하여야 한다.

제14조【주식매수선택권의 제한】

다음 각 호에 해당하는 자에 대하여는 제13조에 규정된 주식매수선택권을 부여할 수 없다.
1. 의결권 없는 주식을 제외한 발행주식 총수의 100분의 10 이상의 주식을 가진 주주
2. 이사·감사의 선임과 해임 등 회사의 주요경영사항에 대하여 사실상 영향력을 행사하는

　　　자
　　3. 본조 제1호 제2호에 규정된 자의 배우자와 직계 존·비속

제15조【주식매수선택권의 행사】

① 주식매수선택권은 제1항의 주주총회의 결의일부터 2년 이상 재임 또는 재직한 자로 주주총회의 특별결의 시 정한 기간이 지난날로부터 5년 이내에 행사할 수 있다.

② 주식매수선택권은 이를 양도할 수 없다. 다만, 제1항의 규정에 따라 주식매수선택권을 행사할 수 있는 자가 사망한 경우에는 그 상속인이 이를 행사할 수 있다.

제16조【주식매수선택권의 행사가액】

주식매수선택권의 행사가액은 다음 각 호의 가액 이상이어야 한다.

　　1. 신주를 발행하는 경우에는 주식매수선택권의 부여일을 기준으로 한 주식의 실질가액과 주식의 권면액 중 높은 금액

　　2. 자기의 주식을 양도하는 경우에는 주식매수선택권의 부여일을 기준으로 한 주식의 실질가액

제17조【주식매수선택권의 주식종류】

주식매수선택권의 행사로 교부할 주식(주식매수선택권의 행사가격과 사가와 차액을 현금 또는 자기주식으로 교부하는 경우에는 그 차액의 산정기준이 되는 주식을 말한다.)은 기명식보통주식 또는 기명식우선주식으로 하되 제13조의 주주총회 결의 시 정한다.

제18조【주식매수선택권의 부여 수】

주식매수선택권을 부여받는 임원 또는 직원의 수는 재직하는 임원 또는 직원의 100분의 30을 초과할 수 없고, 임원 또는 직원 1인에 대하여 부여하는 주식매수선택권은 발행주식 총수의 100분의 1을 초과할 수 없다.

제19조【주식매수선택권의 취소】

다음 각 호에 해당하는 경우에는 이사회의 결의로 주식매수선택권의 부여를 취소할 수 있다.

　　1. 당해 임원 또는 직원이 주식매입선택권을 부여받은 후 임의로 탈퇴하거나 퇴직한 경우

　　2. 당해 임원 또는 직원이 고의 또는 과실로 회사에 중대한 손해를 초래하게 한 경우

　　3. 기타 주식매수선택권 부여계약에서 정한 취소사유가 발생한 경우

제20조【주식의 양도방법】

① 주식의 양도에서 주권을 교부하여야 한다.

② 주식의 이전은 취득자의 성명, 주민등록번호, 주소를 주주명부에 등재하지 아니한 주주는 회사에 대항하지 못한다.

제21조【명의개서대리인】

① 회사는 주식 및 사채의 명의개서 또는 질권등록에 필요한 사무를 처리하기 위하여 명의개서대리인을 둘 수 있다.

② 주식 및 사채의 발행업무를 명의개서대리인에게 대행시킬 수 있다.

③ 명의개서대리인에 관하여 필요한 사항은 이사회가 정한다.

제22조 【주식의 명의개서 및 질권등록】

① 주식의 양도·상속·증자 기타 계약 등의 사유로 인하여 주식의 명의개서를 청구할 때에는 회사의 소정의 청구서에 주권 및 취득원인을 증명할 서류를 첨부하여 제출하여야 한다.

② 주식을 목적으로 한 질권의 설정, 이전의 등록이나 말소를 청구할 때에는 회사 소정의 청구서에 주권을 첨부하여 제출하여야 한다.

제23조 【주주 등의 주소, 성명 및 인감 등 신고】

① 주주와 질권등록자는 그 성명·주소 및 인감을 제13조의 명의개서 대리인에게 신고하여야 한다.

② 외국에 거주하는 주주와 질권등록자는 대한민국내에 통지를 받을 장소와 대리인을 정하여 신고하여야 한다.

③ 제1항 및 제2항의 변동이 생긴 경우에도 같다.

제24조 【주주명부의 폐쇄 및 기준일】

① 회사는 매 결산기 최종일의 익일부터 그 결산기에 관한 정기주주총회 종료일까지 주식의 명의개서, 질권의 등록 또는 말소와 신탁재산의 표시 또는 말소를 정지한다.

② 회사는 매 결산기 최종일의 주주명부에 기재되어 있는 주주로 하여금 그 권리를 행사하게 한다.

③ 정기주주총회, 임시주주총회의 소집, 기타 필요한 경우에는 이사회의 결의에 의하여 이를 2주간 전에 공고한 후 3월을 초과하지 않는 일정한 기간에 걸쳐 명의개서 등 을 정지하거나 기준일을 정할 수 있다.

제3장 사채

제25조 【전환사채의 발행】

① 회사는 주주 이외의 자에게 사채의 액면 총액이 ○○○원을 초과하지 않는 범위 내에서 전환사채를 발행할 수 있다.

② 제1항의 발행조건에 따라 정관에 규정이 없는 경우 이사회의 결의로서 전환사채를 발행할 수 있다.

③ 전환 때문에 발행하는 주식은 사채의 액면 총액이 ○○○원을 초과하지 않는 범위 내에서 보통주식으로 ○○○원을 초과하지 의결권이 없는 우선주식으로 하며, 전환가액은 주식의 액면금액 또는 그 이상의 가액으로 사채 발행 시 이사회의 결의로써 정한다.

④ 전환사채권자가 전환을 청구할 수 있는 기간은 사채발행일로부터 그 상환기일의 직전까지로 한다. 다만, 위 기간 내에서 관계법에 따라 이사회결의로서 기간을 조정할 수 있다.

⑤ 제1항의 전환사채에서 주식으로 전환에 의하여 발행된 주식에 대한 이익의 배당에 관하여는 전환을 청구한 때가 속하는 사업연도의 직전사업연도 말에 전환된 것으로 본다.

제26조 【신주인수권부사채의 발행】

① 회사는 주주 이외의 자에게 사채의 액면 총액이 ○○○원을 초과하지 않는 범위 내에서 신주인수권부사채를 발행할 수 있다.

② 신주인수를 청구할 수 있는 금액은 사채의 액면 총액을 초과하지 않는 범위 내에서 이사회가

정한다.

③ 신주인수권의 행사로 발행하는 주식은 사채의 액면 총액이 ○○○원을 초과하지 않는 범위 내에서 보통주식으로 ○○○원을 초과하지 의결권이 없는 우선주식으로 하며, 발행가액은 주식의 액면금액 또는 그 이상의 가액으로 사채 발행 시 이사회의 결의로써 정한다.

④ 신주인수권을 행사할 수 있는 기간은 사채발행일로부터 그 상환기일 직전일까지로 한다. 다만, 위 기간 내에서 관계법에 따라 이사회의 결의로써 그 기간을 정할 수 있다.

⑤ 제1항의 신주인수권부사채는 신주인수권을 행사한 자에 대한 이익의 배당에 관하여는 신주의 발행가액의 전액을 납입한 때가 속하는 사업연도의 직전사업연도 말에 신주의 발행이 있는 것으로 본다.

제4장 주주총회

제27조【소집시기】
① 주주총회는 정기주주총회와 임시주주총회로 한다.
② 정기주주총회는 매기 사업연도 종료 후 3월 이내에 소집한다.
③ 임시주주총회는 필요에 따라 이를 수시로 소집한다.

제28조【소집권자】
주주총회의 소집은 법령에서 정한 다른 규정이 있는 경우를 제외하고는 이사회의 결의로 소집을 결정한다.

제29조【소집통지·공고】
① 회사는 주주총회를 소집함에는 회일을 정하여 2주간 전에 각 주주에 대하여 서면 또는 전자문서로 통지를 발송한다(상법363조, 2001.7.24).
② 주주총회 소집통보 시 그 통지가 주주명부상의 주주의 주소에 계속 3년간 도달하지 아니한 때에는 회사는 당해 주주에게 총회의 소집을 통지하지 아니할 수 있다(상법363조).

제30조【의장】
주주총회의 의장은 대표이사이다. 다만, 대표이사가 유고인 때의 의장은 이사회에 정한 순서에 따라 다른 이사가 의장직무를 대행하며, 이사 전원이 유고인 때에는 주주총회에서 선출된 주주가 그 직무를 대행한다.

제31조【의장의 질서유지권】
주주총회의 의장은 그 주주총회에서 고의로 의사진행을 방해하기 위한 언행을 하거나 질서를 혼란케 하는 자에 대하여 그 발언의 정지 또는 퇴장을 명할 수 있다.

제32조【주주의 의결권】
주주의 의결권은 주식 1주에 의결권 1을 부여한다.

제33조【결의방법】
주주총회의 결의는 법률에서 정함이 있는 경우를 제외하고는 출석한 주주의 의결권의 과반수와 발행주식의 4분의 1 이상의 수로써 이를 결의한다.

제34조【의결권의 대리행사】
① 주주는 대리인과 서면으로 하여금 그 의결권을 행사하게 할 수 있다.

② 주주의 대리인은 주주총회 개시 전에 그 대리인을 증명하는 서면(위임장)을 제출하여야 한다.

③ 주주의 대리인 서면위임장과 서면의결권은 회사에서 통지한 표준서면에 사용한다.

제35조 【주주총회의 의사록】

주주총회의 발언은 경과와 결과를 의사록에 기재하고 의장과 출석한 이사 전원이 이에 기명날인 또는 서명하여 회사에 비치·보존한다.

제5장 이사와 이사회

제36조 【이사의 수】

이 회사의 이사는 3인 이상 5명 이내로 한다.

> ※ 자본총액이 5억원 미만인 회사는 1인 또는 2인으로 할 수 있다(상법383조).

제37조 【이사의 선임】

이사의 선임은 주주총회에서 선임한다.

제38조 【이사의 임기】

① 이사의 임기는 3년 미만으로 한다.

② 이사의 임기가 최종의 결산기의 정기주주총회일 전에 해당하는 경우에는 정기주주총회의 종결 시까지로 한다.

제39조 【이사의 해임】

이사의 해임은 주주총회결의에 의하여 출석한 주주의 3분의 2 이상의 수와 발행주식 총수의 3분의 1 이상의 수로 해임을 결의할 수 있다.

> ※ 주주총회의 결의는 출석한 주주의 의결권의 3분의 2 이상의 수와 발행주식 총수의 3분의 1 이상의 수로써 하여야 한다(상법 385조, 434조).

제40조 【이사의 보선】

① 이사가 법률 또는 정관에서 정한 이사의 원수를 결원한 경우 주주총회에서 이를 선임한다.

② 이사의 결원으로 새로 선임된 이사는 전임자의 잔여기간을 임기로 한다.

제41조 【이사의 권한】

① 회사의 중요한 자산의 처분과 양도, 대규모 재산의 차입, 지배인의 선임 또는 해임과 지점의 설치·이전 또는 폐지 등 회사의 업무집행은 이사회의 결의로 한다〈상법393조, 2001.7.24〉.

② 이사회는 이사의 직무 집행을 감독한다.

③ 이사는 대표이사로 하여금 다른 이사 또는 회사 관련 업무에 관하여 이사회에 보고하라고 요구할 수 있다〈상법393조, 2001.7.24〉.

④ 이사는 3월에 1회 이상 업무의 집행상황을 이사회에 보고하여야 한다.

제42조 【회사에 대한 책임】

① 이사는 임무태만 등은 상법 등의 법률이 정하는 바에 따라서 회사와 제3자에 대하여 책임을

진다.

② 이사는 직무위배로 회사에 악의 또는 중대한 과실을 입혀 회사에 의한 보상이 법률상 허용되지 않을 때에는 그 손해액에 대하여 책임을 진다.

③ 이사는 회사에 현저하게 손해를 미칠 염려가 있는 사실을 발견한 때에는 즉시 감사(감사위원회)에게 이를 보고하여야 한다〈상법393조, 2001.7.24〉.

제43조 【이사회의 구성과 의장】

① 이사회는 구성원은 주주총회에서 선임한 이사이다.

② 이사회의 의장은 이사회에서 선임한 대표이사가 한다.

③ 대표이사의 유고시 다음 각 호의 순서에 따라 그 직무를 대행한다.

1. 부대표이사
2. 전무이사
3. 상무이사
4. 관리이사

제44조 【이사회의 소집】

이사회는 이사회의장 또는 이사회에서 달리 정한 이사가 소집하며, 이사회를 소집할 때에는 회의일 전일까지 각 이사와 감사에게 소집을 통지하여야 한다. 단, 이사와 감사 전원의 동의가 있을 때에는 소집절차를 생략할 수 있다.

제45조 【이사회의 결의방법】

① 이사회의 결의는 이사 과반수의 출석과 출석이사의 과반수로 한다.

② 이사회의 가결과 부결이 동 수일 때에는 의장의 결정에 의한다.

③ 이사회의 출석은 이사와 감사가 전부 또는 일부가 회의에 출석하지 아니하고 동영상과 음성을 동시에 송·수신하는 통신수단에 의하여 결의하는 경우 이사회의에 직접 출석한 것으로 본다.

제46조 【이사회의 의사록】

이사회의 의사록에는 의사의 안건, 경과요령, 그 결과, 반대하는 자와 그 반대 이유를 기재하고 출석한 이사와 감사가 기명날인 또는 서명하여 본사에 비치한다.

제47조 【이사의 보수】

이사의 보수는 임원보수규정에 따른다. 단, 임원보수규정에서 정함이 없는 경우 주주총회의 결의로 이를 정한다.

제48조 【회사와 관계】

이사와 회사와 관계는 관련규정에 따른다.

제6장 감사

제49조 【감사의 선임】

① 감사는 주주총회에서 선임한다.

② 의결권이 없는 주식을 제외한 발행주식 총수의 100분의 3을 초과하는 총수의 주식을 가진 주주는 초과하는 주식에 관하여 제1항의 의결권을 행사하지 못한다(상법409조).

제50조 【감사의 임기】

감사의 임기는 취임 후 3년 내의 최종결산기에 관한 정기총회의 종결 시까지로 한다.

제51조 【겸업금지】

감사는 회사 및 자회사의 이사 또는 지배인 기타의 사용인의 직무를 겸하지 못한다(상법411조).

제52조 【감사의 직무와 권한】

① 감사는 대표이사와 이사의 직무 집행을 감사한다.

② 감사는 언제든지 이사에 대하여 영업에 관한 보고를 요구하거나 회사의 업무와 재산상태를 조사할 수 있다.

제53조 【감사의 책임】

감사는 임무태만 등은 상법 등의 법률이 정하는 바에 따라서 회사와 제3자에 대하여 책임을 진다.

제54조 【감사의 감사록】

감사는 감사의 실시요령과 그 결과를 기재하고 감사를 시행한 감사가 기명날인 및 서명을 하여야 한다.

제55조 【감사의 보수】

감사의 보수는 임원보수규정에 따른다. 단, 임원보수규정에서 정함이 없는 경우 주주총회의 결의로 이를 정한다.

제7장 회계

제56조 【사업연도】

회사의 사업년도는 매년 1월 1일부터 당해 12월 31일까지로 한다.

제57조 【재무제표 등의 작성 등】

① 대표이사는 상법 제447조 및 제447조의2의 각 서류를 작성하여 이사회의 승인을 얻어야 한다.

② 대표이사는 정기주주총회 회일의 6주간 전에 제1항의 서류를 감사에게 제출하여야 한다.

③ 감사는 정기주주총회일의 1주 전까지 감사보고서를 대표이사에게 제출하여 야 한다.

④ 대표이사는 제1항의 서류와 감사보고서를 정기주주총회 회일의 1주간 전부 터 본점에 5년간, 그 등본을 지점에 3년간 비치하여야 한다.

⑤ 대표이사는 상법 제447조의 서류를 정기주주총회에 제출하여 승인을 받아야 하며, 제447조의2의 서류를 정기주주총회에 제출하여 그 내용을 보고하여야 한다.

⑥ 제5항에도 불구하고 회사는 상법 제447조의 각 서류가 법령 및 정관에 따라 회 사의 재무상태 및 경영성과를 적정하게 표시하고 있다는 외부감사인의 의견이 있고, 감사 전원의 동의가 있는 경우 상법 제447조의 각 서류를 이사회 결의로 승인할 수 있다.

⑦ 제6항에 따라 승인받은 서류의 내용은 주주총회에 보고하여야 한다.

⑧ 대표이사는 제5항 또는 제6항의 규정에 의한 승인을 얻은 때에는 지체없이 재무상태표와 외부감사인의 감사의견을 공고하여야 한다.

제58조【외부감사인의 선임】

회사가 외부감사인을 선임은 주식회사의 외부감사에 관한 법률의 규정에 의한 감사인선임위원회의 승인을 얻어야 하고, 그 사실을 외부감사인을 선임한 사업연도 중에 소집되는 정기주주총회에 보고하거나 주주에게 통지 또는 공고하여야 한다.

제59조【재무제표 등의 비치·공시】

이사는 정기총회일의 1주간 전부터 재무제표와 영업보고서 및 감사보고서를 본점에 5년간, 그 등본을 지점에 3년간 비치하여야 한다. 〈상법448조〉

제60조【이익금의 처분】

회사는 매 사업연도 이익금을 다음과 같이 처분한다.

1. 이익준비금
2. 기타의 법정준비금
3. 배당금
4. 임의적립금
5. 기타의 이익잉여금처분액
6. 차기이월 이익잉여금
7. 위 각 호 외의 이익금을 주주총회의 결의에 의하여 기타 필요한 처분을 할 수 있다.

〈부　칙〉

제61조【시행일】

이 정관은 ○○○○년 ○○월 ○○일부터 그 효력을 발생한다.

제62조【경과규정】

이 정관에서 이사회에 관한 규정은 이사가 3인 이상인 경우에만 적용하며, 이사가 2인 이하인 때에는 '이사회'는 각각 '주주총회'로 본다.

[4]
코스닥 상장법인 주식회사 정관

제정 ○○○○년 ○○월 ○○일
개정 ○○○○년 ○○월 ○○일

〈총 칙〉

제1장 통칙

제1조 【상호】

회사는 '○○○주식회사'라고 한다. 영문으로는 '○○○(약호 ○○○)'라고 표기한다.

제2조 【목적】

회사는 다음의 사업을 영위함을 목적으로 한다.

1. ○○○업(○○제조에 사용되는 ○○부품)
2. ○○○업
3. ○○○업
4. ○○○업
5. 1호~4호의 부대사업

제3조 【본점의 소재지】

① 회사의 본점은 ○○에 둔다.

② 회사는 이사회의 결의로 국내외에 지점, 출장소, 사무소 및 해외법인을 둘 수 있다.

제4조 【공고방법】

회사의 공고는 ○○시에서 발행되는 ○○신문(또는 ○○일보)에 한다.

제2장 주식

제5조 【발행예정주식 총수】

회사가 발행할 주식의 총수는 ○○주로 한다.

제6조 【설립시에 발행하는 주식의 총수】

회사가 설립시에 발행하는 주식의 총수는 ○○주(1주의 금액 ○○원 기준)로 한다.

제7조 【1주의 금액】

주식 1주의 금액은 ○○원으로 한다.

제8조 【주권의 발행과 종류】

① 회사가 발행하는 주권은 기명식으로 한다.

② 회사의 주권은 1주권, 5주권, 10주권, 50주권, 100주권, 500주권, 1,000주권 및 10,000주권의 8종류로 한다.

> 우선주식을 발행하는 경우

제9조 【주식의 종류, 수 및 내용】

① 회사는 보통주식과 우선주식을 발행할 수 있다.

② 제5조의 발행예정주식 총수 중 우선주식의 발행 한도는 ○○주로 한다.

③ 우선주식에 대한 최저배당률은 연 액면금액의 ○○%로 한다.

④ 우선주식에 대하여 제3항의 규정에 의한 배당을 하고, 보통주식에 대하여 우선주식의 배당률과 동률의 배당을 한 후, 잔여 배당가능이익이 있으면 보통주식과 우선주식에 대하여 동등한 비율로 배당한다.

> ※ 우선주에 대한 배당을 비누적적으로 하고자 하면 미배당분이 다음 사업연도로 이연되지 아니한다는 취지의 규정을 두어야 함.

⑤ 우선주식에 대하여 제3항의 규정에 의한 배당을 하지 못한 사업연도에는 미배당분은 누적하여 다음 사업연도의 배당 시에 우선하여 배당한다.

⑥ 우선주식의 주주는 의결권이 없는 것으로 한다. 다만, 우선주식의 주주는 우선주식에 대하여 소정의 배당을 하지 아니한다는 결의가 있는 총회의 다음 총회부터 그 우선적 배당을 한다는 결의가 있는 총회의 종료 시까지는 의결권이 있다.

⑦ 우선주식은 발행일로부터 ○년이 지나면 보통주식으로 전환된다. 다만, 위 기간 중 소정의 배당을 하지 못하면 소정의 배당이 완료될 때까지 그 기간은 연장된다.

⑧ 제7항의 규정에 따라 발행되는 신주에 대한 이익의 배당에 관하여는 제13조의 규정을 준용한다.

제10조 【신주인수권】

① 주주는 그가 소유한 주식의 수에 비례하여 신주의 배정을 받을 권리를 가진다.

② 회사는 제1항 외 다음 각 호의 경우에는 주주 이외의 자에게 신주를 배정할 수 있다.

    1. 증권거래법 제189조의3의 규정에 따라 이사회의 결의로 일반공모증자 방식으로 신주를 발행하는 경우

    2. 증권거래법 제189조의4의 규정에 의한 주식매수선택권의 행사로 신주를 발행하는 경우

    3. 발행하는 주식 총수의 100분의 20 범위 내에서 우리사주조합원에게 주식을 우선배정하는 경우

    4. 상법 제418조 제2항의 규정에 따라 신기술의 도입, 재무구조 개선 등 회사의 경영상 목적을 달성하는 데 필요한 경우

> ※ 신규로 주권을 협회에 등록하고자 하는 회사는 '주권을 협회에 등록하기 위하여 신주를 모집하거나 인수인에게 인수하게 하는 경우'와 같이 제5호를 신설하여 주주의 신주인수권 배제근거를 마련하여야 함.

③ 신주인수권의 포기 또는 상실에 따른 주식과 신주배정에서 발생한 단주에 대한 처리방법은 이사회의 결의로 정한다.

제11조 【일반공모증자 등】

① 증권거래법 제189조의3의 규정에 따라 일반공모증자방식으로 발행하는 신주는 발행주식 총수의 100분의 ○○(또는 액면 총액이 ○○원)을 초과할 수 없다.

② 제10조 제2항 제4호의 규정에 따라 발행하는 신주는 발행주식 총수의 100분의 ○○(또는 액면 총액이 ○○원)을 초과할 수 없다.

③ 제1항과 제2항의 방식에 의하여 신주를 발행할 때 발행할 주식의 종류와 수 및 발행가격 등은 이사회의 결의로써 정한다.

> ※ 일반공모증자는 증권거래법 시행령 제84조의5와 유가증권의 발행 및 공시 등에 관한 규정 제57조 제2항에 따라, 제3자 배정 증자는 유가증권의 발행 및 공시 등에 관한 규정 제57조 제2항에 따라 발행가격을 산정하여야 함.

제12조 【주식매수선택권】

① 회사는 주주총회의 특별결의로 발행주식 총수의 100분의 ○○범위 내에서 주식매수선택권을 부여할 수 있다. 다만, 증권거래법 제189조의4 제3항의 규정에 따라 발행주식 총수의 100분의 ○○범위 내에서 이사회의 결의로 주식매수선택권을 부여할 수 있다.

> ※ 이사회 결의로 부여할 수 있는 주식매수선택권의 한도는 최근 사업연도 말 현재의 자본금을 기준으로
> 1. 3천억원 이상인 법인은 발행주식 총수의 100분의 1에 해당하는 주식 수
> 2. 1천억원 이상 3천억원 미만인 법인은 발행주식 총수의 100분의 3에 해당하는 주식 수와 60만주(액면가 5천원을 기준으로 한다.) 중 적은 수에 해당하는 주식 수
> 3. 1천억원 미만인 법인은 발행주식 총수의 100분의 3에 해당하는 주식 수임(증권거래법 시행령 제84조의6 제6항).

② 제1항의 규정에 의한 주식매수선택권 부여대상자는 회사의 설립·경영·외국영업 또는 기술혁신 등에 이바지하거나 기여할 수 있는 회사의 임·직원 및 증권거래법 시행령 제84조의6 제1항이 정하는 관계회사의 임·직원으로 한다.

③ 제2항의 규정에 불구하고 증권거래법상의 최대주주와 주요주주 및 그 특수관계인에게는 주식매수선택권을 부여할 수 없다. 다만, 회사 또는 증권거래법 시행령 제84조의6 제1항이 정하는 관계회사의 임원이 됨으로써 특수관계인에 해당하게 된 자(그 임원이 계열회사의 비상근임원인 자를 포함한다.)에게는 주식매수선택권을 부여할 수 있다.

④ 임원 또는 직원 1인에 대하여 부여하는 주식매수선택권은 발행주식 총수의 100분의 ○을 초과할 수 없다.

⑤ 다음 각 호의 1에 해당하는 경우에는 이사회의 결의로 주식매수선택권의 부여를 취소할 수 있다.
   1. 주식매수선택권을 부여받은 임·직원이 본인의 의사에 따라 퇴임하거나 퇴직한 경우
   2. 주식매수선택권을 부여받은 임·직원이 고의 또는 과실로 회사에 중대한 손해를 끼친 경우
   3. 회사의 파산 또는 해산 등으로 주식매수선택권의 행사에 응할 수 없는 경우
   4. 기타 주식매수선택권 부여계약에서 정한 취소사유가 발생한 경우

⑥ 회사는 주식매수선택권을 다음 각 호의 1에서 정한 방법으로 부여한다.
   1. 주식매수선택권의 행사가격으로 새로이 기명식 보통주식(또는 기명식 우선주식)을 발행하여 교부하는 방법
   2. 주식매수선택권의 행사가격으로 기명식 보통주식(또는 기명식 우선주식)의 자기주식을 교부하는 방법
   3. 주식매수선택권의 행사가격과 시가와의 차액을 현금 또는 자기 주식으로 교부하는 방법

⑦ 주식매수선택권을 부여받은 자는 제1항의 결의일부터 2년 이상 재임 또는 재직한 날부터 ○ 년 내에 권리를 행사할 수 있다. 다만, 제1항의 결의일로부터 2년 내에 사망하거나 정년으로 퇴임 또는 퇴직 기타 본인의 귀책사유가 아닌 사유로 퇴임 또는 퇴직한 자는 그 행사기간에 주식매수선택권을 행사할 수 있다.

⑧ 주식매수선택권을 행사할 주식의 1주당 행사가격은 다음 각 호의 가격 이상으로 한다. 주식매수선택권을 부여한 후 그 행사가격을 조정하는 때도 또한 같다.

　1. 새로이 주식을 발행하여 교부하는 경우에는 다음 각목의 가격 중 높은 금액

　가. 주식매수선택권의 부여일을 기준으로 증권거래법 시행령 제84조의9 제2항 제1호의 규정을 준용하여 평가한 당해 주식의 시가

　나. 당해 주식의 권면액

　2. 제1호 이외는 제1호 가목의 규정에 따라 평가한 당해 주식의 시가

⑨ 주식매수선택권의 행사로 말미암아 발행한 신주에 대한 이익의 배당에 관하여는 제13조의 규정을 준용한다.

제13조【신주의 배당 기산일】

회사가 유상증자, 무상증자 및 주식배당에 의하여 발행한 신주에 대한 이익의 배당에 관하여는 신주를 발행한 때가 속하는 영업연도의 직전영업연도 말에 발행된 것으로 본다.

제14조【주식의 소각】

① 회사는 이사회의 결의로 발행주식 총수의 100분의 ○○ 범위 내에서 주주에게 배당할 이익으로 주식을 소각할 수 있다.

② 제1항의 규정에 의한 주식의 소각은 회사가 자기주식을 취득하여 소각하는 방법으로 한다.

제15조【명의개서대리인】

① 회사는 주식의 명의개서대리인을 둔다.

② 명의개서대리인 및 그 사무취급장소와 대행업무의 범위는 이사회의 결의로 정하고 이를 공고한다.

③ 회사는 주주명부 또는 그 복본을 명의개서대리인의 사무취급장소에 비치하고, 주식의 명의개서, 질권의 등록 또는 말소, 신탁재산의 표시 또는 말소, 주권의 발행, 신고의 접수, 기타 주식에 관한 사무는 명의개서대리인으로 하여금 취급게 한다.

④ 제3항의 사무취급에 관한 절차는 명의개서대리인의 유가증권의 명의개서대행 등에 관한 규정에 따른다.

제16조【주주 등의 주소, 성명 및 인감 또는 서명 등 신고】

① 주주와 등록질권자는 그 성명, 주소 및 인감 또는 서명 등을 명의개서대리인에게 신고하여야 한다.

② 외국에 거주하는 주주와 등록질권자는 대한민국 내에 통지를 받을 장소와 대리인을 정하여 신고하여야 한다.

③ 제1항 및 제2항에 정한 사항에 변동이 있을 때에도 이에 따라 신고하여야 한다.

제17조 【주주명부의 폐쇄 및 기준일】

① 회사는 매년 ○월 ○일부터 ○월 ○일까지 주주의 권리에 관한 주주명부의 기재변경을 정지한다.

② 회사는 매년 ○월 ○일 현재 주주명부에 기재되어 있는 주주를 그 결산기에 관한 정기주주총회에서 권리를 행사할 주주로 한다.

③ 회사는 임시주주총회의 소집 기타 필요한 경우 이사회의 결의로 3월을 지나지 아니하는 일정한 기간을 정하여 권리에 관한 주주명부의 기재변경을 정지하거나, 이사회의 결의로 3월 내로 정한 날에 주주명부에 기재되어 있는 주주를 그 권리를 행사할 주주로 할 수 있다. 이 경우 이사회는 필요하다고 인정하는 때에는 주주명부의 기재변경 정지와 기준일의 지정을 함께 할 수 있다. 이 경우 회사는 주주명부 폐쇄기간 또는 기준일의 2주간 전에 이를 공고하여야 한다.

제3장 사채

제18조 【전환사채의 발행】

① 회사는 사채의 액면 총액이 ○○원을 초과하지 않는 범위 내에서 다음 각 호의 경우 이사회의 결의로 주주 이외의 자에게 전환사채를 발행할 수 있다.
  1. 일반공모의 방법으로 전환사채를 발행하는 경우
  2. 상법 제513조 제3항 후단의 규정에 따라 신기술의 도입, 재무구조 개선 등 회사의 경영상 목적을 달성하기 위하여 전환사채를 발행하는 경우

> 동일한 주식으로만 전환하는 경우

② 전환으로 인하여 발행하는 주식은 ○○주식으로 하고, 전환가액은 주식의 액면금액 또는 그 이상의 가액으로 사채발행 시 이사회가 정한다.

> 여러 종류의 주식으로 전환하는 경우

③ 전환으로 인하여 발행하는 주식의 종류는 사채의 액면 총액 중 ○○원은 보통주식으로, ○○원은 우선주식으로 하고, 전환가액은 주식의 액면금액 또는 그 이상의 가액으로 사채발행 시 이사회가 정한다.

④ 전환을 청구할 수 있는 기간은 당해 사채의 발행일 후 ○○월(또는 ○○일)이 경과하는 날로부터 그 상환기일의 직전일까지로 한다. 그러나 위 기간 내에서 이사회의 결의로써 전환청구기간을 조정할 수 있다.

⑤ 전환으로 인하여 발행하는 신주에 대한 이익의 배당과 전환사채에 대한 이자의 지급에 대하여는 제13조의 규정을 준용한다.

제19조 【신주인수권부사채의 발행】

① 회사는 사채의 액면 총액이 ○○원을 초과하지 않는 범위 내에서 정관 제18조 제1항 각호에 해당하면 이사회 결의로 주주 이외의 자에게 신주인수권부사채를 발행할 수 있다.

② 신주인수를 청구할 수 있는 금액은 사채의 액면 총액을 초과하지 않는 범위 내에서 이사회가 정한다.

③ 신주인수권의 행사로 발행하는 주식의 종류는 ○○주식으로 하고, 그 발행가액은 액면금액 또는 그 이상의 가액으로 사채발행 시 이사회가 정한다.

④ 신주인수권을 행사할 수 있는 기간은 당해 사채발행일 후 ○○월(또는 ○○일)이 경과한 날로부터 그 상환기일의 직전일까지로 한다. 그러나 위 기간 내에서 이사회의 결의로써 신주인수권의 행사기간을 조정할 수 있다.

⑤ 신주인수권의 행사로 발행하는 신주에 대한 이익의 배당에 대하여는 제13조의 규정을 준용한다.

제20조 【이익참가부사채의 발행】

① 회사는 사채의 액면 총액이 ○○원을 초과하지 않는 범위 내에서 주주 외의 자에게 이익참가부사채를 발행할 수 있다.

② 제1항의 이익참가부사채는 보통주식에 대한 이익배당의 100분의 ○○비율로 이익배당에 참가할 수 있다.

③ 이익참가부사채에 대하여는 제60조에 의한 중간배당은 하지 아니한다.

④ 제1항의 이익참가부사채의 가액은 발행 시에 이사회가 정한다.

제21조 【교환사채의 발행】

① 회사는 이사회결의로 사채의 액면 총액이 ○○원을 초과하지 않는 범위 내에서 교환사채를 발행할 수 있다.

② 교환사채의 발행에 관한 세부사항은 이사회의 결의로 정한다.

제22조 【사채발행에 관한 준용규정】

사채발행은 제15조 및 제16조의 규정을 준용한다.

제4장 주주총회

제23조 【소집시기】

① 회사의 주주총회는 정기주주총회와 임시주주총회로 한다.

② 정기주주총회는 매 사업연도 종료 후 ○월 이내에, 임시주주총회는 필요에 따라 소집한다.

제24조 【소집권자】

① 주주총회는 법령에 다른 규정이 있는 경우를 제외하고는 이사회의 결의에 따라 대표이사(사장)가 소집한다.

② 대표이사(사장)의 유고시에는 정관 제39조의 규정을 준용한다.

> 서면에 의한 의결권행사를 인정하지 아니하는 경우

제25조 【소집통지 및 공고】

① 주주총회를 소집함에는 그 일시, 장소 및 회의의 목적사항을 총회일 2주간 전에 주주에게 서면 또는 전자문서로 통지를 발송하여야 한다.

② 의결권 있는 발행주식 총수의 100분의 1 이하의 주식을 소유한 주주에 대하여는 회의일 2주간 전에 주주총회를 소집한다는 뜻과 회의의 목적사항을 ○○시에서 발행하는 ○○일보(○○신문)와 ○○신문(○○일보)에 각각 2회 이상 공고함으로써 제1항의 규정에 의한 통지에 갈음할 수 있다.

③ 회사가 제1항의 규정에 의한 소집통지 또는 제2항의 규정에 의한 공고에서 회의의 목적사항이 이사의 선임에 관한 사항일 때 이사후보자의 성명·약력 등 증권거래법 시행령이 정하는 후보자에 관한 사항을 통지 또는 공고하여야 한다.

④ 회사가 제1항과 제2항에 따라 주주총회의 소집통지 또는 공고하는 경우에는 증권거래법 제191조의10 제3항이 규정하는 회사의 경영참고사항 등을 통지 또는 공고하여야 한다. 이 경우 회사의 경영참고사항 등을 정보통신망에 게재하고, 회사의 본·지점, 명의개서대행회사, 금융감독위원회, 한국증권업협회에 비치하는 경우에는 통지 또는 공고에 갈음할 수 있다.

서면에 의한 의결권행사를 인정하는 경우

제25조 【소집통지】

① 주주총회를 소집함에는 그 일시, 장소 및 회의의 목적사항을 총회일 2주간 전에 주주에게 서면 또는 전자문서로 통지를 발송하여야 한다.

② 회사는 제1항의 소집통지서에 주주가 서면에 의한 의결권을 행사하는 데 필요한 서면과 참고자료를 첨부하여야 한다.

③ 회사가 제1항의 규정에 의한 소집통지를 함에서 회의의 목적사항이 이사의 선임에 관한 사항이면 이사후보자의 성명·약력 등 증권거래법 시행령이 정하는 후보자에 관한 사항을 통지하여야 한다.

④ 회사가 제1항에 따라 주주총회의 소집통지를 할 때에는 증권거래법 제191조의10 제3항이 규정하는 회사의 경영참고사항 등을 통지 또는 공고하여야 한다. 이 경우 회사의 경영참고사항 등을 정보통신망에 게재하고, 회사의 본·지점, 명의개서대행회사, 금융감독위원회, 한국증권업협회에 비치하는 경우에는 통지 또는 공고에 갈음할 수 있다.

제26조 【소집지】

주주총회는 본점소재지에서 개최하되, 필요에 따라 이의 인접지역에서도 개최할 수 있다.

제27조 【의장】

① 주주총회의 의장은 대표이사(사장)로 한다.

② 대표이사(사장)의 유고시에는 제39조의 규정을 준용한다.

제28조 【의장의 질서유지권】

① 주주총회의 의장은 주주총회에서 고의로 의사진행을 방해하기 위한 발언·행동을 하는 등 현저히 질서를 어지럽히는 자에 대하여 그 발언의 정지 또는 퇴장을 명할 수 있다.

② 주주총회의 의장은 원활한 의사진행을 위하여 필요하다고 인정할 때에는 주주의 발언시간과 회수를 제한할 수 있다.

제29조【주주의 의결권】

주주의 의결권은 1주마다 1개로 한다.

제30조【상호 주에 대한 의결권 제한】

회사, 회사와 회사의 자회사 또는 회사의 자회사가 다른 회사의 발행주식 총수의 10분의 1을 초과하는 주식을 가지고 있는 경우, 그 다른 회사가 가지고 있는 이 회사의 주식은 의결권이 없다.

제31조【의결권의 불통일행사】

① 2 이상의 의결권을 가지고 있는 주주가 의결권의 불통일행사를 하고자 할 때에는 회일의 3일 전에 회사에 대하여 서면으로 그 뜻과 이유를 통지하여야 한다.

② 회사는 주주 의결권의 불통일행사를 거부할 수 있다. 그러나 주주가 주식의 신탁을 인수하였거나 기타 타인을 위하여 주식을 가지고 있을 때에는 그러하지 아니하다.

> 의결권의 대리행사만을 규정하는 경우

제32조【의결권의 대리행사】

① 주주는 대리인으로 하여금 그 의결권을 행사하게 할 수 있다.

② 제1항의 대리인은 주주총회 개시 전에 그 대리권을 증명하는 서면(위임장)을 제출하여야 한다.

> 서면에 의한 의결권행사제도까지 인정하는 경우

제32조【의결권의 행사】

① 주주는 총회에 출석하지 아니하고 서면에 의하여 의결권을 행사할 수 있다.

② 서면에 의하여 의결권을 행사하고자 하는 주주는 의결권행사에 관한 서면에 필요한 사항을 기재하여, 회일의 전일까지 회사에 제출하여야 한다.

③ 주주는 대리인으로 하여금 그 의결권을 행사하게 할 수 있으며, 이 경우 대리인은 주주총회 개시 전에 그 대리권을 증명하는 서면(위임장)을 제출하여야 한다.

제33조【주주총회의 결의방법】

주주총회의 결의는 법령과 정관에 다른 정함이 있는 경우를 제외하고는 출석한 주주의 의결권의 과반수와 발행주식 총수의 4분의 1 이상의 수로써 한다.

제34조【주주총회의 의사록】

① 주주총회의 의사에는 의사록을 작성하여야 한다.

② 의사록에는 그 경과요령과 결과를 기재하고, 의장과 출석한 이사가 기명날인 또는 서명하여 본점과 지점에 비치한다.

제5장 이사와 이사회

제35조【이사의 수】

회사의 이사는 3명 이상 ○○명 이하로 한다.

사외이사를 두는 경우

제35조 【이사의 수】

회사의 이사는 3인 이상 ○인 이하로 하고, 사외이사는 이사 총수의 ○분의 1(또는 ○인) 이상으로 둔다.

> **참고** 1. 벤처기업육성에관한특별조치법에 의한 벤처기업 중 최근 사업연도 말 현재의 자산 총액이 1천억원 미만인 벤처기업을 제외한 협회등록법인은 사외이사를 이사 총수의 4분의 1 이상이 되도록 하여야 하고, 최근 사업연도 말 현재의 자산총액이 2조원 이상인 협회등록법인의 사외이사는 3인 이상으로 하되 이사 총수의 2분의 1 이상이 되도록 하여야 함(증권거래법 제191조의16 제1항, 동법 시행령 제84조의23 제1항, 제2항).
> 2. 증권거래법은 사외이사의 사임·사망 등의 사유로 인하여 사외이사의 수가 법률이 요구하는 수에 미달하게 된 경우에는 그 사유가 발생한 후 최초로 소집되는 주주총회에서 사외이사를 선임하도록 규정하고 있음(증권거래법 제54조의5 제5항, 제191조의16 제3항).

제36조 【이사의 선임】

① 이사는 주주총회에서 선임한다.

> **참고** 최근 사업연도 말 현재의 자산총액이 2조원 이상인 협회등록법인은 사외이사후보를 추천하기 위하여 상법 제393조의2의 규정에 의한 위원회를 설치하여야 함. 이 경우 사외이사후보추천위원회는 사외이사가 총 위원의 2분의 1 이상이 되도록 구성하여야 함(증권거래법 제191조의16 제3항, 동법 시행령 제84의23 제2항).

② 이사의 선임은 출석한 주주의 의결권의 과반수로 하되 발행주식 총수의 4분의 1 이상의 수로 하여야 한다.

③ 2인 이상의 이사를 선임하는 경우 상법 제382조의2에서 규정하는 집중투표제는 적용하지 아니한다.

제37조 【이사의 임기】

① 이사의 임기는 ○년으로 한다. 그러나 그 임기가 최종의 결산기 종료 후 당해 결산기에 관한 정기주주총회 전에 만료될 때 그 총회의 종결 시까지 그 임기를 연장한다.

② 보궐선임된 이사의 임기는 전임자의 잔여기간으로 한다.

제38조 【자격주】

이사는 이 회사의 주식을 ○○주 이상 보유하여야 한다.

> **참고** 1. (감사를 두는 경우) 이사가 보유한 이 회사의 주식은 감사에게 공탁하여야 한다.
> 2. (감사위원회를 두는 경우) 이사가 보유한 이 회사의 주식은 감사위원회에 공탁하여야 한다.
> 3. 자격주제도를 채택하는 경우에는 제38조 예시와 같이 규정을 두면 되고, 동 제도를 채택하지 않을 때에는 제38조를 둘 필요가 없음.

제39조 【이사의 직무】

부사장, 전무이사, 상무이사와 이사는 대표이사(사장)를 보좌하고, 이사회에서 정하는 바에 따라 회사의 업무를 분장 집행하며, 대표이사(사장)의 유고시에는 위 순서에 따라 그 직무를 대행한다.

제40조 【이사의 의무】

① 이사는 법령과 정관의 규정에 따라 회사를 위하여 그 직무를 충실하게 수행하여야 한다.

② 이사는 선량한 관리자의 주의로서 회사를 위하여 그 직무를 수행하여야 한다.

③ 이사는 재임 중에나 퇴임 후에도 직무상 취득한 회사의 영업상 비밀을 누설하여서는 아니 된다.

> (감사를 두는 경우)
> ④ 이사는 회사에 현저하게 손해를 미칠 염려가 있는 사실을 발견한 때에는 즉시 감사에게 이를 보고하여야 한다.
> (감사위원회를 두는 경우)
> ④ 이사는 회사에 현저하게 손해를 미칠 염려가 있는 사실을 발견한 때에는 즉시 감사위원회나 감사위원회위원에게 이를 보고하여야 한다.

제41조 【이사의 보수와 퇴직금】

① 이사의 보수는 주주총회의 결의로 이를 정한다.

② 이사의 퇴직금은 주주총회결의를 거친 임원퇴직금지급규정에 의한다.

제42조 【이사회의 구성과 소집】

① 이사회는 이사로 구성한다.

> 감사를 두는 경우

② 이사회는 대표이사(사장) 또는 이사회에서 따로 정한 이사가 있을 때에는 그 이사가 회일 ○일전에 각 이사와 감사에게 통지하여 소집한다.

③ 제2항의 규정에 따라 소집권자로 지정되지 않은 다른 이사는 소집권자인 이사에게 이사회 소집을 요구할 수 있다. 소집권자인 이사가 정당한 이유 없이 이사회 소집을 거절하는 경우에는 다른 이사가 이사회를 소집할 수 있다.

④ 이사와 감사 전원의 동의가 있을 때에는 제2항의 소집절차를 생략할 수 있다.

> 감사위원회를 두는 경우

⑤ 이사회는 대표이사(사장) 또는 이사회에서 따로 정한 이사가 있을 때에는 그 이사가 회일 ○일전에 각 이사에게 통지하여 소집한다.

⑥ 제2항의 규정에 따라 소집권자로 지정되지 않은 다른 이사는 소집권자인 이사에게 이사회 소집을 요구할 수 있다. 소집권자인 이사가 정당한 이유 없이 이사회 소집을 거절하는 경우에는 다른 이사가 이사회를 소집할 수 있다.

⑦ 이사 전원의 동의가 있을 때에는 제2항의 소집절차를 생략할 수 있다.

⑧ 이사회의 의장은 제2항 및 제3항의 규정에 의한 이사회의 소집권자로 한다.

⑨ 이사는 3개월에 1회 이상 업무의 집행상황을 이사회에 보고하여야 한다.

> 결의를 일반원칙에 따르는 경우

제43조 【이사회의 결의방법】

이사회의 결의는 이사 과반수의 출석과 출석이사의 과반수로 한다.

> 결의요건을 강화하는 경우

제43조 【이사회의 결의방법】

① 이사회의 결의는 이사 ○분지의 ○ 출석과 출석이사의 ○분지 ○이상의 수로 한다.

> 화상회의를 배제하는 경우

② 이사회는 이사가 직접 이사회에 참석하여야 한다.

> 화상회의를 인정하는 경우

③ 이사회는 이사의 전부 또는 일부가 직접 회의에 출석하지 아니하고 모든 이사가 동영상 및 음성을 동시에 송·수신하는 통신수단에 의하여 결의에 참가하는 것을 허용할 수 있다. 이 경우 당해 이사는 이사회에 직접 출석한 것으로 본다.

④ 이사회의 결의에 관하여 특별한 이해관계가 있는 자는 의결권을 행사하지 못한다.

제44조 【이사회의 의사록】

① 이사회의 의사에 관하여는 의사록을 작성하여야 한다.

> 감사를 두는 경우

② 의사록에는 의사의 안건, 경과요령, 그 결과, 반대하는 자와 그 반대이유를 기재하고 출석한 이사 및 감사가 기명날인 또는 서명하여야 한다.

> 감사위원회를 두는 경우

③ 의사록에는 의사의 안건, 경과요령, 그 결과, 반대하는 자와 그 반대이유를 기재하고 출석한 이사가 기명날인 또는 서명하여야 한다.

> 이사회 내에 위원회를 두는 경우

제45조 【위원회】

① 회사는 이사회에 다음 각 호의 위원회를 둔다.
  1. ○○위원회
  2. ○○위원회
  3. ○○위원회
  4. ○○위원회
  5. ○○위원회

② 각 위원회의 구성, 권한, 운영 등에 관한 세부사항은 이사회의 결의로 정한다.

③ 위원회에 대해서는 정관에 다른 규정이 있는 경우를 제외하고는 정관 제42조 또는 제44조의 규정을 준용한다.

제46조【고문 위촉 등】

① 대표이사는 상근 고문 1명과 비상근 고문 2명 이하를 위촉할 수 있다.

② 대표이사는 비상근 자문위원 3명 이하를 위촉할 수 있다.

제47조【대표이사의 선임】

대표이사는 이사회에서 선임한다.

제48조【대표이사의 직무】

대표이사는 회사를 대표하는 사장으로 회사의 업무를 총괄하다.

제6장 감　　사

제49조【감사의 수】

회사는 1인 이상 ○인 이내의 감사를 둘 수 있다.

> 상근 감사를 두는 경우

제49조【감사의 수】

회사는 1인 이상 ○인 이내의 감사를 둘 수 있다. 감사 1명 이상을 상근으로 한다.

제50조【감사의 선임】

① 감사는 주주총회에서 선임한다.

② 감사의 선임을 위한 의안은 이사의 선임을 위한 의안과는 별도로 회의에 부쳐 의결하여야 한다.

③ 감사의 선임은 출석한 주주의 의결권의 과반수로 하되 발행주식 총수의 4분의 1 이상의 수로 하여야 한다. 그러나 의결권 있는 발행주식 총수의 100분의 3을 초과하는 수의 주식을 가진 주주는 그 초과하는 주식에 관하여 감사의 선임에는 의결권을 행사하지 못한다. 다만, 소유주식수의 산정에서 최대주주와 그 특수관계인, 최대주주 또는 그 특수관계인의 계산으로 주식을 보유하는 자, 최대주주 또는 그 특수관계인에게 의결권을 위임한 자가 소유하는 의결권 있는 주식의 수는 합산한다.

제51조【감사의 임기와 보선】

① 감사의 임기는 취임 후 3년 내의 최종의 결산기에 관한 정기주주총회 종결 시까지로 한다.

② 감사 중 결원이 생긴 때에는 주주총회에서 이를 선임한다. 그러나 정관 제49조에서 정하는 원수를 결하지 아니하고 업무수행상 지장이 없는 경우에는 그러하지 아니한다.

제52조【감사의 직무와 의무】

① 감사는 회사의 회계와 업무를 감사한다.

② 감사는 회의의 목적사항과 소집의 이유를 기재한 서면을 이사회에 제출하여 임시주주총회의 소집을 청구할 수 있다.

③ 감사는 그 직무를 수행하는 데 필요한 때에는 자회사에 대하여 영업의 보고를 요구할 수 있다. 이 경우 자회사가 바로 보고하지 아니할 때 또는 그 보고의 내용을 확인할 필요가 있는 때에는 자회사의 업무와 재산상태를 조사할 수 있다.

④ 감사에 대해서는 정관 제40조 제3항의 규정을 준용한다.

제53조 【감사록】

감사는 감사록을 작성하여야 하며, 감사록에는 감사의 실시요령과 그 결과를 기재하고 감사자가 서명하여야 한다.

제54조 【감사의 보수와 퇴직금】

① 감사의 보수와 퇴직금에 관하여는 제41조의 규정을 준용한다.

② 감사의 보수를 결정하기 위한 의안은 이사의 보수결정을 위한 의안과 구분하여 상정·의결하여야 한다.

(제6장 감사위원회)

> 감사위원회를 두는 경우 감사를 두지 않는다.
> ※ 최근 사업연도 말 현재 자산총액 2조원 이상의 코스닥협회등록법인은 감사위원회를 설치하여야 하며, 감사위원회를 설치하는 경우에는 감사를 둘 수 없다(증권거래법 제191조의17 제1항)

제49조 【감사위원회의 구성】

① 회사는 감사에 갈음하여 제45조의 규정에 의한 감사위원회를 둔다.

② 감사위원회는 3인 이상의 이사로 구성하고, 총 위원의 3분의 2 이상은 사외이사이어야 한다.

③ 최대주주와 그 특수관계인 기타 증권거래법 시행령 제84조의18의 규정이 정하는 자가 소유하는 의결권 있는 주식의 합계가 의결권 있는 발행주식 총수의 100분의 3을 초과하는 경우 그 주주는 그 초과하는 주식에 관하여 사외이사가 아닌 감사위원회 위원의 선임 및 해임에서 의결권을 행사하지 못한다.

④ 감사위원회는 필요한 경우 회사의 비용으로 전문가의 조력을 구할 수 있다.

> ※ 최근 사업연도 말 현재의 자산총액이 2조원 이상인 협회등록법인이 사외이사인 감사위원회 위원을 선임하는 경우 의결권 없는 주식을 제외한 발행주식 총수의 100분의 3을 초과하는 수의 주식을 가진 주주는 그 초과하는 주식에 관하여 감사위원회 위원이 되는 사외이사의 선임에 있어서는 의결권을 행사할 수 없음(증권거래법 제191의17 제2항, 제54조의6, 제6항, 상법 제409조 제2항, 제3항).

제50조 【위원장의 선임과 위원의 해임】

① 감사위원회위원장은 위원회의 결의로 사외이사 중에서 선임한다(증권거래법 제191조, 제54조).

② 감사위원회의 위원의 해임에 관한 이사회의 결의는 이사 총수의 3분의 2 이상의 찬성으로 하여야 한다.

제51조 【감사위원회의 직무】

① 감사위원회는 회사의 회계와 업무를 감사한다.

② 감사위원회는 회의의 목적사항과 소집의 이유를 기재한 서면을 이사회에 제출하여 임시주주 총회의 소집을 청구할 수 있다.

③ 감사위원회는 주주총회에 외부감사인 후보를 제청한다.

④ 감사위원회는 그 직무를 수행하는 데 필요한 때에는 자회사에 대하여 영업의 보고를 요구할 수 있다. 이 경우 자회사가 바로 보고를 하지 아니할 때 또는 그 보고의 내용을 확인할 필요가 있는 때에는 자회사의 업무와 재산상태를 조사할 수 있다.

⑤ 감사위원회는 제1항 또는 제4항 외에 이사회가 위임한 사항을 처리한다.

제52조 【감사록】

① 감사위원회는 감사에 관하여 감사록을 작성하여야 한다.

② 감사록에는 감사의 실시요령과 그 결과를 기재하고 감사를 시행한 감사위원회 위원이 기명날 인 또는 서명하여야 한다.

제7장 회계

제55조 【사업연도】

회사의 사업연도는 매년 ○○월 ○○일부터 (이듬해) ○○월 ○○일까지로 한다.

> 감사를 두는 경우

제56조 【재무제표 등의 작성 등】

① 대표이사(사장)는 다음 각 호의 재무제표와 그 부속명세서와 영업보고서를 작성하여 이사회 의 승인을 받아야 한다.

1. 재무상태표
2. 손익계산서
3. 이익잉여금처분계산서 또는 결손금처리계산서

② 대표이사(사장)는 정기주주총회 회일의 6주간 전에 제1항의 서류를 감사에게 제출하여야 한 다.

③ 감사는 정기주주총회일의 1주 전까지 감사보고서를 대표이사(사장)에게 제출하여야 한다.

④ 대표이사(사장)는 제1항의 서류와 감사보고서를 정기주주총회 회일의 1주간 전부터 본점에 5년 간, 그 등본을 지점에 3년간 비치하여야 한다.

⑤ 대표이사(사장)는 제1항 각 집의 서류를 정기주주총회에 제출하여 승인을 얻어야 하며, 영업 보고서를 정기주주총회에 제출하여 그 내용을 보고하여야 한다.

⑥ 대표이사(사장)는 제5항의 규정에 의한 승인을 얻은 때에는 바로 재무상태표와 외부감사인의 감사의견을 공고하여야 한다.

> 감사위원회를 두는 경우

제56조 【재무제표 등의 작성 등】

① 대표이사(사장)는 다음 각 호의 서류와 그 부속명세서 및 영업보고서를 작성하여 이사회의

승인을 얻어야 한다.

1. 재무상태표
2. 손익계산서
3. 이익잉여금처분계산서 또는 결손금처리계산서

② 대표이사(사장)는 정기주주총회 회일의 6주간 전에 제1항의 서류를 감사위원회에 제출하여야 한다.

③ 감사는 정기주주총회일의 1주 전까지 감사보고서를 대표이사(사장)에게 제출하여야 한다.

④ 대표이사(사장)는 제1항의 서류와 감사보고서를 정기주주총회 회일의 1주간 전부터 본점에 5년 간, 그 등본을 지점에 3년간 비치하여야 한다.

⑤ 대표이사(사장)는 제1항 각 호의 서류를 정기주주총회에 제출하여 승인을 얻어야 하며, 영업 보고서를 정기주주총회에 제출하여 그 내용을 보고하여야 한다.

⑥ 대표이사(사장)는 제5항의 규정에 의한 승인을 얻은 때에는 지체없이 재무상태표와 외부감사 인의 감사의견을 공고하여야 한다.

제57조【외부감사인의 선임】

회사가 외부감사인을 선임할 때는 주식회사의 외부감사에 관한 법률의 규정에 의한 감사인선임 위원회(또는 감사위원회)의 승인을 얻어야 하고, 회사는 외부감사인을 선임한 후 최초로 개최되 는 정기주주총회에 그 사실을 보고하여야 한다.

제58조【이익금의 처분】

회사는 매 사업연도의 처분 전 이익잉여금을 다음과 같이 처분한다.

1. 이익준비금
2. 기타의 법정준비금
3. 배당금
4. 임의적립금
5. 기타의 이익잉여금처분액

제59조【이익배당】

① 이익의 배당은 금전과 주식으로 할 수 있다.

② 이익의 배당을 주식으로 하는 경우 회사가 수종의 주식을 발행한 때에는 주주총회의 결의로 그와 다른 주식으로도 할 수 있다.

③ 제1항의 배당은 매 결산기 말 현재의 주주명부에 기재된 주주 또는 등록된 질권자에게 지급 한다.

> 중간배당제도를 도입하는 경우

제60조【중간배당】

① 회사는 이사회의 결의로 ○○월 ○○일 ○○시 현재의 주주에게 증권거래법 제192조의 3에 의한 중간배당을 할 수 있다. 중간배당은 금전으로 한다.

② 제1항의 결의는 제1항의 기준일 이후 45일 이내에 하여야 한다.

③ 중간배당은 직전 결산기의 재무상태표의 순자산액에서 다음 각 호의 금액을 공제한 금액을 한도로 한다.

    1. 직전 결산기의 자본의 액

    2. 직전 결산기까지 적립된 자본준비금과 이익준비금의 합계액

    3. 직전 결산기의 정기주주총회에서 이익배당 하기로 정한 금액

    4. 직전 결산기까지 정관의 규정 또는 주주총회의 결의에 의하여 특정목적을 위해 적립한 임의준비금

    5. 중간배당에 따라 당해 결산기에 적립하여야 할 이익준비금

④ 사업연도 개시일 이후 제1항의 기준일 이전에 신주를 발행한 경우(준비금의 자본전입, 주식배당, 전환사채의 전환청구, 신주인수권부사채의 신주인수권 행사에 의한 경우를 포함한다.)에는 중간배당에 관해서는 당해 신주는 직전사업연도 말에 발행된 것으로 본다. 다만, 중간배당 후에 발행된 신주에 대하여는 중간배당기준일 직후에 발행된 것으로 본다.

⑤ 제9조의 우선주식에 대한 중간배당은 보통주식과 동일한 배당률을 적용한다.

〈부　칙〉

제61조【시행일】

    이 정관은 ○○○○년 ○○월 ○○일부터 시행한다.

[5]
유가증권 상장법인 주식회사 정관

제정 ○○○○년 ○○월 ○○일
개정 ○○○○년 ○○월 ○○일

〈총 칙〉

제1장 통칙

제1조【상호】

회사는 한글로 ○○주식회사(주식회사○○), 한문으로 ○○株式會社(株式會社○○), 영문으로 ○○○○ CO., Ltd.(약호○○○)라 표기한다.

제2조【목적】

회사는 다음의 사업을 영위함을 목적으로 한다.

1. ○○○업
2. ○○○업
3. ○○○업
4. 1호, 2호, 3호의 부대사업

제3조【본점의 소재지 및 지점 등의 설치】

① 회사는 본점을 ○○○○에 둔다.

② 회사는 필요에 따라 이사회의 결의로 국내외에 지점, 출장소, 사무소 및 해외법인을 둘 수 있다.

제4조【공고방법】

이 회사의 공고는 ○○시에서 발행되는 ○○일보(신문)에 게재한다.

제2장 주식

제5조【발행예정주식의 총수】

이 회사가 발행할 주식의 총수는 ○○○○○주로 한다.

제6조【일주의 금액】

이 회사가 발행하는 주식 일주의 금액은 ○○○○○원으로 한다.

제7조【설립시 발행하는 주식의 총수】

이 회사가 설립시에 발행하는 주식의 총수는 ○○○○○주로 한다.

> 기명식 보통주식만을 발행할 경우

제8조【주식의 종류】

이 회사가 발행할 주식은 기명식 보통주식으로 한다.

> 기명식 보통주식과 우선주식을 발행할 경우

제8조【주식의 종류】

이 회사가 발행할 주식의 종류는 기명식 보통주식과 기명식 우선주식으로 한다.

제9조【우선주식의 수와 내용】

① 이 회사가 발행할 우선주식은 의결권이 없는 것으로 하며, 그 발행주식의 수는 ○○주로 한다.

> ※ 회사가 정관에 정할 최저배당률은 투자자에게 적정한 배당수익이 보장되는 선으로 회사의 자금코스트 등 적정한 재무비용과 그간의 배당정책 그리고 자본시장의 현황과 변화 및 제반지표를 고려하여 결정하여야 한다.

② 우선주식에 대하여는 액면금액을 기준으로 하여 년 ○○%이상 ○○%이내에서 발행시에 이사회가 우선배당률을 정한다.

③ 보통주식의 배당률이 우선주식의 배당률을 초과할 경우에는 그 초과분에 대하여 보통주식과 동일한 비율로 참가시켜 배당한다.

④ 우선주식에 대하여 어느 사업연도에서 소정의 배당을 하지 못하였을 때 누적된 미배당분을 다음 사업연도의 배당 시에 우선하여 배당한다.

⑤ 우선주식에 대하여 소정의 배당을 하지 아니한다는 결의가 있으면 그 결의가 있는 총회의 다음 총회부터 그 우선적 배당을 한다는 결의가 있는 총회의 종료 시까지는 의결권이 있는 것으로 한다.

⑥ 이 회사가 유상증자 또는 무상증자를 하는 경우 우선주식에 대한 신주의 배정은 유상증자는 보통주식으로 무상증자는 그와 같은 종류의 주식으로 한다.

> ※ 우선주식의 존속기간은 그 발행일로부터 최소 3년 이상 최장 10년 이내의 안의 범위에서 회사가 자율적으로 결정하도록 한다.

⑦ 우선주식의 존속기간은 발행일로부터 ○○○○년으로 하고 이 기간 만료와 동시에 보통주식으로 전환된다. 그러나 위 기간 중 소정의 배당을 하지 못하면 소정의 배당을 완료할 때까지 그 기간을 연장한다. 이 경우 전환으로 말미암아 발행하는 주식에 대한 이익의 배당에 관하여는 제10조의4의 규정을 준용한다.

제10조【주권의 종류】

이 회사가 발행할 주권의 종류는 1주권, 5주권, 10주권, 50주권, 100주권, 500주권, 1,000주권, 10,000주권의 8종으로 한다.

제11조【신주인수권】

① 이 회사의 주주는 신주발행에서 그가 소유한 주식 수에 비례하여 신주의 배정을 받을 권리를 가진다.

② 제1항의 규정에 불구하고 다음 각 호의 경우에는 주주 외의 자에게 신주를 배정할 수 있다.

    1. 증권거래법 제189조의3의 규정에 따라 이사회의 결의로 일반공모증자 방식으로 신주를 발행하는 경우

    2. 증권거래법 제191조의7의 규정에 따라 우리사주조합원에게 신주를 우선배정하는 경우

    3. 증권거래법 제189조의4의 규정에 따라 주식매수선택권의 행사로 말미암아 신주를 발행

하는 경우

   4. 증권거래법 제192조의 규정에 따라 주식예탁증서(DR) 발행에 따라 신주를 발행하는 경우

   5. 회사가 경영상 필요로 외국인투자촉진법에 의한 외국인투자자를 위하여 신주를 발행하는 경우

> ※1. 본조 제2항 제5호의 규정은 제3자 배정의 하나의 예를 제시한 것으로서 회사가 제3자 배정방식으로 신주를 발행하고자 하면 그 목적과 대상을 특정하여야 한다.
> 2. 이와 함께 제10조의2에서 규정한 것과 같이 발행 한도와 발행가격 등에 대하여는 별도로 다음과 같이 규정하여야 한다.
>   (사례) (1)'긴급자금의 조달을 위하여 국내외 금융기관에' 신주를 발행하는 경우
>   (2) '기술도입을 필요로 그 제휴회사에' 신주를 발행하는 경우
> 3. 신규로 주권을 상장하거나 협회등록을 하고자 하는 회사는 '주권을 신규상장거나 협회등록을 위해 신주를 모집하거나 인수인에게 인수하게 하는 경우'와 같이 주주의 신주인수권 배제근거를 신설하여야 한다.

③ 주주가 신주인수권을 포기 또는 상실하거나 신주배정에서 단주가 발생하면 그 처리방법은 이사회의 결의로 정한다.

제12조【일반공모증자 등】

① 회사는 발행주식 총수의 100분의 ○○(또는 액면 총액이 ○○원)을 초과하지 않는 범위 내에서 증권거래법 제189조의3의 규정에서 정하는 방법에 따라 이사회의 결의로 일반공모증자방식에 의한 신주를 발행할 수 있다.

② 회사는 발행주식 총수의 100분의 ○○(또는 액면 총액이 ○○원)을 초과하지 않는 안의 범위에서 증권거래법 제192조의 규정에 따라 이사회 결의로 주식예탁증서(DR)를 발행할 수 있다.

③ 회사는 발행주식 총수의 100분의 ○○(또는 액면 총액이 ○○원)을 초과하지 않는 안의 범위에서 경영상 필요로 외국인투자촉진법에 의한 외국인투자자를 위하여 이사회 결의로 신주를 발행할 수 있다.

> ※ 회사가 제3자를 대상으로 신주를 배정·발행하고자 하면 제10조 제2항 제5호 주석에서 예시한 것과 같이 그 목적과 대상을 정하는 것은 물론 발행 당시 신주발행의 필요성과 함께 적합성, 공정성이 확보되도록 유의하여야 한다.

> 기명식 보통주식과 우선주식을 발행할 경우

④ 제1항 또는 제3항의 방식에 의해 신주를 발행할 때 발행할 주식의 종류와 수 및 발행가격 등은 이사회의 결의로써 정한다. 다만, 이 경우 신주의 발행가격은 증권거래법 시행령 제84조의5의 규정에서 정하는 가격 이상으로 하여야 한다.

제13조【주식매수선택권】

① 회사는 임·직원에게 발행주식 총수의 100분지 ○의 범위에서 증권거래법 제189조의4의 규정에 의한 주식매수선택권을 주주총회의 특별결의에 의하여 부여할 수 있다. 다만, 발행주식 총수의 100분지 ○의 범위에서는 이사회 결의로 주식매수선택권을 부여할 수 있다.

> ※ 1. 주주총회 특별결의로 부여할 수 있는 한도는 발행주식 총수의 100분의 15이며(증권거래법 시행령 제84조의6 제5항), 이사회결의로 부여할 수 있는 한도는 발행주식 총수의 100분의 3(최근 사업연도 말 자본금이 1천억원이상인 법인은 100분의 1)임(증권거래법 시행령 제84조의6 제6항).
> 2. 벤처기업이 주권상장법인이 되면 주권상장법인의 주식매수선택권 부여 한도가 적용되며 이미 부여한 주식매수선택권은 행사기한까지 그 권리를 행사할 수 있음(벤처기업 육성에 관한 특별조치법 시행령 제11조의3 제6항, 증권거래법 시행규칙 제36조의10).

② 주식매수선택권을 부여받을 자는 회사의 설립·경영과 기술혁신 등에 이바지하거나 이바지할 수 있는 임·직원으로 하되 다음 각 호의 1에 해당하는 자는 제외한다.
   1. 최대주주(증권거래법 제54조의5 제4항 제2호의 최대주주를 말한다. 이하 같다) 및 그 특수관계인(증권거래법 시행령 제10조의3 제2항의 규정에 의한 특수관계인을 말한다. 이하 같다). 다만, 당해 법인의 임원이 됨으로써 특수관계인에 해당하게 된 자(그 임원이 계열회사의 비상근임원인 자를 포함한다.)는 제외한다.
   2. 주요주주(증권거래법 제188조의 규정에 의한 주요주주를 말한다. 이하 같다) 및 그 특수관계인. 다만, 당해 법인의 임원이 됨으로써 특수관계인에 해당하게 된 자(그 임원이 계열회사의 비상근임원인 자를 포함한다.)는 제외한다.
   3. 주식매수선택권의 행사로 주요주주가 되는 자
③ 주식매수선택권의 행사로 교부할 주식(주식매수선택권의 행사가격과 시가와의 차액을 현금 또는 자기주식으로 교부하는 경우에는 그 차액의 산정기준이 되는 주식을 말한다.)은 기명식 보통주식(또는 기명식 우선주식)으로 한다.
④ 주식매수선택권의 부여대상이 되는 임·직원의 수는 재직하는 임·직원의 100분의 ○을 초과할 수 없고, 임원 또는 직원 1인에 대하여 부여하는 주식매수선택권은 발행주식 총수의 100분의 ○을 초과할 수 없다.

> ※ 과세특례 : 종업원 모두를 부여대상으로 하면 적용되지 아니하나 당해 법인에 대하여는 손비가 인정되며, 1인당 발행주식 총수의 100분의 10의 범위에서 부여하여야 함(조세특례제한법 제15조 제2항 제5호, 제6호 및 제3항).

⑤ 주식매수선택권을 행사할 주식의 1주당 행사가격은 다음 각 호의 가액 이상이어야 한다. 주식매수선택권을 부여한 후 그 행사가격을 조정하는 때도 또한 같다.
   1. 새로이 주식을 발행하여 교부하는 경우에는 다음 각목의 가격 중 높은 금액
   가. 주식매수선택권의 부여일을 기준으로 증권거래법 시행령 제84조의9 제2항 제1호의 규정을 준용하여 평가한 당해 주식의 시가
   나. 당해 주식의 권면액
   2. 제1호 이외는 제1호 가목의 규정에 따라 평가한 당해 주식의 시가

> ※ 상법은 행사가격 및 그 조정에 관한 사항을 주주총회의 특별결의로 정하도록 하고 있으며(제340조의3 제2항 제3호), 증권거래법 시행규칙은 주식매수선택권 부여계약서에 이에 관한 사항을 정하도록 하고 있음(제36조의9 제1항).

⑥ 주식매수선택권은 제1항의 결의일부터 ○년이 경과한 날로부터 ○년 내에 행사할 수 있다.

> ※ 1. 주식매수선택권은 결의일로부터 2년 이상 재임 또는 재직하여야 이를 행사할 수 있음(증권
> 거래법 제189조의4 제4항). 다만, 부여일로부터 3년(벤처기업은 2년)이 지난 후부터 행사하는 경
> 우에만 과세특례를 적용받음(조세특례제한법 제15조 제2항 제4호).
> 2. 주식매수선택권의 행사기간 만료일을 당해 임·직원의 퇴임 또는 퇴직일로 정하는 경우 당해
> 임·직원이 본인의 귀책사유가 아닌 사유로 퇴임 또는 퇴직한 때에는 그날부터 3월 이상의 행사
> 기간을 추가로 부여하여야 함(증권거래법 시행규칙 제36조의9 제3항).

⑦ 주식매수선택권을 부여받은 자는 제1항의 결의일부터 2년 이상 재임 또는 재직하여야 행사할
수 있다. 다만, 주식매수선택권을 부여받은 자가 제1항의 결의일부터 2년 내에 사망하거나
정년으로 말미암은 퇴임 또는 퇴직 기타 본인의 귀책사유가 아닌 사유로 퇴임 또는 퇴직한
경우에는 그 행사기간에 주식매수선택권을 행사할 수 있다.

⑧ 주식매수선택권의 행사로 발행한 신주에 대한 이익의 배당에 관하여는 제14조의 규정을 준용
한다.

⑨ 다음 각 호의 1에 해당하는 경우에는 이사회의 결의로 주식매수선택권의 부여를 취소할 수
있다.

1. 주식매수선택권을 부여받은 임·직원이 본인의 의사에 따라 퇴임하거나 퇴직한 경우
2. 주식매수선택권을 부여받은 임·직원이 고의 또는 과실로 회사에 중대한 손해를 끼친
경우
3. 회사의 파산 또는 해산 등으로 주식매수선택권의 행사에 응할 수 없는 경우
4. 기타 주식매수선택권 부여계약에서 정한 취소사유가 발생한 경우

제14조【신주의 배당 기산일】

회사가 유상증자, 무상증자 및 주식배당에 의하여 신주를 발행하는 경우 신주에 대한 이익의 배
당에 관하여는 신주를 발행한 때가 속하는 영업연도의 직전영업연도말에 발행된 것으로 본다.

> 명의개서대리인을 두는 경우

제15조【명의개서 대리인】

① 회사는 주식의 명의개서대리인을 둔다.

② 명의개서대리인 및 그 사무취급장소와 대행업무의 범위는 이사회의 결의로 정하고 이를 공고
한다.

③ 이 회사의 주주명부 또는 그 복본을 명의개서대리인의 사무취급장소에 비치하고 주식의 명의
개서, 질권의 등록 또는 말소, 신탁재산의 표시 또는 말소, 주권의 발행, 신고의 접수, 기타
주식에 관한 사무는 명의개서대리인으로 하여금 취급게 한다.

④ 제3항의 사무취급에 관한 절차는 명의개서대리인의 유가증권의 명의개서대행 등에 관한 규
정에 따른다.

> 명의개서대리인을 두지 않는 경우

제15조【명의개서 등】

주식의 명의개서, 질권의 등록 또는 말소, 신탁재산의 표시 또는 말소, 주권의 발행, 신고의 접수, 기타 주식에 관한 업무절차는 이사회의 결의로 정하는 주식업무취급규칙에 따른다.

> 명의개서대리인을 두는 경우

제16조【주주 등의 주소, 성명 및 인감 또는 서명 등 신고】

① 주주와 등록질권자는 그 성명, 주소 및 인감 또는 서명등을 제11조의 명의개서대리인에게 신고하여야 한다.

② 외국에 거주하는 주주와 등록질권자는 대한민국 내에 통지를 받을 장소와 대리인을 정하여 신고하여야 한다.

③ 제1항 및 제2항의 변동이 생긴 경우에도 신고하여야 한다.

> 명의개서대리인을 두지 않는 경우

제16조【주주 등의 주소, 성명 및 인감 또는 서명 등 신고】

① 주주와 등록질권자는 그 성명, 주소 및 인감 또는 서명을 이 회사에 신고하여야 한다.

② 외국에 거주하는 주주와 등록질권자는 대한민국 내에 통지를 받을 장소와 대리인을 정하여 신고하여야 한다.

③ 제1항 및 제2항의 변동이 생긴 경우에도 신고하여야 한다.

제17조【주주명부의 폐쇄 및 기준일】

① 회사는 매년 1월 1일부터 1월 31일까지 권리에 관한 주주명부의 기재변경을 정지한다.

② 회사는 매년 12월 31일 최종의 주주명부에 기재되어 있는 주주를 그 결산기에 관한 정기주주총회에서 권리를 행사할 주주로 한다.

③ 회사는 임시주주총회의 소집 기타 필요한 경우 이사회의 결의로 3월을 경과하지 아니하는 일정한 기간을 정하여 권리에 관한 주주명부의 기재변경을 정지하거나 이사회의 결의로 정한 날에 주주명부에 기재되어 있는 주주를 그 권리를 행사할 주주로 할 수 있으며, 이사회가 필요하다고 인정하는 경우에는 주주명부의 기재변경 정지와 기준일의 지정을 함께 할 수 있다. 회사는 이를 2주간 전에 공고하여야 한다.

> 정기주주총회 종료일까지 주주명부를 폐쇄하고자 할 경우

제17조【주주명부의 폐쇄 및 기준일】

① 회사는 매년 1월 1일부터 그 결산기에 관한 정기주주총회 종료일까지 권리에 관한 주주명부의 기재변경을 정지한다.

② 회사는 매년 12월 31일 최종의 주주명부에 기재되어 있는 주주를 그 결산기에 관한 정기주주총회에서 권리를 행사할 주주로 한다.

③ 회사는 임시주주총회의 소집 기타 필요한 경우 이사회의 결의로 3월을 경과하지 아니하는 일

정한 기간을 정하여 권리에 관한 주주명부의 기재변경을 정지하거나 이사회의 결의로 정한 날에 주주명부에 기재되어 있는 주주를 그 권리를 행사할 주주로 할 수 있으며, 이사회가 필요하다고 인정하는 경우에는 주주명부의 기재변경정지와 기준일의 지정을 함께할 수 있다. 회사는 이를 2주간전에 공고하여야 한다.

> 정기주주총회 개최를 위하여 주주명부를 폐쇄하지 않고 '기준일 제도' 만을 채택하고자 할 경우

제17조【주주명부 기준일】

① 회사는 매년 12월 31일 최종의 주주명부에 기재되어 있는 주주를 그 결산기에 관한 정기주주총회에서 권리를 행사할 주주로 한다.

② 회사는 임시주주총회의 소집 기타 필요한 경우 이사회의 결의로 정한 날에 주주명부에 기재되어 있는 주주를 그 권리를 행사할 주주로 한다. 회사는 이를 2주간 전에 공고하여야 한다.

제3장 사채

제18조【전환사채의 발행】

① 회사는 사채의 액면 총액이 ○○원을 초과하지 않는 안의 범위에서 다음 각 호의 경우 이사회결의로 주주 외의 자에게 전환사채를 발행할 수 있다.

　1. 전환사채를 일반공모의 방법으로 발행하는 경우

　2. 외국인투자촉진법에 의한 외국인투자를 위하여 전환사채를 발행하는 경우

　3. ○○○ 경우

　4. ○○○ 경우

　5. ○○○ 경우

> ※ 제2호의 규정은 제3자 배정방식의 예를 제시한 것으로 회사가 제3자 배정방식으로 전환사채를 발행하는 경우에는 다음의 사례와 같이 그 목적과 대상을 특정하여야 한다.
> (사례) 1. 기술도입을 필요로 그 제휴회사에 전환사채를 발행하는 경우
> 2. 긴급한 자금의 조달을 위하여 국내외 금융기관에 전환사채를 발행하는 경우
> 3. 증권거래법 제192조 규정에 따라 외국에서 전환사채를 발행하는 경우

② 제1항의 전환사채에서 이사회는 그 일부에 대하여만 전환권을 부여하는 조건으로도 이를 발행할 수 있다.

③ 전환으로 인하여 발행하는 주식은 ○○주식으로 하고 전환가액은 주식의 액면금액 또는 그 이상의 가액으로 사채발행 시 이사회가 정한다.

> ※ 회사가 전환사채의 전환청구로 인하여 발행할 신주의 종류를 여러 종류의 주식(우선주와 보통주)으로 하고자 할 경우에는 다음과 같이 규정할 수 있다.
> (사례) ③ 전환으로 인하여 발행하는 주식은 사채의 액면총액중 ○○원은 보통주식으로, ○○원은 우선주식으로 하고, 전환가액은 주식의 액면금액 또는 그 이상의 가액으로 사채발행시 이사회가 정한다.

④ 전환을 청구할 수 있는 기간은 당해 사채의 발행일 후 ○○월(또는 ○○일)이 경과하는 날로부터 그 상환기일의 직전일까지로 한다. 그러나 위 기간 내에서 이사회의 결의로써 전환청구

기간을 조정할 수 있다.

⑤ 전환으로 인하여 발행하는 주식에 대한 이익의 배당과 전환사채에 대한 이자의 지급에 관하여는 제14조 규정을 준용한다.

제19조 【신주인수권부사채의 발행】

① 회사는 사채의 액면총액이 ○○원을 초과하지 않는 범위에서 다음 각 호에 하면 이사회 결의로 주주외의 자에게 신주인수권부사채를 발행할 수 있다.

1. 일반 공모 방법에 의한 신주인수권부사채의 발행
2. 외국인투자촉진법에 의한 외국인투자 유치를 위한 신주인수권부사채의 발행
3. ○○○ 의한 신주인수권부사채의 발행
4. ○○○ 위한 신주인수권부사채의 발행

> ※ 제2호의 규정은 제3자 배정방식의 예를 제시한 것으로 회사가 제3자 배정방식으로 신주인수권부사채를 발행하는 경우에는 그 밖에도 다음과 같이 그 목적과 대상을 특정하여야 한다.
> (사례) 1. 기술도입을 필요로 그 제휴회사에 신주인수권부사채를 발행하는 경우
> 2. 긴급한 자금의 조달을 위하여 국내외 금융기관에 신주인수권부사채를 발행하는 경우
> 3. 증권거래법 제192조 규정에 의하여 외국에서 신주인수권부사채를 발행하는 경우

② 신주인수를 청구할 수 있는 금액은 사채의 액면총액을 초과하지 않는 범위에서 이사회가 정한다.

③ 신주인수권의 행사로 발행하는 주식은 ○○주식으로 하고 그 발행가액은 액면금액 또는 그 이상의 가액으로 사채발행시 이사회가 정한다.

④ 신주인수권을 행사할 수 있는 기간은 당해 사채발행일 후 ○○월(또는 ○○일)이 경과한 날로부터 그 상환기일의 직전 일까지로 한다. 그러나 위 기간 내에서 이사회의 결의로써 신주인수권의 행사기간을 조정할 수 있다.

⑤ 신주인수권의 행사로 인하여 발행하는 주식에 대한 이익의 배당에 관하여는 제14조 규정을 준용한다.

제20조 【사채발행에 관한 준용규정】

사채발행은 제15조, 제16조의 규정을 준용한다.

제4장 주주총회

제21조 【소집시기】

① 이 회사의 주주총회는 정기주주총회와 임시주주총회로 한다.

② 정기주주총회는 매 사업연도 종료 후 3월 이내에 임시주주총회는 필요에 따라 소집한다.

제22조 【소집권자】

① 주주총회의 소집은 법령에 다른 규정이 있는 경우를 제외하고는 이사회의 결의에 따라 대표이사가 소집한다.

② 대표이사가 유고시에는 제39조 제2항의 규정을 준용한다.

제23조 【소집통지 및 공고】

① 주주총회를 소집함에는 그 일시, 장소 및 회의의 목적사항을 총회일 2주간 전에 주주에게 서면으로 통지를 발송하여야 한다.

② 의결권이 있는 발행주식 총수의 100분의 1 이하의 주식을 소유한 주주에 대한 소집통지는 2주간 전에 주주총회를 소집한다는 뜻과 회의 목적사항을 ○○에서 발행하는 ○○일보(신문)와 ○○신문(일보)에 2회 이상 공고함으로써 서면에 의한 소집통지에 갈음할 수 있다.

> ※ 회사가 주주총회 소집의 통지 또는 공고함에서 사외이사 등의 활동내용과 보수에 관한 사항, 최대주주 등과 거래내용 그리고 경영참고사항을 통지·공고하거나 비치하여야 하며, 이사선임은 이사 후보자의 성명 등을 통지 및 공고하여야 한다(증권거래법 제191조의10 제2항 및 제3항)

제24조 【소집지】

주주총회는 본점소재지에서 개최한다. 단, 필요에 따라 이의 인접지역 이외에 ○○지역(시)에서 개최할 수 있다.

제25조 【의장】

① 주주총회의 의장은 대표이사로 한다.

② 대표이사가 유고시에 제39조 제2항의 규정을 준용한다.

제26조 【의장의 질서유지권】

① 주주총회의 의장은 고의로 의사진행을 방해하기 위한 발언·행동을 하는 등 현저히 질서를 어지럽게 하는 자에 대하여 그 발언의 정지 또는 퇴장을 명할 수 있다.

② 주주총회의 의장은 의사진행의 원활히 진행하는 데 필요하다고 인정할 때에는 주주의 발언 시간 및 횟수를 제한할 수 있다.

제27조 【주주의 의결권】

주주의 의결권은 주식 1주마다 의결권 1개로 한다.

제28조 【상호 주에 대한 의결권 제한】

이 회사, 모회사 및 자회사 또는 자회사가 다른 회사의 발행주식 총수의 10분의 1을 초과하는 주식을 가지고 있는 경우 그 다른 회사가 가지고 있는 이 회사의 주식은 의결권이 없다.

제29조 【의결권의 불통일행사】

① 2 이상의 의결권을 가지고 있는 주주가 의결권의 불통일행사를 하고자 할 때에는 회일의 3일 전에 회사에 대하여 서면으로 그 뜻과 이유를 통지하여야 한다.

② 회사는 주주의 의결권 불통일행사를 거부할 수 있다. 그러나 주주가 주식의 신탁을 인수하였거나 기타 타인을 위하여 주식을 가지고 있으면 그러하지 아니하다.

제30조 【의결권의 대리행사】

① 주주는 대리인으로 하여금 그 의결권을 행사하게 할 수 있다.

② 제1항의 대리인은 주주총회 개시 전에 그 대리권을 증명하는 서면(위임장)을 제출하여야 한다.

제31조【주주총회의 결의방법】

주주총회의 결의는 법령에 다른 정함이 있는 경우를 제외하고는 출석한 주주의 의결권의 과반수로 하되 발행주식 총수의 4분의 1 이상의 수로 하여야 한다.

> 서면에 의한 의결권행사제도를 도입하는 경우(상법 제368조의3)

제32조【서면에 의한 의결권의 행사】

① 주주는 총회에 출석하지 아니하고 서면에 의하여 의결권을 행사할 수 있다.

② 회사는 제1항의 경우 총회의 소집통지서에 주주의 의결권 행사에 필요한 서면과 참고자료를 첨부하여야 한다.

③ 서면에 의하여 의결권을 행사하고자 하는 주주는 제2항의 서면에 필요한 사항을 기재하여, 총회일 전일까지 회사에 제출하여야 한다.

> 서면에 의한 의결권행사제도를 도입하지 않는 경우(상법 제368조의3)

제32조【서면에 의한 의결권의 행사】

주주는 서면에 의한 주주총회 의결권을 행사할 수 없다.

제33조【주주총회의 의사록】

주주총회의 의사는 그 경과의 요령과 결과를 의사록에 기재하고 의장과 출석한 이사가 기명날인 또는 서명하여 본점과 지점에 비치한다.

제5장 이사와 이사회

제34조【이사의 수】

이 회사의 이사는 3명 이상 ○명 이내로 하고, 사외이사는 이사 총수의 4분의 1 이상으로 한다.

> ※ 최근 사업연도 말 자산총액이 2조원 이상인 상장회사는 3인 이상으로 이사 총수의 2분의 1 이상을 사외이사로 선임하여야 한다.

제35조【이사의 선임】

① 이사는 주주총회에서 선임한다.

② 이사의 선임은 출석한 주주의 의결권의 과반수로 하되 발행주식 총수의 4분의 1 이상의 수로 하여야 한다.

③ 2인 이상의 이사를 선임하는 경우 상법 제382조의2에서 규정하는 집중투표제는 적용하지 아니한다.

> ※ 1. 집중투표제를 채택할 때 : ①, ②항을 둔다. (집중투표제에 대한 배제규정을 정관에 두지 않으면 상법 제382조의2 규정에 의한 집중투표제를 적용한다.)
> 2. 집중투표제를 채택하지 않을 때 : ①, ②, ③항을 둔다.

제36조 【이사의 임기】

이사의 임기는 3연으로 한다. 그러나 그 임기가 최종의 결산기 종료 후 당해 결산기에 관한 정기 주주총회 회전에 만료될 때 그 총회의 종결 시까지 그 임기를 연장한다.

제37조 【이사의 보선】

① 이사 중 결원이 생긴 때에는 주주총회에서 이를 선임한다. 그러나 이 정관 제34조에서 정하는 원수를 결하지 아니하고 업무수행상 지장이 없는 경우에는 그러하지 아니한다.

② 사외이사가 사임·사망 등의 사유로 정관 제29조에서 정하는 원수를 결하면 그 사유가 발생한 후 최초로 소집되는 주주총회에서 그 요건에 충족되도록 하여야 한다.

제38조 【대표이사 등의 선임】

회사는 이사회의 결의로 대표이사 ○명, 부사장, 전무이사와 상무이사 약간명을 선임할 수 있다.

제39조 【이사의 직무】

① 대표이사는 회사를 대표하고 업무를 총괄한다.

② 부사장, 전무이사, 상무이사와 이사는 사장을 보좌하고 이사회에서 정하는 바에 따라 이 회사의 업무를 분담하고 집행하며 대표이사의 유고시에는 위 순서로 그 직무를 대행한다.

제40조 【이사의 보고의무】

이사는 회사에 현저하게 손해를 미칠 염려가 있는 사실을 발견한 때에는 즉시 감사에게 이를 보고하여야 한다.

※ 감사위원회를 설치한 회사는 감사를 '감사위원회'로 규정한다.

제41조 【이사회의 구성과 소집】

① 이사회는 이사로 구성하며 이 회사 업무의 중요사항을 결의한다.

② 이사회는 대표이사 또는 이사회에서 따로 정한 이사가 있을 때에는 그 이사가 회일 ○○일전에 각 이사와 감사에게 통지하여 소집한다. 그러나 이사와 감사 전원의 동의가 있을 때에는 소집절차를 생략할 수 있다.

③ 이사회의 의장은 제2항의 규정에 의한 이사회의 소집권자로 한다.

※ 감사위원회를 설치한 경우에는 '감사'를 삭제하여야 한다.

제42조 【이사회의 결의방법】

① 이사회의 결의는 이사 과반수의 출석과 출석이사의 과반수로 한다.

② 이사회는 이사의 전부 또는 일부가 직접 회의에 출석하지 아니하고 모든 이사가 동영상 및 음성을 동시에 송·수신하는 통신수단에 의하여 결의에 참가하는 것을 허용할 수 있다. 이 경우 당해 이사는 이사회에 직접 출석한 것으로 본다.

③ 이사회의 결의에 관하여 특별한 이해관계가 있는 자는 의결권을 행사하지 못한다.

제43조 【이사회의 의사록】

① 이사회의 의사에 관하여는 의사록을 작성하여야 한다.

② 의사록은 의사의 안건, 경과요령, 그 결과, 반대하는 자와 그 반대이유를 기재하고 출석한 이

사와 감사가 기명날인 또는 서명하여야 한다.

> ※ 감사위원회를 설치한 경우에는 '감사'를 삭제하여야 한다.

제44조 【위원회】

① 회사는 이사회에 다음 각 호의 위원회를 설치한다.

1. ○○위원회
2. ○○위원회
3. ○○위원회
4. ○○위원회

> ※ 최근 사업연도 말 자산총액이 2조원 이상인 상장회사는 증권거래법 제191조의16 제3항(제54조의 5 제3항) 및 제191조의17 제1항에 의하여 사외이사후보추천위원회와 감사위원회를 반드시 설치하여야 한다. 각 위원회의 명칭은 다음과 같이 규정할 수 있다.
> (사례) 1. 경영위원회 2. 보수위원회 3. 사외이사후보추천위원회 4. 감사위원회

② 각 위원회의 구성, 권한, 운영 등에 관한 세부사항은 이사회의 결의로 정한다.

③ 위원회에 대해서는 제35조, 제36조 및 제37조의 규정을 준용한다.

제45조 【이사의 보수와 퇴직금】

① 이사의 보수는 주주총회의 결의로 이를 정한다.

② 이사의 퇴직금 지급은 주주총회 결의를 거친 임원퇴직금지급규정에 의한다.

제46조 【상담역과 고문】

회사는 이사회의 결의로 상담역 또는 고문 약간 명을 둘 수 있다.

제6장 감사

제47조 【감사의 수】

이 회사의 감사는 1명이상 ○명 이내의 감사를 둘 수 있다.

> 상근 감사를 두는 경우

제47조 【감사의 수】

이 회사의 감사는 1명 이상 ○명 이내로 한다. 그 중 1명 이상은 상근으로 한다.

제48조 【감사의 선임】

① 감사는 주주총회에서 선임하며, 감사의 선임을 위한 의안은 이사의 선임을 위한 의안과는 구분하여 의결하여야 한다.

② 감사의 선임은 출석한 주주의 의결권의 과반수로 하되 발행주식 총수의 4분의 1 이상의 수로 하여야 한다. 그러나 의결권이 있는 발행주식 총수의 100분의 3을 초과하는 수의 주식을 가진 주주는 그 초과하는 주식에 관하여 제1항의 감사의 선임에 있어서는 의결권을 행사하지 못한다. 다만, 소유주식수의 산정에 있어 최대주주와 그 특수관계인, 최대주주 또는 그 특수관계인의 계산으로 주식을 보유하는 자, 최대주주 또는 그 특수관계인에게 의결권을 위임한 자가 소유하는 의결권이 있는 주식의 수는 합산한다.

제49조 【감사의 임기】

감사의 임기는 취임후 3연내의 최종의 결산기에 관한 정기주주총회 종결시까지 한다.

제50조 【감사의 보선】

감사의 결원이 있을 경우에 주주총회에서 이를 선임한다. 그러나 이 정관 정하는 구성원수를 결원하지 않고 업무수행상 지장이 없는 경우에는 선임하지 아니한다.

제51조 【감사의 직무】

① 감사는 이 회사의 회계와 업무를 감사한다.

② 감사는 이사회에 출석하여 의견을 진술할 수 있다.

③ 감사는 회의의 목적사항과 소집의 이유를 기재한 서면을 이사회에 제출하여 임시총회의 소집을 청구할 수 있다.

④ 감사는 그 직무를 수행하는 데 필요한 때에는 자회사에 대하여 영업의 보고를 요구할 수 있다. 이 경우 자회사가 지체없이 보고하지 아니할 때 또는 그 보고의 내용을 확인할 필요가 있는 때에는 자회사의 업무와 재무 상태를 조사할 수 있다.

제52조 【감사록】

감사는 감사방법과 감사내용을 감사한 감사결과에 대한 감사기록을 작성하여야 하며, 감사자가 기명날인 또는 서명으로 감사기록을 증명하여야 한다.

제53조 【감사의 보수와 퇴직금】

① 감사의 보수는 주주총회의 결의로 이를 정한다. 감사의 보수결정을 위한 의안은 이사의 보수 결정을 위한 의안과는 구분하여 의결하여야 한다.

② 감사의 퇴직금 지급은 주주총회 결의를 거친 임원퇴직금지급규정에 의한다.

감사위원회를 두는 경우

1. 감사위원회를 두는 경우 "감사"를 두지 않는다.
2. 최근 사업연도 말 현재 자산총액 2조원 이상의 상장회사는 감사위원회를 설치하여야 하며, 감사위원회를 설치하는 경우에는 감사를 둘 수 없다(증권거래법 제191조의17 제1항).

(제6장 감사위원회)

제47조 【감사위원회의 구성】

① 회사는 감사규정에 갈음하여 감사위원회를 둔다.

② 감사위원회는 3인 이상의 이사로 구성한다.

③ 위원의 3분의 2 이상은 사외이사이어야 하고, 사외이사 아닌 위원은 증권거래법 제54조의6 제3항의 요건을 갖추어야 한다.

④ 사외이사인 감사위원회 위원의 선임에는 의결권이 있는 발행주식 총수의 100분의 3을 초과하는 수의 주식을 가진 주주는 그 초과하는 주식에 대하여는 의결권을 행사하지 못한다.

⑤ 사외이사가 아닌 감사위원회 위원의 선임에는 의결권을 행사할 최대주주와 그 특수관계인, 최대주주 또는 그 특수관계인의 계산으로 주식을 보유하는 자, 최대주주 또는 그 특수관계인에게 의결권을 위임한 자가 소유하는 의결권이 있는 주식의 합계가 의결권이 있는 발행주식

총수의 100분의 3을 초과하는 경우 그 주주는 그 초과하는 주식에 관하여 의결권을 행사하지 못한다.

⑥ 감사위원회는 그 결의로 위원회를 대표할 자를 선정하여야 한다. 이 경우 위원장은 사외이사이어야 한다.

제48조 【감사위원회의 직무】

① 감사위원회는 이 회사의 회계와 업무를 감사한다.

② 감사위원회는 회의의 목적사항과 소집의 이유를 기재한 서면을 이사회에 제출하여 임시총회의 소집을 청구할 수 있다.

③ 감사위원회는 그 직무를 수행하는 데 필요한 때에는 자회사에 대하여 영업의 보고를 요구할 수 있다. 이 경우 자회사가 바로 보고를 하지 아니할 때 또는 그 보고의 내용을 확인할 필요가 있는 때에는 자회사의 업무와 재산상태를 조사할 수 있다.

④ 감사위원회는 외부감사인의 선임에 있어 이를 승인한다.

⑤ 감사위원회는 제1항 내지 제4항 외에 이사회가 위임한 사항을 처리한다.

제49조 【감사록】

감사위원회는 감사에 관하여 감사록을 작성하여야 하며, 감사록에는 감사의 실시요령과 그 결과를 기재하고 감사를 시행한 감사위원회 위원이 기명날인 또는 서명하여야 한다.

제7장 계산

제50조 【사업연도】

이 회사의 사업연도는 매년 ○○월 ○○일부터 (다음 해) ○○월 ○○일까지로 한다.

제51조 【재무제표와 영업보고서의 작성 및 비치 등】

① 이 회사의 대표이사는 정기주주총회 회일의 6주간 전에 다음의 서류와 그 부속명세서 및 영업보고서를 작성하여 감사의 감사를 받아야 하며, 다음 각 호의 서류와 영업보고서를 정기총회에 제출하여야 한다.

1. 재무상태표
2. 손익계산서
3. 이익잉여금처분계산서 또는 결손금처리계산서

② 감사는 정기주주총회일의 1주 전까지 감사보고서를 대표이사에게 제출하여야 한다.

③ 대표이사는 제1항 각 호의 서류와 그 부속명세서를 영업보고서 및 감사보고서와 함께 정기주주총회 회일의 1주간 전부터 본사에 5년간, 그 등본을 지점에 3년간 비치하여야 한다.

④ 대표이사는 제1항 각 호의 서류에 대한 주주총회의 승인을 얻은 때에는 지체없이 재무상태표와 외부감사인의 감사의견을 공고하여야 한다.

> ※ 제1항과 제2항의 경우 감사위원회를 설치한 회사는 '감사'를 '감사위원회'로 변경하여 규정하여야 한다.

제52조 【외부감사인의 선임】

회사는 주식회사의 외부감사에 관한 법률의 규정에 의한 감사인선임위원회의 승인을 얻어 외부

감사인을 선임하며 선임 후 최초로 소집되는 정기주주총회에 그 사실을 보고한다.

> ※ 감사위원회를 설치한 회사는 감사위원회가 승인한 외부 검사인을 선임한다.

제53조 【이익금의 처분】

회사는 매 사업연도의 처분 전 이익잉여금을 다음과 같이 처분한다.

1. 이익준비금
2. 기타의 법정적립금
3. 배당금
4. 임의적립금
5. 기타의 이익잉여금처분액

제58조 【주식의 소각】

① 회사는 주주에게 배당할 이익의 범위 내에서 이사회 결의로 주식을 소각할 수 있다.

② 제1항의 규정에 따라 주식을 소각하고자 하는 경우 이사회는 다음 각 호의 사항을 결의하여야 한다.

1. 소각할 주식의 종류와 총수
2. 소각하기 위하여 취득할 주식가액의 총액
3. 주식을 취득하고자 하는 기간. 이 경우 그 기간은 이사회결의 후 최초로 도래하는 정기주주총회일 이전이어야 한다.

③ 제1항의 규정에 따라 주식을 소각할 목적으로 자기의 주식을 취득하는 경우에는 다음 각 호의 기준에 의한다.

1. 증권거래법 제189조의2 제1항 각 호의 1의 방법에 의할 것. 이 경우 증권거래법 제189조의2 제1항 제1호의 방법에 의한 때에는 그 취득기간과 방법에 대하여 동법 시행령이 정하는 기준에 적합하여야 한다.
2. 소각을 위하여 취득할 금액이 당해 사업연도 말 상법 제462조1항의 규정에 의한 이익배당을 할 수 있는 한도에서 증권거래법 시행령이 정하는 금액 이하이어야 한다.

④ 제1항의 규정에 따라 주식을 소각한 때에는 그 소각의 결의 후 최초로 도래하는 정기주주총회에 제2항 각 호의 사항과 주식을 소각한 뜻을 보고하여야 한다.

> ※ 회사는 증권거래법 제189조에 의하여 주식의 소각을 위한 이사회결의 이후 주식을 취득하여 이를 소각하여야 하나 개정증권거래법시행(2001.4.1)당시 증권거래법 제189조의2의 규정에 의하여 취득하여 소유하고 있는 자기주식은 취득후 6개월이 경과하여야 이를 소각할 수 있으며, 또한 증권거래법 제191조 제1항에 의한 주식매수청구권의 행사로 인하여 매수한 자기주식도 소각할 수 있다.(증권거래법 제191조 제4항, 부칙 제16조).

제54조 【이익배당】

① 이익의 배당은 금전과 주식으로 할 수 있다.

② 이익의 배당을 주식으로 하는 경우 회사가 수종의 주식을 발행한 때에는 주주총회의 결의로 그와 다른 주식으로도 할 수 있다.

③ 제1항의 배당은 매 결산기 말 현재의 주주명부에 기재된 주주 또는 등록된 질권자에게 지급

한다.

> 중간배당제도를 도입할 경우 : 정관에 규정한다.
> 중간배당제도를 도입하지 않을 경우 : 정관에 규정할 필요가 없다.

제55조 【중간배당】

① 회사는 ○○○○년 ○○월 ○○일 ○○시 현재의 주주에게 증권거래법 제192조의3에 의한 중간배당을 할 수 있다. 중간배당은 금전으로 한다.

② 제1항의 중간배당은 이사회의 결의로 하되, 그 결의는 제1항의 기준일 이후 45일 내에 하여야 한다.

③ 중간배당은 직전 결산기의 재무상태표 상의 순재산액에서 다음 각 호의 금액을 공제한 액을 한도로 한다.

　1. 직전 결산기의 자본의 액

　2. 직전 결산기까지 적립된 자본준비금과 이익준비금의 합계액

　3. 직전 결산기의 정기주주총회에서 이익 배당하기로 정한 금액

　4. 직전 결산기까지 정관의 규정 또는 주주총회의 결의에 의하여 특정목적을 위해 적립한 임의준비금

　5. 중간배당에 따라 당해 결산기에 적립하여야 할 이익준비금

④ 사업연도 개시일 이후 제1항의 기준일 이전에 신주를 발행한 경우(준비금의 자본전입, 주식배당, 전환사채의 전환청구, 신주인수권부사채의 신주인수권 행사의 경우를 포함한다.)에는 중간배당에 관해서는 당해 신주는 직전사업연도 말에 발행된 것으로 본다.

⑤ 중간배당을 할 때에는 제8조의2의 우선주식에 대하여도 보통주식과 동일한 배당률을 적용한다.

제56조 【배당금지급청구권의 소멸시효】

① 배당금의 지급청구권은 5년간 이를 행사하지 아니하면 소멸시효가 완성한다.

② 제1항의 시효의 완성으로 말미암은 배당금은 이 회사에 귀속한다.

〈부　칙〉

제57조 【시행일】

이 정관은 ○○○○년 ○○월 ○○일부터 시행한다.

제3편

유한·합명·합자회사
정관 관련 규정

[6]
유한회사 정관

1. 회사의 설립

유한회사의 정관이란 유한회사의 조직, 활동을 정한 근본규칙으로 유한회사의 사원은 정관을 작성해야 한다. (상법 제542조)

● 사원의 구성

유한회사의 사원은 50명을 초과할 수 없다. 다만, 특별한 사정으로 법원의 인가를 받으면 50인이 넘는 사원을 구성할 수 있다. (상법 제545조)

※ 벤처기업인 유한회사의 사원은 50명 이상 300명 이하로 구성할 수 있다. (벤처기업육성에 관한 특별조치법 제16조의 5제1항)

● 설립목적의 결정

설립하려는 회사의 목적을 정하고 정관에 이를 기재하여야 한다. 회사의 영업내용을 사회통념상 그 사업이 무엇인가를 알 수 있을 정도로 구체적으로 기재하여야 한다. 제조업, 도매업 등과 같이 포괄적이고 불분명하게 기재하여서는 안 되며, 컴퓨터 및 주변기기 도매업과 소매업과 같이 구체적으로 특정하여 기재하여야 한다. 회사의 목적을 정할 때에는 앞으로 사업자등록을 할 때의 업종을 고려하여 구체적으로 작성합니다. 사업자등록의 업종에 따라 중소기업 지원 등의 다양한 혜택을 받을 수 있는 조건이 될 수 있다.

앞으로 사업범위 확장이 예상되는 사업의 목적도 함께 기재하면 정관변경, 변경등기 등의 추가절차를 최소화할 수 있다.

2. 정관의 작성

사원은 유한회사의 정관은 다음과 같은 사항을 작성하여야 한다. (상법 543조 제1항)

● 절대적 기재사항

절대적 기재사항은 다음의 작성사항을 모두 작성해야 하며, 하나라도 빠뜨리면 정관이 무효가 되는 기재사항으로 다음과 같다.

1. 목적
2. 상호
3. 자본의 총액

4. 출자 1좌의 금액(100원 이상으로 균일)

5. 각 사원의 출자좌 수

6. 본점의 소재지

7. 사원의 성명, 주민등록번호, 주소

🔷 상대적 기재사항

상대적 기재사항은 정관에 기재하지 않아도 정관의 효력에는 영향이 없지만 기재하지 않으면 회사와 주주와의 관계에서 효력이 발생하지 않는 기재사항

① 변태설립사항

1. 현물출자를 하는 자의 성명과 그 목적인 재산의 종류, 수량, 가격에 대하여 부여할 출자좌수

2. 회사 성립 후 양수할 것으로 약정한 재산의 종류, 수량, 가격 및 양도인 성명

3. 회사가 부담할 설립비용

② 이사회, 감사의 구성 여부

🔷 임의적 기재사항

임의적 기재사항은 회사가 법의 강행규정, 사회질서 또는 유한회사의 본질에 반하지 않는 범위 내에서 회사의 조직과 운영에 관한 사항으로 정관에 기재해도 기재하지 않아도 정관의 효력이나 회사, 주주와의 관계 등에 영향을 주지 않는 내부규칙인 기재사항으로 다음과 같다.

1. 이사와 감사의 수

2. 영업연도 등

3. 정관의 효력

정관은 공증인의 인증을 받아야 효력이 발생한다. 그러나 자본금 총액이 10억 미만인 경우는 사원들의 기명날인으로 효력이 발생한다. (상법 제543조에 따른 상법 제292조의 준용)

정관의 공증은 정관의 설립 당시 3부를 인증하여, 공증인 1부, 발기인 1부, 상업등기 1부이다. (공증인법 제63조)

유한회사 정관

제정 ○○○○년 ○○월 ○○일
개정 ○○○○년 ○○월 ○○일

〈총 칙〉

제1장 통칙

제1조【상호】

이 회사의 명칭은 한글로 '○○유한회사', 한문으로 '○○有限會社'라 한다.

> ※ 상호는 절대적 기재사항이다(상법 543조). 유한회사의 상호에는 '유한회사' 라는 문자를 사용해야 하는 점 이외에는 별다른 제한이 없으나 동일한 시·군내에서 동종영업을 위하여 타인이 등기한 것과 동일 또는 유사한 상호로는 등기할 수 없음에 유의해야 한다.

제2조【목적】

회사는 ○○사업과 다음 각 호의 사업 및 부대사업을 경영함을 목적으로 한다.
1. ○○○의 생산 및 가공
2. ○○○의 판매 및 유통

    3. ○○○에 필요한 부품의 생산 및 공급

    4. ○○○에 필요한 수리업

    5. ○○○의 보관 및 창고업

> ※ 사업 목적은 절대적 기재사항(상법543조)으로. 사업내용을 명확히 알 수 있도록 구체적으로 기재해야 하며, 추상적으로 기재해서는 안 된다.

제3조【본점의 소재지】

① 회사의 본점은 ○○특별시(○○광역시, ○○○도) ○○구(○○군)에 둔다.

② 회사는 필요한 경우에는 총 사원의 결의로 지점, 영업소, 출장소를 둘 수 있다.

> ※ 본점의 소재지는 절대적 기재사항(상법543조)으로, 최소의 행정구역단위까지만 기재하여도 된다. 지점의 설치는 회사의 임의적 기재사항이다.

제2장 사원과 출자

제4조【사원총수의 제한】

회사는 사원의 원수는 2인 이상 50인 이하로 한다(상법 545조).

제5조【자본의 총액】

회사의 자본총액의 금액은 ○○○○만원으로 한다. 회사는 자본의 증가와 감소인 때에는 사원총회를 결의로 정관을 변경한다.

> ※ 절재적 기재사항으로 최저 자본금의 제한이 없으나 1,000만원 이상의 자본금이 일반적이다(상법 543, 546조).

제6조【출자1좌의 금액】

사원이 출자하는 출자1좌의 금액은 5,000원으로 한다.

> ※ 절대적 기재사항으로, 100원 이상 균일하게 한다(상법 543, 546조).

제7조【각 사원의 출자좌수】

회사에 출자한 각 사원의 출자좌수는 별표1과 같다.

> ※ 절대적 기재사항이다(상법 543, 546조).

제8조【지분의 양도제한】

사원은 사원총회의 결의가 있는 때에 한하여 그 지분의 전부 또는 일부를 타인에게 양도할 수 있다.

> ※ 사원 상호간의 양도 경우에는 정관으로 다른 정함을 둘 수 있다. 지분의 양도로 인하여 사원의 총수가 50인을 초과하는 경우에는, 유증의 경우를 제외하고 양도의 효력이 없다(상법 556,560조).

제3장 사원총회

제9조 【사원총회】

사원총회는 정기총회와 임시총회로 하고, 정기총회는 매년 ○○월과 ○○월에 개최하며 임시총회는 필요에 따라 수시로 개최할 수 있다.

제10조 【소집방법】

사원총회는 대표이사가 회의일자 ○○일전까지 회의일자와 회의목적 및 회의사항 등을 각 사원에게 통지하여 이를 소집한다.

제11조 【결의방법】

사원총회의 결의는 총사원의 의결권의 과반수를 가지는 사원이 출석하고, 그 의결권의 과반수의 동의로 결의한다.

> ※ 정관변경 등 특별결의는 총사원의 의결권의 4분의 3이상을 가지는 자의 동의로 한다(상법585조).

제12조 【의결권】

각 사원은 출자 1좌에 대하여 1개의 의결권을 가진다.

제13조 【의장】

사원총회의 의장은 대표이사가 되고, 대표이사가 유고인 때에는 사원총회에서 정한 순서에 따라 다른 이사가 그 직무를 대행한다.

제4장 이사와 감사

제14조 【이사】

회사는 이사를 1인 이상을 두며, 사원총회에서 선임한다.

> ※ 이사는 1인 이상 반드시 두어야 하며, 초대이사에 한하여 정관으로 정할 수 있다. 임의기관으로서 이사회를 두기로 한 경우 회의체의 성질상 이사의 수는 3인 이상이어야 할 것이다(상법 547,567,561,382조).

제15조 【감사】

회사는 감사를 1인 이상을 둘 수 있으며, 사원총회에서 선임한다.

> ※ 정관에 감사를 두지 않을 수도 있으며, 초대감사에 한하여 정관으로 정할 수 있다(상법 568조).

제16조 【임기】

이사의 임기는 2년, 감사의 임기는 1년으로 한다.

제17조 【대표이사】

① 회사는 대표이사를 이사 중에서 1인을 사원총회의 결의로 선임한

② 대표이사는 회사를 대표하여 업무집행을 한다.

제18조 【지배인의 임면】

① 회사의 영업 전반에 걸쳐 포괄적인 대리권을 갖고 보조하기 위한 지점장을 둘 수 있다.

② 지점장의 선임 및 해임은 사원 과반수의 동의로 결정한다.

제5장 계산

제19조 【영업연도】

회사의 영업연도는 매년 ○○월 ○○일로부터 ○○월 ○○일까지로 한다.

제20조 【이익배당】

회사는 법령에서 정한 한도 내에서 이익배당을 매 결산기 말일 현재의 사원에게 그 출자좌수의 비율에 따라 배당할 수 있다(상법462,580조).

제21조 【장부의 열람】

회사의 사원은 언제든지 청구사유를 기재한 서면으로 회계에 관한 장부 및 기타 서류의 열람을 청구할 수 있다.

제6장 해산

제22조 【해산사유】

회사는 다음의 각 호 중 어느 하나에 해당하여도 회사를 해산한다.

1. 존립기간의 만료
2. 사원총회의 결의
3. 사원의 1인으로 된 때
4. 합병
5. 파산
6. 법원의 명령 또는 판결

제23조 【청산인】

회사가 해산한 경우에는 해산 당시의 대표이사가 청산인이 된다.

제24조 【잔여재산분배】

잔여재산은 각 사원의 출자액의 비율에 따라 분배하되 농지는 농업인 사원에게 분배한다.

제7장 보칙

제25조 【사규의 제정】

회사는 필요에 따라 사원총회의 결의로써 업무추진 및 경영상 필요한 회사내부규정을 제정하여 시행 할 수 있다.

제26조 【정관의 변경】

회사는 자본의 증가와 감소인 때, 또는 정관을 변경하고자 하는 경우 사원총회의 결의로 정관을 변경한다.

> ※ 자본총액의 변경이 있을 경우, 정관을 변경하여야 한다(상법543,546조).

〈부   칙〉

제27조【시행일】

이 정관은 제정일로부터 시행한다.

제28조【제정일】

○○유한회사를 설립하기 위하여 사원 ○○○외 2명은 정관을 작성하고, 제정일에 기명날인으로 증명한다.

○○○○년 ○○월 ○○일

〈별   표〉

(별표 1) 사원과 출자금 등

    1. 성명 ○○○, 주민등록번호 (　　　　　-　　　　　) ㉑

     주소 (　　　　　　　　　　　　　　)

     출자좌수 ○○○좌

    2. 성명 ○○○, 주민등록번호 (　　　　　-　　　　　) ㉑

     주소 (　　　　　　　　　　　　　　)

     출자좌수 ○○○좌

    3. 성명 ○○○, 주민등록번호 (　　　　　-　　　　　) ㉑

     주소 (　　　　　　　　　　　　　　)

     출자좌수 ○○○좌

> ※ 절대적 기재사항(상법543조) 사원의 성명, 주민등록번호, 주소, 출자좌수

[7]
합명회사 정관

1. 회사의 설립

⊛ 사원의 구성

합명회사의 설립은 사원이 2명 이상으로 다른 법인은 사원이 될 수 없다(상법 제178조, 제173조). 사원이 1명인 경우 회사 해산의 사유가 된다(상법 제227조).

⊛ 설립목적

설립하려는 회사의 목적은 영업내용을 정관에 기재한다. 사회통념상 그 사업이 무엇을 인지 구체적으로 기재한다. 예를 들면 식음료 도매업 및 소매업'과 같이 구체적으로 특정 하여 기재한다.

⊛ 설립등기

합명회사의 설립등기에는 다음의 사항을 등기하여야 한다(상법 제180조) (2011.4.14.)

1. 목적, 상호, 사원의 성명과 주민번호, 주소 및 본점소재지의 사항과 지점을 둔 때에는 그 소재지. 다만, 회사를 대표할 사원을 정한 때에는 그 외의 사원의 주소를 제외한다.
2. 사원의 출자의 목적, 재산출자에는 그 가격과 이행한 부분
3. 존립기간 기타 해산사유를 정한 때에는 그 기간 또는 사유
4. 회사를 대표할 사원을 정한 경우에는 그 성명·주소 및 주민등록번호
5. 수인의 사원이 공동으로 회사를 대표할 것을 정한 때에는 그 규정

2. 정관의 작성

⊛ 정관의 작성

합명회사의 설립에는 2인 이상의 사원이 공동으로 정관을 작성하여야 한다(상법 제178조). 합명회사의 정관이란 합명회사의 조직, 활동을 정한 근본규칙으로 합명회사의 정관 은 다음과 같은 절대적 기재사항, 상대적 기재사항, 임의적 기재사항을 작성하여야 한다.

⊛ 절대적 기재사항

절대적 기재사항은 법정사항으로 하나라도 빠지면 정관이 무효가 된다. 사원의 출자 목 적은 출자의 객체를 말하는 것으로 합명회사의 사원은 금전, 현물, 신용, 노무 등 다양한

방법(목적)으로 출자 가능하다. 절대적 기재사항은 다음과 같다. (상법 제179조)

1. 목적
2. 상호
3. 사원의 성명, 주민등록번호, 주소 (대표사원을 정한 경우 대표사원의 주소)
4. 사원의 출자목적과 그 가격 또는 평가의 표준
5. 본점 소재지
6. 정관의 작성일

● 상대적 기재사항

상대적 기재사항은 정관에 기재하지 않아도 정관의 효력에는 영향이 없지만 기재하지 않으면 효력이 발생하지 않는 것으로, 기재사항으로 다음과 같다.

1. 특정사원의 업무집행권 제한 (상법 제200조 1항)
2. 회사대표제도 (상법 제207조)
3. 공동대표제도 (상법 제208조 1항)
4. 퇴사사유 (상법 제218조 1호)
5. 퇴사사원의 지분환급 제한 (상법 제222조)
6. 회사의 존립기간 (상법 제227조 1호)

● 임의적 기재사항

임의적 기재사항은 정관에 기재해도 기재하지 않아도 정관의 효력 등에 영향을 주지 않는 내부규칙인 기재사항으로 회사가 법의 강행규정, 사회질서 또는 합명회사의 본질에 반하지 않는 범위 내에서 회사의 조직과 운영에 관한 사항을 정관에 기재할 수 있다. 임의적 기재사항으로는 다음과 같은 것이 있다.

1. 이사·감사의 수
2. 영업연도 등

3. 정관의 변경과 효력

합명회사의 정관을 변경함에는 총사원의 동의가 있어야 한다(상법 제204조).

합명회사 정관의 효력은 합명회사의 사원이 작성하고 총 사원이 기명날인하면 효력이 발생한다. 또한, 정관의 효력에 대한 분쟁을 방지하기 위하여 정관 작성 연월일은 절대적 기재사항으로 반드시 기재하여야 한다. 이는 정관의 효력발생일을 특정하여 정관에 효력에 관련한 분쟁을 사전에 방지하기 위함입니다.

합명회사 정관

제정 ○○○○년 ○○월 ○○일
개정 ○○○○년 ○○월 ○○일

〈총   칙〉

제1장 통칙

제1조 【상호】

회사는 ○○○○에 의하여 설립된 회사로서 그 명칭은 ○○합명회사라 한다.

> 참고 절대적 기재사항(상법179조) 상호중에 '합명회사'라는 문자를 사용해야 하며, 동일한 시·군 내에서 동종 영업을 하는 타인이 등기한 상호나 어느 회사의 지점이나 출장소 등과 같이 회사의 독립성이 인정되지 않는 상호는 등기할 수 없다.

제2조 【목적】

회사는 ○○과 ○○의 제목을 생산 및 가공하여, 유통 및 판매함으로써 ○○의 생산에서 판매까지 일원화를 이루는 ○○전문기업으로 기업경영을 함을 목적으로 한다.

> **참고** 절대적 기재사항(상법179조) 회사설립 취지에 맞는 사업의 목적을 구체적으로 기재해야 하며, 정관에 별도의 조항을 두어 사업항목을 구체적으로 기재한 경우에는 그 목적을 설립취지 및 경영목적만을 기재해도 된다.

제3조 【사업】

회사는 ○○○업과 다음 각 호의 부대사업을 한다.

1. ○○○의 가공사업
2. ○○○의 유통 및 판매 사업
3. ○○○에 필요한 자재의 생산 및 공급
4. ○○○에 필요한 창고업 및 보관관리

> ※ 제2조 목적에 부합되는 사업을 구체적으로 기재해야 한다.

제4조 【본점의 소재지 및 지점의 설치】

① 회사는 본점을 ○○도(특별시, 광역시) ○○시(시, 군, 구)에 둔다.

② 회사는 필요한 경우에는 총 사원의 결의로 지점, 영업소, 출장소를 둘 수 있다.

> ※ 절대적 기재사항(상법179조) : 본점의 소재지의 최소행정구역까지만 기재해도 무방하며, 지점의 소재지는 설치할 경우에만 기재한다.

제5조 【공고방법】

회사의 공고사항은 ○○시(도)에서 발간되는 ○○신문에 게재한다.

제2장 사원과 출자

제6조 【사원의 자격】

① 사원은 ○○○으로, 총 사원의 동의로 사원이 될 수 있다.

② ○○○이 아닌 자가 제7조의 출자한도 내에서 출자한 경우에 사원으로 한다.

> ※ (예시) 사원은 상공인(농업, 축산업, 화훼업, 종묘업, 요식업, 주점업, 세무사, 재경함경남도인) 등을 예로 들 수 있다.

제7조 【출자한도】

○○○이 아닌 자의 출자액의 합계가 회사의 총출자액의 4분의 3을 초과할 수 없다.

제8조 【사원과 출자금】

사원과 출자금은 부칙의 정함에 의한다.

> ※ 절대적 기재사항(상법179조) 사원의 출자의 목적과 그 가격 또는 평가의 표준

제9조 【지분양도】

① 사원은 다른 사원 전원의 동의에 의하여 그 지분의 전부나 일부를 타인에게 양도할 수 있다.

② ○○○이 아닌 사원이 출자지분을 양도받은 경우, 제7조에서 규정한 출자 한도를 초과할 때

에는 그 양도는 효력이 없다.

③ 상속 또는 유상증자에 의하여 ○○○이 아닌 자의 총출자액이 제7조에서 규정한 한도를 초 과할 경우에는 그 초과지분에 대하여 발생일로부터 ○개월 이내에 ○○○에게 양도하여야 한다.

제10조 【경업금지】

사원은 다른 사원의 동의가 없으면 자기 또는 제3자를 위하여 회사의 영업부류에 속하는 거래를 하거나 동종영업을 목적으로 하는 다른 회사의 무한책임사원이나 이사가 될 수 없다.

제11조 【자기거래금지】

사원은 다른 사원 과반수의 승낙이 없으면 자기 또는 제3자를 위하여 회사와 거래를 할 수 없다.

제12조 【퇴사】

① 사원이 부득이한 사유가 있는 때를 제외하고는 영업연도 말에 한하여 퇴사할 수 있으며, 이 경우 퇴사 3개월 전에 이를 예고하여야 한다.

② 사원은 지분압류가 있는 경우 외에 다음 각 호의 사유에 퇴사한다.

1. 총 사원의 동의
2. 사　망
3. 파　산
4. 금치산
5. 제　명

제13조 【상속】

사원이 사망하여 그 상속인이 사원으로 입사하고자 하는 경우, 출자 한도 이내에서 총 사원의 동의로 사원이 될 수 있다.

> 참고 (상법 219조) 1. 사원이 사망한 때에는 그 상속인이 피상속인의 지분을 승계하여 사원이 될 수 있다. (상법 287조의26,)
> 2. 상속인은 상속한 날로부터 3월내에 그 승계여부를 회사에 통보해야 하며, 기한이내에 통보하지 아니한 때에는 승계하지 않는 것으로 본다.

제14조 【제명】

다음의 사유가 있는 사원은 총 사원의 과반수의 결의로 법원에 그 사원의 제명선고를 청구할 수 있다.

1. 출자의무를 이해하지 아니한 경우
2. 사원의 경업금지의무를 위반한 경우
3. 회사의 업무집행과 회사대표에 대하여 부정한 행위를 한 경우
4. 사원이 권한없이 업무를 집행하거나 회사를 대표한 경우

제15조 【지분의 환급】

① 퇴사한 사원은 퇴사당시 회사재산에서 그 출자비율에 따라 그 지분을 환급받을 수 있다. 다 만, 노무 또는 신용을 출자의 목적으로 한 사원과 제명선고로 퇴사한 사원은 그 지분을 환급 받지 못한다.

② 제1항의 경우 토지 등 부동산을 출자한 사원이 퇴사한 경우에는 회사는 그에 상당하는 현금 및 현물 등으로 그 지분을 환급할 수 있다.

제3장 업무집행과 회사대표

제16조【업무집행과 회사대표】

회사는 대표사원이 업무를 집행하고 회사를 대표한다.

> ※ 상대적 기재사항: 업무집행과 대표사원 (상법 200, 200조의2, 201, 207조)
> (사례) 1. 회사는 사원 ○○○과 사원 ○○○이 공동으로 업무를 집행하고, 공동으로 회사를 대표한다.
> 2. 회사는 사원 ○○○과 사원 ○○○이 공동으로 업무를 집행하고, 사원○○○이 회사를 대표한다.

제17조【대표사원】

회사는 총 사원의 동의로 대표사원을 선임하며, 임기는 2년으로 한다.

제18조【통지의무】

업무를 집행하고 회사를 대표하는 사원은 다른 사원의 청구가 있으면 언제든지 회사의 업무 및 재산상태를 그 사원에게 통지하여야 한다.

제19조【지배인의 임면】

① 회사는 지점장 또는 영업책임자인 지배인을 둘 수 있다.
② 지배인의 선임 및 해임은 사원 과반수의 동의로 결정한다.

제20조【권한정지】

사원은 회사대표가 업무를 집행하고 회사를 대표로서 현저하게 부적임하고, 중대한 의무를 위반한 경우에 총 사원의 과반수의 결의로 법원에 대표사원의 권한을 정지 및 박탈을 청구할 수 있다.

제4장 계산

제21조【영업연도】

회사의 영업연도는 매년 ○○월 ○○일부터 ○○월 ○○일까지로 한다.

제22조【재무제표 등의 승인】

업무집행사원은 매 영업연도 말에 각 사원에게 다음 서류를 제출하고 그 승인을 받아야 한다.
  1. 재산목록 및 사원별 출자내역
  2. 재무상태표
  3. 영업보고서
  4. 손익계산서
  5. 이익배당에 관한 의안

제23조【이익배당】

① 회사는 순익금으로 결손금을 채운 후가 아니면 어떠한 명목으로도 사원에게 이익배당을 할 수 없다.
② 각 사원의 이익배당비율은 그 출자액의 비율에 의한다.

제5장 해산

제24조【해산사유】

회사는 다음 사유로 인하여 해산한다.

1. 총 사원의 동의
2. 사원이 1인으로 된 때
3. 합병
4. 파산
5. 법원의 명령 또는 판결

제25조【회사계속】

① 제27조 제1호와 제2호의 사유로 해산한 경우에는 사원의 전부 또는 일부의 동의로써 회사를 계속할 수 있다. 그러나 동의하지 아니한 사원은 퇴사한 것으로 본다.

② 제27조 제3호의 사유로 해산한 경우에는 새로운 사원을 가입시켜 회사를 계속할 수 있다.

제26조【합병】

회사의 합병에는 총 사원의 동의를 얻어야 한다.

제6장 청산

제27조【청산방법】

본 회사가 해산한 경우, 회사재산의 처분은 총사원의 동의로써 정한 방법에 의한다.

제28조【청산인의 임면】

청산인의 선임 및 해임은 총사원 과반수의 결의에 의한다.

제29조【잔여재산분배】

잔여재산은 각 사원의 출자액의 비율에 따라 분배하되 농지는 농업인 사원에게 분배한다.

제7장 보칙

제30조【규정의 제정】

회사는 필요에 따라 총 사원의 과반수결의로써 업무추진 및 경영상 필요한 회사 내부규범을 정하여 시행할 수 있다.

제31조【감사】

회사는 필요에 따라 총 사원의 과반수결의로써 감사 1인 이상을 둘 수 있으며, 감사의 임기는 1년으로 한다.

제32조【고문 등】

회사는 필요에 따라 총 사원의 과반수결의로써 고문 1인 이상 또는 자문 1인 이상 또는 자문사 1사 이상을 둘 수 있으며, 임기 또는 기간은 1년으로 한다.

〈부　칙〉

제33조【시행일】

이 정관은 ○○○○년 ○○월 ○○일부터 시행한다.

제34조【작성일】

○○○○년 ○○월 ○○일 대표사원 ○○○ 외 2명 ○○합명회사를 설립하기 위하여 사원 전원이 공동으로 정관을 작성하고 기명날인으로 증명한다.

제35조【사원과 출자금 등】

1. 성　　명 : ○○○, 주민등록번호 (　　　　　-　　　　　) ㊞
   주　　소 : (　　　　　　　　　　　　　　　　)
   출자가격 : ○○,○○○만원
   출자목적 :

2. 성　　명 : ○○○, 주민등록번호 (　　　　　-　　　　　) ㊞
   주　　소 : (　　　　　　　　　　　　　　　　)
   출자가격 : ○○,○○○만원
   출자목적 :

3. 성　　명 : ○○○, 주민등록번호 (　　　　　-　　　　　) ㊞
   주　　소 : (　　　　　　　　　　　　　　　　)
   출자가격 : ○○,○○○만원
   출자목적 :

> ※ 1. 절대적 기재사항(상법543조) 사원의 성명, 주민등록번호, 주소, 정관작성일, 출자가격 및 평가의 표준, 출자목적, 기명날인 및 서명
> 2. 합명회사의 정관은 공증인의 공증을 받지 않아도 된다.

[8]
합자회사 정관

1. 회사설립

🏵 사원의 구성

합자회사의 사원은 무한책임사원과 유한책임사원 각각 1명 이상이어야 하며(상법 제268조, 제269조), 무한책임사원은 회사나 다른 법인이 될 수 없지만(상법 173조), 유한책임사원은 다른 사원의 동의없이 자기 또는 제삼자의 계산으로 회사의 영업부류에 속하는 거래를 할 수 있고 동종영업을 목적으로 하는 다른 회사의 무한책임사원 또는 이사가 될 수 있다(상법 제275조).

🏵 설립의 목적

설립하려는 회사의 목적을 정하고 정관에 이를 기재하여야 하며, 회사의 설립목적은 영업 내용으로 사회통념상 그 사업이 무엇인가를 알 수 있을 정도로 구체적으로 기재한다. 제조업, 도매업 등과 같이 포괄적이고 불분명하게 기재하지 말고, 식료품 도소매업 등과 같이 구체적으로 특정하여 작성한다.

🏵 설립의 등기

합자회사의 설립등기를 할 때에는 정관의 절대적 기재사항 외에 각 사원의 무한책임 또는 유한책임인 것을 등기하여야 한다.
합자회사가 지점을 설치하거나 이전할 때에는 지점소재지 또는 신지점소재지에서 무한책임사원만을 등기하되, 회사를 대표할 사원을 정한 경우에는 다른 사원은 등기하지 아니한다. (상법 제271조; 2011.4.14.)

2. 정관의 작성

합자회사의 정관이란 합자회사의 조직과 활동을 정한 규칙이다. 합자회사의 정관은 무한 책임사원과 유한책임사원 각각 1명 이상의 사원이 공동으로 작성하고, 총 사원이 기명날인해야 한다. (상법 제269조) 또한, 정관의 효력에 대한 분쟁을 방지하기 위하여 정관 작성 연월일은 반드시 기재하여야 한다.

🏵 절대적 기재사항

절대적 기재사항 다음과 같다.

1. 목적

2. 상호

3. 사원의 성명, 주민등록번호, 주소(대표사원을 정한 경우 대표사원의 주소)

4. 사원의 출자목적과 그 가격 또는 평가의 표준

5. 각 사원이 무한책임인지 유한책임인지를 기재

6. 본점소재지

7. 정관의 작성 연월일

> **참고** 1. 출자목적이란 출자의 대상을 말하는 것으로서 반드시 금액에 한하지는 않고 동산, 부동산, 채권, 유가증권등 기타 재산상의 출자는 물론 노무나 신용 등 비재산상의 출자도 가능하다. 다만, 유한책임사원은 비재산상의 출자는 할 수 없다. (상법 제270조)
> 2. 출자의 경우 재산상의 출자인 경우에 그 금액이나 가액도 기재해야 하나 노무나 신용 등 비재산상의 출자인 경우에는 그를 기재하지 아니해도 된다.

◉ 상대적 기재사항

정관에 기재하지 않아도 정관의 효력에는 영향이 없지만 기재하지 않으면 효력이 발생하지 않는 기재사항으로 다음과 같다.

1. 특정사원의 업무집행권 제한 (상법 제269조에 따른 제200조 제1항의 준용)

2. 회사대표제도 (상법 제269조에 따른 제207조의 준용)

3. 공동대표제도 (상법 제269조에 따른 제208조 제1항의 준용)

4. 회사의 존립기간 등 (상법 제269조에 따른 제227조 제1호의 준용)

◉ 임의적 기재사항

정관에 기재해도 기재하지 않아도 정관의 효력 등에 영향을 주지 않는 내부규칙인 기재사항으로 회사가 법의 강행규정, 사회질서 또는 합자회사의 본질에 반하지 않는 범위 내에서 회사의 조직과 운영에 관한 다음 사항 등을 정관에 기재할 수 있다.

1. 이사·감사의 수

2. 영업연도 등

3. 사원총회 등

3. 정관의 효력

합자회사 정관의 효력은 합자회사의 사원이 작성하고 총 사원이 기명날인하면 효력이 발생한다. ※ 정관의 작성 연월일은 반드시 기재해야 한다(절대적 기재사항). 이는 정관의 효력발생일을 특정하여 정관의 효력에 관련한 분쟁을 사전에 방지하기 위해서이다.

합자회사 정관

제정 ○○○○년 ○○월 ○○일
개정 ○○○○년 ○○월 ○○일

〈총 칙〉

제1장 통칙

제1조【상호】

회사는 ○○○(조합원)으로 설립된 회사로서 그 명칭은 ○○합자회사라 한다.

> 참고 절대적 기재사항: 상호 중에 '합자회사'라는 문자를 사용해야 하며, 동일한 시·군내에서 동종 영업을 하는 타인이 등기한 상호나 어느 회사의 지점이나 출장소 등과 같이 회사의 독립성이 인정되지 않는 상호는 등기할 수 없다. (상법270조)

제2조 【목적】

회사는 ○○와 ○○의 제품을 생산 및 가공하여, 유통 및 판매함으로서 ○○의 생산에서 판매까지 일원화된 전문기업으로서의 사업을 함을 목적으로 한다.

> **참고** 절대적 기재사항: 회사설립 취지에 맞는 사업의 목적을 구체적으로 기재해야 하며, 별도의 조항을 두어 사업목적을 구체적으로 기재한 경우에는 그 목적을 설립취지 및 경영목적만을 기재해도 된다. (상법179조)

제3조 【사업】

회사는 ○○○○업과 다음 각 호의 사업을 한다.
1. ○○○(수산물) 가공업 및 제조업
2. ○○○(수산물) 운송에 필요한 냉동차량 운송업
3. ○○○(수산물) 포장재 제조 및 판매업
4. 위 각 호에 필요한 관련 부대사업

> **참고** 제2조 목적에 맞는 사업을 구체적으로 기재해야 한다.

제4조 【본점의 소재지 및 지점의 설치】

① 회사는 본점을 ○○도(특별시, 광역시) ○○시(시, 군, 구)에 둔다.

② 회사는 필요한 경우에는 총 사원의 결의로 지점, 영업소, 출장소를 둘 수 있다.

> **참고** 절대적 기재사항: 본점의 소재지의 최소행정구역까지만 기재해도 무방하며, 지점의 소재지는 설치할 때만 기재한다. (상법270조)

제5조 【공고방법】

회사의 공고사항은 ○○시(도)에서 발간되는 ○○신문에 게재한다.

제2장 사원과 출자

제6조 【사원의 자격】

회사의 사원은 ○○○조합원(예 : 상공인, 축산인, 농업인, ○○회원)으로 하되, 제7조에서 정한 출자한도 내에서 출자한 비○○○조합원(예 : 비상공인, 비축산인, 비농업인, 비○○회원)도 사원이 될 수 있다.

> **참고** (사례) 사원은 조합원(상공인, 농업인, 축산인, 화훼업, 종묘업, 요식업, 주점업, 식품도매업, 세무사, 재경함경도인) 등을 예로 들 수 있다.

제7조 【출자한도 및 제한】

○○○조합원이 아닌 자가 출자하는 출자액의 합계는 회사의 총 출자액의 4분의 3을 초과할 수 없다.

제8조 【지분양도】

① 사원은 무한책임사원 전원의 동의가 있으면 그 지분의 전부 또는 일부를 타인에게 양도할 수 있다.

② 전항의 경우 비○○○(조합원)인 사원에게 양도하여 비○○○(조합원)의 총출자액이 제7조에서 규정한 한도를 초과할 때에는 그 양도는 효력이 없다.

③ 상속 또는 유증에 의하여 비○○○(조합원)의 총출자액이 제7조에서 규정한 한도를 초과할 경우에는 그 초과지분을 지체 없이 ○○○(조합원)에게 양도하여야 한다.

제9조【경업의 자유】

유한책임사원은 다른 사원의 동의없이 자기 또는 제3자의 계산으로 회사의 영업에 속하는 거래를 할 수 있고, 동종영업을 목적으로 하는 다른 회사의 무한책임사원 또는 이사가 될 수 있다.

제10조【자기거래】

사원은 다른 사원 과반수의 승낙이 없으면 자기 또는 제3자를 위하여 회사와 거래를 할 수 없다.

제11조【사원 및 출자】

회사에 출자한 사원의 성명과 주소 및 책임과 그 출자의 목적, 가격 또는 그 평가의 표준은 부칙과 같다.

제3장 업무집행과 회사대표

제12조【업무집행사원과 대표사원】

회사의 업무집행사원 겸 대표사원은 1인으로 무한책임사원 중에서 선임하며, 정관의 부칙에 표기한다.

> 참고 1. 회사대표의 금지: 유한책임사원은 회사의 업무집행이나 대표행위를 하지 못한다. (상법278조)
> 2. (업무집행1인, 대표1인) 회사는 무한책임사원 ○○○가 업무를 집행하고, 회사를 대표한다.
> 3. (업무집행수인, 대표수인) 회사는 무한책임사원 ○○○와 동 ○○○가 공동으로 업무를 집행하고, 회사를 대표한다.
> 4. (업무집행수인, 대표1인) 회사는 무한책임사원 ○○○와 동 ○○○가 업무를 집행하고 동 ○○○가 회사를 대표한다.

제13조【선임과 임기】

회사의 업무집행사원과 대표사원은 총 사원의 동의로 선임하고, 임기는 각 2년으로 한다.

제14조【통지의무】

업무를 집행하고 회사를 대표하는 사원은 다른 사원의 청구가 있으면 언제든지 회사의 업무 및 재산상태를 그 사원에게 통지해야 한다.

제15조【지배인의 임면】

① 회사의 영업 전반에 걸쳐 포괄적인 대리권을 갖고 보조하기 위한 지배인 또는 지점장, 영업부장을 둘 수 있다.

② 지배인 또는 지점장과 영업부장의 선임 및 해임은 무한책임사원 과반수의 동의로 결정한다.

제16조【권한상실의 청구】

회사는 업무를 집행하고 회사를 대표하는 사원이 현저하게 부적임하거나, 중대한 의무위반이 있는 때에는, 다른 사원의 과반수의 결의로서 법원에 그 권한에 대한 상실을 청구할 수 있다.

제4장 입사와 퇴사

제17조 【입사】

총 사원의 동의가 없으면 새로운 사원으로 입사할 수 없다.

제18조 【퇴사】

각 사원은 부득이한 사유가 있는 때를 제외하고는 영업 연말에 한하여 퇴사할 수 있으며 이 경우 6개월 전에 이를 예고하여야 한다.

제19조 【퇴사사유】

사원은 지분압류가 있는 경우 외에 다음 사유로 퇴사한다.

1. 총 사원의 동의
2. 사망
3. 파산 또는 해산
4. 제명

제20조 【상속】

재산을 출자의 목적으로 한 사원이 사망한 때에는 그 상속인은 다른 사원 전원의 동의를 얻어 피상속인의 지분을 승계하여 사원이 될 수 있다.

> **참고** ① 사원이 사망한 때에는 그 상속인이 피상속인의 지분을 승계하여 사원이 될 수 있다.
> ② 상속인은 상속을 한 날로부터 3월 내에 그 승계 여부를 회사에 통보해야 하며, 기한 이내에 통보하지 아니하면 승계하지 않는 것으로 본다.

제21조 【제명청구】

다음 각 호의 사원은 다른 사원의 과반수 결의로 법원에 그 사원의 제명을 청구할 수 있다.

1. 출자의무를 이행하지 아니한 사원
2. 사원의 경업금지의무를 위반한 사원
3. 업무집행 및 회사대표에게 부정행위를 하거나, 권한 없이 업무집행 및 회사를 대표한 사원
4. 기타 중대한 의무를 위반한 사원

제22조 【지분의 환급】

① 퇴사한 사원은 퇴사 당시 회사재산에서 그 출자비율에 따라 그 지분을 환급받을 수 있다. 다만, 노무 또는 신용을 출자의 목적으로 한 사원과 제명선고로 퇴사한 사원은 그 지분을 환급받지 못한다.

② 제1항의 경우 부동산 등을 출자한 비○○○(조합원)인 사원이 퇴사한 경우에는 회사는 그에 상당하는 현금 등으로 그 지분을 환급할 수 있다.

제5장 계산

제23조 【영업연도】

회사의 영업연도는 매년 ○○월 ○○일부터 ○○월 ○○일까지로 한다.

제24조 【재무제표 등의 승인】

업무집행사원은 매 영업연도 말에 각 사원에게 다음 서류를 제출하고 그 승인을 받아야 한다.

1. 재산목록 및 사원별 출자내역
2. 재무상태표
3. 영업보고서
4. 손익계산서
5. 이익배당사항
6. 기타 중요서류

제25조 【이익배당】

① 회사는 사원에게 이익배당을 할 수 있으며, 이익배당비율은 각 사원의 출자액의 비율로 한다.

② 회사는 순익금이 결손금 및 결손금발생예상액을 초과하지 않은 때는 이익배당을 할 수 없다.

제6장 해산

제26조 【회사해산】

다음 각 호 중 어느 하나에 해당하면 회사를 해산할 수 있다.

1. 사원 전원의 동의로 해산을 결의한 경우
2. 사원 전원의 퇴사
3. 합병
4. 파산
5. 법원의 해산 명령 및 판결

제27조 【회사계속】

① 제26조 제1호의 사유로 해산한 경우에는 사원의 전부 또는 일부의 동의로써 회사를 계속할 수 있다. 단, 회사를 계속하기를 동의하지 아니한 사원은 퇴사한 것으로 본다.

② 제26조 제2호의 사유로 해산한 경우에는 새로운 사원을 입사로 회사를 계속할 수 있다.

제28조 【합병결의】

회사가 합병하는 때는 사원 전원의 동의를 얻어야 한다.

제7장 청산

제29조 【청산방법】

회사가 해산하여 그 재산을 처분할 때 사원 전원의 동의로써 정한 청산방법에 의한다.

제30조 【청산인의 임면】

청산인의 선임 및 해임은 사원 전원의 과반수 결의에 의한다.

제31조 【잔여재산분배】

잔여재산은 각 사원의 출자액의 비율에 따라 분배한다.

제8장 보 칙

제32조 【회사규정의 제정】

회사는 필요에 따라 사원 전원의 결의로써 업무추진 및 경영상 필요한 회사 내부의 규칙 및 규범을 정하여 시행할 수 있다.

제33조 【감사】

회사는 필요에 따라 총 사원의 과반수결의로써 감사 1인 이상을 둘 수 있으며, 감사의 임기는 1년으로 한다.

제34조 【고문 등】

회사는 필요에 따라 총 사원의 과반수결의로써 고문 1인 이상 또는 자문 1인 이상 또는 자문사 1사 이상을 둘 수 있으며, 임기 또는 기간은 1년으로 한다.

〈부　칙〉

제1조 【시행일】

이 정관은 ○○○○년 ○○월 ○○일부터 시행한다.

참고 1. 절대적 기재사항 : 출자목적과 그 가격 및 평가표준 (상법 270조)
2. 출자목적이란 출자의 대상을 말하는 것으로서 반드시 금액에 한하지는 않고 동산, 부동산, 채권, 유가증권등 기타 재산상의 출자는 물론 노무나 신용등 비재산상의 출자도 가능하다. 다만, 유한책임사원은 비재산상의 출자는 할 수 없다.
3. 출자의 경우 재산상의 출자인 경우에 그 금액이나 가액도 기재해야 하나 노무나 신용등 비재산상의 출자인 경우에는 그를 기재하지 아니해도 된다.
4. 절대적 기재사항(상법270조) 사원의 성명, 주민등록번호, 주소, 정관의 작성일, 그에 따른 정관의 총사원 기명날인

제2조 【사원 및 출자 현황】

○○합자회사의 무한책임사원 ○명과 유한책임사원 ○명의 출자금액은 ○○○○년 ○○월 ○○일 현재 다음과 같다.

　　1. 무한책임사원 성명 :　　　　　주 민 등 록 번 호 :　　　　　　㊞
　　　　주　　　　　　　소 :
　　　　출 　자 　금 　액 : 금　　　　만원
　　　　출 　자 　목 　적 :
　　2. 유한책임사원 성명 :　　　　　주 민 등 록 번 호 :　　　　　　㊞
　　　　주　　　　　　　소 :
　　　　출 　자 　금 　액 : 금　　　　만원
　　　　출 　자 　목 　적 :
　　3. 유한책임사원 성명 :　　　　　주 민 등 록 번 호 :　　　　　　㊞
　　　　주　　　　　　　소 :
　　　　출 　자 　금 　액 : 금　　　　만원
　　　　출 　자 　목 　적 :

제3조 【대표사원의 선임】

○○합자회사는 ○○○○년 ○○월 ○○일부터 ○○○○년 ○○월 ○○일까지의 업무집행사원 겸 대표사원은 무한책임사원 성명○○○(주민등록번호)로 한다.

제4편

사단·재단법인 정관 관련 규정

[9]
사단법인 정관

제정 ○○○○년 ○○월 ○○일
개정 ○○○○년 ○○월 ○○일

〈총 칙〉

제1장 통칙

제1조 【명칭】

이 협회는 사단법인 ○○○○협회(이하 '협회'라 한다)라 하고, 영문으로는 A○○○ B○○○ C○○○(약칭 'ABC'라 한다)라 칭한다.

제2조 【목적】

이 협회는 ○○○○의 연구 및 조사와 이와 관련된 사업을 하며, 회원의 권익을 보호하고 ○○○○의 진흥에 기여함을 목적으로 한다.

제3조 【사업】

이 협회의 목적수행을 위하여 다음과 같은 사업과 활동을 한다.

1. ○○○○에 관한 연구와 조사
2. ○○○○에 관한 자료발간
3. ○○○○을 위한 교육훈련사업
4. ○○○○에 관한 부대사업
5. ○○○○기타 목적에 필요한 사업

제4조 【소재지】

이 협회의 본사는 ○○특별시(광역시, 도)에 두며, 국내 및 외국에 지부 및 지사를 둘 수 있다.

> ※ 절대적 기재사항 : 목적, 명칭, 사무소소재지 (민법: 40조). 명칭에 '사단법인' 이라는 명칭이 있어야 한다.

제5조 【공고】

협회의 공고는 서울특별시에서 발행되는 일간신문에 공고한다.

제2장 회원

제6조 【회원】

협회의 회원은 ○○와 관련이 있는 개인과 단체로서, 협회의 설립목적에 찬동하고, 협회의 발전에 이바지할 수 있다고 판단되는 자로 한다.

제7조 【가입】

협회의 회원으로 가입하는 자는 이사회의 승인으로 가입할 수 있다.

제8조 【회비】

① 회원은 사회에서 정하는 바에 의하여 다음의 회비를 납입할 의무가 있다.

1. 일반회비
2. 특별회비

② 회원은 탈퇴 또는 제명의 경우에도 납부한 회비를 반환하지 아니한다.

제9조 【탈퇴】

회원의 탈퇴는 이사회의 승인을 얻어야 한다.

제10조 【제명】

회원이 다음 각 호에 해당하는 경우에는 제명할 수 있다.

1. 회비납부의무를 태만이 한 경우
2. 협회의 사업을 방해한 경우
3. 범죄 기타 행위로서 협회의 명예를 실추한 경우
4. 협회의 회원으로서 부적당하다고 인정될 경우

※ 절대적 기재사항 : 사원자격 및 득실에 관한 규정(민법: 40조).

제3장 임원

제11조【임원】

협회는 임원을 다음과 같이 둔다.

1. 회장(이사장) : 1인
2. 부회장 : 5인 이하 (상임 1인, 비상임 4인 이하)
3. 전무이사 : 1인 이하 (상임 1인 이하)
4. 상무이사 : 3인 이하 (상임 1인, 비상임 2인 이하)
5. 이사 : 10인 이하 (상임 3인, 비상임 7인 이하)
6. 감사 : 2인 이하 (상임 1인, 비상임 1인 이하)

제12조【선임】

임원은 총회에서 선임하며, 상임부회장과 상임이사, 상임 감사는 회장의 추천으로 한다.

제13조【임기】

① 회장, 부회장, 이사의 임기는 2년으로 하고, 연임할 수 있다.

② 감사의 임기는 1년으로 하고, 연임할 수 있다.

③ 보선으로 선출된 임원의 임기는 전임자의 잔여기간으로 한다.

제14조【결격사유 및 해임】

① 다음 각 호의 1에 해당하는 자는 임원으로 선임될 수 없다.

1. 성년후견대상자 또는 한정후견대상자
2. 파산자로서 복권되지 못한 자
3. 금고 이상의 형을 받아 집행 중인 자
4. 기타 임원으로서 부적정하다고 판단한 경우

② 임원이 제1항의 각 호에 해당하면 해임할 수 있다.

제15조【명예회장과 고문 】

① 협회는 명예회장과 고문을 약간 명을 다음 각 호와 같이 둘 수 있다.

1. 명예회장은 협회에 공로가 있는 자 중에서 회장의 추천으로 총회에서 추대한다.
2. 고문은 협회에 공로가 있는 자, 또는 ○○○의 전문가로서 학식과 경험이 풍부한 자 중에서 이사회의 결의로 회장이 추대한다.

② 고문은 이사회의 결의로서 상임으로 할 수 있다.

③ 임기는 명예회장 및 고문의 임기는 1년으로 하며, 연임할 수 있다.

제16조【경업금지 및 보수】

① 상임 임원은 협회 이외의 경업을 할 수 없다.

② 임원의 보수는 이사회에서 결정하여, 총회에서 결의한다.

제17조 【대표권의 제한】

이사는 정관에서 정함이 있는 사항이외에는 대표권을 행사할 수 없다.

> ※ 절대적 기재사항 : 이사의 임면에 관한 규정(민법40조)
> ※ 임의적 기재사항 : 이사의 대표권에 대한 제한(민법40조)

제4장 총회

제18조 【설치 및 구분】

협회는 총회를 두고, 정기총회와 임시총회로 구분한다.

제19조 【의장】

총회의 의장은 회장이 되며, 회장의 유고시에는 회장이 정하는 순위에 의하여 부회장이 의장이 된다.

제20조 【소집】

① 정기총회는 매 사업연도 종료 후 2월 이내에 회장이 소집한다.

② 임시총회는 다음 각 호에 해당하는 경우 15일 이내에 회장이 소집한다.

  1. 정관 및 이사회의 정함에 의하여 총회의 소집이 필요한 경우

  2. 회장이 총회의 소집이 필요하다고 인정한 경우

  3. 회원의 5분의 1의 동의로 회의소집을 회장에게 요구한 경우

③ 회장이 정당한 사유없이 제2항 각호에 해당하는 총회를 소집하지 아니하면 감사가 이를 소집한다.

> ※ 총회 : 사단법인의 이사는 매년 1회이상 보통총회를 소집하여야 한다(민법69조).

제21조 【소집통지】

총회의 소집은 7일 전에 그 회의목적과 일시 및 장소를 기재하여 서면으로 각 회원에게 통지하여야 한다. 단, 긴급을 요하는 경우 그 기간을 단축할 수 있다.

제22조 【개최 및 결의】

총회는 회원의 2분의 1 이상의 출석으로 개최하고, 출석회원 과반수의 찬성으로 결의한다.

> ※ 총회의 결의방법 : 총회의 결의는 본법 또는 정관에 다른규정이 없으면 사원 과반수의 출석과 출석사원의 결의권 과반수로 한다(민법75조).

제23조 【결의사항】

다음의 각 호의 사항에 대하여 총회의 결의로 한다.

  1. 협회의 해산 및 합병

  2. 정관의 제정 및 변경

  3. 회장, 부회장, 이사, 감사의 선임 및 해임

  4. 사업계획, 예산 및 사업보고

  5. 기본재산의 처분

6. 기타 협회운영에 관한 중요한 사항

> ※ 총회의 권한 : 사단법인의 사무는 정관으로 이사 또는 기 타 임원에게 위임한 사항외에는 총회의 결의에 의하여야 한다(민법68조).

제24조 【의결권의 제한】

회원은 다음 각 호에 해당하면 의결권을 행사할 수 없다.

1. 본인의 신분 유지 및 변동과 관련된 사항
2. 본인의 이해관계가 수반되는 사항
3. 기타 사회통념상 부적정한 사항

제25조 【총회의사록】

총회의 의사에 관하여 경과, 요령 및 결과를 기재하여야 하고, 의장 및 출석한 이사가 기명날인 하여야 하며, 의사록을 본사에 비치하여야 한다.

> ※ 총회의 의사에 관하여 의사록을 작성하여야 한다(민법76조).

제5장 이사회

제26조 【설치 및 구성】

① 협회는 이사회를 설치한다.
② 이사회는 회장, 부회장, 전무이사, 상무이사, 이사로 구성한다.

제27조 【소집】

이사회는 회장이 소집하고, 정관에서 정한 사항을 결의한다.

제28조 【개최와 결의】

이사회는 2분의 1 이상의 출석으로 개최하고, 출석인원의 과반수의 동의로 결의한다.

제29조 【결의사항】

이사회의 결의사항은 다음 각 호의 사항으로 한다.

1. 회원의 가입 및 탈퇴와 제명에 관한 사항
2. 임원의 사표수리
3. 사업계획·예산 및 사업보고·결산의 승인
4. 기본재산의 지정
5. 자금차입, 지급보증, 채권발행, 채무인수
6. 대외 출자 및 출연, 자금의 운용
7. 부동산의 취득 및 처분
8. 본사이전 및 지사의 설치
9. 조직 및 직제의 개폐, 중요규정의 제정 및 개폐
10. 총회상정안건 및 총회의 위임사항
11. 정관에 의하여 위임사항

12. 기타 회장이 필요하다고 인정하거나, 사후승인을 요하는 사항

제30조 【의결권의 제한】

이사는 자신의 신변 및 이해관계에 있는 사항에 대해서는 이사회 의결권을 행사할 수 없다. 이 경우 해당 이사는 개최정족수에 해당되지 아니한다.

제31조 【이사회의사록】

이사회 의장은 이사회 의사록을 작성하여야 하며, 참석이사 전원의 기명날인이 한다.

제6장 위원회 등

제32조 【설치】

이사회는 운영위원회 및 분과위원회, 기타 필요하다고 인정하는 위원회 등을 이사회의 결의로 설치할 수 있다.

제33조 【위원】

위원 및 위원장은 회원으로서 회장이 추천하여, 이사회의 승인으로 한다.

제34조 【업무분장】

위원회 등의 업무는 회장이 요구한 업무와 이사회에서 승인한 업무를 분장한다.

제7장 재산 및 회계

제35조 【자산】

① 협회의 자산은 기본재산과 보통재산으로 구분하여 관리한다.

② 기본재산은 다음 각 호의 재산으로 한다.

   1. 설립 당시의 출연한 재산

   2. 기부 및 무상으로 취득한 재산으로 한다. 다만, 기부의 목적이 정함이 있거나, 기부재산형태가 기본재산으로 할 수 없는 경우에는 이사회의 결정에 따라 보통자산으로 한다.

   3. 이사회에서 기본재산으로 결의한 재산

제36조 【사업연도】

협회의 사업연도는 매년 ○○월 ○○일부터 ○○월 ○○일까지로 한다.

제37조 【수입 및 비용】

협회의 수입은 다음 각호로 하며, 비용은 수입에서 충당한다.

   1. 회비

   2. 사업수입

   3. 기부금

   4. 기타수입

제38조 【재무제표 등】

① 회장은 매 사업연도 개시 후 2월 이내에 협회의 사업계획서 및 예산편성계획서를 작성하여야 한다.

② 회장은 매 사업연도 종료 후 2월 이내에 해당연도 사업보고서와 결산서(재산목록, 재무상태

표, 손익계산서) 및 감사보고서를 작성하여 총회에 상정한다.

> ※ 절대적 기재사항 : 자산에 관한 규정(민법: 40조)

제8장 보칙

제39조 【해산】

협회는 다음의 사유로 해산한다.

1. 협회의 해산결의
2. 회원이 없는 경우
3. 설립허가의 취소
4. 합병 등

제40조 【해산절차】

① 협회를 해산하고자 할 때에는 총 회원의 3분의 2 이상의 찬성으로 결의하여 주무관청에 신고하여야 한다.

② 잔여재산의 처분 또는 손실의 보전방법은 총회의 결의로 주무관청의 승인으로 정한다.

> ※ 사단법인은 총 사원 4분의 3 이상의 동의가 없으면 해산을 결의하지 못한다. 그러나 정관에 다른 규정이 있는 때에는 그 규정에 의한다(민법78조).

제41조 【정관의 변경】

정관의 변경은 이사회 과반수의 출석 및 출석임원 3분의 2 이상의 찬성으로, 총회의 결의에 의하며, 주무관청의 허가를 받아 시행한다.

> ※ 정관의 변경은 정관에 정함이 있는 경우 그 규정에 의한다(민법42조).

〈부 칙〉

제42조 【시행일】

이 정관은 ○○○○년 ○○월 ○○일부터 시행한다.

제43조 【경과규정】

① 이 정관은 주무관청이 승인을 한 날로부터 시행한다.

② 초대 임원의 임기는 ○○○○년 ○○월 ○○일까지로 한다.

[10]
재단법인 정관

제정 ○○○○년 ○○월 ○○일
개정 ○○○○년 ○○월 ○○일

〈총 칙〉

제1장 통칙

제1조【명칭】

이 법인은 재단법인 ○○○○(이하 '재단'이라 한다)이라 한다.

제2조【목적】

이 재단은 ○○○○에 이바지하기 위하여 공익법인의 설립운영에 관한 법률에 따라 ○○○○에 이바지할 수 있는 인재육성과 기술개발을 영위함을 목적으로 한다.

제3조【사업】

① 재단의 사업목적을 달성하기 위하여 다음의 사업을 한다.
1. ○○○인력양성을 위한 사업
2. ○○○기술개발을 위한 사업

3. ○○○연구를 위한 지원 사업

4. ○○○교육을 위한 지원 사업

5. 기타 재단의 목적달성에 필요한 부대사업

② 재단의 목적달성에 필요한 비용을 충당하기 위하여 수익사업을 할 수 있다.

제4조 【소재지】

이 재단의 주사무소는 ○○특별시(광역시, 도) ○○구(시, 군)에 둔다.

> ※ 재단법인의 목적, 명칭, 사무소소재지의 기재는 절대적 기재사항이다(민법43, 44조).

제5조 【공고】

재단은 법령 및 규정에 따라 공고하기로 한 사항에 대하여 전국을 대상으로 발행하는 일간신문에 공고한다.

제2장 재산과 회계

제6조 【재산의 구분】

① 재단의 자산은 기본재산과 보통재산으로 구분하며, 별도의 자산관리규정을 두어 관리한다.

② 기본재산은 다음 각 호의 재산으로 한다.

1. 설립 당시의 출연한 재산

2. 기부 및 무상으로 취득한 재산으로 한다. 다만, 기부의 목적이 정함이 있거나, 기부재산형태가 기본재산으로 할 수 없는 경우에는 이사회의 결정에 따라 보통자산으로 한다.

3. 이사회에서 기본재산으로 결의한 재산

제7조 【기본재산】

기본재산은 다음 각 호와 같다.

1. 예금 5,000만원

2. 사무소 임차보증금 5,000만원

3. ○○○○

4. ○○○○

제8조 【재산의 관리】

① 기본재산을 매도·증여·임대·교환·담보제공·권리포기 등은 이사회의 결의로 주무관청의 허가를 받아야 한다.

② 재단이 재산을 매수 또는 기부체납 및 기타 방법으로 취득한 때에는 이를 재단의 재산으로 한다.

③ 기본재산 및 보통재산의 유지·보존 및 기타관리에 관하여는 이사장이 정하는 바에 의한다.

④ 기본재산의 사용 목적의 변경이나, 평가액의 변동이 있을 때에는 정관을 변경하여야 한다.

제9조 【재산의 평가】

재단의 모든 재산의 평가는 취득 당시의 시가평가액으로 한다. 다만, 재평가한 재산은 재평가액으로 한다.

제10조【경비 등 조달】

재단의 유지 및 운영에 필요한 경비는 기본재산의 이익금과 사업수익 및 기타의 수입으로 조달한다.

제11조【사업연도】

재단의 사업연도는 매년 ○○월 ○○일부터 ○○월 ○○일까지로 한다.

제12조【재산의 무상금지】

재단의 재산은 재단의 사업목적 이외에 정당한 대가 없이 이를 대여하거나 사용하게 할 수 없다.

제3장 임　　원

제13조【임원의 구성】

재단의 임원은 다음 각 호와 같이 총회의 결의로 구성 및 선임한다.

　　　1. 이사장 : 1인

　　　2. 이사 : 8인

　　　3. 감사 : 2인

> ※ 1. 법인은 정관 또는 총회의 결의로서 감사를 둘 수 있다.
> 2. 이사의 임면에 관한 규정은 절대적 기재사항이다.

제14조【임원의 선임】

① 이사장은 이사회에서 선임하여, 감독청의 인가를 받는다.

② 이사와 감사는 이사회에서 선임하여, 감독관청의 인가를 받는다.

③ 상임이사는 이사장의 추천으로 이사회의 결의로 한다.

④ 이사 또는 감사 중에 결원이 생긴 때에는 2개월 이내에 보충한다.

제15조【임원의 제한】

① 임원은 법령 또는 재단의 설립 및 운영에 관한 주무관청에서 정한 임원과 이사회의 구성에서 특수관계에 해당하는 자의 이사회구성 정족수를 초과할 수 없으며, 또한 임원으로 선임할 수 없다.

② 감사는 감사 상호 간 또는 제1항에 규정한 특수관계에 해당하는 자가 아니어야 한다.

제16조【임원의 임기】

① 이사의 임기는 4년, 감사의 임기는 2년으로 한다.

② 보선에 의하여 취임하는 임원의 임기는 전임자의 잔여임기로 한다.

제17조【이사장의 직무】

① 이사장은 재단을 대표하고, 재단업무를 총괄한다.

② 이사장은 직무를 이사에게 대리할 수 있다.

③ 이사장의 유고 시 이사회에서 정한 자가 그 직무를 대행한다.

> ※ 이사가 여러 명이면 정관에 다른 규정이 있으면, 법인의 사무집행은 이사의 과반수로서 결정한다 (민법58조, 59조).

제18조 【상임이사】

① 상임이사는 전무이사로 이사장이 부여한 업무와 사무를 관장한다.

② 이사장과 이사 및 감사는 비상임으로 할 수 있다.

제19조 【이사의 직무】

이사는 이사회에서 재단업무에 관한 사항을 심의결정하며 이사회 또는 이사장으로부터 위임받은 사항을 처리한다.

> ※ 이사는 법인의 사무를 집행한다(민법 58조).

제20조 【감사의 직무】

감사는 다음의 각 호의 감사업무를 수행하여야 한다.

　　1. 재단의 재산상황에 대한 감사
　　2. 이사의 업무집행에 대한 감사
　　3. 재산상황에 대한 부정 또는 부당한 점에 대한 시정요구 및 보고
　　4. 감사결과에 대한 이사회의 소집을 요구
　　5. 이사회에서 출석하여 의견을 진술
　　6. 이사회의 회의록에 기명날인하는 일

> ※ 감사의 직무(민법 67조), 감사권한(상법 412,413, 569,570조)

제21조 【임원의 해임】

임원의 해임은 이사회의 결의를 거쳐 감독청의 인가를 받아야 한다.

> ※ 이사가 그 임무를 게을리한 때에는 그 이사는 법인에 대하여 연대하여 손해배상의 책임이 있다 (민법 65조), 취임승인의 취소(공익법인 14).

제22조 【임원의 보수】

① 상임이사와 감사에게는 이사회의 결의로 보수를 지급한다.

② 제1항의 임원 이외에는 이사회의 결의로 보수를 지급하지 아니한다.

> ※ 이사가 여러 명이면 정관에 다른 규정이 있으면, 법인의 사무집행은 이사의 과반수로서 결정한다 (민법 58조).

제4장 이 사 회

제23조 【이사회의 기능】

이사회는 다음 각 호의 사항을 심의하여 결정한다.

1. 예산·결산·차입금 및 자산의 취득·처분·관리에 관한 사항
2. 정관의 개정에 관한 사항
3. 법인의 해산에 관한 사항
4. 임원의 임면에 관한 사항
5. 이사장의 부의 사항
6. 정관에 의한 사항

제24조【개최와 의결】
① 이사회는 이사 정수의 과반수의 출석으로 개최한다.
② 이사회의 의결은 출석이사의 3분의 2의 찬성으로 한다. 다만, 동수일 때 의장이 결정한다.

제25조【의결 제한】
이사장 또는 이사가 다음 각 호에 해당하는 때에는 그 의결에 참여하지 못한다.
1. 자신에 관한 사항을 의결할 때
2. 자신과 재단의 이해가 반할 때

제26조【회기】
이사회는 매년 1회 이상 개최하고 필요가 있을 때에는 이를 수시 이를 개최한다.

제27조【이사회의 소집】
① 이사회는 이사장이 소집하고 그 의장이 된다.
② 이사회를 소집하고자 할 때에는 적어도 회의 7일 전에 회의목적을 명시하여 각 이사에게 통지하여야 한다. 다만, 이사 전원이 집회하고, 또 그 전원이 이사회의 소집을 요구할 때에는 그러하지 아니하다.

제28조【이사회 소집의 특례】
① 이사장은 다음 각 호의 1에 해당하는 때에는 그 소집 요구일로부터 20일 이내에 이사회를 소집하여야 한다.
1. 재적이사 과반수로부터 서면으로 회의목적을 기재하여 소집을 요구한 때
2. 감사가 소집을 요구한 때
② 이사회 소집권자가 자리가 비거나 또는 이를 피하여 7일 이상 이사회소집이 불가능할 때에는 재적이사 과반수의 찬성으로 감독청의 승인을 받아 이사회를 소집할 수 있다.
③ 제2항에 의한 이사회의 운영은 출석이사 중에서 의장을 선출하여야 한다.

제29조【서면결의 금지】
이사회의 의사는 서면결의에 의할 수 없다.

제5장 보칙

제30조【정관의 변경】
정관을 변경하고자 할 때에는 이사 정수의 3분의 2 이상의 찬성으로 의결하여 감독청의 허가를 받는다.

제31조【해산】

　재단을 해산하고자 할 때에는 이사 정수의 3분의 2 이상 찬성으로 감독청의 허가를 받는다.

제32조【잔여재산의 귀속】

　재단의 해산으로 잔여재산이 있는 경우 이사회의 결의로 정하여 감독청의 인가를 받는다.

제33조【규정의 제정】

　재단의 운영과 관리에 필요한 규칙과 규범을 별도의 규정으로 이사회의 결의로 시행할 수 있다.

〈부　　칙〉

제34조【시행일】

　이 정관은 ○○○○년 ○○월 ○○일부터 시행한다.

제35조【경과규정】

　① 이 정관은 주무관청이 승인을 한 날로부터 시행한다.

　② 초대 임원의 임기는 ○○○○년 ○○월 ○○일까지로 한다.

제5편

총회 관련 규정

주식회사 주주총회 검토사항

구분	검토사항	상법
주 총 권 한	• 주주총회는 본법 또는 정관에 정하는 사항에 한하여 결의할 수 있다.	제361조
소 집 결 정	주주총회의 소집은 이사회가 이를 결정한다.	제362조
총 회 소 집	• 정기총회는 매년 1회 일정한 시기에 이를 소집하여야 한다. • 임시총회는 필요있는 경우에 수시 이를 소집한다.	제365조
소 집 통 지	• 주주총회일의 2주 전에 주주에게 일시, 장소, 회의목적사항 등을 기재하여 서면 또는 주주동의로 전자문서로 통지한다. • 자본금 총액이 10억원 미만인 주주총회일의 10일 전에 주주에게 서면 또는 주주동의로 전자문서로 통지한다.	제363조
결 의 방 법	• 상법 또는 정관의 규정을 제외하고 출석한 주주의 의결권의 과반수와 발행주식총수의 4분의 1 이상의 수로 한다. • 자본금 총액이 10억원 미만인 회사는 서면에 의한 결의로써 주주총회의 결의를 갈음할 수 있다.	제368조 제363조
의 결 권	• 의결권은 1주마다 1개로 한다. • 회사가 가진 자기주식은 의결권이 없다.	제369조
정 관 변 경	• 출석한 주주의 의결권의 3분의 2 이상의 수와 발행주식총수의 3분의 1 이상의 수로써 한다.	제433조
기 타 결 의 사 항	• 주식의 분할 • 주식매수선택권 • 자기주식의 취득 • 종류주식) • 주식교환 • 주주총회에 의한 주식이전의 승인) • 지배주주의 매도청구권 • 영업양도, 양수, 임대 등 • 이사의 선임 • 이사와 감사의 해임 • 이사의 보수 • 감사의 선임 • 이익의 배당 • 주식배당 • 이익배당의 지급시기 • 합병계약서와 그 승인결의 • 분할계획서·분할합병계약서의 승인 • 상근감사	제329조의2 제340조의2 제341조 제344조 제360조의3 제360조의16 제360조의24 제374조 제382조 제385조 제388조 제409조 제462조 제462조의2 제464조의2 제522조 제530조의3 제542조의10

[11]
주식회사 주주총회규정

제정 ○○○○년 ○○월 ○○일
개정 ○○○○년 ○○월 ○○일

〈총 칙〉

제1조 【목적】

이 규정은 ○○○주식회사(이하 '회사'라 한다)의 주주총회(이하 '총회'라 한다)의 결의와 운영에 관한 필요한 사항을 규정함을 목적으로 한다.

제2조 【적용대상】

이 규정은 회사 내부에서 법률 또는 정관에서 주주총회의 결의를 해야 하는 정함이 있는 사항에 대하여 적용한다.

제3조 【총회의 종류】

주주총회는 정기총회와 임시총회로 구분하며, 정기총회는 연간 1회 개최하며, 임시총회는 필요에 따라 수시 개최할 수 있다.

제4조 【정기총회】

정기주주총회는 매년 결산기 종료 후 2월 이내에 대표이사의 소집으로 개최한다. 단, 연 2회 이상의 결산 회기를 정하였으면 매 결산 기 종료 후 2월 내에 소집한다.

제5조 【임시총회】

임시주주총회는 결산기 관계없이 안건에 대하여 특별결의 및 특수결의 또는 일반결의가 필요한 경우에 수시로 소집 및 개최할 수 있다.

제6조 【소집절차】

주주총회는 이사회의 결의로 다음 각 호의 사항을 결정하여, 대표이사가 소집한다.

    1. 소집안건

    2. 소집일시

    3. 소집장소

    4. 기타 소집에 따른 사항

제7조 【소집장소】

총회는 본점 소재지 또는 본점의 인접한 지역에서 소집한다.

제8조 【소집 통보와 공고】

① 총회일 2주간 전에 각 기명주주에게 다음 각호를 기재한 사항을 서면 또는 전자문서로 통지한다.

    1. 개최일시

    2. 장소

    3. 의사일정

    4. 중요한 의안

② 의결권이 없는 주식을 가진 주주에게 통지를 생략할 수 있다.

제9조 【소집 연기와 속행】

① 총회는 의사에 들어가지 않고 기일을 연기할 수 있으며, 의사가 끝나지 않았을 때에는 다시 기일을 정하여 속행할 수 있다.

② 제1항의 총회의 연기나 속행은 주주총회의 결의로 하며, 별도의 소집통지나 공고를 하지 않는다.

제10조 【보통결의사항】

① 주주총회에서 다음 각 호의 사항에 대하여 보통결의한다.

    1. 이사·감사·청산인의 선임과 그 보수 결정에 관한 사항

    2. 검사인의 선임

    3. 총회의 연기 및 속행

    4. 청산인의 해임

    5. 재무제표의 승인 및 이익·이자의 배당과 배당금지급시기의 결정

    6. 주식배당의 결정

② 제1항의 각 사항에 대한 결의는 출석한 주주의 과반수와 발행주식 총수의 4분의 1 이상의 결의로 한다.

제11조 【특별결의사항】

① 주주총회에서 다음의 각호의 사항에 대하여 특별결의한다.

    1. 주식의 분할, 주식의 교환과 이전

    2. 정관의 변경

    3. 자본의 감소

    4. 회사의 해산, 회사의 계속

    5. 합병사항의 결정, 회사분할승인의 결정

6. 이사·감사의 해임

7. 영업의 전부 또는 중요한 일부의 양도 및 양수 또는 경영위임

8. 주식의 할인발행

9. 주주 이외의 자에 대한 전환사채·신주인수권부사채의 발행

10. 신설합병 시 설립위원의 선임

11. 기타 법령 또는 정관에서 정함이 있는 사항

② 제1항의 결의사항은 출석한 주주의 의결권의 3분의 2 이상과 발행주식 총수의 3분의 1 이상의 결의로 한다.

> 참고 상법 제360조의16(주주총회에 의한 주식이전의 승인) ①주식이전을 하고자 하는 회사는 다음 각호의 사항을 적은 주식이전계획서를 작성하여 주주총회의 승인을 받아야 한다. 〈개정 2011.4.14〉
> 1. 설립하는 완전모회사의 정관의 규정
> 2. 설립하는 완전모회사가 주식이전에 있어서 발행하는 주식의 종류와 수 및 완전자회사가 되는 회사의 주주에 대한 주식의 배정에 관한 사항
> 3. 설립하는 완전모회사의 자본금 및 자본준비금에 관한 사항
> 4. 완전자회사가 되는 회사의 주주에 대하여 지급할 금액을 정한 때에는 그 규정
> 5. 주식이전을 할 시기
> 6. 완전자회사가 되는 회사가 주식이전의 날까지 이익배당을 할 때에는 그 한도액
> 7. 설립하는 완전모회사의 이사와 감사 또는 감사위원회의 위원의 성명 및 주민등록번호
> 8. 회사가 공동으로 주식이전에 의하여 완전모회사를 설립하는 때에는 그 뜻
> ②제1항의 승인결의는 제434조의 규정에 의하여야 한다.
> ③제360조의3제4항의 규정은 제1항의 경우의 주주총회의 승인에 이를 준용한다.
> ④주식이전으로 인하여 주식이전에 관련되는 각 회사의 주주의 부담이 가중되는 경우에는 제1항 및 제436조의 결의 외에 그 주주 전원의 동의가 있어야 한다. 〈신설 2011.4.14〉

제12조 【특수결의사항】

① 주주총회에서 다음의 각 호의 사항에 대하여 특수결의한다.

1. 발기인·이사·감사 또는 청산인의 회사에 대한 책임의 면제

2. 주식회사에서 유한회사로의 변경

3. 소멸회사에 대한 합병승인요건을 이사회승인으로 변경하는 경우

② 제1항의 결의사항은 주주 전원의 동의로 한다.

제13조 【의결권의 수】

① 주주총회의 의결권은 1주마다 1개로 한다. 단, 주주총회에 출석한 주주로 한다.

② 다음 각 호에 해당하는 주주의 주식에 대하여 의결권을 제한한다.

1. 의결권이 없는 주식

2. 회사의 자기주식

3. 상호보유주식

4. 특별 이해관계인의 주식

5. 감사 선임의 경우 대주주의 주식

6. 주식을 주권을 공탁하지 않은 무기명주식

7. 주주명부 폐쇄 기간에 전환된 주식

> **참고** 1. 1주 1의결권의 원칙 : 상법 350, 368, 369, 370, 369조,
> 2. 대주주의 주식 : 100분의 3

제14조 【의결권의 행사】

① 의결권의 행사는 본인 또는 그 대리인이 행사할 수 있으며, 법인은 대표 또는 법인의 대리인이 의결권을 행사한다.

② 기명식 주권을 가진 자는 주주총회 기준일 현재 주주명부에 기재된 주주에 한 한다.

③ 무기명식의 주권을 가진 자는 주주총회 총회일의 1주간 전에 주권을 회사에 공탁하여야 한다.

> **참고** 총회의 결의방법과 결의권의 행사 : 상법 368조

제15조 【의결권의 대리행사】

① 주주 본인이 총회에 출석할 수 없는 경우에 대리인으로 하여금 의결권을 행사하게 할 수 있다.

② 총회에 출석하는 주주의 대리인은 대리권을 증명하는 서면을 회사에 제출해야 한다.

③ 대리인의 자격에는 제한이 없으나, 회사 자신이 대리인이 될 수 없다.

> **참고** 서면에 의한 의결권의 행사 : 주주는 정관이 정하는 바에 따라 총회에 출석하지 아니하고 서면에 의하여 의결권을 행사할 수 있다. (상법 368조의3)

제16조 【재무제표의 승인】

① 이사는 정기총회에 다음 각 호의 서류와 그 부속명세서를 정기주주총회에 제출하여 승인을 요구하여야 한다.

   1. 재무상태표

   2. 손익계산서

   3. 자본변동표 또는 이익잉여금처분계산서 또는 결손금처리계산서 중 하나

   4. 연결재무제표 (법령에 규정한 회사로 제한)

② 회사는 정관에서 정하는 바에 따라 제1항의 서류를 이사회 승인으로 갈음할 수 있다.

> **참고** 연결재무제표 제출 회사 : 주식회사의 외부감사에 관한 법률 제2조에 따른 외부감사의 대상이 되는 회사 중 같은 법 제1조의2 제2호에 규정된 지배회사를 말한다. (상법 시행령 16조)

제17조 【재무제표의 보고】

회사는 정관으로 정하는 바에 따라 제16조의 각 서류를 이사회의 결의로 승인한 경우에는 제16조의 각 서류의 내용을 주주총회에 보고하여야 한다.

> **참고** 상법 449조의 2(재무제표 등의 승인에 대한 특칙) 이사회의 결의로 승인하는 경우에는 다음 각 호의 요건을 모두 충족하여야 한다.
> 1. 상법 제447조의 각 서류가 법령 또는 정관에 따라 회사의 재무상태 및 경영성과를 적정하게 표시하고 있다는 외부감사인의 의견이 있을 것
> 2. 감사(감사위원회 설치회사의 경우에는 감사위원을 말한다) 전원의 동의가 있을 것

제18조【회의록의 작성】

　총회에의 의사에는 회의록을 작성하여야 하며, 회의록에는 의사의 경과요령과 그 결과를 기재하고, 출석한 이사가 기명날인 또는 서명하여야 한다.

제19조【정관 및 회의록의 비치】

　이사는 회사의 정관, 주주총회의 회의록을 본점과 지점에 비치하여야 한다.

제20조【주주명부 등의 비치】

　이사는 주주명부, 사채원부를 본점에 비치하여야 한다. 단, 명의개서 대리인을 둔 때에는 주주명부나 사채원부 또는 복사본을 명의개서대리인의 영업소에 비치할 수 있다.

〈부　　칙〉

제21조【시행일】

　이 규정은 ○○○○년 ○○월 ○○부터 시행한다.

〈서　　식〉

　(서식 1) (정기) 주주총회회의록
　(서식 2) (임시) 주주총회회의록

(서식 1)

(정기) 주주총회 의사록

○○주식회사는 제○○기 정기주주총회를 다음과 같이 개최하였다.

1. 소집
    - 일시 : ○○○○년 ○○월 ○○일 오전 ○○시 ○○분
    - 장소 : ○○특별시 ○○구 ○○로 123 본사 회의실

2. 출석주주 현황 : (별지1) 출석주주명부
    - 주주총원 : ○명   - 발행주식의 총수 ○○○○주
    - 출석주주 : ○명   - 출석주주 주식의 수 : ○○○○주

3. 개회
대표이사 ○○○는 의장으로서 의장석에 등단하여 위와 같이 주주의 출석으로 총회가 적법하게 성립되었음을 선언하고 개회를 선언하다. 〈개회시각 ○○시 ○○분〉

4. 제1호 의안 : 전기 재무제표 승인의 건
의장인 대표이사는 별지1과 같이 제○○기 재무제표와 영업보고서를 주주에게 보고하고 이에 관한 승인을 요청하여 출석주주 전원의 찬성으로 승인으로 가결하였다.
    - (별지2) : 제○○기 재무제표

5. 제2호 의안 : 당기 이사의 보수한도 승인의 건
의장은 정관규정에 따라 다음과 같이 당기 이사의 보수한도를 상정하여 그 필요성을 설명하고 승인을 요청하여 출석주주 전원의 찬성으로 승인으로 가결하였다.

구분	전기	당기
이사의 수	3명	3명
이사의 보수한도	2억원	2억원

6. 제3호 의안 : 당기 감사의 보수한도 승인의 건
의장은 정관규정에 따라 다음과 같이 당기 감사의 보수한도를 상정하여 그 필요성을 설명하고 승인을 요청하여 출석주주 전원의 찬성으로 승인으로 가결하였다.

구분	전기	당기
감사의 수	1명	1명
감사의 보수한도	3천만원	3천만원

7. 폐회
의장은 정기주주총회에 상정한 의안이 모두 의결되었음을 선언하고 하고 총회의 폐회를 선언하였다. 〈폐회시각 : 오전 ○○시 ○○분〉

위 의안의 경과 및 결과를 명확하게 하려고 회의록을 작성하고 의장 및 출석이사는 다음과 같이 서명날인을 한다.

○○○○ 년 ○○ 월 ○○ 일
○○주식회사

대표이사 ○○○ (인)
사내이사 ○○○ (인)
사내이사 ○○○ (인)

(서식 2)

(임시) 주주총회 의사록

○○주식회사는 ○○년 ○○월 ○○일 오전 ○○시 ○○분 ○○구 ○○동 ○○번지 당사 회의실에서 임시주주총회를 다음과 같이 개최하였다.

(출석현황)
주주총수 ○○명 (발행주식총수 ○○○○주), 출석주주 ○○명 (주식 ○○○○주)
〈별지1〉 출석주주명부

(개회) 개회시각 : 오전 ○○시 ○○분
의장인 대표이사 ○○○은 정관규정에 따라 위와 같이 주주가 출석하여 총회가 적법하게 성립되었음을 알리고, 개회를 선언하다.

(의결)   제1호 의안 : 이사 선임의 건
의장은 성명 ○○○을 이사로 선임할 필요성을 설명하고, 그 선임에 대한 의견을 물어 출석주주 전원의 찬성으로 다음과 같이 이사로 선출하였다.
〈선임〉 성명 ○ ○ ○ (주민등록번호 : ○○○○○○-○○○○○○○)
〈승낙〉 이사로 선임된 ○○○은 별지2와 같이 취임을 승낙하다.
(별지2) 취임승낙서

                  제2호 의안 : 임원퇴직급여 지급규정 승인의 건
의장은 정관규정에 따라 "임원퇴직급여 지급규정"을 별지3과 같이 제정의 필요성을 설명하고 승인을 요청하여 출석주주 전원의 찬성으로 승인으로 가결하다.
〈별지 3〉 임원퇴직급여 지급규정

(폐회)
의장은 임시주주총회의 의안을 모두 심의하였기에 총회의 종료를 알리고, 폐회를 선언하다.
폐회시각 : 오전 ○○시 ○○분

위 의사의 주주총회 경과를 증명하기 위하여 회의록을 작성하고 의장과 출석한 이사가 다음과 같이 기명날인하다.
                  ○○○○년 ○○월 ○○ 일

                  (회사명) ○○ 주식회사
            의장 대표이사 ○   ○   ○ (인)
                  이   사 ○   ○   ○ (인)
                  이   사 ○   ○   ○ (인)

[12]
주식회사 주주총회 운영규정

제정 ○○○○년 ○○월 ○○일
개정 ○○○○년 ○○월 ○○일

〈총 칙〉

제1장 통칙

제1조【목적】

이 규정은 ○○○주식회사(이하 '회사'라 한다)의 주주총회(이하 '총회'라 한다)의 운영과 개최 및 진행에 관한 사항을 규정함을 목적으로 한다.

제2조【적용범위】

이 규정은 주주총회에 출석하는 주주와 그 대리인 및 그 밖의 모든 총회 출석자에게 적용한다.

제3조【주주총회 종류】

이 규정이 적용하는 주주총회는 다음 각 호와 같다.

1. 정기 주주총회
2. 임시 주주총회

제2장 총회준비

제4조【사전준비】

회사는 총회가 원활하게 개최될 수 있도록 다음 각 호의 사항을 확인하고 준비한다.

　1. 개최일시
　2. 주주명부
　3. 주주출석대장
　4. 회의안건 안내문

제5조【직원의 배치】

회사는 총회의 사무를 위하여 사내 직원을 주주총회장에 배치하여 사무를 집행할 수 있다.

제6조【경비의 배치】

회사는 총회의 진행을 위하여 사외에서 경비를 담당할 자를 채용하여 주주총회장에 배치할 수 있다.

제3장 주주출석

제7조【주주의 출석】

총회에 출석하는 주주는 회사에서 사전에 송부한 주주총회 참석장을 접수처에 접수하여 주주총회 참석의 자격을 증명하여야 한다.

제8조【대리인의 출석】

① 총회에 출석하는 주주의 대리인은 대리권을 증명하는 서면을 회사에 제출하여야 한다.

② 주주의 법정대리인이나 그 밖의 자격에 의하여 당연히 주주를 대리할 권한이 있는 사람은 그 자격을 증명하는 자료를 회사에 제출하여야 한다.

제9조【법인 등 주주의 대표자 등의 출석】

① 법인 기타 단체의 대표자가 출석하는 경우에는 제8조 제2항에 따른다.

② 법인 기타 단체의 임직원은 제8조 제1항에 따른다.

제10조【개회 전후 주주출석】

주주(이하 '대리인'을 포함한다)는 총회의 개회 전에 회의장에 입장하는 것을 원칙으로 한다. 또한, 개최 후 입장이 가능하며 의사진행에 참가할 수 있다.

제11조【이사 등의 출석】

① 이사와 감사는 부득이한 사정이 없는 한 모두 총회에 출석하여야 한다.

② 검사인과 외부감사인은 법령에 의하였을 때 이외에 의장이나 대표이사의 요청이 있을 때에는 총회에 출석할 수 있다.

③ 법률고문과 공증인 회사의 관계직원과 기타의 사람은 의장이나 대표이사의 요청이 있을 때 총회에 출석할 수 있다.

제12조【방청】

다음의 사람은 회사의 허가를 받아 회의장에 입장할 수 있다.

  1. 신체장애인인 주주의 대변인
  2. 주주의 통역
  3. 언론관계자
  4. 그 밖에 방청을 희망하는 자

제13조【유해물의 소지금지】

누구라도 총회의 평온을 해칠 위험이 있는 물건을 소지하고 회의장에 입장하여서는 안 된다.

제14조【입장자격 등의 조사】

회사는 회의장의 접수처에서, 의장은 회의장에서 입장자격 및 제11조의 위반 여부를 조사할 수 있다.

제4장 의장

제15조【총회의 의장】

① 총회의 의장은 정관에서 정한 자가 된다.

② 상법 제366조 제2항에 의하여 소수주주가 소집한 총회에서는 이를 소집한 주주 또는 그 대표자가 임시의장으로서 총회를 개회하고 즉시 그 총회에서 당일의 의장을 선출한다.

제16조【의장의 질서유지권】

의장은 회의장의 질서를 유지하기 위하여 직원과 경비원에게 적절한 조치를 지시하고 나아가 경찰관에게 협조를 구하는 등 필요한 조치를 할 수 있다.

제17조【퇴장명령】

의장은 다음의 사람에게 퇴장을 명할 수 있다.

  1. 주주 또는 그 대리인이라고 하여 출석한 자가 실제로는 그 자격이 없는 것으로 밝혀진 때
  2. 의장의 지시에 따르지 않는 자
  3. 고의로 의사진행을 방해하기 위한 발언·행동을 하는 등 현저히 회의장의 질서를 어지

럽히는 자

제18조【의장에 대한 불신임】

① 주주는 다음 각 호에 해당하면 의장에 대한 불신임의 동의를 제기할 수 있다.

    1. 의장이 심의할 또는 심의 중인 의안에 대하여 특별한 이해관계가 있는 때

    2. 의장의 의사진행이 법령, 정관 또는 이 규정에 어긋날 때

    3. 의장의 의사진행이 심히 불공정한 때

② 의장은 당해 불신임동의의 심의에 대하여도 의장의 직무를 행할 수 있다.

③ 의장에 대한 불신임동의가 총회에서 가결된 때에는 정관에서 정한 다음 순위의 사람이 의장이 된다.

④ 의장에 대한 불신임동의가 총회에서 부결된 때에는 그 이후에 생긴 사유에 의하지 아니하고는 다시 의장에 대한 불신임동의를 제기할 수 없다.

제5장 개회

제19조【개회선언】

① 예정된 개회시각이 되면 의장은 총회의 개회를 선언한다. 그러나 부득이한 사정이 있는 때에는 개회시각을 늦추어 그 사유가 해소되는 즉시 개회를 선언할 수 있다.

② 예정된 개회 시각보다 상당한 시간이 지나도 그러한 사유가 해소되지 아니하면 의장은 출석한 주주들에게 그 사유를 알리고 총회의 불성립을 선언한다.

제20조【성원보고】

의장은 개회 선언 후 의사일정에 들어가기 전에 총회에 성원보고를 하여야 한다.

제6장 의사진행

제21조【의안의 상정】

① 의장은 소집통지서에 기재된 순서에 따라 의안을 총회에 회의에 부친다. 그러나 상당한 이유가 있는 때에는 의장은 그 이유를 말하고 그 순서를 바꾸어 회의에 부칠 수 있다.

② 의장은 효율적인 심의를 위하여 복수의 의안을 일괄하여 회의에 부칠 수도 있고, 1개의 의안을 분할하여 회의에 부칠 수도 있다.

제22조【의사 등의 보고, 설명】

① 의장은 총회의 보고사항과 의안에 관하여 담당이사 또는 감사에게 보고와 설명을 하도록 요청할 수 있다. 이 경우 이사와 감사는 자신이 이를 설명하거나 그 보조자가 이를 대신하게 할 수 있다.

② 의장은 주주제안을 한 주주의 청구가 있는 때에는 주주총회에서 당해 의안을 설명할 기회를 주어야 한다.

제23조【발언의 허가】

주주는 의장에게 발언권을 요청하여 의장의 허가를 받은 후에 발언하여야 한다.

제24조【발언의 순서】

① 주주들에 대한 발언권 부여의 순서는 의장이 결정한다.

② 의장은 발언권의 순서를 결정할 때 다음 각 호의 경우를 참조하여 순서를 결정한다.

    1. 발언권 요청을 한 순서

    2. 발언자가 재발언권을 요청한 경우

    3. 발언자에 대하여 반대의견의 발언을 요청하는 경우

제25조 【발언의 방법】

① 주주는 먼저 주주번호와 성명 또는 상호를 밝히고 발언하여야 한다.

② 주주는 의제를 중심으로 하여 되도록 간단하고 명확하게 발언하여야 한다.

제26조 【발언의 제한】

의장은 원활한 의사진행을 위하여 다음과 같이 주주들의 발언을 제한할 수 있다.

    1. 1 의제에 1회 발언한다.

    2. 1회의 발언시간은 5분 이내 발언한다.

제27조 【발언의 금지】

의장은 다음과 같은 발언에 대하여는 그 금지 또는 취소를 명할 수 있다.

    1. 중복된 발언

    2. 의제와 관계없는 발언

    3. 공서양속에 어긋나는 발언

    4. 의장의 지시에 따르지 않는 발언

    5. 그 밖에 총회의 의사진행을 방해하는 발언

제28조 【설명담당자】

① 주주로부터 이사에 대하여 질문이 있을 때에는 대표이사 또는 그가 지명하는 이사가 설명을 한다.

② 주주로부터 감사에 대하여 질문이 있을 때에는 각 감사가 그 설명을 한다.

③ 제1항 및 제2항의 경우에 이사와 감사는 그의 보조자로 하여금 설명을 대신하게 할 수 있다.

※ 제2항과 제3항의 경우 감사위원회를 설치하는 회사는 '감사'를 '감사위원회 대표'로 변경한다.

제29조 【설명의 거절】

주주의 질문이 다음 사유에 해당하는 경우에는 설명을 거절할 수 있다.

    1. 질문사항이 회의의 목적사항에 관한 것이 아닐 때

    2. 설명함으로써 주주 공동의 이익을 현저하게 해하는 경우

    3. 설명하기 위해서는 조사를 필요로 하는 경우

    4. 질문이 중복되는 경우

    5. 기타 정당한 사유가 있을 때

제30조 【수정동의】

① 주주는 상정된 의안에 관하여 그 동일성을 해치지 않는 범위 내에서 수정동의를 제출할 수 있다.

② 수정동의가 성립한 때에는 의장은 총회에 이의 채택 여부를 묻는다. 그러나 의장은 이 절차

를 생략하고 바로 그 동의를 심의에 부칠 수 있다.

③ 의장은 수정안과 원안을 일괄하여 총회의 심의에 부칠 수 있다.

제31조【의사진행에 관한 동의】

① 주주는 의사진행과 관련하여 다음의 동의를 제출할 수 있다.

1. 총회의 연기, 속행
2. 검사인의 선임
3. 외부감사인의 출석 요구
4. 의장의 불신임

② 제1항의 동의가 제출된 경우 의장은 총회에 그 동의의 채택여부를 묻는다

③ 제1항에서 정한 이외의 의사진행에 관한 동의가 제출된 경우에 그 채택여부는 의장이 결정한다.

제32조【동의의 각하】

의장은 다음 각 호에 해당되는 경우에는 동의를 각하할 수 있다.

1. 당해 수정동의에 관한 의안이 심의에 들어가지 아니하였거나 심의를 종료한 경우
2. 이미 동일내용의 동의가 부결된 경우
3. 총회의 의사를 방해할 수법으로 제출된 경우
4. 부적법하거나 권리남용에 해당되는 경우
5. 그 이외에 합리적 이유가 없는 것이 명백한 경우

제33조【연기 또는 속행】

① 총회의 연기 또는 속행은 총회의 결의에 의하여야 한다.

② 제1항의 연기 또는 속행을 결의하는 경우에는 그 연회 또는 계속회의 일시, 장소를 정하여야 한다.

③ 연회 또는 계속회의 회일은 총회일로부터 2주간 이내이어야 한다.

④ 연기 또는 속행의 결의가 이루어진 때에는 의장은 그 뜻을 말하고 그 날의 총회의 산회를 선포한다.

제34조【휴식】

회장은 의사진행상 필요하다고 인정되는 경우에는 단시간동안 휴회를 선언할 수 있다.

제35조【질의·토론의 종료】

의장은 의안에 대하여 충분한 질의와 토론이 이루어졌다고 인정되는 때에는 질의와 토론을 종료하고 총회에 의안에 대한 가부를 물을 수 있다.

제36조【의사진행의 일반원칙】

이 규정에서 정하지 않은 의사진행 사항은 일반적인 원칙과 관례에 따른다.

제7장 표결

제37조【일괄표결】

의장은 복수의 의안에 대하여 일괄해서 표결에 부칠 수 있다.

제38조【표결의 순서】

의안에 대해 수정동의가 제출된 경우에는 먼저 수정동의에 대하여 가부를 묻는다. 복수의 수정동의가 제출된 경우에는 원안의 내용과 거리가 먼 것부터 순차로 가부를 묻는다. 그러나 일괄심의한 경우에는 원안을 수정동의보다 먼저 표결에 부칠 수 있다.

제39조【표결의 방법】

의안에 대한 가부를 묻는 방법은 기립, 거수 기타의 방법중에서 총회의 특별한 결의가 없는 한 의장이 정한다.

제40조【집중투표】

① 상법 제382조의2에 의하여 2인 이상 이사의 선임을 목적으로 하는 총회에서 집중투표의 방법으로 이사를 선임하는 경우에는 의장은 결의에 앞서 집중투표의 방법에 의한 이사선임 청구가 있었다는 취지를 알려야 한다.

② 집중투표의 방법으로 이사를 선임하는 경우에는 투표의 최다수를 얻은 자부터 순차적으로 이사에 선임되는 것으로 한다.

> ※ 집중투표제를 채택하는 경우에만 해당된다.

제41조【의결정족수】

① 총회의 모든 결의는 법령 또는 정관에 특별한 규정이 있는 경우를 제외하고는 출석한 주주의 의결권의 과반수와 발행주식 총수의 4분의 1 이상의 찬성에 의한다.

② 이때에 기권표, 무효표는 모두 출석한 주주의 의결권수에 포함한다.

제42조【표결결과의 선포】

의장은 의안에 대한 표결이 종료된 때에는 즉시 그 결과를 선언하여야 한다. 이 경우 의장은 그 의안의 결의에 필요한 찬성수를 충족한다는 것 또는 충족하고 있지 않다는 것을 선언하는 것으로 족하며, 찬부의 수를 선언하는 것을 필요로 하지 아니한다.

제8장 폐회와 의사록

제43조【폐회선언】

① 의장은 의사일정을 모두 마치면 총회의 폐회를 선언할 수 있다.

② 의장은 회의 진행이 어려울 경우 총회의 중단 및 폐회를 선언할 수 있다.

제44조【의사록의 작성】

① 의장은 총회를 마친 뒤 지체 없이 총회의사록을 작성한다.

② 의장이 이를 지체할 때에는 대표이사가 이를 작성한다.

제45조【의사록 등의 비치·공시】

① 총회의 의사록은 작성된 직후부터 계속하여 회사의 본·지점에 비치하고 주주와 회사채권자들의 열람·등사에 응하여야 한다.

② 총회의 참석장·위임장 그 밖의 총회에 관한 서류는 총회의 종료부터 1년간 회사에 보존하고

주주 또는 그 밖의 이해관계자의 요구가 있을 때에는 이들의 열람·등사에 응하여야 한다.

제9장 보칙

제46조【규정의 개정】

이 규정의 개정은 총회의 결의로 개정할 수 있다.

〈부 칙〉

제47조【시행일】

이 규정은 ○○○○년 ○○월 ○○부터 시행한다.

〈서 식〉

(서식 1) 주주총회 소집통지서
(서식 2) 주주총회소집 주주전원동의서

(서식 1)

주주총회 소집통지서

수   신 : ○○주식회사 주주 귀하
발   신 : ○○주식회사 대표이사
발송일자 : ○○○○년 ○○월 ○○일
제   목 : 제○○기 주주총회 소집통지서

1. 주주님의 건승을 기원합니다.
2. ○○주식회사는 제○○기 정기주주총회를 다음과 같이 소집합니다. 주주의 빠짐없는 참석을 바랍니다.

- 다   음 -

　　　1) 일시 : ○○○○년 ○○월 ○○일, ○○시
　　　2) 장소 : ○○특별시 ○○구 ○○로 ○○길 ○○주식회사 회의실
　　　3) 회의목적사항
　　　　　　①제1호 의안 : 제○○기 재무제표 승인의 건
　　　　　　②제2호 의안 : 정관 일부 변경의 건
　　　　　　③제3안 의안 : 당기 이사 보수한도 승인 건
　　　　　　④제4안 의안 : 당기 감사 보수한도 승인 건

3. 공고 : 당사 웹사이트

　　　　　　　　　　http://www.kofe.kr

4. 문의
　전화 : 02-1234-5678,　팩스 : 02-1234-9123

　　　　상기와 같이 ○○주식회사 주주총회를 통지합니다.

　　　　　　　　○○○○년 ○○월 ○○일

　　　　　　　　○○ 주 식 회 사

　　　　　　　　대표이사 ○○○　　　(인)

(서식 2)

주주총회소집 주주전원 동의서

　　○○주식회사 주주총회 소집에 따른 상법 및 정관 규정에 따라 주주 전원의 동의로서 주주
총회 소집통지서를 갈음하여 주주총회소집에 관한 동의서를 제출합니다.

1. 동의사항 : 제○○기 정기주주총회 소집통지 건
2. 주주총회 사항
　　　　1) 일시 : ○○○○년 ○○월 ○○일, 오전 ○○시
　　　　2) 장소 : ○○특별시 ○○구 ○○로 ○○길 ○○주식회사 회의실
　　　　3) 회의목적사항 :
　　　　　　　　①제1호 의안 : 제○○기 재무제표 승인의 건
　　　　　　　　②제2호 의안 : 정관 일부 변경의 건
　　　　　　　　③제3안 의안 : 당기 이사 보수한도 승인 건
　　　　　　　　④제4안 의안 : 당기 감사 보수한도 승인 건

○○주식회사 주주 전원은 정기주주총회 소집통지를 생략하고 이 동의서로 소집통지서에 갈음할
것을 기명날인으로 동의합니다.

○○○○년 ○○월 ○○일

○○주식회사 주주전원

　　　　　　　　주주 ○ ○ ○(주민등록번호)　㊞
　　　　　　　　주주 ○ ○ ○(주민등록번호)　㊞
　　　　　　　　주주 ○ ○ ○(주민등록번호)　㊞
　　　　　　　　주주 ○ ○ ○(주민등록번호)　㊞

참고 상법 363조 ④ 자본금 총액이 10억원 미만인 회사는 주주 전원의 동의가 있을 경우에는 소집절차
없이 주주총회를 개최할 수 있고, 서면에 의한 결의로써 주주총회의 결의를 갈음할 수 있다. 결의의 목
적사항에 대하여 주주 전원이 서면으로 동의를 한 때에는 서면에 의한 결의가 있는 것으로 본다. 〈개정
2014.5.20.〉
⑤ 제4항의 서면에 의한 결의는 주주총회의 결의와 같은 효력이 있다. 〈개정 2014.5.20.〉
⑥ 서면에 의한 결의에 대하여는 주주총회에 관한 규정을 준용한다. 〈개정 2014.5.20.〉

[13]
유한회사 사원총회규정

제정 ○○○○년 ○○월 ○○일
개정 ○○○○년 ○○월 ○○일

〈총 칙〉

제1조【목적】

이 규정은 ○○○유한회사(이하 '회사'라 한다)의 유한총회(이하 '총회'라 한다)의 결의와 운영에 관한 필요한 사항을 규정함을 목적으로 한다.

제2조【적용대상】

사원총회는 법령 또는 정관에서 반하지 않는 회사의 모든 사항에 대하여 결의한다.

제3조【총회의 종류】

사원총회는 정기총회와 임시총회로 소집하며, 이사가 소집함을 원칙으로 한다.

제4조【소집권자】

사원총회는 다음 각 호에 해당하는 자가 소집한다.

1. 이사는 정기총회와 임시총회를 소집할 수 있다.
2. 감사는 임시총회를 소집할 수 있다.
3. 청산인은 회사가 청산중인 경우에 총회를 소집할 수 있다.
4. 자본총액의 100분의 5이상의 출자좌수를 가진 사원은 회의의 목적사항과 소집의 이유를 기재한 서면으로 대표이사에게 총회소집을 요구할 수 있다.

제5조【소집절차】

① 대표이사는 사원총회일 1주간 전에 각 사원에게 다음 각 호의 사항을 기재한 서면을 사원에게 통지하여 소집할 수 있다.

1. 소집안건   2. 소집일시

3. 소집장소   4. 기타 소집에 따른 사항

② 총사원의 동의가 있을 경우 총회소집절차 없이 총회를 개최할 수 있다.

제6조【소집시기】

① 정기총회는 각 사업연도 종료 후 2월내에 1회 소집한다. 단, 년 2회 이상의 결산기를 정한 경우에 매 결산기 종료 후 2월내에 소집한다.

② 임시총회는 필요한 경우에 대표이사가 소집한다.

제7조【소집장소】

총회는 본점 소재지 또는 인접한 지역에서 소집한다.

제8조【소집 연기와 속행】

① 총회는 의사에 들어가지 않고 기일을 연기할 수 있으며, 의사가 끝나지 않았을 때에는 다시 기일을 정하여 속행할 수 있다.

② 제1항의 총회의 연기나 속행은 총회의 결의로 하며, 별도의 소집통지나 공고를 하지 않는다.

제9조【의결권】

① 각 사원은 출자 1좌마다 1개의 의결권을 가진다. 단, 총회에 출석한 사원으로 한다.

② 총회의 결의에 관하여 특별한 이해관계가 있는 자는 의결권을 행사하지 못한다.

참고 의결권 1좌 1개 의결권의 원칙 : 상법 제368조, 575조, 578조

제10조【의결권의 대리행사】

① 본인이 총회에 출석할 수 없는 경우에 대리인으로 하여금 의결권을 행사하게 할 수 있다.

② 총회에 출석하는 사원의 대리인은 대리권을 증명하는 서면을 회사에 제출해야 한다.

③ 대리인의 자격에는 제한이 없으나, 회사 자신이 대리인이 될 수 없다.

참고 서면에 의한 의결권의 행사 : 정관이 정하는 바에 따라 총회에 출석하지 아니하고 서면에 의하여 의결권을 행사할 수 있다(상법 368조의3).

제11조【보통결의사항】

① 사원총회에서 보통결의사항은 다음 각 호와 같다.

1. 이사·감사의 선임과 해임   2. 총회의 연기 및 속행
3. 재무제표의 승인   4. 이익·이자의 배당과 배당금지급시기의 결정

② 제1항의 보통결의는 의결권의 과반수를 가지는 사원이 출석하고, 그 의결권의 과반수로써 결의한다.

제12조【특별결의사항】

① 사원총회에서 특별결의사항은 다음 각 호와 같다.

1. 정관변경   2. 사후설립
3. 영업의 전부 또는 중요한 일부의 양도 및 영업전부의 임대 또는 경영위임·공통이익계약·타사의 영업전부의 양수
4. 자본증가의 경우에 현물출자   5. 재산인수
6. 특정한 출자인수권의 부여   7. 사원의 법정출자인수권에 대한 제한

8. 사후증자 9. 합병·해산·회사의 계속

② 제1항의 특별결의는 의결권을 행사할 수 없는 사원을 제외한 총 사원의 반 수 이상이며, 총사원의 의결권의 4분의 3 이상을 가지는 사원의 동의로 한다.

제13조 【특수결의사항】

① 사원총회에서 특수결의사항은 다음의 각 호와 같다.

1. 유한회사에서 주식회사로의 조직변경
2. 이사와 감사의 책임면제
3. 서면에 의한 결의

② 제1항의 특수결의는 총사원의 동의로 한다.

제14조 【서면결의】

① 총회의 결의를 하여야 할 경우에, 총사원의 동의가 있는 때에는 서면에 의한 결의를 할 수 있다.

② 결의의 목적사항에 대하여 총사원이 서면으로 동의를 한 때에는 서면에 의한 결의로 본다.

> 참고 서면에 의한 의결권의 행사 : 정관이 정하는 바에 따라 총회에 출석하지 아니하고 서면에 의하여 의결권을 행사할 수 있다(상법 368조의3).

제15조 【재무제표 등의 비치】

회사는 정기총회일의 1주간전부터 5년간 다음 각 호의 서류를 본점에 비치하여야 한다.

1. 재무상태표 2. 이익계산서
3. 이익잉여금처분계산서 또는 결손금처리계산서
4. 영업보고서 5. 감사보고서

제16조 【의사록 등】

사원총회의 의사에 관한 의사에 대하여 기록한다.

〈부　칙〉

제17조 【시행일】

이 규정은 ○○○○년 ○○월 ○○부터 시행한다.

〈서　식〉

(서식 1) 정기사원총회 의사록
(서식 2) 임시사원총회 의사록

(서식 1)

(정기) 사원총회 의사록

○○○○년 ○○월 ○○일 오전 10시 00분, ○○시 ○○구 ○○동 ○○번지 당사 본점 강당에서 제○○회 정기사원총회를 개최하였다.

(출석)
1. 총사원수 : ○명 (출좌총수 : ○○○○주)
2. 출석주주 : ○명 (출좌총수 : ○○○○주)

(개회)
정각 11시 대표이사 ○○○는 의장으로서 총회의 개최를 선언하고, 이사 ○○○이 당기의 사업현황에 결산보고 및 설명을 하고, 부의 안건에 대한 승인을 요청하였다.

(의결)
1. 제1호 의안 제○사업기 결산 및 재무제표 등에 대한 승인에 대한 건
2. 이에 대하여 출석사원 전원의 찬성으로 승인 및 가결하였다.

(폐회)
이상의 의안을 모두 처리하고 오전 12시 의장은 총회의 폐회를 선언하였다.

위 의안의 경과 및 결과에 대한 의사록이 사실임을 증명하기 위하여 의장과 출석사원은 다음과 같이 서명날인을 한다.

○○○○년 ○○○○월 ○○○○일

○○○유한회사 정기사원총회

의장(사원)성명 ○○○ (인)
사   원 ○○○ (인)
사   원 ○○○ (인)

(서식 2)

(임시) 사원총회 의사록

○○○유한회사는 ○○○○년 ○○월 ○○일 본사 본점에서 임시사원총회를 개최하다.

(출석)

사원총수　　3명　　　출좌 및 의결권의 수　1,000개

출석사원　　3명　　　출좌 및 의결권의 수　1,000개

정각 오전 10시 대표이사 ○○○는 의장석에서 개최를 선언하고 의사를 시작하다.

(의안)

제1호 의안 : 정관의 변경 (제○조 ○○○사항)

의장 대표이사 ○○○는 정관의 제○조 ○○○에 관하여 변경의 필요성을 설명하고 이에 대한 승인을 요청하여 사원전원의 만장일치로 정관변경에 대하여 승인가결 하였다.

(폐회)

이상으로써 의사를 종료하였으므로 의장은 폐회를 고하고 오전 11시 30분에 폐회를 선언하다.

이상 의사를 명확히 하기 위하여 의사록을 작성하고 의장 및 출석이사는 기명 날인하다.

○○○○년 ○○월 ○○ 일

○○○유한회사

의장(사원)성명　○　○　○　(인)

사　　　　원　○　○　○　(인)

사　　　　원　○　○　○　(인)

제6편

이사회 관련 규정

주식회사 이사회 검토사항

구분	검토사항	상법
이 사 의 수	• 이사의 수는 3인 이상으로 한다. 다만, 자본금 10억원 미만인 회사는 1인 혹은 2인으로 할 수 있다. • 이사가 2인 이하는 이사회구성의무는 면제되나 상법상 이사회 결의 사항에 대하여 2인 이상의 합의로 결정한다. • 이사가 1인 이하는 상법상 이사회결의사항은 주주총회 결의로 한다. 단, 총회소집 등 절차에 관한 사항은 1인 이사의 결정으로 한다.	제383조 (합의설) 제383조
이사의 임기	• 이사의 임기는 3년을 초과하지 못한다. 다만, 정관으로 임지중의 최종결산기 정기주총 종결 시까지 연장이 가능하다.	제383조
이사회 권한	• 회사의 중요한 업무집행은 이사회의 결의로 한다. • 이사회는 이사의 직무 집행을 감독한다. • 이사는 다른 이사업무를 이사회에 보고를 요구할 수 있다. • 이사는 3월에 1회 이상 업무의 집행상황을 이사회에 보고한다.	제393조
소 집 방 법	• 이사회는 각 이사 또는 소집권자인 이사가 소집한다. • 이사회는 1주전에 이사와 감사에 게 통지하여야 한다. • 이사회는 이사와 감사 전원의 동의로 언제든지 회의할 수 있다.	제390조
결 의 방 법	• 이사회의 결의는 이사과반수의 출석과 출석이사의 과반수로 한다.	제391조
의 사 록	• 이사회의는 의사에 관하여는 의사록을 작성하여야 한다. • 의사록은 의사의 안건, 경과요령, 그 결과, 반대하는 자와 그 반대이유를 기재하고 출석한 이사와감사가 기명날인 또는 서명하여야 한다.	제391조의3
결 의 사 항	이사회 소집권자의 결정 주주총회의 소집 대표이사의 선임 중요한 자산의 처분 및 양도,, 대규모 재산의 차입 및 양도 지점의 설치·이전 또는 폐지, 지배인의 선임과 해임 중간배당의 결정 주식의 양도 주식매수선택권의 취소 자기주식의 처분 이사의 경업승인 이사의 자기거래승인 준비금의 자본전입 정관상 이사회 재무제표의 승인 정관상 이사회 영업보고서의 승인 소규모 합병의 승인(527조의2), 간이합병의 승인(제527조의3) 이사회내 위원회의 설치 및 감사위원의 선임 감사위원의 해임 신주의 발행(416조), 사채의 발행(469조), 전환사채의 발행(513조) 신주인수권부사채의 발행	제390조 제362조 제389조 제393조 제393조 제462조의3 제335조 제340조의3 제342조 제397조 제398조 제461조 제447조 제447조의2 제527조의2,3 제393조의2 제415조의2 제416조 제516조의2

[14]
중소기업 주식회사 이사회규정

제정 ○○○○년 ○○월 ○○일
개정 ○○○○년 ○○월 ○○일

〈총   칙〉

제1조【이사회의 목적】

이 규정은 ○○주식회사(이하 '회사'라고 한다)의 발전을 위하여 법령과 정관, 주주총회에서 정한 이사회의 절차와 운영을 목적으로 한다.

제2조【이사회의 구성】

① 이사회는 주주총회에서 선임된 이사로 구성한다.

② 이사회의 의장은 대표이사 회장 또는 사장이 된다. 회장 또는 사장이 유고시에는 회사의 정관이 정하는 순서로서 그 직무를 대행한다.

③ 이사회의업무를 처리하기 위하여 1명의 간사를 둔다.

제3조【이사회의 구분】

이사회는 정기이사회와 임시이사회로 구분한다.

제4조【이사회의 소집】

① 이사회의 소집은 대표이사가 소집권자이다.

② 소집권자가 아닌 이사는 소집권자에게 이사회 소집을 요구할 수 있다.

③ 소집권자가 정당한 이유없이 이사회 소집을 거절하는 경우에는 다른 이사가 이사회를 소집할 수 있다.

④ 이사회의 소집은 회의 1주일 전에 이사와 감사 전원에게 통지하여야 한다. 다만, 이사와 감사 전원의 동의로 소집절차를 생략할 수 있다.

> **참고** 이사회의 소집통지기간은 정관으로 그 기간을 단축할 수 있다(상법 390조).

제5조 【이사회의 개최】
① 정기 이사회는 3월에 1회 이상 개최한다.
② 임시 이사회는 이사와 감사 전원의 동의 또는 감사와 이사 과반수의 요청으로 언제든지 개최할 수 있다.

제6조 【이사회의 성립】
이사회의는 이사 과반수의 출석으로 성립한다.

제7조 【이사회의 결의】
① 이사회의 결의는 이사과반수의 출석과 출석이사의 과반수로 결의한다. 그러나 정관으로 그 비율을 높게 정할 수 있다.
② 정관에서 달리 정하는 경우를 제외하고 이사회는 이사의 전부 또는 일부가 직접 회의에 출석하지 아니하고 모든 이사가 음성을 동시에 송수신하는 원격통신수단에 의하여 결의에 참가하는 것을 허용할 수 있다. 이 경우 당해 이사는 이사회에 직접 출석한 것으로 본다.

> **참고** (상법 391조)

제8조 【결의사항】
① 다음 각 호에 해당하는 회사의 업무집행은 이사회결의로 한다.
  1. 정관의 변경에 관한 주주총회 부의사항
  2. 주주총회의 소집사항·위임사항·제출사항
  3. 회사의 중요한 경영계획 및 사업계획과 운영에 관한 사항
  4. 신규 사업 진출 및 투자에 관한 사항
  5. 회사의 중요재산 취득 및 처분에 관한 사항
  6. 회사와 이사에 관한 사항
  7. 자산 및 자금운영에 관한 사항
  8. 지배인의 선임과 해임에 관한 사항
  9. 지점의 설치와 이전 및 폐지에 관한 사항
  10. 회사규정의 제정 및 개폐에 관한 사항
  11. 투자자유치 및 자본유치에 관한 사항
  12. 기타 이사회 결의가 필요하다고 인정하는 사항
② 이사회에 결의할 안건은 담당이사가 이사회개최일 7일 전까지 대표이사에게 제출하여야 한다.

> **참고** 이사회의 권한: (상법 393조)

제9조 【대표이사의 선임】
① 회사는 이사회의 결의로 회사를 대표할 이사를 선임한다. 다만, 정관으로 주주총회에서 선정할 것을 정한 경우에는 이사회에서 선임하지 아니한다.

② 이사회의 의장은 대표이사가 맡는다.

> **참고** 정관으로 주주총회에서 선정할 것을 정할 수 있으며, 2인 이상의 대표이사가 공동으로 회사를 대표할 것을 정할 수 있다. (상법 389조).

제10조【간사의 임명】

이사회는 사무를 총괄할 간사로 회사의 관리팀장을 임명한다.

제11조【이사회에 보고】

① 대표이사는 3월에 1회 이상 업무의 집행상황을 이사회에 보고하여야 한다.

② 감사는 정기 이사회에서 회사의 영업과 관련한 사항을 보고하여야 한다.

제12조【이사회의 장소】

이사회는 본사 회의실에서 개최한다. 다만, 필요한 경우에 의장이 정하는 본사 이외의 장소에서 개최할 수 있다.

제13조【감사의 출석】

① 감사는 이사회에 출석하여 의견을 진술할 수 있다.

② 감사는 이사가 법령 또는 정관에 위반한 행위를 하거나 그 행위를 할 염려가 있다고 인정한 때에는 이사회에 이를 보고하여야 한다.

제14조【관계자의 출석】

이사회는 의장의 동의로 이사 외의 관계자를 출석시켜 의견을 청취할 수 있다.

제15조【연기와 속행】

이사회에서는 회의의 속행 또는 연기의 결의를 할 수 있다.

제16조【의사록】

① 이사회는 회의진행에 대하여 의사록을 작성하여야 한다.

② 의사록은 의사의 안건, 경과요령, 그 결과, 반대하는 자와 그 반대이유를 기재하고 출석한 이사 및 감사가 기명날인 또는 서명하여야 한다.

③ 의사록은 총무가 기록하고 보관한다.

제17조【위원회】

① 이사회는 정관이 정하는 바에 따라 이사회 내에 위원회를 설치할 수 있다.

② 이사회는 다음 각 호의 사항을 제외하고는 그 권한을 위원회에 위임할 수 있다.

  1. 주주총회의 승인에 관한 사항

  2. 대표이사의 선임 및 해임에 관한 사항

  3. 위원회의 설치와 그 위원의 선임 및 해임에 관한 사항

  4. 정관에서 정하는 사항

〈부 칙〉

제18조【시행일】

이 규정은 ○○○○년 ○○월 ○○일부터 시행한다.

(서식 1)

이사회소집동의서

○○주식회사 이사와 감사 모두는 다음과 같이 이사회를 개최할 것을 동의합니다.

- 이사회 소집사항 -

1. 소집권자 : 대표이사 명 ○ ○ ○

2. 일   시 :

3. 장   소 :

4. 회의목적사항 :

      1) 제1호 의안

      2) 제2호 의안

      3) 제3호 의안

- 문   의 -

1. 담당자 : 경영관리팀장 (성명 ○ ○ ○)

2. 연락처 : 전화 :   팩스 :

      ○○주식회사 이사와 감사는 위와 같이 이사회소집에 동의합니다

          202 년   월 일

          ○○주식회사

          대표이사 ○ ○ ○ ㊞   사내이사 ○ ○ ○ ㊞

          사내이사 ○ ○ ○ ㊞   사내이사 ○ ○ ○ ㊞

                        감   사 ○ ○ ○ ㊞

참고 상법 제390조(이사회의 소집)
③이사회를 소집함에는 회일을 정하고 그 1주간전에 각 이사 및 감사에 대하여 통지를 발송하여야 한다. 그러나 그 기간은 정관으로 단축할 수 있다. 〈개정 1984.4.10.〉
④이사회는 이사 및 감사 전원의 동의가 있는 때에는 제3항의 절차없이 언제든지 회의할 수 있다. 〈개정 2001.7.24.〉

(서식 2)

이사회의사록

○○주식회사는 다음과 같이 이사회를 소집하여 의안을 심의하고 결의하였다.

1. 소집
   1) 일시 : ○○○○년 ○○월 ○○일, 오전 ○○시 ○○분
   2) 장소 : ○○주식회사 9층 회의실
   3) 출석 : 이사총원 ○명, 출석이사 ○명, 감사총원 ○명, 출석감사 ○명

2. 개회 〈개회시각 : 오전 ○○시 ○○분〉
이사회 의장인 대표이사 ○○○은 의장석에서 이사회가 이사○명와 감사○명의 출석으로 이사회
적법하게 성립되었음을 알리고 개회를 선언하다.

3. 제1호 의안 : 지점 설치의 건
의장 대표이사 ○○○은 다음의 소재지에 지점설치의 필요성을 설명하고 심의를 요청하여 이사 전
원의 찬성으로 승인으로 가결하였다.
   1) 지점설치 소재지 및 장소 : ○○○○시 ○○구 ○○로 ○○길
   2) 지점설치 일자 : ○○○○년 ○○월 ○○일

4. 폐회 〈폐회시각 : 오전 ○○시 ○○분〉
의장은 의안이 모두 심의되어 이사회를 종료할 것을 알리고 폐회를 선언하다.

이사회 출석 이사와 감사는 위와 같이 이사회의 경과요령과 결의되었음을 기명날인으로 증명합니
다.

202 년 월 일
○○주식회사

대표이사   ㉑
이   사   ㉑
이   사   ㉑
감   사   ㉑

[15]
벤처기업 주식회사 이사회규정

제정 ○○○○년 ○○월 ○○일
개정 ○○○○년 ○○월 ○○일

〈총 칙〉

제1장 통칙

제1조【목적】

이 규정은 ○○주식회사(이하 '회사'라 한다)의 경영과 관련한 의사결정기관인 이사회(이하 '이사회'라 한다)의 운영에 관한 규정함을 목적으로 한다.

제2조【적용범위】

이 규정은 회사의 이사회의 구성원과 이사회의 개최와 결의에 관하여 적용하며, 법령과 주주총회, 정관과 이사회에 위임한 사항 및 규정이 그 적용범위와 적용대상이다.

제3조【이사회의 권한과 의무】

이사회는 권한과 의무는 다음 각 호와 같다.

1. 중요한 자산의 처분 및 양도, 대규모 재산의 차입, 지배인의 선임 또는 해임과 지점의 설치 및 이전 또는 폐지 등 회사의 업무집행은 이사회의 결의로 한다.
2. 이사회는 이사의 직무의 집행을 감독한다.
3. 이사는 대표이사로 하여금 다른 이사 또는 피용자의 업무에 관하여 이사회에 보고할 것을 요구할 수 있다.

4. 이사는 3월에 1회 이상 업무의 집행상황을 이사회에 보고하여야 한다.

참고 상법 393조

제2장 이사회

제4조 【이사회 구성】

① 이사회는 이사 전원으로 구성한다.

② 이사회의 구성원은 3인 이상 5인 이내로 한다.

> 참고 1. 이사회의 구성원 수는 정관에서 정한 수로 한다.
> 2. 이사의 수에 상한선을 두면 초기의 대주주와 그 우호 세력이 과반수의 의결권을 가지지 못할 때에도 주주가 기존 이사들의 재임 기간은 이사회 주도권을 유지할 수 있다.

제5조 【의장】

① 이사회의 의장은 대표이사 사장(이하 '대표이사'라 한다)으로 한다.

② 대표이사가 사고로 인하여 직무를 수행할 수 없을 때에는 대표이사가 지명한 이사가 그 직무를 대행한다.

③ 의장은 이사회의 질서를 유지하고 의사를 정리한다.

제6조 【감사의 출석】

① 감사는 이사회에 출석하여 의견을 진술할 수 있다.

② 감사는 이사가 법령 또는 정관에 위반한 행위를 하거나 그 행위를 할 염려가 있다고 인정한 때에는 이사회에 이를 보고하여야 한다.

제7조 【관계인의 출석】

이사회는 의안을 심의함에 있어 관계 임직원 또는 외부 인사를 출석시켜 의안에 대한 설명이나 의견을 청취할 수 있다.

제3장 회의

제8조 【이사회의 구분】

① 이사회의는 정기이사회의와 임시이사회의로 한다.

② 정기이사회의는 ○월 ○○주 ○요일에 개최한다.

③ 임시이사회의는 필요에 따라 수시로 개최한다.

> ※ 이사는 3개월에 1회이상 업무의 집행상황을 이사회에 보고하여야 한다(상법 제393조).

제9조 【소집권자】

이사회는 대표이사가 소집한다. 그러나 대표이사가 사고로 인하여 직무를 행할 수 없을 때에는 사장, 전무이사, 상무이사, 대표이사가 지명한 이사의 순서로 그 직무를 대행한다.

제10조 【소집절차】

① 이사회를 소집함에는 이사회일자를 정하고 그 10일(1주일, 5일, 3일, 24시간)전에 각 이사 및 감사에 대하여 통지를 발송하여야 한다.

② 이사회는 이사 및 감사 전원의 동의가 있을 때에는 제1항의 절차에 상관없이 언제든지 회의를 할 수 있다(상법 제390조 제2항, 제3항).

제4장 결의와 보고

제11조 【결의방법】

① 이사회의 결의는 이사 과반수의 출석과 출석이사 과반수로 한다.

② 이사회는 이사의 전부 또는 일부가 직접 회의에 출석하지 아니하고 모든 이사가 동영상 및 음성을 동시에 송수신하는 통신수단에 의하여 결의에 참가하는 것을 허용할 수 있으며, 이 경우 당해 이사는 이사회에 직접 출석한 것으로 본다.

③ 이사회의 결의에 관하여 특별한 이해관계가 있는 이사는 의결권을 행사하지 못한다.

④ 제3항의 규정에 의하여 의결권을 행사할 수 없는 이사의 수는 출석한 이사의 수에 산입하지 아니한다.

제12조 【결의사항】

이사회의 부의 및 결의사항은 다음 각 호와 같다.

1. 법령 또는 정관에서 정한 이사회에 관한 사항
2. 주주총회에 관한 사항
3. 경영에 관한 주요사항
4. 재무에 관한 주요사항
5. 이사에 관한 사항

> **참고** (상법 302조, 317조) 주식의 양도에 관하여 이사회의 승인을 얻도록 정한 때에는 그 규정
> (상법 제335조) ①주식은 타인에게 양도할 수 있다. 다만, 회사는 정관으로 정하는 바에 따라 그 발행하는 주식의 양도에 관하여 이사회의 승인을 받도록 할 수 있다. 〈개정 2011.4.14〉
> ②제1항 단서의 규정에 위반하여 이사회의 승인을 얻지 아니한 주식의 양도는 회사에 대하여 효력이 없다.

제13조 【보고사항】

이사회에 부의 및 보고사항은 다음과 같다.

1. 이사가 법령 또는 정관에 위반한 행위를 하거나 그 행위를 할 염려가 있다고 감사가 인정한 사항
2. 중요한 소송의 제기사항
3. 주식매수선택권 부여의 취소사항 (상법 제340조의3 제1항 제5호)
4. 법령 또는 정관에 정한 사항
5. 주주총회에서 위임받은 사항
6. 대표이사가 필요하다고 인정하는 사항
7. 기타 경영상 중요한 업무집행에 관한 사항

제5장 보칙

제14조 【권한의 위임】

이사회는 법령 또는 정관에 정해진 사항을 제외하고는 이사회 결의로써 일정한 범위를 정하여

대표이사 사장에게 그 결정을 위임할 수 있다. (상법 제393조1항, 제389조)

제15조【이사의 직무집행에 대한 감독권】

① 이사회는 이사의 청구가 있거나 필요하다고 판단한 경우 해당이사에 대하여 관련자료의 제출, 조사 및 설명을 요청할 수 있다.

② 제1항에 의하여 감독권을 행사한 이사회는 그 결과에 대하여 적절한 조치를 취하여야 한다.

참고 (상법 제393조 제2항, 제3항, 제4항)

제16조【의사록】

① 이사회의 의사에 관하여는 의사록을 작성하여야 한다.

② 이사회의 의사록 기재사항은 다음 각 호와 같다.

1. 안건
2. 경과과정
3. 의결사항
4. 반대의결과 반대자와 반대의 이유
5. 출석한 이사 및 감사의 기명날인 및 서명

참고 상법 제399조(회사에 대한 책임) ①이사가 고의 또는 과실로 법령 또는 정관에 위반한 행위를 하거나 그 임무를 게을리한 경우에는 그 이사는 회사에 대하여 연대하여 손해를 배상할 책임이 있다.
②전항의 행위가 이사회의 결의에 의한 것인 때에는 그 결의에 찬성한 이사도 전항의 책임이 있다.
③전항의 결의에 참가한 이사로서 이의를 한 기재가 의사록에 없는 자는 그 결의에 찬성한 것으로 추정한다. 〈2011.4.11〉

〈부 칙〉

제17조【시행일】

이 규정은 ○○○○년 ○○월 ○○일부터 시행한다.

(서식 1)

이사회소집통지서

○○주식회사는 상법과 정관 및 이사회운영규정에 따라 다음과 같이 이사회를 개최하고자 하오니 이사와 감사는 빠짐없이 참석을 바랍니다.

- 다   음 -

1. 이사회소집권자 : ○○주식회사 대표이사 ○○○

2. 이사회소집 출석자 : ○○주식회사 이사와 감사

3. 소집일시 :

4. 소집장소 :

5. 회의목적사항

   1) 정기주주총회 소집의 건

   2) 임원급여규정 개정의 건

6. 문의 및 연락처

   1) 담당자 : 이사회 총무 경영관리팀장 ○ ○ ○

   2) 전화 :   팩 스 :

위와 같이 이사회를 소집하오니 참석하여 주시기 바랍니다.

202 년   월   일

○○주식회사

이사회의장 대표이사   ○ ○ ○ ㊞

[16]
코스닥시장 상장법인 이사회규정

제정 ○○○○년 ○○월 ○○일
개정 ○○○○년 ○○월 ○○일

〈총 칙〉

제1장 통칙

제1조 【목적】

이 규정은 ○○주식회사 이사회(이하 '이사회'라 한다)의 효율적인 운영을 위하여 필요한 사항을 규정함을 목적으로 한다.

제2조 【적용범위】

이사회에 관한 사항은 법령 또는 ○○주식회사 정관(이하 '정관'이라 한다)에 정하여진 것 이외에는 본 규정이 정하는 바에 따른다.

제3조 【권한】

① 이사회는 법령 또는 회사 정관에서 정한 사항, 주주총회로부터 위임받은 사항, 회사경영의 기본방침 및 업무집행에 관한 중요사항을 의결한다.

② 이사회는 이사의 직무집행을 감독한다(상법 제393조 제1항, 제2항).

제4조 【이사회의 위원회】

① 이사회는 정관이 정한 바에 따라 위원회를 설치할 수 있다.

② 이사회는 다음 각 호의 사항을 제외하고는 그 권한을 위원회에 위임할 수 있다.

　　1. 주주총회의 승인을 필요한 사항의 제안

2. 대표이사의 선임 및 해임

3. 위원회의 설치와 그 위원의 선임 및 해임

4. 정관에서 정하는 사항

③ 각 위원회의 구성, 권한, 운영 등에 관한 세부사항은 이사회의 결의로 정한다(상법 제393조의 2 제1항, 제2항, 제5항).

제2장 구성

제5조 【구성】

① 이사회는 이사 전원으로 구성한다.

② 이사회의 구성원은 3인 이상 ○인 이내로 한다.

③ 이사회에는 이사 총수의 4분의 1 이상의 사외이사를 둔다.

> 참고 1. 이사회의 구성원은 정관에서 정한 구성원으로 하고 없으면 적정수로 한다.
> 2. 최근 사업연도말 현재의 자산총액이 2조원 이상의 대형회사는 이사총수의 2분의 1(최소 3인)이상의 사외이사를 두어야 한다. (상법 제382조, 제382조 제1항, 증권거래법 제191조의 16 제1항, 제3항 66)

제6조 【의장】

① 이사회의 의장은 대표이사 사장(이하 '대표이사'라 한다)으로 한다.

② 대표이사가 사고로 직무를 수행할 수 없을 때에는 부사장, 전무이사, 상무이사, 대표이사가 지명한 이사의 순서로 그 직무를 대행한다.

③ 의장은 이사회의 질서를 유지하고 의사를 정리한다.

> 참고 대표이사 회장의 직제가 있는 경우 대표이사 회장(사장)으로 한다.

제7조 【감사의 출석】

① 감사는 이사회에 출석하여 의견을 진술할 수 있다.

② 감사는 이사가 법령 또는 정관에 위반한 행위를 하거나 그 행위를 할 염려가 있다고 인정한 때에는 이사회에 이를 보고하여야 한다.

> 참고 감사위원회를 설치한 경우 본 조항을 두지 않는다(상법 제391조의2, 제415조의2).

제8조 【관계인의 출석】

이사회는 의안을 심의에서 관계 임직원 또는 외부인사를 출석시켜 의안에 대한 설명이나 의견을 청취할 수 있다.

제3장 회의

제9조 【종류】

① 이사회는 정기이사회와 임시이사회로 한다.

② 정기이사회는 ○월 ○○주 ○요일에 개최한다.

③ 임시이사회는 필요에 따라 수시로 개최한다.

> 참고 1. 정기이사회를 격월 또는 분기에 1회씩 개최하는 경우에는 개최 월을 명시하는 것이 바람직하다.
> 2. 법령에서는 3개월에 1회 이상 업무의 집행상황을 이사회에 보고하도록 하고 있으므로 특별한 의안이 없더라도 보고의제만으로 정기이사회를 개최할 수 있게 되었다(상법 제393조4항).

제10조 【소집권자】

① 이사회는 대표이사가 소집한다. 그러나 대표이사가 사고로 인하여 직무를 행할 수 없을 때에는 사장, 전무이사, 상무이사, 대표이사가 지명한 이사의 순서로 그 직무를 대행한다.

② 각 이사는 대표이사 사장에게 의안을 서면으로 제출하여 이사회의 소집을 청구할 수 있다. 이 경우 대표이사 사장이 ○일 이내에 이사회를 소집하지 아니하는 때에는 그 소집을 청구한 이사가 이사회를 소집할 수 있다.

> 참고 소집권자가 아닌 이사의 이사회 소집 청구와 소집 절차를 정한 것으로 '○일' 이내란 '5일' 이내의 가까운 일자를 말한다(상법 제390조 1항).

제11조 【소집절차】

① 이사회를 소집함에는 이사회일자를 정하고 그 10일(1주일, 5일, 3일, 24시간)전에 각 이사 및 감사에 대하여 통지를 발송하여야 한다.

② 이사회는 이사 및 감사 전원의 동의가 있을 때에는 제1항의 절차에 상관없이 언제든지 회의를 할 수 있다(상법 제390조 제2항, 제3항).

제4장 부의와 보고

제12조 【결의방법】

① 이사회의 결의는 법령에 다른 정함이 있는 경우를 제외하고는 이사 과반수의 출석과 출석이사 과반수로 한다.

② 이사회는 이사의 전부 또는 일부가 직접 회의에 출석하지 아니하고 모든 이사가 동영상 및 음성을 동시에 송수신하는 통신수단에 의하여 결의에 참가하는 것을 허용할 수 있으며, 이 경우 당해 이사는 이사회에 직접 출석한 것으로 본다.

③ 이사회의 결의에 관하여 특별한 이해관계가 있는 이사는 의결권을 행사하지 못한다.

④ 제3항의 규정에 의하여 의결권을 행사할 수 없는 이사의 수는 출석한 이사의 수에 산입하지 아니한다.

> 참고 제1항에서 '법령에 다른 정함이 있는 경우' 라 함은 감사위원회 위원의 해임에 관한 상법 조항을 말한다(상법 제415조의2 제3항, 제391조, 제368조 제4항, 제371조 제2항)

제13조 【부의사항】

이사회의 부의할 안건은 결의사항과 보고사항으로 다음 각 호와 같다.

1. 법령 또는 정관에서 정한 이사회에 관한 사항
2. 주주총회에 관한 사항
3. 경영에 관한 주요사항

4. 재무에 곤한 주요사항

5. 위원회가 위임을 받아 처리한 사항에 대한 보고사항

6. 이사에 관한 사항

> 참고 이사는 3개월에 1회 이상 업무의 집행상황을 이사회에 보고하여야 한다(상법 제393조).

제14조 【주주총회 관련 결의사항】

이사회에 부의할 주주총회 관련 결의사항은 다음 각 호와 같다.

1. 주주총회의 소집(상법 제362조)
2. 영업보고서의 승인(상법 제447조의2 제1항)
3. 재무제표의 승인(상법 제447조)
4. 정관의 변경(상법 제433조)
5. 자본의 감소(상법 제438조)
6. 회사의 해산, 합병, 분할합병, 회사의 계속(상법 제517조, 제522조, 제530조의2, 제519조)
7. 주식의 소각(상법 제343조, 증권거래법 제189조)
8. 회사의 영업 전부 또는 중요한 일부의 양도 및 다른 회사의 영업 전부의 양수(상법 제374조)
9. 영업 전부의 임대 또는 경영위임, 타인과 영업의 손익 전부를 같이하는 계약, 기타 이에 준할 계약의 체결이나 변경 또는 해약(상법 제374조 제2항)
10. 이사, 감사의 선임 및 해임(상법 제382조, 제385조, 제409조, 제415조)
11. 주식의 액면미달발행(상법 제417조)
12. 이사의 회사에 대한 책임의 면제(상법 제400조)
13. 주식배당 결정(상법 제462조의2)
14. 주식매수선택권의 부여 (상법 제340조의2, 증권거래법 제189조의4)
15. 이사·감사의 보수 (상법 제388조, 제415조)
16. 회사의 최대주주(그의 특수 관계인을 포함함) 및 특수 관계인과의 거래의 승인 및 주주총회에의 보고(증권거래법 제191조의16 제5항)
17. 기타 주주총회에 부의할 의안

> 참고 (10. 15) 감사위원회를 설치하는 경우에는 감사를 삭제해야 한다.

제15조 【경영관련 결의사항】

이사회에 부의할 경영관련 결의사항은 다음 각 호와 같다.

1. 회사경영의 기본방침의 결정 및 변경
2. 신규 사업 또는 신제품의 개발
3. 자금계획 및 예산운용
4. 대표이사의 선임 및 해임(상법 제389조 제1항)
5. 회장, 사장, 부사장, 전무이사, 상무이사의 선임 및 해임
6. 공동대표의 결정(상법 제389조 제2항)

7. 이사회 내 위원회의 설치, 운영 및 폐지(상법 제393조의2)

8. 이사회 내 위원회의 선임 및 해임(상법 제393조의2)

9. 이사회 내 위원회의 결의사항에 대한 재결의(상법 제393조의2)

10. 이사의 전문가 조력의 결정

11. 지배인의 선임 및 해임(상법 제393조 제1항)

12. 직원의 채용계획 및 훈련의 기본방침

13. 급여체계, 상여 및 후생제도

14. 노조정책에 관한 중요사항

15. 기본조직의 제정 및 개폐

16. 중요한 사규, 사칙의 규정 및 개폐

17. 지점, 공장, 사무소, 사업장의 설치 및 이전 또는 폐지(상법 제393조 제1항)

18. 간이합병, 간이분할합병, 소규모합병 및 소규모분할합병의 결정(상법 제527조의2, 제527조의3, 제530조의11)

19. 흡수합병 또는 신설합병의 보고(상법 제526조 제3항, 제527조 제4항)

제16조 【재무관련사항】

이사회에 부의할 재무관련사항 결의사항은 다음 각 호와 같다.

1. 투자에 관한 사항

2. 중요한 계약의 체결

3. 중요한 재산의 취득 및 처분

4. 결손의 처분

5. 중요시설의 신설 및 개폐

6. 신주의 발행(상법 제416조)

7. 사채의 모집(상법 제469조)

8. 준비금의 자본전입상법 제461조 제1항)

9. 전환사채의 발행 (상법 제513조 제2항)

10. 신주인수권부사채의 발행(상법 제516조의2 제2항)

11. 대규모 금액의 자금도입 및 보증행위

12. 중요한 재산에 대한 저당권, 질권의 설정

> 참고 11. 채무보증도 포함되며, 대규모 자산의 기준은 위와 같이 일정금액 또는 비율로 표시한다.
> 12. 재산의 출자, 담보의 제공, 채무의 면제가 포함되며, 중요한 자산의 기준은 일정 금액(예컨대 ○억 이상)또는 비율(예컨대 총자산 또는 매출액의 ○% 이상)로 표시한다.

제17조 【이사관련사항】

이사회에 부의할 이사 관련 결의사항은 다음 각 호와 같다.

1. 이사와 회사 간 거래의 승인 (상법 제398조)

2. 이사가 다른 회사의 임원으로 겸임에 관한 사항

3. 이사의 변동에 관한 사항

제18조 【보고사항】

이사회에 부의할 보고사항은 다음과 같다.

1. 이사회 내 위원회에 위임한 사항의 처리결과
2. 이사가 법령 또는 정관에 위반한 행위를 하거나 그 행위를 할 염려가 있다고 감사가 인정한 사항
3. 중요한 소송의 제기사항
4. 주식매수선택권 부여의 취소사항(상법 제340조의3 제1항 제5호)
5. 법령 또는 정관에 정한 사항
6. 주주총회에서 위임받은 사항
7. 대표이사가 필요하다고 인정하는 사항
8. 기타 경영상 중요한 업무집행에 관한 사항

참고 2. 감사위원회를 설치한 경우에 '감사'를 '감사위원회'로 한다(상법 제391조의2 제2항, 제415조의2 제6항).

제5장 보칙

제19조 【권한의 위임】

이사회는 법령 또는 정관에 정해진 사항을 제외하고는 이사회 결의로써 일정한 범위를 정하여 대표이사 사장(또는 회장)에게 그 결정을 위임할 수 있다(상법 제393조제1항, 제389조).

제20조 【이사의 직무집행에 대한 감독권】

① 이사회는 이사의 청구가 있거나 필요하다고 판단한 경우 해당 이사에 대하여 관련 자료의 제출, 조사 및 설명을 요청할 수 있다.

② 제1항에 의하여 감독권을 행사한 이사회는 그 결과에 대하여 적절한 조치를 취하여야 한다(상법 제393조 제2항, 제3항, 제4항).

제21조 【의사록】

① 이사회의 의사에 관하여는 의사록을 작성하여야 한다.

② 의사록에는 의사의 안건, 경과요령, 그 결과, 반대하는 자와 그 반대이유를 기재하여 출석한 이사 및 감사(감사위원회)가 기명날인 또는 서명한다.

③ 주주는 영업시간 내에 이사회 의사록의 열람 또는 등사를 청구할 수 있다.

④ 회사는 제3항의 청구에 대하여 이유를 붙여 이를 거절할 수 있다. 이 경우 주주는 법원의 허가로 이사회의사록을 열람 또는 등사할 수 있다(상법 제391조의3).

제22조 【간사】

① 이사회에 간사를 둔다.

② 간사는 ○○(총무)부장이 되며 의장의 지시에 따라 이사회의 사무를 담당한다.

〈부 칙〉

제23조 【시행일】

이 규정은 ○○○○년 ○○월 ○○일부터 시행한다.

[17]
유가증권시장 상장법인 이사회규정

제정 ○○○○년 ○○월 ○○일
개정 ○○○○년 ○○월 ○○일

〈총 칙〉

제1장 통칙

제1조 【목적】

이 규정은 ○○주식회사 이사회(이하 '회사'라 한다)의 효율적인 운영을 위하여 필요한 사항을 규정함을 목적으로 한다.

제2조 【적용범위】

이사회에 관한 사항은 법령 또는 회사 정관에서 정한 것 이외에는 이 규정이 정하는 바에 의한다.

제3조 【권한】

① 이사회는 법령 또는 회사 정관에서 정한 사항, 주주총회로부터 위임받은 사항, 회사경영의 기본방침 및 업무집행에 관한 중요사항을 의결한다.

② 이사회는 이사의 직무의 집행을 감독한다(상법 제393조 제2항).

제2장 구성

제4조 【구성】

이사회는 이사 전원(사외이사 기타 비상근이사 포함)으로 구성한다.

제5조 【의장】

① 이사회의 의장은 대표이사 사장(이하 '대표이사' 라 한다)으로 한다.

② 대표이사가 사고로 인하여 의장의 직무를 행할 수 없을 때에는 부사장, 전무이사, 상무이사, 대표이사가 정한 이사의 순서로 그 직무를 대행한다.

제3장 회의

제6조 【종류】

① 이사회는 정기이사회와 임시이사회로 한다.

② 정기이사회는 ○○월 ○○주 ○요일에 개최한다.

③ 임시이사회는 필요에 따라 수시로 개최한다.

> 참고 1. '정기이사회' 는 매월 첫째 주 월요일에 개최한다. 로 예시할 수 있다.
> 2. 회사는 3개월에 1회 이상의 업무보고를 이사회에 하여야한다. (상법393조의4)

제7조 【소집권자】

① 이사회는 의장인 대표이사 사장이 소집한다. 그러나 대표이사가 사고로 인하여 직무를 수행할 수 없을 때에는 제5조 제2항에 정한 순서로 그 직무를 대행한다.

② 각 이사는 의장인 대표이사 사장에게 의안과 그 사유를 서면으로 제출하고 이사회 소집을 청구할 수 있다. 대표이사가 정당한 사유없이 이사회 소집을 하지 아니하는 경우에는 이사회 소집을 청구한 이사가 이사회를 소집할 수 있다.

> 참고 1. 이사회의 소집은 각 이사가 소집할 수 있다(상법 제390조). 그러나 정관의 규정이나 이사회의 결의로써 그 소집권자를 지정할 수 있기 때문에 회사의 사정에 따라 규정할 수 있다.
> 2. 제2항의 의장은 제1항의 소집권자를 기재한다(상법 제390조 제1항).

제8조 【소집절차】

① 이사회를 소집함에는 이사회일정을 정하고 회의일자 10일 전에 각 이사 및 감사에 대하여 소집통지를 발송하여야 한다.

② 이사회는 이사 및 감사 전원의 동의가 있는 때에는 제1항의 절차와 상관없이 언제든지 회의를 열 수 있다.

> 참고 1. 회의 통지기간은 정관으로 단축할 수 있다.
> 2. 통지방법과 통지내용은 각 회사의 사정에 따라 별도로 규정할 수 있다(상법390조2항,3항).
> 3. 감사위원회를 설치하는 경우 '감사를 삭제한다(상법343조, 증권거래법189조).

제4장 부의와 보고

제9조 【결의방법】

① 이사회의 결의는 이사 과반수의 출석과 출석이사 과반수로 한다.

> 참고 1. 정수는 정관으로 그 비율을 더 높게 규정하여 강화할 수 있다(상법 제391조, 제368조 제4항, 제

371조 제2항, 제415조의2 제3항).
2. 감사위원회를 설치하는 경우 '다만, 사외이사인 감사위원회 위원의 해임에 관한 이사회 결의는 이사 총 수의 3분의 2 이상의 결의로 하여야 한다.' 로 단서조항을 추가할 수 있다.

② 이사회는 이사의 전부 또는 일부가 직접 회의에 출석하지 아니하고 모든 이사가 동영상 및 음성을 동시에 송·수신하는 통신수단에 의하여 결의에 참가하는 것을 허용할 수 있으며, 이 경우 당해 이사는 이사회에 직접 출석한 것으로 본다.

③ 이사회의 결의에 관하여 특별한 이해관계가 있는 이사는 의결권을 행사하지 못한다.

④ 제3항의 규정에 의하여 의결권을 행사할 수 없는 이사의 수는 출석한 이사의 수에 산입하지 아니한다.

제10조【부의사항】

이사회에 부의 할 결의 및 보고 사항은 다음 각 호와 같다.

1. 주주총회에 관한 사항
2. 경영에 관한 사항
3. 재무에 관한 사항
4. 이사에 관한 사항
5. 중요한 소송의 제기
6. 주식매수선택권 부여의 취소(상법 제340조의 3 제1항 제5호)
7. 법령 또는 정관에 정하여진 사항
8. 주주총회에서 위임받은 사항
9. 대표이사가 필요하다고 인정하는 사항

참고 부의사항이 법정사항이 아닌 해당 기업만의 특별한 사항도 부의사항에 추가할 수 있다.

제11조【주주총회 관련사항】

이사회에 부의할 주주총회에 관한 사항은 다음 각 호와 같다.

1. 주주총회의 소집(상법 제362조)
2. 영업보고서의 승인(상법 제447조의2 제1항)
3. 재무제표의 승인(상법 제447조)
4. 정관의 변경(상법 제433조)
5. 자본의 감소(상법 제438조)
6. 회사의 해산, 합병, 분할합병, 회사의 계속(상법 제517조, 제522조, 제530조의2, 제519조)
7. 주식의 소각(상법 제343조, 증권거래법 제189조)
8. 회사의 영업 전부 또는 중요한 일부의 양도 및 다른 회사의 영업 전부의 양수(상법 제374)
9. 영업 전부의 임대 또는 경영위임, 타인과 영업의 손익 전부를 같이하는 계약, 기타 이에 준할 계약의 체결이나 변경 또는 해약(상법 제374조 제2항)
10. 이사, 감사의 선임 및 해임(상법 제382조, 제385조, 제409조, 제415조)

11. 주식의 액면미달발행(상법 제417조)

12. 이사의 회사에 대한 책임의 면제(상법 제400조)

13. 주식배당 결정(상법 제462조의2)

14. 주식매수선택권의 부여(상법 제340조의2, 증권거래법 제189조의4)

15. 이사·감사의 보수(상법 제388조, 제415조)

16. 회사의 최대주주(그의 특수관계인을 포함함) 및 특수관계인과의 거래의 승인 및 주주총회에의 보고(증권거래법 제191조의16 제5항)

17. 기타 주주총회에 부의할 의안

`참고` (제10호, 제15호) '감사위원회'를 설치한 경우에는 '감사'를 삭제해야 한다.)

제12조 【경영관련사항】

이사회에 부의할 경영에 관한 사항은 다음 각 호와 같다.

1. 회사경영의 기본방침의 결정 및 변경

2. 신규 사업 또는 신제품의 개발

3. 자금계획 및 예산운용

4. 대표이사의 선임 및 해임(상법 제389조 제1항)

5. 회장, 사장, 부사장, 전무이사, 상무이사의 선임 및 해임

6. 공동대표의 결정(상법 제389조 제2항)

7. 이사회 내 위원회의 설치, 운영 및 폐지(상법 제393조의2)

8. 이사회 내 위원회의 선임 및 해임(상법 제393조의2)

9. 이사회 내 위원회의 결의사항에 대한 재결의(상법 제393조의2)

10. 이사의 전문가 조력의 결정

11. 지배인의 선임 및 해임(상법 제393조 제1항)

12. 직원의 채용계획 및 훈련의 기본방침

13. 급여체계, 상여 및 후생제도

14. 노조정책에 관한 중요사항

15. 기본조직의 제정 및 개폐

16. 중요한 사규, 사칙의 규정 및 개폐

17. 지점, 공장, 사무소, 사업장의 설치 및 이전 또는 폐지(상법 제393조 제1항)

18. 간이합병, 간이분할합병, 소규모합병 및 소규모분할합병의 결정(상법 제527조의2, 제527조의3, 제530조의11)

19. 흡수합병 또는 신설합병의 보고(상법 제526조 제3항, 제527조 제4항)

제13조 【재무관련사항】

이사회에 부의할 재무에 관한 사항은 다음 각 호와 같다.

1. 투자에 관한 사항

2. 중요한 계약의 체결

3. 중요한 재산의 취득 및 처분

4. 결손의 처분

5. 중요시설의 신설 및 개폐

6. 신주의 발행(상법 제416조)

7. 사채의 모집(상법 제469조)

8. 준비금의 자본전입(상법 제461조 제1항)

9. 전환사채의 발행(상법 제513조 제2항)

10. 신주인수권부사채의 발행(상법 제516조의2 제2항)

11. 대규모 금액의 자금도입 및 보증행위

12. 중요한 재산에 대한 저당권, 질권의 설정

제14조 【이사관련사항】

이사회에 부의 할 이사에 관한 사항은 다음 각 호와 같다.

1. 이사와 회사 간 거래의 승인 (상법 제398조)

2. 타 회사의 임원 겸임에 관한 사항

제15조 【보고사항】

이사회에 부의 할 보고사항은 다음과 같다.

1. 이사회내 위원회에 위임한 사항의 처리결과

2. 이사가 법령 또는 정관에 위반한 행위를 하거나 그 행위를 할 염려가 있다고 감사가 인정한 사항

3. 기타 경영상 중요한 업무집행에 관한 사항

> **참고** 감사위원회를 설치한 경우에 감사를 감사위원회로 한다(상법 제391조의2 제2항, 제415조의2 제6항).

제5장 보칙

제16조 【이사회내 위원회】

① 이사회는 신속하고 효율적인 의사결정을 위하여 정관이 정한 바에 따라 이사회 내에 각종의 위원회를 설치할 수 있다.

② 이사회는 다음 각 호의 사항을 제외하고는 그 권한을 위원회에 위임할 수 있다.

1. 주주총회의 승인을 요하는 사항의 제안

2. 대표이사의 선임 및 해임

3. 위원회의 설치와 그 위원의 선임 및 해임

4. 정관에서 정하는 사항

③ 위원회는 2인 이상의 이사로 구성한다.

④ 위원회는 그 결의로 위원회를 대표할 자를 선정하여야 한다.

⑤ 위원회의 세부운영에 관한 사항은 이사회에서 따로 정한다.

> **참고** ③ 감사위원회를 설치하는 경우 '감사위원회는 3인 이상의 이사로 구성한다.'로 단서조항을 추가한다.
> ⑤ 이사회는 회사의 필요에 따라 감사, 사외이사후보추천, 보수, 경영, 운영, 재무, 기술, 평가위원회 등 각

종의 위원회를 이사회의 내부에 설치할 수 있다(상법 제393조의2, 제415조의2).

제17조【감사의 출석】

감사는 이사회에 출석하여 의견을 진술할 수 있다.

참고 감사위원회'를 설치하는 경우에는 제17조를 두지 않는다(상법 제391조의2).

제18조【관계인의 출석】

의장은 필요하다고 인정할 경우에는 관계임직원 또는 외부인사를 출석시켜 의견을 청취할 수 있다.

제19조【이사에 대한 직무집행감독권】

① 이사회는 각 이사가 담당업무를 집행함에 있어 법령 또는 정관에 위반하거나 현저히 부당한 방법으로 처리하거나, 처리할 염려가 있다고 인정한 때에는 그 이사에 대하여 관련자료의 제출, 조사 및 설명을 요구할 수 있다.

② 제1항의 경우 이사회는 해당업무에 대하여 그 집행을 중지 또는 변경하도록 요구할 수 있다.

제20조【의사록】

① 이사회의 의사에 관하여는 의사록을 작성한다.

② 의사록에 의사의 안건, 경과요령, 그 결과, 반대하는 자와 그 반대이유를 기재하고 출석한 이사 및 감사가 기명날인 또는 서명한다.

(※ 감사위원회를 설치한 경우에는 감사를 삭제해야 한다)

③ 주주는 영업시간 내에 이사회 의사록의 열람 또는 등사를 청구할 수 있다.

④ 회사는 제3항의 청구에 대하여 이유를 붙여 이를 거절할 수 있다. 이 경우 주주는 법원의 허가를 얻어 이사회의사록을 열람 또는 등사할 수 있다(상법 제391조의3).

제21조【간사】

① 이사회에 간사를 둔다.

② 간사는 (총무부장)이 되며 의장의 지시에 따라 이사회의 사무를 담당한다.

〈부　칙〉

제22조【시행일】

이 규정은 ○○○○년 ○○월 ○○일부터 시행한다.

제7편

위원회 관련 규정

감사위원회제도

상법상 주식회사는 감사에 갈음하여 감사위원회를 설치할 수 있다. 이는 정관이 정하는 바에 따라 감사 대신 이사회 내에 감사위원회를 설치할 수 있다. 그러나 자산총액 2조원 이상의 상장회사는 의무적으로 감사위원회를 설치해야 한다. 감사위원회의 위원은 이사로 중에서 선출한다. 다만, 상장회사의 감사위원은 법령에서 자격을 제한하고 있다.

● 주식회사

비상장 주식회사는 정관이 정한 바에 따라 감사에 갈음하여 감사위원회를 설치할 수 있다. 감사위원회를 설치한 경우에는 감사를 두지 않는다. 감사위원회의 위원은 주주총회에서 이사 중에서 3명 이상을 선임한다. 위원 중 사외이사가 감사위원의 3분의 2 이상이어야 한다. (상법 393조의2, 415의2)

● 상장회사

자산의 총액이 2조원 이상의 상장회사는 감사위원회를 설치해야 한다. 감사위원은 주주총회에서 이사 중 3명 이상을 선임한다. 위원 중 1명은 회계나 재무전문가이어야 하며, 위원 중 사외이사가 감사위원의 3분의 2 이상이어야 하며, 위원장은 사외이사로 한다. 또 당해 회사나 그 계열사의 임직원이거나 최근 2년 이내에 임직원은 선임할 수 없다. (상법 542조의11, 542조12, 상법령 37조, 2009.1.30)

● 사외이사

이사는 주주총회에서 선임한다. 회사와 이사의 관계는 「민법」의 위임에 관한 규정을 준용한다. 사외이사(社外理事)는 해당 회사의 상무(常務)에 종사하지 아니하는 이사로서 다음 각 호의 어느 하나에 해당하지 아니하는 자를 말한다. 사외이사가 다음 각 호의 어느 하나에 해당하는 경우에는 그 직을 상실한다. (상법 382조)

1. 회사의 상무에 종사하는 이사·집행임원 및 피용자 또는 최근 2년 이내에 회사의 상무에 종사한 이사·감사·집행임원 및 피용자
2. 최대주주가 자연인인 경우 본인과 그 배우자 및 직계 존속·비속
3. 최대주주가 법인인 경우 그 법인의 이사·감사·집행임원 및 피용자
4. 이사·감사·집행임원의 배우자 및 직계 존속·비속
5. 회사의 모회사 또는 자회사의 이사·감사·집행임원 및 피용자

6. 회사와 거래관계 등 중요한 이해관계에 있는 법인의 이사·감사·집행임원 및 피용자

7. 회사의 이사·집행임원 및 피용자가 이사·집행임원으로 있는 다른 회사의 이사·감사·
   집행임원 및 피용자

⊕ 운영과 권한

감사위원회는 그 결의로 위원회를 대표할 자를 선정하여야 한다. 이 경우 수인의 위원이
공동으로 위원회를 대표할 것을 정할 수 있다. 감사위원회는 회사의 비용으로 전문가의
조력을 구할 수 있으며, 감사가 행사할 수 있는 모든 권한, 의무, 책임을 행사하거나 부
담한다. (상법 412조)

⊕ 임기

이사의 임기는 3년을 초과하지 못한다. 감사위원회의 위원의 해임에 관한 이사회의 결의
는 이사 총수의 3분의 2 이상의 결의로 하여야 한다. 감사는 주주총회에서 감사의 해임
에 관하여 의견을 진술할 수 있다. (상법 383조, 415조의2, 409조의2)

[18]
감사위원회규정

제정 ○○○○년 ○○월 ○○일
개정 ○○○○년 ○○월 ○○일

〈총 칙〉

제1장 통칙

제1조 【목적】

이 규정은 ○○주식회사(이하 '회사'라 한다)의 발전을 위하여 감사기관으로 감사위원회를 설치하고 합리적인 운영을 목적으로 한다.

제2조 【적용범위】

이 규정은 회사의 감사기관과 감사기관의 감사를 받는 회사의 임직원에게 적용한다.

제3조 【용어의 정의】

이 규정의 용어는 다음 각 호와 같이 정의한다.

1. '감사(監事)'란 법령 및 정관에서 정한 회사의 감사기관을 말한다.
2. '감사위원회 또는 위원회'란 '감사(監事)'를 대신하여 설치한 회사의 감사기관을 말한다.
3. '감사위원 또는 위원'이란 감사위원회의 위원을 말한다.
4. '감사위원장 또는 위원장'이란 감사위원회 대표를 말한다.

제2장 설치와 구성

제4조【위원회의 설치】

① 감사위원회는 회사의 감사를 대신하여 이사회 내에 위원회로 설치한다.

② 감사위원회의 위원은 3인 이상의 이사로 한다. 다만, 위원 중에서 사외이사가 3분의 2 이상으로 구성한다.

③ 감사위원회는 위원 3분의 2 이상의 결의로 위원회를 대표할 위원장을 선정한다.

> 참고 1. 주식회사는 감사위원회를 설치할 수 있다. (상법 415조의2)
> 2. 자산총액 2조원 이상의 상장회사는 감사위원회를 설치하여야 한다. (상법 542조의11, 상법령 37조)
> 3. 감사위원회를 설치한 경우 감사를 둘 수 없다. (상법 제415조의2)
> 4. 이사회는 정관이 정한 바에 따라 이사회내 위원회를 설치할 수 있다. (상법 제393조의2)

제5조【위원회의 구성】

① 감사위원은 3인 이상의 이사로 하고, 그 중 사외이사가 3분의 2 이상으로 구성한다.

② 이사는 주주총회에서 선임한다.

③ 사외이사는 해당 회사의 상무(常務)에 종사하지 아니하는 이사로서 다음 각 호의 어느 하나에 해당하지 아니하는 자를 말한다. 사외이사가 다음 각 호의 어느 하나에 해당하는 경우에는 그 직을 상실한다.

 1. 회사의 상무에 종사하는 이사·집행임원 및 피용자 또는 최근 2년 이내에 회사의 상무에 종사한 이사·감사·집행임원 및 피용자

 2. 최대주주가 자연인인 경우 본인과 그 배우자 및 직계 존속·비속

 3. 최대주주가 법인인 경우 그 법인의 이사·감사·집행임원 및 피용자

 4. 이사·감사·집행임원의 배우자 및 직계 존속·비속

 5. 회사의 모회사 또는 자회사의 이사·감사·집행임원 및 피용자

 6. 회사와 거래관계 등 중요한 이해관계에 있는 법인의 이사·감사·집행임원 및 피용자

 7. 회사의 이사·집행임원 및 피용자가 이사·집행임원으로 있는 다른 회사의 이사·감사·집행임원 및 피용자

> 참고 상장회사의 사외이사는 제382조제3항 각 호 뿐만 아니라 다음 각 호의 어느 하나에 해당되지 아니하여야 하며, 이에 해당하게 된 경우에는 그 직을 상실한다. (상법 542조의8, 2014.4.14)
> 1. 미성년자, 성년후견대상자 또는 한정후견대상자
> 2. 파산선고를 받고 복권되지 아니한 자
> 3. 금고 이상의 형을 선고받고 그 집행이 끝나거나 집행이 면제된 후 2년이 지나지 아니한 자
> 4. 대통령령으로 별도로 정하는 법률을 위반하여 해임되거나 면직된 후 2년이 지나지 아니한 자
> 5. 상장회사의 주주로서 의결권 없는 주식을 제외한 발행주식총수를 기준으로 본인 및 그와 대통령령으로 정하는 특수한 관계에 있는 자(이하 "특수관계인"이라 한다)가 소유하는 주식의 수가 가장 많은 경우 그 본인(이하 "최대주주"라 한다) 및 그의 특수관계인
> 6. 누구의 명의로 하든지 자기의 계산으로 의결권 없는 주식을 제외한 발행주식총수의 100분의 10 이상의 주식을 소유하거나 이사·집행임원·감사의 선임과 해임 등 상장회사의 주요 경영사항에 대하여 사실상의 영향력을 행사하는 주주(이하 "주요주주"라 한다) 및 그의 배우자와 직계 존속·비속
> 7. 그 밖에 사외이사로서의 직무를 충실하게 수행하기 곤란하거나 상장회사의 경영에 영향을 미칠 수

> 있는 자로서 대통령령으로 정하는 자

제6조【위원장의 선출】

위원회는 위원 중에서 대표자 1명을 재적위원 과반수의 출석과 출석위원 과반수의 결의로 선출한다.

> **참고** 상장회사의 감사위원장은 사외이사로 한다. (상법 542조의11)

제7조【총무의 임명】

감사위원회는 회의 진행과 기록 등을 위하여 ○부서장을 감사위원회의 총무로 임명할 수 있다.

제3장 소집과 회의

제8조【위원회의 소집】

① 감사위원회는 위원장이 소집하고, 위원장이 지명한 위원이 위원장의 직무를 직무를 대리한다.

② 위원은 위원장에게 위원회 소집을 서면으로 의안과 사유를 기재하여 소집을 청구할 수 있다.

③ 위원장이 위원의 정당한 소집청구를 사유 없이 위원회를 소집하지 아니하면 소집을 청구한 위원이 위원회를 소집할 수 있다.

> **참고** 상법 제390조

제9조【위원회의 소집절차】

① 위원회를 소집할 때에는 회일 1주일 전에 각 위원에 대하여 통지를 발송하여야 한다.

② 위원회는 위원의 전원동의가 있는 때에는 제1항의 절차 없이 언제나 회의를 할 수 있다.

제10조【이사회의 소집】

① 감사위원장 또는 감사위원은 이사회소집이 상황이 발생하면, 회의소집의 목적과 사유를 기재한 소집청구서를 이사회소집권자에게 제출하여 이사회 소집을 요구할 수 있다.
  1. 재무상태의 보고
  2. 이사의 직무 해태 및 부정행위
  3. 감사위원 해임
  4. 회사의 합병 및 분할 등
  5. 기타 등 감사위원의 보고

② 감사위원장 또는 감사위원의 이사회의 소집청구에도 이사회소집권자가 이사회를 소집하지 아니하면 감사위원장 또는 감사위원이 직접 이사회를 소집할 수 있다.

제11조【주주총회의 소집】

감사위원회는 이사회에 다음 각 호에 대하여 주주총회의 소집을 청구할 수 있다.
  1. 감사자료에 대한 의견
  2. 내부감사에 대한 보고
  3, 이사의 직무에 관한 사항

4. 회사의 주식이동 관한 의견

5. 회사의 합병과 분할에 대한 보고

6. 기타 감사위원의 보고

제12조【정기회의】

감사위원회는 매년 3월에 다음 각 호의 사항에 관한 감사위원회 정기회의를 개최한다.

1. 전년도 결산기 재무제표

2. 전년도 회사의 영업보고

3. 전년도 회사의 주식이동

제13조【임시회의】

감사위원회는 제9조와 제10조의 각 호에 대한 심의 또는 결의를 위하여 언제든지 임시위원회를 개최할 수 있다.

제14조【참고의견】

감사위원회는 정기회의 또는 임시회의 개최시 부의 안건에 관하여 회사 임직원 또는 외부 전문가의 의견을 참고할 수 있다.

> 참고 (상법 제415조)

제15조【결의방법】

① 위원회의 결의는 재적위원 과반수의 출석과 출석위원 과반수로 결의한다.

② 위원회는 위원의 전부 또는 일부가 직접 회의에 출석하지 아니하고 모든 위원이 동영상 및 음성을 동시에 송수신하는 통신수단에 의하여 출석과 결의에 참가한 경우 해당 위원은 위원회에 직접 출석한 것으로 본다.

> 참고 상법 제391조

제16조【의사록】

① 감사위원회는 정기회의 또는 임시회의에 대하여 의사록을 작성하여야 한다.

② 의사록은 의사의 안건, 경과요령, 그 결과, 반대하는 자와 그 반대이유를 기재하고 출석한 감사위원이 기명날인 또는 서명하여야 한다.

> 참고 (상법 제393조, 제391조)

제4장 직무와 권한

제17조【위원회의 권한】

감사위원회는 다음 각 호의 권한이 있다.

① 감사위원회는 이사의 직무 집행을 감사한다.

② 감사위원회는 언제든지 이사에 대하여 영업에 관한 보고를 요구할 수 있다.

③ 감사위원회는 회사의 업무와 재산상태를 조사할 수 있다.

④ 감사위원회는 이사회에 외부감사인의 선임을 제청할 수 있다.

⑤ 감사위원회는 법령 또는 정관 및 이사회에서 위임한 사항을 감사할 수 있다.

⑥ 감사위원회는 회사의 비용으로 전문가의 도움을 구할 수 있다.

> 참고 (정관, 상법 제412조, 제393조 외감법 제4조)

제18조 【위원회의 직무】

감사위원회의 직무는 다음 각 호와 같다.

1. 회사의 업무와 재산의 조사
2. 자회사의 조사
3. 이사의 보고 수령
4. 이사와 회사 간의 소제소시 대표
5. 소수주주의 이사에 대한 제소요청시 소제기 결정 여부
6. 외부감사인 선임제청
7. 외부감사인으로부터 이사의 직무수행에 관한 부정행위 또는 법령이나 정관에 위반되는 중요한 사실의 보고수령
8. 외부감사인으로부터 회사가 회계처리 등에 관한 회계처리기준을 위반한 사실의 보고수령
9. 감사계획 및 결과
10. 중요한 회계처리기준이나 회계추정 변경의 타당성 검토
11. 내부통제시스템의 평가
12. 외부감사인의 감사활동에 대한 평가
13. 감사결과 시정사항에 대한 조치 확인
14. 내부감사부서 책임자의 임명에 대한 동의

> 참고 (상법 394조, 403조, 412조, 외감법 4조, 10조)

제19조 【전문가의 자문】

감사위원회는 필요할 경우에는 회사의 비용으로 외부 전문가 등에게 자문을 요청할 수 있다.

> 참고 (상법 제415조)

제20조 【감사록의 작성】

① 위원회는 감사에 관하여 감사록을 작성하여야 한다.
② 감사록에는 감사의 실시요령과 그 결과를 기재하고 감사를 실시한 위원이 기명날인 또는 서명하여야 한다.

> 참고 (상법 제413조)

제5장 책임과 해임

제21조 【감사위원의 책임】

① 감사위원이 그 임무를 해태한 때에는 그 감사는 회사에 대하여 연대하여 손해를 배상할 책임이 있다.
② 감사위원이 악의 또는 중대한 과실로 인하여 그 임무를 해태한 때에는 그 감사는 제삼자에 대하여 연대하여 손해를 배상할 책임이 있다.
③ 감사위원이 회사 또는 제삼자에 대하여 손해를 배상할 책임이 있는 경우에 이사도 그 책임이

있는 때에는 그 감사와 이사는 연대하여 배상할 책임이 있다.

> 참고 (상법 414조, 415조의2)

제22조【감사위원의 책임해제】

① 정기총회에서 재무제표 등 감사보고서를 승인한 후 2년 이내에 다른 결의가 없으면 회사는 이사와 감사의 책임해제 한 것으로 본다.

② 제1항의 책임해제에 감사위원의 부정행위에 관하여 책임해제를 하지 아니한다.

> 참고 (상법 제450조, 447조, 449조, 449조의2)

제23조【감사위원의 해임】

① 감사위원은 이사회의 결의로 해임할 수 있다.

② 감사위원은 해임은 이사회의 이사 총수의 3분의 2 이상의 결의로 한다.

> 참고 ① 감사위원회의 위원의 해임에 관한 이사회의 결의는 이사 총수의 3분의 2 이상의 결의로 하여야 한다. (상법 415조의2)
> ② 이사는 언제든지 상법 제434조의 규정에 의한 주주총회의 결의로 이를 해임할 수 있다. 그러나 이사의 임기를 정한 경우에 정당한 이유없이 그 임기만료전에 이를 해임한 때에는 그 이사는 회사에 대하여 해임으로 인한 손해의 배상을 청구할 수 있다. (상법 385조)
> ③ 이사회는 다음 각 호의 사항을 제외하고는 그 권한을 위원회에 위임할 수 있다. (상법 393조의2)
> 　1. 주주총회의 승인을 요하는 사항의 제안
> 　2. 대표이사의 선임 및 해임
> 　3. 위원회의 설치와 그 위원의 선임 및 해임
> 　4. 정관에서 정하는 사항

〈부　칙〉

제24조【시행일】

이 규정은 ○○○○년 ○○월 ○○일부터 시행한다.

〈서　식〉

(서식 1) 감사보고서(감사록)

(서식 1)

<div align="center">**감사보고서(감사록)**</div>	
감사대상	
감사기간	
감사내용	
조치사항	
종합의견	
처분요구	
첨부	1. 재무상태표, 2. 손익계산서, 원가계산서, 영업보고서

상기와 같이 정기감사를 하였습니다.

202 년   월   일

감사위원 ○ ○ ○ ㉘ 감사위원 ○ ○ ○ ㉘
감사위원 ○ ○ ○ ㉘ 감사위원 ○ ○ ○ ㉘

○○주식회사 대표이사 귀중

[19]
경영위원회규정

제정 ○○○○년 ○○월 ○○일
개정 ○○○○년 ○○월 ○○일

〈총   칙〉

제1조【목적】

이 규정은 ○○주식회사(이하 "회사"라 한다)의 발전과 효율적인 경영관리를 위하여 경영위원회의 설치와 운영을 목적으로 한다.

제2조【설치】

경영위원회의 설치는 정관 및 이사회의 승인으로 설치 및 운영한다.

제3조【위원회 직무】

① 이사회에서 위임한 사항 및 기타 경영 등의 사항을 심의 및 의결한다.

② 위원회는 다음 각 호의 사항을 제외하고, 이사회의 위임을 받아 심의 및 의결할 수 있다.

1. 주주총회의 승인사항
2. 대표이사의 선임 및 해임
3. 위원회의 설치와 그 위원의 선임 및 해임
4. 정관에서 정하는 사항

③ 이사회에 부의를 위하여 사전에 검토가 필요한 사항에 대한 심의

제4조【위원회 구성】

① 경영위원회위원은 이사회에서 선임한 2인 이상의 이사로 구성함을 원칙으로 한다.

② 경영위원회의 구성원에 사외이사를 포함할 수 있다.

③ 경영위원회에 필요한 경우 감사(감사위원회 위원)가 참석할 수 있다.

제5조 【위원장】

경영위원회의 위원장은 대표이사(사장)가 맡는다.

제6조 【위원회 개최】

① 경영위원회의 회의는 정기회의와 임시회의로 구분한다.

② 정기회의는 매월 ○째 ○요일에 개최한다.

③ 임시회의는 필요에 따라 수시로 개최한다.

제7조 【위원회 소집】

① 위원회의 소집은 위원장(대표이사)이 소집함을 원칙으로 한다.

② 위원장이 회의 전일까지 개최시기 및 장소를 위원과 참석대상자에게 통보한다.

③ 위원 전원의 동의가 있을 때는 소집통지 절차 없이 언제든지 회의소집 가능하다.

제8조 【결의방법】

① 경영위원회의 의결권은 위원장과 위원만이 의결권이 있다.

② 감사(감사위원회 위원)는 의결권이 없으나, 위원회에 출석하여 의견 개진할 수 있다.

③ 경영위원회 위원의 과반수의 출석과 출석위원 과반수의 찬성으로 의결한다.

제9조 【관계인 출석】

위원회의 안건심의에서 당해 업무와 관련된 임직원 또는 외부인사를 출석시켜 안건에 대한 설명이나 의견을 청취할 수 있다.

제10조 【결의불가 사항】

경영위원회의 결의 및 부의사항은 다음 각 호의 이사회 관련사항을 제외하고 이사회에서 위임한 사항으로 한다.

  1. 주주총회의 승인을 요하는 사항의 제안
  2. 대표이사의 선임 및 해임
  3. 위원회의 설치와 그 위원의 선임 및 해임
  4. 정관에서 정하는 사항

제11조 【경영관련결의사항】

경영위원회의 결의 및 부의할 경영 관련 사항은 다음 각 호의 이사회에서 위임한 사항이다.

  1. 연간 또는 중장기 경영방침 및 전략
  2. 사업계획·사업구조조정 추진
  3. 외국 지사·해외법인 등의 신규진출, 이전 및 철수
  4. 외국업체와의 전략적 제휴 등 협력추진
  5. 회사의 중요한 규정의 제정 및 개폐
  6. 급여, 근무제도 및 복리후생 변경에 관한 사항
  7. 기술도입계획 및 기술제공정책
  8. 연간 및 중장기 기술개발계획
  9. 중요설비 개체계획 및 신증설계획
  10. 기타 주요경영현안

제12조 【재무관련 결의사항】

경영위원회의 결의 및 부의할 재무 관련 사항은 다음 각 호의 이사회에서 위임한 사항이다.

1. 자본금(10%) 미만의 타법인 출자, 출자지분 처분
2. 자본금(10%) 미만의 외국직접투자
3. 자본금(10%) 미만의 신규 담보제공 및 채무보증
4. 자기자본(○○%) 미만의 차입계약 체결
5. 중요한 계약의 체결
6. 예산·회계, 자금조달의 기본방침
7. 연간예산편성 및 개정
8. 기부, 찬조(××만원초과 ×××만원 이하)
9. 기타 재무 관련 주요 현안

제13조 【기타 결의사항】

경영위원회의에서 결의할 기타 경영 관련 사항은 이사회에서 위임한 사항이다.

제14조 【이사회와 관계】

경영위원회에서 심의 및 의결한 사항에 대하여 이사회는 다시 결의할 수 있다.

제15조 【보고의무】

경영위원회는 결의된 사항을 각 이사에게 통지 및 보고하여야 한다.

제16조 【의사록】

① 위원회의 회의 개회와 진행, 폐회를 기록한다.
② 회의안건과 경과요령, 표결결과와 결의사항, 반대하는 자와 그 반대이유에 관하여 기재하고 출석한 위원 전원이 기명날인 또는 서명으로 작성한다.

제17조 【간사】

① 경영위원회의 사무와 회의진행을 위하여 간사를 둘 수 있다.
② 경영위원회는 ○○○○부(실)장(경영기획실장)을 간사로 두고, 간사는 위원장의 지휘감독을 받으며, 경영위원회 사무 전반을 담당 처리한다.

제18조 【의사록】

① 위원회의 의사의 안건, 경과요령, 그 결과, 반대하는 자와 그 반대이유에 관하여 의사록을 작성하여 출석한 위원 전원이 서명날인 또는 서명한다.
② 의사록의 작성은 간사인 '○○○○부(실)장'이 한다.

제19조 【규정 개폐】

이 규정의 제정 및 개폐는 이사회의 결의에 의한다.

〈부   칙〉

제20조 【시행일】

이 규정은 ○○○○년 ○○월 ○○일부터 시행한다.

[20]
사외이사후보 추천위원회규정

제정 ○○○○년 ○○월 ○○일
개정 ○○○○년 ○○월 ○○일

〈총 칙〉

제1장 통칙

제1조【목적】

이 규정은 사외이사후보추천위원(이하 '위원회'라고 한다)의 효율적인 운영을 위하여 필요한 사항을 규정함을 목적으로 한다.

제2조【적용범위】

위원회에 관한 사항은 법령, 정관 또는 이사회 규정에 정하여진 것 이외에는 이 규정이 정하는 바에 의한다.

제3조【권한】

① 위원회는 주주총회에서 사외이사 후보의 추천권을 가진다.

② 위원회는 사외이사 후보로 추천할 자를 결정은 증권거래법 제191조의14의 권리를 행사할 수 있는 주주가 추천한 후보를 포함해야 한다.

참고 (상법 제393조의2, 증권거래법 제191조, 제54조, 정관, 이사회규정)

제2장 구성원

제4조【구성】

① 위원회 위원(이하 '위원'이라 한다)은 이사회에서 선임하고 해임한다.

② 위원회는 2인 이상의 이사로 구성하며, 위원의 2분의 1 이상은 사외이사이어야 한다.

참고 (상법 제393조의2, 증권거래법 제191조, 정관)

제5조【위원장】

① 위원회는 이 규정의 결의에 따라 위원장을 선정하여야 한다.

② 위원장은 위원회를 대표하고 위원회의 의장이 된다.

③ 위원장의 유고 시에는 위원회에서 정한 위원이 그 직무를 대행한다.

제3장 위원회

제6조 【소집권자】

① 위원회는 위원장이 소집한다. 그러나 위원장의 유고시에는 제5조 제3항에 정한 순으로 그 직무를 대행한다.

② 각 위원은 위원장에게 의안과 그 사유를 밝혀 위원회 소집을 청구할 수 있다. 위원장이 정당한 사유 없이 위원회를 소집하지 아니할 때에는 위원회 소집을 청구한 위원이 위원회를 소집할 수 있다.

> `참고` (상법 제393조의2, 제391조)

제7조 【소집절차】

① 위원회를 소집함에는 회일의 1주간 전에 각 위원에 대하여 통지하여야 한다.

② 위원회는 위원 전원의 동의가 있는 때에는 제1항의 절차 없이 언제든지 회의를 열 수 있다.

> `참고` 1. 위원회 소집의 통지기간은 회사의 사정에 따라 달리 정할 수 있으나 이사회 소집의 통지기간과 동일하게 정하는 것이 바람직하다.
> 2. 통지방법과 통지내용은 회사의 사정에 따라 달리 정할 수 있음(상법 제393조, 제390조)

제8조 【결의방법】

위원회의 결의는 재적위원 과반수의 출석과 출석위원 과반수로 한다. 이 경우 위원회는 위원의 전부 또는 일부가 직접 회의에 출석하지 아니하고 모든 위원이 동영상 및 음성을 동시에 송·수신하는 통신수단에 의하여 결의에 참가하는 것으로 할 수 있으며, 이 경우 당해 위원은 위원회에 직접 출석한 것으로 본다.

> `참고` (상법 제393조의2, 제391조)

제9조 【부의사항】

위원회에 부의할 사항은 다음과 같다.

1. 사외이사후보의 추천
2. 기타 사외이사후보 추천을 위하여 필요한 사항

> `참고` (증권거래법 제191조, 제54조)

제10조 【관계인 출석】

위원회는 필요하다고 인정하는 경우 관계임직원 또는 외부인사를 회의에 출석시켜 의견을 청취할 수 있다.

제11조 【통지의무】

위원회는 결의된 사항을 ○일(2일) 이내에 각 이사에게 통지하여야 한다.

> `참고` (상법 제393조의2).

제12조 【의사록】

① 위원회의 의사진행에 대하여 의사록을 작성하여야 한다.

② 의사록에는 의사의 안건, 경과요령, 그 결과, 반대하는 자와 그 반대이유를 기재하고 출석한

위원이 기명날인 또는 서명한다.

참고 (상법 제393조의2, 제391조)

제4장 보칙

제13조 【간사】

① 위원회에는 간사를 둔다.

② 간사는 ○○○부장(인사부장)이 되며 위원장의 지시에 따라 위원회의 사무를 담당한다.

제14조 【규정개폐】

이 규정의 개폐는 이사회 결의에 의한다.

〈부 칙〉

제15조 【시행일】

이 규정은 ○○○○년 ○○월 ○○일부터 시행한다.

인사위원회규정 작성방법

🔅 목적

중소기업에서 인사위원회규정을 작성하는 목적은 사원의 포상과 표창, 징계와 해고에 따른 인사위원회를 개최하기 위한 운영절차가 일반적이다. 그러나 중견기업 및 대기업의 인사위원회규정의 작성목적은 포상과 징계의 절차를 심의하기 위한 것은 물론 경영상 사원의 선발과 배치, 인재의 육성과 교육, 인재의 유출방지, 핵심인재의 스카우트 등을 위한 인사회의를 포함하고 있다.

🔅 작성요령

⏻ 총칙

통칙으로 인사위원회의 설치목적과 직무, 적용범위를 명확히 한다. 본칙에 회의구성원과 원수를 정하고, 표결방법, 심의사항을 명확히 작성한다.

⏻ 부칙

시행 일자와 경과규정을 작성한다. 경과규정은 총칙의 조와 제목을 표기하고 그 경과내용을 기재한다. 예를 들어 "제○조(구성)는 사원의 징계시 취업규칙의 징계위원회 구성방법으로 구성원과 원수를 적용한다."로 표기한다.

⏻ 서식과 표

서식은 총칙의 조문에서 제시한 내용의 서식으로 꼭 필요한 내용만 표기한 서식으로 한다. 일반 업무 서식을 해당 규정의 서식으로 사용하면 별로 중요하지 않은 내용을 포함하고 있거나, 규정과 동떨어진 내용으로 서식이 구성된 경우가 많아 불필요한 문제가 발생한다.

🔅 유의사항

취업규칙이나 단체협약에 징계 또는 해고 등을 위한 인사위원회의 구성방법을 규정하고 있다면, 그와 다른 방법으로 구성된 인사위원회가 해고 또는 징계를 의결하였다면 절차에 위반한 것으로 무효이다.

징계 또는 해고와 관련된 인사위원회의 구성은 단체협약 또는 취업규칙에 정한 구성방법으로 한다.

❂ 인사위원회의 운영

↻ 절차위반

단체협약이나 취업규칙 등에서 해고(징계)대상자에게 해고(또는 징계)에 관한 의결이 있을 것임을 통보하고 사유에 대한 경위서 등을 제출하게 하며 인사위원회에 출석하여 진술하도록 규정된 경우, 이러한 절차에 위반한 해고(징계)는 무효이다.

↻ 징계통보

해고(징계)한다는 통보시기(인사위원회의 개최시기)는 취업규칙 등에 그에 관한 규정이 있을 때에는 그에 따라야 하고, 특별한 규정이 없더라도 근로자가 해고(징계)사유에 대한 변명과 해명자료를 준비하기 위한 상당한 기간을 두어야 한다.

❂ 관련 규정

인사위원회규정과 관련된 조직과 규정은 다음과 같다.

1. 징계위원회
2. 취업규칙, 단체협약
3. 근로계약서
4. 징계규정, 상벌규정

[21]
중소기업 인사위원회규정

제정 ○○○○년 ○○월 ○○일
개정 ○○○○년 ○○월 ○○일

〈총 칙〉

제1조【목적】

이 규정은 ○○주식회사(이하 "회사"라 한다) 사원의 표창과 징계 및 그 밖에 사원의 인사에 관한 합리적인 인사관리를 위하여 인사위원회(이하 '위원회'라 한다)의 설치와 운영에 관한 사항을 정함을 목적으로 한다.

제2조【적용범위】

① 이 규정은 회사에 근무하는 사원에게 적용한다.

② 이 규정은 회사의 인사위원회의 위원(이하 '위원'이라 한다)에게 적용한다.

② 이 규정은 법령과 단체협약, 취업규칙 등 그 밖에 회사규정에 별도로 정함이 있는 경우를 제외하고는 이 규정을 적용한다.

제3조【용어의 정의】

이 규정에서 사용하는 용어의 뜻은 다음 각 호와 같다.

1. "사원"이란 단시간사원을 제외한 정규직과 계약직 사원을 말한다.

2. '정규직 사원'이란 근로계약의 기한이 없는 무기계약직 사원을 말한다.

3. '계약직 사원'이란 근로계약의 기한을 정한 기간제 사원을 말한다.

제4조【위원회의 기능】

위원회는 다음 각 호의 사항을 의결한다.

1. 사원의 표창에 관한 사항

2. 사원의 징계에 관한 사항

3. 그 밖에 사원의 인사에 관하여 위원회의 의결이 필요한 사항

제5조 【위원회의 구성】

① 위원회는 5인 이하의 위원으로 구성한다.

② 위원은 상근이사와 부서장 및 근로자대표 1인 이상을 대표이사가 선임한다.

③ 위원회의 위원장은 1인으로 대표이사가 한다. 다만, 대표이사는 위원에서 지명하여 위임할 수 있다.

④ 징계 또는 해고와 관련한 인사위원회는 단체협약 또는 취업규칙 및 징계규정에서 정한 구성으로 한다.

> **참고** ③ 징계 또는 해고와 관련한 인사위원회 구성은 단체협약 또는 취업규칙의 규정에 따른다.

제6조 【회의소집】

① 위원회 회의(이하 '회의'라 한다)는 제4조의 의결사항이 있을 경우 위원장이 소집한다.

② 위원장은 회의를 소집하고자 하는 경우 원칙적으로 회의개최 7일 전에 회의일시, 장소, 의제 등을 각 위원에게 통보한다.

제7조 【의결】

① 회의는 재적위원 과반수의 출석과 출석위원 과반수의 찬성으로 의결한다. 다만, 징계에 관한 사항은 재적위원 3분의 2 이상의 찬성으로 의결한다.

② 위원장은 표결권을 가지며 가부동수일 때에는 결정권을 가진다.

③ 의결사항이 특정위원에 관한 사항을 의결할 때에는 당해 위원은 그 건의 의결에 참여할 수 없다.

제8조 【회의원칙】

① 회의는 원칙적으로 공개하지 아니한다. 다만, 위원회의 의결로 공개할 수 있다.

② 위원과 간사는 회의내용과 관련된 사항을 누설하여서는 안 된다.

제9조 【간사】

① 위원회는 간사 1인을 둘 수 있으며, 간사는 인사(총무)과장이 한다.

② 간사는 위원장의 명을 받아 위원회의 서무를 처리한다.

제10조 【관계자의 참석】

① 위원장의 승인으로 회의에 부의안건에 필요한 관계자가 참석하여 진술 및 의견청취를 할 수 있다.

② 위원장의 승인으로 회의에 부의안건의 당사자가 참석하여 진술할 수 있다.

제11조 【회의록】

간사는 회의사항에 관한 결의사항이 포함 된 회의록을 기록하여야 하며, 회의록은 위원장과 위원의 기명날인 및 서명으로 증명하여 보관하여야 한다.

〈부 칙〉

제12조 【시행일】

이 규정은 ○○년 ○월 ○일부터 시행한다.

〈서　식〉

(서식 1)

인사위 제○○호

인사위원회 소집통지서

(인사위원)

성　　명 :　　　　　　　(사번　　　　　　　　　　)

소　　속 :　　　　　　　직위 :

○○주식회사는 제○○차 ○○인사위원회를 개최를 통지(공지)하오니 인사위원회 위원과 위촉위원은 다음과 같이 인사위원회에 참석 바랍니다.

1. 개최일시 :

2. 장　　소 :

3. 안　　건 :

20 년　월　일

○○주식회사 인사위원회 위원장

○　　○　　○ (인)

(서식 2)

인사위 제○○호

인사위원회위원 위촉통지서

성　　명 :　　　　　　　(사번　　　　　　　　　　)

소　　속 :　　　　　　　직　위 :

위촉일자 :

귀하는 ○○주식회사 제○○차 ○○인사위원회 위원으로 위촉되었습니다. 다음과 같이 인사위원회를 개최하니 인사위원으로 참석하여 주시기 바랍니다.

1. 참석일시 :

2. 장　소 :

3. 안　건 :

상기와 같이 통지합니다.

20 년　월　일

○○주식회사 인사위원회 위원장

○　　○　　○ (인)

(서식 3)

인사위 제○○호

인사위원회 출석통지서

(징계대상자)

성   명 :   (사번   )

소   속 :   직   위 :

귀하는 다음과 같이 제○○차 ○○인사위원회에 징계대상자로 회부되었으니 다음과 같이 인사위원회에 출석하여 징계안건에 대하여 소명바랍니다. 바랍니다.

1. 출석일시 :
2. 장   소 :
3. 출석안건 :

20 년 월 일

○○주식회사 인사위원회 위원장

○   ○   ○ (인)

(서식 4)

인사위 제○○호

징계처분통지서

(징계대상)

성   명 :   (주민등록번호 :   )

소   속 :   직   위 :

귀하는 제○○차 ○○주식회사 인사위원회 심의결과 다음과 같이 징계를 결정하였음을 통보합니다.

1. 징계내용 :
2. 시행일자 : 202 년   월   일   시부터
3. 재심청구 : 202 년   월   일   시까지

귀하는 징계통지일로부터 3일 이내에 ○○주식회사 인사위원회에 서면으로 재심을 청구할 수 있습니다. 재심을 청구하지 않으면 위와 같이 징계처분합니다.

상기와 같이 통지합니다.

○○○○년 ○○월 ○○일

○○주식회사 대표이사 ○ ○ ○ (인)

(서식 5)

인사위 제○○호

인사위원회 징계결의서

회의명 : 징계 인사위원회 개최
개　회 : ○○○○년 ○○월 ○○일, 오전 ○○시 ○○분
폐　회 : ○○○○년 ○○월 ○○일, 오전 ○○시 ○○분
장　소 : ○○주식회사 회의실
참　석 : 인사위원회 전체위원 5명, 출석위원 5명

○○주식회사 인사위원회는 제○○차 징계 인사위원회를 상기 시각에 개최하여 다음과 같이 심의 및 결의하였다.

- 다　음 -

1. 의안 : 부하직원 폭행에 대한 징계사항
의장 ○○○외 위원 4인은 징계 인사위원회를 다음과 징계를 심의하였다.
　　　　1) 징계대상 : 성명 ○○○ (소속: ○○팀, 직위: 과장)
　　　　2) 심의사유 : 부하직원 (○○○, ○○○, ○○○) 3명 폭행 건
　　　　3) 심의자료 : 가해자경위서, 피해자진술서, 피해자진단서

2. 의결
의장과 위원 4명은 다음과 같이 징계를 결의하고 가결하였습니다.
　　　　1) 징　　계 : 3개월의 정직처분
　　　　2) 결　　의 : 표결 총원 4명, 징계 찬성 4명
　　　　3) 시행일자 : ○○○○년 ○○월 ○○일

3. 폐회 : 의장은 심의사항을 의결하고 상기 시각에 폐회를 선언하다.

위와 같이 인사위원회를 개최하여 결의하였습니다.

202 년　　　월　　　일

인사위원장 ○　○　○㊞

위원　　　　㊞　　　위원　　　　　㊞　　　위원　　　　㊞
위원　　　　㊞　　　위원　　　　　㊞　　　위원　　　　㊞

[22]
중견기업 인사위원회규정

제정 ○○○○년 ○○월 ○○일
개정 ○○○○년 ○○월 ○○일

〈총 칙〉

제1조【목적】

이 규정은 ○○주식회사(이하 '회사'라 한다)의 발전과 합리적인 인사관리를 위하여 인사위원회(이하 '위원회'라 한다)의 설치와 운영에 관한 사항을 정함을 목적으로 한다.

제2조【적용범위】

이 규정은 회사의 사업장에서 근무하는 사원과 인사위원회 위원에게 적용한다.

제3조【용어의 정의】

이 규정에서 사용하는 용어의 뜻은 다음 각 호와 같다.

1. '사원'이란 회사의 정규직 사원과 계약직 사원에게 적용한다.
2. '위원회'란 인사위원회를 말한다.
3. '위원'이란 인사위원회 위원을 말한다.
4. '위원장'이란 인사위원회 위원장을 말한다.

제4조【위원회의 설치】

인사위원회는 이사회 내에 비상근 조직으로 설치한다.

제5조【위원회의 기능】

이 규정은 회사의 사업장에서 인사위원회는 다음 각 호 사항의 결정에 적용한다.

1. 포상 및 표창에 관한 사항
2. 징계 및 해고에 관한 사항
3. 인사에 관한 다른 규정에서 위임한 사항

제6조【위원회의 구성】

① 위원회는 위원장 1인을 포함하여 5인 이하의 위원(이하 '인사위원'이라 한다)으로 구성한다.

② 위원장 1인으로 하고, 대표이사가 위원장이 된다. 다만, 위원장은 위원중에서 1인을 선임하여 그 직무를 위임할 수 있다.

③ 징계 또는 해고와 관련한 인사위원회의 구성은 법령 또는 단체협약 또는 취업규칙에서 정한 구성방법과 원수로 인사위원회를 구성한다.

제7조【위원회의 심의사항】

인사위원회는 제5조의 사항과 다음 각 호의 사항을 심의한다.

　　1. 인사평가에 관한 사항

　　2. 성과평가에 관한 사항

　　3. 성과급에 관한 사항

　　4. 외국근무에 관한 사항

　　5. 교육훈련에 관한 사항

　　6. 소위원회에 관한 사항

제8조【위원회의 소집】

위원회의 회의(이라 '회의'라 한다)는 위원장이 소집한다.

제9조【위원회의 결의】

① 회의는 결의는 재적위원 과반수의 출석으로 개의하고 출석위원 과반수의 찬성으로 의결한다. 다만, 징계 및 해고 등은 3분의 2 찬성으로 의결한다.

② 위원장은 회의에서 표결권을 가지지 않으며, 찬성과 반대가 동수인 때에는 결정권을 가진다.

③ 위원이 부득이한 사정으로 회의에 출석하지 못한 때에는 서면으로 의결할 수 있다.

제10조【위원회의 간사】

① 위원회는 간사 1인을 둘 수 있으며, 간사는 인사부장 또는 총무부장으로 한다.

② 간사는 위원회의 사무를 처리한다.

제11조【소위원회의 설치】

① 위원회는 제7조의 사항을 심의할 때에 다음 각 호의 소위원회를 팀으로 설치할 수 있다.

　　1. 인사평가사정팀

　　2. 성과평가사정팀

　　3. 성과급사정팀

　　4. 외국근무사정팀

　　5. 교육훈련사정팀

② 소위원회는 팀장은 1인으로 부사장이 하고, 팀원은 회사의 상근 이사와 각 부서장으로 구성한다.

제12조【소위원회의 운영】

① 소위원회는 팀원 과반수 출석으로 개의하고 출석 팀원 3분의 2 찬성으로 의결한다.

② 소위원회에서 의결된 사항은 위원회에 부의할 안건으로 결의한다.

③ 팀원이 회의 참석이 불가한 경우 서면으로 의결할 수 있다.

④ 소위원회는 팀원중에서 간사 1명을 두고, 간사는 의결사항을 기록하여야 한다.

제13조【결의서 등 제출】

① 위원회는 제5조의 사항에 관한 결의결과를 위원의 기명날인 및 서명으로 확인하여 결의서를 회사에 제출하여야 한다.

② 소위원회 제11조의 각 팀은 제12조2항의 위원회 부의안건을 팀원의 기명날인과 서명으로 확인하여 결의서를 위원회에 제출한다.

〈부　칙〉

제14조【시행일】

이 규정은 ○○년 ○월 ○일부터 시행한다.

〈서　식〉

(서식 1) 해고처분 인사위원회 결의서
(서식 2) 정직처분 인사위원회 결의서

(서식 1)

해고처분 인사위원회 결의서

회의명 : 특허절도사원 징계심의 건
개　회 : ○○○○년 ○○월 ○○일, 오전 ○○시 ○○분
폐　회 : ○○○○년 ○○월 ○○일, 오전 ○○시 ○○분
장　소 : ○○주식회사 9층 회의실
참　석 : 위원 7명, 출석 7명

　　　　　　○○주식회사 인사위원회는 다음과 같이 심의하여 결의하였습니다.

1. 의안 : 특허절도사원 징계심의 건
의장과 위원 6인은 다음과 같이 의안을 부의하고 심의 및 결의하였습니다.
　　　　　1) 심의안건 : 회사특허준비 중요기술 절도 및 불법매매
　　　　　2) 심의자료 : 경찰서진술서, 은행입금계좌, 절도자료
　　　　　3) 심의대상 : 3인(성명 ○○○, ○○○, ○○○) 불참
　　　　　4) 심의설명 : 심의대상자 3인에게 출석 및 서류 소명을 통보하였으나 불참 및 소명서류
　　　　　　　　　　　도 제출하지 않았음.
2. 의결 : 의장은 위원 6명의 표결로 심의 대상자 3인 전원의 해고를 결의하고 가결되었음을 선포
하다.
　　　　　1) 결의 : 3인 전원 해고 (성명: ○○○, ○○○, ○○○) 해고
　　　　　2) 표결 : 출석위원 6명, 해고 찬성 6명
3. 폐회 : 의장은 의안 심의를 종료하고 상기 시각에 폐회를 선언하다.

　　　　　위와 같이 인사위원회를 개최하여 심의하여 결의하였습니다.

　　　　　　　　　　202　년　　　월　　　일

　　　　　　　　　위원장　　　　　　　　　　　　㊞
위　원　　　　　　　　㊞　　　위　원　　　　　　　　㊞
위　원　　　　　　　　㊞　　　위　원　　　　　　　　㊞
위　원　　　　　　　　㊞　　　위　원　　　　　　　　㊞

(서식 2)

정직처분 인사위원회 결의서

회의명 : 폭행사원 징계심의 건
개 회 : ○○○○년 ○○월 ○○일, 오전 ○○시 ○○분
폐 회 : ○○○○년 ○○월 ○○일, 오전 ○○시 ○○분
장 소 : ○○주식회사 9층 회의실
참 석 : 인사위원회 위원 7명, 출석위원 7명

○○주식회사 인사위원회는 제○차 징계 인사위원회를 상기 시각에 개최하여 다음과 같이 결의하였습니다.

1. 의안 : 부하직원 폭행사원의 징계심의 건
의장 ○○○외 위원 6인은 징계안건을 심의하였다.
        1) 징계대상 : 성명 ○○○ (소속: ○○팀, 직위: 과장)
        2) 심의사유 : 부하직원 (○○○, ○○○, ○○○) 3명 폭행 건
        3) 심의자료 : 가해자경위서, 피해자진술서, 피해자진단서

2. 의결
의장외 위원 6명은 다음과 같이 징계를 결의하고 가결을 선포하였다.
        1) 징   계 : 3개월의 정직처분
        2) 표   결 : 표결위원 6명, 징계찬성 위원 6명
        3) 시행일자 : ○○○○년 ○○월 ○○일

3. 폐회 : 의장은 상기와 같이 결의하고 상기 시각에 폐회를 선언하다.

위와 같이 인사위원회를 개최하여 결의하였습니다.

202 년   월   일

인사위원회 위원장 ○ ○ ○⑩
위원   ⑩   위원   ⑩   위원   ⑩
위원   ⑩   위원   ⑩   위원   ⑩
위원   ⑩   위원   ⑩   위원   ⑩

제8편

임원 관련 규정

주식회사의 임원

1. 대표이사

✽ 대표이사의 선임

① 대표이사는 주주총회에서 선임한 이사 중에서 이사회에서 선임한다. 다만, 정관으로 주주총회에서 선임할 것을 정할 수 있다.

② 대표이사는 1인 이상의 수인으로 공동대표이사를 선임할 수 있다. 공동대표이사 수인이 선임될 경우 회사를 대표할 1인의 대표이사를 정할 수 있다. 〈상법 제389조〉

✽ 대표이사의 임기

대표이사의 임기는 주주총회에서 선임한 당사자인 이사의 임기를 초과할 수 없다. 〈상법 383조〉

✽ 대표이사의 해임

대표이사의 해임은 선임기관(이사회 또는 주주총회)에서 한다. 〈상법 389조〉

2. 사내이사

✽ 이사의 선임

① 이사는 주주총회에서 선임한다.

② 회사와 이사의 관계는 「민법」의 위임에 관한 규정을 준용한다.

③ 사외이사(社外理事)는 해당 회사의 상무(常務)에 종사하지 아니하는 이사로서 다음 각 호의 어느 하나에 해당하지 아니하는 자를 말한다. 사외이사가 다음 각 호의 어느 하나에 해당하는 경우에는 그 직을 상실한다. 〈개정 2011.4.14.〉

1. 회사의 상무에 종사하는 이사·집행임원 및 피용자 또는 최근 2년 이내에 회사의 상무에 종사한 이사·감사·집행임원 및 피용자

2. 최대주주가 자연인인 경우 본인과 그 배우자 및 직계 존속·비속

3. 최대주주가 법인인 경우 그 법인의 이사·감사·집행임원 및 피용자

4. 이사·감사·집행임원의 배우자 및 직계 존속·비속

5. 회사의 모회사 또는 자회사의 이사·감사·집행임원 및 피용자

6. 회사와 거래관계 등 중요한 이해관계에 있는 법인의 이사·감사·집행임원 및 피용

자

7. 회사의 이사·집행임원 및 피용자가 이사·집행임원으로 있는 다른 회사의 이사·감사·집행임원 및 피용자〈상법 382조〉

🟤 이사의 수

① 주식회사의 이사는 3명 이상이어야 한다.

② 자본금 총액이 10억원 미만인 회사는 1명 또는 2명으로 할 수 있다.〈상법 383조〉

🟤 이사의 임기

① 이사의 임기는 3년을 초과하지 못한다.

② 이사의 임기는 정관으로 그 임기 중의 최종의 결산기에 관한 정기주주총회의 종결에 이르기까지 연장할 수 있다.

〈상법 383조〉

🟤 이사의 결원

① 법률 또는 정관에 정한 이사의 원수를 결한 경우에는 임기의 만료 또는 사임으로 인하여 퇴임한 이사는 새로 선임된 이사가 취임할 때까지 이사의 권리의무가 있다.

② 제1항의 경우에 필요하다고 인정할 때에는 법원은 이사, 감사 기타의 이해관계인의 청구에 의하여 일시 이사의 직무를 행할 자를 선임할 수 있다. 이 경우에는 본점의 소재지에서 그 등기를 하여야 한다.

〈상법 386조〉

🟤 이사의 해임

① 이사는 언제든지 상법상 주주총회의 특별결의로 이를 해임할 수 있다. 그러나 이사의 임기를 정한 경우에 정당한 이유 없이 그 임기만료 전에 이를 해임한 때에는 그 이사는 회사에 대하여 해임으로 인한 손해의 배상을 청구할 수 있다.

② 이사가 그 직무에 관하여 부정행위 또는 법령이나 정관에 위반한 중대한 사실이 있음에도 불구하고 주주총회에서 그 해임을 부결한 때에는 발행주식의 총수의 100분의 3 이상에 해당하는 주식을 가진 주주는 총회의 결의가 있는 날부터 1월 내에 그 이사의 해임을 법원에 청구할 수 있다.

〈상법 383조〉

3. 감 사

🔅 감사의 선임

① 감사는 주주총회에서 선임한다.

② 의결권없는 주식을 제외한 발행주식의 총수의 100분의 3을 초과하는 수의 주식을 가진 주주는 그 초과하는 주식에 관하여 제1항의 감사의 선임에 있어서는 의결권을 행사하지 못한다.

③ 회사는 정관으로 제2항의 비율보다 낮은 비율을 정할 수 있다.

④ 자본금의 총액이 10억원 미만인 회사의 경우에는 감사를 선임하지 아니할 수 있다. 〈신설 2009.5.28.〉

⑤ 제4항에 따라 감사를 선임하지 아니한 회사가 이사에 대하여 또는 이사가 그 회사에 대하여 소를 제기하는 경우에 회사, 이사 또는 이해관계인은 법원에 회사를 대표할 자를 선임하여 줄 것을 신청하여야 한다. 〈신설 2009.5.28.〉

⑥ 제4항에 따라 감사를 선임하지 아니한 경우에는 상법상 감사의 의무에 대하여 "감사"는 각각 "주주총회"로 본다. 〈신설 2011.4.14.〉

〈상법 409조〉

🔅 감사의 임기

감사의 임기는 취임 후 3년 내의 최종의 결산기에 관한 정기총회의 종결시까지로 한다. 〈상법 410조〉

🔅 감사의 결원

법률 또는 정관에 정한 이사의 원수를 결한 경우를 준용한다. 〈상법 411조, 386조〉

🔅 감사의 해임

감사는 주주총회의 특별결의로 이를 해임할 수 있으며, 법률 또는 정관으로 정한 이사의 경우를 준용한다. 〈상법 411조, 385조〉

[23]
임원관리규정

제정 ○○○○년 ○○월 ○○일
개정 ○○○○년 ○○월 ○○일

〈총 칙〉

1장 통칙

제1조【목적】

이 규정은 ○○주식회사(이하 '회사'라 한다) 임원에 관하여 정함에 목적이 있다.

제2조【적용 범위】

이 규정은 회사의 등기임원, 비등기임원, 임원대우에게 적용한다. 다만, 정관과 주주총회, 이사회에서 임원의 인사에 관하여 정함이 있는 것은 그에 따른다.

제3조【임원의 구분】

① 회사는 다음의 이사와 감사를 등기임원으로 둔다.

1. 대표이사
2. 사내이사
3. 감사

② 회사는 집행임원을 비등기임원으로 둘 수 있다.

③ 회사는 명예회장 등 임원대우를 비등기임원으로 둘 수 있다.

2장 등기임원

제4조 【이사의 선임 등】

① 이사는 등기임원으로 주주총회에서 사내이사로 선임한다.

② 이사의 수는 3인 이상으로 한다. 다만, 자본금 10억원 미만의 경우에는 1인 또는 2인으로 할 수 있다.

③ 이사의 임기는 3년 이내로 한다. 다만, 다만, 정관에 임원의 임기 만료일이 최종결산기에 정기주주총회의 종결시 까지 규정한 경우 이에 따른다.

감사의 수는 1인으로 한다. 다만, 자본금 10억원 미만의 경우에는 감사를 두지 않을 수 있다.

제5조 【감사의 선임 등】

① 감사는 등기임원으로 비상근 감사로 주주총회에서 선임한다.

② 감사의 수는 1인으로 한다. 다만, 자본금 10억원 미만의 경우에는 감사를 두지 않을 수 있다.

③ 감사의 임기는 3년 이내로 한다. 다만, 정관에 임원의 임기 만료일이 최종결산기에 정기주주총회의 종결시 까지 규정한 경우 이에 따른다.

제6조 【대표이사의 선임 등】

① 대표이사는 사내이사 중에서 이사회에서 선임한다.

② 대표이사의 임기는 주주총회에서 이사로 선임된 이사의 임기를 초과할 수 없다.

제7조 【등기임원의 해임】

① 이사와 감사의 해임은 주주총회에서 주주의 의결권의 3분의 2 이상의 수와 발행주식총수의 3분의 1 이상의 수로써 하여야 한다.

② 대표이사의 해임은 이사회에서 한다. 다만, 주주총회에서 선임한 경우 주주총회에서 해임한다.

3장 비등기 임원

제8조 【집행임원의 선임 등】

① 집행임원은 비등기임원으로 이사회의 결의로 선임한다.

② 비등기 집행임원의 임기는 2년 이내의 기간으로 한다.

제9조 【집행임원의 해임】

집행임원의 해임은 이사회의 결의로 한다.

제10조 【임원대우의 선임 등】

① 임원대우는 계약직 임원으로 이사회의 위임으로 대표이사가 선임한다.

② 임원대우의 해임은 이사회의 위임으로 대표이사가 해임한다.

4장 임원의 직책

제11조 【사장】

① 회사는 사장을 대표이사로 1인을 선임한다.

② 사장은 대표이사로 회사를 대표하고 조직과 구성원을 총괄하며, 회사의 경영에 관한 책임을

진다.

제12조【부사장】

① 회사는 부사장을 등기이사 중에서 이사회의 결의로 1인을 선임한다.

② 부사장은 사장을 보좌하고 사장이 위임한 직무를 수행하며, 사장의 유고시 회사를 대표하며 직무를 대리한다.

제13조【전무】

① 회사는 전무를 등기이사 중에서 이사회의 결의로 2인 이내로 선임한다.

② 전무는 부사장을 보좌하고, 사장이 위임한 직무를 수행하며, 부사장 유고시 사장이 지정한 자가 부사장의 직무를 대리한다.

제14조【상무】

① 회사는 상무 직책을 등기이사 중에서 이사회의 결의로 3인 이내로 선임한다.

② 상무는 전무를 보좌하고, 사장이 위임한 직무를 수행하며, 전무의 유고시 사장이 지정한 자가 전무를 대리한다.

제15조【본부장】

회사는 다음의 본부장 직책을 비등기 집행임원 중에서 이사회의 위임으로 대표이사가 선임한다.

1. 생산본부장
2. 엽업본부장
3. 관리본부장
4. 개발본부장
5. 연구소장

제16조【임원대우】

대표이사는 다음의 임원대우 직책을 1년 이내의 임기로 둘 수 있다.

1. 명예회장 : 1인
2. 이사대우 : 2인
3. 고문 : 2인

〈부　　칙〉

제17조【시행일】

이 규정은 ○○년 ○월 ○일부터 시행한다.

[24]
집행임원 관리규정

〈등기집행임원제도〉

기존의 이사회는 업무집행과 업무감독을 동시에 수행함으로써 스스로 수행한 일을 스스로 감시하는 자기 감시의 한계를 가지고 있다. 그러나 상장회사의 대부분 의사결정은 대표이사와 비등기 임원인 사실상 집행임원이 하고 있다. 그러나 이러한 집행임원에 대해서 어떤 법적인 규율도 하고 있지 않아 집행임원의 법적 성격과 책임, 이사회와의 관계 등을 둘러싼 여러 문제점이 발생하여왔고, 개정 상법은 이런 문제점들을 해결하기 위해 등기임원 집행임원을 법률상 제도로 도입하였다.

🌐 선임과 해임

1. 주식회사는 등기집행임원을 둘 수 있다.
2. 집행임원의 선임은 이사회에서 선출한다.
3. 집행임원은 성명과 주민등록번호 등을 상업등기소에 등기하여야 한다.
4. 집행임원의 임기는 정관에 다른 규정이 없으면 2년을 초과하지 못하나 재선 가능하다.
5. 집행임원의 해임은 이사회에서 임기 중이라도 할 수 있다.
6. 집행임원의 보수는 정관에 규정이 없거나 주주총회의 승인이 없는 경우 이사회가 결정한다.

🌐 이사회와 대표집행임원

1. 집행임원을 설치한 회사는 대표이사를 둘 수 없으나, 대표집행임원을 두어 대표이사의 역할을 할 수 있다.
3. 대표집행임원은 집행임원이 1인인 때에는 그 집행임원이 대표이며, 2인 이상이면 이사회의 결의로 선임한다.
4. 이사회는 집행임원과는 별개로 기존의 제도에 따라 이사로 구성되며, 집행임원에 대한 업무감독권한 가진다.
5. 이사가 집행임원을 겸직할 수 있고, 그 집행임원이 대표집행임원을 할 수 있다.

◉ 책임과 권한

1. 집행임원은 이사와 동일한 의무가 있다. 즉 회사에 대하여 선관주의의무, 충실의무, 경업피지의무, 자기거래 금지의무, 회사사업기회 유용금지의무, 비밀유지의무 등이 있다.

2. 집행임원은 이사에 갈음하여 3개월에 1회 이상 업무의 집행상황을 이사회에 보고하여야 한다.

3. 이사회의 요구가 있으면 언제든지 이사회에 출석하여 요구한 사항을 보고하여야 한다.

4. 이사회가 요구하면 대표집행임원은 다른 집행임원 또는 피용자의 업무에 관하여 이사회에 보고하여야 한다.

5. 집행임원은 감사 또는 감사위원회의 감사에 응하여야 하고, 회사에 현저한 손해 사실을 발견한 때에는 즉시 감사 또는 감사위원회에 이를 보고할 의무가 있다.

6. 집행임원은 이사와 동일하게 고의 또는 과실로 법령이나 정관을 위반한 행위를 하거나 그 임무를 게을리 한때에는 손해 배상할 책임이 있다.

7. 집행임원이 아니면서 명예회장, 회장, 사장, 이사 기타 회사의 업무를 집행할 권한이 있는 것으로 인정될 만한 명칭을 사용하여 회사의 업무를 집행한 자도 집행임원과 같은 책임을 진다.

개정 상법상 집행임원제도는 강제적인 것은 아니지만, 위와 같은 도입 취지를 고려하여 사실상 비등기 집행임원을 두고 있는 상장회사는 이러한 사실상 집행임원을 개정 상법상 신설되는 집행임원으로 전환하는 방안을 고려해 볼 수 있다. 다만, 집행임원으로 선임되는 경우 개정 상법이 부과하는 각종 의무와 책임을 부담한다는 점을 주지할 필요가 있다.

◉ 관련 법률 및 시행

- 상법 제408조의2 ~제408조의9
- 시행 : 2012년 4월 15일

집행임원 관리규정

제정 ○○○○년 ○○월 ○○일
개정 ○○○○년 ○○월 ○○일

〈총 칙〉

제1조【목적】

이 규정은 ○○○주식회사(이하 '회사'라 한다)의 집행임원의 인사에 관하여 정함을 목적으로 한다.

제2조【적용범위】

이 규정은 회사의 집행임원에게 적용한다. 또한, 집행임원에 관하여 법률과 정관에서 정한 것 외에는 이 규정을 적용한다.

제3조【집행임원의 설치】

회사는 정관규정에 의하여 집행임원제도를 설치한다.

제4조【용어의 정의】

"집행임원"은 이사회결의로 선임하여 집행임원으로 등기한 임원을 말한다.

1장 이사회 권한

제5조【이사회 권한】

이사회는 집행임원에 관하여 다음의 권한을 가진다.

1. 집행임원과 대표집행임원의 선임 및 해임할 수 있다.
2. 집행임원의 업무집행을 감독한다.

3. 집행임원과 회사의 소송에서 회사를 대표할 자의 선임한다.

4. 집행임원에게 업무집행에 관한 의사결정을 위임할 수 있다.

5. 집행임원의 직무분담과 지휘와 명령관계를 결정한다.

6. 정관에 규정이 없거나 주주총회의 승인이 없는 경우 집행임원의 보수 결정한다.

제6조 【이사회 의장】

이사회는 집행임원 선임과 해임, 업무집행 감독을 위한 이사회의 소집과 회의를 위한 이사회 의장을 둔다.

2장 선임과 직책

제7조 【선임】

집행임원과 대표집행임원의 선임은 이사회의 결의로 한다.

제8조 【임기】

집행임원과 대표집행임원의 임기는 2년 이내로 한다. 다만, 정관에 의하여 임기만료 후 3개월 이내에 정기주주총회가 있는 경우 총회 후 이사회의 종결 시까지로 한다.

제9조 【직책】

① 회사는 이사회 결의로 다음 직책을 설치하고, 직책에 집행임원을 선임한다.

1. 대표

2. 부대표

3. 본부장

② 집행임원 보직표는 별표 1과 같다.

제10조 【대표】

대표 집행임원은 회사를 대표하고, 회사의 조직과 구성원, 경영을 총괄하고 책임진다.

제11조 【부대표】

부대표 집행임원은 대표를 보좌하고, 대표 유고시 회사를 대표하며, 이사회에서 부여한 조직과 구성원, 직무를 분장하고 책임진다.

제12조 【본부장】

본부장 집행임원은 대표와 부대표를 보좌하고, 이사회에서 부여한 조직과 구성원, 직무를 분장하고 책임진다.

제13조 【해임】

집행임원과 대표집행임원의 해임은 이사회의 결의로 한다.

3장 권한과 책임

제14조 【권한】

집행임원은 정관과 이사회에서 위임한 업무집행의 권한이 있다.

제15조【의무】

① 집행임원은 3개월에 1회 이상 업무의 집행상황을 이사회에 보고하여야 한다.

② 집행임원은 이사회의 요구가 있으면 이사회에 출석하여 요구사항을 보고하여야 한다.

③ 이사는 대표집행임원으로 하여금 다른 집행임원 또는 피용자의 업무에 관하여 이사회에 보고를 요구할 수 있다.

제16조【책임】

① 집행임원이 그 임무를 게을리하여 회사에 손해를 입히면, 집행임원은 회사에 손해를 배상할 책임이 있다.

② 집행임원이 고의 또는 과실로 회사 또는 제3자에게 손해를 입히면, 집행임원은 회사 또는 제3자에게 손해를 배상할 책임이 있다.

4장 보 칙

제17조【대표이사 불가】

회사와 이사회는 집행임원제도를 설치한 경우 대사를 대표하는 대표이사를 둘 수 없다.

〈부 칙〉

제18조【시행일】

이 규정은 ○○○○년 ○○월 ○○일부터 시행한다.

〈별 표〉

〈별표1 〉 집행임원 조직표

[25]
고문·자문위원 위촉규정

제정 ○○○○년 ○○월 ○○일
개정 ○○○○년 ○○월 ○○일

총 칙

제1조【목적】
 이 규정은 ○○주식회사(이하 '회사'라 한다)의 경영 및 기술 또는 기타 등의 업무를 보좌 및 수행하는 고문과 자문위원의 위촉 및 제도운영에 필요한 사항에 대하여 규정함을 목적으로 한다.

제2조【적용범위】
 이 규정은 회사의 고문과 자문위원의 위촉 및 운영에 적용한다.

제3조【위촉방법】
 ① 고문과 자문위원의 위촉은 정기 및 수시로 구분한다.
 ② 정기 위촉은 위촉대상분야 전문가를 매 사업연도 시작 월의 2월 이내에 일정한 위촉기간을 설정하여 위촉한다.
 ③ 수시 위촉은 업무의 필요에 따라 위촉대상분야의 전문가를 시기에 관련없이 수시 위촉한다.

제4조【위촉기간】
 ① 고문의 위촉은 위촉된 날로부터 12개월로 하되, 재 위촉할 수 있다.
 ② 자문위원의 위촉은 위촉된 날로부터 12개월, 6개월, 3개월 또는 당해 사업 관련업무 종료일까지 위촉할 수 있다.

제5조【고문의 위촉】
 고문은 대표이사의 제청으로 이사회결의로 임면한다.

제6조【자문위원의 위촉】
 자문위원은 다음 각 호 중에서 대표이사가 임면한다.
  1. 관련 업무의 5년 이상 경험자
  2. 관련 업무의 학계, 업계, 공무원출신 전문가
  3. 관련 업무에 경험이 풍부한 자
  4. 기타 자문위원으로 필요하다고 대표이사가 인정하는 자

제7조【상근】

　고문과 자문위원은 대표이사의 결정으로 상근 또는 비상근으로 할 수 있다.

제8조【자문위원회의 운영】

　① 회사는 필요에 의하여 자문위원회를 구성하여 운영할 수 있으며, 필요에 따라 분야별 분과위원회를 구성하여 운영할 수 있다. 자문회의는 분기별로 1회 또는 필요에 따라 수시 개최할 수 있다.

　② 회사는 자문위원에게 정기 또는 수시 및 개별적으로 자문을 요청하거나 출석하도록 하여 의견을 제시하게 할 수 있다.

제9조【지급수당 등】

　① 고문에게는 매월 일정한 임금을 지급하고, 출장 및 회의에 참석하는 경우 교통비 및 숙박비 등의 수당 및 비용을 지급한다.

　② 자문위원에게는 매월 일정한 임금을 지급하고, 자문활동과 관련하여 출장하는 경우 및 관련 자료 등을 구매하는 경우에 그 소요경비를 예산의 범위에서 지급한다.

〈부　　칙〉

제10조【시행일】

　이 규정은 ○○○○년 ○○월 ○○일부터 시행한다.

〈서　　식〉

(서식 1) 고문(자문위원)위촉계약서

(서식 1)

고문(자문위원)위촉계약서

○○주식회사 (이하 '회사')와 성명 ○○○(이하 '위원')은 다음과 같이 회사의 고문(자문위원)으로 위촉계약을 체결하고 이를 성실히 이행할 것을 약정한다.

제1조 (계약조건) 위원은 회사에 근로 등을 제공하고, 회사는 위원이 제공한 근로 등에 대한 대가로 임금 등을 지급한다.

제2조 (계약기간) 위원의 계약기간은 ○○○○년 ○○월 ○○일부터 ○○○○년 ○○월 ○○일까지 ○○개월로 한다.

제3조 (직무) 위원은 회사에 제공하는 업무내용은 다음 각 호와 같다.

　　1.
　　2.
　　3.
　　4.
　　5.

제4조 (임금계산) 위원의 임금은 1개월에 ○,○○○,○○○원으로 한다.

제5조 (임금지급) 위원의 임금은 근로한 달의 다음 달 5일에 위원의 은행계좌로 지급한다.

제6조 (근무형태) 위원의 근무형태는 회사와 협의하여 상근 또는 비상근으로 근무할 수 있다.

제7조 (보고의무) 위원은 직무에 대한 내용을 매월 ○○회 이상 회사에 보고하여야 한다.

제8조 (위촉해제) 회사는 위원이 맡은 바 직무를 성실히 이행하지 않을 경우 위촉을 해제할 수 있다.

회사와 위원은 위와 같이 위촉계약을 체결하고, 이를 성실히 이행할 것을 약정하고, 계약서 2통을 작성하여 기명날인하여 각각 1통씩 보관한다.

년　　　월　　　일

회 사 명 :　　　(사업자번호:　　　　　) 대표이사 : 성명 :　　　　㊞
주　　소 :
위원성명 :　　　(주민등록번호:　　　　) ㊞
주　　소 :

[26]
임원보수규정

🌑 상법상 임원보수지급기준

임원의 보수는 정관에 그 액을 정하지 아니한 때에는 정관의 위임으로 주주총회의 결의로 이를 정한다 (상법 제388조).

임원	지급기준	법령
이사	• 이사의 보수는 정관에 그 액을 정하지 아니한 때에는 주주총회의 결의로 이를 정한다.	상법 제388조
감사	• 감사의 보수는 상법 제388조를 준용한다.	상법 제415조
집행임원	• 집행임원의 보수는 정관에 규정이 없거나 주주총회의 승인이 없는 경우 이사회에서 결정한다.	상법 408조의2

🌑 세법상 임원급여지급기준

법인이 임원에게 지급하는 상여금 중 정관·주주총회·사원총회 또는 이사회의 결의에 의하여 결정된 급여지급기준에 의하여 지급하는 금액을 초과하여 지급한 경우 그 초과금액은 이를 손금에 산입하지 아니한다 (법인세법 시행령 제43조).

지급기준	손금 여부	법령
정관·주주총회 또는 이사회 결의로 정한 지급기준 이내로 지급하는 금액	손금산입	법인세법시행령 제43조 제2항
정관·주주총회 또는 이사회 결의로 정한 지급기준을 초과하여 지급하는 금액	손금불산입	

🌑 임원보수의 결정기준

구분		임원보수
등기임원	정관	• 정관에 임원의 보수를 규정한다.
		• 정관에서 임원의 보수를 주주총회결의로 규정한다.
	주주총회	• 정관의 위임으로 주주총회결의로 임원의 보수를 결정한다.

구분		임원보수
비등기 임원	정관	상동
	주주총회	상동
	이사회	• 정관 또는 정관의 위임으로 주주총회에서 비등기임원의 보수를 결정하지 않은 경우 이사회 결의로 결정한다.

❖ 임원보수 개별지급기준

정관 또는 주주총회의 정함이 있는 임원의 보수총액 또는 보수한도에서, 이사회 결의로 각각의 임원에게 지급하는 개별급여에 대하여 계산방법과 지급방법을 "임원보수(급여)규정"으로 개별지급기준을 정하여 시행한다.

구분		임원개별지급기준
개별급여 지급규정	등기임원	• 정관 또는 주주총회에서 임원의 보수총액 및 보수한도를 정한 경우, 각 임원에게 지급하는 임원급여의 개별지급기준을 이사회결의로 정할 수 있다.
	비등기임원	

❖ 임원보수(개별급여) 지급규정 작성시 검토사항

구분		검토사항
임원 개별 급여 지급 규정	기본급	• 호봉제, 단봉제, 연봉제 검토
	상여금	• 정기상여급
	성과급	• 특별상여금, 성과수당
공증인 인증		• 정관, 주주총회의사록, 이사회의사록, 임원보수(개별급여)규정

임원보수규정

제정 ○○○○년 ○○월 ○○일
개정 ○○○○년 ○○월 ○○일

〈총 칙〉

제1조【목적】

이 규정은 ○○주식회사(이하 '회사'라 한다) 임원의 보수에 관한 계산과 지급에 관하여 정함을 목적으로 한다.

제2조【적용범위】

① 이 규정은 회사의 임원에게 적용한다.

② 이 규정은 정관 또는 주주총회에서 정한 임원의 보수총액 또는 보수한도 내에서 이 규정을 적용한다.

제3조【용어의 정의】

회사의 임원이란 주주총회에서 선임한 임원으로 다음의 직책을 말한다.

1. 대표이사
2. 전무이사
3. 상무이사
4. 감사

제4조【임원보수의 구성】

임원의 보수총액은 다음과 같이 구성한다.

1. 기본연봉
2. 상여연봉
3. 특별상여금

제5조【기본연봉】

① 회사 임원의 기본연봉은 1년을 단위기간으로 산정한다.

② 기본연봉의 지급은 기본연봉을 12분의 1로 월할하여 월봉으로 매월 ○○일에 지급한다.

③ 임원의 기본연봉은 별표1과 같다.

제6조【상여연봉】

① 회사 임원의 상여연봉은 정기상여금으로 1년을 단위기간으로 산정한다.

② 상여연봉의 지급은 상여연봉의 4분의 1로 분기할하여 매분기말월의 기본연봉의 월봉 지급일에 지급한다.

③ 임원의 상여연봉은 별표1과 같다.

제7조【특별상여금】

회사는 특별상여금을 다음의 날에 각각 1인당 100만원 이내에서 지급할 수 있다.

1. 설
2. 하계휴가
3. 추석

〈부　칙〉

제8조【시행일】

이 규정은 ○○○○년 ○○월 ○○일부터 시행한다.

〈별　표〉

(별표 1) 임원기본·상여연봉표

(단위: 원)

구분	기본연봉	상여연봉	연봉총액
대표이사	120,000,000	40,000,000	160,000,000
전무이사	84,000,000	28,000,000	108,000,000
상무이사	72,000,000	24,000,000	96,000,000
비상근 감사	24,000,000	-	24,000,000

[27]
임원퇴직금규정

제정 ○○○○년 ○○월 ○○일
개정 ○○○○년 ○○월 ○○일

〈총 칙〉

제1조【목적】
이 규정은 ○○주식회사(이하 '회사'라 한다) 임원의 퇴직금에 관하여 정함을 목적으로 한다.

제2조【적용범위】
이 규정은 회사에 재임하는 임원에게 적용한다.

제3조【지급대상】
회사는 임원으로 1년 이상 계속 재임한 임원에게 퇴직금을 지급한다.

제4조【용어의 정의】
이 규정에서 적용하는 다음의 임원을 말한다.

1. 대표이사 사장
2. 사내이사 부사장, 전무, 상무
3. 감사
4. 비등기 임원(본부장, 공장장, 연구소장)

제5조【퇴직금의 계산】
임원의 퇴직금은 임원으로 선임되어 퇴직 전 3년간 연평균급여의 10%에 재임연수를 곱하고 여기에 지급배수를 곱한 금액으로 다음과 같이 계산한다.

> 임원퇴직금 = 퇴직전 3년간 연평균급여의 10% × 재임연수 × 지급배수

제6조【지급률】
제5조의 퇴직금 계산에서 지급배수는 직책별로 다음과 같다.

1. 사장 : 3배수
2. 부사장 : 2배수

    3. 전무, 상무 : 1.5배수

    4. 비등기 임원 : 1배수

제7조【재임연수의 계산】

제5조의 퇴직금 계산에서 임원의 재임연수계산은 1개월 미만이 재임연수는 1개월로 계산한다.

제8조【퇴직연금의 가입】

회사는 임원과 합의하여 다음의 퇴직연금제도 중 어느 하나를 선택하여 가입할 수 있다.

    1. 확정급여형(DB)

    2. 확정기여형(DC)

제9조【퇴직금의 중간정산】

임원은 퇴직금 중간정산을 신청하는 경우 법정요건을 충족할 때 재임기간의 퇴직급여를 중간정산할 수 있다.

제10조【퇴직금의 지급】

① 회사는 임원이 현실적으로 퇴직한 경우 퇴직일로부터 2주일 이내에 지급한다.

② 회사는 임원이 제9조에 따라 퇴직금 중간정산을 신청한 경우 신청일로부터 2주일 이내에 지급한다.

제11조【특별위로금】

① 회사는 1년 미만 재임한 임원에게 이사회 결의로 퇴직위로금을 지급할 수 있다.

② 회사는 재임 중 특별한 공로가 있는 임원에게 퇴직금 외에 특별위로금을 지급할 수 있다.

제12조【지급제한】

회사에 손해를 끼쳐 주주총회에서 해임된 임원에게는 퇴직금을 지급하지 아니한다.

〈부 칙〉

제13조【시행일】

이 규정은 ○○○○년 ○○월 ○○일부터 시행한다

제9편

조직·직제 관련 규정

조직·직제규정 작성시 검토사항

구성안	검토사항	비고

조 직 · 직 제
개   폐
	• 조직 개폐권자를 규정한다.
	  - 이사회
	  - 대표이사 사장
	  - 사장으로부터 위임받은 자
	• 직제 개폐권자를 규정한다.
	  - 사장
	  - 사장으로부터 위임받은 자
		개폐권자

사 업 부 제
조   직
	• 사업부문별 조직체계를 규정한다.
	  - 화장품사업부
	  - 신발사업부
	  - 의류사업부
	  - 바이오사업부
	  - 의료기기사업부 등
		사업조직

직 무 부 서 제
조   직
	• 회사의 직무부서별로 조직을 규정한다.
	  - 관리부
	  - 영업부
	  - 생산부
	  - 개발부 등
		직무조직

직 제 구 성	• 회사 구성원의 직제별로 규정한다.
	  - 임원직제 : 회장, 사장, 전무, 상무,
	  - 관리직제 : 팀장(부장), 차장, 과장(매니저)
	  - 일반직제 : 일반관리직
	  - 생산직제 : 공장장, 팀장, 반장, 조장
	  - 판매직제 : 점장, 팀장
	  - 서비스직제 : 매니저, 반장, 조장
		직제구성원

타 규 정 과 의
관   계
	• 조직과 직제의 규정은 다음 규정과 밀접한 관계가 있다.
	  - 주주총회
	  - 이사회
	  - 위임전결규정
		연결규정

규 정 구 성	• 조직규정
	  - 통칙 : 목적, 적용범위, 조직구성,
	  - 본칙 : 조직구성, 조직체계
	• 직제규정
	  - 통칙 : 목적, 적용대상, 구성원
	  - 본칙 : 직제구성, 개별직제
		규정내용

[28]
사업부제 조직·직제규정

제정 ○○○○년 ○○월 ○○일
개정 ○○○○년 ○○월 ○○일

〈총 칙〉

1장 통칙

제1조【목적】

이 규정은 ○○주식회사(이하 '회사') 조직과 구성원, 직무 등 직제의 설치와 운영에 관한 사항의 정함을 목적으로 한다.

제2조【적용범위】

① 이 규정은 회사의 조직의 구성원에게 적용한다.

② 이 규정은 회사의 조직 등 직제에 관하여 정관·주주총회·이사회에서 정함 있는 외에는 이 규정을 적용한다.

> 참고 회사 조직규정의 적용대상과 적용범위를 규정한다.

제3조【구성원】

회사의 구성원은 다음과 같다.

1. 경영자 : 대표이사, 전무, 본부장, 연구소장
2. 관리직원 : 팀장, 과장
3. 일반직원 : 대리, 일반직원
4. 감사

제4조 【개설과 폐지】

① 회사의 조직은 직제는 대표이사가 요청하여 이사회결의로 개폐한다.

> 참고 회사 조직의 설치와 해체에 관하여 규정한다.

3장 조직구성

제5조 【조직구성】

① 회사는 4본부 1연구소를 다음과 같이 둔다.

    1. 관리본부

    2. 사업본부

    3. 생산본부

    4. 기술연구소

② 회사의 경영조직은 별표 1과 같다.

> 참고 회사의 경영조직과 사업부문에 관하여 규정한다.

제6조 【관리본부】

① 관리본부는 다음의 조직을 설치하고 본부장이 총괄한다.

    1. 기획팀

    2. 구매팀

    3. 재무팀

② 제1항의 각 팀은 사장의 결정으로 "과" 조직을 설치하고 팀장이 분장한다.

제7조 【사업본부】

① 의류사업본부는 다음의 조직을 설치하고, 본부장이 총괄한다.

    1. 캐주얼의류팀

    2. 아웃도어팀

    3. 매장관리팀

② 향장사업본부는 다음의 조직을 설치하고 본부장이 총괄한다.

    1. 기초화장품팀

    2. 색조화장품팀

    3. 중국사업팀

② 제1항 제2항의 각 팀은 사장의 결정으로 "과" 조직을 설치하고 팀장이 분장한다.

제8조 【생산본부】

① 생산본부는 다음의 조직을 설치하고, 본부장이 총괄한다.

    1. 의류생산팀

    2. 향장생산팀

    3. 외주생산팀

② 제1항의 각 팀은 사장의 결정으로 "과" 조직을 설치하고, 팀장이 분장한다.

제9조 【기술연구실】

① 기술연구실은 다음의 조직을 설치하고, 실장이 총괄한다.

    1. 의류개발팀

    2. 향장개발팀

② 제2항의 각 팀은 사장의 결정으로 "과" 조직을 설치하고 팀장이 분장한다.

3장 직제구성

제10조 【직제구성】

① 회사는 다음과 같이 직제를 설치한다.

    1. 사장

    2. 전무

    3. 본부장, 기술연구소장

    4. 팀장, 과장

    6. 대리, 일반직원

    7. 감사

② 회사 조직의 직제는 별표 2와 같다.

제11조 【사장】

대표이사는 사장으로 회사를 대표하고, 조직과 구성원을 총괄하고, 경영을 책임진다.

제12조 【전무】

전무는 이사로 사장을 보좌하고, 분장 조직과 구성원, 직무를 분장한다.

제13조 【본부장】

본부장은 이사로 전무를 보좌하고, 분장 조직과 구성원, 직무를 분장한다.

제14조 【실장】

기술연구실장으로 전무를 보좌하고, 분장 조직과 구성원, 직무를 분장한다.

제15조 【팀장】

팀장은 본부장 및 기술연구소장을 보좌하고, 분장 조직과 구성원, 직무를 분장한다.

제16조 【부팀장】

부팀장은 팀장을 보좌하고, 분장 조직과 구성원, 직무를 분장한다.

제17조 【과장】

과장은 부팀장을 보좌하고, 분장 조직과 구성원, 직무를 분장한다.

제18조 【일반직원】

과장대리와 일반직원은 과장을 보좌하고, 직무를 수행한다.

제19조 【감사】

감사는 회사의 회계와 경영, 업무를 감사한다.

제20조 【기타직제】

① 사장은 필요에 따라 상근 또는 비상근 "고문 및 자문위원"을 둘 수 있다.

② 본부장은 필요에 따라 1년 미만 단시간 계약직원을 둘 수 있다.

〈부 칙〉

제21조 【시행일】

이 규정은 ○○○○년 ○○월 ○○일부터 시행한다.

〈별 표〉

〈별표1〉 조직표

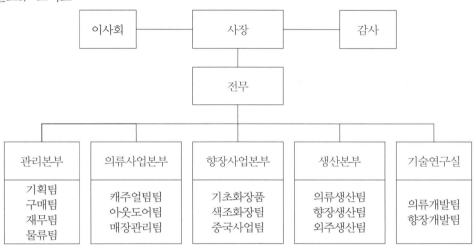

〈별표2〉 직제표

직위	직급	직위	직급
사장	대표이사	팀장	1급
전무	전무이사	부팀장	2급
본부장	사내이사	과장	3급
본부장	집행임원	대리	4급
기술연구소장	집행임원	일반직원	5급
감사	비상근 감사	생산직원	6급

[29]
직무부서 조직·직제규정

제정 ○○○○년 ○○월 ○○일
개정 ○○○○년 ○○월 ○○일

〈총 칙〉

1장 통칙

제1조【목적】

이 규정은 ○○주식회사(이하 '회사'라 한다)의 조직과 직제 관하여 규정함을 목적으로 한다.

제2조【적용범위】

이 규정은 ○○주식회사(이하 '회사'라 한다)의 조직과 직제에 관하여 정관에 정한 것을 제외하고 이 규정에 의한다.

제3조【조직 등 개폐】

회사의 조직과 직제는 이사회의 결의를 거쳐 대표이사가 설치 또는 폐지한다.

2장 구성원

제4조【구성원】

회사 조직의 구성원은 다음과 같이 구성한다.

1. 임원직 사원
2. 관리직 사원
3. 일반직 사원
4. 계약직 사원

제5조 【직제구성】
① 회사 조직 구성원의 직제는 다음과 같다.
1. 사장
2. 부사장
3. 본부장
4. 부장, 차장, 과장
5. 대리, 평사원
② 제1항의 직제와 정원은 별표 1과 같다.

제6조 【사장직】
사장은 대표이사로 회사를 대표하고 조직과 구성원을 총괄하며 경영을 책임진다.

제7조 【임원직】
① 임원은 대표이사, 부사장, 본부장, 감사로 한다.
② 부사장은 사장을 보좌하고 분장 조직과 구성원, 업무를 총괄한다. 또한, 사장의 유고시 그 직무를 대행한다.
③ 본부장은 사장과 부사장을 보좌하고, 분장 조직과 구성원, 업무를 총괄한다.

제8조 【관리직】
① 관리자는 부장, 차장, 과장으로 한다.
② 부장은 소속 본부장을 보좌하고, 분장 조직과 구성원, 업무를 총괄한다.
③ 차장은 소속 부장을 보좌하고, 분장 조직과 구성원, 업무를 총괄한다.
④ 과장은 소속 부장과 차장을 보좌하고. 분장 조직과 구성원, 업무를 총괄한다.

제9조 【일반직】
① 회사의 일반직원은 대리, 일반직원으로 한다.
② 대리는 소속 과장을 보좌하고, 분장 업무를 수행한다.
③ 일반사원은 소속 과장을 보좌하고, 분장 업무를 수행한다.

제10조 【계약직】
① 회사는 계약직으로 임원, 관리직원, 일반직원을 둘 수 있다.
② 회사는 단시간직원을 둘 수 있다.

제11조 【감사직】
회사는 비상근 감사직을 두고 감사는 회사의 회계와 업무를 감사한다.

3장 직무조직

제12조 【조직구성】
① 회사는 직무별 본부조직을 다음과 같이 설치한다.
1. 관리본부
2. 생산본부
3. 영업본부

② 회사의 조직표는 별표 1과 같다.

제13조【관리본부】

① 경영본부는 다음의 부서를 설치하고, 관리본부장(전무)이 총괄한다.

    1. 기획부

    2. 구매부

    3. 관리부

② 제1항의 각 부서는 필요에 따라「과」를 설치하고, 각 부서장이 총괄한다.

제14조【생산본부】

① 생산본부는 다음의 공장과 부서를 설치하고, 생산본부장(이사)이 총괄한다.

    1. 생산공장

    2. 생산부

    3. 외주부

② 제1항의 공장과 각 부서는 필요에 따라「과」를 설치하고, 각 부서장이 총괄한다.

제15조【영업본부】

① 영업본부는 다음의 부서를 설치하고, 영업본부장(상무)이 총괄한다.

    1. 국내영업부

    2. 해외영업부

    3. 온라인사업부

② 제1항의 각 부서는 필요에 따라「과」를 설치하고, 각 부서장이 총괄한다.

4장 보칙

제16조【기타 조직과 직제】

① 회사는 경영상 필요에 따라 다음 조직과 직제를 설치할 수 있다.

    1. 기술연구소

    2. 국내지사 및 지점

    3. 해외지사

② 회사는 필요에 따라 다음의 직제를 설치하고 약간명을 둘 수 있다.

    1. 비상근 사외이사

    2. 상근 또는 비상근 고문

〈부 칙〉

제17조【시행일】

이 규정은 ○○○○년 ○○월 ○○일부터 시행한다.

〈별　표〉

〈별표1〉 직제표

직위	직급	정원(명)	직위	직급	정원(명)
사장	대표이사	1	부장	1급	3
부사장	사내이사	1	차장	2급	3
생산본부장	사내이사	1	과장	3급	6
영업본부장	사내이사	1	대리	4급	12
경영본부장	사내이사	1	평사원	5급	12
감사	비상근감사	1	평사원	6급	12

〈별표2〉 조직표

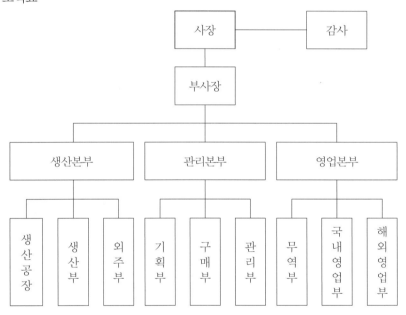

[30]
중소기업 조직규정

제정 ○○○○년 ○○월 ○○일
개정 ○○○○년 ○○월 ○○일

〈총 칙〉

제1장 통칙

제1조 【목적】

이 규정은 ○○주식회사(이하 '회사'라 한다)의 조직의 체계를 정함을 목적으로 한다.

제2조 【적용범위】

회사의 조직에 관하여 정관과 주주총회, 이사회의에서 정한 것 외에는 이 규정에 의한다.

제3조 【조직기구】

① 회사의 기관은 주주총회와 이사회, 감사 및 대표이사이다.

② 회사의 사업조직은 다음과 같다.

1. 관리부
2. 생산부
3. 영업부

③ 회사의 조직표는 별표 1과 같다.

제2장 기관

제4조 【주주총회】

회사의 주주총회는 법률과 정관에서 위임한 사항을 결의한다. 또한, 이사회에서 주주총회로 결의로 정한 사항에 관하여 결의한다.

제5조【이사회】

회사의 이사회는 정관과 주주총회에서 위임한 사항을 결의한다. 또한, 개표이사, 사내이사와 감사가 소집한 사항에 대하여 결의한다.

제6조【감사】

감사는 주주총회에서 선임하며, 이사회의 구성원으로서 회사의 업무와 회계, 경영에 관하여 감사하며, 이사회의 소집과 결의에 관하여 확인과 증명의 책임이 있다.

제3장 구성원

제7조【구성원】

회사의 구성원은 사장, 임원과 직원으로 구성한다.

제8조【사장】

회사의 사장은 대표이사로 조직과 구성원을 지휘하고 감독하며, 회사경영을 총괄한다.

제9조【임원】

회사의 임원은 다음 직책의 자이다.

    1. 사장
    2. 부사장
    3. 상무
    4. 감사

제10조【직원】

회사의 직원은 다음 직책의 자이다.

    1. 부장
    2. 차장
    3. 과장
    4. 대리
    5. 일반직원

제4장 사업조직

제11조【사업조직】

회사는 다음과 같이 사업조직을 설치한다.

    1. 관리부
    2. 생산부
    3. 영업부

제12조【관리부】

① 관리부는 다음의 조직을 두고, 부장이 총괄한다.

    1. 관리과
    2. 구매과

② 제1항의 각 과는 과장이 조직과 구성원, 직무를 분장한다.

제13조【생산부】

① 생산부는 다음의 조직을 두고, 부장이 총괄한다.

    1. 생산과

    2. 자재과

② 제1항의 각 과는 과장이 조직과 구성원, 직무를 분장한다.

제14조【영업부】

① 영업부는 다음의 조직을 두고, 부장이 총괄한다.

    1. 판매과

    2. 무역과

② 제1항의 각 과는 과장이 조직과 구성원, 직무를 분장한다.

제15조【기타조직】

회사는 필요에 따라 다음의 조직을 설치할 수 있다.

    1. 기술개발실

    2. A/S부

〈부　칙〉

제16조【시행일】

이 규정은 ○년 ○월 ○일부터 시행한다.

〈별　표〉

(별표 1) 조직기구표

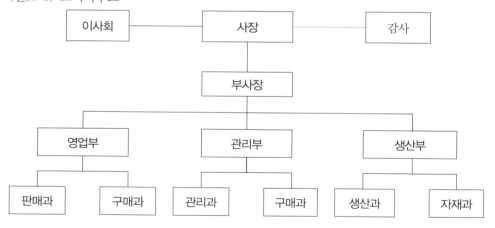

[31]
중소기업 직제규정

제정 ○○○○년 ○○월 ○○일
개정 ○○○○년 ○○월 ○○일

〈총 칙〉

제1장 통칙

제1조 【목적】

이 규정은 ○○주식회사(이하 '회사'라 한다)의 직제에 관한 사항을 규정함을 목적으로 한다.

제2조 【적용범위】

회사의 직제에 관하여 정관, 주주총회, 이사회에서 정한 외에는 회사의 조직규정과 이 규정에 의한다.

제3조 【직제의 개폐】

① 회사의 직제는 이사회 결의 또는 이사회의 위임으로 사장이 결정한다.

② 회사의 직제는 별표1과 같다.

제2장 구성원

제4조 【구성원】

회사의 구성원은 이사회구성원과 집행임원, 관리직원과 일반직원, 계약직원으로 구성한다.

제5조 【이사회구성원】

이사회 구성원은 법인등기부에 등기한 다음의 임원이다.

1. 대표이사
2. 사내이사
3. 감사

제6조 【집행임원】

집행임원은 임원직책을 수행하는 비등기 임원이다.

제7조 【관리직원】

관리직원은 분장 조직과 구성원을 지휘하고 감독하는 직원으로 책임자이다.

제8조 【일반직원】

일반직원은 조직과 구성원의 책임자가 아닌 직원이다.

제9조 【계약직원】

계약직원은 근로기한을 정하여 근무하는 직원이다.

제3장 직책과 직급

제10조 【사장】

사장은 대표이사로 회사의 조직과 구성원을 총괄하고, 회사경영을 책임지며, 회사를 대표한다.

제11조 【감사】

감사는 비상임 감사로 회사의 경영과 회계, 이사의 업무를 감사한다.

제12조 【부사장】

부사장은 사내이사로 사장을 보좌하고, 분장한 조직과 구성원을 총괄하고, 사장의 유고시 사장을 대표하며, 그 직무를 대리한다.

제13조 【전무】

전무는 사내이사로 부사장을 보좌하고, 분장한 조직과 구성원을 총괄하며, 부사장 유고시 그 직무를 대리한다.

제14조 【상무】

상무는 사내이사로 전무를 보좌하고, 분장한 조직과 구성원을 총괄하며, 전무 유고시 선임 상무가 그 직무를 대리한다.

제15조 【본부장】

본부장은 집행임원으로 상무를 보좌하고, 분장한 사업본부의 조직과 구성원, 직무를 분장하며, 상무 유고시 선임 본부장이 그 직무를 대리 또는 수행한다.

제16조 【팀장】

팀장의 직급은 1급으로 본부장을 보좌하고, 분장한 "팀"의 조직과 구성원, 직무를 분장한다.

제17조 【차장】

차장의 직급은 2급으로 팀장을 보좌하고, 분장 "과"의 조직과 구성원 및 직무를 분장하고, 팀장

유고시 그 직무를 대리한다.

제18조【과장】

차장의 직급은 3급으로 팀장을 보좌하고, 분장 "과"의 조직과 구성원 및 직무를 분장하고, 차장 유고시 그 직무를 대리한다.

제19조【대리】

대리는 과장대리로 직급은 4급으로 과장을 보좌하고, 분장한 직무를 수행하며, 과장 유고시 선임 대리는 그 직무를 대리한다.

제20조【일반사원】

일반사원의 직급은 5급으로 대리를 보좌하고, 분장한 직무를 수행하며, 대리 유고시 그 직무를 대리한다.

제3장 기타직제

제21조【고문 등】

회사는 1년 이내의 상근 또는 비상근 고문 및 자문위원을 둘 수 있다.

제22조【임시직 등】

회사는 단기간 근로하는 임시직 사원을 둘 수 있다.

〈부   칙〉

제23조【시행일】

이 규정은 ○○○○년 ○○월 ○○일부터 시행한다.

〈별   표〉

(별표 1) 직제표

직책	직급	직책	직급
사장	대표이사	팀장	1급
부사장	사내이사	차장	2급
전무	사내이사	과장	3급
상무	사내이사	대리	4급
감사	비상임감사	일반사원	5급
본부장	집행임원	-	-

제10편

직무·전결 관련 규정

[32]
직무분장규정

제정 ○○○○년 ○○월 ○○일
개정 ○○○○년 ○○월 ○○일

〈총 칙〉

제1조【목적】

이 규정은 ○○주식회사(이하 '회사'라 한다)의 조직의 직무와 구성원의 권한과 책임을 정함을 목적으로 한다.

제2조【적용범위】

① 이 규정의 적용대상은 회사의 조직과 구성원이다.

② 회사의 조직과 구성원의 직무분장에 관하여 특별히 정한 규정을 제외하고 이 규정에 의한다.

제3조【원칙】

① 각 단위부서는 업무분장규정에 따라 배분된 업무를 능률적으로 성실히 수행하여야 한다.

② 각 단위부서는 업무분장규정의 한계를 이해하고 업무의 중복 및 누락 방지의 노력으로 타부서와 관련 업무는 미리 당해 부서의 장과 협의하여 업무를 배분하며 부서 간 최대한 업무협조를 원칙으로 한다.

제4조【조정】

① 인사와 조직 관리부서는 업무분장내용을 확인하여 단위부서별 업무의 중복과 누락을 방지하며, 그 한계가 명확하지 아니한 업무는 관련 있는 부서의 장과 상호 간의 협의로 관장 부서를 결정한다.

② 관련 부서장 간에 협의하였음에도 업무한계를 정하지 못하였을 때는 다음과 같이 조정한다.

1. 동일 부서의 업무는 부서장이 조정한다.
2. 동일 임원의 부서업무는 임원이 조정한다.
3. 제1호와 2호의 조정이 불가할 때에는 사장이 조정한다.

제5조 【권한과 책임】

① 각 부서는 업무분장규정에서 정하는 업무를 집행할 권한과 의무가 있고 그 처리결과에 관하여 책임을 진다.

② 회사의 전 직원은 타부서에서 처리하는 업무를 존중하고 필요한 경우 업무활동이 유기적으로 수행될 수 있도록 상호 협조하여야 한다.

제6조 【공통직무】

회사의 각 부서의 공통직무는 다음과 같다.

1. 당해 부서의 문서관리 업무
2. 당해 부서의 비품관리에 관한 업무
3. 당해 부서의 사무관리에 관한 업무
4. 당해 부서의 업무집행에 관한 업무
5. 당해 부서의 사업계획에 관한 업무
6. 당해 부서의 안전관리에 관한 업무
7. 당해 부서의 복리와 후생에 관한 업무
8. 당해 부서의 성희롱예방에 관한 업무
9. 당해 부서의 교육훈련에 관한 업무
10. 당해 부서와 타부서의 협조에 관한 업무

제7조 【총무부의 직무】

총무부의 직무는 다음과 같다.

1. 문서관리업무 (문서수발 및 보관)
2. 사무실관리업무 (임차 및 집기·유지 관리)
3. 행사관리업무 (주주총회, 이사회, 사내외 행사에 관한 사항)
4. 부동산관리업무(건물, 토지 매입, 매도, 유지, 보수)
5. 비품관리업무 (조달·수리·비치·관리)
6. 주주관리업무(주주총회, 주식배당금, 주주명부)
7. 사규관리업무 (제정·개정·비치)
8. 법무관리업무 (법률자문, 소송사무처리)
9. 차량관리업무 (구매, 매도, 유지, 보수, 입출고, 주차)
10. 인장관리업무 (직인의 제작 및 사용)

제8조 【인사부의 직무】

인사부의 직무는 다음과 같다.

1. 채용관리 (신입. 경력, 수시채용)
2. 임금관리 (급여, 상여, 수당)
3. 근태관리 (출근, 조퇴, 퇴근)
4. 노무관리 (시간외근무, 휴일, 휴가, 휴직, 복직, 파견근무)
5. 인사평가 (승급, 승진, 핵심인재)

6. 인사이동 및 배치

7. 복리후생 (4대보험, 건강진단)

8. 퇴직관리 (정년, 해고)

9. 상벌관리 (포상, 징계)

10 교육훈련 (직무교육, 승진교육, 법정교육)

제9조【경리부의 직무】

경리부는 직무는 다음과 같다.

1. 회계장부 기록과 보관 업무

2. 매출과 매입 관련 입금과 출금 업무

3. 매출과 매입 관련 영수증 발행과 수취 업무

4. 급여 등 지급과 기록 업무

5. 세무신고와 세무납부 업무

6. 사회보험(건강보험, 국민연금, 산재보험, 고용보험 등) 업무

7. 수출입대금과 수출보험 업무

8. 자동차보험 업무

9. 재무제표의 작성과 결산업무

10. 기타 경리업무

제10조【자금부의 직무】

자금부의 직무는 다음과 같다.

1. 자금수지계획업무

2. 자금조달업무

3. 예금, 적금, 공제금 관리업무

4. 자금투자관리업무

5. 단기차입금, 장기차입금 관리업무

6. 정책자금 관리업무

7. 외상매출금 관리업무

8. 현금흐름 관리업무

9. 리스·보험금 업무

10. 기타 금융업무

제11조【영업부의 직무】

영업부의 직무는 다음과 같다.

1. 영업계획업무

2. 영업전략수립업무

3. 영업관리업무

4. 상품판매업무

5. 거래처관리업무

     6. 시장조사업무

     7. 상품사후관리업무

     8. 신구거래에 관한 업무

     9. 상품계약과 계약업무

     10. 외상매출금의 관리 업무

제12조【자재부의 직무】

자재부의 직무는 다음과 같다.

     1. 자재 구매관리업무

     2. 자재 재고관리업무

     3. 자재 창고관리업무

     4. 자재 품질관리업무

     5. 자재 운송 및 보관 업무

     6. 자재 외주처 관리

     7. 자재 품질곤리 업무

     8. 자재 손실 및 매각 관리업무

     9. 자재구매 예산편성 업무

     10. 기타 자재관리 업무

제13조【기획실의 직무】

기획실의 직무는 다음과 같다.

     1. 사업계획에 관한 사항

     2. 상품기획에 관한 사항

     3. 상품마케팅에 관한 사항

     4. 신규사업에 관한 사항

     5. 경영기구에 관한 사항

     6. 교육훈련에 관한 업사항

     7. 예산안편성에 관한 사항

     8. 광고 및 홍보에 관한 사항

     9. 목표관리에 관한 사항

     10. 사업계약에 관한 사항

제14조【전산실의 직무】

전산실의 직무는 다음가 같다.

     1. 장·단기 전산시스템 종합계획수립

     2. 전산시스템 도입 및 운영관리 업무

     3. 회사 ERP 운영업무

     4. 전산교육계획 수립업무

     5. 영업지원에 관한 전산지원업무

    6. 소프트웨어 및 하드웨어 투자와 관리업무

    7. 소프트웨어 연구와 개발업무

    8. 전산용역 수주와 발주에 관한 업무

    9. 각 부서 전산지원업무

    10. 기타 회사관련 전산업무

〈부　칙〉

제15조【시행일】

    이 규정은 ○○○○년 ○○월 ○○일부터 시행한다.

[33]
직무권한규정

제정 ○○○○년 ○○월 ○○일
개정 ○○○○년 ○○월 ○○일

〈총 칙〉

제1장 통 칙

제1조 【목적】

이 규정은 ○○주식회사(이하 '회사'라고 한다) 사원의 직무 권한과 책임을 정하여 업무를 효율적으로 수행하고 그에 관한 책임을 확립하여 회사 발전에 이바지하는 데 목적이 있다.

제2조 【적용범위】

회사의 조직기구와 구성원 모두에게 회사업무와 관련된 사항에 대하여 적용을 받는다.

제3조 【용어정의】

이 규정에서 사용하는 용어의 정의는 다음과 같다.

1. 사원, 회사원, 임직원 : 회사에 채용된 모든 구성원
2. 직급 : 회사에서 사원에게 부여한 사원의 등급.
3. 직위 : 업무수행을 위한 조직상의 사원의 지위.
4. 직책 : 회사에서 회사원에게 부여한 조직단위의 맡은 바 임무

제4조 【사원의 구분】

회사의 임직원은 다음 각 호와 같이 구분한다.

1. 임원 : 이사, 상무, 전무, 부사장, 사장

2. 관리자 : 부장, 차장, 과장

3. 일반사원 : 대리, 평사원

제5조【직무권한】

① 회사의 경영방침과 업무분장규정, 위임전결규정에 의한 직무권한

② 담당 부서 업무의 입안과 결정, 결재에 따른 권한

③ 담당 부서 구성원에 대한 업무의 지시·명령·결정에 따른 권한

④ 담당업무에 따른 타부서의 업무진행사항의 보고 및 청취 권한

제6조【권한한계】

회사원의 직무상 권한행사는 원칙적으로 소속과 직책에 한정하여 권한을 행사하여야 한다.

제2장 권   한

제7조【대표이사】

대표이사는 회사를 사내외에 법률적으로 회사를 대표하며, 사장 또는 회사의 다른 직책을 겸직할 수 있다.

제8조【사장】

사장은 회사를 대표하며 회사업무집행의 최고책임자로서 이사회가 정한 회사업무의 총괄권한을 가진다.

제9조【부사장】

부사장은 사장을 보좌하여 사장이 부여한 일정한 업무의 최고책임자로서 사장을 제외한 전 임직원에 대한 업무집행권한이 있다.

제10조【전무】

전무는 사장과 부사장을 보좌하며 사장과 부사장이 부여한 일정한 업무의 최고책임자로서 사장, 부사장을 제외한 전 임직원에 대한 업무집행권한이 있다.

제11조【상무】

상무는 사장과 부사장, 전무이사를 보좌하며 사장과 부사장, 전무이사가 부여한 일정한 업무의 최고책임자로서 사장, 부사장, 전무이사를 제외한 전 임직원에 대한 업무집행권한이 있다.

제12조【이사】

이사는 사장과 부사장, 전무이사, 상무이사를 보좌하며 사장과 부사장, 전무이사, 상무이사가 부여한 일정한 업무의 책임자로서 분장하는 부서의 사원에 대한 업무집행권한이 있다.

제13조【감사】

감사는 회사의 경영과 관련된 이사회의 보고의무에 따라 감사업무와 관련된 회사의 모든 조직과 구성원에 대하여 자료제출 요구에 대한 권한을 가진다.

제14조【고문】

고문은 대표이사의 요구가 있을시 당해 사항에 대해 자문을 하여야 하며, 그 권한은 대표이사가 일정업무에 따라 한시적으로 부여한다.

제15조 【부장】

① 부장은 당해 부서의 최고책임자로 사장의 명을 받아 그 업무를 총괄 관장한다.

② 부장은 임원의 직무와 중복 시 담당 임원의 명을 받는다.

③ 실장·사업소장·현장소장·지사장·공장장은 부장에 따르는 권한을 가진다.

제16조 【차장】

차장은 소속 부서장의 명을 받아 소속부를 지휘감독하고, 부장 부재 시에 부장을 대리한다.

제17조 【과장】

과장은 당해 소속과의 최고책임자로서 소속부장의 명을 받아 구성원을 지휘감독하고 그 업무를 총괄 관장한다.

제18조 【대리】

대리는 '과장 대리'에 한정하며, 그 업무권한은 소속과장의 지휘를 받아 업무를 처리하며, 과장 부재 시 과장을 대리하여 업무를 집행한다.

제19조 【평사원】

평사원은 소속 부서장과 과장의 지휘·감독에 따라 부여된 업무를 수행하며 각자 부여된 업무를 처리한다.

제3장 책임과 의무

제20조 【직무책임】

사원은 직급과 직위와 직책에 부여한 직무상 권한 행사에 대한 직무의 수행 과정과 결과에 대한 책임을 진다.

제21조 【보고의무】

① 회사원은 회사의 정당한 업무지시 또는 집행하는 업무에 보고를 회사 또는 직속 상사에게 보고할 의무가 있다.

② 회사원은 회사 구성원이 직무상 행하는 부정행위에 대하여 상사 또는 사장에게 보고할 의무가 있다.

제22조 【수행의무】

회사원은 회사 또는 소속 상사가 직무상 부여하는 업무에 대한 수행의 의무가 있다. 직무수행상 소속 부서장의 정당한 업무상 명령과 지시에 따라야 한다.

제23조 【준수의무】

회사원은 회사의 윤리규정과 회사에서 제정하여 시행하는 규칙과 규정을 준수할 의무가 있으며, 규칙과 규정을 준수하지 않을 경우에 그에 따른 제재를 받는다.

〈부 칙〉

제24조 【시행일】

이 규정은 ○○년 ○월 ○일부터 시행한다.

[34]
위임전결규정

제정 ○○○○년 ○○월 ○○일
개정 ○○○○년 ○○월 ○○일

〈총 칙〉

제1조 【목적】

이 규정은 ○○주식회사(이하 '회사'라 한다)의 직무수행상 전결권 행사에 대하여 정함을 목적으로 한다.

제2조 【적용범위】

이 규정은 ○○주식회사의 조직과 기구의 모든 구성원에게 적용한다.

제3조 【위임전결】

위임전결이라 함은 회사 또는 사장이 각 부문장 또는 직무수행자에게 전결권한을 위임한 것을 말한다.

제4조 【전결권자】

위임전결이라 함은 사장으로부터 위임받는 직무에 대한 의사결정권을 가진 자로 각 부서장과 부서원이다.

제5조 【전결책임】

전결권자는 전결한 직무에 관하여 책임을 진다. 또한, 전결권자는 이 규정에서 정한 위임전결사항에 대하여 임의로 권한을 위임할 수 없다.

제6조 【위임전결사항】

① 사장으로부터 위임받은 각 부서장의 위임전결사항은 다음과 같다.

　1. 각 부서장의 공통 위임전결사항은 별표1과 같다.

　2. 총무부서장의 위임전결사항은 별표2와 같다.

　3. 인사부서장의 위임전결사항은 별표 3과 같다.

4. 경리부서장의 위임전결사항은 별표 4와 같다.

5. 자금부서장의 위임전결사항은 별표 5와 같다.

6. 영업부서장의 위임전결사항은 별표 6과 같다.

7. 자재부서장의 위임전결사항은 별표 7과 같다.

8. 기획부서장의 위임전결사항은 별표 7과 같다.

8. 전산부서장의 위임전결사항은 별표 7과 같다.

② 제1항의 각 호의 위임전결사항에 없는 전결사항은 사장의 승인으로 전결권을 행사한다.

제7조 【전결특례】

① 업무내용이 특히 중요하거나 이례적인 사항에 대하여는 이 규정에 불구하고 상위직책의 장과 사장의 결재를 얻어 집행할 수 있다.

② 특정한 업무의 전결사항이 별도로 규정된 때에는 이 규정에 우선하여 적용한다.

③ 사장의 특별지시는 전결권보다 우선한다.

제8조 【전결변경】

① 이 규정의 위임전결사항을 변경할 때에는 소속 부서장이 임원의 승인으로 사장의 결재를 얻어 변경한다.

② 제1항의 변경사항에 대하여는 총무부(인사부)에 즉시 통보한다.

제9조 【전결권박탈】

전결권자가 업무수행에 있어 부적격자로 판명되거나 징계처분을 받은 경우에 사장의 결재를 얻어 전결권을 박탈한다.

제10조 【권한위임】

① 업무처리 편의상 부득이한 경우에는 해당 직책담당자는 바로 위 직위자의 승인을 받아 하위자에게 일정한 권한을 위임할 수 있다.

② 피 위임자는 위임자의 직책명을 사용하고 이에 상응하는 책임을 진다. 그러나 위임자의 책임이 면제되는 것은 아니다.

③ 피 위임자는 위임받은 권한을 재위임 할 수 없다.

제11조 【전결효력】

① 이 규정에 따라 전결된 사항은 사장이 결재한 것과 동일한 효력을 가진다.

② 이 규정에 따라 전결 처리된 사항은 사장의 명의로 집행된다.

제12조 【전결보고】

① 전결사항에 대한 보고는 전결을 위임한 자에게 한다.

② 전결권자가 판단유보 및 미결정 중요사항은 전결을 위임한 자에게 보고한다.

〈부 칙〉

제13조 【시행일】

이 규정은 ○○년 ○월 ○일부터 시행한다.

〈별 표〉

(별표 1) 공통부문 위임전결 기준표　(별표 2) 총무부 위임전결 기준표
(별표 3) 인사부 위임전결 기준표　(별표 4) 경리부 위임전결 기준표
(별표 5) 자금부 위임전결 기준표　(별표 6) 영업부 위임전결 기준표
(별표 7) 자재부 위임전결 기준표　(별표 8) 기획실 위임전결 기준표
(별표 9) 전산실 위임전결 기준표

(별표 1)

공통부문 위임전결 기준표

업무내용	전결권자				
	사장	전무	이사	부장	과장
1. 회사경영의 기본방침수립에 관한 사항	○				
2. 사업계획수립 및 신규사업진출에 관한 사항			○		
3. 고정자산취득에 관한사항 (예산내○, 예산외◎)	◎				
4. 토지 및 건물 취득에 관한 사항	○		○		
5. 기계장치 및 차량의 구입에 관한 사항		○			
6. 공장 및 사무실 임차에 관한 사항			○		
7. 공구,비품, 기타 구매에 관한 사항(예산내○, 예산외◎)	◎		○	○	
8.　　〃　　　500만원 이상 구매결정 사항	○				
9.　　〃　　　300만원이상 500만원이하 구매사항		○			
10.　　〃　　　100만원　〃　300만원　　　〃			○		
11.　　〃　　　50만원　〃　100만원　　　〃				○	
12.　　〃　　　50만원미만 구매사항					○
13. 국내외 출장에 관한 사항(국내○, 외국◎)	◎		○		
14. 부장급 이상의 국내외 출장에 관한 사항	○				
15. 과장급이상 부장이하의 국내외 출장에 관한 사항			○		
16. 과장급이하 국내출장에 관한 사항				○	
17. 직원의 국내 출장에 관한 사항					○
18. 접대비 지출에 관한 사항 (예산내○, 예산외◎)	◎		○		
19. 회비 지출에 관한 사항 (의무가입○, 필요가입◎)			◎	○	
20. 사원연수교육에 관한 사항					○
21. 연수교육비용 지출에 관한 사항(예산내○, 예산외◎)			◎		○

(별표 2)

업무내용	전결권자				
	사장	전무	이사	부장	과장
1. 문서관리업무 (문서수발 및 보관)				○	
2. 직인관리업무 (직인의 제작 및 사용)	○				
3. 행사관리업무 (사내외 행사에 관한 사항)			○		
4. 사무실 임차 및 관리업무 (임차 및 집기·유지 관리)				○	
5. 비품관리업무 (조달·수리·비치·관리)		○			
6. 의전관리업무 (의전·비서)					○
7. 사규관리업무 (제정·개정·비치)	○				
8. 법무관리업무 (법률자문, 소송사무처리)	○				
9. 차량관리업무 (구매, 매도, 유지, 보수, 입출고, 주차)				○	
10. 광고·홍보관리업무 (사보제작, 광고, 홍보)			○		
12. 부동산관리업무 (건물, 토지 매입, 매도, 유지, 보수)	○				
13. 이사회업무 (주주총회, 이사회개최, 진행, 의사록비치)				○	
14. 주주관리업무 (주주총회, 주식배당금, 주주명부)	○				
15. 주식관리업무 (발행, 보관, 관리)			○		
16. 기타 타부서 제외된 업무					○

총무부 위임전결 기준표

(별표 3)

인사부 위임전결 기준표					
업무내용	전결권자				
	사장	전무	이사	부장	과장
1. 회사조직기구 개설과 폐지	○				
2. 직제 제정 및 폐지	○				
3. 규정 제정 및 폐지	○				
4. 인력수급계획 (장기○, 단기◎)	○		◎		
5. 인력운영 (기본계획○, 세부계획◎)	○			◎	
6. 인력채용 (기본계획○, 세부계획◎)	○			◎	
7. 임직원 전임 (과장급 이상○, 미만◎)		○	◎		
8. 임직원 전직 (과장급 이상○, 미만◎)	○	◎			
9. 임직원 사내파견 (과장급 이상○, 미만◎)			○	◎	
10. 임직원 사외파견		○			
11. 〃 외국파견	○				
12. 〃 휴직, 복직, 퇴직	○				
13. 〃 휴가(과장급 이상○, 미만◎)			○	◎	
14. 〃 승진	○				
15. 인사고과 (기본계획○, 세부계획◎)	○			◎	
16. 급여 및 상여 (기본계획○, 세부계획◎)	○		◎		
17. 포상 및 징계 (기본계획○, 세부계획◎)		○	◎		
18. 교육 및 훈련 (기본계획○, 세부계획◎)				○	◎
19. 노사협의 (기본계획○, 세부계획◎)			○	◎	
20. 복리후생 (기본계획○, 세부계획◎)	○			◎	
21. 인사기록					○
22. 자격증취득 (의무사항○, 기록사항 ◎)	○			◎	

(별표 4)

업 무 내 용	전결권자				
	사장	전무	이사	부장	과장
1. 급여, 상여금, 성과급, 퇴직연금 (지급○, 보고◎)	◎			○	
2. 부가가치세 신고·납부 (신고○, 보고◎)			◎		○
3. 지방세 신고·납부 (신고○, 보고◎)	◎			○	
4. 법인세 신고·납부 (신고○, 보고◎)	◎			○	
5. 세무조사 수검보고 (준비조사○, 실지조사◎)		◎		○	
6. 결산업무 (연말◎, 분기△, 월말○, 보고☆)	☆	◎	△	○	
7. 유무상증자 (확정◎, 준비○, 계획△)	◎		△	○	
8. 일용직 근로소득지급명세 신고·납부 (신고○, 보고◎)				◎	○
9. 의료보험, 고용보험, 국민연금, 산재보험 신고·납부				○	
10. 근로소득 연말정산 신고·납부					○

경리부 위임전결 기준표

(별표 5)

업 무 내 용	전결권자				
	사장	전무	이사	부장	과장
1. 자금운용계획 (월간, 분기간, 연간)	○				
2. 직접금융조달계획 (제3시장, 코스닥, 증권거래소)	○				
3. 일일 자금집행계획				○	
4. 외국현지금융 운용계획	○				
5. L/C 네고계획				○	
6. 긴급자금 운용계획	○				
7. 매입채권 채무관리			○		
8. 기타 재정관리					

자금부 위임전결 기준표

(별표 6)

업무내용	전결권자				
	사장	전무	이사	부장	과장
영업부 위임전결 기준표					
1. 회사의 영업에 관한 기본계획 수립업무	○				
2. 장·단기 영업계획 수립업무			○		
3. 본·지점의 영업관리업무				○	
4. 판매 및 공사의 예산편성 업무			○		
5. 판매원가와 판매가격의 계산 및 조사 업무					○
6. 판매물품 및 공사에 관한 광고와 홍보 업무				○	
7. 신규시장 진출에 대한 결정 업무			○		
8. 시장개척에 관한 영업전략수립 업무	○				
9. 거래처의 신용조사와 신용한도 결정에 관한 업무			○		
10. 판매 및 공사의 견적과 입찰 및 계약 업무			○		

(별표 7)

업무내용	전결권자				
	사장	전무	이사	부장	과장
자재부 위임전결 기준표					
1. 구매관리업무				○	
2. 재고관리업무				○	
3. 창고관리업무				○	
4. 구매물품 예산편성 업무			○		
5. 국내외 자재동향 분석과 보고 업무			○		
6. 제조공장 및 공사현장의 자재관리 감독업무				○	
7. 폐자재의 매각처분에 관한 업무			○		
8. 입고·출고·보관의 기록업무					○

(별표 8)

업무내용	전결권자				
기획실 위임전결 기준표	사장	전무	이사	부장	과장
1. 사업계획수립 (단기, 중기, 장기)			○		
2. 월별·분기별 사업실적분석			○		
3. 신규사업 계획수립			○		
4. 신규사업 진출확정	○				
5. 기업경영정보 조사·분석				○	
6. 기업법무조사분석				○	
7. 종합예산편성, 부분예산편성, 실행예산편성 조정				○	
8. 하도급 관련 사항		○			
9. 회사기구조직 관리와 개편에 관한 사항	○				
10. 정부, 지자체, 일반 입찰 및 계약 사항			○		

(별표 9)

업무내용	전결권자				
전산실 위임전결 기준표	사장	전무	이사	부장	과장
1. 전산시스템 장·단기 종합계획	○				
2. 전산시스템 도입 및 운영관리			○		
3. 회사 E R P 시스템표준화 업무	○				
4. 전산교육계획 수립업무					
5. 영업지원에 관한 전산지원업무				○	
6. 소프트웨어 및 하드웨어 투자와 관리업무			○		
7. 소프트웨어 연구와 개발 업무	○				
8. 전산용역 수주와 발주에 관한 업무			○		

제11편

감사 관련 규정

감사규정 작성방법

● 내부감사

기업 내부의 감사기관이 행하는 감사를 말한다. 법령 또는 정관에서 정한 감사기관인 감사 또는 감사위원회가 행하는 감사이다. 내부감사는 감사가 이사의 직무상 비리와 회사의 재산상태 등을 조사하는 것으로 감사는 언제든지 이사에게 회사의 영업 관련 자료를 요청할 수 있으며, 회사의 비용으로 전문가의 도움을 구할 수 있다. (상법 412조)

● 감사대상

1. 이사의 직무 집행
2. 회사의 재산상태
3. 회사의 사업 및 영업 실적

● 감사(監事)

감사는 주주총회에서 선임한다(상법 409조). 감사의 임기는 취임후 3년 내의 최종의 결산기에 관한 정기총회의 종결시까지로 한다(상법 410조).

● 외부감사

사외의 주식회사로부터 독립된 외부의 감사인이 하는 주식회사의 회계감사를 말한다. 이 제도는 '주식회사의 외부감사에 관한 법률'에 따라 시행하는 감사로 '직전 사업연도 자산총액이 70억원 이상인 주식회사'는 사업연도마다 외부감사를 받도록 규정하고 있다. 이들 법인은 상법상 규정에 따라 내부감사뿐 아니라 외부감사도 받아야 한다.

외부감사인은 공인회계사로 구성된 감사반이나 회계법인만 선정될 수 있다. 이 같은 외부감사는 기업회계의 투명성을 높이기 위한 것이다. 상법으로 규정된 내부감사의 감사결과를 외부평가기관이 검증하는 제도이다.

● 감사대상

1. 재무제표 및 회계자료
2. 재무상태표(대차대조표), 손익계산서, 원가계산서,
3. 현금흐름표, 기타

● 외부감사인

공인회계사 감사반, 회계법인

○ 감사보고

1. 이사회
2. 주주총회

● 직무감사

직무감사는 회사의 직무와 시설 등에 대한 감사이다. 사내감사 또는 자체감사라고도 하며, 회사의 임직원이 감사인이 되어 하는 자율감사이다. 직무감사는 법령 또는 정관에서 정한 강제하는 감사가 아닌 대표이사의 지시로 실시하는 자율감사로 기업의 발전과 혁신을 위하여 생산과 영업, 관리에 관한 시스템을 조사하고 평가하여 경영에 반영하기 위한 감사이다. 대표이사의 승인으로 임직원이 외부전문가의 도움을 받아 조사할 수 있다.

○ 감사대상

1. 관리부문
2. 생산부문
3. 영업부문

○ 감사인

사내 임직원, 사외 전문가

● 특별감사

특별감사는 회사에서 발생한 사건 및 사고에 대한 감사이다. 사건 사고가 발생하였거나 발생한 사건 사고에 대하여 시행하는 감사로 사건 사고의 원인을 파악하여 향후 동일한 사건 사고를 예방하기 위한 감사이다.

○ 감사대상

1. 현재 사건사고가 발생한 부서 및 시설 등
2. 과거 사건사고가 발생하였던 부서 및 시설 등
3. 계절형 재난사고가 예상되는 부서 및 서설

○ 감사인

1. 사내 현장 전문가
2. 사외 현장 전문가
3. 과거 사건사고 발생부서 팀장

[35]
내부감사규정

제정 ○○○○년 ○○월 ○○일
개정 ○○○○년 ○○월 ○○일

〈총 칙〉

제1장 통칙

제1조【목적】

이 규정은 ○○주식회사(이하 '회사'라 한다)의 발전을 위하여 내부 감사기관이 회사의 경영과 영업상태 등을 감독하고 조사하는 절차와 운용에 그 목적이 있다.

제2조【적용범위】

이 규정은 회사의 조직과 구성원, 자산과 시설, 직무와 자료 등 내부 감사기관의 감사대상에 적용한다.

제3조【용어의 정의】

이 규정에서 사용하는 용어의 뜻은 다음과 같다.

1. '내부감사(內部監査)'란 회사의 감사기관인 감사(監事)가 회사의 경영상태 등을 감독하고 조사

하는 것을 말한다.

2. '감사(監事)'란 회사의 감사기관을 말한다.

3. '조사원(調査員)'이란 감사기관이 임명한 "감사보조원"이다.

제4조【감사의 시행】

회사의 내부감사는 감사기관인 '감사'가 시행한다.

제5조【감사의 종류】

내부감사는 정기감사와 수시감사로 시행할 수 있다.

제2장 직무와 권한

제6조【감사의 선임】

① 감사는 주주총회에서 선임한다. (상법 409조)

② 감사는 회사 및 자회사의 이사와 사용자의 직무를 겸하지 못한다. (상법 411조)

> 참고 자본금의 총액이 10억원 미만인 회사는 감사를 선임하지 아니할 수 있다. 감사를 선임하지 않은 경우 '감사' 는 '주주총회' 로 본다. (상법 409조)

제7조【감사의 임기】

감사의 임기는 취임 후 3년 내의 최종의 결산기의 정기총회 종결 때까지로 한다.

> 참고 상법 409

제8조【감사의 직무】

① 감사는 이사 직무의 집행을 감사한다.

② 감사는 회사의 경영조직과 경영상태를 정기 또는 수시로 조사하고 평가할 수 있다.

③ 감사는 회사의 경영조직과 경영상태를 이사회의에 보고할 의무가 있다.

> 참고 상법 412

제9조【감사의 권한】

① 감사는 언제든지 이사에 대하여 영업에 관한 보고를 요구할 수 있다.

② 감사는 회사의 업무와 재산상태를 조사할 수 있다.

> 참고 상법 412

제10조【조사원의 선임】

감사기관은 감사를 보조하는 조사원으로 외부 전문가 또는 사내 임직원을 대표이사의 승인으로 선임할 수 있다.

제11조【감사부서의 설치】

감사는 감사기간에 감사부서를 대표이사의 승인으로 설치할 수 있다.

제12조【감사자의 의무】

감사와 조사원은 다음 각 호의 사항을 준수할 의무가 있다.

1. 감사자는 피감처와 피감자에 공정하고 공평하게 조사하여야 한다.

2. 감사자는 직무상 취득한 기밀을 부당하게 누설하여서는 안 된다.

　　3. 감사자는 사실과 증거에 따라 조사하여야 한다.

제13조【감사자의 책임】

감사와 조사원은 다음 각 호의 사항에 관하여 책임이 있다.

　　1. 감사자가 감사자료 및 증거자료를 분실 및 멸실한 경우

　　2. 감사자가 시설 및 장비를 파손 및 파괴한 경우

　　3. 감사자가 피감자로부터 청탁을 받고 조사를 하지 않은 경우

　　4. 감사자가 부실한 조사를 경우

제14조【감사시행의 비용】

감사는 감사기간 또는 필요한 경우에 회사의 비용으로 외부 전문가의 도움을 구할 수 있다.

　　참고 (상법 412조)

제15조【피감자의 의무 등】

① 감사기관이 시행하는 감사에 회사의 임직원은 적극 협조할 의무가 있다.

② 감사기관의 조사와 보고요구, 자료제출 등에 불응하는 임직원은 징계위원회에 회부한다.

제3장　내부감사

제16조【정기감사의 시행】

정기감사는 매년 회계감사와 영어업감사로 시행한다.

제17조【정기감사의 기간】

정기감사 기간은 매년 정기주주총회일 6주간 전에 시행하여 4주간 이내로 시행한다.

제18조【정기감사의 내용】

① 회계감사는 재무제표와 그 부속명세서는 다음 각 호의 내용과 서류를 감사한다.

　　1. 대차대조표

　　2. 손익계산서

　　3. 자본변동표

　　4. 이익잉여금 처분계산서 또는 결손금 처리계산서

　　5. 현금흐름표

② 영업감사는 영업보고서 등 다음 각 호의 내용과 서류를 감사한다.

　　1. 회사의 목적 및 중요한 사업 내용, 영업소·공장 및 종업원의 상황과 주식·사채의 상황

　　2. 해당 영업연도의 영업의 경과 및 성과(자금조달 및 설비투자의 상황을 포함한다)

　　3. 모회사와의 관계, 자회사의 상황, 그 밖에 중요한 기업결합의 상황

　　4. 과거 3년간의 영업성적 및 재산상태의 변동상황

　　5. 회사가 대처할 과제

　　6. 해당 영업연도의 이사·감사의 성명, 회사에서의 지위 및 담당 업무 또는 주된 직업과 회사와의 거래관계

　　7. 상위 5인 이상의 대주주(주주가 회사인 경우에는 그 회사의 자회사가 보유하는 주식을 합산한다), 그 보유주식 수 및 회사와의 거래관계, 해당 대주주에 대한 회사의 출자 상황

8. 회사, 회사와 그 자회사 또는 회사의 자회사가 다른 회사의 발행주식총수의 10분의 1을 초과하는 주식을 가지고 있는 경우에는 그 주식 수, 그 다른 회사의 명칭 및 그 다른 회사가 가지고 있는 회사의 주식 수

9. 중요한 채권자 및 채권액, 해당 채권자가 가지고 있는 회사의 주식 수

10. 결산기 후에 생긴 중요한 사실

11. 그 밖에 영업에 관한 사항으로서 중요하다고 인정되는 사항

참고 (상법 447조, 447조의2, 447조의 3, 상법령 17조)

제19조【수시감사의 시행】

회사의 감사기관은 내부감사를 수시로 다음 각 호의 조사 등을 시행할 수 있다.

1. 이사의 직무집행에 관한 내용
2. 회사의 재산상태에 관한 내용
3. 회사의 경영상태에 관한 내용
4. 제18조 3항에 기재사항에 관한 내용
5. 회사 임직원의 직무상 불법사항 및 비리내용

제20조【수시감사의 기간】

감사는 언제든지 이사에 대하여 영업에 관한 보고를 요구하거나 회사의 업무와 재산상태를 조사할 수 있다.

참고 상법 412조

제21조【수시감사의 내용】

① 수시감사는 이 규정 제17조2항 각 호의 내용과 서류를 감사한다.

② 모회사의 감사는 필요한 경우 자회사에 대하여 다음 각 호의 내용과 서류를 조사하거나 요구할 수 있다.

1. 자회사의 영업에 대한 보고를 요구할 수 있다.
2. 자회사의 업무와 재산상태를 조사할 수 있다.

참고 상법 412조의5

제4장 감사보고

제22조【정기감사의 보고】

감사는 재무제표와 영업보고서를 이사로부터 받은 날부터 4주 이내에 감사보고서를 이사에게 제출하여야 한다.

참고 상법 447조의3

제23조【정기감사의 보고서】

① 감사는 감사보고서에 감사방법 등 다음 각 호의 사항을 기재하여야 한다.

1. 감사방법의 개요
2. 영업보고서가 법령과 정관에 따라 회사의 상황을 적정하게 표시하고 있는지 여부

3. 이사의 직무수행에 관하여 부정한 행위 또는 법령이나 정관의 규정을 위반하는 중대한 사실이 있는 경우에는 그 사실

4. 조사할 수 없었던 사항에 대하여 감사보고서에 그 뜻과 이유를 기재하여야 한다.

② 감사는 감사보고서에 재무제표 등 다음 각 호의 사항을 기재하여야 한다.

1. 회계장부에 기재될 사항이 기재되지 아니하거나 부실기재된 경우 또는 재무상태표와 손익계산서의 기재 내용이 회계장부와 맞지 아니하는 경우에는 그 뜻

2. 재무상태표 및 손익계산서가 법령과 정관에 따라 회사의 재무상태와 경영성과를 적정하게 표시하고 있는 경우에는 그 뜻

3. 재무상태표 또는 손익계산서가 법령이나 정관을 위반하여 회사의 재무상태와 경영성과를 적정하게 표시하지 아니하는 경우에는 그 뜻과 이유

4. 재무상태표 또는 손익계산서의 작성에 관한 회계방침의 변경이 타당한지 여부와 그 이유

5. 이익잉여금의 처분 또는 결손금의 처리가 법령 또는 정관에 맞는지 여부

6. 이익잉여금의 처분 또는 결손금의 처리가 회사의 재무상태나 그 밖의 사정에 비추어 현저하게 부당한 경우에는 그 뜻

7. 재무제표의 부속명세서에 기재할 사항이 기재되지 아니하거나 부실기재된 경우 또는 회계장부·재무상태표·손익계산서나 영업보고서의 기재 내용과 맞지 아니하게 기재된 경우에는 그 뜻

[참고] 상법 447조의3

제24조 【수시감사의 보고】

감사는 이사가 법령 또는 정관의 위반행위 또는 위반이 염려되는 행위를 수시로 조사하여 이사회 또는 주주총회에 이를 보고하여야 한다.

제25조 【수시감사보고서】

감사는 감사보고서에 다음 각 호의 사항을 기재하여야 한다. (상법 447조의3)

1. 감사방법의 개요

2. 영업보고서가 법령과 정관에 따라 회사의 상황을 적정하게 표시하고 있는지 여부

3. 이사의 직무수행에 관하여 부정한 행위 또는 법령이나 정관의 규정을 위반하는 중대한 사실이 있는 경우에는 그 사실

4. 조사할 수 없었던 사항에 대하여 감사보고서에 그 뜻과 이유를 기재하여야 한다.

제26조 【이사회 등 보고】

① 감사는 이사회에 출석하여 내부감사에 대한 의견을 진술할 수 있다.

② 감사는 이사가 법령 또는 정관에 위반한 행위에 대하여 이사회에 보고하여야 한다.

[참고] 상법 391조의2

제27조 【주주총회의 보고】

감사는 이사가 주주총회에 제출할 의안 및 서류를 조사하여 법령 또는 정관에 위반하거나 현저

하게 부당한 사항이 있는지를 주주총회에 그 의견을 진술하여야 한다.

참고 상법 413조

제5장 보칙

제28조【감사록의 작성】

감사는 내부감사에 관하여 감사의 실시요령과 그 결과를 기재하고, 기명날인 또는 서명하여 감사록을 작성하여야 한다.

참고 상법 413조의2

제29조【감사의 책임】

감사가 회사 또는 제삼자에 대하여 손해를 배상할 책임이 있는 경우에 감사는 연대하여 배상할 책임이 있다.

참고 상법 414조

〈부 칙〉

제30조【시행일】

이 규정은 ○○○○년 ○○월 ○○일부터 시행한다.

〈서 식〉

(서식 1) 내부감사계획서
(서식 2) 내부감사보고서

(서식 1)

내부감사계획서

감사대상	○○주식회사 조직과 경영 상태		
감사기간	202 년 월 일부터 202 년 월 일까지 (총 20일간)		
감사종류	제○○기 결산자료 등 정기감사		
감사기관	○○주식회사 감사 ○ ○ ○		
감사보조 조 사 원	사외전문가		
	사내임직원		
감사일정	감사내용	감사자료	피감처
월 일 ~ 월 일	회계감사	재무제표 등	재무팀
월 일 ~ 월 일	영업감사	영업보고서 등	구매팀 영업팀 생산팀
월 일 ~ 월 일	경영감사	주식이동 기　　타	관리팀
월 일 ~ 월 일	기타 감사	-	-

위와 같이 내부감사를 시행하겠습니다.

202 년 월 일

○○주식회사 감사 ○ ○ ○ ㉞

○○주식회사 대표이사 귀중

(서식 2)

내부감사보고서

감사종류	
감사기간	
감사대상	
감사서류	
감사내용	
감사결과	
감사의견	

조사원	외부전문가			
	사 원			

첨부서류	1. 2. 3. 4.

위와 같이 감사하였습니다.

202 년   월   일

○○주식회사 감사 ○ ○ ○ ㊞

○○주식회사 대표이사 귀하

[36]
외부감사규정

제정 ○○○○년 ○○월 ○○일
개정 ○○○○년 ○○월 ○○일

〈총 칙〉

제1장 통칙

제1조【목적】
이 규정은 ○○주식회사(이하 '회사'라 한다)의 발전을 위하여 법령에서 정한 외부감사에 관한 절차와 운용에 그 목적이 있다.

제2조【적용범위】
이 규정은 회사의 대표이사와 감사, 재무제표 관련 부서 임직원과 감사인에게 적용한다.

제3조【용어의 정의】
① '외부감사'란 사외의 회계법인 또는 공인회계사의 회계감사를 말한다.
② '감사인'이란 '회계법인 또는 공인회계사'를 말한다.
③ '감사기관(監事機關)'이란 회사의 임원인 '감사(監事)'를 말한다.

제4조【외부감사의 시행】
회사는 법령에서 정한 외부감사 대상인 경우에 그 기준에 따라 외부 감사인인 선정하여 회계감사를 시행한다.

> 참고 주식회사의 외부감사에 관한 법령에서 정한 외부감사 대상 기업은 다음 각 호의 어느 하나에 해당하는 주식회사로 한다. (외감법 2조, 외감법령 2조)
> 1. 직전 사업연도 말의 자산총액이 100억원 이상인 주식회사
> 2. 주권상장법인과 해당 사업연도 또는 다음 사업연도 중에 주권상장법인이 되려는 주식회사
> 3. 직전 사업연도 말의 부채총액이 70억원 이상이고 자산총액이 70억원 이상인 주식회사
> 4. 직전 사업연도 말의 종업원수가 300명 이상이고 자산총액이 70억원 이상인 주식회사

제5조【외부감사의 자료】

① 회사는 재무제표 등 다음 각 호의 외부감사 대상 자료를 작성하여야 한다.

　　1. 재무상태표

　　2. 손익계산서 또는 포괄손익계산서

　　3. 자본변동표 등

　　4. 현금흐름표

　　5. 연결재무제표 등

② 감사인은 회사의 재무제표를 대표이사와 회계담당자를 대신하여 작성하거나 재무제표 작성과 관련된 회계처리에 관한 자문을 할 수 없다.

> 참고 외감법령 제7조

제2장 감사인

제6조【감사인의 선임】

① 회사는 매 사업연도 개시일부터 4개월 이내에 감사인을 선임하여야 한다.

② 회사는 감사 또는 감사위원회의 승인으로 감사인을 선임한다.

③ 감사인은 회계법인 또는 한국공인회계사회 감사반의 공인회계사를 선임한다.

> 참고 1. 주권상장법인이 아닌 회사가 직전 사업연도의 감사인을 다시 감사인으로 선임할 때에는 감사 또는 감사위원회의 승인을 받지 아니할 수 있다. (외감법 4조)
> 2. 재무제표 및 연결재무제표의 감사인은 동일하여야 한다. (외감법 4조)
> 3. 주권상장법인은 연속하는 3개 사업연도의 감사인을 동일감사인으로 하여 최초의 사업연도 개시일부터 4개월 이내에 선임하여야 한다. (외감법 4조의2)

제7조【감사인 선임통지】

회사는 감사인을 선임하면 주주에게 서면 또는 전자문서로 통지하거나 회사의 인터넷 홈페이지에 공고한다.

> 참고 1. 감사인 선임 통지 및 공고 (외감법 4조)
> 2. 감사인 선임을 서면 또는 전자문서로 경우 주주는 최근 주주명부 폐쇄일의 주주로 한다. 회사의 인터넷 홈페이지에 공고하는 경우 기간은 감사대상 사업연도 종료일까지로 한다. (외감법령 3조의2)

제8조【감사계약】

감사인은 회사와의 감사계약에는 다음 각 호의 사항을 포함한다.

　　1. 감사인의 독립성을 유지하기 위한 요건에 관한 사항

　　2. 감사계획의 수립방법과 감사절차에 관한 사항

　　3. 감사의견의 구분 및 결정방법에 관한 사항

　　4. 감사조서의 작성 등 감사업무의 관리에 관한 사항

　　5. 감사결과의 보고기준에 관한 사항

제9조【감사인의 선임보고】

　회사는 감사계약을 체결한 날부터 2주일 이내에 다음 각 호의 서류를 첨부하여 증권선물위원회에 감사인의 선임사실을 보고하여야 한다.

　　1. 감사인과의 감사계약서 사본

　　2. 감사인 선임의 감사의 승인 서류

　　3. 감사인의 교체에 따른 사유서류와 전기감사인의 의견진술내용

　　4. 회사의 등기부 등본

> **참고** 주권상장법인이 아닌 회사가 직전 사업연도의 감사인을 다시 선임한 경우 보고를 생략할 수 있다. (외감법 4조의4)

제10조【감사계약의 해지】

　회사는 감사인을 다음 각 호에 해당하면 사업연도 중이라도 감사계약을 해지할 수 있다.

　　1. 감사인이 자격을 상실한 경우

　　2. 감사인이 회사의 재무제표를 사실과 다르게 말한 경우

　　3. 회사의 합병 또는 분할과 사업양도양수로 재계약이 필요한 경우

제3장 직무와 권한

제11조【감사종류】

　회사의 외부감사는 제5조1항의 회사 재무제표 등에 관한 회계감사이다.

제12조【감사자료의 제출】

　회사는 해당 사업연도의 재무제표를 정기주주총회 6주일 전에 감사인에게 제출하여야 한다.

제13조【감사계획】

　① 감사인은 감사기관에 제8조의 사항이 포함된 감사계획서를 제출하여야 한다.

　② 감사기관은 는 대표이사에게 외부 감사인의 에게 제8조의 사항이 포함된 감사계획서를 제출하여야 한다.

제14조【감사기준】

　감사인은 회사에 제8조의 사항이 포함된 회계감사기준을 제시하고 그에 따라 공정하고 타당하다고 인정되는 회계감사를 하여야 한다.

> 참고 외감법 5조, 외감법령 4조의6

제15조【감사권한】

　① 감사인은 언제든지 회사의 회계에 관한 장부와 서류를 열람 또는 복사하거나 회계에 관한 자료의 제출을 요구할 수 있으며, 그 직무를 수행하기 위하여 특히 필요하면 회사 및 관계회사의 업무와 재산상태를 조사할 수 있다.

② 연결재무제표를 감사하는 감사인은 그 직무의 수행을 위하여 필요하면 회사 또는 관계회사의 감사인에게 감사 관련 자료의 제출 등 필요한 협조를 요청할 수 있다. 이 경우 회사 또는 관계회사의 감사인은 지체 없이 이에 따라야 한다.

참고 외감법 5조, 외감법령 5조의2

제16조【비밀엄수】

감사인과 회사의 감사 또는 감사위원회위원과 감사를 보조하는 자는 그 직무상 알게 된 비밀을 누설하여서는 아니 된다.

제4장 보 고

제17조【부정행위 등의 보고】

① 감사인은 그 직무를 수행할 때 이사의 직무수행에 관하여 부정행위 또는 법령이나 정관에 위반되는 중대한 사실을 발견하면 감사 또는 감사위원회에 통보하고 주주총회에 보고하여야 한다.

② 감사인은 회사가 회계처리 등에 관하여 회계처리기준을 위반한 사실을 발견하면 감사 또는 감사위원회에 통보하여야 한다.

③ 감사 또는 감사위원회는 이사의 직무수행에 관하여 부정행위 또는 법령이나 정관에 위반되는 중대한 사실을 발견하면 감사인에게 통보하여야 한다.

참고 외감법 10조

제18조【감사보고서의 작성】

감사인은 감사범위, 감사의견과 이해관계인의 합리적 의사결정에 유용한 정보가 포함된 감사보고서를 작성하여야 한다.

참고 외감법 7조의2

제19조【감사보고서의 제출】

감사인은 재무제표(연결재무제표 포함)에 대한 감사보고서를 정기 주주총회 1주일 전에 회사(감사 또는 감사위원회 포함)에 제출하여야 한다.

참고 외감법 8조

제20조【감사보고서 등의 비치】

회사는 주주 또는 채권자가 영업시간 내에 언제든지 열람할 수 있게, 감사인의 감사보고서와 재무제표(연결재무제표 포함) 등을 비치 및 공시하여야 한다.

참고 외감법 14조

제21조【감사조서의 작성과 보관】

① 감사인은 감사의견을 표명한 경우 감사를 기록한 감사조서를 작성하여야 한다.

② 감사인은 감사조서를 감사종료 시점부터 8년간 보존하여야 한다.

③ 감사인은 감사조서를 위조·변조·훼손 및 파기하여서는 아니 된다.

참고 외감법 14조

제22조 【주주총회의 출석】

　감사인 또는 그에 소속된 공인회계사는 주주총회의 요구가 있으면 주주총회에 출석하여 의견을 진술하거나 주주의 질문에 답변하여야 한다.

　참고　외감법 11조

제5장 보 칙

제23조 【손해배상의 책임】

　① 감사인이 그 임무를 게을리하여 회사에 손해를 발생하게 하면 그 감사인은 회사에 대하여 손해를 배상할 책임이 있다.

　② 감사인이 중요한 사항에 관하여 감사보고서에 기재하지 아니하거나 거짓으로 기재함으로써 이를 믿고 이용한 제3자에게 손해를 발생하게 하면 그 감사인은 제3자에게 손해를 배상할 책임이 있다.

　참고　외감법 17조

〈부　칙〉

제24조 【시행일】

　이 규정은 ○○○○년 ○○월 ○○일부터 시행한다.

〈서　식〉

　(서식 1) 외부감사자료목록

(서식 1)

외부감사자료목록

감 사 인	한국공인회계사 감사반 공인회계사 성명 ○ ○ ○
제 출 자	○○주식회사 대표이사 성명 ○ ○ ○ (감사 성명 ○ ○ ○)
감사자료	○○주식회사 제○○기 결산 재무제표 등 총 ○종
제출기한	202 년 월 일

번호	감사자료	관리부서	비고
1	재무상태표	경영관리부	
2	손익계산서	경영관리부	
3	원가계산서	경영관리부	
4	현금흐름표	경영관리부	
5	자본변동표	경영관리부	

위와 같이 감사자료를 제출합니다.

202 년 월 일

○○주식회사 감사 ○ ○ ○ ㉑

감사인 ○○○ 귀중

[37]
직무감사규정

제정 ○○○○년 ○○월 ○○일
개정 ○○○○년 ○○월 ○○일

〈총 칙〉

제1장 통칙

제1조【목적】

이 규정은 ○○주식회사(이하 '회사'라 한다)의 조직과 구성원의 직무수행에 관한 합리적인 운영을 위한 직무감사의 절차와 운용에 그 목적이 있다.

제2조【적용범위】

이 규정은 회사의 사업과 조직, 직무와 구성원에게 적용한다.

제3조【용어의 정의】

이 규정에서 사용하는 용어의 뜻은 다음 각 호와 같다.

1. '직무감사'란 감사기간에 회사의 조직과 직무, 구성원의 직무수행을 조사하고 평가하는 것을 말한다.
2. 조사원'이란 감사기간에 회사의 조직과 직무, 구성원의 직무수행을 조사하는 자로 감사

팀장을 포함한다.

제4조 【직무감사의 시행】

① 직무감사는 대표이사의 결정으로 시행한다.

② 직무감사는 조사팀을 설치하여, 조사기간을 포함하여 60일 이내로 운영한다.

③ 직무감사는 감사팀장이 총괄한다.

제5조 【직무감사의 종류】

회사의 직무감사는 다음 각 호와 같이 구분하여 시행한다.

1. 정기감사 : 사업별 부문별 직무에 대한 감사

2. 수시감사 : 자산관리와 고객관리에 대한 감사

제6조 【감사받는 자의 의무】

① 감사받는 자('조직, 부서, 팀'을 포함한다)는 조사원이 요구하는 조사대상 물품과 서류 등을 즉시 제출하여야 한다.

② 감사받는 자는 조사원의 감사협조와 출석요구에 즉시 출석하여야 한다.

제2장 조사원

제7조 【조사원의 선임】

① 직무감사의 감사팀장은 대표이사가 선임한다.

② 감사팀장은 대표이사의 승인으로 사내외의 전문가와 임직원을 조사원으로 선임할 수 있다.

제8조 【조사원의 직무】

조사원은 다음 사항을 준수해야 한다.

1. 독립적인 입장과 공정한 자세로 조사하여야 한다.

2. 조사는 증거에 의한 조사를 하여야 한다.

3. 조사대상이 아닌 자료나 과다한 자료 요구 등을 하여서는 안 된다.

4. 감사받는 자의 부정과 과실 또는 부정을 묵인해서는 안 된다.

5. 감사받는 자의 직무와 무관한 사적행위를 조사하여서는 안 된다.

제9조 【조사원의 권한】

① 조사원은 조사에 필요한 자료와 물품, 진술과 출석을 감사받는 자에게 요구할 수 있다.

② 감사받는 자는 제1항의 조사원의 요구에 즉시 이행하여야 한다.

③ 조사원은 감사받는 자가 제1항을 요구를 이행하지 않으면 감사받는 자를 즉시 징계위원회에 회부한다.

제10조 【조사원의 의무】

① 감사받는 자의 권리와 인격을 훼손하여서는 안 된다.

② 감사과정에서 취득한 회사와 거래처의 기밀 등을 누설하여서는 안 된다.

③ 감사과정에서 취득한 감사받는자의 비밀과 개인정보 등을 누설하여서는 안 된다.

④ 조사원의 부주의로 조사자료가 분실되거나 훼손 또는 없어지면 조사원이 책임을 진다.

제3장 정기감사

제11조【정기감사의 시기】

정기감사는 매년 10월에 20일간으로 연간 1회 시행한다. 다만, 그 시기와 기간은 대표이사의 승인으로 변경할 수 있다.

제12조【정기감사의 대상】

① 정기감사는 회사의 조직과 직무, 구성원의 직무수행에 대하여 감사를 시행한다.

② 정기감사는 다음 각 호의 부문 중에서 어느 하나의 부문에 대하여 감사를 시행한다.

　　1. 생산부문

　　2. 영업부문

　　3. 관리부문

제13조【정기감사의 계획】

감사팀장은 정기감사계획서를 매년 9월 말일까지 대표이사에게 제출하여야 한다.

제14조【정기감사의 시행】

① 감사팀장은 정기감사 대상자에게 시행 7일 전까지 정기감사 시행을 통보한다.

② 감사팀장은 감사통보서에 감사일정, 감사절차, 감사대상, 감사자료 등을 표기한다.

제15조【정기감사의 종료】

감사팀장은 정기감사 종료일에 감사대상자에게 감사종료를 통보하고, 대표이사에게 감사종료를 보고한다.

제16조【정기감사의 보고】

감사팀장은 정기감사의 결과를 감사종료일로부터 5일 이내에 대표이사에게 정기감사보고서를 작성하여 제출 및 보고하여야 한다.

제3장 수시감사

제17조【수시감사의 시기】

회사의 수시감사는 대표이사가 결정하여 시행한다.

제18조【수시감사의 대상】

① 회사의 수시감사 대상은 다음 각 호의 부서이다.

　　1. 업무절차에서 병목이 발생하는 부서

　　2. 임직원의 항의가 자주 발생하는 부서

　　3. 고객의 항의가 자주 발생하는 부서

② 제1항 외의 수시감사 대상은 다음 각 호의 부서이다

　　1. 기술개발부서

　　2. 자금관리부서

　　3. 고객관계부서

제19조 【수시감사의 계획】

감사팀장은 매년 1월에 전년도 제18조의 부서에서 발생한 증가와 감소의 건에 대한 자료와 수시감사계획서를 대표이사에게 제출하여야 한다.

제20조 【수시감사의 시행】

① 감사팀장은 제18조1항의 감사대상자에게 감사시행 1주일 전에 감사대상과 감사일정, 감사절차 등을 기재한 서면으로 통보한다.

② 감사팀장은 제18조2항의 감사대상자에게는 감사계획의 사전통보없이 즉시통보로 감사를 시행할 수 있다.

제21조 【수시감사의 종료】

감사팀장은 수시감사를 종료하면 종료일에 감사대상자에게 감사종료를 통보하고, 대표이사에게 감사종료를 보고한다.

제22조 【수시감사의 보고】

감사팀장은 수시감사 결과를 감사종료일로부터 2일 이내에 대표이사에게 감사보고서를 작성하여 제출 및 보고하여야 한다.

제4장 보칙

제23조 【조사원의 책임】

조사원이 감사과정에서 부주의로 조사자료를 분실하거나 훼손 또는 없어지면, 그에 대한 배상책임이 있다.

제24조 【감사의 보안】

① 사원은 회사의 감사시행에 대하여 외부에 누설하여서는 안 된다.

② 감사보고서는 대표이사와 감사팀장의 승인없이 열람할 수 없다.

제25조 【감사록의 작성】

① 감사팀장과 피감팀장은 각각 감사록(감사일지)을 작성하여 보관하여야 한다.

〈부 칙〉

제26조 【시행일】

이 규정은 ○○○○년 ○○월 ○○일부터 시행한다.

〈서 식〉

(서식 1) 직무감사계획서(통보서)

(서식 2) 직무감사보고서

(서식 1)

직무감사계획서(통보서)

감사대상	○○주식회사 ○○사업본부 3팀 (구매팀, 자재팀, 물류팀)		
감사기간	202 년 월 일부터 202 년 월 일까지 (총 20일간)		
감사종류	정기감사		
감사팀장	○○주식회사 ○ ○ ○		
감사보조 조 사 원	사외전문가		
	사내임직원		

감사일정	구매팀	자재팀	물류팀
월 일 ~ 월 일	구매자료	자재자료	물류자료
월 일 ~ 월 일	구매물품	자재품목	물류품목
월 일 ~ 월 일	구매수량	투입량	반입량
월 일 ~ 월 일	구매가격	재고량	반출량
월 일 ~ 월 일	담당자	담당자	담당자

위와 같이 정기감사를 시행하겠습니다(통보합니다).

202 년 월 일

○○주식회사 감사팀장 이사 ○ ○ ○ ㉒

○○주식회사 대표이사 귀하
(○○주식회사 사업본부장 귀하)

(서식 2)

직무감사보고서

감사종류	
감사기간	
감사대상	
감사자료	
감사내용	
감사결과	
감사의견	

조사원	외부전문가			
	사 원			

첨부서류	1. 2. 3. 4.

위와 같이 감사하였습니다.

202 년 월 일

감사팀장 ○ ○ ○ ㉑

○○주식회사 대표이사 귀하

[38]
특별감사규정

제정 ○○○○년 ○○월 ○○일
개정 ○○○○년 ○○월 ○○일

〈총　칙〉

제1장 통칙

제1조【목적】

이 규정은 ○○주식회사(이하 '회사'라 한다)의 발전을 위하여 회사에서 발생하는 사건과 사고에 대한 예방과 사후관리를 위하여 회사의 조직과 직무의 합리적인 운영을 위하여 특별감사의 절차와 운용에 그 목적이 있다.

제2조【적용범위】

이 규정은 회사의 조직과 직무, 그리고 직무를 수행하는 구성원에게 적용한다.

제3조【용어의 정의】

이 규정에서 사용하는 용어의 뜻은 다음 각 호와 같다.

1. '특별감사'란 회사에서 사건과 사고(이하 '사건사고'라 한다)가 발생하였거나 발생예방을 위하여 조직과 직무수행자를 조사하고 감독하는 것을 말한다.
2. '사건사고'란 사원이 직무수행 중 발생한 재난사고, 인명사고, 도난사고, 분실사고, 고의사고 등을 말한다.
3. '조사원'이란 특별감사기간에 회사의 조직과 직무, 구성원을 조사하는 자로 감사팀장을

포함한다.

제4조 【특별감사의 대상】

다음 각 호의 부서와 제3조2호의 사고가 발생한 지 60일 이내의 발생부서가 특별감사대상이다.

1. 위험 및 안전사고 발생부서
2. 보건 및 위생사고 발생부서
3. 화재 및 방화사고 발생부서
4. 침수 및 설빙사고 발생부서
5. 기타 인명 또는 재난사고 발생부서

제5조 【감사받는 자의 의무】

① 감사받는 자('조직, 부서, 팀'을 포함한다)는 감사에 적극 협력하여야 한다.
② 감사받는 자는 조사원이 요구하는 서류와 물품 등을 즉시 제출하여야 한다.
③ 감사받는 자는 조사원의 출석요구에 즉시 출석하여야 한다.

제2장 조사원

제6조 【조사원의 선임】

① 특별감사팀의 감사팀장은 대표이사가 임명한다.
② 감사팀장은 대표이사의 승인으로 조사원의 수와 임직원과 사외 전문가를 조사원으로 선임할 수 있다.

제7조 【조사원의 직무】

조사원은 다음 사항을 준수해야 한다.

1. 독립적인 입장과 공정한 자세로 조사하여야 한다.
2. 감사는 증거에 의한 조사를 하여야 한다.
3. 감사받는 자의 부정과 과실 또는 부정을 묵인해서는 안 된다.

제8조 【조사원의 권한】

① 조사원은 조사에 필요한 자료와 물품, 진술과 출석을 감사받는 자에게 요구할 수 있다.
② 감사받는 자는 제1항의 조사원의 요구에 즉시 이행하여야 한다.
③ 조사원은 감사받는 자가 제1항을 요구를 이행하지 않으면 감사받는 자를 즉시 징계위원회에 회부한다.

제9조 【조사원의 의무】

① 감사받는 자의 권리와 인격을 훼손하여서는 안 된다.
② 감사과정에서 취득한 회사와 거래처의 기밀 등을 누설하여서는 안 된다.
③ 감사과정에서 취득한 감사받는 자의 인적사항과 개인정보 등을 누설하여서는 안 된다.

제10조 【조사원의 책임】

① 조사원의 부주의로 조사자료가 분실·훼손·멸실 하면 조사원이 책임을 진다.
② 제1항의 배상책임은 감사팀과 연대하여 배상한다.

제3장 감사

제11조 【감사계획】

감사팀장은 임명일로부터 5일까지 다음 각 호의 사항이 포함된 특별감사계획서를 대표이사에게 제출하여야 한다.

1. 주요 감사내용
2. 주요 감사대상자
3. 감사 기간과 일정
4. 조사원의 수와 조사원의 성명
5. 감사시설 등
6. 기타

제12조 【감사시행】

① 특별감사는 대표이사의 승인으로 시행한다.

② 감사팀장은 감사받는 자에게 감사시행 5일 전까지 다음 각 호의 특별감사계획을 통보한다.

1. 감사대상
2. 감사기간
3. 감사자료
4. 진술자의 출석
5. 기타

③ 감사팀장은 감사받는 자에게 감사시행일에 감사절차를 설명하고, 제2항의 감사자료와 진술자의 출석을 확인한 후 감사를 시행한다.

④ 제3항의 감사자료와 진술자가 준비되지 않은 경우, 자료의 제출과 진술자 출석을 요구하고 이행하지 않으면, 즉시 징계위원회에 회부한다.

제13조 【감사확인】

감사팀장은 감사받은 자에게 특별감사의 결과를 설명하고, 증거자료와 이첩자료, 감사통계 등에 감사받은 자의 서명을 받아 확인하고 감사결과자료를 봉함하여 보관한다.

제14조 【감사종료】

감사팀장은 특별감사를 종료하면 종료일에 감사받은 자에게 감사종료를 선언하고, 대표이사에게 감사종료를 보고한다.

제15조 【감사보고】

감사팀장은 감사종료일로부터 5일 이내에 감사보고서를 작성하여 대표이사에게 제출하고, 감사결과를 보고하여야 한다.

제5장 보칙

제16조 【감사일지】

감사팀장은 감사종료일로부터 5일 이내에 감사수당산정을 위한 감사자와 감사의 시업과 종업을 기재한 감사근무일지를 피감처의 확인을 받아 ○○부서장에게 제출하여야 한다.

제17조【감사보안】

　① 회사의 특별감사에 대하여 사원은 사외에 누설하여서는 안 된다.

　② 감사보고서, 감사록 등은 대표이사와 감사팀장의 승인없이 열람할 수 없다.

〈부　칙〉

제18조【시행일】

　이 규정은 ○○○○년 ○○월 ○○일부터 시행한다.

〈서　식〉

　(서식 1) 특별 감사계획서

　(서식 2) 특별 감사보고서

　(서식 3) 특별 감사일지

(서식 1)

(특별) 감사계획서

감사기간	202 년 월 일부터 202 년 월 일까지	202 년 월 일부터 202 년 월 일까지	202 년 월 일부터 202 년 월 일까지	202 년 월 일부터 202 년 월 일까지
피감부서				
피감인원	(명)	(명)	(명)	(명)
감사팀장			연락처	
조 사 원 사내				
조 사 원 사외				
감사대상자				
진술대상자				
출석일자				
감사시설				
감사서류				
감사물품				
기타				

상기와 같이 감사하겠습니다.

20 년 월 일

감사팀장 ○ ○ ○ ○ ㉞

○○주식회사 감사대상 부서장 귀하

(서식 2)

(특별) 감사보고서

감사종류		감사팀장	
감사기간		피감부서	
감사대상			
감사내용			
조치내용			
종합의견			
처분요구			
별첨			

상기와 같이 감사하였습니다.

20 년 월 일

감사팀장 ○ ○ ○ ○ ㉜

○○주식회사 대표이사 귀하

(서식 3)

(특별) 감사일지(근무일지)

감사기간	202 년 월 일부터 20 년 월일 까지 (일간)			
감 사 인				
사외 조사원				
사외 조사원				
감사일자	피감처	시업시각	종업시각	비고

상기와 같이 근무하였습니다.
20 년 월 일

감사팀장 ○ ○ ○ ㉑

○○부장 귀하

제12편

협약·협의회 관련 규정

[39]
단체협약규정

제정 ○○○○년 ○○월 ○○일
개정 ○○○○년 ○○월 ○○일

<table>
<tr><td>

〈총 칙〉

제1장 통칙
제1조 【목적】
제2조 【교섭단체】
제3조 【교섭위원】
제4조 【단체교섭대상】
제5조 【협약우선】

제2장 조합활동
제6조 【노동조합가입】
제7조 【비조합원의 범위】
제8조 【조합활동보장】
제9조 【조합비수납】
제10조 【시설대여】

제3장 인사
제11조 【인사권】
제12조 【인사고과】
제13조 【수습기간】
제14조 【휴직】
제15조 【휴직기간】
제16조 【휴직자의 신분】
제17조 【휴직자의 복직】
제18조 【당연퇴직】
제19조 【정년】
제20조 【표창】
제21조 【징계】

제4장 근로시간
제22조 【근로시간】
제23조 【시업 및 종업 시각】
제24조 【휴식시간】
제25조 【연장근로시간】
제26조 【주5일 근무】

제5장 휴일·휴가
제27조 【유급휴일】
제28조 【무급휴일】
제29조 【휴일근무】
제30조 【휴일대체】
제31조 【연차유급휴가】
제32조 【생리휴가】
제33조 【산전후휴가】
제34조 【육아시간】

제6장 임금
제35조 【임금결정】
제36조 【임금체계】

</td><td>

제37조 【임금지불방법】
제38조 【임금지급시기】
제39조 【정기상여금】
제40조 【특별상여금】
제41조 【제수당】
제42조 【휴업수당】
제43조 【비상지불】
제44조 【퇴직급여】

제7장 복리후생
제45조 【체육행사 등】
제46조 【건강진단】
제47조 【취업금지】

제8장 교육훈련·재해보상
제48조 【신입연수】
제49조 【직무교육】
제50조 【취업규칙 공시】
제51조 【재해보상】

제9장 단체교섭권
제52조 【단체교섭권】
제53조 【교섭위원회】
제54조 【교섭사항통보】

제10장 노사협의회
제55조 【노사협의회】
제56조 【고충처리위원】

제11장 평화·조정
제57조 【평화의무】
제58조 【조정신청】
제59조 【쟁의중 근무】

제12장 보칙
제60조 【법규 등 준용】
제61조 【불이행의 책임】
제62조 【단체협약의 갱신】
제63조 【협약서보관】

〈부 칙〉
제64조 【시행일】
제65조 【경과규정】

〈서 약〉
제66조 【체결일】
제67조 【체결당사자】

</td></tr>
</table>

〈협 약〉

○○주식회사와 ○○주식회사 노동조합은 사원의 근로조건 향상과 회사의 경영향상을 위한 기업질서의 확립을 위하여 노사합의로 합리적이고 공정한 내용의 규정으로 회사와 근로자의 공동발전을 이룩하고자 이 단체협약을 체결한다.

〈총 칙〉

제1장 통칙

제1조 【목적】

○○주식회사(이하 "회사 또는 사용자"라 한다)와 ○○주식회사 노동조합(이하 "노동조합 또는 조합"이라 한다)은 회사의 경영질서확립과 근로자의 근로조건안정에 대한 사항을 정함을 목적으로 한다.

제2조 【교섭단체】

회사는 노동조합이 종업원을 대표하는 교섭단체로 인정하고, 노동조합은 회사를 대표하는 사용자를 교섭단체로 한다.

> ※ 단체교섭상대 : 헌법 제33조, 노동조합및노동관계조정법 제1조 제2조

제3조 【교섭위원】

사용자 또는 사용자로부터 위임받은 자와 노동조합의 대표자 또는 노동조합으로부터 위임받은 자는 단체교섭권 및 단체협약체결권을 가진다.

> ※ 단체교섭 및 체결권한 : 노동조합및노동관계조정법 제29조

제4조 【단체교섭대상】

회사와 노동조합은 단체교섭대상을 다음 각 호와 같다.

1. 임금, 재해보상
2. 근로시간
3. 취업장소
4. 휴식, 휴게실, 구내식당
5. 휴일
6. 휴가
7. 퇴직
8. 해고기준
9. 복리후생

> ※ 단체교섭대상 : 노동조합 및 노동관계조정법 제2조

제5조 【협약우선】

이 협약은 취업규칙과 근로계약에 우선하여 적용한다.

> ※ 기준의 효력(노동조합및노동관계조정법 제33조)
> ① 단체협약에 정한 근로조건 기타 근로자의 대우에 관한 기준에 위반하는 취업규칙 또는 근로계약

의 부분은 무효로 한다.

② 근로계약에 규정되지 아니한 사항 또는 제1항의 규정에 의하여 무효로 된 부분은 단체협약에 정한 기준에 의한다.

제2장 조합활동

제6조【노동조합가입】

노동조합원으로 가입은 종업원 스스로 자유의사에 의하여 가입할 수 있으며, 누구도 노동조합의 가입 및 탈퇴를 강요할 수 없다.

제7조【비조합원의 범위】

다음 각 호의 종업원은 노동조합원으로 가입할 수 없다.

1. 과장급 이상 사원
2. 인사관련 직무담당 사원
3. 경비직, 임원비서직, 현금출납직 사원
4. 수습사원, 촉탁사원, 일용직원

제8조【조합활동보장】

회사는 조합의 간부가 필요로 하는 공식회의참석·교육·출장·홍보 등 조합활동의 자유를 보장하며 정당한 조합활동에 대하여 불이익한 처우를 할 수 없다.

제9조【조합비수납】

회사는 조합원의 급여지급 시 조합을 대신하여 조합비를 징수하여 조합에 납부한다.

제10조【시설대여】

회사는 조합에 필요한 일체의 회사시설 사용 및 비품, 소모품을 대여한다.

제3장 인사

제11조【인사권】

회사의 종업원에 대한 채용·배치·퇴직 등 인사권의 전권은 사용자에 있으며, 조합원에게 불리한 처우를 하지 않는 공정한 인사관리를 하여야 한다.

제12조【인사고과】

조합원의 인사고과와 상벌기준 등 인사에 관한 사항은 인사규정과 상벌규정에 따른다.

제13조【수습기간】

신규 채용자의 수습기간은 3개월로 하고 수습기간은 근무연수로 산정 한다.

제14조【휴직】

다음 각 호의 경우에 사원은 휴직을 신청할 수 있으며, 사원은 휴직을 명할 수 있다.

1. 업무상 재해 등의 부상 등으로 계속 근무할 수 없을 때
2. 업무외 부상과 질병 등으로 연월차 휴가와 병가를 사용하고도 계속 근무할 수 없을 때
3. 가정 사정 등 일신상 사유로 근무할 수 없음을 회사가 인정할 때

4. 병역법 등 관계 법령에 의거 징집 또는 소집되어 근무할 수 없을 때

5. 만 6세 이하의 초등학교 취학 전 자녀의 양육을 위하여 휴직을 신청할 때

6. 기타 연수 등으로 회사가 필요하다고 휴직을 인정할 때

제15조【휴직기간】

휴직기간은 다음 각 호와 같다. 다만, 사정에 따라 그 기간을 단축 또는 연장할 수 있다.

1. 제14조 1호의 공상휴직기간은 치료 등에 필요한 기간으로 한다.

2. 제14조 2호의 상병휴직기간은 1년 이내로 한다.

3. 제14조 3호의 가사휴직기간은 6개월 이내로 한다.

4. 제14조 4호의 병무휴직기간은 복무 또는 소집 기간으로 한다.

5. 제14조 5호의 육아휴직기간은 1년으로 한다.

6. 제14조 6호의 연수휴직기간은 6개월 이내로 한다.

제16조【휴직자의 신분】

① 휴직기간은 사원의 신분을 유지하나, 직무에 종사하지 못한다.

② 휴직자는 승급 및 승진하지 못한다.

제17조【휴직자의 복직】

① 휴직자는 휴직기간 만료일 후 5일 이내에 복직신청서를 제출하여야 한다.

② 휴직자가 제1항의 기일 이내에 복직신청서를 제출하지 않으면 복직의사가 없는 것으로 간주하고 면직한다. 또한, 휴직만료일 현재 복직신청자의 휴직사유가 소멸하지 않아 직무수행이 불가능한 때에는 면직할 수 있다.

③ 휴직기간이 만료되었거나 만료 전이라도 휴직사유가 소멸하여 복직신청서를 제출한 때에는 1개월 이내에 원직 또는 이에 상응하는 직무에 복직시킨다.

④ 제2항의 면직일자는 휴직기간의 만료일자로 한다.

> ※ (필수) 육아휴직과 관련하여 복직에 관한 절차 등을 명확히 규정한다.
> ☞ (참고) 1. 복직 절차는 사업장의 사정에 따라 달리 정할 수 있으나, 휴직 후 복직하는 근로자에게 불이익을 주지 않도록 할 필요.(남녀고용일가법 제19조).
> 2. 휴직 및 복직과 관련한 논란을 줄이기 위해 명확히 규정할 필요.

제18조【당연퇴직】

종업원이 다음 각 호에 해당하는 경우 당연퇴직으로 본다.

1. 사망하였을 때

2. 근로계약이 만료된 경우

3. 정년에 달한 경우

4. 종업원이 퇴직 신청을 한 경우

5. 주주총회에서 임원으로 선출된 경우

제19조【정년】

조합원의 정년은 만 58세가 되는 연도의 말일로 면직처리한다.

제20조 【표창】

① 회사는 다음과 같이 표창을 실시한다.

1. 유공표창 : 재해방지, 개량, 발명 등 공적이 현저한 자

2. 일반표창 : 업무실적이 탁월하고 타의 귀감이 되는 자

3. 근속표창 : 각각 10년, 15년, 20년 이상 근속자

② 회사는 표창자에게 금품 및 상품을 지급할 수 있다.

제21조 【징계】

회사가 종업원을 징계는 해고, 강등, 정직대기, 근신, 감봉, 시말서, 견책으로 하며 사전에 징계 해당자에게 서면 통보하며 필히 소명의 기회를 주어야 한다.

제4장 근로시간

제22조 【근로시간】

종업원의 근로시간은 1일에 8시간 1주에 40시간을 근로시간으로 한다. 다만, 휴식시간 1시간은 근로시간에 포함하지 아니한다.

제23조 【시업 및 종업 시각】

회사는 시업 및 종업 시각은 다음과 같이 한다.

구 분	본사	공장
시업시각	09:00	08:30
종업시각	18:00	17:30

제24조 【휴식시간】

① 휴식시간은 근로시간 4시간에 휴식시간 30분을 부여하고, 근로시간 8시간에 1시간으로 하고, 종업원은 휴식시간을 자유롭게 이용할 수 있다.

② 공장의 생산직은 제1항의 휴식시간외에 근로시간 2시간에 10분의 휴식시간을 근로시간 중에 다음과 같이 실시할 수 있다.

공장	휴식시간	비고
생산직 휴식시간	10:30~10:40	오전 휴식시간
	12:00~13:00	점심 시간
	15:00~15:10	오후 휴식시간

제25조 【연장근로시간】

① 회사는 종업원과 합의하여 1주에 12시간을 연장근로 할 수 있다.

② 제1항의 연장근로 시간은 1주에 40시간 근로 시작일로부터 3년까지 1주 16시간을 연장근로 할 수 있다.

제26조 【주5일 근무】

① 회사는 1주에 5일 근무를 원칙으로 하고, 1주에 1일의 유급주휴일과 1일의 무급휴일로 한다.

② 제1항의 근무일과 휴일은 사업장에 따라 종업원의 근무일과 휴일을 다음 각 호와 같이 실시할 수 있다.

사업장구분	월	화	수	목	금	토	일
본 사	○	○	○	○	○	▲	△
공 장 A라인	○	○	○	○	○	▲	△
공 장 B라인	▲	○	○	○	○	○	△
공 장 C라인	▲	△	○	○	○	○	○

(○ : 근무일   △ : 유급휴일   ● : 무급휴일)

제5장 휴일·휴가

제27조 【유급휴일】

회사는 유급휴일을 다음 각 호와 같이 한다.

    1. 주휴일

    2. 법정공휴일

    3. 노동절(근로자의 날)

    4. 임시공휴일

    5. 임시휴무일

제28조 【무급휴일】

회사는 종업원의 주5일 근무에 따른 유급주휴일 외에 휴무하는 토요일 또는 다른 휴무하는 요일을 무급 주휴일로 한다.

제29조 【휴일근무】

회사는 업무상 부득이한 사유로 노사합의로 휴일근무를 할 수 있으며 이 경우 휴일을 다른 일자로 대체하여 실시할 수 있다.

제30조 【휴일대체】

휴일에 출근한 자는 2주일 이내에 대체휴일을 청구할 수 있다. 단, 작업에 지장이 없는 범위에서 한다.

제31조 【연차유급휴가】

① 회사는 1년간 8할이상 출근한 자에게 15일을 유급휴가를 부여하고, 3년 이상 근무자는 최초 1년 근무를 제외하고 매 2년당 1일씩 유급휴가를 추가한다. 단, 총 휴가일수는 25일 이내로 제한한다

② 1년 미만 근무자가 휴가를 청구할 경우 1개월 개근시 1일의 유급휴가를 준다. 단, 사용된 휴가일수는 1년이상 2년미만자의 연차유급휴가일수에서 제외한다.

제32조 【생리휴가】

회사는 여성조합원이 생리휴가를 청구가 청구하면, 월 1일의 무급생리휴가를 준다.

제33조 【출산전후 휴가】

회사는 출산 전후 조합원에게 출산 후 45일 이상의 휴가를 포함하는 90일의 산전후휴가를 준다.

*(해설) 2012년 8월부터는 출산 전과 후에 연속해서만 사용 가능했던 산전후휴가 제도의 분할사용이 가능하다.

제34조 【육아시간】

생후 1년 미만의 유아를 가진 여자근로자의 청구가 있는 경우에는 1일에 2회씩 각각 30분씩의 유급수유시간을 주어야 한다.

제6장 임금

제35조 【임금결정】

회사는 조합원의 임금을 회사의 임금 지불능력과 생산성을 고려하여 국내 임금 및 동종타사의 임금수준을 고려하여 단체교섭에 의하여 결정하고, 임금수준 향상을 위하여 노력한다.

제36조 【임금체계】

회사는 임금의 체계를 다음 각 호와 같다.

1. 연봉제
2. 월급제
3. 일급제
4. 시급제

제37조 【임금지불방법】

회사는 조합원의 임금을 전액 통화로서 본인에게 지급한다.

제38조 【임금지급시기】

회사는 조합원의 임금을 매월 25일에 본인에게 직접 지급하며, 임금지불일이 휴일인 경우 그 전일에 지급한다.

제39조 【정기상여금】

회사는 정기상여금을 기본월급의 400%를 연간 4회 균등하게 분할하여 3월, 6월, 9월, 12월의 급여지급일에 지급한다. 단, 계속근로 1년 이상 종업원에게 지급한다.

제40조 【특별상여금】

회사는 경영실적을 초과 달성하거나 회사에 기여한 종업원에게 특별상여금을 지급할 수 있다. 지급률과 지급시기 회사의 정함에 따른다.

제41조 【제수당】

회사는 제 수당을 다음과 같이 지급한다.

1. 법정수당 : 연장근로, 야간근로, 휴일근로, 기타 법률 등에서 정한 수당
2. 가족수당 : 매월 3년 이상 근속자에게 직계존비속 1인당 20,000원을 지급한다.
3. 근속수당 : 매월 3년 이상 근속자에게 10,000원을 지급하고 이후 계속근로 1년마다 10,000원을 가산하여 지급한다.
4. 직책수당 : 매월 과장 50,000원, 차장 50,000원, 부장 100,000원을 지급한다.

   5. 기타수당 : 성과수당

제42조 【휴업수당】

회사의 귀책사유로 인하여 휴업하는 경우에는 회사는 휴업기간중 당해 근로자에 대하여 평균임금의 70%를 휴업수당을 지급한다.

제43조 【비상지불】

다음 각 호에 해당하는 경우에 대하여 본인의 청구가 있을시 급여지급일 전이라도 근무일수에 대한 임금 및 상여금을 지급한다.

   1. 자녀의 출산
   2. 직계가족의 사망 및 질병
   3. 천재지변으로 인한 재해
   4. 본인 및 자녀의 결혼

제44조 【퇴직급여】

① 회사는 조합원이 1년 이상 근무하고 퇴직하였을 때는 근무기간 1년에 평균임금의 30일분을 퇴직금으로 산정하여 지급한다.

② 회사는 1년 이상 근무한 조합원이 퇴직 전이라도 퇴직금의 중간정산을 요청하는 경우 퇴직금을 중간 정산할 수 있다.

제7장 복리후생

제45조 【체육행사 등】

회사는 조합원의 체력향상과 사기진작을 위해 춘계야유회, 추계체육대회를 실시한다.

제46조 【건강진단】

회사는 건강진단을 다음과 같이 실시하며, 조합원은 이를 거부할 수 없다.

   1. 일반사무직 조합원은 연 1회 건강진단을 실시한다.
   2. 공장사업장 조합원은 연 2회 건강진단을 실시한다.

제47조 【취업금지】

회사는 전염병 또는 정신병, 근로로 인하여 병세가 악화될 우려가 있는 조합원과 근로자 건강진단에 불응한 자에 대하여는 취업을 금지할 수 있다.

제8장 교육훈련·재해보상

제48조 【신입연수】

회사는 신입사원에 대하여 업무에 필요한 교육을 한다.

제49조 【직무교육】

조합원에게 필요한 직무와 자기계발을 위하여 교육하고 조합원은 적극적으로 협조하여야 한다.

제50조 【취업규칙 공시】

회사는 취업규칙을 제정하거나 개정할 때에는 지체없이 조합원이 자유로이 열람할 수 있는 장소에 공시하여야 한다.

제51조 【재해보상】

회사는 조합원이 업무상 부상 및 질병으로 입원 및 치료 중으로 업무를 하지 못할 경우에 대하여 근로기준법 및 산업재해보상법이 정하는 바에 따라 보상한다.

제9장 단체교섭권

제52조 【단체교섭권】

① 회사는 조합으로부터 단체협약의 갱신체결 또는 근로조건에 관한 교섭 요구가 있을 시는 즉시 응하여야 한다.

② 단체교섭위원회 위원은 노사 각 동 수로 구성하고 의장은 노사가 윤번제로 시행한다.

③ 단체교섭위원회에서 합의된 사항은 즉시 문서로 작성하여 쌍방이 서명날인하여 보관한다.

제53조 【교섭위원회】

단체교섭위원은 노사가 각각 선임하여 상대방에게 통보한다. 또한 교섭 도중 변경한 때에도 이와 같다.

제54조 【교섭사항통보】

단체교섭의 사항은 문서로 상대방에게 통보하고 협의한다.

제10장 노사협의회

제55조 【노사협의회】

① 회사와 조합은 각각 8인의 위원과 간사 각 1명으로 노사협의회를 구성하여 3개월마다 정기적으로 회의를 소집하며, 필요시에는 어느 일방의 요구에 의거 수시 소집한다.

② 의장은 매회 노사가 호선하며, 합의된 사항은 성실히 준수하며 전 조합원이 관람할 수 있는 장소에 공시한다.

③ 노사협의회 안건은 근로자 참여 및 협력증진에 관한 법률 제4장 협의회의 임무를 참조한다.

④ 노사협의회 운영과 세부적 사항은 별도로 정한다.

제56조 【고충처리위원】

노사는 각각 1명의 고충처리위원을 두고 조합원의 고충처리에 노력과 해결에 성실히 임해야 한다.

제11장 평화·조정

제57조 【평화의무】

회사와 조합은 산업평화를 가질 의무를 가지며 노동쟁의는 노사협의에서 성실한 토의를 거친 후 결렬 시에 한하여 제기한다.

제58조 【조정신청】

회사와 조합은 단체교섭이 30일이 지나도 합의에 이르지 못할 때 노동조합 및 노동관계조정법에 따라 조정을 관할 노동위원회에 신청한다.

제59조 【쟁의 중 근무】

쟁의 중이라도 다음 각 호의 종업원은 정상 근무에 임한다.

1. 노사가 근무를 합의한 종업원
2. 경비원
3. 회사식당종업원
4. 운전기사

제12장 보칙

제60조【법규 등 준용】

이 협약에 규정되지 않은 사항은 근로기준법을 적용한다.

제61조【불이행의 책임】

이 협약의 불이행으로 생기는 모든 책임은 불이행하는 측에서 진다.

제62조【단체협약의 갱신】

① 회사와 조합은 협약만료일 30일 이전에 갱신협약안을 상대방에게 제시하고 단체교섭을 요구하여야 한다. 단, 부득이한 경우 늦출 수도 있다.

② 협약사항 중 법령의 개정 또는 노동경제상황의 변경으로 재교섭을 요구할 때에는 30일 이전에 개정안을 상대방에게 제시한다.

제63조【협약서보관】

회사와 조합은 단체협약서 3부를 작성하여 대표자 서명 날인 후 각 1부씩 보관하고 1부는 행정관청에 신고한다.

〈부   칙〉

제64조【시행일】

이 단체협약은 ○○○○년 ○○월 ○○일부터 ○○○○년 ○○월 ○○일까지 시행한다.

제65조【경과규정】

부칙 제1조의 단체협약기간의 만료일까지 단체협약의 갱신을 하지 않은 경우에는 회사와 조합이 협약을 갱신하여 시행할 때까지 이 협약을 유효로 한다.

〈서   약〉

제66조【체결일】

○○○○년 ○○월 ○○일에 단체 협약을 회사와 종업원은 신의성실로서 지킬 것을 서약합니다.

제67조【체결당사자】

　　　　　　　　○○주식회사 대표이사　　　　　　　　　　　　　　（인）
　　　　　　　　○○주식회사 노동조합위원장　　　　　　　　　　　　（인）

[40]
노사협의회규정

제정 ○○○○년 ○○월 ○○일
제정 ○○○○년 ○○월 ○○일

〈총　칙〉

제1장 통칙

제1조【목적】

　이 규정은 ○○주식회사(이하 "회사"라 한다)의 근로자(또는 "종업원, 직원"이라 한다)와 사용자(또는 "사업주, 경영자"라 한다)가 상호 이해와 협조를 바탕으로 참여와 협력을 통하여 회사의 경영과 종업원의 권익을 도모하여 노사공동의 이익과 발전에 이바지함을 목적으로 한다.

제2조【설치】

① 노사협의회(이하 "협의회"라 한다)는 근로자와 사용자 간에 설치한다.

② 협의회는 근로조건의 결정권이 있는 사업 또는 사업장 단위로 설치한다.

> ※ 설치범위(근로자참여및협력증진에관한법률 시행령 제2조)
> 1. 노사협의회를 설치하지 아니할 수 있는 사업 또는 사업장은 상시 30인 미만의 근로자를 사용하는 사업 또는 사업장으로 한다.
> 2. 하나의 사업에 종사하는 전체 근로자 수가 30인 이상일 경우에는 당해 근로자가 지역별로 분산되어 있더라도 그 주된 사무소에 노사협의회를 설치하여야 한다.

제3조【운영원칙】

노사협의회는 노사간 상호 평등한 인격존중과 신의성실의 원칙에 따라 강제수단개입 없이 운영한다.

> ※ 근로기준법 제2조
> 1. 근로자의 정의 : 직종의 종류를 불문하고 사업 또는 사업장에서 임금을 목적으로 근로를 제공하는 자
> 2. 사용자의 정의 : 사업주 또는 사업경영담당자 기타 근로자에 관한 사항에 대하여 사업주를 위하여 행위하는 자

제2장 구성

제4조【구성】

노사협의회는 근로자와 사용자 간에 각각 3인 이상 10인 이내의 근로자를 대표하는 위원(이하 "근로자위원"이라 한다)과 사용자를 대표하는 위원(이하 "사용자위원"이라 한다)을 선임하여 구성한다.

제5조【근로자위원】

① 근로자위원은 근로자가 선출하되, 근로자의 과반수로 조직된 노동조합이 있는 경우에는 노동조합의 대표자와 그 노동조합이 위촉하는 자로 한다.

② 근로자위원은 근로자의 과반수로 구성된 노동조합이 조직되어 있지 아니한 사업 또는 사업장의 근로자위원은 근로자의 직접·비밀·무기명투표에 의하여 선출한다.

③ 사업 또는 사업장의 특수성으로 인하여 부득이하다고 인정되는 경우에는 작업부서별로 근로자수에 비례하여 근로자위원을 선출할 근로자(이하 "위원선거인"이라 한다)를 선출하고 위원선거인 과반수의 직접·비밀·무기명투표에 의하여 근로자위원을 선출할 수 있다.

④ 근로자위원으로 입후보하고자 하는 자는 당해 사업 또는 사업장의 근로자이어야 하며, 당해 사업 또는 사업장의 근로자 10인 이상의 추천을 받아야 한다.

⑤ 다음 각 호에 해당하는 자는 근로자위원이 될 수 없다.

  1. 회사의 근로자가 아닌 자

  2. 선출일을 기준으로 만 20세에 달하지 아니한 자

  3. 금고 이상의 형을 받고 그 집행이 종료되거나 집행을 받지 아니하기로 확정된 후 2년이 경과되지 아니한 자

　　　4. 1년 이상 근속하지 아니한 자

제6조 【사용자위원】

① 사용자위원은 당해 사업장의 대표와 그 대표가 위촉하는 자로 한다.

② 다음 각 호에 해당하는 자는 사용자위원이 될 수 없다.

　　1. 회사의 노사관계 결정에 관련이 없는 자

　　2. 금고 이상의 형을 받고 그 집행이 종료되거나 집행을 받지 아니하기로 확정된 후 2년이 경과되지 아니한 자

　　3. 부당노동행위의 구제명령을 받고 이에 불응하거나 임금의 체불 기타 근로기준법의 위반으로 기소된 사실이 있는 자

제7조 【보궐위원】

근로자위원에 결원이 생긴 때에는 30일 이내에 보궐위원을 위촉 또는 선출하되, 근로자의 과반수로 구성된 노동조합이 조직되어 있지 아니한 사업 또는 사업장에서는 근로자위원 선출투표에서 선출되지 못한 근로자 중에서 다수득표자 순에 의한 차점자를 근로자위원으로 할 수 있다.

제8조 【의장 등】

① 협의회에 의장을 두며, 의장은 위원 중에서 호선한다. 이 경우 근로자위원과 사용자위원 중 각 1인을 공동의장으로 할 수 있다.

② 의장은 협의회를 대표하며 회의업무를 총괄한다.

제9조 【간사】

① 노사 쌍방은 협의회의 기록 및 사무를 담당할 간사 1인을 각각 둔다.

② 간사는 근로자위원과 사용자위원 중에서 각각 호선하여 선출한다.

> ※ 협의회 간사 : 근로자참여 및 협력증진에 관한 법률 시행규칙 제2조

제10조 【보궐위원】

근로자위원에 결원이 생긴 때에는 30일 이내에 보궐위원을 위촉 또는 선출하되, 근로자의 과반수로 구성된 노동조합이 조직되어 있지 아니한 사업 또는 사업장에서는 근로자위원 선출투표에서 선출되지 못한 근로자 중에서 다수득표자순에 의한 차점자를 근로자위원으로 할 수 있다.

제11조 【위원임기】

① 위원의 임기는 3년으로 하되 연임할 수 있다.

② 보궐위원의 임기는 전임자의 잔임기간으로 한다.

③ 위원은 그 임기가 만료된 경우라도 그 후임자가 선출될 때까지 계속 그 직무를 담당한다.

제12조 【위원의 신분】

① 위원은 비상임·무보수로 한다.

② 사용자는 협의회 위원으로서 직무수행과 관련하여 근로자위원에게 불이익한 처분을 하여서는 아니된다.

③ 위원의 협의회 출석에 소요되는 시간에 대하여는 근로한 것으로 본다.

제13조 【사용자의 의무】

① 사용자는 근로자위원의 선출에 개입하거나 방해하여서는 아니된다.

② 사용자는 근로자위원의 업무를 위하여 장소사용 등 기본적 편의를 제공하여야 한다.

제3장 운영

제14조 【회의개최】

① 협의회는 정기회의를 연간 3월, 6월, 9월, 12월에 회의를 정기적으로 개최한다.

② 협의회는 필요에 따라 임시회의를 개최할 수 있다.

제15조 【회의소집】

① 의장은 협의회의 회의를 소집하며 그 의장이 된다.

② 의장은 노사 일방의 대표자가 회의의 목적사항을 문서로 명시하여 회의의 소집을 요구한 때에는 이에 응하여야 한다.

③ 의장은 회의개최 7일전에 회의일시, 장소, 의제 등을 각 위원에게 통보하여야 한다.

제16조 【회의 및 의결 성립】

회의는 근로자위원과 사용자위원의 각 과반수의 출석으로 개최하고, 출석위원 3분의 2이상의 찬성으로 의결한다.

제17조 【의사진행】

협의회 의사진행은 노사 쌍방이 매 회기마다 윤번제로 교대하여 진행한다.

제18조 【의안상정】

① 협의회의 상정의안은 상호간에 사전 통고된 의안으로 제한한다.

② 노사쌍방합의에 따라 제안설명이나 의견청취를 위하여 위원 이외에 실무관계자를 출석시켜 설명을 할 수 있다.

제4장 임무

제19조 【협의사항】

① 협의회가 협의하여야 할 사항은 다음 각 호와 같다.

1. 생산성 향상과 성과배분
2. 근로자의 채용·배치 및 교육훈련
3. 노동쟁의의 예방
4. 근로자의 고충처리
5. 안전·보건 기타 작업환경 개선과 근로자의 건강증진
6. 인사·노무관리의 제도개선
7. 경영상 또는 기술상의 사정으로 인한 인력의 배치전환·재훈련·해고 등 고용조정의 일반원칙
8. 작업 및 휴식시간의 운용
9. 임금의 지불방법·체계·구조 등의 제도개선
10. 신기계·기술의 도입 또는 작업공정의 개선
11. 작업수칙의 제정 또는 개정

12. 종업원지주제 기타 근로자의 재산형성에 관한 지원

13. 직무발명 등과 관련하여 당해 근로자에 대한 보상에 관한 사항

14. 근로자의 복지증진

15. 기타 노사협조에 관한 사항

② 협의회는 제1항 각 호의 사항에 대하여 제14조의 규정에 따라 의결할 수 있다.

제20조 【의결사항】

사용자는 다음 각 호의 1에 해당하는 사항에 대하여는 협의회의 의결을 거쳐야 한다.

1. 근로자의 교육훈련 및 능력개발 기본계획의 수립

2. 복지시설의 설치와 관리

3. 사내근로복지기금의 설치

4. 고충처리위원회에서 의결되지 아니한 사항

5. 각종 노사공동위원회의 설치

제21조 【보고사항 등】

① 사용자는 근로자위원에게 정기회의에 다음 각 호에 관하여 성실하게 보고 및 설명하여야 한다.

1. 경영계획 전반 및 실적에 관한 사항

2. 분기별 생산계획과 실적에 관한 사항

3. 인력계획에 관한 사항

4. 기업의 경제적·재정적 사항

5. 기타 사항

② 근로자위원은 근로자의 요구사항을 보고·설명할 수 있다.

③ 사용자가 제1항의 규정에 의한 보고·설명을 이행하지 아니하면 근로자위원은 제1항 각호에 관한 자료의 제출을 요구할 수 있으며 사용자는 이에 성실히 응하여야 한다.

제22조 【공지의무】

협의회는 의결된 사항을 신속히 근로자에게 공지시켜야 한다.

제23조 【의결된 사항의 이행】

근로자와 사용자는 협의회에서 의결된 사항을 성실하게 이행하여야 한다.

제24조 【임의중재】

① 협의회는 다음 각 호의 1에 해당하는 경우에는 근로자위원과 사용자위원의 합의로 협의회에 중재기구를 두어 해결하거나 노동위원회 기타 제3자에 의한 중재를 받을 수 있다.

1. 제21조에 규정된 사항에 관하여 협의회가 의결하지 못한 경우

2. 협의회에서 의결된 사항의 해석 또는 이행방법 등에 관하여 의견의 불일치가 있는 경우

② 1항의 규정에 의한 중재결정이 있는 때에는 협의회의 의결을 거친 것으로 보며 근로자와 사용자는 이에 따라야 한다.

제25조 【의사록】

① 협의회는 다음 각 호의 사항을 기록한 회의록을 작성·비치하여야 한다.

　1. 개최일시 및 장소

　2. 출석위원

　3. 협의내용 및 의결된 사항

　4. 기타 토의사항

② 제1항의 회의록에는 출석위원 전원이 서명·날인하여야 하며, 작성일부터 3년간 이를 보존하여야 한다.

제5장 고충처리

제26조 【고충처리위원】

모든 사업 또는 사업장에는 근로자의 고충을 청취하고 이를 처리하기 위하여 고충처리위원을 두어야 한다. 다만, 대통령령으로 정하는 사업 또는 사업장은 그러하지 아니하다.

제27조 【구성 및 임기】

① 고충처리위원은 노사를 대표하는 3인 이내의 위원으로 구성하되, 협의회가 설치되어 있는 사업 또는 사업장은 협의회가 그 위원 중에서 선임하고, 협의회가 설치되어 있지 않은 사업 또는 사업장은 사용자가 위촉한다.

② 위원의 임기에 관하여는 제8조의 규정을 준용한다.

제28조 【고충의 처리】

① 고충처리위원은 근로자로부터 고충사항을 청취한 때에는 10일 이내에 조치사항 기타 처리결과를 당해 근로자에게 통보하여야 한다.

② 고충처리위원이 처리하기 곤란한 사항에 대하여는 협의회에 부의하여 협의처리한다.

제29조 【고충처리의 절차】

근로자는 고충사항은 고충처리위원에게 구두 또는 서면으로 신고할 수 있다. 이 경우 신고를 접수한 고충처리위원은 이를 지체없이 처리하여야 한다.

제30조 【고충처리위원의 신분 및 처우】

① 고충처리위원은 비상임·무보수로 한다.

② 사용자는 고충처리위원으로서의 직무수행과 관련하여 고충처리위원에게 불이익한 처분을 하여서는 아니된다.

③ 고충처리위원의 협의 및 고충처리에 소요시간에 대하여는 이를 근로한 것으로 본다.

제31조 【고충처리대장】

고충처리위원은 고충사항의 접수 및 그 처리에 관한 대장을 작성하여 비치하고 이를 1년간 보존하여야 한다.

제6장 보칙

제32조 【노사합의】

노사협의회의 합의사항은 문서로서 2통을 작성하여 노사 양측이 각각 1통씩 보관한다.

제33조【합의이행】

노사협의회의 합의사항은 노사 쌍방 간 협력과 노력으로 이행하여야 한다.

제34조【회칙개정】

노사협의회의 회칙개정은 노사간의 쌍방이 각각 3분의 2 이상의 출석으로 과반수의 찬성으로 쌍방간 협의에 의하여 개정할 수 있다.

제35조【회의의 공개】

협의회의 회의는 공개한다. 다만, 협의회의 의결에 의하여 공개하지 아니할 수 있다.

제36조【비밀유지】

협의회의 위원은 협의회에서 취득한 비밀을 누설하여서는 아니 된다.

제37조【개정】

노사협의회규정을 제정하거나 변경할 때는 노사협의회의 의결을 거쳐야 한다.

〈부   칙〉

제38조【시행일】

이 규정은 ○○○○년 ○○월 ○○일부터 시행한다.

제39조【위원의 임기에 관한 경과규정】

이 규정 시행일 재임 중인 협의회 위원의 임기는 위원 선출 당시의 규정에 의한다.

〈서   식〉

(서식 1) 노사협의회 회의록
(서식 2) 노사협의회 참석위원
(서식 3) 고충사항접수 및 처리 대장

(노사협의회규정 체크포인트)

※ 관련법령 (근로자참여 및 협력증진에 관한 법률 시행령 제5조)
　　1. 노사협의회의 위원 수
　　2. 근로자위원의 선출절차 및 후보등록에 관한 사항
　　3. 사용자위원의 자격에 관한 사항
　　4. 노사협의회의 회의소집·회기 기타 노사협의회의 운영에 관한 사항
　　5. 고충처리위원 수 및 고충처리에 관한 사항

(서식 1)

제　차 (정기·임시) 노사협의회 회의록

회　의　일　시	
회　의　장　소	
협　의　사　항	
보　고　사　항	
의　결　사　항	
의결된 사항 및 그 이행에 관한 사　　　　항	
그 밖의 참고사항 및 전분기 의결된 사항의 이행 상황	

(서식 2)

노사협의회 참석위원

근 로 자 위 원		사 용 자 위 원	
성 명	서 명	성 명	서 명

(서식 3)

고충사항접수 및 처리대장

(책임자: 담당자:)

접수번호	접수일	고충인		고충내용	처리결과	회신일	위원확인
		성명	소속부서				

(참고사항)

제13편

취업규칙 관련 규정

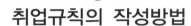

취업규칙의 작성방법

1. 취업규칙의 작성

🔅 작성의무

상시 근로자의 10인 이상의 사업장의 사용자는 취업규칙을 작성하여 관할 지방노동관서에 신고하여야 한다. 근로기준법은 회사가 근로자의 임금, 휴일, 근로시간 등 근로자의 근로조건에 관하여 취업규칙으로 작성하여 신고할 것을 근로기준법으로 강제하고 있다(근기법 제93조).

취업규칙이란 사용자가 사업 또는 사업장의 질서유지 및 효율적 업무수행을 위하여 필요한 복무규율과 근로자 전체에 적용될 근로조건을 정한 준칙을 말한다(대법원 97다24511, 1997.11.28).

취업규칙은 사용자가 근로자집단에게 근로조건을 통일적으로 적용하기 위하여 작성하는 것이 원칙으로, 근로기준법 제93조 제12호에서 '그 밖에 해당 사업 또는 사업장의 근로자 전체에 적용될 사항'을 취업규칙에 기재하여야 할 사항의 하나로 규정하여 본질적으로 취업규칙은 '근로자 전체'에게 적용될 사항임을 명시하였다.

🔅 사업장별 직종별 작성

⟳ 2 이상의 취업규칙

모든 근로자에 대하여 한 개의 취업규칙이 적용되어야 하는 것은 아니다. 사업장 또는 업무 특성에 따라 근로조건을 구분하여 운영할 필요가 있는 경우에 근로조건 근로형태 또는 직종 등의 특수성에 따라 근로자 일부에 적용되는 별도의 취업규칙을 작성할 수 있다(대법원 2006다83246, 2007.9.6).

⟳ 차별적 근로조건 금지

근로자 일부만을 적용대상으로 하는 취업규칙을 여러 개 작성하는 경우에는 성별·국적 신앙·사회적 신분 등을 이유로 차별적 근로조건을 규정하여서는 안된다(근기법 제6조).

⟳ 부서별·직급별 정원 기준 등도 취업규칙에 해당하는지 여부

근로자의 인력 배치 등에 관한 사항을 정하였더라도 근로조건을 직접 규율하는 내용이 아니라면 취업규칙으로 볼 수 없음(대법원 91다19210, 1992.6.23).

⟳ 개별사안에 대하여 1회적으로 결정한 내용도 취업규칙에 해당하는지 여부

개별사안에 대하여 1회적으로 결정한 것은 일반적인 기준이 아니고 지속적으로 적용되지 않는다면 이를 취업규칙으로 보기 어려움(대법원 2003다9254, 2005.7.29)

🟤 작성사항

근로기준법에서 취업규칙 작성에 반드시 포함되어야 하는 내용을 명시하고 있다. 따라서 법에서 정한 다음의 내용을 해당 사업장의 근무질서에 적합하도록 최대한 구체적으로 명시하여 추후 해석에 따른 논란이 발생하는 것을 방지하는 것이 필요하다(근기법 제93조).

1. 업무의 시작과 종료 시각, 휴식시간, 휴일, 휴가 및 교대 근로에 관한 사항
2. 임금의 결정·계산·지급 방법, 임금의 산정기간·지급시기 및 승급(승급)에 관한 사항
3. 가족수당의 계산·지급 방법에 관한 사항
4. 퇴직에 관한 사항
5. 퇴직금, 상여 및 최저임금에 관한 사항 (근로자퇴직급여보장법 제8조)
6. 근로자의 식비, 작업용품 등의 부담에 관한 사항
7. 근로자를 위한 교육시설에 관한 사항
8. 산전후 휴가·육아휴직 등 근로자의 모성 보호 및 일·가정 양립 지원에 관한 사항
9. 안전과 보건에 관한 사항
10. 근로자의 성별·나이 또는 신체적 조건 등의 특성에 따른 사업장 환경의 개선에 관한 사항
11. 업무와 업무 외의 재해부조(災害扶助)에 관한 사항
12. 직장 내 괴롭힘의 예방 및 발생 시 조치 등에 관한 사항
13. 표창과 제재에 관한 사항
14. 그 밖에 해당 사업 또는 사업장의 근로자 전체에 적용될 사항

🟤 제재규정의 제한

취업규칙에서 근로자에 대하여 감급(減給)의 제재를 정할 경우에 그 감액은 1회의 금액이 평균임금의 1일분의 2분의 1을, 총액이 1임금지급기의 임금 총액의 10분의 1을 초과하지 못한다(근기법 제95조).

2. 의견청취 및 동의 등

🟤 의견청취 및 동의 의무

취업규칙을 작성 또는 변경할 때에는 원칙적으로 근로자의 과반수로 조직된 노동조합 근로자의 과반수로 조직된 노동조합이 없는 경우에는 근로자의 과반수의 의견을 들어야 하며 변경되는 내용이 근로자에게 불리한 내용인 경우에는 그 동의를 얻어야 한다(근기법

제94조)

사용자가 취업규칙 변경과정에서 의견청취 또는 동의를 얻지 않는 경우 500만원 이하의 벌금에 처한다 (근기법 114조1항)

3. 취업규칙의 신고

🟤 신고의무

상시 10명 이상의 근로자를 사용하는 사용자는 취업규칙을 작성 또는 변경한 때에 관할 지방고용노동관서에게 신고하여야 한다(근기법 제93조).

취업규칙을 신고해야 하는 기간은 법령에서 별도로 정한 바는 없으나 상시근로자 수가 10명 이상인 때부터 취업규칙을 작성하여야 하며 근로자들의 의견을 듣는 데에 소요되는 최소한의 시간이 지나면 지체없이 작성한 취업규칙을 신고하여야 한다(전주지방법원 2005 노195, 2005.6.14)

🟤 신고서류

최초로 작성되거나 변경된 취업규칙은 반드시 관할 지방노동관청에 신고해야 한다. 취업 규칙의 신고 또는 변경신고서류는 다음과 같다.

1, 취업규칙신고서

2. 취업규칙변경신고서

3. 취업규칙신고서의견서

취업규칙신고서의견서는 근로자의 과반수를 대표하는 노동조합 또는 근로자 과반수의 의 견을 들었음을 입증하는 자료이다

🟤 과태료

사용자가 취업규칙을 관할 지방고용노동관서에 신고하지 않으면 500만원 이하의 과태료 를 부과한다(근기법 116조1항 제2호).

4. 취업규칙의 효력

🟤 단체협약의 준수

① 취업규칙은 법령이나 해당 사업 또는 사업장에 대하여 적용되는 단체협약과 어긋나서 는 아니 된다. 이 경우 고용노동부장관은 법령이나 단체협약에 어긋나는 취업규칙의 변 경을 명할 수 있다(근기법 제96조).

⊛ 근로계약의 위반

취업규칙에서 정한 기준에 미달하는 근로조건을 정한 근로계약은 그 부분에 관하여는 무효로 한다. 이 경우 무효로 된 부분은 취업규칙에 정한 기준에 따른다(근기법 제97조).

⊛ 취업규칙의 주지의무

사용자는 취업규칙을 근로자가 자유롭게 열람할 수 있는 장소에 항상 게시하거나 갖추어 두어 근로자에게 널리 알려야 한다(근기법 제14조1항).

사용자가 취업규칙을 근로자에게 주지시키지 않으면 500만원 이하의 과태료를 부과한다(근기법 116조1항 제2호).

[41]
정규직 취업규칙

제정 ○○○○년 ○○월 ○○일
개정 ○○○○년 ○○월 ○○일

▶[필수] 표기는 취업규칙 작성과 신고에 근로기준법과 노동관계법상 필수적 기재사항을 표기하였다.
▶[선택] 표기는 노동관계법에서 취업규칙의 작성과 신고에 필요한 선택적 기재사항을 사항을 표기하였다.

〈총 칙〉

제1장 통 칙

(필수: 제1조~제3조, 선택: 제4조)

참고 취업규칙의 목적, 적용범위, 사원의 정의(근로자의 범위)은 필수적 기재사항으로 명확히 규정한다.

제1조【목적】

이 규칙은 ○○주식회사(이하 '회사'라 한다) 정규직 사원의 채용과 복무 및 근로조건 등에 관한 사항을 정함을 목적으로 한다.

▶[필수] 취업규칙을 규정하는 목적을 명확히 규정한다.

제2조【적용범위】

① 이 취업규칙(이하 "규칙"이라 한다)은 ○○주식회사(이하 "회사"라 한다)에 근무하는 정규직 사원에게 적용한다.

② 사원의 복무 및 근로조건에 관하여 법령, 단체협약 또는 이 규칙 이외의 다른 회사규정에 별도로 정한 경우를 제외하고는 이 규칙이 정하는 바에 따른다.

▶[필수] 취업규칙의 적용하는 사업장의 범위, 취업규칙의 규정사항을 명확히 규정한다.

제3조【사원의 정의】

이 규칙에서 "사원"이라 함은 회사와 근로계약을 체결한 정규직 사원을 말한다. 계약직(기간제) 사원과 일용직(단시간) 사원은 적용을 제외한다.

▶[필수] 이 취업규칙의 적용대상 근로자를 명확히 규정한다.

제4조【차별금지】

회사는 사원의 모집·채용, 임금·복리후생, 교육·훈련, 배치·전보·승진, 퇴직·해고·정년에 있어서 합리적인 이유 없이 성별, 연령, 신앙, 사회적 신분, 출신지역, 학력, 출신학교, 혼인·임신·출산 또는 병력(病歷) 등을 이유로 차별하지 않는다.

▶[선택] 선택적 기재사항으로 근로기준법, 남녀고용평등법, 고령자법, 고용정책기본법 등에 따른 차별금지 규정을 반영하여 규정한다.

제2장 채용과 근로계약

(선택적 기재사항)

> 참고 채용 관련 사항은 선택적 기재사항으로, 취업규칙의 체계상 관련 규정을 두는 것이 일반적이다.

제5조 【채용지원】

회사에 입사를 지원하는 자는 다음 각호의 서류를 제출하여야 한다.

1. 이력서 1통
2. 자기소개서 1통

> ▶[선택] 2019.7.17. 개정 채용절차의 공정화에 관한 법률 일부개정안 제4조의3 시행.
> • 구직자 본인의 용모·키·체중 등의 신체적 조건, 출신지역·혼인여부·재산, 직계존비속 및 형제자매의 학력·직업·재산 등 직무 수행에 필요하지 아니한 정보를 기초심사자료에 기재하도록 요구하거나 입증자료로 수집하는 것이 금지됨. (위반시 500만원 이하의 과태료 부과)

제○조 【채용방법】

① 회사는 경력사원 및 신입사원의 채용을 정기 또는 수시 채용할 수 있다.
② 회사는 사원의 채용을 시험 또는 추천 및 기타의 방법으로 채용할 수 있다.

제○조 【채용시험】

회사는 입사 지원자에게 다음 각호의 시험을 시행할 수 있다.

1. 서류시험
2. 적성검사
3. 필기시험
4. 자격시험
5. 면접시험

제○조 【채용서류】

① 채용이 내정된 자는 다음 각호의 서류를 회사가 제시한 기한까지 제출해야 한다.

1. 주민등록등본 1부
2. 병적증명서 1부
3. 자격증 사본 1부
4. 신원보증서 및 재정보증서
5. 기타 회사가 정한 서류

② 회사는 채용내정자에게 건강진단을 시행하거나, 건강진단서의 제출을 요구할 수 있다.

제○조 【채용불가】

회사는 다음 각호에 해당하는 자를 채용하지 아니한다.

1. 금치산자와 한정치산자
2. 개인파산선고를 받고 복권되지 아니한 자
3. 금고 이상의 형을 받고 집행종료 5년이 지나지 아니한 자
4. 전형 및 입사서류가 허위이거나, 기재 내용이 허위인 자
5. 불법 또는 부당행위로 타사에서 해고된 자
6. 건강진단서 결과 건강상 업무집행이 어려운 자, 요양이 필요한 자
7. 채용서류를 제출하지 않은 자

> ▶[선택] 회사는 채용시험, 채용서류, 채용불가, 건강검진 등의 규정을 규칙에 포함할 수 있다.

제6조 【근로계약】

① 회사는 채용이 확정된 자와 근로계약을 체결할 때에는 다음 각호의 내용을 해당자에게 명확히 제시한다.

  1. 임금

  2. 소정근로시간, 휴게시간

  3. 휴일

  4. 연차유급휴가

  5. 취업의 장소 및 종사하여야 할 업무에 관한 사항

> ▶[선택] 7. 근로기준법 제93조 제1호부터 제12호까지에 해당하는 내용
> 8. 근로기준법 제10장에 따른 기숙사에 관한 사항(기숙사가 있는 경우에 한정한다)

② 회사는 근로계약을 체결함과 동시에 다음 각호의 내용을 적은 근로계약서 1부를 근로계약을 체결한 사원에게 내어 준다. 이 경우 회사는 해당 사원의 동의 하에 이를 해당 사원의 상용 이메일, 사내 메일 등 전자적 방법으로 송부할 수 있다.

  1. 임금의 구성항목, 계산방법, 지급방법

  2. 소정근로시간, 휴게시간

  3. 휴일

  4. 연차유급휴가

  5. 취업의 장소 및 종사하여야 할 업무에 관한 사항

③ 회사는 근로계약 체결 시 제1항의 일부 내용을 대신하기 위한 것임을 명확히 밝히면서 해당 내용이 적시된 취업규칙을 제시할 수 있고, 제2항의 일부내용을 대신하기 위한 것임을 명확히 밝히면서 해당 내용이 적시된 취업규칙을 교부할 수 있다.

> ▶[선택] 1. 근로기준법 제17조에 따라 사용자는 근로계약을 서면으로 체결하고 사본을 근로자에게 교부하도록 함으로써 근로조건 관련 사항을 명확히 규정한다.
> • 무기계약근로자: 근로기준법 제17조(근로조건의 명시) 및 시행령 제8조 참조
> • 기간제근로자, 단시간근로자: 기간제 및 단시간근로자 보호 등에 관한 법률 제17조(근로조건의 서면명시)
> 2. 근로계약 체결시 명시 및 서면명시 해야 하는 근로조건이 적시된 취업규칙을 제시하거나 교부함으로써 명시·서면명시 및 교부절차를 간소화할 수 있다.

제7조 【수습기간】

① 신규로 채용된 자는 최초로 근무를 개시한 날부터 ○개월간을 수습기간으로 한다.

② 제1항의 수습기간은 근속년수에 포함하되, 수습을 시작한 날부터 3개월 이내의 기간은 평균임금산정기간에는 포함하지 아니한다.

> ▶[선택] 수습기간을 반드시 설정하여야 하는 것은 아니지만, 수습기간을 설정하는 경우에는 그 기간을 명확히 한다.
> • 수습기간은 근로계약 체결 이후의 기간이므로 근속기간에 포함되며, 직무의 성질 등을 감안하여 사회통념상 인정되는 범위에서 지나치게 장기간이 되지 않도록 함

- 수습기간 3개월까지는 최저임금의 100분의 10을 감액할 수 있으나, 단순노무업무로 고용노동부장관이 고시한 직종은 감액 적용 불가(최저임금법 제5조 및 시행령 제3조 참조)
- 고용부장관고시직종: 한국표준직업분류 상 대분류9(단순노무 종사자)에 해당하는 직종

제3장 복　무
(선택적 기재사항)

> **참고** 복무 관련 사항은 선택적 기재사항으로 일반적으로 취업규칙에 규정하는 사항이며 근로기준법 등에 위반되지 않도록 하여야 한다. 사업장 질서유지 차원에서 정하는 사항으로 사업장의 사정에 따라 달리 정할 수 있다.

제8조 【복무의무】

사원은 다음 각호의 사항을 준수하여야 한다.

1. 사원은 맡은바 직무를 충실히 수행하여야 한다.
2. 사원은 직무상 지득한 비밀을 엄수하고 회사기밀을 누설해서는 아니 된다. 다만, 공익신고자 보호법상의 '공익신고자'의 경우에는 적용되지 아니한다.
3. 사원은 회사의 제반규정을 준수하고 상사의 정당한 직무상 지시에 따라야 한다.
4. 사원은 사원으로서 품위를 손상하거나 회사의 명예를 실추시키는 행위를 하여서는 아니 된다.
5. 사원은 그 밖에 제1호부터 제4호까지 규정에 준하는 행위를 하여서는 아니 된다.

> ▶[선택] 근로자의 기본권 및 그 밖의 법령에 따른 권익을 침해하지 않도록 유의해야 하며, 경영·인사 상 최소한의 범위에서 규정해야 함(예) 법률적 근거가 없거나 그 범위를 넘어서, 업무와 관계없이 정치활동을 전면적으로 금지하거나 승인 하에 허용하는 내용은 기본권 침해 소지가 있으므로 취업규칙에 명시하지 않도록 유의)

제9조 【출근, 결근】

① 사원은 업무시간 시작 전까지 출근하여 업무에 임할 준비를 하여 정상적인 업무수행에 차질이 없도록 하여야 한다.

② 질병이나 그 밖의 부득이한 사유로 결근하고자 하는 경우에는 사전에 소속부서의 장의 승인을 받아야 한다. 다만, 불가피한 사유로 사전에 승인을 받을 수 없는 경우에는 결근 당일에라도 그 사유를 명확히 하여 사후 승인을 받아야 하며 정당한 이유 없이 이러한 절차를 이행하지 아니한 경우 무단결근을 한 것으로 본다.

> ▶[선택] 사용자의 지시 및 강요에 의하여 업무시간보다 일찍 출근시간을 정할 경우 그 시간부터 근로시간에 해당될 수 있다.

제10조 【지각·조퇴 및 외출】

① 사원은 질병 그 밖의 부득이한 사유로 지각하게 되는 경우에는 사전에 부서의 장 또는 직근 상급자에게 알려야 하며, 부득이한 사정으로 사전에 알릴 수 없는 경우에는 사후에라도 지체없이 이 사실을 알려야 한다.

② 사원은 근로시간 중에는 사적인 용무를 이유로 근무 장소를 이탈할 수 없다. 다만, 질병이나

그 밖의 부득이한 사유가 있는 경우에는 소속부서의 장의 승인을 받아 조퇴 또는 외출할 수 있다.

③ 사원이 지각, 조퇴 또는 외출한 시간은 무급으로 처리함을 원칙으로 한다.

> ▶[선택] 지각·조퇴 및 외출로 인한 누계시간을 결근으로 취급하는 것은 연차휴가 산정에 불리하게 영향을 주는 것으로 허용되지 않음. 다만, 노사 간 특약으로 지각·조퇴 및 외출로 인한 누계시간을 연차휴가를 사용한 것으로 하여 연차휴가 일수에서 공제하는 것은 가능(근기68207-157, 2000.1.22)

제11조【공민권행사 및 공공직무 수행】

① 회사는 사원이 근무시간 중 선거권, 그 밖의 공민권을 행사하거나 공공의 직무를 수행하기 위하여 필요한 시간을 청구할 경우 이를 거부할 수 없으며, 그 시간은 유급으로 처리한다.

② 회사는 제1항의 권리 행사나 공공의 직무를 수행하는데 지장이 없는 범위 내에서 사원이 청구한 시간을 변경할 수 있다.

> ▶[선택] 공직선거법에 따른 4대선거와 향토예비군설치법, 민방위기본법에 따라 소집된 기간은 법률에 따라 유급으로 처리해야 함. 사업장 사정에 따라 선거일과 예비군·민방위 소집기간을 유급휴일로 정할 수 있음.

제12조【출장】

① 회사는 업무수행을 위하여 필요한 경우 사원에게 출장을 명할 수 있다.

② 회사는 행선지별 여비, 숙박비, 현지교통비 등 출장 비용을 실비 범위 내에서 지급한다.

> ▶[선택] 업무를 수행해야 할 장소가 유동적인 경우를 대비하여 확인적인 취지로 명시할 수 있음

제4장 인 사
(선택적 기재사항)

> 참고 인사위원회 규정은 선택적 기재사항으로, 인사 재량권의 남용을 방지하기 위해 인사위원회를 두어 인사를 정하는 것이 바람직하다. 투명한 인사운영을 위해 규정하는 경우가 많으며 별도의 인사규정으로 정하는 것도 가능

제13조【인사위원회의 구성】

① 인사위원회(이하 "위원회"라 한다)는 대표이사와 부서장 또는 그에 준하는 직급의 사원 중 대표이사가 임명하는 자로 총 5명 이내로 구성하되 근로자위원을 최소 1명 이상 포함되도록 한다.

② 위원회의 위원장은 대표이사 또는 대표이사가 위임한 자로 한다.

③ 위원회에는 인사(총무) 담당자 1명을 간사로 둔다.

> ▶[선택] 인사위원회 구성은 사업장 규모에 따라 위원구성 및 수를 달리할 수 있으나, 근로자위원을 포함하게 하는 것이 바람직 하다. 소규모사업장의 경우 반드시 인사위원회를 설치·운영해야 하는 것은 아님

제14조【위원회의 기능】

위원회는 다음 각호의 사항을 의결한다.

    1. 사원의 표창에 관한 사항

    2. 사원의 징계에 관한 사항

    3. 그 밖에 사원의 인사에 관하여 위원회의 의결이 필요한 사항

▶[선택] 사업장의 사정에 따라 달리 정할 수 있음

제15조 【위원회의 소집 및 운영】

① 위원회는 제14조에 따른 의결사항이 있을 경우 위원장이 소집한다.

② 위원장은 회의를 소집하고자 하는 경우 원칙적으로 회의 개최 7일 전에 회의일시, 장소, 의제 등을 각 위원에게 통보한다.

③ 위원회는 재적위원 과반수의 출석과 출석위원 과반수의 찬성으로 의결한다. 다만, 징계에 관한 사항은 재적위원 3분의 2 이상의 찬성으로 의결한다.

④ 위원장은 표결권을 가지며 가부동수일 때에는 결정권을 가진다.

⑤ 위원회의 회의는 공개하지 아니하며 회의내용과 관련된 사항은 누설하여서는 아니 된다. 다만, 위원회의 의결로 공개할 수 있다.

⑥ 위원회의 의결사항이 특정위원에 관한 사항을 의결할 때에는 당해위원은 그 건의 의결에 참여할 수 없다.

⑦ 위원회의 운영방법 등 기타 필요한 사항에 대하여는 별도의 규정으로 정할 수 있다.

▶[선택] 인사위원회의를 둘 경우 운영절차를 투명하게 함으로써 민주적인 운영에 노력할 필요
• 의결정족수는 민주적인 운영 원칙에 충실하게 정하되, 일반적으로 중요도에 따라 과반수 또는 3분의 2 이상 찬성 등으로 규정. 특히 징계에 관하여는 규정된 절차에 따라 충실히 운영될 수 있도록 유의

참고 인사이동 관련 규정은 선택적 기재사항으로, 일반적인 사내기준으로 적용하기 위하여 취업규칙에 규정할 수 있다. 내용상 근로기준법 등 관련 법률에 위반되지 않도록 하여야 한다.

제16조 【배치, 전직, 승진】

① 회사는 사원의 능력, 적성, 경력 등을 고려하여 부서의 배치, 전직, 승진 등 인사발령을 하며, 사원은 정당한 사유 없이 이를 거부할 수 없다.

② 회사는 제1항에 따른 인사발령을 할 때 합리적인 이유 없이 남녀를 차별하지 아니한다.

③ 제1항에 따른 인사발령의 기준 등 필요한 사항에 대하여는 별도의 규정으로 정한다.

▶[선택] 투명한 인사운영을 위해 규정하는 경우가 많으며 사업장 사정에 따라 별도의 인사규정으로 정하는 것도 가능
• 전직, 전근, 승진 등 인사발령을 함에 있어 합리적인 이유 없이 특정 성(姓)을 불리하게 대우하지 않아야 함(남녀고용평등법 제10조 참조)

제5장 휴직 및 복직

(필수: 제17조, 선택: 제17조)

> **참고** 육아휴직 및 가족돌봄휴직은 필수적 기재사항이다.

제17조 【휴직사유 및 기간】

사원은 다음 각호의 어느 하나에 해당하는 사유로 휴직을 원하는 경우 다음 각호의 구분에 따른 기간을 고려하여 휴직을 시작하려는 날의 30일 전까지 회사에 휴직원을 제출하여야 한다. 이 경우 제3호에 따른 휴직 외에는 무급을 원칙으로 한다.

1. 업무 외 질병, 부상, 장애 등으로 장기 요양이 필요할 때: ○년의 범위 내에서 요양에 필요한 기간
2. 병역법에 따른 병역 복무를 마치기 위하여 징집 또는 소집된 경우: 징집 또는 소집기간
3. 회사가 지정하는 국내·외 연구기관 또는 교육기관 등에서 연수, 직무훈련 등을 하게 된 경우: ○년의 범위 내에서 연수 등에 필요한 기간
4. 만 8세 이하 또는 초등학교 2학년 이하의 자녀(입양한 자녀를 포함한다)를 가진 사원이 그 자녀의 양육을 위하여 필요한 경우(이하 이에 따른 휴직을 "육아휴직"이라 한다): 1년 이내
5. 사원이 부모, 배우자, 배우자의 부모, 자녀(이하 "가족"이라 한다)의 질병, 사고, 노령으로 인하여 그 가족을 돌보기 위하여 필요한 경우(이하 이에 따른 휴직을 "가족돌봄휴직"이라 한다): 연간 90일 이내, 1회 30일 이상
6. 사원이 「공직선거법」에 따른 선거에 당선된 경우: 각 선출직별 임기

> ▶[필수] 제17조(육아휴직) 만 8세 이하 또는 초등학교 2학년 이하의 자녀(입양한 자녀를 포함한다)를 가진 사원이 그 자녀의 양육을 위하여 필요한 경우(이하 이에 따른 휴직을 "육아휴직"이라 한다): 1년 이내
> ▶[필수] 제17조의2(가족돌봄휴직) 사원이 부모, 배우자, 배우자의 부모, 자녀(이하 "가족"이라 한다)의 질병, 사고, 노령으로 인하여 그 가족을 돌보기 위하여 필요한 경우(이하 이에 따른 휴직을 "가족돌봄휴직"이라 한다): 연간 90일 이내, 1회 30일 이상
> ※육아휴직과 가족돌봄휴직 등 법률상 부여의무가 있는 내용은 필수적으로 포함 필요
> • 육아휴직 관련: 남녀고용평등법 제19조,
> • 가족돌봄휴직 관련: 남녀고용평등법 제22조의2

제18조 【휴직명령】

① 회사는 사원이 휴직원을 제출하면 이를 심사하여 휴직명령 여부를 결정하여 사원에게 서면으로 통보한다.
② 회사는 휴직사유가 제17조제4호에 해당하는 경우라도 육아휴직을 시작하려는 날의 전날까지 계속 근로한 기간이 6개월 미만인 경우에 해당하는 경우에는 휴직명령을 하지 않을 수 있다.
③ 회사는 휴직사유가 제17조제5호에 해당하는 경우라도 다음 각호의 어느 하나에 해당하는 경우에는 휴직명령을 하지 않을 수 있다. 다만, 이 경우 회사는 업무를 시작하고 마치는 시간의 조정, 연장근로의 제한 또는 근로시간의 단축·탄력적 운영 등 가족돌봄휴직을 신청한 사원을 지원하기 위하여 필요한 조치를 하도록 노력한다.
  1. 가족돌봄휴직을 시작하려는 날의 전날까지 계속 근로한 기간이 1년 미만인 경우
  2. 가족돌봄휴직을 신청한 사원 외에 가족이 돌봄이 필요한 가족을 돌볼 수 있는 경우
  3. 회사가 직업안정기관에 구인신청을 하고 14일 이상 대체인력을 채용하기 위하여 노력하였

으나 대체인력을 채용하지 못한 경우

4. 사원의 가족돌봄휴직으로 인하여 정상적인 사업 운영에 중대한 지장이 초래되는 것으로 증명되는 경우

▶[선택] 사업장 내 휴직 절차 등을 명확히 하기 위해 규정할 수 있음
• 2020년부터는 같은 자녀에 대해 부모가 모두 육아휴직을 할 수 있도록 제도개선(취업규칙 변경시 남녀 고용평등법 시행령 제10조)

제19조【준수사항)

① 휴직자는 휴직기간 중 거주지의 변동 등의 사유가 있을 때에는 지체 없이 회사에 그 사실을 알려야 한다.

② 회사는 사원이 육아휴직하는 경우 고용보험법령이 정하는 육아휴직급여를 받을 수 있도록 증빙서류를 제공하는 등 적극 협조한다.

▶[선택] 휴직제도 운영 관련 휴직자와 회사의 준수사항 기재한다.

제20조【복직】

① 사원은 휴직기간 만료일 7일 전까지 복직원을 제출하여야 한다. 다만, 휴직기간의 연장이 필요한 경우에는 휴직기간 만료일 30일 전까지 그 사유를 명시하여 승인을 신청하여야 한다.

② 제1항 단서의 경우 회사는 신청일부터 ㅇ일 내에 제17조 각호에 따른 휴직사유별 기간의 범위 내에서 휴직기간의 연장 승인 여부를 결정하여 서면으로 통보한다.

③ 사원은 휴직기간 중 휴직사유가 소멸되었을 때에는 지체없이 복직원을 제출해야 한다.

④ 회사는 휴직 중인 사원으로부터 복직원을 제출 받은 경우에는 최대한 빠른 시일 내에 휴직 전의 직무에 복직시키도록 노력하되, 부득이한 경우에는 그와 유사한 업무나 동등한 수준의 급여가 지급되는 직무로 복귀시키도록 노력한다.

▶[선택] 복직 절차는 사업장의 사정에 따라 달리 정할 수 있으나, 휴직 및 복직과 관련한 논란을 줄이기 위해 명확히 규정할 필요

제21조【근속기간의 계산 등)

① 휴직기간은 근속기간에 산입하되, 근로기준법 제2조제1항제6호에 따른 평균임금 산정기준이 되는 기간에서는 제외한다.

② 제17조제2호에 따른 휴직사유로 휴직한 기간은 「근로자퇴직급여보장법」 제8조에 따른 퇴직금 산정을 위한 계속근로기간에서 제외한다.

▶[선택] 근속기간 산입여부 등에 대하여 명확히 하는 차원에서 규정한다. 사업장에서 허용한 휴직기간은 근속기간에 산입하는 것이 일반적이다. 육아휴직 및 가족돌봄휴직기간은 근속기간에 반드시 포함한다 (남녀고용평등법 제19조제4항 및 제22조의제5항 참조).

제6장 근로시간
(필수: 제22조~제24조 제29조 제30조, 선택: 제25조~제28조 제31조)

> **참고** 근로시간 관련 규정은 필수적 사항이며 근로기준법 등 관련 법률에 위반되지 않도록 할 필요하다.

제22조 【교대근로】

각 사원(또는 ○○직무, ○○팀) 의 근무형태는 ○조○교대로 한다.

> ▶[필수] 교대근로를 도입하고자 하는 경우에는 필수로 규정해야 함, 교대근로제를 도입하거나 형태를 변경하고자 하는 경우에는 취업규칙 변경 필요함.

제23조 【근로시간】

① 근로시간 산정을 위한 기준이 되는 1주는 제32조제1항에 따른 유급주휴일을 포함하여 ○요일부터 ○요일까지 7일로 하고, 이 중 근무일은 ○요일부터 ○요일까지 ○일이며, 매주 ○요일은 무급휴무일로 한다.

② 1주간의 근로시간은 휴게시간을 제외하고 40시간으로 한다. 다만, 18세 미만인 사원의 경우 1주간의 근로시간은 휴게시간을 제외하고 35시간으로 한다.

③ 1일의 근로시간은 휴게시간을 제외하고 ○○:00부터 ○○:○○시까지 8시간으로 한다. 다만, 18세 미만 사원의 경우 1일의 근로시간은 휴게시간을 제외하고 ○○:00부터 ○○:00까지 7시간으로 한다.

> ▶[필수] 주40시간제를 주5일제 형태로 실시하는 경우 유급주휴일 외의 나머지 1일을 무급으로 할지 또는 유급으로 할지를 명확히 규정한다.

제24조 【휴게】

① 휴게시간은 제23조제3항의 근로시간 중 ○○:○○시부터 ○○:○○시까지로 한다. 다만, 업무 사정에 따라 휴게시간을 달리 정하여 운영할 수 있다.

② 제1항 단서에 따라 휴게시간을 달리 정할 경우 회사는 해당되는 사원에게 미리 공지한다.

> ▶[필수] 근로시간이 4시간인 경우에는 30분 이상, 8시간인 경우에는 1시간 이상의 휴게시간을 근로시간 도중에 부여하고, 휴게시간은 근로자가 자유롭게 이용할 수 있어야 한다(근로기준법 제54조 참조).

제25조 【탄력적 근로시간제】

① 회사는 ○○월부터 ○○월까지 00개월 동안 생산직사원에 대하여 다음 각호에 정하는 바에 따라 2주단위의 탄력적 근로시간제를 시행한다.

1. 주당 근무시간: 첫 주 ○○시간, 둘째 주 ○○시간
2. 첫 주의 1일 근무시간: ○요일부터 ○요일까지 ○○시간(○○:00부터 ○○:00까지, 휴게시간은 ○○:00부터 ○○:00까지)
3. 둘째 주의 1일 근무시간: ○요일부터 ○요일까지 ○○시간(○○:00부터 ○○:00까지, 휴게시간은 ○○:00부터 ○○:00까지)

② 회사는 사원이 제1항에 따라 근무하는 경우 1일 중 8시간을 초과한 근로시간에 대하여는 가산수당을 지급하지 아니한다.

③ 15세 이상 18세 미만의 사원과 임신 중인 여성사원은 탄력적 근로시간제를 적용하지 아니한

다.

④ 이 조에 따른 탄력적 근로시간제는 이 규칙 시행일부터 ○년이 경과한 날까지 효력을 가진다.

▶[선택] 사업장의 사정에 따라 2주 단위의 탄력적근로시간제를 도입할 필요가 있는 경우에는 취업규칙에 필수적으로 명시하여야 함(근로기준법 제51조 참조)
- 이 경우 특정 주 또는 특정한 날의 근로시간이 법정근로시간을 초과하더라도 단위기간을 평균하여 법정근로시간을 초과하지 않는다면 연장근로가산수당을 지급하지 않을 수 있음
- 근로자대표와 서면합의에 따라서 단위기간을 `3개월 이내`로 운영 가능
  - 근로자대표는 '근로자 과반수로 조직된 노동조합', 없는 경우에는 '근로자의 과반수를 대표하는 자'를 말함(권한의 범위를 명확히 밝히고 선출해야 함)

제26조【선택적 근로시간제】

① 회사는 업무의 시작 및 종료 시각을 사원 의 결정에 맡기기로 한 다음 각호의 어느 하나에 해당하는 사람에 대하여 사원대표와 서면으로 합의한 내용에 따라 근로기준법 제52조에 따른 선택적 근로시간제를 시행할 수 있다.
  1. 연구개발팀 소속 사원
  2. 디자인·설계팀 소속 사원

② 제1항에 따른 선택적 근로시간제에 관하여 회사가 사원대표와 서면으로 합의하여야 하는 내용은 다음 각호와 같다.
  1. 대상 사원의 범위
  2. 정산기간(1개월 이내의 일정한 기간으로 정한다)
  3. 정산기간의 총 근로시간
  4. 반드시 근로하여야 할 시간대를 정하는 경우에는 그 시작 및 종료 시각
  5. 사원이 그의 결정에 따라 근로할 수 있는 시간대를 정하는 경우에는 그 시작 및 종료 시각
  6. 표준근로시간(유급휴가 등의 계산 기준으로 회사가 사원대표와 합의하여 정한 1일의 근로시간을 말한다)

③ 회사가 선택적 근로시간제를 시행하는 경우에는 정산기간을 평균하여 1주간의 근로시간이 40시간을 초과하지 아니하는 범위에서 1주에 40시간, 1일에 8시간을 초과하여 근로하게 할 수 있다.

④ 제1항 및 제2항에 따라 정산기간을 평균한 1주간의 근로시간이 40시간을 초과하지 않는 경우, 특정한 날 또는 주에 법정근로시간을 초과한 시간에 대하여는 가산수당을 지급하지 아니한다.

⑤ 15세 이상 18세 미만의 사원은 선택적 근로시간제를 적용하지 아니한다.

▶[선택] 취업규칙에 따라 업무의 시작 및 종료 시각을 근로자의 결정에 맡기기로 한 근로자에 대하여 근로자대표와 서면 합의로 선택적 근로시간제를 도입할 수 있음(근로기준법 제52조 참조)
- 이 경우 특정 주 또는 특정한 날의 근로시간이 법정근로시간을 초과하더라도 정산기간을 평균하여 법정근로시간을 초과하지 않는다면 연장근로가산수당을 지급하지 않을 수 있음

제27조【간주근로시간제】

① 사원이 출장, 파견 등의 이유로 근로시간의 일부 또는 전부를 사업장 밖에서 근로하여 근로시간을 산정하기 어려운 경우에는 소정근로시간을 근로한 것으로 본다.

② 사원이 출장, 파견 등의 업무를 수행하기 위하여 통상적으로 소정근로시간을 초과하여 근로할 필요가 있는 경우에는 그 업무의 수행에 통상 필요한 시간을 근로한 것으로 본다. 다만, 사원대표와 서면 합의를 통하여 이를 달리 정할 수 있다.

> ▶[선택] 출장, 외부영업 등으로 사업장 밖에서의 근로시간을 계산하기 어려운 경우를 대비하여 규정할 필요하다. 제2항에 대하여는 근로자대표와 서면합의를 통해 사업장 사정에 따라 달리 정할 수 있음(근로기준법 제58조제1항 및 제2항 참조)

제28조 【재량근로】

업무의 성질에 비추어 업무수행방법을 사원의 재량에 위임할 필요가 있는 업무로서 근로기준법 시행령에서 규정된 업무는 사원대표와 서면 합의로 정한 시간을 근로한 것으로 본다. 서면 합의 시 다음 각호의 사항을 명시하여야 한다.

1. 대상 업무
2. 회사가 업무의 수행 수단 및 시간 배분 등에 관하여 사원에게 구체적인 지시를 하지 아니한다는 내용
3. 근로시간의 산정은 그 서면 합의로 정하는 바에 따른다는 내용

> **참고** ▶[선택] 업무수행 방법에 재량근로대상 업무에 대하여는 근로자대표와 서면합의로 정한 시간을 근로한 것으로 볼 수 있다.
> [재량근로의 대상업무]
> 1. 신상품 또는 신기술의 연구개발이나 인문사회과학 또는 자연과학분야의 연구 업무
> 2. 정보처리시스템의 설계 또는 분석 업무
> 3. 신문, 방송 또는 출판 사업에서의 기사의 취재, 편성 또는 편집 업무
> 4. 의복·실내장식·공업제품·광고 등의 디자인 또는 고안 업무
> 5. 방송 프로그램·영화 등의 제작 사업에서의 프로듀서나 감독 업무
> 6. 그 밖에 고용노동부장관이 정하는 업무(회계·법률사건·납세·법무·노무관리·특허·감정평가·금융투자분석·투자자산 운용 등의 사무에 있어 타인의 위임·위촉을 받아 상담·조언·감정 또는 대행을 하는 업무)

제29조 【연장·야간 및 휴일근로】

① 연장근로는 1주간 12시간을 한도로 사원의 동의하에 실시할 수 있다. 다만, 18세 미만 사원은 1일 1시간, 1주일에 5시간을 한도로 사원의 동의하에 실시할 수 있고, 산후 1년이 지나지 아니한 여성사원에 대하여는 단체협약이 있는 경우라도 1일 2시간, 1주 6시간, 1년 150시간을 한도로 사원의 동의하에 실시할 수 있으며, 임신 중인 여성사원은 연장근로를 실시할 수 없다.

② 연장근로에 대하여는 통상임금의 100분의 50 이상을 가산하여 지급한다.

③ 제2항에도 불구하고 회사는 휴일근로에 대하여는 다음 각호의 기준에 따라 가산하여 사원에게 지급한다.

  1. 8시간 이내의 휴일근로: 통상임금의 100분의 50
  2. 8시간을 초과한 휴일근로: 통상임금의 100분의 100

④ 회사는 야간근로(오후 10시부터 다음 날 오전 6시 사이의 근로를 말한다)에 대하여는 통상임금의 100분의 50 이상을 가산하여 사원에게 지급한다.

⑤ 회사는 사원대표와 서면 합의하여 연장·야간 및 휴일근로에 대하여 임금을 지급하는 것을 대신하여 휴가를 줄 수 있다.

▶[필수] 근로기준법에 명시된 사항이며 확인적 차원에서 규정하는 것도 가능. 다만 산후 1년 미만 여성과, 임신 중인 근로자에 대한 내용은 필수 사항(근로기준법 제53조, 제56조, 제69조, 제71조, 제74조 참조)
• 근로자대표의 서면합의로 연장·야간 및 휴일근로에 대하여 임금을 지급하는 것을 대신하여 휴가를 줄 수 있음(근로기준법 제57조 참조)

제30조 【야간 및 휴일근로의 제한】

① 18세 이상의 여성 사원을 오후 10시부터 오전 6시까지 근로하게 하거나 휴일에 근로를 시킬 경우 당해 사원의 동의를 얻어 실시한다.

② 임산부와 18세 미만인 사원에 대하여는 오후 10시부터 오전 6시까지의 시간 및 휴일에 근로를 시키지 않는 것을 원칙으로 한다. 다만, 다음 각호의 어느 하나에 해당 하는 경우에는 그 시행 여부와 방법 등에 관하여 사원대표와 성실히 협의한 후 고용노동부장관의 인가를 받아 야간 및 휴일근로를 실시할 수 있다.

  1. 18세 미만자의 동의가 있는 경우

  2. 산후 1년이 지나지 아니한 여성의 동의가 있는 경우

  3. 임신 중의 여성이 명시적으로 청구하는 경우

▶[필수] 근로자의 모성보호에 관한 사항으로 필수규정 사항
1. 18세 이상 여성: 휴일, 야간근로를 시키고자할 경우 당해근로자의 동의 필요(근로기준법 제70조제1항 참조)
2. 임산부와 18세 미만 사원: 원칙적으로 야간 및 휴일근로를 제한, 업무상 필요한 경우 해당근로자의 동의 또는 명시적 청구와 더불어 시행 여부와 방법 등에 관하여 근로자대표와 성실히 협의한 후 고용노동부장관의 인가를 받아 실시할 수 있음(근로기준법 제70조제2항 및 제3항 참조)

제31조 【근로시간 및 휴게·휴일의 적용제외】

① 다음 각호의 어느 하나에 해당하는 사원에 대하여는 1주 40시간, 1일 8시간을 초과하여 연장근로하거나 휴일에 근로하더라도 연장근로 및 휴일근로 가산임금을 지급하지 않는다.

  1. 감시·단속적 업무로서 고용노동부장관의 승인을 받은 경우

  2. 관리·감독 업무 또는 기밀취급 업무에 종사하는 경우

② 제1항의 각호에 해당하는 사원이 야간에 근로한 경우 통상임금의 100분의 50 이상을 가산하여 지급한다.

▶[선택] 근로기준법 제63조의 사항으로 해당자를 명확히 구분할 수 있는 사업장의 경우 확인적 차원에서 규정하는 것도 가능(근로기준법 제63조 참조)
1. 휴일 및 휴게, 근로시간 제도를 적용제외 하더라도 야간근로에 대한 가산임금은 지급해야 함

제7장 휴일·휴가
(필수: 제32조 제33조 제37조 제38조 제40조, 선택: 제34조~제36조 제39조)

참고 휴일·휴가 관련 규정은 필수적 사항이며 내용상 근로기준법 등 관련 법률을 위반하지 않아야 한다.

제32조 【유급휴일)

① 1주 동안 소정근로일을 개근한 사원에 대하여는 일요일을 유급주휴일로 부여한다.

② 근로자의 날(5월 1일)은 유급휴일로 한다.

③ 「관공서의 공휴일에 관한 규정」에 따른 공휴일 및 대체공휴일은 유급휴일로 한다. 다만, 사원대표와 서면 합의한 경우 특정한 근로일로 대체할 수 있다.

> ▶[필수] 근로기준법 개정(`18.3.20)에 따라 아래와 같이 관공서의 공휴일에 관한 규정 제2조 각호(제1호는 제외)에 따른 공휴일 및 같은 영 제3조에 따른 대체공휴일은 유급휴일로 시행한다(근로기준법 제55조 및 시행령 제30조 참조).
> • 상시근로자 300명 이상 사업장, 국가와 지방자치단체, 공공기관 등 : 2020.1.1.
> • 상시근로자 30명 이상 300명 미만 사업장 : 2021.1.1.
> • 상시근로자 5인 이상 30명 미만 사업장 : 2022.1.1

제33조 【연차유급휴가】

① 1년간 80퍼센트 이상 출근한 사원에게는 15일의 유급휴가를 준다.

② 계속하여 근로한 기간이 1년 미만인 사원 또는 1년간 80퍼센트 미만 출근한 사원에게 1개월 개근 시 1일의 유급휴가를 준다.

③ 3년 이상 근속한 사원에 대하여는 제1항 규정에 따른 휴가에 최초 1년을 초과하는 계속 근로연수 매 2년에 대하여 1일을 가산한 유급휴가를 주며, 가산휴가를 포함한 총 휴가일수는 25일을 한도로 한다.

④ 제1항 및 제2항을 적용하는 경우 다음 각호의 어느 하나에 해당하는 기간은 출근한 것으로 본다.

1. 사원이 업무상의 부상 또는 질병으로 휴업한 기간
2. 임신 중의 여성이 근로기준법 제74조제1항부터 제3항까지의 규정에 따른 휴가로 휴업한 기간
3. 「남녀고용평등과 일·가정 양립 지원에 관한 법률」 제19조제1항에 따른 육아휴직으로 휴업한 기간

⑤ 회사는 인사노무관리의 편의상 회계연도 기준으로 연차유급휴가를 부여할 수 있다.

> ▶[필수] 연차휴가에 관한 사항은 필수적 기재사항(근로기준법 제60조 참조)
> 1. 근로기준법 제60조 개정(2017.11.28.)에 따라 근로한 기간이 1년 미만인 근로자의 경우 최초 1년간의 근로에 대한 15일의 연차휴가와 별개로 1개월 개근 시 1일의 유급휴가를 주어야함(최초 1년 11일)(시행일: 2018.5.29. 개정법 2017.5.30. 이후 입사자부터 적용됨)
> 2. 2018.5.29. 이후 개시하는 육아휴직은 연차유급휴가 산정시 출근한 것으로 본다.

제34조 【연차휴가의 사용】

① 사원의 연차유급휴가는(계속하여 근로한 기간이 1년 미만인 근로자의 제2항에 따른 유급휴가는 최초 1년의 근로가 끝날 때까지의 기간을 말한다) 1년간 행사하지 아니하면 소멸된다. 다만, 회사의 귀책사유로 사용하지 못한 경우에는 그러하지 아니하다.

② 회사는 제33조제1항 및 제3항에 따른 연차유급휴가의 사용을 촉진하기 위하여 다음 각호의 조치(이하 "사용촉진조치"라 한다)를 취할 수 있다. 회사의 사용촉진조치에도 불구하고 사원이

사용하지 아니한 연차유급휴가에 대하여는 금전으로 보상하지 아니한다.

1. 연차유급휴가 사용기간이 끝나기 6개월 전을 기준으로 10일 이내에 사원에게 사용하지 않은 휴가일수를 알려주고, 사원이 그 사용 시기를 정하여 회사에 통보하도록 서면으로 촉구할 것

2. 제1호에 따른 촉구에도 불구하고 사원이 촉구를 받은 때부터 10일 이내에 사용하지 않은 휴가의 전부 또는 일부의 사용 시기를 정하여 회사에 통보하지 않은 부분에 대하여 연차유급휴가 사용기간이 끝나기 2개월 전까지 회사가 사용 시기를 정하여 사원에게 서면으로 통지할 것

▶[선택] (근로기준법 제60조 제7항) 근로기준법 제60조 제1항·제2항 및 제4항에 따른 휴가는 1년간(계속하여 근로한 기간이 1년 미만인 근로자의 제2항에 따른 유급휴가는 최초 1년의 근로가 끝날 때까지의 기간을 말한다) 행사하지 아니하면 소멸된다. 다만, 사용자의 귀책사유로 사용하지 못한 경우에는 그러하지 아니하다. 〈개정 2020. 3. 31.〉

제35조【연차유급휴가의 대체】

회사는 사원대표와의 서면합의에 의하여 연차유급휴가일을 갈음하여 특정한 근로일에 사원을 휴무시킬 수 있다.

▶[선택] 사업장 사정에 따라 적정하게 보완하여 규정할 수 있음(근로기준법 제62조 참조)

제36조【하기휴가】

사원은 ○○월 ○○일부터 ○○월 ○○일까지 사이에 하기(夏期)휴가를 사용할 수 있다. 이 경우 휴가개시일 3일 전에 부서의 장에게 승인을 받아야 한다.

▶[선택] 사업장 사정에 따라 하기휴가를 특별휴가로 부여할 것인지 연차휴가를 사용하는 것으로 할 것인지 정할 수 있음

제37조【경조사 휴가】

① 회사는 다음 각호의 어느 하나에 해당하는 범위에서 사원의 신청에 따라 유급의 경조사휴가를 부여한다.

1. 본인의 결혼: 5일
2. 배우자의 출산: 10일
3. 본인·배우자의 부모 또는 배우자의 사망: 5일
4. 본인·배우자의 조부모 또는 외조부모의 사망: 3일
5. 자녀 또는 그 자녀의 배우자의 사망: 3일
6. 본인·배우자의 형제·자매 사망 : 3일

② 제1항에 각호(제2호 제외)에 따른 경조사 휴가기간 중 휴일 또는 휴무일이 포함되어 있는 경우에는 이를 포함하여 휴가기간을 계산한다.

> ※ 사업장 사정에 따라 달리 정할 수 있음
> ▶[선택] 반드시 유급으로 규정해야 하는 것은 아니며, 최소한의 기간은 유급으로 부여하고 추가로 필요한 기간은 연차휴가를 사용하도록 하는 방안도 가능
> ▶[필수] 다만, 근로자가 배우자의 출산을 이유로 휴가를 청구하면, 사업주는 휴일을 제외하고 10일의 유급휴가를 부여해야 함(남녀고용평등법 제18조의2, 2019.10.1 시행)

제38조【생리휴가】

　회사는 여성 사원이 청구하는 경우 월 1일의 무급생리휴가를 부여한다.

> ▶[필수] 필수적 기재사항이다(근로기준법 제73조, 제93조제1호 참조).

제39조【병가】

　① 회사는 사원이 업무 외 질병·부상 등으로 병가를 신청하는 경우에는 연간 60일을 초과하지 않는 범위 내에서 병가를 허가할 수 있다. 이 경우 병가기간은 무급으로 한다.

　② 상해나 질병 등으로 1주 이상 계속 결근 시에는 검진의사의 진단서를 첨부하여야 한다.

> ▶[선택] 선택적 사항으로 취업규칙에 규정하는 것이 일반적이며 사업장 사정에 따라 달리 정할 수 있음

제40조【난임치료휴가】

　① 회사는 사원이 인공수정 또는 체외수정 등 난임치료를 받기 위하여 휴가(이하 "난임치료휴가"라 한다)를 청구하는 경우에 연간 3일 이내의 휴가를 주어야 하며, 이 경우 최초 1일은 유급으로 한다. 다만, 해당 사원이 청구한 시기에 휴가를 주는 것이 정상적인 사업 운영에 중대한 지장을 초래하는 경우에는 사원과 협의하여 그 시기를 변경할 수 있다.

　② 난임치료를 받기 위한 휴가를 신청하려는 사원은 난임치료휴가를 시작하려는 날의 3일 전까지 회사에 신청하여야 한다.

　③ 회사는 난임치료휴가를 신청한 사원에게 난임치료를 받을 사실을 증명할 수 있는 서류의 제출을 요구할 수 있다.

> ▶[필수] 2018.5.29.부터 난임치료휴가 제도가 의무화 됨. 난임치료휴가 부여 여부는 사업주의 의무사항이며, 법에서 정하는 예외적인 경우에 한하여 허용하지 아니할 수 있음 (위반시 500만원 이하의 과태료)

제8장 모성보호 및 일·가정 양립 지원

(필수: 제41~제43조 제46조, 선택: 제44조 제45조 제47】

> 참고 모성보호 관련 규정은 필수적 기재사항으로 관련 법률에 위반되지 않도록 기재한다.

제41조【임산부의 보호)

　① 임신 중의 여성 사원에게는 출산 전과 출산 후를 통하여 90일(한 번에 둘 이상 자녀를 임신한 경우에는 120일)의 출산전후휴가를 준다. 이 경우 반드시 출산 후에 45일(한 번에 둘 이상 자녀를 임신한 경우에는 60일) 이상 부여한다.

　② 임신 중인 여성 사원이 유산의 경험 등 근로기준법 시행령 제43조제1항이 정하는 사유로 제1

항의 휴가를 청구하는 경우 출산 전 어느 때라도 휴가를 나누어 사용할 수 있도록 한다. 이 경우 출산 후의 휴가 기간은 연속하여 45일(한 번에 둘 이상 자녀를 임신한 경우에는 60일) 이상이 되어야 한다.

③ 제1항 및 제2항에 따른 휴가 기간 중에 사원이 고용보험법에 따라 지급 받은 출산전후휴가 등 급여액이 그 사원의 통상임금보다 적을 경우 회사는 최초 60일분(한 번에 둘 이상 자녀를 임신한 경우의 출산전후휴가는 75일분)의 급여와 통상임금의 차액을 지급한다.

④ 임신 중인 여성 사원이 유산 또는 사산한 경우로서 해당 사원이 청구하는 경우에는 다음 각호에 따른 휴가를 부여한다. 다만, 모자보건법에서 허용되지 않는 인공중절 수술은 제외한다.

1. 유산 또는 사산한 여성 사원의 임신기간이 11주 이내인 경우: 유산 또는 사산한 날로부터 5일까지

2. 유산 또는 사산한 여성 사원의 임신기간이 12주 이상 15주 이내인 경우: 유산 또는 사산한 날로부터 10일까지

3. 유산 또는 사산한 여성 사원의 임신기간이 16주 이상 21주 이내인 경우: 유산 또는 사산한 날로부터 30일까지

4. 유산 또는 사산한 여성 사원의 임신기간이 22주 이상 27주 이내인 경우: 유산 또는 사산한 날로부터 60일까지

5. 임신기간이 28주 이상인 경우: 유산 또는 사산한 날로부터 90일까지

⑤ 회사는 사원이 출산전후휴가 급여 등을 신청할 경우 고용보험법에 따라 출산전후휴가 급여 등을 받을 수 있도록 증빙서류를 제공하는 등 적극 협조한다.

⑥ 임신 중의 여성 사원에게는 연장근로를 시키지 아니하며, 그 사원의 요구가 있는 경우 쉬운 종류의 근로로 전환시킨다.

⑦ 회사는 임신 후 12주 이내 또는 36주 이후에 있는 여성 사원이 1일 2시간의 근로시간 단축을 신청하는 경우 이를 허용하여야 한다. 다만, 1일 근로시간이 8시간 미만인 사원에 대하여는 1일 근로시간이 6시간이 되도록 근로시간 단축을 허용할 수 있다.

⑧ 회사는 제7항에 따른 근로시간 단축을 이유로 해당 사원의 임금을 삭감하지 아니한다.

⑨ 회사는 임산부 등 여성 사원에게 근로기준법 제65조에 따른 도덕상 또는 보건상의 유해·위험한 직종에 근로시키지 아니한다.

▶[필수] 필수적 기재사항으로 모성보호 제도의 정착 차원에서 규정(근로기준법 제74조 참조)

구 분	일반	다태아
전체 출산전후 휴가기간	90일 (출산후 45일)	120일 (출산후 60일)
기업의 유급의무 기간	60일	75일

제42조【태아검진 시간의 허용 등)

① 회사는 임신한 여성 사원이 모자보건법 제10조에 따른 임산부 정기건강진단을 받는데 필요한 시간을 청구하는 경우 이를 허용한다.

② 회사는 제1항에 따른 건강진단 시간을 이유로 사원의 임금을 삭감하지 아니한다.

> ▶[필수] 근로기준법 제74조의2 참조, 모자보건법에 따른 임산부 정기건강진단 실시기준
> - 임신 28주까지: 4주마다 1회
> - 임신 29주에서 36주까지: 2주마다 1회
> - 임신 37주 이후: 1주마다 1회

제43조 【육아기 근로시간 단축】

① 회사는 근로자가 만 8세 이하 또는 초등학교 2학년 이하의 자녀를 양육하기 위하여 근로시간의 단축(이하 "육아기 근로시간 단축"이라 한다)을 신청하는 경우에 이를 허용하여야 한다. 다만, 단축개시예정일의 전날까지 해당 사업에서 계속 근로한 기간이 1년 미만인 경우, 같은 영유아의 육아를 위하여 배우자가 육아휴직을 하고 있는 경우, 대체인력 채용이 불가능한 경우, 정상적인 사업 운영에 중대한 지장을 초래하는 경우 등 남녀고용평등법 시행령 제15조의2에 해당하는 경우에는 그러하지 아니하다.

② 회사가 육아기 근로시간 단축을 허용하지 아니하는 경우에는 해당 사원에게 그 사유를 서면으로 통보하고 육아휴직을 사용하게 하거나 그 밖의 조치를 통하여 지원할 수 있는지를 해당 사원과 협의하여야 한다.

③ 회사가 해당 사원에게 육아기 근로시간 단축을 허용하는 경우 단축 후 근로시간은 주당 15시간 이상이어야 하고 35시간을 넘어서는 아니 된다.

④ 육아기 근로시간 단축의 기간은 1년 이내로 한다. 다만, 육아휴직을 신청할 수 있는 근로자가 육아휴직 기간 중 사용하지 아니한 기간이 있으면 그 기간을 가산한 기간 이내로 한다.

⑤ 회사는 사원이 육아기 근로시간 단축을 사용할 경우 고용보험법령이 정하는 육아기 근로시간 단축 급여를 받을 수 있도록 증빙서류를 제공하는 등 적극협조한다.

> ▶[필수] 2012.8.2.부터 육아기 근로시간 단축제도가 의무화됨
> 1. 육아기 근로시간 단축 부여 여부는 사업주의 의무사항이며, 대통령령이 정하는 예외적인 경우에 한하여 허용하지 아니할 수 있음(위반시 500만원 이하의 과태료).
> 2. 허용하지 아니하는 경우 사유를 서면으로 통보하고 사원과 협의하여야 함(위반시 500만원 이하의 과태료)

제44조 【육아기 근로시간 단축 중 근로조건 등)

① 회사는 제43조에 따라 육아기 근로시간 단축을 하고 있는 사원에 대하여 근로시간에 비례하여 적용하는 경우 외에는 육아기 근로시간 단축을 이유로 그 근로조건을 불리하게 하지 아니한다.

② 제43조에 따라 육아기 근로시간 단축을 한 사원의 근로조건(육아기 근로시간 단축 후 근로시간을 포함한다)은 회사와 그 사원 간에 서면으로 정한다.

③ 회사는 제43조에 따라 육아기 근로시간 단축을 하고 있는 사원에게 단축된 근로시간 외에 연장근로를 요구할 수 없다. 다만, 그 사원이 명시적으로 청구하는 경우에는 회사는 주 12시간 이내에서 연장근로를 시킬 수 있다.

④ 육아기 근로시간 단축을 한 사원에 대하여 「근로기준법」 제2조제6호에 따른 평균임금을 산정하는 경우에는 그 사원의 육아기 근로시간 단축 기간을 평균임금 산정기간에서 제외한다.

> ▶[선택] 남녀고용평등법의 내용으로 취업규칙에 반드시 규정할 필요는 없으나 확인적인 취지로 명시할 수 있음(남녀고용평등법 제19조의3 참조)

제45조【육아휴직과 육아기 근로시간 단축의 사용형태】

사원이 제17조와 제43조에 따른 육아휴직과 육아기 근로시간 단축의 사용형태는 다음과 같다.

1. 근로자는 육아휴직을 1회에 한정하여 나누어 사용할 수 있다.
2. 근로자는 육아기 근로시간 단축을 나누어 사용할 수 있다. 이 경우 나누어 사용하는 1회의 기간은 3개월(근로계약기간의 만료로 3개월 이상 근로시간 단축을 사용할 수 없는 기간제 근로자에 대해서는 남은 근로계약기간을 말한다) 이상이 되어야 한다.

> ▶[선택] 남녀고용평등법의 내용으로 취업규칙에 반드시 규정할 필요는 없으나 확인적인 취지로 명시할 수 있음(남녀고용평등법 제19조의3 참조)

제46조【육아시간】

생후 1년 미만의 아동이 있는 여성 사원의 청구가 있는 경우 제24조의 휴게시간 외에 1일 2회 각 30분씩 유급 수유시간을 준다.

> ▶[필수] 근로자의 모성보호와 관련된 내용으로 필수 기재 사항(근로기준법 제75조 참조)

제47조【가족돌봄 등을 위한 근로시간 단축】

① 회사는 사원이 다음 각호의 어느 하나에 해당하는 사유로 근로시간의 단축을 신청하는 경우에 이를 허용하여야 한다. 다만, 대체인력 채용이 불가능한 경우, 정상적인 사업 운영에 중대한 지장을 초래하는 경우 등 남녀고용평등법 시행령으로 정하는 경우에는 그러하지 아니하다.

1. 사원이 가족의 질병, 사고, 노령으로 인하여 그 가족을 돌보기 위한 경우
2. 사원 자신의 질병이나 사고로 인한 부상 등의 사유로 자신의 건강을 돌보기 위한 경우
3. 55세 이상의 사원이 은퇴를 준비하기 위한 경우
4. 사원의 학업을 위한 경우

② 회사가 근로시간 단축을 허용하지 아니하는 경우에는 해당 사원에게 그 사유를 서면으로 통보하고 휴직을 사용하게 하거나 그 밖의 조치를 통하여 지원할 수 있는지를 해당 사원과 협의하여야 한다.

③ 회사가 해당 사원에게 근로시간 단축을 허용하는 경우 단축 후 근로시간은 주당 15시간 이상이어야 하고 30시간을 넘어서는 아니 된다.

④ 근로시간 단축의 기간은 1년 이내로 한다. 다만, 제1항제1호부터 제3호까지의 어느 하나에 해당하는 사원은 합리적 이유가 있는 경우에 추가로 2년의 범위 안에서 근로시간 단축의 기간을 연장할 수 있다.

⑤ 회사는 근로시간 단축을 이유로 해당 사원에게 해고나 그 밖의 불리한 처우를 하여서는 아니 된다.

⑥ 회사는 사원의 근로시간 단축기간이 끝난 후에 그 사원을 근로시간 단축 전과 같은 업무 또는 같은 수준의 임금을 지급하는 직무에 복귀시켜야 한다.

▶[선택] 개정 남녀고용평등법 제22조의3, 제22조의4에 따라 가족돌봄 등을 위한 근로시간 단축제도가 2020.1.1.부터 사업장 규모에 따라 단계적으로 시행
1. 상시근로자 300명 이상 사업장, 국가, 지방자치단체, 공공기관 등: 2020.1.1.
2. 상시근로자 30명 이상 300명 미만 사업장: 2021.1.1.
3. 상시근로자 30명 미만 사업장: 2022.1.1

제9장 임 금

(필수: 제48조 제49조, 선택: 쩨50조~제52조)

참고 임금 관련 규정은 필수적 기재사항이며 근로기준법 등 관련 법률에 위반되지 않도록 할 필요

제48조【임금의 구성항목】

① 사원에 대한 임금은 기본급 및 ○○수당과 연장·야간·휴일근로수당 등 법정수당으로 구성한다.

② 제23조의 근로시간을 초과하여 근로한 경우, 야간(22:00~06:00)에 근로한 경우, 휴일에 근로한 경우에는 제29조에 따라 가산하여 지급한다.

③ 제2항의 가산을 위한 통상임금에 산입하는 임금의 범위는 기본급 및 ○○수당으로 하되, 시간급 통상임금은 월 통상임금을 나누어 계산한다.

▶[필수] 통상임금은 근로자에게 소정근로의 대가로서 정기적·일률적·고정적으로 지급되는 금액(근로기준법 시행령 제6조 참조)이며 여러 가지 수당을 신설하여 임금체계를 복잡하게 하는 것은 바람직하지 않음.

제49조【임금의 계산 및 지급방법】

① 임금은 매월 초일부터 말일까지를 산정기간으로 하여 해당 월의 ○○일 사원에게 직접 지급하거나 사원이 지정한 사원 명의의 예금계좌에 입금하여 지급한다. 다만, 지급일이 토요일 또는 공휴일인 경우에는 그 전일에 지급한다.

② 신규채용, 승진, 전보, 퇴직 등의 사유로 임금을 정산하는 경우에는 발령일을 기준으로 그 월액을 일할 계산하여 지급한다.

③ 회사는 사원이 임금 계산 내역 및 원천징수 공제된 내역을 확인할 수 있도록 급여명세서를 교부한다.

④ 회사는 최저임금의 적용을 받는 사원에게 최저임금액 이상의 임금을 지급하여야 한다.

▶[필수] 임금지급형태 및 임금계산기간을 명확히 규정하고, 임금지급기일 등을 명확히 하여야 하며 사업장 사정에 따라 달리 정할 수 있음
• 임금지급 주기는 반드시 월 1회 이상이 되도록 설정하여야 함(근로기준법 제43조 참조)
• (예시) 2018.2.1. 입사자로 임금 산정기간이 매월 초일부터 말일까지인 경우, 임금을 익월 10일 (2018.3.10.) 지급하게 되면 입사 후 1개월 이내에 임금을 지급하지 아니하였으므로 입사 첫 달은 근로기준법 제43조 위반에 해당함

제50조【비상시 지급)

사원이 다음 각호의 사유로 청구하는 경우에는 지급기일 전이라도 이미 제공한 근로에 대한 임

금을 지급한다.

  1. 사원 또는 그의 수입에 의하여 생활을 유지하는 자의 출산, 질병 또는 재해의 비용에 충당하는 경우

  2. 사원 또는 그의 수입에 의하여 생활하는 자의 혼인 또는 사망 시 그 비용에 충당하는 경우

  3. 사원이 부득이한 사정으로 1주일 이상 귀향하는 경우

▶[선택] 근로기준법에 명시된 사항으로 확인적 차원에서 규정할 수 있음(근로기준법 제45조 참조)

제51조【휴업수당】

  ① 회사의 귀책사유로 휴업하는 경우에는 휴업기간 동안 사원에게 평균임금의 100분 70의 수당을 지급한다. 다만, 평균임금의 100분의 70에 해당하는 금액이 통상임금을 초과하는 경우에는 통상임금으로 지급한다.

  ② 회사는 부득이한 사유로 사업을 계속하는 것이 불가능한 경우에는 노동위원회의 승인을 받아 제1항에 정한 금액에 못 미치는 휴업수당을 지급할 수 있다.

▶[선택] 근로기준법에 명시된 사항으로 확인적 차원에서 규정할 수 있음(근로기준법 제46조 참조)

제52조【상여금 지급)

  ① 회사는 기본급의 00%를 상여금으로 지급한다. 다만, 단체협약에서 달리 정할 경우 그 기준에 의한다.

  ② 제1항의 상여금 중 00%는 매달 각 00%를 지급하고, 구정설날, 추석, 하기휴가 시에 각 00%를 지급한다. 각 상여금은 지급사유로 속한 달의 정기 임금지급일에 지급한다.

  ③ 퇴직자의 경우 상여금 지급일을 기준으로 일할 계산하여 지급하고 계속근로 3개월 미만인 자는 지급대상에서 제외한다.

▶[선택] 상여금 규정을 두는 경우에는 취업규칙에 필수적으로 명시하여야 함
• 사업장 사정에 따라 상여금의 지급기준, 지급기일, 지급대상, 지급률 등을 달리 정할 수 있다.
• 매월 1회 이상 정기적으로 지급하는 상여금의 경우에는 최저임금의 산입범위에 포함한다.(최저임금법 제6조의2)

제10장 퇴직과 해고 등

(필수: 제53조 제57조, 선택: 제54조~제56조)

참고 퇴직 관련 규정은 필수적 기재사항이며, 특히 해고와 연계되어 많은 쟁점이 발생하므로 근로기준법 등 법률에 위반되지 않도록 할 필요

제53조【퇴직 및 퇴직일)

  ① 회사는 사원이 다음 각호의 어느 하나에 해당할 때에는 사원을 퇴직시킬 수 있다.

    1. 본인이 퇴직을 원하는 경우

    2. 사망하였을 경우

      3. 정년에 도달하였을 경우

      4. 근로계약기간이 만료된 경우

      5. 해고가 결정된 경우

② 제1항에 의한 퇴직의 퇴직일은 다음 각호와 같다.

      1. 사원이 퇴직일자를 명시한 사직원을 제출하여 수리된 경우, 사직원 상 퇴직일

      2. 사원이 퇴직일자를 명시하지 아니하고 사직원을 제출한 경우, 이를 수리한 날. 다만, 회사는 업무의 인수인계를 위하여 사직원을 제출한 날로부터 30일을 넘지 않는 범위 내에서 퇴직일자를 지정하여 수리할 수 있다.

      3. 사망한 날

      4. 정년에 도달한 날

      5. 근로계약기간이 만료된 날

      6. 해고가 결정·통보된 경우, 해고일

> ▶[필수] 근로계약 관계의 종료사유를 명확히 하기 위하여 규정하며 사업장 사정에 따라 달리 정할 수 있음. 사유별 효력발생(퇴직) 시기를 명확히 규정하여 근속기간 산정 등에 다툼이 없도록 유의할 필요

제54조 【해고】

사원이 다음 각호의 경우와 같이 사회통념상 근로관계를 더 이상 존속하기 어렵다고 인정될 정당한 이유가 있는 경우 해고할 수 있다.

      1. 신체 또는 정신상 장애로 직무를 감당할 수 없다고 인정되는 경우(의사의 소견이 있는 경우에 한함)

      2. 휴직자로서 정당한 사유 없이 휴직기간 만료일 후 7일이 경과할 때까지 복직원을 제출하지 않은 경우

      3. 징계위원회에서 해고가 결정된 경우

      4. 기타 제1호 내지 제3호에 준하는 경우로서 정당한 이유가 있는 경우

제○조 【해고】

회사는 사원이 다음 각호에 해당하는 경우에 해고할 수 있다.

      1. 금치산, 한정치산 선고를 받은 경우

      2. 금고 이상의 형이 확정된 경우

      3. 신체 또는 정신상 장애로 직무를 감당할 수 없다는 의사의 소견이 있는 경우

---

      4. 휴직자로서 정당한 사유 없이 휴직기간 만료일 후 7일이 경과할 때까지 복직신청서를 제출하지 않은 경우

      5. 징계위원회에서 해고가 결정된 경우

      6. 기타 제1호에서 제5호에 이에 준하는 정당한 이유가 있는 경우

> ▶[선택] 사회통념상 근로관계를 더 이상 존속하기 어렵다고 인정되는 경우 통상해고와 징계해고 등을 정할 수 있으며 사업장 사정에 따라 달리 정할 수 있음.
> - 다만, 해고는 근로기준법 제23조에 따라 정당한 이유가 있어야 함

제55조【해고의 제한】

① 사원이 업무상 부상 또는 질병의 요양을 위하여 휴업한 기간과 그 후 30일 동안은 해고하지 아니한다. 다만, 근로기준법 제84조에 따라 일시보상을 하였을 경우에는 해고할 수 있다.

② 산전(産前)·산후(産後)의 여성 사원이 근로기준법에 따라 휴업한 기간과 그 후 30일, 1년 이내 육아휴직기간은 해고하지 아니한다.

▶[선택] 근로기준법 제23조제2항 참조, 사업을 계속할 수 없게 된 경우라 함은 전체적인 사업을 계속 수행하는 것이 상당기간동안 불가능한 경우임(근기 68207- 1376, 2004.4.2)

제56조【해고의 통지】

① 회사는 사원을 해고하는 경우에는 서면으로 그 사유 및 날짜를 기재하여 통지한다.

② 회사는 제1항에 따라 해고를 통지하는 경우 해고일로부터 적어도 30일 전에 해고예고를 하거나, 30일 전에 해고예고를 하지 아니하였을 때는 30일분의 통상임금을 지급한다. 다만, 다음 각호의 어느 하나에 해당하는 경우에는 그러하지 아니하다.

1. 사원이 계속 근로한 기간이 3개월 미만인 경우

2. 천재·사변, 그 밖의 부득이한 사유로 사업을 계속하는 것이 불가능한 경우

3. 사원이 고의로 사업에 막대한 지장을 초래하거나 재산상 손해를 끼친 경우로서 근로기준법 시행규칙 별표에 정하는 사유에 해당하는 자

③ 사용자가 제2항에 따른 해고의 예고를 해고사유와 해고시기를 명시하여 서면으로 한 경우에는 제1항에 따른 통지를 한 것으로 본다.

▶[선택] 근로기준법 제23조제2항 참조, 사업을 계속할 수 없게 된 경우란 전체적인 사업을 계속 수행하는 것이 상당기간동안 불가능한 경우임(근기 68207- 1376, 2004.4.2)

제57조【정년】

정년은 만60세에 도달한 날로 한다.

▶[선택] 선택적 기재사항이나 반드시 취업규칙에 규정하거나, 근로계약서에 명시한다.
• 사업주는 근로자의 정년을 60세 이상으로 정하여야 한다. 사업주가 근로자의 정년을 60세 미만으로 정한 경우에는 정년을 60세로 정한 것으로 본다. (고령자고용법 제19조)

제11장 퇴직급여
(필수: 제59조, 선택: 제60조)

참고 퇴직급여 관련 규정은 필수적 기재사항이며 금액산정 등을 둘러싸고 많은 쟁점이 발생하므로 근로기준법 등 관련 법률에 위반되지 않도록 할 필요

제58조【퇴직급여제도의 설정】

① 회사는 퇴직하는 사원에게 퇴직급여를 지급하기 위하여 「근로자퇴직급여 보장법」 제19조에 따른 확정기여형퇴직연금제도를 설정한다.

② 회사는 제1항에도 불구하고 「근로자퇴직급여 보장법」 제4조제1항에 따라 계속근로기간이

1년 미만이거나, 4주간을 평균하여 1주간의 소정근로시간이 15시간 미만인 사원에 대하여는 퇴직급여를 지급하지 아니한다.

　③ 확정기여형퇴직연금제도의 가입대상, 가입기간, 부담금 납입수준 및 납입일 등 퇴직연금제도의 구체적인 운영에 관한 사항은 확정기여형퇴직연금규약에서 정한다.

> ▶[필수] 고령자고용법 제19조에 따라, 사업주는 근로자의 정년을 60세 이상으로 정해야 함(60세 미만으로 설정하더라도 60세로 간주)

〈참고: 퇴직금 제도를 운용하는 경우〉

제58조 (퇴직급여제도의 설정)

　① 회사는 계속근로기간이 1년 미만이거나, 4주간을 평균하여 1주간의 소정근로시간이 15시간 미만인 사원을 제외하고 퇴직하는 사원에게 퇴직금을 지급한다.

　② 회사는 근로자퇴직급여보장법 제4조에 따라 제1항의 퇴직금을 지급하는 대신 근로자 대표의 동의를 얻어 퇴직연금제도를 도입할 수 있다.

> ▶[필수] 필수적 사항으로 사업장 사정에 따라 법정기준을 상회하는 수준에서 달리 정할 수 있음(「근로자퇴직급여 보장법」 제8조 참조)
> • 퇴직금 제도를 설정한 회사에서 퇴직연금제도를 도입하고자 할 때에는 근로자 대표(근로자 과반수가 가입한 노동조합이 있는 경우에는 그 노동조합, 근로자의 과반수가 가입한 노동조합이 없는 경우에는 근로자 과반수)의 동의를 얻어 퇴직연금규약을 작성하고 이를 관할 지방고용노동관서에 신고하여야 하며, 퇴직연금제도의 가입대상 및 기간, 부담금 수준, 급여 종류, 수급요건 및 지급절차 등에 관하여는 퇴직연금규약으로 정하여야 함
> • 하나의 사업장에서 복수의 퇴직급여제도(퇴직금, 퇴직연금)를 설정하여 운영할 수 있음

제59조 【중도인출】

　① 확정기여형퇴직연금제도에 가입한 사원은 근로자퇴직급여 보장법 시행령 제14조에서 정한 사유가 있는 경우 퇴직하기 전에 퇴직연금사업자에게 적립금의 중도인출을 신청할 수 있다.

　② 회사는 퇴직연금의 중도인출을 신청하는 사원의 요청이 있는 경우 관련 증빙서류의 제공에 응하여야 한다.

> ▶[선택] 퇴직급여의 중도인출(중간정산)은 「근로자퇴직급여 보장법」 제8조제2항에서 정하고 있어 별도 기재할 필요는 없으나, 근로자에게 주지시키는 차원에서 기재하는 것이 바람직

〈참고: 퇴직금 제도를 운용하는 경우〉

제59조 【중간정산】

　회사는 주택구매 등 근로자퇴직급여 보장법 시행령 제3조에서 정한 사유로 사원이 요구하는 경우에는 퇴직하기 전에 해당 사원의 계속근로기간에 대한 퇴직금을 미리 정산하여 지급할 수 있다. 이 경우 미리 정산하여 지급한 후의 퇴직금 산정을 위한 계속 근로기간은 정산시점부터 새로이 기산한다.

> ▶[선택] • 근로자퇴직급여 보장법」 제8조 개정(2011.7.25.)에 따라 퇴직급여의 중도인출(중간정산)이 시행령(제3조)에 정한 사유에 해당할 경우에만 가능해졌음에 유의할 것
> • 확정급여형퇴직연금제도는 퇴직급여 중도인출이 허용되지 않음에 유의

제12장 표창 및 징계

(필수: 제60조~제64조, 선택: 제65조)

> 참고 표창과 제재(징계) 관련 규정은 필수적 기재사항이며, 부당해고 등과 연계되어 많은 쟁점이 발생하므로 근로기준법 등 관련 법률에 위반되지 않도록 할 필요

제60조 【표창】

① 회사는 사원이 다음 각호의 어느 하나에 해당하는 경우 표창할 수 있다.

　　1. 회사의 업무능률 향상에 현저한 공로가 인정된 자

　　2. 회사의 영업활동에 크게 기여한 자

　　3. 업무수행 성적이 우수한 자

　　4. 기타 표창의 필요가 인정되는 자

② 표창 대상자 및 표창의 방법은 위원회를 거쳐 결정한다.

> ▶[필수] (근기법 제92조제12호) 사업장 사정에 따라 내용을 달리 정할 수 있음

제61조 【징계】

회사는 다음 각호의 어느 하나에 해당하는 사원에 대하여 위원회의 의결을 거쳐 징계할 수 있다.

　　1. 부정 및 허위 등의 방법으로 채용된 자

　　2. 업무상 비밀 및 기밀을 누설하여 회사에 피해를 입힌 자

　　3. 회사의 명예 또는 신용에 손상을 입힌 자

　　4. 회사의 영업을 방해하는 언행을 한 자

　　5. 회사의 규율과 상사의 정당한 지시를 어겨 질서를 문란하게 한 자

　　6. 정당한 이유 없이 회사의 물품 및 금품을 반출한 자

　　7. 직무를 이용하여 부당한 이익을 취한 자

　　8. 회사가 정한 복무규정을 위반한 자

　　9. 직장 내 성희롱 행위를 한 자

　　10. 다른 사원 등에 대하여 직장 내 괴롭힘 행위를 한 자

　　11. 기타 법령 위반 등 이에 준하는 행위로 직장질서를 문란하게 한 자

> ▶[필수] 근기법 제93조제12호) 필수적 사항으로 사업장 사정에 따라 달리 정할 수 있음
> • 징계는 노사 간 갈등의 요인이 될 수 있으므로 징계사유를 합리적으로 설정하려는 노력이 필요
> • 특히 징계위원회는 사업장 사정에 따라 그 구성 및 규모를 달리 정하거나 사업장 규모가 작은 경우 설치하지 않을 수도 있으나 투명한 운영을 위해 가급적 설치하는 것이 바람직함

제62조 【징계의 종류】

사원에 대한 징계의 종류는 다음과 같다.

　　1. 견책: 해당 사원에 대하여 경위서를 받고 문서로 견책한다.

　　2. 감봉(감급】 : 1회에 평균임금 1일분의 2분의 1, 총액은 월 급여총액의 10분의 1을 초과하지

않는 범위의 금액을 감액한다.

3. 정직: 중대 징계사유 발생 자에 대하여 3월 이내로 하고, 그 기간 중에 직무에 종사하지 못하며 그 기간 동안 임금을 지급하지 아니한다.

4. 해고: 근로계약을 해지한다.

> ▶[필수 (근기법 제93조제12호) 사업장에 따라 달리 정할 수 있음
> • 감급의 제재를 정할 경우에는 그 감액은 1회의 액이 평균임금의 1일분의 2분의 1을, 총액이 1임금지급기(예: 월급)에 있어서의 임금총액의 10분의 1을 초과하지 못함(근로기준법 제95조 참조)
> • (예시) 1일 평균임금이 10만원이고 월 급여 총액이 300만원인 경우 1회에 50,000원 범위 내, 10달에 걸쳐 10회를 감급할 경우 30만원 범위 내

제63조 【징계심의】

① 위원회의 위원장은 징계의결을 위한 회의 7일 전까지 위원회의 위원들에게는 회의일시, 장소, 의제 등을, 징계대상 사원에게는 서면으로 출석통지를 각 통보한다.

② 위원회는 징계사유를 조사한 서류와 입증자료 및 당사자의 진술 등 충분한 증거를 확보하여 공정하게 심의한다. 이 경우, 징계대상자가 위원회에 출석을 원하지 아니하거나 서면진술을 하였을 때는 진술권포기서 또는 서면진술서를 징구하여 기록에 첨부하고 서면심사만으로 징계의결을 할 수 있다.

③ 위원회의 위원이 징계대상자와 친족관계에 있거나 그 징계사유와 관계가 있을 때에는 그 위원은 그 징계의결에 관여하지 못한다.

④ 위원회는 의결 전에 해당사원에게 소명할 기회를 부여한다.

⑤ 위원회는 징계 대상자가 2회에 걸쳐 출석요구에 불응하거나 소명을 거부하는 경우 또는 소명을 포기 하는 의사를 표시하는 경우에는 소명 없이 징계의결 할 수 있다.

⑥ 위원회는 징계심의와 징계의결을 진행하고, 징계의결서 등을 작성·보관하여야 한다.

⑦ 간사는 징계의결을 위한 회의에 참석하여 회의록을 작성하고 이를 보관한다.

> ▶[필수 징계의 심의방법에 대하여는 사업장에 따라 내용을 달리 정할 수 있음
> • 징계의 양정과 징계절차와 관련하여 노동위원회에 부당해고 등의 구제신청을 제기하는 등 논란이 발생할 수 있으므로 합리적인 수준의 징계와 공정한 절차 운영이 필요함

제64조 【징계결과 통보】

징계결과통보는 해당 사원에게 징계처분사유에 의한다.

> ▶[필수 징계결과를 서면으로 통보하도록 하는 것이 바람직하다.

제65조 【재심절차】

① 징계처분을 받은 사원은 징계결정이 부당하다고 인정될 때 징계 통보를 받은 날로부터 7일 이내에 서면으로 재심신청을 할 수 있다.

② 재심을 요청받은 경우 위원회는 10일 이내에 재심을 위한 회의를 개최하여야 하며 그 절차는 징계심의 절차를 준용한다.

> ▶[선택] 사업장 사정에 따라 달리 정할 수 있으나 투명하고 공정한 운영을 위해 재심 절차를 두는 것이 바람직함

제13장 교육

(선택: 제66조~제69조)

> **참고** 교육 관련 규정은 선택적 기재사항으로 근로자의 직무능력 향상, 사기 및 직장분위기 개선, 법정의 무교육상 규정하는 것이 일반적이다.

제66조【교육시간】

이 규칙에서 규정한 교육은 근무시간 중에 실시하는 것을 원칙으로 하고 교육을 받는 시간은 근로를 제공한 것으로 본다. 다만, 사원과 합의로 근무시간 외에 직무교육을 받도록 할 수 있으며 이 경우의 처우에 관하여는 교육의 장소·일정 등을 고려하여 따로 정한다.

> ▶[선택] 사업장 사정에 따라 달리 정할 수 있다. 소정근로시간 내에 사용자의 지시로 이루어지는 직무교육 및 노동관계법령 등에 따라 사용자가 의무적으로 실시하도록 되어 있는 각종 교육시간은 근로를 제공한 것으로 보아야 함

제67조【직무교육】

회사는 사원의 직무능력 향상을 위하여 필요한 경우 직무교육을 시킬 수 있으며 사원은 교육과정에 성실히 임하여야 한다.

> ▶[선택] 사업장 사정에 따라 달리 정할 수 있다.
> • 근로자를 위한 교육시설을 운영하는 경우는 필수사항이다.

제68조【장애인 인식개선 교육】

회사는 1년에 1회 이상 장애의 정의 및 장애유형에 대한 이해, 직장 내 장애인의 인권, 장애인에 대한 차별금지 및 정당한 편의 제공, 장애인고용촉진 및 직업재활과 관련된 법과 제도 등을 내용으로 직장 내 장애인 인식개선 교육을 한다.

> ▶[선택] 개정 장애인고용촉진 및 직업재활법(2018.5.29 시행)에 따라 모든 사업장은 직장 내 장애인 인식개선 교육 의무가 있다. 다만, 장애인 고용 의무가 없는 사업주(상시 근로자 50인 미만)는 교육자료 등을 배포·게시하거나 전자우편을 보내는 등의 방법으로 장애인 인식개선 교육 실시 가능

제69조【개인정보보호 교육】

① 회사는 개인정보보호법에 따른 개인정보취급자인 사원에 대하여 정기적으로 개인정보보호에 필요한 교육을 실시한다.

② 개인정보취급자인 사원은 제1항에 따른 교육을 받아야 한다.

> ▶[선택] 선택적 기재사항으로법률에 따른 의무사항으로 명확히 한다.

제14장 직장 내 괴롭힘의 금지
(필수: 제70조 제72조~제77조, 선택: 제72조 제78조)

> 참고 근로기준법(제93조제11호) 개정으로 '직장 내 괴롭힘의 예방 및 발생 시 조치 등에 관한 사항'이 취업규칙 필수기재사항에 추가되었음(2019.1.15개정, 2019.7.16. 시행).

제70조 【직장 내 괴롭힘 행위의 금지】

① 직장 내 괴롭힘 행위란 사업주, 임원, 사원이 직장에서의 지위 또는 관계 등의 우위를 이용하여 업무상 적정범위를 넘어 다른 사원 등에게 신체적, 정신적 고통을 주거나 근무환경을 악화시키는 행위를 말한다.

② 누구든지 직장 내 괴롭힘 행위를 하여서는 아니 된다.

> ### 제○조 【협력사 직원 등에 대한 보호】
> 사업주, 임원·사원으로부터 직장 내 괴롭힘 피해를 입은 협력사 직원 또는 특수형태근로종사자는 사원과 동등하게 회사에 직장 내 괴롭힘 행위를 신고하고, 보호조치를 요청할 수 있다.

> ▶[필수] '19.1.15. 개정 근로기준법 제76조의2에서 직장 내 괴롭힘
> • 사원 외에 협력사 사원과 특수형태근로종사자까지 직장 내 괴롭힘 피해로부터 보호하고자 하는 경우에는 아래 예시문과 같이 추가할 수 있음

제71조 【금지되는 직장 내 괴롭힘 행위】

회사에서 금지되는 직장 내 괴롭힘 행위는 다음 각호와 같다.

1. 신체에 대하여 폭행하거나 협박하는 행위
2. 지속·반복적인 욕설이나 폭언
3. 다른 직원들 앞에서 또는 온라인상에서 모욕감을 주거나 개인사에 대한 소문을 퍼뜨리는 등 명예를 훼손하는 행위
4. 합리적 이유 없이 반복적으로 개인 심부름 등 사적인 용무를 지시하는 행위
5. 합리적 이유 없이 업무능력이나 성과를 인정하지 않거나 조롱하는 행위
6. 집단적으로 따돌리거나, 정당한 이유 없이 업무와 관련된 중요한 정보 또는 의사결정 과정에서 배제하거나 무시하는 행위
7. 정당한 이유 없이 상당기간 동안 근로계약서 등에 명시되어 있는 업무와 무관한 일을 지시하거나 근로계약서 등에 명시되어 있는 업무와 무관한 허드렛일만 시키는 행위
8. 정당한 이유 없이 상당기간 동안 일을 거의 주지 않는 행위
9. 그 밖에 업무의 적정범위를 넘어 직원에게 신체적·정신적 고통을 주거나 근무환경을 악화시키는 행위

> ▶[선택] 1. 「직장 내 괴롭힘 판단 및 예방·대응 매뉴얼('19.2)」을 참고하여 사업장별로 금지가 필요한 행위를 가감할 수 있음
> 2. 이 규칙 제61조제10호와 같이 직장 내 괴롭힘 행위자를 징계할 수 있는 근거가 있거나, 제61조제11호와

같이 개방조항을 가지고 징계할 수 있는 경우에는 제71조와 같이 구체적 직장 내 괴롭힘행위를 규정하지 않더라도 징계 가능
- 제61조 제10호. 다른 사원 등에 대하여 직장 내 괴롭힘 행위를 한 자
- 제61조 제11호. 기타 법령 위반 등 이에 준하는 행위로 직장 질서를 문란하게 한자

제72조 【직장 내 괴롭힘 예방교육】

① 회사는 직장 내 괴롭힘 예방을 위한 교육(이하 "직장 내 괴롭힘 예방교육"이라 한다)을 1년에 1회 이상 실시한다.

② 직장 내 괴롭힘 예방교육 시간은 1시간 이상으로 한다.

③ 직장 내 괴롭힘 예방교육의 내용은 다음 각호와 같다.

1. 직장 내 괴롭힘 행위의 정의
2. 금지되는 직장 내 괴롭힘 행위
3. 직장 내 괴롭힘 상담절차
4. 직장 내 괴롭힘 사건처리절차
5. 직장 내 괴롭힘 피해자 보호를 위한 조치
6. 직장 내 괴롭힘 행위자에 대한 조치
7. 그 밖에 직장 내 괴롭힘 예방을 위한 내용

④ 회사는 직장 내 괴롭힘 예방교육의 주요 내용을 항상 게시하거나 사원들이 열람할 수 있도록 조치한다.

▶[필수] 직장 내 괴롭힘 예방에 관한 사항은 필수기재 사항에 해당하나, 그 방식은 반드시 예방교육일 필요는 없음

제73조 【직장 내 괴롭힘 예방·대응 조직】

회사 내 인사부서에 직장 내 괴롭힘의 예방·대응 업무를 총괄하여 담당하는 직원(이하 "예방·대응 담당자"라 한다)을 1명 이상 둔다.

▶[필수] 직장 내 괴롭힘 발생 시 조치에 관한 사항'(신고 방법, 조사에 관항 사항, 행위자 및 피해자에 대한 조치에 관한 사항 등)은 반드시 규정할 필수기재 사항임.

제74조 【사건의 접수】

① 누구든지 직장 내 괴롭힘 발생 사실을 알게 된 경우 그 사실을 예방·대응 담당자에게 신고할 수 있다.

② 예방·대응 담당자는 제1항에 따른 신고가 있는 경우 또는 그 밖의 방법으로 직장 내 괴롭힘 발생 사실을 인지한 경우 사건을 접수한다.

▶[필수] 직장 내 괴롭힘 발생 시 신고 접수부서(또는 담당자) 등 신고에 대한 사항은 필수적으로 규정할 필요

제75조 【사건의 조사】

① 회사는 직장 내 괴롭힘 신고를 접수하거나 직장 내 괴롭힘 발생 사실을 인지한 경우에는 지체

없이 그 사실 확인을 위한 조사를 실시한다.

② 조사는 예방·대응 담당자가 담당한다.

③ 조사가 종료되면 사업주에게 보고한다.

④ 조사를 하는 경우 행위자에 대한 조치와 관련한 피해자의 의견을 들어야 한다.

⑤ 조사자 등 조사 과정에 참여한 사람은 조사 과정에서 알게 된 비밀을 피해자 의사에 반하여 다른 사람에게 누설하여서는 아니 된다. 다만, 조사와 관련된 내용을 사업주에게 보고하거나 관계 기관의 요청에 따라 필요한 정보를 제공하는 경우는 제외한다.

> ▶[필수] 직장 내 괴롭힘 발생 시 조치에 관한 사항(신고 방법, 조사에 관항 사항, 행위자 및 피해자에 대한 조치에 관한 사항 등)은 반드시 규정할 필수기재 사항임

제76조【피해자의 보호)

① 회사는 정식 조사기간 동안 피해자가 요청하는 경우에는 근무장소의 변경, 유급휴가 명령 등 피해자의 요청을 고려하여 적절한 조치를 한다. 이 경우 피해자의 의사에 반하는 조치를 하여서는 아니된다.

② 회사는 직장 내 괴롭힘이 인정된 경우 피해자가 요청하면 근무장소의 변경, 배치전환, 유급휴가의 명령 등 적절한 조치를 한다.

③ 회사는 신고인 및 피해자에게 해고나 그 밖의 불리한 처우를 하여서는 아니 된다.

> ▶[필수] '직장 내 괴롭힘 발생 시 조치에 관한 사항'(신고 방법, 조사에 관항 사항, 행위자 및 피해자에 대한 조치에 관한 사항 등)은 반드시 규정할 필수기재 사항임

제77조【직장 내 괴롭힘 사실의 확인 및 조치】

사업주는 직장 내 괴롭힘이 인정된 경우 지체 없이 행위자에 대하여 징계, 근무장소의 변경 등 필요한 조치를 한다.

> ▶[필수] '직장 내 괴롭힘 발생 시 조치에 관한 사항'(신고 방법, 조사에 관항 사항, 행위자 및 피해자에 대한 조치에 관한 사항 등)은 반드시 규정할 필수기재 사항임

제78조【고객의 폭언 등에 대한 조치】

① 고객을 응대하는 업무를 주로 하는 사원이 고객으로부터 폭언, 폭행 등을 당한 경우 회사는 해당 사원의 업무를 일시적으로 중단 또는 전환하거나 일정시간 휴게시간을 연장, 건강장해 관련 치료 및 상담 지원, 고소 및 고발 또는 손해배상 청구 등을 하는데 필요한 조치 등을 취한다.

② 회사는 고객응대 사원의 건강장해를 예방하기 위하여 폭언 등을 하지 않도록 요청하는 문구 게시 또는 음성 안내를 하고, 고객응대매뉴얼을 구비하여 고객이 폭언 등 부적절한 행동을 하였을 때 사원이 자신을 보호하기 위하여 어떠한 방어행동을 할 수 있는지를 주지시키는 고객응대 업무 매뉴얼과 건강장해 예방 관련 교육 등의 필요한 조치를 하여야 한다.

③ 일시적인 업무의 중단으로도 사원의 건강장해가 해소되지 않을 때에는 회사는 사원의 업무를 전환시켜야 한다.

④ 회사는 사원이 고객의 폭언 등으로 인한 피해 복구를 위한 요구를 하였다는 이유로 해고나 그 밖에 불리한 처우를 하여서는 아니 된다.

▶[선택] 고객의 폭언 등에 대한 조치는 선택적 기재사항으로2018.4.17. 산업안전보건법 개정('18.10.18. 시행)으로 고객응대근로자에 대한 사업주의 예방조치 의무가 신설된 만큼 취업규칙을 통해 사내규정 및 고객응대 매뉴얼 등에 명문화하여 고객응대 근로자의 권익 보호 필요

제15장 직장 내 성희롱의 금지 및 예방
(선택: 제79조~제83조)

참고 직장 내 성희롱 관련 규정은 필수적 기재사항은 아니지만 남녀고용평등 및 일·가정 양립 지원에 관한 법률상 의무사항이고, 근로자 이직감소 및 조직문화 개선 등의 차원에서 규정하는 것이 일반적임

제79조【직장 내 성희롱의 금지】
누구든지 직장 내 성희롱을 하여서는 아니 된다.

▶[선택] 직장 내 성희롱 예방 분위기 조성을 위해 규정하는 것이 바람직

제80조【직장 내 성희롱 예방교육】
① 회사는 직장 내 성희롱 예방교육을 연 1회 이상 실시한다.
② 사업주 및 사원은 제1항에 따른 성희롱 예방교육을 받아야 한다.
③ 직장 내 성희롱 예방교육의 내용에는 다음 각호가 포함되어야 한다.
　1. 직장 내 성희롱에 관한 법령
　2. 직장 내 성희롱 발생 시 처리절차와 조치기준
　3. 직장 내 성희롱 피해 사원의 고충상담 및 구제절차
　4. 그 밖에 직장 내 성희롱 예방에 필요한 사항
④ 회사는 성희롱 예방교육의 내용을 사원들이 자유롭게 열람할 수 있는 장소에 항상 게시하거나 갖추어 두어야 한다.

▶[선택] 선택적 기재사항으로남녀고용평등법 제13조에 규정된 의무 사항으로 명확히 한다.

제81조【직장 내 성희롱 예방지침】
① 회사는 직장 내 성희롱 예방지침을 마련하고 사원이 자유롭게 열람할 수 있는 장소에 항상 게시하거나 갖추어 두어야 한다.
② 제1항의 직장 내 성희롱 예방지침에는 다음 각호의 사항이 포함되어야 한다.
　1. 직장 내 성희롱 관련 상담 및 고충 처리에 필요한 사항
　2. 직장 내 성희롱 조사절차
　3. 직장 내 성희롱 발생 시 피해자 보호절차
　4. 직장 내 성희롱 행위자 징계 절차 및 징계 수준
　5. 그 밖에 직장 내 성희롱 예방 및 금지를 위하여 필요한 사항

> ▶[선택] 선택적 기재사항으로남녀고용평등법 시행규칙 제5조의2에 규정된 의무 사항으로 명확히 한다.

제82조 【직장 내 성희롱 발생 시 조치】

① 회사는 직장 내 성희롱 발생 사실을 알게 된 경우에는 지체 없이 그 사실 확인을 위한 조사를 하여야 한다.

② 회사는 조사 기간 동안 피해사원 등을 보호하기 위하여 필요한 경우 해당 피해사원 등에 대하여 근무장소의 변경, 유급휴가 명령 등 적절한 조치를 하여야 한다. 이 경우 회사는 피해사원 등의 의사에 반하는 조치를 하여서는 아니 된다.

> ▶[선택] 직장 내 성희롱 예방 분위기 조성을 위해 필요

제83조 【고객 등에 의한 성희롱 방지】

① 회사는 고객 등 업무와 밀접한 관련이 있는 자가 업무수행 과정에서 성적인 언동 등을 통하여 사원에게 성적 굴욕감 또는 혐오감 등을 느끼게 하여 해당 사원이 그로 인한 고충 해소를 요청할 경우 근무 장소 변경, 배치전환, 유급휴가의 명령 등 적절한 조치를 하여야 한다.

② 회사는 사원이 제1항에 따른 피해를 주장하거나 고객 등으로부터의 성적 요구 등에 불응한 것을 이유로 해고나 그 밖의 불이익한 조치를 하여서는 아니 된다.

> ▶[선택] 선택적 기재사항으로 남녀고용평등법 제14조의2에 규정된 의무 사항으로 명확히 한다.

제16장 안전보건

(선택: 제84조, 필수: 제85조~제91조)

> 참고 안전보건 관련 규정은 필수적 기재사항이며 산업안전보건법 등 관련 법률을 위반하지 않도록 한다.

제84조 【안전보건관리규정】

① 회사는 사업장의 안전·보건을 유지하기 위하여 다음 각호의 사항이 포함된 안전보건관리규정을 작성하여 각 사업장에 게시하거나 갖춰 두고, 이를 사원에게 알려야 한다.

1. 안전·보건 관리조직과 그 직무에 관한 사항
2. 안전·보건교육에 관한 사항
3. 작업장 안전관리에 관한 사항
4. 작업장 보건관리에 관한 사항
5. 사고 조사 및 대책 수립에 관한 사항
6. 그 밖에 안전·보건에 관한 사항

② 각 부서는 회사의 안전보건관리규정에 따라 각 작업장의 안전보건관리를 실시하여야 한다.

③ 사원은 안전보건관리계획의 효과적인 운용을 위하여 적극적으로 협력하여야 한다.

▶[선택] 산업안전보건법 제20조 참조
- 사업의 종류에 따라 상시근로자수 300인 이상 또는 100인 이상의 회사는 사업장의 안전·보건을 유지하기 위하여 산업안전보건법령에서 정한 안전보건관리규정을 작성하여 각 사업장에 게시하거나 갖춰야 함

제85조【안전보건 교육】

회사는 사원의 산업재해 예방을 위하여 안전 및 보건에 관한 정기교육, 채용 시의 교육, 작업내용 변경 시의 교육, 유해위험 작업에 사용 시 특별안전 교육 등 산업안전보건법령에 따른 제반 교육을 실시하며 사원은 이 교육에 성실하게 참여하여야 한다.

▶[필수] 필수적 사항이며 사업장 사정에 따라 달리 정할 수 있음
- 산업안전보건법령에 정한 취지를 명확히 이행하는 동시에 근로자의 안전의식을 고취할 수 있도록 규정한다.(산업안전보건법 제31조 및 시행규칙 제33조 참조)

제86조【위험기계·기구의 방호조치】

회사는 유해하거나 위험한 작업을 필요로 하거나 동력을 작동하는 기계·기구에 대하여 유해·위험 방지를 위한 방호조치를 하여야 하며 사원은 다음 각호의 위험기계·기구의 방호조치 사항을 준수하여야 한다.

1. 방호조치를 해체하고자 할 경우 소속부서의 장의 허가를 받아 해체할 것
2. 방호조치를 해체한 후 그 사유가 소멸한 때에는 지체없이 원상으로 회복시킬 것
3. 방호장치의 기능이 상실된 것을 발견한 때에는 지체없이 소속부서의 장에게 신고할 것

▶[필수] 필수적 사항이며 사업장 사정에 따라 달리 정할 수 있음
- 산업안전보건법령에 정한 취지를 명확히 이행하는 동시에 근로자의 안전의식을 고취할 수 있도록 규정한다.(산업안전보건법 제33조 및 시행규칙 제46조, 제47조 및 제48조 참조)

제87조【보호구의 지급 및 착용】

회사는 사원이 유해·위험작업으로부터 보호받을 수 있도록 보호구를 지급하여야 하며 사원은 작업시 회사에서 지급하는 보호구를 착용하여야 한다.

▶[필수] 필수적 사항이며 사업장 사정에 따라 달리 정할 수 있음
- 산업안전보건법령에 정한 취지를 명확히 이행하는 동시에 근로자의 안전의식을 고취할 수 있도록 규정한다.

제88조【물질안전보건자료의 작성·비치】

회사는 사업장에서 사용하는 산업안전보건법 시행규칙 별표 11의 2에서 정하는 화학물질 및 화학물질을 함유한 제제에 대하여는 물질안전보건자료를 취급사원이 쉽게 볼 수 있는 장소에 게시하거나 갖추어야 한다.

▶[필수] 필수적 사항이며 사업장 사정에 따라 달리 정할 수 있음
- 화학물질 취급 사업장의 사업주 및 근로자의 안전의식을 고취할 필요(산업안전보건법 제41조 참조)

제89조【작업환경측정】

① 회사는 산업안전보건법 제42조에 의한 작업환경측정을 실시하되, 원칙적으로 매 6개월에 1회 이상 정기적으로 실시한다.

② 제1항의 작업환경측정 시 사원대표의 요구가 있을 때에는 사원대표를 입회시킨다.

③ 회사는 작업환경측정의 결과를 사원에게 알려주며 그 결과에 따라 당해 시설 및 설비의 설치 또는 개선, 건강진단 등 적절한 조치를 한다.

> ▶[필수] 필수적 사항이며 산업안전보건법령에 정한 취지를 명확히 이행할 수 있도록 규정한다(산업안전보건법 제42조 참조)

제90조【건강진단】

① 회사는 사원의 건강보호·유지를 위하여 산업안전보건법 제43조에서 정하는 바에 따라 매년 1회 일반건강진단을 실시한다. 다만, 사무직은 매 2년에 1회 실시한다.

② 회사는 산업안전보건법 제43조 및 동법 시행규칙 제98조 등이 정하는 바에 따라 필요한 경우 특수·배치전·수시·임시건강진단 등을 실시한다.

③ 사원은 회사가 실시하는 건강진단을 성실히 받아야 한다.

> ▶[필수] 필수적 사항이며 산업안전보건법령에 정한 취지를 명확히 이행할 수 있도록 규정한다(산업안전보건법 제43조 참조).
> • 특히 노출기준 이상인 작업공정 및 특수·수시·임시건강진단 실시결과 직업유소견자가 발견된 작업공정에서 노출된 모든 사원에 대하여는 다음 회에 한하여 특수건강진단의 실시주기를 1/2로 단축하여야 함(산업안전보건법 시행규칙 제99조의2)

제91조【산업안전보건법 준수】

① 회사는 이 규칙에서 정하지 아니한 사항에 대하여는 산업안전보건법에 따라 산업재해 예방을 위한 기준을 지켜 사원의 신체적 피로와 정신적 스트레스 등에 의한 건강장해를 예방하고 안전 및 보건을 유지·증진시킨다.

② 사원은 산업안전보건법에서 정하는 사항과 그 외의 업무에 관련되는 안전보건에 관하여 상사로부터 지시받은 사항을 정확하게 이행하여야 한다.

> ▶[필수] 필수적 사항이며 산업안전보건법에 정한 사업주와 근로자의 의무를 이해하도록 규정할 필요
> • 산업안전보건법 제5조 및 제6조

제17장 재해보상

(필수: 제92조)

> [참고] 재해보상 관련 규정은 필수적 기재사항이며 근로기준법 등 관련 법률에 위반되지 않도록 할 필요

제92조【재해보상】

① 사원이 업무상 부상 또는 질병에 걸린 경우와 사망하였을 때의 보상은 산업재해보상보험법에 의한다.

② 산업재해보상보험법의 적용을 받지 않는 업무상 부상 또는 질병에 대하여는 근로기준법이 정

하는 바에 따라 회사가 보상한다.

▶[필수] 필수적 기재사항으모 사업장에 따라 업무 외의 재해에 대한 부조 등을 달리 정할 수 있음
• 산재보험법 제80조제1항에 따라 보험급여를 받았거나 받을 수 있으면 보험가입자는 동일한 사유에 대하여 「근로기준법」에 따른 재해보상 책임이 면제됨
• 부상 또는 질병이 3일 이내의 요양으로 치유될 수 있는 경우 또는 취업하지 못한 기간이 3일 이내인 산업재해는 산재보험법의 적용이 제외되므로 근로기준법에 따라 사업주가 보상(산재보상보험법 제40조, 제52조)

제18장 보칙
(선택: 제93조~제94조)

제93조【취업규칙의 비치】
회사는 이 규칙을 사업장 내의 사무실·휴게실 등에 비치하여 사원들이 자유롭게 열람할 수 있도록 한다.

▶[선택] 선택적 기재사항으로 근로기준법에서는 법령의 요지 및 취업규칙 비치 의무를 규정하고 있으므로, 이를 근로자들에게 주지해야 함(근로기준법 제14조)

제94조【취업규칙의 변경】
이 규칙을 변경할 때에는 사원의 과반수로 조직된 노동조합이 있는 경우 그 노동조합, 사원의 과반수로 조직된 노동조합이 없는 경우 사원의 과반수 의견을 청취한다. 다만, 규칙을 불리하게 변경하는 경우에는 동의를 받는다.

▶[선택] 취업규칙 변경절차는 근로기준법 제94조에서 정하고 있다.

〈부   칙〉
(필수: 시행일, 경과규정】

제1조【시행일)
이 규칙은 20 년 월 일부터 시행한다.

▶[필수] 이 취업규칙의 제정 및 개정 시행일을 기재한다.

〈서   식〉

(서식 1) 취업규칙신고서
(서식 2) 취업규칙동의서

(서식 1)

취업규칙 □ 신 고 서 □ 변경신고서		처리기간
		1 일

① 사 업 장 명		② 사업의 종류		
③ 대표자 성명		④ 주민등록번호		
⑤ 근 로 자 수	총계 명(노동조합원수 : 명)		(여성) 명	
⑥ 소 재 지	(전화 :)			
⑦ 의견 청취일 또는 동의일	년 월 일			

근로기준법 제96조 및 동법시행규칙 제17조의 규정에 의하여 위와 같이

취업규칙을　　□ 신　　　고　　합니다.
　　　　　　　□ 변경신고

　　　　　　　　　　　　　　　　　년　　　　　월　　　　　일

　　　　　　　　신고인　　　　　(서명 또는 날인)
　　　　　　　　대리인　　　　　(서명 또는 날인)

지 방 노 동 청(사무소) 장 귀하

(구비서류) 1. 취업규칙(변경신고의 경우에는 변경전과 변경후의 내용을 비교하여 기재한 서류) 2. 근로자의 과반수를 대표하는 노동조합 또는 근로자의 과반수의 의견을 들었음을 입증하는 자료 3. 근로자의 과반수를 대표하는 노동조합 또는 근로자의 과반수의 동의를 얻었음을 입증하는 자료(근로자에게 불이익하게 변경되는 경우에 한함)	수수료 없 음

(서식 2)

취업규칙 동의서

취업규칙 부칙 제○조의 ○○○○년 ○○월 ○○일부터 시행하는 취업규칙에 동의하는 의견(동의)서를 제출합니다.

회사명 :   (제출일 :   년   월   일)

번호	부서	직책	성 명	서명날인	비고

[42]
계약직 취업규칙

제정 ○○○○년 ○○월 ○○일
개정 ○○○○년 ○○월 ○○일

> ▶[필수] 표기는 취업규칙 작성과 신고에 근로기준법과 노동관계법상 필수적 기재사항을 표기하였다.
> ▶[선택] 표기는 노동관계법에서 취업규칙의 작성과 신고에 필요한 선택적 기재사항을 사항을 표기하였다.

〈총 칙〉

제1장 통 칙

> 참고 취업규칙의 목적, 적용범위, 사원의 정의(근로자의 범위)은 필수적 기재사항으로 명확히 규정한다.

제1조【목적】

이 규칙은 ○○주식회사(이하 '회사'라 한다) 계약직 사원의 채용과 복무 및 근로조건 등에 관한 사항을 정함을 목적으로 한다.

> ▶[필수] 취업규칙을 규정하는 목적을 명확히 규정한다.

제2조【적용범위】

① 이 취업규칙(이하 "규칙"이라 한다)은 ○○주식회사(이하 "회사"라 한다)에 근무하는 사원에게 적용한다.

② 사원의 복무 및 근로조건에 관하여 법령, 단체협약 또는 이 규칙 이외의 다른 회사규정에 별도로 정한 경우를 제외하고는 이 규칙이 정하는 바에 따른다.

> ▶[필수] 취업규칙의 적용하는 사업장의 범위, 취업규칙의 규정사항을 명확히 규정한다.

제3조【사원의 정의】

이 규칙에서 "사원"이라 함은 회사와 기간의 정함이 있는 근로계약을 체결한 계약직(기간제) 사원을 말한다. 정규직(무기직) 사원과 일용직(단시간) 사원은 적용을 제외한다.

> ▶[필수] 이 취업규칙의 적용대상 근로자를 명확히 규정한다.

제4조【계약직 계약기간】

① 계약직 근로자의 근로계약기간은 2년 이내의 근로계약서의 기간으로 한다.

② 다만, 1년 이내의 근로계약기간을 체결한 경우 근로자와 사용자는 협의하여 총근로계약기간 2년 이내로 근로계약을 체결할 수 있다.

제2장 채용 및 근로계약

> 참고 채용 관련 사항은 선택적 기재사항으로, 취업규칙의 체계상 관련 규정을 두는 것이 일반적이다.

제5조【채용지원】

회사에 입사를 지원하는 자는 다음 각호의 서류를 제출하여야 한다.

　　1. 이력서 1통

2. 자기소개서 1통

▶[선택] 2019.7.17. 개정 채용절차의 공정화에 관한 법률 일부개정안 제4조의3 시행.
• 구직자 본인의 용모·키·체중 등의 신체적 조건, 출신지역·혼인여부·재산, 직계존비속 및 형제자매의 학력·직업·재산 등 직무 수행에 필요하지 아니한 정보를 기초심사자료에 기재하도록 요구하거나 입증자료로 수집하는 것이 금지됨. (위반시 500만원 이하의 과태료 부과)

제○조【채용서류】

① 채용이 내정된 자는 다음 각호의 서류를 회사가 제시한 기한까지 제출해야 한다.

1. 주민등록등본 1부
2. 병적증명서 1부
3. 자격증서 1부
4. 졸업증명서 1부
5. 기타 회사가 정한 서류

② 회사는 채용내정자에게 건강진단을 시행하거나, 건강진단서의 제출을 요구할 수 있다.

제○조【채용불가】

회사는 다음 각호에 해당하는 자를 채용하지 아니한다.

1. 금치산자와 한정치산자
2. 개인파산선고를 받고 복권되지 아니한 자
3. 금고 이상의 형을 받고 집행종료 5년이 지나지 아니한 자
4. 전형 및 입사서류가 허위이거나, 기재 내용이 허위인 자
5. 불법 또는 부당행위로 타사에서 해고된 자
6. 건강진단서 결과 건강상 업무집행이 어려운 자, 요양이 필요한 자
7. 채용서류를 제출하지 않은 자

▶[선택] 회사는 채용시험, 채용서류, 채용불가, 건강검진 등의 규정을 규칙에 포함할 수 있다.

제6조【근로계약】

① 회사는 채용이 확정된 자와 근로계약을 체결할 때에는 다음 각호의 내용을 해당자에게 명확히 제시한다.

1. 임금
2. 소정근로시간, 휴게시간
3. 휴일
4. 연차유급휴가
5. 취업의 장소 및 종사하여야 할 업무에 관한 사항
6. 근로계약기간

▶[선택] 7. 근로기준법 제93조제1호부터 제12호까지에 해당하는 내용
8. 근로기준법 제10장에 따른 기숙사에 관한 사항(기숙사가 있는 경우에 한정한다)

② 회사는 근로계약을 체결함과 동시에 다음 각호의 내용을 적은 근로계약서 1부를 근로계약을 체결한 사원에게 내어 준다. 이 경우 회사는 해당 사원의 동의 하에 이를 해당 사원의 상용

이메일, 사내 메일 등 전자적 방법으로 송부할 수 있다.

1. 임금의 구성항목, 계산방법, 지급방법
2. 소정근로시간, 휴게시간
3. 휴일
4. 연차유급휴가
5. 취업의 장소 및 종사하여야 할 업무에 관한 사항
6. 근로계약기간

③ 회사는 근로계약 체결 시 제1항의 일부 내용을 대신하기 위한 것임을 명확히 밝히면서 해당 내용이 적시된 취업규칙을 제시할 수 있고, 제2항의 일부내용을 대신하기 위한 것임을 명확히 밝히면서 해당 내용이 적시된 취업규칙을 교부할 수 있다.

▶[선택] 1. 근로기준법 제17조에 따라 사용자는 근로계약을 서면으로 체결하고 사본을 근로자에게 교부하도록 함으로써 근로조건 관련 사항을 명확히 규정한다.
• 무기계약근로자: 근로기준법 제17조(근로조건의 명시) 및 시행령 제8조 참조
• 기간제근로자, 단시간근로자: 기간제 및 단시간근로자 보호 등에 관한 법률 제17조(근로조건의 서면명시)
2. 근로계약 체결시 명시 및 서면명시 해야 하는 근로조건이 적시된 취업규칙을 제시하거나 교부함으로써 명시·서면명시 및 교부절차를 간소화할 수 있다.

제7조 【수습기간】

① 신규로 채용된 자는 최초로 근무를 개시한 날부터 ○개월간을 수습기간으로 한다.
② 제1항의 수습기간은 근속년수에 포함하되, 수습을 시작한 날부터 3개월 이내의 기간은 평균임금산정기간에는 포함하지 아니한다.

▶[선택] 수습기간을 반드시 설정하여야 하는 것은 아니지만, 수습기간을 설정하는 경우에는 그 기간을 명확히 한다.
• 수습기간은 근로계약 체결 이후의 기간이므로 근속기간에 포함되며, 직무의 성질 등을 감안하여 사회통념상 인정되는 범위에서 지나치게 장기간이 되지 않도록 함
• 수습기간 3개월까지는 최저임금의 100분의 10을 감액할 수 있으나, 단순노무업무로 고용노동부장관이 고시한 직종은 감액 적용 불가(최저임금법 제5조 및 시행령 제3조 참조)
• 고용부장관고시직종: 한국표준직업분류 상 대분류9(단순노무 종사자)에 해당하는 직종

제3장 복 무

참고 복무 관련 사항은 선택적 기재사항으로 일반적으로 취업규칙에 규정하는 사항이며 근로기준법 등에 위반되지 않도록 하여야 한다. 사업장 질서유지 차원에서 정하는 사항으로 사업장의 사정에 따라 달리 정할 수 있다.

제8조 【복무의무】

사원은 다음 각호의 사항을 준수하여야 한다.

1. 사원은 맡은바 직무를 충실히 수행하여야 한다.
2. 사원은 직무상 지득한 비밀을 엄수하고 회사기밀을 누설해서는 아니 된다. 다만, 공익

신고자 보호법상의 '공익신고자'의 경우에는 적용되지 아니한다.

3. 사원은 회사의 제반규정을 준수하고 상사의 정당한 직무상 지시에 따라야 한다.

4. 사원은 사원으로서 품위를 손상하거나 회사의 명예를 실추시키는 행위를 하여서는 아니 된다.

5. 사원은 그 밖에 제1호부터 제4호까지 규정에 준하는 행위를 하여서는 아니 된다.

▶[선택] 근로자의 기본권 및 그 밖의 법령에 따른 권익을 침해하지 않도록 유의해야 하며, 경영·인사 상 최소한의 범위에서 규정해야 함(예) 법률적 근거가 없거나 그 범위를 넘어서, 업무와 관계없이 정치활동을 전면적으로 금지하거나 승인 하에 허용하는 내용은 기본권 침해 소지가 있으므로 취업규칙에 명시하지 않도록 유의)

제9조【출근, 결근】

① 사원은 업무시간 시작 전까지 출근하여 업무에 임할 준비를 하여 정상적인 업무수행에 차질이 없도록 하여야 한다.

② 질병이나 그 밖의 부득이한 사유로 결근하고자 하는 경우에는 사전에 소속부서의 장의 승인을 받아야 한다. 다만, 불가피한 사유로 사전에 승인을 받을 수 없는 경우에는 결근 당일에라도 그 사유를 명확히 하여 사후 승인을 받아야 하며 정당한 이유 없이 이러한 절차를 이행하지 아니한 경우 무단결근을 한 것으로 본다.

▶[선택] 사용자의 지시 및 강요에 의하여 업무시간보다 일찍 출근시간을 정할 경우 그 시간부터 근로시간에 해당될 수 있다.

제10조【지각·조퇴 및 외출】

① 사원은 질병 그 밖의 부득이한 사유로 지각하게 되는 경우에는 사전에 부서의 장 또는 직근 상급자에게 알려야 하며, 부득이한 사정으로 사전에 알릴 수 없는 경우에는 사후에라도 지체 없이 이 사실을 알려야 한다.

② 사원은 근로시간 중에는 사적인 용무를 이유로 근무 장소를 이탈할 수 없다. 다만, 질병이나 그 밖의 부득이한 사유가 있는 경우에는 소속부서의 장의 승인을 받아 조퇴 또는 외출할 수 있다.

③ 사원이 지각, 조퇴 또는 외출한 시간은 무급으로 처리함을 원칙으로 한다.

▶[선택] 지각·조퇴 및 외출로 인한 누계시간을 결근으로 취급하는 것은 연차휴가 산정에 불리하게 영향을 주는 것으로 허용되지 않음. 다만, 노사 간 특약으로 지각·조퇴 및 외출로 인한 누계시간을 연차휴가를 사용한 것으로 하여 연차휴가 일수에서 공제하는 것은 가능(근기68207-157, 2000.1.22)

제11조【출장】

① 회사는 업무수행을 위하여 필요한 경우 사원에게 출장을 명할 수 있다.

② 회사는 행선지별 여비, 숙박비, 현지교통비 등 출장 비용을 실비 범위 내에서 지급한다.

▶[선택] 업무를 수행해야 할 장소가 유동적인 경우를 대비하여 확인적인 취지로 명시할 수 있음

제4장 인 사

> 참고 인사이동 관련 규정은 선택적 기재사항으로, 일반적인 사내기준으로 적용하기 위하여 취업규칙에 규정할 수 있다. 내용상 근로기준법 등 관련 법률에 위반되지 않도록 하여야 한다.

제12조 【배치, 전직, 승진】

① 회사는 사원의 능력, 적성, 경력 등을 고려하여 부서의 배치, 전직, 승진 등 인사발령을 하며, 사원은 정당한 사유 없이 이를 거부할 수 없다.

② 회사는 제1항에 따른 인사발령을 할 때 합리적인 이유 없이 남녀를 차별하지 아니한다.

③ 제1항에 따른 인사발령의 기준 등 필요한 사항에 대하여는 별도의 규정으로 정한다.

> ▶ [선택] 투명한 인사운영을 위해 규정하는 경우가 많으며 사업장 사정에 따라 별도의 인사규정으로 정하는 것도 가능
> • 전직, 전근, 승진 등 인사발령을 함에 있어 합리적인 이유 없이 특정 성(姓)을 불리하게 대우하지 않아야 함(남녀고용평등법 제10조 참조)

제5장 휴 직

> 참고 육아휴직 및 가족돌봄휴직은 필수적 기재사항이다.

제13조 【육아휴직】

만 8세 이하 또는 초등학교 2학년 이하의 자녀(입양한 자녀를 포함한다)를 가진 사원이 그 자녀의 양육을 위하여 필요한 경우에 따른 육아휴직을 1년 이내로 부여할 수 있다,

제14조 【가족돌봄휴직】

사원이 부모, 배우자, 배우자의 부모, 자녀(이하 "가족"이라 한다)의 질병, 사고, 노령으로 인하여 그 가족을 돌보기 위하여 필요한 경우에 연간 90일 이내, 1회 30일 이상의 가족돌봄휴직을 부여한다.

> ※ 육아휴직과 가족돌봄휴직 등 법률상 부여의무가 있는 내용은 필수적으로 포함 필요
> • 육아휴직 관련: 남녀고용평등법 제19조,
> • 가족돌봄휴직 관련: 남녀고용평등법 제22조의2

제15조 【휴직명령】

① 회사는 사원이 휴직원을 제출하면 이를 심사하여 휴직명령 여부를 결정하여 사원에게 서면으로 통보한다.

② 회사는 육아휴직사유가 육아휴직을 시작하려는 날의 전날까지 계속 근로한 기간이 6개월 미만인 경우에 해당하는 경우에는 휴직명령을 하지 않을 수 있다.

③ 회사는 가족돌봄휴직사유가 다음 각호의 어느 하나에 해당하는 경우에는 휴직명령을 하지 않을 수 있다. 다만, 이 경우 회사는 업무를 시작하고 마치는 시간의 조정, 연장근로의 제한 또는 근로시간의 단축·탄력적 운영 등 가족돌봄휴직을 신청한 사원을 지원하기 위하여 필요한

조치를 하도록 노력한다.

1. 가족돌봄휴직을 시작하려는 날의 전날까지 계속 근로한 기간이 1년 미만인 경우
2. 가족돌봄휴직을 신청한 사원 외에 가족이 돌봄이 필요한 가족을 돌볼 수 있는 경우
3. 회사가 직업안정기관에 구인신청을 하고 14일 이상 대체인력을 채용하기 위하여 노력하였으나 대체인력을 채용하지 못한 경우
4. 사원의 가족돌봄휴직으로 인하여 정상적인 사업 운영에 중대한 지장이 초래되는 것으로 증명되는 경우

④ 제3항의 경우 회사는 업무를 시작하고 마치는 시간의 조정, 연장근로의 제한 또는 근로시간의 단축·탄력적 운영 등 가족돌봄휴직을 신청한 사원을 지원하기 위하여 필요한 조치를 하도록 노력한다.

> ▶[선택] 사업장 내 휴직 절차 등을 명확히 하기 위해 규정할 수 있음
> • 2020년부터는 같은 자녀에 대해 부모가 모두 육아휴직을 할 수 있도록 제도개선(취업규칙 변경시 남녀고용평등법 시행령 제10조)

제16조 【준수사항)

① 휴직자는 휴직기간 중 거주지의 변동 등의 사유가 있을 때에는 지체 없이 회사에 그 사실을 알려야 한다.

② 회사는 사원이 육아휴직하는 경우 고용보험법령이 정하는 육아휴직급여를 받을 수 있도록 증빙서류를 제공하는 등 적극 협조한다.

> ▶[선택] 휴직제도 운영 관련 휴직자와 회사의 준수사항 기재한다.

제17조 【복직】

① 사원은 휴직기간 만료일 7일 전까지 복직원을 제출하여야 한다. 다만, 휴직기간의 연장이 필요한 경우에는 휴직기간 만료일 30일 전까지 그 사유를 명시하여 승인을 신청하여야 한다.

② 제1항 단서의 경우 회사는 신청일부터 ○일 내에 휴직사유별 기간의 범위 내에서 휴직기간의 연장 승인 여부를 결정하여 서면으로 통보한다.

③ 사원은 휴직기간 중 휴직사유가 소멸되었을 때에는 지체없이 복직원을 제출해야 한다.

④ 회사는 휴직 중인 사원으로부터 복직원을 제출 받은 경우에는 최대한 빠른 시일 내에 휴직 전의 직무에 복직시키도록 노력하되, 부득이한 경우에는 그와 유사한 업무나 동등한 수준의 급여가 지급되는 직무로 복귀시키도록 노력한다.

> ▶[선택] 복직 절차는 사업장의 사정에 따라 달리 정할 수 있으나, 휴직 및 복직과 관련한 논란을 줄이기 위해 명확히 규정할 필요

제18조 【근속기간의 계산 등)

① 휴직기간은 근속기간에 산입하되, 근로기준법 제2조제1항제6호에 따른 평균임금 산정기준이 되는 기간에서는 제외한다.

② 제17조제2호에 따른 휴직사유로 휴직한 기간은 「근로자퇴직급여보장법」 제8조에 따른 퇴직

금 산정을 위한 계속근로기간에서 제외한다.

> ▶[선택] 근속기간 산입여부 등에 대하여 명확히 하는 차원에서 규정한다. 사업장에서 허용한 휴직기간은 근속기간에 산입하는 것이 일반적이다. 육아휴직 및 가족돌봄휴직기간은 근속기간에 반드시 포함한다 (남녀고용평등법 제19조제4항 및 제22조의제5항 참조).

제6장 근로시간

> 참고 근로시간 관련 규정은 필수적 사항이며 근로기준법 등 관련 법률에 위반되지 않도록 할 필요하다.

제19조 【교대근로】

각 사원(또는 ○○직무, ○○팀】의 근무형태는 ○조○교대로 한다.

> ▶[필수] 교대근로를 도입하고자 하는 경우에는 필수로 규정해야 함, 교대근로제를 도입하거나 형태를 변경하고자 하는 경우에는 취업규칙 변경 필요함.

제20조 【근로시간】

① 근로시간 산정을 위한 기준이 되는 1주는 유급주휴일을 포함하여 ○요일부터 ○요일까지 7일로 하고, 이 중 근무일은 ○요일부터 ○요일까지 ○일이며, 매주 ○요일은 무급휴무일로 한다.

② 1주간의 근로시간은 휴게시간을 제외하고 40시간으로 한다. 다만, 18세 미만인 사원의 경우 1주간의 근로시간은 휴게시간을 제외하고 35시간으로 한다.

③ 1일의 근로시간은 휴게시간을 제외하고 ○○:○○부터 ○○:○○시까지 8시간으로 한다. 다만, 18세 미만 사원의 경우 1일의 근로시간은 휴게시간을 제외하고 ○○:○○부터 ○○:○○까지 7시간으로 한다.

> ▶[필수] 주40시간제를 주5일제 형태로 실시하는 경우 유급주휴일 외의 나머지 1일을 무급으로 할지 또는 유급으로 할지를 명확히 규정한다.

제21조 【휴게】

① 휴게시간은 근로시간 중 ○○:○○시부터 ○○:○○시까지로 한다. 다만, 업무 사정에 따라 휴게시간을 달리 정하여 운영할 수 있다.

② 제1항 단서에 따라 휴게시간을 달리 정할 경우 회사는 해당되는 사원에게 미리 공지한다.

> ▶[필수] 근로시간이 4시간인 경우에는 30분 이상, 8시간인 경우에는 1시간 이상의 휴게시간을 근로시간 도중에 부여하고, 휴게시간은 근로자가 자유롭게 이용할 수 있어야 한다(근로기준법 제54조 참조).

제22조 【탄력적 근로시간제】

① 회사는 ○○월부터 ○○월까지 ○○개월 동안 생산직 사원에 대하여 다음 각호에 정하는 바에 따라 2주단위의 탄력적 근로시간제를 시행한다.
  1. 주당 근무시간: 첫 주 ○○시간, 둘째 주 ○○시간
  2. 첫 주의 1일 근무시간: ○요일부터 ○요일까지 ○○시간(○○:○○부터 ○○:○○까지,

휴게시간은 ○○:○○부터 ○○:○○까지)

3. 둘째 주의 1일 근무시간: ○요일부터 ○요일까지 ○○시간(○○:○○부터 ○○:○○까지, 휴게시간은 ○○:○○부터 ○○:○○까지)

② 회사는 사원이 제1항에 따라 근무하는 경우 1일 중 8시간을 초과한 근로시간에 대하여는 가산수당을 지급하지 아니한다.

③ 15세 이상 18세 미만의 사원과 임신 중인 여성사원은 탄력적 근로시간제를 적용하지 아니한다.

④ 이 조에 따른 탄력적 근로시간제는 이 규칙 시행일부터 ○년이 경과한 날까지 효력을 가진다.

> ▶[선택] 사업장의 사정에 따라 2주 단위의 탄력적근로시간제를 도입할 필요가 있는 경우에는 취업규칙에 필수적으로 명시하여야 함(근로기준법 제51조 참조)
> - 이 경우 특정 주 또는 특정한 날의 근로시간이 법정근로시간을 초과하더라도 단위기간을 평균하여 법정근로시간을 초과하지 않는다면 연장근로가산수당을 지급하지 않을 수 있음
> - 근로자대표와 서면합의에 따라서 단위기간을 `3개월 이내`로 운영 가능
>   - 근로자대표는 '근로자 과반수로 조직된 노동조합', 없는 경우에는 '근로자의 과반수를 대표하는 자'를 말함(권한의 범위를 명확히 밝히고 선출해야 함)

제23조 【선택적 근로시간제】

① 회사는 업무의 시작 및 종료 시각을 사원 의 결정에 맡기기로 한 다음 각호의 어느 하나에 해당하는 사람에 대하여 사원대표와 서면으로 합의한 내용에 따라 근로기준법 제52조에 따른 선택적 근로시간제를 시행할 수 있다.

1. 연구개발팀 소속 사원
2. 디자인·설계팀 소속 사원

② 제1항에 따른 선택적 근로시간제에 관하여 회사가 사원대표와 서면으로 합의하여야 하는 내용은 다음 각호와 같다.

1. 대상 사원의 범위
2. 정산기간(1개월 이내의 일정한 기간으로 정한다)
3. 정산기간의 총 근로시간
4. 반드시 근로하여야 할 시간대를 정하는 경우에는 그 시작 및 종료 시각
5. 사원이 그의 결정에 따라 근로할 수 있는 시간대를 정하는 경우에는 그 시작 및 종료 시각
6. 표준근로시간(유급휴가 등의 계산 기준으로 회사가 사원대표와 합의하여 정한 1일의 근로시간을 말한다)

③ 회사가 선택적 근로시간제를 시행하는 경우에는 정산기간을 평균하여 1주간의 근로시간이 40시간을 초과하지 아니하는 범위에서 1주에 40시간, 1일에 8시간을 초과하여 근로하게 할 수 있다.

④ 제1항 및 제2항에 따라 정산기간을 평균한 1주간의 근로시간이 40시간을 초과하지 않는 경우, 특정한 날 또는 주에 법정근로시간을 초과한 시간에 대하여는 가산수당을 지급하지 아니한다.

⑤ 15세 이상 18세 미만의 사원은 선택적 근로시간제를 적용하지 아니한다.

> ▶[선택] 취업규칙에 따라 업무의 시작 및 종료 시각을 근로자의 결정에 맡기기로 한 근로자에 대하여 근로자대표와 서면 합의로 선택적 근로시간제를 도입할 수 있음(근로기준법 제52조 참조)
> • 이 경우 특정 주 또는 특정한 날의 근로시간이 법정근로시간을 초과하더라도 정산기간을 평균하여 법정근로시간을 초과하지 않는다면 연장근로가산수당을 지급하지 않을 수 있음

제24조 【간주근로시간제】

① 사원이 출장, 파견 등의 이유로 근로시간의 일부 또는 전부를 사업장 밖에서 근로하여 근로시간을 산정하기 어려운 경우에는 소정근로시간을 근로한 것으로 본다.

② 사원이 출장, 파견 등의 업무를 수행하기 위하여 통상적으로 소정근로시간을 초과하여 근로할 필요가 있는 경우에는 그 업무의 수행에 통상 필요한 시간을 근로한 것으로 본다. 다만, 사원대표와 서면 합의를 통하여 이를 달리 정할 수 있다.

> ▶[선택] 출장, 외부영업 등으로 사업장 밖에서의 근로시간을 계산하기 어려운 경우를 대비하여 규정할 필요하다. 제2항에 대하여는 근로자대표와 서면합의를 통해 사업장 사정에 따라 달리 정할 수 있음(근로기준법 제58조제1항 및 제2항 참조)

제25조 【재량근로】

업무의 성질에 비추어 업무수행방법을 사원의 재량에 위임할 필요가 있는 업무로서 근로기준법 시행령에서 규정된 업무는 사원대표와 서면 합의로 정한 시간을 근로한 것으로 본다. 서면 합의 시 다음 각호의 사항을 명시하여야 한다.

1. 대상업무
2. 회사가 업무의 수행 수단 및 시간 배분 등에 관하여 사원에게 구체적인 지시를 하지 아니한다는 내용
3. 근로시간의 산정은 그 서면 합의로 정하는 바에 따른다는 내용

> **참고** ▶[선택] 업무수행 방법에 재량근로대상 업무에 대하여는 근로자대표와 서면합의로 정한 시간을 근로한 것으로 볼 수 있다.
> [재량근로의 대상업무]
> 1. 신상품 또는 신기술의 연구개발이나 인문사회과학 또는 자연과학분야의 연구 업무
> 2. 정보처리시스템의 설계 또는 분석 업무
> 3. 신문, 방송 또는 출판 사업에서의 기사의 취재, 편성 또는 편집 업무
> 4. 의복·실내장식·공업제품·광고 등의 디자인 또는 고안 업무
> 5. 방송 프로그램·영화 등의 제작 사업에서의 프로듀서나 감독 업무
> 6. 그 밖에 고용노동부장관이 정하는 업무(회계·법률사건·납세·법무·노무관리·특허·감정평가·금융투자분석·투자자산 운용 등의 사무에 있어 타인의 위임·위촉을 받아 상담·조언·감정 또는 대행을 하는 업무)

제26조 【연장·야간 및 휴일근로】

① 연장근로는 1주간 12시간을 한도로 사원의 동의하에 실시할 수 있다. 다만, 18세 미만 사원은 1일 1시간, 1주일에 5시간을 한도로 사원의 동의하에 실시할 수 있고, 산후 1년이 지나지 아니한 여성사원에 대하여는 단체협약이 있는 경우라도 1일 2시간, 1주 6시간, 1년 150시간을 한도로 사원의 동의하에 실시할 수 있으며, 임신 중인 여성사원은 연장근로를 실시할 수 없다.

② 연장근로에 대하여는 통상임금의 100분의 50 이상을 가산하여 지급한다.

③ 제2항에도 불구하고 회사는 휴일근로에 대하여는 다음 각호의 기준에 따라 가산하여 사원에게 지급한다.

　　1. 8시간 이내의 휴일근로: 통상임금의 100분의 50

　　2. 8시간을 초과한 휴일근로: 통상임금의 100분의 100

④ 회사는 야간근로(오후 10시부터 다음 날 오전 6시 사이의 근로를 말한다)에 대하여는 통상임금의 100분의 50 이상을 가산하여 사원에게 지급한다.

⑤ 회사는 사원대표와 서면 합의하여 연장·야간 및 휴일근로에 대하여 임금을 지급하는 것을 대신하여 휴가를 줄 수 있다.

▶[필수] 근로기준법에 명시된 사항이며 확인적 차원에서 규정하는 것도 가능. 다만 산후 1년 미만 여성과, 임신 중인 근로자에 대한 내용은 필수 사항(근로기준법 제53조, 제56조, 제69조, 제71조, 제74조 참조)
• 근로자대표의 서면합의로 연장·야간 및 휴일근로에 대하여 임금을 지급하는 것을 대신하여 휴가를 줄 수 있음(근로기준법 제57조 참조)

제27조【야간 및 휴일근로의 제한】

① 18세 이상의 여성 사원을 오후 10시부터 오전 6시까지 근로하게 하거나 휴일에 근로를 시킬 경우 당해 사원의 동의를 얻어 실시한다.

② 임산부와 18세 미만인 사원에 대하여는 오후 10시부터 오전 6시까지의 시간 및 휴일에 근로를 시키지 않는 것을 원칙으로 한다. 다만, 다음 각호의 어느 하나에 해당 하는 경우에는 그 시행 여부와 방법 등에 관하여 사원대표와 성실히 협의한 후 고용노동부장관의 인가를 받아 야간 및 휴일근로를 실시할 수 있다.

　　1. 18세 미만자의 동의가 있는 경우

　　2. 산후 1년이 지나지 아니한 여성의 동의가 있는 경우

　　3. 임신 중의 여성이 명시적으로 청구하는 경우

▶[필수] 근로자의 모성보호에 관한 사항으로 필수규정 사항
1. 18세 이상 여성: 휴일, 야간근로를 시키고자할 경우 당해근로자의 동의 필요(근로기준법 제70조제1항 참조)
2. 임산부와 18세 미만 사원: 원칙적으로 야간 및 휴일근로를 제한, 업무상 필요한 경우 해당근로자의 동의 또는 명시적 청구와 더불어 시행 여부와 방법 등에 관하여 근로자대표와 성실히 협의한 후 고용노동부장관의 인가를 받아 실시할 수 있음(근로기준법 제70조제2항 및 제3항 참조)

제28조【근로시간 및 휴게·휴일의 적용제외】

① 다음 각호의 어느 하나에 해당하는 사원에 대하여는 1주 40시간, 1일 8시간을 초과하여 연장근로하거나 휴일에 근로하더라도 연장근로 및 휴일근로 가산임금을 지급하지 않는다.

　　1. 감시·단속적 업무로서 고용노동부장관의 승인을 받은 경우

　　2. 관리·감독 업무 또는 기밀취급 업무에 종사하는 경우

② 제1항의 각호에 해당하는 사원이 야간에 근로한 경우 통상임금의 100분의 50 이상을 가산하여 지급한다.

▶[선택] 근로기준법 제63조의 사항으로 해당자를 명확히 구분할 수 있는 사업장의 경우 확인적 차원에서 규정하는 것도 가능(근로기준법 제63조 참조)
1. 휴일 및 휴게, 근로시간 제도를 적용제외 하더라도 야간근로에 대한 가산임금은 지급해야 함

제7장 휴일·휴가

참고 휴일·휴가 관련 규정은 필수적 사항이며 내용상 근로기준법 등 관련 법률을 위반하지 않아야 한다.

제29조 【유급휴일)

① 1주 동안 소정근로일을 개근한 사원에 대하여는 일요일을 유급주휴일로 부여한다.

② 근로자의 날(5월 1일)은 유급휴일로 한다.

③ 「관공서의 공휴일에 관한 규정」에 따른 공휴일 및 대체공휴일은 유급휴일로 한다. 다만, 사원대표와 서면 합의한 경우 특정한 근로일로 대체할 수 있다.

▶[필수] 근로기준법 개정(`18.3.20)에 따라 아래와 같이 관공서의 공휴일에 관한 규정 제2조 각호(제1호는 제외)에 따른 공휴일 및 같은 영 제3조에 따른 대체공휴일은 유급휴일로 시행한다(근로기준법 제55조 및 시행령 제30조 참조).
• 상시근로자 300명 이상 사업장, 국가와 지방자치단체, 공공기관 등 : 2020.1.1.
• 상시근로자 30명 이상 300명 미만 사업장 : 2021.1.1.
• 상시근로자 5인 이상 30명 미만 사업장 : 2022.1.1

제30조 【연차유급휴가】

① 1년간 80퍼센트 이상 출근한 사원에게는 15일의 유급휴가를 준다.

② 계속하여 근로한 기간이 1년 미만인 사원 또는 1년간 80퍼센트 미만 출근한 사원에게 1개월 개근 시 1일의 유급휴가를 준다.

③ 3년 이상 근속한 사원에 대하여는 제1항 규정에 따른 휴가에 최초 1년을 초과하는 계속 근로 연수 매 2년에 대하여 1일을 가산한 유급휴가를 주며, 가산휴가를 포함한 총 휴가일수는 25일을 한도로 한다.

④ 제1항 및 제2항을 적용하는 경우 다음 각호의 어느 하나에 해당하는 기간은 출근한 것으로 본다.

1. 사원이 업무상의 부상 또는 질병으로 휴업한 기간

2. 임신 중의 여성이 근로기준법 제74조제1항부터 제3항까지의 규정에 따른 휴가로 휴업한 기간

3. 「남녀고용평등과 일·가정 양립 지원에 관한 법률」 제19조제1항에 따른 육아휴직으로 휴업한 기간

⑤ 회사는 인사노무관리의 편의상 회계연도 기준으로 연차유급휴가를 부여할 수 있다.

> ▶[필수] 연차휴가에 관한 사항은 필수적 기재사항(근로기준법 제60조 참조)
> 1. 근로기준법 제60조 개정(2017.11.28.)에 따라 근로한 기간이 1년 미만인 근로자의 경우 최초 1년간의 근로에 대한 15일의 연차휴가와 별개로 1개월 개근 시 1일의 유급휴가를 주어야함(최초 1년 11일)(시행일: 2018.5.29. 개정법 2017.5.30. 이후 입사자부터 적용됨)
> 2. 2018.5.29. 이후 개시하는 육아휴직은 연차유급휴가 산정시 출근한 것으로 본다.

제31조 【연차휴가의 사용】

① 사원의 연차유급휴가는(계속하여 근로한 기간이 1년 미만인 근로자의 제2항에 따른 유급휴가는 최초 1년의 근로가 끝날 때까지의 기간을 말한다) 1년간 행사하지 아니하면 소멸된다. 다만, 회사의 귀책사유로 사용하지 못한 경우에는 그러하지 아니하다.

② 회사는 제33조제1항 및 제3항에 따른 연차유급휴가의 사용을 촉진하기 위하여 다음 각호의 조치(이하 "사용촉진조치"라 한다)를 취할 수 있다. 회사의 사용촉진조치에도 불구하고 사원이 사용하지 아니한 연차유급휴가에 대하여는 금전으로 보상하지 아니한다.

   1. 연차유급휴가 사용기간이 끝나기 6개월 전을 기준으로 10일 이내에 사원에게 사용하지 않은 휴가일수를 알려주고, 사원이 그 사용 시기를 정하여 회사에 통보하도록 서면으로 촉구할 것

   2. 제1호에 따른 촉구에도 불구하고 사원이 촉구를 받은 때부터 10일 이내에 사용하지 않은 휴가의 전부 또는 일부의 사용 시기를 정하여 회사에 통보하지 않은 부분에 대하여 연차유급휴가 사용기간이 끝나기 2개월 전까지 회사가 사용 시기를 정하여 사원에게 서면으로 통지할 것

> ▶[선택] (근로기준법 제60조 제7항) 근로기준법 제60조 제1항·제2항 및 제4항에 따른 휴가는 1년간(계속하여 근로한 기간이 1년 미만인 근로자의 제2항에 따른 유급휴가는 최초 1년의 근로가 끝날 때까지의 기간을 말한다) 행사하지 아니하면 소멸된다. 다만, 사용자의 귀책사유로 사용하지 못한 경우에는 그러하지 아니하다. 〈개정 2020. 3. 31.〉

제32조 【연차유급휴가의 대체】

회사는 사원대표와의 서면합의에 의하여 연차유급휴가일을 갈음하여 특정한 근로일에 사원을 휴무시킬 수 있다.

> ▶[선택] 사업장 사정에 따라 적정하게 보완하여 규정할 수 있음(근로기준법 제62조 참조)

제33조 【하기휴가】

사원은 ○○월 ○○일부터 ○○월 ○○일까지 사이에 하기(夏期)휴가를 사용할 수 있다. 이 경우 휴가개시일 3일 전에 부서의 장에게 승인을 받아야 한다.

> ▶[선택] 사업장 사정에 따라 하기휴가를 특별휴가로 부여할 것인지 연차휴가를 사용하는 것으로 할 것인지 정할 수 있음

제34조 【경조사 휴가】

① 회사는 다음 각호의 어느 하나에 해당하는 범위에서 사원의 신청에 따라 유급의 경조사휴가

를 부여한다.

1. 본인의 결혼: 5일

2. 배우자의 출산: 10일

3. 본인·배우자의 부모 또는 배우자의 사망: 5일

4. 본인·배우자의 조부모 또는 외조부모의 사망: 3일

5. 자녀 또는 그 자녀의 배우자의 사망: 3일

6. 본인·배우자의 형제·자매 사망 : 3일

② 제1항에 각호(제2호 제외)에 따른 경조사 휴가기간 중 휴일 또는 휴무일이 포함되어 있는 경우에는 이를 포함하여 휴가기간을 계산한다.

※ 사업장 사정에 따라 달리 정할 수 있음

▶[선택] 반드시 유급으로 규정해야 하는 것은 아니며, 최소한의 기간은 유급으로 부여하고 추가로 필요한 기간은 연차휴가를 사용하도록 하는 방안도 가능

▶[필수] 다만, 근로자가 배우자의 출산을 이유로 휴가를 청구하면, 사업주는 휴일을 제외하고 10일의 유급휴가를 부여해야 함(남녀고용평등법 제18조의2, 2019.10.1 시행)

제35조 【생리휴가】

회사는 여성 사원이 청구하는 경우 월 1일의 무급생리휴가를 부여한다.

▶[필수] 필수적 기재사항이다(근로기준법 제73조, 제93조제1호 참조).

제36조 【병가】

① 회사는 사원이 업무 외 질병·부상 등으로 병가를 신청하는 경우에는 연간 60일을 초과하지 않는 범위 내에서 병가를 허가할 수 있다. 이 경우 병가기간은 무급으로 한다.

② 상해나 질병 등으로 1주 이상 계속 결근 시에는 검진의사의 진단서를 첨부하여야 한다.

▶[선택] 선택적 사항으로 취업규칙에 규정하는 것이 일반적이며 사업장 사정에 따라 달리 정할 수 있음

제37조 【난임치료휴가】

① 회사는 사원이 인공수정 또는 체외수정 등 난임치료를 받기 위하여 휴가(이하 "난임치료휴가"라 한다)를 청구하는 경우에 연간 3일 이내의 휴가를 주어야 하며, 이 경우 최초 1일은 유급으로 한다. 다만, 해당 사원이 청구한 시기에 휴가를 주는 것이 정상적인 사업 운영에 중대한 지장을 초래하는 경우에는 사원과 협의하여 그 시기를 변경할 수 있다.

② 난임치료를 받기 위한 휴가를 신청하려는 사원은 난임치료휴가를 시작하려는 날의 3일 전까지 회사에 신청하여야 한다.

③ 회사는 난임치료휴가를 신청한 사원에게 난임치료를 받을 사실을 증명할 수 있는 서류의 제출을 요구할 수 있다.

▶[필수] 2018.5.29.부터 난임치료휴가 제도가 의무화 됨. 난임치료휴가 부여 여부는 사업주의 의무사항이며, 법에서 정하는 예외적인 경우에 한하여 허용하지 아니할 수 있음 (위반시 500만원 이하의 과태료)

제8장 모성보호 및 일·가정 양립 지원

> 참고 모성보호 관련 규정은 필수적 기재사항으로 관련 법률에 위반되지 않도록 기재한다.

제38조 【임산부의 보호)

① 임신 중의 여성 사원에게는 출산 전과 출산 후를 통하여 90일(한 번에 둘 이상 자녀를 임신한 경우에는 120일)의 출산전후휴가를 준다. 이 경우 반드시 출산 후에 45일(한 번에 둘 이상 자녀를 임신한 경우에는 60일) 이상 부여한다.

② 임신 중인 여성 사원이 유산의 경험 등 근로기준법 시행령 제43조제1항이 정하는 사유로 제1항의 휴가를 청구하는 경우 출산 전 어느 때라도 휴가를 나누어 사용할 수 있도록 한다. 이 경우 출산 후의 휴가 기간은 연속하여 45일(한 번에 둘 이상 자녀를 임신한 경우에는 60일) 이상이 되어야 한다.

③ 제1항 및 제2항에 따른 휴가 기간 중에 사원이 고용보험법에 따라 지급 받은 출산전후휴가 등 급여액이 그 사원의 통상임금보다 적을 경우 회사는 최초 60일분(한 번에 둘 이상 자녀를 임신한 경우의 출산전후휴가는 75일분】의 급여와 통상임금의 차액을 지급한다.

④ 임신 중인 여성 사원이 유산 또는 사산한 경우로서 해당 사원이 청구하는 경우에는 다음 각 호에 따른 휴가를 부여한다. 다만, 모자보건법에서 허용되지 않는 인공중절 수술은 제외한다.

 1. 유산 또는 사산한 여성 사원의 임신기간이 11주 이내인 경우: 유산 또는 사산한 날로부터 5일까지

 2. 유산 또는 사산한 여성 사원의 임신기간이 12주 이상 15주 이내인 경우: 유산 또는 사산한 날로부터 10일까지

 3. 유산 또는 사산한 여성 사원의 임신기간이 16주 이상 21주 이내인 경우: 유산 또는 사산한 날로부터 30일까지

 4. 유산 또는 사산한 여성 사원의 임신기간이 22주 이상 27주 이내인 경우: 유산 또는 사산한 날로부터 60일까지

 5. 임신기간이 28주 이상인 경우: 유산 또는 사산한 날로부터 90일까지

⑤ 회사는 사원이 출산전후휴가 급여 등을 신청할 경우 고용보험법에 따라 출산전후휴가 급여 등을 받을 수 있도록 증빙서류를 제공하는 등 적극 협조한다.

⑥ 임신 중의 여성 사원에게는 연장근로를 시키지 아니하며, 그 사원의 요구가 있는 경우 쉬운 종류의 근로로 전환시킨다.

⑦ 회사는 임신 후 12주 이내 또는 36주 이후에 있는 여성 사원이 1일 2시간의 근로시간 단축을 신청하는 경우 이를 허용하여야 한다. 다만, 1일 근로시간이 8시간 미만인 사원에 대하여는 1일 근로시간이 6시간이 되도록 근로시간 단축을 허용할 수 있다.

⑧ 회사는 제7항에 따른 근로시간 단축을 이유로 해당 사원의 임금을 삭감하지 아니한다.

⑨ 회사는 임산부 등 여성 사원에게 근로기준법 제65조에 따른 도덕상 또는 보건상의 유해·위험한 직종에 근로시키지 아니한다.

▶[필수] 필수적 기재사항으로 모성보호 제도의 정착 차원에서 규정(근로기준법 제74조 참조)

구 분	일반	다태아
전체 출산전후 휴가기간	90일 (출산후 45일)	120일 (출산후 60일)
기업의 유급의무 기간	60일	75일

제39조【태아검진 시간의 허용 등)

① 회사는 임신한 여성 사원이 모자보건법 제10조에 따른 임산부 정기건강진단을 받는데 필요한 시간을 청구하는 경우 이를 허용한다.

② 회사는 제1항에 따른 건강진단 시간을 이유로 사원의 임금을 삭감하지 아니한다.

▶[필수] 근로기준법 제74조의2 참조, 모자보건법에 따른 임산부 정기건강진단 실시기준
- 임신 28주까지: 4주마다 1회
- 임신 29주에서 36주까지: 2주마다 1회
- 임신 37주 이후: 1주마다 1회

제40조【육아기 근로시간 단축】

① 회사는 근로자가 만 8세 이하 또는 초등학교 2학년 이하의 자녀를 양육하기 위하여 근로시간의 단축(이하 "육아기 근로시간 단축"이라 한다)을 신청하는 경우에 이를 허용하여야 한다. 다만, 단축개시예정일의 전날까지 해당 사업에서 계속 근로한 기간이 1년 미만인 경우, 같은 영유아의 육아를 위하여 배우자가 육아휴직을 하고 있는 경우, 대체인력 채용이 불가능한 경우, 정상적인 사업 운영에 중대한 지장을 초래하는 경우 등 남녀고용평등법 시행령 제15조의2에 해당하는 경우에는 그러하지 아니하다.

② 회사가 육아기 근로시간 단축을 허용하지 아니하는 경우에는 해당 사원에게 그 사유를 서면으로 통보하고 육아휴직을 사용하게 하거나 그 밖의 조치를 통하여 지원할 수 있는지를 해당 사원과 협의하여야 한다.

③ 회사가 해당 사원에게 육아기 근로시간 단축을 허용하는 경우 단축 후 근로시간은 주당 15시간 이상이어야 하고 35시간을 넘어서는 아니 된다.

④ 육아기 근로시간 단축의 기간은 1년 이내로 한다. 다만, 육아휴직을 신청할 수 있는 근로자가 육아휴직 기간 중 사용하지 아니한 기간이 있으면 그 기간을 가산한 기간 이내로 한다.

⑤ 회사는 사원이 육아기 근로시간 단축을 사용할 경우 고용보험법령이 정하는 육아기 근로시간 단축 급여를 받을 수 있도록 증빙서류를 제공하는 등 적극협조한다.

▶[필수] 2012.8.2.부터 육아기 근로시간 단축제도가 의무화됨
1. 육아기 근로시간 단축 부여 여부는 사업주의 의무사항이며, 대통령령이 정하는 예외적인 경우에 한하여 허용하지 아니할 수 있음(위반시 500만원 이하의 과태료).
2. 허용하지 아니하는 경우 사유를 서면으로 통보하고 사원과 협의하여야 함(위반시 500만원 이하의 과태료)

제41조【육아기 근로시간 단축 중 근로조건 등)

① 회사는 제43조에 따라 육아기 근로시간 단축을 하고 있는 사원에 대하여 근로시간에 비례하

여 적용하는 경우 외에는 육아기 근로시간 단축을 이유로 그 근로조건을 불리하게 하지 아니한다.

② 제43조에 따라 육아기 근로시간 단축을 한 사원의 근로조건(육아기 근로시간 단축 후 근로시간을 포함한다)은 회사와 그 사원 간에 서면으로 정한다.

③ 회사는 제43조에 따라 육아기 근로시간 단축을 하고 있는 사원에게 단축된 근로시간 외에 연장근로를 요구할 수 없다. 다만, 그 사원이 명시적으로 청구하는 경우에는 회사는 주 12시간 이내에서 연장근로를 시킬 수 있다.

④ 육아기 근로시간 단축을 한 사원에 대하여 「근로기준법」 제2조제6호에 따른 평균임금을 산정하는 경우에는 그 사원의 육아기 근로시간 단축 기간을 평균임금 산정기간에서 제외한다.

> ▶[선택] 남녀고용평등법의 내용으로 취업규칙에 반드시 규정할 필요는 없으나 확인적인 취지로 명시할 수 있음(남녀고용평등법 제19조의3 참조)

제42조【육아휴직과 육아기 근로시간 단축의 사용형태】

사원이 제17조와 제43조에 따른 육아휴직과 육아기 근로시간 단축의 사용형태는 다음과 같다.

1. 근로자는 육아휴직을 1회에 한정하여 나누어 사용할 수 있다.
2. 근로자는 육아기 근로시간 단축을 나누어 사용할 수 있다. 이 경우 나누어 사용하는 1회의 기간은 3개월(근로계약기간의 만료로 3개월 이상 근로시간 단축을 사용할 수 없는 기간제근로자에 대해서는 남은 근로계약기간을 말한다) 이상이 되어야 한다.

> ▶[선택] 남녀고용평등법의 내용으로 취업규칙에 반드시 규정할 필요는 없으나 확인적인 취지로 명시할 수 있음(남녀고용평등법 제19조의3 참조)

제43조【육아시간】

생후 1년 미만의 아동이 있는 여성 사원의 청구가 있는 경우 제24조의 휴게시간 외에 1일 2회 각 30분씩 유급 수유시간을 준다.

> ▶[필수] 근로자의 모성보호와 관련된 내용으로 필수 기재 사항(근로기준법 제75조 참조)

제44조【가족돌봄 등을 위한 근로시간 단축】

① 회사는 사원이 다음 각호의 어느 하나에 해당하는 사유로 근로시간의 단축을 신청하는 경우에 이를 허용하여야 한다. 다만, 대체인력 채용이 불가능한 경우, 정상적인 사업 운영에 중대한 지장을 초래하는 경우 등 남녀고용평등법 시행령으로 정하는 경우에는 그러하지 아니하다.

1. 사원이 가족의 질병, 사고, 노령으로 인하여 그 가족을 돌보기 위한 경우
2. 사원 자신의 질병이나 사고로 인한 부상 등의 사유로 자신의 건강을 돌보기 위한 경우
3. 55세 이상의 사원이 은퇴를 준비하기 위한 경우
4. 사원의 학업을 위한 경우

② 회사가 근로시간 단축을 허용하지 아니하는 경우에는 해당 사원에게 그 사유를 서면으로 통보하고 휴직을 사용하게 하거나 그 밖의 조치를 통하여 지원할 수 있는지를 해당 사원과 협

의하여야 한다.

③ 회사가 해당 사원에게 근로시간 단축을 허용하는 경우 단축 후 근로시간은 주당 15시간 이상 이어야 하고 30시간을 넘어서는 아니 된다.

④ 근로시간 단축의 기간은 1년 이내로 한다. 다만, 제1항제1호부터 제3호까지의 어느 하나에 해당하는 사원은 합리적 이유가 있는 경우에 추가로 2년의 범위 안에서 근로시간 단축의 기간을 연장할 수 있다.

⑤ 회사는 근로시간 단축을 이유로 해당 사원에게 해고나 그 밖의 불리한 처우를 하여서는 아니 된다.

⑥ 회사는 사원의 근로시간 단축기간이 끝난 후에 그 사원을 근로시간 단축 전과 같은 업무 또는 같은 수준의 임금을 지급하는 직무에 복귀시켜야 한다.

> ▶[선택] 개정 남녀고용평등법 제22조의3, 제22조의4에 따라 가족돌봄 등을 위한 근로시간 단축제도가 2020.1.1.부터 사업장 규모에 따라 단계적으로 시행
> 1. 상시근로자 300명 이상 사업장, 국가, 지방자치단체, 공공기관 등: 2020.1.1.
> 2. 상시근로자 30명 이상 300명 미만 사업장: 2021.1.1.
> 3. 상시근로자 30명 미만 사업장: 2022.1.1

제9장 임 금

> 참고 임금 관련 규정은 필수적 기재사항이며 근로기준법 등 관련 법률에 위반되지 않도록 할 필요

제45조【임금의 구성항목】

① 사원에 대한 임금은 기본급 및 ○○수당과 연장·야간·휴일근로수당 등 법정수당으로 구성한다.

② 연장근로 한 경우, 야간(22:00~06:00)에 근로한 경우, 휴일에 근로한 경우에 가산임금을 지급한다.

③ 제2항의 가산을 위한 통상임금에 산입하는 임금의 범위는 기본급 및 ○○수당으로 하되, 시간급 통상임금은 월 통상임금을 나누어 계산한다.

> ▶[필수] 통상임금은 근로자에게 소정근로의 대가로서 정기적·일률적·고정적으로 지급되는 금액(근로기준법 시행령 제6조 참조)이며 여러 가지 수당을 신설하여 임금체계를 복잡하게 하는 것은 바람직하지 않음.

제46조【임금의 계산 및 지급방법】

① 임금은 매월 초일부터 말일까지를 산정기간으로 하여 해당 월의 ○○일 사원에게 직접 지급하거나 사원이 지정한 사원 명의의 예금계좌에 입금하여 지급한다. 다만, 지급일이 토요일 또는 공휴일인 경우에는 그 전일에 지급한다.

② 신규채용, 승진, 전보, 퇴직 등의 사유로 임금을 정산하는 경우에는 발령일을 기준으로 그 월액을 일할 계산하여 지급한다.

③ 회사는 사원이 임금 계산 내역 및 원천징수 공제된 내역을 확인할 수 있도록 급여명세서를

교부한다.

④ 회사는 최저임금의 적용을 받는 사원에게 최저임금액 이상의 임금을 지급하여야 한다.

> ▶[필수] 임금지급형태 및 임금계산기간을 명확히 규정하고, 임금지급기일 등을 명확히 하여야 하며 사업장 사정에 따라 달리 정할 수 있음
> • 임금지급 주기는 반드시 월 1회 이상이 되도록 설정하여야 함(근로기준법 제43조 참조)
> • (예시) 2018.2.1. 입사자로 임금 산정기간이 매월 초일부터 말일까지인 경우, 임금을 익월 10일(2018.3.10.) 지급하게 되면 입사 후 1개월 이내에 임금을 지급하지 아니하였으므로 입사 첫 달은 근로기준법 제43조 위반에 해당함

제10장 퇴직·해고 등

> 참고 퇴직 관련 규정은 필수적 기재사항이며, 특히 해고와 연계되어 많은 쟁점이 발생하므로 근로기준법 등 법률에 위반되지 않도록 할 필요

제47조【퇴직 및 퇴직일)

① 회사는 사원이 다음 각호의 어느 하나에 해당할 때에는 사원을 퇴직시킬 수 있다.

1. 본인이 퇴직을 원하는 경우
2. 사망하였을 경우
3. 정년에 도달하였을 경우
4. 근로계약기간이 만료된 경우
5. 해고가 결정된 경우

② 제1항에 의한 퇴직의 퇴직일은 다음 각호와 같다.

1. 사원이 퇴직일자를 명시한 사직원을 제출하여 수리된 경우, 사직원 상 퇴직일
2. 사원이 퇴직일자를 명시하지 아니하고 사직원을 제출한 경우, 이를 수리한 날. 다만, 회사는 업무의 인수인계를 위하여 사직원을 제출한 날로부터 30일을 넘지 않는 범위 내에서 퇴직일자를 지정하여 수리할 수 있다.
3. 사망한 날
4. 정년에 도달한 날
5. 근로계약기간이 만료된 날
6. 해고가 결정·통보된 경우, 해고일

> ▶[필수] 근로계약 관계의 종료사유를 명확히 하기 위하여 규정하며 사업장 사정에 따라 달리 정할 수 있음. 사유별 효력발생(퇴직) 시기를 명확히 규정하여 근속기간 산정 등에 다툼이 없도록 유의할 필요

제48조【해고】

사원이 다음 각호의 경우와 같이 사회통념상 근로관계를 더 이상 존속하기 어렵다고 인정될 정당한 이유가 있는 경우 해고할 수 있다.

1. 신체 또는 정신상 장애로 직무를 감당할 수 없다고 인정되는 경우(의사의 소견이 있는 경우에 한함)
2. 휴직자로서 정당한 사유 없이 휴직기간 만료일 후 7일이 경과할 때까지 복직원을 제출

　　　　하지 않은 경우

　　3. 징계위원회에서 해고가 결정된 경우

　　4. 기타 제1호 내지 제3호에 준하는 경우로서 정당한 이유가 있는 경우

> ▶[선택] 사회통념상 근로관계를 더 이상 존속하기 어렵다고 인정되는 경우 통상해고와 징계해고 등을 정할 수 있으며 사업장 사정에 따라 달리 정할 수 있음.
> • 다만, 해고는 근로기준법 제23조에 따라 정당한 이유가 있어야 함

제49조【해고의 제한】

① 사원이 업무상 부상 또는 질병의 요양을 위하여 휴업한 기간과 그 후 30일 동안은 해고하지 아니한다. 다만, 근로기준법 제84조에 따라 일시보상을 하였을 경우에는 해고할 수 있다.

② 산전(産前)·산후(産後)의 여성 사원이 근로기준법에 따라 휴업한 기간과 그 후 30일, 1년 이내 육아휴직기간은 해고하지 아니한다.

> ▶[선택] 근로기준법의 내용으로 반드시 취업규칙에 규정할 필요는 없으나 확인적인 취지로 규정하는 것도 가능(근로기준법 제23조제2항 참조)
> • 사업을 계속할 수 없게 된 경우라 함은 전체적인 사업을 계속 수행하는 것이 상당기간동안 불가능한 경우임(근기 68207- 1376, 2004.4.2)

제50조【해고의 통지】

① 회사는 사원을 해고하는 경우에는 서면으로 그 사유 및 날짜를 기재하여 통지한다.

② 회사는 제1항에 따라 해고를 통지하는 경우 해고일로부터 적어도 30일 전에 해고예고를 하거나, 30일 전에 해고예고를 하지 아니하였을 때에는 30일분의 통상임금을 지급한다. 다만, 다음 각호의 어느 하나에 해당하는 경우에는 그러하지 아니하다.

　　1. 사원이 계속 근로한 기간이 3개월 미만인 경우

　　2. 천재·사변, 그 밖의 부득이한 사유로 사업을 계속하는 것이 불가능한 경우

　　3. 사원이 고의로 사업에 막대한 지장을 초래하거나 재산상 손해를 끼친 경우로서 근로기준법 시행규칙 별표에 정하는 사유에 해당하는 자

③ 사용자가 제2항에 따른 해고의 예고를 해고사유와 해고시기를 명시하여 서면으로 한 경우에는 제1항에 따른 통지를 한 것으로 본다.

> ▶[선택] 근로기준법의 내용으로 반드시 취업규칙에 규정할 필요는 없으나 확인적인 취지로 규정하는 것도 가능(근로기준법 제23조제2항 참조)
> • 사업을 계속할 수 없게 된 경우란 전체적인 사업을 계속 수행하는 것이 상당기간동안 불가능한 경우임(근기 68207- 1376, 2004.4.2)

제51조【근로관계의 종료】

① 계약직 근로자의 근로계약기간은 근로계약서의 근로계약기간으로 한다.

② 계약직 근로계약기간의 만료 시 근로관계는 종료한다.

> ▶[선택] 근로계약기간의 만료는 근로계약서의 근로계약기간으로 한다.

제11장 퇴직급여

> 참고 퇴직급여 관련 규정은 필수적 기재사항이며 금액산정 등을 둘러싸고 많은 쟁점이 발생하므로 근로기준법 등 관련 법률에 위반되지 않도록 할 필요

제52조 【퇴직급여제도의 설정】

① 회사는 퇴직하는 사원에게 퇴직급여를 지급하기 위하여 「근로자퇴직급여 보장법」 제19조에 따른 확정기여형퇴직연금제도를 설정한다.

② 회사는 제1항에도 불구하고 「근로자퇴직급여 보장법」 제4조제1항에 따라 계속근로기간이 1년 미만이거나, 4주간을 평균하여 1주간의 소정근로시간이 15시간 미만인 사원에 대하여는 퇴직급여를 지급하지 아니한다.

③ 확정기여형퇴직연금제도의 가입대상, 가입기간, 부담금 납입수준 및 납입일 등 퇴직연금제도의 구체적인 운영에 관한 사항은 확정기여형퇴직연금규약에서 정한다.

> ▶[필수] 고령자고용법 제19조에 따라, 사업주는 근로자의 정년을 60세 이상으로 정해야 함(60세 미만으로 설정하더라도 60세로 간주)

〈참고: 퇴직금 제도를 운용하는 경우〉

제53조 (퇴직급여제도의 설정)

① 회사는 계속근로기간이 1년 미만이거나, 4주간을 평균하여 1주간의 소정근로시간이 15시간 미만인 사원을 제외하고 퇴직하는 사원에게 퇴직금을 지급한다.

② 회사는 근로자퇴직급여보장법에 따라 퇴직금을 지급하는 대신 근로자대표의 동의를 얻어 퇴직연금제도를 도입할 수 있다.

> ▶[필수] 필수적 사항으로 사업장 사정에 따라 법정기준을 상회하는 수준에서 달리 정할 수 있음(「근로자퇴직급여 보장법」 제8조 참조)
> • 퇴직금 제도를 설정한 회사에서 퇴직연금제도를 도입하고자 할 때에는 근로자 대표(근로자 과반수가 가입한 노동조합이 있는 경우에는 그 노동조합, 근로자의 과반수가 가입한 노동조합이 없는 경우에는 근로자 과반수)의 동의를 얻어 퇴직연금규약을 작성하고 이를 관할 지방고용노동관서에 신고하여야 하며, 퇴직연금제도의 가입대상 및 기간, 부담금 수준, 급여 종류, 수급요건 및 지급절차 등에 관하여는 퇴직연금규약으로 정하여야 함
> • 하나의 사업장에서 복수의 퇴직급여제도(퇴직금, 퇴직연금)를 설정하여 운영할 수 있음

제54조 【중도인출】

① 확정기여형퇴직연금제도에 가입한 사원은 「근로자퇴직급여 보장법 시행령」 제14조에서 정한 사유가 있는 경우 퇴직하기 전에 퇴직연금사업자에게 적립금의 중도인출을 신청할 수 있다.

② 회사는 퇴직연금의 중도인출을 신청하는 사원의 요청이 있는 경우 관련 증빙서류의 제공에 응하여야 한다.

> ▶[선택] 퇴직급여의 중도인출(중간정산)은 「근로자퇴직급여 보장법」 제8조제2항에서 정하고 있어 별도 기재할 필요는 없으나, 근로자에게 주지시키는 차원에서 기재하는 것이 바람직

〈참고: 퇴직금 제도를 운용하는 경우〉

제55조 【중간정산】

회사는 주택구입 등 「근로자퇴직급여 보장법」 시행령 제3조에서 정한 사유로 사원이 요구하는 경우에는 퇴직하기 전에 해당 사원의 계속근로기간에 대한 퇴직금을 미리 정산하여 지급할 수 있다. 이 경우 미리 정산하여 지급한 후의 퇴직금 산정을 위한 계속 근로기간은 정산시점부터 새로이 기산한다.

> ▶[선택] • 근로자퇴직급여 보장법」 제8조 개정(2011.7.25.)에 따라 퇴직급여의 중도인출(중간정산)이 시행령(제3조)에 정한 사유에 해당할 경우에만 가능해졌음에 유의할 것
> • 확정급여형퇴직연금제도는 퇴직급여 중도인출이 허용되지 않음에 유의

제12장 표창 및 징계

> 참고 표창과 제재(징계) 관련 규정은 필수적 기재사항이며, 부당해고 등과 연계되어 많은 쟁점이 발생하므로 근로기준법 등 관련 법률에 위반되지 않도록 할 필요

제56조 【표창】

① 회사는 사원이 다음 각호의 어느 하나에 해당하는 경우 표창할 수 있다.
  1. 회사의 업무능률 향상에 현저한 공로가 인정된 자
  2. 회사의 영업활동에 크게 기여한 자
  3. 업무수행 성적이 우수한 자
  4. 기타 표창의 필요가 인정되는 자
② 표창 대상자 및 표창의 방법은 위원회를 거쳐 결정한다.

> ▶[필수] (근기법 제92조제12호) 사업장 사정에 따라 내용을 달리 정할 수 있음

제57조 【징계】

회사는 다음 각호의 어느 하나에 해당하는 사원에 대하여 위원회의 의결을 거쳐 징계할 수 있다.
  1. 부정 및 허위 등의 방법으로 채용된 자
  2. 업무상 비밀 및 기밀을 누설하여 회사에 피해를 입힌 자
  3. 회사의 명예 또는 신용에 손상을 입힌 자
  4. 회사의 영업을 방해하는 언행을 한 자
  5. 회사의 규율과 상사의 정당한 지시를 어겨 질서를 문란하게 한 자
  6. 정당한 이유 없이 회사의 물품 및 금품을 반출한 자
  7. 직무를 이용하여 부당한 이익을 취한 자
  8. 회사가 정한 복무규정을 위반한 자
  9. 직장 내 성희롱 행위를 한 자
  10. 다른 사원 등에 대하여 직장 내 괴롭힘 행위를 한 자
  11. 기타 법령 위반 등 이에 준하는 행위로 직장질서를 문란하게 한 자

▶[필수] 근기법 제93조제12호) 필수적 사항으로 사업장 사정에 따라 달리 정할 수 있음
- 징계는 노사 간 갈등의 요인이 될 수 있으므로 징계사유를 합리적으로 설정하려는 노력이 필요
- 특히 징계위원회는 사업장 사정에 따라 그 구성 및 규모를 달리 정하거나 사업장 규모가 작은 경우 설치하지 않을 수도 있으나 투명한 운영을 위해 가급적 설치하는 것이 바람직함

제58조 【징계의 종류】

사원에 대한 징계의 종류는 다음과 같다.

1. 견책: 해당 사원에 대하여 경위서를 받고 문서로 견책한다.
2. 감봉(감급) : 1회에 평균임금 1일분의 2분의 1, 총액은 월 급여총액의 10분의 1을 초과하지 않는 범위의 금액을 감액한다.
3. 정직: 중대 징계사유 발생 자에 대하여 3월 이내로 하고, 그 기간 중에 직무에 종사하지 못하며 그 기간 동안 임금을 지급하지 아니한다.
4. 해고: 근로계약을 해지한다.

▶[필수] (근기법 제93조제12호) 사업장에 따라 달리 정할 수 있음
- 감급의 제재를 정할 경우에는 그 감액은 1회의 액이 평균임금의 1일분의 2분의 1을, 총액이 1임금지급기(예: 월급] 에 있어서의 임금총액의 10분의 1을 초과하지 못함(근로기준법 제95조 참조)
- (예시) 1일 평균임금이 10만원이고 월 급여 총액이 300만원인 경우 1회에 50,000원 범위 내, 10달에 걸쳐 10회를 감급할 경우 30만원 범위 내

제59조 【징계심의】

① 인사위원회 위원장은 징계의결을 위한 회의 7일 전까지 위원회의 위원들에게는 회의일시, 장소, 의제 등을, 징계대상 사원에게는 서면으로 출석통지를 각 통보한다.
② 인사위원회는 징계사유를 조사한 서류와 입증자료 및 당사자의 진술 등 충분한 증거를 확보하여 공정하게 심의한다. 이 경우, 징계대상자가 위원회에 출석을 원하지 아니하거나 서면진술을 하였을 때는 진술권포기서 또는 서면진술서를 징구하여 기록에 첨부하고 서면심사만으로 징계의결을 할 수 있다.
③ 인사위원회의 위원이 징계대상자와 친족관계에 있거나 그 징계사유와 관계가 있을 때에는 그 위원은 그 징계의결에 관여하지 못한다.
④ 인사위원회는 의결 전에 해당사원에게 소명할 기회를 부여한다.
⑤ 인사위원회는 징계 대상자가 2회에 걸쳐 출석요구에 불응하거나 소명을 거부하는 경우 또는 소명을 포기하는 의사를 표시하는 경우에는 소명 없이 징계의결 할 수 있다.
⑥ 인사위원회는 징계심의와 징계의결을 진행하고, 징계의결서 등을 작성·보관하여야 한다.
⑦ 인사위원회 간사는 징계의결을 위한 회의에 참석하여 회의록을 작성하고 이를 보관한다.

▶[필수] 징계의 심의방법에 대하여는 사업장에 따라 내용을 달리 정할 수 있음
- 징계의 양정과 징계절차와 관련하여 노동위원회에 부당해고 등의 구제신청을 제기하는 등 논란이 발생할 수 있으므로 합리적인 수준의 징계와 공정한 절차 운영이 필요함

제60조 【징계결과 통보】

징계결과통보는 해당 사원에게 징계처분사유서에 의한다.

> ▶[필수] 징계결과를 서면으로 통보하도록 하는 것이 바람직함)

제61조 【재심절차】

① 징계처분을 받은 사원은 징계결정이 부당하다고 인정될 때 징계 통보를 받은 날로부터 7일 이내에 서면으로 재심신청을 할 수 있다.

② 재심을 요청받은 경우 위원회는 10일 이내에 재심을 위한 회의를 개최하여야 하며 그 절차는 징계심의 절차를 준용한다.

> ▶[선택] 사업장 사정에 따라 달리 정할 수 있으나 투명하고 공정한 운영을 위해 재심 절차를 두는 것이 바람직함

제13장 교 육

> 참고 교육 관련 규정은 선택적 기재사항으로 근로자의 직무능력 향상, 사기 및 직장분위기 개선, 법정의 무교육상 규정하는 것이 일반적이다.

제62조 【교육시간】

이 규칙에서 규정한 교육은 근무시간 중에 실시하는 것을 원칙으로 하고 교육을 받는 시간은 근로를 제공한 것으로 본다. 다만, 사원과 합의로 근무시간 외에 직무교육을 받도록 할 수 있으며 이 경우의 처우에 관하여는 교육의 장소·일정 등을 고려하여 따로 정한다.

> ▶[선택] 사업장 사정에 따라 달리 정할 수 있음
> • 소정근로시간 내에 사용자의 지시로 이루어지는 직무교육 및 노동관계법령 등에 따라 사용자가 의무적으로 실시하도록 되어 있는 각종 교육시간은 근로를 제공한 것으로 보아야 함

제63조 【직무교육】

회사는 사원의 직무능력 향상을 위하여 필요한 경우 직무교육을 시킬 수 있으며 사원은 교육과정에 성실히 임하여야 한다.

> ▶[선택] 사업장 사정에 따라 달리 정할 수 있으마, 근로자를 위한 교육시설을 운영하는 경우는 필수사항이다.

제64조 【장애인 인식개선 교육】

회사는 1년에 1회 이상 장애의 정의 및 장애유형에 대한 이해, 직장 내 장애인의 인권, 장애인에 대한 차별금지 및 정당한 편의 제공, 장애인고용촉진 및 직업재활과 관련된 법과 제도 등을 내용으로 직장 내 장애인 인식개선 교육을 한다.

> ▶[선택] 취업규칙 필수기재 사항은 아니나, 법률에 따른 의무 사항으로 명확히 한다.
> • 개정 장애인고용촉진 및 직업재활법(2018.5.29 시행)에 따라 모든 사업장은 직장 내 장애인 인식개선 교육 의무가 존재. 다만, 장애인 고용 의무가 없는 사업주(상시 근로자 50인 미만)는 교육자료 등을 배포·게시하거나 전자우편을 보내는 등의 방법으로 장애인 인식개선 교육 실시 가능

제65조【개인정보보호 교육】

① 회사는「개인정보보호법」에 따른 개인정보취급자인 사원에 대하여 정기적으로 개인정보보호에 필요한 교육을 실시한다.

② 개인정보취급자인 사원은 제1항에 따른 교육을 받아야 한다.

▶[선택] 취업규칙 필수기재 사항은 아니나, 법률에 따른 의무 사항으로 명확히 한다.

제14장 직장 내 괴롭힘의 금지

참고 근로기준법(제93조제11호) 개정으로 '직장 내 괴롭힘의 예방 및 발생 시 조치 등에 관한 사항'이 취업규칙 필수기재사항에 추가되었음(2019.1.15개정, 2019.7.16. 시행).

제66조【직장 내 괴롭힘 행위의 금지】

① 직장 내 괴롭힘 행위란 사업주, 임원, 사원이 직장에서의 지위 또는 관계 등의 우위를 이용하여 업무상 적정범위를 넘어 다른 사원 등에게 신체적, 정신적 고통을 주거나 근무환경을 악화시키는 행위를 말한다.

② 누구든지 직장 내 괴롭힘 행위를 하여서는 아니 된다.

▶[필수] 2019.1.15. 개정 근로기준법 제76조의2에서 직장 내 괴롭힘
• 사원 외에 협력사 사원과 특수형태근로종사자까지 직장 내 괴롭힘 피해로부터 보호하고자 하는 경우에는 아래 예시문과 같이 추가할 수 있음

제67조【금지되는 직장 내 괴롭힘 행위】

회사에서 금지되는 직장 내 괴롭힘 행위는 다음 각호와 같다.

1. 신체에 대하여 폭행하거나 협박하는 행위
2. 지속·반복적인 욕설이나 폭언
3. 다른 직원들 앞에서 또는 온라인상에서 모욕감을 주거나 개인사에 대한 소문을 퍼뜨리는 등 명예를 훼손하는 행위
4. 합리적 이유 없이 반복적으로 개인 심부름 등 사적인 용무를 지시하는 행위
5. 합리적 이유 없이 업무능력이나 성과를 인정하지 않거나 조롱하는 행위
6. 집단적으로 따돌리거나, 정당한 이유 없이 업무와 관련된 중요한 정보 또는 의사결정 과정에서 배제하거나 무시하는 행위
7. 정당한 이유 없이 상당기간 동안 근로계약서 등에 명시되어 있는 업무와 무관한 일을 지시하거나 근로계약서 등에 명시되어 있는 업무와 무관한 허드렛일만 시키는 행위
8. 정당한 이유 없이 상당기간 동안 일을 거의 주지 않는 행위
9. 그 밖에 업무의 적정범위를 넘어 직원에게 신체적·정신적 고통을 주거나 근무환경을 악화시키는 행위

> ▶[선택] 1. 「직장 내 괴롭힘 판단 및 예방·대응 매뉴얼(2019.2)」을 참고하여 사업장별로 금지가 필요한 행위를 가감할 수 있음
> 2. 이 규칙 제61조 제10호와 같이 직장 내 괴롭힘 행위자를 징계할 수 있는 근거가 있거나, 제61조제11호와 같이 개방조항을 가지고 징계할 수 있는 경우에는 제71조와 같이 구체적 직장 내 괴롭힘행위를 규정하지 않더라도 징계 가능
> • 제61조 제10호. 다른 사원 등에 대하여 직장 내 괴롭힘 행위를 한 자
> • 제61조 제11호. 기타 법령 위반 등 이에 준하는 행위로 직장 질서를 문란하게 한자

제68조 【직장 내 괴롭힘 예방교육】

① 회사는 직장 내 괴롭힘 예방을 위한 교육(이하 "직장 내 괴롭힘 예방교육"이라 한다)을 1년에 1회 이상 실시한다.

② 직장 내 괴롭힘 예방교육 시간은 1시간 이상으로 한다.

③ 직장 내 괴롭힘 예방교육의 내용은 다음 각호와 같다.

　　1. 직장 내 괴롭힘 행위의 정의

　　2. 금지되는 직장 내 괴롭힘 행위

　　3. 직장 내 괴롭힘 상담절차

　　4. 직장 내 괴롭힘 사건처리절차

　　5. 직장 내 괴롭힘 피해자 보호를 위한 조치

　　6. 직장 내 괴롭힘 행위자에 대한 조치

　　7. 그 밖에 직장 내 괴롭힘 예방을 위한 내용

④ 회사는 직장 내 괴롭힘 예방교육의 주요 내용을 항상 게시하거나 사원들이 열람할 수 있도록 조치한다.

> ▶[필수] 직장 내 괴롭힘 예방에 관한 사항은 필수기재 사항에 해당하나, 그 방식은 반드시 예방교육일 필요는 없음

제69조 【직장 내 괴롭힘 예방·대응 조직】

회사 내 인사부서에 직장 내 괴롭힘의 예방·대응 업무를 총괄하여 담당하는 직원(이하 "예방·대응 담당자"라 한다)을 1명 이상 둔다.

> ▶[필수] 직장 내 괴롭힘 발생 시 조치에 관한 사항'(신고 방법, 조사에 관항 사항, 행위자 및 피해자에 대한 조치에 관한 사항 등)은 반드시 규정할 필수기재 사항임.

제70조 【사건의 접수】

① 누구든지 직장 내 괴롭힘 발생 사실을 알게 된 경우 그 사실을 예방·대응 담당자에게 신고할 수 있다.

② 예방·대응 담당자는 제1항에 따른 신고가 있는 경우 또는 그 밖의 방법으로 직장 내 괴롭힘 발생 사실을 인지한 경우 사건을 접수한다.

> ▶[필수] 직장 내 괴롭힘 발생 시 신고 접수부서(또는 담당자) 등 신고에 대한 사항은 필수적으로 규정할 필요

제71조 【사건의 조사】

① 회사는 직장 내 괴롭힘 신고를 접수하거나 직장 내 괴롭힘 발생 사실을 인지한 경우에는 지체 없이 그 사실 확인을 위한 조사를 실시한다.

② 조사는 예방·대응 담당자가 담당한다.

③ 조사가 종료되면 사업주에게 보고한다.

④ 조사를 하는 경우 행위자에 대한 조치와 관련한 피해자의 의견을 들어야 한다.

⑤ 조사자 등 조사 과정에 참여한 사람은 조사 과정에서 알게 된 비밀을 피해자 의사에 반하여 다른 사람에게 누설하여서는 아니 된다. 다만, 조사와 관련된 내용을 사업주에게 보고하거나 관계 기관의 요청에 따라 필요한 정보를 제공하는 경우는 제외한다.

> ▶[필수] 직장 내 괴롭힘 발생 시 조치에 관한 사항(신고 방법, 조사에 관항 사항, 행위자 및 피해자에 대한 조치에 관한 사항 등)은 반드시 규정할 필수기재 사항임

제72조 【피해자의 보호)

① 회사는 정식 조사기간 동안 피해자가 요청하는 경우에는 근무장소의 변경, 유급휴가 명령 등 피해자의 요청을 고려하여 적절한 조치를 한다. 이 경우 피해자의 의사에 반하는 조치를 하여서는 아니된다.

② 회사는 직장 내 괴롭힘이 인정된 경우 피해자가 요청하면 근무장소의 변경, 배치전환, 유급휴가의 명령 등 적절한 조치를 한다.

③ 회사는 신고인 및 피해자에게 해고나 그 밖의 불리한 처우를 하여서는 아니 된다.

> ▶[필수] '직장 내 괴롭힘 발생 시 조치에 관한 사항'(신고 방법, 조사에 관항 사항, 행위자 및 피해자에 대한 조치에 관한 사항 등)은 반드시 규정할 필수기재 사항임

제73조 【직장 내 괴롭힘 사실의 확인 및 조치】

사업주는 직장 내 괴롭힘이 인정된 경우 지체 없이 행위자에 대하여 징계, 근무장소의 변경 등 필요한 조치를 한다.

> ▶[필수] '직장 내 괴롭힘 발생 시 조치에 관한 사항'(신고 방법, 조사에 관항 사항, 행위자 및 피해자에 대한 조치에 관한 사항 등)은 반드시 규정할 필수기재 사항임

제74조 【고객의 폭언 등에 대한 조치】

① 고객을 응대하는 업무를 주로 하는 사원이 고객으로부터 폭언, 폭행 등을 당한 경우 회사는 해당 사원의 업무를 일시적으로 중단 또는 전환하거나 일정시간 휴게시간을 연장, 건강장해 관련 치료 및 상담 지원, 고소 및 고발 또는 손해배상 청구 등을 하는데 필요한 조치 등을 취한다.

② 회사는 고객응대 사원의 건강장해를 예방하기 위하여 폭언 등을 하지 않도록 요청하는 문구 게시 또는 음성 안내를 하고, 고객응대매뉴얼을 구비하여 고객이 폭언 등 부적절한 행동을 하였을 때 사원이 자신을 보호하기 위하여 어떠한 방어행동을 할 수 있는지를 주지시키는 고객응대 업무 매뉴얼과 건강장해 예방 관련 교육 등의 필요한 조치를 하여야 한다.

③ 일시적인 업무의 중단으로도 사원의 건강장해가 해소되지 않을 때에는 회사는 사원의 업무를 전환시켜야 한다.

④ 회사는 사원이 고객의 폭언 등으로 인한 피해 복구를 위한 요구를 하였다는 이유로 해고나 그 밖에 불리한 처우를 하여서는 아니 된다.

▶[선택] 고객의 폭언 등에 대한 조치는 취업규칙 필수기재 사항은 아니나, 2018.4.17. 산업안전보건법 개정('18.10.18. 시행)으로 고객응대근로자에 대한 사업주의 예방조치 의무가 신설된 만큼 취업규칙을 통해 사내규정 및 고객응대 매뉴얼 등에 명문화하여 고객응대 근로자의 권익 보호 필요

제15장 직장 내 성희롱의 금지 및 예방

참고 직장 내 성희롱 관련 규정은 필수적 기재사항은 아니지만 남녀고용평등 및 일·가정 양립 지원에 관한 법률상 의무사항이고, 근로자 이직감소 및 조직문화 개선 등의 차원에서 규정하는 것이 일반적임

제75조【직장 내 성희롱의 금지】

누구든지 직장 내 성희롱을 하여서는 아니 된다.

▶[선택] 직장 내 성희롱 예방 분위기 조성을 위해 규정하는 것이 바람직

제76조【직장 내 성희롱 예방교육】

① 회사는 직장 내 성희롱 예방교육을 연 1회 이상 실시한다.

② 사업주 및 사원은 제1항에 따른 성희롱 예방교육을 받아야 한다.

③ 직장 내 성희롱 예방교육의 내용에는 다음 각호가 포함되어야 한다.

   1. 직장 내 성희롱에 관한 법령
   2. 직장 내 성희롱 발생 시 처리절차와 조치기준
   3. 직장 내 성희롱 피해 사원의 고충상담 및 구제절차
   4. 그 밖에 직장 내 성희롱 예방에 필요한 사항

④ 회사는 성희롱 예방교육의 내용을 사원들이 자유롭게 열람할 수 있는 장소에 항상 게시하거나 갖추어 두어야 한다.

▶[선택] 취업규칙 필수기재 사항은 아니나, 남녀고용평등법 제13조에 규정된 의무 사항으로 명확히 한다.

제77조【직장 내 성희롱 예방지침】

① 회사는 직장 내 성희롱 예방지침을 마련하고 사원이 자유롭게 열람할 수 있는 장소에 항상 게시하거나 갖추어 두어야 한다.

② 제1항의 직장 내 성희롱 예방지침에는 다음 각호의 사항이 포함되어야 한다.

   1. 직장 내 성희롱 관련 상담 및 고충 처리에 필요한 사항
   2. 직장 내 성희롱 조사절차
   3. 직장 내 성희롱 발생 시 피해자 보호절차
   4. 직장 내 성희롱 행위자 징계 절차 및 징계 수준

5. 그 밖에 직장 내 성희롱 예방 및 금지를 위하여 필요한 사항

▶[선택] 취업규칙 필수기재 사항은 아니나, 남녀고용평등법 시행규칙 제5조의2에 규정된 의무 사항으로 명확히 한다.

제78조 【직장 내 성희롱 발생 시 조치】

① 회사는 직장 내 성희롱 발생 사실을 알게 된 경우에는 지체 없이 그 사실 확인을 위한 조사를 하여야 한다.

② 회사는 조사 기간 동안 피해사원 등을 보호하기 위하여 필요한 경우 해당 피해사원 등에 대하여 근무장소의 변경, 유급휴가 명령 등 적절한 조치를 하여야 한다. 이 경우 회사는 피해사원 등의 의사에 반하는 조치를 하여서는 아니 된다.

▶[선택] 직장 내 성희롱 예방 분위기 조성을 위해 필요

제79조 【고객 등에 의한 성희롱 방지】

① 회사는 고객 등 업무와 밀접한 관련이 있는 자가 업무수행 과정에서 성적인 언동 등을 통하여 사원에게 성적 굴욕감 또는 혐오감 등을 느끼게 하여 해당 사원이 그로 인한 고충 해소를 요청할 경우 근무 장소 변경, 배치전환, 유급휴가의 명령 등 적절한 조치를 하여야 한다.

② 회사는 사원이 제1항에 따른 피해를 주장하거나 고객 등으로부터의 성적 요구 등에 불응한 것을 이유로 해고나 그 밖의 불이익한 조치를 하여서는 아니 된다.

▶[선택] 선택적 기재사항으로 남녀고용평등법 제14조의2에 규정된 의무 사항으로 명확히 한다.

제16장 안전보건

참고 안전보건 관련 규정은 필수적 기재사항이며 산업안전보건법 등 관련 법률을 위반하지 않도록 한다.

제80조 【안전보건관리규정】

① 회사는 사업장의 안전·보건을 유지하기 위하여 다음 각호의 사항이 포함된 안전보건관리규정을 작성하여 각 사업장에 게시하거나 갖춰 두고, 이를 사원에게 알려야 한다.
  1. 안전·보건 관리조직과 그 직무에 관한 사항
  2. 안전·보건교육에 관한 사항
  3. 작업장 안전관리에 관한 사항
  4. 작업장 보건관리에 관한 사항
  5. 사고 조사 및 대책 수립에 관한 사항
  6. 그 밖에 안전·보건에 관한 사항

② 각 부서는 회사의 안전보건관리규정에 따라 각 작업장의 안전보건관리를 실시하여야 한다.

③ 사원은 안전보건관리계획의 효과적인 운용을 위하여 적극적으로 협력하여야 한다.

> ▶[선택] 산업안전보건법 제20조 참조
> - 사업의 종류에 따라 상시근로자수 300인 이상 또는 100인 이상의 회사는 사업장의 안전·보건을 유지하기 위하여 산업안전보건법령에서 정한 안전보건관리규정을 작성하여 각 사업장에 게시하거나 갖춰야 함

제81조 【안전보건 교육】

회사는 사원의 산업재해 예방을 위하여 안전 및 보건에 관한 정기교육, 채용 시의 교육, 작업내용 변경 시의 교육, 유해위험 작업에 사용 시 특별안전 교육 등 산업안전보건법령에 따른 제반 교육을 실시하며 사원은 이 교육에 성실하게 참여하여야 한다.

> ▶[필수] 필수적 사항이며 사업장 사정에 따라 달리 정할 수 있음
> - 산업안전보건법령에 정한 취지를 명확히 이행하는 동시에 근로자의 안전의식을 고취할 수 있도록 규정한다.(산업안전보건법 제31조 및 시행규칙 제33조 참조)

제82조 【위험기계·기구의 방호조치】

회사는 유해하거나 위험한 작업을 필요로 하거나 동력을 작동하는 기계·기구에 대하여 유해·위험 방지를 위한 방호조치를 하여야 하며 사원은 다음 각호의 위험기계·기구의 방호조치 사항을 준수하여야 한다.

1. 방호조치를 해체하고자 할 경우 소속부서의 장의 허가를 받아 해체할 것
2. 방호조치를 해체한 후 그 사유가 소멸한 때에는 지체없이 원상으로 회복시킬 것
3. 방호장치의 기능이 상실된 것을 발견한 때에는 지체없이 소속부서의 장에게 신고할 것

> ▶[필수] 필수적 사항이며 사업장 사정에 따라 달리 정할 수 있음
> - 산업안전보건법령에 정한 취지를 명확히 이행하는 동시에 근로자의 안전의식을 고취할 수 있도록 규정한다.(산업안전보건법 제33조 및 시행규칙 제46조, 제47조 및 제48조 참조)

제83조 【보호구의 지급 및 착용】

회사는 사원이 유해·위험작업으로부터 보호받을 수 있도록 보호구를 지급하여야 하며 사원은 작업시 회사에서 지급하는 보호구를 착용하여야 한다.

> ▶[필수] 필수적 사항이며 사업장 사정에 따라 달리 정할 수 있음
> - 산업안전보건법령에 정한 취지를 명확히 이행하는 동시에 근로자의 안전의식을 고취할 수 있도록 규정한다.

제84조 【물질안전보건자료의 작성·비치】

회사는 사업장에서 사용하는 산업안전보건법 시행규칙 별표 11의 2에서 정하는 화학물질 및 화학물질을 함유한 제제에 대하여는 물질안전보건자료를 취급사원이 쉽게 볼 수 있는 장소에 게시하거나 갖추어야 한다.

> ▶[필수] 필수적 사항이며 사업장 사정에 따라 달리 정할 수 있음
> - 화학물질 취급 사업장의 사업주 및 근로자의 안전의식을 고취할 필요(산업안전보건법 제41조 참조)

제85조 【작업환경측정】

① 회사는 산업안전보건법 제42조에 의한 작업환경측정을 실시하되, 원칙적으로 매 6개월에 1회 이상 정기적으로 실시한다.

② 제1항의 작업환경측정 시 사원대표의 요구가 있을 때에는 사원대표를 입회시킨다.

③ 회사는 작업환경측정의 결과를 사원에게 알려주며 그 결과에 따라 당해 시설 및 설비의 설치 또는 개선, 건강진단 등 적절한 조치를 한다.

▶[필수] 필수적 사항이며 산업안전보건법령에 정한 취지를 명확히 이행할 수 있도록 규정한다(산업안전보건법 제42조 참조)

제86조 【건강진단】

① 회사는 사원의 건강보호·유지를 위하여 산업안전보건법 제43조에서 정하는 바에 따라 매년 1회 일반건강진단을 실시한다. 다만, 사무직은 매 2년에 1회 실시한다.

② 회사는 산업안전보건법 제43조 및 동법 시행규칙 제98조 등이 정하는 바에 따라 필요한 경우 특수·배치전·수시·임시건강진단 등을 실시한다.

③ 사원은 회사가 실시하는 건강진단을 성실히 받아야 한다.

▶[필수] 필수적 사항이며 산업안전보건법령에 정한 취지를 명확히 이행할 수 있도록 규정한다(산업안전보건법 제43조 참조).
• 특히 노출기준 이상인 작업공정 및 특수·수시·임시건강진단 실시결과 직업유소견자가 발견된 작업공정에서 노출된 모든 사원에 대하여는 다음 회에 한하여 특수건강진단의 실시주기를 1/2로 단축하여야 함(산업안전보건법 시행규칙 제99조의2)

제87조 【산업안전보건법 준수】

① 회사는 이 규칙에서 정하지 아니한 사항에 대하여는 산업안전보건법에 따라 산업재해 예방을 위한 기준을 지켜 사원의 신체적 피로와 정신적 스트레스 등에 의한 건강장해를 예방하고 안전 및 보건을 유지·증진시킨다.

② 사원은 산업안전보건법에서 정하는 사항과 그 외의 업무에 관련되는 안전보건에 관하여 상사로부터 지시받은 사항을 정확하게 이행하여야 한다.

▶[필수] 필수적 사항이며 산업안전보건법에 정한 사업주와 근로자의 의무를 이해하도록 규정할 필요
• 산업안전보건법 제5조 및 제6조

제17장 재해보상

참고 재해보상 관련 규정은 필수적 기재사항이며 근로기준법 등 관련 법률에 위반되지 않도록 할 필요

제88조 【재해보상】

① 사원이 업무상 부상 또는 질병에 걸린 경우와 사망하였을 때의 보상은 산업재해보상보험법에 의한다.

② 산업재해보상보험법의 적용을 받지 않는 업무상 부상 또는 질병에 대하여는 근로기준법이 정하는 바에 따라 회사가 보상한다.

> ▶[필수] 필수적 기재사항이며 사업장 사정에 따라 업무 외의 재해에 대한 부조 등을 반영하여 달리 정할 수 있음
> - 산재보험법 제80조제1항에 따라 보험급여를 받았거나 받을 수 있으면 보험가입자는 동일한 사유에 대하여 「근로기준법」에 따른 재해보상 책임이 면제됨
> - 부상 또는 질병이 3일 이내의 요양으로 치유될 수 있는 경우 또는 취업하지 못한 기간이 3일 이내인 산업재해는 산재보험법의 적용이 제외되므로 근로기준법에 따라 사업주가 보상(산재보상보험법 제40조, 제52조)

제18장 보칙

제89조 【취업규칙의 비치】

회사는 이 규칙을 사업장 내의 사무실·휴게실 등에 비치하여 사원들이 자유롭게 열람할 수 있도록 한다.

> ▶[선택] 취업규칙 필수적 기재사항은 아니나, 근로기준법에서는 법령의 요지 및 취업규칙 비치 의무를 규정하고 있으므로, 이를 근로자들에게 주지해야 함(근로기준법 제14조)

제90조 【취업규칙의 변경】

이 규칙을 변경할 때에는 사원의 과반수로 조직된 노동조합이 있는 경우 그 노동조합, 사원의 과반수로 조직된 노동조합이 없는 경우 사원의 과반수 의견을 청취한다. 다만, 규칙을 불리하게 변경하는 경우에는 동의를 받는다.

> ▶[선택] 취업규칙 변경절차는 근로기준법 제94조에서 정하고 있으므로 이를 확인적 차원에서 취업규칙에 기재하는 것이 바람직

〈부　　칙〉

제1조 【시행일)

이 규칙은 20 년　월　일부터 시행한다.

> ▶[필수] 이 취업규칙의 제정 및 개정 시행일을 기재한다.

(서식 1)

취업규칙 □신 고 서 □변경신고서		처리기간
		1 일

① 사 업 장 명		② 사업의 종류	
③ 대표자 성명		④ 주민등록번호	
⑤ 근 로 자 수	총계 명(노동조합원수 : 명)	(여성) 명	
⑥ 소 재 지	(전화 :)		
⑦ 의견 청취일 또는 동의일	년 월 일		

근로기준법 제96조 및 동법시행규칙 제17조의 규정에 의하여 위와 같이

취업규칙을   □ 신   고   합니다.
　　　　　　　□ 변경신고

　　　　　　　　　　　　　년　　　　　　월　　　　　　일

　　　　　　　　신고인　　　　　(서명 또는 날인)
　　　　　　　　대리인　　　　　(서명 또는 날인)

지 방 노 동 청(사무소) 장 귀하

(구비서류) 1. 취업규칙(변경신고의 경우에는 변경전과 변경후의 내용을 비교하여 기재한 서류) 2. 근로자의 과반수를 대표하는 노동조합 또는 근로자의 과반수의 의견을 들었음을 입증하는 자료 3. 근로자의 과반수를 대표하는 노동조합 또는 근로자의 과반수의 동의를 얻었음을 입증하는 자료(근로자에게 불이익하게 변경되는 경우에 한함)	수수료
	없 음

(서식 2)

취업규칙 의견서 (동의서)

○○○○년 ○○월 ○○일자로 제시한 취업규칙에 동의합니다

번호	직책	성명	날인	비고
합계			(명)	

총종업원 ○○명, 서명자 ○○명으로, 종업원 과반수이상 의견서(동의)를 제출합
니다.

○○○○년 ○○월 ○○일
○○주식회사 대표이사 귀하

[43]
일용직 취업규칙

제정 ○○○○년 ○○월 ○○일
개정 ○○○○년 ○○월 ○○일

〈총 칙〉

제1장 통 칙

제1조(목적)

　이 규칙은 ○○주식회사(이하 "회사"라 한다) 사원의 채용·복무 및 근로조건에 관한 사항을 정함을 목적으로 한다.

제2조(적용범위)

　① 이 규칙은 회사의 사업장에 근무하는 단시간사원에게 적용한다.

　② 사원의 복무 및 근로조건에 관하여 법령, 단체협약, 그 밖에 회사규정에 별도로 정함이 있는 경우를 제외하고는 이 규칙이 정하는 바에 의한다.

제3조(사원의 정의)

　이 규칙에서 "사원"이라 함은 소정 근로시간이 통상근로자의 주당 소정근로시간 보다 짧은 사원을 말한다.

제2장 채용 및 근로계약

제4조(채용기회)

　회사는 사원의 모집 및 채용에 있어서 합리적인 이유 없이 성별, 연령, 신앙, 사회적신분, 출신지역, 출신학교, 혼인·임신·출산 또는 병력(病歷) 등에 의한 차등을 두지 않는다.

제5조(전형 및 채용서류)

　회사에 입사를 지원하는 자는 다음 각 호의 서류를 제출하여야 한다.

　1. 이력서 1통

　2. 자기소개서 1통

제6조(근로계약)

　① 회사는 채용이 확정된 자에 대하여 서면으로 근로계약을 체결하고, 해당사원에게 근로계약서 사본 1부를 내어 준다.

　② 회사는 근로계약 체결시 임금, 소정근로시간, 휴일, 연차 유급휴가, 취업의 장소와 종사하여야 할 업무에 관한 사항, 근로기준법 제93조제1호부터 제12호까지의 규정(취업규칙의 작성·신고사항)에서 정한 사항, 근로기준법 제10장의 기숙사에 관한 사항(기숙사가 있는 경우에 한함)을 명확히 제시한다.

　③ 회사는 제2항의 내용 중 근로계약기간에 관한 사항, 근로시간·휴게에 관한사항, 임금의 구성항목·계산방법 및 지불방법에 관한 사항, 휴일·휴가에 관한 사항, 취업의 장소와 종사하여야 할 업무에 관한 사항, 근로일 및 근로일별 근로시간에 관한 사항을 서면으로 명확히 제시하여 교부한다.

　④ 회사는 근로계약 체결 시 제2항 및 제3항의 사항이 적시된 취업규칙을 사원에게 제시하거나 교부함으로서 제2항의 명시 및 제3항의 서면명시 및 교부의무를 대신할 수 있다.

제7조(수습기간)

① 신규로 채용된 자는 최초로 근무를 개시한 날부터 0개월간을 수습기간으로 한다.

② 제1항의 수습기간은 근속년수에 포함하며, 평균임금산정기간에는 포함하지 아니한다.

제3장 복 무

제8조(복무의무)

사원은 다음 각 호의 사항을 준수하여야 한다.

1. 사원은 맡은바 직무를 충실히 수행하여야 한다.

2. 사원은 직무상 지득한 비밀을 엄수하고 회사기밀을 누설해서는 아니 된다. 단, 공익신고자 보호법상의 '공익신고자'의 경우에는 적용되지 아니한다.

3. 사원은 회사의 제반규정을 준수하고 상사의 정당한 직무상 지시에 따라야 한다.

4. 사원은 사원으로서 품위를 손상하거나 회사의 명예를 실추시키는 행위를 하여서는 아니 된다.

5. 사원은 그 밖에 위의 각 호에 준 하는 행위를 하여서는 아니 된다.

제9조(출근, 결근)

① 사원은 업무시간 시작 전까지 출근하여 업무에 임할 준비를 하여 정상적인 업무수행에 차질이 없도록 하여야 한다.

② 질병이나 그 밖의 부득이한 사유로 결근하고자 하는 경우에는 사전에 소속부서의 장의 승인을 받아야 한다. 다만, 불가피한 사유로 사전에 승인을 받을 수 없는 경우에는 결근 당일에라도 그 사유를 명확히 하여 사후 승인을 받아야 하며 정당한 이유 없이 이러한 절차를 이행하지 아니한 경우 무단결근을 한 것으로 본다.

제10조(지각·조퇴 및 외출)

① 사원은 질병이나 그 밖의 부득이한 사유로 지각하게 되는 경우에는 사전에 소속부서의 장 또는 직근 상급자에게 알려야 하며, 부득이한 사정으로 사전에 알릴 수 없는 경우에는 사후에라도 지체없이 이 사실을 알려야 한다.

② 사원은 근로시간 중에 사적으로 근무 장소를 이탈할 수 없다. 다만, 질병이나 그 밖의 부득이한 사유로 인하여 조퇴 또는 외출 하고자 할 경우에는 소속부서의 장의 승인을 받아야 한다.

③ 사원이 지각·조퇴 및 외출한 시간은 무급으로 처리함을 원칙으로 하며, 사원이 동의하는 경우 그 시간만큼을 연차휴가 부여시간에서 공제할 수 있다.

제11조(공민권행사 및 공의 직무 수행)

① 회사는 사원이 근무시간 중 선거권, 그 밖의 공민권을 행사하거나 공(公)의 직무를 수행하기 위하여 필요한 시간을 청구할 경우 이를 거부할 수 없으며, 그 시간은 유급으로 처리한다.

② 회사는 제1항의 권리 행사나 공(公)의 직무를 수행하는데 지장이 없는 범위 내에서 사원이 청구한 시간을 변경할 수 있다.

제12조(출장)

① 회사는 업무수행을 위하여 필요한 경우 사원에게 출장을 명할 수 있다.

② 회사는 행선지별 여비, 숙박비, 현지교통비 등 실비에 충당될 수 있는 비용을 지급한다.

제4장 근로시간

제13조(근무형태)

사원의 근로형태는 주간근무를 원칙으로 하되, 근로자대표와 합의하여 교대근무제를 시행 할 수 있다.

제14조(근로시간)

1주간의 근무일은 월, 수, 금요일로 하고, 1일의 근로시간은 제24조의 휴게시간을 제외하고 00:00~00:00까지(00시간)로 하며, 1주 근로시간은 00시간으로 한다.

제15조(휴게)

휴게시간은 제23조의 근로시간 중 00:00시부터 00:00시까지로 한다. 다만, 업무사정을 감안하여 휴게시간을 달리 정하여 운영할 수 있다.

제16조(간주근로시간제)

① 사원이 출장, 파견 등의 이유로 근로시간의 일부 또는 전부를 사업장 밖에서 근로하여 근로시간을 산정하기 어려운 경우에는 소정근로시간을 근로한 것으로 본다.

② 사원의 출장, 파견 등의 업무를 수행하기 위하여 통상적으로 소정근로시간을 초과하여 근로할 필요가 있는 경우에는 00시간을 근로한 것으로 본다. 다만, 사원의 대표와 서면 합의를 통하여 이를 달리 정할 수 있다.

제17조(초과근로)

① 회사는 사원의 동의를 얻어 소정근로시간을 초과하여 근로시킬 수 있다. 이 경우 초과근로시간은 1주간 12시간 범위내로 한다.

② 회사는 제1항에 따른 초과근로에 대하여 통상임금의 50%를 가산하여 지급한다.

③ 회사는 사원의 대표와 서면 합의하여 연장근로·야간근로 및 휴일근로에 대하여 임금을 지급하는 것을 대신하여 휴가를 줄 수 있다.

제18조(야간 및 휴일근로의 제한)

① 18세 이상의 여성 사원을 오후 10시부터 오전 6시까지 근로하게 하거나 휴일에 근로를 시킬 경우 당해 사원의 동의를 얻어 실시한다.

② 임산부와 18세 미만인 사원에 대하여는 오후 10시부터 오전 6시까지의 시간 및 휴일에 근로를 시키지 않는 것을 원칙으로 한다. 다만, 다음 각 호의 어느 하나에 해당 하는 경우에는 그 시행 여부와 방법 등에 관하여 사원의 대표와 성실히 협의한 후 노동부장관의 인가를 받아 야간 및 휴일근로를 실시할 수 있다.

  1. 18세미만자의 동의가 있는 경우

  2. 산후 1년이 지나지 아니한 여성의 동의가 있는 경우

  3. 임신 중의 여성이 명시적으로 청구하는 경우

제19조(근로시간 및 휴게ㆍ휴일의 적용제외)

① 다음 각 호의 하나에 해당하는 사원에 대하여는 1주 40시간, 1일 8시간을 초과하여 연장근로 하거나 휴일에 근로하더라도 연장근로 및 휴일근로 가산임금을 지급하지 않는다.

 1. 감시ㆍ단속적 업무로서 고용노동부장관의 승인을 받은 경우

 2. 관리ㆍ감독 업무 또는 기밀취급 업무에 종사하는 경우

② 제1항의 각 호에 해당하는 사원이 야간에 근로한 경우 통상임금의 50%를 가산하여 지급한다.

제5장 휴일ㆍ휴가

제20조(유급휴일)

① 1주 동안 소정근로일을 개근한 사원에 대하여는 일요일을 유급주휴일로 부여한다.

② 근로자의 날(5월 1일)은 유급휴일로 한다. 다만, 근로자의 날에 근로를 한 경우 「근로기준법」 제57조(보상휴가제)에 따라 보상휴가를 줄 수 있다.

③ 관공서의 휴일에 관한 규정에 따른 휴일과 회사의 창립기념일인 00월 00일은 유급휴일로 한다. 다만 공직선거법 제34조에 따른 임기만료에 의한 선거일은 제11조에서 별도로 정하는 바에 따른다.

제21조(연차유급휴가)

① 사원에게 근로기준법 제60조에 의한 연차유급휴가를 통상근로사원의 근로시간에 비례하여 부여한다.

② 제1항에 의한 연차휴가를 부여할 때에는 다음 방식으로 계산한 시간단위로 하며, 1시간 미만은 1시간으로 간주한다.

$$통상근로자의 \ 연차휴가일수 \quad \times \quad \frac{단시간근로자의 \ 소정근로시간}{통상근로자의 \ 소정근로시간} \quad \times 8시간$$

제22조(연차휴가의 사용)

① 사원이 연차유급휴가를 사용 하고자 할 경우에는 부득이한 사유가 없는 한 적어도 3일 전에 소속부서의 장에게 승인을 얻어야 한다.

② 회사는 사원의 연차유급휴가 사용으로 업무에 차질이 예상되는 경우 그 시기를 변경할 수 있다.

③ 사원의 연차유급휴가 청구권은 회사의 귀책사유로 휴가를 사용하지 못한 경우를 제외하고는 발생한 날로부터 1년간 행사하지 아니할 경우에는 소멸한다.

④ 회사는 근로기준법 제61조에 따라 연차유급휴가 사용을 촉진할 수 있다. 회사의 사용촉진조치에도 불구하고 사원이 사용하지 아니한 연차유급휴가에 대하여는 금전으로 보상 하지 아니한다.

제23조(연차유급휴가의 대체)

회사는 근로자대표와의 서면합의에 의하여 연차유급휴가일에 대신하여 특정한 근로일에 사원을 휴무시킬 수 있다.

제24조(생리휴가)

회사는 여성 사원이 청구하는 경우 월 1일의 무급생리휴가를 부여한다.

제25조(병가)

① 회사는 사원이 업무 외 질병·부상 등으로 병가를 신청하는 경우에는 연간 60일을 초과하지 않는 범위 내에서 병가를 허가할 수 있다. 이 경우 병가기간은 무급으로 한다.

② 상해나 질병 등으로 1주 이상 계속 결근 시에는 검진의사의 진단서를 첨부하여야 한다.

제6장 모성보호

제26조(임산부의 보호)

① 임신 중의 여성 사원에게 출산 전과 출산 후를 통하여 90일(한 번에 둘 이상 자녀를 임신한 경우에는 120일)의 출산전후휴가를 준다. 이 경우 반드시 출산 후에 45일(한 번에 둘 이상 자녀를 임신한 경우에는 60일) 이상 부여한다.

② 임신 중인 여성 사원이 유산의 경험 등 근로기준법 시행령이 정하는 사유로 제1항의 휴가를 청구하는 경우 출산 전 어느 때라도 휴가를 나누어 사용할 수 있도록 한다. 이 경우 출산 후의 휴가 기간은 연속하여 45일(한 번에 둘 이상 자녀를 임신한 경우에는 60일) 이상이 되어야 한다.

③ 임신 중인 여성 사원이 유산 또는 사산한 경우로서 해당 사원이 청구하는 경우에는 다음 각 호에 따른 휴가를 부여 한다. 다만, 모자보건법에서 허용되지 않는 인공중절 수술은 제외한다.

1. 유산 또는 사산한 여성 사원의 임신기간이 11주 이내인 경우: 유산 또는 사산한 날로부터 5일까지

2. 유산 또는 사산한 여성 사원의 임신기간이 12주 이상 15주 이내인 경우: 유산 또는 사산한 날로부터 10일까지

3. 유산 또는 사산한 여성 사원의 임신기간이 16주 이상 21주 이내인 경우: 유산 또는 사산한 날로부터 30일까지

4. 유산 또는 사산한 여성 사원의 임신기간이 22주 이상 27주 이내인 경우: 유산 또는 사산한 날로부터 60일까지

5. 임신기간이 28주 이상인 경우: 유산 또는 사산한 날로부터 90일까지

④ 회사는 사원이 출산전후휴가 급여 등을 신청할 경우 고용보험법에 따라 출산전후휴가 급여 등을 받을 수 있도록 증빙서류를 제공하는 등 적극 협조한다.

⑤ 제1항 및 제2항에 따른 휴가 기간 중에 사원이 고용보험법에 따라 지급 받은 출산전후휴가 등 급여액이 그 사원의 통상임금보다 적을 경우 회사는 최초 60일분(한 번에 둘 이상 자녀를 임신한 경우의 출산전후휴가는 75일분)의 급여와 통상임금의 차액을 지급한다.

⑥ 임신 중의 여성 사원에게 연장근로를 시키지 아니하며, 요구가 있는 경우 쉬운 종류의 근로로 전환시킨다.

⑦ 회사는 임신 후 12주 이내 또는 36주 이후에 있는 여성 근로자가 1일 2시간의 근로시간 단축을 신청하는 경우 이를 허용하여야 한다. 다만, 1일 근로시간이 8시간 미만인 근로자에 대하

여는 1일 근로시간이 6시간이 되도록 근로시간 단축을 허용할 수 있다.

⑧ 회사는 제7항에 따른 근로시간 단축을 이유로 해당 근로자의 임금을 삭감하여서는 아니 된다.

⑨ 회사는 임산부 등 여성근로자에게 근로기준법65조에 따른 도덕상 또는 보건상의 유해·위험한 직종에 근로시키지 아니한다.

제27조(태아 검진시간의 허용 등)

① 회사는 임신한 여성 사원이 모자보건법 제10조에 따른 임산부 정기건강진단을 받는데 필요한 시간을 청구하는 경우 이를 허용한다.

② 회사는 제1항에 따른 건강진단 시간을 이유로 사원의 임금을 삭감하지 않는다.

제28조(육아기 근로시간 단축)

① 회사는 제18조제1항에 따라 육아휴직을 신청할 수 있는 남녀 사원이 육아휴직 대신 근로시간의 단축(이하 "육아기 근로시간 단축"이라 한다)을 신청하는 경우에는 이를 허용하여야 한다. 다만, 대체인력 채용이 불가능한 경우, 정상적인 사업 운영에 중대한 지장을 초래하는 경우 등 남녀고용평등법 시행령이 정하는 경우에는 그러하지 아니하다.

② 회사가 육아기 근로시간 단축을 허용하지 아니하는 경우에는 해당 사원에게 그 사유를 서면으로 통보하고 육아휴직을 사용하게 하거나 그 밖의 조치를 통하여 지원할 수 있는지를 해당 사원과 협의하여야 한다.

③ 회사가 해당 사원에게 육아기 근로시간 단축을 허용하는 경우 단축 후 근로시간은 주당 15시간 이상이어야 하고 30시간을 넘어서는 아니 된다.

④ 육아기 근로시간 단축의 기간은 1년 이내로 한다.

⑤ 회사는 사원이 육아기 근로시간 단축을 사용할 경우 고용보험법령이 정하는 육아기 근로시간 단축 급여를 받을 수 있도록 증빙서류를 제공하는 등 적극 협조한다.

제29조(육아기 근로시간 단축 중 근로조건 등)

① 회사는 제38조에 따라 육아기 근로시간 단축을 하고 있는 사원에 대하여 근로시간에 비례하여 적용하는 경우 외에는 육아기 근로시간 단축을 이유로 그 근로조건을 불리하게 하여서는 아니 된다.

② 제38조에 따라 육아기 근로시간 단축을 한 근로자의 근로조건(육아기근로시간 단축 후 근로시간을 포함한다)은 회사와 그 사원 간에 서면으로 정한다.

③ 사업주는 제38조에 따라 육아기 근로시간 단축을 하고 있는 사원에게 단축된 근로시간 외에 연장근로를 요구할 수 없다. 다만, 그 사원이 명시적으로 청구하는 경우에는 회사는 주 12시간 이내에서 연장근로를 시킬 수 있다.

④ 육아기 근로시간 단축을 한 사원에 대하여 「근로기준법」 제2조제6호에 따른 평균임금을 산정하는 경우에는 그 사원의 육아기 근로시간 단축 기간을 평균임금 산정기간에서 제외한다.

제30조(육아휴직과 육아기 근로시간 단축의 사용형태)

사원은 제18조와 제38조에 따라 육아휴직이나 육아기 근로시간 단축을 하려는 경우에는 다음 각 호의 방법 중 하나를 선택하여 사용할 수 있다. 이 경우 어느 방법을 사용하든지 그 총 기간은

1년을 넘을 수 없다.

1. 육아휴직의 1회 사용
2. 육아기 근로시간 단축의 1회 사용
3. 육아휴직의 분할 사용(1회만 할 수 있다)
4. 육아기 근로시간 단축의 분할 사용(1회만 할 수 있다)
5. 육아휴직의 1회 사용과 육아기 근로시간 단축의 1회 사용

제31조(육아시간)

생후 1년 미만의 아동이 있는 여성 사원의 청구가 있는 경우 제23조의 휴게시간 외에 1일2회 각 30분씩 유급 수유시간을 준다.

제7장 임　금

제32조(임금의 구성항목)

① 사원에 대한 임금은 기본급 및 ○○수당과 연장·야간·휴일근로수당 등 법정수당으로 구성한다.

② 법정근로시간을 초과하여 근로한 경우, 야간에 근로한 경우(22:00~06:00), 휴일에 근로한 경우에는 각각 시간급 통상임금의 50%를 가산하여 지급한다.

제33조(임금의 계산 및 지급방법)

① 임금은 시간급제를 원칙으로 한다.

② 임금은 매월 초일부터 말일까지를 산정기간으로 하여 해당 월의 00일에 사원에게 직접 지급하거나 사원이 지정한 사원명의의 예금계좌에 입금하여 지급한다. 다만, 지급일이 토요일 또는 공휴일인 경우에는 그 전일에 지급한다.

제34조(비상시 지급)

사원이 다음 각 호의 사유로 청구하는 경우에는 지급기일 전이라도 이미 제공한 근로에 대한 임금을 지급한다.

1. 사원 또는 그의 수입에 의하여 생활을 유지하는 자의 출산, 질병 또는 재해의 비용에 충당하는 경우
2. 사원 또는 그의 수입에 의하여 생활하는 자의 혼인 또는 사망 시 그 비용에 충당하는 경우
3. 사원이 부득이한 사정으로 1주일 이상 귀향하는 경우

제8장 퇴직·해고 등

제35조(퇴직 및 퇴직일)

① 회사는 사원이 다음 각 호에 해당할 때에는 사원을 퇴직시킬 수 있다.

1. 본인이 퇴직을 원하는 경우
2. 사망하였을 경우
3. 정년에 도달하였을 경우
4. 근로계약기간이 만료된 경우

　　5. 해고가 결정된 경우

② 제1항에 의한 퇴직의 퇴직일은 다음 각 호와 같다.

　　1. 사원이 퇴직일자를 명시한 사직원을 제출하여 수리되었을 경우 그 날

　　2. 사원이 퇴직일자를 명시하지 아니하고 사직원을 제출하였을 경우 이를 수리한 날. 단, 회사는 업무의 인수인계를 위하여 사직원을 제출한 날로부터 30일을 넘지 않는 범위 내에서 퇴직일자를 지정하여 수리할 수 있다.

　　3. 사망한 날

　　4. 정년에 도달한 날

　　5. 근로계약기간이 만료된 날

　　6. 해고가 결정·통보된 경우 해고일

제36조(해고)

사원이 다음 각 호의 경우와 같이 사회통념상 근로관계를 더 이상 존속하기 어렵다고 인정될 정당한 이유가 있는 경우 해고할 수 있다.

　　1. 신체 또는 정신상 장애로 직무를 감당할 수 없다고 인정되는 경우(의사의 소견이 있는 경우에 한함)

　　2. 징계위원회에서 해고가 결정된 경우

　　3. 기타 제1호 내지 제2호에 준하는 경우로서 정당한 이유가 있는 경우

제37조(해고의 제한)

① 사원이 업무상 부상 또는 질병의 요양을 위하여 휴업한 기간과 그 후 30일 동안은 해고하지 아니한다. 다만, 근로기준법 제84조에 따라 일시보상을 하였을 경우에는 해고할 수 있다.

② 산전(産前)·산후(産後)의 여성 사원이 근로기준법에 따라 휴업한 기간과 그 후 30일 동안은 해고 하지 아니한다.

③ 제1항 본문 및 제2항에도 불구하고 사업을 계속할 수 없게 된 경우에는 해당사원을 해고할 수 있다.

제38조(해고의 통지)

① 회사는 사원을 해고하는 경우에는 서면으로 그 사유 및 날짜를 기재하여 통지한다.

② 회사는 제1항에 따라 해고를 통지하는 경우 해고일로부터 적어도 30일 전에 해고예고를 하거나, 30일 전에 해고예고를 하지 아니하였을 때에는 30일분의 통상임금을 지급한다.

제40조(해고예고의 예외)

다음 각 호의 사원에게는 해고예고를 하지 아니한다.

　　1. 일용 사원으로서 3개월을 계속 근무하지 아니한 자

　　2. 2개월 이내의 기간을 정하여 사용된 자

　　3. 월급제 사원으로서 6개월이 되지 아니한 자

　　4. 계절적 업무에 6개월 이내의 기간을 정하여 사용된 자

　　5. 수습기간 중인 자(3개월 이내)

　　6. 사원이 고의로 사업에 막대한 지장을 초래하거나 재산상 손해를 끼친 경우로서 노동부령이 정하는 사유에 해당하는 자

제41조(정년)

정년은 만00세가 도달한 날로 한다.

제42조(차별금지)

퇴직·해고·정년에서 남녀를 차별하지 않는다.

제9장 퇴직급여

제43조(퇴직급여제도의 설정 등)

① 회사는 1년 이상 근무한 사원이 퇴직할 경우에는 계속근로기간 1년에 대하여 30일분의 평균 임금을 퇴직금으로 지급한다.

② 회사는 근로자퇴직급여보장법 제4조에 따라 제1항의 퇴직금을 지급하는 대신 사원의 과반수 동의를 얻어 퇴직연금제도를 도입할 수 있다.

제44조(중간정산)

회사는 주택구입 등 근로자퇴직급여보장법 시행령에서 정한 사유로 사원이 요구하는 경우에는 퇴직하기 전에 해당 사원의 계속근로기간에 대한 퇴직금을 미리 정산하여 지급할 수 있다. 이 경우 미리 정산하여 지급한 후의 퇴직금 산정을 위한 계속 근로기간은 정산시점부터 새로이 기산한다.

제10장 표창 및 징계

제45조(표창)

① 회사는 다음 각 호의 1에 해당하는 경우 표창할 수 있다.

    1. 회사의 업무능률향상에 현저한 공로가 인정된 자
    2. 회사의 영업활동에 크게 기여한 자
    3. 업무수행 성적이 우수한 자
    4. 기타 표창의 필요가 인정되는 자

② 표창 대상자 및 표창의 방법은 위원회를 거쳐 결정한다.

제46조(징계)

회사는 다음 각호에 해당하는 사원에 대하여 징계 할 수 있다.

    1. 부정 및 허위 등의 방법으로 채용된 자(이 경우 제11조의 징계위원회는 인사위원회로 대신한다).
    2. 업무상 비밀 및 기밀을 누설하여 회사에 피해를 입힌 자
    3. 회사의 명예 또는 신용에 손상을 입힌 자
    4. 회사의 영업을 방해하는 언행을 한 자
    5. 회사의 규율과 상사의 정당한 지시를 어겨 질서를 문란하게 한 자
    6. 정당한 이유 없이 회사의 물품 및 금품을 반출한 자
    7. 직무를 이용하여 부당한 이익을 취한 자
    8. 회사가 정한 복무규정을 위반한 자

9. 직장 내 성희롱 행위를 하는 자

10. 기타 이에 준하는 행위로 직장질서를 문란하게 한 자

제47조(징계의 종류)

사원에 대한 징계의 종류는 다음과 같다.

1. 견책: 징계사유 발생 자에 대하여 시말서를 받고 문서로 견책한다.

2. 감봉(감급): 1회에 평균임금 1일분의 2분의 1, 총액은 월급여금총액의 10분의 1을 초과 하지 않는 범위의 금액을 감액한다.

3. 정직: 중대 징계사유 발생 자에 대하여 3월 이내로 하고, 그 기간 중에 직무에 종사하 지 못하며 그 기간 동안 임금을 지급하지 아니한다.

4. 해고: 근로계약을 해지하는 것으로 한다.

제48조(징계심의)

① 징계위원회의 위원장은 징계의결을 위한 회의 7일 전까지 징계위원회의 위원들에게는 회의 일시, 장소, 의제 등을, 징계대상 사원에게는 서면으로 출석통지를 각 통보한다.

② 징계위원회는 징계사유를 조사한 서류와 입증자료 및 당사자의 진술 등 충분한 증거를 확보 하여 공정하게 심의한다. 다만, 징계대상자가 징계위원회에 출석을 원하지 아니하거나 서면 진술을 하였을 때는 진술권포기서 또는 서면진술서를 징구하여 기록에 첨부하고 서면심사만 으로 징계의결을 할 수 있다.

③ 징계위원회의 위원이 징계심의 대상자와 친족관계에 있거나 그 징계사유와 관계가 있을 때에 는 그 위원은 그 징계의결에 관여하지 못한다.

④ 징계위원회는 의결 전에 해당사원에게 소명할 기회를 부여한다.

⑤ 징계위원회는 징계 대상자가 2회에 걸쳐 출석요구에 불응하거나 소명을 거부하는 경우 또는 소명을 포기 하는 의사를 표시하는 경우에는 소명 없이 징계의결 할 수 있다.

⑥ 간사는 징계의결을 위한 회의에 참석하여 회의록을 작성하고 이를 보관한다.

제49조(징계결과 통보)

징계결과통보는 해당 사원에게 징계처분사유서를 통보한다.

제50조(재심절차)

① 징계처분을 받은 사원은 징계결정이 부당하다고 인정될 때 징계통보를 받은 날로부터 7일 이 내에 서면으로 재심신청을 할 수 있다.

② 재심을 요청받은 경우 징계위원회는 10일 이내에 재심을 위한 회의를 개최하여야 하며 그 절 차는 징계심의 절차를 준용한다.

제11장 교육 및 성희롱의 예방

제51조(직무교육)

① 회사는 사원의 직무능력향상을 위하여 필요한 경우 직무교육을 시킬 수 있으며 사원은 교육 과정에 성실히 임하여야 한다.

② 제1항에 의한 직무교육과 제64조에 의한 직장 내 성희롱 예방교육은 근무시간 중에 실시하 는 것을 원칙으로 하고 교육을 받는 시간은 근로를 제공한 것으로 본다. 다만, 사원과 합의로

근무시간 외에 직무교육을 받도록 할 수 있으며 이 경우의 처우에 관하여는 교육의 장소·일정 등을 고려하여 따로 정한다.

③ 회사는 교육에 있어 남녀를 차별하지 않는다

제52조(성희롱의 예방)

① 회사는 직장내 성희롱을 예방하고 사원이 안전한 근로환경에서 일할 수 있는 여건 조성을 위해 1년에 1회 이상 성희롱 관련 법령의 요지, 성희롱 예방을 위한 사업주의 방침, 성희롱 피해자의 권리구제 방법과 가해자의 조치 등을 내용으로 성희롱 예방교육을 한다.

② 회사의 모든 임원 및 사원은 남녀고용평등법에서 금지한 직장 내 성희롱에 해당하는 행위를 하여서는 안된다.

③ 직장 내 성희롱을 하여 물의를 일으킨 임·직원에 대하여는 해고 등의 징계 조치를 취하여야 하며, 성희롱 피해자와 같은 장소에 근무하지 않도록 인사이동을 병행하여 실시한다.

④ 회사는 직장 내 성희롱 피해자의 고충을 해결을 위하여 별도의 고충처리위원회를 둘 수 있으며, 이 경우 고충처리위원은 남녀 동수로 구성하고 피해자의 요청이 있는 경우를 제외하고는 직장 내 성희롱에 대해서는 비공개를 원칙으로 한다.

제12장 안전보건

제53조(안전교육)

회사는 산업재해예방을 위하여 안전 및 보건에 관한 정기교육, 채용 시의 교육, 작업내용 변경시의 교육, 유해위험 작업 사용시의 특별안전 교육 등 산업안전보건법령에 따른 제반 교육을 실시하며 사원은 이 교육에 성실하게 참여하여야 한다.

제54조(위험기계·기구의 방호조치)

사원은 다음 각 호의 위험기계·기구의 방호조치 사항을 준수하여야 한다.

1. 방호조치를 해체하고자 할 경우 소속부서의 장의 허가를 받아 해체할 것
2. 방호조치를 해체한 후 그 사유가 소멸한 때에는 지체없이 원상으로 회복시킬 것
3. 방호장치의 기능이 상실된 것을 발견한 때에는 지체없이 소속부서의 장에게 신고할 것

제55조(안전보호장구의 착용)

사원은 작업 시에 회사에서 지급하는 안전보호 장구를 착용하여야 한다.

제56조(작업환경측정)

① 회사는 산업안전보건법에 의한 작업환경측정을 실시하되, 원칙적으로 매 6월에 1회 이상 정기적으로 실시한다.

② 제1항의 작업환경 측정시 사원의 대표의 요구가 있을 때에는 사원의 대표를 입회시킨다.

③ 회사는 작업환경측정의 결과를 당해 작업장 사원에게 알려주며 그 결과에 따라 당해 시설 및 설비의 설치 또는 개선, 건강진단 등 적절한 조치를 한다.

제57조 (건강진단)

① 회사는 사원의 건강보호·유지를 위하여 산업안전보건법이 정하는 바에 따라 매년 1회 일반건강진단을 실시한다. 단, 사무직은 매2년에 1회 실시한다.

② 회사는 산업안전보건법이 정하는 바에 따라 필요한 경우 특수·수시·임시건강진단 등을 실시

한다.

제13장 재해보상

제58조(재해보상)

① 사원이 업무상 부상 또는 질병에 걸린 경우와 사망하였을 때의 보상은 산업재해보상보험법에 의한다.

② 산업재해보상보험법의 적용을 받지 않는 업무상 부상 또는 질병에 대하여는 근로기준법이 정하는 바에 따라 회사가 보상한다.

제14장 보 칙

제59조(취업규칙의 비치)

회사는 본 규칙을 사업장 내의 사무실·휴게실 등에 비치하여 사원들이 자유롭게 열람할 수 있도록 한다.

제60조(취업규칙의 변경)

이 규칙을 변경할 때에는 사원의 과반수로 조직된 노동조합이 있는 경우 그 노동조합, 근로자의 과반수로 조직된 노동조합이 없는 경우 근로자의 과반수 의견을 청취하도록 한다. 다만, 취업규칙을 불리하게 변경하는 경우에는 그 동의를 받아야 한다.

〈부 칙〉

제1조(시행일)

본 규칙은 20 년 월 일부터 시행한다

제14편

채용 관련 규정

채용규정 작성방법

1. 직원 채용시 검토사항

구분	적용사항	비고
채용절차	• 거짓 채용광고 금지 • 채용서류반환절차 고지 의무 • 채용확정 후 미채용자 채용서류 반환 • 채용서류 반환 비용은 회사부담 원칙 • 30인 이상 사업장으로 확대(2017.1.1. 확대 시행)	채용절차의 공정화에 관한 법률 제3조, 제4조, 제11조
장애인의무고용	• 민간기업 의무고용률 - 2017~2018 : 2.9% - 2019 : 3.1% • 공공부문 의무고용률 - 2017~2018 : 3.2% - 2019 : 3.4%	장애인고용촉진 및 직업재활법 시행령 제25조
고용개선조치 (남녀근로자현황 제출의무)	• 상시근로자 500인 이상 사업장 • 근로자의 성별 현황제출 의무 • 7개직종에서 2개직종(관리자, 기타직종)으로 단순화하 • 2017년 시행예정	남녀고용평등과 일·가정 양립 지원에 관한 법률 시행규칙 별지 제5호
정년제도	• 정년 60세 의무화 • 300인 미만 사업장, 국가 및 지자체 • 2017.1.1. 시행	고용상 연령차별금지 및 고령자고용촉진에 관한 법률 제19조

💠 채용 관련 법령

↻ 고용상 연령차별금지 및 고령자 고용촉진에 관한 법률

제4조의4(모집·채용 등에서의 연령차별 금지) ① 사업주는 합리적인 이유 없이 연령을 이유로 근로자 또는 근로자가 되려는 자를 차별하여서는 아니 된다.

↻ 남녀고용평등과 일·가정 양립 지원에 관한 법률

제7조(모집과 채용) ① 사업주는 근로자를 모집하거나 채용할 때 남녀를 차별하여서는 아니 된다.

↻ 채용절차 공정화에 관한 법률

제11조(채용서류의 반환 등) ① 구인자는 구직자가 채용서류의 반환을 청구하는 경우에는 본인임을 확인한 후 반환하여야 한다.

2. 채용규정 작성방법

◉ 조문구성

채용규정 작성시 필수 조문은 다음과 같다.

1. 채용대상
2. 채용시기
3. 채용방법
4. 채용서류

◉ 채용대상

채용대상을 다음과 같이 구분하여 채용한다.

기준	정규직	계약직	일용직(단시간직)
고용기간	근로일로부터 정년까지 기간	2년 이내 기간 또는 사업기간	1일 또는 2주간 이내 기간
근로계약	정년까지 근로계약	2년 이내 또는 사업기간 근로계약	2주간 이내 근로계약
근로시간	주52시간 이내	주52시간 이내	주52시간 미만
고용방식	직접 고용	직접, 파견, 위탁 고용	직접, 파견, 위탁 고용

◉ 전형서류

사원의 채용에서 회사에 제출하는 모집 단계별로 서류를 제출하게 하여, 좀 더 깊이 있는 서류전형을 할 수 있어야 한다.

↻ 모집서류

사원 모집 시 응시자가 제출하는 서류는 되도록 간소화하여 깊이 있는 서류전형을 할 수 있도록 한다. 또한, 이력서 등에 회사에서 요구하는 사항을 사전에 제시하여야 한다. 예를 들면, 신입사원은 이력서에 학력과 자격 및 전공사항, 경력사원은 경력사항 등을 기재를 요구할 수 있다. 모집 시 제출받는 서류는 다음과 같다.

1. 이력서
2. 자기소개서

↻ 서류전형

모집 시 제출한 이력서와 자기소개서에 기재한 사항을 확인하여, 이력서와 자기소개서 등을 검토하여 서류전형을 시행할 때에는 다음 서류 등의 제출을 요구한다.

1. 학력증명서

  2. 성적증명서

  4. 경력증명서

  5. 자격증서

  6. 신원조회(승낙)서

✿ 채용서류

채용을 확정하였거나 내정한 경우에는 모집 시 또는 서류전형 시 제출한 서류를 제외하고 회사의 사원으로서 필요한 서류 등을 제출하도록 한다.

  1. 근로계약서

  2. 주민등록등본

  3. 병역증명서(남자)

  4. 건강진단(승낙)서

✿ 관련 규정

  1. 취업규칙, 채용규정

  2. 임금규정, 복무규정

  3. 인사규정, 징계규정

3. 사원 모집시 유의사항

✿ 모집공고 유의사항

사원 모집 및 채용 시 공고에 다음과 같은 표현이 들어가면 법령을 위반한 차별로 본다.

  1. ○○○○년 이후 출생자

  2. 만 ○○세 이상, 만 ○○세 이하

  3. ○○○○년 졸업예정자

  4. ○○세 여자, ○○세 남자

✿ 면접질문 유의사항

사원 면접 시 다음과 같은 질문을 하면 법령을 위반하는 표현으로 본다.

  1. 나이가 어린데 이 일을 할 수 있습니까?

  2. 나이가 많은데 어린 상사랑 일 할 수 있겠습니까?

  3. 여자인데 남자와 일 할 수 있는지?

  4. 기타 남녀 차별적 질문

◉ 위반 시 과태료

근로 관계 성립 이전 단계에서 발생하는 모집 및 위반 시 연령차별은 시정명령의 실효성이 없는 점을 고려하여 500만원 이하의 벌금을 부과한다. 연령차별행위에 대한 시정명령을 정당한 사유 없이 이행하지 않는 사업주에게는 3천만원 이하의 과태료를 부과한다.

◉ 차별금지 예외조항

다음의 경우는 차별금지 관련 법령을 위반하지 않은 예외로 인정한다.

1. 직무의 성격에 비추어 특정 연령기준이 불가피하게 요구되는 경우 (예: 연극, 영화 등의 청년역할수행을 위한 연령제한

2. 근속기간의 차이를 고려하여 임금이나 임금 외의 금품과 복리후생에 합리적인 차등을 두는 경우

3. 이 법이나 다른 법률에 따라 근로계약 취업규칙 단체협약 등에서 정년을 인정하는 경우

4. 이 법 또는 다른 법률에 따라 특정 연령 집단의 고용유지, 촉진을 위한 지원조치를 하는 경우 (예 : 정년연장을 위한 임금피크제, 정년이후 재고용 등)

[44]
정규직 채용규정

제정 ○○○○년 ○○월 ○○일
개정 ○○○○년 ○○월 ○○일

〈총 칙〉

제1조 【목적】

이 규정은 ○○주식회사(이하 '회사'라 한다)의 사원채용에 관하여 정함을 목적으로 한다.

제2조 【정의】

이 규정에서 '정규직'이라 함은 사원채용에서 근로계약상 근무기간을 한정하지 아니하고 채용한 무기계약 사원을 말한다.

제3조 【채용제한】

회사는 다음 각 호에 해당하는 자는 채용하지 아니한다.

1. 성년후견대상자와 한정후견대상자
2. 파산선고를 받고 복권되지 아니한 자
3. 금고 이상의 형을 받은 자
4. 신체장애로 업무 활동에 문제가 있는 자
5. 정신장애로 업무 활동에 문제가 있는 자
6. 성폭행으로 처벌받은 자
7. 기타 사상 또는 종교 등이 회사와 대립하는 자

제4조 【채용인원】

회사는 다음 각 호의 경우에 정규직 사원을 채용한다.

1. 자격증 취득자의 결원이 발생한 경우
2. 업무상 사원의 충원이 필요한 경우
3. 사업상 법률로 정한 인원이 필요한 경우
4. 기타 사장의 지시

제5조 【채용구분】

① 회사는 신입사원과 경력사원으로 구분하여 채용한다.

② 회사는 근무기간을 정하여 정규직과 비정규직으로 채용한다.

제6조 【채용시기】

① 정기모집 : 회사는 사원을 매년 12월 1일부터 12월 30일까지 모집하여 채용할 수 한다.

② 수시모집 : 회사는 사원을 수시로 모집하여 채용할 수 있다.

제7조 【채용방법】

① 공개채용 : 회사는 사원을 공개채용시험으로 공개채용 할 수 있다.

② 개별채용 : 회사는 사원을 비공개채용시험으로 개별채용 할 수 있다.

③ 특별채용 : 회사는 사원을 시험없이 특별채용 할 수 있다.

제8조 【모집서류】

사원 모집 시 제출받는 서류는 다음 각 호와 같다.
1. 이력서
2. 자기소개서
3. 학력(성적)증명서
4. 병적증명서
5. 기타 필요한 서류

제9조 【채용시험】

회사는 사원모집 시 다음 각 호의 시험으로 채용할 수 있다.
1. 인성시험
2. 직무시험과 자격시험
3. 실기시험
4. 면접시험

제10조 【1차 합격자 선발】

회사는 모집서류와 채용시험으로 1차 합격자를 선발하여, 건강검진을 시행한다.

제11조 【건강검진】

① 1차 합격자의 건강검진 질환은 다음 각 호와 같다.
1. 간질환
2. 뇌질환

3. 폐질환

4. 심장질환

5. 고혈압질환

6. 신부전

7. 당료질환

② 제1항의 건강검진은 회사가 지정한 병의원에서 시행할 수 있다.

③ 제1항의 질환의 건강진단서를 제출한 자는 건강검진을 생략할 수 있다.

제12조【합격자 선발과 통보】

회사는 모집서류와 채용시험과 건강검진으로 최종합격자를 선발하여, 합격자에게 통보한다.

제13조【채용서류】

① 회사는 채용이 확정된 자에게 다음 각 호의 서류를 제출받는다.

1. 모집서류 각 1부

2. 건강진단서 1통

3. 주민등록등본 2통

4. 자격증서 1통

5. 병적증명서 1통

6. 경력증명서 1통

7. 재정보증서 1통

8. 기타 필요서류

② 모집서류를 제출한 자는 모집서류를 제출하지 않는다.

③ 채용서류는 합격통보일로부터 10일까지 제출하여야 한다.

제14조【채용확정】

회사는 채용서류를 제출한 자에게 출근일자를 통보하고, 채용자를 확정한다.

제15조【신원조회】

회사는 채용이 확정된 자를 대상으로 관할 경찰서에 신원확인을 요청할 수 있다.

제16조【채용취소】

회사는 다음 각 호의 대상자를 채용을 취소할 수 있다.

1. 합격통보를 받은 자가 정당한 사유 없이 채용서류를 제출하지 않은 자

2. 채용서류를 허위로 제출한 자

3. 신원조회 결과 제3조에 해당하는 자

제17조【근로계약】

① 채용 부서장은 근로계약 담당자는 채용이 확정된 자와 근로계약서를 작성하여 근로계약을 체결한다.

② 채용 부서장은 근로계약체결 시 다음 각 호의 사항을 작성하여야 한다.

1. 근로계약기간

2. 직무

3. 근로시간

4. 임금

5. 기타 근로조건

제18조 【근로기한】

정규직 사원으로 채용된 자의 근로계약상 근로기간은 '기한을 정하지 않은 근로기간'으로 무기계약 사원이다.

제19조 【수습기간】

신규 채용된 자는 채용된 날로부터 3개월간을 수습기간으로 한다.

제20조 【해고】

회사는 신입사원과 경력사원이 수습기간 또는 수습기간 만료 후 계속근로가 불가하다고 판단한 자를 해고 한다.

제21조 【준수의무】

채용된 사원은 회사의 제반 규칙을 준수하고 상사의 지시와 명령에 따라 회사의 질서를 유지하고 서로 협력하여 그 직책과 업무를 수행할 의무를 진다.

〈부   칙〉

제22조 【시행일】

이 규정은 ○○년 ○월 ○일부터 시행한다.

〈서   식〉

(서식 1) 입사지원 표준이력서

(서식 2) 입사자 제출서류 서약서

(서식 1)

입사지원 표준이력서

지원분야			접수번호		
성명		출생년도		나이	

연락처	전화			메일	
	주소				

희망근무지	희망 1지역			희망2지역	

학교	학교	재학기간		포상	
	초등	~			
	중등	~			
	고등	~			
	대학	~		학과 전공	

직무관련 직업교육	과정	기간	기관	비고

자격증	종류	취득일	수여기관	사용처

경력	기간	근무처	직무	직위

병역	

위 사항은 사실과 틀림없음을 확인합니다.

지원일자 20   년   월   일

지원자 :   (인)

(서식 2)

입사자 제출서류 서약서

(제출처)

○○주식회사 귀중

본인은 귀사의 입사서류를 첨부와 같이 제출합니다. 본인이 제출한 서류가 허위 및 거짓으로 판명되면 채용취소 등 그에 따른 책임을 민사 및 형사상 책임을 지겠습니다

(제출서류)

1. 이력서 (전형서류 제출시 생략)
2. 신원증명서(주민등록초본)
3. 병적증명서
4. 졸업증명서
5. 성적증명서
6. 자격증서
8. 건강진단서
9. 신원조회승낙서

(제출일)

20   년   월   일

상기와 같이 제출 및 서약합니다.

(제출자)

성   명 :   주민등록번호 :   ㉑

주   소 :

연 락 처 : 전화

[45]
계약직 채용규정

제정 ○○○○년 ○○월 ○○일
개정 ○○○○년 ○○월 ○○일

〈총 칙〉

제1조【목적】

이 규정은 ○○주식회사(이하 '회사'라 한다)의 계약직 사원의 채용에 관하여 정함을 목적으로 한다.

제2조【적용범위】

이 규정은 회사에서 채용하는 근로계약기간을 정한 계약직 사원의 채용에 적용한다.

제3조【용어의 정의】

이 규정에서 계약직 근로자 또는 사원이란 1일에 8시간 이상 1개월 단위로 3개월 이상 2년 미만 근로하는 자를 말한다.

제4조【채용원칙】

계약직 사원의 채용은 사장의 승인으로 채용한다.

제5조【채용제한】

사원의 채용에는 다음 각 호에 해당하는 자는 채용하지 아니한다.

1. 성년후견대상자 및 한정후견대상자
2. 파산선고를 받고 복권되지 아니한 자
3. 금고 이상의 형을 받고 그 집행이 종료되어 후 3년이 경과되지 아니한 자
4. 신체 및 정신에 장애가 있거나 사상이 불순한 자

제6조【채용배제】

다음 각 호에 해당하는 직책은 계약직으로 채용하지 아니한다.

1. 현장관리자, 공장장
2. 공무관리자, 생산책임자

3. 회계관리자, 자금관리자

4. 자재관리자, 창고관리자

5. 노무관리자, 인사관리자

6. 전산책임자, 소프트웨어개발책임자

제7조【채용대상 직무 등】

회사는 다음에 해당하는 사업 또는 직무에 대하여 계약직 사원을 채용한다.

1. 3개월 이상 2년 미만의 사업

2. 제1호에 필요한 직무

3. 일시 증원이 필요한 직무

4. 기타 회사에서 필요한 직무 소유자

제8조【채용계획】

총무부서장은 계약직 사원의 채용계획을 분기별로 수립하여 사장에게 보고한다.

제9조【채용시기】

계약직 사원의 채용은 필요인원의 발생 시 수시로 채용한다.

제10조【채용서류】

계약직 사원의 채용은 다음 서류를 구비하여 제출한다.

1. 이력서, 자기소개서

2. 경력증명서

3. 자격증서

4. 내국인(주민등록등본)

5. 외국인(국내거주증명서)

6. 기타 필요한 서류

제11조【근로시간과 휴일 등】

계약직 사원의 근로시간은 1일에 8시간 근로 1시간 휴식, 1주에 40시간 근로, 1주간 근로에 유급 주휴일 1일, 무급휴일 1일을 부여한다.

제12조【임금의 계산과 지급】

계약직 사원의 임금은 1개월 단위로 월급으로 계산하여 매월 지급한다. 다만, 연장근로 또는 야간근로, 휴일근로 시 통상임금의 50%를 가산하여 지급한다.

제13조【근로계약의 체결】

① 회사는 계약직 사원과 다음 각 호의 근로계약을 체결한다.

1. 직무

2. 근로기간

3. 임금

4. 근무지

② 제1항 2호의 근무기간 이내에 담당 업무를 만료한 경우를 담당업무 만료일을 근무기한으로 한다.

제14조【근로계약의 종료】

① 계약직 사원의 근로기간은 근로계약서 상의 근로계약기간으로 이다.

② 계약직 사원은 근로계약서의 당해 업무가 종료 또는 만료하면 근로계약기간은 자동으로 종료한다.

③ 계약직 사원은 근로계약기간 중 근로의 종료에 해당하는 징계 또는 해고 처분을 받은 경우 근로계약을 종료한다.

제15조【징계 및 해고】

회사는 사원이 취업규칙 또는 징계규정을 위반한 경우 규정에 따라 징계 또는 해고한다.

〈부   칙〉

제16조【시행일】

이 규정은 ○○○○년 ○월 ○일부터 시행한다.

〈서   식〉

1. 입사지원서(표준이력서)
2. 제출서류 서약서

(서식 1)

입사지원서(표준이력서)

지원분야				접수번호		

성명		출생년도			나이	

연락처	전화			메일	
	주소				

희망근무지	희망 1지역		희망2지역	

학교	학교	재학기간		포상
	초등	~		
	중등	~		
	고등	~		
	대학	~	학과	전공

직무관련 직업교육	과정	기간	기관	비고

자격증	종류	취득일	수여기관	사용처

경력	기간	근무처	직무	직위

병역	

위 사항은 사실과 틀림없음을 확인합니다.

20   년   월   일

지 원 자 :   (인)

(서식 2)

입사자 제출서류 서약서

(제출처)

○○주식회사 귀중

본인은 귀사의 입사시 제출서류를 첨부와 같이 제출합니다. 본인이 제출한 서류가 허위 및 거짓으로 판명되면 채용취소 등 회사의 방침에 따르겠습니다. 또한, 그에 따른 민사 및 형사상 책임을 지겠습니다

(제출서류: 첨부)

1. 이력서
2. 자기소개서
3. 졸업증명서
4. 자격증서
5. 건강진단서
6. 신원조회승낙서

(제출일)

20   년   월   일

상기와 같이 제출 및 서약합니다.

(제출자)

성   명 :   주민등록번호 :   ㊞

주   소 :

연 락 처 : 전화

[46]
일용직 채용규정

제정 ○○○○년 ○○월 ○○일
개정 ○○○○년 ○○월 ○○일

〈총 칙〉

제1조【목적】

이 규정은 ○○주식회사(이하 '회사'라 한다)의 일용직 또는 단시간직 근로자의 채용에 관하여 정함을 목적으로 한다.

제2조【적용범위】

이 규정은 회사의 에서 채용하는 일용직 또는 단시간직 근로자의 채용에 적용한다.

제3조【용어의 정의】

이 규정에서 일용직 또는 단시간직 근로자란 다음의 근로자를 말한다.

1. 일용직 근로자란 계속근로시간이 1일에 8시간 이상으로 1일을 단위로 근로하는 자를 말한다.
2. 단시간직 근로자란 계속근로시간이 1일에 8시간 미만으로, 1시간을 단위로 근로하는 자를 말한다.

제4조【채용원칙】

일용직 근로자와 단시간직 근로자의 채용은 사장의 위임에 따라 각 부서장의 전결로 채용한다.

제5조【채용제한】

사원의 채용에는 다음 각 호에 해당하는 자는 채용하지 아니한다.

1. 성년후견대상자 및 한정후견대상자
2. 파산선고를 받고 복권되지 아니한 자
3. 금고 이상의 형을 받고 그 집행이 종료되어 후 3년이 경과되지 아니한 자
4. 신체 및 정신에 장애가 있거나 사상이 불순한 자

제6조 【채용구분】

일용직과 단시간직 근로자의 채용은 다음 각 호와 같이 채용한다.

1. 일용직 근로자 : 근무시간이 1일에 8시간 이상 계속근로기간이 3개월 미만인 자
3. 시간직 근로자 : 근무시간이 1일에 8시간 미만 계속근로기간이 1개월 미만인 자

제7조 【충원신청】

① 각 부서장은 매월 일용직과 단시간직의 충원신청을 총무부서장에게 제출하여야 한다.

② 제1항의 충원신청은 다음 사항을 포함하여야 한다.

1. 충원 시기
2. 충원 인원
3. 충원 인력의 직무
4. 충원 인력의 사용기간
5. 기타사항

제8조 【충원승인】

① 총무부서장은 각 부서장으로부터 일용직과 단시간직의 충원신청을 접수한 후에 1주일 이내에 부서별 일용직과 단시간직 채용계획을 수립하여 각 부서장에게 통보하여야 한다.

② 제1항의 부서별 일용직과 단시간직의 채용계획은 다음 사항을 포함하여야 한다.

1. 채용시기
2. 채용인원
3, 채용직무
4. 채용기간
5. 채용서류
6. 기타사항

제9조 【채용시행】

각 부서장은 총무부서장의 일용직과 단시간직 채용계획을 통보받은 후 일용직 등이 필요한 기간 이내에 채용을 완료하여야 한다.

제10조 【채용서류】

① 1개월 이상 계속근로 일용사원의 채용서류는 다음과 같다.

1. 이력서 또는 경력증명서
2. 주민등록증 사본
3. 자격증서
4. 기타서류

② 1주 미만 계속근로 일용직 또는 단시간직 근로자의 채용서류는 제1항 1호와 2호로 할 수 있다.

제11조 【일용직 임금】

① 1개월 이상 근로하는 일용직 임금은 1일을 단위로 계산하여, 1개월로 월급으로 지급한다.

② 1주일 이상 근로하는 일용직 임금은 1일을 단위로 계산하여, 1주일의 주급으로 지급한다.

③ 1주일 미만 근로하는 일용직 임금은 1일을 단위로 계산하여, 근로종료일에 일급으로 지급한다.

제12조【단시간직 임금】

① 1개월 미만 근로하는 단시간직 임금은 1시간을 단위로 계산하여, 1개월의 월급으로 지급한다.

② 1주일 이상 근로하는 단시간 임금은 1시간을 단위로 계산하여, 1주일의 주급으로 지급한다.

③ 1주일 미만 근로하는 단시간직 임금은 1시간을 단위로 계산하여, 근로종료일에 시간급으로 지급

제13조【일용근로자대장 등】

각 사업부서장은 일용직 또는 단시간직 근로자를 채용할 때에는 매분기 일용근로자대장과 일용근로자급여지급대장을 작성하여 총무부서장에게 제출하여야 한다.

제14조【해고】

일용직 또는 단시간직 근로자가 다음 각 호에 해당하는 경우에 해고할 수 있다.

1. 무단결근 3일 이상일 때
2. 정신 또는 신체상의 장애 등으로 직무수행이 어려울 때
3. 근무성적이 불량할 때
4. 업무상 부득이한 사유로 해고할 필요가 있을 때

〈부 칙〉

제15조【시행일】

이 규정은 ○○○○년 ○월 ○일부터 시행한다.

제15편

복무관련규정

복무관련규정 작성방법

◈ 복무규율

조직의 일원으로서 해당 기업의 이념에 동참하여 경영목표 달성에 일익을 하는 만큼 해당 직원이 반드시 준수해야 할 기본적인 규율을 명시한다. 이 사항은 의무이면서 이를 위반 시 경고 등 징계를 받게 되는 만큼 해당 기업의 제반 사항을 검토하여 포괄적으로 규정하도록 한다.

1. 기본적인 경영이념 동의
2. 회사 규율 및 상사지시의 복종 의무
3. 개인적 영리를 위한 불법행위의 금지
4. 회사 재산관리
5. 회사 근무분위기 저해 금지
6. 유인물 배포 및 집단행동 금지
7. 성희롱 금지
8. 기타 종업원으로서 준수사항

◈ 법정 근로시간

1주간의 근로시간은 휴식시간을 제외하고 40시간을 초과할 수 없으며 1일 근로시간은 휴식시간을 제외하고 8시간을 초과할 수 없다. 단 당사자의 합의가 있는 경우에는 1주간에 12시간을 한도로 연장근무를 할 수 있다.

소정근로시간이라 함은 법정근로시간 범위 내에서 노사간에 정한 근로시간을 말한다.

소정근로시간은 상호간 약정된 근로시간으로 실 근로시간과는 관계가 없으며 근로자가 근로를 제공할 의무가 있는 동시에 연장 및 휴일 근로수당 등의 산정에 있어서 시간급·일급·월급 등의 통상임금을 산정할 때 사용하다.

> **참고** 근로기준법 제50조(근로시간)
> ① 1주간의 근로시간은 휴게시간을 제외하고 40시간을 초과할 수 없다.
> ② 1일의 근로시간은 휴게시간을 제외하고 8시간을 초과할 수 없다.
> ③ 제1항 및 제2항에 따른 근로시간을 산정함에 있어 작업을 위하여 근로자가 사용자의 지휘·감독 아래에 있는 대기시간 등은 근로시간으로 본다. 〈신설 2012.2.1〉

✦ 탄력적 근로시간제

⏱ 2주간

사용자는 취업규칙(취업규칙과 같은 것을 포함)에서 정하는 바에 따라 2주 이내의 일정한 단위기간을 평균하여 1주간의 근로시간이 40시간을 초과하지 아니하는 범위에서 특정한 주에 40시간을, 특정한 날에 8시간을 초과하여 근로하게 할 수 있다. 다만, 특정한 주의 근로시간은 48시간을 초과할 수 없다.

⏱ 3개월간

사용자는 근로자대표와의 서면 합의에 따라 다음 각 호의 사항을 정하면 3개월 이내의 단위기간을 평균하여 1주간의 근로시간이 8시간을 초과하지 아니하는 범위에서 특정한 주에 40시간을, 특정한 날에 8시간을 초과하여 근로하게 할 수 있다. 다만, 특정한 주의 근로시간은 52시간을, 특정한 날의 근로시간은 12시간을 초과할 수 없다.

1. 대상 근로자의 범위
2. 단위기간(3개월 이내의 일정한 기간으로 정하여야 한다.)
3. 단위기간의 근로일과 그 근로일별 근로시간

⏱ 적용금지

탄력적 근로시간제는 15세 이상 18세 미만의 근로자와 임신 중인 여성 근로자에 대하여는 적용하지 아니한다.

⏱ 임금보전

탄력적 근로시간제를 적용함에 근로자를 근로시킬 때는 기존의 임금 수준이 낮아지지 아니하도록 임금보전방안(賃金補塡方案)을 마련하여야 한다.

> **참고** 근로기준법 제51조

✦ 간주 근로시간제

사원이 출장 및 외부영업 등으로 사업장 밖에서의 근로시간을 계산하기 어려운 경우를 대비하여 규정할 필요가 있다. 사원이 출장, 파견 등의 업무를 수행하기 위하여 통상적으로 1일 8시간을 초과하여 근로할 필요가 있을 때에는 근로자대표와 서면합의를 통해 사업장 사정에 따라 달리 정할 수 있다.

✦ 재량 근로시간제

업무의 성질에 비추어 업무 수행 방법을 근로자의 재량에 위임할 필요가 있는 업무로서 대통령령으로 정하는 업무로 다음 각 호의 어느 하나에 해당하는 업무를 말한다. 〈개정

2010.7.12〉

1. 신상품 또는 신기술의 연구개발이나 인문사회과학 또는 자연과학분야의 연구 업무

2. 정보처리시스템의 설계 또는 분석 업무

3. 신문, 방송 또는 출판 사업에서의 기사의 취재, 편성 또는 편집 업무

4. 의복·실내장식·공업제품·광고 등의 디자인 또는 고안 업무

5. 방송 프로그램·영화 등의 제작 사업에서의 프로듀서나 감독 업무

6. 그 밖에 고용노동부장관이 정하는 업무

상기 업무 중 사용자가 근로자대표와 서면 합의로 정한 시간을 근로한 것으로 본다. 이 경우 그 서면 합의에는 다음 각 호의 사항을 명시하여야 한다.

1. 대상 업무

2. 사용자가 업무의 수행 수단 및 시간 배분 등에 관하여 근로자에게 구체적인 지시를 하지 아니한다는 내용

3. 근로시간의 산정은 그 서면 합의로 정하는 바에 따른다는 내용

참고 근로기준법시행령 제31조, 근로기준법 제58조3항

🔅 연장근로 및 휴식시간의 특례

다음 각 호의 사업에 대하여 사용자가 근로자대표와 서면 합의를 하였을 때 주(週) 12시간을 초과하여 연장근로를 하게 하거나 휴식시간을 변경할 수 있다.

1. 운수업, 물품 판매 및 보관업, 금융보험업

2. 영화 제작 및 흥행업, 통신업, 교육연구 및 조사 사업, 광고업

3. 의료 및 위생 사업, 접객업, 소각 및 청소업, 이용업

4. 사회복지사업

참고 근로기준법 제59조, 근로기준법시행령 제32조

[47]
복무관리규정

제정 ○○○○년 ○○월 ○○일
개정 ○○○○년 ○○월 ○○일

〈총 칙〉

제1장 통칙

제1조【목적】
　이 규정은 ○○주식회사(이하 '회사'라 한다) 소속 전체구성원(이하 '사원'이라 한다)의 복무와 그 밖에 회사의 질서 유지를 위한 복무규율에 관한 규정함을 목적으로 한다.

제2조【적용범위】
　사원의 복무규율에 관하여 법령, 취업규칙과 근로계약, 그 밖에 회사규정에 별도로 정함이 있는 경우를 제외하고는 이 규정이 정하는 바에 의한다.

제3조 【사원의 정의】

이 규정에서 사원이라 함은 다음 각 호와 같다.

1. 정규직 사원 : 무기계약 근로자
2. 계약직 사원 : 기간제 근로자
3. 시간직 사원 : 시간제 근로자

제2장 근무

제4조 【복무원칙】

① 사원은 회사와 상사의 정당한 명령과 지시와 맡은 바 직무를 성실히 수행하여야 한다.

② 회사는 사원이 제1항을 위반하는 경우 징계위원회에 회부 및 징계할 수 있다.

제5조 【배치】

회사는 사원을 다음 각 호의 직군과 직무에 배치할 수 있다.

1. 생산직
2. 영업직과 판매직
3. 관리직
4. 연구직
5. 전문직
6. 기타 직군

제6조 【보직발령】

회사는 사원에게 다음 각 호와 같이 보직 기간을 발령할 수 있다.

1. 자격증 소지자 : 해당 직무 2년 이상 근무
2. 연구업무 사원 : 해당 직무 2년 이상 근무
3. 경리업무 사원 : 해당 직무 2년 이상 근무
4. 영업판매 사원 : 해당 직무 2년 이상
5. 제조생산 사원 : 해당 직무 2년 이상

제7조 【대기발령】

회사는 다음 각 호의 경우 또는 사원에게 보직을 해임하고 대기를 발령할 수 있다.

1. 조직을 개편하는 경우
2. 징계처분을 받은 자
3. 업무수행능력 부적격자
4. 인사위원회 계류 중인 자

제8조 【근무이동】

회사는 사원에게 다음 각 호의 사업장에 직무, 직종, 장소를 근무이동을 명할 수 있다.

1. 국내외 사업장
2. 국내외 계열사
3. 국내외 협력사
4. 국내외 거래처
5. 기타 회사

제9조 【순환근무】

회사는 입사 2년 이상 사원에게 매 1년 이상 기간의 직무 또는 장소를 순환하는 근무를 명할 수 있다.

제10조 【파견근무】

① 회사는 사원에게 자회사, 관련회사, 거래처, 현장, 기타 등에 파견근무를 명할 수 있다.

② 파견사원은 근무처의 근로시간, 휴일, 기타 등의 지시에 따라 근무한다.

③ 파견사원은 복귀발령을 받으면 지체 없이 소속회사에 복귀하여야 한다.

제3장 의무

제11조 【책임의무】

사원은 맡은 바 직무에 책임을 다하여야 하며, 직무분장, 직무권한, 위임전결 등의 직무에 성실히 수행하여야 할 의무와 책임이 있으며, 회사는 맡은 바 직무에 불성실하거나 책임을 다하지 않은 사원은 징계할 수 있다.

제12조 【안전의무】

사원은 제반 안전수칙을 성실히 준수하고 회사와 사원의 안전관리에 적극협조하여야 할 의무가 있으며, 안전관리, 현장관리, 기타 규정에서 정한 안전수칙을 성실히 수행하지 않은 사원은 회사는 징계할 수 있다.

제13조 【보건의무】

회사의 제반 보건수칙을 성실히 준수하고 회사와 사원의 보건관리에 적극적으로 협조하여야 할 의무가 있으며, 회사는 보건관리상 보건수칙을 지키지 않거나, 병균으로부터 감염된 사원에게 일정기간 출근 중지를 명할 수 있다.

제14조 【보고의무】

사원은 회사와 상사가 지시한 직무상 보고와 직무상 발생한 사건에 대하여 회사와 상사에게 보고할 의무가 있으며, 보고의무를 성실히 이행하지 않은 사원은 징계할 수 있다.

제15조 【신고의무】

사원은 다음 각 호가 변동이 있는 경우 변경일로부터 1월 이내에 회사에 신고하여야 한다.

1. 주소가 변경된 경우
2. 회사에 제출한 자격증의 내용이 변경된 경우
3. 회사에 제출한 증명 또는 증명인 등의 내용이 변경된 경우

제16조 【인수인계】

사원은 퇴직, 휴직, 인사이동 등으로 사무 등의 인계사유 발생한 경우 인계자는 인수인계서와 다음 각 호의 사항을 인수자에게 인계한다.

1. 인계업무
2. 서류
3. 비품
4. 미결사항
5. 기타 인수인계가 필요한 사항

제17조 【협력】
　사원은 재해와 기타 비상시에 회사의 재산과 기타 등의 보호에 적극적으로 협력해야 한다.

제4장 금지

제18조 【훼손금지】
　회사의 명예와 신뢰를 훼손하는 다음 각 호의 행위를 금지한다.
　　　1. 사내에서 성희롱하는 행위
　　　2. 회사의 자산을 고의로 훼손하는 행위
　　　3. 사원을 음해하는 행위
　　　4. 법령을 위반한 범죄 행위

제19조 【기밀엄수】
　사원은 직무상 취득한 회사의 기밀 등을 누설하여서는 안 된다.

제20조 【겸업금지】
　회사의 사전승인 없이 회사와 관련 없는 다른 직무나 영리사업에 종사하여서는 안 된다.

제21조 【무단이탈금지】
　회사의 승낙 없이 회사를 무단으로 이탈하는 행위를 안 된다.

제22조 【사용금지】
　회사의 제반 물품 및 시설을 사전 허락 없이 회사와 관련 없는 개인 또는 사적으로 사용하여서는 안 된다.

제23조 【수수금지】
　사원은 직무와 관련하여 사내외에서 부당한 금품 또는 향응을 받아서는 안 된다.

제24조 【사행성행위금지】
　회사 내에서 음주, 도박, 가무, 기타 등 사행성 행위 등의 근무 질서에 반하는 행위를 하여서는 안 된다.

제25조 【상행위금지】
　회사 내에서 회사의 허락을 받지 않은 영리목적의 상행위 등의 근무 질서에 반하는 행위를 하여서는 안 된다.

제26조 【무단 게시 및 배포】
　① 사원은 회사의 승인없이 사내문서 등을 다음 각 호의 장소와 매체 등에 게시 및 배포할 수 없다.
　　　1. 사내외의 장소
　　　2. 사내외 웹사이트와 전자우편, 온라인 기기
　　　3. 휴대폰 등의 통신기기
　② 사원은 회사의 승인없이 사내에 서류 등을 게시 및 배포 할 수 없다.

제27조 【권한남용】
　사원은 정당한 사유없이 자신의 직무를 사내외 사람에게 위임하거나 강제할 수 없다.

제5장 배상과 징계

제28조【손해배상】

사원이 고의 또는 업무상 중대한 과실로 회사의 유·무형의 재산 손해를 끼쳤을 때는 손해배상을 하여야 한다.

제29조【징계처분】

회사는 다음 각 호에 해당하는 사원에 대하여 징계할 수 있다.

1. 부정 및 허위 등의 방법으로 채용된 자
2. 업무상 비밀 및 기밀을 누설하여 회사에 피해를 준 자
3. 회사의 명예 또는 신용에 손상을 입힌 자
4. 회사의 영업을 방해하는 언행을 한 자
5. 회사의 규율과 상사의 정당한 지시를 어겨 질서를 어지럽게 한 자
6. 정당한 이유 없이 회사의 물품 및 금품을 반출한 자
7. 직무를 이용하여 부당한 이익을 취한 자
8. 회사가 정한 복무규정을 위반한 자
9. 직장 내 성희롱을 하는 자
10. 기타 직장질서를 어지럽게 한 자

제30조【징계의 종류】

사원에 대한 징계의 종류는 다음과 같다.

1. 견책 : 각서로 문책하는 징계이다. 견책 3회는 감봉으로 징계한다.
2. 감봉 : 3개월간 매월 월급의 10%를 감액하는 징계이다. 감봉 3회는 정직으로 징계한다.
3. 정직 : 3개월 이내의 직무정지와 출근금지의 징계이다. 정직 3회는 해고로 징계한다.
4. 해고 : 근로계약을 종료하는 징계이다.

제31조【징계심의】

① 징계위원회의 위원장은 징계의결을 위한 회의 7일 전까지 징계위원회의 위원들에게는 회의 일시, 장소, 의제 등을, 징계대상 사원에게는 서면으로 출석통지를 각 통보한다.

② 징계위원회는 징계사유를 조사한 서류와 입증자료 및 당사자의 진술 등 충분한 증거를 확보하여 공정하게 심의한다. 다만, 징계대상자가 징계위원회에 출석을 원하지 아니하거나 서면진술을 하였을 때는 진술권포기서 또는 서면진술서를 징구하여 기록에 첨부하고 서면심사만으로 징계의결을 할 수 있다.

③ 징계위원회의 위원이 징계심의 대상자와 친족관계에 있거나 그 징계사유와 관계가 있을 때에는 그 위원은 그 징계의결에 관여하지 못한다.

④ 징계위원회는 의결 전에 해당사원에게 소명할 기회를 부여한다.

⑤ 징계위원회는 징계 대상자가 2회에 걸쳐 출석요구에 불응하거나 소명을 거부하는 경우 또는 소명을 포기 하는 의사를 표시하는 경우에는 소명 없이 징계의결 할 수 있다.

⑥ 간사는 징계의결을 위한 회의에 참석하여 회의록을 작성하고 이를 보관한다.

제32조 【징계결과 통보】

징계결과통보는 해당 사원에게 징계처분사유 설명서에 의하여 통보한다.

제33조 【재심절차】

① 징계처분을 받은 사원은 징계결정이 부당하다고 인정될 때 징계통보를 받은 날로부터 7일 이내에 서면으로 재심신청을 할 수 있다.

② 재심을 요청받은 경우 징계위원회는 10일 이내에 재심을 위한 회의를 개최하여야 한다.

〈부 칙〉

제34조 【시행일】

이 규정은 ○○○○년 ○월 ○일부터 시행한다.

〈서 식〉

(서식 1) 복무서약서

(서식 2) 정보보호서약서

(서식 3) 직무발명동의서

(서식 1)

복무서약서

본인이 ○○주식회사(이하 "회사")에 채용되어 근무하면서 아래 사항을 지킬 것을 서약합니다.

1. 본인은 회사의 제 규칙과 규정, 명령 시달 등을 준수함은 물론 상사의 업무상 지시에 성실히 임하겠습니다.

2. 소관업무를 성실히 수행하며 회사의 비전과 성장에 위배 됨이 없도록 하겠습니다.

3. 회사의 기밀사항 또는 사원과 거래처의 비밀사항은 그 대소를 막론하고 외부에 누설하지 않겠습니다.

4. 회사의 금품을 이용하거나 공무를 빙자하여 사리를 도모하는 일이 없도록 하겠습니다.

5. 거래처 또는 거래처 종업원과 그 가족으로부터 어떠한 형태의 금전이나 물품이라도 사례로서 받지 않겠습니다.

6. 직원 상호 간에 인격을 존중하며 예의와 우애를 지켜 회사의 직원으로서 명예를 손상케 함이 없도록 하겠습니다.

7. 본인은 회사의 구성원으로서 회사업무의 특수성을 이해하고 휴일 및 야간근무가 필요할 경우 회사와 합의하여 근무할 것을 동의합니다.

본인은 위의 내용에 동의하며 이를 위반하여 회사에 직무상 장해 또는 손해를 끼친 때에는 처벌은 물론 해당 손해액을 변상할 것을 약속하며 서약서를 제출합니다.

20 년   월   일

(제출자) 성명 :   (주민등록번호 :   ) 인

○○주식회사 대표이사 귀하

(서식 2)

정보보호서약서

1. 나는 회사의 복무규정 및 정보보안규정 및 지침, 정책을 반드시 준수한다.
2. 나는 회사로부터 제공받은 정보자산(서류, 사진, 전자화일, 저장매체, 전산장비 등)을 무단변조, 복사, 훼손, 분실 등으로부터 안전하게 관리한다.
3. 나는 회사에서 인가받지 않은 소프트웨어의 불법적 사용이 적발될 경우 이에 대한 민·형사상 모든 책임진다.
4. 나는 회사 소유정보 및 고객, 협력사 등 제3자의 소유정보를 업무에 한해 이용한다.
5. 나는 상대가 누구이건간에 알 필요가 없는 자에게 회사 혹은 제3자 소유정보를 누설하지 않는다.
6. 나는 나에게 할당된 사용자 ID 및 패스워드는 오직 나만이 사용할 수 있고, 타인에게누설해서는 안 됨을 숙지하고 있다.
7. 나는 나의 업무나 회사와 관련된 업무를 수행하는 경우에만 원내 데이터 처리시설을 사용할 것이며, 정보자산의 외부발신 시 회사의 통제절차를 준수한다.
8. 나는 회사의 인트라넷이나 인터넷 웹메일 사용과 관련하여 회사에 손해를 끼칠 수 있는 정보의 유출 혐의가 있는 등 조사가 필요한 경우에 메일 점검을 할 수 있음을 알고 있고, 그 점검에 대해 동의한다.
9. 나는 회사의 전산장비에 사적 정보나 회사와 관련되지 않은 데이터를 보관하지 않는다.
10. 나는 명백히 허가받지 않은 정보나 시설에 절대로 접근하지 않는다.
11. 나는 퇴직 시 회사에서 제공받은 모든 회사소유 정보자산은 반드시 반납하고, 외부로 유출시키지 않는다.

나는 상기사항을 숙지하여 이를 성실히 준수할 것을 동의하며 만일 위 사항을 이행치 않았을 경우 부정경쟁방지 및 영업비밀보호에 관한 법률, 컴퓨터프로그램보호법 등 관련법령에 의한 민·형사상의 책임 이외에, 회사 규정에 따른 징계 조치 등 어떠한 불이익도 감수할 것이며 회사에 끼친 손해에 대해 변상 및 복구할 것을 서약합니다.

20 년   월   일

소속 :

성명 :   (주민등록번호:)(인)

○○주식회사 대표이사 귀하

(서식 3)

직무발명동의서

본인은 ○○주식회사(이하 "회사")의 임직원(비정규직 포함)으로서 회사의 복무규정과 직무발명관리규정에 대해 동의하며 아래 사항을 준수할 것을 서약합니다.

1. 나는 회사에 근무하는 중 업무와 관련하여 발명 또는 저작한 것(이하 직무발명)에 대한 권리가 회사에 속한다는 사실에 동의합니다.

2. 나는 직무발명을 했을 때 그 내용을 별도의 회사 양식(직무발명신고서)에 작성하여 주관부서인 기술연구소와 총무부에 신고하겠습니다.

3. 나는 직무발명에 관하여 회사로부터 특허받을 수 있는 권리를 승계한다는 결정의 통지를 받았을 때에는 지체없이 특허받을 수 있는 권리를 회사에 양도하겠습니다.

4. 나는 직무발명이 특허나 실용신안 또는 의장 출원된 후 등록되었을 경우 등록보상금을 받을 수 있고 발명이 제3자에게 양도되거나 실시되어 회사에 수입이 발생했을 경우 규정에 의거 보상금을 지급받을 수 있다는 사실을 알고 있습니다.

5. 나는 직무발명 신고의무를 지키지 않고 개인 명의로 특허나 실용신안 또는 의장을 출원 하였을 경우 회사로부터 불이익 처분이나 징계를 받을 수 있다는 사실에 동의합니다.

6. 나는 회사의 복무규정과 직무발명관리 및 보상규정을 준수하겠습니다.

나는 상기 사항을 숙지하여 앞으로 이를 성실히 준수할 것을 동의하며 만일 위 사항을 이행하지 않았을 경우 회사에 끼친 손해에 관해 법률적 책임을 질 것에 동의합니다.

20   년   월   일

성명 :   (주민등록번호 :   ) (인)

○○주식회사 대표이사 귀하

[48]
근태관리규정

제정 ○○○○년 ○○월 ○○일
개정 ○○○○년 ○○월 ○○일

〈총　칙〉

제1장 통칙

제1조【목적】

이 규정은 ○○주식회사(이하 '회사'라 한다) 소속 구성원(이하 '사원'이라 한다)의 출근과 퇴근, 근로시간과 그 밖에 회사의 질서 유지를 위한 근태관리에 관한 규정함을 목적으로 한다.

제2조【적용범위】

이 규정은 회사의 모든 사원에게 적용한다. 다만, 별도로 정한 경우를 제외하고 적용한다.

제3조【준수의무】

사원은 근로시간과 근태시각 등 맡은 바 직무를 성실하게 준수하여, 회사의 경영목표와 소속부서의 목표달성에 이바지한다.

제2장 근무시간

제4조【근무일수】

사원은 1주에 5일 근무를 원칙으로 하되, 회사의 사정에 따라 근무 요일을 변경하여 근무할 수 있다.

제5조【근무시간】

① 사원의 근무시간은 휴식시간을 제외하고 1일에 8시간, 1주에 40시간, 1월에 209시간 근무를 원칙으로 한다.

② 사원의 동의로 법정근로시간 이내에서 근무시간을 연장하여 근무할 수 있다.

제6조【시업과 종업 시각】

① 사원의 시업시각은 오전 9시이고, 종업시각은 오후 6시이다.

② 회사는 계절, 업무형태, 현장, 직종, 기타 사정에 따라 1일 근로시간 8시간 내에서 시업과 종업 시각을 변경하여 실시할 수 있다.

제7조【휴식시간】

① 사원의 휴식시간은 1일에 8시간 근무에 휴식시간은 1시간이다.

② 사원의 휴식시각은 1일에 8시간 근무에 휴식시각은 12:00시부터 13:00시까지이다. 다만, 사업장의 사정에 따라 휴식시간 1시간을 시각을 변경하여 운용할 수 있다.

③ 사원의 휴식시간은 근로시간에 포함하지 않는다.

제8조【탄력적 근로시간제】

① 회사는 취업규칙 등에 정하는 바에 따라 2주간 이내의 기간을 평균하여 1주 40시간을 초과하지 않는 범위에서 특정일에 8시간을 초과하여, 특정주에 48시간을 한도로 근로하게 할 수 있다.

② 회사는 근로자 대표와 서면합의로 3월 이내의 기간을 평균하여 1주에 40시간을 초과하지 않는 범위에서 특정일에 12시간, 특정주에 52시간을 한도로 근로하게 할 수 있다.

제9조【선택적 근로시간제】

회사는 사원과 서면합의로 1월 이내의 정산기간을 평균하여 1주 40시간 이내의 근로에 대하여 1주에 40시간, 1일에 8시간을 초과하여 시업 및 종업 시각을 사원의 자유의사에 맡기는 근로시간제를 실시할 수 있다.

제3장 시간외근로

제10조【연장근로】

① 회사는 사원의 동의로 오후 6시부터 10시까지 연장근로를 실시할 수 있다.

② 회사는 사원과 합의로 1주에 12시간 이내의 연장근로를 합의할 수 있다. 다만, 1주일에 40시간 근로를 시행한 날로부터 3년까지는 사원과 회사가 1주에 16시간 이내의 연장근로를 합의할 수 있다.

③ 산후 1년이 지나지 아니한 여성사원은 1일에 2시간, 1주일에 6시간, 1년에 150시간을 초과하는 시간 외 근로를 할 수 없다.

④ 사원의 유급시간 외 근로는 회사의 승인이 있어야 하며, 회사의 승인없는 자발적으로 시간 외 근로시간은 보상하지 않는다.

제11조【야간근로】

회사는 사원과 합의하여 오후 10시에서 다음날 오전 6시까지 야간근로를 실시할 수 있다.

제12조 【휴일근로】

① 사원과 회사는 휴일근로시행 2일 전에 개별 합의로 휴일에 근로할 수 있다.

② 사원은 휴일근로를 신청할 경우에 휴일근로일 2일 전까지 휴일근로를 신청하여 회사의 승인이 있어야 한다.

③ 사원이 회사의 승인 없이 자발적 연장근로를 할 때에는 해당 휴일근로시간에 대하여 보상을 하지 않는다.

제4장 출퇴근

제13조 【출근】

① 사원은 출근부 또는 기타 출근카드에 본인이 직접 서명 또는 출근계기의 작동 등으로 출근시각을 기록하여야 한다.

② 사원은 시업시각 이전에 출근하여 업무수행을 위한 사전 준비를 하여야 한다.

제14조 【퇴근】

① 사원의 종업시각 이후에 퇴근할 수 있으며 필요 시 회사의 지시에 따라 퇴근기록을 하여야 한다.

② 사원은 종업시각 이전에 일일 보고서류의 결재와 직무서류, 비품 등을 정리한 후 퇴근에 임해야 한다.

제15조 【지각】

지각하는 사원은 회사 및 상사에게 그 사유를 설명하고 1시간 이상 지각은 전화 또는 기타의 방법으로 사전에 보고하여야 하며, 2시간 이상 지각은 필요하면 지각에 따른 경위서를 제출하여야 한다.

제16조 【조퇴, 외출】

① 사원이 질병, 기타 부득이한 사유로 조퇴나 외출을 할 시에는 회사의 사전승인을 받아야 한다.

② 사전승인을 받지 아니한 조퇴, 외출은 무단조퇴, 무단외출로 간주한다.

제17조 【결근】

① 사원이 질병, 기타 부득이한 사유로 결근할 때 결근에 따른 사유서를 제출하고 사전승인을 받아야 한다. 단, 부득이한 경우는 예외로 하나 사후에 결근사유서를 제출하여 사후승인을 받아야 한다.

② 상해나 질병 등으로 3일 이상 계속 결근 시에는 검진의사의 진단서를 첨부하여 결근계를 제출하여야 한다.

③ 결근계를 제출하지 않을 때에는 무단결근으로 처리한다.

제18조 【출입금지】

① 회사는 질서관리, 재산관리, 보건관리 등의 사유로 사원의 출입을 금지할 수 있다.

② 사원의 직무를 방해하거나 방해할 우려가 있는 사원은 출입을 금지할 수 있다.

③ 회사 경영상 필요하다고 인정하는 사원은 출입을 금지할 수 있다.

〈부　칙〉

제19조【시행일】

　이 규정은 ○○년 ○월 ○일부터 시행한다.

〈서　식〉

(서식 1) 출퇴근기록부
(서식 2) 연장근로자명세서

(서식 1)

출퇴근기록부

근무일 :   년 월 일   (부서장 :   담당자 :   )

번호	부서	직급	성명	출근시각	퇴근시각	비고
비고						

(서식 2)

연장근로자명세서

근무일 :   부서 :   부서장: 담당자:

번호	성명	연장근로	야간근로	휴일근로	동의서명	비고

상기와 같이 연장근로에 동의합니다.

20 .   .   .

(근로자 대표) 성명: ○ ○○ (인) (부서: 직책:)

[49]
출장관리규정

제정 ○○○○년 ○○월 ○○일
개정 ○○○○년 ○○월 ○○일

〈총 칙〉

제1장 통칙

제1조 【목적】

　이 규정은 ○○주식회사(이하 '회사'라 한다) 사원의 출장근무에 관한 절차와 운용에 대하여 정함을 목적으로 한다.

제2조 【적용대상】

　이 규정은 다른 규정에서 정한 것을 제외하고 회사의 모든 사원에게 적용한다.

제3조 【용어의 정의】

　① 이 규정에서 '사원'이라 함은 회사에 재직 중인 모든 사원을 뜻한다.

　② '출장'이라 함은 직무를 위하여 임시로 근무지에서 국내외의 다른 지역의 장소에서 근무하는 것을 뜻한다.

제2장 출장신청

제4조 【출장명령】

사장 또는 부서장은 사원에게 출장근무를 명령할 수 있으며, 출장명령을 받은 사원은 정당한 사유 없이 출장명령을 거부할 수 없다.

제5조 【출장근무】

사원은 직무상 필요한 경우에 근무지역을 벗어나 다른 지역에서 근무하는 출장근무를 할 수 있다.

제6조 【출장종류】

사원의 출장근무는 다음 각 호와 같이 구분한다.

    1. 일반출장 : 직무수행, 전시회 참관과 회의참석 등을 위한 출장
    2. 특별출장 : 수주와 발주, 전시회 출품과 상품홍보 등을 위한 출장
    3. 연수출장 : 직무상 필요한 교육 및 연수를 위한 출장

제7조 【출장신청】

① 사원의 국내출장은 출장 3일 전까지, 해외출장은 출장 10일 전까지 출장신청을 하여야 한다. 다만, 특별한 경우에 신청기간을 단축할 수 있다.

② 국내출장은 사원이 부서장에게, 해외출장은 부서장이 사장에게 다음 각 호의 출장신청서를 제출하여야 한다.

    1. 출장업무
    2. 출장기간
    3. 출장비용

제8조 【출장승인】

① 사원의 국내출장은 소속 부서장의 승인으로 출장근무를 할 수 있다.

② 사원의 해외출장은 소속 사장의 승인으로 출장근무를 할 수 있다.

제9조 【출장보류】

① 사원의 국내출장은 부서장이 출장을 보류할 수 있다.

② 사원의 국내외출장은 사장이 출장을 보류할 수 있다.

제10조 【출장지원】

출장 부서장은 출장사원의 출장준비, 출장업무, 출장비용의 지급 등의 출장목적을 달성하기 위하여 지원할 책임이 있다.

제3장 출장경비

제10조 【출장비의 신청】

① 출장 부서장은 출장비명세서를 총무부서장에게 출장명령서와 출장비명세서, 출장비지급결의서를 제출하여 출장비지급요청을 하여야 한다.

② 총무부장은 제출받은 출장비명세서를 검토하여 10% 이내의 증감액을 결정하여 출장 전일까

지 출장 부서장에게 지급하며, 10% 이상의 증감액이 발생하면 출장비명세서 수정계산과 재제출을 요청하여야 한다.

제11조 【출장비의 계산】

① 출장비는 다음 각 호와 같이 계산한다.

　1. 교통비

　2. 체재비

　3. 업무비

　4. 기타 필요 경비

② 제1항 1호, 2호 3호의 출장비는 실비로 계산하고, 제4호의 경비는 출장 부서장이 결정한다.

제12조 【출장비의 지급】

출장비는 출장비명세서 승인액을 지급하며, 지급방법은 회사의 법인카드로 지급한다. 다만, 법인카드사용이 불가한 경우 출장비승인액이 적립된 현금카드로 지급한다.

제13조 【출장비의 정산】

출장 근무자는 출장 종료 후 2일 이내에 출장비용정산명세서와 출장비용을 증명하는 서류를 총무부서장에게 제출하여 정액 및 증감액에 대하여 정산하여야 한다.

제4장 출장보고

제14조 【도착보고】

출장자는 출장지역의 장소에 도착하는 즉시 도착하였음을 소속 부서장에게 보고하여야 한다. 다만, 사정이 있는 때에는 사후에 보고할 수 있다.

제15조 【중간보고】

출장자는 출장근무 중에 소속 부서장에게 출장내용을 보고하여야 한다. 다만, 사정이 있는 때에는 사후 보고할 수 있다.

제16조 【상병보고】

출장자가 상병이 발생한 때에는 즉시 병원에서 치료하고, 소속 부서장에게 보고하여야 한다.

제17조 【출장변경】

출장자는 다음 각 호의 변경사항에 대하여 소속 부서장의 승인으로 처리한다.

　1. 출장내용을 변경해야 하는 사항

　2. 출장지역을 변경해야 하는 사항

　3. 출장기간을 변경해야 하는 사항

　4. 출장자가 귀사해야 하는 사항

　5. 출장비용이 초과하는 사항

　6. 기타 중요한 변경 상황이 발생한 경우

제18조 【출장보고】

국내외 출장자가 출장을 마치고 귀사한 3일 이내에 소속 부서장에게 출장내용, 출장결과, 출장경비 등의 출장보고서를 제출하여야 한다.

제5장 출장수당

제19조 【출장수당】

① 국내출장은 숙박하지 않는 경우 출장수당을 지급하지 않으며, 숙박을 하는 경우 숙박 1일에 통상임금 50%를 가산하여 계산하는 출장수당을 지급한다.

② 해외출장은 출장 1일에 통상임금의 50%를 가산하여 계산하는 출장수당을 지급한다.

〈부   칙〉

제20조 【시행일】

이 규정은 ○○○○년 ○○년 ○○일에 시행한다.

〈서   식〉

(서식 1) 출장명령서

(서식 2) 출장비명세서

(서식 3) 출장보고서

(서식 1)

<table>
<tr><td colspan="2" style="text-align:center;"><h1>출장신청서</h1></td></tr>
<tr><td>출 장 자</td><td>소 속 :   직위 :   성 명 :</td></tr>
<tr><td>출장목적</td><td></td></tr>
<tr><td>출장기간</td><td>202 년 월 일부터 202 년 월 일 까지 (총 일)</td></tr>
<tr><td>출장지역</td><td></td></tr>
<tr><td>출장내용</td><td></td></tr>
<tr><td>출장비용
명 세</td><td></td></tr>
<tr><td colspan="2" style="text-align:center;">상기와 같이 출장을 신청합니다.

202 년 월 일

(출장자) 부서 :   직급 :

성명: (인)</td></tr>
</table>

(서식 2)

출장비명세서 (신청/보고)

결재	담당	팀장	이사	사장

성명		소속		직책		연락처	

출장 기간			출장 지역	

출장 목적	

출장비	일자	업무비	숙박비	교통비	접대비	기타

업무비	일자	용품비	인건비	회의비	식품비	기타

숙박비	일자	호텔	콘도	모텔	숙소	기타

교통비	일자	항공비	택시비	버스(전철)비	렌트비	기타

기 타	일자	접대비	도서비	인쇄비	임차비	

상기와 같이 출장비를 신청(보고)합니다.

202 년 월 일

출장자   ㉑

(서식 3)

출장보고서

출 장 자	성명:	소속 :	직위 :
출장지역			
출장기간			
출장목적			
보고사항			

출장비용	지급금액	사용금액	정산금액	확 인

상기와 같이 보고합니다

202 년 월 일

보고자   부서: 직급:

성명: (인)

[50]
휴일관리규정

제정 ○○○○년 ○○월 ○○일
개정 ○○○○년 ○○월 ○○일

〈총 칙〉

제1조【목적】

이 규정은 ○○주식회사(이하 '회사'라 한다)에서 근로하는 사원의 휴무에 관한 휴일을 규정함을 목적으로 한다.

제2조【적용범위】

이 규정은 회사의 모든 사원에게 적용한다.

제3조【용어의 정의】

이 규정에서 용어의 정의는 다음 각 호와 같다.

1. 유급휴일 : 통상임금을 지급하는 휴일
2. 무급휴일 : 임금을 지급하지 않는 휴일

제4조【주휴일】

1주간 소정근로일을 개근한 사원에게 1일을 유급휴일로 한다. 다만, 사원의 대표 또는 사원과 합의하여 주휴일을 일요일이 아닌 다른 날로 대체하여 유급으로 휴무할 수 있다.

> 참고 근기법 제55조(휴일) 사용자는 근로자에게 1주일에 평균 1회 이상의 유급휴일을 주어야 한다.

제5조【공휴일】

회사는 사원에게 다음날을 유급공휴일에 휴무한다.

1. 일요일
2. 국경일 중 3·1절, 광복절, 개천절 및 한글날
3. 1월 1일
4. 설날 전날, 설날, 설날 다음날 (음력 12월 말일, 1월 1일, 2일)
5. 부처님오신날 (음력 4월 8일)
6. 5월 5일 (어린이날)

7. 6월 6일 (현충일)

8. 추석 전날, 추석, 추석 다음날 (음력 8월 14일, 15일, 16일)

9. 12월 25일 (기독탄신일)

10. 공직선거법 제34조에 따른 임기만료에 의한 선거의 선거일

11. 기타 정부에서 수시 지정하는 날

제6조 【대체공휴일】

① 다음의 공휴일이 다른 공휴일과 겹칠 경우 공휴일 다음의 첫 번째 비공휴일을 공휴일로 한다.

1. 설날 전날, 설날, 설날 다음날 (음력 12월 말일, 1월 1일, 2일)

2. 추석 전날, 추석, 추석 다음날 (음력 8월 14일, 15일, 16일)

② 5월 5일 (어린이날) 공휴일이 토요일이나 다른 공휴일과 겹칠 경우 공휴일 다음의 첫 번째 비공휴일을 공휴일로 한다.

제7조 【근로자의 날】

회사는 사원에게 매년 5월 1일 근로자의 날을 유급휴무일로 한다. 회사는 이날을 대체하여 다른 날로 휴무를 대체하여 휴무할 수 없다.

> **참고** 유급 주휴일은 특정일을 지정하여 규정한다. (근기법 제55조, 근기령 제30조)
> 1. 유급 주휴일이 반드시 일요일이어야 하는 것은 아니고, 사업장 사정에 따라 근로자 그룹별로 다른 요일을 정할 수 있다.
> 2. 창립기념일, 명절 연휴 등은 창립기념일 및 명절 등을 휴일로 정할 수도 있음. 이 경우 유급휴일로 부여하는 방안, 유급휴일로 하되 주휴일과 중복될 경우 별도의 주휴일만 부여하는 방안, 무급으로 하되 연가를 사용하게 하는 방안 등을 명확히 규정할 필요가 있다..
> 3. 근로자의 날은 다른 날로 대체하여 쉬도록 할 수 없다.

제8조 【무급주휴일】

① 1주간 소정근로일수를 개근한 사원에게 1일의 무급휴일을 부여한다. 1주간에 1일의 무급휴일을 토요일 또는 토요일을 대체하는 날을 휴일로 한다.

② 1주간 소정근로일수를 개근하지 않은 사원에게는 유급주휴일을 무급휴일로 부여한다.

제9조 【회사창립일】

① 회사는 사원에게 매년 회사창립일(○○월 ○○월)을 유급휴일로 부여한다.

② 사원은 회사창립일을 대체하여 다른 날을 대체휴일로 휴무할 수 없다.

〈부 칙〉

제10조 【시행일】

이 규정은 ○○○○년 ○○월 ○○일부터 시행한다.

[51]
휴가관리규정

제정 ○○○○년 ○○월 ○○일
개정 ○○○○년 ○○월 ○○일

〈총 칙〉

제1조【목적】

이 규정은 ○○주식회사(이하 '회사'라 한다) 사원의 휴가에 관한 절차와 운용에 대하여 정함을 목적으로 한다.

제2조【적용범위】

이 규정은 회사의 정규직 및 계약직 사원에게 적용한다.

제3조【용어의 정의】

① 정규직 사원이란 정년까지 기간의 근로계약을 체결한 근로자를 말한다.

② 계약직 사원이란 2년 이내 기간의 근로계약을 체결한 근로자를 말한다.

제4조【생리휴가】

① 회사는 사원이 생리휴가를 청구하면 월 1일의 생리휴가를 부여한다.

② 생리휴가는 무급으로 부여하고, 청구 또는 사용하지 않으면 소멸한다.

> 참고 필수기재사항으로 모성보호 제도의 정착 차원에서 규정(근로기준법 제73조 참조)

제5조【상병휴가】

① 사원이 업무 외 질병·부상 등으로 병가를 신청하는 경우에는 연간 60일을 초과하지 않는 범위에서 병가를 허가할 수 있다.

② 상해나 질병 등으로 1주 이상 계속 결근 시에는 검진의사의 진단서를 첨부하여 상병휴가를 신청한다.

③ 상병휴가의 병가기간은 무급으로 한다.

제6조【공적휴가】

① 사원은 다음 각 호의 경우에 공적휴가를 신청한다.

1. 병역의무에 따라 군 복무 등으로 근무할 수 없는 경우
2. 예비군훈련 등으로 근무할 수 없는 경우
3. 민방위 훈련 등으로 근무할 수 없는 경우
4. 공민권행사 등으로 근무할 수 없는 경우
5. 국가 및 지방자치단체 관련 법률에 의한 행사 및 집행으로 근무할 수 없는 경우

② 사원은 공무휴가 발생일 7일 이내에 당해 서류를 제출하여 공무휴가를 신청한다. 다만, 공민권행사 등은 신청서로 갈음한다.

제7조 【출산휴가】

① 회사는 임신 중인 사원에게 출산 후 45일(한 번에 둘 이상 자녀를 임신한 경우에는 60일) 이상을 포함하는 90일(한 번에 둘 이상 자녀를 임신한 경우에는 120일)의 보호휴가를 주어야 한다.

② 사원이 임신 중 유산 또는 사산한 경우 유급보호휴가를 다음 각 호와 같이 청구할 수 있다.
  1. 유산 또는 사산한 근로자의 임신기간(이하 "임신기간"이라 한다)이 11주 이내인 경우: 유산 또는 사산한 날부터 5일까지
  2. 임신기간이 12주 이상 15주 이내인 경우: 유산 또는 사산한 날부터 10일까지
  3. 임신기간이 16주 이상 21주 이내인 경우 : 유산 또는 사산한 날부터 30일까지
  4. 임신기간이 22주 이상 27주 이내인 경우 : 유산 또는 사산한 날부터 60일까지
  5. 임신기간이 28주 이상인 경우 : 유산 또는 사산한 날부터 90일까지

③ 제1항부터 제2항까지의 규정에 따른 휴가 중 최초 60일(한 번에 둘 이상 자녀를 임신한 경우에는 75일)은 유급으로 한다. 다만, 「남녀고용평등과 일·가정 양립 지원에 관한 법률」 제18조에 따라 출산전후휴가급여 등이 지급된 경우에는 그 금액의 한도에서 지급의 책임을 면한다.

④ 인공임신중절수술로 유산 또는 사산한 경우 무급보호휴가로 한다.

⑤ 배우자의 출산을 이유로 휴가를 청구하는 경우에 10일의 휴가를 주어야 한다. 이 경우 사용한 휴가기간은 유급으로 한다. 다만, 출산전후휴가급여 등이 지급된 경우에는 그 금액의 한도에서 지급의 책임을 면한다. 배우자 출산휴가는 근로자의 배우자가 출산한 날부터 90일이 지나면 청구할 수 없다. 또한, 배우자 출산휴가는 1회에 한정하여 나누어 사용할 수 있다.(개정 2019.8.27)

☞ 참고 (근로기준법 제74조, 근로기준법 시행령 43조, 남녀고용법 제18조의2)

제8조 【연차유급휴가】

① 회사는 1년간 80% 이상 출근한 근로자에게 15일의 유급휴가를 주어야 한다.

② 회사는 계속하여 근로한 기간이 1년 미만인 근로자 또는 1년간 80% 미만 출근한 근로자에게 1개월 개근 시 1일의 유급휴가를 주어야 한다.

③ 사용자는 3년 이상 계속하여 근로한 근로자에게는 제1항에 따른 휴가에 최초 1년을 초과하는 계속 근로 연수 매 2년에 대하여 1일을 가산한 유급휴가를 주어야 한다. 이 경우 가산휴가를 포함한 총 휴가 일수는 25일을 한도로 한다.

④ 회사는 연차유급휴가를 근로자가 청구한 시기에 주어야 한다. 다만, 근로자의 동의로 그 시기를 변경할 수 있다.

⑤ 사원은 연차유급휴가의 발생일로부터 1년간 행사하지 아니하면 소멸된다. 또한, 계속하여 근로한 기간이 1년 미만인 근로자의 유급휴가는 최초 1년의 근로가 끝날 때까지 행사하지 아니하면 소멸된다. 다만, 회사의 귀책사유로 사용하지 못한 경우에는 그러하지 아니하다.

☞ 참고 (근로기준법 제60조, 2020.3.31. 개정)

제9조 【경조휴가】

다음 각 호에 해당하는 사원에게 경조휴가를 부여한다.

1. 본인결혼 : 5일
2. 자녀결혼 : 3일
3. 형제 자매결혼 : 2일
4. 본인, 배우자 부모회갑 : 2일
5. 배우자의 출산 : 2일
6. 부모, 배우자, 자녀, 배우자 부모 사망 : 5일
7. 조부모, 형제, 자매, 손자 사망 : 2일
8. 천재, 수해, 화재, 재해, 기타의 피해 : 2일

> 참고 1. 사업장 사정에 따라 달리 정할 수 있음.
> 2. 반드시 유급으로 규정해야 하는 것은 아니며, 최소한의 기간은 유급으로 부여하고 추가로 필요한 기간은 연차휴가를 사용하도록 하는 방안도 가능.

제10조 【포상휴가】

다음 각 호의 장기근속 사원에게 포상휴가를 부여한다.

1. 5년 이상 장기 근속자 : 3일
1. 7년 이상 장기 근속자 : 5일
2. 10년 이상 장기 근속자 : 7일
3. 15년 이상 장기 근속자 : 10일
4. 20년 이상 장기 근속자 : 15일

〈부   칙〉

제11조 【시행일】

이 규정은 ○○○○년 ○○월 ○○일부터 시행한다.

〈서   식〉

(서식 1) 휴가신청서

(서식 1)

휴가신청서

신청자		직급		부서	
휴가기간	202 년 월 일부터 202 년 월 일까지				

신청휴가	휴가종류	휴가기간

신청사유	

위와 같이 휴가원을 제출하오니 허락하여 주시기 바랍니다.

202 년 월 일

신청자 :　　　　　　　　　(인)

부서장 :　　　　　　　　　(인)

※ 첨부: 증명서류 1부

[52]
연차유급휴가규정

제정 ○○○○년 ○○월 ○○일
개정 ○○○○년 ○○월 ○○일

〈총 칙〉

제1조【목적】

이 규정은 ○○주식회사(이하 '회사'라 한다) 사원의 연차유급휴가에 관하여 정함을 목적으로 한다.

제2조【적용범위】

이 규정은 회사에 재직하는 사원에게 적용한다.

제3조【용어의 정의】

① 회사란 사원이 근무하는 직장 및 사용자를 말한다.

② 사원이란 회사에서 1개월 이상 근로계약을 체결하고 계속근로하는 직원 및 근로자를 말한다.

제4조【연차유급휴가의 부여】

① 회사는 1년간 80퍼센트 이상 출근한 사원에게 15일의 유급휴가를 주어야 한다.

② 회사는 계속하여 근로한 기간이 1년 미만인 사원 또는 1년간 80퍼센트 미만 출근한 사원에게 1개월 개근 시 1일의 유급휴가를 주어야 한다.

③ 회사는 3년 이상 계속하여 근로한 사원에게는 제1항에 따른 휴가에 최초 1년을 초과하는 계속 근로 연수 매 2년에 대하여 1일을 가산한 유급휴가를 주어야 한다. 이 경우 가산휴가를 포함한 총 휴가 일수는 25일을 한도로 한다.

④ 회사는 제1항부터 제3항까지의 규정에 따른 휴가를 근로자가 청구한 시기에 주어야 하고, 그 기간에 대하여는 취업규칙 등에서 정하는 통상임금 또는 평균임금을 지급하여야 한다. 다만, 사원이 청구한 시기에 휴가를 주는 것이 사업 운영에 막대한 지장이 있는 경우에는 그 시기를 변경할 수 있다.

⑤ 제1항 및 제2항을 적용하는 경우 다음 각 호의 어느 하나에 해당하는 기간은 출근한 것으로

본다. 〈개정 2017.11.28.〉

1. 근로자가 업무상의 부상 또는 질병으로 휴업한 기간
2. 임신 중의 여성이 근로기준법 제74조제1항부터 제3항까지의 규정에 따른 휴가로 휴업한 기간
3. 남녀고용평등과 일·가정 양립 지원에 관한 법률 제19조제1항에 따른 육아휴직으로 휴업한 기간

⑥ 제1항부터 제3항까지의 휴가는 1년간(계속하여 근로한 기간이 1년 미만인 사원의 제2항에 따른 유급휴가는 최초 1년의 근로가 끝날 때까지의 기간을 말한다) 행사하지 아니하면 소멸된다. 다만, 회사의 귀책사유로 사용하지 못한 경우에는 그러하지 아니하다.

> **참고** 근로기준법 제60조(연차 유급휴가) , 근로기준법 제74조(임산부의 보호)

제5조 【연차유급휴가의 사용】

① 사원은 발생한 연차유급휴가에 대하여 발생일로부터 1년 이내에 연차유급휴가를 사용하여야 한다.
② 사원은 사용자에게 연차유급휴가의 사용을 서면으로 신청하여야 한다.

제6조 【연차유급휴가의 사용촉진】

① 회사는 최초 1년 미만 근속하는 사원에게 최초 1년 미만의 연차유급휴가 발생에 따른 기간이 끝나기 6개월 전을 기준으로 10일 이내에 사용자가 사원별로 사용하지 아니한 휴가 일수를 알려주고, 사원이 그 사용 시기를 정하여 회사에 통보하도록 서면으로 촉구한다. 〈개정 2020. 3. 31.〉
② 제1항에 따른 촉구에도 불구하고 근로자가 촉구를 받은 때부터 10일 이내에 사용하지 아니한 휴가의 전부 또는 일부의 사용 시기를 정하여 회사에 통보하지 아니하면 최초 1년 미만의 연차유급휴가 발생에 따른 기간이 끝나기 2개월 전까지 회사가 사용하지 아니한 휴가의 사용 시기를 정하여 사원에게 서면으로 통보한다. 〈개정 2020.3.31.〉
③ 회사는 1년 이상 근속한 사원에게 연차휴가소멸 3개월 10일 전까지 서면으로 연차유급휴가 사용을 통보하여야 한다.
④ 1년 이상 근속한 사원은 회사로부터 휴가사용통보를 받은 날로부터 10일 이내에 휴가사용시기를 신청하여야 한다.

> **참고** 제61조(연차 유급휴가의 사용촉진)

제7조 【연차유급휴가의 소멸】

① 사용자가 계속하여 근로한 기간이 1년 미만인 사원의 연차유급휴가 사용을 촉진하기 위하여 최초 1년의 근로기간이 끝나기 3개월 전을 기준으로 10일 이내에 사용자가 근로자별로 사용하지 아니한 휴가 일수를 알려주고, 휴가사용기간이 끝나기 10일 전까지 휴가사용을 서면으로 촉구하여도 사원이 휴가를 사용하지 아니하여 소멸된 경우에는 회사는 그 사용하지 아니한 휴가에 대하여 보상할 의무가 없고, 회사의 귀책사유에 해당하지 아니한다. 〈신설 2020.3.31.〉

② 1년 이상 근무한 사원이 연차유급휴가를 발생일로부터 1년간 사용하지 않으면 소멸한다. 다만, 회사의 귀책사유가 있는 경우 귀책일 만큼 소멸일을 연장한다.

③ 회사가 휴가소멸 1월 전까지 휴가사용시기를 서면으로 통보하였음에도 사원이 휴가를 사용하지 않으면 미사용 휴가에 대하여 보상의무가 없다.

> **참고** 근로기준법 제61조(연차 유급휴가의 사용 촉진)

제8조【연차유급휴가일의 대체】

회사는 근로자대표와의 서면 합의에 따라 연차유급휴가일을 갈음하여 특정한 근로일에 근로자를 휴무시킬 수 있다.

> **참고** 근로기준법 제62조(유급휴가의 대체)

제9조【연차유급휴가수당】

회사는 사원의 연차유급휴가 기간에 대하여 연차유급휴가수당을 통상임금으로 지급한다.

제10조【연차유급휴가미사용수당】

회사는 연차유급휴가를 사용하지 아니하고 근무한 사원에게 연차유급휴가미사용기간에 대하여 연차유급휴가미사용수당을 통상임금으로 지급한다.

제11조【하기의 연차유급휴가사용】

사원은 연차유급휴가를 매년 7월1일부터 8월30일까지 하기에 사용할 수 있다. 이 경우 연차유급휴가 개시일 7일 전에 회사에 신청하여야 한다.

제12조【연말의 연차유급휴가사용】

사원은 연차유급휴가를 매년 12월20일부터 12월 30일까지 연말에 사용할 수 있다. 이 경우 연차유급휴가 개시일 7일 전에 회사에 신청하여야 한다.

〈부　　칙〉

제13조【시행일】

이 규정은 ○○○○년 ○○월 ○○일부터 시행한다.

〈서　　식〉

(서식 1) 연차유급휴가사용신청서
(서식 2) 연차유급휴가사용촉진서

(서식 1)

연차유급휴가 사용신청서

신청자		부서		직급	
총휴가일수			총미사용일수		
휴가기간	202 년 월 일부터 202 년 월 일까지 (총 일)				
신청 사유					

위와 같이 연차유급휴가사용을 신청합니다.
202 년 월 일

신청자 : (인)

○○주식회사 대표이사(위임전결권자 ○○팀장) 귀하

(서식 2)

연차유급휴가 사용촉진서

받는 사원	성명			부서/직급	
총휴가일수			총미사용일수		
휴가기간	202 년 월 일부터 202 년 월 일까지 (총 일)				
사용촉진사유	202 년 월 일까지 연차유급휴가를 사용신청을 하지 않으면 소멸함				

위와 같이 연차유급휴가사용을 촉진합니다.
202 년 월 일

○○주식회사 대표이사(위임전결권자 ○○팀장) (인)

제16편

교육관련규정

교육관련규정 작성시 검토사항

구분	검토사항	비고
직장 내 성희롱 예방 교육	1. 교육의무 : 남녀가 근무하는 모든 사업장 2. 교육대상 : 사업장 내 모든 임직원 3. 교육방법 : 회의, 직원연수, 조회 4. 교육횟수 : 연간 1회 이상	남녀고용평등과 일·가정양립지원에 관한 법 제13조
개인정보보호 교육	1. 교육의무 : 개인정보처리 모든 사업장 2. 교육대상 : 개인정보취급자 3. 교육방법 : 집체교육, 위탁교육, 인터넷교육 등 4. 교육기간 : 연간 2회 (반기별 1회)	개인정보보호에 관한 법률 제28조
산업안전보건 교육	1. 교육의무 : 5인 이상 사업장 2. 교육대상업종 : 제조업, 전기·가스·수도업, 운수·창고·통신업 등(단, 농업, 수렵업 및 관련 서비스업, 의복제조업, 가발·유사 장신품제조업은 관리감독자 교육에 한함) 3. 교육대상 : 사업장 내 모든 근로자 4. 교육강사 : 안전·보건관리자, 안전담당자 5. 교육방법 : 집체교육, 위탁교육 등 6. 교육기간 : 매년 1월 1일부터 12월말 까지 1년간	산업안전보건법 제31조(안전보건 교육)
직장 내 장애인 인식개선 교육	1. 교육의무 : 모든 사업장, 2. 교육대상 : 사업장 내 모든 임직원 3. 교육방법 : 회의, 직원연수, 조회, 상시근로자 50인 미만 사업장 자료 게시 등 4. 교육횟수 : 연간 1회 이상	장애인고용촉진 및 직업재활법 제5조의2(직장 내 장애인 인식개선 교육)
사내능력개발 규정	1. 훈련실시주체 : 사업주(고용보험법상 사내능력개발적용적용 사업주) 2. 훈련실시대상 : 15세 이상 근로자(재직자, 채용예정자)	고용보험법 제27조 외, 근로자직업능력개발법 제20조 외
신입사원교육	1. 취업규칙 교육 2. 공통직무에 관한 교육 3. 개별직무에 관한 교육 3. 개인정보보호 등 법정의무교육 4. 복무(영업비밀, 근무태도, 직장예절)에 관한 교육 5. 기타 신입사원 교육	법정 또는 내규
재직사원교육	1. 사업계획에 관한 교육 2. 제안제도에 관한 교육 3. 직무에 관한 교육 4. 목표달성에 관한 교육 5. 기타 재직사원 교육	법정 또는 내규

[53]
직장 내 성희롱 예방 교육규정

제정 ○○○○년 ○○월 ○○일
개정 ○○○○년 ○○월 ○○일

〈총 칙〉

제1조【목적】

이 규정은 남녀고용평등과 일·가정양립지원에 관한 법률(이하 "남녀고용평등법" 또는 "법률 또는 법규")에 따라 ○○주식회사(이하 "회사"라 한다)의 직장 내 성희롱 예방을 위한 교육에 관하여 정함을 목적으로 한다.

제2조【적용범위】

이 규정은 직장 내 성희롱에 예방교육과 관련하여 회사의 구성원에게 "법률"에서 정한 것 외에는 이 규정을 적용한다.

제3조【용어의 정의】

"직장 내 성희롱"이란 사업주·상급자 또는 근로자가 직장 내의 지위를 이용하거나 업무와 관련하여 다른 근로자에게 성적 언동 등으로 성적 굴욕감 또는 혐오감을 느끼게 하거나 성적 언동 또는 그 밖의 요구 등에 따르지 아니하였다는 이유로 고용에서 불이익을 주는 것을 말한다.

참고 남녀고용평등법 제2조 제2호

제4조【교육의무】

회사의 조직과 구성원은 직장 내 성희롱 예방교육을 연간 1회 이상 이수하여야 한다.

참고 남녀고용평등법 제2조 제1호

제5조【교육내용】

회사는 법규에 의하여 성희롱 예방교육은 다음 각호의 내용이 포함된 내용을 교육한다.

1. 직장 내 성희롱에 관한 법령
2. 당해 사업장의 직장 내 성희롱 발생시의 처리절차 및 조치기준
3. 당해 사업장의 직장 내 성희롱 피해근로자의 고충상담 및 구제절차
4. 그 밖에 직장 내 성희롱 예방에 필요한 사항

참고 남녀고용평등법 시행령 제3조

제6조 【교육방법】

회사는 성희롱 예방교육을 사업의 규모와 사정을 고려하여 다음 각 호 중 선택하여 실시할 수 있다.

1. 직원연수에 의한 교육
2. 조회에 의한 교육
3. 회의에 의한 교육
4. 인터넷 등 정보통신망을 이용한 사이버 교육

제7조 【간이교육】

회사는 다음 각 호에 해당하는 사업장에 한하여 제5조의 내용을 근로자가 알 수 있도록 홍보물을 게시하거나 배포하는 방법으로 직장 내 성희롱예방교육을 실시할 수 있다.

1. 상시 10명 미만의 근로자를 고용하는 사업
2. 사업주 및 근로자 모두가 남성 또는 여성 중 어느 한 성(性)으로 구성된 사업

참고 남녀고용평등법 시행령 제3조

제8조 【교육면제】

회사는 소속 근로자에게 「근로자직업능력개발법」에 따라 인정받은 훈련과정 중 제5조의 내용이 포함된 훈련과정을 수료하게 한 경우에는 그 훈련과정을 마친 근로자에게는 제4조의 교육의무에 따른 예방 교육을 한 것으로 본다.

참고 남녀고용평등법 시행령 제3조

제9조 【위탁교육】

회사는 직장 내 성희롱 예방교육을 노동부장관이 지정하는 기관에 위탁하여 실시할 수 있다.

참고 남녀고용평등법 제13조의2

제9조 【교육일지 등】

회사는 다음 각 호의 직장 내 성희롱 예방교육 관련 서류를 작성하여 보존하여야 한다.

1. 교육일지
2. 교육참석자명단

참고 남녀고용평등법 제19조(보존서류의 종류) 법 제33조에서 "대통령령으로 정하는 서류"란 다음 각 호의 서류를 말한다.
1. 법 제7조부터 제11조까지의 규정에 따른 모집과 채용, 임금, 임금 외의 금품 등, 교육·배치 및 승진, 정년·퇴직 및 해고에 관한 서류

〈부　칙〉

제10조 【시행일】

이 규정은 ○○○○년 ○○월 ○○일부터 시행한다.

(서식 1)

직장 내 성희롱 예방 교육일지

회 사 명		사업주	
부 서 명		부서장	
교육일시	20 년 월 일 시 (분간)	교육대상 (참석인원)	명 (명)
교육장소		교육강사	

교 육 내 용

※ 작성예시

1. 직장 내 성희롱 예방교육 비디오 상영(30분)

2. 직장 내 성희롱의 개념과 유형 설명

3. 직장 내 성희롱 사례 설명

4. 직장 내 성희롱에 관한 법령 설명

5. 회사 사업장의 직장 내 성희롱 발생시
   - 처리절차 및 조치기준 설명
   - 피해자에 대한 고충상담 및 구제절차 설명

※ 붙임 : 1. 직장내 성희롱 예방교육 참석자 명단
         2. 교육자료

(서식 2)

직장 내 성희롱 예방 교육명부

교육일시 :   교육시간 :   교육장소 :
                                             교육강사 :

번호	부서	직급	성명	서명

[54]
개인정보보호 교육규정

제정 ○○○○년 ○○월 ○○일
개정 ○○○○년 ○○월 ○○일

〈총 칙〉

제1조【목적】

이 규정은 개인정보보호법(이하 "법"이라 한다.)에 의하여 ○○주식회사(이하 "회사"라 한다)의 개인정보취급자의 개인정보보호 교육에 관하여 정함을 목적으로 한다.

참고 개인정보보호법 제28조

제2조【적용범위】

이 규정은 개인정보보호 교육에 관하여 개인정보를 취급하는 회사의 임직원에게 "법률"에서 정한 것 외에는 이 규정을 적용한다.

제3조【용어의 정의】

이 규정에서 사용하는 용어의 정의는 다음과 같다.

1. "개인정보"란 개인에 관한 정보로서 성명, 주민등록번호 및 영상 등을 통하여 개인을 알아볼 수 있는 정보를 말한다.
2. "개인정보처리자"란 개인정보자료 등을 수집·가공·보관 등 개인정보를 처리하는 회사를 말한다.
3. "개인정보보호 책임자"란 회사의 개인정보보호에 관하여 총괄하는 지휘와 감독을 총괄하는 책임자를 말한다.
4. "개인정보보호담당자"란 회사의 개인정보보호 책임자가 지정한 개인정보보호를 전담하는 담당자를 말한다.
5. "개인정보취급자"란 회사의 개인정보를 취급하는 책임자와 담당자를 포함하여 모든 임직원을 말한다.

참고 개인정보보호법 제2조(정의) 이 법에서 사용하는 용어의 뜻은 다음과 같다. 〈개정 2014.3.24.〉

1. "개인정보"란 살아 있는 개인에 관한 정보로서 성명, 주민등록번호 및 영상 등을 통하여 개인을 알아 볼 수 있는 정보(해당 정보만으로는 특정 개인을 알아볼 수 없더라도 다른 정보와 쉽게 결합하여 알아볼 수 있는 것을 포함한다)를 말한다.
2. "처리"란 개인정보의 수집, 생성, 연계, 연동, 기록, 저장, 보유, 가공, 편집, 검색, 출력, 정정(訂正), 복구, 이용, 제공, 공개, 파기(破棄), 그 밖에 이와 유사한 행위를 말한다.
3. "정보주체"란 처리되는 정보에 의하여 알아볼 수 있는 사람으로서 그 정보의 주체가 되는 사람을 말한다.
4. "개인정보파일"이란 개인정보를 쉽게 검색할 수 있도록 일정한 규칙에 따라 체계적으로 배열하거나 구성한 개인정보의 집합물(集合物)을 말한다.
5. "개인정보처리자"란 업무를 목적으로 개인정보파일을 운용하기 위하여 스스로 또는 다른 사람을 통하여 개인정보를 처리하는 공공기관, 법인, 단체 및 개인 등을 말한다.

제4조 【개인정보보호 교육계획】

① 개인정보보호 책임자는 다음 각 호의 사항을 포함하는 연간 개인정보보호 교육계획을 매년 1월 말일까지 수립한다.

1. 교육목적 및 대상
2. 교육내용
3. 교육 일정 및 방법

② 개인정보보호 책임자는 수립한 개인정보보호 교육 계획을 실시한 이후에 교육의 성과와 개선 필요성을 검토하여 다음해 교육계획 수립에 반영하여야 한다.

제5조 【개인정보보호 교육대상】

회사는 개인정보보호 교육 대상자는 다음의 임직원이다.

1. 회사(개인정보처리자)
2. 개인정보보호 책임자
3. 개인정보보호담당자
4. 개인정보취급자

제6조 【개인벙보보호 책임자교육】

개인정보보호 책임자는 회사의 교육책임자로서 다음 각 호의 개인정보보호업무에 관하여 교육을 이수해야 한다.

1. 개인정보보호 계획의 수립 및 시행
2. 개인정보 처리 실태 및 관행의 정기적인 조사 및 개선
3. 개인정보 처리와 관련한 불만의 처리 및 피해 구제
4. 개인정보 유출 및 오용·남용 방지를 위한 내부통제시스템의 구축
5. 개인정보보호 교육 계획의 수립 및 시행
6. 개인정보파일의 보호 및 관리·감독

참고 개인정보보호법 제31조(개인정보보호 책임자의 지정) ① 개인정보처리자는 개인정보의 처리에 관한 업무를 총괄해서 책임질 개인정보보호 책임자를 지정하여야 한다.

제7조【개인정보보호 교육내용】
　　회사는 교육대상자에게 개인정보의 보호에 관하여 다음 각 호의 교육을 시행한다.
　　　　1. 개인에 관한 정보로서 성명, 주민등록번호 및 영상 등을 통하여 개인을 알아볼 수 있는 정보의 보호에 관한 교육
　　　　2. 제1호의 개인정보의 수집, 생성, 기록, 저장, 보유, 가공, 편집, 검색, 출력, 정정(訂正), 복구, 이용, 제공, 공개, 파기(破棄), 그 밖에 이와 유사한 행위 시 개인정보보호에 관한 교육
　　　　3. 기타 개인정보에 관한 교육

　　　참고 개인정보보호법 제28조(개인정보취급자에 대한 감독) ② 개인정보처리자는 개인정보의 적정한 취급을 보장하기 위하여 개인정보취급자에게 정기적으로 필요한 교육을 실시하여야 한다.

제8조【개인정보보호 교육일정】
　　개인정보보호 책임자는 연가 2회의 정기교육을 상반기에 1회, 하반기에 1회 실시한다.

제9조【개인정보보호 교육방법】
　　① 회사는 개인정보보호 교육을 다음 각 호의 교육 중 선택하여 시행한다.
　　　　1. 집체교육
　　　　2. 인터넷교육
　　　　3. 그룹웨어교육
　　② 회사는 필요한 경우 행정자치부에서 지정한 외부 전문기관이나 전문요원에 위탁하여 교육을 실시한다.

제10조【개인정보보호 교육일지】
　　개인정보보호 책임자는 교육책임자로서 서식1의 교육일지 및 교육이수자명부를 작성하여야 한다.

〈부　　칙〉

제11조【시행일】
　　이 규정은 ○○○○년 ○○월 ○○일부터 시행한다.

〈서　　식〉

（서식 1) 개인정보보호 교육일지

(서식 1)

개인정보보호 교육일지

개인정보보호처리자	회사명			대표	
	업 태		종목		
	주 소				
개인정보보호 책임자	성 명		연락처		
	부 서		직 책		
	발령일		책임기간		
개인정보보호담당자	성 명		연락처		
	부 서		직 책		
	발령일		담당기간		

개인정보취급자 교육이수자명부

교육방법			교육강사		
번호	교육일시	부서	직책	성명	서명

[55]
안전·보건교육 관리규정

⚙ 산업안전보건 교육내용 참고사항

교육과정	교 육 대 상	교육시간	교육내용
정기교육	사무직과 판매직 근로자	매분기 3시간 이상	1. 산업안전 및 사고 예방에 관한 사항 2. 산업보건 및 직업병 예방에 관한 사항 3. 건강증진 및 질병 예방에 관한 사항 4. 유해·위험 작업환경 관리에 관한 사항 5. 산업안전보건법 및 일반관리에 관한 사항 6. 산업재해보상보험 제도에 관한 사항
	사무직과 판매직 근로자 외 근로자	(매분기 6시간 이상)	
	관리감독자 (5인이상 사업장, 당해업무를 직접 지휘하는 부서의 장 : 프레스반 반장, 생산과장·부장 등)	연간 16시간 이상	1. 작업공정의 유해·위험과 재해예방대책에 관한 사항 2. 표준작업방법 및 지도 요령에 관한 사항 3. 관리감독자의 역할과 임무에 관한 사항 4. 산업보건 및 직업병 예방에 관한 사항 5. 유해·위험 작업환경 관리에 관한 사항 6. 산업안전보건법 및 일반관리에 관한 사항
신규 채용시 교육	일용근로자	1시간 이상	1. 기계·기구의 위험성과 작업의 순서 및 동선에 관한 사항 2. 작업 개시 전 점검에 관한 사항 3. 정리정돈 및 청소에 관한 사항 4. 사고 발생 시 긴급조치에 관한 사항 5. 산업보건 및 직업병 예방에 관한 사항 6. 물질안전보건자료에 관한 사항 7. 산업안전보건법 및 일반관리에 관한 사항
	일용근로자 외 근로자	(8시간 이상)	
작업내용 변경 시 교육	일용근로자 (그 외 근로자)	1시간 이상 (2시간 이상)	• 신규채용시 교육내용과 동일
특별교육	안전담당자 (지정작업에 종사하는 근로자)	(16시간 이상)	• 공통내용 : 신규채용시 교육내용과 동일 • 개별내용 : 안전담당자 지정작업과 관련된 안전보건사항

안전·보건교육 관리규정

제정 ○○○○년 ○○월 ○○일
개정 ○○○○년 ○○월 ○○일

〈총 칙〉

제1장 통 칙

제1조【목적】

이 규정은 ○○주식회사(이하 "회사"라 한다)의 조직과 구성원의 산업안전·보건교육에 관하여 규정함을 목적으로 한다.

제2조【적용범위】

이 규정은 "산업안전보건법률"에서 정한 적용범위를 제외하고는 이 규정을 적용한다.

제3조【용어의 정의】

① 이 규정에서 사용하는 산업안전보건법률의 약어표기는 다음과 같다.
　1. 법 : 산업안전보건법
　2. 법규 : 산업안전보건법 시행령
　3. 법규 : 산업안전보건법 시행규칙
② 이 규정에서 사용하는 근로자와 관리자 등의 뜻은 다음과 같다.
　1. 근로자 : 정규직 비정규직을 포함한 근로자
　2. 관리자 또는 관리책임자 : 산업안전보건 담당 관리자 또는 관리책임자

3. 법규 : 산업안전보건법 시행규칙

> 참고 산업안전보건법 제31조(안전·보건교육) ① 사업주는 해당 사업장의 근로자에 대하여 고용노동부령으로 정하는 바에 따라 정기적으로 안전·보건에 관한 교육을 하여야 한다. 〈개정 2010.6.4.〉
> ② 사업주는 근로자를 채용(건설 일용근로자를 채용하는 경우는 제외한다)할 때와 작업내용을 변경할 때에는 그 근로자에 대하여 고용노동부령으로 정하는 바에 따라 해당 업무와 관계되는 안전·보건에 관한 교육을 하여야 한다. 〈개정 2011.7.25.〉
> ③ 사업주는 유해하거나 위험한 작업에 근로자를 사용할 때에는 고용노동부령으로 정하는 바에 따라 그 업무와 관계되는 안전·보건에 관한 특별교육을 하여야 한다. 〈개정 2010.6.4.〉
> ④ 제1항부터 제3항까지의 규정에도 불구하고 해당 업무에 경험이 있는 근로자에 대하여 교육을 실시하는 등 고용노동부령으로 정하는 경우에는 안전·보건에 관한 교육의 전부 또는 일부를 면제할 수 있다. 〈신설 2013.6.12.〉
> ⑤ 사업주는 제1항부터 제3항까지의 규정에 따른 안전·보건에 관한 교육을 그에 필요한 인력·시설·장비 등의 요건을 갖추어 고용노동부장관에게 등록한 안전보건교육위탁기관(이하 "안전보건교육위탁기관"이라 한다)에 위탁할 수 있다. 〈개정 2016.1.27.〉
> ⑥ 제5항에 따른 안전보건교육위탁기관의 등록 요건 및 절차 등에 필요한 사항은 대통령령으로 정한다. 〈신설 2016.1.27.〉

제4조 【교육계획수립)

① 안전보건관리책임자는 안전관리자 및 보건관리자와 협의하여 차기 연도에 실시할 안전·보건교육의 대상, 내용, 방법, 담당자 등을 당해 연도 말일(또는 매년 1월말)까지 실행계획을 수립한다.

② 제1항의 안전·보건교육의 실행계획 수립 시 소방교육(또는 가스·전기·교통 관련법)을 포함한다. 다만, 다른 법령에서 정하는 안전관리에 관한 규정과 통합하여 작성하는 경우로 한다.

③ 안전·보건교육은 회사 내 근로자에 대하여 실시하는 안전보건교육(이하 "사업 내 안전·보건교육"이라 함)과 관리책임자 등에 대하여 고용노동부장관이 실시하는 직무교육으로 구분한다.

④ 사업 내 안전·보건교육은 교육대상과 교육시기에 따라 정기교육, 채용 시의 교육, 작업내용 변경 시의 교육, 특별안전보건교육으로 구분한다.

⑤ 관리책임자 등에 대한 교육은 직무교육으로써 신규교육과 보수교육으로 구분한다.

⑥ 안전·보건교육을 실시한 후 설문·시험 등으로 교육성과를 측정하여 다음 연도의 교육계획에 반영할 수 있다.

> 참고 1. 안전보건교육은 법 제31조(안전보건교육) 및 같은 법 시행규칙 제33조(교육시간 및 내용)에서 규정하고 있는 사항으로 회사는 차기 연도에 실시할 근로자 등에 대한 안전·보건교육의 구체적인 계획을 수립하도록 규정한다.
> 2. 다른 법령에서 정하는 안전에 관한 규정과 통합하여 작성하는 경우 소방교육 등 실행계획에 포함 가능하며, 세부적인 교육내용 등은 별도의 규정 둘 수 있다.

제2장 근로자 교육

제5조 【교육과정】

회사에서 근로자의 안전보건교육에 관하여 다음의 교육과정을 시행한다.

　　　　1. 정기교육

　　　　2. 채용할 때 교육

　　　　3. 작업내용 변경할 때 교육

　　　　4. 특별교육

제6조 【정기교육】

　① 회사는 근로자에 대하여 다음 각 호와 같이 정기적으로 안전·보건교육을 실시한다.

　　　　1. 사무직과 판매업무에 직접 종사하는 근로자 : 매분기 3시간 이상

　　　　2. 사무직과 판매업무에 직접 종사하는 근로자외의 근로자 : 매분기 6시간 이상

　② 안전보건에 관한 근로자 정기교육 내용은 다음과 같다.

　　　　1. 산업안전 및 사고 예방에 관한 사항

　　　　2. 산업보건 및 직업병 예방에 관한 사항

　　　　3. 건강증진 및 질병 예방에 관한 사항

　　　　4. 유해·위험 작업환경 관리에 관한 사항

　　　　5. 산업안전보건법 및 일반관리에 관한 사항

　　　　6. 산업재해보상보험 제도에 관한 사항

　③ 제1항의 근로자 정기교육 시간은 사업장의 실정에 따라 그 시간을 적절히 분할하여 실시할 수 있다.

제7조 【신규 채용시 교육】

　① 회사는 신규로 채용된 근로자에게 담당업무 종사 전 업무와 관련되는 안전보건에 관한 교육시간을 다음과 같이 실시한다.

　　　　1. 일용근로자 : 1시간 이상

　　　　2. 일용근로자를 제외한 근로자 : 8시간 이상

　② 회사는 근로자 채용 시 안전보건에 관한 교육내용은 다음과 같다.

　　　　1. 기계·기구의 위험성과 작업의 순서 및 동선에 관한 사항

　　　　2. 작업 개시 전 점검에 관한 사항

　　　　3. 정리정돈 및 청소에 관한 사항

　　　　4. 사고 발생 시 긴급조치에 관한 사항

　　　　5. 산업보건 및 직업병 예방에 관한 사항

　　　　6. 물질안전보건자료에 관한 사항

　　　　7. 산업안전보건법 및 일반관리에 관한 사항

제8조 【작업내용 변경 시 교육】

　① 회사는 작업내용을 변경하여 근로자를 배치하고자 할 때에는 그 근로자에 대하여 배치 전 해당 업무와 관련되는 안전·보건에 관한 교육을 다음과 같이 실시한다.

　　　　1. 일용근로자 : 1시간 이상

　　　　2. 일용근로자를 제외한 근로자 : 2시간 이상

　② 제1항에 따른 안전·보건교육의 내용은 제6조 제2항과 같다.

　③ 교육방법 및 교육담당자는 이 규정의 제4조에 의한 안전·보건교육 계획에서 정하거나 별도로

정할 수 있다.

제9조【특별교육】

① 회사는 근로자를 유해하거나 위험한 작업(산안법 시행규칙 별표 8의2 제1호 라목 각 호의 어느 하나에 해당하는 작업)에 종사시키고자 하는 경우 해당 업무와 관계되는 안전보건에 관한 특별안전보건교육을 하여야 하며, 교육시간은 다음과 같다.

　1. 일용근로자 : 2시간 이상

　2. 일용근로자를 제외한 근로자 : 16시간 이상

② 제1항 제2호에 따른 특별교육은 최초 작업에 종사하기 전 4시간 이상을 실시하고, 12시간은 3개월 이내에서 분할하여 실시할 수 있다.

③ 제1항 제2호에 따른 특별교육 대상 작업이 단기간 작업 또는 간헐적 작업인 경우 2시간 이상으로 단축하여 실시할 수 있다.

④ 교육방법 및 교육담당자는 이 규정 제4조에 의한 안전보건교육 계획에 따른다.

⑤ 특별교육을 실시한 경우에는 제7조와 제8조의 규정의 교육을 면제할 수 있다.

제10조【교육방법】

회사는 안전보건에 관하여 다음의 교육방법 중 하나를 선택하여 시행한다.

　1. 집체교육

　2. 현장교육

　3. 인터넷 원격교육

> 참고 1. 집체교육 : 교육전용시설 또는 그 밖에 교육을 실시하기에 적합한 시설(생산시설 또는 근무장소는 제외한다)에서 실시하는 교육
> 2. 현장교육 : 산업체의 생산시설 또는 근무장소에서 실시하는 교육
> 3. 인터넷 원격교육 : 전산망을 이용하여 멀리 떨어져 있는 근로자에게 실시하는 교육

제11조【인터넷교육】

회사가 인터넷 원격교육을 실시할 때에는 다음 각 호에 해당하는 요건을 갖추어야 한다.

　1. 소정의 교육시간에 상당하는 분량의 자료 제공(게시된 자료의 1시간 학습 분량은 10프레임 이상 또는 200자 원고지 20매로 하되, 사진 또는 그림 1장은 200자 원고지 2분의 1매로 본다. 다만, 동영상 자료는 실제 상영시간을 적용한다.)

　2. 교육대상자가 전산망에 게시된 자료를 열람하고 필요한 경우 질의·응답을 할 수 있는 시스템

　3. 교육근로자의 수강정보등록(ID, Password), 교육시작 및 종료시각, 열람 여부 확인 등을 위한 관리시스템

제12조【물질안전보건교육】

① 회사는 다음 각 호의 어느 하나에 해당하는 경우 산업안전보건 관련 법령에서 정하는 대상 화학물질의 물질안전보건자료(MSDS)를 근로자에게 교육하여야 한다.

　1. 대상 화학물질을 제조·사용·운반 또는 저장하는 작업에 근로자를 배치하는 경우

　2. 새로운 대상 화학물질이 도입된 경우

3. 화학물질의 유해·위험성 정보가 변경된 경우

② 제1항의 교육내용은 다음 각 호의 사항이 포함되어야 한다.

1. 대상 화학물질의 명칭(또는 제품명)

2. 물리적 위험성 및 건강 유해성

3. 취급상의 주의사항

4. 적절한 보호구

5. 응급조치 요령 및 사고 시 대처방법

6. 물질안전보건자료 및 경고표지를 이해하는 방법

제3장 관리자 교육

제13조【관리감독자교육】

① 회사는 관리감독자의 지위에 있는 사람에 대하여 연간 16시간의 교육을 시행한다.

② 제1항의 제3호에 해당하는 관리감독자

1. 작업공정의 유해·위험과 재해예방대책에 관한 사항

2. 표준작업방법 및 지도 요령에 관한 사항

3. 관리감독자의 역할과 임무에 관한 사항

4. 산업보건 및 직업병 예방에 관한 사항

5. 유해·위험 작업환경 관리에 관한 사항

6. 산업안전보건법 및 일반관리에 관한 사항

제14조【직무교육대상】

회사는 다음 각 호의 어느 하나에 해당하는 사람은 고용노동부장관이 실시하는 안전보건에 관한 직무교육을 받아야 하고, 당해연도 직무교육에 해당하는 자는 당해 안전보건교육 계획 수립시 반영하여야 한다.

1. 안전보건관리책임자

2. 안전관리자

3. 보건관리자

제15조【직무교육시간】

① 안전보건관리책임자의 직무교육 시간과 시기는 다음 각 호와 같다.

1. 신규교육 : 6시간 이상, 선임 후 3개월 이내

2. 보수교육 : 6시간 이상, 신규 또는 보수교육 이수 후 매 2년이 되는 날을 기준으로 전후 3개월 사이

② 안전관리자와 보건관리자의 직무교육 시간과 시기는 다음 각 호와 같다.

1. 신규교육 : 34시간 이상, 선임 후 3개월 이내(보건관리자가 의사인 경우에는 1년 이내)

2. 보수교육 : 24시간 이상, 신규 또는 보수교육 이수 후 매 2년이 되는 날을 기준으로 전후 3개월 사이

③ 제1항과 제2항의 직무교육을 신청하는 자는 산업안전보건 관련 법령에서 정하는 직무교육 수강신청서를 직무교육업무를 위탁받은 기관의 장에게 제출하여야 한다.

제16조【직무교육내용】

① 안전보건관리책임자 등의 신규교육 내용은 다음과 같다.

　　1. 관리책임자의 책임과 직무에 관한 사항

　　2. 산업안전보건법령 및 안전·보건조치에 관한 사항

② 안전보건관리책임자 등의 보수교육 내용은 다음과 같다.

　　1. 산업안전·보건정책에 관한 사항

　　2. 자율안전·보건관리에 관한 사항

제17조【직무교육위탁】

회사는 안전보건에 관한 관리책임자 등에 대한 직무교육을 고용노동부에서 지정하는 전문기관에 위탁하여 시행한다.

제4장 교육시행

제18조【교육강사】

안전보건교육 강사는 다음 각 호와 같다.

　　1. 근로자에 대한 안전보건교육 : 안전보건관리책임자, 관리감독자, 안전관리자, 보건관리자 및 산업보건의 또는 산업안전보건법령에서 정하는 자격을 갖춘 자

　　2. 관리감독자에 대한 안전보건교육 : 회사에서 사업주가 자체적으로 실시하거나 고용노동부에서 지정하는 전문기관에 위탁할 수 있다.

> 참고 산안법 시행규칙 제33조 제3항 근로자에 대한 안전·보건에 관한 교육을 회사가 자체적으로 실시하는 경우 강사
> 1. 해당 사업장의 안전보건관리책임자, 관리감독자, 안전관리자(안전관리전문기관의 종사자를 포함), 보건관리자(보건관리전문기관의 종사자를 포함) 및 산업보건의
> 2. 공단에서 실시하는 해당 분야의 강사요원 교육과정을 이수한 사람
> 3. 산업안전지도사 또는 산업위생지도사
> 4. 산업안전·보건에 관하여 학식과 경험이 있는 사람으로서 고용노동부장관이 정하는 기준에 해당하는 사람

제19조【위탁교육기관】

회사는 안전보건교육을 고용노동부에서 지정하는 전문기관에 위탁하여 실시할 수 있다.

> 참고 회사 자체 교육 또는 위탁교육을 할 것인지 여부에 대하여 계획을 수립하거나 각 안전·보건교육별로 사전에 규정랄 수 있다.

제20조【교육일지 등】

① 회사는 안전·보건교육을 실시한 후 다음 각 호의 사항을 기록한 교육일지(또는 교육결과보고서)를 작성하여 보관하여야 한다.

　　1. 교육일시 및 장소

　　2. 교육담당자

　　3. 교육과정 및 내용

    4. 교육대상자 및 참석인원

    5. 그 밖의 교육결과를 증명하기 위해 필요한 사항

② 위탁교육을 실시하는 경우에는 해당 교육기관으로부터 교육확인서 등을 받아 보존하여야 한다.

필수 안전보건교육 관계 서류를 작성하여 보존
① 각종 안전·보건교육이 법적으로 실시할 의무가 있는 사항에 대한 증명자료
② 교육결과에 대한 평가의 기초자료로 활용

〈부　칙〉

제21조【시행일】

이 규정은 ○○○○년 ○○월 ○○일부터 시행한다.

〈서　식〉

(서식 1) 안전보건 교육신청서

(서식 2) 안전보건 교육일지

(서식 3) 안전보건교육 참석자 명단

(서식 1)

안전보건교육신청서

사업장 개 요	사업장명		업 종	
	소 재 지		전화번호	
	사업장관리번호		사업장개시번호 (건설업에 한함)	
	대 표 자		근로자 수		관할지방 고용노동관서	

신청인	성 명	(한글)	직 책	
		(한문)	최종학력	
	생년월일		국가기술자격 취득종목 및 등급	
	휴대폰 번호		전자우편 주소 (E-mail)	

| 교육 분야 | | 실무경력(근속연수) | |

위 본인은 「산업안전보건법 시행규칙」 제43조제1항 및 「산업안전·보건교육규정」 제22조에 따라 검사원 양성교육을 받고자 위와 같이 수강신청을 합니다.

년   월   일

신청인   (인 또는 서명)

(직무교육위탁기관의) 장 귀하

※ 교육 분야: 「산업안전보건법 시행규칙」 별표 8의2 제4호 각 목의 해당분야를 기재하시기 바랍니다.

(서식 2)

<table>
<tr><td colspan="6" rowspan="2">

안전보건교육일지

작성일자 : 20 . . 작성자 :</td><td rowspan="2">결
재</td><td>담당</td><td>과장</td><td>팀장</td><td>사장</td></tr>
<tr><td></td><td></td><td></td><td></td></tr>
<tr><td>교육의
구 분</td><td colspan="10">1. 신규채용시 교육(8시간이상)   2. 작업내용 변경 시 교육(2시간 이상)
3. 특별안전보건 교육(16시간)   4. 일반 안전보건 교육(월2시간 이상)
5. 관리감독자 교육(년16시간이상) 6. 기 타 (   ) 교육</td></tr>
<tr><td rowspan="4">교육인원</td><td>구 분</td><td colspan="2">계</td><td colspan="2">남</td><td colspan="3">여</td><td colspan="2">교육미실시 사유</td></tr>
<tr><td>교육 대상자 수</td><td colspan="2"></td><td colspan="2"></td><td colspan="3"></td><td colspan="2"></td></tr>
<tr><td>교육 실시자 수</td><td colspan="2"></td><td colspan="2"></td><td colspan="3"></td><td colspan="2"></td></tr>
<tr><td>교육 미실시자 수</td><td colspan="2"></td><td colspan="2"></td><td colspan="3"></td><td colspan="2"></td></tr>
<tr><td>교육과목</td><td colspan="10"></td></tr>
<tr><td>교육내용</td><td colspan="10">

</td></tr>
<tr><td rowspan="2">교육실시자
및
장소</td><td colspan="2">성 명</td><td colspan="2">직 명</td><td colspan="4">교육실시 장소</td><td>비 고</td></tr>
<tr><td colspan="2"></td><td colspan="2"></td><td colspan="4"></td><td></td></tr>
<tr><td>특 기
사 항</td><td colspan="10">

</td></tr>
</table>

(서식 3)

안전보건교육 참석자 명단

20　년　월　일

정기교육□　특별교육□　신규교육□　기타교육

NO	직 종	성 명	서 명	NO	직 종	성 명	서 명
1				21			
2				22			
3				23			
4				24			
5				25			
6				26			
7				27			
8				28			
9				29			
10				30			
11				31			
12				32			
13				33			
14				34			
15				35			
16				36			
17				37			
18				38			
19				39			
20				40			

[56]
직장 내 장애인 인식개선 교육규정

제정 ○○○○년 ○○월 ○○일
개정 ○○○○년 ○○월 ○○일

〈총 칙〉

제1조【목적】

이 규정은 ○○주식회사(이하 "회사"라 한다)의 장애인 근로자의 안정적인 근무여건 조성 등을 위하여 직장 내 장애인 인식개선 교육에 관하여 정함을 목적으로 한다.

> • 법적 근거 : 장애인고용촉진및직업재활법 제5조의2, 제5조의3, 제82조, 제86조, 시행령 제5조의2, 제82조, 제82조의2, 제83조, 시행규칙 제4조의2, 제4조의3, 제4조의4

제2조【적용범위】

이 규정은 회사의 모든 임원과 직원에게 적용한다.

> • 1인 사업주 포함되며, 이사, 임원 등 상급자를 포함한 소속 직원 전원이 교육 대상임. 교육일에 휴가, 출장 중인 직원이 있을 경우 추가 교육을 실시해야 함. 중도 입사자도 교육 대상임.

제3조【교육내용】

직장 내 장애인 인식개선 교육에는 다음 각 호의 내용이 포함되어야 한다.
1. 장애의 정의 및 장애유형에 대한 이해
2. 직장 내 장애인의 인권, 장애인에 대한 차별금지 및 정당한 편의 제공
3. 장애인고용촉진 및 직업재활과 관련된 법과 제도
4. 그 밖에 직장 내 장애인 인식개선에 필요한 사항

제4조【교육횟수와 시간】

회사는 직장 내 장애인 인식개선 교육을 연 1회, 1시간 이상 실시하여야 한다.

제5조【교육위탁】

① 회사는 장애인 인식개선 교육을 고용노동부장관이 지정하는 기관(이하 "장애인 인식개선 교육기관"이라 한다)에 위탁할 수 있다.

② 회사에서 위탁하는 장애인 인식개선 교육기관은 고용노동부령으로 정하는 강사를 1명 이상 두어야 한다.

제6조【집합교육】

회사는 장애인 인식개선 교육을 집합교육으로 직원연수·조회·회의에서 실시하는 대면 강의임. 사업주 책임 하에 외부강사를 초빙할 수 있으며, 장애인 인식개선 교육기관에 위탁하여 파견 받은 강사에 의한 교육을 실시할 수 있다.

제7조【원격교육】

회사는 장애인 인식개선 교육을 원격교육으로 인터넷 등 정보통신망을 이용함. 학습시스템(LMS)을 갖추고 있는 사업주는 공단에서 제공한 학습 자료를 받아서 이용할 수 있으며, 장애인 인식개선 교육기관으로 지정받은 인터넷 교육업체를 이용하여 교육할 수 있다.

제8조【체험교육】

회사는 장애인 인식개선 체험교육을 교육 정의 일부로 진행할 수 있으나, 다른 교육 방법과 병행하여 필수 내용에 대한 교육이 누락되지 않도록 조치하여야 하며, 장애인 인식개선 교육기관으로 지정 받은 체험교육장을 이용하여 교육할 수 있다.

〈부　칙〉

제9조【시행일】

이 규정은 ○○○○년부터 ○○월 ○○일부터 시행한다.

〈서　식〉

(서식 1) 교육일지
(서식 2) 교육참석자 명단

(서식1)

교육일지(예시)		결 재	
교육구분	직장 내 장애인 인식개선 교육		

참석인원	구분		비고(미실시 사유)	
	대상인원		특휴	연가:
	실시인원		교육	출장:
	미실시인원			

교육일시	20 년 월 일(요일) : ~ :
교육장소	
강사	
교육방법	집합( ), 원격( ), 체험( ), 간이( )
교육내용	※ 간이 교육을 실시한 경우 교육 내용 생략이 가능하며, 이 경우에는 고용노동부 장관이 보급한 교육자료 등을 배포·게시했다는 사진 자료 등을 보관하여야 함 붙임 1. 참석자 명단 2. 교육 진행 사진

(서식2)

교육참석자 명단(예시)

교육구분 : 직장 내 장애인 인식개선 교육   교육일 :

연번	부서	성명	서명	비고
1				
2				
3				
4				
5				
6				
7				
8				
10				
11				
12				
13				
14				
15				

[57]
신입사원 교육훈련규정

제정 ○○○○년 ○○월 ○○일
개정 ○○○○년 ○○월 ○○일

〈총　칙〉

제1조【목적】

이 규정은 ○○주식회사(이하 '회사'라 한다)에 입사한 신입사원이 회사 문화와 제도, 행동규범과 직무수행에 대한 교육관리의 규정을 정함에 목적을 두고 있다.

제2조【적용범위】

이 규정은 회사에 입사한 모든 신입사원에게 적용한다.

제3조【이수의무】

회사의 채용된 신입사원은 '신입사원교육과정'을 이수하여야 현업에 근무할 수 있다.

제4조【교육기간】

신입사원의 교육기간은 평가시험과 불합격자 처리기간을 포함하여 3개월 이내로 실시하며, 교육기간은 수습기간에 포함한다.

제5조【교육관리】

① 신입사원의 교육관리는 인사과에서 한다.

② 신입사원의 기본교육은 인사과에서 실시하며, 부서장이 관리와 감독 및 평가를 실시한다.

③ 신입사원의 직무교육은 현업 업무부서에서 하며, 부서장이 관리와 감독 및 평가를 실시한다.

④ 신입사원은 교육이수 후 평가시험을 실시하여 불합격자는 해고한다.

제6조【교육과정】

신입사원의 교육과정은 기본과정과 직무과정의 교육을 실시한다.

제7조【기본교육】

신입사원 기본교육과정은 집합교육으로 다음 각 호의 교육을 실시한다.

1. 회사소개
2. 기업문화

3. 윤리경영

4. 조직과 직제

5. 규정과 제도

6. 공공예절과 행동규범

7. 안전과 보건

제8조【직무교육】

신입사원 직무교육은 현업 부서에서 다음 각 호의 교육을 실시한다.

1. 부서의 조직구조와 직책

2. 신입사원의 업무내용

3. 기본적인 전문지식

4. 업무 절차와 방법 전수

5. 관련 부서의 업무와 연계 사항

6. 기타 부서 간의 협력 사항

제9조【교육평가】

① 신입사원 기본교육의 평가항목과 평점은 다음 각 호와 같이 평가하여, B 이상

구 분	S	A	B	C	D
윤리경영	5	4	3	2	1
안전보건	5	4	3	2	1
예절규범	5	4	3	2	1
규정제도	5	4	3	2	1
기업문화	5	4	3	2	1

② 신입사원 직무교육의 평가항목과 평점은 다음 각 호와 같이 평점 한다.

구 분	S	A	B	C	D
전문성	5	4	3	2	1
창의성	5	4	3	2	1
성실성	5	4	3	2	1
협동성	5	4	3	2	1
이해도	5	4	3	2	1

제10조【재교육】

신입사원의 평가결과 평가항목별 C 이하 평점 해당자는 불합격 처리하고, 2주간의 재교육 후 재평가시험을 실시한다.

제11조【불합격자】

불합격한 신입사원은 재교육 및 재평가시험을 시행하여 평가항목별로 C 이하 평점의 해당자는

불합격 처리하고 해고한다.

제12조【사전안내】

회사는 신입사원 교육을 실시하기 전에 다음 각 호의 사항을 안내하여야 한다.

    1. 수습기간에 해당 여부

    2. 교육목적

    3. 교육내용

    4. 교육평가

    5. 불합격자 처리

〈부　칙〉

제13조【시행일】

이 규정은 ○○월 ○○일부터 시행한다.

[58]
재직사원 직무교육훈련 규정

제정 ○○○○년 ○○월 ○○일
개정 ○○○○년 ○○월 ○○일

〈총 칙〉

제1장 통칙

제1조【목적】

이 규정은 ○○주식회사(이하 '회사'라 한다) 발전을 위하여 사원의 직무능력개발과 핵심인력 양성을 위하여 사원 교육에 관한 절차와 운용에 대하여 정함을 목적으로 한다.

제2조【적용범위】

이 규정은 회사 전체의 임직원을 대상으로 적용한다.

제3조 【용어의 정의】

이 규정에서 사용하는 용어의 뜻은 다음 각 호와 같다.

1. '사원' 또는 '임직원'이란 회사에 재직한 모든 사원을 말한다.
2. '교육'이란 회사의 비용으로 사원을 교육하는 것을 말한다.

제2장 교육과 주관

제4조 【주관부서】

① 회사의 교육은 ○○부서장이 주관한다.

② 교육부서장은 교육계획을 수립하고, 교육을 관리한다.

제5조 【교육종류】

회사의 교육훈련은 다음 각 호와 같이 실시한다.

1. 법정교육
2. 사내교육
3. 위탁교육
4. 특별교육

제6조 【교육대상】

회사의 교육 대상은 다음 각 호와 같다.

1. 신입직원
2. 일반직원
3. 관리직원
4. 임원직원
5. 계약직 직원
6. 단시간직 직원

제7조 【교육계획】

① 교육부서장은 매년 1월에 종합교육계획서를 수립하여 사장에게 제출한다.

② 각 부서장은 매년 12월에 다음 해 교육계획서를 교육부서장에게 제출한다.

제3장 법정교육

제8조 【성희롱예방교육】

① 회사는 모든 임직원을 대상으로 1년에 1회 이상 60분 또는 법정시간의 성희롱예방교육을 시행한다.

② 성희롱예방교육은 집합교육으로 시행한다. 다만, 사정상 필요에 따라 통신 또는 온라인 교육으로 대체할 수 있다.

제9조 【개인정보보호 교육】

① 회사는 모든 임직원을 대상으로 1년에 1회 이상 개인정보처리방법 수립 및 공개에 관한 교육을 시행한다.

② 회사는 개인정보보호에 관하여 내부관리계획서를 작성 및 교육을 시행한다.

제10조 【안전보건교육】

회사는 안전보건에 관하여 매분기마다 정기적으로 연간 6시간 이상의 교육을 시행한다.

제3장 사내교육

제11조 【사내교육】

회사는 다음 각 호와 같이 사내교육을 시행할 수 있다.

1. 법정교육
2. 신입사원교육
3. 성희롱교육
4. 현장직무교육
5. 안전보건교육
6. 기타교육

제12조 【사내교육시행】

① 교육부서장은 다음 각 호의 내용이 포함된 사내교육계획서를 제출하여 사장의 승인으로 사내교육을 실시한다.

1. 교육과정
2. 교육기간
3. 교육대상
4. 교육비용
5. 기타

② 교육 부서장은 사원의 위탁교육 및 위탁훈련에 관한 감독과 책임이 있다.

제13조 【현장교육】

① 소속부서장은 교육부서장에게 다음 각 호의 사항이 포함된 현장교육계획서를 제출하여 사장의 승인으로 현장교육을 시행한다.

1. 교육과정
2. 교육대상
3. 교육기간
4. 기타

② 교육부서장은 각 부서장이 제출한 현장교육계획서를 검토하여 다음 각 호의 사항이 포함된 현장교육신청서를 제출하여 사장의 승인으로 시행한다.

1. 기간
2. 강사
3. 비용
4. 기타

③ 현장 부서장은 현장교육 책임자로 교육의 진행과 감독의 책임이 있다.

제4장 위탁교육

제14조 【위탁교육】

① 회사는 사외의 기관 및 단체에 다음 각 호의 교육을 위탁하여 시행할 수 있다.

   1. 직무교육

   2. 자격교육

   3. 인성교육

   4. 기타 교육

② 제1항의 교육을 위탁교육을 온라인 및 집합교육으로 시행할 수 있다.

제15조 【위탁교육시행】

① 소속 부서장은 교육 부서장에게 위탁교육계획서를 제출하여 사장의 승인으로 시행한다.

② 교육 부서장은 사장에게 위탁교육신청서를 제출하여 승인으로 시행한다.

③ 교육 부서장은 사원의 위탁교육 및 위탁훈련에 관한 감독과 책임이 있다.

제5장 특별교육

제16조 【특별교육】

① 회사는 다음 각 호와 같이 특별교육을 시행할 수 있다.

   1. 세미나

   2. 기획교육

   3. 전시회 및 전람회 설명회

   4. 기타 특강 등

② 특별교육은 교육부서장은 특별교육신청서를 사장에게 제출하여, 승인으로 시행한다.

③ 교육 부서장은 사원의 특별교육에 관한 감독할 책임과 권한이 있다.

제6장 교육관리

제17조 【교육신청】

회사의 교육신청은 교육시행 1개월 전까지 교육 부서장에게 신청하여야 한다. 다만, 특별한 경우에 1주간 전까지 할 수 있다.

제18조 【피교육자의무】

피교육자는 교육훈련 책임자 및 강사의 지시와 지휘를 받을 의무가 있으며, 피교육자는 교육내용을 소속 부서장에게 보고할 의무가 있다.

제19조 【교육비 지급】

회사에서 실시하는 사원의 교육비는 회사는 지급한다.

제20조 【교육비 환급】

① 교육기관에서 교육비 환급과정을 수료한 사원은 교육비 환급을 받아야 한다.

② 고용보험에 의한 교육은 고용보험기관에서 교육비 환급을 받아야 한다.

③ 사원이 결석 등 개인 사정으로 교육비 환급을 받지 않은 못할 경우 사원이 환급비의 해당액

을 회사에 납부하여야 한다.

제21조 【교육취소】

회사는 다음 각 호의 사원에 대하여 교육을 취소할 수 있다.

1. 교육신청을 승인받은 사원이 교육신청을 하지 않은 경우
2. 교육비를 지급받은 사원이 교육비를 납부하지 않은 경우
3. 사원이 교육기간에 2일 이상 결석하는 경우
4. 교육기관에 신청이 불가한 경우
5. 제1호에서 4호에 준하는 교육취소에 해당하는 경우

제22조 【교육수료】

교육을 이수한 사원은 수료증과 교육결과보고서를 소속 부서장의 확인을 받아, 교육주관 부서에 제출하여야 한다.

제23조 【평가와 기록】

① 교육부서장은 교육이수자에 대하여 교육대장에 기록하고, 교육평가보고서를 작성하여 인사부장, 소속부서장, 사장에게 보고한다.
② 인사부서장은 교육평가보고서를 인사관리기록부에 기록한다.
③ 소속부서장은 교육이수자를 교육대장에 기록하고, 직무수행평가에 반영한다.

제24조 【복무의무기간】

사원이 직무에 종사하지 아니하고 급여와 교육비를 지급받아 교육한 경우 복무의무기간은 다음과 같다.

교육기간	교육비	복무의무기간
1~3개월	100만원 이상	1년
4~6개월	100만원 이상	2년
7~12개월	100만원 이상	3년
12개월 이상	100만원 이상	교육기간 × 3개월

제25조 【교육비반환】

위탁교육 이수자가 근무의무기간을 이행하지 아니하고 자진 퇴사할 때는 교육비를 다음과 같이 산정하여 반환하여야 한다.

반환금 = (교육비 + 출장비 + 체재비) × (의무근무 불이행기간 ÷ 의무근무기간)

제26조 【교육비 반환면제】

다음에 해당하는 자는 교육비의 반환을 면제할 수 있다.

1. 회사 사정에 의하여 퇴직하는 자
2. 정년퇴직자
3. 본인 사망으로 퇴직처리 된 자
4. 기타 면제사유가 인정되는 자

제27조【보고서 제출】

교육 이수자는 교육이수 후 3일 이내에 소속 부서장에게 교육이수 보고서를 제출하여야 한다.

1. 교육과정
2. 교육기간
3. 교육기관
4. 교육내용
5. 기타

〈부   칙〉

제28조【시행일】

이 규정은 ○○년 ○월 ○일부터 시행한다.

〈서   식〉

(서식 1) 교육신청서

(서식 1)

교육신청서

결 재	소속부서장		교육부서장		사장	

경 유	총무팀	경리팀	인사팀	교육팀

교육과정	
교육기간	

교육대상	팀	팀	팀	총원
	명	명	명	명

교육목적	
교육내용	

교 육 비	수강료	교재비	기타	총계
	원	원	원	원

상기와 같이 신청합니다.

20 년 월 일

신청부서: 성명: (인)

[59]
사내능력개발 교육훈련규정

제정 ○○○○년 ○○월 ○○일
개정 ○○○○년 ○○월 ○○일

〈총 칙〉

제1조【목적】

이 규정은 ○○주식회사(이하 '회사'라 한다) 사원의 직무능력을 배양하고, 제품의 품질향상에 기여하여 회사의 경쟁력 확보와 사원의 역량개발에 목적이 있다.

제2조【적용대상】

이 규정은 회사의 정규직 사원을 대상으로 적용한다. 다만, 필요에 따라 계약직 사원에게 적용할 수 있다.

제3조【적용범위】

이 규정은 사내능력개발의 적용범위를 다음과 같이 둔다.

1. 인사노무 담당자를 중심으로 인적자원관리팀 운영한다.
2. 사원의 직업능력 향상훈련을 시행한다.
3. 사업 내 자격 검정을 시행한다.
4. 국가기술자격 검정 응시자에 대한 편의를 제공한다.
5. 자격취득사원에 대한 혜택을 부여한다.

제4조【기능교육】

회사는 법적 기능인력 충원 요건 확보와 제품의 품질향상에 역점을 두고, 사원의 기능사 자격취득 양성과정 교육을 지원 및 실시한다.

제5조【기술교육】

회사는 법적 기술사 충원 요건과 제품관리 향상을 위하여, 기술사 자격취득 지원과 교육을 시행한다.

제6조【특허교육】

회사는 사원의 특허관리 능력개발을 목적으로, 생산직, 기술직, 관리직 사원을 대상으로 특허관리 교육을 실시한다.

제7조【원가교육】

회사는 모든 사원에게 제품과 부품, 상품, 관리비, 인건비 등의 원가관리의 개념을 이해시키기 위해, 생산직, 기술직, 관리직 사원을 대상으로 원가관리 교육을 실시한다.

제8조【회계교육】

회사는 모든 사원에게 회사경영의 이해를 돕기 위해 회계의 기초교육을 실시한다.

제9조【관리자 교육】

회사는 관리직 사원에게 관리능력 향상을 위해 다음 각 호의 관리자 교육을 실시한다.

1. 조직관리
2. 리더십
3. 문제해결
4. 부하관리

제10조【검정체계】

사내자격 검정체계에 따른 검정종목, 검정기준, 검정평가 등에 관한 사항을 별도 규정으로 둘 수 있으며 사내검정체계는 별도규정에 따른다.

제11조【자격자 우대】

회사는 자격취득사원에 대하여 별도의 우대사항을 둘 수 있다.

제12조【권장자격증】

회사에서 사원에게 권장하는 분야별 권장자격증은 (서식 1)의 내용과 같다.

〈부 칙〉

제13조【시행일】

이 규정은 ○○월 ○○일부터 시행한다.

〈서 식〉

(서식 1) 권장자격증

(서식 1)

	권장자격증	
분 야	종 목	
기 계	·보일러, 자동차 정비, 자동차검사, 용접, 농업기계, 배관설비 등 산업기사 ·공조냉동기계, 자동차, 굴삭기, 지게차, 용접, 배관 등 기능사	
금 속	·표면처리, 금속재료, 비파괴검사 등 산업기사 ·도금, 주조, 압연, 인발, 단조, 비파괴검사 등 기능사	
화공 · 세라믹	·세라믹, 위험물관리 등 산업기사 ·세라믹, 고분자제품제조 등 기능사	
전기·전자·통신	·전기, 전자, 전자계산기, 정보통신, 사무자동화, 무선통신 등 산업기사 ·전기공사, 전자기기, 통신선로, 무선통신 등 기능사	
조 선	·조선산업기사 및 선박기관정비, 선체건조 등 기능사	
토목 · 건축	·토목, 측량 및 지형공간정보, 건축설비, 조적, 실내건축 등 산업기사 ·석공, 콘크리트, 측량, 항공사진, 온돌, 미장, 도배, 창호, 실내건축 기능사	
섬 유	·방사, 방직, 섬유디자인, 양복 등 산업기사 ·방적, 직기조정, 염색, 양장, 한복, 편물 등 기능사	
정 보 처 리	·정보처리, 정보기술, 전자계산기조직응용 산업기사및기능사	
광 업 자 원	·지하수, 광산보안, 굴착 등 산업기사 ·시추, 광산보안, 화약취급 등 기능사	
국 토 개 발	·조경, 지적 등 산업기사 및 기능사	
농 림	·임업종묘, 식물보호, 축산, 임가공등 산업기사 ·버섯종균, 시설원예, 식육처리, 목재가공, 펄프제지 등 기능사	
해 양	·수산양식, 수산제조, 해양조사 등 산업기사 및 어로기능사	
산 업 디자인	·제품디자인, 시각디자인 등 산업기사 및 컴퓨터그래픽스 기능사	
에너지·안전관리	·열관리, 산업안전, 건설안전, 소방설비, 가스 등 산업기사 및 가스기능사	
환 경	·대기, 수질, 소음진동, 폐기물처리등 산업기사및환경기능사	
산 업 응 용	·공정관리, 품질관리, 도장, 인쇄, 승강기, 식품등 산업기사 ·인쇄, 조판, 제판, 승강기, 식품가공기능사	
공 예	·도자기, 귀금속, 자수 등 산업기사 ·금속, 조화, 도자기공예 및 목공예, 석공예, 가구제작, 가구도장 등 기능사	

제17편

인사관련 규정

[60]
인사관리규정

제정 ○○○○년 ○○월 ○○일
개정 ○○○○년 ○○월 ○○일

〈총 칙〉

제1장 통칙

제1조 【목적】

이 규정은 ○○주식회사(이하 '회사'라 한다)에 근무하는 사원에게 적용할 인사행정의 기본기준을 확립하여 합리적이고 능률적이며, 공정한 인사관리의 운영을 도모함에 그 목적이 있다.

제2조 【적용범위】

사원의 인사에 관하여 다른 규정에 정한 것을 제외하고는 이 규정이 정하는 바에 의한다.

제3조 【용어의 정의】

이 규정에서 사용하는 용어의 정의는 다음과 같다.

1. "사원"은 직원으로 근로자를 말한다.
2. "임원"은 이사, 감사, 집행임원을 말한다.
3. "직위"는 직무상 위치와 서열을 말한다.
4. "직급"은 직위의 최소구분단위로 5급에서 1급을 말한다.
5. "직책"은 부문별 직무에 대한 책임과 권한을 갖은 장을 말한다.

제3조 【인사권자】

사장은 회사의 인사권자로서 사원의 채용과 승진, 이동과 배치 등의 인사권을 행사한다.

제4조 【인사발령】

사원의 인사발령은 사장의 인사발령장으로 함을 원칙으로 한다. 다만, 발령 및 인사이동은 회사 내 통합게시판에 게시로서 통지를 갈음할 수 있다.

제5조 【인사위원회】

사원의 표창과 징계는 인사위원회에서 한다. 인사위원회의 운영은 인사위원회 규정으로 정한다.

제2장 채용

제6조 【채용원칙】

① 사원의 채용시기와 채용인원은 대표이사의 결정에 따른다.

② 사원의 채용은 공개채용을 원칙으로 한다. 단, 필요한 경우에 한하여 대표이사의 결정으로 특별채용 및 개별채용을 할 수 있다.

③ 사원의 채용권자 및 임명권자는 대표이사이다.

제9조 【채용구분】

사원의 채용은 다음 각 호와 같이 구분하여 채용 할 수 있다.

1. 정규직
2. 임시직, 계약직
3. 일용직

제10조 【채용방법】

사원의 채용 방법과 절차는 다음 각 호와 같다.

1. 공개채용 : 서류전형, 면접시험, 필기시험, 실기시험 등의 채용시험과 채용절차에 따라 사원을 채용하며, 필요에 따라 채용시험과 채용절차의 일부를 생략할 수 있다.
2. 개별채용 : 상기 1항의 채용절차에 따른다.
3. 특별채용 : 회사의 각 사업장의 장 및 각 부서장 이상의 추천과 인사위원회의 심의를 거쳐 사장이 채용을 결정한다.

제11조 【채용연령】

채용시 사원의 직급별 연령제한은 다음 각 호와 같다. 단, 특별한 경우에는 제외할 수 있다.

1. 부장 : 50세 이하
2. 차장, 과장 : 40세 이하
3. 대리, 사원 : 30세 이하
4. 생산직 사원 : 55세 이하

제12조 【채용제한】

다음 각 호에 해당하는 자는 사원으로 채용할 수 없다.

1. 성년후견대상자 및 한정치산 자
2. 파산선고를 받고 복권되지 아니한 자
3. 금고이상의 형을 받고, 그 집행이 종료되거나 집행을 받지 아니하기로 확정된 후 3년 경과하지 아니한 자
4. 법률에 의하여 국민으로서의 권리가 정지, 또는 박탈된 자
5. 병역을 기피한 자 및 불명예 제대자
6. 전직에서 부정행위로 인하여 해직된 자
7. 신체 검사결과 직무를 감당할 수 없는 것으로 판정된 자

제13조 【채용서류】

채용이 결정된 자는 다음 각 호의 서류를 제출기한까지 제출하여야 한다. 단, 사전허락을 받은 경우에 한하여 제출기한을 연장할 수 있다.

1. 자필이력서 1통
2. 사진 3매(최근 3개월 이내에 촬영한 상반신 사진)
3. 최종학력증명서 1통(성적증명서 첨부)
4. 주민등록등본 2통
5. 서약서 1통
6. 병역관계 증명서 1통
7. 기타 회사가 필요하다고 인정하는 서류

제14조 【발령·취소】

① 제14조의 채용서류를 제출한 자에 한하여 채용발령을 할 수 있다.

② 채용발령후 채용관련 사항 및 제출서류의 허위사실이 발견되었을 때에는 그 채용발령을 취소

할 수 있다.

제15조 【수습기간】

① 신규채용 사원의 경우 3개월 이내의 수습기간을 둘 수 있다.

② 수습기간 중에 근무태도 및 근무능력이 없다고 판단될 때는 해직할 수 있다.

제16조 【고문·자문위원】

① 대표이사는 회사업무상 필요한 경우 고문과 자문위원을 ○명 이내의 상근 또는 비상근으로 위촉할 수 있다.

② 고문과 자문위원의 위촉분야는 '법률' '금융' '기술' '세무' '영업' 등 분야로 제한한다.

③ 대표이사는 고문과 자문위원의 위촉기간은 1년 이내로 하며 연임하여 위촉할 수 있다.

제3장 보 직 및 배 치

제17조(배치, 전직)

회사는 사원의 능력, 적성, 경력 등을 고려하여 부서의 배치, 전직, 승진 등 인사발령을 하며, 직원은 정당한 사유 없이 이를 거부할 수 없다.

제18조 【직급과 직위】

① 직원의 직급과 직위는 다음과 같이 구분한다.

　　1. 5급 사원 : 사원(평사원)

　　2. 4급 사원 : 대리

　　3. 3급 사원 : 과장

　　4. 2급 사원 : 차장

　　5. 1급 사원 : 부장

② 임원의 직위는 다음과 같다.

　　1. 사장

　　2. 부사장, 전무, 상무

　　3. 감사

　　4. 이사, 집행임원

제19조 【직책】

회사의 조직부문별 직책은 다음과 같다.

　　1. 경영 : 사장, 부사장, 전무

　　2. 본부장 : 생산본부장, 영업본부장, 관리본부장

　　3. 실장 : 개발실

　　4. 팀장 : 관리부, 영업부, 생산부

제20조 【보직원칙】

① 사원의 보직은 전공, 학력, 경력, 자격, 기능, 적성 등을 고려하여 배치함을 원칙으로 한다.

② 사원의 보직 기간은 동일 직무 1년 이상을 원칙으로 한다.

① 사장은 대표이사가 보직하며, 이사회의 결의로 임면한다.

② 부사장, 전무, 상무는 사내이사가 보직하며, 이사회결의로 임면한다.

③ 본부장, 연구소장은 집행임원이 보직하며, 사장이 임면한다.

④ 팀장(부장), 책임(과장), 매니저(대리), 담당(사원)은 직원이 보직하며 사장이 인사한다.

제21조 【직무대리 등】

① 직무책임자의 결원 또는 장기간 유고시 바로 아래 하급자가 그 직무대리를 할 수 있다.

② 직위 및 직무 내용이 유사하고 담당직무 수행에 지장이 없다고 인정되는 경우에는 동일 직급 내에서 겸직시킬 수 있다.

제22조 【보직해임】

① 사원이 다음 각 호에 해당할 때에는 당해 보직을 해임 또는 대기 발령할 수 있다.

1. 부정행위 또는 사내에서 불상사를 일으켰을 때

2. 신체 및 정신상의 장애로 직무를 수행할 수 없을 때

3. 직무를 수행할 능력이 부족하다고 판단될 때

4. 기구의 축소 및 개편 등으로 회사경영관리상 인원감축 불가피할 때

5. 현장 시공이 중단 또는 종료되었을 때

② 전항의 규정에 의한 보직 해임 사유가 소멸할 때에는 지체 없이 보직하여야 한다.

제23조 【직무이동】

업무상 필요한 경우 또는 적재적소 배치로 인력의 효율적 활용을 위하여 필요한 경우 이동을 명할 수 있다.

제24조 【직무이동원칙】

사원의 이동은 동일 직무에 1년 이상 근무한 자를 대상으로 함을 원칙으로 한다. 다만, 승진, 직제개편, 정원조정, 기타 부득이한 경우에는 예외로 한다.

제25조 【파견근무】

① 특수업무의 수행 또는 지원 및 공동수행 교육의 이수 등을 위하여 1개월 이상의 기간이 필요한 경우에는 타기관 또는 타부서 및 현장에 파견근무를 명할 수 있다.

② 파견 기간중의 복무에 관하여는 그 근무기관장의 지휘감독을 받아야 하며, 파견 기간 중에 근무 기강의 해이로 책임의 불완수 및 징계사유에 해당하게 된 때에는 그 소속 부서장은 원 소속 부서장에게 징계를 요구하여야 한다.

③ 파견근무는 그 임무가 종료되면 복귀발령에 따라 지체 없이 본래의 소속부서에 복귀하여야 한다.

제4장 승진

제26조 【승진요건】

사원의 승진요건은 다음의 요건을 충족하여야 승진할 수 있다.

1. 근속연수 : 제25조의 직급별 근속연수

2. 직무성과 : 직무성과가 우수한 직원

3. 인사기록 : 징계처분을 받지 아니한 자

4. 기타요건

제27조 【근속연수】

사원은 다음의 직급별 근속기간을 충족하여야 승진할 수 있다.

1. 부장 : 5년
2. 차장 : 3년
3. 과장 : 3년
4. 대리 : 3년
5. 평직원 : 3년

제28조 【승진제외】

회사는 당해 직급에서 1회 이상 감봉의 징계를 받은 자는 승진대상자에서 1년간 유예한다.

제29조 【특별승진】

사장은 회사에 크게 기여한 사원을 특별히 승진시킬 수 있다.

제5장 휴직과 복직

제30조 【휴직신청】

사원이 다음 각 호의 사유에 해당하여 15일 이상의 계속근무를 하지 못할 경우에 휴직신청관련 서류 및 사유서를 휴직 1주일전까지 제출하여 승인을 받아야 한다.

1. 직무외 상병 등으로 직무수행이 어려울 경우
2. 직무중 상병 등으로 직무수행이 어려울 경우
3. 군복무를 위한여 징집 및 소집되었을 경우
4. 형사사건으로 구속 및 기소되었을 경우
5. 개인사정으로 계속근무가 불가능할 경우
6. 사원의 연수 및 직무상의 사유로 휴직이 필요할 경우
7. 회사 경영상 휴직이 필요할 경우

제31조 【휴직기간】

① 회사는 사원의 휴직신청사유에 따라 소정기간의 범위내에서 휴직기간을 다음과 같이 명할 수 있다.

1. 직무외 상병의 경우 : 3개월
2. 직무중 상병의 경우 : 필요기간
3. 징집 및 소집의 경우 : 복무기간 및 소집기간
4. 직무상 또는 회사 경영상의 경우 : 회사가 정한 기간
5. 개인사정의 경우 : 2개월

② 제1항의 제1호의 경우 회사가 정당한 사유가 인정될 경우에 본인의 신청에 의하여 동기간을 3개월 연장할 수 있다.

③ 통산휴직기간이 직무외 상병의 경우 18개월을 초과할 수 없으며, 개인사정의 경우에는 6개월을 초과할 수 없다.

제32조 【육아휴직】

생후1년 미만의 영아를 가진 여성근로자가 그 영아를 양육을 위하여 휴직을 신청하는 경우에는

근로기준법에서 규정한 산전·산후유급휴가 기간을 포함하여 1년 이내로 휴직을 허용하며, 그 기간을 근속기간에 포함한다.

제32조【휴직기간의 산입】

사원의 육아휴직기간은 승진소요년수, 승급기간, 퇴직금 산정 근속기간에 포함한다.

제33조【휴직자의 신분】

이 규정에 의해 휴직한 사원은 사원의 신분을 유지하나 회사의 허가 없이 타사 및 직업에 종사하는 경우에는 퇴직한 것으로 간주한다.

제34조【복직】

① 사원은 휴직기간 만료 또는 휴직사유가 소멸할 때에는 7일 이내에 소명서(진단서, 증명서 등)를 첨부하여 회사에 복직원을 제출하여야 한다.

② 사원이 복직원을 제출하지 않거나 휴직기간 만료시 휴직사유가 소멸되지 않는 경우 퇴직의사로 간주한다.

제6장 퇴직과 해고

제35조【신분보장】

사원은 이 규정에 정하는 사유에 의하지 아니하고는 정당한 사유없이 해고, 휴직, 전직, 감봉, 기타 불이익처분을 받지 아니한다.

제36조【당연퇴직】

사원이 다음 각 호에 해당하는 경우 당연퇴직으로 본다.

1. 사망하였을 경우
2. 정년에 해당한 경우
3. 본인이 퇴직을 원한 경우
4. 근로계약기간이 만료된 경우
5. 주주총회에 의해 임원에 선임된 경우

제37조【정년】

사원의 정년은 만 55세가 해당하는 해의 말일로 한다. 다만 회사는 업무상 필요하다고 인정된 자에 대하여 촉탁으로 재고용할 수 있다.

제38조【해고】

사원이 다음 각 호에 해당할 경우 즉시 퇴직처리 할 수 있다.

1. 금치산·한정치산·파산선고를 받은 경우
2. 금고 이상의 확정판결을 받은 경우
3. 신체 또는 정신상 장애로 직무를 감당할 수 없다고 인정되는 경우
4. 연봉계약자로서 정당한 이유없이 연봉계약 만료일로부터 4개월까지 연봉타결이 되지 않는 경우
5. 계속해서 6일 이상 또는 연간 20일 이상 무단결근한 경우

6. 휴직자로서 정당한 사유없이 휴직기간 만료 후 7일 이내 복직원을 제출하지 않거나 규정된 휴직기간 만료 후 휴직사유가 있는 경우

7. 회사의 허가없이 다른 직업에 종사하는 경우

8. 기타 사회통념상 근무를 계속할 수 없다고 인정되는 경우

제39조【고용조정】

회사는 회사 경영상 이유에 의한 고용조정이 필요하다고 인정될 경우 근로기준법의 관련규정에 따라 회사 경영상 이유에 의한 고용조정을 실시할 수 있다.

제40조【퇴사원】

사원은 퇴직하고자 할 경우에는 퇴직일 30일 전에 퇴사원을 제출하여야 하고 회사의 효율적인 업무인수인계를 위해 성실히 노력하여야 한다.

제41조【반납의무】

퇴직 또는 해고된 사원은 재직중 업무와 관련된 제반 서류 및 회사소유 소프트웨어, 비품, 대여한 금품 등을 즉시 반납하여야 한다.

제42조【퇴직자의 의무】

퇴직 또는 해고된 자는 재직중 취득한 회사의 기밀을 타인에게 누설해서는 안 된다.

제7장 교육훈련

제43조【교육실시】

회사는 직무와 관련된 지식, 기술 및 능력의 배양과 자질 향상을 위하여 사내 및 사외 교육훈련을 사원에게 실시할 수 있다.

제44조【교육대상】

회사의 모든 구성원은 교육훈련 대상이다. 사내 및 사외 교육훈련과정, 교육방법, 교육시기 등에 따라 교육대상자를 선발하여 주관부서에서 사장의 승인을 받아 시행한다.

제45조【인사반영】

회사는 사원의 교육훈련성적을 인사고과 및 관리에 반영할 수 있다.

제46조【교육훈련】

사원의 교육훈련에 관한 사항은 교육훈련규정에 의한다.

제8장 포상과 징계

제47조【포상】

회사의 조직 및 사원에 대한 포상은 회사의 포상규정에서 정한 규정에 따라 포상한다.

제48조【포상일정】

회사의 포상은 다음의 각 호의 행사일에 포상한다.

   1. 창립기념일
   2. 전반기 특정 행사일
   3. 후반기 특정 행사일

제49조【징계】

   사원의 징계에 관한 회사의 징계규정에 의한다.

제9장 인사고과

제50조【인사기록】

   사원의 인사에 관한 기록을 작성 및 유지와 보관은 총무부에서 한다.

제51조【인사고과】

   회사는 사원의 인사고과는 회사의 인사고과규정에서 정하는 바에 의한다.

〈부   칙〉

제52조【시행일】

   이 규정은 ○○년 ○월 ○일부터 시행한다.

〈서   식〉

(서식 1)

인사발령장			
인사수령자	성명	생년월	직급
발령사항	직급	직위	직책

귀하를 위와 같이 인사발령을 합니다.

202 년   월   일
○○ 주식회사 대표이사   (인)

[61]
승진·승급관리규정

제정 ○○○○년 ○○월 ○○일
개정 ○○○○년 ○○월 ○○일

〈총 칙〉

제1장 통칙

제1조 【목적】

이 규정은 ○○주식회사(이하 '회사'라 한다) 인사관리규정에 따라 사원의 승진과 승급에 대한 절차와 원칙으로 정함을 목적으로 한다.

제2조 【적용범위】

이 규정은 인사관리규정에서 정한 직급의 승진과 임금(호봉)의 승급에 관한 것을 정한 것 외에는 이 규정에 의한다.

제4조 【용어의 정의】

이 규정에서 사영하는 용어의 뜻은 다음과 같다.
1. 승진 : 직급 또는 직위의 승격을 말한다.
2. 승급 : 임금(호봉)의 상승을 말한다.

제4조 【승진과 승급의 구분】

① 사원의 직급에 대한 승진은 정기승진과 특별승진으로 구분한다.

② 사원의 임금에 대한 승급은 호봉승급과 연봉승급으로 구분한다.

제5조 【주관부서】

회사의 승진과 승급의 주관업무는 인사부에서 주관한다.

제2장 승진기준

제6조 【승진기준】

사원의 승진은 기준은 다음가 같다.

    1. 승진연한을 경과한 자

    2. 근무성적이 우수한 자

    4. 기타 회사 경영상 필요한 자

제7조 【승진연한】

사원이 당해 직급에서 상위직급으로 승진할 수 있는 근속연수는 다음과 같다.

    1. 대종사원 : 3년(단, 초대졸사원 4년, 고졸사원 5년)

    2. 대리　: 3년

    3. 과장　: 3년

    4. 차장　: 3년

    5. 부장　: 5년

제8조 【승진연한산정】

① 사원의 승진연한의 입사일과 승진일을 기준으로 산정한다. 단, 경력인정의 경우는 경력인정일을 기준으로 산정한다.

② 개인의 사유와 신병으로 인한 휴직기간은 승진연한산정에서 제외한다. 단, 산재 및 공상으로 인한 휴직기간은 포함한다.

제9조 【승진평가항목】

승진평가항목은 인사고과규정에서 정한 평가항목에 따른다.

제10조 【승진시기】

사원의 승진시기는 다음 각 호와 같다.

    1. 정기승진 : 매년 3월에 실시한다.

    2. 특별승진 : 매우월 3월 또는 비정기적으로 실시할 수 있다.

제11조 【승진대상】

회사는 승진기한을 충족하고 상위직급의 업무능력을 갖춘 자를 승진심사 대상자로 선정하여 심의한다.

제12조 【승진평가등급】

회사는 사원의 승진 대상 사원의 평점은 다음과 같다.

구분	등급	평점	능력
승 진	S	90 이상	탁월
	A	80 이상 ~ 90 미만	우수
	B	70 이상 ~ 80 미만	보통
보 통	C	50 이상 ~ 60 미만	미흡
보 류	D	50 미만	부족

제13조【승진적용고과】

사원의 승진적용고과는 인사고과규정에서 평가기준에 따라 제12조의 등급을 적용한다.

제14조【승진제한】

징계 처분을 받은 자는 처분일로부터 1년간 승진 대상에서 제외한다.

제15조【임원승진】

임원의 승진은 이사회가 그 시기와 대상자를 결정한다.

제3장 승진관리

제16조【급여책정】

승진자의 급여책정은 승진직급의 초임급여로 조정하며, 현 급여가 승진 초임급여보다 높을 경우 급여의 수평이동을 원칙으로 한다.

제17조【승진자료】

인사주관부서는 승진자의 관련 자료를 5년 이상 보관하여야 한다.

제18조【승진발령】

회사는 승진대상자로 결정된 사원에 대하여 승진예정일 10일전까지 승진직위, 근무장소, 근무부서. 승진 일자 등을 통보하여 발령대기 하도록 한다.

제4장 승   급

제19조【임금의 승급】

승급대상 임금은 다음과 같다.
    1. 호봉 : 1년 단위 직급별 1단위 호봉임금
    2. 연봉 : 1년 단위 직급별 1단위 연봉임금

제20조【승급대상】

임금의 승급대상자는 1년 이상 근무한 정규직 사원으로 한다. 일용직, 임시직 등은 비정규직 사원은 근로계약 및 타 규정에서 정한 규정에 따른다.

제21조【승급기한】

사원의 승급은 1년 이상 근무한 사원으로 연간단위로 한다. 단, 회사가 필요할 경우에 이사회 결의로 그 기한을 단축 및 연장 할 수 있다.

제22조【승급시기】

승급에는 정기승급과 특별승급으로 다음 각 호와 같이 구분한다.

  1. 정기승급 : 1년이상의 근무자로 매년 3월 1일 기준
  2. 특별승급 : 특별승급자의 승급시기는 비정규적으로 필요에 따라 이사회결의로 대표이사가 결정한다.

제23조【승급기준】

사원의 승급은 1단위 호봉 또는 연봉의 승급을 원칙으로 한다. 단, 인사위위원회의 결의로 2단위 호봉 또는 연봉으로 승급을 결정할 수 있다.

제24조【승급제한】

회사는 다음 각 호에 해당하는 사원의 경우에 승급을 제한한다.

  1. 비정규직사원 : 일용직, 임시직, 기타
  2. 승급제한의 징계처분자
  3. 연봉제계약사원으로 연봉계약에 준한다.
  4. 이 타 규정에서 승급을 제한 받는 자

〈부   칙〉

제25조【시행일】

이 규정은 ○○○○년 ○○월 ○○일부터 시행한다.

[62]
인사고과관리규정

제정 ○○○○년 ○○월 ○○일
개정 ○○○○년 ○○월 ○○일

〈총 칙〉

제1장 통칙

제1조 【목적】

이 규정은 ○○주식회사(이하 '회사'라 한다) 사원의 능력과 업적에 대해 합리적이고 공정한 평가기준의 절차와 원칙을 정하여 사원과 회사가 발전하는데 목적을 그 목적이 있다.

제2조 【적용범위】

이 규정의 인사고과대상자는 사장을 제외한 전체의 임직원으로 한다.

제3조 【고과제도】

사원의 인사고과는 다음의 각호의 고과평가제도로 평가한다.

1. 능력고과제도
2. 업적고과제도

제4조 【고과시기】

① 인사고과시기는 다음과 같이 실시한다.

　1. 능력고과 : 매년 1월(연간 1회)

　2. 업적고과 : 매년 7월, 1월(연간 2회)

② 제1항의 시기와 횟수는 회사의 사정에 따라 변경할 수 있다.

제5조 【평가단계】

회사의 인사고과에 반영하는 평가단계와 배분율은 다음과 같다.

단 계	S	A	B	C	A	구 성
	탁월	우수	보통	미흡	부족	
5단계	10	15	60	10	5	우수자 25% 미흡자 15%

제6조 【평가점수배정】

인사평가제도에서 평가기준이 되는 요소별 항목의 점수 배정은 회사의 경영목표와 부분목표에 따라 설계와 설정을 평가시기에 따라 변경하여 사원에게 예고하여 시행할 수 있다.

제7조 【고과관리】

① 인사고과의 모든 기록은 인사관리에 반영되어야 한다.

② 인사고과기록은 기밀로 취급되어 인사과에서 관리한다.

③ 업적고과표, 능력고과표, 인사고과표 등은 사원의 퇴직후 까지 법령에서 정한 기한까지 계속 관리 한다.

제2장 평가방법

제8조 【고과자】

① 직무성과에 대한 평가단계를 1차고과자, 2차고과자, 3차고과자 등으로 분류하여 독립적인 평가를 실시한다.

② 평가대상 및 고과자는 다음과 같다.

평가대상	1차고과자	2차고과자
임　　　원	사　　　장	*
부장 · 본부장	임　　　원	사　　　장
부장대우, 차장	부　　　장	임　　　원
과　　　장	차장 · 부장	부장 · 임원
과장대리·사원	과　　　장	부장 · 차장

제9조 【고과자평가비중】

회사는 고과자의 평가비중을 1차고과자에게 70% 2차고과자에게 30%의 평가비중을 부여한다.

제10조 【고과점수】

회사는 고과자의 평가등급에 대한 점수배정은 다음과 같은 평가기준으로 점수를 부여한다.

평가등급	평가점수	비고
S	100	(탁월)
A	80~100 미만	(우수)
B	60~80 미만	(보통)
C	40~60 미만	(미흡)
D	20~40 미만	(부족)

제11조【부서평가제도】

회사는 사원의 지나친 개인주의를 배제하고 소속부서의 사원간의 상호협력과 조직의 활성화를 위하여 부서평가제도를 실시한다.

제12조【부서고과단계】

각 부서의 고과단계별 고과자는 다음과 같다.

피고과자	1차 고과자	2차 고과자
부서 사원	과장(팀장)	직속상사(부장)

제13조【부서별 평가가중치】

회사는 각 소속부서별 평가가중치를 다음과 같이 설정한다.

평가등급	목표달성기준(%)	비 고
S	110이상	(탁월)
A	100~110미만	(우수)
B	90~100미만	(보통)
C	80~90미만	(미흡)
D	80미만	(부족)

제14조【부서별 평가등급】

회사는 각 소속부서의 성과에 대한 평가등급을 5단계로 구분하여 다음과 같이 설정한다.

관리부			사업부			기술부		생산부	
총무	경리	홍보	무역	영업	신규사업	전산	시스템	생산	자재구매
80%	80%	80%	90%	90%	90%	100%	100%	100%	100%

제3장 능력고과

제15조【능력평가목적】

사원이 직위와 관련된 직무를 수행하는 데 필요한 직무지식·능력·책임 등의 평가하여 승진·승급·승격·이동 등의 인사관리에 활용하기 위하여 사원의 직무수행능력을 평가하는데 목적이 있다.

제16조【평가대상】

회사에 재직중인 자로서 수습 및 휴직중인 자를 제외한 모든 사원을 대상으로 한다.

제17조【능력고과기간】

능력고과 실시시기와 기간은 다음과 같다.

실시시기	대상기간
1월	1월 1일~12월 31일

제18조【평가항목】

능력고과평가는 회사의 경영이념에 따라 갖추어야 할 기본적 소양 및 태도와 직무를 수행하는 데 필요한 평가항목으로 능력고과항목을 구분한다.

평가항목	능 력 고 과 항 목
직무지식	기본적으로 직무수행에 필요한 실무지식과 전문지식과 기능
능력요건	상황판단력, 조직통솔력, 리더십, 기획력, 조정력
업무책임	직무수행에 따른 책임

제19조【직급별 가중치】

사원의 직급별 능력에 따른 가중치는 다음과 같이 구성한다.

직 위	업무수행목표	개인별능력개발	필요태도분석
부장·과장	80%	10%	10%
중견사원	60%	20%	20%
평 사 원	40%	20%	40%

제20조【평가기준】

사원의 인사고과평가기준은 직무능력에 70%, 태도와 의욕에 30%로 평가기준을 설정하여 평가요소별 항목을 구성하여 점수를 배분하여 그 기준을 설정한다. 단 필요에 따라 그 기준에 평가대상자의 적성과 인간관계 등을 추가하여 기준을 설정할 수 있다.

제4장 업적고과

제21조【목적】

회사는 사원의 업적을 객관적으로 평가하여 업적결과에 대하여 적정한 보상을 하여 사원의 업무의욕에 동기를 부여하고 회사는 업적에 따른 효율적인 목표관리와 경영활성화를 도모하는 데 목적이 있다.

제22조【업적고과대상】

회사에 재직중인 자로서 수습 및 휴직중인 자를 제외한 모든 사원을 대상으로 한다.

제23조【지원부서 고과항목】

회사의 생산과 판매 등을 지원하는 부서는 '업무계획목표'를 기준으로 목표대비의 업적고과를 평가하며 평가항목은 다음과 같다.

1. 경영방침, 부분계획, 업무계획
2. 실행계획
3. 업무달성목표
4. 기획, 전략, 업무개선책 제안목표
5. 납기관리목표
6. 신제품, 연구, 기술개발계획
7. 영업지원실적
8. 업무보고실적
9. 도전목표

제24조【생산·판매 고과항목】

회사의 생산과 판매 등을 담당하는 부서는 목표대비 실적을 파악하여 고과하며, 평가대상 직위의 책임과 권한 등을 고려하여 종합적으로 평가한다.

1. 매출액, 공사수주액목표
2. 영업이익목표
3. 공헌이익목표
4. 노동생산성목표
5. 시장점유율
6. 가동률
7. 비용절감률
8. 매출채권회수율
9. 신규거래선개척

제25조【매출액기준 평가기준】

회사의 매출액기준 평가등급은 다음과 같다.

항목 \ 등급	S	A	B	C
매출액목표달성도	102% 이상	99~101%	95~98%	95% 미만
영업이익달성도	110% 초과	106~110%	95~105%	95% 미만

제26조【업적고과 평가기준】

회사의 업적목표에 대하여 사원의 실적을 평가하는 업적과의 가중치는 다음과 같다.

평가달성도	영업직	관리직	연구직	생산직
매출액달성도	40	-	-	-
예산절감도	20	20	30	30
매출채권회수도	40	-	-	-
방침, 목표달성도	-	40	30	10
업무개선도	-	-	10	30
생산성향상도	-	-	10	30
합계(가중치계수)	100	100	100	100

제27조 【업적고과 횟수와 시기】

회사의 업적고과시기는 연 2회 다음과 같이 실시한다. 단, 필요에 따라 생산 및 판매 부서 이외의 관리직 및 기타 부서는 연 1회 실시 할 수 있다.

횟수	실시시기	대상기간
1회	7월	1월 1일~6월 30일
2회	1월	7월 1일~12월 31일

제28조 【업적고과 적용방법】

회사의 업적목표에 대하여 사원의 실적을 평가하는 업적고과의 가중치 부여는 조직의 목표, 직무, 직위의 특성을 고려하여 회사의 경영성과를 올리는데 가장 중요한 항목으로 상황의 변화에 따라 변경할 수 있다. 단, 매년 경영계획을 고려하여 평가고과항목의 가중치에 대한 타당성 검토를 각 부서별로 하여 평가기준의 가중치를 적용한다.

〈부 칙〉

제29조 【시행일】

이 규정은 ○○년 ○○월 ○○일부터 시행한다.

〈서 식〉

(서식 1) 인사고과표
(서식 2) 능력고과표
(서식 3) 업적고과표

(서식 1)

인사고과표

성 명 :   부 서 :   직 급 :

직 무 능 력				
고 과 항 목	평 가 기 준	점수	1차	2차
1. 실무지식 　　전문지식	①담당업무에 관한 실무지식 보유능력 ②담당업무에 관한 최신 전문지식 보유와 습득능력	10		
2. 결단력	①상황판단, 정보분석 의사결정 능력 ②결단시기 적절유무 ③대처능력 솔선유무	10		
3. 지도육성력	①부하지도 능력유무 ②부하 등에 모범 유무 ③부하에 지시적절 유무	10		
4. 관리통솔력	①부하의 이해도와 조직관리능력 ②관련부서와 업무연계를 통한 업무를 수행능력 ③지시 및 운영방침 전달능력	10		
5. 기획력	①목표달성을 위한 방법의 계획입안 ②현상황에서 실현 가능한 계획의 유무	10		
직 무 성 과				
6. 적극성/의욕	①업무에 적극적, 의욕적 유무 ②솔선수범하여 업무를 추진유무	10		
7. 도전연구노력	①업무에 관한 연구노력유무 ②도전정신이 유무 ③도전을 의한 자기희생 유무	10		
8. 경영의식	①경영방침의 이해와 실천 유무 ②경영참여의식 유무 ③회사이해득실의 실천적사항 유무	10		
9. 업무상성과	①업무상 목표달성 유무 ②목표달성의 노력 유무	10		
10. 부하지도육성	①부하를 계획적으로 지도·육성 유무 ②업무능력이 뛰어나고 의욕있는 부하양성 유무 ③부하의 업무내용을 상시 파악 유무	10		
합 　 계		100		

(서식 2)

능력고과표

성명 :　　　　　　부서 :　　　　직급 :

평가기준	고과항목	가중치	1차 고과단계						2차 고과단계					
			S 탁월	A 우수	B 보통	C 미흡	D 부족	고과점수	S 탁월	A 우수	B 보통	C 미흡	D 부족	고과점수
능력요소 (70)	1. 직무지식	5	15	12	9	6	3		15	12	9	6	3	
	2. 이해력	15	10	8	6	4	2		10	8	6	4	2	
	3. 응용/개선능력	10	5	4	3	2	1		5	4	3	2	1	
	4. 수행력	10	10	8	6	4	2		10	8	6	4	2	
	5. 판단력	5	5	4	3	2	1		5	4	3	2	1	
	6. 표현력	15	10	8	6	4	2		10	8	6	4	2	
	7. 정보수집/분석력	10	5	4	3	2	1		5	4	3	2	1	
태도요소 (30)	8. 책임감	15	10	8	6	4	2		10	8	6	4	2	
	9. 협조성	5	15	12	9	6	3		15	12	9	6	3	
	10. 도전의식	10	15	12	9	6	3		15	12	9	6	3	
	합계	100	100	80	60	40	20		100	80	60	40	20	

년　　　　월　　　　일

1차 고과자	
2차 고과자	

(서식 3)

업적고과표

성명 :　　　　　　　　부서 :　　　　　　　직급 :

고과항목	평가기준	1차고과	2차고과
1. 업무목표달성도	목표 초과달성 여부		
2. 목표달성책임감	목표달성 책임감 여부		
3. 목표달성방법연구	목표달성을 위한 방법연구노력 여부		
4. 업무지식	담당업무지식 보유능력 여부		
5. 관리력, 통솔력	조직 관리력과 통솔력 여부		
6. 지도 및 육성	부하의 자질, 능력, 적성 등 고려 지도능력		
7. 판단력	상황판단을 적정능력 여부		
8. 인격 및 식견	인격 및 식견 보유능력 여부		

(S 탁월, A 우수, B 보통, C 미흡, D 부족)

년　　　월　　　일

1차 고과자	
2차 고과자	

[63]
포상관리규정

제정 ○○○○년 ○○월 ○○일
개정 ○○○○년 ○○월 ○○일

〈총 칙〉

제1장 통칙

제1조【목적】

이 규정은 ○○주식회사(이하 '회사'라 한다)의 성장과 발전에 이바지한 임직원에게 상을 수여하는 절차와 원칙을 정함을 목적으로 한다.

제2조【적용범위】

회사의 임직원에 대한 표창과 포상은 다른 규정에서 특별히 정한 경우를 제외하고 이 규정에 따른다.

제3조【용어의 정의】

① "포상"이란 회사에서 임직원에게 수여하는 "표창"과 "상"을 말한다.

② "표창"이란 회사에서 임직원에게 수여하는 "상"의 종류를 말한다.

③ "상"이란 회사에서 표창받은 임직원에게 수여하는 "상장과 상패"와 "부상"을 말한다.

④ "부상"이란 회사에서 표창받은 임직원에게 수여하는 "물질적, 금전적, 인사적" 혜택을 말한다.

<h1>제2장 포 상</h1>

제4조【포상대상】

회사는 다음 각 호의 자를 포상 대상자로 한다.

    1. 회사에 근무하는 임직원

    2. 회사의 성장과 발전에 뚜렷하게 이바지한 임직원

    3. 회사를 재해와 위험으로부터 보호한 임직원

    4. 회사 직무상 국가 등으로부터 장관상 이상을 받은 임직원

제5조【표창종류】

회사는 임직원에게 다음 각 호의 표창을 한다.

    1. 공로상 : 뚜렷한 공적을 세운 임직원에게 공로상을 수여한다.

    2. 우수상 : 근무성적이 우수한 임직원에게 우수상을 수여한다.

    3. 근속상 : 10년 이상 장기근무한 임직원에게 근속상을 수여한다.

제6조【공로상】

① 공로상의 종류와 선발은 다음 각 호와 같다.

    1. 최고공로상 : 1 명

    2. 공로상 : 3명

② 최고공로상 대상자에게 다음 각 호의 포상을 한다.

    1. 상장 또는 상패를 수여한다.

    2. 상금으로 기본연봉을 수여한다.

    3. 부상으로 연간 유급휴가 15일을 부여한다.

    4. 부상으로 외국여행경비 500만원을 지원한다.

③ 공로상 대상자에게 다음 각 호의 포상을 한다.

    1. 상장 또는 상패를 수여한다.

    2. 상금으로 기본연봉의 1월액을 수여한다.

    3. 부상으로 연간 유급휴가 10일을 부여한다.

    4. 부상으로 외국여행경비 500만원을 지원한다.

제7조【우수상】

① 우수상의 종류와 선발은 다음 각 호와 같이 한다.

    1. 팀상 : 최우수팀 1팀과 우수팀 2팀을 선발한다.

    2. 팀장상 : 최우수팀장 1명과 우수팀장 2명을 선발한다.

    3. 사원상 : 최우수사원 1명과 사업부별 우수사원 각 1명을 선발한다.

② 최우수팀상 대상자에게 다음 각 호의 포상을 한다.

    1. 상장 또는 상패를 수여한다.

    2. 상금으로 팀에게 1000만원을 수여한다.

    3. 부상으로 팀원에게 각각 연간 유급휴가 5일을 부여한다.

    4. 부상으로 팀원에게 총액 500만원 상당액 상품을 수여한다.

② 우수팀상 대상자에게 다음 각 호의 포상을 한다.

  1. 상장 또는 상패를 수여한다.

  2. 상금으로 팀에게 500만원을 수여한다.

  3. 부상으로 팀원에게 각각 연간 유급휴가 3일을 부여한다.

  4. 부상으로 팀원에게 총액 300만원 상당액 상품을 수여한다.

③ 우수팀장상 대상자에게 다음 각 호의 포상을 한다.

  1. 상장 또는 상패를 수여한다.

  2. 상금으로 기본연봉의 월액을 수여한다.

  3. 부상으로 연간 유급휴가 5일을 부여한다.

  4. 부상으로 500만원 상당 상품을 수여한다.

④ 우수사원상 대상자에게 다음 각 호의 포상을 한다.

  1. 상장 또는 상패를 수여한다.

  2. 상금으로 기본연봉의 월액을 수여한다.

  3. 부상으로 연간 유급휴가 5일을 부여한다.

  4. 부상으로 200만원 상당 상품을 수여한다.

제8조【근속상】

① 장기근속자에게 다음 각 호의 상을 수여한다.

  1. 10년 근속자 상

  2. 15년 근속자 상

  3. 20년 근속자 상

  4. 25년 근속자 상

② 제1항의 장기근속자상 대상자에게 다음 각 호의 포상을 한다.

  1. 상장 또는 상패를 수여한다.

  2. 상금으로 기본연봉의 월액을 수여한다.

  3. 부상으로 연간 유급휴가 5일을 부여한다.

  4. 부상으로 100만원 상당액 상품을 수여한다.

제3장 추   천

제9조【공로상 추천】

다음 각 호의 임직원은 최고공로상 1명과 공로상 3명의 후보를 추천한다.

  1. 관리본부장과 팀장과 지부장

  2. 영업본부장과 팀장과 지점장

  3. 생산본부장과 팀장과 현장소장

제10조【우수팀 추천】

다음 각 호의 임직원은 최우수팀상 1팀과 우수팀상 2팀을 후보로 추천한다.

  1. 관리본부와 지부의 3년 이상 근무한 임직원

  2. 영업본부와 지점의 3년 이상 근무한 임직원

3. 생산본부와 공장의 3년 이상 근무한 임직원

제11조【우수팀장 추천】

다음 각 호의 사원은 최우수팀장 1명과 우수팀장 2명을 추천한다.

1. 관리본부와 지부의 3년 이상 근무한 과장 이하 사원
2. 영업본부와 지점의 3년 이상 근무한 과장 이하 사원
3. 생산본부와 공장의 3년 이상 근무한 과장 이하 사원

제12조【우수사원 추천】

다음 각 호의 임직원은 최우수사원 1명과 우수사원 2명을 추천한다.

1. 관리본부와 지부의 2년 이상 근무한 임직원
2. 영업본부와 지점의 2년 이상 근무한 임직원
3. 생산본부와 공장의 2년 이상 근무한 임직원

제3장 심   의

제13조【심의위원】

① 우수상과 공로상 추천후보를 다음 각 호와 같이 심의위원을 구성하여 심의한다.

1. 전무이사, 상무이사, 이사
2. 관리본부장과 팀장
3. 영업본부장과 팀장
4. 생산본부장과 팀장

② 근속상은 인사관리위원회에서 후보를 심의한다.

제14조【심의방법】

① 포상심의위원회는 포상후보 심의방법을 다음 각 호와 같이 정하여 심의한다.

1. 심의원칙
2. 심의기준
3. 채점방식
4. 기타 심의사항

② 인사위원회는 포상에서 제외할 임직원을 포상위원회에 통보한다.

제15조【포상제한】

회사는 포상에서 제외하는 임직원은 다음 각 호와 같다.

1. 당해 사업기간에 5일 이상 무단결근한 자
2. 당해 사업기간에 불법집회로 5일 이상 근무하지 않은 자
3. 당해 사업기간에 1개월 이상 휴무한 자
4. 당해 사업기간에 형사처벌을 받은 자 또는 계류 중인 자
5. 회사에 재산적 손실을 입힌 자
6. 기타 수상이 불가하다고 판명된 자

제16조【포상내용】

인사위원회는 포상의 종류와 인원, 상금과 부상을 결정 또는 변경하여 대표이사에 신청할 수 있

다.

제17조【포상후보】

① 포상심의위원회는 포상후보자를 선발하여 인사위원회에 통보한다.

② 인사위원회는 포상후보자를 심사하여 포상심의위원회에 통보한다.

③ 인사위원회는 포상후보자를 결정하여 대표이사에게 승인을 요청한다.

제4장 포   상

제18조【포상결정】

회사의 포상권자는 대표이사로 회사의 포상자를 결정한다.

제19조【포상일자】

회사의 임직원에 대한 포상 일자는 회사의 창립일인 매년 ○○○○년 ○○월 ○○일에 한다.

제20조【포상변경】

대표이사는 포상일자와 포상내용과 포상대상자를 변경하여 시행할 수 있다.

제21조【포상특전】

포상자는 당기 또는 차기 사업연도에 임금과 직급의 승급을 다음 각 호와 같이 한다.

　　1. 연봉 또는 호봉의 1단계 승급

　　2. 차상위 직급으로 승급

제22조【포상기록】

인사위원회는 포상자와 포상내용을 인사기록과 포상대장에 기록한다.

〈부   칙〉

제23조【시행일】

이 규정은 ○○○○년 ○○월 ○○일부터 시행한다.

[64]
징계관리규정

● 징계해고

근로자가 취업규칙에 정한 복무규율의 현저한 위반으로 말미암은 징계사유에 해당하여 정상적인 근로관계를 유지하기가 어렵다고 판단되는 경우 취업규칙에서 정한 징계절차에 의거 근로관계를 종료하는 것을 징계해고라 한다. 취업규칙에 징계사유와 징계절차를 정하였으면 반드시 이를 준수하여야 하며 이를 거치지 않은 징계는 무효가 되지만 징계 절차를 정하지 않을 때에는 그와 같은 절차를 밟지 않았더라도 징계사유가 정당하면 징계 효력이 있는 것을 고려해야 한다.

● 징계해고 처분의 적정 여부 판단 방법

근로자에게 여러 가지 징계혐의 사실이 있는 경우 이에 대한 징계해고처분이 적정한지는 그 사유 하나씩 또는 그 중 일부의 사유만 가지고 판단할 것이 아니고 전체의 사유에 비추어 사회통념상 근로계약을 계속시킬 수 없을 정도로 근로자에게 책임이 있는지에 의하여야 한다. (대법원 1996.9.20. 95누15742)

● 징계위원회의 의결을 거치지 아니한 징계의 효력

취업규칙 등에서 징계위원회의 의결을 거치도록 명하고 있는 경우, 이러한 절차를 거치지 아니하고 한 징계처분은 원칙적으로 효력을 인정할 수 없다. (대법원 1996.2.9.95누12613)

● 징계절차

근로자의 징계절차에 관하여 법령에 별도로 정한 바가 없다. 근로자를 해고 등 징계할 때에 근로자에 대하여 징계 사전 통보, 징계 시 소명권 부여, 징계위원회 참석, 재심 절차 등 징계에 관한 절차에 대하여 사용자의 법정 의무사항이 아니므로 회사 실정에 적합하게 규정을 해야 한다.

회사 징계위원회 운영기준은 근로조건의 내용을 이루는 취업규칙 소정의 추상적인 징계 절차규정을 세부적으로 규정하고 있는 터이므로 이는 회사에 적용되는 취업규칙 일부로 보아야 할 것이고, 사원에 대한 징계에는 운영기준에서 정한 징계절차를 우선 적용하여야 한다. (대법원 1994.3.11. 93다27413)

징계관리규정

제정 ○○○○년 ○○월 ○○일
개정 ○○○○년 ○○월 ○○일

〈총 칙〉

제1장 통칙

제1조【목적】

이 규정은 ○○주식회사(이하 '회사'라 한다) 사원의 징계에 관한 절차와 운용에 대하여 정함을 목적으로 한다.

제2조【적용범위】

이 규정은 회사의 전 사원을 대상으로 한다.

제3조【용어의 정의】

이 규정에서 '사원'이란 회사에 근무하는 모든 구성원을 말한다.

제4조【징계위원회】

이 규정에서 징계위원회는 인사위원회를 말하며, 인사위원회를 설치하지 않은 경우 대표이사가 징계위원회를 설치한다.

제5조【징계권자】

① 임직원의 징계권자는 대표이사 사장이다.

② 대표이사 사장은 징계 심의 및 결의를 위하여 징계위원회를 설치할 수 있다.

③ 대표이사 사장은 부서장에게 소속 사원에 대한 경징계 권한을 위임할 수 있다.

제6조【주관부서】

징계업무에 대한 주관부서는 인사부로 한다.

제2장 징계대상

제7조【보고의무】

회사의 각 부서장은 소속사원의 징계사유 발생 즉시, 인사관리부서에 보고하며, 인사부서의 장은 징계사유의 중한 경우 징계 유무에 관계없이 사장에게 즉시 보고 한다.

제8조【부정입사】

부정 및 허위 기타 등의 방법으로 채용된 자는 징계대상자로 징계위원회의 결정에 따라 사장의 결정으로 해고 및 기타 징계한다.

제9조【기밀누설】

업무상 비밀 및 기밀을 누설하여 회사에 피해를 입힌 자는 징계대상자로 소속 부서장은 인사위원회에 보고하여 징계위원획에 회부한다.

제10조【회사손상】

직무상 회사의 명예 또는 신용에 손상을 입힌 자는 징계대상자로 사안의 중대성에 따라 인사부서와 징계위원회의 징계를 받을 수 있다.

제11조【명령불복종】

상사의 정당한 지시를 어기고 직무상 명령을 이행하지 아니한 자는 경고 및 징계위원회에 회부할 수 있다.

제12조【징계반복】

감봉처분 이상의 징계를 1회 이상 받은 자로 징계가 반복되는 자는 인사부서에서 징계위원회에 징계사안 회부하여 징계결정를 결정한다.

제13조【업무방해】

고의로 업무능률을 저해하거나 업무수행을 방해한 자는 소속 부서장이 경고조치하고 즉시 인사부 및 징계위원에 회부하여 징계결정을 한다.

제14조【무단반출】

정당한 사유 없이 회사의 물품 및 금품을 무단으로 반출한 자는 소속 부서장이 원상회복조치와 경고조치를 해야하며 이를 즉시 인사위원회에 보고하여 징계위원회에 회부하여야 한다.

제15조【부당행위】

직무를 이용하여 부당하게 이익을 취한 자는 징계위원회에 회부하여 징계조치 한다.

제16조【규정위반】

제 규정을 위반한 자는 소속 부서장이 주의, 경고, 견책의 징계를 결정하고, 인사부서장은 감봉 이상의 징계를 결정하여 징계 또는 징계위원회에 회부한다.

제17조【성희롱한 자】

회사 내에서 성희롱을 한 자는 징계위원회에 회부하여 감봉 이상의 징계조치를 한다.

제18조【기타징계】

회사는 징계 사안이 발생한 사원에 대하여 소속 부서장이 경고 및 견책 조치하고, 인사부서는 징계 사안의 경중에 따라 징계위원회의에 회부한다.

제3장 징계종류

제19조【징계종류】

회사는 징계 사안에 따라 다음과 각 호와 같이 처분한다.

1. 주의   2. 경고   3. 견책   4. 감봉
5. 정직   6. 강등   7. 해고

제20조【주의】

① 회사는 '주의'로 징계 처분한 사원에게 승진·승급(昇級)·이동·배치 등 인사평가에서 10%를 감점한다.

② 다음 각 호의 자는 '주의'의 징계 대상이다.

1. 무단으로 결근·지각·외출·퇴근을 2회 이상 한 자
2. 업무상 상급자의 지시를 아무런 보고 없이 2회 이상 어긴 자
3. 업무상 보고를 2회 이상 누락한 자 이상 한 자
4. 직무 중에 사내외에서 욕설 등 폭언을 2회 이상 한 자
5. 사내에서 금연구역 등 사내질서를 2회 이상 어긴 자
6. 사내에서 직무 중에 주식투자 등 사적 행위를 2회 이상 하는 자
7. 제1호에서 6호에 준하는 행위를 한 자

제21조【경고】

① 회사는 '경고'로 징계 처분한 사원에게 승진·승급(昇級)·이동·배치 등 인사평가에서 20%를 감점한다.

② 다음 각 호의 자는 '경고'의 징계 대상이다.

1. '주의' 징계를 2회 이상 받은 자
2. 업무상 중요한 직무를 이행하지 않은 자
3. 사내외에서 직무 중에 성희롱의 언행을 하는 자
4. 사내에서 회사원에게 다단계판매 등과 상행위를 하는 자
5. 회사 자산을 파손하거나 손해 및 손실을 가한 자

6. 고의는 아니지만 몰라서 회사규정을 위반한 자

7. 제1호에서 6호에 준하는 행위를 한 자

제22조 【견책】

① 회사는 '견책'으로 징계 처분한 사원에게 시말서를 청구하고, 승진·승급(昇級)·이동·배치 등 인사평가에서 30%를 감점한다.

② 다음 각 호의 자에게 '견책'의 징계 대상이다.

1. '경고' 징계를 2회 이상 받은 자

2. 직무불이행으로 회사에 금전적 물질적 손해 및 손실을 준 자

3. 사내외에서 직무 중에 성희롱 피해를 발생시킨 자

4. 사내에서 다단계판매 등과 상행위로 고발 받은 자

5. 직무상 뇌물 등을 받은 자

6. 고의로 회사규정을 위반한 자

7. 제1호에서 6호에 준하는 행위를 한 자

제23조 【감봉】

① 회사는 '감봉'으로 징계처분한 사원에게 월간 월임금의 10분의 1금액을 3개월간 감봉한다. 또한, 모든 인사평가에서 50%를 감점한다. 다만, 징계위원회의 결정으로 감봉기간을 줄일 수 있다.

② 다음 각 호의 자는 '감봉'의 징계 대상이다.

1. '견책' 징계를 2회 이상 받은 자

2. 회사에 중대한 손해 및 손실을 준 자

3. 사내에서 직무 중에 성희롱으로 고발당한 자

4. 사내에서 다단계판매 등과 상행위로 고발당한 자

5. 직무상 뇌물 등을 받고 그 대가를 제공한 자

6. 사내외에서 시위 등으로 회사의 질서를 어지럽힌 자

7. 제1호에서 6호에 준하는 행위를 한 자

제24조 【정직】

① 회사는 '정직'으로 징계처분한 사원에게 3개월간 직무와 출근을 정지하고, 정직기간의 임금은 무급으로 한다. 또한, 모든 인사평가에서 100%를 감점한다. 다만, 징계위원회의 결정으로 정직기간을 줄일 수 있다.

② 다음 각 호의 자는 '정직'의 징계 대상이다.

1. '감봉' 징계를 2회 이상 받은 자

2. 고의로 회사 자산을 파괴 및 파손 한 자

3. 사내외에서 직무 중에 성희롱 가해자로 확정된 자

4. 고의로 직무를 수행하지 아니하는 자

5. 직무상 뇌물 등을 받고 회사에 손해와 손실을 준 자

6. 사내외에서 시위 등을 주동하여 회사의 질서를 어지럽힌 자

7. 제1호에서 6호에 준하는 행위를 한 자

제25조 【강등】

① 회사는 '강등'으로 징계처분한 사원에게 직위와 직급을 1등급 하위직으로 강하(降下) 처분하고, 임금을 강등한 직위와 직급으로 지급한다.

② '정직'의 징계 대상으로 그 징계 사안이 중대한 자는 '강등' 징계 대상이다.

제26조 【해고】

회사는 '정직'의 징계대상으로 그 징계 사안이 중대한 자는 '해고' 징계대상이다.

제4장 상신과 결의

제27조 【상신과 결의】

대표이사 사장은 다음 각 호와 같이 징계에 관한 사항을 위임한다.

　　1. 부서장은 소속 부서원에게 '주의, 경고, 견책'의 징계를 사장에게 상신할 수 있다.

　　2. 징계위원회는 관리자에게 '주의, 경고, 견책'의 징계를 결의한다.

　　3. 징계위원회는 임직원에게 '감봉, 정직, 강등, 해고'의 징계를 결의한다.

제28조 【징계위원회의 구성】

① 징계위원회는 대표이사와 부서장 또는 그에 준하는 직급의 사원 중 대표이사가 임명하는 자로 총 5명 이내로 구성하되 근로자위원을 최소 1명이상 포함되도록 한다.

② 징계위원회의 위원장은 대표이사 또는 대표이사가 위임한 자로 한다.

③ 징계위원회에는 인사(총무)담당자 1명을 간사로 둔다.

제29조 【징계위원회의 소집】

① 징계위원회는 징계사안의 의결사항이 있을 경우 위원장이 소집한다.

② 위원장은 회의를 소집하고자 하는 경우 원칙적으로 회의개최 7일전에 회의일시, 장소, 의제 등을 각 위원에게 통보한다.

③ 징계위원회의 운영방법 등 인사위원회의 규정으로 대신할 수 있다.

제30조 【징계위원회의 운영】

① 징계위원회는 재적위원 과반수의 출석과 출석위원 과반수의 찬성으로 의결한다. 다만, 징계에 관한 사항은 재적위원 3분의 2이상의 찬성으로 의결한다.

② 위원장은 표결권을 가지며 가부동수일 때에는 결정권을 가진다.

③ 징계위원회의 회의는 공개하지 아니하며 회의내용과 관련된 사항은 누설하여서는 아니 된다. 다만, 위원회의 의결로 공개할 수 있다.

④ 징계위원회의 의결사항이 특정위원에 관한 사항을 의결할 때에는 당해위원은 그 건의 의결에 참여할 수 없다.

제5장 징계절차

제31조 【징계절차】

① 각 부서의 장은 징계 해당사유가 발생할 경우에는 일차적으로 사건경위서를 징구하고 관계서류를 첨부하여 인사부서에 제출한다.

② 인사부는 징계사유가 발생하면 관계부서와 협의하여 관련서류를 첨부하여 징계회부사항을

징계위원회에 회부하고 그 결정에 따라 조치한다.

제32조【징계통보】

① 회사는 징계안건을 심의하고자 할 때는 징계대상자에게 징계위원회의 참석을 4일 전에 통보하여야 한다.

② 징계대상자는 징계위원회에 참석하여 진술 또는 서면으로 소명할 수 있다.

제33조【징계결정】

회사는 징계대상자의 근무성적, 공적, 과거징계사항, 징계사유, 소명자료 등을 참작하여 공정성과 객관성의 원칙에 따라 징계를 결정하여야 한다.

제34조【재심절차】

징계처분을 받은 사원은 징계결정이 부당하다고 인정될 때 징계통보를 받은 날로부터 7일 이내에 서면으로 징계 재심신청을 하여야 한다.

제35조【해고예고】

회사는 사원을 해고 및 징계해고 하고자 할 때에는 30일 전에 해고 및 징계예고를 하여야 한다. 30일 전에 예고하지 아니한 때에는 30일분의 통상임금을 지급한다. 단, 회사의 재산상의 피해가 계속될 경우 등은 제외한다.

제36조【예고제외】

다음 각 호의 해당자는 해고예고에서 제외한다.

1. 월급 근로자로서 6월이 되지 못한 자
2. 일용 근로자로서 3월을 계속 근무하지 아니한 자
3. 2월의 기간을 정하여 사용된 자
4. 수습기간중인 사원

제37조【징계기록】

경고 및 견책 이상의 징계를 징계처분사항은 징계대장, 인사기록대장에 기록관리한다.

제38조【효력발생】

징계처분의 효력발생시기는 징계확정에 따른 사장의 결재를 득한 후 인사명령을 발한 일자부터 효력을 발생한다.

〈부   칙〉

제39조【시행일】

이 규정은 ○○○○년 ○○월 ○○일부터 시행한다.

〈서   식〉

(서식 1) 인사위원회개최통지서   (서식 2) 출석통지서
(서식 3) 진술권포기서   (서식 4) 서면진술서
(서식 5) 징계결의서   (서식 6) 징계통지서

(서식 1)

인사위원회 개최 통지서			
일시		장소	
안건			
사유			
인사 위원			

위와 같이 인사위원회를 개최를 통지합니다.

년   월   일

○○주식회사 인사위원회 위원장   (직인)

○○주식회사 인사위원회 위원 귀하

(서식 2)

출석통지서

출석자	① 성명	한 글		② 소 속	
		한 자		③ 직위(급)	
	④ 주소				

⑤ 출석이유	
⑥ 출석일시	년 월 일 시 분
⑦ 출석장소	

유의사항	1. 진술을 위한 출석을 원하지 아니할 때에는 진술권포기서를 즉시 제출할 것.
	2. 사정에 의하여 서면진술을 하고자 할 때에는 징계위원회 개최일 전일까지 도착하도록 진술서를 제출할 것.
	3. 정당한 사유서를 제출하지 아니하고 지정된 일시에 출석하지 아니하고, 서면진술서를 제출하지 아니하는 경우에는 진술할 의사가 없는 것으로 인정·처리 한다.

위와 같이 귀하의 출석을 통지합니다.

년   월   일

인사위원회위원장   (직인)

(서식 3)

<table>
<tr><td colspan="6" style="text-align:center"># 진술권포기서</td></tr>
<tr><td rowspan="3">포
기
신
청
자</td><td rowspan="2">① 성명</td><td>한 글</td><td></td><td>② 소　속</td><td></td></tr>
<tr><td>한 자</td><td></td><td>③ 직위(급)</td><td></td></tr>
<tr><td>④ 주소</td><td colspan="4"></td></tr>
<tr><td>출석
포기
사유</td><td colspan="5"></td></tr>
<tr><td colspan="6">본인은 귀 인사위원회에 출석하여 진술하는 것을 포기합니다.

　　　　　년　　　월　　　일

　　　　　　　　성　명　　　　　(인)
인사위원회위원장 귀하</td></tr>
</table>

(서식 4)

서면진술서

소 속		직위(급)		
성 명		제출기일	년 월 일	
사 건 명				
불참사유				
진술내용				

위와 같이 서면으로 진술하오며 만약 위 진술내용이 사실과 다른 경우에는 그에 따른 처벌도 감수하겠습니다.

년 월 일

성 명 (인)

○○주식회사 인사위원회 위원장 귀하

(서식 5)

징계결의서

인적사항	소 속	직 급	성 명
개최일시			
개최장소			
인사위원회의	총원 (명) 참석 (명) 반대 ( )		
징계대상자 소명여부	참석( ) 불참( ) 소명서제출( )		
징계결정			
의 결	총원 (명) 찬성 (명) 반대 (명)		
기 타			

년 월 일

○○주식회사 인사위원회

위 원 장   (인)
위 원   (인)
위 원   (인)
위 원   (인)
위 원   (인)
위 원   (인)
간 사   (인)

○○주식회사 대표이사 귀하

(서식 6)

징계통지서

(통지받는 자)

성   명 :   (주민등록번호   )

직   급 :   직위 :   직책 :

주   소 :

징계결정 :

징계사유 :

상기와 같이 ○○주식회사 인사위원회는 징계결정을 통지합니다.

(통지일자)
20 년   월   일

(징계통지자)
○○주식회사 대표이사   ㊞

[65]
해고관리규정

🌑 해고예고

근로자를 정당한 해고 사유로 말미암아 해고하고자 할 때 적어도 해고예정일로부터 30일 전에 미리 해고 예고를 하여야 하며 30일 전에 해고예고를 하지 아니한 때에는 30일분 이상의 통상임금을 해고예고 수당으로 지급해야 한다.

🌑 해고예고 배제

근로자를 해고하고자 할 때에는 반드시 해고 예고 절차를 준수해야 하지만 근로계약형태, 근로자의 중대한 귀책사유, 당연퇴직 등에 따라 해고예고 절차를 적용하지 않는다. 근로 기준법에서는 다음의 근로자에게는 대하여는 해고예고 절차 없이 해고할 수 있다

1. 일용근로자로서 3개월을 계속 근무하지 아니한 자
2. 2개월 이내의 기간을 정하여 사용된 자
3. 월급근로자로서 6개월이 되지 못한 자
4. 계절적 업무에 6개월 이내의 기간을 정하여 사용된 자
5. 수습 사용 중인 근로자

근로자가 고의 또는 중대한 귀책사유로 말미암아 업무수행 중 사업에 막대한 피해를 주거나 줄 것이 예상되는 경우로서 노동부령이 정하는 사유에 해당하는 경우에는 해고 예고절차 없이 즉시 해고할 수 있다.

🌑 징계해고의 판례

이력서 허위 기재사실을 사전에 알았다면 고용계약을 체결하지 아니하였을 거라는 객관적인 사정이 없다면 징계해고는 위법하다. (대법 2004.02.27, 2003두14338)

근로자 채용 시의 허위경력기재나 경력은폐행위를 징계해고 사유로 규정하는 취업규칙은 유효하다. (대법 2000.6.23, 98다54960)

해고관리규정

제정 ○○○○년 ○○월 ○○일
개정 ○○○○년 ○○월 ○○일

〈총 칙〉

제1조【목적】
이 규정은 ○○주식회사(이하 '회사'라 한다) 사원의 해고에 관한 절차와 운용에 대하여 정함을 목적으로 한다.

제2조【적용범위】
회사의 채용절차를 거쳐 복무하는 회사의 전 사원이 적용대상이다.

제3조【용어의 정의】
'해고'라 함은 사원이 법령 및 취업규칙의 규정사항을 위반하여 회사에서 사원의 신분을 강제소멸함을 말한다.

제4조【신분보장】
사원은 법령, 취업규칙과 이 규정에서 정하는 규정에 의하지 아니하고는 정당한 사유 없이 해고 등에 따른 불이익처분을 받지 아니한다.

제5조【해고원칙】
회사는 법령, 취업규칙과 이규정에서 정하는 규정에 의하지 아니하고 정당한 사유 없이 사원을 해고처리 할 수 없다.

제6조【형사처분자】
사원이 금고 이상의 형사 유죄 확정판결을 받으면 해고할 수 있다.

제7조【직무불능자】
사원이 신체 또는 정신상 장애로 직무를 감당할 수 없다고 인정되는 경우에 해고할 수 있다.

제8조【연봉미계약자】

연봉계약자로서 정당한 이유없이 연봉계약 만료일로부터 4개월까지 연봉계약을 하지 않은 경우에 해고할 수 있다.

제9조【무단결근자】

사원이 계속해서 6일이상 또는 연간 20일 이상 무단결근한 경우에 해고할 수 있다.

제10조【휴직자】

휴직자로서 정당한 사유없이 휴직기간 만료 후 7일 이내 복직원을 제출하지 않거나, 규정된 휴직기간 만료 후 휴직사유가 소멸된 후 복직하지 아니한 자는 해고할 수 있다.

제11조【겸업자】

회사의 허락없이 사원이 사외에서 회사업무 외 다른 직업에 종사하는 경우에 해고할 수 있다.

제12조【공금횡령자】

회사의 공금을 횡령 또는 착복하거나 배임한 사원은 해고할 수 있다.

제13조【규정위반자】

회사규정을 반복적으로 위반하여 회사와 직원에게 정신적 물질적 피해를 반복적으로 주는 사원은 해고할 수 있다.

제14조【전염병보균자】

전염병 등의 질병의 보균자로 사회통념상 상당기간 근무가 불가능한 경우에는 해고할 수 있다.

제15조【부당입사자】

부당한 방법으로 채용된 사원은 해고할 수 있다.

제16조【해사행위자】

사원이 회사에 고의로 업무상 또는 재산상의 손해를 입힌 사원은 해고할 수 있다.

제17조【윤리상 해고】

사원이 회사 외 생활에서 국가와 사회에서 사회통념상 범죄 행위에 따르는 행위로 타인으로부터 지탄을 받는 행위를 하여 근무를 계속할 수 없다고 인정되는 경우에 해고할 수 있다.

제18조【경영상 해고】

회사는 경영상의 이유에 의한 고용조정이 필요하다고 인정될 경우 근로기준법의 규정에 따라 경영상의 이유에 의한 고용조정을 실시 할 수 있다.

제19조【해고예고】

사원을 해고하고자 할 때에는 30일전에 예고한다.

제20조【해고예고제외】

다음 각 호에 해당하는 자는 해고예고를 하지 아니하고 해고할 수 있다.
1. 일용근로자로서 3개월 미만 근로자
2. 12개월 이내의 기간을 정하여 고용된 자(촉탁)

3. 일급 및 월급제 근로자로서 6개월 미만자

4. 수습사원으로 근무인 자

제21조 【해고제한】

회사는 사원이 업무상 부상 또는 질병의 요양을 위한 휴직기간과 그후 30일간 또는 산전산후의 여자가 이 규칙에 규정된 휴업기간과 그후 30일간은 해고하지 못한다.

〈부 칙〉

제22조 【시행일】

이 규정은 ○○○○년 ○○월 ○○일부터 시행한다.

〈서 식〉

(서식 1)

<table>
<tr><td colspan="6" align="center">해고통지서</td></tr>
<tr><td rowspan="3">받는 사람</td><td>성명</td><td></td><td></td><td>생년월일</td><td></td></tr>
<tr><td>직급</td><td></td><td>부서</td><td>근속기간</td><td></td></tr>
<tr><td>주소</td><td colspan="4"></td></tr>
<tr><td>징계결의</td><td colspan="5">○○○○년 ○○월 ○○일 발생한 ○○사건에 대한 인사위원회의 징계처리 건에 대한 결의사항</td></tr>
<tr><td>징계사항</td><td colspan="5">○○(주) 취업규칙에 의한 해고 결의</td></tr>
<tr><td>해고사유</td><td colspan="5"></td></tr>
<tr><td colspan="6" align="center">귀하는 ○○주식회사 인사위원회 징계소위원회 결의결과 ○○○○년 ○○월 ○○일자로 해고를 통지합니다.
202 년 월 일
○○주식회사 대표이사　　　　　㊞</td></tr>
</table>

[66]
휴직관리규정

● 휴직의 종류

휴직기간에 대하여 공상휴직 및 병무 휴직을 제외하고는 법령에 별도로 정하는 바가 없으므로 업무의 특성, 유휴인력의 대체 가능성, 회사의 규모 등을 고려하여 결정하고 소규모이고 업무 대체 인력의 필요성이 높을 때는 휴직기간을 단기간으로 하는 것이 좋다.

휴직은 질병휴직, 병역휴직, 행방불명, 법정의무수행, 고용휴직, 유학휴직, 연수휴직, 육아휴직, 가사휴직, 외국동반휴직 등이 있다.

● 휴직기간

휴직기간은 회사의 휴직명령 또는 정신 및 신체상의 장애의 경우 1년 이내, 병역법에 의한 휴직은 복무 및 소집 기간 만료일까지, 기타 천재지변 등으로 생사·소재가 불명한 때는 3개월 이내, 사원의 신청에 의한 휴직은 2년 이내의 기간으로 하는 것이 일반적이다.

● 휴직의 효력

휴직 중인 사원은 신분은 유지하나 직무에 종사하지 못한다. 휴직 기간에 그 사유가 소멸하였을 때는 회사에 이를 신고하여야 한다.

● 근속연수의 산정

휴직기간은 종업원의 신분을 유지하고 있기에 때문에 근속연수에 포함된다. 따라서 휴직으로 말미암아 퇴직금의 산정기간에는 영향이 없다. 다만, 휴직기간이 주·월·년의 소정근로일 전부에 해당하는 경우에는 주휴·월차 유급휴가·연차유급휴가의 산정일수에 영향을 미쳐 연·월차 휴가가 발생하지 않는다.

또한, 근로계약관계가 계속하고 있는 기간을 의미하기 때문에 비록 개인 사정으로 장기간 휴직하였더라도 근로관계를 종료한 것이 아니므로 휴직기간도 계속근로연수에 포함한다는 것이 행정해석이다.

휴직관리규정

제정 ○○○○년 ○○월 ○○일
개정 ○○○○년 ○○월 ○○일

〈총 칙〉

제1조【목적】

이 규정은 ○○주식회사(이하 '회사'라 한다) 사원의 휴직에 관한 절차와 운용에 대하여 정함을 목적으로 한다.

제2조【적용범위】

이 규정은 회사의 정규직 사원에게 적용한다.

제3조【용어의 정의】

이 규정에서 '휴직'이란 회사에 근무하지 아니하는 유급휴직, 무급휴직을 말한다.

제4조【휴직의 종류】

회사에서 부여한 휴직은 다음 각 호와 같다.

1. 산재휴직
2. 질병휴직
3. 가사휴직
4. 병무휴직
5. 육아휴직
6. 연수휴직
7. 경영상 휴직
8. 기타휴직

제5조【산재휴직】

① 산재휴직대상은 업무상 재해 및 부상 등으로 요양기관에 입원과 통원하는 사원이다.

② 산재휴직기간은 요양기관이 발행한 요양결정통지서의 입원과 통원 기간이다.

③ 산재휴직급여는 요양기관에 입원과 통원기간의 산재보상보험급여 또는 요양급여를 지급한다.

제6조【질병휴직】

① 1년 이상 근무한 사원이 업무 외 질병 등으로 계속근무할 수 없는 때에는 휴직을 신청할 수 있다.

② 1항의 질병휴직기간은 2개월 이내이다.

③ 1항의 질병휴직자의 급여는 무급이다.

제7조【가사휴직】

① 1년 이상 근무한 사원이 가정사정 등으로 계속근무할 수 없을 때 휴직을 신청할 수 있다.

② 1항의 가사휴직기간은 6개월 이내이다.

③ 1항의 가사휴직자의 급여는 무급이다.

제8조【병무휴직】

① 사원이 병역법에 의한 징집 및 소집에 의하여 계속근무할 수 없을 때 휴직을 신청할 수 있다.

② 1항의 병무휴직기간은 징집 및 소집해제 만료 기간이다.

③ 1항의 병무휴직자의 급여는 무급이다.

제9조【육아휴직】

① 사원은 만 6세 이하의 취학전 자녀의 양육을 위하여 휴직을 신청할 수 있다.

② 1항의 육아휴직기간은 1년으로 한다.

③ 1항의 육아휴직급여는 휴직자가 해당 관서에 신청한다.

제10조【연수휴직】

① 사원은 연수 등 교육훈련을 위하여 휴직을 신청할 수 있다.

② 1항의 연수휴직기간은 2년 이내로 한다.

③ 1항의 연수휴직은 무급으로 한다.

제11조【경영상 휴직】

① 회사는 사원에게 경영상의 문제로 휴직을 명할 수 있다.

② 1항의 경영상의 휴직기간은 1년 이내의 기간으로 한다.

③ 1항의 경영상의 휴직은 3개월 이내의 휴직기간은 유급으로 한다. 다만, 3개월을 초과하는 기간은 무급으로 한다.

제12조【기타휴직】

① 사원이 형사사건 등으로 구속 및 기소되었을 때 휴직신청을 할 수 있다.

② 1항의 휴직기간은 3월 이내의 기간이다.

③ 1항의 휴직기간 급여는 무급이다.

제13조【근속기간의 산정】

휴직자의 휴직기간은 근속기간에 포함한다.

제14조【연차휴가의 소멸】

휴직자의 연차휴가기간은 휴직기간에 발생하지 않는다.

제15조【휴직자의 신분】

휴직자는 휴직기간에 사원의 신분을 유지하나, 직무에 종사할 수 없으며, 이를 어길 시 면직으로 처리한다.

제16조【복직신청】

① 휴직자는 휴직기간 만료일 후 5일 이내에 복직신청서를 제출하여야 한다.

② 휴직자가 휴직만료일 이전에 휴직사유가 소멸하면 복직신청서를 제출하여야 한다.

제17조【퇴직처리】

휴직자가 휴직기간이 만료하였거나 휴직사유가 소멸하였는데도 복직신청서를 제출하지 않은 때에는 퇴직으로 처리한다.

〈부　칙〉

제18조【시행일】

이 규정은 ○○○○년 ○○월 ○○일부터 시행한다.

〈서　식〉

(서식 1)

휴직신청서			
신청자	성명	직급	소속
휴직기간	개월 (20　년　월 일 ~ 20　년 월　일까지)		
휴직사유			
첨부서류			

상기와 같이 휴직을 신청합니다.

201　년　　월　　일

(신청자)　　　　　　　　　　　㊞

○○주식회사 대표이사 귀하

[67]
복직관리규정

제정 ○○○○년 ○○월 ○○일
개정 ○○○○년 ○○월 ○○일

〈총 칙〉

제1조【목적】

이 규정은 ○○주식회사(이하 '회사'라 한다) 사원의 복직에 관한 절차와 운용에 대하여 정함을 목적으로 한다.

제2조【적용범위】

회사의 채용절차를 거쳐 복무하는 회사의 전 사원이 적용대상이다.

제3조【용어의 정의】

이 규정에서 '사원'이란 근무기간을 정하지 않은 무기계약 사원을 말한다.

제4조【신분보장】

사원은 정당한 사유 없이 복직 등에 따른 불이익처분을 받지 아니한다.

제5조【복직신청】

사원은 휴직기간만료 또는 휴직사유가 소멸할 때에는 7일 이내에 다음의 서류를 첨부하여 복직 원을 제출하여야 한다.

1. 복직신청서
2. 휴직소멸서류
3. 기타 필요서류

제6조【면직】

복직신청자가 휴직만료일 현재 휴직사유가 소멸하지 않아 직무수행이 불가능한 때에는 면직할 수 있다.

제7조【퇴직】

① 사원이 복직원을 제출하지 않거나, 복직명령에 불응하면 퇴직의사로 간주하고, 퇴직으로 처리한다.

② 사원이 회사의 허가 없이 타 직업에 종사한 경우에는 퇴직한 것으로 간주한다.

제8조【근속기간】

휴직기간은 근속기간으로 포함한다.

제9조【직무 등】

회사는 복직자에게 휴직 전 장소와 직무에 근무하거나, 복직자가 동의하는 장소와 직무에 근무하게 하여야 한다.

〈부 칙〉

제10조【시행일】

이 규정은 ○○○○년 ○○월 ○○일부터 시행한다.

〈서 식〉

(서식 1) 복직신청서

복직신청서			
신청자	성명	복직 전 직급	복직일자
휴직기간	개월 (20 년 월 일 ~ 20 년 월 일까지)		
복직사유			
첨부서류			
상기와 같이 복직을 신청합니다. 201 년 월 일 (신청자) ㉑ ○○주식회사 대표이사 귀하			

[68]
퇴직관리규정

● 정년 : 2017.1.1부터 근로자 정년 60세 이상 시행

고령자고용법 제19조에 따라 2017.1.1부터 모든 사업장은 정년을 60세 이상으로 정하여야 한다. 그러므로 취업규칙 및 퇴직규정에 60세 이상으로 명시하여야 한다. 정년은 취업규칙의 절대적 기재사항으로 정년퇴직 시점을 명확히 규정해야 한다.

> **참고** 고령자고용법 제19조(정년) ① 사업주는 근로자의 정년을 60세 이상으로 정하여야 한다.
> ② 사업주가 제1항에도 불구하고 근로자의 정년을 60세 미만으로 정한 경우에는 정년을 60세로 정한 것으로 본다. 〈2013.5.22〉
> • 상시 300명 이상의 근로자를 사용하는 사업 또는 사업장, 공공기관 및 지방공단(시행일: 2016.1.1).
> • 상시 300명 미만의 근로자를 사용하는 사업 또는 사업장, 국가 및 지방자치단체(시행일: 2017.1.1).

● 퇴직

회사와 근로자 간의 근로 관계가 종료되는 것을 퇴직이라 한다. 퇴직은 본인의 퇴직의사 유무에 따라 당연퇴직, 임의퇴직으로 구분할 수 있다.

↻ 당연퇴직

당연퇴직은 근로자의 사망, 정년, 근로계약기간의 만료 등으로 근로 관계가 자동으로 종료되는 경우이다.

↻ 임의퇴직

임의퇴직은 근로자 개인 사정으로 사직서 제출에 따른 사직퇴직과 사용자와 근로자가 합의하여 조건부로 명예퇴직하는 합의퇴직이 있다.

● 해고

해고는 근로자의 근로의사에 반하여 사용자가 근로 관계를 종료하는 것을 말하며 징계해고와 경영상 구조조정에 의한 정리해고 등이 있다.

퇴직관리규정

제정 ○○○○년 ○○월 ○○일
개정 ○○○○년 ○○월 ○○일

〈총 칙〉

제1조【목적】

이 규정은 ○○주식회사(이하 '회사'라 한다) 근로자의 퇴직에 관하여 정함을 목적으로 한다.

제2조【적용범위】

이 규정은 근로자의 퇴직에 관하여 취업규칙 또는 단체협약에 정한 것을 제외하고는 이 규정을 적용한다.

제3조【용어의 정의】

이 규정에서 '퇴직'이란 근로자가 회사에서 퇴사하는 것으로 사원의 신분이 소멸하는 것을 말한다.

제4조【신분보장】

사원은 회사에서 퇴직 전까지 사원의 신분을 유지하며, 회사는 정당한 사유 없이 사원을 퇴직처리 할 수 없다.

제5조【당연퇴직】

회사는 사원이 다음에 해당하는 경우에 당연퇴직으로 처리한다.

1. 근로계약 만료에 의한 퇴직
2. 정년에 의한 퇴직
3. 사원의 희망에 의한 퇴직
4. 사원의 사망에 의한 퇴직

제6조【명예퇴직】

회사는 사원이 다음에 해당하는 경우에 명예퇴직으로 처리한다.

1. 10년 이상 근속자가 퇴직을 희망하는 경우

2. 10년 이상 근속자가 정년을 2년 앞두고 퇴직을 신청하는 경우

제7조 【희망퇴직】

사원의 사정으로 퇴직을 희망하는 퇴직신청서를 제출하고, 회사가 이를 승인하여 퇴직처릴 하는 경우 당연퇴직으로 한다.

제8조 【정년퇴직】

사원의 정년퇴직일은 만 60세에 도달하는 날이다.

> **참고** 고령자 고용촉진법 제19조(정년) ① 사업주는 근로자의 정년을 60세 이상으로 정하여야 한다.
> ② 사업주가 제1항에도 불구하고 근로자의 정년을 60세 미만으로 정한 경우에는 정년을 60세로 정한 것으로 본다. 〈2013.5.22〉
> • 상시 300명 이상의 근로자를 사용하는 사업장 : 2016.1.1.부터
> • 상시 300명 미만의 근로자를 사용하는 사업장 : 2017.1.1.부터

제9조 【해고】

회사는 다음의 경우에 징계해고에 의한 퇴직으로 한다.

1. 징계처분으로 해고된 경우
2. 사원이 2주 이상 무단으로 출근하지 않아 해고된 경우
3. 기타 해고로 간주 되는 행위로 퇴직처리 된 경우

제10조 【상병퇴직】

회사는 사원이 상병으로 1개월 이상 출근할 수 없는 경우에 퇴직으로 처리한다.

제11조 【퇴직신청】

사원은 퇴직을 신청하는 경우에 퇴직일 30일 전에 퇴직신청서를 제출하여 회사로부터 퇴직승인을 받아야 한다.

제12조 【임원선임】

회사는 사원이 주주총회에 의하여 임원으로 선임된 경우에는 사원으로 퇴직처리하고, 임원으로 선임으로 한다.

제13조 【기밀보호】

퇴직자는 재직 중 취득한 회사의 기밀을 타인에게 누설해서는 안 되며, 회사기밀을 누설하여 회사에 피해가 있을 때에는 기밀을 누설한 사원은 민형사상의 책임이 있다.

〈부 칙〉

제14조 【시행일】

이 규정은 ○○○○년 ○○월 ○○일부터 시행한다.

〈서 식〉

(서식 1) 퇴직신청서

(서식 1)

퇴직신청서

신청자	성명	직급	소속

근무기간	년 (20 년 월 일 ~ 20 년 월 일까지)

퇴직사유	

첨부서류	

상기와 같이 토직을 신청합니다.

201 년 월 일

(신청자) ㉑

○○주식회사 대표이사 귀하

제18편

임금·퇴직금 관련 규정

[69]
정규직 호봉제 급여규정

제정 ○○○○년 ○○월 ○○일
개정 ○○○○년 ○○월 ○○일

〈총 칙〉

제1장 통칙

제1조【목적】

이 규정은 ○○주식회사(이하 '회사'라 한다) 정규직 사원의 급여지급기준에 관하여 정함을 목적으로 한다.

제2조 【적용대상】

이 규정은 회사에 재직하는 정규직 사원에게 적용한다.

제3조 【용어정의】

① "사원 또는 직원"이란 회사에 재직하는 정규직 사원을 말한다.

② "정규직"이란 근로계약 상 근로 기간의 정함이 없는 사원을 말한다.

③ "호봉제"란 임금을 근속연수와 직급별로 차등을 단계별로 둔 임금제도를 말한다.

④ "월급 또는 월급제"란 임금을 1개월의 단위로 산정하여 지급하는 것을 말한다.

> ※ 근로계약서와 취업규칙에서 정한 (정규직) 무기계약 사원에 임금지급기준에 따른다.

제4조 【임금구성】

회사의 사원에게 지급하는 임금의 구성은 다음 각 호와 같다.

    1. 기본급

    2. 수 당

    3. 상 여

    4. 퇴직금

제5조 【통상임금】

① 회사는 사원에게 지급하는 다음 각 호의 임금을 통상임금으로 계산한다.

    1. 유급휴일수당

    2. 연장근로수당, 야간근로수당, 휴일근로수당

    3. 연차유급휴가수당

    4. 해고예고수당, 휴업수당

    5. 기타 통상임금으로 산정해야 할 임금

② 통상임금에 해당하는 임금은 별표 1의 통상임금 기준표와 같다.

> ※ 통상임금은 소정근로시간에 대하여 정기적·일률적으로 일정하게 또는 고정적으로 지급하는 임금을 말한다(임금68207-730, 2002.10.4).

제6조 【평균임금】

회사는 사원에게 지급하는 다음 각 호의 임금을 평균임금으로 계산한다.

    1. 퇴직금

    2. 휴업수당

    3. 기타 평균임금으로 산정해야할 임금

> ※ 평균임금은 사유발생일 직전 3개월간에 종업원에게 지급된 임금총액을 그 기간의 총 일수로 나눈 금액이다(임금 68207-132,2003.2.27).

제2장 기본급

제7조 【기본급】

회사는 사원에게 지급하는 임금의 기본급은 월급으로 월 정액의 호봉을 기준으로 지급하고, 기본급은 임금인상의 기준이 된다.

제8조 【계산기간】

기본급의 임금계산기간은 매월 1일부터 말일까지이다.

제9조 【호봉】

① 호봉은 근속연수와 직급별로 기본급을 기준으로 다음과 같이 구분한다.

　　1. 근속연수 1년을 1호봉으로 하고, 40호봉까지 둔다.

　　2. 직급은 5급을 초급사원으로 1급을 고급 관리자로 계급별로 한다.

② 기본급의 호봉과 직급표는 이 규정의 별표2와 같다.

> ※ 급여지급기준인 호봉과 직급은 국가에서 고시하는 최저임금을 기준으로 적용률(%)을 정하여, 기본급을 5급 1호봉을 기본급으로 정하여 직급별 호봉별 차액과 차율을 정하여 시행한다.

제10조 【승급】

① 임금의 승급은 근무기간 1년을 단위로, 1호봉 승급을 원칙으로 한다.

② 임금의 승급시기는 매년 4월 1일을 기준으로 승급하며, 1년 이상 근무한 사원을 대상으로 한다.

제11조 【지급일】

① 회사는 사원에게 기본급의 임금을 매월 말일에 현금으로 지급한다.

② 회사는 사원의 임금을 사원명 은행계좌에 입금하여 지급할 수 있다.

③ 회사는 임금지급일자가 휴일 또는 공휴일인 경우 그 전일에 임금을 지급하여야 한다.

제3장 상여금

제12조 【정기상여금】

① 회사는 1년 이상 계속 근로한 사원에게 기본급의 400%를 연간 정기상여금으로 지급한다.

② 회사는 제1항의 상여금을 연간 4회로 균등하게 분할하여 3월, 6월, 9월, 12월의 급여일에 지급한다.

제13조 【특별상여금】

① 회사는 분기 또는 반기, 1년의 사업기간에 경영성과목표를 달성하거나, 경영활동에 현저하게 기여한 사원에게 특별상여금을 지급할 수 있다.

② 회사는 특별상여금을 다음 각 호의 일자에 지급할 수 있다.

　　1. 설날(민속절)

　　2. 추석

　　3. 하계휴가기간

　　4. 연말

　　5. 회사창립일

　　6. 기타 기념일

제14조【지급제한】

① 상여금 지급일 이전에 퇴직한 사원에 대해서는 상여금을 지급하지 않는다.

② 근속기간 1년 미만의 사원에게는 상여금을 지급하지 않는다. 다만, 특별한 경우에 대표이사의 결정으로 지급할 수 있다.

③ 업무 외 지각·조퇴·외출을 합하여, 월간 4회 또는 분기 8회 이상의 한 사원에게는 1회의 상여금을 지급하지 않으며, 연간 36회 이상의 사원에게는 익년 상여금 전액을 지급하지 않는다.

④ 일용직 및 임시직 사원에게 상여금을 지급하지 않는다

제4장 제수당

제15조【연장근로수당】

회사는 사원이 종업시각 후 연장근로를 한 근로시간에 대하여 기본급의 100분의 50을 가산하여 지급한다.

> **해석** 근로자가 연장근로수당, 야간근로수당, 휴일근로수당이 중복되는 경우에 가산임금을 각각 산정하여야 한다(근기 01254-1433, 1991.10.5).

제16조【야간근로수당】

종업원이 오후 10시부터 익일 오전 6시까지 야간에 근로한 경우에 통상임금의 100분의 50을 가산하여 지급한다.

> **법령** 근로기준법상 근로시간, 연장, 휴일근로에 관한 규정은 다음과 같다.
> 제50조(근로시간) ①1주간의 근로시간은 휴게시간을 제외하고 40시간을 초과할 수 없다.
> 　②1일의 근로시간은 휴게시간을 제외하고 8시간을 초과할 수 없다.
> 제53조(연장 근로의 제한) ①당사자 간에 합의하면 1주간에 12시간을 한도로 제50조의 근로시간을 연장할 수 있다.
> 제56조(연장·야간 및 휴일 근로) 사용자는 연장근로(제53조·제59조 및 제69조 단서에 따라 연장된 시간의 근로)와 야간근로(오후 10시부터 오전 6시까지 사이의 근로) 또는 휴일근로에 대하여는 통상임금의 100분의 50 이상을 가산하여 지급하여야 한다.

제17조【휴일근로수당】

종업원이 유급휴일에 근로한 경우에 통상임금의 50%를 가산하여 지급한다. 다만, 휴일근로가 8시간을 초과하는 근로시간에 대하여 통상임금의 50%를 추가로 가산하여 지급한다.

> **해석** 휴일에 1일 법정근로시간(8시간) 초과 근로 시(초과근로에 관하여) 당해 근로에 대한 임금 100%와 휴일근로수당 50%를 지급하고, 시간외근로수당 50%를 추가하여 합계 200% 지급(야간근로 시 야간근로수당 50% 추가 지급)하여야 한다(근기 01254-1099, 1993.5.25).
> • 휴일근로수당 할증률
> 　- 8시간 이내 휴일근로 시 50%,　- 8시간 초과 휴일근로 시 100%
> **판례** 휴일근로와 연장근로가 중복되는 경우에는 휴일근로에 대한 가산임금과 시간외근로에 대한 가산임금을 각각 가산하여 산정하여야 한다(대판 1991.3.22, 90다65450)」

제18조 【연차휴가 근로수당】

① 종업원이 연차유급휴가를 사용하지 않고 근로한 경우에 통상임금의 100분의 50을 가산하여 지급한다.

② 회사는 제1항의 연차유급휴가수당을 당해 월의 급여일에 지급한다.

참고 유급휴가의 대체 (근로기준법 제60조)

제19조 【가족수당】

회사는 근속연수 5년 이상의 사원에게 거주와 생활을 같이하는 직계존비속 5인 이내에 한하여 매월 가족 1인당 2만원의 가족수당을 지급한다.

제20조 【직책수당】

회사는 관리직의 사원에게 다음 각 호의 직책수당을 지급한다.

　　1. 과장 : 매월 ○○○,○○○원

　　2. 차장 : 매월 ○○○,○○○원

　　3. 부장 : 매월 ○○○,○○○원

　　4. 팀장 : 매월 ○○○,○○○원

제21조 【면허수당】

회사는 다음 각 호의 사원에게 자격·면허 등의 수당을 지급한다.

　　1. 사업면허·사업허가 관련 자격증 등재 사원 : 매월 ○○○,○○○원

　　2. 사업인가·사업신고 관련 자격증 등재 사원 : 매월 ○○○,○○○원

　　3. 기타 자격증 관련 등재 사원 : 매월 ○○○,○○○원

제22조 【현장수당】

회사는 특수한 사업현장에 종사하는 사원에게 다음 각 호의 수당을 지급한다.

　　1. 위험수당

　　2. 목욕수당

　　3. 기타 현장근무수당

제23조 【성과수당】

회사는 다음 각 호의 성과를 낸 사원에 대하여 수당을 지급할 수 있다.

　　1. 영업 및 판매 수당

　　2. 연구 및 기술 수당

　　3. 특허출원수당

　　4. 소송수행수당

　　5. 기타 성과수당

제4장 급여계산

제24조 【일할계산임금】

급여의 일할 계산이 필요할 경우 월의 일수의 대소에 관계없이 월 30일로 정하여 월액의 30분의 1로 계산한다.

제25조【수습사원임금】

① 수습사원의 급여는 수습기간에 대하여 ○직급 ○○호봉의 임금 100분의 70을 지급한다.

② 수습사원의 수습일수가 급여지급일까지 30일 미만인 경우 당해 임금을 일할 계산하여 지급한다.

제26조【신입사원임금】

신입사원이 근로일수가 급여지급일까지 30일 미만인 경우 당해 임금에 대하여 일할 계산하여 지급한다.

제27조【승진사원임금】

재직사원이 승진한 한 경우 승진일을 기준으로 전후의 급여로 일할 계산하여 지급한다.

제28조【경영휴직임금】

회사의 경영상 어려움으로 회사와 사원이 합의하여 경영상휴직을 하는 경우 휴직자에게 휴직기간동안 급여를 지급하지 아니한다.

제29조【자진휴직임금】

사원의 업무외 사유로 휴직을 신청하여 회사의 동의로 자진휴직을 하는 경우 휴직기간동안 급여를 지급하지 아니한다.

제30조【상병휴직임금】

① 업무상 상병으로 인한 휴직자에 대하여는 급여전액을 지급한다.

② 업무외 상병으로 인한 휴직자에 대하여는 급여를 지급하지 않는다.

제31조【퇴직월임금】

① 회사의 경영상 퇴직에 의한 종업원에 대해서는 퇴직 월에 대하여 월 급여 전액을 지급한다.

② 자연퇴직자의 급여는 퇴직 월의 근무일수에 대하여 일할 계산하여 지급한다.

제32조【해고임금】

징계 등으로 해고 및 퇴직하는 자의 임금은 퇴직 월의 근무일수에 대하여 일할 계산하여 지급한다.

제33조【복직임금】

휴직 등의 만료로 복직하여 근무하는 자에 대한 임금은 복직 월의 근무일수에 대하여 일할 계산하여 지급한다.

제34조【산재급여】

업무상 재해로 부상 및 상해로 병원에 입원하거나 자가 치료중인 사원에 대하여 산재보상보험급여를 지급한다. 다만, 회사에서 급여 외 위로금을 지급할 수 있다.

제35조【대기발령임금】

회사로부터 출근하지 아니하고 직무대기발령을 받은 사원의 임금은 대기발령기간에 대하여 당해 직급 및 호봉의 100분의 70을 지급한다.

제36조【단수절상】

급여계산에서 100원 미만의 단수가 있을 때에는 이를 절상하여 계산한다.

제37조 【임금공제】

다음 각 호의 금액은 급여 지급일에 임금지급금액에서 제외하고 지급한다.

1. 선급급여
2. 세금 (원천징수세액, 주민세 등)
3. 법령 또는 취업규칙, 노사협의회, 단체협약 규정에 의한 공제
4. 기타 지급 받는 자의 회사위촉 저축금액

제38조 【비상지불】

본인 또는 배우자나 가족으로서 다음 사항에 해당하고 종업원의 청구가 있을 경우에는 지급일 전이라도 기왕의 근로에 대한 임금을 사장의 허락을 득하고 지급할 수 있다.

1. 출산인 경우
2. 질병 또는 재해를 입었을 경우
3. 혼인 또는 사망한 경우
4. 부득이한 사유로 인하여 1주일 이상 귀향하게 되는 경우
5. 전 각호에 준하는 경우로서 회사가 특히 필요하다고 인정되는 경우

제39조 【결근공제】

회사는 사원이 업무 외 사유로 결근 등으로 근로하지 않은 일수에 대하여 (통상)임금을 지급하지 않는다.

제40조 【지각 등 공제】

회사는 사원이 업무 외 사유로 지각·조퇴·외출 등으로 근로하지 않은 시간에 대하여 (통상)임금을 지급하지 않는다.

제41조 【무노동 무임금】

회사는 사원이 회사에 출근은 하였으나, 당해 업무를 하지 않는 경우 근로를 하지 않으면 근로하지 않은 시간 또는 일수에 대하여 (통상) 임금을 지급하지 않는다.

제42조 【감봉】

회사는 사원이 결근·지각·조퇴·외출·무노동 등을 수 회 반복하여 규정에 따라 제재를 받아 월급을 감봉하는 경우 1회의 감봉액은 월급총액의 10분의 1을 초과하지 않는 금액으로 감봉할 수 있다.

> **참고** (제재규정의 제한) 취업규칙에서 근로자에 대하여 감봉의 제재를 정할 때 그 감액은 1회의 액이 평균임금의 1일분의 2분의 1을, 총액이 1 임금지급기에서 임금총액의 10분의 1을 초과하지 못한다(근로기준법 제98조).

제43조 【최저임금】

회사는 사원에게 근로대가로 지급하는 임금을 법정최저임금 고시액 이상으로 계산하여 지급한다.

제5장 보칙

제44조【임금대장】

회사는 사원의 임금대장을 다음 각 호의 사항을 근로자별로 작성하여 비치하고, 이의 작성에 근로자는 협력할 의무가 있다.

1. 성명
2. 주민등록번호
3. 고용 연월일
4. 종사하는 업무
5. 임금 및 가족수당의 계산기초가 되는 사항
6. 근로일수
7. 근로시간수
8. 연장근로·야간근로 또는 휴일근로의 시간 수
9. 기본급·수당 및 기타 임금의 내역별 금액(통화외의 것으로 지급된 임금이 있는 경우에는 그 품명 및 수량과 평가총액)
10. 취업규칙 및 단체협약 등의 규정에 의한 공제금액

※ 사용기간이 30일미만인 일용근로자에 대하여는 제2호 및 제5호의 사항을 기재하지 아니할 수 있다(근로기준법시행령 제22조).

〈부 칙〉

제45조【시행일】

이 규정은 ○○○○년 ○○월 ○○일부터 시행한다.

제46조【경과규정】

이 규정의 별표 1의 호봉표는 ○○○○년 ○○월 ○○일부터 ○○○○년 ○○월 ○○일까지 시행한다.

〈별 표〉

(별표 1) 통상임금기준표(대법원 판례)
(별표 2) 직급별기본급호봉표(예시)

(별표 1)

	통상임금기준표		
임금명목	임금특징	통상임금 여 부	
기술수당	기술이나 자격보유자에게 지급되는 수당(자격수당, 면허수당 등)	○	
근속수당	근속기간에 따라 지급 여부나 지급액이 달라지는 임금	○	
가족수당	부양가족 수에 따라달라지는 가족수당	×	
	근로와 무관한 조건부양가족 수와 관계없이 모든 근로자에게 지급되는 가족수당 분	○	
성과급	근무실적을 평가하여 지급 여부나 지급액이 결정되는 임금	×	
	최소한도가 보장되는 성과급의 그 최소한도 금액	○	
상여금	정기적인 지급이 확정되어있는 상여금(정기상여금)	○	
	기업실적에 따라 일시적 부정기적 사용자 재량에 따른 상여금 (경영성과분배금 격려금 성과보수)	×	
특정시점 재직 시에만 지급되는 금품	특정시점에 재직 중인 근로자만 받는 금품 (명절귀향비나 휴가비 등)	×	
	특정시점이 되기 전 퇴직 시에는 근무일수에 비례하여 지급되는 금품 (근무일수 비례하여 지급되는 한도에서는 고정성)	○	

* 출처: 대법원 전원합의체 판결(2013.12.8) 보도자료

(별표 2)

직급별 기본급 호봉표(예시)

(단위: 원)

구분	시급(1시간)	일급(8시간)	월급(209시간)
기준임금	10,000	80,000	2,090,000
직급별 월급 차율	+10%	호봉별 월급 차율	+5%

호봉	5급	4급	3급	2급	1급
1	2,090,000	2,299,000	2,528,900	2,781,790	3,059,969
2	2,194,500	2,413,950	2,655,345	2,920,880	3,212,967
3	2,304,225	2,534,648	2,788,112	3,066,923	3,373,616
4	2,419,436	2,661,380	2,927,518	3,220,270	3,542,297
5	2,540,408	2,794,449	3,073,894	3,381,283	3,719,411
6	2,667,428	2,934,171	3,227,588	3,550,347	3,905,382
7	2,800,800	3,080,880	3,388,968	3,727,865	4,100,651
8	2,940,840	3,234,924	3,558,416	3,914,258	4,305,684
9	3,087,882	3,396,670	3,736,337	4,109,971	4,520,968
10	3,242,276	3,566,504	3,923,154	4,315,469	4,747,016
11	3,404,390	3,744,829	4,119,312	4,531,243	4,984,367
12	3,574,609	3,932,070	4,325,277	4,757,805	5,233,585
13	3,753,340	4,128,674	4,541,541	4,995,695	5,495,265
14	3,941,007	4,335,107	4,768,618	5,245,480	5,770,028
15	4,138,057	4,551,863	5,007,049	5,507,754	6,058,529
16	4,344,960	4,779,456	5,257,401	5,783,142	6,361,456
17	4,562,208	5,018,429	5,520,272	6,072,299	6,679,529
18	4,790,318	5,269,350	5,796,285	6,375,914	7,013,505
19	5,029,834	5,532,818	6,086,099	6,694,709	7,364,180
20	5,281,326	5,809,458	6,390,404	7,029,445	7,732,389
21	5,545,392	6,099,931	6,709,925	7,380,917	8,119,009
22	5,822,662	6,404,928	7,045,421	7,749,963	8,524,959
23	6,113,795	6,725,174	7,397,692	8,137,461	8,951,207
24	6,419,485	7,061,433	7,767,576	8,544,334	9,398,767
25	6,740,459	7,414,505	8,155,955	8,971,551	9,868,706

[70]
계약직 일용직 급여규정

제정 ○○○○년 ○○월 ○○일
개정 ○○○○년 ○○월 ○○일

〈총 칙〉

제1조【목적】

이 규정은 ○○주식회사(이하 '회사'라 한다) 계약직과 일용직 사원의 임금에 관한 절차와 운용에 대하여 정함을 목적으로 한다.

제2조【적용범위】

이 규정은 회사에 재직하는 기간제 및 단시간 근로자에게 적용한다.

제3조【용어의 정의】

① 이 규정에서 일용직 및 계약직 사원이란 다음 각 호의 근로자를 말한다.

1. 일용직 사원 : 1일 근로시간이 8시간 이하의 단시간 근로자

2. 계약직 사원 : 1개월 이상 2년 이하 근로계약기간의 기간제 근로자

② 제1항의 사원이란 '근로자' '종업원' '직원'을 뜻한다.

> 참고 1. '단시간근로자'란 1주 동안의 소정근로시간이 그 사업장에서 같은 종류의 업무에 종사하는 통상 근로자의 1주 동안의 소정근로시간에 비하여 짧은 근로자를 말한다. (기간제및단시간근로자법 제2조)
> 2. '기간제근로자'란 기간의 정함이 있는 근로계약을 체결한 근로자를 말한다. (근로기준법 제2조)

제4조【일용직의 급여】

① 일용직 종업원의 임금을 다음 각 호의 임금으로 구성한다.

1. 기본급 : 시급, 일급, 주급, 월급

　　　2. 약정수당 : 성과급
　　　3. 법정수당 : 유급휴일수당, 야간근로수당, 휴일근로수당
　② 일용직 사원의 임금은 근로한 시간, 일간, 주간, 월간으로 계산한다.

제5조 【계약직의 급여】
　① 계약직 종업원의 임금을 다음 각 호와 같이 구성한다.
　　　1. 기본급 : 월급
　　　2. 약정수당 : 성과급
　　　3. 법정수당 : 유급휴일수당, 야간근로수당, 휴일근로수당
　② 계약직 사원의 임금은 매월 1일부터 말일까지 월간으로 계산한다.

제6조 【임금지급일】
　① 일용직 사원의 임금은 다음 각 호와 같이 지급한다.
　　　1. 시급 : 근로시간 종료 직후에 지급한다.
　　　2. 일급 : 1일의 근로시간 종료 직후에 지급한다.
　　　3. 주급 : 1주의 근로 종료일에 지급한다.
　　　4. 2주급 : 2주의 근로 종료일에 지급한다.
　② 계약직 사원의 임금은 매월의 말일에 지급한다.

제7조 【시급계산】
　단시간근로자가 근로한 1일 미만의 근로시간에 대하여 임금을 시간급으로 계산한다.

제8조 【일급계산】
　일용직 사원이 근로한 날의 근로시간에 대하여 임금을 시급으로 계산한다.

제9조 【주급계산】
　일용직 사원이 근로한 1주간의 근로시간에 대하여 임금을 주휴일급여를 포함하여 시급으로 계산한다.

제10조 【2주급계산】
　일용직 사원이 근로한 2주간에 근로시간에 대하여 임금을 주휴일급여를 포함하여 시급으로 계산한다.

제11조 【월급계산】
　계약직 사원이 근로한 1개월에 대하여 임금을 주휴일급여를 포함하여 월급으로 계산한다.

제12조 【연장근로수당】
　사원이 1일에 8시간, 1주에 40시간을 초과하는 근로시간에 대하여 통상임금의 50%를 가산하여 지급한다. 다만, 단시간근로자는 소정근로시간을 초과하여 근로하는 경우 통상임금의 50%를 가산하여 지급한다.

> 참고　① 사용자는 단시간근로자자에 대하여 소정근로에 따른 초과근로에 대하여 통상임금의 100분의 50 이상을 가산하여 지급하여야 한다.(기간제법 제6조1항, 신설 2014.3.18.)
> ② "단시간근로자"란 1주 동안의 소정근로시간이 그 사업장에서 같은 종류의 업무에 종사하는 통상근로자의 1주 동안의 소정근로시간에 비하여 짧은 근로자를 말한다.(근로기준법 제2조9호)

제13조 【야간근로수당】

주간에 근로하는 종업원이 오후 10시부터 다음날 오전 6시까지 그 사이에 야간근로에 대하여 통상임금의 50%를 가산하여 지급한다.

제14조 【휴일근로수당】

종업원이 유급휴일에 근로한 경우에 8시간 이내의 근로에 대하여 통상임금의 50%를 가산하여 지급하고, 8시간을 초과하여 근로한 시간에 대하여 통상임금의 100%를 가산하여 지급한다.

> **참고** 근로기준법 제56조(연장·야간 및 휴일 근로) ① 사용자는 연장근로(제53조·제59조 및 제69조 단서에 따라 연장된 시간의 근로를 말한다)에 대하여는 통상임금의 100분의 50 이상을 가산하여 근로자에게 지급하여야 한다. 〈개정 2018. 3. 20.〉
> ② 제1항에도 불구하고 사용자는 휴일근로에 대하여는 다음 각 호의 기준에 따른 금액 이상을 가산하여 근로자에게 지급하여야 한다. 〈신설 2018. 3. 20.〉
> 　1. 8시간 이내의 휴일근로: 통상임금의 100분의 50
> 　2. 8시간을 초과한 휴일근로: 통상임금의 100분의 100
> ③ 사용자는 야간근로(오후 10시부터 다음 날 오전 6시 사이의 근로를 말한다)에 대하여는 통상임금의 100분의 50 이상을 가산하여 근로자에게 지급하여야 한다. 〈신설 2018. 3. 20.〉

제15조 【위험수당 등】

종업원이 위험물 및 특수한 사업현장에 근로하는 경우에 다음 각 호의 수당을 지급한다.

　1. 위험수당
　2. 현장수당
　3. 특수수당

제16조 【산재보상급여】

종업원이 업무상 재해 및 부상 등으로 입원 및 치료를 할 경우에 산재보상급여를 지급한다.

제17조 【원천징수】

종업원에게 지급하는 임금에서 원천징수세액 등 세액이 발생할 경우에 이를 공제하고 지급한다.

제18조 【지급불가】

종업원 개인적인 사유로 결근·지각·조퇴·외출 등으로 근로하지 않은 시간에 대하여 임금을 지급하지 않는다.

제19조 【최저임금】

종업원에게 법정 최저임금고시액 이상의 임금을 지급한다.

제20조 【임금대장】

회사는 사원의 임금대장을 다음 각 호의 사항을 근로자별로 작성하여 비치하고, 이의 작성에 근로자는 협력할 의무가 있다.

　1. 성명, 주민등록번호
　2. 고용 연월일, 종사하는 업무
　3. 임금계산기초가 되는 사항
　4. 근로일수, 근로시간수
　5. 연장근로·야간근로 또는 휴일근로의 시간 수
　6. 기본급·수당 및 기타 임금의 내역별 금액

7. 취업규칙 및 단체협약 등의 규정에 의한 공제금액

> 참고 근로일수가 30일 미만인 일용근로자에 대하여는 주민등록번호 및 임금 계산이 되는 기초를 기재하지 아니할 수 있다(근로기준법시행령 제21조).

제21조 【급여지급기준】

일용직 및 계약직의 임금은 다음 각 호와 같다.

1. 일용직 급여 지급기준은 별표1과 같다.
2. 계약직 급여 지급기준은 별표2와 같다.

제22조 【급여지급방법】

사원의 급여는 현금 또는 사원명의 은행계좌로 지급한다.

<부   칙>

제23조 【시행일】

이 규정은 ○○○○년 ○○월 ○○일부터 시행한다.

<별   표>

(별표 1) 일용직 급여 지급기준
(별표 2) 계약직 급여 지급기준

(별표 1)

일용직 급여지급기준

직종＼임금	시급	일급	주급	2주급	비고
판매					
사무					
행사					
전시					
편집					
기획					
광고					

(별표 2)

계약직 급여지급기준

직종＼임금	기본급	연장근로수당	야간근로수당	휴일근로수당	비고
운전직					
경비직					
개발직					
상담직					
TM직					
자문역					
고문역					

[71]
상여금지급규정

제정 ○○○○년 ○○월 ○○일
개정 ○○○○년 ○○월 ○○일

〈총 칙〉

제1조 【목적】

이 규정은 ○○주식회사(이하 '회사')의 사원에게 지급하는 상여금에 관한 절차와 운용에 관한 사항을 정함을 목적으로 한다.

제2조 【적용범위】

이 규정은 회사의 정규직 사원에게 적용한다.

제3조 【용어의 정의】

이 규정에서 '사원' 또는 '정규직 사원'이란 이란 근무기간의 정함이 없는 회사에 계속근로의 무기계약 근로자를 뜻한다.

제4조 【상여금의 종류】

상여금의 종류는 다음 각 호와 같다.

1. 정기상여금
2. 성과상여금
3. 특별상여금

제5조 【정기상여금】

① 회사는 1년 이상 계속 근로한 사원에게 기본급의 400%를 연간 정기상여금으로 지급한다.

② 회사는 제1항의 상여금을 연간 4회로 균등하게 분할하여 3월분, 6월분, 9월분, 12월분의 급여일에 지급한다.

> 참고 정기적으로 지급하는 상여금은 통상임금에 포함한다. (대법 '2012다89399, 2012다94643)
> 대법원은 법률상 통상임금에 해당하는 정기상여금 등의 임금을 통상임금에서 제외하기로 노사가 합의하였다 하더라도 위 합의는 「근로기준법」에 위반되어 무효임을 확인함

제6조 【성과상여금】

① 회사는 당 사업연도의 경영성과를 평가하여 사원에게 성과상여금을 지급할 수 있다.

② 회사는 제1항의 성과상여금 지급할 경우 성과평가연도 다음 해 2월 말일에 지급한다.

③ 제1항의 성과상여금은 지급대상과 지급률은 이사회에서 결의로 결정한다.

> **참고** 근무실적에 좌우되는 임금 (통상임금노사지도지침, 고용노동부, 2014.1.23)
> 1. 근무실적을 평가하여 이를 토대로 지급 여부나 지급액이 정해지는 임금은 일반적으로 성과급은 통상임금이 아니다.
> 2. 근무실적에 따라 최하등급을 받더라도 받을 수 있는 그 최소한도의 임금은 통상임금에 해당한다.
> (예시) 근무실적을 A, B, C 노 평가하여 최하 C 등급에도 100만 원의 성과급을 지급한다면 최소 100만 원은 보장되므로 100만 원만큼 통상임금에 해당하고, 나머지는 통상임금 아니다.

제7조 【특별상여금】

① 회사는 다음 각 호의 날에 특별상여금을 지급할 수 있다.

    1. 설(구정)

    2. 하계휴가

    3. 추석

② 회사는 사원에게 제1항의 특별상여금을 기본급의 50%를 지급한다.

> **참고** 회사는 사원에게 제1항의 특별상여금을 다음 각 호와 같이 지급한다.
> 1. 지급일 현재 1년 이상 5년 미만 근속사원에게 기본급의 30% 지급한다.
> 2. 지급일 현재 5년 이상 10년 미만 근속사원에게 기본급의 40% 지급한다.
> 3. 지급일 현재 10년 이상 근속사원에게 기본급의 50% 지급한다.

③ 특별상여금의 지급할 경우 지급일은 제1항 각 호의 날의 전날까지 지급한다.

> **참고** 정기적으로 지급하는 상여금은 통상임금에 포함한다. (대법 '2012다89399, 2012다94643)

제8조 【상여금의 지급제한】

① 상여금 지급일 이전에 퇴직한 사원에 대해서는 상여금을 지급하지 않는다.

② 근속기간 1년 미만의 사원에게는 상여금을 지급하지 않는다.

③ 회사는 결근자에게 정기상여금을 다음 각 호와 같이 지급을 제한한다.

    1. 상여금 산정기간에 6일 이상 9일 미만 결근한 사원에게 상여금의 50%만 지급한다.

    2. 상여금 산정기간에 9일 이상 15일 미만 결근한 사원에게 상여금의 30%만 지급한다.

    3. 상여금 산정기간에 15일 이상 결근한 사원에게 해당 상여금을 지급하지 아니한다.

④ 회사는 결근자에게 특별상여금을 다음 각 호와 같이 지급을 제한한다.

    1. 전년도 연간 15일 이상 결근한 사원에게 '설(구정) 상여금'을 지급하지 아니한다.

    2. 전반기 12일 이상 결근한 사원에게 '하계휴가 상여금'을 지급하지 아니한다.

    3. 1월부터 추석이 속한 전월까지 15일 이상 결근한 사원에게 '추석 상여금'을 지급하지 아니한다.

〈부　칙〉

제9조【시행일】

이 규정은 ○○○○년 ○○월 ○○일부터 시행한다.

〈별　표〉

(별표 1) 통상임금기준표

통상임금기준표		
임금명목	임금특징	통상임금 여　부
기술수당	기술이나 자격보유자에게 지급되는 수당(자격수당, 면허수당 등)	○
근속수당	근속기간에 따라 지급 여부나 지급액이 달라지는 임금	○
가족수당	부양가족 수에 따라달라지는 가족수당	×
	근로와 무관한 조건부양가족 수와 관계없이 모든 근로자에게 지급되는 가족수당 분	○
성과급	근무실적을 평가하여 지급 여부나 지급액이 결정되는 임금	×
	최소한도가 보장되는 성과급의 그 최소한도 금액	○
상여금	정기적인 지급이 확정되어있는 상여금(정기상여금)	○
	기업실적에 따라 일시적 부정기적 사용자 재량에 따른 상여금 (경영성과분배금 격려금 성과보수)	×
특정시점 재직 시에만 지급되는 금품	특정시점에 재직 중인 근로자만 받는 금품 (명절귀향비나 휴가비 등)	×
	특정시점이 되기 전 퇴직 시에는 근무일수에 비례하여 지급되는 금품 (근무일수 비례하여 지급되는 한도에서는 고정성)	○

출처: 대법원 전원합의체 판결(2013.12.8) 보도자료

[72]
재해보상보험 급여규정

제정 ○○○○년 ○○월 ○○일
개정 ○○○○년 ○○월 ○○일

〈총 칙〉

제1장 통칙

제1조【목적】

이 규정은 ○○주식회사(이하 '회사'라 한다) 사원이 업무상 부상 또는 질병에 따른 산업재해보상보험(이하 '산재보상'이라 한다)의 지급에 관한 절차와 운용에 대하여 정함을 목적으로 한다.

제2조【적용범위】

이 규정은 회사에 재직하는 사원에게 적용한다.

제3조【용어의 정의】

이 규정에서 '사원'이란 회사의 산재보험에 가입한 사원을 말한다.

제2장 요양급여

제4조【요양신청】

① 요양급여의 신청은 재해를 당한 근로자가 직접 근로복지공단에 요양신청을 해야 요양이 개시된다.

② 회사는 근로자의 요양신청에 적극 협력한다.

제5조 【요양급여】

근로자가 업무상 부상 또는 질병의 입원과 치료에 따른 산업재해 근로자는 근로복지공단이 설치한 직영병원 또는 지정의료기관에서 치료기관이나 치료비와 관계없이 치료를 받고, 치료비는 병원의 청구로 근로복지공단에서 당해 병원에 직접 지급한다.

제6조 【요양비 지급】

① 산재보상보험에서 적용하는 요양비의 지급은 다음과 같다.

1. 진찰, 진료비(3일 내 치유되는 것, 한방치료 등 제외)
2. 약제 또는 치료재료, 의수, 의족 등의 위지, 기타 보철구의 지급비
3. 수술 및 기타 치료비
4. 입원비(산재에서 인정하는 것)
5. 개호료(간호비, 간병인비로 산재에서 인정하는 것)
6. 환자의 이송비 등
7. 기타 '산재보상법'에서 인정하는 비용

② 제1항 각 호를 제외한 지급은 산업재해보상법에서 인정하는 경우로 한다.

제3장 휴업급여

제7조 【휴업급여】

근로자가 업무상의 재해로 일시적 노동력이 상실되어 소득이 없을 때에는 요양기간에 산재보상보험에서 휴업급여를 지급한다.

제8조 【휴업급여 대상】

사원이 업무상 부상 또는 질병으로 치료할 때 '의학적진단'의 '장해근로자'에게 '산재보상보험급여'를 지급한다. 단, 취업하지 못한 기간이 3일 이내인 때에는 '산재보상보험급여' 대신 근로기준법에 따라 회사가 직접보상을 한다.

제9조 【휴업급여 청구】

휴업급여의 청구는 근로자가 회사와 의료기관의 날인을 받아 직접 근로복지공단에 청구한다. 단, 통원치료의 경우에는 휴업급여를 지급하지 않는다.

제10조 【휴업급여지급】

근로자가 업무상 부상 또는 질병으로 직무에 종사하지 못하여 회사에서 임금을 받지 못할 때에는 그 치료기간에 근로자 평균임금의 70%에 상당하는 금액을 치료가 끝날 때(완치를 뜻하지 않는다)까지 매월 1회 근로복지공단에서 근로자에게 직접 휴업급여를 지급한다.

제4장 장해급여

제11조 【장해급여대상】

근로자가 업무상 부상 또는 질병으로 치유는 되었으나 당해 부상 또는 질병과 인과관계가 있는 신체장해가 남게되는 경우에 보험급여 대상자로 한다.

제12조 【장해등급】

장해등급은 근로복지공단에서 위촉한 의사의 신체등급판정에 따르며, 그 등급은 제1급에서 제14

급까지 근로복지공단에서 정한 '신체장해등급표'에 따른다.

제13조【장해급여지급】

장해보상급여는 근로복지공단에서 정한 장해급여표의 기준에 의하여 1~3급은 연금으로, 4~7급은 받는 자의 선택에 따라 연금 또는 일시금으로 지급 받을 수 있으며, 8~14급은 일시금으로 받게 된다.

제5장 기타보상

제14조【장해특별급여】

보험가입회사의 과실로 업무상 재해를 입은 경우 재해근로자가 장해등급 1~3급까지 중장해를 입은 경우, 회사를 상대로 제기할 수 있는 손해배상청구를 포기하고 라이프니츠식 계산에 의거하여 전체를 잃어버린 보상을 받는 것으로, 특별장해급여는 근로복지공단이 지급하고, 공단은 회사로부터 징수하며, 급여지급에 따른 계수표와 노동력 상실률은 산재보상법에 의한다. 단, 취업의 정년은 취업규칙의 기준에 따른다.

제15조【상병보상연금】

산업재해를 당한 근로자가 요양개시 후 2년 동안 치료를 받았는데도 완치되지 않고, 질병 및 부상의 폐질 정도가 '산재보상법' '근로복지공단'에서 정한 '폐질등급'에 해당하는 경우에 근로복지공단은 신청자에게 상병보상연금을 지급한다. 장해급여를 받고 있는 자가 재발하여 재요양을 개시한 경우 2년이 지나면 상병보상연금을 신청할 수 있다. 단, 상병보상연금을 받은 자는 휴업급여를 지급하지 않는다.

제16조【유족급여】

업무상 재해로 인하여 근로자가 사망할 경우 유가족에게 평균임금의 1300일 분에 해당하는 유족급여가 지급되며, 유족급여는 받는사람의 선택에 따라 일시금 및 연금으로 받을 수 있다.

제17조【장의비】

장의비는 120일분의 평균임금이 실제로 장례를 치르는 사람에게 지급된다.

제18조【유족보상순서】

유족보상의 순서는 제1순위 배우자 제2순위 자녀, 제3순위 부모, 제4순위 손자손녀 제5순위 조부모, 제6순위 형제자매의 순서로 한다.

〈부 칙〉

제19조【시행일】

이 규정은 ○○○○년 ○○월 ○○일부터 시행한다.

[73]
법정보험 급여규정

제정 ○○○○년 ○○월 ○○일
개정 ○○○○년 ○○월 ○○일

〈총 칙〉

제1장 통칙

제1조【목적】

이 규정은 ○○주식회사(이하 '회사'라 한다)의 사원에게 지급하는 법정보험의 운용과 절차에 대하여 정함을 목적으로 한다.

제2조【적용대상】

이 규정은 회사의 법정보험에 가입한 직원에게 적용한다.

제3조【적용보험】

이 규정의 적용대상 법정보험은 다음 각 호와 같다.

1. 산업재해보상보험(이하 '산재보험'이라 한다)
2. 고용보험
3. 임금채권보장보험
4. 국민연금
5. 기타 임의보험

제2장 산재보험급여

제4조【산재보험 가입의무】

① 회사는 사원의 채용 및 변동에 따라 법정기한내에 산재보험에 가입하여 미연에 발생할 재해의 피해에 대하여 근로자를 보호할 의무가 있다.

② 근로자는 회사가 요구하는 산재보험가입에 필요한 제반서류를 제출기한내에 제출하여 산재보험가입에 협조하여야 한다.

제5조【산재보험 신청서류】

회사는 사원의 채용 및 변동에 따라 법정기한내에 다음 각 호의 서류를 산재보험기관에 제출하여야 한다.

1. 보험관계성립신고서
2. 보험료(부담금)신고서
3. 법인등기부등본
4. 사업자등록증사본
5. 임대차계약서사본
6. 급여대장사본
7. 법인인감도장

제6조【산재보험 법정기한】

회사는 사원의 채용 및 변동에 따라 그 자격변동사항에 대하여 14일이내에 신고할 의무가 있다. 단, 법정기한에 따른다.

제7조【산재보험금 부담】

산재보험의 보험금은 회사의 업종별 요율에 따라 회사가 전액을 부담하여 납부한다.

제8조【산재보험 지급기준】

산재보험급여의 지급은 법령에서 정한 기준에 따른다.

제9조【산재보험 적용규정】

이 규정에서 규정하지 않은 사항은 법령 및 산재보험의 관련 규정에 따른다.

제3장 고용보험급여

제10조【고용보험 가입의무】

회사는 사원의 채용 및 변동에 따라 법정기한 내에 고용보험에 가입하여 고용에 따른 근로복지의 법정기준으로 근로자를 보호할 의무가 있다.

제11조【고용보험 신청서류】

회사는 사원의 채용에 따라 법정기한 내에 다음 각 호의 서류를 고용보험기관에 제출하여야 한다.

1. 고용보험 보험관계성립신고서
2. 고용보험 피보험자격 취득신고서
3. 고용보험연도 보험료보고서
4 법인등기부등본
5. 사업자등록증사본
6. 임대차계약서사본
7. 급여대장 사본
8. 법인인감도장

제12조【고용보험 법정기한】

　회사는 사원의 채용 및 변동에 따라 그 자격변동사항에 대하여 14일이내에 신고할 의무가 있다. 단, 법정기한에 따른다.

제13조【고용보험금부담】

　① 고용보험의 보험료는 근로자의 급여액에 따라 다음 각 호와 같이 회사와 근로자가 부담하여 납부한다.

　　1. 전체 고용보험금 부담요율 : 1.4%

　　2. 회사부담요율 : 0.9%

　　3. 근로자부담요율 : 0.5%

　② 제1항의 보험료 요율은 법령의 적용 요율에 따른다.

제14조【고용보험 지급기준】

　고용보험의 급여지급은 고용보험 가입항목에 따라 법령에서 정한 기준에 따른다.

제15조【고용보험 적용규정】

　이 규정에서 규정하지 않은 사항은 관련 법령 및 타 규정에 따른다.

제4장　기타보험급여

제16조【기타 보험가입의무】

　회사는 국민연금 등의 법정보험은 법령에서 정한 기준에 따라 법정보험에 대하여 가입할 의무가 있으며, 법정보험급여의 지급시 근로자에게 적극 협력하여야 한다.

제17조【기타 보험】

　기타 법정보험은 다음 각 호와 같다.

　　1. 국민연금

　　2. 임금채권보장보험

　　3. 기타 임의보험

제18조【기타 보험지급기준】

　이 규정의 제17조에 해당하는 법정보험의 지급기준은 관련법률의 지급기준에 따른다.

〈부　　칙〉

제19조【시행일】

　이 규정은 ○○○○년 ○○월 ○○일부터 시행한다.

제20조【경과규정】

　이 규정의 시행일이 이전이라 하더라도 법정보험의 가입 및 신청, 보험요율, 보험부담자, 지급기준 등은 관련법률에서 정한 기준에 따른다.

[74]
임금피크제 급여규정

제정 ○○○○년 ○○월 ○○일
개정 ○○○○년 ○○월 ○○일

〈총 칙〉

제1조【목적】

이 규정은 ○○주식회사(이하 "회사"라 한다) 사원의 정년에 따른 고용연장 또는 고용유지를 위한 근로 기간과 임금계산과 퇴직금 등의 인사 노무 임금에 대한 제반 사항을 정함을 목적으로 한다.

제2조【적용대상】

임금피크제 적용 대상자는 매년 만 55세 도달한 사원이다.

제3조【용어의 정의】

"정년연장 임금피크제"이라 함은 사원의 정년을 연장하는 대신에 정년 전의 피크 임금을 감액하여 정년연장기간까지 지급하는 것을 말한다.

제4조【정년】

회사의 정년은 사원이 만 57세가 되는 날이다.

제5조【적용기간】

임금피크제 적용 사원의 적용기간은 만 56세가 되는 날부터 만 60세가 되는 날까지이다.

제6조【임금조정】

① 정년연장 임금피크제 적용 사원의 감액적용 최초 조정임금은 만 56세가 되는 달의 익월부터 적용한다.

② 정년연장 임금피크제 적용 사원의 임금은 적용기간 동안 매년 전년도 임금의 10%를 감액하여 지급한다.

③ 정년연장 임금피크제 적용기간의 임금과 정년은 다음과 표와 같다.

내용	신청	최초연도	정년	정년연장기간		
나　　이	55세	56세	57세	58세	59세	60세
임금경감률	0%	10%	10%	10%	10%	10%

제7조 【정년연장기한】

정년연장 임금피크제 적용 사원의 정년연장기한은 3년이다.

제8조 【신청기한】

정년연장 임금피크제 대상자는 만 55세가 되는 달에 임금피크제 적용 신청을 하여야 한다.

제9조 【적용승인】

회사는 정년연장 임금피크제 신청자가 신청한 달의 익월까지 적용 여부를 신청자에게 통보한다.

제10조 【적용임금】

정년연장 임금피크제에 적용하는 임금은 다음 각 호와 같다.

　　1. 기준급여
　　2. 상여금

제11조 【퇴직금 중간정산】

① 임금피크제 적용 사원은 퇴직금 중간정산을 신청할 수 있다.

② 임금피크제 적용 사원의 퇴직금 중간정산 기준일은 임금피크제 최초 적용 전 달의 말일을 기준으로 산정한다.

제12조 【퇴직금 지급】

임금피크제 시행으로 퇴직금을 중간정산한 사원이 정년연장기간이 만료되어 퇴직할 때는 정년연장기간의 임금을 평균하여 산정한 임금을 퇴직금으로 지급한다.

〈부　　칙〉

제13조 【시행일】

이 규정은 ○○○○년 ○○월 ○○일부터 시행한다.

제14조 【경과규정】

임금피크제 최초 시행일 현재 만 55세를 초과한 경우에는 임금피크제 시행일부터 적용한다.

〈서　　식〉

(서식 1) 임금피크제 적용 합의서

(서식 1)

임금피크제 급여 적용 합의서

○○주식회사와 ○○주식회사 노동조합(또는 근로자 성명 ○○○)은 임금피크제 시행에 따른 사원의 정년연장과 임금조정을 다음과 같이 합의한다.

- 다 음 -

제1조 (정년) 임금피크제 적용 사원의 정년을 만 57세에서 만 60세로 연장한다.

제2조 (임금) 임금 피크제 적용 사원의 임금을 임금피크제 규정에서 정한 임금 으로 산정하여 지급한다.

제3조 (적용) 임금피크제 적용시점은 만 56세가 되는 날(월)부터 적용한다.

제4조 (퇴직금 중간정산) 퇴직금은 임금피크제 적용시점에서 중간정산하여 지급 한다.

제5조 (준용) 이 합의서에 없는 것은 임금피크제 규정을 적용한다.

제6일 (시행일) 임금피크제의 시행은 ○○○○년 ○○월 ○○일부터 시행한다.

상기와 같이 합의하고 신의성실로 지킬 것을 합의합니다.

○○○○년 ○○월 ○○일

사용자 : ○○주식회사 대표이사 성명 ○ ○ ○ ㉑

근로자 : ○○주식회사 노동조합 대표 ○ ○ ○ ㉑

〈근로자 : 성명 ○ ○ ○ (—   ) ㉑

[75]
퇴직급여 지급규정

제정 ○○○○년 ○○월 ○○일
개정 ○○○○년 ○○월 ○○일

〈총 칙〉

제1장 통칙

제1조 【목적】

이 규정은 ○○주식회사(이하 '회사'라 한다)의 퇴직급여에 관한 절차와 운용기준을 정함을 목적으로 한다.

제2조 【적용대상】

이 규정은 회사에서 근로하는 사원이 적용대상이다.

제3조 【용어의 정의】

이 규정에서 사용하는 용어는 다음 각 호의 뜻과 같다.

1. '사원'이란 회사에 재직하는 정규직과 계약직 사원을 뜻한다.
2. '소정근로시간'이란 성인 사원이 1일에 8시간, 1주에 40시간을 근로하는 것을 뜻한다.

> 참고 근로기준법 제50조(근로시간) ①1주간의 근로시간은 휴게시간을 제외하고 40시간을 초과할 수 없다.
> ② 1일의 근로시간은 휴게시간을 제외하고 8시간을 초과할 수 없다.
> ③ 제1항 및 제2항에 따른 근로시간을 산정함에 있어 작업을 위하여 근로자가 사용자의 지휘·감독 아래에 있는 대기시간 등은 근로시간으로 본다. 〈신설 2012.2.1〉
> 참고 근로기준법 제5장 여성과 소년 제69조(근로시간) 15세 이상 18세 미만인 자의 근로시간은 1일에 7시간, 1주일에 40시간을 초과하지 못한다. 다만, 당사자 사이의 합의에 따라 1일에 1시간, 1주일에 6시간을 한도로 연장할 수 있다.

제4조 【지급대상】

① 이 규정은 소정근로시간을 1년 이상 계속 근로한 사원에게 적용한다.

② 계속근로기간이 1년 미만인 근로자, 4주간을 평균하여 1주간의 소정근로시간이 15시간 미만인 근로자는 적용에서 제외한다.

제5조 【퇴직금제도】

회사는 퇴직연금제도를 설정할 때까지 이 규정을 퇴직급여제도로 한다.

> **참고** 근로자퇴직급여보장법 제2조(정의) 6. "퇴직급여제도"란 확정급여형퇴직연금제도, 확정기여형퇴직연금제도 및 제8조에 따른 퇴직금제도를 말한다.
> 제8조(퇴직금제도의 설정 등) ① 퇴직금제도를 설정하려는 사용자는 계속근로기간 1년에 대하여 30일분 이상의 평균임금을 퇴직금으로 퇴직 근로자에게 지급할 수 있는 제도를 설정하여야 한다.

제2장 퇴직금 산정

제6조 【퇴직금의 계산】

사원에 지급하는 퇴직금 근속연수 1년에 대하여 30일의 평균임금을 지급한다.

> **참고** 근로자퇴지급여보장법 제8조(퇴직금제도의 설정 등) ① 퇴직금제도를 설정하려는 사용자는 계속근로기간 1년에 대하여 30일분 이상의 평균임금을 퇴직금으로 퇴직 근로자에게 지급할 수 있는 제도를 설정하여야 한다.
>
> 퇴직금 = 근속연수 1년(12개월)×1개월(월 평균임금)

제7조 【평균임금】

퇴직일을 기준으로 3개월간의 급여총액을 일할하여 계산한 30일분의 임금이다.

제4장 퇴직금 지급

제8조 【지급시기】

사원의 퇴직금 지급시기는 다음 각 호와 같이 지급한다.

1. 퇴직금은 사원이 퇴직할 때 지급한다.
2. 사원이 퇴직금 중간정산을 요청할 때 심사하여 지급한다.
3. 확정기여형 퇴직연금 가입 사원은 사원의 개인연금계좌로 매월 지급한다.
4. 확정급여형 퇴직연금 가입 사원은 퇴직 시 퇴직연금을 정산하여 지급한다.

제9조 【지급방법】

사원의 퇴직금은 퇴직일로부터 14일 이내에 현금 또는 퇴직자의 통장계좌로 지급한다.

> **참고** 제9조(퇴직금의 지급) 사용자는 근로자가 퇴직한 경우에는 그 지급사유가 발생한 날부터 14일 이내에 퇴직금을 지급하여야 한다. 다만, 특별한 사정이 있는 경우에는 당사자 간의 합의에 따라 지급기일을 연장할 수 있다.

제10조 【중간정산】

회사는 다음 각 호에 해당하는 사원이 퇴직금 중간정산을 신청하면 정산할 수 있다.

1. 무주택자인 근로자가 본인 명의로 주택을 구입하는 경우

2. 무주택자의 근로자가 주거목적으로 전세금 또는 보증금을 부담하는 경우 1회에 한정

3. 본인, 배우자 또는 부양가족이 질병 부상으로 6개월 이상 요양하는 경우

4. 최근 5년 이내에 파산선고를 받거나 개인회생절차 개시 결정을 받는 경우

5. 임금피크제를 실시하여 임금이 줄어드는 경우

6. 태풍, 홍수 등 천재지변으로 노동부장관이 정한 사유와 요건에 해당하는 경우

※ 관련법령 : 근로자퇴직급여보장법시행령(2012.7.26)

제11조【중간정산의 금지】

회사는 제10조 각 호에 해당하지 않는 사원은 퇴직금 중간정산을 하지 않는다.

제12조【중간정산 후 퇴직금】

퇴직금을 중간 정산한 사원이 퇴직 또는 추가중간정산을 신청한 때에는 중간 정산한 이후부터 기간과 평균임금을 산정하여 계산한다.

제13조【지급유예】

근로자가 퇴직의사 표시 없이 무단으로 결근할 때는 퇴직의사 표시일 또는 퇴직일까지 퇴직금의 지급을 유예한다. 다만, 퇴직규정에 퇴직의사 표시 없는 무간 결근자의 퇴직일을 규정한 경우 퇴직금 산정 및 지급일은 그 퇴직일 규정에 따른다.

제14조【퇴직금의 시효】

사원이 퇴직금을 받을 권리를 3년간 행사하지 아니하면 소멸한다.

참고 근로자퇴직급여보장법 제10조

〈부   칙〉

제15조【시행일】

이 규정은 ○○○○년 ○○월 ○○일부터 시행한다.

〈서   식〉

(서식 1) 퇴직금지급(수령)확인서

(서식 2) 퇴직금중간정산신청서

(서식 1)

퇴직금지급(수령)확인서

성 명		주민번호		근무부서	
주 소					
퇴직일		입사일		근속연수	
중간정산금		공제기간		중간정산일	
퇴직금액		평균임금		계속근로일수	
퇴직금 수령액			세액공제		
계좌번호			지급일		
산정방법	(평균임금 × 재직연수) = (퇴직금액 - 세액) = 최종 퇴직금 수령액				
서류	첨부서류 : 퇴직일확인서, 원천징수영수증, 퇴직금지급계좌이체명세서				
참고사항					

위와 같이 퇴직금을 확인하고 지급 받았습니다.

년   월   일

성   명   (인)

○○주식회사 대표이사 귀중

(서식 2)

퇴직금 중간정산 신청서			
성 명		주민등록번호	
입사일		재직기간	년 월
정산일		정산신청기간	(년) 202 년 월 일부터 202 년 월 일까지
청구사유			
첨부서류			

위와 같이 퇴직금 중간정산을 신청합니다.

202 년 월 일

신청인 :   (서명 또는 날인)

○○주식회사 대표이사 귀하

제19편

연봉제 관련 규정

연봉계약서 작성방법

🌐 근로계약과 관계

근로기준법은 근로계약서 작성에서 임금의 계산과 지급에 관한 명확한 기재를 요구하고 있다. 사원이 회사에 입사한 후에 근로계약기간 등 임금 외 근로조건이 변경이 없이 자동 연장되고, 매년 임금만 변경하면은 연봉계약만 하면 되므로, 근로계약서와 연봉계약서는 별도로 관리하고, 근로계약서에는 임금의 계산 등은 연봉계약서에 위임하면 될 것이다.

🌐 연봉의 이해

연봉이란 근로자가 1년의 기간에 근로한 대가를 모든 급여를 연간으로 계산한 임금이다. 연봉에는 직책수당, 성과수당 등이 포함되고, 지속적이고 반복적인 법정근로시간 이내의 연장근로 시간을 포함하고 있다. 필요에 따라 퇴직금을 표기하지만, 그 지급기준을 반드시 기재하여 연봉에 포함 여부를 확실하게 하여야 한다.

성과수당의 계산은 보통 계약서에 두지 않고, 연봉제규정에 두어 그에 따라 차등지급하고, 계약서 금액은 최저 성과수당을 기재하는 것이 보통이다. 또한, 1년을 경영성과를 평가하여 지급하는 특별성과급 등은 포함하지 않는다.

🌐 연봉계약서의 내용

연봉계약서에 있어야 할 내용으로는 다음과 같다.
1. 연봉계산기간
2. 연봉총액과 연봉구성
3. 연봉지급방법
4. 지급제한사항
5. 연봉계약일
6. 계약당사자

🌐 연봉과 퇴직금

퇴직금은 근로기준법에 임금과 퇴직금은 따로 계상하도록 하고 있다. 하지만 대부분 연봉을 포함하여 기재하고 있으며, 지급은 퇴직금규정 또는 퇴직연금규정에 따르고 있다.

[76]
일반연봉제 급여규정

제정 ○○○○년 ○○월 ○○일
개정 ○○○○년 ○○월 ○○일

〈총 칙〉

제1장 통칙

제1조【목적】
이 규정은 ○○주식회사(이하 '회사'라 한다)의 연봉제규정에 관하여 그 절차와 운용에 대하여 정함을 목적으로 한다.

제2조【적용범위】
① 이 규정은 임금지급을 연봉으로 지급하는 사원에게 적용한다.
② 회사는 수습사원, 견습사원, 계약직 사원 등에게는 연봉제 임금을 적용하지 아니한다.

제3조【연봉제】
회사는 임금계산을 기간을 1년 단위로 하는 임금제도를 연봉제라 한다.

제2장 연봉계산

제4조【연봉종류】
회사는 사원의 연봉총액을 기본연봉, 성과연봉, 퇴직연봉으로 구분한다.

제5조【기본연봉】
기본연봉은 다음과 같이 구성하여 매년 1월 1일부터 12월 31일까지 별표1과 같이 산정한다

1. 연간 기본급
2. 연간 직책급

제6조【성과연봉】

① 성과연봉은 매년 1월 1일부터 12월 31일까지 다음과 같이 구성하여 산정한다.

1. 연간 매출액 기준 목표달성 성과급
2. 연간 영업이익 기준 목표달성 성과급

② 연간매출액 기준 목표달성 성과연봉은 다음과 같이 산정한다.

1. 전년도 110% 이상 120% 미만 달성 : 기본연봉의 3% 성과급
2. 전년도 120% 이상 130% 미만 달성 : 기본연봉의 5% 성과급
3. 전년도 130% 이상 150% 미만 달성 : 기본연봉의 7% 성과급
4. 전년도 150% 이상 달성 : 기본연봉의 10% 성과급

③ 연간영업이익 기준 목표달성 성과연봉은 다음과 같이 산정한다.

1. 영업이익 30억원 이상 50억원 미만 : 기본연봉의 3% 성과급
2. 영업이익 50억원 이상 70억원 미만 : 기본연봉의 5% 성과급
3. 영업이익 70억원 이상 90억원 미만 : 기본연봉의 7% 성과급
4. 영업이익 90억원 이상 : 기본연봉의 10% 성과급

제7조【법정수당】

회사는 사원에게 다음 각 호의 수당을 지급한다.

1. 연장근로수당
2. 야간근로수당
3. 휴일근로수당
4. 연차휴가수당

제8조【일할계산】

① 신규채용·중도채용·승진·휴직·퇴직 등으로 당해 근로일이 급여지급일을 기준으로 30일 미만의 근로기간에 대하여 연봉의 월액을 일할 계산한다.

② 연봉의 월액을 일할 계산할 경우에 월 통상임금의 209분지의 8의 금액으로 한다.

> **참고** (월 통상근로시간) 주40시간 5일 근무 (무급휴일 1일, 주휴일) : 209시간
> 일급통상임금 = 기본연봉월액×(8시간÷209시간)
> 시급통상임금 = 기본연봉월액×(1시간÷209시간)

제9조【결근 등 공제】

회사는 사원이 결근·지각·조퇴 등으로 근무하지 않은 근로시간에 대하여 임금을 지급하지 아니한다.

> **참고** 일급통상임금 = 기본연봉월액×(8시간÷209시간)
> 시급통상임금 = 기본연봉월액×(1시간÷209시간)

제3장 연봉지급

제10조【지급원칙】

회사는 사원에게 연봉을 전액 현금으로 지급한다. 다만, 단체협약·취업규칙에 일정액의 공제를 정한 경우 이를 제외하고 지급할 수 있다.

제11조【기본연봉 지급방법】

① 회사는 사원에게 연간기본급의 12분의 1 금액을 매월 급여지급일에 지급한다.

② 회사는 사원에게 연간직책급의 12분의 1 금액을 매월 급여지급일에 지급한다.

제12조【성과연봉 지급방법】

회사는 성과연봉을 사원에게 매년 다음 해 1월의 월봉 지급일에 지급한다..

제13조【연장근로수당】

회사는 법정수당을 발생월의 월봉지급일에 지급한다. 다만, 월봉지급일 이후 발생분에 대하여는 다음 달 월봉지급일에 지급한다.

> **참고** 휴일근로와 시간외근로 중복시 가산임금 산정방법
> - 연장근로수당 : 통상임금 50% 가산하여 지급
> - 야간근로수당 : 통상임금 50% 가산하여 지급
> - 휴일근로수당 : 통상임금 50% 가산(8시간 이내), 100% 가산(8시간 초과분)

제4장 퇴직금

제14조【지급대상】

회사는 1년 이상 계속 근무한 사원에게 퇴직금을 지급한다.

제15조【퇴직금의 산정】

퇴직금은 근속연수 1년에 대하여 평균연봉 30일분을 계속근로연수에 곱하여 퇴직금으로 지급한다.

> **참고** 근로자퇴직급여보장법 제8조(퇴직금제도의 설정 등) ① 퇴직금제도를 설정하려는 사용자는 계속근로기간 1년에 대하여 30일분 이상의 평균임금을 퇴직금으로 퇴직 근로자에게 지급할 수 있는 제도를 설정하여야 한다.

제16조【퇴직연금】

회사는 사원의 동의로 확정기여형 또는 확정급여형 퇴직연금제도를 설정하여 운용할 수 있다.

제17조【퇴직금 중간정산】

회사는 사원이 퇴직금의 중간정산을 요청하면 법정 퇴직금 중간정산 요건을 충족하는 경우 퇴직금을 중간정산하여 지급할 수 있다

제18조【지급시기】

사원이 퇴직한 날로부터 14일 이내에 지급한다. 다만 특별한 사정이 있을 경우에는 당사자 간의 합의에 의하여 연장할 수 있다.

> **참고** 근로자퇴직급여보장법 제9조

제5장 연봉계약

제19조 【연봉결정】

① 회계연도 도중에 입사하는 사원에게는 별표1 기본연봉표에 의하여 연봉을 결정한다.

② 회사는 매년 1월에 사원의 연봉을 회사의 경영성과와 사원의 능력을 등을 고려하여 공정하고 합리적인 평가기준에 의해 사원별로 연봉을 결정한다.

제20조 【조정신청】

사원은 매년 1월에 본인의 연봉에 대하여 조정신청을 할 수 있다.

제21조 【연봉계약】

회사와 사원은 회계연도 도중에 입사한 사원을 제외하고, 매년 1월에 연봉계약을 체결한다.

〈부　칙〉

제22조 【시행일】

이 규정은 ○○○○년 ○○월 ○○일부터 시행한다.

〈별표 및 서식〉

(별표 1) 기본연봉표
(별표 2) 직책연봉표
(서식 1) 연봉계약서
(서식 2) 연봉동의서(연봉조정신청서)

(별표 1)

기본연봉표								
직급 직책	7	6	5	4	3	2	1	월봉
사원	연봉	연봉						
주임		연봉	연봉					
대리			연봉	연봉				
과장				연봉	연봉			
차장					연봉	연봉		
부장						연봉	연봉	

(별표 2)

직책 연봉표								
직책 급여	과장	차장	부장	실장	점장	소장	본부장	비고
연봉								
월봉								

(별표2) *직급으로 연봉을 계산하는 경우

직급 연봉표								
직급 급여	1급	2급	3급	4급	5급	6급	7급	비고
연봉								
월봉								

(서식 1)

연봉계약서

○○주식회사와 사원은 다음과 같이 연봉계약을 체결한다.

1. 계산기간 : ○○○○년 ○○월 ○○일부터 ○○○○년 ○○월 ○○일까지 (1년간)

2. 연봉총액

　　1) 기본연봉 :　　　　　　원

　　2) 성과연봉 : (성과발생연봉액) 원

　　3) 법정수당 : (발생수당액) 원

3. 연봉지급

　　1) 기본연봉 : 연봉을 12분의 1로 나누어 매월 ○○일에 월봉으로 지급한다.

　　2) 성과연봉 : 매분기 발생한 성과연봉을 매분기 말월의 월봉지급일에 지급한다.

　　3) 법정수당 : 수당은 발생월의 월봉지급일에 발생수당을 지급한다.

4. 지급제한

　　　결근, 휴직 등으로 근로하지 않은 기간은 임금을 지급하지 않는다.

5. 누설금지

　　연봉계약 당사자는 연봉을 타인에게 누설하지 아니한다.

계약당사는 위와 같이 연봉계약을 체결한다.

202 년   월   일

(계약당사자)

(회사) ○○주식회사 (사업자등록번호:　　　　　　　　　　)

　　　대표이사 성명　　　　　　　　　　　　(인)

(사원) 성명 ○○○ (주민등록번호:　　　　-　　　　　)　　(인)

(서식 2)

연봉통지서(연봉조정신청서)

1. 연봉당사자

   (사원) 성명 :　　　　　　　(주민등록번호 :　　　　 -　　　　)

   　　　직책 :　　　　　　　직급 :　　　　　소속 :

   　　　(입사일 :　　　　　재직기간 :　　　　　　　　　)

2. 계산기간 : 202 년　월　일부터　202 년　월　일까지 (1년간)

3. 연봉산정 (연봉총액 :　　　　　　　　원)

   1) 기본연봉 (　　　　　　원)

   2) 직책연봉 (　　　　　　원)

   3) 성과연봉 (　　　　　　원)

4. 연봉지급방법

   1) 기본연봉과 직책연봉을 12개월로 균등하게 월할하여 매월 말일에 지급한다.

   2) 성과연봉은 연봉제규정에 딸라 기본연봉 급여일에 지급한다.

5. 연봉조정신청 및 이의제기

   이 연봉통지사항에 이의가 있는 경우 통보일로부터 7일 이내에 ○○○부서장에게 연봉조정 및 이의신청을 하여야 한다.

6. 연봉동의서 제출

   이 연봉통지에 동의하면 서명 및 날인하여 ○○○부서장에게 ○○○○년 ○○월 ○○일까지 제출한다. 연봉통지동의서는 연봉계약서로 간주한다.

귀하의 연봉을 상기와 같이 통지합니다.

202 년 월 일

○○주식회사 대표이사 ○ ○ ○

[ ]연봉결정동의서　 [ ]연봉조정신청서

위의 연봉결정에 동의합니다(　). 위의 연봉결정에 조정을 신청합니다(　).

202 년 월 일

(사원) 성명 ○ ○ ○ (서명 또는 날인)

[77]
포괄연봉제 급여규정

제정 ○○○○년 ○○월 ○○일
개정 ○○○○년 ○○월 ○○일

〈총 칙〉

제1조【목적】

이 규정은 ○○○○주식회사(이하 '회사'라 한다)의 연봉제사원의 연봉계산과 지급, 기준과 절차를 정함을 목적으로 한다.

제2조【적용대상】

이 규정은 포괄연봉제로 연봉계약을 체결한 회사의 사원에게 적용한다.

제3조【계산기간】

사원의 연봉은 매년 1월 1일부터 12월 31일까지 1년으로 한다.

제4조【포괄연봉】

사원의 포괄연봉은 다음 각 호의 임금을 포함한다.

1. 기본연봉
2. 상여연봉
3. 시간외근로수당

제5조【기본연봉】

① 사원의 기본연봉은 다음 각 호의 급여를 포함한다.

1. 1년간 매월 지급하는 기본급
2. 1년간 매월 지급하는 직책급

② 제1항의 기본연봉은 매월 ○○일에 지급한다.

제6조【상여연봉】

① 사원의 상여연봉은 다음 각 호의 연봉을 포함한다.

1. 설명절 상여금 : 기본급 월급의 20%

　　　2. 추석명절 상여금 : 기본급 월급의 20%

　　　3. 하계휴가 상여금 : 기본급 월급의 20%

　② 사원의 상여연봉은 당해 명절 및 휴가시기의 전날에 지급한다.

제7조 【시간외근로수당】

　① 사원의 시간외근로수당은 다음 각 호와 같다.

　　　1. 연장근로수당 : 1개월에 24시간(1일에 8시간)의 연장근로수당분

　　　2. 야간근로수당 : 1개월에 8시간의 야간근로수당분

　　　3. 휴일근로수당 : 1개월에 8시간의 휴일근로수당분

　② 시간외근로수당은 근로유무와 관계없이 매월 ○○일에 지급한다.

제8조 【퇴직급여】

　① 퇴직급여는 1년 이상 근속한 사원에게 1개월의 평균임금을 포괄임금과 별도로 지급한다.

　② 확정기여형 퇴직연금에 가입한 사원은 연간 1회 또는 매월 사원의 퇴직연금계좌로 당해 퇴직금을 지급한다.

　③ 확정급여형 퇴직연금에 가입한 사원은 퇴직일로부터 14일 이내에 퇴직금을 지급한다.

제9조 【퇴직금 중간정산】

　회사는 사원의 퇴직금에 대한 중간정산을 다음 각 호의 경우에 실시할 수 있다.

　　　1. 무주택자인 근로자가 본인 명의로 주택을 구입하는 경우

　　　2. 무주택자의 근로자가 주거목적으로 전세금 또는 보증금을 부담하는 경우 1회에 한정

　　　3. 본인, 배우자 또는 부양가족이 질병 부상으로 6개월 이상 요양하는 경우

　　　4. 최근 5년 이내에 파산선고를 받거나 개인회생절차 개시 결정을 받는 경우

　　　5. 임금피크제를 실시하여 임금이 줄어드는 경우

　　　6. 태풍, 홍수 등 천재지변으로 노동부장관이 정한 사유와 요건에 해당하는 경우

> ※ 퇴직금 중간정산은 2012.7.26.부터 금지한다.
> 　관련법령 : 근로자퇴직급여보장법시행령(2012.7.26)

제10조 【지급방법】

　회사는 사원의 연봉을 현금으로 사원명의 은행계좌로 지급한다.

제11조 【비밀유지】

　계약당사자는 연봉계약을 누설하여서는 안 된다.

〈부　칙〉

제12조 【시행일】

　이 규정은 ○○○○년 ○○월 ○○일부터 시행한다.

〈서　식〉

　(서식 1) 포괄연봉계약서

(서식 1)

포괄 연봉계약서

회사와 사원은 사원의 임금을 다음과 같이 포괄연봉으로 계약한다.

1. 연봉계약자 (사용자 :   )
   (근로자 :   )
2. 근로기간 : 202 년 월 일부터 202 년 월 일까지 (1년간)
3. 사원은 연봉은 다음과 같이 포괄하여 약정한다.

포괄연봉	총액	원	연간 지급하는 급여총액
1) 기본연봉	총액	원	연간 지급하는 기본연봉
기본급여	(	원)	연간 지급하는 기본급
직책급여	(	원)	연간 지급하는 직책급
2) 시간외근로수당	총액	원	연간 지급하는 시간외수당
연장근로수당	(	원)	1개월에 24시간(1일에 1시간)의 연장근로수당분
야간근로수당	(	원)	1개월에 8시간의 야간근로수당분
휴일근로수당	(	원)	1개월에 8시간의 휴일근로수당분
연차휴가수당	(	원)	1년에 5일의 연차휴가근로수당분
3) 상여연봉	총액	원	설, 추석, 하계휴가상여금

3. 기본연봉과 시간외근로수당은 그 총액을 12분의 1로 나눈 월액으로 매월 ○○일에 지급한다.
4. 상여연봉은 각각의 상여금 지급시기 전날에 지급한다.
5. 퇴직금은 1년 이상 근속 시 퇴직할 때 지급하거나, 매월 사원퇴직연금계좌로 지급한다.
6. 사원이 임의로 시간외근로한 경우 수당은 지급하지 아니한다. 또한, 결근 등으로 근로하지 않은 시간은 임금을 지급하지 않는다.
7. 이 계약에 없는 사항은 포괄연봉에 대하여 회사의 '포괄연봉제규정'을 적용한다.

사용자와 근로자는 위와 같이 포괄연봉계약을 체결합니다.
202 년 월 일

(사용자) 회사명: 사업자등록번호 :   대표이사   (인)
　　　　(주소)
(근로자) 성 명: 주민등록번호 :   (인)
　　　　(주소)

[78]
생산직 연봉제 급여규정

제정 ○○○○년 ○○월 ○○일
개정 ○○○○년 ○○월 ○○일

〈총 칙〉

제1장 통칙

제1조【목적】

이 규정은 ○○주식회사(이하 '회사'라 한다) 사원의 연봉제 임금의 지급과 운용 및 절차에 대하여 정함을 목적으로 한다.

제2조【적용대상】

이 규정은 적용대상은 회사의 제조, 생산, 관리 등에 종사하는 연봉제 사원에게 적용한다.

제3조【용어의 정의】

이 규정에서 사원이란 다음 각 호의 사원을 말한다.

1. 정규직 사원 : 근무기간의 정함이 없는 무기계약사원
2. 계약직 사원 : 2년 이내의 근무기간을 정한 기간제 사원

제4조 【연봉산정기간】

연봉의 계산기간은 매년 1월 1일부터 12월 31일까지 1년간으로 한다.

제2장 연봉구성

제5조 【생산직의 연봉】

생산직 사원에게 1년간 지급하는 연봉은 다음과 각 호와 같다.

  1. 기본연봉
  2. 상여연봉
  3. 성과연봉
  4. 법정수당

제6조 【기본연봉】

생산직의 기본연봉은 사원에게 연간 지급하는 다음 각 호의 임금을 말한다.

  1. 기본급
  2. 직책급

제7조 【상여연봉】

생산직의 상여연봉은 사원에게 연간 지급하는 다음 각 호의 임금을 말한다.

  1. 정기상여금
  2. 특별상여금

제8조 【성과연봉】

생산직의 성과연봉은 연간 지급하는 다음 각 호의 수당을 말한다.

  1. 생산수당
  2. 품질수당

제9조 【법정수당】

생산직의 사원에게 지급하는 법정수당은 다음 각 호와 같다.

  1. 연장근로수당
  2. 야간근로수당
  3. 휴일근로수당
  4. 연차근로수당

제3장 연봉계산

제10조 【기본연봉의 산정】

① 사원이 1일에 8시간씩 1년간 근로하는 기본급 연봉은 다음과 같이 계산한다.

직 급	5급	4급	3급	2급	1급
기본급	20,000,000원	30,000,000원	40,000,000원	50,000,000원	60,000,000원

② 사원이 1일에 8시간씩 1년간 근로하는 직책급 연봉은 다음과 같이 계산한다.

직 책	주임	대리	과장	차장	부장
직책급	3,600,000원	4,800,000원	6,000,000원	7,200,000원	8,400,000원

제11조【상여연봉의 산정】

① 회사는 사원에게 정기상여금을 제11조의 기본연봉의 12분의 4를 연간 지급한다.

② 회사는 사원에게 특별상여금을 경영성과에 따라 지급하거나 지급하지 아니할 수 있다.

제12조【성과연봉의 산정】

① 회사는 사원에게 생산수당을 다음 표와 같이 지급할 수 있다.

월간 인당 생산량	생산량 감소	기본 생산량	10% 증가	20% 증가	30% 증가
월간 수당	-	50,000원	100,000원	200,000원	300,000원

② 회사는 사원에게 품질수당을 다음 표와 같이 지급할 수 있다.

월간 불량률	불량률 3% 초과	불량률 3%	불량률 2%	불량률 1%	불량률 0%
월간 수당	-	50,000원	100,000원	200,000원	300,000원

제13조【법정수당의 산정】

회사는 사원에게 연장근로, 야간근로, 휴일근로, 연차휴가근로 등에 대하여 통상임금의 50%를 가산하여 지급한다.

제14조【일할계산】

회사는 사원에게 기본연봉, 상여연봉, 성과연봉, 법정수당, 퇴직금 등을 1개월 미만의 산정은 일할계산 한다.

제4장 연봉지급

제15조【기본연봉의 지급】

회사는 사원에게 기본연봉을 12분의 1로 균등하게 월할하여 매월 ○○일에 지급한다.

제16조【상여연봉의 지급】

① 회사는 사원에게 정기상여금을 균등하게 4로 나누어 다음 각 호의 날 전날에 지급한다.

1. 설(구정)
2. 하계휴가
3. 추석
4. 연말

② 회사는 사원에게 매년 2월에 전년도 경영성과를 평가하여 특별상여금을 지급할 수 있다.

> **참고** 정기적으로 지급하는 상여금은 통상임금에 포함한다. (대법 '2012다89399, 2012다94643)
> 대법원은 법률상 통상임금에 해당하는 정기상여금 등의 임금을 통상임금에서 제외하기로 노사가 합의하였다 하더라도 위 합의는 「근로기준법」에 위반되어 무효임을 확인함

제17조【성과연봉의 지급】

회사는 사원에게 생산수당과 품질수당이 발생하면 발생 월의 급여일에 지급한다.

> **참고** 근무실적에 좌우되는 임금 (통상임금노사지도지침, 고용노동부, 2014.1.23)
> 1. 근무실적을 평가하여 이를 토대로 지급 여부나 지급액이 정해지는 임금은 일반적으로 성과급은 통상임금이 아니다.
> 2. 근무실적에 따라 최하등급을 받더라도 받을 수 있는 그 최소한도의 임금은 통상임금에 해당한다.
> (예시) 근무실적을 A, B, C 노 평가하여 최하 C 등급에도 100만 원의 성과급을 지급한다면 최소 100만 원은 보장되므로 100만 원만큼만 통상임금에 해당하고, 나머지는 통상임금 아니다.

제18조 【법정수당의 지급】

회사는 사원에게 법정수당이 발생하면 발생 월의 급여일에 지급한다.

제19조 【지급금지】

회사는 사원이 근로하지 않은 날 또는 기간에 대하여 임금을 지급하지 아니한다.

제20조 【지급방법】

회사는 사원에게 연봉을 사원의 은행계좌로 지급한다.

제5장 연봉계약

제21조 【연봉통지】

회사는 사원에게 매년 ○월 말일까지 연봉을 결정하여 사원에게 서면으로 통지한다.

제22조 【연봉조정】

사원은 회사의 연봉결정에 이의 있으면, 연봉통지일로부터 7일 이내에 서면으로 연봉조정신청을 하여야 한다.

제23조 【연봉조정기간】

사원의 연봉조정신청일로부터 7일 이내에 연봉결정이 되지 아니한 사원은 최초 연봉통지일로부터 30일간을 연봉조정기간으로 한다.

제24조 【연봉계약】

① 회사와 사원은 매년 ○월 말일까지 연봉계약을 체결하여야 한다.

② 사원은 회사의 연봉통지일로부터 7일 이내에 연봉조정을 신청하지 않으면 회사에서 통지한 연봉으로 계약이 체결된 것으로 간주한다.

제25조 【비밀유지】

사원이 자신과 타 사원의 연봉을 사내외에 누설한 경우 인사상의 불이익 처분을 받을 수 있다.

제6장 퇴직금

제26조 【퇴직금의 산정】

회사는 1년 이상의 근속한 사원에게 근속기간 1년에 대하여 평균임금 1개월분으로 계산하여 퇴직금을 지급한다.

> **참고** 근로자퇴직급여보장법 제4조(퇴직급여제도의 설정) 퇴직급여제도를 설정하는 경우에 하나의 사업에서 급여 및 부담금 산정방법의 적용 등에 관하여 차등을 두어서는 아니 된다.

제27조 【퇴직금의 지급】

회사는 사원의 퇴직금을 퇴직시에 일시불로 지급하거나, 퇴직연금에 가입한 사원에게는 매년 또는 매월 퇴직연금계좌로 지급한다.

> **참고** 근로자퇴직급여보장법 제4조(퇴직급여제도의 설정) ① 사용자는 퇴직하는 근로자에게 급여를 지급하기 위하여 퇴직급여제도 중 하나 이상의 제도를 설정하여야 한다. 다만, 계속근로기간이 1년 미만인 근로자, 4주간을 평균하여 1주간의 소정근로시간이 15시간 미만인 근로자에 대하여는 그러하지 아니하다.

제28조 【퇴직금의 중간정산】

회사는 다음 각 호에 해당하는 사원이 퇴직금 중간정산을 신청할 때에는 정산할 수 있다.

1. 무주택자인 근로자가 본인 명의로 주택을 구입하는 경우
2. 무주택자의 근로자가 주거목적으로 전세금 또는 보증금을 부담하는 경우 1회에 한정
3. 본인, 배우자 또는 부양가족이 질병 부상으로 6개월 이상 요양하는 경우
4. 최근 5년 이내에 파산선고를 받거나 개인회생절차 개시 결정을 받는 경우
5. 임금피크제를 실시하여 임금이 줄어드는 경우
6. 태풍, 홍수 등 천재지변으로 노동부장관이 정한 사유와 요건에 해당하는 경우

참고 근로자퇴직급여보장법시행령(2012.7.26)

〈부　칙〉

제29조 【시행일】

이 규정은 ○○○○년 ○○월 ○○일부터 시행한다.

〈서　식〉

(서식 1) 생산직 연봉계약 동의(이의신청)서

(서식 1)

생산직 연봉계약(동의)서

회사는 202 년도 사원 ○○○의 연봉은 다음과 결정합니다.

1. **사원**

   1) 사 원 명 : ○○○(주민등록번호:), 직급 :

   2) 재직기간 : 재직기간(년 개월), 입사일자 (년   월   일)

   3) 근무부서 : ○○사업장 ○○팀

2. **연봉기간** : 202 년 월 일부터 202 년   월   일까지 (1년간)

3. **근로시간** : 1주에 5일 근로, 1일에 9.5시간 근로(1일에 1.5시간 연장근로)

4. **연봉총액** :   원

   1) 기본급여 (원)   2) 직책급여 (원)

   3) 상여연봉 (원)   4) 연장근로수당 (발생시 지급)

5. **연봉지급**

   1) 기본급여와 직책급여는 총액을 12분의 1로 나누어 월액으로 매월 ○○일에 지급한다.

   2) 상여연봉은 총액을 4분의 1로 나누어 분기별로 지급한다.

   3) 연장근로수당과 생산수당은 매월 발생분을 당월의 기본급여일에 지급일 지급한다.

6. **퇴직금**

   퇴직금은 1년 이상 계속근로한 사원에게 계속근로 1년에 대하여 30일분의 평균임금으로 산정하여 퇴직시 지급하거나 퇴직연금계좌로 지급한다.

7. **지급계좌** : 사원의 임금은 사원명의 은행계좌에 현금으로 지급한다.

8. **누설금지** : 본인의 연봉을 타인에게 누설하면 인사상의 불이익이 있을 수 있다.

9. **연봉동의** : 사원은 연봉계약에 동의하면 서명 및 날인하여 202 년 월 일까지 인사부장에게 제출하는 경우 본 연봉계약에 동의한 것으로 본다.

10. **이의신청** : 사원은 이 연봉계약에 이의가 있는 경우 202 년   월   일까지 인사부장에게 조정신청을 한다.

202 년 월 일

○○주식회사 대표이사

(위임전결권자)인사부장 ○ ○ ○ (인)

....

(동의·조정신청)

상기의 연봉결정에 (동의, 조정신청) 합니다.

202 년 월 일

사원 ○ ○ ○   (인)

[79]
판매직 연봉제 급여규정

제정 ○○○○년 ○○월 ○○일
개정 ○○○○년 ○○월 ○○일

〈총 칙〉

제1장 통칙

제1조【목적】

이 규정은 ○○주식회사(이하 '회사'라 한다) 판매직 사원의 연봉제에 관한 절차와 운용을 정함을 목적으로 한다.

제2조【적용대상】

이 규정은 회사의 판매직의 연봉제 사원에게 적용한다.

제3조【용어의 정의】

이 규정에서 사용하는 용어의 뜻은 다음 각 호와 같다.

1. '연봉'이란 사원에게 1년간 지급하는 급여의 총액이다.
2. '기본연봉'이란 사원에게 1년간 매월 지급하는 기본급이다.
3. '성과연봉'이란 사원에게 1년간 실적에 따라 지급하는 성과급이다.
4. '법정수당'이란 사원에게 시간외근로에 대하여 지급하는 수당이다.

제4조 【연봉계약과 기간】

① 회사와 사원은 매년 2월 1일부터 2월 말일까지 연봉계약을 체결한다.

② 사원의 연봉은 매년 3월 1일부터 다음 해 2월 말일까지 1년을 연봉계약기간으로 한다.

제2장 연봉구성

제5조 【연봉구성】

사원의 연봉은 다음 각 호와 같이 구성한다.

　　1. 기본연봉

　　2. 성과연봉

　　3. 법정수당

제6조 【기본연봉】

사원의 기본연봉은 다음 각 호와 같이 구성한다.

　　1. 기본급 : 직책에 따라 차등 적용한다.

　　2. 직책급 : 직책에 따라 차등 적용한다.

제7조 【특별상여금】

회사는 팀과 사원에게 특별상여금을 일부 또는 전체에게 지급할 수 있다.

> **참고** 정기적으로 지급하는 상여금은 통상임금에 포함한다. (대법 '2012다89399, 2012다94643)

제8조 【성과연봉】

회사는 팀과 사원에게 각각 다음 각 호의 성과급을 지급할 수 있다.

　　1. 판매수당

　　2. 실적수당

　　3. 특별수당

> **참고** 근무실적에 좌우되는 임금 (통상임금노사지도지침, 고용노동부, 2014.1.23)
> 1. 근무실적을 평가하여 지급 여부나 지급액이 정해지는 임금은 일반적으로 통상임금이 아니다.
> 2. 근무실적에 따라 최하등급을 받더라도 받을 수 있는 그 최소한도의 임금은 통상임금에 해당한다.
> (예시) 근무실적을 A, B, C로 평가하여 최하 C등급에 100만원의 성과급을 지급한다면 최소 100만원은 보장되므로 100만원 만큼만 통상임금에 해당하고, 나머지는 통상임금 아니다.

제9조 【법정수당】

회사는 사원이 시간외근로를 하는 경우 다음 각 호의 수당을 지급한다.

　　1. 연장근로수당

　　2. 야간근로수당

　　3. 휴일근로수당

　　4. 연차근로수당

> **참고** 근로자퇴직급여보장법 제8조(퇴직금제도의 설정 등) ① 퇴직금제도를 설정하려는 사용자는 계속근로
> 기간 1년에 대하여 30일분 이상의 평균임금을 퇴직금으로 퇴직 근로자에게 지급할 수 있는 제도를 설정하여
> 야 한다.

제3장 연봉산정

제10조 【기본급의 연봉】

판매직 사원의 기본연봉의 기본급은 다음 표와 같다.

구분	사원	대리	과장	차장	부장
기본급	15,000,000원	20,000,000원	25,000,000원	30,000,000원	35,000,000원

제11조 【직책급의 연봉】

판매직 사원의 기본연봉의 직책급은 다음 표와 같다.

구분	대리	과장	차장	부장
직책급	4,000,000원	6,000,000원	7,000,000원	8,000,000원

제12조 【판매수당】

판매직 사원의 성과연봉의 판매수당은 매월 다음의 표와 같이 산정한다.

구분	달성률	지급률
월별 목표매출액	110% 이상	기본급 월봉의 5%
	120% 이상	기본급 월봉의 10%
	130% 이상	기본급 월봉의 15%
	140% 이상	기본급 월봉의 20%

제13조 【실적수당】

판매직 사원의 성과연봉의 실적수당은 매분기 다음 표와 같이 산정한다.

구분	달성률	지급률
분기별 목표매출액	110% 이상	기본연봉 기본급의 5%
	120% 이상	기본연봉 기본급의 10%
	130% 이상	기본연봉 기본급의 15%
	140% 이상	기본연봉 기본급의 20%

제14조 【특별수당】

회사는 판매직 사원의 성과연봉의 특별수당을 매반기 다음과 같이 산정한다.

구분	달성률	지급률
반기별 목표매출액	170% 이상	기본연봉 기본급의 50%
	200% 이상	기본연봉 기본급의 70%
	250% 이상	기본연봉 기본급의 100%

제15조 【법정수당계산】

회사는 사원이 시간외근로와 연차휴가근로를 한 때에는 통상임금의 50%를 가산하여 지급한다.

제4장 연봉지급

제16조 【연봉지급방법】

사원의 연봉을 사원명의 은행계좌로 지급한다.

제17조 【기본연봉의 지급】

회사는 사원의 기본연봉을 12분의 1로 균등하게 나누어 매월 ○○일에 지급한다.

> **참고** 임금은 매월 1회 이상 일정한 날짜를 정하여 지급하여야 한다. (근로기준법 43조)

제18조 【성과수당의 지급】

① 회사는 판매직 사원의 판매수당을 매월 기본연봉의 지급일에 지급한다.

② 회사는 판매직 사원의 실적수당을 매분기 말월에 기본연봉의 지급일에 지급한다.

③ 회사는 판매직 사원의 특별수당을 매반기 말월에 기본연봉의 지급일에 지급한다.

> **참고** 상여금의 지급방법이 부정기적이고 일률적이지 않으면 통상임금에서 제외된다. (대법2010다91046, 2012.03.29)

제19조 【법정수당지급】

회사는 사원의 시간외수당과 연차휴가근로수당을 발생월의 기본연봉 지급일에 지급한다.

제5장 퇴직급여

제20조 【퇴직금】

회사는 1년 이상 근무한 사원에게 근무기간 1년에 대하여 30일의 평균임금을 퇴직금으로 계산하여 지급한다.

> **참고** 근로자퇴직급여보장법 제8조(퇴직금제도의 설정 등) ① 퇴직금제도를 설정하려는 사용자는 계속근로기간 1년에 대하여 30일분 이상의 평균임금을 퇴직금으로 퇴직 근로자에게 지급할 수 있는 제도를 설정하여야 한다.

제21조 【퇴직금지급】

① 회사는 사원에게 근로기간 1년에 대하여 평균임금 1개월분을 퇴직금으로 지급한다.

② 회사는 1년 이상 근로한 사원이 퇴직하면 퇴직일로부터 14일 이내에 퇴직금을 지급한다.

③ 회사는 퇴직연금에 가입한 사원이 퇴직하면 제2항에도 불구하고, 퇴직연금정산규정에 따라 지급한다.

> **참고** 근로자퇴직급여보장법 제4조(퇴직급여제도의 설정) ① 사용자는 퇴직하는 근로자에게 급여를 지급하기 위하여 퇴직급여제도 중 하나 이상의 제도를 설정하여야 한다. 다만, 계속근로기간이 1년 미만인 근로자, 4주간을 평균하여 1주간의 소정근로시간이 15시간 미만인 근로자에 대하여는 그러하지 아니하다.

제22조【퇴직금 중간정산】

회사는 다음 각 호에 해당하는 사원이 퇴직금 중간정산을 신청하면 중간정산할 수 있다.

1. 무주택자인 근로자가 본인 명의로 주택을 구입하는 경우
2. 무주택자의 근로자가 주거목적으로 전세금 또는 보증금을 부담하는 경우 1회에 한정
3. 본인, 배우자 또는 부양가족이 질병 부상으로 6개월 이상 요양하는 경우
4. 최근 5년 이내에 파산선고를 받거나 개인회생절차 개시 결정을 받는 경우
5. 임금피크제를 실시하여 임금이 줄어드는 경우
6. 태풍, 홍수 등 천재지변으로 노동부장관이 정한 사유와 요건에 해당하는 경우

> **참고** 퇴직금 중간정산 금지 (근로자퇴직급여보장법시행령(2012.7.26)

〈부　　칙〉

제23조【시행일】

이 규정은 ○○○○년 ○○월 ○○일부터 시행한다.

〈서　　식〉

(서식 1) 판매직 연봉제계약서

(서식 1)

판매직 연봉계약서

사용자와 근로자는 다음과 같이 연봉계약을 체결한다.

(사용자)

(근로자)

1. 계약기간 : 202 년 월 일부터 202 년 월 일까지 (1년간)
2. 근무장소 : ○○주식회사 사업장 (서울, 경기, 인천 지역)
3. 근로시간 : 10:00시부터 19:00시 까지 (8시간)
4. 휴계시간 : 12:00시부터 13:00시 까지 (1시간)
5. 휴   일 : 매주 월요일(무급휴일), 화요일(유급휴일)
6. 임   금 : 연봉총액 : ○○,○○○,○○○원

연봉구성	금액	내용
1) 기본연봉	원	연간 지급하는 기본급과 직책급
2) 판매수당	원	물품 판매수당 지급하는 수당
3) 연장근로수당	원	1일에 2시간 연장근로
4) 휴일근로수당	원	1주에 8시간 무급휴일에 근로
5) 연차근로수당	원	1개월에 8시간 휴일근로
총액	원	-

7. 수당지급 : 판매수당과 시간외근로수당은 발생시 지급한다.
8. 지급제한 : 결근 등으로 근로하지 않은 날은 임금을 지급하지 않는다.
9. 지 급 일 : 기본연봉을 12분의 1로 균등하게 월액하여 매월 ○○일에 사원계좌로 지급한다.
10. 퇴직급여 : 사원의 퇴직시 지급하거나 사원퇴직연금계좌로 지급한다.
11. 이 계약에 없는 사항은 '판매직 연봉제규정'에 따른다.

사용자와 근로자는 상기와 같이 연봉계약을 체결합니다.

202 년   월   일

(사용자) 회사명: 사업자등록번호 :   대표이사   (인)
          (주 소:)
(근로자) 성 명: 주민등록번호 :   (인)
          (주 소:)

[80]
영업직 연봉제 급여규정

제정 ○○○○년 ○○월 ○○일
개정 ○○○○년 ○○월 ○○일

〈총 칙〉

제1장 통칙

제1조 【목적】
　이 규정은 ○○주식회사(이하 '회사'라 한다) 영업직 임직원의 연봉제 절차와 운용의 정함을 목적으로 한다.

제2조 【적용대상】
　이 규정은 회사의 영업부서(영업팀)와 영업직 임직원에게 적용한다.

제3조 【용어정의】
　이 규정에서 사용하는 용어는 다음 각 호와 뜻과 같다.
　　1. '기본연봉'이란 1년을 단위기간으로 계산한 임금이다.
　　2. '성과연봉'이란 1년을 단위기간으로 계산한 임금이다.
　　3. '특별상여금'이란 명절 및 하계휴가에 지급하는 상여금이다.

제4조 【연봉계약과 기간】
　① 회사는 매년 2월 초일부터 말일까지 1개월간 연봉계약기한으로 한다.
　② 사원의 연봉계약기간은 매년 1월 1일부터 12월 31일까지 1년간으로 한다.

제2장 연봉계산

제5조 【연봉구성】

회사는 영업직 임직원의 연봉을 다음 각 호와 같이 구성한다.

1. 기본연봉
2. 성과연봉
3. 특별상여금

제6조 【기본연봉】

① 기본연봉으로 기본급을 매년 1월 1일부터 12월 31일까지 1년간 법정최저임금을 기준으로 직급에 따라 다음의 지급률로 지급한다.

직급	1	2	3	4	5	6	7	8	9
지급률	110%	120%	130%	140%	150%	160%	170%	180%	190%

② 기본연봉으로 직책급을 제1항의 기간에 다음의 직책급으로 지급한다.

직책	평사원	대리	과장	차장	부장
지급액	1,200,000원	2,400,000원	3,600,000원	4,800,000원	6,000,000원

> **참고** 2017년 최저임금 6,470원(시급), 월 법정최저임금 : 209시간 × 6,470원 = 1,352,230원

제7조 【성과연봉】

회사는 영업팀의 분기간 매출액을 기준으로 사원에게 분기간 성과급을 다음과 같이 지급한다.

분기매출액	15억원 이상	20억원 이상	25억원 이상	30억원 이상
분기성과급	기본연봉의 10%	기본연봉의 15%	기본연봉의 20%	기보년봉의 30%

제8조 【특별상여금】

회사는 재직기간 6개월 이상의 사원에게 설과 추석, 하계휴가 시기에 다음과 같이 특별상여금을 지급한다.

직급	평사원	대리	과장	차장	부장
지급률	50만원	100만원	150만원	200만원	300만원

제3장 연봉조정

제9조 【연봉조정】

회사는 매년 3월에 사원의 연봉을 조정한다.

제10조 【소급정산】

회사는 매년 3월에 연봉을 조정한 사원에게 당해 1월과 2월의 연봉을 소급하여 정산한다.

제3장 연봉지급

제11조 【기본연봉의 지급】
회사는 사원의 기본연봉의 기본급과 직책급은 12분의 1로 균등하게 월할하여 매월 ○○일에 월봉으로 지급한다.

제12조 【성과연봉의 지급】
회사는 성과연봉을 매분기 말월의 익월에 기본연봉의 월봉지급일에 분기성과급으로 지급한다.

제13조 【특별상여금의 지급】
회사는 사원에게 명절 및 하계휴가의 전날 또는 2일 이전에 특별상여금을 지급한다.

제14조 【지급방법】
회사는 사원의 급여를 사원명의 은행계좌로 지급한다.

제4장 퇴직금

제15조 【퇴직급여】
회사는 1년 이상 근속한 사원이 퇴직 시 계속근로 1년에 대하여 30일의 평균임금으로 산정하여 퇴직금으로 지급한다. 다만, 퇴직연금 가입 시 매월 또는 연간 1회 이상 사원퇴직연금계좌에 불입한다.

〈부 칙〉

제16조 【시행일】
이 규정은 ○○○○년 ○○월 ○○일부터 시행한다.

〈서 식〉

(서식 1) 영업직 연봉제계약서

(서식 1)

영업직 연봉계약서

사용자와 사원은 연봉계약을 다음과 같이 체결한다.

　　(사용자 :　　　　　　　　　　　근로자 :　　　　　　　　　　　　)

	기본연봉	성과연봉	특별상여금
1. 계약기간	202 년 월 일부터 202 년 월 일까지 (1년간)		
2. 근무장소	○○주식회사 영업지점 (서울, 경기, 인천 지역)		
3. 근로시간	9:00시부터 18:00시 까지 (8시간)		
4. 휴게시간	12:00시부터 13:00시 까지 (1시간)		
5. 휴　일	토요일(무급휴일), 일요일(유급휴일)		

6. 연봉총액	기본연봉	성과연봉	특별상여금
	영업직 연봉제 급여규정 준용	영업직 연봉제 급여규정 준용	영업직 연봉제 급여규정 준용

7. 기본연봉	기본연봉을 12분의 1로 균등하게 월액하여, 매월 ○○일에 사원계좌로 지급한다.
8. 성과연봉	성과연봉은 영업직연봉제급여규정에 따라 평가하여 매분기말월의 다음달 기본연봉의 월봉 지급일에 지급한다.
9. 퇴직급여	1년 이상 근속 시 1년에 평균임금 30일분으로 산정한 퇴직금을 퇴직시 지급하거나 퇴직연금계좌로 매월 또는 1년에 1회 이상 지급한다.
10. 지급제한	근로일에 근로하지 않은 날은 연봉을 지급하지 아니한다.다만, 일할계산하여 차감한다.
11. 적용규정	이 계약에 없는 사항은 '영업직 연봉제 급여규정'을 적용한다.

사용자와 사원은 상기와 같이 연봉계약을 체결합니다.

202 년 월 일

(사용자) 회사명:　　　　　　(사업자등록번호:　　　　　　) 대표이사　　　(인)

　　　　(주 소:　　　　　　　　　　　　　　　　)

(사 원) 성 명:　　　　　　(주민등록번호:　　　　　　　　　) 　　　(인)

　　　　(주 소:　　　　　　　　　　　　　　　　)

[81]
서비스직 연봉제 급여규정

제정 ○○○○년 ○○월 ○○일
개정 ○○○○년 ○○월 ○○일

〈총 칙〉

제1장 통칙

제1조【목적】
　이 규정은 ○○○○주식회사(이하 '회사'라 한다) 서비스직 사원의 연봉제 임금에 관한 기준과 계산 등을 정함을 목적으로 한다.

제2조【적용대상】
　이 규정은 회사의 정규직(무기계약) 사원과 계약직(1년 이상 계약직) 사원에게 적용한다.

제3조【용어의 정의】
　이 규정에서 '연봉' 또는 '연봉제'란 임금을 1년 단위로 결정하여 지급하는 임금을 말한다.

제4조【연봉산정과 계약】
　① 연봉산정의 기간은 매년 1월 1일부터 12월 31일까지 1년으로 한다.
　② 연봉계약의 체결은 매년 2월 1일부터 말일까지 한다.

제2장 연봉산정

제5조【연봉구성】
　연봉은 기본연봉과 업적연봉으로 다음과 각 호와 같이 구성한다.

     1. 기본연봉

     2. 성과연봉

제6조 【기본연봉의 산정기준】

① 사원의 기본연봉의 산정기준은 다음과 같다.

(단위: 원)

구분	시급(1시간)	일급(8시간)	월봉(209시간)	1년 연봉
2017년 최저임금	6,470	51,760원	1,352,230	16,226,760
반영률 150%	9,705	77,640원	2,028,345	24,340,140

② 사원의 근속연차별 직급별 기본연봉은 다음과 같다.

(단위: 원)

연차	평사원	대리	과장	차장	팀장
1	24,340,140	26,774,154	29,451,569	32,396,726	35,636,399
2	26,774,154	29,451,569	32,396,726	35,636,399	39,200,039
3	29,451,569	32,396,726	35,636,399	39,200,039	43,120,043
4	32,396,726	35,636,399	39,200,039	43,120,043	47,432,047
5	35,636,399	39,200,039	43,120,043	47,432,047	52,175,252
6	39,200,039	43,120,043	47,432,047	52,175,252	57,392,777
7	43,120,043	47,432,047	52,175,252	57,392,777	63,132,055
8	47,432,047	52,175,252	57,392,777	63,132,055	69,445,260
9	52,175,252	57,392,777	63,132,055	69,445,260	76,389,786
10	57,392,777	63,132,055	69,445,260	76,389,786	84,028,765

제7조 【성과연봉】

① 전사원에게 연간목표매출액의 달성률에 따라 다음과 같이 연간성과급을 지급한다.

목표이익 달성률	110%	120%	130%	140%	150% 이상
기본연봉기준 연간성과급	5%	10%	15%	20%	25%

② 매장 사원에게 분기목표매출액의 달성률에 따라 다음과 같이 분기성과급을 지급한다.

목표매출액 달성률	110%	120%	130%	140%	150% 이상
월봉기준 분기성과급	5%	10%	15%	20%	25%

제8조 【법정수당】

회사는 사원이 연장근로, 야간근로, 휴일근로, 연차근로를 한 때에는 통상임금의 50%를 가산하여 지급한다.

제9조 【중도입사자연봉】

회사는 중도에 입사한 사원의 연봉은 입사일로부터 12월 31일까지 산정한다.

제3장 급여지급

제10조 【기본연봉지급】

회사는 기본연봉의 12분의 1을 매월 ○○일에 월봉으로 지급한다.

제11조 【성과연봉지급】

① 회사는 전년의 성과평가에 따른 연간성과급을 매년 2월에 지급한다.

② 회사는 분기별 성과급은 해당 분기말월의 월봉지급일에 지급한다.

제12조 【법정수당지급】

① 연장·야간·휴일 근로수당은 발생 월의 월봉 지급일에 지급한다.

② 연차유급휴가 수당은 발생 월의 월봉 지급일에 지급한다.

제13조 【지급제한】

회사는 근로하지 않은 시간은 임금을 지급하지 아니한다.

제14조 【지급방법】

회사는 사원의 임금을 사원명의 은행계좌로 지급한다.

제4장 퇴직급여

제15조 【퇴직금의 산정】

회사는 1년 이상 계속 근로한 사원에게 계속근로 1년에 대하여 30일분의 평균임금을 퇴직금으로 지급한다.

제16조 【퇴직금 중간정산】

회사는 다음 각 호에 해당하는 사원이 퇴직금 중간정산을 신청하면, 정산할 수 있다.

1. 무주택자인 근로자가 본인 명의로 주택을 구입하는 경우
2. 무주택자의 근로자가 주거목적으로 전세금 또는 보증금을 부담하는 경우 1회에 한정
3. 본인, 배우자 또는 부양가족이 질병 부상으로 6개월 이상 요양하는 경우
4. 최근 5년 이내에 파산선고를 받거나 개인회생절차 개시 결정을 받는 경우
5. 임금피크제를 실시하여 임금이 줄어드는 경우
6. 태풍, 홍수 등 천재지변으로 노동부장관이 정한 사유와 요건에 해당하는 경우

> ※ 〈퇴직금 중간정산 금지 사례〉
> 다음의 퇴직금 중간정산 사례는 2012.7.26.부터 금지한다.
> (1) 연봉제에서 매년 중간정산 또는 월 급여에 포함하여 분할 지급 약정
> (2) 퇴직연금제도 가입을 결정하고 이전 근무기간에 대한 퇴직금 중간정산
> (3) 기존 퇴직충당금을 중간정산 목적으로 활용금지 (단, 퇴직연금에 계속근로기간 소급 적용 시

활용 가능)
(4) 퇴직금 누진제를 단수제로 변경하기 위한 중간정산 등
※ 관련법령 : 근로자퇴직급여보장법시행령(2012.7.26)

제17조【퇴직금의 지급】

회사는 1년 이상 근로한 사원이 퇴직할 때 퇴직일로부터 14일 이내에 지급한다.

〈부　칙〉

제18조【시행일】

이 규정은 ○○○○년 ○○월 ○○일부터 시행한다.

〈서　식〉

(서식 1) 서비스직 연봉계약서

(서식 1)

서비스직 연봉계약서

사용자와 근로자는 다음과 같이 연봉계약을 체결한다.

1. 계약기간 : 202 년 월 일부터 202 년 월 일까지 (1년간)
2. 근무장소 : ○○주식회사 사업장 (서울, 경기, 인천 지역)
3. 근로시간 : 오전 10:00시부터 오후 7:00시 까지 (8시간)
4. 휴계시간 : 12:00시부터 13:00시 까지 (1시간)
5. 휴   일 : 매주 월요일(무급휴일), 화요일(유급휴일)
6. 임   금 :

연봉구성		금액
1) 기본연봉		원
2) 법정수당	연장근로수당	발생시 지급한다
	야간근로수당	
	휴일근로수당	
3) 성과연봉	연간성과급	연봉제규정에 따른다.
	분기성과급	
4) 퇴직급여	근속기간 1년에 대하여 평균임금 1개월분으로 계산한다.	

7. 연봉지급 : 기본연봉을 12분의 1로 나누어 월봉으로 매월 ○○일에 사원계좌로 지급한다. 성과연봉의 분기성과급은 매분기말월의 월봉지급일에 지급한다.
8. 퇴직급여 : 사원의 퇴직시 지급하거나 매월 사원의 퇴직연금계좌로 지급한다.
9. 지급제한 : 결근 등으로 근로하지 않은 날은 임금을 지급하지 않는다.
10. 이 계약에 없는 사항은 '서비스직 연봉제규정'에 따른다.

사용자와 근로자는 상기와 같이 연봉계약을 체결합니다.

202 년 월 일

(사용자) 회사명: 사업자등록번호 :   대표이사   (인)
  (주 소:)
(근로자) 성 명: 주민등록번호 :   (인)
  (주 소:)

[82]
관리직 연봉제 급여규정

제정 ○○○○년 ○○월 ○○일
개정 ○○○○년 ○○월 ○○일

〈총 칙〉

제1장 통칙

제1조【목적】

　이 규정은 ○○주식회사(이하 '회사'라 한다) 관리직 사원의 연봉제 절차와 운용의 정함에 목적이 있다.

제2조【적용대상】

　이 규정은 회사에 재직하는 관리직 사원에게 적용한다.

제3조【용어의 정의】

　이 규정에서 '관리직'이란 회사에 재직하는 다음 각 호의 자를 뜻한다.

　　1. 과장
　　2. 차장
　　2. 부장, 부문장
　　3. 팀장, 점장

4. 사업본부장

제4조【연봉산정기간】

사원의 연봉산정기간은 매년 1월 1일부터 12월 31일까지로 한다.

제5조【연봉계약기간】

회사는 매년 2월 초일부터 말일까지 사원의 연봉계약 체결 기한으로 한다.

제2장 연봉구성

제6조【연봉구성】

관리직 사원의 연봉은 다음 각 호와 같이 구성한다.

1. 기본연봉
2. 성과연봉

제7조【기본연봉】

관리직 사원의 기본연봉은 다음 각 호와 같이 구성한다.

1. 기본급
2. 직책급

제8조【성과연봉】

관리직 사원의 성과연봉은 다음 각 호와 같이 구성한다.

1. 성과급
2. 법정수당

제3장 연봉산정

제9조【기본연봉의 산정】

① 관리직원의 기본급은 당해 월 최저임금 1,352,230원에 대하여 다음 표의 지급률로 한다.

구분	과장	차장	부장	본부장
지급률	300%	350%	400%	450%
월급	4,056,690	4,732,805	5,408,920	6,085,035
연봉	48,680,280	56,793,660	64,907,040	73,020,420

② 관리직원의 직책급은 제1항의 기본급의 10%를 직책급으로 지급한다.

구분	과장	차장	부장	본부장
월간직책급	405,669	473,280	540,892	608,503
연간직책급	4,868,028	5,679,366	6,490,704	7,302,042

제10조【성과연봉의 산정】

① 관리직원의 성과급은 달성률을 기준으로 기본연봉에 지급률을 곱하여 다음과 같이 산정하여

지급한다.

구분	분기달성률과 분기지급률			
전기 대비 분기별 매출액	110% 이상	120% 이상	130% 이상	140% 이상
성과급 지급률 (기본연봉기준)	5%	10%	15%	20%

② 관리직원의 개인별 성과급은 시간외근로수당과 연차수당 등 법정수당으로 한다.

제4장 연봉지급

제11조 【기본연봉의 지급】

사원의 기본연봉은 총액의 12분의 1로 균등하게 월할하여 매월 ○○일에 지급한다.

제12조 【성과연봉의 지급】

① 사원의 성과연봉은 매분기 말월의 다음 달 기본연봉의 지급일에 지급한다.

팀 분기별 성과급은 성과연봉기준액에 대하여 분기별 소속팀 목표달성률로 곱한 금액의 4분의
1 금액으로 산정하여 해당 분기말 월의 다음 월의 기본연봉 지급일에 지급한다.

② 사원의 시간외근로수당과 연차휴가근로수당은 발생 월의 기본연봉 지급일에 지급한다.

제13조 【임금지급제한】

사원이 결근 등으로 근로하지 않은 기간은 임금을 지급하지 아니한다.

제14조 【연봉지급방법】

사원의 연봉은 사원명의 통장계좌로 매월 지급한다.

제5장 연봉계약

제15조 【계약원칙】

회사와 사원은 연봉계약을 서면으로 하고, 상호 간 연봉을 확인하고 서명 및 날인으로 연봉계약
을 체결한다.

제16조 【연봉동의】

사원은 회사가 통보한 연봉에 동의할 때에는 연봉통지서에 '동의함'을 자필로 기록하고 서명 및
날인하여 통보받은 날로부터 7일 이내에 회사에 동의서를 제출하여, 연봉계약을 체결한다.

제17조 【연봉조정】

사원은 회사가 통보한 연봉에 이의가 있으면, 연봉을 통보받은 날로부터 7일 이내에 회사에 서
면으로 연봉조정을 신청하여야 한다.

제18조 【근로계약의 해지】

회사는 매년 2월 말일까지 연봉계약을 체결하지 않은 사원은 근로계약을 해지한 것으로 본다.

제19조 【비밀유지】

회사와 사원은 연봉에 대하여 상호동의가 없는 한 제3자에게 누설하여서는 아니한다.

제6장 퇴직금

제20조【퇴직금의 산정】

사원의 퇴직금은 1년 이상 계속근무자에게 지급하며, 계속근무 1년에 대하여 평균임금 30일분의 퇴직금으로 산정한다.

제21조【퇴직금의 지급】

회사는 1년 이상 계속 근무자가 퇴직할 때에는 퇴직 후 14일 이내에 퇴직금을 지급한다. 다만, 퇴직연금에 가입한 사원에게는 사원의 퇴직연금계좌로 매월 해당액을 지급한다.

제22조【퇴직금 중간정산】

회사는 다음 각 호에 해당하는 사원이 퇴직금 중간정산을 신청하면, 정산할 수 있다.

1. 무주택자인 근로자가 본인 명의로 주택을 구입하는 경우
2. 무주택자의 근로자가 주거목적으로 전세금 또는 보증금을 부담하는 경우 1회에 한정
3. 본인, 배우자 또는 부양가족이 질병 부상으로 6개월 이상 요양하는 경우
4. 최근 5년 이내에 파산선고를 받거나 개인회생절차 개시 결정을 받는 경우
5. 임금피크제를 실시하여 임금이 줄어드는 경우
6. 태풍, 홍수 등 천재지변으로 노동부장관이 정한 사유와 요건에 해당하는 경우

〈부 칙〉

제23조【시행일】

이 규정은 ○○○○년 ○○월 ○○일부터 시행한다.

제24조【경과규정】

이 규정의 연봉제 도입 시행일로부터 3개월 이내에 퇴사하는 사원은 퇴직금정산을 위한 평균임금산정은 법령에서 정한 산정기준에 따른다.

〈서 식〉

(서식 1) 관리직 연봉계약서

(서식 1)

관리직 연봉계약서

회사와 사원은 202 년 연봉계약을 다음과 같이 체결합니다.

(회사명)

(사 원)

성 명			(근속기간)
직 책			(근무부서)
연 봉 기 간		202 년 월 일부터 202 년 월 일까지 (1년간)	
연 봉 총 액			(원)
기본연봉	기 본 급		(원)
	직 책 급		(원)
성과연봉	정 기 성 과 급		(원)
	특 별 성 과 급		(원)
특별상여금			(원)
지 급 일	기 본 연 봉	기본연봉 총액을 12분의 1로 균등하게 월액하여 매월 ○○일에 사원계좌로 지급한다.	
	성 과 연 봉	성과연봉은 연봉제급여규정의 평가에 따라 매분기 말월의 다음달 기본연봉지급일에 지급한다.	
지급제한		결근 등으로 근로하지 않은 날은 임금을 지급하지 않는다.	
적용규정		이 계약에 없는 사항은 '관리직 연봉제규정'을 적용한다.	

회사와 사원은 상기와 같이 연봉계약을 체결합니다.

202 년 월 일

(사용자) 회사명: (사업자등록번호) 대표이사   (인)

(사 원) 성 명: (주민등록번호)   (인)

제20편

복리후생 관련 규정

[83]
경조금 지급규정

제정 ○○○○년 ○○월 ○○일
개정 ○○○○년 ○○월 ○○일

〈총　　칙〉

제1조【목적】

이 규정은 ○○주식회사(이하 '회사'라 한다) 임직원에서 지급하는 경조금에 관한 지급기준과 절차를 규정함을 목적으로 한다.

제2조【적용범위】

회사 임직원의 경조금 지급에 관하여는 다른 규정에서 특별히 정한 것이 있는 경우 외에는 이 규정에 의한다.

제3조【지급대상】

경조금의 지급대상은 취업규칙의 채용규정에 의하여 채용된 자로 3개월 이상 근속한 임직원으로 하며 휴직중인 자는 제외한다.

제4조【지급종류】

경조금의 종류는 다음 각 호와 같다.

　　1. 축의금
　　2. 조의금

제5조【축의금 지급기준】

① 축의금의 지급에 관한 기준과 지급액은 다음의 각 호와 같다.

　　1. 본인 결혼 : 200,000원
　　2. 자녀 결혼 : 100,000원

② 사장이 필요하다고 인정할 경우에는 증액하여 지급할 수 있다.

제6조【조의금 지급기준】

① 조의금의 지급에 관한 기준과 지급액은 다음의 각 호와 같다.

　　1. 본인과 배우자 부모상: 200,000원

 2. 자녀상 : 100,000원

 3. 본인과 배우자 조부모상 : 100,000원

 4. 본인과 배우자 형제 및 자매상 : 100,000원

② 사장이 필요하다고 인정할 경우에는 증액하여 지급할 수 있다.

제7조【동일사유】

① 동일 사유로 경조금 수령 해당자가 2인 이상일 경우에는 고액수령 해당자 1인에게만 경조금을 지급한다.

② 사장이 필요하다고 인정할 경우에는 전항의 사유를 제외한다.

제8조【지급방법】

이 규정에 의한 경조금의 지급은 본인에게 직접 지급됨을 원칙으로 한다. 다만, 본인의 직접 수령이 불가능할 경우 대리인에게 지급할 수 있다.

제9조【유족지급】

유족에게 지급되는 경우 법령 및 타 규정에서 정한 경우를 제외하고는 다음과 같이 순위의 정하는 바에 따른다.

 1. 배우자   2. 자녀

 3. 부모   4. 손자

 5. 조부모   6. 형제자매

제10조【지급제한】

경조금 지급기한은 경조일로부터 30일 까지이며, 지급기한이 소멸한 때에는 경조금을 지급하지 않는다.

제11조【기간소멸】

이 규정에서 정한 경조금의 신청은 경조일로부터 전후 1개월이며, 이 기간안에 청구하지 않으면 소멸한다.

제12조【신청절차】

이 규정에서 정한 경조금은 본인의 신청으로 소속 부서장 확인과 주관부서장 및 임원의 결재로 경리부서에서 지급한다. 단, 본인의 직접 청구가 불가능한 경우에는 소속부서원이 대리 청구할 수 있다.

제13조【지급의무】

주관부서장은 신청서 접수일로부터 3일 이내에 즉시 지급하여야 한다.

〈부   칙〉

제14조【시행일】

이 규정은 ○○○○년 ○○월 ○○일부터 시행한다.

〈서   식〉

(서식 1) 경조금지급신청서

(서식 1)

<table>
<tr><td colspan="2" rowspan="2">경조금지급신청서</td><td rowspan="2">결
재</td><td></td><td></td><td></td></tr>
<tr><td></td><td></td><td></td></tr>
<tr><td>성   명</td><td></td><td>신청일자</td><td colspan="3">년   월   일</td></tr>
<tr><td>소   속</td><td></td><td>전화번호</td><td colspan="3"></td></tr>
<tr><td>신청금액</td><td colspan="5">일금   원정 (   )</td></tr>
<tr><td>경조사
내 용</td><td colspan="5"></td></tr>
<tr><td colspan="6">위와 같이 경조금을 신청합니다.

20   년   월   일

신청인   (인)</td></tr>
<tr><td colspan="6">(비   고)</td></tr>
</table>

[84]
자가운전보조금 지급규정

제정 ○○○○년 ○○월 ○○일
개정 ○○○○년 ○○월 ○○일

〈총 칙〉

제1조【목적】

이 규정은 ○○주식회사(이하 '회사'라 한다) 사원의 자가운전보조금에 관한 지급기준과 절차를 규정함을 목적으로 한다.

제2조【적용범위】

이 규정은 근로계약기간이 1개월 이상인 회사에 재직하는 임직원에게 적용한다.

제3조【용어의 정의】

① '자가운전'이란 회사의 임직원이 본인 또는 배우자 소유의 승용차를 직접 운전하여 출퇴근 및 업무를 수행함을 말한다.

② '사원'이란 회사에서 6개월 이상 계속 근무한 사원을 말한다.

제4조【지원신청등록서류】

자가운전보조금 지원신청 사원은 다음의 서류를 회사에 제출하여야 차량을 등록하여야 한다.

1. 운전면허증 사본 : 1부
2. 자동차등록증 사본 : 1부
3. 주민등록등본 : 1부 (차량이 배우자 소유에 한정)
4. 자동차보험가입증명서 사본 : 1부

제5조【자동차보험의 가입】

자가운전보조금 지원대상 사원은 자동차보험의 보상당사자로 가입함을 원칙으로 하며, 보상당사자가 아닌 경우 자가운전보조금 지원대상이 될 수 없다.

제6조【자가운전보조금】

회사는 자가운전보조금 지원대상 사원에게 출퇴근용 자가운전보조금을 다음과 같이 지급한다.

1. 사장, 전무, 상무 : 월 50만원
2. 부장, 팀장 : 월 30만원

  3. 과장, 차장 : 월 20만원

  4. 대리, 평사원 : 월 10만원

제7조 【차량의 업무사용】

① 회사는 사원의 자가용 자동차를 업무용으로 사용하는 경우 사용료를 지급하여야 한다. 다만, 사원의 자가용 자동차의 업무용 차량으로 등록한 경우와 업무용 차량으로 자동차보험에 가입한 경우에 한다.

② 사원의 자가용 자동차의 회사업무용 사용은 별도의 계약에 의한다.

제8조 【유류비 및 차량수리비】

① 회사는 출퇴근 자가운전보조금 지원대상 차량에 대하여 원칙적으로 별도의 유류비와 차량수리비를 지원하지 않는다.

② 다만, 업무용으로 사용한 경우 제1항에도 불구하고 별도의 유류비와 차량수리비를 지원할 수 있다.

제9조 【보조금의 지급】

회사는 자가운전보조금을 월급의 지급일에 지급한다. 다만, 월급 산정기간 이전에 신청하여 월급 산정기간 이전의 분은 지급하지 아니한다.

〈부   칙〉

제10조 【시행일】

이 규정은 ○○○○년 ○○월 ○○일부터 시행한다.

〈서   식〉

(서식 1) 자가운전보조금신청서

(서식 1)

자가운전보조금신청서		결 재			

성 명		직급	
소 속		직책	
자동차 번호		자동차명	
운전면허증 번 호		소유자	
신청분야	□ 유류대보조금　□ 자가운전보조금　□ 영업보조금　□ 기타보조금		
신청금액	일금　　　　　　　　　　원정　（　　　　　　　　　　）		
신청사유			

　　○○주식회사 자가운전관리규정에 따라 위와 같이 자가운전보조금을 신청합니다.
　　　　　　　　　　20　　년　　　월　　　일
　　　　　　　　　신청인　　　　　　　　（인）
　　　　　　　　　○○주식회사 대표이사 귀하

(첨부서류)

　　　1. 운전면허증 사본 : 1부
　　　2. 자동차등록증 사본 :　1부
　　　3. 주민등록등본 : 1부 (차량이 배우자 소유에 한정)
　　　4. 자동차보험가입증명서 사본 : 1부

[85]
학자금지원규정

제정 ○○○○년 ○○월 ○○일
개정 ○○○○년 ○○월 ○○일

〈총 칙〉

제1조 【목적】

이 규정은 ○○주식회사(이하 '회사'라 한다) 임직원의 자녀에게 학자금 지원에 관한 지급기준과 절차를 규정함을 목적으로 한다.

제2조 【적용대상】

① 회사의 학자금 지원 대상은 국내에 회사에 5년 이상 근무한 정규직 임직원의 자녀이다.

② 대한민국 국민으로 국내에서 채용하여 외국발령을 받아 외국 지사 등에 근무하는 정규직 임직원의 자녀이다.

제3조 【지원인원】

회사는 학자금 지원 대상 임직원의 자녀 2명 이하의 자녀에게 학자금을 지원한다.

제4조 【지원제외】

① 5년 미만 근무한 임직원은 학자금 지원대상에서 제외한다.

② 6주 이상 휴직한 휴직자는 학자금 지원 대상에서 제외한다.

③ 감봉 이상의 징계를 받고 1년이 경과하지 않는 자

④ 비정규직은 학자금 지원대상에서 제외한다.

⑤ 임직원 자녀의 기숙사비는 지우너을 제외한다.

⑥ 국내에 재직 중인 임직원의 자녀가 외국 중고등학교와 대학에 재학 중인 학생은 지원을 제외한다.

제5조 【지원자녀자격】

① 국내의 정규 중고등학교에 재학 중인 중고등학생이다.

② 국내의 정규 2년제 대학 이상의 대학에 재학 중인 4학년 이하에 재학생으로, 5학년 이상 재학생은 자격에서 제외한다.

제6조 【국내지원금액】

국내회사에 재직하는 임직원 자녀의 학자금 지원금액은 기숙사비를 제외한 학자금으로 다음과 같다.

1. 중고등학생은 분기별 학자금납부고지서 금액 중 20만원 까지 소정 금액을 지원한다.
2. 대학생은 학기별 학자금납부고지서 금액 중 200만원 까지 소정 금액을 지원한다.

제7조 【외국지원금액】

외국 지사 또는 지점 등으로 발령받아 외국근무하는 임직원 자녀의 학자금 지원금액은 연간 고지서 금액 중 800만원 이하의 금액을 지원한다.

제8조 【지원금신청서류】

임직원 자녀의 학자금 신청은 학자금 1월, 3월, 6월, 9월, 12월에 다음의 신청 서류를 회사에 제출한다.

1. 학자금 지급신청서
2. 납부고지서 영수증 사본
3. 주민등록등본
4. 취학자녀의 재학(입학)증명서

제9조 【지원대상학교】

임직원 자녀의 학자금지원은 국가가 인가한 정규 중고등학교와 2년제 이상 전문학사 또는 학사학위를 수여하는 대학교이다

제10조 【지원금 반환】

① 학자금 신청 내용이 허위일 경우에는 지원한 학자금을 허위판명일로부터 10일 이내에 회사에 반환하여야 하며, 이를 이행하지 않으면 해당 금액을 급여에서 제외한다.

② 학자금 신청 내용이 허위로 판명한 경우 해당 임직원은 회사 재직 중에 학자금 지원대상에서 영구히 제외한다.

제11조 【지원금 중단】

다음 각 호에 해당하는 임직원의 자녀는 학자금 지원을 중단한다.

1. 임직원 자녀가 학교에서 성적 불량으로 낙제한 경우
2. 임직원 자녀가 학교에서 불미한 사건으로 정학한 경우
3. 임직원 자녀가 학교에서 불미한 사건으로 퇴학한 경우

제12조 【지원금 재개】

제11조의 각 호의 학자금 지원 중단 사유가 소멸한 경우에는 소멸일로부터 1년 이후에 학자금 지원을 재개한다.

제13조 【산정제외】

회사가 지급한 학자금 지언금은 퇴직금 산정시 평균임금에 산입하지 않는다.

제14조 【제도폐지】

회사는 학자금 지원제도는 회사의 경영상 어려움에 처하면 대표이사의 결정으로 그 지원금제도를 폐지할 수 있다.

〈부   칙〉

제15조【시행일】

　이 규정은 ○○○○년 ○○월 ○○일부터 시행한다.

〈서   식〉

　(서식 1) 학자금지원신청서

(서식 1)

학자금지원신청서

결 재			

신청인	부 서		직 위		성 명	
	입사일		근속년수	년 개월	자 녀 수	
	기본급	원	월급총액	원	인사과확인	㉑
	급여 계좌	은행명		계좌번호		

지원 대상 자녀	1	성 명 (한문)	( )	생년월일		관 계	
		학교명	(중·고등·대)학교			학년재학	
		지원금	일금	원정 (		)	
	2	성 명 (한문)	( )	생년월일		관 계	
		학교명	(중·고등·대)학교			학년재학	
		지원금	일금	원정 (		)	

학자금 지원금 총 액	일금	원정 (	)

○○주식회사 학자금지원규정에 따라

○○○○년 (/ 분기) 학자금 지원을 상기와 같이 신청합니다.

20 년 월 일

신청인 : ㉑

○○주식회사 대표이사 귀하

[86]
피복관리규정

제정 ○○○○년 ○○월 ○○일
개정 ○○○○년 ○○월 ○○일

〈총 칙〉

제1조【목적】

이 규정은 ○○주식회사(이하 '회사'라 한다) 사원의 피복에 관한 기준에 대하여 정함을 목적으로 한다.

제2조【적용 범위】

이 규정은 회사에 근무하는 임직원에게 적용한다.

제3조【피복의 정의】

회사의 피복이란 다음 각호의 복장을 말한다.

1. 작업복
2. 작업모
3. 작업화

제4조【피복착용의무】

회사는 피복착용사업장에 근무하는 사원은 피복의 착용이무가 있다.

제5조【피복착용사업장】

다음의 사업장에서 근무하는 사원은 규정된 피복을 착용해야 한다.

1. 생산공장
2. 기술(제품)연구소
3. 기타 피복 착용 적용 사업장

제6조【피복착관리책임】

① 피복착용사업장의 피복 착용에 관한 관리책임자는 다음과 같다.

1. 생산공장 : 생산본부장
2. 기술연구소 : 연구소장
3. 제품개발실 : 개발실장

② 피복착용사업장의 사원은 개인피복의 관리책임이 있다.

제7조【피복의 반납 등】

① 사원은 회사로부터 지급받은 피복을 퇴직 및 근무지 이동 시 반납하여야 한다.

② 사원은 회사로부터 지급받은 피복을 분실한 경우 배상 또는 유상으로 구매하여야 한다.

〈부　　칙〉

제8조【시행일】

이 규정은 ○○○○년 ○○월 ○○일부터 시행한다.

〈서　　식〉

(서식 1) 피복관리대장

(서식 1)

				결		
				재		

피복관리대장

(부서 :   )   담당 (정: 부:)

번호	피복명	성명	지급일	반납일	비 고

[87]
보건관리규정

제정 ○○○○년 ○○월 ○○일
개정 ○○○○년 ○○월 ○○일

〈총 칙〉

제1장 통칙

제1조【목적】

이 규정은 ○○주식회사(이하 "회사"라 한다) 사원의 보건관리에 관한 기준과 절차의 정함을 목적으로 한다.

제2조【적용대상】

이 규정은 회사에 재직하는 사원에게 적용한다.

제3조【용어의 정의】

이 규정에서 '사원'이란 회사에 재직하는 임원과 직원을 말한다.

제4조【주관부서】

회사의 보건과 건강검진 등의 주관부서는 ○○부서며, 회사의 보건책임자는 부서장이다.

제2장 보건관리

제5조【보건관리자】

각 부서의 보건관리자는 부서장이다. 보건관리자는 해당 부서의 보건과 예방, 사원의 건강검진 등의 관리자이다.

제6조【보건관리대상】

회사의 보건관리대상은 전염병 확진자 또는 질병자로 의사의 진단에 따라 일정기간 근무가 불가한 사원이다.

제7조【지정병원】

회사는 임직원의 건강관리를 위하여 특정한 병의원을 지정하여 운용할 수 있다.

제8조【구급용구】

회사는 주관부서에 사고로 인한 부상에 대하여 응급조치에 필요한 구급용구를 비치하여야 한다.

제9조【응급조치】

사고 발생시에 부상자 및 질병자를 응급조치하고, 연쇄사고 및 사고확대 방지를 위한 안전조치를 취하여야 한다.

제10조【근로환경개선】

사업장과 작업장이 인체에 해로운 작업을 수행하는 때에는 자격을 가진 자로 하여금 작업환경을 측정하고 그 결과를 검토 개선하여야 한다.

제3장 건강검진

제11조【건강검진】

회사는 재직근로자에게 건강검진을 다음과 같이 시행한다.

    1. 정기 건강검진
    2. 특수 건강검진
    3. 긴급 건강검진
    4. 신규 건강검진

제12조【정기검진】

① 회사는 사원에게 국민건강보험공단에서 시행하는 정기검진을 매년 ○○월에 실시한다.

② 회사는 사원의 정기건강검진을 다음 각호와 같이 실시한다.

    1. 생산직 근로자 : 1년에 1회 이상
    2. 사무직 근로자 : 2년에 1회 이상
    3. 기타 법령에 의한 정기검진

제13조【특수검진】

① 회사는 산업안전보건법에서 정한 유해 또는 위험 부서 근무자에게 특수한 질병에 대하여 검진을 시행한다.

② 회사는 특수검진 대상 근로자에 대하여 배치 전과 후에 매 6개월 또는 1년에 1회 이상 정기적으로 건강검진을 한다.

제14조【긴급검진】

회사는 유행하는 질병 등의 있어 검진이 필요한 때에는 긴급검진을 시행한다.

제15조 【신규검진】

　회사는 신규로 입사하는 사원에 대하여 3개월 이내에 1회의 건강검진을 한다.

제16조 【재검진】

　회사는 건강검진결과 질병발생 사원에 대하여 재검진 또는 정밀검진을 사원에게 요구할 수 있다.

제17조 【검진제외】

　회사는 1년 미만 계약직과 일용직의 비정규직 임직원은 건강검진을 시행하지 않는다.

제4장 상병검진

제18조 【업무상 상병】

　회사는 사원이 검진결과 업무상 상병에 대하여 산재보상보험법에 의한 진료를 한다.

제19조 【업무무관 상병】

　① 재직사원의 업무와 무관한 질병 또는 상병에 관하여 회사는 진료의 책임이 없다.

　② 근무기간이 3개월 미만 신입사원의 업무와 무관한 질병 또는 상병에 대하여 회사는 진료의
　　 책임이 없다.

제20조 【검진비용】

　회사는 임직원의 정기검진, 특수검진, 임시검진에 대하여 회사가 검진비용 전액을 부담한다.

제21조 【산재상병】

　① 회사는 임직원의 산업재해보상보험법상 보험료를 납부한다.

　② 회사는 임직원의 산재상병진료에 대하여 산재보험법상 진료비를 지급에 따른다.

제22조 【지급제한】

　회사의 임직원이 다음 각 호에 해당하는 경우의 진료비를 지급하지 않는다.

　　　1. 업무와 무관한 질병 또는 상병에 대한 진료비

　　　2. 산재진료비 외 진료비

　　　3. 직접건강에 관계없는 질환 등의 진료비

　　　4. 기타 부정한 청구에 의한 진료비

〈부　칙〉

제23조 【시행일】

　이 규정은 ○○○○년 ○○월 ○○일부터 시행한다.

〈서　식〉

　(서식 1) 건강검진신청서

(서식 1)

<table>
<tr><td rowspan="2" colspan="2" style="text-align:center">건강검진신청서</td><td rowspan="2">결
재</td><td></td><td></td><td></td></tr>
<tr><td></td><td></td><td></td></tr>
<tr><td>성   명</td><td></td><td>직   급</td><td colspan="3"></td></tr>
<tr><td>소   속</td><td></td><td>직   책</td><td colspan="3"></td></tr>
<tr><td>입 사 일</td><td></td><td>재직기간</td><td colspan="3"></td></tr>
<tr><td>검진병원</td><td></td><td>병원연락처</td><td colspan="3"></td></tr>
<tr><td>진단병명</td><td colspan="5">☐ 대장암   ☐ 폐암   ☐ 위암   ☐ 유방암   ☐ 기타 (   )</td></tr>
<tr><td>신청일시</td><td></td><td>검진일</td><td></td><td>진단일</td><td></td></tr>
<tr><td>신청사유</td><td colspan="5"></td></tr>
<tr><td colspan="6">○○주식회사 보건관리규정에 따라 위와 같이 건강검진을 신청합니다.
20　　년　　　월　　　일
신청인　　　　　　　　(인)
○○주식회사 대표이사 귀하</td></tr>
<tr><td colspan="6">(첨부서류)
1. 국민건강보험공단 건강검증통보서 : 1부
2. 의료보험증서 사본 : 1부</td></tr>
</table>

제21편

재해보상·스톡옵션 관련 규정

[88]
재해보상·배상관리규정

제정 ○○○○년 ○○월 ○○일
개정 ○○○○년 ○○월 ○○일

〈총 칙〉

제1장 통칙

제1조【목적】

이 규정은 ○○주식회사(이하 '회사'라 한다)에 근무하는 임직원, 청원경찰, 임시직 및 일용인부 등의 업무상 재해에 대한 보상과 제3자의 신체 및 재산상 피해에 관한 배상을 신속·공정하게 행할 수 있도록 규정함을 목적으로 한다.

제2조【적용범위】

이 규정은 회사의 임직원에 대하여 근무 중 재해 등으로 인한 보상 및 배상에 관하여 법령에서 정한 것 외에는 이 규정을 적용한다.

제3조【용어의 정의】

이 규정에서 사용하는 용어의 정의는 다음과 같다.

1. '업무상 재해'라 함은 업무상의 사유에 의한 부상, 질병, 신체장애 또는 사망을 말한다.
2. '공상'이라 함은 업무상 재해로 부상이나 질병 또는 신체장해가 발생한 것을 말한다.
3. '순직'이라 함은 업무상 재해로 사망한 것을 말한다.
4. '산재보상'이라 함은 산업재해보상보험법(이하 '산재법'이라 한다)에 따라 노동부지방노동청 또는 사무소(이하 '노동관서'라 한다)가 지급하는 보험급여를 말한다.
5. '자체보상'이라 함은 3일 이내의 요양으로 치유될 수 있는 재해를 입은 사원 등 산재법에 따라 보험보상을 청구할 수 없는 사원의 재해에 대하여 회사 보상·배상위원회(이하 '위원회'라 한다)가 제30조 제1호에 의한 심의·의결을 거쳐 당해 사원 또는 그 유가족에게 지급하는 보상을 말한다.

제2장 산재보상

제4조 【산재보험 성립신고 등】

① 회사는 관할 노동관서에 산재보험성립신고와 사업자 대표를 대리인으로 하는 산재보험대리인 선임신고를 하여야 한다.

② 사업장 대표가 변경된 경우에도 산재보험대리인 선임(해임)신고를 하여야 한다.

제5조 【재해발생보고】

산재보험보상의 사유가 되는 재해가 발생한 기관장은 그 재해의 원인과 내용 및 피재해 사원에 관한 사항을 관할 노동관서에 지체 없이 보고하여야 한다.

제6조 【보험급여청구】

① 산재보험보상을 청구할 수 있는 사원이 공상을 입었을 때에는 당해 사원을 관할 노동관서에 산재법이 규정한 각종 보험급여를 청구하여야 하며, 순직의 경우에는 당해 기관장이 그 유가족에게 각종의 보험급여를 청구하도록 조치하여야 한다.

② 업무상 재해를 입은 사원 또는 그 유가족이 제1항의 보험급여를 청구하는 때에는 당해 기관장은 이에 필요한 협조를 하여야 한다.

제7조 【휴업보상】

산재보험보상 중 휴업보상금은 회사가 선급하고 관할 노동관서로부터 수급하여 정산할 수 있다.

제8조 【법령 등의 적용】

다음 각 호의 보상과 배상은 산업재해보상보험법에 따른 보상과 배상의 절차를 적용한다.

1. 보상 : 요양보상, 휴업보상, 장해보상, 유족보상, 상병보상
2. 배상 : 장해특별보상, 유족특별보상
3. 기타 법률이 강제하는 보상과 배상

제3장 자체보상

제9조 【자체보상신청】

자체보상(이하 '보상'이라 한다)을 위한 공상 또는 순직의 보상을 받고자 하는 사원 또는 그 유가족은 재해 발생일로부터 3월 이내에 다음의 서류를 소속 위원회에 제출하여야 한다.

1. 공상(순직)인정신청서
2. 보상금지급신청서
3. 사고경위서(사고설명 도면 및 사진 포함)
4. 목격자진술서
5. 진단서(소견서) 또는 사망진단서(사체검안서)
6. 근무상황카드 및 특근명령서(작업일지)
7. 기타 참고서류

제10조【보상의 종류】

보상의 종류는 다음과 같다.

1. 요양보상
2. 휴업보상
3. 장해보상
4. 유족보상
5. 장례보상

제11조【요양보상】

사원에게 공상이 발생한 경우에는 필요한 요양을 행한다. 다만, 부득이한 경우에는 필요한 요양비를 지급할 수 있다.

제12조【입원실 등급】

공상요양자가 사용할 입원실의 등급은 담당의사의 소견에 따라 결정한다.

제13조【간병】

① 간병에 대한 인정은 담당의사의 소견에 따라 결정한다.
② 간병인은 1인으로 간병인에 대한 보수는 노동관서에서 통상 지급하고 있는 금액으로 한다. 다만, 요양상황에 따라 간병인을 2인까지 할 수 있다.

제14조【이송비용】

공상자와 간병인의 이송에 필요한 교통비, 숙박료 및 식비는 실비로 지급한다.

제15조【보상수준 등】

① 제9조 제2호 내지 제5호에 규정된 보상의 수준과 신체장해등급은 산재법에 따르며, 각각 일시금으로 한다.
② 제1항에서 휴업보상은 매월 1회 급여 지급일에 지급함을 원칙으로 한다.

제16조【수급권의 보호】

① 보상을 받을 권리는 퇴직을 이유로 소멸하지 아니한다.
② 보상을 받은 권리는 양도할 수 없으며, 특별한 사유가 있을 때에는 보상금의 수령을 대리인에게 위임할 수 있다.

제17조【해외지사 근무자에 대한 특례】

해외지사에 근무하는 사원이 회사의 예산으로 주재국법령에 따라 업무상 재해에 관한 주재국보험에 가입하였을 때 위원회에서 공상 또는 순직의 인정을 받았다 하더라도 본 장의 보상을 지급하지 아니할 수 있다.

제18조【근로기준법령의 적용】

본 장에서 특별히 규정하지 아니한 사항에 대하여는 근로기준법 및 동법 시행령이 정하는 바에 따른다.

제4장 배상

제19조【배상신청】

회사 공작물의 설치 및 보존 등의 하자 또는 사원의 업무상 사무집행으로 인하여 발생한 재해로 손해를 입은 피해자 또는 그 유가족이 배상을 원하는 경우에는 피해자 또는 그 유가족으로부터 공작물의 소재지 또는 가해자가 소속되어 있는 위원회에 다음의 서류를 제출하도록 하여야 한다.

1. 배상금 지급신청서
2. 진단서(소견서) 또는 사망진단서(사체검안서)
3. 장해정도 및 노동력 상실에 대한 의사소견서
4. 사고경위서(사고설명 도면 및 사진 포함)
5. 호적등본
6. 인감증명서
7. 치료비 청구서 및 일일치료비 명세서
8. 관계기관의 사실증명서
9. 기타 참고자료

제20조【배상기준】

피해자 또는 그 유가족에 대한 배상기준은 국가배상법 및 동법 시행령의 규정에 따름을 원칙으로 한다.

제21조【과실상계】

① 배상액을 산정함에 있어 배상사고가 쌍방 과실에 기인한 경우에는 그 과실 비율에 따라 상계하여야 한다.

② 제1항의 과실비율은 유사사건의 판례 또는 건전한 상식에 따라 판정하되 그 비율의 판정이 곤란한 경우에는 피해자의 과실이 경과실일 경우에는 3할 이내, 피해자의 과실이 중과실일 경우에는 5할 이내를 배상금 산정 금액에서 과실 상계한다.

제22조【합의배상】

① 손해배상이 불가피한 배상사고가 발생한 경우에는 합의배상을 할 수 있다.

② 피해자가 사고관계자로부터 배상금을 수령하였을 때에는 합의할 배상액에서 그 금액을 공제하여야 한다.

③ 위원회의 위원장은 부득이한 사유가 있거나 유리한 합의 배상을 위하여 배상금의 일부를 합의 전에 지급할 수 있다.

제23조【합의서】

① 배상금을 지급할 때에는 손해배상합의서를 작성하여야 한다.

② 제1항의 손해배상합의서에는 공증을 받아야 한다.

제24조 【구상】

사원의 고의 또는 중대한 과실로 배상금을 지급할 때에는 그 사원에게 구상할 수 있다.

제25조 【문책】

배상사고가 사원의 고의 또는 중대한 과실로 일어난 때에는 사고관계자를 문책할 수 있다.

제26조 【중복배상금지】

① 임직원이 법률 등에 의하여 배상을 받은 경우 이 규정에 의하여 배상하지 아니한다.

② 임직원이 보험 등에 의하여 배상을 받은 경우 이 규정에 의하여 배상을 하지 아니한다.

제5장 심의위원회

제27조 【심의위원회의 설치】

① 회사는 합리적인 보상과 배상을 심의하기 위하여 이사회 내에 심의위원회를 설치한다.

② 심의위원회는 위원장을 포함하여 5인 이상 7인 이내로 구성한다.

③ 심의위원회의 위원장은 부사장이 담당하며, 간사와 위원은 위원장이 선임한다.

제28조 【심의위원회의 직무】

① 위원회는 재해 보상과 배상에 관하여 심의한다.

② 위원회는 재해 보상과 배상에 관한 변호사 등 전문가의 도움을 요청할 수 있다.

③ 위원회는 재해 보상과 배상에 관하여 보상 또는 배상에 따른 금액과 수리 등을 결정한다.

제29조 【심의위원회의 소집과 결의】

① 위원회의 소집은 위원장이 소집한다.

② 위원회의 결의는 위원장을 포함하여 과반수 위원의 출석과 출석위원의 과반수의 찬성으로 의결한다.

제30조 【보상심의】

위원회는 보상에 관한 다음 각 호의 사항을 심의하여 의결한다.

1. 공상 또는 순직의 인정 여부
2. 보상의 종류와 금액
3. 기타 보상에 관하여 필요한 사항

제31조 【배상심의】

위원회는 배상에 관한 다음 각 호의 사항을 심의하여 의결한다.

1. 배상의 종류와 금액
2. 관계사원에 대한 구상권 행사의 여부
3. 기타 배상에 관하여 필요한 사항

제32조 【심의보고】

① 심의위원회 위원장은 대표이사와 이사회에 재해 보상과 배상에 관한 심의 결과를 보고하여야 한다.

② 제1항의 보고에 포함되어야 할 내용은 다음과 같다.

    1. 심의위원 명부

    2. 심의일시

    3. 심의내용

    4. 기타 심의사항

제33조 【심의보안】

위원회의 위원은 재해 보상 또는 배상에 관한 위원회의 심의사항과 결과에 관하여 외부에 발설하거나 유출하여서는 아니된다.

〈부 칙〉

제34조 【시행일】

이 규정은 ○○○○년 ○○월 ○○일부터 시행한다.

〈서 식〉

(서식 1) 공상(순직)인정신청서

(서식 2) 보상금(배상금)지급신청서

(서식 3) 손해배상합의서

(서식 1)

공상(순직)인정신청서

신청인	성 명		주민등록번호	
	소 속		직급 · 직위	
	전 화		휴대폰	
사고개요	발 생 일 시			
	발 생 장 소			
	사 고 경 위	(※별첨 가능)		
기타사항	(※별첨가능)			

20 년 월 일

신청인 :   ㉑

○○주식회사 보상·배상위원회 귀중

(서식 2)

보상금(배상금)지급신청서

<table>
<tr><td rowspan="5">신청인</td><td>성   명</td><td></td><td>주민등록번호</td><td></td><td></td></tr>
<tr><td>소   속</td><td></td><td>직급 · 직위</td><td></td><td></td></tr>
<tr><td>전   화</td><td></td><td>휴대전화</td><td colspan="2"></td></tr>
<tr><td>은   행</td><td></td><td>계좌번호</td><td colspan="2"></td></tr>
<tr><td>주   소</td><td colspan="4"></td></tr>
<tr><td rowspan="6">보상 및 배상</td><td>보상(배상) 심 의 번 호</td><td colspan="4"></td></tr>
<tr><td>보 상 (배 상 심 의 결 정 사   항</td><td colspan="4"></td></tr>
<tr><td>보 상 (배 상) 절   차</td><td colspan="4"></td></tr>
<tr><td>보 상 금 (배 상 금) 지 급 일 자</td><td colspan="4">20   년   월 일</td></tr>
<tr><td>배 상 금 (보 상 금)</td><td colspan="4">일금   원정 (₩   )</td></tr>
<tr><td colspan="5"></td></tr>
<tr><td>비 고</td><td colspan="4"></td></tr>
</table>

20   년   월   일

신청인 :   ㊞

○○주식회사 보상·배상위원회 귀중

(서식 3)

손해배상합의서

(가) ○○주식회사 보상및배상위원회 위원장 ○○○

(나) ○○주식회사 재해 당사자 대표 ○○○

(합의사항)

(가)와 (나)는 ○○○○현장에서 발생한 사고에 대하여 (나)의 사망 또는 부상 등 모든 신체와 재산상의 피해에 대하여 (가)는 (나)에게 다음과 같이 보상 및 배상하고, (나)는 (가)를 상대로 하는 민사상의 모든 배상청구를 하지 않을 것을 합의한다. 이를 증명하기 위하여 본 합의서 3통을 작성하여 공증을 받은 후, (가)와 (나)가 각각 1부를 보관한다.

- 다 음-

1) 보 상 및 배상금 : 일금   원정 (₩   원)

2) 보 상 및 배상금 지급일자 : 20   년   월   일

20   년   월   일

(가) ○○주식회사 대표   (인)

(나) ○○주식회사 재해당사자

  ① 성명 (주민등록번호   )(인)

  ② 성명 (주민등록번호   )(인)

  ③ 성명 (주민등록번호   )(인)

  ④ 성명 (주민등록번호   )(인)

  ⑤ 성명 (주민등록번호   )(인)

[89]
직무발명보상관리규정

제정 ○○○○년 ○○월 ○○일
개정 ○○○○년 ○○월 ○○일

〈총 칙〉

제1장 통칙

제1조【목적】

이 규정은 발명진흥법에 근거하여 ○○주식회사 (이하 '회사'라 한다) 사원의 직무발명에 관한 연구개발의욕을 고취하고, 지식재산권의 합리적으로 관리와 운용을 목적으로 한다.

제2조【용어의 정의】

① 이 규정에서 '발명'이란 다음 각 호에 열거하는 것을 말한다.

　1. 특허법 제2조 제1호의 발명

　2. 실용신안법 제2조제 1호의 고안

② '직무발명'이란, 종업원, 법인의 임원(이하 '종업원'이라 한다)이 그 직무에 관하여 발명한 것

이 성질상 사용자·법인(이하 '사용자'라 한다)의 업무범위에 속하고 그 발명을 하게 된 행위가 종업원 등의 현재 또는 과거의 직무에 속하는 발명을 말한다.

③. '자유발명'이란, 다음 각목에 열거하는 것으로 특허를 받을 수 있는 권리가 발명자에게 귀속되는 발명을 말한다.

   1. 제2항의 규정에 의한 직무발명 이외의 발명

   2.. 제5조 2항의 규정에 의해 회사가 승계하지 않기로 결정한 발명

   3. 제6조 2항의 규정에 의한 기간 내에 승계 여부를 통지하지 않은 발명

④ '발명자'란 직무발명을 한 종업원 등을 말한다.

⑤ '종업원'이란 회사와 민법상 고용계약에 의한 종업원, 법인의 임원뿐만 아니라, 노무를 사실상 회사에 제공하는 자를 말한다.

⑥ '출원유보'라 함은 회사가 직무발명에 대한 권리를 승계한 후 출원하지 아니 하거 나, 출원을 포기 또는 취하하는 것을 말한다.

⑦ '특허관리전담부서'라 함은 사용자 등에서 지식재산권에 관한 기획·조사 및 관리 등의 업무를 담당하는 부서를 말한다.

제3조 【권리의 승계】

① 종업원이 발명한 직무발명에 대한권리(외국에 특허출원을 할 수 있는 권리를 포함한다)는 회사가 이를 승계 한다. 다만, 제5조제1항 및 동조 제2항의 규정에 따라 직무발명에 해당되지 않는다고 결정한 경우 및 직무발명에 대한 권리를 회사가 승계하지 않는다고 결정한 경우 또는 제6조제2항에 의해 제5조 제3항의 규정에 의한 기간 내에 승계여부를 통지하지 아니한 경우에는 그러하지 아니하다.

② 종업원이 종업원이외의 자와 공동으로 직무발명을 한 경우는 종업원이 갖는 그 직무 발명에 대한 권리의 해당지분을 회사가 승계 한다. 다만 제5조제2항의 규정에 따라 직무발명에 대한 권리를 회사가 승계하지 않는다고 결정한 경우 또는 제6조 제12항에 해당하는 경우에는 그러하지 아니하다.

제2장 발명신고와 승계 여부의 통지

제4조 【발명의 신고】

① 종업원이 직무와 관련된 발명을 완성한 때에는 지체 없이 다음 각 호의 서류를 소속 부서장 또는 연구기관의 장을 거쳐 특허관리전담부서에 제출하여야 한다. 다만 2인 이상의 종업원이 공동으로 한 발명인 경우에는 공동으로 제출하여야한다.

   1. 발명신고서(서식 1)

   2. 양도증(서식 2)

   3 발명명세서(서식 3)

   4. 선행기술조사서(서식 4)

② 제1항의 규정에 의한 신고(전자적 방법에 의한 신고를 포함한다)가 있는 경우에 특허관리전담부서장은 즉시 그 발명신고서에 수령일자를 기입하고 날인한 후 사본을 발명자에게 교부하

여야한다.

제5조 【심의 및 승계여부의 통지】

① 특허관리전담부서장은 제4조 제1항 규정에 의한 선고가 있는 경우에는 제9조의 규정에 의한 직무발명심의위원회로 하여금 해당 발명에 관한 사항을 심의하게 하고 심의결과들 토대로 그 발명이 직무발명에 해당하는지 여부를 결정한다. 이 경우 직무발명심의위원회는 (별표1)의 발명평가기준에 따라 심의를 하여야 한다.

② 특허관리전담부서장은 제1항의 규정에 의하여 직무발명에 해당된다고 결정한 때에는 그 직무발명에 대한 권리의 승계여부를 결정한다.

③ 특허관리전담부서장은 제1항 및 제2항의 규정에 의하여 권리의 승계결정을 한 때 에는 이를 대표이사에게 보고하고 그 결정의 내용을 발명선고서가 제출된 날부터 4월 이내에 그 발명을 한 종업원과 소속 부서장 또는 연구기관의 장에게 문서(별지 제5호 서식)로 통지하여야 한다.

제6조 【승계시점 등】

① 특허관리전담부서장이 제5조제3항의 규정에 의한 기간 내에 그 직무발명에 대한 권리의 승계의사를 통지한 때에는 그때부터 그 직무발명에 대한 권리는 회사에 승계 된 것으로 본다.

② 특허관리전담부서장이 제5조제3항의 규정에 의한 기간 내에 승계여부를 통지하지 아니한 경우에는 회사가 그 직무발명에 대한 권리의 승계를 포기한 것으로 본다. 이 경우 회사는 그 발명을 한 종업원의 동의를 얻지 아니하고는 통상실시권을 가질 수 없다.

제7조 【이의신청】

① 발명자는 다음 각 호에 해당하는 경우에 제5조제3항의 규정에 의한 통지를 받은 날 또는 제15조 제1항의 규정에 의한 보상금을 지급 받은 날부터 30일 이내에 특허관리전담부서에 문서(별지 제6호 서식)로 그 이유를 기재하여 이의신청을 할 수 있다.

  1. 제5조 제1항 또는 제2항의 규정에 의한 결정에 이의가 있는 경우

  2. 제15조 제1항의 규정에 의하여 지급된 보상금에 이의가 있는 경우

② 특허관리전담부서장은 제1항의 규정에 의한 이의신청이 있는 경우에 이의신청한 발명자(이하 '이의신청인'이라 한다)와 직무발명심의위원회의 의견을 들은 후 이의 신청의 수용 여부를 결정한다.

③ 특허관리전담부서장은 제2항의 규정에 의한 결정을 그 이유와 함께 이의신청일부터 30일 이내에 이의신청인과 소속 부서장 또는 연구기관의 장에게 문서(별지 제7호 서식)로 통지하여야 한다.

④ 이의신청인은 제3항의 규정에 의한 결정에 불복이 있는 경우에 발명진흥법 제29조의 규정에 의한 산업재산권분쟁조정위원회에 조정신청을 할 수 있다.

제8조 【자유발명의 양도】

① 발명자는 제2조 제3항 가 목에 해당하는 발명이라도 그 발명 에 대한 권리를 회사에 양도할 수 있다.

② 발명자가 제1항의 규정에 따라 권리를 양도하고자 할 경우에는 제4조에 규정에 따른 신고를 하여야한다.

③ 이 경우 특허관리전담부서장은 직무발명심의위원회의 심의를 거쳐 그 발명에 대한 권리의 양수여부를 결정하고 그 결과를 신청인에게 통지하여야 한다.

④ 제11항에 규정에 의해 발명을 승계 한 경우 본 규정에 의해 정해지는 보상기준을 준용한다.

제3장 직무발명심의위원회

제9조【직무발명심의위원회의 설치】

회사는 직무발명에 대한 사항을 심의하기 위하여 직무발명심의위원회(이하 '위원회'라 한다)를 둔다.

제10조【위원회의 구성】

① 위원회는 위원장·부위원장·약간명의 위원 및 간사로 구성한다.

② 위원은 특허관리전담부서의 임직원 및 소속 부서장 종업원 대표 중에서 회사의 대표이사가 임명하고 필요시 외부전문가를 위원으로 위촉할 수 있다.

③ 위원장은 특허관리전담부서장이 하며, 간사는 특허관리전담부서의 직원으로 한다.

제11조【위원회의 심의사항】

위원회는 다음 각 호의 사항을 심의·결정한다.

1. 제4조제1항의 규정에 따라 신고된 발명의 직무발명 해당 여부
2. 직무발명에 대한 권리의 승계 여부
3. 직무발명의 출원(외국출원포함)의 등록 여부
4. 제7조제1항의 규정에 따른 이의신청의 수용 여부
5. 제13조제4항의 규정에 따른 출원의 취하·포기 권리의 유지 · 포기 등의 여부
6. 직무발명에 대한 권리의 양도·실시허용·기술이전 또는 기타 처분에 관한 사항
7. 제8조의 규정에 의한 권리의 양수 여부
8. 제115조제3항의 규정 에 의한 보상금액·지급기준·산정방식·지급시기 등에 관한 사항
9. 본 규정 의 개정 및 적용에 관한 사항
10. 기타 대표이사 또는 위원장이 필요하다고 인정하여 위원회에 부의한 사항

제12조【위원회의 운영】

① 위원회는 위원장이 소집한다.

② 위원회는 위원 과반수의 출석으로 개의하고 출석위원 과반수의 찬성으로 의결한다. 다만, 가부동수인 경우 위원장이 결정한다.

③ 위원이 해당 발명의 발명자인 경우 그 위원은 그 발명에 관한 심의에서 제척되며 위원총수에 산입하지 아니한다.

④ 위원장은 직무발명과 관련한 사항을 심의·의결함에 있어 필요하다고 인정할 때에는 발명자 또는 관계자를 출석시켜 의견을 청취할 수 있다.

⑤ 간사는 회의의 요지를 회의록에 기록하여야 한다.

제4장 출원 및 비용부담

제13조 【출원 등】

① 회사가발명자로부터특허를받을수있는권리를승계한직무 발명('제18조의 규정에 의한 자유발명'을 포함한다. 이하 본 조에서 같다)에 대해서는 회사 명의로 지체 없이 특허출원을 하며 특허관리전담부서장은 그 사실을 발명자와 소속 부서 장 또는 연구기관의 장에게 문서(별지 제8호 서식)로 통지하여 야 한다.

② 제1항의 규정에도 불구하고 회사가 그 직무발명을 비밀로 유지하는 것이 적합하다고 판단한 경우에는 직무발명심의위원회의 심의를 거쳐 출원하지 아니할 수 있다.

③ 제2항의 규정에 의하여 출원하지 아니할 경우에는 그 이유를 발명자와 소속 부서장 또는 연구기관의 장에게 문서(별지 제8호 서식)로 통지하여야 한다.

④ 회사는 직무발명에 관하여 필요하다고 판단될 경우 위원회의 심의를 거쳐 출원의 취하·포기, 권리의 유지·포기 등의 조치를 취할 수 있다.

제14조 【비용부담】

① 회사는 직무발명에 대한출원 및 권리유지에 소요되는 비용을 부담한다. 다만, 회사 외부로부터 연구비를 지원 받은 과제 결과물로 도출된 발명으로 당해 과제 관련규정 또는 별도의 약정이 있는 경우에는 그에 따른다.

② 제1항의 규정에도 불구하고 제3조제2항의 규정에 의하여 종업원이외의 자와 공동으로 완성한 직무발명에 대한 출원과 권리유지에 소요되는 비용 및 사무에 관해서는 그 발명에 대한 지분 및 별도의 계약이 있는 경우 그에 따른다.

제5장 보상금

제15조 【보상금의 지급】

① 회사가직무발명에대한권리를승계한때에는발명 진흥법 제13조제1항의 규정에 따라 발명자에게 다음 각 호의 보상금을 지급한다.

  1. 출원보상금 : 직무발명이 출원되었을 때 지급하는 보상금

  2. 등록보상금 : 직무발명이 등록되었을 때 지급하는 보상금

  3. 실시·처분보상금 : 직무발명에 대한 권리의 직접실시 양도 또는 실시허용 등의 처분으로 인하여 수익금이 발생하였을 경우 지급하는 보상금

  4. 출원유보 보상금 : 제13조제2항의 규정에 의하여 출원을 유보하는 경우 및 제23조 제4항의 규정에 의한 출원을 취하·포기할 경우 지급하는 보상금

② 회사는 제1항의 규정에 의한 보상금을 지급함에 있어서 보상금에 상당하는 승진·승급·연수 등의 비금전적 보상을 고려할 수 있다.

③ 제1항의 규정에 의한 보상금·지급기준·산정방식·지급시기 등의 세부사항은 발명진흥법 제13조제2항 및 제3항을 고려하여 직무발명보상금산정규정(기준세칙)에서 별도로 정한다.

제16조 【공동발명자의 보상】

제15조의 규정에 의한 보상에 있어서 그 직무발명의 발명자가 2인 이상일 경우에는 제4조 제1항의 규정에 의하여 선고한 지분에 따라 배분하는 것을 원칙으로 한다. 다만, 신고서에 지분이 기재되어 있지 아니한 경우에는 지분은 균등한 것으로 본다.

제17조 【퇴직 또는 사망시의 보상】

① 발명자가 퇴직 또는 사망한 경우에도 발명자가 지급 받을 수 있는 보상금을 지급한다. 다만 발명자가 사망하였을 경우에는 지급 받을 수 있는 보상금을 상속인에게 지급한다.

② 퇴직자 또는 그 상속인은 주소 및 연락처의 변동사항이 발생한 때에는 지체 없이 그 사실을 회사에 통지하여야 한다.

제18조 【보상금의 불반환】

발명자 또는 상속인이 제15조제1항의 규정에 의하여 이미 지급 받은 보상금은 그 직무발명에 대한 권리가 무효로 된 경우에도 이를 반환하지 아니한다. 다만, 그 권리가 특허법 제33조제1항의 본문규정에 의한 이유로 무효가 된 경우에는 그러하지 아니하다.

제6장 보칙

제19조 【비밀유지의무】

① 발명자 발명과 관계된 자 위원회의 위원은 회사가 그 직무발명을 출원할 때까지 그 발명의 내용에 관한 비밀을 유지하여야 한다. 다만, 제5조제2항의 규정에 따라 회사가 승계하지 아니하기로 확정된 때에는 그러하지 아니하다.

② 제1항 단서의 규정에 의해 회사가 승계하지 아니하기로 확정되어 당해 직무 발명에 대한 권리가 발명자에게 귀속되었다 하더라도 발명과 관계된 자, 위원회의 위원은 발명자가 그 직무발명을 출원할 때까지 그 발명의 내용에 관한 비밀을 유지하여야한다.

③ 제1항 및 제2항의 규정은 발명자 발명과 관계된 자 위원회의 위원이 회사를 퇴직한 후에도 적용한다.

제20조 【출원의 제한 등】

발명자는 제5조제3항의 규정에 의한 통지를 받을 때 까지 그 직무발명을 자기명의로 출원하거나 그 직무발명에 대한 권리를 제3자에게 양도해서는 아니 된다.

제21조 【손해배상】

발명자가 제4조제1항의 선고의무를 위반하거나, 제19조 및 제20조의 규정에 위반한 경우에는 그로 인해 회사가 입은 손해를 배상하여야 한다.

제22조 【협력의무】

발명자는 출원·심사·심판·소송·기타 처분 또는 실시를 위하여 회사가 필요로 하는 경우에는 이에 협력할 의무가 있다. 다만, 회사를 상대로 다투는 경우에는 그러하지 아니하다.

제23조 【퇴직 등 후의 취급】

종업원이 퇴직한 경우에 그 발명이 직무발명에 해당하면 그 취급은 이 규정에 따른다.

제24조 【준용 및 적용범위】

① 이 규정은 디자인저작권, 컴퓨터프로그램저작권, 반도체집적회로의 배치 설계에 관한 권리 및 이외의 신지식재산권에 관하여 준용한다.

② 종업원이 발명한 직무발명은 법령이나 기타 계약에 따라 정한 경우를 제외하고는 이 규정을 따른다.

〈부　칙〉

제25조【시행일】

이 규정은 ○○○○년 ○○월 ○○일부터 종업원의 신고가 있는 직무발명에 대해서 시행한다.

제26조【경과조치】

개정 전 규정에 의하여 회사가 승계 한 직무발명에 대한 권리는 종전의 규정에 의하여 승계 된 권리로 본다.

〈서　식〉

(서식 1) 발명신고서
(서식 2) 양도증서
(서식 3) 발명명세서
(서식 4) 선행기술조사서
(서식 5) 심사결과통지서
(서식 6) 이의신청서
(서식 7) 이의신청결정통지서
(서식 8) 출원통지서

(서식 1)

발명신고서

접수일자 :　　　　　　접수자　성명 :　　　　　직위 :

발명의 명칭	한글			
	영문			

		성명	지분(%)	전화
발명자	한글			
	영문			
	한글			
	영문			
	한글			
	영문			

관리연구과제 및 자금지원	연구과제명	지원기관	연구기관

출원희망국	

발명의 공개 여부 및 계획 (발표일)	발표일(첨부 : 발표내용(발표일, 학술지명 등)사본
	□ 논문발표　□ 학술지 게재　□ 연구보고서　□ 기타
	년　월　일　년　월　일　년　월　일　년　월　일

발명의 종류	□ 직무발명　　　□ 자유발명

발명의 현 단계	①아이디어단계　②연구개발진행중　③연구개발완료
	④시제품제작중　　⑤시제품 테스트결과 기술실현입증

사업화를 위한 추가연구의 필요성 여부	□YES　　　　□NO
사업화 가능분야(구체적으로)	
관심을 가질 것으로 예상되는 기업	
연구노트의 관리여부 및 소재	□YES　　　　□NO
본 발명과 관련된 특허	
(특허, 논문, 시장정보) 키워드	

위의 발명을 ○○주식회사 직무발명규정 제4조에 따라 신고합니다.

년　월　일

신고(대표)자 :　　　　　(인)

○○주식회사 특허관리전담부서장 귀중

(서식 2)

<table>
<tr><td colspan="5" align="center">**양도증서**</td></tr>
<tr><td>발명의 명칭</td><td colspan="4"></td></tr>
<tr><td>출원번호
(등록번호)</td><td colspan="3"></td><td>지분율</td></tr>
<tr><td rowspan="11">양
도
인</td><td>성 명</td><td>(인)</td><td>주민등록번호</td><td></td></tr>
<tr><td>주 소</td><td colspan="2"></td><td></td></tr>
<tr><td>성 명</td><td>(인)</td><td>주민등록번호</td><td></td></tr>
<tr><td>주 소</td><td colspan="2"></td><td></td></tr>
<tr><td>성 명</td><td>(인)</td><td>주민등록번호</td><td></td></tr>
<tr><td>주 소</td><td colspan="2"></td><td></td></tr>
<tr><td>성 명</td><td>(인)</td><td>주민등록번호</td><td></td></tr>
<tr><td>주 소</td><td colspan="2"></td><td></td></tr>
<tr><td>성 명</td><td>(인)</td><td>주민등록번호</td><td></td></tr>
<tr><td>주 소</td><td colspan="2"></td><td></td></tr>
<tr><td>기 타</td><td colspan="3"></td></tr>
<tr><td rowspan="3">양
수
인</td><td>회사명</td><td colspan="3"></td></tr>
<tr><td>대표이사</td><td colspan="3"></td></tr>
<tr><td>주 소</td><td colspan="3"></td></tr>
<tr><td colspan="5">양도인은 위 발명에 대한 권리를 ○○주식회사 직무발명규정 제4조에 따라 ○○주식
회사에 양도합니다.

 년   월   일
○○주식회사 귀중</td></tr>
</table>

(서식 3)

발명명세서

1. 발명의 명칭	한글	
	영문	
2. 도면의 간단한 설명	(도면이 있을 경우에만 기재)	
3. 발명의 상세한 설명	(발명의 목적)	
	3.1 발명이 속하는 기술분야	
	3.2 그 분야 종래 기술의 설명 및 문제점	
	3.3 발명이 이루고자 하는 기술적 과제(발명의 목적)	

(서식 4)

선행기술조사서

제출자(발명자)		접수번호	
발명의 명 칭		제출일자	

1. 선행기술과의 대비

기존특허		본발명 대비 신규성	본발명 대비 진보성
특허명			
특허번호		(어떤 점이 새로운가?)	(청구범위가 어떻게 다른가?)
출원일자			

2. 관련자료(참고문헌, 학회지 등)

문헌명, 저자, 페이지 등	기술 요약	참고문헌과 비교시	본발명의 특정

(서식 5)

심사결과통지서

통지일자 :   수령자 성명 :   (인)

문서번호(접수)	
수신(발명자)	
발명의 명칭	
제 목	직무발명심의위원회 심사결과통지

○○주식회사 종업원의 직무발명에 관한 보상규정 제5조에 따라 귀하의 발명에 대한 심사결과를 아래와 같이 통지합니다.

결정사항

1. 직무발명 여부	
2. 회사의 승계 여부	
3. 특허성의 등급결정	
4. 국내·외 출원여부	
5. 출원시심사청구여부	
6. 기타	

20 년 월 일

○○주식회사 직무발명심의위원회 위원장 (인)

○○주식회사 특허관리전담부서장 (인)

(서식 6)

이의신청서

신청인	성명		(주민등록번호)
	직위		
	주소		

접수일자		접수번호	

발명의 명칭	

신청이유	

1. 직무발명 보상결정에 대한 이의신청

2. 제5조제1항의 결정에 대한 이의신청

상기 본인은 종업원의 직무발명에 관한 보상규정에 의거
20   년   월   일자 직무발명심의위원회 심사결과에 대하여
이의 신청을 하오니 재심사하여 주시기 바랍니다.

20   년   월   일
신청인: (인)

○○주식회사 특허관리전담부서장   귀하
○○주식회사 직무발명심의위원회 위원장 귀하

(첨부서류) 이의신청에 대한 증거서류

(서식 7)

이의신청결정통지서

문 서 번 호 :

수　　　신 :

발명의 명칭 :

제　　　목 : 직무발명심의위원회 이의신청결과 통지

○○주식회사 종업원의 직무발명에 관한 보상규정 제7조에 따라 귀하의 이의신청에 대한 심사결과를 아래와 같이 통지합니다.

(결정사항)

1. 신청이유(요약)

2. 결정내용

202 년　월　일

○○주식회사 직무발명심의위원회 위원장 (인)

○○주식회사 특허관리전담부서장　　　　(인)

(서식 8)

출원통지서

문서번호	
수 신	
발명의 명칭	
발 명 자	

○○주식회사 종업원의 직무발명에 관한 보상규정 제13조에 따라
귀하의 발명에 대해 아래와 같이 출연여부 등을 통지합니다.

권리내용	
출원여부	
출원일자	(출원번호)
미출원 이유	

20 년 월 일
○○주식회사 특허관리전담부서장

(첨부) 출원명세서

[90]
직무발명보상금 산정규정

제정 ○○○○년 ○○월 ○○일
개정 ○○○○년 ○○월 ○○일

<table>
<tr><td>〈총 칙〉</td><td>〈부 칙〉</td></tr>
<tr><td>제1조【목적】</td><td>제7조【시행일】</td></tr>
<tr><td>제2조【출원보상금】</td><td>제8조【경과규정】</td></tr>
<tr><td>제3조【등록보상금】</td><td></td></tr>
<tr><td>제4조【실시·처분보상금】</td><td>〈별 표〉</td></tr>
<tr><td>제5조【출원유보보상금】</td><td>(별표 1) 발명평가기준</td></tr>
<tr><td>제6조【보상금의 조정】</td><td>(별표 2) 보상금지급기준</td></tr>
</table>

〈총 칙〉

제1조【목적】

이 규정은 ○○주식회사(이하 '회사'라 한다) 직무발명보상규정에 근거하여 사원의 직무발명에 대한 보상금 산정의 기준을 정함을 목적으로 한다.

제2조【출원보상금】

출원보상금의 액수는 ○○○○만원으로 한다. 다만, (별표2)에 따라 비금전적 보상을 고려할 수 있다.

제3조【등록보상금】

등록보상금의 액수는 ○○○○만원으로 한다. 다만, (별표2)에 따라 비금전적 보상을 고려할 수 있다.

제4조【실시·처분보상금】

① 직무발명에 대한 실시·처분보상금은 (별표2)에 의해 산정된 공헌이익액 또는 처분수입금의 ○○%를 발명자에게 지급한다.

② 종업원이 자유발명에 관하여 특허를 받을 권리 또는 특허권을 회사에 양도한 경우, 실시·처분보상금은 (별표2)에 의해 산정된 공헌이익액 또는 처분수입금의 ○○%를 발명자에게 지급한다.

③ 실시·처분보상금은 당해 발명의 실시 또는 처분으로 회사에 수익이 발생하는 동안 계속 지급하되 매년 분할 지급할 수 있다.

제5조【출원유보보상금】

출원유보보상금의 액수는 ○○○○만원으로 한다. 다만, (별표2)에 따라 비금전적보상을 고려할 수 있다.

제6조【보상금의 조정】

제2조 또는 제5조의 보상금은 직무발명심의위원회가 발명의 경위와 내용, 발명자의 회사에 대한 기여도, 실시수익의 규모 등을 고려하여 조정할 수 있다.

<부   칙>

제7조【시행일】

　이 규정은 ○○○○년 ○○월 ○○일부터 시행한다.

제8조【경과규정】

　이 규정은 직무발명보상규정의 시행일부터 시행한다.

<별   표>

(별표 1) 발명평가기준
(별표 2) 보상금지급기준

(별표 1)

발명평가기준

평가요소	평가기준			
기 술 성 (20)	낮음 (5)	보통 (10)	높음 (15)	매우 높음 (20)
실행 가능성 (20)	실행 가능성 낮음 (5)	부분적 보완 후 실시 가능성 (10)	즉시 실시 가능 하지만 추가적인 시설 필요 (15)	즉시 실행 가능 (20)
독창성 (20)	직무상 당연히 착상 가능 (5)	문헌, 기타자료에 의해 착상 가능 (10)	다른 발명을 독창적으로 개량·고안 (15)	극히 독창적이며, 고도의 기술 (20)
경제적 가치 (20)	연간 순수익 1,000만원	연간 순수익 5,000만원	연간 순수익 1억원 미만	연간 순수익 1억원 이상
독점성 (10)	회사 외부의 제3자 발명을 이용해야만 실시가능(이용발명) (3)	공유권리자 및 무상의 실시권자 존재 (6)		완전한 독점 가능 (10)
기술의 수명 (10)	1년 미만 (3)	5년 미만 (6)	10년 미만 (8)	10년 이상 (10)

※ 평가결과 1. ○○점 이상 : 직무발명 승계 및 국내출원

　　　　　　 2. ○○점 이상 : 외국출원

※ 발명평가보상기준이 정당한 보상 기준으로 인정되기 위해서는 발명진흥법 제13조2항 규정에
따라 회사와 종업원 간에 협의 및 의견 청취의 절차를 진행해야 한다.

(별표 2)

보상금지급기준

1. 출원·등록·출원유보 보상금

[정 액 법]

출원 보상금	등록 보상금	출원유보 보상금
- 특　　허 : ○○ 만원 - 실용신안 : ○○ 만원 - 디 자 인 : ○○ 만원 상기 금전적 보상 또는 승진평가점수반영 중 택일	- 특　　허 : ○○ 만원 - 실용신안 : ○○ 만원 - 디 자 인 : ○○ 만원 상기 금전적 보상 또는 승진평가점수반영 중 택일	- 특　　허 : ○○ 만원 - 실용신안 : ○○ 만원 - 디 자 인 : ○○ 만원 그 발명이 산업재산권으로 부터 보호되었더라도 종업 원이 받을 수 있었던 경제 적 이익고려

[평가점수법]

등급	평가점수	특허	실용	디자인
1등급	80~100	70만원	50만원	-
2등급	70~79	60만원	50만원	-
3등급	60~69	50만원	40만원	30만원
4등급	50~59	40만원	30만원	20만원
5등급	40~49	30만원	20만원	10만원
6등급	40 미만	20만원	10만원	5만원

※ 참고사항
1. 별표1의 보상기준에 의해 회사가 승계하기로 결정한 발명에 대해, 출원, 등록, 출원유보, 실시, 처분시 지급해야 하는 보상금 기준을 미리 마련한다.
2. 보상금 지급기준 역시 발명평가기준과 동일하게, 개별발명진흥법 제13조 제2항의 규정에 따른 기준이라면 정당한 보상으로 인정받을 수 있다.

2. 실시 및 처분 보상금

[슬라이드법]

발명에 의해 얻어지거나, 얻어질 모든 이익을 기준으로 하여 일정한 산출 방법에 따라 지급액을 결정하는 방법이다.

CASE 1

보상금	항목	세부항목	산출기준
실시보상금	투입비	경상적 지출	당해 발명을 위해 연구기간동안 사용된 경상연구개발비(인건비, 국내·외여비, 연구활동비, 용역 및 위탁연구비, 제경비 등)
		자본적 지출	당해 발명을 위해 연구기간동안 구입 사용한 연구장비(구매, 제작 등)등에 투입된 총투자 용
	수익액	기술료	발명 건으로 업체 등과 기술이전 계약으로 체결하여 받은 기술료 전액
		경비절감 또는 수익증대효과	※ 제시된 효과를 기초로 하되 산출근거의 타당성을 검토하여 조정하고 심의위원회에서 의견 - 경비절감 : 사업부서 확인 영업수익을 객관적으로 산출 가능하게 작성
	공헌이익액	-	수입액-투입비
처분보상금	-	-	처분수입금 = 기술료-투입비

※ 실시보상금은 공헌이익액의 ○○%를 지급한다.
　　처분보상금은 처분수입금의 ○○%를 지급한다.

CASE 2

순이익	보상금 산정
1,000만원 이하 1,000만원 초과 5,000만원 이하 5,000만원 초과	기준근액×30% 기준금액×20%+100만원 기준금액×10%+300만원

※ 1. 순이익 = (총판매량×판매단가)-(제조원가+영업경비)
　　2. 기준금액 = 순이익×이용률(당해 제품에서 특허가 이용되는 비율)

CASE 3

실시료 수입액 또는 양도금액	보상금 산정
1,000만원 이하 1,000만원 초과 5,000만원 이하 5,000만원 초	양도대금 또는 실시료×30% (양도대금 또는 실시료-1,000만원)×20%+300만원 (양도대금 또는 실시료-5,000만원)×10%+1,100만원

[91]
우리사주조합규정

제정 ○○○○년 ○○월 ○○일
개정 ○○○○년 ○○월 ○○일

〈총 칙〉

제1조【명칭】

이 조합은 ○○주식회사(이하 '회사'라 한다) 우리사주조합(이하 '조합')이라 한다.

제2조【목적】

① 조합은 다음 각 호의 사항을 목적으로 한다.

1. 자사주 보유를 통한 종업원의 복리증진 및 재산형성 촉진

2. 종업원 지주를 통한 안정주주의 확보

3. 조합기금 조성 및 운영을 통한 수익사업

② 조합은 전항의 목적 이외의 다른 목적에 그 조직을 이용하지 못한다.

제3조【존립기간】

조합은 회사의 존립기간까지 존속한다.

제4조【사무소의 설치】

조합의 사무소는 본사에 둔다.

제5조【조합원】

① 조합은 모든 종업원을 가입대상으로 한다. 다만, 주주총회에서 선임된 임원, 주주(소액주주제외)와 일급 또는 시간급을 받는 자 중 3개월(건설공사 근로자는 1년) 이상 계속하여 고용되지 아니한 임시직 근로자는 제외한다.

② 제1항의 종업원은 조합에 신청서를 제출함으로써 조합에 가입하거나 조합으로부터 탈퇴할 수 있다. 다만, 조합을 탈퇴한 조합원은 탈퇴일로부터 ○○년 이내에는 조합에 가입할 수 없다.

③ 조합원은 다음 각 호의 경우 그 자격을 상실한다.

   1. 사망, 퇴직 등에 의하여 회사와의 고용계약이 소멸한 때

   2. 주주총회에서 임원으로 선임된 때

   3. 소액주주의 범위를 초과한 때

제6조 【조합원총회】

① 조합은 매년 1회 ○○(12)월 중에 정기조합원(또는 '대의원' 이하 조합원이라 한다)총회를 개최한다. 다만, 필요에 따라 임시총회를 개최할 수 있다.

② 조합원(대의원)총회는 조합장이 소집한다. 다만, 필요한 경우에는 ○○이상의 이사가 공동으로 소집할 수 있다. 그리고 조합원 100분의 ○○이상이 회의에 부의할 사항을 제시하고 회의 소집을 요구한 때에는 조합장은 이를 거부할 수 없다.

③ 조합원(대의원)총회를 소집함에는 그 일시, 장소 및 회의 목적사항을 총회일 ○(2)주간전에 공고하여야 한다.

④ 조합원(대의원)총회는 ○○%(과반수)의 찬성으로 의결한다.

⑤ 조합원(대의원)의 의결권은 1인 1표로 하며, 총회에 참석할 수 없는 부득이한 사유가 발생한 경우에는 서면 또는 대리인을 통하여 의결권을 행사할 수 있다.

제7조 【조합원 총회의 의결사항】

① 조합원(대의원)총회는 다음 각 호의 사항을 의결한다.

   1. 조합규약의 제정과 개정에 관한 사항

   2. 조합장등 임원선임과 해임에 관한 사항3. 조합기금의 설치에 관한 사항

   4. 조합의 예산 및 결산에 관한 사항

   5. 기타 조합운영에 관한 중요사항

② 조합장등 임원의 선출은 직접·비밀·무기명 투표에 의한다.

제8조 【대의원의 선출 등】

① 대의원은 부서별(또는 사업장별)로 조합원수 ○○명당 1명을 선출하고, 단수조합원이 ○○명을 초과할 때에는 1명을 추가한다.

② 대의원의 임기는 ○년으로 한다. 다만, 보선된 대의원의 임기는 전임자의 임기의 잔여기간으로 한다.

③ 대의원의 선출은 직접·비밀·무기명 투표에 의한다.

제9조 【이사회】

① 조합의 업무집행에 관한 사항을 의결하기 위하여 이사회를 둔다.

② 이사회는 ○인의 이사로서 구성한다.

③ 이사는 조합원(대의원)총회에서 선출한다.

④ 이사의 임기는 ○년으로 한다. 다만, 보선된 이사의 임기는 전임자의 임기의 잔여기간으로 한다.

제10조【이사회의 소집 및 결의】

① 이사회는 조합장이 소집한다. 다만, 필요한 경우에는 ○○인 이상의 이사가 공동으로 소집할 수 있다.

② 이사회는 ○○%(과반수)의 찬성으로 의결한다.

제11조【이사회의 의결사항】

이사회는 다음 각 호의 사항을 의결한다.

1. 회사와 조합간의 약정서 체결에 관한 사항

2. 주식의 취득 및 그 관리에 관한 사항

3. 적립금 및 조합기금의 조성과 관리운영에 관한 사항

4. 주식취득자금 등의 차입에 관한 사항

5. 조합원(대의원)총회의 소집에 관한 사항

6. 기타 조합운영에 관한 사항

제12조【조합장의 권한】

조합장은 다음 각 호의 권한을 가진다.

1. 조합을 대표하며 조합의 제반 업무를 통괄한다.

2. 전 조합원을 대리할 권한을 가지며 조합원(대의원)총회 및 이사회의 결정사항을 집행한다.

3. 조합 또는 조합원을 위한 자금차입에서 조합을 대표하거나 조합원을 대리하여 채무를 부담하거나 담보를 제공할 권한을 가진다.

4. 공문서 및 제 증서의 서명인이 된다.

5. 조합의 각종 회의의 의장이 된다.

제13조【감사】

① 조합장 및 이사의 업무집행을 감사하기 위하여 감사 ○인을 둔다.

② 감사는 조합원(대의원)총회에서 직접·비밀·무기명 투표에 의하여 선출하며, 임기는 ○년으로 한다. 다만, 보선된 감사의 임기는 전임자의 임기의 잔여기간으로 한다.

③ 감사는 감사결과를 정기조합원(대의원)총회에 보고하여야 한다.

④ 감사는 언제든지 조합장에 대하여 조합의 업무와 운영상태에 관한 보고를 요구하거나, 이를 조사할 수 있다.

제14조【주식의 취득 및 예탁】

① 조합원의 주식취득은 다음 각 호의 방법에 의한다.

1. 우선배정 주식의 청약

2. 대주주 소유주식의 양수

3. 퇴직조합원 또는 중도인출조합원으로부터의 양수

4. 조합으로부터의 매입

5. 기타 방법에 의한 취득

② 조합원이 주식을 취득하고자 하는 경우에는 조합을 통하여 주식인수 또는 매입의 청약을 하여야 한다.

③ 조합원이 회사의 유상증자(주주에게 신주인수권이 부여되는 유상증자에 한한다)시에 우선배정되는 주식을 취득하고자 하는 경우에는 조합원은 주주의 신주청약일의 20일전까지 주식인수의 청약을 하여야 한다.

④ 조합원이 조합을 통하여 취득한 주식은 취득일부터 1월내에 한국증권금융(주)에 예탁하여야 한다.

제15조 【주식의 배분】

① 증권거래법 제191조의7 제1항의 규정에 의하여 조합원에게 우선배정된 주식은 다음 각 호의 기준에 따라 이사회의 결의에 의하여 저소득조합원 및 장기근속조합원을 우대하는 방법으로 배분하여야 한다.

   1. 균등배분 : ○○%

   2. 근속년수 : ○○%

   3. 직급별배분 : ○○%

   4. 호봉기준 : ○○%

   5. 보유기간 : ○○%

② 제1항에 불구하고 각 조합원에 대한 우선배정주식의 배분은 증권거래법시행령 제84조의 배정한도를 초과할 수 없다.

③ 제1항에 정한 우선배정주식의 배분이외에 기타 조합을 통하여 조합원이 취득하는 주식은 저소득조합원과 장기근속조합원을 우대하는 정신하에 이사회의 결의에 의하여 배분한다.

제16조 【주식의 인출】

① 조합원이 조합을 통하여 취득, 예탁한 주식은 관계 법령 및 우리사주조합의 운영기준에서 정하는 경우에 한하여 인출할 수 있다.

② 제1항에 따른 인출주식수 및 범위 등의 세부사항은 한국증권금융(주)이 별도로 정하는 기준에 따른다.

③ 예탁한 주식을 인출하고자 하는 조합원은 당해 사유를 입증할 수 있는 서류를 조합에 제출하여야 한다.

④ 조합원이 인출한 상장주식 또는 협회등록주식은 당해 주식의 인출일의 유가증권시장 또는 협회중개시장에서의 최종시세가격(최종시세가격이 없는 경우에는 그 익일의 매매기준가격)으로, 기타 주식은 조합원총회에서 정한 가격으로 조합 또는 다른 조합원에게 우선 매각하여야 한다. 다만, 조합 또는 다른 조합원이 매입하지 아니하여 소유조합원에게 인도하는 경우 당해 조합원은 당해 주식의 시세가격과 취득가액의 차액 중 ○%를 조합비로 납부하게 할 수 있다.

제17조 【주식취득자금 등의 차입】

① 조합의 주식취득자금이나 기금의 조성을 위하여 또는 조합원의 주식취득자금이나 가계자금 조달을 위하여 조합과 조합원은 회사 또는 금융기관 등으로부터 자금을 차입할 수 있으며, 조합은 조합원의 자금차입에 필요한 경우 조합재산을 담보로 제공할 수 있다.

② 제1항의 규정에 따라 금융기관 등으로부터 자금을 차입하는 경우 조합장은 조합을 대표하여 또는 조합원을 대리하여 채무부담 및 담보제공 등의 행위를 할 수 있다.

③ 제2항의 규정에 따라 조합장이 채무부담 및 담보제공 등의 행위를 하는 경우 조합원별 채무액의 내역은 회사의 대표자와 조합장이 공동으로 작성 날인하여 사무소에 비치하고 조합원의

열람에 응하여야 한다.

제18조 【적립금】

① 조합원은 주식취득자금조성을 위하여 이사회가 정하는 기준에 따라 매월의 급여나 상여금에서 일정액을 공제하여 조합에 적립한다.

② 조합은 제1항의 적립금을 한국증권금융(주) 또는 기타 금융기관에 예치하여야 한다.

제19조 【조합기금의 조성 및 운영】

① 조합은 다음 각 호의 자금으로 기금을 조성할 수 있다.

    1. 기업지원금

    2. 조합원으로부터 징수한 조합비, 출자금, 회비 등

    3. 금융기관의 차입금

    4. 수익사업에서 발생한 이익금

  5. 기타 기부금품

② 제1항 제2호에 정한 출자금 또는 회비의 납부금액, 방법 등은 이사회가 정한다.

③ 제1항의 규정에 따라 조성된 기금은 제16조 제1항에 의하여 인출하는 주식 등 자사주식의 매입에 사용하여야 하며, 여유자금으로는 수익사업을 운영할 수 있다. 다만, 자사주식 이외의 주식과 부동산에 투자하여서는 안 된다.

④ 제3항의 규정에 따라 조합이 매입한 주식은 한국증권금융(주)에 취득일부터 1월 내에 예탁하고 조합원에게 이를 매각할 때에만 인출한다.

제20조 【배당금 등】

조합원이 취득한 주식에 대한 배당금과 적립금에서 발생한 이자는 이사회의 정함에 따라 차입금의 상환이나 자기주식 취득을 위한 적립 또는 본인에의 환급 등의 방법으로 처리한다.

제21조 【조합원의 재산관리】

① 조합원이 취득한 주식 및 적립금은 조합원별로 구분하여 관리한다. 다만, 한국증권금융(주) 또는 금융기관에 예탁하는 경우에는 조합장 명의로 통합하여 예탁한다.

② 제1항의 단서규정에 의거 주식을 예탁하는 경우에는 주식의 명의를 조합장으로 하며, 주권을 병합할 수 있다.

제22조 【장부 및 서류의 비치】

① 조합은 다음 각 호의 장부와 서류를 작성하여 사무소에 비치하여야 한다.

    1. 조합원명부

    2. 조합규약 및 회의록

    3. 조합임원 및 대의원의 성명과 주소록

    4. 재정에 관한 장부와 서류

    5. 조합 및 조합원의 주식취득·관리에 관한 장부와 서류

② 제1항의 장부와 서류는 10년간 보존하여야 한다.

제23조 【의결권 행사】

주식의 의결권은 증권거래법시행령 제2조의 규정에 의거 행사하여야 한다.

제24조 【권리행사의 자주성】

　　조합원과 조합의 임원 또는 대의원은 다른 조합원의 매입주식에 대한 정당한 권리행사를 방해하지 못한다.

제25조 【규정개정】

　　이 규정은 법률이 정한 한도에서 조합원의 동의로 개정할 수 있다.

〈부　　칙〉

제26조 【시행일】

　　이 규정은 ○○○○년 ○○월 ○○일부터 시행한다.

[92]
주식매수선택권 운영규정

제정 ○○○○년 ○○월 ○○일
개정 ○○○○년 ○○월 ○○일

〈총칙〉

제1조【목적】
이 규정은 ○○주식회사(이하 '회사'라 한다) 주식매수선택권 운영에 관한 기준을 정함을 목적으로 한다.

제2조【적용범위】
이 규정은 회사에 재직하는 정규직 임직원에게 적용한다.

제3조【용어의 정의】
이 규정에서 사용하는 용어의 뜻은 다음과 같다.
1. "주식매수선택권"이란 벤처기업육성에 관한 특별조치법 및 그 관계법에서 정한 권리를 말한다.
2. 스톡옵션이란 "주식매수선택권"을 말한다.
3. "정관"이란 회사의 정관을 말한다.

제4조【시행목적】
주식매수선택권의 시행목적은 다음과 같다.
1. 임직원에 대한 경영성과의 보상
2. 회사의 성장에 대한 동기부여 조성
3. 우수인력의 확보 및 유지 용이성 제고
4. 기업의 소유분산 촉진 및 소유구조 개선
5. 회사에 대한 임직원의 주인의식 향상

제5조【스톡옵션의 종류】
① 정기부여 스톡옵션 : 임직원의 매년간의 근무 성적, 회사에 대한 기여도 등을 일정한 방법에

따라 평가하여 매년 정기주주총회 및 임시주주총회에서 부여하는 스톡옵션

② 특별부여 스톡옵션 : 임직원의 채용, 근무, 특정업무 수행에 대하여 특별한 업적을 기대하여 이사회의 결의를 통하여 동 부여대상자의 그 부여주식수 및 부여가격, 행사방법등을 확정하고 이를 정기주주총회 및 임시주주총회에서 부여하는 스톡옵션

제6조 【스톡옵션의 부여대상자】

스톡옵션을 부여할 수 있는 대상은 회사에 기여하였거나 기여할 가능성이 있는 임직원으로 하며, 세부 대상자는 부여를 결정하게 되는 당해 이사회에서 정한다. 다만, 다음 각 호에 해당하는 자는 의해 제외한다.

1. 최대주주 및 그 특수관계인(증권거래법시행령 제2조의 4 제3항 및 제10조의 3 제2항의 규정에 의한 최대주주, 특수관계인을 말한다)
2. 주요주주(증권거래법 제188조의 규정에 의한 주요주주를 말한다)와 그 특수관계인
3. 주식매수 선택권의 행사로 주요 주주가 되는 자

제7조 【스톡옵션의 부여 가격】

제6조[스톡옵션 부여 가격] 스톡옵션 행사가격은 다음의 가액 이상으로 한다. 주식매수 선택권을 부여한 후 그 행사가격을 조정하는 경우에도 또한 같다.

1. 정기 부여 : 정기주주총회 전일을 기준으로 법에 따른 평가에 의한 가격
2. 특별 부여 : 스톡옵션 부여를 위한 이사회의 회의가 개최되는 날을 기준으로 법에 따른 평가에 의한 가격

제8조 【스톡옵션의 부여방법】

회사의 스톡옵션 부여방법은 신주발행 교부, 자기주식 교부, 스톡옵션의 행사 가격과 시가와의 차액을 현금 또는 자기주식으로 지급하는 주가평가 보상 중 이사회에서 결정한다.

제9조 【스톡옵션의 행사기간 및 조건】

① 스톡옵션 행사기간은 스톡옵션 부여일 이후 3년이 경과하는 날로부터 *년 내로 하며, 부여계약에서 정하는 바에 따른다.

② 스톡옵션 권리자가 스톡옵션을 행사하기 위해서는 행사일 현재 재직 중이어야 한다. 단 제13조의 권리의 승계가 이루어지는 경우에는 예외로 한다.

③ 행사기간 종료 후에 행사되지 않은 스톡옵션은 소멸한 것으로 간주한다.

제10조 【스톡옵션의 행사절차】

① 스톡옵션 권리자가 권리를 행사하고자 하는 경우에는 주식매수 선택권행사 신청서(이하 '신청서'라 한다)를 행사 10일 전에 서면으로 제출한다.

② '신청서'에는 행사 주식수, 주식매수 선택권 행사일(신청일과 별개임) 등 행사하고자 하는 권리의 내용을 기재하여야 한다.

제11조 【스톡옵션의 행사가격 및 수량조절】

① 스톡옵션 부여를 위한 주주총회의 특별결의를 거친 후 유상증자, 무상증자, 주식배당, 전환사채, 신주인수권부사채의 발행, 주식 분할, 합병, 액면 분할 등으로 주식가치의 희석화가 이루어지는 경우에는 행사 가격 및 부여 수량을 조정하며, 과도한 배당이 이루어지는 경우에도

같다. 그 행사 가격 및 수량 등의 조정에 관한 사항은 아래의 산식에 의하여 이사회의 결의에 따른다.

② 단, 이 때의 조정은 스톡옵션의 희석화를 방지하기 위한 목적으로 이루어져야 하며, 사전에 스톡옵션 권리자의 동의를 받아야 한다.

③ 부여 수량의 조정은 "(조정 전 행사수량) × (조종 전 행사 가격) ÷ (조정 후 행사가격)"으로 하며, 행사가격의 조정은 다음과 같이 한다(이 경우 가격의 조정에서 원 미만의 금액은 절삭하고 수량 조정에서의 1주 미만의 주주는 절삭한다).

 1. 유상증자의 경우:행사 가격보다 낮은 발행 가격으로 유상증자가 이루어지는 경우에는 다음과 같이 조정한다.

    조정 후 행사 가격 = (유상증자 직전 발행주식 총수×조정 전 행사가격+유상증자 발행주식수×유상증자 주당 발행가액)/(유상증자 직전 발행주식수+유상증자 발행주식수)

 2. 무상증자의 경우:조정 후 행사가격=조정 전 행사가격×무상증자 직전 발행주식수/(무상증자 직전 발행주식수+무상증자 발행주식수)

 3. 주식배당 실시의 경우:주식배당을 액면가에 의한 유상증자로 보고 위 1의 유상증자의 경우를 적용한다.

 4. 전환사채 또는 신주인수권부사채의 발행:전환사채 또는 신주인수권부사채의 발행의 경우로 그 전환가격 또는 신주인수권의 행사 가격이 주식매수 선택권의 행사 가격 보다 낮은 경우에는 동 사채에 의한 전환 또는 신주인수권의 행사가 가능한 부분이 모두 전환 또는 행사되었다고 가정하고 위 1의 유상증자의 경우를 적용한다.

 5. 액면분할 또는 병합:보통주의 액면분할 또는 병합의 경우에는 부여 가격을 다음과 같이 조정한다.

    > • 조정후 행사가격 = 조정 전 행사가격 × 분할 또는 병합한 후 1주당 액면가액 ÷ 분할 또는 병합 전 1주당 액면가액   조정 후 수량 = 주정 전 부여수량 × 분할 또는 병합 전 액면가 ÷ 분할 또는 병합 후 액면가)

 6. 1~5의 가격조정으로 행사 가격이 액면가격에 미달되는 경우:액면가액을 행사가격으로 한다.

제12조【행사한도 및 횟수】

① 부여된 스톡옵션은 일시에 행사할 수 없고, 행사기간의 1차년도에 40% 이하, 2차년도에 30% 이하, 3차년도에 30% 이하로 행사할 수 있다. 3차년도가 경과한 후 나머지 행사기간에는 나머지 전액을 행사할 수 있다.

② 부여된 스톡옵션을 수차에 걸쳐 행사할 때, '갑'에 업무량의 폭증 등의 사유가 있는 경우 '갑'은 이사회 결의로써 행사 횟수를 연 4회 이하로 제한할 수 있다. 이때 '갑'은 위 이사회 결의 후 지체없이 '을'에게 이러한 사정을 서면으로 통지하여야 한다.

제13조【스톡옵션의 양도 등 제한】

① 스톡옵션은 이를 타인에게 양도하거나 담보로 제공할 수 없으며, 양도 또는 담보로 제공된 경우 당해 스톡옵션은 그 효력을 상실한다.

② 스톡옵션의 행사로 취득한 주식의 매매시 당해 스톡옵션 권리자는 증권거래법 제188조의 2

(미공개정보 이용 행위의 금지) 및 제188조의 4(시세조종 등 불공정거래행위의 금지)의 규정을 위배해서는 아니된다.

제14조 【권리의 승계】

행사기간의 기산점 이후 스톡옵션 권리자가 사망하거나 정년으로 인한 퇴임 또는 퇴직 기타 본인의 귀책사유가 아닌 사유로 퇴임 또는 퇴직한 경우에는 그 행사기간동안 스톡옵션을 행사할 수 있다. 스톡옵션 권리자가 사망한 경우에는 그의 상속인이 같은 조건으로 그 스톡옵션을 행사할 수 있다.

제15조 【스톡옵션의 부분인정】

당해 임직원이 회사의 경영상 결정에 의하여 스톡옵션 부여일로부터 3년 이내의 기간에 퇴직하게 되는 경우에는 스톡옵션 부여일로부터 1년이 경과하는 경우에는 총부여된 주식수의 30%, 2년이 경과하는 경우에는 60%를 부분 인정한다.

제16조 【스톡옵션의 부분인정】

본 규정에서 명시되지 아니한 사항에 대한 것은 스톡옵션 관련 법령에 따라 이사회에서 정하기로 한다.

〈부 칙〉

제17조 【시행일】

이 규정은 ○○○○년 ○○월 ○○일부터 시행한다.

제22편

자금·외환 관련 규정

[93]
자금관리규정

제정 ○○○○년 ○○월 ○○일
개정 ○○○○년 ○○월 ○○일

〈총 칙〉

제1조【목적】

이 규정은 ○○주식회사(이하 '회사'라 한다) 경영관리를 위한 자금관리의 절차와 운용에 대하여 정함을 목적으로 한다.

제2조【적용범위】

이 규정은 회사 자금의 수급과 지급에 관하여 다른 규정에서 정한 것 이외에는 이 규정을 적용한다.

제3조【관리대상】

회사의 경영관리 자금관리 대상은 다음 각 호와 같다.

1. 회사채권
2. 매출채권과 받을어음
3. 차입금과 대여금
4. 정책금융
5. 기타 자금

제4조【관리업무】

자금관리의 업무는 다음 각 호와 같다.

1. 일일 자금수지 계획과 집행
2. 월간 자금수지 계획과 집행
3. 분기 자금수지 계획과 집행
4. 반기 자금수지 계획과 집행

5. 연간 자금수지 계획과 집행

제5조 【관리부서】

회사의 자금관리 업무는 경리자금팀에서 업무를 집행한다.

제6조 【관리책임】

회사의 자금관리업무 책임은 경리자금팀장이다.

제7조 【수급자금】

관리대상 수급자금은 다음 각 호와 같다.

1. 보유 현금과 예금
2. 매출금
3. 차입금과 투자유치금
4. 받을어음 할인금
5. 환급금, 선수금, 예수금
6. 투자유치금
7. 기타 수급자금

제8조 【지급자금】

관리대상 지급자금은 다음 각 호와 같다.

1. 매입금
2. 상환금
3. 지급어음발행액
4. 세금, 경비, 인건비, 관리비
5. 투자금
6. 선급금, 개발금, 보험금
7. 기타 지급자금

제9조 【직접금융】

관리대상 직접금융은 다음 각 호와 같다.

1. 발행 주식과 채권
2. 투자 주식과 채권
3. 유무상 증자
4. 기타 직접금융

제10조 【정책자금】

관리대상 정책자금은 다음 각 호와 같다.

1. 창업지원자금
2. 공장(건물)건축지원자금
3. 연구(기술)개발지원자금
4. 운전자금
5. 시설자금

6. 유통업·도소매업 지원자금

제11조【당좌차월】

자금팀장은 사장의 승인으로 단기자금부족에 대비한 주거래은행과 당좌차월계약을 체결하여 긴급자금을 받을 수 있게 하여야 한다.

제12조【당좌차월계약】

회사의 자금관리 책임자는 사장의 승인을 받아 다음 각 호의 당좌차월계약 중 선택하여 거래은행과 약정을 한다.

1. 회전당좌대월
2. 일반당좌대월
3. 일시당좌대월
4. 기타당좌대월

제13조【발행어음】

① 자금부서는 발행어음 총액 한도를 설정하고, 월별, 분기별, 반기별, 연간 발행어음계획을 수립한다.

② 영업부서는 발행어음 총액 한도에서 외상매입금을 월별, 분기별, 반기별, 연간 외상매입금을 관리한다.

제14조【받을어음】

① 받을어음 할인율이 3% 이하의 때에는 자금팀장의 전결로 할인하여 사업용 계좌에 예입한다.

② 받을어음 500만원 미만은 자금팀장의 전결로 할인하여 사업용 계좌에 예입한다.

② 받을어음 1,000만원 이상의 할인인 사장의 승인으로 할인하여 사업용 계좌에 예입한다.

제15조【주거래은행】

회사는 자금운용의 안전성과 긴급성에 대처하기 위하여 다음 각 호의 은행을 지정하여 자금을 예탁관리한다.

1. ○○은행 ○○지점
2. ○○은행 ○○지점
3. ○○은행 ○○지점

제16조【사업용계좌】

① 회사는 주거래은행의 지점에 사업용 계좌를 개설하여 국세청에 신고하여야 한다.

② 회사의 모든 거래 대금을 사업용 계좌를 통하여 거래하여야 한다.

제17조【자금계획표】

자금팀장은 자금운용을 위한 제4조의 자금계획표를 작성하여야 운용한다.

제18조【보고의무】

자금팀장은 자금운용에 대하여 제4조의 계획과 집행에 대하여 사장에게 다음 각 호의 보고를 하여야 한다.

1. 일일보고 : 매일 9시에 일일 및 익일 예상 일일 자금수지계획을 보고한다.
2. 월간보고 : 매월 30일에 당월 및 익월 예상 월간 자금수지계획을 보고한다.

   3. 분기보고 : 매분기 말월에 당기 및 다음 분기 예상 자금수지계획을 보고한다.

   4. 반기보고 : 매반기 말월에 당기 및 다음 반기 예상 자금수지계획을 보고한다.

   5. 연간보고 : 매년 12월에 당년 및 익년 예상 자금수지계획을 보고한다.

〈부　　칙〉

제19조 【시행일】

  이 규정은 ○○○○년 ○○월 ○○일부터 시행한다.

〈서　　식〉

 (서식 1) 월간자금수지표

(서식 1)

월간자금수지표 20 년 월 일								

수입			지출		
적요	금액	비고	적요	금액	비고
(1) 현금 매출금			(1) 현금 매입금		
(2) 외상매출금 예입			(2) 외상매입금 지급		
(3) 받을어음 할인금			(3) 지급어음 상환		
(4) 선수금			(4) 선급금		
(5) 예수금 예입			(5) 예수금 납부		
(6) 원화차입금			(6) 원화차입금 상환		
(7) 외화차입금			(7) 외화차입금 상환		
(8) 부가세환급금			(8) 인건비		
(9) 관세환급금			(9) 관리비		
전월( ) 수급 계			전월( ) 지급 계		
당월( ) 수급 계			당월( ) 지급 계		
전월( ) 수지 계			(원)		
당월( ) 수지 계			(원)		
전월( ) 잔액 계			(원)		
당월( ) 잔액 계			(원)		

[94]
예산관리규정

제정 ○○○○년 ○○월 ○○일
개정 ○○○○년 ○○월 ○○일

〈총 칙〉

제1장 통칙

제1조 【목적】

이 규정은 ○○주식회사(이하 '회사'라 한다)의 경영목표와 경영계획을 위한 합히적인 예산관리를 목적으로 한다.

제2조 【적용범위】

이 규정은 회사의 경영에 따르는 예산, 경영계획 및 회계에 관련한 업무에 적용되며 따로 특별히 정하여진 규정의 내용을 제외하고는 이 규정에 의한다.

제3조 【예산관리원칙】

예산의 관리에 있어서는 다음 각 호의 사항을 원칙으로 준수하여야 한다.

1. 예산은 대표이사의 승인없이 변경할 수 없다.
2. 예산은 책정 항목별 금액 한도로 통제한다.

3. 예산은 용도가 소멸하면 사용하지 않는다.

4. 사용하지 않은 예산은 반환한다.

제4조 【예산기간】

예산기간은 정관이 정하는 회계연도와 일치하여야 하며, 월간 예산 기간은 매월 1일부터 말일까지로 한다.

제2장 관리조직

제5조 【주관부서】

① 예산관리는 주관부서는 경리자금부이고, 총책임자는 경리부서장이다.

② 예산관리의 부책임자는 사용부서장이다.

제6조 【이사회결정】

주관부서는 종합예산편성의 기본방침을 결정하여 이사회에 보고하며, 이사휘은 종합예산편성의 기본방침을 결정하여 편성된 종합예산을 확정한다.

제7조 【예산심의위원회】

① 예산편성의 효율화를 위하여 각부의 장으로 구성된 예산심의위원회를 둔다.

② 예산심의위원회를 기획실장이 주관하고 회의결과는 이사회에 회부하여야 한다.

③ 예산심의위원회는 기획실에서 집계 조정한 종합예산안을 심의하며, 필요시 기획실장이 소집할 수 있다.

④ 예산심의위원회는 가능한 전원이 참석토록 하되 부득이 한 경우에는 차석자가 대리 참석할 수 있다.

제8조 【총괄예산책임자의 직무】

○○부장(기획실장)은 이사회에서 확정된 종합예산의 편성 및 통제에 관한 책임을 지며 이를 위하여 다음 각 호의 직무를 수행한다.

1. 예산관리에 대한 제도개선 및 정책수립

2. 종합예산편성 방침의 입안 및 정책수립

3. 부문별 예산안의 종합조정 및 편성

4. 종합예산안의 작성

5. 종합예산안의 실적과의 비교분석

제9조 【부문예산 책임자】

부문예산 책임자는 해당 부문 예산의 편성, 집행, 통제, 차이 분석 및 보고에 대한 사항을 담당 수행한다.

제3장 예산편성

제10조 【경영계획과 예산】

예산의 편성에서 금액으로 수치화한 경영계획을 기초로 하여 예산을 편성한다.

제11조 【예산편성원칙】

회사 예산편성은 다음 각 호의 기본원칙으로 한다.

1. 회사의 수익원을 최대한으로 발췌하여 이윤을 극대화한다.
2. 신규수주사항은 사전에 충분한 수익성 검토가 선행되어야 한다.
3. 보유장비는 최대한 활용되어야 하며 재고수준을 적정화하여야 한다.
4. 자금예산은 회사의 장기적 사업 및 자금계획 등을 종합 검토하여 수익전망이 확실한 것에 한한다.
5. 소비성 경비예산의 계상은 업무수행상 불가피한 것에 한한다.

제12조【부문예산 원칙】

① 수주부문, 공사부문, 사업부문의 경영계획은 표준자료와 경험자료로 예산안을 편성한다.
② 창고관리 담당 부서장은 창고운영 계획을 수립하고 예산안을 작성하여야 한다.
③ 농장관리 부서장은 농장의 운영계획을 수립하고 운영예산안을 운영하여야 한다.
④ 중기 담당부서장은 보유장비현황 및 신규구매계획을 고려하여 중기관리운영 예산안을 작성하여야 한다.
⑤ 각 부서장은 소정양식에 따라 판매 및 일반관리비의 해당 항목별로 예산안을 작성하여야 한다.
⑥ 자금담당 부서장은 자금수입, 지출계획 등을 수립하여야 영업 및 영업의 수입 안과 지출 안을 작성하여야 한다.
⑦ 고정자산 예산에 대하여는 각 담당부서장이 예산안을 작성하여야 한다.

제13조【예산편성지침】

예산편성지침을 기획실에서 입안하되 다음 각 호의 사항을 고려하여 입안한다.

1. 과거의 실적, 장래예측
2. 예산절감 목표(경영목표)
3. 장기계획과의 관계
4. 법령, 법규 관계
5. 물가, 임금전망 및 경제동향
6. 경영계획서 및 경영실적

제14조【예산편성절차】

예산편성 절차는 다음 각 호의 순서로 진행하되 예산편성지침에 구체적 사항을 정한다.

1. 기획실장은 예산편성지침을 입안한다.
2. 기획실장은 예산편성지침을 각 부문예산 책임자에게 통지하고 각 부문예산 안을 작성 제출토록 한다.
3. 기획실장은 각 부문예산 안을 검토, 조정하여 종합예산안을 편성하여 예산심의위원회에 제출하여야 한다.
4. 예산심의위원회의 심의를 거친 종합예산안을 이사회에 보고하여 최종확정을 받아야 한다.
5. 기획실장은 확정된 종합예산을 각 부문 예산책임자에게 통지하여야 한다.

제4장 예산집행

제15조 【예산배정】

① 확정된 예산은 총괄예산 책임자인 기획실장이 배정하여야 하며 그 배정은 분기별 배정을 원칙으로 하되 내용에 따라 판매 및 일반관리비 예산은 필요 상 월별로 배정할 수 있다.

② 부문예산 책임자인 각부서장은 예산배정을 위하여 예산관리대장을 마감하여 기획실로 제출하여야 한다.

③ 기획실장은 즉시 예산배정을 하여야 한다.

④ ②항의 경우 특별히 예산배정을 받아야 할 때 특별예산배정 요구서를 작성 제출하여야 하며 기획실장은 이를 검토하여 조치하여야 한다.

⑤ 공사 또는 사업예산은 공사실행사업예산편성규정에 따라 편성한다.

제16조 【예산집행절차】

① 각부서장은 예산관리대장을 비치한다.

② 비용발생 시 각부서장은 발생금액을 기재하고 예산할당액에서 공제한 잔액을 기재한다.

③ 결재과정에서 모든 지출결의서는 반드시 예산관리대장에 동시에 기재되어야 하며 결재자는 예산잔액을 확인하여 결재하여야 한다.

④ 결재는 위임전결규정에 의한다.

⑤ 결재시 결재권자는 예산관리대장의 적자 여부를 확인하여야 한다.

⑥ 총괄예산책임자는 항목 간의 전용을 방지하기 위하여 내역이 명시되지 아니하거나 불분명한 지출결의서에 대하여 내역의 기장을 요구하거나 문의할 수 있으며 이를 거절할 경우에는 차기예산배정을 거절할 수 있다.

⑦ 경리부는 총괄예산책임자의 통제를 받는 지출예산의 집행에서는 총괄예산 책임자가 확인한 것에 한하여 지출하여야 한다.

제17조 【판매비·관리비 집행요령】

① 급료 수당 및 상여금의 집행은 예산확인 없이 집행할 수 있으며 인사담당 부서장은 집행 즉시 그 실적을 총괄예산책임자에게 통보하여야 한다.

② 복리후생비는 다음의 요령에 의하여 집행한다.

    1. 복리후생비는 총무부장이 관장하며 야근식대, 특근비, 부서회식대, 음료수대, 세탁비 등은 각 부에서 한도 내에서 집행한다.

    2. 각종 제복, 피복, 의약품 등 물품 발주는 총무부에서 담당한다.

    3. 경조금은 인사담당부서 외의 임의 사용을 인정하지 않는다.

    4. 건강진단비는 총무부에서 집행한다.

    5. 야근비 및 특근비의 집행은 총괄예산책임자로부터 할당받은 한도 내에서 각 부서에서 집행할 수 있으나 담당부서장은 야근, 특근 기록을 확인하여야 한다.

    6. 회의비의 집행은 할당받은 한도 내에서 각 부서에서 집행할 수 있다.

③ 여비, 교통비의 집행은 시내교통비의 경우 각부서는 할당된 예산한 내에서 직접 집행하며 출장여비규정에서 인정하는 범위대로 각 부서에서 정산한다.

④ 통신비의 집행은 총무부 이외 부서의 임의 집행을 인정하지 아니한다.

⑤ 수도료, 전기료, 동력비 등은 총무부가 집행한다.

⑥ 사무용품비의 집행은 총무부에 의뢰하여 총무부에서 집행한다.

⑦ 비용으로 발생하는 제세금은 총무부에서 집행한다.

⑧ 공과금은 예산의 집행에 영향을 줄 수 있는 새로운 협회의 가입이나 기타 공과금의 지출품의 경우 사전에 총괄예산책임자의 합의를 받음으로써 예산 집행상 차질이 발생하지 않도록 사전 조정되어야 한다.

⑨ 임대료의 집행은 총무부에서 관장하며 신규임대 계약시 사전에 총괄예산 책임자에게 그 내용을 통보하여 예산집행상 차질을 초래하지 않도록 하여야 한다.

⑩ 집기, 비품, 차량에 대하여는 감가상각 기준에 의하여 처리한다.

⑪ 보험료는 총무부에서 관장하며 예산집행상 차질을 초래하는 신규보험가입의 경우 사전에 총괄예산책임자의 합의를 거쳐 최종결재를 받아야 한다.

⑫ 접대비는 반드시 관인영수증 및 지불증으로 처리하여야 한다.

⑬ 광고비의 집행은 총괄예산책임자의 사전 확인 후 집행하여야 한다.

⑭ 운반비는 총무부에서 집행함을 원칙으로 한다.

⑮ 차량유지비는 총무부에서 총괄하며 집행한다.

⑯ 도서구입은 총무부에서 관장하며 각부서는 도서구입시 총무부에 의뢰하는 것을 원칙으로 한다.

⑰ 인쇄비는 모든 인쇄물을 총무부에 의뢰 발주하여야 한다.

⑱ 교육연수비는 인사담당부서장이 이를 집행할 수 있으며 예산초과의 경우 총괄예산 책임자의 합의를 거쳐 사장의 결재를 받아 처리하여야 한다.

⑲ 지급수수료는 총무부가 관장하는 것을 원칙으로 하되 지급관련 지급수수료는 경리부에서 자체 할당된 예산 범위 내에서 직접 집행할 수 있다.

⑳ 임원의 업무와 관련된 제잡경비는 경비로서 집행 처리한다.

제18조【예산 초과사용·조정】

① 당월 할당예산액을 초과하여 사용하고자 할 때에는 초과사용허가를 신청할 수 있다. 이 경우에는 총괄예산 책임자를 경유하여 사장의 결재를 받는다.

② 전항이 예비비나 추가갱정예산에 의하여 집행되는 것이 아니 경우 총괄예산책임자는 익월예산 할당시 당월초과분을 감액 조치하여야 한다.

③ 예산을 수정할 필요가 있거나 또는 추가경정예산 편성을 요구하고자 할 경우에는 각 부서장은 총괄예산책임자에게 예산집행 20일전에 요구안을 제출하여야 하며 총괄예산책임자는 접수일로부터 10일 이내에 이를 확정통보 하여야 한다. 당해 연도의 예산잔액은 익년도 예산에 이월하여 사용하지 아니한다.

제19조【예산관리대장】

① 예산의 집행을 효율적으로 수행하고 집행상태를 항상 정확하게 파악하기 위하여 각 예산 책임자는 예산관리대장을 작성하여야 한다.

② 예산관리대장에는 과목마다 년간 확정액과 집행액을 기재하여 총괄예산 책임자인 기획실장

의 날인을 받아야 한다.

③ 예산관리대장에는 반드시 예산잔액을 기재하고 지출은 소정이 결재 절차를 완료한 후에 집행하되 예산을 초과하거나 대장에 기재하지 않은 지출은 인정하지 아니한다.

제20조 【예비비】

① 계획예산이 불가피하거나 예측불능의 사태와 예산외의 불시지출에 대비하고 예산제도를 탄력적으로 운용하기 위하여 예비비를 설정 계산한다.

② 예비비의 집행은 사전에 각 부문의 담당임원을 거쳐 기획실을 경유, 사장이 승인을 받아야 사용할 수 있다.

③ ②항의 경우 예산담당자는 기획실장의 예산배정을 받아 사용하여야 한다.

제21조 【예산이관】

① 예산집행 기간에 조직의 변경 또는 신설로 새로운 예산조치가 필요할 때에는 다음 각 호에 의하여 처리한다.

1. 조직변경의 경우는 각 예산 담당자가 해당 예산액을 이관한다.
2. 조직신설의 경우는 총예산의 범위 내에서 개편한다.
3. 예산총액은 공사 수주계획, 시공계획, 사업계획이 증가되지 않는 한 이를 증액하지 않는 것을 원칙으로 한다.

② 전항의 규정에 의한 조치를 하였을 경우 예산담당자는 즉시 이를 기획실장에게 제출하여 조정을 받아야 한다.

제5장 예산평가

제22조 【부문실적보고】

각 부문에 예산 책임자는 예산의 집행에 대하여 예산과 실적을 대비하고 예산차이에 대한 원인분석과 적절한 조치를 마련하여 차기 예산편성 및 조정에 필요한 자료를 제공키 위한 예산실적대비보고서를 작성 총괄예산책임자에게 제출하여야 한다.

제23조 【총괄실적보고】

총괄예산책임자는 부문예산실적보고서를 취합하여 종합분석하여 총괄예산실적을 사장에게 보고를 하여야 한다.

제24조 【월말·기말분석】

부문별 예산초과 또는 미집행원인을 규명하고 예산의 효율적 운용을 기하기 위하여 총괄예산책임자는 부문별로 월 또는 기말분석보고를 하여야 한다.

제25조 【분석결과보고】

예산실적의 분석결과 차이가 현저하게 예산집행에 무리가 있을 경우에는 총괄예산책임자는 이에 따른 구체적인 조치방안을 마련하여 사장에게 보고하여야 한다.

제26조 【총괄예산 평가보고】

총괄예산책임자는 예산실적분석결과에 대한 종합평가의견서를 첨부하여 보고하여야 한다.

제6장 보칙

제27조 【규정위반조치】

이 규정을 위반한 경우에는 다음의 각 호와 같이 조치한다.

1. 예산항목을 규정에 따르지 않고 전용하였을 때 또는 예산을 규정에 따른 결재 없이 초과 사용하였을 때도 인사규정에 따라 징계조치를 한다.

2. 예산을 부당하게 사용하였을 때 즉시 변상조치하고 규정에 따라 징계 또는 고발조치 한다.

〈부 칙〉

제28조 【시행일】

이 규정은 ○○○○년 ○○월 ○○일부터 시행한다.

〈서 식〉

(서식 1) 사업부문 예산관리 책임자
(서식 2) 일반관리비 집행부서

(서식 1)

사업부문 예산관리 책임자				
	항	목	책임자	비 고
손익 예산	외주공사예산	외주공사시공예산(자체사업건 설 공사시공포함)	공사부장	공사별실행 예산관리에 의함
	자체사업예산	공사시공외 사업예산 (판관비를 포함함)	업무부장	사업예산 관리에 의함
	판관비예산	본사관리 창고부문 예산	총무부장 자재부장	
	영업외손칙	영업외수입 영업외비용	경리부장	
	고정자산예산	중장비 차량 공기구 집기비품 부동산(토지)	자재부장 자재총무 자재부장 총무부장 총무부장	
자본 예산	재고자산예산	농장 사업용지 기타재고자산	자재부장 업무부장 각부서장	

(서식 2)

일반관리비 집행부서

과 목		항 목	집행부서	비 고
1.	임 원 급 여	본사임원 급여, 상여금		
2.	급 료	본사직원급여(수당포함)		
3.	상 여 금	직원 상여금		
4.	임 금	임직원 임금, 상여금		
5.	퇴 직 금	임직원 퇴직금		
6.	복 리 후 생 비	차량보조금, 행사비, 피복비, 약품대, 국민연금, 의료보험, 회사부담분써클지원비, 기타 복리증진비		
		건강진단비		
		회식대, 잔업식대, 음료수대 특근식대, 세탁비		
7.	여 비 교 통 비	해외출장비		
		시내교통비, 주차료, 국내출장 부임비		
8.	통 신 비	전화요금, FAX료, 정보통신, 서비스이용료		
		탁송료, 우편대		
9.	수 도 광 열 비	수도사용료, 난방비 및 연료대		
10.	세 금 과 공 과 금	자동차세, 사업소세, 각종회비		
		인지대 외		
11.	지 급 임 차 료	건물, 부지 등		
12.	감 가 상 각 비	차량, 공기구, 기계장지, 비품 등		

과 목		항 목	부서	비 고
13.	수 선 비	공기구, 비품수선비 등		
14.	보 험 료	화재보험, 승용승합차량보험		
		화물차량보험		
15.	광 고 선 전 비	신문공고, 카다록, 브르셔제작등		
16.	접 대 비	거래처선물, 경조금, 접식대 등		
17.	운 반 비	운반제비용		
18.	교 육 훈 련 비	연수비, 전략비, 초빙강사료, 세미나참가비용 등		각부서 와협의
19.	차 량 유 지 비	보유차량의 유지비용 (통행료, 휘발유대, 세차비 등)		각부서 와협의
20.	소 모 품 비	문구 및 소모용구, 사진대 등 당좌수표, 약속어음책대		
21.	도 서 인 쇄 비	도서인쇄물, 신문, 청사진 등		
22.	지 급 수 수 료	지급수수료, 수임료 증지대, 송금수수료, 보증수수료, 공증수수료 등		
23.	기 밀 비	기 밀 비		사장 결재
24.	보 상 비	보 상 비		
25.	경 조 비	임직원 애·경사 비용		
26.	수 주 비	수주를 위한 견적 제비용		
27.	하 자 보 수 비	하자보수비		
28.	잡 비	잡 비		
29.	기 술 개 발 비	기술개발비		

[95]
중소기업 외환관리규정

제정 ○○○○년 ○○월 ○○일
개정 ○○○○년 ○○월 ○○일

〈총 칙〉

제1장 통칙

제1조【목적】

이 규정은 ○○주식회사(이하 "회사"라 한다)의 경영 건전성과 안정성을 도모하기 위해 외환리스크관리에 관한 주요 사항과 절차를 정하는 것을 목적으로 한다.

제2조【적용범위】

외환리스크관리에 관한 사항은 관련 법령, 정관 및 사규에 특별한 규정이 있는 경우를 제외하고는 이 규정이 정하는 바에 따른다.

제3조【용어정의】

① '외환리스크'라 함은 미래의 예상치 못한 환율변동으로 인한 외화표시거래 및 외화표시 재무제표 항목의 가치가 변동하는 재무적 위험을 의미한다.

② '외환포지션(외환익스포저)'이라 함은 환율변동으로 인한 보유 외화표시 순자산의 가치가 변동될 수 있는 불확실성으로서 외국통화별 자산, 부채간의 차액 또는 청산되지 아니한 외환파생금융상품거래의 잔액을 말한다.

③ '헤지(hedge)거래'라 함은 외환리스크를 회피하고자 하는 목적에서 이루어지는 거래를 의미한

다.

④ '파생상품(derivatives)'이란 통화, 금리 주식 등 원래의 금융상품에서 파생되어 거래되는 각종 거래소 및 장외거래 상품 등을 말한다.

⑤ 이 규정에서 따로 정의하지 않은 용어의 경우에는 기업회계기준, 사규, 및 시장에서의 일반적인 정의와 해석의 순서에 따른다.

제2장 관리조직

제4조 【관리조직】

① 외환리스크 관리조직은 외환리스크 관리팀, 외환리스크 관리담당자 등으로 구성한다.

② 외환리스크 관리팀은 외환리스크관리를 위한 실질적인 최고의사 결정기관으로서 다음 각 호의 업무를 심의 결정한다

1. 외환리스크 관리계획
2. 외환리스크에 대한 각종 한도 및 비율의 설정 및 변경
3. 외환리스크 관리자의 외환리스크관리에 대한 평가
4. 외환거래의 적법성 및 외환리스크에 대한 대책
5. 외환리스크 관리규정 개정
6. 기타 외환리스크관리에 필요한 사항

③ 외환리스크 관리담당자는 실제 외환리스크 관리업무를 수행하고 팀에서 위임한 업무를 집행하는 하는 자로서 자금담당팀장을 관리자로 지정한다. 외환리스크 관리담당자는 다음 각 호의 업무를 수행한다

1. 외환거래 및 관련 헤지거래
2. 외환리스크의 측정,분석 및 보고
3. 외환리스크 관리계획의 작성
4. 기타 외환리스크 관리팀의 위임사항에 대한 업무처리

제5조 【관리팀】

① 외환리스크 관리팀장은 대표이사로 하며 팀원은 자금담당팀장, 예산담당팀장, 외부 외환리스크 관리전문가, 기타 위원장이 필요하다고 인정하는 자

② 팀의 사무는 자금담당부서에서 담당한다.

③ 외환리스크관리팀은 정기 및 수시회의를 개최한다. 정기회의는 분기 1회 개최하며, 수시회의는 위원장이 필요하다고 인정하는 경우에 개최한다.

제6조 【관리담당자】

① 외환리스크관리자는 다음 각 호의 사항을 포함하는 외환리스크 관리현황을 매분기 외환리스크 관리팀 및 최고경영자에게 보고한다.

1. 외환거래실적 및 계획
2. 환익스포져와 헤지계획
3. 기초 외환거래 및 헤지거래의 평가
4. 포지션비율 산정 및 보고

② 외환리스크 관리담당자는 회사거래포지션을 이용한 자기거래를 실행해서는 아니된다.

③ 외환리스크 관리담당자는 관련 지식 습득 및 함양을 위하여 대외기관에서 실시하는 각종 연수 및 세미나에 적어도 연1회 이상 참가하여야 한다.

제3장 관리

제7조【관리시스템】

외환리스크 관리자는 외환리스크를 체계적으로 산출하여 관리할 수 있는 외환리스크관리 전산시스템을 구축하고, 지속적인 수정, 보완을 통하여 시스템의 유효성을 제고한다.

제8조【한도설정】

외환리스크 관리팀은 각각 외환리스크한도, 오픈포지션(Open Position)한도, 매매목적 파생상품거래 한도 등을 설정, 운영한다. 다만, 매매목적 파생상품거래를 금지할 경우 동 거래 한도는 설정하지 아니하여도 된다.

제4장 외환거래와 헤지

제9조【외환거래 실행 등】

① 외환거래 이후에는 동 내용을 지체 없이 재무제표에 반영시켜야 한다.

② 헤지거래 상대기관은 거래상대방의 신용위험을 감안 국제 및 국내 투자적격 등급이상의 금융기관과 실행하여야 한다.

③ 외환거래 및 헤지거래의 계약은 공인된 계약서 양식에 의거 이루어져야 하며 동 계약서는 거래만기일 이후 3년까지 보관하여야 한다.

제10조【외환리스크의 헤지】

① 외환거래를 실시하기 이전에 노출이 예상되는 포지션에 대해 사전 헤지계획을 수립하여야 한다.

② 외환리스크 관리담당자는 동 내용을 외환리스크 관리팀에 보고 후 승인을 얻은 후 거래를 실행하여야 한다. 다만, 정기적인 거래 및 기타 불가피한 경우에는 사후보고로 대체할 수 있다.

③ 외환리스크 관리자는 외환거래와 동시에 전체 외환익스포져에 대하여 헤지함을 원칙으로 한다.

④ 유동성 등의 원인으로 완전 헤지가 이루어지기가 불가능한 경우 팀의 의결을 얻어 전체 환익스포져 대비 Open Position 비율을 설정, 운영한다.

⑤ 외환리스크 헤지거래의 만기가 도래한 이후 Roll-Over수요 발생시 이전 환율을 감안한 Historical Rate Roll-Over를 실시하여서는 아니된다.

제11조【복합파생상품거래】

외환리스크 관리자는 외환리스크헤지를 위하여 필요하다고 여겨질 경우 동 구조를 완전히 파악 후 외환리스크관리팀의 승인을 거쳐 복합파생상품거래를 실시 할 수 있다. 다만, 일반적인 파생상품거래는 외환리스크거래 실시 후 사후보고할 수 있다.

제12조【헤지거래 조기종결 또는 추가거래】

외환거래에 수반된 헤지거래의 조기종결 사유가 발생할 경우 동 내용을 외환리스크 관리팀에 보고 승인을 득한 후 조기종결 거래를 실행할 수 있다. 추가거래의 경우도 동일한 절차를 적용한다.

제13조 【포지션 비율】

① 외환리스크 관리팀은 총 Open Position 비율, 외환차손익 비율, 매매목적 파생상품 거래 보유비율 등을 설정, 운영한다. 다만, 매매목적 파생상품거래를 금지할 경우 동 거래 보유비율은 설정하지 아니하여도 된다.

② 외환리스크 관리담당자는 동 비율을 준수하여야 하며 동 내용을 외환리스크관리팀에 보고하여야 한다.

제5장 평가

제14조 【외환리스크의 평가】

① 외환리스크 포지션에 대해서는 서울외국환중개회사 등에서 고시하는 기준율로 평가하여 관리한다.

② 장내 파생상품거래 포지션에 대해서는 해당상품이 상장된 거래소의 정산가격으로 평가하여 관리한다.

③ 장외 파생상품거래 포지션에 대해서는 시장가격으로 평가하되, 시장가격을 구할 수 없을 경우에는 공신력 있는 2개 이상의 금융기관이 제시하는 가격으로 평가하여 관리한다.

④ 외환리스크의 평가는 정기적으로 이루어져야 한다. 원칙적으로 매월 실시하는 것을 원칙으로 하되 외환리스크 관리팀의 승인을 득할 경우 분기단위까지 가능하다. 외환리스크 관리담당자는 동 내용을 정기적으로 외환리스크 관리팀에 보고하여야 한다.

⑤ 외환리스크 관리담당자는 평가실시후 동 내용을 재무제표에 즉시 반영하여야 한다.

⑥ 평가항목은 기초 외환거래, 헤지거래별로 실시한 후 전체거래의 손익변화를 반영하여야 한다.

제15조 【사후평가】

① 외환리스크 관리팀은 사후적으로 발생한 환차손익보다는 외환거래의 적법성 여부, 의사결정 과정에서의 내부지침의 준수 여부, 당초 설정한 헤지계획의 달성여부를 중심으로 외환리스크 관리자를 평가한다.

② 제1항의 평가는 최소한 연1회 이상 실시한다.

제16조 【관리자의 책임】

① 이 규정에 따라 외환리스크 관리자가 외환리스크관리를 올바르게 수행하였을 경우에는 사후 발생하는 각종 비용 및 손실에 대해 책임을 물어서는 아니된다.

② 외환리스크 관리자의 헤지거래를 위한 상품선정은 복합파생상품이라 하더라도 외환리스크 관리팀의 승인을 얻은 경우에는 관련 책임을 면한다. 단, 외환리스크 관리자가 업무상 과오로 헤지거래 미실시후, 외환거래에서 이익이 발생한 경우에도 외환리스크 관리부실에 따른 책임을 면할 수 없다.

제6장 보고

제17조【업무보고】

외환리스크 관리담당자는 다음 각 호에 해당하는 내용을 포함한 외환리스크의 규모와 헤지거래 실적을 반기마다 내부보고자 및 외부보고자에게 보고해야 한다.

1. 월별, 분기별 외환거래내역과 외환익스포져 현황
2. 외환리스크관리에 관한 외환리스크팀의 평가

〈부   칙〉

제18조【시행일】

이 규정은 ○○○○년 ○○월 ○○일부터 시행한다.

[96]
대기업 외환관리규정

제정 ○○○○년 ○○월 ○○일
개정 ○○○○년 ○○월 ○○일

〈총 칙〉

제1장 통칙

제1조【목적】

이 규정은 ○○주식회사(이하 "회사"라 한다)의 경영 건전성과 안정성을 도모하기 위해 외환리스크관리에 관한 주요 사항과 절차를 정하는 것을 목적으로 한다.

제2조【적용범위】

외환리스크 관리에 관한 사항은 관련 법령, 정관 및 사규에 특별한 규정이 있는 경우를 제외하고는 이 규정이 정하는 바에 따른다.

제3조【용어정의】

① '외환리스크'라 함은 미래의 예상치 못한 환율변동으로 인한 외화표시거래 및 외화표시 재무제표 항목의 가치가 변동하는 재무적 위험을 의미한다.

② '외환포지션(외환익스포저)'라 함은 환율변동으로 인한 보유 외화표시 순자산의 가치가 변동될 수 있는 불확실성으로서 외국통화별 자산, 부채간의 차액 또는 청산되지 아니한 외환 파생금융상품거래의 잔액을 말한다.

③ '헤지(hedge)거래'라 함은 외환리스크를 회피하고자 하는 목적에서 이루어지는 거래를 의미한다.

④ '파생상품(derivatives)'이란 통화, 금리, 주식 등 원래의 금융상품에서 파생되어 거래되는 각종

거래소 및 장외거래 상품 등을 말한다.

⑤ '민감도분석(sensitivity analysis)'라 함은 외환익스포져에 따른 환율시나리오별로 환차손익을 측정하는 분석방법을 의미한다.

⑥ '모의실험(simulation)'이라 함은 각 헤지수단별로 예상환차손익을 측정하여 Open포지션과 비교분석하는 방법을 의미한다.

⑦ 이 규정에서 따로 정의하지 않은 용어의 경우에는 기업회계기준, 사규 및 시장에서의 일반적인 정의와 해석의 순서에 따른다.

제2장 외환리스크 관리조직

제4조 【외환리스크 관리조직】

① 외환리스크 관리조직은 CRO, 외환리스크 관리 위원회, 외환리스크 관리담당자 등으로 구성한다.

② CRO는 CEO와 독립, 분리되어 회사전체의 외환리스크 관리사항을 총괄, 관리하며 동 내용을 이사회에 보고한다.

③ 외환리스크 관리위원회는 외환리스크관리를 위한 실질적인 최고의사 결정기관으로서 다음 각 호의 업무를 심의 결정한다.

  1. 외환리스크 관리계획

  2. 외환리스크에 대한 각종 한도의 설정 및 변경

  3. 외환리스크에 대한 각종 포지션 비율 설정 및 변경

  4. 외환리스크 관리자의 외환리스크관리에 대한 평가

  5. 외환거래의 적법성 및 외환리스크에 대한 대책

  6. 최고경영자 및 이사회에 대한 심의결과의 보고

  7. 외환리스크 관리규정 개정

  8. 기타 외환리스크관리에 필요한 사항

④ 외환리스크 관리담당자는 실제 외환리스크 관리업무를 수행하고 위원회에서 위임한 업무를 집행하는 자로서 자금담당팀장을 관리자로 지정한다. 외환리스크 관리담당자는 다음 각 호의 업무를 수행한다.

  1. 외환거래 및 관련 헤지거래

  2. 외환리스크의 측정, 분석 및 보고

  3. 외환리스크 관리계획의 작성

  4. 기타 위원회의 위임사항에 대한 업무처리

제5조 【외환리스크 관리위원회】

① 외환리스크 관리위원회 위원장은 CRO로 하며 부위원장은 자금담당 이사(본부장)로 한다. 위원은 자금담당부장, 국제금융담당팀장, 자금담당팀장, 예산담당팀장, 외부 외환리스크 관리전문가, 기타 위원장이 필요하다고 인정하는 자

② 위원회의 사무는 자금담당부서에서 담당한다.

③ 부위원장은 위원장 부재시 위원장 업무를 대행한다.

④ 외환리스크 관리위원회는 정기 및 수시회의를 개최한다. 정기회의는 월(분기)1회 개최하며, 수시회의는 위원장이 필요하다고 인정하는 경우에 개최한다.

⑤ 위원장은 위원회 심의결과를 최고경영자 및 이사회에게 보고하여야 한다.

⑥ 위원회는 재적위원 2/3이상 출석으로 성립하고, 출석인원 과반수의 찬성으로 의결한다.

제6조 【외환리스크 관리담당자】

① 외환리스크 관리담당자는 다음 각 호의 사항을 포함하는 외환리스크 관리현황을 매월 외환리스크 관리위원회 및 최고경영자에게 보고한다.

  1. 외환거래실적 및 계획
  2. 외환익스포져와 헤지계획
  3. 기초 외환거래 및 헤지거래의 평가
  4. 포지션비율 산정 및 보고
  5. 민감도분석을 통한 환차손익의 예측
  6. 모의실험을 통한 헤지의 적정성 평가

② 외환리스크 관리담당자는 회사거래포지션을 이용한 자기거래를 실행해서는 아니된다.

③ 외환리스크 관리담당자는 관련 지식 습득 및 함양을 위하여 대외기관에서 실시하는 각종 연수 및 세미나에 적어도 연1회 이상 참가하여야 한다.

제3장 관리시스템·한도설정

제7조 【관리시스템 구축 및 관리】

외환리스크 관리자는 외환리스크를 체계적으로 산출하여 관리할 수 있는 외환리스크관리 전산시스템을 구축하고, 지속적인 수정, 보완을 통하여 시스템의 유효성을 제고한다.

제8조 【외환리스크 한도설정】

외환리스크 관리위원회는 각각 외환리스크 한도, open position 한도, 매매목적 파생상품거래 한도 등을 설정, 운영한다. 다만, 매매목적 파생상품거래를 금지할 경우 동 거래 한도는 설정하지 아니하여도 된다.

제4장 외환거래·헤지거래

제9조 【외환거래 실행 등】

① 외환거래 이후에는 동 내용을 지체 없이 재무제표에 반영시켜야 한다.

② 헤지거래 상대기관은 거래상대방의 신용위험을 감안 국제 및 국내 투자적격 등급이상의 금융기관과 실행하여야 한다.

③ 외환거래 및 헤지거래의 계약은 공인된 계약서 양식에 의거 이루어져야 하며 동 계약서는 거래만기일 이후 3년까지 보관하여야 한다.

제10조 【외환리스크의 헤지】

① 외환거래를 실시하기 이전에 노출이 예상되는 포지션에 대해 사전 헤지계획을 수립하여야 한다.

② 외환리스크 관리담당자는 동 내용을 외환리스크 관리위원회에 보고 후 승인을 얻은 후 거래

를 실행하여야 한다. 다만, 정기적인 거래 및 기타 불가피한 경우에는 사후보고로 대체할 수 있다.

③ 외환리스크 관리자는 외환거래와 동시에 전체 외환익스포져에 대하여 헤지함을 원칙으로 한다.

④ 유동성 등의 원인으로 완전 헤지가 이루어지기가 불가능한 경우 위원회의 의결을 얻어 전체 외환익스포져 대비 Open Position 비율을 설정, 운영한다.

⑤ 외환리스크헤지거래의 만기가 도래한 이후 Roll-Over수요 발생시 이전 환율을 감안한 Historical Rate Roll-Over를 실시하여서는 아니된다.

제11조 【복합파생상품거래】

외환리스크 관리자는 외환리스크 헤지를 위하여 필요하다고 여겨질 경우 동 구조를 완전히 파악 후 외환리스크 관리위원회의 의결을 거쳐 복합파생상품거래를 실시 할 수 있다. 다만, 일반적인 파생상품거래는 외환리스크거래 실시 후 사후보고 할 수 있다.

제12조 【헤지거래 조기종결 또는 추가거래】

외환거래에 수반된 헤지거래의 조기종결 사유가 발생할 경우 동 내용을 외환리스크 관리위원회에 보고 승인을 득한 후 조기종결 거래를 실행할 수 있다. 추가거래의 경우도 동일한 절차를 적용한다.

제13조 【포지션 비율】

① 외환리스크 관리위원회는 각각 총 Open Position 비율, 외환차손익 비율, 매매목적 파생상품거래 보유 비율 등을 설정, 운영한다. 다만, 매매목적 파생상품거래를 금지할 경우 동 거래 보유비율은 설정하지 아니하여도 된다.

② 외환리스크 관리담당자는 동 비율을 준수하여야 하며 동 내용을 외환리스크 관리위원회에 보고하여야 한다.

제5장 평 가

제14조 【외환리스크의 평가】

① 외환리스크 포지션에 대해서는 서울외국환중개회사 등에서 고시하는 기준율로 평가하여 관리한다.

② 장내 파생상품거래 포지션에 대해서는 해당상품이 상장된 거래소의 정산가격으로 평가하여 관리한다.

③ 장외 파생상품거래 포지션에 대해서는 시장가격으로 평가하되, 시장가격을 구할 수 없을 경우에는 공신력 있는 2개이상의 금융기관이 제시하는 가격으로 평가하여 관리한다.

④ 외환리스크의 평가는 정기적으로 이루어져야 한다. 원칙적으로 매일 실시하는 것을 원칙으로 하되 외환리스크 관리위원회의 승인을 득할 경우 주, 월 단위까지 가능하다. 외환리스크 관리담당자는 동 내용을 정기적으로 외환리스크 관리위원회에 보고하여야 한다.

⑤ 외환리스크 관리담당자는 평가실시후 동 내용을 재무제표에 즉시 반영하여야 한다.

⑥ 평가항목은 기초 외환거래, 헤지거래별로 실시한 후 전체거래의 손익변화를 반영하여야 한다.

제15조 【사후평가】

① 외환리스크 관리위원회는 사후적으로 발생한 환차손익보다는 외환거래의 적법성 여부, 의사결정과정에서의 내부지침의 준수여부, 당초 설정한 헤지계획의 달성여부를 중심으로 외환리스크 관리자를 평가한다.

② 제1항의 평가는 최소한 반기에 한번 이상 실시하며 위원장은 평가결과를 최고경영자에게 보고한다.

③ CRO는 제1항의 평가결과를 외환리스크 관리계획에 반영하여야 한다.

제16조 【외환리스크 관리자의 책임】

① 이 규정에 따라 외환리스크 관리자가 외환리스크관리를 올바르게 수행하였을 경우에는 사후 발생하는 각종 비용 및 손실에 대해 책임을 물어서는 아니된다.

② 외환리스크 관리자의 헤지거래를 위한 상품선정은 복합파생상품이라 하더라도 외환리스크 관리위원회의 승인을 얻은 경우에는 관련 책임을 면한다. 단, 외환리스크 관리자가 업무상 과오로 헤지거래 미실시후, 외환거래에서 이익이 발생한 경우에도 외환리스크 관리부실에 따른 책임을 면할 수 없다.

제6장 보 고

제17조 【업무보고】

외환리스크 관리담당자는 다음 각 호에 해당하는 내용을 포함한 외환리스크의 규모와 헤지거래 실적을 반기마다 내부보고자 및 외부보고자에게 보고해야 한다.

1. 월별, 분기별 외환거래내역과 외환익스포져 현황
2. 외환리스크관리에 관한 외환리스크 관리위원회의 평가

〈부 칙〉

제18조 【시행일】

이 규정은 ○○○○년 ○○월 ○○일부터 시행한다.

제23편

안전·예방·보호 관련 규정

[97]
안전보건관리규정

❖ 안전보건관리규정 작성사항

사업주는 사업장의 안전 및 보건을 유지하기 위하여 다음 각 호의 사항이 포함된 안전보건관리규정을 작성하여야 한다.

작성사항	법령
1. 안전 및 보건에 관한 관리조직과 그 직무에 관한 사항 2. 안전보건교육에 관한 사항 3. 작업장의 안전 및 보건 관리에 관한 사항 4. 사고 조사 및 대책 수립에 관한 사항 5. 그 밖에 안전 및 보건에 관한 사항	산안법 제25조① 산안칙 제25조①

❖ 안전보건관리규정 작성의무사업장

산업안전보건법에 따라 안전보건관리규정을 작성해야 할 사업의 종류 및 상시근로자 수는 다음과 같다.(산안법 시행규칙 제25조1항 별표2)

사업의 종류	상시근로자 수
1. 농업 2. 어업 3. 소프트웨어 개발 및 공급업 4. 컴퓨터 프로그래밍, 시스템 통합 및 관리업 5. 정보서비스업 6. 금융 및 보험업 7. 임대업; 부동산 제외 8. 전문, 과학 및 기술 서비스업(연구개발업은 제외한다) 9. 사업지원 서비스업 10. 사회복지 서비스업	300명 이상
11. 제1호부터 제10호까지의 사업을 제외한 사업	100명 이상

❖ 안정보건관리규정 제·개정시 주요 사항

사업의 종류	내용	관련법령
제정의무사업장	• 농업 등 300인 이상 사업장 • 농업 등 제외한 100인 이상 사업장	산안칙 제25조①
제정·개정요건	• 산업안전보건위원회 심의 및 의결 • 미산안위 사업장 근로자대표의 동의	산안칙 제26조
작성 시기	• 개정사유 발생이로부터 30일 이내	산안칙 제25조②
기타요건	• 단체협약 및 위업규칙에 반할 수 없다.	산안법 제25조②

안전보건관리규정

제정 ○○○○년 ○○월 ○○일
개정 ○○○○년 ○○월 ○○일

〈총 칙〉

제1장 통 칙

제1조 【목적】

이 규정은 산업안전보건법(이하 "법" 또는 "산안법"이라 한다)에 따라 ○○○주식회사(이하 "회사"라 한다)의 안전보건활동에 관한 사항을 규정하여 안전하고 쾌적한 작업환경을 조성함으로써 근로자의 안전과 보건을 유지·증진함을 목적으로 한다.

> 참고 안전보건규정의 제정 목적을 규정한다. 산업안전보건법 제20조(안전보건관리규정의 작성 등) ① 사업주는 사업장의 안전·보건을 유지하기 위하여 다음 각 호의 사항이 포함된 안전보건관리규정을 작성하여 각 사업장에 게시하거나 갖춰 두고, 이를 근로자에게 알려야 한다.
> 1. 안전·보건 관리조직과 그 직무에 관한 사항
> 2. 안전·보건교육에 관한 사항
> 3. 작업장 안전관리에 관한 사항
> 4. 작업장 보건관리에 관한 사항
> 5. 사고 조사 및 대책 수립에 관한 사항
> 6. 그 밖에 안전·보건에 관한 사항
> ③ 안전보건관리규정을 작성하여야 할 사업의 종류·규모와 안전보건관리규정에 포함되어야 할 세부적인 내용 등에 관하여 필요한 사항은 고용노동부령으로 정한다. 〈개정 2010.6.4.〉

제2조 【적용범위】

① 이 규정은 회사의 사업장에 근무하는 임·직원 및 사내도급사업 근로자에게 적용한다.

② 이 규정은 우리 사업장에 적용되는 단체협약 및 취업규칙에 반대되는 내용이 있는 경우 그 부분에 관하여는 단체협약 또는 취업규칙으로 정한 기준에 따른다.

③ 이 규정에서 정하지 아니한 사항은 법 및 관계 법령, 취업규칙, 단체협약에 따른다.

> 참고 안전보건규정의 적용범위는 단체협약 및 취업규칙에 반할 수 없다.
> 산업안전보건법 제20조(안전보건관리규정의 작성 등) ② 제1항의 안전보건관리규정은 해당 사업장에 적용되는 단체협약 및 취업규칙에 반할 수 없다. 이 경우 안전보건관리규정 중 단체협약 또는 취업규칙에 반하는 부분에 관하여는 그 단체협약 또는 취업규칙으로 정한 기준에 따른다.〈개정 2010.6.4.〉

제3조 【용어의 정의】

① 이 규정에서 사용하는 용어의 정의는 다음과 같다.

1. 상시근로자 수 : 사업장의 정규직근로자, 임시직 근로자, 일용직 근로자, 파견근로자 등 고용형태를 불문하고 모든 근로자를 포함한다.

2. 유해·위험요인 : 유해위험을 일으킬 잠재적 가능성이 있는 것의 고유한 특징이나 속성으로 건설물, 기계·기구, 설비, 원재료, 가스, 증기, 분진 등에 의하거나 작업 행동, 그 밖에 업무에 기인하는 등 근로자의 업무와 관련하여 부상 또는 질병을 일으킬 잠재적 가능성이 있는 모든 것

3. 위험성 평가 : 유해·위험요인을 파악하고 해당 유해·위험요인에 의한 부상 또는 질병의 발생 가능성(빈도)과 중대성(강도)을 추정·결정하고 감소대책을 수립하여 실행하는

일련의 과정을 말한다.

4. 안전작업허가 : 유해위험요소가 잠재된 사업장 내에서 시운전, 운전 중 점검, 정비·보수 등의 작업을 할 때 운전부서에서 발급·승인하는 제도로 화기작업허가, 밀폐공간작업허가, 정전작업허가, 굴착작업허가, 고소작업허가 등이 있다.

5. 도급(都給)사업 : 도급계약 등에 의하여 발주업체와 같은 장소에서 행하여지는 사업으로서 사업 일부를 분리하여 생산공정 등에서 업무를 수행하는 수급업체(하수급업체 포함)와 전문분야의 공사로 이루어져 시행되는 경우로 수리·정비·보수 등의 업무를 수행하는 수급업체(하수급업체 포함)를 말한다.

6. 사고 : 업무와 관련하여 발생한 근로자의 부상 또는 건강상 장해 등의 인적손실을 초래하거나 재산상의 손실을 주는 사고뿐만이 아니라 이차사고 등을 포함한다.

② 이 규정에 사용하는 용어의 뜻은 이 규정에서 특별히 정하는 것이 있는 것을 제외하고는 「산업안전보건법 같은 법 시행령·시행규칙·「산업안전보건기준에 관한 규칙」에서 정하는 바에 따른다.

제4조 【안전보건방침】

① 사업주는 회사에 적합한 안전보건방침을 정하여야 하며, 이 방침에서는 안전보건에 관한 사업주의 경영방침과 목표, 성과개선에 대한 의지가 분명히 제시되어야 하고 모든 구성원에 공표되어야 한다.

② 안전보건방침은 간결하게 문서화하고 사업주의 서명과 시행일을 표기하여 회사 내 모든 구성원 및 이해관계자가 쉽게 볼 수 있도록 공개하여야 한다.

③ 사업주는 안전보건정책이 사회적 흐름이나 회사에 적합한지 여부 등을 주기적으로 검토·수정하여야 한다.

> **참고** 회사의 안전보건에 관한 경영방침의 규정 제정은 필수이다.

제5조 【재해예방의무】

① 회사의 안전보건업무 수행을 위한 재해예방 의무를 다음과 같이 정한다.

1. 이 법과 이 법에 따른 명령에서 정하는 산업재해 예방을 위한 기준 준수

2. 회사의 안전·보건에 관한 정보를 근로자에게 제공

3. 근로조건을 개선하여 적절한 작업환경을 조성함으로써 신체적 피로와 정신적 스트레스 등으로 인한 건강장해를 예방함과 동시에 근로자의 생명을 지키고 안전과 보건을 유지·증진

4. 국가의 산업재해 예방시책에 따를 것

5. 지속적으로 회사의 유해·위험요인에 대한 실태를 파악하고 이를 평가하여 관리·개선하고 필요한 조치(위험성평가 수행) 이행

② 생산부서장의 안전보건업무 수행을 위한 재해예방 의무를 다음과 같이 정한다.

1. 경영조직에서 생산과 관련되는 업무와 그 소속 근로자를 직접 지휘·감독하는 부서의 장이나 그 직위를 담당하는 관리자는 해당 직무와 관련된 안전보건상의 업무를 성실하게 수행하여야 한다.

   2. 생산활동이나 작업내용 등에 따른 제반 사항에 대하여 유해·위험요소를 사전에 파악하고 이에 대한 위험성평가를 수행한다.

③ 안전보건부서장의 안전보건업무 수행을 위한 재해예방 의무를 다음과 같이 정한다.

   1. 안전보건관리 책임자를 보좌하고 관리감독자를 지도·조언

   2. 위험성평가 수행사항 관리 등 안전보건활동이 원활하게 진행될 수 있도록 역할 수행

④ 근로자의 안전보건업무 수행을 위한 재해예방 의무를 다음과 같이 정한다.

   1. 산안법과 법에 따른 명령으로 정하는 산업재해 예방을 위한 기준 준수

   2. 사업주나 그 밖의 관련 단체에서 실시하는 산업재해 예방에 관한 조치사항 준수

> **참고** 산업안전보건법 제5조(사업주 의무)와 제6조(근로자의무)를 기재하고, 생산부서(장)와 안전보건부서(장)에 자율안전보건체재 구축을 위한 위험성평가 활동에 관한 업무를 규정한다.

제6조 【도급사업 재해예방계획수립】

① 회사는 동일한 장소에서 이루어지는 사업의 일부를 도급을 주어 운영을 하는 경우 회사에서 사용하는 근로자와 수급인이 사용하는 근로자가 같은 장소에서 작업을 할 때에 발생할 수 있는사고예방을 위한 재해예방계획을 별도로 수립·운영하여야 한다.

② 제1항에 의한 도급사업 재해예방계획 수립 시 수급업체의 사업주를 참여시켜야 한다.

제7조 【도급사업 안전보건체계】

① 회사는 제6조 도급사업범위에 해당하는 사업을 운영하는 동안 발생할 수 있는 산업재해를 예방하기 위하여 안전보건관리책임자를 안전보건총괄책임자로 지정하여 산업재해를 예방하기 위한 업무를 총괄 관리하도록 하여야 한다.

② 안전보건총괄책임자의 직무와 권한은 다음과 같다.

   1. 재해발생의 급박한 위험이 있을 때 또는 중대재해 발생시 작업의 중지 및 재개

   2. 도급사업에 있어서의 안전·보건조치

   3. 수급업체의 산업안전보건관리비의 집행감독 및 이의 사용에 관한 수급업체 간의 협의·조정

   4. 유해·위험 기계·기구의 방호장치 여부 확인

   5. 유해·위험 기계·기구 및 설비가 검사를 받고 사용하는지 여부의 확인

제8조 【도급사업 안전보건활동】

① 회사는 동일 장소에서 행하여지는 도급사업의 산업재해를 예방하기 위하여 다음과 같은 조치를 하여야 한다.

   1. 안전·보건에 관한 협의체의 구성 및 운영

   2. 작업장의 순회점검 등 안전·보건관리

   3. 수급인이 근로자에게 하는 안전·보건교육에 대한 지도와 지원

   4. 작업환경측정

   5. 다음 각 목의 어느 하나의 경우에 대비한 경보의 운영과 수급인 및 수급인의 근로자에 대한 경보운영 사항의 통보

     가. 작업 장소에서 발파작업을 하는 경우

나. 작업 장소에서 화재가 발생하거나 토석 붕괴 사고가 발생하는 경우

② 회사는 도급사업 안전보건활동과 관련된 산업안전보건법령을 준수하여야 한다.

> **참고** ☞ 산업안전보건법 제29조(도급사업시의 안전·보건조치), 제29조의2(안전보건에 관한 협의체의 구성·운영에 관한 특례), 제29조의3(설계변경의 요청)
> 산업안전보건법 시행규칙 제29조(협의체의 구성 및 운영), 제30조(작업장의 순회점검 등), 제30조의2(도급사업의 합동 안전·보건점검), 제30조의3(위생시설의 설치 등 협조), 제31조(노사협의체 협의사항)

제2장 안전·보건 관리조직과 그 직무

제9조 【안전보건조직】

① 사업장을 총괄·관리하는 자를 안전보건관리책임자로 하고, 라인-스텝형 원칙을 준수하여 안전보건조직을 구성한다.

② 라인조직은 안전보건관리책임자, 관리감독자 등으로 구성하고, 스텝조직으로 별도의 부서를 둘 경우 산업보건의, 안전관리자. 보건관리자, 방화관리자, 환경·가스·전기·소방·교통 등 안전관계법령에 의한 안전보건관계자가 같은 조직의 소속 직원이 되도록 한다.

③ 제1항 및 제2항에 따른 안전보건관리조직은 별표1과 같으며, 사내하도급업체가 있는 경우 "안전보건총괄책임자"와 "사업주간 협의체"를 별도로 구성한다.

④ 회사는 제1항 내지 제3항의 조직·직책에 이 규정에 따른 업무수행에 필요한 권한을 부여하고 시설·장비·예산, 그 밖의 업무수행에 필요한 지원을 하여야 한다.

> **참고** 산업안전보건법 제2장 (안전보건 관리체계)에 따라 필수 규저으로 작성

제10조 【안전보건관리책임자】

① 회사는 사업장내 안전보건 관리업무를 총괄적으로 수행하기 위하여 공장장(현장소장, 본부장, 사업소장 등)을 안전보건관리책임자로 선임한다.

② 안전보건관리책임자는 다음의 직무를 수행한다.

1. 산업재해 예방계획의 수립에 관한 사항
2. 안전보건관리규정의 작성 및 변경에 관한 사항
3. 근로자의 안전·보건교육에 관한 사항
4. 작업환경측정 등 작업환경의 점검 및 개선에 관한 사항
5. 근로자의 건강진단 등 건강관리에 관한 사항
6. 산업재해의 원인 조사 및 재발 방지대책 수립에 관한 사항
7. 산업재해에 관한 통계의 기록 및 유지에 관한 사항
8. 안전·보건과 관련된 안전장치 및 보호구 구입 시 적격품 여부 확인에 관한 사항
9. 그 밖에 근로자의 위험 또는 건강장해의 방지에 관한 사항

③ 안전보건관리책임자는 안전관리자와 보건관리자를 지휘·감독한다.

> **참고** 산안법 시행령 제9조 제2항(안전보건관리책임자)는 실질적으로 책임자로 공장장, 본부장, 현장소장 및 사업소장 등 명칭과 관계없이 해당 사업을 실질적으로 총괄관리자 선임은 필수 규정이다.

제11조【관리감독자】

회사는 경영조직에서 생산과 관련된 업무와 그 소속 직원을 직접 지휘·감독하는 부서의 장(또는 그 직위를 담당하는 자)으로 하여금 직무와 관련된 안전보건에 관한 업무를 수행하도록 하여야 한다.

1. 회사 내 관리감독자가 지휘·감독하는 작업(이하 "해당 작업"이라 한다)과 관련된 기계·기구 또는 설비의 안전·보건 점검 및 이상 유무의 확인
2. 관리감독자에게 소속된 근로자의 작업복·보호구 및 방호장치의 점검과 그 착용·사용에 관한 교육·지도
3. 해당 작업에서 발생한 산업재해에 관한 보고 및 이에 대한 응급조치
4. 해당 작업의 작업장 정리·정돈 및 통로확보에 대한 확인·감독
5. 회사의 산업보건의, 안전관리자 및 보건관리자의 지도·조언에 대한 협조

> **참고** 산안법 제10조 제3항 관련 시행령 별표2(위험방지가 특히 필요한 작업)

제12조【안전관리자】

① 회사는 이 규정 제10조 제2항(안전보건관리책임자의 직무)에서 정한 사항 중 안전에 관한 기술적인 사항에 관하여 안전보건관리책임자를 보좌하고 관리감독자에게 지도·조언을 하기 위하여 안전관리자를 두어야 한다.

② 안전관리자는 다음 각 호의 직무를 수행한다.

1. 법 제19조 제1항에 따른 산업안전보건위원회 또는 법 제29조의2 제1항에 따른 안전·보건에 관한 노사협의체에서 심의·의결한 직무(안전·보건에 관한 노사협의체가 설치된 경우)와 법 제20조 제1항에 따른 안전보건관리규정 및 취업규칙에서 정한 직무
2. 법 34조제2항에 따른 안전인증대상 기계·기구 등과 법 제35조 제1항 각 호외의 부분 본문에 따른 자율안전확인대상 기계·기구 등 구입 시 적격품의 선정
3. 안전교육계획의 수립 및 실시
4. 사업장 순회점검·지도 및 조치의 건의
5. 산업재해 발생의 원인 조사 및 재발 방지를 위한 기술적 지도·조언
6. 산업재해에 관한 통계의 유지·관리를 위한 지도·조언(안전분야로 한정한다)
7. 법 또는 같은 법에 따른 명령이나 이 규정 및 취업규칙 중 안전에 관한 사항을 위반한 근로자에 대한 조치의 건의
8. 업무수행 내용의 기록·유지
9. 그 밖에 안전에 관한 사항으로서 산업안전관련법령에서 정하는 사항

③ 회사는 안전관리 업무의 원활한 수행을 위하여 외부전문가의 평가·지도를 받을 수 있다.

④ 안전관리자는 제2항 각 호에 따른 직무를 수행할 때에는 보건관리자와 협력하여야 한다.

⑤ 회사가 선임할 수 있는 안전관리자의 자격은 산업안전보건법 시행령 제14조 관련 별표4(안전관리자의 자격)에 따른다.

⑥ 안전관리전문기관에 위탁하는 경우 제1항 내지 제5항의 안전관리자의 업무를 안전관리전문기관에 위탁할 수 있으며, 위탁에 따라 안전관리전문기관이 수행할 업무는 안전·보건관리전

문기관 지정 및 지도감독에 관한 규정에 의하되 안전관리위탁계약서에서 정하는 바에 따른다.

⑦ 안전관리전문기관에 위탁하는 경우 회사는 안전관리자의 업무를 안전관리전문기관에 위탁한 때에는 회사에 안전업무 담당자를 두어 안전관리전문기관 담당자의 업무를 보좌하도록 할 수 있다.

⑧ 회사는 안전관리자를 선임하거나 다시 임명하는 경우 또는 안전관리관리자의 업무를 안전관리전문기관에 위탁하는 경우에는 선임하거나 위탁하는 날부터 14일 이내에 고용노동부장관에게 증명할 수 있는 서류를 제출하여야 한다.

> **참고** 안전관리자를 두어야 할 사업의 종류·규모 및 안전관리자의 수 및 선임방법 : 법 시행령 제12조 관련 별표 3(안전관리자를 두어야 할 사업의 종류·규모, 안전관리자의 수 및 선임방법)

제13조 【보건관리자】

① 회사는 이 규정 제10조 제2항(안전보건관리책임자의 직무)에서 정한 사항 중 보건에 관한 기술적인 사항에 관하여 안전보건관리책임자를 보좌하고 관리감독자에게 지도·조언을 하기 위하여 보건관리자를 선임하여야 한다.

② 보건관리자는 다음 각 호의 직무를 수행한다.

1. 법 제19조 제1항에 따른 산업안전보건위원회에서 심의·의결한 직무와 안전보건관리규정 및 취업규칙에서 정한 직무
2. 법 제24조제1항제5호에 따른 건강장해를 예방하기 위한 작업관리
3. 의무안전인증대상 기계기구등과 자율안전확인대상 기계·기구 중 보건과 관련된 보호구(保護具) 구입 시 적격품 선정
4. 법 제41조에 따라 작성된 물질안전보건자료의 게시 또는 비치
5. 산업보건의의 직무(보건관리자가 「의료법」에 따른 의사인 경우에 한함)
6. 근로자의 건강관리, 보건교육 및 건강증진 지도
7. 회사의 근로자를 보호하기 위한 다음 각 목의 조치에 해당하는 의료행위(보건관리자가 「의료법」에 따른 의사 또는 간호사에 해당하는 경우에 한함)
   가. 외상 등 흔히 볼 수 있는 환자의 치료
   나. 응급처치가 필요한 사람에 대한 처치
   다. 부상·질병의 악화를 방지하기 위한 처치
   라. 건강진단 결과 발견된 질병자의 요양 지도 및 관리
   마. 가목부터 라목까지의 의료행위에 따르는 의약품의 투여
8. 작업장 내에서 사용되는 전체 환기장치 및 국소 배기장치 등에 관한 설비의 점검과 작업방법의 공학적 개선·지도
9. 사업장 순회점검·지도 및 조치의 건의
10. 직업성 질환 발생의 원인 조사 및 대책 수립
11. 산업재해에 관한 통계의 유지와 관리를 위한 지도와 조언(보건분야만 해당한다)
12. 산업안전보건법 또는 같은 법에 따른 명령이나 안전보건관리규정 및 취업규칙 중 보

건에 관한 사항을 위반한 근로자에 대한 조치의 건의

13. 업무수행 내용의 기록·유지

14. 그 밖에 작업관리 및 작업환경관리에 관한 사항

③ 회사는 보건관리 업무의 원활한 수행을 위하여 외부전문가의 평가·지도를 받을 수 있다.

④ 보건관리자는 제2항 각 호에 따른 직무를 수행할 때에는 안전관리자와 협력하여야 한다.

⑤ 회사가 선임할 수 있는 보건관리자의 자격은 산업안전보건법 시행령 제18조 관련 별표6에 따른다.

⑥ 보건관리전문기관에 위탁하는 경우 회사는 제1항 내지 제5항의 보건관리자의 업무를 안전관리전문기관에 위탁할 수 있으며, 위탁에 따라 보건관리전문기관이 수행할 업무는 안전·보건관리전문기관 지정 및 지도감독에 관한 규정에 의하되 보건관리위탁계약서에서 정하는 바에 따른다.

⑦ 보건관리전문기관에 위탁하는 경우 회사는 보건관리자의 업무를 보건관리전문기관에 위탁한 때에는 보건업무 담당자를 두어 보건관리전문기관 담당자의 업무를 보좌하도록 할 수 있다.

⑧ 회사는 보건관리자를 선임하거나 다시 임명하는 경우 또는 보건관리자의 업무를 보건관리전문기관에 위탁하는 경우에는 선임하거나 위탁하는 날부터 14일 이내에 고용노동부장관에게 증명할 수 있는 서류를 제출하여야 한다.

> **참고** 산업법 시행령 제19조의4(안전보건관리담당자의 선임 등) ① 다음 각 호의 어느 하나에 해당하는 사업의 사업주는 법 제16조의3제1항에 따라 상시근로자 20명 이상 50명 미만인 사업장에 안전보건관리담당자를 1명 이상 선임하여야 한다.
> 1. 제조업   2. 임업   3. 하수·폐기물 처리, 원료재생 및 환경복원업

제14조 【산업보건의】

① 회사는 근로자의 건강관리나 그 밖의 보건관리자의 업무를 지도하기 위하여 산업보건의를 선임하거나 외부에서 위촉할 수 있다.

② 산업보건의는 다음 각 호의 직무를 수행하며, 각 호에 정하는 조치를 취할 수 있는 권한을 가진다.

1. 건강진단 결과의 검토 및 그 결과에 따른 작업 배치, 작업 전환 또는 근로시간의 단축 등 근로자의 건강보호 조치

2. 근로자의 건강장해의 원인 조사와 재발 방지를 위한 의학적 조치

3. 그 밖에 근로자의 건강 유지 및 증진을 위하여 필요한 의학적 조치에 관하여 산업안전 관련법령에서 정하는 사항

③ 회사가 선임할 수 있는 산업보건의의 자격은 「의료법」에 따른 의사로서 직업환경의학과 전문의, 예방의학 전문의 또는 산업보건에 관한 학식과 경험이 있는 사람으로 선임하거나 위촉한다.

④ 회사는 산업보건의를 선임한 경우에는 선임한 날부터 14일 이내에 고용노동부장관에게 증명할 수 있는 서류를 제출한다.

제15조 【산업안전보건위원회의 구성 등】

① 회사는 근로자와 사용자가 같은 수로 구성되는 산업안전보건위원회(이하 "위원회"라 함)를 설

치·운영한다.

② 근로자위원은 다음 각 호의 사람으로 구성하며, (근로자대표가 노동조합인 경우) 근로자대표는 조합원인 근로자와 조합원이 아닌 근로자의 비율을 반영하여 근로자위원을 지명하도록 한다.

   1. 근로자대표

   2. (명예산업안전감독관이 위촉되어 있는 사업장의 경우) 근로자대표가 지명하는 1명 이상의 명예산업안전감독관

   3. 근로자대표가 지명하는 00명(위 각 호의 사람을 합산하여 9명 이내)의 근로자

③ 사용자위원은 다음 각 호의 사람으로 구성한다.

   1. 회사의 대표자

   2. 안전관리자를 선임해야하는 사업장은 안전관리자(안전관리전문기관에 위탁한 사업장의 경우에는 그 대행기관의 회사의 담당자)

   3. 보건관리자를 선임해야하는 사업장은 보건관리자(보건관리전문기관에 위탁한 사업장의 경우에는 그 대행기관의 회사의 담당자)

   4. 산업보건의가 선임되어 있는 사업장의 산업보건의

   5. 안전보건관리책임자, 관리책임자

   6. 그 밖에 회사의 대표자가 지명하는 00명(위 각 호의 사람을 합산하여 9명 이내)의 회사 부서의 장

④ 위원장은 위원 중에서 호선하며, 근로자위원과 사용자위원 중 각 1명을 공동위원장으로 선출할 수 있다.

> [참고] 제25조(산업안전보건위원회의 설치 대상) 법 제19조제8항에 따라 산업안전보건위원회를 설치·운영하여야 할 사업은 별표 6의2와 같다.
> - 상시근로자 50인 이상 사업장의 사업 등

제16조 【산업안전보건위원회의 임기 및 신분보장】

① 위원회 위원의 임기는 3년(또는 2년)으로 하며, 보궐위원의 임기는 전임자의 잔임기간으로 한다.

② 회사는 위원회의 위원으로서 정당한 활동을 한 것을 이유로 그 위원에게 불이익을 주어서는 아니된다.

③ 위원회의 회의 참석 시간 및 위원회에서 결정된 산업안전보건에 관한 사항에 대한 업무소요 시간은 근로한 것으로 본다.

제17조 【산업안전보건위원회의 직무 및 심의·의결사항】

위원회는 다음 각 호의 사항에 대하여 심의·의결한다.

   1. 산업재해 예방계획의 수립에 관한 사항

   2. 안전보건관리규정 및 각 종 안전보건기준의 작성 및 변경에 관한 사항

   3. 근로자의 안전·보건교육에 관한 사항

   4. 작업환경측정 등 작업환경의 점검 및 개선에 관한 사항

5. 근로자의 건강진단 등 건강관리에 관한 사항

6. 중대재해의 원인조사 및 재발방지대책 수립에 관한 사항

7. 산업재해에 관한 통계의 기록 및 유지에 관한 사항

8. 유해하거나 위험한 기계·기구와 그 밖의 설비를 도입한 경우 안전·보건조치에 관한 사항

제18조【산업안전보건위원회의 회의 결과 등의 처리】

① 회사는 이 규정의 제17조에 규정된 사항에 관하여 위원회에서 의결하지 못하였거나, 의결된 사항의 해석 또는 이행방법 등에 관하여 의견의 일치하지 않을 때에는 근로자위원 및 사용자위원의 합의에 따라 위원회에 중재기구를 두어 해결하거나 제3자에 의한 중재를 받기로 한다.

② 중재결정이 있는 경우에는 위원회의 의결을 거친 것으로 보며 회사와 근로자는 그 결정에 따라야 한다.

③ 위원장은 위원회에서 심의·의결된 내용 등 회의 결과와 중재 결정된 내용 등을 다음 각 호의 어느 하나의 방법으로 근로자에게 신속히 알려주어야 한다.

1. 사내방송, 사내보 및 사내인트라넷

2. 게시판 게시

3. 회사 자체 정례조회 시 집합교육 등에 의한 방법

4. 그 밖의 적절한 방법

제19조【명예산업안전감독관】

① 고용노동부장관은 산업재해 예방활동에 대한 참여와 지원을 촉진하기 위하여 다음 각 호의 어느 하나에 해당하는 사람 중에 명예산업안전감독관을 위촉할 수 있다.

1. 산업안전보건위원회 또는 노사협의체 설치 대상 사업의 근로자 중에서 근로자대표가 사업주의 의견을 들어 추천하는 사람

2. 「노동조합 및 노동관계조정법」제10조에 따른 연합단체인 노동조합 또는 그 지역 대표기구에 소속된 임직원 중에서 해당 연합단체인 노동조합 또는 그 지역대표기구가 추천하는 사람.

3. 전국 규모의 사업주단체 또는 그 산하조직에 소속된 임직원 중에서 해당 단체 또는 그 산하조직이 추천하는 사람.

4. 산업재해 예방관련 업무를 하는 단체 또는 그 산하조직에 소속된 임직원 중에서 해당 단체 또는 그 산하조직이 추천하는 사람

② 명예감독관의 업무는 다음 각 호와 같다. 이 경우 제1항제1호에 따라 위촉된 명예산업안전감독관의 업무범위는 해당 사업장에서의 업무(제8호의 경우는 제외한다)로 한정하며, 제1항제2호부터 제4호까지의 규정에 따라 위촉된 명예산업안전감독관의 업무범위는 제8호부터 제10호까지의 업무로 한정한다.

1. 사업장에서 하는 자체점검 참여 및 근로감독관이 하는 사업장 감독 참여

2. 사업장 산업재해 예방계획 수립 참여 및 사업장에서 하는 기계·기구 자체검사 입회

3. 법령을 위반한 사실이 있는 경우 사업주에 대한 개선 요청 및 감독기관에의 신고

4. 산업재해 발생의 급박한 위험이 있는 경우 사업주에 대한 작업중지 요청

5. 작업환경측정, 근로자 건강진단 시의 입회 및 그 결과에 대한 설명회 참여

6. 직업성 질환의 증상이 있거나 질병에 걸린 근로자가 여럿 발생한 경우 사업주에 대한 임시건강진단 실시 요청

7. 근로자에 대한 안전수칙 준수 지도

8. 법령 및 산업재해 예방정책 개선 건의

9. 안전·보건 의식을 북돋우기 위한 활동과 무재해운동 등에 대한 참여와 지원

10. 그 밖에 산업재해 예방에 대한 홍보·계몽 등 산업재해 예방업무와 관련하여 고용노동부장관이 정하는 업무

③ 명예산업안전감독관의 임기는 2년으로 하되, 연임할 수 있다.

④ 회사는 명예산업안전감독관으로서 정당한 활동을 한 것을 이유로 그 명예산업안전감독관에 대하여 불리한 처우를 하여서는 아니된다.

제20조 【작업지휘자】

① 회사는 다음의 작업계획서를 작성하는 작업을 지휘·감독하는 자를 작업지휘자로 지정하고, 작업지휘자는 그 작업계획서에 따라 작업을 지휘·감독하여야 한다.

1. 차량계 하역운반기계 등을 사용하는 작업(화물자동차를 사용하는 도로상의 주행작업은 제외)

2. 굴착면의 높이가 2미터 이상이 되는 지반의 굴착작업

3. 교량(상부구조가 금속 또는 콘크리트로 구성되는 교량으로서 그 높이가 5미터 이상이거나 교량의 최대 지간 길이가 30미터 이상인 교량으로 한정한다)의 설치·해체 또는 변경 작업

4. 중량물의 취급작업

② 회사는 항타기나 항발기를 조립·해체·변경 또는 이동하여 작업을 하는 경우 제1항의 작업지휘자를 지정하여 지휘·감독하여야 한다.

제21조 【안전보건총괄책임자】

① 회사는 사업장 내에서 작업하는 사내 하도급업체 근로자의 산업재해를 예방하기 위한 업무를 총괄·관리하기 위하여 제10조의 규정에 의한 안전보건관리책임자를 안전보건관리총괄책임자로 지정하여야 한다.

② 안전보건총괄책임자는 다음의 직무를 수행하며, 각 호에 정하는 직무수행에 필요한 권한을 가진다.

1. 산업재해가 발생할 급박한 위험이 있거나 중대재해가 발생하였을 때 즉시 작업을 중지시키고 근로자를 작업장소로부터 대피시키는 등 필요한 안전·보건상의 조치를 한 후 작업을 재개시키는 결정

2. 이 규정 제22조에 정한 안전보건에 관한 사업주간 협의체의 구성 및 운영

3. 작업장 순회점검 등 안전보건관리

4. 사내하도급업체가 행하는 근로자의 안전·보건교육에 대한 지도와 지원

5. (산안법 시행규칙 제93조 관련 별표11의4의 작업환경측정 대상 유해인자에 노출되는 근로자가 있는 작업장의 경우) 작업환경측정에 관한 사항

6. 발파작업, 화재발생 및 토석의 붕괴사고 발생에 대비한 경보운영과 사내하도급업체 및 그의 근로자에 대한 경보운영 사항의 통보

7. 수급인의 산업안전보건관리비의 집행 감독 및 그 사용에 관한 수급인 간의 협의·조정

8. 안전인증대상 기계·기구등과 자율안전확인대상 기계·기구 등의 사용 여부 확인

제22조【사업주간 협의체】

① 회사와 사내하도급업체의 사업주 전원으로 구성한다.

② 사업주간 협의체 회의는 매월 1회 정기적으로 개최하고 그 결과를 기록·보존한다. 회사 또는 사내하도급업체가 요청할 시 필요에 따라 임시회의를 소집할 수 있다.

③ 도급인인 회사가 회의의 소집권자가 된다.

④ 사업주간 협의체는 다음 각 호의 사항을 협의한다.

1. 작업의 시작시간 및 종료시간
2. 각 작업장 간의 연락방법
3. 재해발생 위험시의 대피방법
4. 합동안전점검실시 및 결과에 따른 대책 수립
5. 안전교육실시에 관한 사항
6. 사내하도급업체 간의 안전·보건에 관한 협력방안
7. 위험성평가표에 대한 업무분장 및 시정조치
8. 잠재위험 요인 발굴 및 대책 수립
9. 안전장치 및 시설에 관한 사항
10. 그 밖의 사내하도급업체 근로자 전체의 안전·보건에 관한 사항

제3장 안전·보건교육

제23조【안전보건교육계획 수립】

① 안전보건관리책임자는 안전관리자 및 보건관리자와 협의하여 차기 연도에 실시할 안전·보건교육의 대상, 내용, 방법, 담당자 등을 당해 연도 말일(또는 매년 1월말)까지 실행계획을 수립한다.

② (그 밖의 다른 법령에서 정하는 안전관리에 관한 규정과 통합하여 작성하는 경우) 제1항의 안전·보건교육의 실행계획 수립 시 소방교육(또는 가스·전기·교통 관련법)을 포함한다.

③ 안전·보건교육은 회사 내 근로자에 대하여 실시하는 안전보건교육(이하 "사업 내 안전·보건교육"이라 함)과 관리책임자 등에 대하여 고용노동부장관이 실시하는 직무교육으로 구분한다.

④ 사업 내 안전·보건교육은 교육대상과 교육시기에 따라 정기교육, 채용 시의 교육, 작업내용 변경시의 교육, 특별안전보건교육으로 구분한다.

⑤ 관리책임자 등에 대한 교육은 직무교육으로써 신규교육과 보수교육으로 구분한다.

⑥ 안전·보건교육을 실시한 후 설문·시험 등으로 교육성과를 측정하여 다음 연도의 교육계획에 반영할 수 있다.

`참고` 산안법 제31조(안전보건교육)

제24조 【정기안전보건교육】

① 회사는 근로자에 대하여 다음 각 호와 같이 정기적으로 안전·보건교육을 실시한다.

　1. 사무직 종사 근로자, 판매업에 직접 종사하는 근로자 : 매분기 3시간 이상

　2. 사무직외의 근로자로 판매업무에 직접 종사하는 근로자 외의 근로자(생산직 등) : 매분기 6시간 이상

　3. 관리감독자의 지위에 있는 사람 : 매분기 6시간 이상

② 제1항의 안전·보건교육의 내용은 다음과 같다.

　1. 제1항 제1호 및 제2호에 해당하는 근로자

　　가. 산업안전 및 사고 예방에 관한 사항

　　나. 산업보건 및 직업병 예방에 관한 사항

　　다. 건강증진 및 질병 예방에 관한 사항

　　라. 유해·위험 작업환경 관리에 관한 사항

　　마. 「산업안전보건법」 및 일반관리에 관한 사항

　2. 제1항의 제3호에 해당하는 관리감독자

　　가. 작업공정의 유해·위험과 재해예방대책에 관한 사항

　　나. 표준작업방법 및 지도 요령에 관한 사항

　　다. 관리감독자의 역할과 임무에 관한 사항

　　라. 산업보건 및 직업병 예방에 관한 사항

　　마. 유해·위험 작업환경 관리에 관한 사항

　　바. 「산업안전보건법」 및 일반관리에 관한 사항

③ 교육방법 및 교육담당자는 이 규정의 제23조에 의한 안전·보건교육 계획에서 정하거나 별도로 정할 수 있다.

제25조 【신규채용 시 교육】

① 회사는 신규로 채용된 근로자에게 담당업무 종사 전 업무와 관련되는 안전·보건에 관한 교육을 다음과 같이 실시한다.

　1. 일용근로자 : 1시간 이상

　2. 일용근로자를 제외한 근로자 : 8시간 이상

② 제1항에 따른 안전·보건교육 내용은 다음 각 호와 같다.

　1. 기계·기구의 위험성과 작업의 순서 및 동선에 관한 사항

　2. 작업 개시 전 점검에 관한 사항

　3. 정리정돈 및 청소에 관한 사항

　4. 사고 발생 시 긴급조치에 관한 사항

　5. 산업보건 및 직업병 예방에 관한 사항

　6. 물질안전보건자료에 관한 사항

　7. 「산업안전보건법」 및 일반관리에 관한 사항

③ 교육방법 및 교육담당자는 이 규정의 제23조에 의한 안전·보건교육 계획에서 정하거나 별도로 정할 수 있다.

제26조 【작업내용 변경시 교육】

① 회사는 작업내용을 변경하여 근로자를 배치하고자 할 때에는 그 근로자에 대하여 배치 전해당 업무와 관련되는 안전·보건에 관한 교육을 다음과 같이 실시한다.

1. 일용근로자 : 1시간 이상
2. 일용근로자를 제외한 근로자 : 2시간 이상

② 제1항에 따른 안전·보건교육의 내용은 제25조 제2항과 같다.

③ 교육방법 및 교육담당자는 이 규정의 제23조에 의한 안전·보건교육 계획에서 정하거나 별도로 정할 수 있다.

제27조 【특별안전보건교육】

① 회사는 근로자를 유해하거나 위험한 작업(산안법 시행규칙 [별표 8의2 제1호 라목] 각 호의 어느 하나에 해당하는 작업)에 종사시키고자 하는 경우 해당 업무와 관계되는 안전보건에 관한 특별안전보건교육(이하 "특별교육")을 하여야 하며, 교육시간은 다음과 같다

1. 일용근로자 : 2시간 이상
2. 일용근로자를 제외한 근로자 : 16시간 이상

② 제1항 제2호에 따른 특별교육은 최초 작업에 종사하기 전 4시간 이상을 실시하고, 12시간은 3개월 이내에서 분할하여 실시할 수 있다.

③ 제1항 제2호에 따른 특별교육 대상 작업이 단기간 작업 또는 간헐적 작업인 경우 2시간 이상으로 단축하여 실시할 수 있다.

④ 교육방법 및 교육담당자는 이 규정 제23조에 의한 안전보건교육 계획에 따른다.

⑤ 특별교육을 실시한 경우에는 제24조(채용 시 교육), 제25조(작업내용 변경시의 교육)의 규정에 의한 교육을 면제할 수 있다.

제28조 【물질안전보건교육】

① 회사는 다음 각 호의 어느 하나에 해당하는 경우 산업안전보건관련법령에서 정하는 대상 화학물질의 물질안전보건자료(MSDS)를 근로자에게 교육하여야 한다.

1. 대상 화학물질을 제조·사용·운반 또는 저장하는 작업에 근로자를 배치하는 경우
2. 새로운 대상 화학물질이 도입된 경우
3. 화학물질의 유해·위험성 정보가 변경된 경우

② 제1항의 교육내용은 다음 각 호의 사항이 포함되어야 한다.

1. 대상 화학물질의 명칭(또는 제품명)
2. 물리적 위험성 및 건강 유해성
3. 취급상의 주의사항
4. 적절한 보호구
5. 응급조치 요령 및 사고 시 대처방법
6. 물질안전보건자료 및 경고표지를 이해하는 방법

제29조 【직무교육】

① 다음 각 호의 어느 하나에 해당하는 사람은 고용노동부장관이 실시하는 안전보건에 관한 직무교육을 받아야 하고, 당해연도 직무교육에 해당하는 자는 당해 안전보건교육 계획 수립시

반영하여야 한다.

  1. 안전보건관리책임자

  2. 안전관리자

  3. 보건관리자

② 제1항에 해당하는 직책의 직무교육 시간과 시기는 다음 각 호와 같다.

  1. 안전보건관리책임자

    가. 신규교육 : 6시간 이상, 선임 후 3개월 이내

    나. 보수교육 : 6시간 이상, 신규 또는 보수교육 이수 후 매 2년이 되는 날을 기준으로 전후 3개월 사이

  2. 안전관리자 및 보건관리자

    가. 신규교육 : 34시간 이상, 선임 후 3개월 이내(보건관리자가 의사인 경우에는 1년 이내)

    나. 보수교육 : 24시간 이상, 신규 또는 보수교육 이수 후 매 2년이 되는 날을 기준으로 전후 3개월 사이

③ 제1항과 제2항의 직무교육을 받고자하는 자는 산업안전보건관련법령에서 정하는 직무교육 수강신청서를 직무교육업무를 위탁받은 기관의 장에게 제출하여야 한다.

제30조 【안전보건교육강사】

① 안전보건교육 강사는 다음 각 호와 같다.

  1. 근로자에 대한 안전보건교육 : 안전보건관리책임자, 관리감독자, 안전관리자, 보건관리자 및 산업보건의 또는 산업안전보건법령에서 정하는 자격을 갖춘 자

  2. 관리감독자에 대한 안전보건교육 : 회사에서 사업주가 자체적으로 실시하거나 고용노동부에서 지정하는 전문기관에 위탁할 수 있다.

② 회사는 안전보건교육을 고용노동부에서 지정하는 전문기관에 위탁하여 실시할 수 있다. 위탁교육을 실시하는 경우 해당 교육기관으로부터 교육 확인서를 받아 보존하여야 한다.

제31조 【기록·보존】

회사는 안전·보건교육을 실시한 후 다음 각 호의 사항을 기록한 교육일지(또는 교육결과보고서)를 작성하여 보관하여야 한다. 위탁교육을 실시하는 경우에는 해당 교육기관으로부터 교육확인서 등을 받아 보존하여야 한다.

  1. 교육일시 및 장소

  2. 교육담당자

  3. 교육과정 및 내용

  4. 교육대상자 및 참석인원

  5. 그 밖의 교육결과를 증명하기 위해 필요한 사항

제4장 작업장 안전관리

제32조 【안전보건계획수립 및 실행】

① 안전보건 담당부서에서는 매년 1월초에 사업주의 안전보건방침을 실행할 수 있는 안전보건

계획을 수립한다.

② 안전보건 담당부서에서 작성한 안전보건계획은 당해연도 사업계획 발표시 전 부서에 통보하고, 생산부서에서는 부서별 실정에 적합한 계획을 수립·시행하여야 한다.

제33조 【기계·기구 및 설비의 방호조치】

① 유해·위험 기계·기구 등에 유해·위험방지를 위한 방호조치를 하지 아니하고는 양도, 대여, 설치, 사용하거나, 양도·대여를 목적으로 진열 하여서는 아니되며, 다음 각 호의 방호조치를 추가로 하여야 한다.

1. 작동 부분의 돌기부분은 묻힘형으로 하거나 덮개를 부착할 것
2. 동력전달부분 및 속도조절부분에는 덮개를 부착하거나 방호망을 설치할 것
3. 회전기계의 물림점(롤러·기어 등)에는 덮개 또는 울을 설치할 것

③ 회사는 유해·위험방지를 위하여 필요한 조치를 하여야 하는 기계·기구·설비 및 건축물 등을 타인에게 대여하거나 대여받는 경우에는 아래의 사항을 준수하여야 한다.

1. 회사가 대여하는 경우

   가. 해당 기계 등을 미리 점검하고 이상을 발견한 때에는 즉시 보수하거나 그 밖에 필요한 정비를 할 것

   나. 해당 기계 등을 대여받은 자에게 다음 각 목의 사항을 적은 서면을 발급할 것

      a. 해당 기계 등의 능력 및 방호조치의 내용

      b. 해당 기계 등의 특성 및 사용 시의 주의사항

      c. 해당 기계 등의 수리·보수 및 점검 내역과 주요 부품의 제조일

   다. 해당 기계 등의 구입을 위한 기종의 선정 등을 위하여 대여받는 경우에는 가목을 적용하지 아니한다.

   라. 회사가 건축물을 타인에게 대여하는 경우에는 해당 건축물에 피난용 출입구와 통로의 미끄럼방지대 및 피난용 사다리 등을 설치하여야 하며, 2명 이상의 사업주에게 건축물을 대여하여 공용으로 사용하게 하는 경우에는 해당 출입구 등에 "피난용"이란 취지를 표시하여 쉽게 사용할 수 있도록 관리하여야 한다.

2. 회사가 대여받은 경우

   가. 회사의 근로자가 아닌 사람에게 해당 기계등을 조작하도록 하는 경우에는 다음의 조치를 하여야 한다.

      a. 해당 기계 등을 조작하는 사람이 관계 법령에서 정하는 자격이나 기능을 가진 사람인지 확인할 것

      b. 해당 기계 등을 조작하는 사람에게 작업의 내용, 지휘계통, 연락·신호 등의 방법, 운행경로, 제한속도, 그 밖에 해당 기계 등의 운행에 관한 사항, 그 밖에 해당 기계 등의 조작에 따른 산업재해를 방지하기 위하여 필요한 사항을 주지시킬 것

   나. 회사가 기계 등을 대여한 자에게 반환하는 경우에는 해당 기계 등의 수리·보수 및 점검 내역과 부품교체 사항 등을 적은 서면을 발급하여야 한다.

④ 제1항과 제2항에 따른 방호조치에 필요한 사항은 고용노동부고시에 따른다.

제34조 【전기설비 안전】

① 회사는 감전 위험이 있는 충전부분에 대하여 감전을 방지하기 위하여 다음 각 호의 방법 중 하나 이상의 방법으로 방호하여야 한다.

1. 충전부가 노출되지 않도록 폐쇄형 외함(外函)이 있는 구조로 할 것
2. 충전부에 충분한 절연효과가 있는 방호망이나 절연덮개를 설치할 것
3. 충전부는 내구성이 있는 절연물로 완전히 덮어 감쌀 것
4. 발전소·변전소 및 개폐소 등 구획되어 있는 장소로서 관계 근로자가 아닌 사람의 출입이 금지되는 장소에 충전부를 설치하고, 위험표시 등의 방법으로 방호를 강화할 것
5. 전주 위 및 철탑 위 등 격리되어 있는 장소로서 관계 근로자가 아닌 사람이 접근할 우려가 없는 장소에 충전부를 설치할 것

② 회사는 누전에 의한 감전의 위험을 방지하기 위하여 다음 각 호의 부분에 대하여 접지를 하여야 하며, 항상 적정상태가 유지되는지를 점검하고 이상이 발견되면 즉시 보수하거나 재설치하여야 한다

1. 전기 기계·기구의 금속제 외함, 금속제 외피 및 철대
2. 물기 또는 습기가 있는 장소에 설치되어 있거나 지면이나 접지된 금속체로부터 수직거리 2.4미터, 수평거리 1.5미터 이내에 고정 설치되거나 고정배선에 접속된 전기기계·기구의 노출된 비충전 금속체
3. 전동식 양중기의 프레임과 궤도
4. 고압이상의 전기를 사용하는 전기 기계·기구 주변의 금속제 칸막이·망 및 이와 유사한 장치

③ 회사는 다음 각 호의 전기 기계·기구에 대하여 누전에 의한 감전위험을 방지하기 위하여 누전차단기를 설치하여야 하며, 전기기계·기구를 사용하기 전에 누전차단기의 작동상태를 점검하고 이상이 발견되면 즉시 보수하거나 교환하여야 한다.

1. 대지전압이 150볼트를 초과하는 이동형 또는 휴대형 전기기계·기구
2. 물 등 도전성이 높은 액체가 있는 습윤장소에서 사용하는 저압용 전기기계·기구
3. 철판·철골 위 등 도전성이 높은 장소에서 사용하는 이동형 또는 휴대형 전기기계·기구
4. 임시배선의 전로가 설치되는 장소에서 사용하는 이동형 또는 휴대형 전기기계·기구

④ 회사는 가스폭발 위험장소 또는 분진폭발 위험장소에서 전기 기계·기구를 사용하는 경우에는 「산업표준화법」에 따른 한국산업표준에서 정하는 기준으로 그 증기, 가스 또는 분진에 대하여 적합한 방폭성능을 가진 방폭구조 전기 기계·기구를 선정하여 사용하여야 하며, 방폭구조 전기 기계·기구에 대하여 그 성능이 항상 정상적으로 작동될 수 있는 상태로 유지·관리되도록 하여야 한다.

⑤ 회사는 정전작업을 위해 전로를 차단하는 경우 다음 각 호의 절차에 따라 시행하여야 한다.

1. 전기기기 등에 공급되는 모든 전원을 관련 도면, 배선도 등으로 확인할 것
2. 전원을 차단한 후 각 단로기 등을 개방·확인
3. 차단장치나 단로기 등에 잠금장치 및 꼬리표를 부착
4. 잔류전하를 완전히 방전시킬 것

    5. 검전기를 이용하여 작업 대상 기기가 충전여부 확인

    6. 단락 접지기구를 이용하여 접지

⑥ 회사는 정전 작업 중 또는 작업을 마친 후 전원을 공급하는 경우에는 감전의 위험이 없도록 다음 각 호의 사항을 준수하여야 한다.

    1. 작업기구, 단락 접지기구 등을 제거하고 전기기기등이 안전하게 통전될 수 있는지를 확인

    2. 모든 작업자가 작업이 완료된 전기기기등에서 떨어져 있는지를 확인

    3. 잠금장치와 꼬리표는 설치한 근로자가 직접 철거

    4. 모든 이상 유무를 확인한 후 전기기기등의 전원을 투입할 것

⑦ 회사는 충전전로를 취급하거나 그 인근에서 작업하는 경우에는 다음 각 호의 조치를 하여야 한다.

    1. 충전전로를 방호, 차폐하거나 절연 등의 조치를 하는 경우에는 전로와 직접 접촉하거나 도전재료, 공구 또는 기기를 통하여 간접 접촉 금지

    2. 작업에 적합한 절연용 보호구를 지급·착용

    3. 해당 전압에 적합한 절연용 방호구를 설치

    4. 활선작업용 기구 및 장치를 사용

    5. 근로자가 절연용 방호구의 설치·해체작업을 하는 경우에는 절연용 보호구를 착용하거나 활선작업용 기구 및 장치를 사용

    6. 노출 충전부의 접근한계거리 이내로 접근 금지

⑧ 회사는 다음 각 호의 작업에 사용하는 절연용 보호구, 절연용 방호구, 활선작업용 기구, 활선작업용 장치에 대하여 각각의 사용목적에 적합한 종별·재질 및 치수의 것을 사용하여야 하며, 안전한 성능을 유지하고 있는지를 정기적으로 확인하여야 한다.

    1. 밀폐공간에서의 전기작업

    2. 이동 및 휴대장비 등을 사용하는 전기작업

    3. 정전 전로 또는 그 인근에서의 전기작업

    4. 충전전로에서의 전기작업

    5. 충전전로 인근에서의 차량·기계장치 등의 작업

제35조【안전인증 및 자율안전확인의 신고】

① 회사는 유해하거나 위험한 기계·기구·설비 및 방호장치·보호구("안전인증대상 기계·기구 등"이라한다)를 제조하는 때에 고용노동부장관이 실시하는 안전인증을 받아야 하며, 안전인증의 신청·방법 및 절차 등은 관련 산업안전보건법령에 따른다.

② 회사는 "안전인증대상 기계·기구등"이 아닌 안전인증대상 기계·기구등으로서 대통령령으로 정하는 것("자율안전확인대상 기계·기구등"이라한다)을 제조하는 때에는 이 자율안전확인대상 기계·기구 등의 안전에 관한 성능이 고용노동부장관이 정하는 안전기준에 맞는지 확인하여 고용노동부장관에게 신고하여야 하며, 신고와 관련된 절차 등은 관련 산업안전보건법령에 따른다.

③ 회사가 제1항과 제2항에 따라 안전인증을 받거나 신고한 때에는 안전인증대상 또는 자율안전

확인대상 기계·기구 등이나 이를 담은 용기 또는 포장에 관련 산업안전보건법령에서 정하는 바에 따라 안전인증 또는 자율안전확인의 표시를 하여야 한다.

④ 회사는 의무안전인증을 받지 않거나 자율안전확인의 신고를 하지 않은 기계·기구·설비 및 방호장치·보호구 등을 제조·수입·양도·대여·사용하거나 양도·대여의 목적으로 진열하지 아니한다.

제36조【안전검사】

① 회사는 회사 소유의 유해하거나 위험한 기계·기구·설비로서 대통령령으로 정하는 것(이하"유해·위험기계등"이라 한다)을 사용하는 경우 유해·위험기계등의 안전에 관한 성능에 대하여 고용노동부장관이 실시하는 검사를 받아야 한다.

② 회사는 제1항의 안전검사를 받지 아니한 유해·위험한 기계 등을 사용해서는 아니된다.

③ 회사는 제1항에 불구하고 근로자대표와 협의하여 관련 산업안전보건법령에서 정하는 기준 등에 충족하는 검사프로그램을 정하고 고용노동부장관의 인정을 받아 그에 따라 유해·위험 기계 등의 안전에 관한 성능검사를 하면 안전검사를 받은 것으로 본다. 구체적인 인정절차는 관련 산업안전보건법령에 따른다.

④ 회사는 제3항의 자율검사프로그램의 인정을 받지 아니하거나 인정이 취소된 유해·위험한 기계 등을 사용해서는 아니된다.

⑤ 회사는 산업안전보건관련법령에서 정하는 유해하거나 위험한 기계·기구 등에 대하여 방호조치를 하지 아니하거나 안전인증기준 또는 자율안전기준, 안전검사기준에 적합하지 않은 기계·기구·설비 및 방호장치·보호구를 사용해서는 아니 된다.

제37조【표준작업안전수칙 작성 및 준수】

① 생산부서에서는 공정별·작업별·설비별로 표준작업안전수칙을 작성하여 근로자가 보기 쉬운 장소에 게시하고 해당 작업 근로자에게 교육하여야 한다.

② 근로자는 표준작업안전수칙에 따라 작업하는 등 해당 내용을 준수하여야 한다.

③ 다음의 경우 해당 표준작업안전수칙을 개정하여야 한다.

1. 기계·설비를 신규로 도입하거나 설치하는 경우
2. 화학물질을 신규로 사용하는 경우
3. 작업공정이나 작업내용이 변경되는 경우
4. 사고 발생 등으로 작업수칙의 변경이 필요하다고 판단한 경우

④ 「외국인근로자의 고용 등에 관한 법률」에 따른 외국인근로자를 고용한 경우 해당 이주 근로자의 모국어로 번역된 표준작업안전수칙을 부착한다.

제38조【위험물질의 보관 및 사용】

① 회사는 위험물질을 취급하는 작업장에 해당 관리감독자를 위험물 취급책임자로 지정하여 관리하도록 한다.

② 회사는 위험물질을 작업장 외의 별도의 지정된 장소에 보관하여야 하며, 작업장 내부에는 작업에 필요한 최소량만을 두어야 한다.

③ 회사는 위험물질 보관장소에는 화기물질의 휴대 및 관계자 외 출입을 금지하여야 하며, 이를 위해 위 장소에 출입금지표지를 부착하고 해당 물질의 위험성을 게시하여 근로자에게 위험장

소임을 알려야 한다.

제39조 【작업중지】

① 회사는 산업재해가 발생할 급박한 위험이 있을 때 또는 중대재해가 발생하였을 때에는 즉시 작업을 중지시키고 근로자를 작업장소로부터 대피시키는 등 필요한 안전·보건상의 조치를 한 후 작업을 다시 시작하여야 한다.

② 근로자는 산업재해가 발생할 급박한 위험으로 인하여 작업을 중지하고 대피하였을 때에는 지체 없이 그 사실을 바로 위 상급자에게 보고하고, 바로 위 상급자는 이에 대한 적절한 조치를 하여야 한다.

③ 회사는 근거가 있을 때에는 제2항에 따라 작업을 중지하고 대피한 근로자에 대하여 이를 이유로 해고나 그 밖의 불리한 처우를 하여서는 아니 된다.

제40조 【안전보건표지 작성 및 게시】

① 사업장의 유해·위험한 시설 및 장소에는 근로자의 안전보건의식 고취를 위하여 경고, 지시, 안내, 금지 등의안전보건표지를 부착하여야 한다.

② 「외국인근로자의 고용 등에 관한 법률」에 따른 외국인근로자를 고용한 경우 해당 근로자의 모국어로 번역된 표준작업안전수칙을 부착한다.

제41조 【안전보건점검 및 순찰】

① 회사는 작업자의 안전보건 확보를 위하여 정기적으로 안전보건 점검 및 순찰을 실시하여야 한다. 이 경우 다른 법령에서 정하는 안전관리에 관한 규정과 통합 작성하는 경우에는 전기안전점검, 소방점검 등을 추가할 수 있다

② 안전보건점검의 점검횟수는 작업장 전반에 대한 안전보건상태를 점검하기 위하여 주기적으로 실시하여야 한다.

③ 점검방법은 체크리스트등 회사에서 규정한 별도의 서식에 따라 작성하여 그 결과를 보존하고, 점검할 내용은 다음과 각 호의 사항이 포함되도록 산업재해가 발생할 급박한 위험이 있다고 믿을 만한 합리적인한다.

  1. 기계·기구 장치의 청소·정비 및 안전장치의 부착상태

  2. 전기시설의 스위치, 조명, 배선의 이상 유무

  3. 유해·위험물, 생산원료 등의 취급, 적재 및 보관상태의 이상 유무

  4. 근로자의 작업상태 및 작업수칙 이행 상태

  5. 보호구의 착용상태 및 안전표지판의 설치 상태

  6. 정리·정돈, 청소, 복장 및 자체 일상 점검 상태

  7. 화재예방상 필요한 설비의 유지관리 상태

  8. 안전보건관계규정·기준·지침 및 수칙 등의 이행 여부

  9. 그 밖의 안전보건관리상 필요한 조치가 요구되는 사항

④ 관리감독자는 제3항의 각 호 내용 이외에 이 규정의 제8조 제9호에 규정된 바에 따라 작업시작 전 점검을 실시한다.

⑤ 모든 근로자는 작업 전 일상점검 및 작업 후 정리정돈을 철저히 한다.

⑥ 안전보건점검자는 점검과정에서 제기된 근로자의 안전보건 제안에 대해 그 결과를 확인해줄

의무가 있다.

⑦ 점검자는 점검결과 불안전한 상태가 있을 때에는 시정지시서를 해당 부서장에게 발부하고, 해당 부서는 대책을 수립하여 시정조치한 후 점검자에게 통보하여야 한다.

⑧ 안전보건관리전문기관 담당자의 점검결과 보고서는 회사의 안전업무 담당자가 접수하여 제7항과 같은 방법으로 처리하고 그 결과를 대행기관 담당자에게 통보한다. (안전보건관리전문기관이 위탁한 경우에 한함)

⑨ 점검결과 근로자의 불안전한 행동이 발견되었을 때 점검자은 즉시 당해 근로자에게 시정지시를 하고, 근로자는 즉시 이 시정조치에 따라야 한다.

제42조 【안전작업허가서 발급 및 이행】

① 작업장내 화재·폭발을 일으킬 우려가 있는 위험지역에서 화기작업을 하고자 할 경우에는 화기작업허가서를 발급받아야 한다.

② 화기작업 이외의 위험한 작업을 수행할 경우에는 일반위험작업허가서를 발급 받아야 한다.

③ 화기작업이나 일반위험작업을 수행하는 과정에서 보충적으로 병행하여 수행하는 작업이 있는 경우 보충작업허가서를 발급받아야 한다.

④ 회사 실정에 적합한 안전작업허가에 대한 별도의 규정을 작성할 수 있다.

제43조 【안전보건진단】

① 안전보건진단은 자율진단과 명령진단으로 구분하고, 근로자 대표의 요구가 있는 경우 안전보건진단에 근로자대표를 입회시켜야 한다.

② 회사는 사업장의 안전보건에 관하여 객관적 평가 등이 필요한 경우 안전보건컨설팅 업체를 활용하여 자율진단을 할 수 있다.

③ 회사는 산업안전보건법 제49조 【안전보건진단 등)에 의해 고용노동부 지방청(또는 지청)으로부터 안전보건진단을 명령을 받은 경우 안전보건진단기관으로부터 진단을 받아야 한다.

제44조 【교통재해 예방】

① 회사내를 주행하는 모든 차량은 소정의 주행로와 제한속도를 엄수하여야 한다.

② 회사내를 출입하는 모든 사람은 구내를 주행하는 차량에 의한 재해를 방지하기 위해 표시되어 있는 소정의 통로 및 횡단장소를 지나가야 한다.

③ 종업원은 업무를 위해 도로를 자동차로 주행하는 경우는 도로교통법 등에 관계법규를 준수하여 안전운행을 하여야 한다.

제45조 【비상조치계획】

① 회사는 위험성평가 등에서 도출된 중대재해, 화재폭발 등 사회적 물의를 일으킬 수 있는 사고발생 가능성에 대한 대비 및 대응을 원활하게 진행할 수 있도록 비상사태별 시나리오와 대책을 포함한 비상조치계획을 별도로 작성하여야 한다.

② 비상조치계획에는 다음 사항이 포함되어야 한다.
  1. 비상조치를 위한 인력 및 장비보유 현황
  2. 사고발생시 각 부서, 관련기관과의 비상연락체계
  3. 사고발생시 비상조치를 위한 조직의 임무 및 수행절차
  4. 비상조치계획에 따른 교육훈련 계획

    5. 비상시 대피절차

    6. 재해자에 대한 구조 및 응급조치 절차

    7. 사고발생 시 또는 비상대피 시 보호구 착용 지침

    8. 대피전 주요 공정설비에 대한 안전조치를 취해야 할 대상과 절차

    9. 비상대피 후의 전 직원이 취해야 할 임무와 절차

  ③ 비상대비 및 대응내용에는 인근주민 및 환경에 대한 영향, 대응, 홍보 방안 등을 포함시켜야 한다.

제46조【피난 및 대응훈련】

  ① 회사는 비상사태 시나리오별로 정기적인 교육을 포함한 피난 및 대응훈련을 실시하고 대응훈련 후 성과를 평가하여 필요에 따라 개정·보완하여야 한다.

  ② 피난 및 대응훈련 주기는 시나리오별로 비상조치계획에 포함한다.

제47조【비상연락시스템 구축】

  ① 회사는 비상사태 시 사용할 수 있는 비상연락체계를 구축하고 이를 최신의 상태로 유지하여야 한다.

  ② 비상연락체계는 회사 내부뿐만이 아니라 경찰서, 소방서, 병원 등 관련 기관을 포함하여 작성한다.

제5장 작업장 보건관리

제48조【작업환경측정】

  ① 회사는 작업환경측정 대상 유해인자에 노출되는 근로자가 있는 경우에는 작업환경을 실시하여야 한다.

> ① (지정측정기관에 위탁하는 경우) 회사는 작업환경측정 대상 유해인자에 노출되는 근로자가 있는 경우 측정주기마다 고용노동부장관이 지정하는 측정기관에 의하여 작업환경측정 및 작업환경측정에 따른 시료의 분석을 하여야 한다.

  ② 회사는 제1항에 따른 작업환경측정을 할 때에는 다음 각 호의 사항을 지켜야 하며, 이 규정에 정하는 것을 제외하고는 유해인자별 세부측정방법 등은 관련 산업안전보건법령에 따른다.

    1. 작업환경측정을 하기 전에 예비조사를 할 것

    2. 작업이 정상적으로 이루어져 작업시간과 유해인자에 대한 근로자의 노출 정도를 정확히 평가할 수 있을 때 실시할 것

    3. 모든 측정은 개인시료채취방법으로 하되, 개인시료채취방법이 곤란한 경우에는 지역시료채취방법으로 실시할 것

  ③ 회사는 작업환경결과를 다음 각 호의 어느 하나에 방법으로 해당 사업장 근로자(사내하도급 근로자를 포함)에게 알려야 하며, 근로자대표가 작업환경측정결과나 평가내용의 통지를 요청하는 경우에는 성실히 응하여야 한다.

    1. 사업장 내의 게시판에 부착하는 방법

    2. 사보에 게재하는 방법

3. 자체정례조회 시 집합교육에 의한 방법

4. 해당 근로자들이 작업환경측정결과를 알 수 있는 방법

④ 회사는 해당 사업장의 근로자에 대한 건강관리를 위해 특수건강진단기관 등에서 작업환경측정의 결과를 요청할 때에는 이에 협조하여야 한다.

⑤ 회사는 작업환경측정 결과 노출기준을 초과한 작업공정이 있는 경우에는 해당 시설 및 설비의 설치 또는 개선 등 적절한 조치를 하여야 하고, 시료채취를 마친 날부터 60일 이내에 해당 작업공정의 개선을 증명할 수 있는 서류 또는 개선 계획을 관할 지방고용노동관서의 장에게 제출하여야 한다.

⑥ 회사는 작업환경측정을 한 경우에는 작업환경측정 결과보고서에 작업환경측정 결과표를 첨부하여 시료채취를 마친 날로부터 30일 이내에 관할 지방고용노동관서의 장에게 제출하여야 한다.

⑦ (지정측정기관에 위탁하는 경우) 회사는 지정측정기관으로부터 측정이 완료된 날로부터 30일 이내에 작업환경측정결과표를 받아야 한다.

⑧ 회사는 작업환경측정 결과를 기록한 서류는 5년간 보존(전자문서 포함)하고, 고용노동부장관이 고시하는 발암성 확인물질에 대한 기록이 포함된 서류는 30년간 보존하여야 한다.

제49조 【근로자 건강진단】

① 회사에서 실시하는 건강진단의 종류는 그 실시시기 및 대상을 기준으로 다음 각 호와 같이 구분한다.

1. 일반건강진단

2. 특수건강진단

3. 배치전건강진단

4. 수시건강진단

5. 임시건강진단

6. (회사의 자율적인 건강진단을 실시하는 경우) 자율 건강진단

② 근로자는 회사가 제1항에 의한 건강진단을 정당한 이유 없이 이를 기피하거나 고의로 거부하여서는 아니된다.

③ 제1항의 특수건강진단, 배치전건강진단, 수시건강진단 및 임시건강진단은 지방고용노동관서의 장이 지정하는 의료기관(특수건강진단기관)에서 실시하여야 하며, 일반건강진단을 특수건강진단기관 또는 「국민건강보험법」에 따른 건강진단을 실시하는 건강진단기관에서 하여야 한다.

④ 제1항에 의한 검진비용은 회사가 부담하여야 하며 건강진단에 소요되는 시간은 근무시간으로 인정하여야 한다.

⑤ 안전보건관리책임자(또는 안전보건담당부서)는 건강진단계획을 수립하고 산업안전보건위원회의 심의·의결을 거쳐 건강진단을 실시하기 전에 해당 부서별 검진일정, 검진대상자, 검진기관 및 건강진단절차 등 건강진단에 관한 정보를 제공한다.

⑥ 회사는 건강진단기관으로부터 받은 건강진단 결과표에 따라 근로자의 건강을 유지하기 위하여 필요한 경우 작업장소의 변경, 작업 전환, 근로시간 단축, 야간근무 제한, 작업환경측정,

시설·설비의 설치 또는 개선 그 밖의 적절한 조치를 하여야 한다. 회사는 근로자에게 해당 조치 내용에 대하여 설명하여야 하고 그 조치에 대하여 근로자와 사전협의를 거쳐 이행하되, 협의가 되지 않을 경우에는 의사의 최종의견을 토대로 이행한다.

⑦ 제6항의 이행이 어려운 경우 건강진단을 실시한 의사의 의견을 들어 사후관리 조치 내용을 변경하여 시행할 수 있다.

⑧ 회사는 건강진단 실시결과에 따라 건강상담, 보호구 지급 및 착용 지도, 추적검사, 근무 중 치료 등의 조치를 시행할 때에는 다음 각 호의 어느 하나를 활용할 수 있다.

   1. 건강진단기관

   2. 산업보건의

   3. 보건관리자

⑨ 회사는 제1항에 따라 교부받은 건강진단결과표 및 근로자가 제출한 건강진단 결과를 증명하는 자료를 5년간 보존하여야 한다. 다만, 고용노동부장관이 고시하는 발암성 확인물질을 취하는 근로자에 대한 건강진단 결과의 서류 또는 전산 입력 자료는 30년간 보존하여야 한다.

⑩ 회사는 건강진단 결과를 근로자의 건강 보호·유지 외의 목적으로 사용하여서는 아니 된다.

제50조【유해물질 취급 및 관리】

① 회사는 관련 산업안전보건법령에서 정하는 유해물질을 취급하는 경우 해당 부서를 유해물질 취급부서로 지정

② 해당 부서의 관리책임자는 건강장해가 발생하지 않도록 작업을 지휘하고 환기설비의 이상 유무 점검 및 보호구 착용 상황을 감시하는 등의 업무를 수행하여야 한다.

③ 해당 부서의 관리책임자는 관리대상유해물질을 취급하는 장소에 관계 근로자외의 사람의 출입을 금지시키거나 그 뜻을 보기 쉬운 장소에 게시하여야 한다.

④ 회사는 유해물질을 취급하는 경우 이에 필요한 기준 및 수칙을 작성하여 산업안전보건위원회의 심의·의결을 얻어 제정·시행하며, 해당 근로자가 알기 쉽게 장소 등에 게시한다.

⑤ 해당 근로자는 회사에서 제정한 기준 및 안전보건수칙을 준수하여야 한다.

제51조【안전보건 보호구】

① 회사는 작업환경과 조건에 적합한 보호구를 해당 작업 근로자에게 지급하고 착용토록 하여야 한다.

② 다음 각 호의 어느 하나에 해당하는 작업을 하는 근로자에 대해서는 작업조건에 맞는 보호구를 작업하는 근로자 수 이상으로 지급하고 착용하도록 하여야 한다.

③ 모든 근로자는 작업환경과 작업조건에 적합한 보호구를 착용할 권리와 의무가 있으며, 회사에서 제공받거나 착용지시를 받은 근로자는 그 보호구를 착용하여야 한다.

④ 회사는 이 규칙에 따라 보호구를 지급하는 경우 상시 점검하여 이상이 있는 것은 수리하거나 다른 것으로 교환해 주는 등 늘 사용할 수 있도록 관리하여야 하며, 청결을 유지하도록 하여야 한다. 다만, 근로자가 청결을 유지하는 안전화, 안전모, 보안경의 경우에는 그러하지 아니하다.

⑤ 사업주는 방진마스크의 필터 등을 언제나 교환할 수 있도록 충분한 양을 갖추어 두어야 한다.

⑥ 사업주는 보호구를 공동사용 하여 근로자에게 질병이 감염될 우려가 있는 경우 개인전용 보호구를 지급하고 질병 감염을 예방하기 위한 조치를 하여야 한다.

제52조【작업복 지급 및 착용】

① 회사는 모든 임직원에게 작업환경과 작업여건에 적합한 작업복을 지급하고 이를 착용토록 하여야 한다.

② 작업별 작업복의 종류, 지급기준, 지급주기는 별도로 정한다.

③ 모든 임직원은 회사에서 규정한 작업복을 착용하고 작업하여야 하고, 회사에서 제공하지 않은 작업복을 착용하고 작업하여서는 아니 된다.

제53조【자격 또는 면허에 의한 취업제한】

① 회사는 유해하거나 위험한 작업으로서「유해·위험한작업의 취업제한에관한규칙」제3조 별표1(자격·면허·경험 또는 기능이 필요한 작업 및 해당 자격·면허·경험 또는 기능)에서 정하는 작업의 경우 그 작업에 필요한 자격·면허·경험 또는 기능을 가진 근로자가 아닌 자에게 그 작업을 하게 하여서는 아니된다.

② 상기 1항에 따른 작업에 대한 취업제한은 별표1(자격·면허·경험 또는 기능이 필요한 작업 및 해당 자격·면허·경험 또는 기능)에서 정하는 경우를 제외하고는 해당 작업을 직접 하는 사람에게만 적용하며, 해당 작업이 보조자에게는 적용하지 아니한다.

제54조【근로시간 연장제한】

① 회사는 유해하거나 위험한 작업으로서 잠함(潛艦) 또는 잠수작업 등 높은 기압에서 하는 작업에 종사하는 근로자에게는 1일 6시간, 1주 34시간을 초과하여 근로하게 하여서는 아니된다.

② 잠함·잠수작업시간, 가압·감압방법 등 해당 근로자의 안전과 보건을 유지하기 위하여 필요한 사항은「고기압작업에 관한 기준(고용노동부고시)」에 따른다.

③ 회사는 다음 각 호의 어느 하나에 해당하는 유해·위험작업에서 작업과 휴식의 적정배분, 그 밖에 근로시간과 관련된 근로조건의 개선을 통하여 근로자의 건강 보호를 위한 조치를 추가적으로 하여야 한다.

　1. 갱(坑) 내에서 하는 작업
　2. 다량의 고열물체를 취급하는 작업과 현저히 덥고 뜨거운 장소에서 하는 작업
　3. 다량의 저온물체를 취급하는 작업과 현저히 춥고 차가운 장소에서 하는 작업
　4. 라듐방사선이나 엑스선, 그 밖의 유해 방사선을 취급하는 작업
　5. 유리·흙·돌·광물의 먼지가 심하게 날리는 장소에서 하는 작업
　6. 강렬한 소음이 발생하는 장소에서 하는 작업
　7. 착암기 등에 의하여 신체에 강렬한 진동을 주는 작업
　8. 인력으로 중량물을 취급하는 작업
　9. 납·수은·크롬·망간·카드뮴 등의 중금속 또는 이황화탄소·유기용제, 그 밖에 고용노동부령으로 정하는 특정 화학물질의 먼지·증기 또는 가스가 많이 발생하는 장소에서 하는 작업

제55조【질병자의 근로금지 및 취업제한】

① 회사는 전염의 우려가 있는 질병에 걸린 자, 정신분열증·마비성치매 등 정신질환에 걸린자, 심장·신장·폐등의 질환이 있는 자로서 근로로 인하여 병세 악화가 우려되는 자에 대하여는 의사의 진단에 따라 근로를 금지하거나 제한하여야 한다.

② 회사는 건강진단 결과 유기화합물·금속류 등의 유해물질에 중독된 사람, 해당 유해물질에 중독될 우려가 있다고 의사가 인정하는 사람, 진폐의 소견이 있는 사람 또는 방사선에 피폭된 사람을 해당 유해물질 또는 방사선을 취급하거나 해당 유해물질의 분진·증기 또는 가스가 발산되는 업무 또는 해당 업무로 인하여 근로자의 건강을 악화시킬 우려가 있는 업무에 종사하도록 하여서는 아니 되며, 다음 각 호의 어느 하나에 해당하는 질병이 있는 근로자를 고기압 업무에 종사하도록 하여서는 아니 된다.

   1. 감압증이나 그 밖에 고기압에 의한 장해 또는 그 후유증
   2. 결핵, 급성상기도감염, 진폐, 폐기종, 그 밖의 호흡기계의 질병
   3. 빈혈증, 심장판막증, 관상동맥경화증, 고혈압증, 그 밖의 혈액 또는 순환기계의 질병
   4. 정신신경증, 알코올중독, 신경통, 그 밖의 정신신경계의 질병
   5. 메니에르씨병, 중이염, 그 밖의 이관협착을 수반하는 귀 질환
   6. 관절염, 류마티스, 그 밖의 운동기계의 질병
   7. 천식, 비만증, 바세도우씨병, 그 밖에 알레르기성·내분비계·물질대사 또는 영양장해 등과 관련된 질병

③ 회사는 제1항에 따라서 근로를 금지 또는 제한받은 사원이 건강을 회복한 때에는 의사의 의견을 들어 지체없이 업무에 복귀시켜야 한다.

제56조【물질안전보건자료의 작성·비치】

① 회사는 관련 산업안전보건법령에서 정하는 대상화학물질를 양도하거나 제공할 경우 이를 양도받거나 제를 고용노동부령으로 정하는 방법에 따라 작성하여 제공하여야 한다.

   1. 화학제품과 회사에 관한 정보
   2. 유해성·위험성
   3. 구성성분의 명칭 및 함유량
   4. 응급조치요령
   5. 폭발·화재시 대처방법
   6. 누출사고시 대처방법
   7. 취급 및 저장방법
   8. 노출방지 및 개인보호구
   9. 물리화학적 특성
   10. 안정성 및 반응성
   11. 독성에 관한 정보
   12. 환경에 미치는 영향
   13. 폐기 시 주의사항
   14. 운송에 필요한 정보
   15. 법적규제 현황
   16. 그 밖의 참고사항

② 제1항에도 불구하고 대상화학물질을 양도하거나 제공할 경우 물질안전보건자료를 작성할 때 다음 각 호의 어느 하나에 해당하는 사항을 구체적으로 식별할 수 있는 정보는 관련 산업안전보건법령으로 정하는 바에 따라 적지 아니할 수 있다.

   1. 영업비밀로서 보호할 가치가 있다고 인정되는 화학물질
   2. 제1호의 화학물질을 함유한 제제

③ 회사는 대상화학물질을 취급하는 근로자가 쉽게 보거나 접근할 수 있는 장소에 각 대상화학

물질에 대한 물질안전보건자료를 항상 게시하거나 갖추어두거나, 대상화학물질을 취급하는 근로자가 물질안전보건자료를 쉽게 확인할 수 있는 전산장비를 갖추어 두어야 한다.

④ 회사는 대상화학물질을 양도하거나 제공할 경우 관련 산업안전보건법령으로 정하는 방법에 따라 이를 담은 용기 및 포장에 경고표시를 하여야한다. 다만, 용기 및 포장에 담는 방법 외의 방법으로 대상화학물질을 양도하거나 제공하는 경우이도 고용노동부장관이 정하여 고시한 바에 따라 경고표시 기재 항목을 적은 자료를 제공하여야 한다.

⑤ 회사는 작업장에서 사용하는 대상화학물질을 담은 용기에 고용노동부령으로 정하는 방법에 따라 경고표시를 하여야 한다. 다만, 용기에 이미 경고표시가 되어 있는 등 고용노동부령으로 정하는 경우에는 그러하지 아니하다.

⑥ 회사는 제1항에 따른 물질안전보건자료의 기재 내용을 변경할 필요가 생긴 때에는 이를 물질안전보건자료에 반영하여 대상화학물질을 양도받거나 제공받은 자에게 신속하게 제공하여야 한다.

⑦ 회사는 대상화학물질을 취급하는 작업공정별로 다음 각 호의 사항이 포함된 관리 요령을 게시하여야 하고, 이 관리 요령은 유해성·위험성이 유사한 대상화학물질의 그룹별로 작성하여 게시할 수 있다.

  1. 대상화학물질의 명칭
  2. 유해성·위험성
  3. 취급상의 주의사항
  4. 적절한 보호구
  5. 응급조치 요령 및 사고 시 대처방법

제57조 【근골격계질환예방】

① 회사는 근골격계 부담작업(반복작업, 부적절한 작업자세, 무리한 힘의 사용 등)으로 인하여 근·골격계 질환이 발생될 우려가 있는 경우 이 질환의 예방을 위한 관리지침을 수립하고 이에 대한 교육을 실시하여야 한다.

② 근골격계 질환이 발생할 수 있는 근로자는 회사에서 제공하는 근골격계 질환 예방사업에 적극적으로 따라야 하며, 작업시작 전 건강제도 및 작업 중 적절한 스트레칭을 실시하여 스스로 질환의 예방에 힘써야 한다.

③ 회사는 근골격계 질환 유소견자가 발생된 경우 해당 근로자의 건강관리를 위하여 적절한 요양을 받도록 하며, 요양을 마치고 작업에 복구할 경우 해당 근로자와의 협의 하에 가급적 다른 작업으로 전환하도록 하며, 작업특성상 작업전환이 어려울 경우 작업자세 및 작업환경의 대선 등 적절한 조치를 취하여야 한다.

④ 회사는 다수의 근골격계 질환 유소견자가 동시에 발생할 경우 위험요인에 대하여 조사를 실시하고, 산업안전보건위원회를 개회하여 적절한 조치 및 설비개선 조치를 취하여야 한다.

제58조 【근로자 건강유지 및 증진】

① 회사는 근로자가 장시간 근로, 야간작업을 포함한 교대작업, 차량운전[전업(專業)으로 하는 경우에만 해당한다] 및 정밀기계 조작작업 등 신체적 피로와 정신적 스트레스 등(이하 "직무스트레스"라 한다)이 높은 작업을 하는 경우에 직무스트레스로 인한 건강장해 예방을 위하여

다음 각 호의 조치를 하여야 한다.

1. 작업환경·작업내용·근로시간 등 직무스트레스 요인에 대하여 평가하고 근로시간 단축, 장·단기 순환작업 등의 개선대책을 마련하여 시행할 것

2. 작업량·작업일정 등 작업계획 수립 시 해당 근로자의 의견을 반영할 것

3. 작업과 휴식을 적절하게 배분하는 등 근로시간과 관련된 근로조건을 개선할 것

4. 근로시간 외의 근로자 활동에 대한 복지 차원의 지원에 최선을 다할 것

5. 건강진단 결과, 상담자료 등을 참고하여 적절하게 근로자를 배치하고 직무스트레스 요인, 건강문제 발생가능성 및 대비책 등에 대하여 해당 근로자에게 충분히 설명할 것

6. 뇌혈관 및 심장질환 발병위험도를 평가하여 금연, 고혈압 관리 등 건강증진 프로그램을 시행할 것

제59조【쾌적한 작업환경 조성 및 관리】

① 회사는 근로자가 작업하는 장소에 대하여 환기·채광·조명·보온·방습·청결 등 적정수준을 유지·관리하여야 하며, 폐기물은 정해진 장소에만 버려야 한다.

② 회사는 사원의 성별·연령 또는 신체적 조건 등 특성에 따른 사업장 환경을 개선하기 위하여 노력하여야 한다.

1. 작업대의 높이 또는 작업 반경

2. 동선이 고려되는 업무

3. 콘베이어벨트 등 순환작업의 속도

4. 기타 근로자의 특성이 고려되어야 하는 작업

③ 회사는 근로자들이 신체적 피로와 정신적 스트레스를 해소할 수 있도록 휴식시간에 이용할 수 있는 휴게시설을 갖추어야 한다.

④ 회사는 제3항에 따른 휴게시설을 인체에 해로운 분진 등을 발산하는 장소나 유해물질을 취급하는 장소와 격리된 곳에 설치하여야 한다. 다만, 갱내 등 작업장소의 여건상 격리된 장소에 휴게시설을 갖출 수 없는 경우에는 그러하지 아니한다.

제60조【건강증진센터 등 설치·운영】

① 회사는 근로자들의 건강증진을 위하여 건강증진센터(또는 의무실)를 설치·운영하고 의사(또는 한의사) 또는 간호사를 배치하여 부상자 응급처지 및 질병치료 등 근로자의 건강을 유지·증진하기 위한 조치를 수행한다.

② 회사는 건강증진센터(또는 의무실) 설치·운영에 필요한 시설, 예산, 인력, 장비 등을 지원한다.

제6장 사고조사 및 대책수립

제61조【사고발생 시 처리절차】

① 회사는 사고발생시 적극적으로 사고확대방지와 재해자 응급구호를 위한 적절한 조치를 하여야 하고, 피해 최소화를 위해 노력하여야 한다.

② 사고발생 최초 목격자나 최초 발견자는 해당 관리감독자, 임원 등에게 보고하고, 안전보건업무 담당부서에 연락하여야 한다.

③ 사고발생 현장은 사고조사가 마무리 될 때까지 원형대로 보존되어야 한다. 중대재해의 경우

는 관계 행정기관의 조사가 마무리 될 때까지 변형하거나 훼손하여서는 아니된다.

④ 관계법령에서 정하는 바에 따라 행정기관에 신고하여야 하는 사고에 해당하는 경우는 절차에 따라 관련 행정기관에 신고하여야 한다.

⑤ 사고조사시 근로자대표의 요청이 있는 경우 근로자대표를 입회시켜야 한다.

⑥ 사고발생시 긴급조치, 처리절차 등에 관하여 별도로 정할 수 있다.

⑦ 사고대책본부나 사고조사위원회를 별도로 구성·운영할 수 있다.

⑧ 사고조사가 마무리된 경우 재해자가 산재보상보험법에 따라 조속하게 보상을 받을 수 있도록 적극 지원한다.

제62조 【사고원인조사 및 대책수립】

① 사고발생 원인조사는 안전보건담당 임원(또는 부서장)의 주관하에 신속하고 중립적인 자세로 사고발생 사유에 대한 근본적인 원인을 발굴하고 대책을 수립하여 동종사고 재발방지 및 사고 예방을 할 수 있도록 하여야 한다. 이 경우 중대재해인 경우에는 산업안전보건위원회의 심의·의결을 거쳐야 한다.

② 안전보건담당 부서장은 사고발생원인과 재발방지대책을 최고경영자에게 보고한 후 관련부서에 개선대책, 추진일정 등을 포함한 개선요구서를 통보하여야 한다.

③ 개선요구서를 받은 관련 부서장은 모든 일에 우선하여 개선하는 등의 조치를 하여야 한다.

④ 안전보건담당 부서장은 개선일정에 따라 개선여부를 사후점검 일정에맞추어 개선여부를 확인하고 최고경영자에게 보고한다.

⑤ 사내 게시판, 홍보물 등을 통하여 사고사례, 동종재해예방대책, 개선내용 등을 공지한다.

제63조 【재해발생현황분석 및 종합대책수립】

① 안전보건 담당부서는 정기적으로 재해발생현황을 총괄 분석하고 이에 대한 대책을 수립하여 회사의 최고 경영자에게 보고하여 시행한다. 이 경우 근로자대표의 요구가 있는 경우 이에 협조한다.

② 안전보건 담당부서는 매익년 1월중에 전년도의 재해를 총괄 분석하고 재해다발원인을 분석하고 이에 대한 대책을 수립·시행하여야 한다.

③ 분기별 또는 연간 재해분석 결과는 각 부서에 통보하고 모든 임직원이 볼 수 있도록 게시판에 공고한다.

제7장 위험성평가

제64조 【위험성평가 계획수립】

①회사는 유해위험요인에 대한 위험성평가를 효율적으로 수행하기 위하여 위험성 평가의 목적, 평가방법, 담당자 역할, 책임자 역할, 평가 대상(또는 범위)별 역할, 주지방법, 유의사항 등에 관한 연간계획을 수립·시행하여야 한다.

② 회사는 위험성평가 수행에 관한 규정을 별도로 정하여야 한다.

제65조 【위험성평가 교육】

회사는 위험성평가 담당자 또는 관계자 등에게 위험성평가에 필요한 지식과 경험을 제공할 수 있도록 외부교육기관의 강좌를 수강하게 하거나 회사 자체적으로 위험성평가 방법 등에 관한 교육을 하여야 한다.

제66조 【위험성평가 실시 및 실행】

① 회사는 사업장의 공정과 작업내용에 적합한 위험성평가 방법을 선정하여 유해·위험요인을 파악하고 각 유해·위험요인에 대한 위험성을 추정·결정한 후 위험성 감소대책을 수립·실행하는 위험성평가를 실시하여야 한다.

② 위험성평가 시 산업안전보건 전문가 또는 전문기관의 컨설팅을 받을 수 있다.

③ 위험성평가 실행 결과 남아 있는 유해·위험요인에 대해서는 게시, 주지 등의 방법으로 근로자에게 알려야 한다.

④ 본 규정 제 68조를 참조하여 위험성평가 실시내용 및 결과에 대해 기록을 유지한다.

제67조 【위험성평가 주기】

① 위험성평가 주기는 최초평가, 수시평가, 정기평가로 구분한다. 이 경우 최초평가 및 정기평가는 전체 작업장을 대상으로 한다.

② 수시평가는 다음 각 호의 계획 착수전에 실시한다. 다만, 제5호의 경우 재해발생 작업을 대상으로 작업을 재개하기 전에 평가한다.

  1. 사업장 건설물의 설치·이전·변경 또는 해체

  2. 기계·기구, 설비, 원재료 등의 신규 도입 또는 변경

  3. 건설물, 기계·기구, 설비 등의 정비 또는 보수

  4. 작업방법 또는 작업절차의 신규 도입 또는 변경

  5. 산업재해 발생

  6. 그 밖에 사업주가 필요하다고 판단한 경우

③ 정기평가는 최초평가 후 매년 정기적으로 다음을 고려하여 실시한다.

  1. 기계·기구, 설비 등의 기간 경과에 의한 성능 저하

  2. 근로자의 교체 등에 수반하는 안전·보건과 관련되는 지식 또는 경험의 변화

  3. 안전·보건과 관련되는 새로운 지식의 습득

  4. 현재 수립되어 있는 위험성 감소대책의 유효성 등

제68조 【위험성평가 문서화】

① 회사는 위험성평가 수행내용 및 결과에 대하여 문서화하여 유지하여야 한다. 이 경우 기록에 포함될 사항은 다음과 같다.

  1. 위험성평가를 위해 사전조사 한 안전보건정보

  2. 평가대상 공정의 명칭 또는 구체적인 작업내용

  3. 유해·위험요인의 파악

  4. 위험성 추정 및 결정

  5. 위험성 감소대책 및 실행

  6. 위험성 감소대책의 실행계획 및 일정 등

  7. 그 밖에 사업장에서 필요하다고 정한 사항

② 위험성평가에 관한 문서는 최소 3년이상 보존토록 하고, 최초평가 기록은 영구보존 한다.

제8장 보 칙

제69조【무재해운동】

① 무재해운동은「사업장무재해운동시행규정(고용부 고시 제2003-16호)」에 의거하여 추진한다.

② 무재해운동은 각 부서장의 책임하에 시행함을 원칙으로 한다.

③ 무재해달성일수나 달성시간을 표시하는 무재해기록판 및 무재해기를 사업장 출입구 또는 각 부서 입구에 부착한다.

제70조【안전보건제안제도】

① 회사는 전 임·직원이 안전보건관리에 관한 방안을 연구하고 개선조치에 관한 제안서를 제출할 수 있는 안전보건제안제도를 운영하여야 한다.

② 회사는 임·직원이 수시로 필요한 안전보건제안을 할 수 있도록 계몽, 독려, 유도하면서 적극 협력 하여야 한다.

③ 회사는 제안된 사항에 대하여는 시정 등 필요한 조치를 하여야 한다.

제71조【포상】

① 회사는 안전보건관리 실적이 우수한 부서 또는 근로자에 대하여 회사 규정에 따라 포상을 실시할 수 있으며, 포상대상자 선정 시 다음 각 호의 사항이 포함되도록 한다.

  1. 안전보건제안이 채택된 자

  2. 무재해운동 등 안전목표 달성이 우수한 부서 및 개인

  3. 안전보건활동에 공적이 현저한 자

② 포상 대상자, 포상기준 및 포상절차 등은 회사의 관계 규정에 의한다

제72조【징계】

① 회사는 다음 사항에 해당하는 자에 대하여 인사위원회(징계위원회)에 회부하여 징계조치할 수 있다.

  1. 산업안전보건법 및 관련법령, 법령에서 정한 명령이나 이 규정에서 정한 사항을 정당한 사유 없이 위반한 자

  2. 정당한 사유없이 안전·보건관리상의 지시 및 명령을 위반하거나 불응한 자

  3. 각종 사고 및 재해의 은폐, 허위보고, 태만으로 안전사고 사후처리를 지연시킨 자

  4. 고의 또는 중대한 과실로 사고를 초래한 자

② 징계의 종류와 징계의 기준, 인사위원회(징계위원회)의 구성과 절차에 대해서는 별도로 정한다. 다만, 제1항의 사항으로 징계하는 경우 인사위원회(징계위원회)에 산업안전보건위원회의 근로자위원을 참여하도록 한다.

제73조【문서보존연한】

① 회사는 다음 각 호의 서류를 3년(제3호, 8호의 경우 2년, 제6호 5년, 제6호의 발암성 확인물질 30년)간 보존하여야 한다.

  1. 산업재해 발생기록

  2. 관리책임자·안전관리자·보건관리자 및 산업보건의의 선임에 관한 서류

  3. 산업안전보건위원회 회의록

    4. 안전·보건상의 조치 사항으로서 고용노동부령으로 정하는 사항을 적은 서류

    5. 화학물질의 유해성·위험성 조사에 관한 서류

    6. 작업환경측정에 관한 서류

    7. 건강진단에 관한 서류

    8. 자율검사프로그램에 따라 실시한 검사 결과에 대한 서류

    9. 기타 안전보건에 관련된 일반적인 서류

② 일반석면조사를 한 건축물이나 설비의 소유주등은 그 결과에 관한 서류를 그 건축물이나 설비에 대한 해체·제거작업이 종료될 때까지 보존하여야 하고, 기관석면조사를 한 건축물이나 설비의 소유주등과 석면조사기관은 그 결과에 관한 서류를 3년간 보존하여야 한다.

③ 제1항부터 제2항까지의 경우 전산입력자료가 있을 경우 그 서류를 대신하여 전산입력자료를 보존할 수 있다.

제74조 【변경절차】

① 회사는 안전보건관리규정을 변경하고자 하는 때에는 산업안전보건법 등 관련 법령에 위배되지 않는 범위내에서 사업장의 규모나 특성에 적합하도록 변경할 수 있으며, 법령의 최신 제·개정 내용을 확인하여 안전보건관리규정에 반영하여야 한다.

② 또한, 안전보건관리규정을 작성·변경할 때에는 반드시 산업안전보건법 제19조에 따른 산업안전보건위원회의 심의·의결을 거쳐야 하며 회사의 홈페이지게시판, 사무실 등에 게시하거나 갖춰두고 근로자들에게 알려야 한다. 다만, 산업안전보건위원회가 설치되어 있지 아니한 사업장의 경우에는 근로자대표의 동의를 받아야 한다.

제75조 【준수】

① 회사의 모든 임·직원 및 사내도급업체 근로자는 본 규정을 준수하여야 한다.

② 본 규정에서 정한 것 이외에 안전보건관리상 필요로 하는 사항에 대해서는 노사협의회 및 산업안전보건위원회에서 정한다.

③ 기타 관계법령에 의해 별도의 전문성을 요하는 안전보건관리(방사선, 전기, 고압가스, 위험물, 건축물 등)는 법정 선임자 및 그 소속부서에 제반 사항을 위임하여 관리할 수 있다.

제76조 【그 밖의 사항】

사업장의 규모·업종 등에 적합하게 작성하며, 필요한 사항을 추가하거나 그 사업장에 관련되지 않은 사항은 제외할 수 있다.

〈부 칙〉

제77조 【시행일】

이 규정은 ○○○○년 ○○월 ○○일부터 시행한다.

(별표 1)

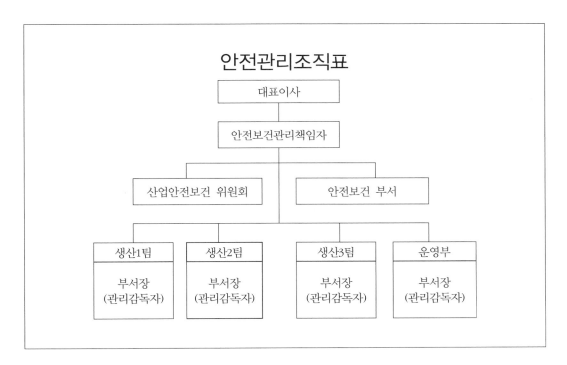

안전관리조직표

(서식 1)

안전관리시설대장					

관리부서 :　　　(정) 책임자 :　　　　(부) 담당자 :

NO	안전관리대상	장소(위치)	위험물	안전시설	점검일자
비고					

(별표 2)

안전관리점검표

일자 :   점검자 :   책임자 :

항목	NO	점 검 사 항	정　상(○) 비정상(×)	점검내용
기계동	1	부속장치의 정상작동 여부		
	2	주유상태 적정여부		
	3	램프류의 정상작동 여부		
	4	방호장치성능 및 보호구 착용상태 적정여부		
	5	연결부 나사 및 스프링 강도 상태 적정여부		
	6	고장, 정지 시 안전작업 시행 여부		
	7	전기배선의 균열, 손상, 부식상태 유무		
작업동	1	복장 및 안전화 착용 준수 여부		
	2	작업장 통로 확보 및 정리정돈 여부		
	3	각종 공구류 정리정돈 상태 적부		
	4	안전표지판 및 공정별 수칙 부착상태 적부		
	5	작업표준서에 의한 안전작업 시행 여부		
	6	소화시설의 관리상태 적부		
사무동	1	비상구 시설 관리상태 적부		
	2	소화시설의 관리상태 적부		
	3	창문 고정문 관리상태 적부		
	4	사무동 방화셔터 관리상태 적부		
	5	사무실 출입문 관리상태 적부		
	6	비상등 관리상태 적부		
	7	전기시설 관리상태 적부		

[98]
직장 내 성희롱 금지규정

제정 ○○○○년 ○○월 ○○일
개정 ○○○○년 ○○월 ○○일

〈총 칙〉

제1장 통칙

제1조【목적】

이 규정은 남녀고용평등과 일·가정 양립 지원에 관한 법률(이하 "남녀평등법"이라 한다)의 규정에 따라 ○○주식회사(이하 "회사"라 한다)의 직장 내 성희롱 금지 및 예방에 관한 사항에 관하여 정함을 목적으로 한다.

제2조【적용범위】

이 규정은 남녀평등법의 직장 내 성희롱 금지와 예방에 관한 적용대상을 포함하여 회사의 임직원에게 적용한다.

> 참고 남녀평등법 제3조(적용 범위) ① 이 법은 근로자를 사용하는 모든 사업 또는 사업장(이하 "사업"이라 한다)에 적용한다.

제3조【성희롱의 정의】

"직장 내 성희롱"이란 사업주·상급자 또는 근로자가 직장 내의 지위를 이용하거나 업무와 관련하여 다른 근로자에게 성적 언동 등으로 성적 굴욕감 또는 혐오감을 느끼게 하거나 성적 언동 또는 그 밖의 요구 등에 따르지 아니하였다는 이유로 고용에서 불이익을 주는 것을 말한다.

> 참고 남녀평등법 제2조 제2호

제4조 【회사와 임직원의 책무】

회사는 직장 내 성희롱 예방교육과 고충처리창구를 설치하고 고충처리절차의 마련하여야 하며, 임직원은 성희롱 피해 발생 이에 대한 재발방지에 적극 노력하여야 한다.

> **참고** 남녀평등법 제12조(직장 내 성희롱의 금지) 사업주, 상급자 또는 근로자는 직장 내 성희롱을 하여서는 아니 된다.

제5조 【고객 등의 성희롱 방지】

① 회사는 고객 등 업무와 밀접한 관련이 있는 자가 업무수행 과정에서 임직원에게 성희롱 등을 하는 경우에 근무 장소 변경, 배치전환 등 조치에 노력하여야 한다.

② 회사는 임직원이 제1항에 따른 피해를 주장하거나 고객 등으로부터의 성적 요구 등에 불응한 것을 이유로 해고나 그 밖의 불이익한 조치를 하여서는 아니 된다.

> **참고** 남녀평등법 .제14조의2(고객 등에 의한 성희롱 방지) ① 사업주는 고객 등 업무와 밀접한 관련이 있는 자가 업무수행 과정에서 성적인 언동 등을 통하여 근로자에게 성적 굴욕감 또는 혐오감 등을 느끼게 하여 해당 근로자가 그로 인한 고충 해소를 요청할 경우 근무 장소 변경, 배치전환 등 가능한 조치를 취하도록 노력하여야 한다.
> ② 사업주는 근로자가 제1항에 따른 피해를 주장하거나 고객 등으로부터의 성적 요구 등에 불응한 것을 이유로 해고나 그 밖의 불이익한 조치를 하여서는 아니 된다.
> [본조신설 2007.12.21.]

제6조 【고충처리창구】

① 회사는 직장 내 성희롱 예방을 위한 고충처리전담창구를 인사위원회에 설치하고, 인사위원회는 고충처리상담원을 고충처리접수자로 두고 업무를 전담한다.

② 고충전담창구의 업무는 다음 각 호와 같다.

1. 성희롱 피해자의 고충에 대한 접수
2. 성희롱 사건에 관한 조사와 처리
3. 성희롱 사건 처리 관련 부서간 협조·조정에 관한 사항
4. 성희롱 재발 방지 대책의 수립과 이행에 관한 사항
5. 성희롱 예방을 위한 교육·홍보 등 기타 성희롱 예방 업무

③ 고충전담창구에는 서식1의 성희롱고충접수(처리)대장을 작성 및 비치하여야 한다.

제7조 【성희롱예방교육】

① 각 부서장은 매년 12월 말까지 다음해 성희롱 예방교육의 시기와 교육내용, 교육방법 등에 관한 세부 실시계획을 수립하여 대표이사에게 보고한다.

② 성희롱 예방교육은 전문가 강의, 시청각 교육 등의 방법으로 1시간 이상 실시하여야 하며, 다음 각 호의 내용이 포함되어야 한다.

1. 성희롱 관련 법령 및 남녀차별금지기준
2. 성희롱 발생시의 처리절차 및 조치기준
3. 성희롱 피해자에 대한 고충상담 및 구제절차
4. 성희롱을 한 자에 대한 징계 등 제재조치

　　5. 기타 성희롱 예방에 관한 사항 등

　③ 각 부서장은 성희롱예방교육을 하면 교육일시, 교육방법, 교육참석자, 교육내용 등에 관한 시
　　행결과를 대표이사와 인사위원회에 보고하여야 한다.

> **참고** 남녀평등법 제13조(직장 내 성희롱 예방 교육) ① 사업주는 직장 내 성희롱을 예방하고 근로자가 안
> 전한 근로환경에서 일할 수 있는 여건을 조성하기 위하여 직장 내 성희롱의 예방을 위한 교육을 실시하
> 여야 한다.
> ② 사업주 및 근로자는 제1항에 따른 성희롱 예방 교육을 받아야 한다. 〈신설 2014.1.14.〉
> ③ 제1항 및 제2항에 따른 성희롱 예방 교육의 내용·방법 및 횟수 등에 관하여 필요한 사항은 대통령령
> 으로 정한다. 〈개정 2014.1.14.〉

제8조【고충처리의 신청 등】

　① 회사의 임직원은 직장 내 성희롱 상담 또는 재발방지 등의 신청을 고충처리창구에 상담 또는
　　처리를 신청할 수 있다.

　② 제1항의 고충처리신청은 서식2에 의하여 신청한다.

제9조【상담과 조사】

　① 고충처리상담자는 성희롱고충신청자가 조사와 처리 신청서를 제출하면 이에 관한 조사를 하
　　여야 한다.

　② 성희롱고충조사는 신청서를 접수한 날로부터 5일 이내에 조사하고 신청일로부터 20일 이내
　　에 조사를 완료하여야 한다.

　③ 성희롱고충조사에서 관련 사안과 관계된 임직원은 적극 협조해야 한다.

> **참고** 남녀평등법 제14조(직장 내 성희롱 발생 시 조치) ① 사업주는 직장 내 성희롱 발생이 확인된 경우
> 지체 없이 행위자에 대하여 징계나 그 밖에 이에 준하는 조치를 하여야 한다.
> ② 사업주는 직장 내 성희롱과 관련하여 피해를 입은 근로자 또는 성희롱 피해 발생을 주장하는 근로자에
> 게 해고나 그 밖의 불리한 조치를 하여서는 아니 된다.

제10조【피해자의 보호 등】

　① 회사는 성희롱 피해를 신청자와 조사 등에 협력하는 자에 대하여 고충의 상담 및 협력 등을
　　이유로 불이익한 조치를 하여서는 아니된다.

　② 고충상담원과 고충접수자는 직장 내 성희롱 고충과 관계된 사안의 조사 및 처리를 위해 필요
　　한 경우를 제외하고는 사안의 종결까지 관계자의 신원은 물론 그 내용 등에 대하여 이를 누
　　설하여서는 아니된다.

제11조【조사결과의 보고 등】

　① 고충처리상담자는 성희롱 사안에 관한 조사의 완료 즉시 그 결과를 대표이사와 인사위원회에
　　보고하여야 한다.

　② 대표이사는 성희롱 사안의 공정한 처리를 위하여 필요한 경우 성희롱 심의위원회를 설치하여
　　이에 관한 처리하게 할 수 있다.

제12조【심의회의 설치 등】

　① 직장 내 성희롱 사안의 처리와 관련하여 대표이사는 이사회 내 성희롱 심의위원회(이하 "심
　　의회"라 한다)를 설치한다.

② 심의회의 위원은 위원장을 포함한 6인의 위원으로 구성하며, 위원장은 인사위원회 위원장으로 하고, 위원장을 포함하여 위원의 임기는 1년 이내로 하되 매년 12월 말일까지로 한다.

③ 심의회의 위원은 위원장이 지명하는 2인과 근로자 3인으로 구성하되, 남성 또는 여성의 비율이 위원 중 4인을 초과하지 아니한다.

제13조【심의회의 소집과 결의】

심의회의 소집은 위원장이 소집하고, 결의는 전원합의로 결정한다.

제14조【조사의 종결】

성희롱상담자는 성희롱신청 사안에 대하여 조사결과와 재발방지대책, 행위자의 처리에 대하여 통보하고 조사를 종결한다.

제15조【처리결과의 통지 등】

① 회사는 성희롱고충처리신청자의 신청 사안에 대하여 처리결과를 서식3과 같이 서면으로 통지한다.

② 회사는 직장 내 성희롱행위자에게 재발방지를 위한 교육과 기타 필요한 조치를 할 수 있다.

제16조【행위자의 징계】

회사는 성희롱행위자에게 징계규정에 따라 징계를 하여야 한다.

〈부　칙〉

제17조【시행일】

이 규정은 ○○○○년 ○○월 ○○일부터 시행한다.

〈서　식〉

(서식 1) 성희롱고충접수(처리)대장

(서식 2) 성희롱고충상담신청서

(서식 3) 성희롱고충처리통보서

(서식 1)

직장 내 성희롱 금지 고충접수(처리)대장

접수 번호	접수 일자	신청인		고충내용	처리결과	회신 일자	확인	
		성명	소속부서					

(서식 2)

직장 내 성희롱 금지 고충상담신청서

신청일				상담(접수)자		(서명)	
신청자	당사자	성명		(인)	소속		
		직급			성별		
	대리자	성명		(인)	성별		
		직급			성별		
행위자		성명			소속		
		직급			성별		
상담내용							
신청사항	1. 성희롱중지 ( )　　　2. 재발방지 ( )　　　3. 공개사과 ( ) 4. 징계조치 ( )　　　5. 기타( )						

위와 같이 고충상담을 신청합니다.
20 년 월 일
신청자(대리자) 성명　　　　　(인)
○○주식회사 인사위원회 위원장 귀하

(서식 3)

직장 내 성희롱 금지 고충처리통보서

| 신청일 | | | 상담자 | | (서명) |
| 처리일 | | | 위원장 | | (서명) |

신청자	신청일	성명	(인)	소속	
		직급		성별	
	대리자	성명	(인)	성별	
		직급		성별	
행위자		성명		소속	
		직급		성별	

상담내용	
신청사항	1. 성희롱중지 ( )　　　2. 재발방지 ( )　　　3. 공개사과 ( ) 4. 징계조치 ( )　　　5. 기타 ( )
처리결과	

고충상담 신청자의 고충상담에 대하여 위와 같이 처리하였습니다.

20　년　월　일

인사위원회 상담자(위원장) 성명　　　　　(인)

고충상담자 ○○○ 귀하

[99]
직장 내 괴롭힘 금지규정

제정 ○○○○년 ○○월 ○○일
개정 ○○○○년 ○○월 ○○일

〈총 칙〉

제1조【목적】

이 규정은 ○○주식회사(이하 "회사"라 한다)의 직장 내에서 괴롭힘 행위를 예방하고 대응하여 직원들이 안전하게 근로할 수 있도록 하는 데 목적으로 한다.

제2조【적용범위】

이 규정은 회사의 임직원과 협력사 직원 및 특수형태근로종사자로서 회사와 계약을 맺고 있는 자(이하 "직원"이라 한다)에 관하여 적용한다.

제3조【회사의 책무】

회사는 직장 내 괴롭힘을 예방하고 직장 내 괴롭힘이 발생하였을 때 적절히 대응할 수 있도록 정책을 수립·시행하여야 한다.

제4조【직장 내 괴롭힘 행위의 금지】

① 직장 내 괴롭힘 행위란 임·직원이 직장에서의 지위 또는 관계 등의 우위를 이용하여 업무상 적정범위를 넘어 다른 직원에게 신체적·정신적 고통을 주거나 근무환경을 악화시키는 행위를 말한다.

② 누구든지 직장 내 괴롭힘 행위를 하여서는 아니 된다.

제5조【직장 내 괴롭힘 예방·대응 조직】

회사 내 인사부서에 직장 내 괴롭힘의 예방·대응 업무를 총괄하여 담당하는 직원(이하 "예방·대응 업무담당자"라 한다)을 1명 이상 둔다.

제6조【직장 내 괴롭힘 상담원】

① 회사는 제10조에 따른 상담업무를 담당하는 직원(이하 "상담원"이라 한다)을 둔다. 이 경우 직장 내 성희롱 사건에 관한 업무를 담당하는 고충상담원이 있는 경우 그를 상담원으로 할 수 있다.

② 상담원은 성을 고려하여 남성과 여성을 고루 배치하며, 직원들 사이에 신망이 높은 직원 중에서 선임한다.

③ 상담원은 직장 내 괴롭힘 사건에 관한 상담을 하면서 알게 된 내용을 누설하여서는 아니 된다. 다만, 사건의 처리를 위하여 결재권자 및 사업주에게 보고하는 경우는 그러하지 아니하다.

④ 상담원의 임기는 2년으로 하며, 연임할 수 있다.

제7조【직장 내 괴롭힘 예방교육】

① 회사는 직장 내 괴롭힘 예방을 위한 교육(이하 "직장 내 괴롭힘 예방교육"이라 한다)을 1년에 1회 이상 실시한다.

② 직장 내 괴롭힘 예방교육은 1시간으로 한다.

③ 직장 내 괴롭힘 예방교육의 내용은 다음 각 호와 같다.

1. 직장 내 괴롭힘 행위의 정의
2. 금지되는 직장 내 괴롭힘 행위
3. 직장 내 괴롭힘 상담절차
4. 직장 내 괴롭힘 사건처리절차
5. 직장 내 괴롭힘 피해자 보호를 위한 조치
6. 직장 내 괴롭힘 행위자에 대한 조치
7. 그밖에 직장 내 괴롭힘 예방을 위한 내용

④ 회사는 직장 내 괴롭힘 예방교육의 주요 내용을 직원들이 쉽게 확인할 수 있도록 조치한다.

제8조【직장 내 괴롭힘 발생 시 처리절차】

회사는 직장 내 괴롭힘 사건을 처리하기 위하여 다음 각 호의 절차에 따른다.

1. 사건의 접수
2. 상담을 통한 피해자의 의사 확인
3. 피해자의 의사에 기초한 당사자 간 해결 또는 정식 조사의 실시
4. 정식 조사의 결과를 토대로 한 직장 내 괴롭힘의 확인
5. 행위자에 대한 징계 조치, 피해자 보호조치 등의 결정

제9조【사건의 접수】

① 누구든지 직장 내 괴롭힘 발생 사실을 알게 된 경우 그 사실을 예방·대응 담당자에게 신고할 수 있다.

② 예방·대응 담당자는 제1항에 따른 신고가 있는 경우 또는 그 밖의 방법으로 직장 내 괴롭힘 발생 사실을 인지한 경우 사건을 접수한다.

제10조【상담】

① 제9조에 따라 사건이 접수된 경우 상담원은 지체 없이 신고인을 대면하여 상담한다.

② 신고인이 피해자가 아닌 제3자인 경우 상담원은 신고인을 먼저 상담한 후 피해자를 상담한다.

③ 상담원은 피해자에게 직장 내 괴롭힘에 관한 구제방법 및 회사 내 처리절차에 대하여 충분히 설명하고, 피해자가 사건의 해결을 위하여 선택하는 처리방향에 대하여 청취한다.

④ 상담원은 상담이 종료하면 그 결과를 예방·대응 담당자에게 보고하여야 한다.

⑤ 상담원은 상담 시 신고인 또는 피해자 등에게도 상담 내용에 대한 비밀유지 의무가 있음을 고지하여야 한다.

제11조【당사자 간 해결】

① 상담원은 피해자가 직장 내 괴롭힘 피해를 입었다고 판단하고, 피해자가 그 행위의 중단을 위하여 행위자와 분리되기만을 요구하는 경우, 그 내용을 예방·대응 담당자를 통하여 사업주에게 보고하여 상응하는 조치가 취해질 수 있도록 한다.

② 상담원은 피해자가 행위자의 괴롭힘 행위 중단 및 사과 등 직접적인 합의를 원하는 경우에는 피해 사실에 대하여 피해자와 피해자가 추천한 참고인 등에 관한 조사를 실시하고, 그 결과 직장 내 괴롭힘이 확인되면 피해자의 요구안을 정리하여 행위자에게 전달하여 합의를 진행한다.

③ 제2항에 따른 합의가 이루어진 경우에는 모든 관련 서류는 비공개처리하고 사건을 종결한다.

④ 제2항에 따른 합의가 이루어지지 않은 경우에는 상담원은 피해자를 다시 상담한 후 정식 조사의사 등을 확인하여 그에 따라 조치한다.

제12조【정식 조사】

① 회사는 피해자가 직장 내 괴롭힘에 관하여 정식 조사를 요구하는 경우 지체 없이 제13조에 따라 조사위원회를 구성하고, 조사위원회가 구성되면 즉시 조사에 착수한다.

② 조사위원회는 조사가 개시된 날부터 20일 이내에 완료하여야 한다. 다만 특별한 사정이 있는 경우 10일의 범위에서 조사 기간을 연장할 수 있다.

③ 피해자 및 행위자에 대하여 조사하는 경우 2명 이내의 조사위원이 참여하여야 한다. 이 경우 외부 전문가가 위원으로 선임되어 있으면 그 위원이 참여하도록 노력하여야 한다.

④ 조사위원회는 조사가 종료되면 조사보고서를 작성하여 사업주에게 보고하고 인사위원회로 보고서를 이관한다.

⑤ 조사위원회는 제4항에 따른 조사보고서 작성 시 행위자에 대한 조치와 관련한 피해자의 의견을 듣고 그 내용을 기재하여야 한다.

⑥ 조사위원회와 조사를 받은 사람들은 비밀유지 서약을 하여야 하며, 조사 내용 및 조사과정에서 알게 된 사실을 다른 사람에게 누설하여서는 아니 된다.

⑦ 상담원은 직장 내 괴롭힘 조사 진행상황을 피해자에게 서면, 온라인, 전화 등의 방법을 통해 알려주어야 한다.

제13조【조사위원회】

① 직장 내 괴롭힘 사건의 공정하고 전문적인 조사를 위하여 조사위원회를 구성한다.

② 조사위원회는 노동조합에서 추천하는 사람 또는 노사협의회 근로자위원을 포함하여 5명 이내로 구성한다. 이 경우 조사의 전문성을 위하여 외부 전문가를 위원으로 선임할 수 있다.

③ 조사위원회 위원장은 위원 중에서 대표이사가 임명하는 사람으로 한다.

④ 제2항 및 제3항에도 불구하고 대표자가 행위자로 신고된 경우에는 회사의 감사가 조사위원회를 구성한다. 이 경우 감사는 회사의 비용으로 외부 전문가를 위원으로 선임할 수 있다.

〈참고〉 대표이사가 행위자인 경우 조사의 공정성을 위하여 감사가 조사를 실시하는 주체로 규정

제14조【조사기간 중 피해자 보호】

회사는 제12조에 따른 정식조사기간 동안 피해자가 요청하는 경우에는 근무장소의 변경, 유급휴가 명령 등 피해자의 요청을 고려하여 적절한 조치를 한다.

제15조【직장 내 괴롭힘 사실의 확인 및 조치】

① 제13조제4항에 따라 조사위원회의 조사보고서가 이관되면 취업규칙 제00조에 따른 인사위원회 위원장은 지체 없이 인사위원회를 소집한다.

② 인사위원회는 조사위원회의 조사보고서를 토대로 직장 내 괴롭힘 인정 여부, 직장 내 괴롭힘 인정 시 행위자에 대한 징계 양정에 관한 사항을 의결한다.

③ 대표이사가 행위자로 신고된 경우 감사는 지체 없이 이사회 소집을 청구하고 소집된 이사회에 출석하여 조사 결과에 따라 직장 내 괴롭힘 인정 여부, 직장 내 괴롭힘 인정 시 대표이사에 대한 징계 등 조치에 관한 내용을 보고한다.

④ 이사회는 감사의 보고를 받으면 대표이사에 대한 조치를 의결한다. 다만, 인사위원회에서 통지한 대표이사에 대한 조치가 주주총회의 의결사항인 경우 지체 없이 임시총회를 소집한다.

〈참고〉 대표이사가 행위자인 경우 인사위원회에서 징계 등 조치를 결정하여 집행할 수는 없는 만큼, 상법을 참고하여 사업장 상황에 맞게 규정함
  * 위 제3항 및 제4항의 규정은 상법 제4장 주식회사 부분의 규정을 참고하여 규정한 예임

제16조【사건의 종결】

① 회사는 인사위원회의 의결 결과를 당사자에게 서면으로 통지하고 사건을 종결한다. 다만, 대표이사가 행위자인 경우에는 그러하지 아니하다.

② 인사위원회에서 직장 내 괴롭힘으로 인정하지 않은 경우 상담원은 피해자를 다시 상담하여 피해자의 고충을 해소할 수 있는 방법을 찾도록 노력하여야 한다.

〈참고〉 '심의위원회'를 구성할 경우 아래와 같이 규정을 만들 수 있을 것임

제○조【심의위원회의 설치 및 구성】

① 직장 내 괴롭힘 사안의 처리를 심의하기 위하여 심의위원회를 구성한다.

② 위원회는 위원장을 포함한 6명의 위원으로 구성한다.

③ 위원장은 사업주가 지명하는 자로 한다.

④ 위원은 남성 또는 여성의 비율이 전체위원의 10분의 6을 초과하여서는 아니 되며, 위원 중 2명 이상을 외부 전문가들로 위촉한다.

⑤ 위원회의 개최 등 위원회의 사무를 처리하기 위하여 간사 1인을 두되, 간사는 상담원으로 한다.

제○조【심의위원회의 회의】

① 심의위원회의 회의는 필요에 따라 위원장이 소집한다.

② 위원회 위원 중 인정할 만한 상당한 이유가 있는 경우 피해자는 특정위원을 기피신청하거나, 해당위원이 회피할 수 있다.

③ 위원회는 다음 각 호에 관하여 심의한다.

    1. 직장 내 괴롭힘 행위의 판단

    2. 피해자에 대한 보호 조치

    3. 행위자에 대한 징계 등 적절한 조치에 대한 권고

    4. 그 밖에 직장 내 괴롭힘 행위의 재발 방지에 관한 사항

④ 위원회의 심의는 재적위원 과반수 찬성으로 의결한다.

⑤ 위원회는 심의결과를 사업주에게 보고 후, 당사자에게 서면으로 통보하여야 한다.

제○조【심의위원회의 설치 및 구성】

① 직장 내 괴롭힘 사안의 처리를 심의하기 위하여 심의위원회를 구성한다.

② 위원회는 위원장을 포함한 6명의 위원으로 구성한다.

③ 위원장은 사업주가 지명하는 자로 한다.

④ 위원은 남성 또는 여성의 비율이 전체위원의 10분의 6을 초과하여서는 아니 되며, 위원 중 2명 이상을 외부 전문가들로 위촉한다.

⑤ 위원회의 개최 등 위원회의 사무를 처리하기 위하여 간사 1인을 두되, 간사는 상담원으로 한다.

제○조【심의위원회의 회의】

① 심의위원회의 회의는 필요에 따라 위원장이 소집한다.

② 위원회 위원 중 인정할 만한 상당한 이유가 있는 경우 피해자는 특정위원을 기피신청하거나, 해당위원이 회피할 수 있다.

③ 위원회는 다음 각 호에 관하여 심의한다.

    1. 직장 내 괴롭힘 행위의 판단

    2. 피해자에 대한 보호 조치

    3. 행위자에 대한 징계 등 적절한 조치에 대한 권고

    4. 그 밖에 직장 내 괴롭힘 행위의 재발 방지에 관한 사항

④ 위원회의 심의는 재적위원 과반수 찬성으로 의결한다.

⑤ 위원회는 심의결과를 사업주에게 보고 후, 당사자에게 서면으로 통보하여야 한다.

제17조【직장 내 괴롭힘 피해자의 보호】

① 회사는 제16조에 따라 직장 내 괴롭힘이 인정된 경우 피해자가 요청하면 근무장소의 변경,

배치전환, 유급휴가의 명령 등 적절한 조치를 한다.

② 회사는 피해자의 피해복구를 위해 심리상담 등 필요한 지원을 한다.

③ 회사는 사건이 종결된 때부터 2년 간 반기별로 해당 사건의 행위자에 의한 직장 내 괴롭힘 재발 여부, 피해자에 대한 불이익 처우 등이 발생하지 않는지 모니터링하고 피해자를 지원한다.

제18조 【징계】

① 회사는 직장 내 괴롭힘 행위자에 대하여는 취업규칙 제00조에 따른 징계사유 등에 따르되, 무관용 원칙에 따라 징계 등이 이루어지도록 한다.

② 회사는 직장 내 괴롭힘 사건을 은폐하거나 피해자, 신고자 또는 사건 관련 진술자 등에게 신고 등을 이유로 또 다른 직장 내 괴롭힘 행위를 한 경우 관련자를 엄중 징계한다.

제19조 【재발방지조치 등】

① 회사는 사건이 종결하면 직장 내 괴롭힘 행위의 재발 방지를 위하여 필요한 대책을 수립·시행한다.

② 회사는 직장 내 괴롭힘 행위의 재발 방지를 위하여 필요하다고 인정되는 경우 직장 내 괴롭힘 행위자에 대하여 상담 또는 교육 등을 실시하거나 받을 것을 명할 수 있다.

〈부 칙〉

제20조 【시행일】

이 규정은 ○○○○년 ○○월 ○○일부터 시행한다.

〈부 칙〉

제14조 【시행일】

이 규정은 ○○○○년 ○○월 ○○일부터 시행한다.

〈서 식〉

(서식 1) 직장 내 괴롭힘 고충접수(처리) 대장

(서식 2) 직장 내 괴롭힘 고충상담신청서

(서식 3) 직장 내 괴롭힘 고충처리통보서

(서식 1)

직장 내 괴롭힘 금지 고충접수(처리) 대장

접수 번호	접수 일자	신청인		고충내용	처리결과	회신 일자	확인	
		성명	소속부서					

(서식 2)

직장 내 괴롭힘 금지 고충상담신청서

신청일				상담(접수)자		(서명)	
신청자	당사자	성명	(인)	소속			
		직급		성별			
	대리자	성명	(인)	성별			
		직급		성별			
행위자		성명		소속			
		직급		성별			
상담내용							
신청사항	1. 괴롭힘금지 ( ) 2. 재발방지 ( ) 3. 공개사과 ( ) 4. 징계조치 ( ) 5. 기타( )						

위와 같이 고충상담을 신청합니다.

20 년 월 일

신청자(대리자) 성명　　　　　(인)

○○주식회사 인사위원회 위원장 귀하

(서식 3)

직장 내 괴롭힘 금지 고충처리통보서

신청일				상담자			(서명)
처리일				위원장			(서명)

신청자	신청일	성명		(인)	소속	
		직급			성별	
	대리자	성명		(인)	성별	
		직급			성별	
행위자		성명			소속	
		직급			성별	

상담내용	

신청사항	1. 괴롭힘금지 ( )　　　2. 재발방지 ( )　　　3. 공개사과 ( ) 4. 징계조치 ( )　　　5. 기타 ( )

처리결과	

고충상담 신청자의 고충상담에 대하여 위와 같이 처리하였습니다.

20 년　월　일

인사위원회 상담자(위원장) 성명　　　　　(인)

고충상담자 ○○○ 귀하

[100]
부정청탁금지규정

제정 ○○○○년 ○○월 ○○일
개정 ○○○○년 ○○월 ○○일

〈총 칙〉

제1조 【목적】

이 규정은 "부정청탁 및 금품 등 수수의 금지에 관한 법률(이하 "청탁금지법"이라 한다)"의 시행에 따라 ○○주식회사(이하 "회사"라고 한다)의 임직원(또는 "사원"이라 한다)이 법을 준수하고 공정한 직무수행을 위하여 부정청탁 및 금품수수 등 금지에 관하여 정함을 목적으로 한다.

제2조 【적용범위】

이 규정은 회사의 모든 임직원에게 적용한다. 다만, 이 규정에 없는 사항을 "청탁금지법"의 정함에 따른다.

제3조 【용어의 정의】

이 규정의 사용하는 용어의 뜻은 다음과 같다.
1. "공공기관"이란 중앙 및 지방 정부와 그 소속기관, 교육기관, 언론기관 등을 말한다.
2. "공직자 등"이란 국가 또는 지방 공무원, 학교교직원, 언론사 임직원 등을 말한다.
3. "금품 등"이란 금전과 물품, 음식물, 교통, 숙박 등의 유형무형의 경제적 이익을 말한다.

제4조 【부정청탁의 금지】

회사의 임직원은 직접 또는 제3자를 통하여 직무를 수행하는 공직자 등에게 다음에 해당하는 부정청탁을 해서는 아니 된다.
1. 인가·허가·면허·특허·승인·검사·검정·시험·인증·확인 등 법령(조례·규칙을 포함한다. 이하 같다) 등을 행위
2. 인가 또는 허가의 취소, 조세, 부담금, 과태료, 과징금, 이행강제금, 범칙금, 징계 등 각종 행정처분 또는 형벌부과에 관하여 법령을 위반하여 감경·면제하도록 하는 행위
3. 채용·승진·전보 등 공직자 등의 인사에 관하여 법령을 위반하여 개입하거나 영향을 미

753

치도록 하는 행위

4. 법령을 위반하여 각종 심의·의결·조정 위원회의 위원, 공공기관이 주관하는 시험·선발 위원 등 공공기관의 의사결정에 관여하는 직위에 선정 또는 탈락하도록 하는 행위

5. 공공기관이 주관하는 각종 수상, 포상, 우수기관 선정 또는 우수자 선발에 관하여 법령을 위반하여 특정 개인·단체·법인이 선정 또는 탈락하도록 하는 행위

6. 입찰·경매·개발·시험·특허·군사·과세 등에 관한 직무상 비밀을 법령을 위반하여 누설하도록 하는 행위

7. 계약 관련 법령을 위반하여 특정 개인·단체·법인이 계약의 당사자로 선정 또는 탈락하도록 하는 행위

8. 보조금·장려금·출연금·출자금·교부금·기금 등의 업무에 관하여 법령을 위반하여 특정 개인·단체·법인에 배정·지원하거나 투자·예치·대여·출연·출자하도록 개입하거나 영향을 미치도록 하는 행위

9. 공공기관이 생산·공급·관리하는 재화 및 용역을 특정 개인·단체·법인에 법령에서 정하는 가격 또는 정상적인 거래 관행에서 벗어나 매각·교환·사용·수익·점유하도록 하는 행위

10. 각급 학교의 입학·성적·수행평가 등의 업무에 관하여 법령을 위반하여 처리·조작하도록 하는 행위

11. 병역판정검사, 부대 배속, 보직 부여 등 병역 관련 업무에 관하여 법령을 위반하여 처리하도록 하는 행위

12. 공공기관이 실시하는 각종 평가·판정 업무에 관하여 법령을 위반하여 평가 또는 판정하게 하거나 결과를 조작하도록 하는 행위

13. 법령을 위반하여 행정지도·단속·감사·조사 대상에서 특정 개인·단체·법인이 선정·배제되도록 하거나 행정지도·단속·감사·조사의 결과를 조작하거나 그 위법사항을 묵인하게 하는 행위

14. 사건의 수사·재판·심판·결정·조정·중재·화해 또는 이에 따르는 업무를 법령을 위반하여 처리하도록 하는 행위

15. 제1호부터 제14호까지의 부정청탁의 대상이 되는 업무에 관하여 공직자 등이 법령에 따라 부여받은 지위·권한을 벗어나 행사하거나 권한에 속하지 아니한 사항을 행사하도록 하는 행위

제5조【부정청탁이 아닌 행위】

제4항의 각 호의 사항에도 불구하고 다음에 해당 사항은 부정청탁으로 보지 아니한다.

1. 「청원법」, 「민원사무처리에 관한 법률」, 「행정절차법」, 「국회법」 및 그 밖의 다른 법령·기준(공공기관의 규정·사규·기준)에서 정하는 절차·방법에 따라 권리침해의 구제·해결을 요구하거나 그와 관련된 법령·기준의 제정·개정·폐지를 제안·건의하는 등 특정한 행위를 요구하는 행위

2. 공개적으로 공직자 등에게 특정한 행위를 요구하는 행위

3. 선출직 공직자, 정당, 시민단체 등이 공익적인 목적으로 제3자의 고충민원을 전달하거

나 법령·기준의 제정·개정·폐지 또는 정책·사업·제도 및 그 운영 등의 개선에 관하여 제안·건의하는 행위

4. 공공기관에 직무를 법정기한 안에 처리하여 줄 것을 신청·요구하거나 그 진행상황·조치결과 등에 대하여 확인·문의 등을 하는 행위

5. 직무 또는 법률관계에 관한 확인·증명 등을 신청·요구하는 행위

6. 질의 또는 상담형식을 통하여 직무에 관한 법령·제도·절차 등에 대하여 설명이나 해석을 요구하는 행위

7. 그 밖에 사회상규(社會常規)에 위배되지 아니하는 것으로 인정되는 행위

제6조【금품 등 제공금지】

회사와 임직원은 공직자 등에게 직무 관련 여부 및 기부·후원·증여 등 그 명목에 관계없이 1회에 100만원 또는 매 회계연도에 300만원을 초과하는 금품 등을 제공하거나 약속해서는 아니 된다.

제7조【금품 등 제공이 아닌 행위】

제6조의 사항에도 불구하고 다음 각 호의 사항은 금품 등의 제공 및 수수에 해당하지 아니한다.

1. 원활한 직무수행 또는 사교·의례 또는 부조의 목적으로 제공되는 음식물·경조사비·선물 등으로서 법령(별표1)으로 정하는 가액 범위 안의 금품 등

2. 공직자 등과 관련된 직원상조회·동호인회·동창회·향우회·친목회·종교단체·사회단체 등이 정하는 기준에 따라 구성원에게 제공하는 금품 등 및 그 소속 구성원 등 공직자 등과 특별히 장기적·지속적인 친분관계를 맺고 있는 자가 질병·재난 등으로 어려운 처지에 있는 공직자 등에게 제공하는 금품 등

3. 공직자 등의 직무와 관련된 공식적인 행사에서 주최자가 참석자에게 통상적인 범위에서 일률적으로 제공하는 교통, 숙박, 음식물 등의 금품등

4. 불특정 다수인에게 배포하기 위한 기념품 또는 홍보용품 등이나 경연·추첨을 통하여 받는 보상 또는 상품 등

5. 그 밖에 다른 법령·기준 또는 사회상규에 따라 허용되는 금품등

제8조【강의 사례금 등 제한】

① 회사와 임직원은 공직자 등에게 정책과 직무와 관련된 교육·홍보·토론회·세미나·공청회 또는 그 밖의 회의 등에서 강의·강연·기고 등의 대가로서 법령(별표2)에서 정하는 금액을 초과하는 사례금을 지급하여서는 아니 된다.

② 회사와 임직원은 공직자 등에게 강의 등을 요청할 때 법령에서 정한 바에 따라 소속기관장에게 미리 서면으로 요청 및 신고하여야 한다.

제9조【청탁금지 교육의무】

① 회사의 임직원은 공직자 등에게 부정청탁 금지 및 금품 등의 수수 금지에 관한 내용에 관하여 연간 2회 전반기와 후반기에 각각 교육을 받아야 한다.

② 제1항의 교육은 외부에 위탁하여 수강하거나 강사를 초청하여 사내에서 시행할 수 있다.

제10조【부정청탁 등의 신고】

① 회사의 임직원은 공공기관 및 공직자 등이 부정청탁 및 금품제공 등을 요구하는 경우 회사의

○○부서장에게 신고하여야 한다.

② ○○부서장은 제1항에 따라 신고된 부정행위에 대하여 사장의 승인으로 다음 각 호의 어느 하나에 해당하는 기관에 신고할 수 있다.

1. 위반행위가 발생한 공공기관 또는 그 감독기관
2. 감사원 또는 수사기관
3. 국민권익위원회

제11조 【징계】

회사의 임직원이 청탁금지법과 이 규정을 위반하여 감독관청 또는 법원 등으로부터 청탁금지법을 위반하여 처벌받은 때에는 회사의 징계규정에 따라 징계처분을 한다.

〈부 칙〉

제12조 【시행일】

이 규정은 ○○○○년 ○○월 ○○일부터 시행한다.

〈별 표〉

(별표 1) 음식물·경조사비·선물 등의 가액 범위

구분	내용	가액 범위
음식물 등	음식물 제공자와 공직자 등이 함께 하는 식사, 다과, 주류, 음료, 그 밖에 이와 같은 것	3만원
경조사비 등	경조사비: 축의금, 조의금 등 각종 부조금과 부조금을 대신하는 화환·조화, 그 밖에 이와 같은 것	10만원
선물 등	금전 및 음식물을 제외한 일체의 물품 또는 유가증권, 그 밖에 이와 같은 것	5만원

(별표 2) 강의 등 사례금 상한액

대 상	중앙 및 지방 정부 공직자 등			
구 분	장관급 이상	차관급	4급 이상	5급 이하
상한액	50만원	40만원	30만원	20만원

대 상	정부 관련 소속기관 공직자 등		
구 분	기관장	임원	그 외 직원
상한액	40만원	30만원	0만원

대 상	교육기관 및 언론기관
상한액	100만원

[101]
개인정보보호 관리규정

제정 ○○○○년 ○○월 ○○일
개정 ○○○○년 ○○월 ○○일

〈총 칙〉

제1장 통칙

제1조【목적】

이 규정은 ○○주식회사(이하 "회사"라 한다)가 취급하는 개인정보를 체계적으로 관리하여 개인정보가 분실, 도난, 누출, 변조, 훼손, 오용, 남용 등이 되지 아니하도록 함을 목적으로 한다.

제2조【적용범위】

이 규정은 다음 각 호의 개인정보와 회사의 사원에게 적용한다.

1. 정보통신망을 통하여 수집, 이용, 제공 또는 관리되는 개인정보
2. 서면 등 정보통신망 이외의 수단을 통해서 수집, 이용, 제공 또는 관리되는 개인정보
3. 개인정보를 취급하는 회사의 사원과 사외의 자에게 적용된다.

제3조【용어의 정의】

이 규정에서 사용하는 용어의 정의는 다음 각 호와 같다.

1. 「개인정보」라 함은 살아있는 개인에 관한 정보로서 성명, 주민등록번호 및 영상 등을 통하여 개인을 알아볼 수 있는 정보(해당 정보만으로는 특정 개인을 알아볼 수 없더라

757

도 다른 정보와 쉽게 결합하여 알아볼 수 있는 것을 포함한다.)를 말한다.

2. 「개인정보보호 책임자」라 함은 회사의 개인정보보호 업무 및 조직을 총괄하여 지휘하는 자를 말한다.

3. 「개인정보보호담당자」라 함은 개인정보보호 책임자를 보좌하여 개인정보보호업무에 대한 실무를 총괄하고 관리하는 자를 말한다.

4. 「개인정보취급자」라 함은 회사 내에서 정보주체의 개인정보를 수집, 보관, 처리, 이용, 제공, 관리 또는 파기 등의 업무를 하는 자를 말한다.

5. 「개인정보보호 분임책임자」라 함은 회사 내 각 부서의 개인정보 업무를 지휘·감독하는 자를 말한다.

6. 「개인정보처리시스템」이라 함은 개인정보를 처리할 수 있도록 체계적으로 구성한 데이터베이스시스템을 말한다.

제2장 내부관리계획

제4조 【내부관리계획의 수립】

① 개인정보보호담당자는 회사의 개인정보보호를 위한 전반적인 사항을 포함하여 내부관리계획을 수립하여야 한다.

② 개인정보보호담당자는 개인정보보호를 위한 내부관리계획의 수립 시 개인정보보호와 관련한 법령 및 관련 규정을 준수하도록 내부관리계획을 수립하여야 한다.

제5조 【내부관리계획의 승인】

개인정보보호 책임자는 개인정보보호담당자가 수립한 내부관리계획의 타당성을 검토하여 개인정보보호를 위한 내부관리계획을 승인하여야 한다.

제6조 【내부관리계획의 개정】

① 개인정보보호담당자는 개인정보보호 관련 법령의 제·개정 사항 등을 반영하기 위하여 매년 1월 말일까지 내부관리계획의 타당성과 개정 필요성을 검토하여야 한다.

② 개인정보보호담당자는 모든 항목의 타당성을 검토한 후 개정할 필요가 있다고 판단되는 경우 매년 2월 말일까지 내부관리계획의 개정안을 작성하여 개인정보보호 책임자에게 보고하고 개인정보보호 책임자의 승인을 받아야 한다.

제7조 【내부관리계획의 공표】

① 개인정보보호 책임자는 제5조에 따라 승인한 내부관리계획을 매년 3월 말일까지 회사 내의 사원에게 공표한다.

② 내부관리계획은 사원이 언제든지 열람할 수 있게 비치하며, 변경사항이 있는 때에는 이를 공지하여야 한다.

> **참고** 개인정보보호법 제29조 내부관리계획의 수립 및 시행 의무에 따라 제정한다.

제3장 개인정보의 보호책임자

제8조 【개인정보보호 책임자의 지정】

① 회사의 개인정보보호 책임자는 인사부서장으로 한다.

② 회사의 개인정보보호 분임 책임자는 개인정보 보유부서 팀장을 당연직으로 한다.

제9조【개인정보보호 책임자의 의무와 책임】

① 개인정보보호 책임자는 정보주체의 개인정보보호를 위하여 다음 각 호의 임무를 수행한다.

1. 정보주체 개인정보의 수집·이용·제공 및 관리에 관한 업무의 총괄

2. 개인정보보호 책임자 및 취급자의 의무와 책임의 규정 및 총괄관리

3. 내부관리계획의 수립 및 승인

4. 개인정보의 기술적·관리적 보호조치 기준 이행 총괄

5. 사원 또는 제3자에 의한 위법·부당한 개인정보 침해행위에 대한 점검, 대응, 사후조치 총괄

6. 정보주체로부터 제기되는 개인정보에 관한 고충이나 의견의 처리 및 감독 총괄

7. 사원 및 개인정보취급업무 수탁자 등에 대한 교육 총괄

8. 이 규정에서 정한 개인정보보호와 관련된 제반 조치의 시행 총괄

9. 기타 정보주체의 개인정보보호에 필요한 사항

② 개인정보보호 책임자는 개인정보취급자를 최소한으로 제한하여 지정하고 수시로 관리·감독하여야 하며, 사원에 대한 교육 및 보안서약 등을 통해 개인정보 침해사고를 사전에 예방한다.

③ 개인정보보호 책임자는 개인정보 관련 업무의 효율적 운영을 위하여 개인정보 관리 전담부서의 직원 중 1인 이상을 개인정보보호담당자로 임명한다.

④ 개인정보보호담당자는 개인정보보호 책임자를 보좌하여 개인정보보호 업무에 대한 실무를 총괄하고 관리한다.

제10조【개인정보취급자의 범위와 책임】

① 개인정보취급자의 범위는 회사 내에서 정보주체들의 개인정보 수집, 보관, 처리, 이용, 제공, 관리 또는 파기 등의 업무를 수행하는 자를 말하고, 정규직 이외에 임시직, 계약직 직원도 포함될 수 있다.

② 개인정보취급자는 정보주체의 개인정보보호와 관련하여 다음과 같은 역할 및 책임을 이행한다.

1. 개인정보보호 활동 참여

2. 내부관리계획의 준수 및 이행

3. 개인정보의 기술적·관리적 보호조치 기준 이행

4. 사원 또는 제3자에 의한 위법·부당한 개인정보 침해행위에 대한 점검 등

5. 기타 정보주체의 개인정보보호를 위해 필요한 사항의 이행

제4장 개인정보의 보호조치

제11조【물리적 접근제한】

① 개인정보보호 책임자는 개인정보와 개인정보처리시스템의 안전한 보관을 위한 물리적 잠금장치 등의 물리적 접근방지를 위한 보호조치를 취하여야 한다.

② 개인정보보호 책임자는 물리적 접근방지를 위한 별도의 보호시설에 출입하거나 개인정보를 열람하는 경우, 그 출입자에 대한 출입사실 및 열람 내용에 관한 관리대장을 작성하도록 하여야 한다.

③ 개인정보보호 책임자는 물리적 접근제한 관리대장의 출입 및 열람 내용을 주기적으로 검토하여 정당하지 않은 권한으로 출입하거나 열람하는지를 점검하여 확인하여야 한다.

제12조 【출력과 복사의 보호조치】

① 개인정보보호 책임자는 개인정보가 포함된 정보를 출력하거나 복사할 때 개인정보 유출 사고를 방지하는 보호조치를 취하여야 한다.

② 개인정보보호 책임자는 민감한 개인정보 또는 다량의 개인정보가 포함된 정보를 출력하거나 복사할 경우 출력·복사자의 성명, 일시 등을 기재하여 개인정보 유출 등에 관한 책임 소재를 확인할 수 있는 강화된 보호조치를 추가로 적용할 수 있다.

③ 개인정보처리자는 개인정보의 이용을 위하여 출력 및 복사한 개인정보의 이용 목적이 완료된 경우 분쇄기로 분쇄하거나 소각하는 등의 안전한 방법으로 파기하여야 한다.

제13조 【개인정보취급자의 접근권한과 인증】

① 개인정보보호 책임자는 개인정보처리시스템에 대한 접근 권한을 서비스 제공에 필요한 최소한의 인원에게만 부여한다.

② 개인정보보호 책임자는 개인정보처리 업무를 담당하는 사원의 담당업무에 따라 개인정보 처리권한을 부여하며, 부서별/직급별에 따라 개인정보에 대한 접근권한(읽기·쓰기·수정 및 삭제권한)을 차등 부여한다.

③ 개인정보보호 책임자는 개인정보취급자가 전보 또는 퇴직 등 인사이동으로 변경되었을 경우 지체 없이 개인정보처리시스템의 접근권한을 변경 또는 말소한다.

④ 개인정보보호 책임자는 개인정보취급자가 정보통신망을 통하여 외부에서 개인정보처리시스템에 접속이 필요한 경우에는 공인인증서 등 안전한 인증 수단을 적용하여야 한다.

⑤ 개인정보보호 책임자는 제1항 내지 제4항에 의한 권한 부여, 변경 또는 말소에 대한 내역을 기록하고, 그 기록을 최소 5년간 보관한다.

제14조 【개인정보의 암호화】

① 개인정보보호 책임자는 주민등록번호, 신용카드 번호 및 계좌번호에 대해서는 안전한 암호 알고리즘으로 암호화하여 저장하여야 한다.

② 개인정보보호 책임자는 비밀번호 및 바이오 정보는 복호화되지 아니하도록 암호화하여 저장하는 방식을 고려할 수 있다.

③ 개인정보보호 책임자는 정보통신망을 통해 개인정보 및 인증정보를 송수신할 때에는 안전한 보안서버 구축 등의 조치를 통해 이를 암호화해야 한다.

④ 개인정보취급자는 개인정보를 개인용 컴퓨터에 저장할 때는 이를 암호화해야 한다.

제15조 【접근통제】

① 개인정보보호 책임자는 정보통신망을 통한 불법적인 접근 및 침해사고 방지를 위해 다음 각호의 기능을 포함한 시스템을 설치 및 운영한다.

1. 개인정보처리시스템에 대한 접속 권한을 IP 주소 등으로 제한하여 인가받지 않은 접근

　　을 제한

　　2. 개인정보처리시스템에 접속한 IP 주소 등을 재분석하여 불법적인 개인정보 유출 시도를 탐지

② 개인정보보호 책임자는 개인정보취급자가 생일, 주민등록번호, 전화번호 등 추측하기 쉬운 숫자나 개인 관련 정보를 비밀번호로 이용하지 않도록 비밀번호 작성규칙을 수립하고, 이를 적용 및 운용하여야 한다. 개인정보취급자는 개인정보보호 책임자가 수립한 비밀번호 작성규칙을 준수하여야 한다.

③ 개인정보보호 책임자는 취급하는 개인정보가 인터넷 홈페이지, P2P, 공유설정 등을 통해 열람권한이 없는 자에게 공개되지 않도록 개인정보처리시스템과 개인정보취급자의 컴퓨터에 조치하여야 한다.

제16조 【접속기록의 위변조 방지】

① 개인정보보호 책임자는 접속 기록의 위변조 방지를 위해 개인정보취급자가 개인정보처리시스템에 접속하여 개인정보를 처리(입/출력, 수정, 등 DB접근)하는 경우에는 처리일시, 처리내역 등 접속기록을 저장한다.

② 개인정보보호 책임자는 제1항의 접속기록에 대해 분기1회 이상 정기적으로 확인·감독한다.

③ 개인정보보호 책임자는 제1항의 접속기록에 대해 위·변조 방지를 위해 별도의 저장매체에 백업 보관하며, 보관기간은 최소 6개월 이상으로 한다.

제17조 【보안프로그램의 설치 및 운영】

① 개인정보보호 책임자는 개인용 컴퓨터 등을 이용하여 개인정보를 처리하는 경우 개인정보가 분실, 도난, 누출, 변조 또는 훼손되지 아니하도록 안전성 확보를 위한 백신 프로그램 등의 보안 프로그램을 설치·운영하여야 한다.

② 보안 프로그램은 항상 최신의 버전으로 업데이트를 적용하여야 한다.

③ 보안 프로그램의 최신 업데이트를 적용하기 위하여 자동 업데이트 설정 및 실시간 감시 기능을 적용하여야 한다.

제5장 정기자체감사

제18조 【자체감사 주기와 절차】

① 개인정보보호 책임자는 개인정보보호를 위한 내부관리계획 및 관련 법령에서 정하는 개인정보보호규정을 성실히 이행하는지를 주기적으로 감사 또는 점검하여야 한다.

② 개인정보보호 책임자는 개인정보 자체감사를 위한 감사대상, 감사절차 및 방법 등 감사의 실시에 관하여 필요한 별도의 계획을 수립할 수 있다.

③ 개인정보보호 자체감사는 최소 연간 1회 이상 실시한다.

제19조 【자체검사결과의 반영】

① 개인정보보호 책임자는 개인정보보호를 위한 자체감사 실시결과, 개인정보의 관리·운영상의 문제점을 발견하거나 관련 사원이 규정을 위반할 때에는 시정·개선 또는 인사발령 등 필요한 조치하여야 한다.

② 개인정보보호 책임자는 개인정보 위반사실에 대한 시정·개선 조치가 이행되지 않거나, 개인

정보보호에 심각한 영향이 발생할 수 있는 우려가 되는 경우 개인정보 취급자 등에 대한 인사발령 등의 필요한 추가 조치할 수 있다.

제6장 개인정보의 보호 교육

제20조【개인정보보호 교육의 계획수립】

① 개인정보보호 책임자는 다음 각 호의 사항을 포함하는 연간 개인정보보호 교육계획을 매년 3월 말일까지 수립한다.

  1. 교육목적 및 대상

  2. 교육내용

  3. 교육 일정 및 방법

② 개인정보보호 책임자는 수립한 개인정보보호 교육을 시행한 이후에 교육의 성과와 개선 필요성을 검토하여 다음연도 교육계획수립에 반영하여야 한다.

제21조【개인정보보호 교육의 시행】

① 개인정보보호 책임자는 개인정보보호에 대한 직원들의 인식제고를 위해 노력해야 하며, 개인정보의 오·남용 또는 유출 등을 적극 예방하기 위해 임·직원을 대상으로 매년 정기적으로 연간 2회 이상의 개인정보보호 교육을 한다.

② 연간 2회의 정기교육은 상반기에 1회, 하반기에 1회 실시한다.

③ 교육 방법은 집체 교육뿐만 아니라, 인터넷 교육, 그룹웨어 교육 등 다양한 방법을 활용하여 실시하고, 필요한 경우 외부 전문기관이나 전문가에게 위탁하여 교육할 수 있다.

④ 개인정보보호에 대한 중요한 전파 사례가 있거나 개인정보보호 업무와 관련하여 변경된 사항이 있는 경우, 개인정보보호 책임자는 부서 회의 등을 통해 수시 교육할 수 있다.

〈부　칙〉

제22조【시행일】

이 규정은 ○○○○년 ○○월 ○○일부터 시행한다.

〈서　식〉

(서식 1) 개인정보보호 조치 관리대장

(서식 2) 개인정보보호 교육 관리대장

(서식 1)

개인정보보호 조치 관리대장
(○○년 ○○월 ○○일부터 ~○○년 ○○월 ○○일까지)

(부서: 책임: 담당:)

번호	개인정보내용	조치내용	취급자	조치일자	비고
(참고)					

(서식 2)

개인정보보호 교육 관리대장
(○○년 ○○월 ○○일 ~ ○○년 ○○월 ○○일)

(부서: 책임: 담당:)

번호	교육내용	교육대상	교육일자	교육시간	확인
(참고)					

[102]
영업비밀보호 관리규정

제정 ○○○○년 ○○월 ○○일
개정 ○○○○년 ○○월 ○○일

〈총 칙〉

제1장 통칙

제1조 【목적】

이 규정은 ○○주식회사(이하 "회사"라 한다)의 중요한 경영활동에 영업비밀보안의 운용과 관리에 대하여 정함을 목적으로 한다.

제2조 【정의】

이 규정에서 사용되는 용어의 정의는 다음과 같다.

1. '영업비밀'이란 함은 회사가 보유 또는 보유할 정보로서 독립된 경제적 가치를 가지는 것으로서, 비밀로 유지된 생산방법·판매방법 기타 영업활동에 유용한 기술상 또는 경영

상의 정보이다.

2. '각급기관'이라 함은 규정에 따라 설치된 각종 하부 및 소속기관(교육, 연수, 연구기관
을 포함 한다)을 말한다.

3. '사원'이라 함은 회사에 재직하는 임·직원을 말한다.

제3조 【적용범위】

이 규정은 회사에 재직하는 모든 임원과 직원에 적용한다.

제2장 보호관리

제4조 【구분】

영업비밀은 그 중요성과 가치의 정도에 따라 다음과 같이 구분한다.

1. 제1급 영업비밀 : 영구보존 및 접근과 취급에 특별제한이 가해지는 영업비밀

2. 제2급 영업비밀 : 장기적으로 보존해야 할 영업비밀

3. 제3급 영업비밀 : 일반적인 영업비밀

4. 기타 비밀 : 영업비밀로 분류되지는 않으나 자발적으로 공개할 필요가 없는 사항

제5조 【표시】

영업비밀은 각 등급에 따라 구분 표시한다.

제6조 【관리대장】

영업비밀 관리부서의 장 등은 등급별로 별지 서식1의 영업비밀 관리대장을 비치하고 변동사항
등에 대한 기록을 유지관리하여야 한다.

제7조 【취급인가】

① 제4조에 의하여 제1급에서 제3급으로 분류된 영업비밀의 취급인가 허가자가 관리한다.

② 영업비밀취급자에 교부하는 비밀취급인가증은 별지 제2호의 서식으로 한다.

제8조 【정기점검】

① 영업비밀 관리부서는 영업비밀을 취급하는 각 부서에 대하여 정기적으로 보안점검을 하여야
한다.

② 전항의 보안점검 실시에 관한 사항은 따로 정한다.

제9조 【복구】

영업비밀 관리부서의 장은 영업비밀이 훼손된 것을 알았을 때에는 이를 지체 없이 관련부서에
보고하고 즉시 필요한 조치를 취하여야 한다.

제10조 【수령증】

영업비밀을 주고받을 때에는 이를 대장에 기재하고 수령증을 교부받아야 한다.

제11조 【영업비밀의 열람】

영업비밀을 열람하고자 하는 자는 세칙이 정한 일정한 절차에 따라 열람할 수 있다.

제3장 생성과 취득

제12조 【영업비밀의 생성】

회사에서 업무와 관련하여 생성된 영업비밀(제안, 연구개발성과 포함)은 회사에 귀속되며, 그 등급에 따라 구분하여 관리하여야 한다.

제13조 【제안자 의무】

사원이 재직 중 영업비밀과 관련하여 제안 또는 창출 한 경우에는 관련 부서의 장에게 신고하여야 하며, 사원이 본 규정의 적용을 받지 아니하는 타인과 공동으로 회사의 업무와 관련된 영업비밀을 제안 또는 창출한 경우에도 이를 신고하여야 한다.

제14조 【보상】

사원이 제안 또는 창출한 영업비밀 중 상당한 가치가 있는 영업비밀에 대해서는 보상금을 지급하여야 한다.

제15조 【취득】

영업비밀을 외부로부터 취득하였을 경우에는 관리대장에 기재하고 관리한다.

제4장 사용과 폐기 등

제16조 【사용절차】

회사의 영업비밀은 사장의 결재로 사용할 수 있으며, 사용절차는 전담이사가 결정한다.

제17조 【용도폐기】

영업비밀이 활용가치가 소멸한 경우 부서장이 폐기승인을 전담이사에게 요청하여 사장의 결재로 폐기할 수 있으며, 폐기 후에도 필요한 경우에는 계속하여 보호관리한다.

제18조 【용도양도】

① 영업비밀을 양도할 때에는 관계부서와 협의를 하고 영업비밀 관리부서의 동의를 받아야 한다.

② 회사는 영업비밀을 판매한 후에도 필요에 따라 관계기록을 폐기하지 않고 영업비밀 유지관리를 수행해야 한다.

제19조 【부서간 사용】

① 타부서 관리의 영업비밀은 일정한 절차에 따라 사용할 수 있다.

② 부서간 영업비밀을 사용 대여할 때에는 부서 책임자 간에 인계인수 절차를 거쳐야 하며, 반환하는 때에는 또한 같다.

제20조 【이송】

① 영업비밀을 사내에서 대여, 사용, 유통을 위하여 이송할 때에는 밀폐포장이나 용기 등을 사용 밀봉하여 발송하여야 한다.

② 부득이 영업비밀을 통신수단에 의하여 이송할 때에는 음어를 사용하거나 주요내용 부분은 이를 분리하여 이송하여야 한다.

제5장 보호의무

제21조 【영업비밀누설 금지】

① 임·직원이 재직시 취득한 영업비밀에 대하여는 이 규정에 따라 취급 관리해야 하며 허가없이

이를 유출, 공개 또는 사용할 수 없다.

② 연구개발 결과, 신제품 등을 발표하거나 전람회 등에 출품하여 부득이 하게 영업비밀을 공개하게 되는 경우에는 사전에 승인을 얻어야 한다.

제22조【서약서】

신규채용자를 포함한 회사의 모든 임직원에 대하여 별지 서식3의 영업비밀유지 서약서를 징구한다.

제23조【퇴직자】

① 회사의 임·직원이었던 자는 회사의 사전승인 없이 재직시 취득한 영업비밀을 부정한 목적으로 공개, 유출 또는 사용할 수 없다.

② 임직원이 전직 또는 퇴직할 때에는 재직시 취득한 영업비밀을 확인시키고 별지 서식4의 퇴직자 영업비밀유지 서약서를 징구한다.

제6장 침해구제

제24조【구제조치】

영업비밀을 침해당했을 때에는 지체없이 관계 법령에 의한 필요한 구제조치를 취하여야 한다.

제25조【영업비밀누설자에 대한 징계】

영업비밀누설자에 대해서는 제24조의 규정에 의한 조치를 취함과 별도로 사규에 따라 징계할 수 있다.

제26조【관련자에 대한 징계】

영업비밀 누설을 부주의나 과실로 알지 못하였거나 막지 못한 관계자에 대해서도 사규에 의해 징계할 수 있다.

제7장 운용

제27조【교육】

① 영업비밀취급인가 자는 사규에서 정한 영업비밀에 관한 교육을 정기적으로 이수하여야 한다.

② 사원에 대해서도 영업비밀에 관한 교육을 실시할 수 있다.

제28조【벌칙】

이 규정을 위반한 사원은 징계규정에 따르며, 민·형사상의 책임은 송무규정과 관련 법령에 따라 책임을 묻는다.

제29조【즉시보고】

이 영업비밀의 유출은 사원 누구나 언제든지 사장에게 즉시 보고하여야 한다.

제30조【등급지정 경과조치】

이 규정 시행 전부터 보유하고 있는 영업비밀 중 주요영업비밀에 대해서는 규정시행 후 1개월 이내에 등급분류 및 재분류를 하여 등급을 지정 및 재지정 한다.

제31조【취급인가 경과조치】

이 규정 시행 당시 영업비밀 취급자는 이 규정 시행일로부터 1주일 이내에 새로이 영업비밀취급인가를 받아야 하며, 시행일 기간 내에 인가를 받지 못할 경우 그때부터 당해 영업비밀을 취급할 수 없다.

〈부   칙〉

제32조【시행일】

이 규정은 ○○○○년 ○○월 ○○일부터 시행한다.

〈서   식〉

(서식 1) 영업비밀보호 관리대장
(서식 2) 영업비밀보호 취급증서
(서식 3) 재직자 영업비밀보호 서약서
(서식 4) 퇴직자 영업비밀보호 서약서

(서식 1)

영업비밀보호 관리대장
(202 년 월 일부터 202 년 월 일까지)

(관리부서 :   책임자 :   담당자 :   )

관리번호	종류	보 안 명	등록일	등록지	폐기일	폐기자	비고
참고							

(서식 2)

영업비밀 보안 취급 신분증

앞면	뒷면

<table>
<tr><td>영업보안취급인가증</td></tr>
<tr><td>사　　진
(3㎝ × 4㎝)</td></tr>
<tr><td>(제　호)</td></tr>
<tr><td>(이　름)</td></tr>
<tr><td>(회사명)</td></tr>
</table>

영업보안취급인가증

성　　명 :
부　　서 :
직　　급 :
사원번호 :
(취급기간)
(○○년 ○○월 ○○일부터
○○년 ○○월 ○○일까지)

위 사람에게 ○급 영업보안 취급을 인가함.

○○○○년 ○○월 ○○일

○○주식회사 대표이사 (인)

※ (취급보안증 표시색상)
1급 : 적색
2급 : 녹색
3급 : 황색
3급 : 흰색

770

(서식 3)

재직자 영업비밀보호 서약서

○○주식회사 대표이사 귀중

본인은 재직 중에 다음 사항을 지킬 것을 서약합니다.

1. 본인은 재직 중 알게 된 회사의 비밀을 재직 시는 물론 퇴직 후에도 회사의 의사에 반하여 유출 또는 공개하지 않으며 부정한 목적으로 사용하지 않을 것을 서약합니다.

2. 본인이 재직 중 직무와 관련하여 생성한 영업비밀에 대한 권리는 회사에 귀속됨을 인정합니다.

3. 본인이 퇴직할 때에는 재직 중 보유하였던 회사의 비밀과 관련된 모든 자료를 반납할 것을 서약합니다.

위와 같이 서약하며 상기 사항을 위반하였을 때 영업비밀보호 관련 법규에 의한 민·형사상 책임을 감수할 것입니다.

20 　 년 　 　 월 　 　 일

성　　　　명 :　　　　　　　　　　　　(인)

주민등록번호 :

주　　　　소 :

(서식 4)

퇴직자 영업비밀보호 서약서

○○주식회사 대표이사 귀중

본인은 퇴직 후 귀사의 영업비밀에 대하여 다음과 같은 사항을 지킬 것을 서약합니다.

- 다　음 -

　1. 본인은 재직 기간에 취득한 회사의 영업비밀을 퇴직 후 회사의 의사에 반하여
　　　사용하거나 공개 또는 누설하지 아니한다.
　2. 본인은 퇴직일로부터 재직 시 취득한 영업비밀을 이용하여 창업하거나 타사에 취
　　　업하여 영업비밀을 사용, 누설, 공개하지 아니한다.
　3. 본인은 회사의 영업비밀과 관련하여 입수한 모든 자료를 퇴직 시까지 반납한다.
　4. 기타 회사의 영업비밀을 준수하기 위하여 성실한 노력을 다한다.

이상과 같이 서약하며 상기 사항을 위반하여 귀사에 손해를 끼칠 경우 민·형사상의 모든 책임을
감수할 것입니다.

년　　　월　　　일

성　　　명 :　　　　　　　　　　　　(인)

주민등록번호 :

주　　　소 :

[103]
사내보안관리규정

제정 ○○○○년 ○○월 ○○일
개정 ○○○○년 ○○월 ○○일

〈총 칙〉

제1조【목적】

이 규정은 ○○주식회사(이하 "회사"라 한다)의 기술과 연구개발 및 경영활동에 관한 보안의 취급과 책임 및 관리에 대하여 정함을 목적으로 한다.

제2조【적용범위】

이 규정은 다른 규정에서 특별히 정한 것을 제외하고, 회사의 모든 시설과 임직원에게 적용한다.

제3조【보안대상】

회사의 경영상 보안 대상과 내용은 다음 각 호와 같다.

1. 주요보유기술정보
2. 합작투자와 기술도입 내용
3. 신제품 연구개발 내용
4. 중요한 계약에 관한 진행사항
5. 임직원 신상정보
6. 전산 등의 정보기술에 관한 사항
7. 기타 보안이 필요한 사항

제4조【보안책임과 책임자】

① 회사비밀정보와 산업비밀정보에 해당하는 문서와 기기 및 기타 등을 취급하는 직원 및 부서장은 그에 대한 보안책임을 진다.

② 각 부서의 부서장은 회사의 보안업무에 관하여 사장을 보좌하며 보안업무를 지휘, 조정, 통

제, 감독의 책임자이다.

제5조【보안책임자의 임무】

각 부서장은 보안책임자로서 다음 각 호의 임무를 수행한다.

1. 부서보안업무 수행에 관한 계획, 조정 및 감독
2. 보안교육 및 서약의 집행
3. 비밀소유 현황 조사 및 통신보안에 관한 업무
4. 자체 보안점검 및 보안진단
5. 약호자재 등록 및 운용
6. 산업정보에 대한 보안·관리
7. 비밀취급인가 및 해제에 관한 업무
8. 기타 보안업무 수행상 필요하다고 인정되는 사항

제6조【비밀문건의 취급】

① 비밀문서는 보관책임자 단위로 관리기록부를 작성·보관·관리함을 원칙으로 한다.

② 부서별 업무구분 및 보안을 위하여 부서별 관리기록부를 분리하여 관리할 수 있다.

③ 비밀문서는 생산 및 접수 즉시 관리 기록부에 등재 후 취급하여야 한다.

제7조【비밀문건의 수발】

① 비밀문서의 접수와 발송은 비밀을 최대한으로 보호할 수 있도록 가능한 직접 접촉에 의하여야 하나 대외 발송은 문서수발 계통에 의하되 긴급을 요할 시는 소관부서에서 직접 발송할 수 있다.

② 회사 문서수발 담당자는 비밀문서 수발에 따른 제반업무를 수행하되 대외 접수 비밀은 관련 업무부서로 직접 이관하며, 기타사항은 보안책임자의 통제에 따른다.

③ 당직 책임자는 밀봉 교부 받은 열쇠 또는 다이얼 번호가 들어 있는 봉투를 개봉하였을 때는 익일 보안책임자에게 개봉사유와 개봉 후의 보안대책을 보고하여야 하며 보안책임자는 이를 확인한다.

제8조【비밀문건의 폐기】

① 비밀문건의 파기는 보안책임자의 입회하에 세절기에 의해 파기를 행하며 비밀관리기록부에 파기 사실을 날인한다.

② 부서장은 보안책임자로서 매일 17:00(토,12:00)시를 기준, 해당 부서의 휴지 및 폐지를 수거하여 세단처리 한다.

③ 회사에서 발간되는 간행물 중 산업정밀정보가 포함된 내용은 발간 전에 보안책임자의 보안성 유해 여부를 확인 받는다.

제9조【비밀문건의 인수인계】

비밀문건을 보관하고 있는 부서 보관책임관이 변경되어 비밀문건의 인수 인계시 보안책임자의 입회하에 비밀문건관리기록부에 최종 기록된 난 밑에 비밀문건수와 일자를 기재한 후 서명날인 하고 입회자가 최종 서명날인한 후 비밀문서 및 자재와 함께 인계인수한다.

제10조【신원조사대상】

보안업무는 취급하는 직원의 신원조사대상은 아래와 같다.

1. 비밀문건 취급예정자
2. 방위산업물품 생산자 및 취급자 기타
3. 해외지사 근무자
4. 기타 필요하다고 판단된 인원

제11조【신원조사 요청】

① 신원조사 요청시에는 정부관서의 요청 서식에 따라 구비서류를 제출한다.

② 신원조사 대상자는 필요로 하는 시기의 1개월 전에 보안책임자에게 요청하여야 한다.

제12조【통신보안】

① 전화, 팩스, 텔렉스, E메일의 수발은 비밀 및 대외비는 반드시 문서수발계통을 이용하고 긴급한 사항이나 경미한 사항에 한하여 발송한다.

② 긴급을 요하는 사항이나 국가 이익을 해칠 위험이 없는 단순공개된 자료는 발송할 수 있다.

③ 비밀, 대외비 등 중요 내용 및 공문은 발송하지 못한다.

제13조【보안교육】

보안책임자는 보안교 계획의 수립과 필요한 교안을 준비하여 교육을 실시하고 교육일지를 기록하여야 하며, 보안교육의 시기는 다음 각 호와 같다.

1. 신규채용 및 고용 계약시
2. 정관이나 사규 교육시
3. 비밀군수품 취급시
4. 비밀취급 인가시, 해제시
5. 시설이전 확장, 임무 변경 시
6. 외국 출장시
7. 휴직, 퇴직, 장기 출장시
8. 기타 보안교육이 필요로 할 때

제14조【기업보안】

기업보안이라 함은 기업 경영상 수반되는 일상행위인 수출입, 합작, 기술도입, 연구개발, 통관, 기자재 구매, 수송, 하청, 회계감사, 자금조달 등 기업 외부와 관련된 업무를 통하여 기업 자체의 비밀보호 지속을 위한 보안을 말한다.

제15조【보안사고의 보고】

보안사고가 발생한 부서의 장 및 보안사고를 범한 자는 다음 각 호의 사항을 즉시 보안책임자에게 통보해야 한다.

1. 사고자의 인적사항
2. 사고일시 및 장소
3. 사고내용

제16조【보안점검】

① 보안책임자는 회사 전체의 보안관리 상태와 그 운용의 적정 여부를 조사키 위해 자체 보안점

검반을 편성 보안점검을 연 1회 실시한다.

② 보안책임자는 회사 전체의 보안의식 고취 및 보안관리 향상을 위해 매분기말 분야별 분임업무 분석을 실시한다.

제17조【보안취급대상】

회사의 1차 보안 취급 대상은 다음 각 호와 같다.

1. 사업계획서
2. 계약서
3. 방위산업물품의 생산 및 수출, 조달현황
4. 임직원의 인적사항
5. 연구조사항
6. 특허관련사항
7. 수출입관련서류
8. 기타 중요한 회사의 문건과 업무 사항

제18조【기타】

이 규정에서 정하지 않은 내용은 관련법규 및 타 규정에 의한다.

〈부　　칙〉

제19조【시행일】

이 규정은 ○○○○년 ○○월 ○○일부터 시행한다.

〈서　　식〉

(서식 1) 보안대상별 점검대장
(서식 2) 통신보안점검대장

(서식 1)

보안대상별 점검대장

(부서: 책임: 담당:)

등급	보안대상	보안사항	점검 일자	점검자	비고
특기 사항					

(서식 2)

통신보안점검대장

(부서: 책임: 담당:)

월/일	분류	내용	발신자	수신자	확인자	비고
참고사항						

제24편

문서 · 표식 · 자료 관련 규정

[104]
사규관리규정

제정 ○○○○년 ○○월 ○○일
개정 ○○○○년 ○○월 ○○일

〈총 칙〉

제1장 통칙

제1조【목적】

이 규정은 ○○주식회사(이하 "회사"라 한다)의 규정과 규칙의 제정과 개정 및 폐기에 관한 절차와 관리에 대하여 정함을 목적으로 한다.

제2조【적용범위】

이 규정은 회사에서 제정한 '규칙과 규정'에 적용한다. 회사의 사규는 이 규정에서 정하는 절차와 형식에 따라 제정 및 개정하고 폐기한다.

제3조【용어의 정의】

이 규정에서 '사규'란 회사에서 정한 각종 규칙과 규정 등을 뜻한다.

제4조【주관부서】

사규의 주관은 ○○부서장이 주관하여 관리한다.

제2장 사규의 작성

제5조 【사규의 구성】

① 사규는 다음 각 호와 같이 구성한다.

1. 표제부
2. 총칙부
3. 부칙부
4. 별지부

② 표제부는 규정의 명칭과 제정일, 개정일을 표기한다. 표기방법은 명칭은 '○○규칙, ○○규정'으로 표기하고, 제정일과 개정일을 '○○○○년 ○○월 ○○일'로 표기한다.

③ 총칙부는 통칙과 본칙, 보칙으로 다음 각 호와 같이 구성한다.

1. 통칙은 규정의 목적, 정의, 적용범위, 등을 공통사항을 정한다.
2. 본칙은 규정의 본 내용을 편, 장, 절, 관 등의 체계로 구성하여 본 내용을 규정한다.
3. 보칙은 규정에서 보완 또는 제외하는 내용을 규정한다.

④ 부칙부는 규정의 시행일과 경과규정 등 시행에 관한 사항을 규정한다.

⑤ 별지부는 규정에서 제시한 표, 양식, 그림 등의 별지에 별표, 그림, 서식, 기타 등으로 다음 각 호와 같이 표기한다.

1. (별표 1 등)
2. (그림 1 등)
3. (서식 1 등)
4. (기타 1 등)

제6조 【조문의 구성】

조문의 구성은 번호, 제목, 내용으로 구성하고, 내용은 조, 항, 호, 목으로 구성한다.

제7조 【조문의 표기】

조문의 표기는 다음과 같이 표기한다.

2. 조문의 제목은 묶음 괄호로 표기한다.
1. 조문은 한글, 한문, 영문, 숫자로 표기한다.
3. 조문 중 항은 원문자 숫자로 표기한다.
4. 조문 중 호는 아라비아 숫자로 표기한다.
5, 조문 중 목은 한글 자음 순서로 표기한다.

제8조 【조문의 삭제】

사규를 개정하여 조문을 삭제할 때는 조문의 번호는 그대로 두고 그 제목과 내용을 삭제한 후에 괄호에 "삭제"라고 표기하고, 괄호에 삭제 일자를 표기한다.

제9조 【조문의 추가】

사규를 개정하여 조문을 추가할 때 조문의 번호는 "제○조의 2", 또는 "제○의 2조" 등으로 표기하고, 추가일자를 표기한다.

제10조 【용어의 표기】

① 용어의 표기는 한글사용을 원칙으로 하되 한문, 영문을 병용 표기할 수 있다.

② 마침표(.) 쉼표(,) 등을 사용하고 맞춤법과 띄어쓰기를 하여 표기한다.

③ 쉬운 문장으로 쓰되 전문용어나 관용어를 표기할 경우 해설 및 주를 넣어 표기한다.

④ 조문해석만으로 어려울 경우 그림, 표, 업무처리도 등을 사용한다.

⑤ 숫자는 아라비아숫자를 사용함을 원칙으로 한다.

⑥ 빈번하게 사용하는 용어는 앞부분에서 정의한다.

제3장 사규의 제정과 개폐

제11조 【사규의 제정】

사규의 제정은 이사회의 부의 및 결의하여 대표이사가 제정한다. 다만, 법령 등에서 정한 경우 그에 따른다.

제12조 【사규의 개정】

사규의 개정은 이사회의 부의 및 결의하여 대표이사가 개정한다. 다만, 법령 등에서 정한 경우 그에 따른다.

제13조 【사규의 폐기】

사규의 폐기는 이사회의 부의 및 결의하여 대표이사가 폐기한다. 다만, 법령 등에서 정한 경우 그에 따른다.

제4장 사규의 종류

제14조 【정관 등】

① 회사는 정관 등 회사의 설립과 운영에 따른 다음의 규정을 둔다.

    1. 정관

    2. 주주총회운영규정

    3. 이사회운영규정

    4. 감사규정

② 제1항의 규정의 제정 및 개정에 대한 관리대장은 별표1과 같다.

제15조 【취업규칙】

취업규칙의 제정과 개저에 관한 관리대장은 별표2와 같다.

제16조 【협약 등】

① 단체협약의 제정과 개정에 관한 관리 대장은 별표2과 같다.

② 노사협의회규정의 제정과 개정에 관한 관리 대장은 별표2와 같다.

제17조 【제사규 등】

회사의 제14조, 제15조, 제16조 외의 사규에 관한 제정과 개정에 관한 관리대장은 별표3과 같다.

제5장 사규의 관리

제18조【사규의 관리자】

① 주관부서장은 사규관리대장에 비치부서와 관리책임자를 기재하고 관리하여야 한다.

② 사규의 비치 부서장은 당연 책임자로 담당자를 정하여 사규를 관리한다.

제19조【사규의 비치】

① 사규는 다음 각 호의 부서에 비치한다.

1. 사장실, 사장비서실
2. 임원실
3. 각 부서사무실
4. 현장, 사업장 사무실
5. 도서관, 자료실
6. 기타 장소

② 사규의 비치부서는 별표 4과 같다.

제20조【사규의 취급】

① 사규는 대외비로 취급하고, 어떠한 경우에도 사외로 반출할 수 없으며, 이를 위반할 때는 관계규정에 따라 징계한다. 또한, 부서장은 사규의 유출 및 관리에 관한 책임이 있다.

② 부서장은 업무수행에 사규내용을 기본업무지침으로 한다.

③ 사규내용은 항상 현업의 바른 업무에 반하지 않도록 부서장은 사규 개정에 적극 협력하여야 한다.

〈부   칙〉

제21조【시행일】

이 규정은 ○○○○년 ○월 ○일부터 시행한다.

제22조【경과규정】

이 규정의 시행 이전에 제정되어 시행 중인 제 사규는 이 규정이 정한 바에 따라 시행된 것으로 간주한다.

〈별   표〉

(별표 1) 정관 등 관리대장
(별표 2) 취업규칙 등 관리대장
(별표 3) 사규 제정·개정 관리대장
(별표 4) 사규비치관리대장

(별표 1)

정관 등 제·개정 관리대장

(관리부서 :   책임 :   담당 :   )

사규 번호	규정	제정일	개정일	부수	비고
	정관				
	주주총회 운영규정				
	이사회운영규정				
	감사위원회규정 (감사규정)				

(별표 2)

취업규칙/노사협의회규정/단체협약 관리대장

(관리부서 :   책임 :   담당 :   )

사규번호	규정	제정일	개정일	부수	비고
	취업규칙				
	노사협의회규정				
	단체협약				

(별표 3)

사규 제정·개정 관리대장

(관리부서 :   책임 :   담당 :   )

번호	규정	제정일	개정일	부수	비고

(별표 4)

사규비치관리대장

(관리부서 :   책임 :   담당 :   )

번호	사규명	비치부서	장소	담당자	비치일

[105]
문서관리규정

제정 ○○○○년 ○○월 ○○일
개정 ○○○○년 ○○월 ○○일

〈총 칙〉

제1장 통칙

제1조【목적】

이 규정은 ○○주식회사(이하 "회사"라 한다)의 문서관리를 위한 사항에 관하여 규정함을 목적으로 한다.

제2조【적용범위】

① 이 규정이 정하는 회사의 모든 문서의 처리에 적용된다.

② 국제거래, 국가기관, 민간기관, 타회사 등의 문서처리는 이 규정의 적용을 받는 외에는 그 관례에 따른다.

③ 문서작성, 문서처리, 문서관리, 문서보존 등은 다른 규정에 별도로 규정된 경우를 제외하고는 이 규정이 정하는 바에 의한다.

④ 긴급 또는 불가피한 사유가 있는 경우에는 임시처리하고 사후 이규정에 의한 절차를 거친다.

제3조【문서의 정의】

이 규정에서 "문서"라 함은 회사의 업무수행상 사내외에 사용되는 서류, 장부, 전표, 서식, 통계서식, 도면, 그림 등의 일체의 문서와 전자문서를 포함한 회사의 모든 기록문서를 말한다.

제4조【문서원칙】

① 회사의 업무처리는 사전 및 사후를 불문하고 문서화를 원칙으로 한다.

② 문서의 작성, 처리, 수발, 보관 등에는 업무의 신속성, 정확성, 책임성이 수반되며 그 기록은 날인 및 사인으로 기록한다.

③ 이메일, 팩스, 텔렉스, 등의 전자문서도 종이문서와 동일하게 취급하며 회사의 중요전화내용은 통신문으로 기록하여 문서화 한다.

제5조【문서의 종류】

① 문서는 사내문서와 사외문서로 구분하며, 그 기록은 종이문서와 전자문서로 기록한 다음 각 호의 문서를 말한다.

　　1. 기밀문서

　　2. 경영문서

　　3. 계약문서

　　4. 제 규정문서

　　5. 업무문서

　　6. 청원문서

② 기밀문서는 다음과 각 호와 같다.

　　1. 경영정책상 극비처리가 필요한 문서

　　2. 업무운영계획 및 방침에 관한 문서와 인사기밀에 관한 문서

　　3. 기타 사내에서 특정인 외에는 취득하여서는 아니 되는 문서

③ 경영문서는 다음과 각 호와 같다.

　　1. 주주명부

　　2. 주주총회 의사록

　　3. 이사회 의사록 및 이사회 승인서

　　4. 정부와 자치단체의 허가증서, 인가증서, 면허증서, 신고증서, 등록증서

　　5. 정부와 단체 및 기업간 협정서

　　6. 경영관련 계약서

  7. 회계장부

  8. 근로자명부

④ 계약문서는 다음과 각 호와 같다.

  1. 부동산계약서

  2. 영업계약서

  3. 근로계약서

  4. 기타 계약서

⑤ 제 규정 문서는 다음과 각 호와 같다.

  1. 정관, 주주총회규정, 이사회규정 등

  2. 취업규칙, 단체협약, 노사협의회규정 등

  3. 연봉제규정, 인사 노무규정 등

  4. 인사문서 등

⑥ 업무문서는 다음과 각 호와 같다.

  1. 세금계산서 등 영수증

  2. 거래명세서 등 거래문서

  3. 보고서 등 업무문서

  4. 소송문서 등

  5. 기타 업무문서

⑦ 청원문서 등은 다음과 각 호와 같다.

  1. 근로자청원문서 등

  2. 고객청원문서 등

  3. 기타 청원문서 등

제6조【용어의 정의】

이 규정에서 표기하는 용어는 다음과 같다.

  1. "문서주관부서"라 함은 회사내의 모든 문서관리업무를 총괄적으로 주관하는 부서(총무부)를 말한다(이하 "주관부서"라 한다).

  2. "문서주무부서"라 함은 당해 문서를 처리, 생산하는 부서(각부서)를 말한다(이하" 주무부서"라 한다).

  3. "보관"이라 함은 처리 완결 후부터 이관되기 전까지 주무부서에서 관리를 말한다.

  4. "보존"이라 함은 주무부서의 보관이 끝난 문서를 소정의 보존기간 동안 관리함을 말한다.

  5. "이관"이라 함은 보관 중인 문서를 정리하여 주무부서에서 주관부서에 인계하는 것을 말한다.

  6. "사외"라 함은 회사 외부를 말하며 "대외"의 표기와 동일하며, "사내"라 함은 회사사원을 말하며 본사와 지사, 각 사업장의 구분표기가 없는 경우 "대내"의 표기와 동일하다.

제7조【주관부서의 업무】

문서주관부서는 문서에 관하여 다음과 같은 업무를 처리한다.

    1. 문서의 접수 및 발송

    2. 문서의 이관 및 보존, 관리

    3. 품의 문서 및 수발문서의 기장 관리

    4. 각 부서의 문서관리에 관한 지시, 협력, 교육의 실시에 관한 사항

    5. 기타 제1조의 목적달성에 필요한 사항

제8조【문서취급자】

① 문서를 적절하고 능률적으로 처리하도록 각 주무부서장은 당해 부서의 문서취급자를 지정하여 문서주관부서에 등록하여야 한다.

② 문서취급자의 직무는 다음과 같다.

    1. 문서의 수발과 처리

    2. 정당한 결재권자의 결재여부 확인

    3. 타부서와의 관련여부 확인

    4. 전결구분의 착오여부 확인

    5. 문서처리기한의 경과 여부 확인

    6. 문서의 분류정리 및 보관에 관한 사항

    7. 기타 문서의 취급관리에 있어서 필요한 사항

제9조【문서송달의 원칙】

모든 문서는 업무상의 필요에 의해서만 송달될 수 있으며, 정상적인 행정계통에 따라 송달됨을 원칙으로 한다.

제10조【문서의 성립 및 효력발생】

문서는 다른 규정에 특히 규정된 바를 제외하고는 결재권자의 결재로서 성립되고 상대방에 도달함으로써 효력이 발생된다.

제2장 문서작성

제11조【용지의 규격】

① 문서의 용지는 도면, 통계표 기타 별도로 정한 사항을 제외하고는 그 크기를 A4용지(가로 210㎜×세로 297㎜)를 사용함을 원칙으로 한다.

② 문서의 여백은 위로부터 3㎝, 왼쪽 및 오른쪽으로부터 2㎝, 아래로부터 1.5㎝씩 띄어서 쓴다.

제12조【용지와 글씨의 색상】

① 문서의 용지는 원칙적으로 백색을 사용한다. 다만, 도면, 통계표. 회사표식이 있는 용지, 기타 등 별도로 정한 경우는 제외한다.

② 문서에 기재하는 글씨의 색상은 청색 또는 흑색을 사용한다. 다만, 도표 및 기타 특수한 경우를 제외하며, 적색은 수정 또는 주의, 환기 등 특별한 표시를 할 필요가 있을 때만 사용한다.

제13조【문서의 용어】

① 문서는 한글 표준어로 가로쓰기하여 간략하며 명확하게 표기한다.

② 상용한자 및 외래어의 사용은 고유명사, 금액, 전문용어 등 한글 표기 시 뜻이 혼동될 우려가 있는 용어에 관하여 사용한다.

③ 제1항, 제2항 외에 영어 및 기타 용어의 표기는 국제관례 및 표준에 따른다.

④ 숫자는 아라비아 숫자를 쓰며, 계약서, 영수증 등의 금액표시는 한자를 함께 적는다.

⑤ 일자의 표기는 년, 월, 일의 문자를 생략할 수 있으며 그 구분은 기호로·(점)으로 구분한다.

제14조 【일자표기】

모든 문서는 시행 및 절차에 따르는 일자를 아라비아 숫자로 표기하여야 하며 그 표기방법은 제12조 제5항에 따른다.

제15조 【문서수정】

① 문서 일부분을 삭제하거나 수정할 때에는 삭제 또는 수정하는 자가 그 부분에 적색으로 두 줄(=)을 긋고 도장을 찍어야 하며, 원문을 식별할 수 있도록 남겨 놓아야 한다. 다만, 계약서 및 기타 중요한 문서를 삭제, 수정할 때에는 그 삭제 또는 수정한 기재자 명을 표시하고 도장을 찍어야 한다.

② 최종결재권자의 결재 후 수정이 불가피한 경우에는 그 사유를 보고하고 수정을 받거나 재결재를 받아야 한다.

제16조 【면 표시】

문서가 2매 이상으로 계속될 때에는 하단 중앙에 전면 수와 그 면의 일련번호를 써넣는다. 다만, 첨부서류는 면의 표시를 따로 하여 전 면수를 생략할 수 있다.

제17조 【문서의 표시】

① 문서의 비밀 취급을 요하거나 지급으로 처리하여야 할 문서에 대하여는 "대외비" 또는 "지급"으로 문서의 상부 및 봉투의 왼쪽 윗부분에 기록하여 주인을 도장을 찍어 해당표시를 한다.

② 문서의 사본을 작성할 때 본 문서의 표지와 내용물에 "사본"이라 표시한다.

제18조 【시행문서】

시행문서의 구성은 두문, 본문, 결문으로 다음과 같이 표시한다.

① 두문은 발신기관, 문서번호, 발신일자, 수신란 등으로 다음과 같이 표시한다.

　1. 발신기관 : (사외) 회사명, 전화번호, 주소, (사내) 부서명, 전화번호,

　2. 문서번호 : 연도별분류번호, 문서분류번호, 부서기호, 문서일련번호,

　3. 발신일자 : ○○○○(년). ○○(월). ○○(일).

　4. 수　　신 : 기관명, 기관장명의 표기

　5. 경　　유 : 기관명, 기관장명(부서명, 부서장명)등으로 표기하며 경유자의 의견을 표기할 수 있다.

　6. 참　　조 : 문서처리 부서장 및 담당자

② 본문은 제목과 내용을 표기한다.

　1. 제목 : 수신기관명의 다음 줄에 표기한다.

　2. 내용 : 제목 다음 줄에 일련번호를 부여하여 그 내용에 대한 구분으로 표기하며, 첨부사항은 "첨부" 또는 "별첨" 등으로 표기하고 본문의 내용이 끝나면 본문 끝에 "끝"자를 표기한다.

③ 결문은 발신처와 발신자 명으로 표시한다.

제19조 【문서의 기안】

① 문서의 기안은 회사표준 기안용지에 한다.

② 문서의 작성에는 1문서에 1건만을 기재한다.

③ 제2항의 구속조항에도 불구하고 동일한 내용과 유사문서에 대한 일괄처리시 필요한 경우 일괄기안을 할 수 있으며, 문서의 수정을 요하는 경우 수정기안을 할수 있고, 반복적이며 단순한 업무의 경우 기안생략을 할 수 있다.

제3장 문서결재

제20조 【결재절차】

기안문서는 절차에 따라 기안자가 부서장의 승인을 거쳐 최종결재권자의 결재를 받아야 한다, 문서의 성격상 부서장의 결재만으로 문서를 집행할 수 있으며, 부서장은 사후에 최종결재권의 사후승인을 득하여 야 한다.

제21조 【결재방법】

문서의 결재는 결재권자가 결재란에 날인 및 서명으로 결재가 성립하며 결재권자는 결재일자를 기록하여야 한다.

제22조 【의사표시】

결재권자는 가결, 보류, 부결, 수정 등 결재문서에 대한 의사표시를 할 수 있으며, 의사표시가 없이 날인 및 서명은 가결의 의사표시로 본다.

제23조 【문서의 효력】

① 문서는 최종 결재권자의 서명 및 날인으로 문서가 승인된 것으로 보며 결재일자가 문건의 승인일자로 그 효력이 발생한다.

② 문서의 최종결재 후 6개월(180일) 이내에 문건의 내용을 시행하지 않은 경우에는 그 효력을 상실한다. 단, 재승인을 얻은 경우는 제외한다.

제24조 【문서의 전결】

① 문서의 업무관련 전결사항은 "위임전결규정"에 따른다.

② 전결은 전결권자가 결재란에 "전결"을 표시하고 최종결재권자의 결재란에 서명 및 날인으로 전결처리한다.

제25조 【결재의 책임】

각 직급의 결재자는 결재사항에 대하여 연대의 책임을 지며, 결재과정에서 수정된 사항에 대하여는 수정결재자 이후의 결재자가 책임을 진다.

제4장 문서수발

제26조 【수발원칙】

① 문서의 수발은 주관부서에서 처리함을 원칙으로 한다.

② 문서의 담당자는 기밀문서, 친전문서, 인적문서와 밀봉문서는 그 상태의 유지와 개봉을 금지하며 즉시처리를 원칙으로 한다.

③ 긴급문서의 최우선으로 처리한다.

④ 주관부서는 문서 발송대장와 접수대장을 비치하여 문서의 접수와 발송상황을 기록 정리한다.

⑤ 회보, 책자, 기타 간행물을 접수할 때에는 발송대장의 기록을 생략하고 필요에 따라 간행물 배부표를 따로 비치하여 사용할 수 있다.

⑥ 문서의 발송 및 수신번호는 연도별 일련번호를 부여한다.

제27조 【문서의 발송】

발송문서는 발송대장에 기록한 후에 문서 첫면의 우측하부에 발송일자가 기록된 발송인(적색)을 날인한 후 우편 또는 인편으로 발송한다.

제28조 【문서의 접수】

① 접수문서는 문서접수대장에 기록한 후에 문서 첫면의 좌측하부 접수인(청색) 접수일자가 기록된 접수인을 날인하여 접수 일련번호를 기록한다.

② 당직 근무 중 접수한 문서는 다음날 출근시간 직후 주관부서에 인계하여야 한다.

③ 팩시밀리로 접수된 문서 또한 제1, 2항에 준한다.

제29조 【직인날인】

① 사외 시행문서는 발신자의 직인날인을 원칙으로 하며, 필요에 따라 "직인생략"의 표시를 할 수 있다.

② 사내의 시행문서는 부서장 또는 사업장의 서명으로 갈음할 수 있다.

제30조 【간인날인】

① 회사의 중요문서와 계약서에는 각 장간에 "직인"으로 간인 한다.

② 수료증, 사령장 등과 같이 그 근거를 필요로 하는 문서는 그 문서와 발행대장에 "계인"으로 간인 한다.

제5장 분류와 통제

제31조 【분류원칙】

문서분류는 회사업무에 따른 기본분류와 보조분류로 분류하며, 분류방식은 공통부문, 부서별, 업무별로 분류하며. 문서주관부서는 부서별 문서관리 고유번호를 부여하여 문서분류표를 작성한다.

제32조 【기본분류】

기본분류의 설정은 공통부문, 부서별로 설정하며 그 구체적인 내용은 문서분류표에 의한다.

제33조 【보조분류】

보조분류의 설정은 부서별 업무의 필요성에 따라 관할부서의 장이 결정하여 문서주관부서에 통보한다.

제34조 【문서통제】

문서는 규정이 정하는 바에 따라 통제되며, 문서의 열람 및 확인 기타 등의 목적으로 필요로 할 경우 통제권자의 승인을 득해야 한다.

제35조 【통제자】

문서의 전체통제자는 문서주관부서장이며, 부분통제자 및 자체통제자는 주무부서장이다.

제36조 【통제방법】

문서를 통제할 때에는 다음 각 호의 사항을 검토하여 적정여부를 결정한다.

1. 결재완료 및 전결구분의 적정 여부
2. 다른 문서의 내용과 중복 여부
3. 서식의 적합 여부
4. 기안문과 시행문의 대조
5. 탈자, 오자 여부
6. 첨부물의 확인
7. 보고통제 범위의 위반 여부
8. 기타 필요하다고 인정하는 경우

제6장 보관·보존·폐기

제37조 【문서보관】

① 문서보관은 주무부서별로 서류함을 지정하여 보관한다.

② 문서보관은 업무별, 연도별 분류번호별, 기타 등의 방법으로 분류하여 보관한다.

제38조 【보관기간】

모든 문서의 보관기간은 문서의 최종 결재후 문건에 대한 업무처리의 완결까지의 기간으로 한다.

제39조 【문서보존】

문서의 보존은 문서처리완결후 문서의 폐기까지의 소정의 기간동안 보존한다.

제40조 【보존기간】

① 문서의 보존은 법률과 규정에서 정한 기간을 지켜야 한다.

② 문서의 보존기간은 다음과 같이 기준을 정한다.

1. 영구 보존
2. 10년 보존
3. 5년 보존
4. 3년 보존
5. 1년 보존

③ 문서의 보존기간의 주무부서장의 신청으로 주관부서장이 이를 연장하거나 단축할 수 있다.

④ 수출입관련서류와 세무회계관련서류는 관련법률에서 정한 기간을 지켜야 하며, 그외는 6년을 원칙으로 한다.

제41조 【보존기간의 산정】

① 문서보존기간은 문서처리가 종결된 다음해 1월 1일부터 기산한다. 다만, 기기, 비품 등 고정자산 관련문서의 보존기간은 당해 고정자산의 구입, 폐기 또는 매각 후부터 기산한다.

② 처리, 종결이라 함은 다음 각 호와 같다.

1. 기한이 정해져 있는 협정서 또는 권리서류에 있어서는 그 기한이 종료된 것.
2. 사고와 소송 등에 있어서는 그 사건이 해결된 것.
3. 보호 예수에 있어서 그 해당 물이 반환된 것.
4. 장부류에 있어서는 폐쇄 또는 연도 마감 처리된 것.
5. 기타 문서의 내용 또는 사항의 효력이 상실된 것.

제42조【보존문서대장】

보존문서의 현황을 파악할 수 있도록 주관부서는 보존문서의 기록대장을 작성, 비치하여야 한다.

제43조【보존문서관리】

① 보존문서는 "문서고"를 지정하여 집중 보관함을 원칙으로 한다.
② 보존문서는 분류번호별, 부서별, 보존기간별, 연도별로 구분하여 관리한다.

제44조【문서폐기】

① 주관부서는 보존기간이 끝난 문서 또는 보존할 필요가 없는 문서를 조사하여 주무부서와 협의하여 매년 2월말까지 폐기하여야 한다.
② 폐기문서는 보존문서 기록대장에 폐기일자를 기록한 후 소각한다. 다만, 비밀문서나 중요문서를 제외하고는 재생 활용할 수 있다.
③ 전항 단서의 규정에 의하여 재생 활용하는 폐문서에는 별도로 정하는 폐기안을 날인하여 보존분과 명확히 구별되도록 한다.

〈부　칙〉

제45조【시행일】

이 규정은 ○○년 ○월 ○일부터 시행한다.

〈서　식〉

(서식 1) 문서분류표
(서식 2) 문서발송형식
(서식 3) 문서발송대장
(서식 4) 문서접수대장
(서식 4) 문서보관대장
(서식 6) 문서보존대장

(서식 1)

문서분류표								
부서기호 부 서	업 무 기 호 업 무 내 용							
0 총무부	01	02	03	04	05	06	07	08
1 인사부	11	12	13	14	15	16	17	18
2 경리부	21	22	23	24	25	26	27	28
3 자금부	31	32	33	34	35	36	37	38
4 영업부	41	42	43	44	45	46	47	48
5 자재부	51	52	53	54	55	56	57	58
6 기획실	61	62	63	64	65	67	68	69
7 전산실	71	72	73	74	75	76	77	79
8 생산부	81	82	83	84	85	86	87	88
9 기 타	91	92	93	94	95	96	97	98

(서식 2)

○○주식회사 발신문서

(우)13567서울특별시 강남구 테헤란로 406 센터빌딩 40층 전화 : 02-600-000

문서번호 : (문서기호·분류번호 – 일련번호)

수 신 :

발 신 : ○○주식회사 ○○부서장 ○○○

발신일자 :

제 목 :

1. (인사)

2. (본문)

1)

2)

3)

3. (연락처)

1) 전화 :   팩스 :

2) 메일 :

3) 담당자 :

4. (첨부문서)

1)

2)

5. (문서마감)   끝.

6. (발신자명)   ○○주식회사

대표이사 ○ ○ ○ ㉑

(서식 3)

문서발송대장

(관리부서 :　　　　　　부서장 :　　　　　　담당자 :　　　　　　)

발송일	문서번호	문서명	등급	발송처/발신자	수신처/수신자	담당자
참고						

(서식 4)

문서접수대장

(관리부서 :　　　　　　부서장 :　　　　　　담당자 :　　　　　　)

접수일	문서번호	문서명	등급	수신처/수신자	발신처/발신자	담당자
참고						

(서식 5)

문서보관대장

(관리부서 :   부서장 :   담당자 :   )

문서번호	보관문서명	등급	보관부서	보관일자	담당자
참고					

(서식 6)

문서보존대장

(관리부서 :   부서장 :   담당자 :   )

문서번호	보존문서명	등급	보존부서	보존기한	보존일자	담당자
참고						

[106]
회사표식관리규정

제정 ○○○○년 ○○월 ○○일
개정 ○○○○년 ○○월 ○○일

〈총 칙〉

제1조【목적】

이 규정은 ○○주식회사(이하 "회사"라 한다)의 상징표식의 문양과 형태 및 사용에 관한 기준에 대하여 정함을 목적으로 한다.

제2조【적용범위】

① 회사표식은 회사와 사원과 사업장에 적용한다.

② 회사표식은 회사와 사원과 사업장에서 사용하는 문서와 기기에 적용한다.

③ 회사표식은 회사에서 생산하고 판매하는 제품과 상품에 적용한다.

③ 회사표식은 회사에서 필요에 따라 사용한다.

제3조【용어의 정의】

이 규정에서 사용하는 회사표식이란 상호와 상징문양(이하 '상징')을 뜻한다.

제4조【표식의 표기대상】

회사는 상호와 상징의 표식은 다음 각 호의 물품 등에 표기한다.

1. 간판
2. 사기(깃발)
3. 명함
4. 문서와 기기
5. 제품, 상품
6. 기타

제5조【상호의 모양】

제4조의 각 호에 표기하는 상호의 모양은 글씨체는 고딕체로 가로 20mm 세로 5mm로 다음과 같다.

○○주식회사

제6조 【상징의 모양과 뜻】

① 회사의 상징은 가로 10mm 세로 10mm로 특허청에 의장 등록한 다음의 모양이다.

② 회사 상징의 뜻은 늘 푸른 나무처럼 성장을 뜻한다.

제7조 【간판의 제작과 사용】

① 간판은 회사의 상징과 상호를 다음과 같이 사용하여 표기한다.

② 간판은 회사의 상징과 상호를 표기하여 사용 목적에 따라 크기를 확대 또는 축소하여 제작할 수 있다.

③ 회사의 사업장에는 회사의 상징과 상호를 표기된 간판은 필수적으로 부탁하여야 한다.

제8조 【깃발의 제작과 사용】

① 사기의 규격은 가로 100㎝, 세로 80㎝로 하고, 회사의 상징문양을 깃발에 표기한다.

② 사기는 사용 목적에 따라 적당한 크기로 확대 또는 축소하여 제작할 수 있다.

③ 사기는 의식행사와 사업장 게양용으로 사용한다.

제9조 【명함의 표기】

사원이 사용하는 명함에는 회사의 상호와 상징이 절대적으로 표기하여야 한다.

제10조 【문서와 기기의 표기】

회사의 상호와 상징은 사원이 사용하는 문서와 기기에 되도록 표기하여야 한다.

제11조 【제품과 상품의 표기】

회사의 상호와 상징은 회사에서 생산하는 제품과 판매하는 상품에 필수적으로 표기하여야 한다.

제12조 【기타의 표기】

회사의 상호와 상징은 회사와 사원이 사용하는 기타 물품 등에 되도록 표기하여야 한다.

〈부 칙〉

제13조 【시행일】

이 규정은 ○○○○년 ○월 ○일부터 시행한다.

제14조 【경과규정】

제5조의 상호문양과 제6조의 상징문양은 ○○○○년 ○월 ○일부터 사용한다.

[107]
사원증관리규정

제정 ○○○○년 ○○월 ○○일
개정 ○○○○년 ○○월 ○○일

〈총 칙〉

제1조【목적】

이 규정은 ○○주식회사(이하 "회사"라 한다)의 사원증에 대한 발행과 사용에 관한 기준을 정함을 목적으로 한다.

제2조【적용범위】

이 규정은 회사의 사원에게 적용한다.

제3조【정의】

이 규정에서 '사원증'이란 사원이 회사의 사원임을 증명하는 신분증을 뜻한다.

제4조【사원증 발급대상】

사원증의 발급대상은 회사에 재직하는 사원이 발급대상이다.

제5조【사원증 발급관리】

① 사원증은 발급권자는 대표이사 사장이다. 다만, 그 업무는 ○○부서장에게 위임한다.

② 사장으로부터 위임받은 ○○부서장과 부서는 사원증의 발급과 관리를 총괄한다.

제6조【사원증의 종류】

사업장별 사원증의 종류는 다음 각 호와 같다.

1. ○○사업장 : 흰색 바탕색
2. ○○사업장 : 청색 바탕색
3. ○○사업장 : 회색 바탕색

제7조【사원증의 용도】

① 사원증은 회사의 출입증과 근무증으로 사용한다.

② 사원증은 회사의 출퇴근기록의 근태기록카드로 사용한다.

③ 사원증은 회사의 도서 및 자료의 대여증으로 사용한다.

제8조【사원증의 형태】

① 사원증의 크기는 가로 40㎜, 세로 60㎜로 별표1과 같다.

② 사원증의 재질은 부드러운 재질의 플라스틱으로 한다.

③ 사원증은 행정사무직의 목걸이용과 생산 현장직의 상의부착용 2가지로 제작한다.

제9조【사원증의 표기】

① 사원증에는 다음 각 호의 문양과 내용을 표기한다.

    1. 상호와 상징

    2, 사원 사진과 성명

    3. 근무부서와 직급

    4. 회사주소와 우편번호

② 제1항 각 호의 내용을 바코드로 표기한다.

제10조【사원증의 발급】

사원증의 발급신청은 다음 각 호의 서류를 ○○부서장에게 제출하여야 한다.

    1. 사원증발급신청서

    2. 사진 2매

    3. 주민등록증 사본

제11조【사원증의 패용】

① 사원은 회사 내에서 사원증을 패용하여야 한다.

② 회사 내에서 사원증을 패용하지 않은 사원은 인사상의 불이익을 받을 수 있다.

제12조【사원증의 부정사용】

사원증을 타인에게 양도하거나 대여할 수 없으며, 복제 또는 부정한 용도로 사용하여서는 아니된다. 사원증을 부정하게 사용한 자는 징계규정에 따라 징계처분을 받는다.

제13조【사원증의 분실】

① 사원증을 분실한 사원은 즉시 분실신고서를 ○○부서장에게 제출하여야 한다.

② 사원증의 분실한 사원은 임시 사원증을 발급받아 재발급 때까지 패용하여야 한다.

제14조【사원증의 반납】

① 사원이 퇴직할 때에는 사원증을 반납하여야 한다.

② 사원이 인사이동으로 직급 및 근무지의 이동이 있을 때에는 새로운 사원증을 발급받는 즉시 구사원증을 반납하여야 한다.

〈부　칙〉

제15조【시행일】

이 규정은 ○○○○년 ○월 ○일부터 시행한다.

〈별표와 서식〉

(별표 1) 사원증 견본

(서식 1) 사원증발급관리대장

(별표 1)

사원증 견본

(서식 1)

사원증 발급 관리대장

관리부서 :　　　　　부서장 :　　　　　담당자 :

번호	성명	주민번호	입사일	근무처	직급	발급일	발급자	비고

[108]
도서·자료 관리규정

제정 ○○○○년 ○○월 ○○일
개정 ○○○○년 ○○월 ○○일

〈총 칙〉

제1장 통 칙

제1조 【목적】

이 규정은 ○○주식회사(이하 '회사'라 한다)의 도서와 자료에 관한 운용과 관리에 대하여 정함을 목적으로 한다.

제2조 【적용범위】

이 규정은 회사의 모든 도서와 자료에 적용한다.

제3조 【정의】

이 규정에서 도서와 자료(이하 '도서'라 한다)라 함은 회사가 구매·기증·발행한 다음 각 호의 것을 뜻한다.

1. 서적, 잡지, 신문, 공보
2. 인쇄자료, 설계도,
3. 전자책, 디지털 기록 매체
4. CD, DVD, 프로피 디스크, 비디오테이프

    5. 기타 제1호에서 제4호에 준하는 것

제4조【관리원칙】

① 본사의 도서관리는 ○○부서장이 총괄한다.

② 각 사업장의 도서관리는 ○○부서장이 한다.

③ 각 부서의 도서관리는 소속 부서장이 한다.

제2장 수집과 구매

제5조【수증도서】

회사에서 증정받는 도서와 단체 등은 다음 각 호와 같다.

    1. 정부 및 지방자치단체 발행 기업제공도서

    2. 국내외 연구기관 발행 기업제공도서

    3. 금융기관 발행 기업제공도서

    4. 가입 단체와 협회 발행 회원제공도서

    5. 기타 제1호에서 제4호까지 이에 준하는 증정도서

제6조【구매원칙】

① 도서관리책임자는 사원으로부터 신청서를 접수하여 검토 후 구매한다.

② 도서관리책임자는 다음 각 호의 내용을 검토하여 구매를 결정한다.

    1. 회사에 필요 여부

    2. 구매도서의 중복 여부

    3. 구매 후 보관도서의 활용 여부

    4. 사원에 필요한 실무서 여부

③ 사원은 필요한 도서구매시 도서관리책임자에게 도서구매신청을 하여야 한다.

제7조【납본의무】

① 회사에서 발간하는 모든 도서는 발간 즉시 2부(권)을 자료실장에게 납본하여야 한다.

② 자료실장은 제1항의 납본도서를 검토하여 추가납본을 요구할 수 있다.

제3장 등록과 비치

제8조【등록】

① 도서관리책임자는 구매 등으로 수집한 도서를 도서등록대장(서식 1)에 기록한다.

② 신문·잡지 등 연간구매도서는 최초 등록시 구매만료일을 기재하고, 계속 등록을 생략한다.

제9조【분류】

도서관리책임자는 도서를 한국십진분류법에 의하여 분류한다. 다만, 필요에 따라 사업장별, 부서문별, 내용별 또는 필요에 따라 특별하게 분류할 수 있다.

제10조【비치와 보관】

① 도서는 사업장별 자료실과 각 부서에 비치 및 보관한다.

② 사업장별 자료실과 각 부서의 도서관리책임자는 도서관리대장(서식 2)을 작성하여야 한다.

③ 도서관리책임자는 손상된 도서를 보수하여야 비치 및 보관하여야 한다.

제11조 【보존】

① 도서의 보존기간은 다음 각 호와 같다.

  1. 서적, 회사발간자료 : 15년

  2. 법전, 관보, 연감 : 10년

  3. 조사자료, 업무참고자료 : 5년

  4. 신문, 잡지 등의 간행물 : 1년

② 도서관리책임자는 필요한 도서에 대하여 보존기간을 연장할 수 있다.

제12조 【점검】

① 사업본부장은 매년 6월과 12월에 사업장의 도서보관현황을 점검한 후 그 결과를 사장에게 보고하여야 한다.

② 각 부서장은 매년 6월과 12월에 도서보관현황표를 작성하여 도서점검 사전에 사업본부장에게 제출하여야 한다.

제13조 【징계】

① 도서점검결과 고의 또는 과실로 도서가 망실되거나 폐기된 것이 발견 때에는 그 책임자와 담당자를 징계처분할 수 있다.

② 사업본부장은 점검 후 회사 자산인 도서의 망실에 대한 책임을 묻고, 상황을 보고받은 후 사장에게 즉시 보고하여야 한다.

② 제1항의 징계대상자는 서면으로 경위서를 제출할 수 있다.

제4장 열람과 대출

제14조 【열람】

사원은 자료실의 도서를 오전 9시부터 오후 5시까지 근무시간에 언제든지 열람할 수 있다.

제15조 【대출】

① 사원은 도서관리책임자의 승인으로 도서를 다음 각 호와 같이 대출할 수 있다.

  1. 사내 : 10일 기한

  2. 사외 : 5일 기한

② 특별한 경우 도서관리책임자의 승인으로 그 대출기한을 30일까지 연장할 수 있다.

제16조 【제한】

도서관리책임자는 도서점검 등 도서관리를 위하여 필요한 경우 도서의 열람 및 대출을 제한하거나 대출된 도서를 회수할 수 있다.

제17조 【반납】

① 도서대출자는 한 내에 도서담당자에게 대출도서를 반납하여야 한다.

② 다음 각 호의 경우에는 대출받은 도서를 즉시 반납하여야 한다.

  1. 대출기한이 지난 때

  2. 출장 및 파견 근무할 때

  3. 휴직 및 퇴직할 때

3. 도서관리책임자가 필요한 경우 반납을 요청할 때

제5장 변상과 폐기

제18조 【변상대상】

사원이 열람 및 대출 중인 도서를 분실 또는 훼손하여 회수할 수 없는 때에는 열람 및 대출을 받은 자가 이를 변상하여야 한다. 다만, 업무수행 중에 도서의 분실 또는 훼손한 사유가 어쩔 수 없는 요인이 입증될 때에는 그 변상을 면제할 수 있다.

제19조 【변상방법】

① 사원은 도서를 분실하거나 손상된 도서의 복원이 불가한 때에는 같은 도서로 현물 변상한다.

② 사원은 분실 및 손상된 도서의 현물변상이 어려울 때에는 그 도서의 구매금액을 변상하여야 한다.

② 사원은 손상된 도서의 복원이 가능한 때에는 도서를 복원하여 반납하거나, 복원비용을 도서관리책임자에게 변상한다.

제20조 【폐기】

① 도서관리책임자는 매년 12월 말일까지 다음 각 호의 보존도서는 사장의 승인으로 당해 도서를 폐기할 수 있다.

　1. 보존기한이 지난 도서

　2. 보수 및 복원을 할 수 없는 도서

　3. 개정된 신간도서가 발행된 도서

　4. 도서의 내용이 기한이 지난 도서

　5. 학술 및 과학적으로 보존가치가 없는 도서

　6. 기타 사원의 이용실적이 전혀 없는 도서

② 도서관리책임자는 폐기하는 도서는 도서폐기대장(서식 3)에 기록하여야 한다.

〈부　칙〉

제21조 【시행일】

이 규정은 ○○○○년 ○○월 ○○일부터 시행한다.

〈서　식〉

(서식 1) 도서등록대장

(서식 2) 도서관리대장

(서식 3) 도서폐기대장

(서식 1)

도서(자료)등록대장

(관리부서 :   책임자 :   담당자 :   )

번호	도서명	저자	출판사	발행일	가격	구매일	비고

(서식 2)

도서(자료)관리대장

(관리부서 :   책임자 :   담당자 :   )

번호	분류기호	도서명	저자	출판사	발행일	등록일	비고

(서식 3)

도서(자료)폐기대장

(관리부서 :   책임자 :   담당자 :   )

번호	도서명	저자	출판사	발행일	등록일	폐기일	비고

제25편

사무 관련 규정

[109]
인장관리규정

제정 ○○○○년 ○○월 ○○일
개정 ○○○○년 ○○월 ○○일

〈총 칙〉

제1조【목적】
　이 규정은 ○○주식회사(이하 "회사"라 한다)의 회사인(會社印), 직인(職印), 계인(契印), 결재인(決裁印), 발송인(發送印), 접수인(接受引)의 인장의 등록과 사용 및 보관 등에 관한 사항에 대하여 정함을 목적으로 한다.

제2조【정의】
　① '회사인' 또는 "법인인감"이란 법인등기소에 등기한 법인인감을 말한다.
　② '직인' 또는 "대표인"이란 회사 또는 지점 및 지사의 대표로 회사를 대표하여 사용하는 인장을 말한다.
　③ '결재인'이란 결재권자가 결재에 사용하는 인장을 말한다.
　④ '계인'이란 계약서 등 계약에 사용하는 인장을 말한다.
　⑤ '발송인'이란 회사명 또는 부서명과 발송일을 발송문서 등에 사용하는 인장을 말한다.
　⑥ '접수인'이란 회사명 또는 부서명과 접수일을 접수문서 등에 사용하는 인장을 말한다.

제3조【적용범위】
　이 규정은 회사의 '인장등록대장'에 등록한 인장을 사용하는 모든 문건에 적용한다.

제4조【인장관리】
　회사 인장의 등록과 관리는 ○○부서에서 하며, 책임자는 부서장이다

제5조【인장의 조형】
　① '사인'은 한글 전서체로 '○○주식회사인' 글자를 가로세로 24㎜ 정사각형 상아재질로 조각한다.

② '대표이사직인'은 한글 궁서체로 '○○주식회사 대표이사인' 글자를 지름 20㎜ 원형 상아재질로 조각한다.

③ 이사와 지사장 직인은 한글 궁서체로 성명을 지름 18㎜ 원형 나무재질로 조각한다.

④ 부서장 직인은 한글 굴림체로 성명을 지름 16㎜ 원형 나무재질로 조각한다.

⑤ 약인 또는 결재인은 한글 굴림체로 성명을 가로 10㎜ 원형 나무재질로 조각한다.

⑥ 계인 또는 계약인은 한글 궁서체로 회사명과 대표자 성명을 가로 15㎜ 세로 35㎜ 변형사각형 나무재질로 조각한다.

제6조【회사인】

회사인은 사업등기소에 등기한 법인인감으로 사내외문건에 사용한다. 인장의 관리와 책임은 대표자에게 있다.

제7조【직인과 대표인】

직인은 회사 또는 지점 및 지사 등 대표자의 인장으로 당사자당 1개이며, 사내외문건에 사용한다. 인장의 관리와 책임은 당사자에게 있다.

제8조【결재인】

결재인은 결재권자당 각 1개로 사내외 결재문건에 사용한다. 인장의 관리와 책임은 결재권자에게 있다.

제9조【계인】

계인은 1개로 계약 문건에 사용한다. 인장의 관리와 책임은 대표이사에게 있다.

제10조【인장의 등록】

① 회사의 업무에 사용하는 모든 인장은 인장등록대장에 인영을 등록하여야 한다.

② 신규인장의 등록은 사용중인 인장이 있는 경우 사용인장 인영을 말소한 후 등록하여야 한다.

③ 인장의 등록은 인장관리부서장의 확인과 대표이사의 승인으로 등록한다.

제11조【인장의 폐기】

① 인장의 폐기 및 말소는 당사자는 즉시 인장관리부서에 보고하여야 한다.

② 인장의 폐기 및 말소는 인장관리부서장의 확인과 대표이사의 승인으로 할 수 있다.

③ 퇴직자와 휴직자의 등록 인장을 폐기하는 경우 인영말소 및 인장폐기 서류를 작성하여 회사와 폐기자가 각각 1부씩 보관한다.

제12조【인장의 분실】

① 등록인장의 분실 시 분실자는 즉시 인장관리부서에 분실신고를 하여야 한다.

② 인장관리부서장은 분실인장의 인영을 회사 내에 문서로 회람하여 사용 및 효력정지를 통보하여야 한다.

③ 인장 분실의 책임은 분실자에게 있다.

제13조【인장의 보관】

① 사용 중인 인장은 당사자가 원칙적으로 보관한다.

② 사용자가 출장 등의 사유로 보관이 어려울 경우 인장관리부서에서 보관한다.

③ 폐기된 인장의 경우 "등록말소일"로부터 5년간 인영과 함께 보관한다.

④ 퇴직자와 휴직자 등의 인장은 등록 말소 및 폐기하여야 한다. 또한, 등록말소 및 폐기의 서류를 작성하여 회사와 폐기자가 각각 1부씩 보관한다.

제14조 【인장의 효력】

① 사용인장의 효력은 인장등록대장에 등록한 인장에 대하여 효력이 발생한다.

② 인장등록대장에 등록하지 않은 인장의 사용에 대하여 회사는 책임을지지 않는다.

제15조 【인장의 사용】

① 인장사용자는 그 사용이 분명하여야 하며, 사용에 대하여 책임을 져야 한다.

② 인장사용자는 인장날인대장에 그 사용사유를 기록하여야 한다.

제16조 【보칙】

이 규정에서 정하지 아니한 사항은 일반관례에 따른다.

〈부　칙〉

제17조 【시행일】

이 규정은 ○○년 ○월 ○일부터 시행한다.

〈서　식〉

(서식 1) 인장규격대장

(서식 2) 인장등록대장

(서식 3) 인장날인대장

(서식 1)

인장규격대장

(관리부서 :　　　　　책임자 :　　　　담당자 :　　　　　　　)

등록구분		규 격	형 태	서체
회사인		가로×세로 24mm	정사각형	궁서체
대표 직인	대표이사	원직경 20mm	원　　형	궁서체
	이사	원직경 18mm	원　　형	굴림체
	지점장, 지사장	원직경 16mm	원　　형	고딕체
계 인	회사, 대표이사	가로 15mm 세로 36mm	사각변형	궁서체
	이사, 지사장, 부서장	가로　10mm 세로　30mm	사각변형	굴림체
결 재 인	대표, 임원, 부서장	원직경 16mm	원　　형	굴림체
	차장, 과장	원직경 16mm	원　　형	고딕체
	대리, 사원	가로　6mm 세로　12mm	타원형	명조체
문 서 인	발송인	원직경 25mm	원　　형	굴림체
	접수인	원직경 25mm	원　　형	굴림체
창 고 인	입고인	원직경 25mm	원　　형	굴림체
	출고인	원직경 25mm	원　　형	굴림체
물 류 인	수화인	원직경 20mm	원　　형	굴림체
	송화인	원직경 20mm	원　　형	굴림체
비 고				

(서식 2)

인장등록대장

(관리부서 :   책임자 :   담당자 :   )

등록번호	인장구분	인　영	사용범위	등록일자	폐기일자	부서관리자

(서식 3)

인장날인대장

(관리부서 :   책임자 :   담당자 :   )

인장번호	인영	문서	용도	사내/사외	사용자	일자	비　고

[110]
품의관리규정

제정 ○○○○년 ○○월 ○○일
개정 ○○○○년 ○○월 ○○일

〈총 칙〉

제1장 통칙

제1조【목적】

이 규정은 ○○주식회사(이하 "회사"라 한다)의 의사결정에 관한 절차로 품의제도의 절차와 운용에 관하여 그 기준을 정함을 목적으로 한다.

제2조【적용범위】

이 규정은 품의가 필요한 회사의 모든 조직과 사원에게 적용한다.

제3조【용어의 정의】

이 규정에서 사용하는 용어의 뜻은 다음 각 호와 같다.

1. "품의"란 안건에 대하여 승인을 요청하는 의사결정과정의 행위를 뜻한다.
2. "결재"란 품의 안건에 대하여 승인의 여부를 결정하는 의사결정과정의 행위를 뜻한다.

제2장 품의기준

제4조【품의기준의 구분】

회사의 품의 기준은 다음 각 호와 같다.

1. 사장 결재 품의

2. 직책별 직급별 결재 품의

3. 이사회 결의 품의

4. 기타 결재 품의

제5조【직급별 품의기준】

직급별 품의 기준의 다음의 각 호와 같다.

1. 사장 결재 품의사항

2. 이사 결재 품의사항

3. 부장 결재 품의사항

4. 차장 결재 품의사항

5. 과장 결재 품의사항

6. 기타 결재 품의사항

제6조【직책별 품의기준】

직책별 결재기준의 품의는 다음의 각 호와 같다.

1. 사장 결재 품의사항

2. 부사장·전무·상무 결재 품의사항

3. 본부장·사업부장 결재 품의사항

4. 점장·지점장·지사장·현장소장 결재 품의사항

5. 팀장·부서장 결재 품의사항

5. 분임장·파트장 결재 품의사항

6. 기타 담당 결재 품의사항

제7조【사장 결재 품의기준】

사장 결재 품의 기준은 다음의 각 호와 같다.

1. 사업 결정의 결재

2. 생산 결정의 결재

3. 영업 결정의 결재

4. 자금 결정의 결재

5. 인사 결정의 결재

6. 투자 결정의 결재

7. 기타 경영기준의 의사결정

제8조【이사회 결의 품의기준】

이사회 결의기준 품의사항은 다음의 각 호와 같다.

1. 사규의 제정 및 개폐에 관한 사항

2. 주주총회와 이사회에 부의하는 사항

3. 주식의 개서에 관한 사항

4. 중요계약문서의 작성에 관한 사항

5. 사원의 채용과 이동, 승진과 승급, 표창과 징계, 퇴직과 해임에 관한 사항

6. 임시직, 일용직, 촉탁사원, 파견사원의 채용과 해임에 관한 사항

   7. 복리후생 등의 시설 설치와 운영에 관한 사항

   8. ○○○,○○○원 이상의 물품구매·경비지출·기타 금전지출에 관한 사항

   9. 예산회의에 대한 제안사항

  10. 자금조달에 관한 사항

  11. 감가상각의 재고조사·결산에 관한 사항

  12. 경영기획과 경영전략에 관한 사항

  13. 영업과 판매에 관한 사항

  14. 제조와 생산에 관한 사항

  15. 광고와 홍보에 관한 사항

  16. (생산설비와 기계장치에 관한 사항)

  17. (제조계획과 생산방침에 관한 사항)

  18. (건설공사계획과 건설공사예산에 관한 사항)

  19. (건설업무계획과 공사결정에 관한 사항)

  20. 기타 품의 및 결재가 필요하다고 인정되는 사항

제3장 품의방법

제9조【품의원칙】

① 회사의 품의는 하급자가 상급자에게 품의한다. 다만, 다음 각 호의 경우에는 차 상급자 또는 사장에게 품의한다.

   1. 상급자가 부재중인 경우

   2. 소속 부서장이 위임한 경우

   3. 사장에게 직접 품의하는 사항

② 품의는 사전 품의를 원칙으로 한다. 단, 입찰 및 기타 등의 긴급을 요하는 사항에 대하여 구두로 품의하여 사후에 품의사항을 결재권자에게 제출하여야 한다.

제10조【품의방법】

① 회사의 모든 품의는 종이문서와 전자문서를 포함하는 문서로 한다.

② 회사의 모든 품의는 다음 각 호의 사항을 기재하여 품의한다.

   1. 품의 제목

   2. 제출자의 부서, 직위, 직급, 성명, 연락처

   3. 제출일자

   4. 결재기한

   5. 품의취지

   6. 품의 관련 서류 첨부

   7. 기타내용

제11조【전자문서】

회사가 전자문서의 보안을 인정한 경우에 전자문서로 품의 할 수 있으며 전자문서의 품의는 일반문서와 동일하게 제10조 2항의 기재사항을 기재하여 품의할 수 있다.

제12조 【사후품의】

① 업무집행이 긴급한 경우 결재권자에게 구두로 품의하여 승낙을 후 업무를 집행하고, 사후에 품의를 할 수 있다.

② 위임받은 결재권한을 행사한 자는 사후에 결재권위임자에게 품의사항 결재권한 행사에 대해 보고를 하여야 한다.

③ 부서장의 사후품의 결재를 월간 2회 이하로 제한한다.

제13조 【품의절차】

① 직급별 직책별 품의는 하급자가 상급자에게 품의한다.

② 사장에게 품의는 사장의 의사결정으로 승인이 필요한 품의에 한정한다.

③ 이사회 결의사항은 담당이사가 사장에게 품의한다.

제4장 품의결재

제14조 【결재권자】

결재권자는 품의사항에 다음 각 호의 의사결정을 한다.

    1. 결재승인

    2. 결재 후 승인

    3. 결재보류(승인보류)

    4. 결재불가(승인불가, 반려)

제15조 【결재승인】

① 최종 결재권자는 품의사항에 대하여 승인으로 결재한 경우, 그에 관한 모든 책임을 진다.

② 결재과정의 모든 품의자는 최종 결재승인 건에 대하여 연대하여 책임을 진다.

제16조 【조건부 결재】

① 최종 결재권자는 조건부 결재 품의사항에 관하여 조건의 보완을 지시하고, 결과를 지시기한까지 이행하였는지를 확인하여 승인한다. 또한, 조건부 결재승인에 관한 모든 책임을 진다.

② 결재과정의 품의자는 조건부 결재 품의사항에 대하여, 조건을 기한까지 보완하여 완결하고, 승인사항에 대하여 연대하여 책임을 진다.

제17조 【결재보류】

① 최종 결재권자는 결재보류 품의사항에 관하여 품의서에 보류사유를 기재하고 최종 품의자에게 보류사유를 설명하여야 한다. 또한, 결재보류 건에 관한 최종 책임을 진다.

② 결재과정의 품의자는 결재보류 건에 관하여 보류사항을 인지하고, 결재보류 건에 대하여 연대하여 책임을 진다.

제18조 【결재불가】

① 최종 결재권자는 결재불가 품의사항에 관하여 품의서에 결재불가 사유를 기재하고, 최종 품의자에게 결재불가 사유를 설명하여야 한다. 또한, 결재불가 건에 관한 최종 책임을 진다.

② 결재과정의 품의자는 결재불가 건에 관하여 불가사항을 인지하고, 결재불가 건에 대하여 연대하여 책임을 진다.

제5장 보고와 설명

제19조【품의자와 결재권자】

① 품의자는 결재권자에게 품의 내용에 대하여 보고할 의무가 있다.

② 결재권자는 품의자에게 결재내용에 대하여 설명할 의무가 있다.

〈부   칙〉

제20조【시행일】

이 규정은 ○○○○년 ○○월 ○○일에 시행한다.

〈서   식〉

(서식 1) 품의서

(서식 1)

	과장	부장	이사	사장
( )품의서				

(품의일자 : 년 월 일 품의기한 : 년 월 일)

성 명		부서		직급	
제 목					
품의내용					

결재사항

과 장	
부 장	
이 사	

	승인	조건부 승인	보류	부결
사장				

[111]
제안관리규정

제정 ○○○○년 ○○월 ○○일
개정 ○○○○년 ○○월 ○○일

〈총　칙〉

제1장 통칙

제1조【목적】

이 규정은 ○○주식회사(이하 "회사"라 한다)의 발전을 위하여 사원의 적극적인 제안활동 절차와 운용에 대하여 정함을 목적으로 한다.

제2조【적용규정】

제안에 관하여는 다른 규정에 특별히 정하는 경우를 제외하고는 이 규정이 정하는 바에 의한다.

제3조【용어의 정의】

이 규정에서 사용하는 용어의 정의는 다음 각 호의 뜻과 같다.

1. "제안"은 사원이 직무상 의견을 회사에 제시하는 것
2. "개선제안"은 사원이 직무상 향상하는 방법 등을 제시하는 것
3. "창의제안"은 사원이 직무상 새로운 또는 독창적인 밥법 등을 제시하는 것

제4조【주무부서】

① 제안운영의 주무부서는 경영관리부서에서 한다.

② 제안운영 주무부서의 업무는 다음과 같다.

1. 제안제도운영에 관한 기본계획의 수립

2. 제안제도운영에 관한 교육 및 홍보

3. 시제품 제작과정의 확인

4. 제안의 접수 및 분류

5. 제안의 심사의뢰

6. 제안심사위원회 개최 및 심사결과 통보

7. 채택된 제안의 사후관리

8. 기타 제안활동에 관련된 제반업무 처리

제5조【제안분야】

회사의 제안은 다음 각 호의 분야로 제안한다.

1, 사무분야   2. 생산분야   3. 영업분야

4. 기술분야   5. 기타분야

제6조【제안자격】

회사 임직원은 회사에 자유로이 다음 각 호와 같이 제안할 수 있다.

1. 임직원 개인제안

2. 2인 이상 공동제안

3. 분임조 제안

제7조【제안사항】

① 제안은 제7조에 저촉되지 않는 공사업무 전반에 관하여 제안할 수 있다.

② 직원이 직무수행 과정에서 창의성을 발휘하여 현저한 개선효과를 거둔 경우에는 그 직무개선 내용을 소속 부서장의 추천을 받아 제안으로 제출할 수 있다.

③ 사장은 과제를 지정하여 제안을 모집할 수 있다.

④ 추진본부는 분임조활동에 대한 우수사례를 제안으로 추천할 수 있으며, S/W경진대회 운영부서는 우수작품을 제안으로 추천할 수 있다.

⑤ 직원은 사외대회에 응모하여 수상치 못한 작품 및 사내대회에 응모했던 작품을 제안으로 제출할 수 있다.

제8조【제안으로 볼 수 없는 것】

다음 각 호에 해당하는 사항은 제안으로 인정하지 아니한다.

1. 사내에서 사용 및 실행하고 있는 것

2. 국내외에서 지적재산권을 취득하거나 출원한 것

3. 이미 채택된 제안내용과 그 기본구상이 유사한 것

4. 일반통념상 현재뿐만 아니라 장래에 실제로 그 적용이 불가능하다고 판단되는 것

5. 제안내용이 단순한 주의 환기, 진정, 비판, 건의 또는 불만의 표시에 불과한 것

6. 부서의 업무계획 사항이거나 상사의 지시를 받은 내용

7. 연구원의 연구실적, 감사 지적에 의한 개선사항 등 당연히 수행하여야 할 일상업무

8. 감사인이 감사업무 수행 중 지적한 개선사항 또는 개선할 사항을 본인이 제출한 것

9. 사외대회에 출품하여 수상한 것

10. 기타 제안심사위원회에서 제안으로 볼 수 없다고 판단한 것

제2장 제안절차

제9조【제안서 접수】

제안자는 제안서를 해당 분야 제안소위원회에 다음 각 호의 사항을 기재하여 제출하여야 한다.

1. 제안자 성명
2. 제안분야
3. 제안 효과
4. 제안내용
5. 분임조와 공동제안은 경위서 제출

제10조【제안서 반환불가】

회사에 제출한 제안서는 채택과 상관없이 제안자에 반환하지 않는다.

제3장 제안심사

제11조【심사위원회 설치】

제안내용을 공정하고 효율적으로 심사하기 위하여 예비심사소위원회(이하 "예심위원회")와 정규심사위원회(이하 "본심위원회")과 간사를 둘 수 있다.

제12조【예비심사 소위원회】

① 예비심사는 다음 각 호의 소위원회를 5명으로 구성하여 주관한다.

1. 사무분야 예비심사는 관리부서장이 주관한다.
2. 생산분야 예비심사는 생산부서장이 주관한다.
3. 영업분야 예비심사는 영업부서장이 주관한다.
4. 기술분야 예비심사는 기술연구소장이 주관한다.
5. 기타분야 예비심사는 소관분야 부서장이 주관한다.

② 예심위원회의 업무는 다음 각 호와 같다.

1. 제안의 심사
2. 제안 채택의 본심 상정 결정
3. 기타 제안제도 운영에 관한

③ 예심위원회 간사는 제1항 분야별 주관부서장이 지정한다.

제13조【정규심사 본심위원회】

① 제안심의 본심위원회는 다음과 같이 구성한다.

1. 위원장 : 이사   2. 위원 : 각 부서장
3. 간사 : 관리부서장

② 본심위원회의 업무는 다음과 같다.

1. 개선제안의 효과 심사   2. 창의제안의 효과 심사
3. 제안의 채택 결정   4. 기타 제안제도의 결정

③ 본심위원회 간사는 관리팀장이 맡는다.

제14조 【제안설명】

제안자는 제안 건에 대하여 분야별 예심과 본심에 참석하여 제안내용을 설명하여야 한다.

제4장 제안채택

제15조 【심사통보】

① 제안심사 소위원장은 제안심사결과를 제안자에게 통보하여야 한다.

② 본심 위원장은 본심심사결과를 제안자에게 통보하여야 한다.

③ 예심과 본심에서 위원장은 사안에 따라 진행사항을 중간통보 할 수 있다.

제16조 【우수제안 발표와 시상】

회사는 매 분기말 월에 우수한 제안과 제안자를 다음과 같이 발표하여 시상한다.

    1. 최우수 제안상 : 1건과 제안자

    2. 우수 제안상 : 3건과 제안자

    3. 개선 제안상 : 5건과 제안자

    4. 창안 제안상 : 5건과 제안자

제17조 【시상내용】

① 우수제안자에 대한 시상 내용은 다음과 같다.

    1. 최우수 제안상 : 포상규정의 포상 또는 임금승급과 상금 300만원을 시상한다.

    2. 우수 제안상 : 포상규정의 포상 또는 임금승급과 각각 상금 200만원을 시상한다.

    3. 개선 제안상 : 포상규정의 포상 또는 각각 상금 100만원을 시상한다.

    4. 창안 제안상 : 포상규정의 포상 또는 각각 상금 50만원을 시상한다.

제18조 【제안시행】

회사는 회사에 즉시 적용 가능한 제안에 대하여 시행한다.

제19조 【지재권 등의 등록】

① 회사는 제안자의 제안내용을 지적재산권(이하 "지재권") 또는 발명특허권 (이하 "특허권)으로 등록하고자 할 때는 제안자의 승낙을 받아야 한다.

② 제안자는 회사에서 취득한 업무관련 제안내용을 지재권과 특허권 등으로 등록할 수 없다.

제20조 【보고의무】

제안주관부서장은 매월 제안 내용에 대한 보고를 사장에게 하여야 한다.

〈부   칙〉

제21조 【시행일】

이 규정은 ○○○○년 ○○월 ○○일부터 시행한다.

〈서   식〉

(서식 1) 제안서　　　　　　　　　　(서식 2) 공동제안서(분임조 제안서)

(서식 3) 제안관리대장

(서식 1)

제 안 서

성 명		부서		직급		제안일	
제안분야	□사무분야 □생산분야 □ 판매분야 □물류분야 □기타분야						
제 안 명							
목 적							
배 경							
내 용							
효 과							
추천인							
첨부서류	1. 설계도 2. 측정통계 3. 활용예상						

(비고)
1. 제안심사부서는 우수제안을 제안접수대장의 접수일자와 접수번호 및 심사번호를 기재할 것
2. 제안제출부서는 신청시 공동제안검토의견서 및 분임조활동내역서를 분리한 후 심사신청할 것
3. 사무분야와 기술분야에 대하여는 실용제안과 아이디어제안을 구분하여 제출할 것

(서식 2)

공동제안서(분임조 제안서)

제안일자						
제 목						
제 안 자	성명	부서	직급	성명	부서	직급
제안목적						
제안배경						
제안내용						
제안효과						

(서식 3)

제안관리대장

(관리부서 :   책임자 :   담당자 :   )

번호	제 안 자					심 사			
	제안명	성명	소속	직급	제안일	심사일	심사자	평가	비고
비고									

[112]
소프트웨어관리규정

제정 ○○○○년 ○○월 ○○일
개정 ○○○○년 ○○월 ○○일

〈총 칙〉

제1조【목적】

이 규정은 소프트웨어(Software)의 효율적인 구매 및 관리를 통한 예산절감과 정품 소프트웨어 사용을 도모하여 ○○주식회사(이하 "회사"라 한다.)의 공정한 소프트웨어 사용문화 정착을 목적으로 한다.

제2조【적용범위】

이 규정은 회사에서 소유하고 있는 컴퓨터에 설치·운영되고 있거나, 보유하고 있는 모든 소프트웨어에 대하여 적용한다.

제3조【정의】

이 규정에서 사용하는 용어의 정의는 다음 각 호와 같다.

1. 소프트웨어 : 컴퓨터·통신·자동화 등의 장비와 그 주변장치의 운영과 사용 등에 관련한 유형·무형의 프로그램 등 자료를 말한다.
2. 소프트웨어 관리책임자 : 회사의 소프트웨어 관리를 총괄하는 책임자를 말한다.
3. 소프트웨어 부서관리자 : 부서의 소프트웨어 관리를 담당하는 관리자를 말한다.
4. 소프트웨어 관리문서 : 회사에서 사용하는 소프트웨어 구매와 사용 및 운영 등에 관한 문서

제4조【관리책임】

① 회사의 소프트웨어 관리책임자는 ○○부서의 장이다.
② 각 부서의 소프트웨어 관리담당자를 지정하여 관리책임자에게 통보한다.

제5조【관리책임자의 업무】

회사의 소프트웨어 관리책임자는 다음의 업무를 수행한다.

1. 매년 1월 소프트웨어 사용 총괄표 등의 작성과 비치

　　2. 매년 1월 연간 소프트웨어의 조달계획 수립

　　3. 분기별 소프트웨어의 구매 관련 계획·회의·조달

　　4. 소프트웨어 구매와 관리 등 관리문서 등의 작성과 보관

　　5. 소프트웨어 관리실태 점검 확인과 감독

제5조【부서관리자의 업무】

회사의 각 부서의 소프트웨어 부서관리자는 다음의 업무를 수행한다.

　　1. 서식2 소프트웨어 사용 현황표 등의 작성과 비치

　　2. 부서사용 소프트웨어 주기적인 검사와 결과보고

　　3. 소프트웨어 무단유출 및 도난 관리

　　4. 비업무용 소프트웨어의 설치금지 및 삭제 관리

　　5. 기타 소프트웨어 관리에 필요한 사항

제6조【소프트웨어의 구매신청】

① 회사의 소프트웨어는 매분기 관리책임자의 승인으로 일괄구매를 원칙으로 한다.

② 부서관리자는 관리책임자에게 구매신청서에 다음 사항을 기재하여 구매신청을 한다.

　　1. 구매의 필요성

　　2. 구매예상가격

　　3. 사용기간

　　4. 구매물품의 형태

　　5. 기타 구매에 필요한 사항

③ 관리책임자는 소프트웨어의 일괄구매를 대표이사의 승인으로 구매한다.

제7조【관리대장 등의 작성】

① 관리책임자는 정기적으로 관리문서 등을 작성하여 보관하여야 한다.

② 부서관리자는 정기적으로 부서별 관리문서 등을 정비하고, 변경사항이 있을 경우에 이를 관리책임자에게 보고하여야 한다.

③ 관리문서 등은 비공개문서를 제외하고는 누구든지 열람할 수 있도록 공개하여야 한다.

제8조【점검】

① 부서관리자는 정기적으로 부서별 소프트웨어 사용현황을 파악하고, 이를 관리책임자에게 보고하여야 한다.

② 관리책임자는 연 2회 소프트웨어 관리에 관한 실태를 점검하여야 한다.

③ 관리책임자는 점검결과를 7일 이내에 대표이사에게 보고하고, 불법복제 등 저작권 침해사유가 발생하였을 경우 즉시 시정조치 하여야 한다.

제9조【교육】

① 관리책임자 및 업무 관련자는 연 1회 이상 컴퓨터프로그램보호위원회 등의 기관에서 실시하는 소프트웨어 관리와 관련된 교육에 참석하여야 한다.

② 관리책임자는 연 1회 이상 전체 임직원을 대상으로 정품 소프트웨어 사용 및 소프트웨어 저작권 보호 관련 법령 등을 홍보하여야 한다.

제10조 【준수사항】

회사의 전 직원은 소프트웨어 관리에 관하여 다음 각 호의 사항을 준수하여야 한다.

1. 관리책임자의 승낙 없이 회사가 소유하는 컴퓨터에 소프트웨어를 설치해서는 안 된다.
2. 관리책임자의 승낙 없이 회사가 보유하는 소프트웨어의 원본 CD, 디스크 및 그 복제물을 사외로 반출해서는 안 된다.
3. 관리책임자의 승낙없이 개인이 소유하는 소프트웨어를 회사에 들여와 설치해서는 안 된다.
4. 개인별 컴퓨터에서 소프트웨어에 대한 변경이 있을 경우 신속하게 부서관리자에게 통보하여야 한다.
5. 비업무용 소프트웨어는 절대 설치할 수 없다.
6. 회사의 임직원은 소프트웨어 점검에 협력하여야 한다.

부칙

제1조 【시행일】

이 규정은 ○○○○년 ○○월 ○○일부터 시행한다.

(서식 1)

소프트웨어사용 총괄표				관리부서	책임자	작성일
연번	소프트웨어명	시리얼넘버	구매일	사용부서	관리자	서명
1						
2						
3						
4						
5						
비고						

(서식 2)

소프트웨어사용 현황표				사용부서	관리자	작성일
연번	소프트웨어명	시리얼넘버	사용자	구매일	설치일	서명
1						
2						
3						
4						
5						
비고						

[113]
인수인계관리규정

제정 ○○○○년 ○○월 ○○일
개정 ○○○○년 ○○월 ○○일

〈총　칙〉

제1조【목적】

이 규정은 ○○주식회사(이하 "회사"라 한다) 조직과 사원의 업무와 물품 등의 인수인계에 관한 사항을 정함을 목적으로 한다.

제2조【적용범위】

이 규정은 회사의 조직과 사원에게 적용한다.

제3조【용어의 정의】

「인수인계」라 함은 '조직'과 '사원'이 담당하고 있는 업무, 물품, 서류, 정보, 기타 등을 타 조직과 사원에게 전달하는 것을 뜻한다.

제4조【인계의 대리】

인계자가 없거나 인계할 수 없는 상황에 있을 때에는 소속 부서장으로부터 지명을 받은 자가 인계를 대리한다.

제5조【인수인계의 기준일】

조직과 사원의 인계인수일은 인수인계서 작성일로 한다.

제6조【인수인계사항】

① 인계 조직과 사원은 다음 각 호의 사항을 포함하여 인수자에게 인계하여야 한다.

  1. 담당 업무

  2. 담당 서류

  3. 담당 물품

  4. 담당 정보

  5. 기타

② 인수 조직과 사원은 전항의 각 호의 인수사항을 포함하여 인계자로부터 인수하여야 한다.

제7조【인수인계서】

조직과 사원은 업무 등의 인계인수시 인수인계서 4부 또는 5부를 작성하여, 인수자와 인계자가 각각 1부를 보관하고, 인수부서장과 인계부서장이 각각 1부를 보관하고, 총무부서장이 1무를 보관한다. 다만, 인수인계부서장이 동일 조직이면 1부로 한다.

제8조【인수인계의 점검】

인수자는 인수일로부터 5일까지 다음 각 호의 인수사항을 점검하여야 한다.

1. 인수사항
2. 미결사항
3. 부정행위 등
4. 기타

제9조【인수자의 의무】

① 인수자는 인수업무 등을 점검하여 부정 또는 비리사실을 발견한 때에는 즉시 이를 소속 부서장에게 보고하여야 한다.

② 인수자는 인수업무 등을 점검하여 미결된 사항에 대하여 소속 부서장에게 보고하여야 한다.

③ 인수자가 고의 또는 과실로 부정 등의 발견사항을 소속 부서장에게 보고하지 않은 때에는 인수자가 보고누락의 책임을 진다.

제10조【인계자의 책임】

인계자는 담당업무 등에 대하여 인계 전 부정 또는 비리 행위에 대하여 소속 부서장에게 보고하여야 한다. 보고하지 않은 부정 등의 행위는 가중하여 징계한다.

〈부   칙〉

제11조【시행일】

이 규정은 ○○년 ○월 ○일부터 시행한다.

〈서   식〉

(서식 1) 인수인계서

(서식 1)

인수인계서

1. 인수인계자

인계자			인수자		
성명	소속	직급	성명	소속	직급

2. 인계인수업무

인계업무	인수업무

3. 인수인계서류

인계서류	인수서류

4. 인수인계물품

인계물품	인수물품

5. 인수인계정보

인계정보	인수정보

6. 기타

상기 사항을 인계인수합니다.

20 년 월 일

(인계자   ㊞)   (인수자   ㊞)

[114]
송무관리규정

제정 ○○○○년 ○○월 ○○일
개정 ○○○○년 ○○월 ○○일

〈총 칙〉

제1장 통칙

제1조【목적】

이 규정은 ○○주식회사(이하 "회사"라 한다) 소송업무 관련 절차와 관리에 관하여 정함을 목적으로 한다.

제2조【적용대상】

이 규정은 다른 규정에서 정한 것을 제외하고 회사와 임직원을 대상으로 하는 모든 소송에 대하여 적용한다. 다만, 임직원의 제소 또는 피소 관련 사항은 업무상 사건에 한정하고, 회사와 무관한 사적 사건은 제외한다.

제3조【용어의 정의】

이 규정에서 소송사무라 함은 민사본안사건, 행정소송, 신청사건(압류, 지급명령, 이전명령, 가압류, 가처분, 강제집행신청 등) 경매사건, 비송사건과 직원의 귀책사유 없이 피의 또는 피소된 형사사건에 관한 사무를 말한다.

제4조【주관부서】

① 소송의 수행과 그 지휘감독 기타 소송업무에 관한 사항과 법률고문 및 지정변호사의 운용에 관한 사항은 소송담당부서장의 주관에 속한다.

② 임직원은 소관업무 중 소송에 의한 해결이 필요한 때에는 대표이사의 제소 승인을 받아 제반 증거자료를 첨부하여 송무담당부서장에게 제출하여야 한다.

③ 사업본부 기타 하부기관의 장은 본사 해당 주관 부서장에게 제소 의뢰하여야 한다.

제2장 송무위임

제5조【주관부서】

회사의 송무사건은 경영관리팀에서 주관하고, 회사의 모든 송무에 대한 건은 주관부서의 지휘를 받아 수행하여야 한다.

제6조【송무위임】

① 회사는 법률사무소(이하 "변호사"라 한다) 또는 변호사를 지정하여 소송업무를 다음 각 호와 같이 위임하여 처리할 수 있다.

  1. 제소에 관한 송무
  2. 피소에 관한 송무
  3. 기타 송무

② 회사는 법원의 판결이 필요한 소송 건에 대하여 변호사를 지정하여 소송을 진행할 수 있다.

제7조【위임보수】

소송사건의 위임에 따른 소송대리인의 보수 지급은 회사와 합의해 결정한다.

제8조【본안착수금】

소송대리인이 소송수행상 필요에 의하여 출장할 때에는 변호사의 규약에 따라 지급한다.

제9조【출장여비】

소송대리인이 소송수행상 필요에 의하여 출장할 때에는 해당 변호사회 규약에 따라 지급한다.

제10조【보수액의 가감】

소송대리인의 보수 및 사례금은 위임사건의 중요성 및 난이도에 따라 이 규정에 불구하고 사자의 결재를 얻어 가감할 수 있다.

제11조【평가의 기준】

부동산에 관한 소송물가액 산정은 부동산 등록세 과세표준액에 의한다. 다만, 보수지급액 계산 시 과세표준액이 현저하게 부당한 경우에는 평가전문기관의 감정가에 따른다.

제12조【협상의 결정】

소송에서 소송당사자와 협상은 소송대리인에게 위임하고, 소송대리인의 협상결과가 미흡한 때에는 사장의 결정에 따른다.

제3장 소송사무

제13조 【사건의 접수】

소장을 제출하거나 송달받은 때에는 당해 사건처리부에 등재하여야 한다.

제14조 【소송사무의 수행】

① 송무담당부서장은 소송이 제기되었을 때 지체없이 소송대리 변호사를 임하여 소송업무를 하여야 한다. 다만, 단독사건은 소속 직원으로 하여금 수행하게 할 수 있다.

② 송무담당부서장은 지역사업본부 담당지역 내에서 발생한 소송사건으로 당해 사업본부에서 수행함이 효과적이라고 인정할 때에는 사업본부장에게 위임하여 처리할 수 있다.

③ 제2항의 규정에 따라 사업본부장이 소송을 할 때 사안의 진행과정에 관하여 송무담당부서장의 지시를 받아야 하며 소송수행상황을 수시로 보고하여야 한다.

제15조 【소송대리인의 준수사항】

소송대리인은 위임장에 기재된 주의사항을 준수하여야 한다.

제16조 【소송대리인선임 및 소송지휘권자】

① 송무담당부서장 또는 소송위임을 받은 사업본부장이 소송대리인을 선임하는 기준 및 소송지휘권자는 다음과 같다.

1. 회사 송무의 소송선임자는 사장이다.
2. 회사 송무의 소송 피선임자는 변호사 또는 담당이사 또는 주무부서 부서장이다.
3. 회사 송무의 소송지휘권자는 담당 임원이다.

② 소송대리인은 사안의 진행과정에 관하여 소송지휘권자의 지시를 받아 수행하여야 하며, 수시로 소송진행상황을 보고하여야 한다.

제17조 【소송대리인지정 회사원의 유의사항】

소송대리인으로 지정되어 소송을 하는 회사원은 다음 각 호의 사항을 유의하여 성실하게 수행하여야 한다.

1. 민사소송법 제80조의 규정에 따라 법원에 소송대리인 허가신청을 하여야 한다.
2. 지휘권자의 지시에 따라 송장이나 답변서와 준비서면을 법원에 제출하고 공격, 방어에 필요한 자료를 수집하여야 한다.
3. 지정된 변론기일에 출석하여 적절히 공격, 방어하여야 하고 상대의 주장을 명백히 다투지 아니하여 자백이나 의제자백으로 되는 일이 없도록 하여야 한다.
4. 소송대리인은 제소하거나 응소하고 있는 사건에 대하여 소송진행 중에 발생한 상대의 항변요지, 입증방법, 감정인과 감정의 결과, 검증결과, 소의 확장과 감축 및 소송참가와 탈퇴 등 중요사항에 관하여 지휘권자에게 수시 보고서를 제출하여야 한다.
5. 증인신청 또는 입증자료의 제출은 반드시 사전에 지휘권자의 지휘를 받아 신청하도록 할 것이며, 상대의 검증 및 감정신청에는 소송대리인이 반드시 입회하여 유리한 결과를 원용하도록 하여야 한다.
6. 법원에 제출한 모든 문서는 법원의 접수증명서를 수령하여 기록부에 편철하여야 한다.

제18조【판결에 대한 조치】

① 회사가 피고(피신청인)인 사건에서 승소한 경우에는 당해 판결의 확정증명서를 교부받아 기록에 편철하여야 한다.

② 회사가 패소(일부패소포함)하였을 때에는 소송대리인은 판결문(결정서) 도착 즉시 상소 여부에 대한 의견을 사건기록에 첨부하여 지휘권자에게 송부하여야 한다.

③ 제2항의 사건기록을 송부받은 지휘권자는 상소기일을 고려하여 항소, 상고, 항고 또는 준항고, 재항고 여부를 결정하고 필요한 조처를 하여야 한다. 단, 사업본부 등은 바로 송무담당부서장에게 보고하여야 한다.

④ 가집행 선고 시 취소판결을 받았을 때에는 지휘권자는 소송대리인으로 하여금 가집행정지신청에 필요한 조처를 하여야 한다.

제19조【확정판결 후 유의사항】

당해 사건이 확정판결로 종료되었을 때 소송비용의 회수 또는 정산 부당이득금 회수 및 구상권 행사 여부 등에 대하여 소송대리인은 지휘권자의 지휘를 받아야 한다.

제20조【구상권 행사】

① 회사가 임직원의 불법행위로 피해자와 그 유족 등에게 손해배상금을 임의 또는 판결로 지급하였을 때에는 고의 또는 중과실의 때에만 가해임직원에게 구상권을 행사하여야 한다.

② 피소된 사건을 송무에서 소송대리인은 패소하는 경우에 구상권행사에 가부를 검토하고 의견을 첨부하여 송무담당부서장에게 보고하여야 한다.

③ 제2항의 규정에 의한 구상권 행사에 지장이 없도록 가해자의 주소를 확인하고 민사소송법 제77조에 의하여 소송고지를 함과 동시에 가해자를 증인소환 등의 방법에 의하여 당해 소송에 관여시키도록 하여야 한다.

④ 피해자에 대하여 회사 또는 가해임직원이 별도로 지급한 것이 있는가를 조사하여 상계 항변하여야 한다.

⑤ 제1항의 구상권은 5년간 행사하지 아니하면 소멸한다.

제21조【신청사건에 관한 유의사항】

① 지급명령신청가처분 또는 가압류명령신청, 압류명령신청 및 임의경매 신청 등 각종 신청사건에 있어서는 지휘권자의 지시에 의하여 신청하여야 하고 당해 사건이 본안사건에 부수되거나 신청 후 본안소송을 제소하게 되는 때에는 즉시 그 사실을 보고하고 본안사건기록에 합철하여야 한다.

② 회사가 신청인이 된 신청사건에 관하여 피신청인으로부터 적법한 이의신청이 있어 본안사건으로 이행되었을 때에는 본안사건처리와 동일하게 처리한다.

③ 회사를 피신청인으로 한 신청사건에 관한 최고서 등을 송달받았을 때에는 지체없이 이의신청을 하여야 한다. 다만, 이의할 이유가 없을 때에는 그 이유를 명시하여 지휘권자의 지휘를 받아 포기할 수 있다.

제22조【소송비용의 지급】

각급 지휘권자는 소송비용으로 민사 소송인지법이 정하는 인지대 및 예납금(송달료납부명령에 따른 검증료 및 감정료)과 증거작성 및 현장검증에 수반되는 실비를 소송대리인에게 지급한다.

제23조【예납소송비용의 정산】

소송대리인은 당해 심의에서 종국 판결이 선고되었을 때에는 지체없이 당해 법원으로부터 예납한 소송비용의 정산을 받아 잔액이 있을 때는 이를 수입 조치한 후 지휘권자에게 그 정산보고를 하여야 한다.

제4장 집행과 변제

제24조【채권명의이첩】

송무담당 부서장은 회사가 받은 채무명의를 지체없이 소속채권관리부서의 장에게 이첩하여야 한다.

제25조【가집행선고 판결의 집행】

가집행선고 승소판결을 받았을 때에는 지휘권자는 즉시 강제집행에 필요한 조처를 하여야 한다.

제26조【집행기록의 작성 등】

강제집행을 하였을 때에는 그 집행 기록을 본안사건기록에 합철한다.

제27조【임의변제청구의 구비서류】

회사 패소판결이 확정된 때에 임의변제를 받고자 하는 자는 다음 각 호의 서류를 구비하여 송무담당부서장에게 청구하여야 한다.

    1. 배상금지급청구서 3부
    2. 판결문 정본 1부 및 등본 2부
    3. 판결확정증명서 3부
    4. 청구인의 인감증명서 3부
    5. 대리인의 인감증명서 3부(대리인 청구)
    6. 위임장 3부(대리인 청구)

제5장 사후관리

제28조【소송보고】

① 송무담당부서장은 소송사건에 대하여는 그 접수, 진행상황 및 재판결과를 지체없이 사장에게 보고하여야 한다.

② 각급 소송지휘권자는 소송대리인이 소송수행해태행위를 한 때에는 해태사유, 해태결과 및 조치내용을 지체없이 사장에게 보고하여야 한다.

제29조【소송통계사무】

송무담당부서는 소송통계를 사건별, 결과별, , 확정판결, 승소판결 등으로 집계한 보고서를 반기별로 사장에게 보고한다.

제30조【임직원 승소포상】

임직원이 소송대리인으로 지정되어 소송을 수행하여 승소(일부승소를 포함한다) 결과를 가져왔을 때에는 승소금액의 5% 범위 내에서 포상할 수 있다.

제31조 【소송문서】

① 소송에 관한 문서는 일반문서와 소송문서로 구분한다.

② 소송문서는 그 사건기록에 편철하여야 한다.

제32조 【사건기록부】

① 사건기록은 사건마다 별책으로 기록한다. 다만, 보전처분, 구상권행사, 소송비용회수 등에 관한 문서는 본안사건기록에 합철한다.

② 보전처분, 구상권행사, 소송비용회수 등을 위하여 새로운 소를 제기한 때에는 제1항 단서에 불구하고 따로 그 사건 기록을 작성하여야 한다.

③ 제2항의 사건기록과 원본안 사건기록은 상호 관련 번호를 병기하여야 한다.

④ 사건기록에는 표지와 색인목록을 붙이고 소송문서의 접수 또는 작성일자 순으로 최근 문서가 상부에 가도록 철하고 매장마다 면수를 표시한 후 목록을 기재한다.

제33조 【사건번호의 기록】

① 사건기록에는 당해 기관별 연도별로 소장을 제출하거나 송달받은 순위에 따라 사건번호를 붙여야 한다.

② 사건에 관하여 최초로 붙인 사건명은 당해 사건이 종결될 때까지 이를 사용한다.

제34조 【기록부의 종류】

① 회사의 송무담당부서장은 다음 각 호의 부책 중 해당 부책을 작성 비치하여야 한다.

  1. 민사본안사건처리기록부

  2. 민사신청사건처리기록부

  3. 소송대리인위임자발급기록부

  4. 판결문기록부

  5. 강제집행처리기록부

  6. 소송비용회수기록부

  7. 임의변제접수처리기록부

  8. 구상권행사사건처리기록부

  9. 보전기록부

  10. 사건기록대출부

② 송무담당 부서장은 필요하다고 인정할 때 제1항 집집이 이외의 기록부를 비치 사용할 수 있다.

제35조 【기록부의 보존】

① 사건기록은 주관부서에서 보존한다.

② 완결된 민사본안사건 및 행정소송사건에 관하여는 사건기록과 판결문을 보존한다.

③ 보존기록은 보존기록부를 작성하고 사건처리부에 보존번호를 기재하여 보존한다.

제36조 【송무서류의 보존기간】

① 사건기록 및 판결문의 보존기한은 다음 각 호와 같다.

  1. 판결문 및 판결부 : 영구

2. 본안사건기록 : 영구

3. 민사신청사건기록 : 10년

② 기록부의 보존기한은 다음 각 호와 같다.

1. 보존기록부 : 영구

2. 본안사건처리부 및 색인부 : 영구

3. 민사신청사건처리 및 색인부 : 영구

4. 비송사건처리부 : 10년

5. 강제집행처리부 : 10년

6. 임의 변제접수처리부 : 5년

7. 구상권행사사건처리부 : 5년

8. 소송비용회수부 : 5년

9. 소송기록인계부 : 3년

10. 소송대리인위임장발급부 : 3년

11. 사건기록대출부 : 3년

③ 관련 문서의 보존기간은 주 기록부의 기한에 따른다.

〈부   칙〉

제37조 【시행일】

이 규정은 ○○○○년 ○월 ○일부터 시행한다.

〈서   식〉

(서식 1) 송무관리대장

(서식 2) 소송위임장

(서식 3) 소송결과보고서

(서식 1)

송무관리대장

소 송 명 사건번호	소송상대자	신청일 결과일	법원	처리결과
(비고)				

(서식 2)

소송위임장

사건 :

원고 : ○○주식회사 대표이사 ○○○

피고 : ○○화재해상보험(주) 대표이사 ○○○

위 사건에 대하여 원고는 아래 사람에게 소송대리를 위임합니다.

1. 소송대리할 사람

　　성명 : ○○○ (주민등록번호)

　　주소 : 서울 서초구 서초동 ○○○-○○

　　원고와의 관계 : ○○법무법인 변호사 (수임 변호사)

2. 소송위임할 사항

　　가. 위 사건에 관련된 일체의 소송행위

　　나. 화해, 청구의 포기 및 인락

　　다. 반소 제기 및 응소

　　라. 소의 취하

　　마. 변제의 수령에 관한 일체의 행위

　　바. 공탁, 담보권 행사 및 취소신청 등에 관한 일체의 행위

　　사. 복대리인의 선임

년 월 일

원고 ○ ○ ○ (印)

○○지방법원 민사 ○○단독 귀중

(주의사항)

1. 본 건 소송에 관하여는 위임자의 지휘를 받아야 한다.

2. 매회 공판진행상황을 별지 소송현황보고서(3호 서식)에 의하여 보고한다.

3. 판결 결과를 받았을 때에는 소송결과보고서(4호 서식)에 의하여 보고한다.

4. 민사소송법 제82조 제1항, 제2항 사유는 미리 위임자의 승인 또는 위임을 받는다.

(서식 3)

<table>
<tr><td colspan="3" align="center"># 소송현황보고서</td></tr>
<tr><td>제 목</td><td colspan="2">○○ 송무 건</td></tr>
<tr><td rowspan="3">송 무</td><td>송 무 사 항</td><td></td></tr>
<tr><td>관 할 법 원</td><td>○○지방법원 ○○재판부</td></tr>
<tr><td>사 건 번 호</td><td>○○지방법원 제 호</td></tr>
<tr><td rowspan="2">당 사 자</td><td>원 고</td><td></td></tr>
<tr><td>피 고</td><td></td></tr>
<tr><td rowspan="2">청 구 사 건</td><td>당사(원고) 선임
변 호 사</td><td></td></tr>
<tr><td>상대(피고) 선임
변 호 사</td><td></td></tr>
<tr><td>소 송 현 황</td><td colspan="2"></td></tr>
<tr><td colspan="3" align="center">○○소송현황을 다음과 같이 보고합니다.
(보고일) 20 년 월 일
(보고자) 소송부서장 (인)</td></tr>
</table>

(서식 4)

소송결과보고서

1. 제　　목 : ○○소송 현황보고
2. 관할법원 : ○○지방법원
3. 당 사 자 : 사건번호 ○○지방법원　　호
　　　　　　　1) 원고 :
　　　　　　　2) 피고 :
4. 청구사건 :

　　　　　　　다음과 ○○소송결과를 다음과 같이 보고합니다.

① 판 결 선 고 년 월 일	
② 판　결　결　과	
③ 판 결 문 송 달 일 자	
④ 상　소　마　감　일	
⑤ 상소 여부에 대한 의견	
⑥ 비　　　　　고	

첨　　부 : 판결문 정본 1부 끝.

년　　　월　　　일

소송　대리인　　　　　　　　(인)

845

제26편

회계·경비 등 관련 규정

[115]
회계관리규정

제정 ○○○○년 ○○월 ○○일
개정 ○○○○년 ○○월 ○○일

〈총 칙〉

제1장 통칙

제1조 【목적】

이 규정은 ○○주식회사(이하 "회사"라 한다)의 회계처리 업무수행을 위한 제반 원칙과 절차를 정하여 회계와 세무 처리의 일관성을 유지하고 경영의 투명성과 합리화를 기하는데 그 목적이 있다.

제2조 【적용범위】

회사의 회계처리업무는 는 법령 또는 사규 등에 특별히 정하는 경우를 제외하고는 이 규정이 정하는 바에 의한다.

제3조 【회계처리원칙】

회사의 회계업무는 기업회계기준(서), 세무회계기준, 업종별회계기준에 의하여 처리한다.

제4조 【회계단위】

① 회계업무를 효율적으로 처리하기 위하여 다음의 회계단위를 설정한다.
    1. 본사
    2. 지점, 생산공장, 공사현장, 지사, 등
② 각 회계단위의 총괄은 본사에서 관장한다.

제5조 【회계책임자】

회사의 회계책임자는 경리부장 또는 경리이사이며, 본사의 회계책임자는 경리부장이, 각 회계단위에 있어서는 그 장이 회계책임자이며 총괄책임은 본사의 경리부장 도는 경리이사가 한다.

제6조 【회계업무내용】

이 규정에서의 회계업무는 다음 각 호와 같다.
    1. 장표체계와 계정과목제정
    2. 회계서류의 작성과 보존
    3. 재무회계
    4. 재고자산회계
    5. 고정자산회계
    6. 업무회계
    7. 원가계산
    8. 결산
    9. 회계감사

제7조 【회계년도】

회계연도는 정관이 정하는 바에 따라 매년○○월 ○○일부터 ○○월○○일까지로 한다.

제8조 【서류의 보존】

회계에 관한 장부및 서류는 작성일이 속하는 사업연도로부터 5년간 보존함을 원칙으로 하고 특별한 경우는 보존기간을 연장할 수 있다. 단, 재무재표는 영구 보존하여야 한다.

제2장 전표와 장부

제9조 【전표와 증빙】

① 전표의 종류는 입금전표, 출금전표, 대체전표로 구분하며 전표양식은 입금, 출금, 대체전표의 내용을 겸한 분개전표를 사용한다.

② 모든 거래는 거래발생 부서의 지출결의서에 의하여 경리부에서 전표를 기표, 처리하며 회계장부는 전표에 따라 기장하여야 한다.

③ 회계전표에는 거래의 정당성, 계산의 정확을 증명하는 영수증, 계산서 등의 증빙서류를 첨부하여야 한다.

④ 회계담당자및 책임자는 필요하다고 인정되는 경우에 지급 상대방에게 전표에 대한 관련 부속서류의 제출을 요구할 수 있다.

⑤ 회계담당자및 책임자는 증빙서류가 허위이거나 처리할 수 없는 경우에는 지급거절 또는 지급대상자에게 지출결의서를 반송할 수 있다.

⑥ 전표는 다음 내용을 기재하는 것으로 하며 간단하며 내용을 파악할 수 있도록 기재하여야 한다.

1. 발행 연월일, 거래내용, 거래처, 금액
2. 거래처의 사업자 등록번호
3. 증빙으로 세금계산서가 첨부된 경우 공급가액과 부가세를 구분 기재 하여야한다.
4. 거래처및 수령인으로부터 받은 증빙과 대조할 수 있어야 한다.

⑦ 완결된 전표는 일자별로 편철 보관하고 회계담당자및 과장은 일련서류의 보관에 책임을 진다.

제10조 【재무제표】

재무제표는 재무상태표, 손익계산서, 이익잉여금처분계산서, 원가계산서 등으로 그 명칭과 내용은 기업회계기준(서)에 따른다.

제11조 【회계장부】

각 회계단위에서는 복식부기장부 작성을 원칙으로 다음의 회계장부를 갖추어 계정을 구분, 정리한다.

1. 분개장 (전표및 일계표)
2. 총계정원장
3. 보조부 (각 계정의 보조원장, 현금출납부)
4. 기타 필요한 장부

제12조 【회계장부 기록절차】

회사의 모든 거래의 장부기록절차는 ①거래발생 ②전표기표 ③ 일(월)계표작성 ④ 보조부기장 ⑤ 총계정원장기장 ⑥계정과목별대사 ⑦합계잔액시산표작성 ⑧ 총계정 및 보조부 마감 ⑨ 결산의 순서로 한다.

제13조【장부확인】

회사의 경리책임자와 각 업무부서의 담당자는 원장과 각 관련장부에 대하여 항상 장부상의 금액과 잔액을 점검하여 상호간에 정확히 일치하도록 확인하여야 한다.

제14조【개서 및 정정】

경리에 관한 서류에 개서 또는 정정하고자 할 때에는 당해 자구 혹은 숫자에 두줄의 주선을 긋고 정정자의 날인과 함께 정정하여야 하며 이 이외의 어떠한 방법의 개서 또는 정정도 인정되지 아니한다.

제15조【기장필 전표의 정정】

기장필 전표의 정정은 새로운 대체 전표의 발급에 의하여야 하며 기장필 전표 그 자체를 정정하여서는 아니 된다.

제3장 금전출납

제16조【금전의 범위】

① 이 규정에서 금전이라 함은 현금 및 예금을 말한다.

② 현금은 통화, 수표, 우편환증서, 대체예금증서를 말한다.

③ 어음 및 유가증권도 금전에 준하여 취급한다.

제17조【출납책임자】

① 금전의 출납책임자는 직제가 정하는 바에 의한다.

② 회계단위별 장(예 : 각 지점장, 현장소장 등)은 금전출납에 대하여 각각 출납책임자로서의 위임받은 범위의 책임을 진다.

제18조【출납업무】

① 출납담당자는 출납책임자가 이를 정하며 금전의 출납사무를 취급한다.

② 출납담당자는 특별히 정하여진 경우 및 경리부장의 승인이 있는 경우를 제외하고는 전표를 발행하지 못하며 금전의 수납과 내역에 관한 기장업무 이외의 장부기장업무는 경리부장의 지시가 없는 한 이에 임할 수 없다.

제19조【현금의 출납】

① 어떠한 경우를 막론하고 전표 없이는 현금을 출납하지 못한다.

② 현금의 지급은 원칙적으로 출납창구를 통하여야 하며 지급전표에 담당 책임자의 날인이 없으면 이를 취급하지 못한다.

제20조【금전의 수납】

① 현금의 수납은 입금통지서 또는 기타 증빙서류에 의한다.

② 현금의 수납은 입금자의 면전에서 현금의 금액을 확인한 후에 이를 취급하여야 한다.

③ 당좌예금 및 어음에 의한 수납의 경우도 전항에 준 한다.

④ 수납한 현금은 원칙적으로 당일 중 은행에 예금 입금시킨다.

⑤ 수표, 어음, 우편환증서, 기타 이에 준하는 증서 등을 수납할 시에는 다음 사항을 확인 조사하여야 한다.

   1. 도난, 분실, 기타 사고증서 여부

   2. 거래정지 처분을 받은 자가 발급한 것인가의 여부

   3. 배서 또는 전서의 확인

제21조【간접입금】

① 출납담당자 이외의 자가 금전을 수령한 경우에는 지체없이 출납담당자에게 인도하여야 한다.

② 업무부에서 공사대금을 수령할 때는 경리부 출납관리자로부터 소정양식의 세금계산서 및 영수증(입금표)을 수령하여 공사발주처에 작성 교부하고 소정양식의 세금계산서 및 영수증(입금표)의 부본과 금전 또는 어음을 지체없이 출납담당자에게 인도하여야 한다.

제22조【영수증의 발행】

① 출납책임자가 금전을 수납한 경우에는 소정양식의 세금계산서, 수입계산서 또는 입금표를 작성, 교부하여야 한다. 다만, 사내관계의 영수증은 출납책임자의 확인인이 있는 입금전표로서 이를 대신할 수 있다.

② 상대방이 금전의 수납 이전에 영수증의 발행을 요구하는 경우에는 영수증 발행의뢰서를 제출받아야 한다.

제23조【당좌예금의 처리】

출납담당자는 은행당좌예금 계정으로 금전이 입금된 때에는 신속히 은행에 확인하고 관계부서에 그 사실을 통지하며 관계부서의 담당자가 발급한 입금내역서로서 전표를 작성한다. 이 경우 당좌예금입금증을 전표에 첨부하여야 한다.

제24조【수표의 예입】

출납책임자는 수납한 수표를 즉시 은행에 예입하여야 한다. 다만, 그 지급장소가 다른 어음교환서의 은행으로 되어 있는 수표의 경우는 은행에 추심을 의뢰하고 사후에 입금을 확인하여야 한다.

제25조【어음의 보관 및 추심】

출납담당자는 수납한 어음을 받을 어음 계정으로 처리하고 특별한 사유가 없는 한 원칙적으로 당일 중으로 거래은행에 보관시키고 어음보관증을 증빙으로 보관하여야 한다. 또한 어음 만기일 전(서울은 1일전, 지방은 2~3일전)에 은행에 보관된 받을 어음을 추심 의뢰하여 입금 여부를 확인하여야 한다.

제26조【금전의 지급】

① 금전의 지급은 거래발생 부서의 지출결의서와 최종지급서의 세금계산서, 입금표 등의 증빙서류에 따라 지급전표에 의하여 지급한다.

② 금전의 지급은 당좌수표, 지급어음을 발행하여 지급함을 원칙으로 한다. 다만, 소액 지급액과 부득이한 사유가 있을 경우에는 현금으로 지급할 수 있다.

제27조【지출원인행위】

지출원인행위를 하고자 할 때에는 품의서 또는 지출결의서를 작성하여야 한다.

제28조【영수증의 징구】

금전을 지급할 때에는 반드시 정당한 수취인이 영수한 또는 이에 가름하는 증서를 징수하고 증빙서류로서 출금전표 또는 대체전표에 첨부하여야 한다.

제29조 【송금지급】

① 송금지급을 할 필요가 있는 경우에는 은행 계좌입금, 은행환, 우편환, 대체저금 등 통상의 송금방법에 의한다. 이러한 경우 수취인에게 송금통지서를 송부한다.

② 수취인의 요구에 의하여 은행급대체저금입금 또는 우편환으로 지급하는 경우에는 정규의 수령증을 갖추기까지 은행계좌입금증, 수령서 또는 우편환부본으로서 영수증에 대신할 수 있다. 다만, 이 경우에는 지체없이 수취인으로러 정규의 영수증을 징구하여야 한다.

제30조 【지급어음의 발행】

① 지급어음의 발행은 원칙적으로 본사에서 행한다.

② 어음발행은 자금담당 책임자의 지시에 의하여 지급어음 계정 담당자가 어음을 발행하고 지급어음장에 기입한 수에 전표 및 증빙서류를 첨부하여 자금담당 책임자 경유, 사장 또는 사장이 임명하는 어음발행자에게 제출하여 기명날인을 받는다.

③ 지급어음은 자금담당 책임자의 책임아래 보관 관리하고 지급어음 발행상인(고무인)은 출납담당 관리자가 보관하며 발행인장은 사장 또는 사장이 임명하는 자에게 보관한다.

④ 당좌수표 발행의 경우에도 전항과 같이한다.

제31조 【어음의 결재】

만기일이 도래한 지급어음은 지급은행의 당좌계정에 의하여 결재한다.

제32조 【어음의 발행인 및 배서인】

지급어음의 발행과 지급기일 전 받을어음의 할인 배서와 양도는 대표이사의 명의로서 한다.

제33조 【어음잔액의 확인】

① 지급어음계정 담당자는 그 어음원장의 장부잔액을 매월말 미결재 어음잔액과 대조하고 어음잔액표를 작성하여 자금담당 책임자에게 제출한다.

② 받을어음의 경우에 제1항과 같다.

제34조 【출납기록】

출납담당자는 수취 및 어음의 접수에 대하여는 출납기록 및 정리를 한다.

제4장 매입과 매출

제35조 【외상매입금】

외상매입은 매입처별로 기록하고, 매입금의 지급시 장부에 기록한다.

제36조 【외상매입금의 지급】

경리담당자는 구매부서로부터 회부된 청구서와 외상매입금 내역서를 대조하여 청구서의 기재사항을 확인한 후 지급전표를 작성하고 지급절차를 거친다.

제37조 【선급금】

선급금은 제35조의 외상매입금에 준하여 장부에 기록하며, 거래부분의 결제에 대하여는 외상매입금과 상계하여 정리한다.

제38조 【외상매출금】

판매물품에 대한 외상매출금은 판매 물품별로 기장하고, 그 물품대금의 입금시 장부에 기록한다.

제39조 【선수금】

선수금은 외상매출에 준하여 기장하며, 거래가 결제된 경우에는 외상매출금과 상계하여 정리한다.

제40조 【미지급금】

고정자산의 구입과 외주 또는 사무용품 등의 구입에 따라 발생하는 미지급채무에 대하여는 경리담당자가 원인행위 발생부서로부터 회부된 채무의 확정을 증명하는 증빙서류에 의하여 미지급금계정에 계상하거나 그 지급은 외상매입금의 지급방법과 같이 한다.

제41조 【회수불능 외상매출금】

외상매출금이 회수불능의 경우가 발생하여 대물변제로 받는 경우에는 관련업무책임자는 그 경위를 지체없이 사장에게 보고하고 그 처리에 대한 지시를 받아야 한다.

제42조 【대손처리】

미수금, 외상매출금, 전도금 등의 채권을 대손으로 처리하는 경우에는 경리부장은 사장의 승인을 받아야 한다.

제5장 재고자산

제43조 【재고자산의 범위】

재고자산이라 함은 상품, 반제품, 재공품, 원재료, 저장품 등 기업의 정상적인 영업활동과정에서 판매를 목적으로 보유하거나 판매할 제품의 생산을 위하여 사용되거나 소비될 자산을 말한다.

제44조 【재고자산의 평가방법】

① 재고자산의 단가는 원가법과 저가법중에서 선택한다.

② 원가법의 선택은 다음의 각 호의 평가방법 중에서 선택한다.

  1. 개별법   2. 선입선출법
  3. 후입선출법   4. 총평균법
  5. 이동평균법   6. 매출가격환원법

> ※ 재고자산의 취득가액을 그 자산의 평가액으로 하는 방법

제45조 【재고자산의 평가방법신고】

① 당해법인의 설립일이 속하는 사업연도의 과세표준신고 기한내에 납세지 관할세무서장에게 신고한다.

② 무신고한 경우에는 선입선출법(매매목적 소유부동산은 개별법)을 적용하며, 신고기한을 경과하여 신고한 경우에는 그 신고일이 속하는 사업연도까지 무신고로 하고, 그 후의 사업연도에 있어서는 신고한 방법을 적용한다.

제46조【재고자산 평가방법 변경신고】

재고자산평가방법을 변경하고자 하는 사업연도 종료일 이전 3개월이 되는 날까지 납세지 관할 세무서장에게 신고한다.

제47조【재고자산의 세무조정】

① 재고자산의 세무상 평가한 가액이 결산상 재고자산의 가액보다 큰 경우 그 차액을 "재고자산 평가감"이라 하여 익금산입하고, 그 반대로 세무상 평가한 가액이 결산상 재고자산의 가액보다 적은 경우에는 그 차액을 "재고자산평가증"이라 하여 손금산입한다.

② 제1항과 같이 평가증감으로 조정된 금액은 그 다음 사업연도에는 직전사업연도와 반대로 전년도의 익금산입분은 손금산입하고, 전년도의 손금산입분은 익금산입한다.

※ 따라서, 재고사산의 평가증감은 결과적으로 손익의 귀속사업연도에만 영향을 주는 결과가 된다.

제6장 고정자산

제48조【고정자산의 범위】

고정자산이란 법인이 영업을 목적으로 소유하고 있는 자산으로 각 호의 자산을 말한다.

1. 유형고정자산 : 감가상각대상
2. 무형고정자산 : 감가상각대상
3. 투자자산

제49조【유형고정자산】

감가상각대상 유형고정자산은 다음 각 호와 같다.

1. 건물(부속설비포함) 및 구축물(이하 "건축물"이라 한다)
2. 차량 및 운반구, 공구, 기구 및 비품
3. 선박 및 항고기
4. 기계 및 장치
5. 동물 및 식물
6. 기타 상기 항목과 유사한 유형고정자산

제50조【감가상각대상 무형고정자산】

감가상각대상 무형고정자산은 다음 각 호와 같다.

1. 영업권	2. 상표권
3. 특허권	4. 광업권
5. 의장권	6. 실용실안권

7. 기타 상기 항목과 유사한 무형고정자산

제51조【감가상각방법】

감가상각비 계산을 위한 감가상각방법은 다음과 같다.

구 분		선택가능한 상각방법	무신고시의 상각방법
유형자산	일 반	정률법 또는 정액법	정률법
	건 축 물	정액법	정액법
무형자산	일 반	정액법	정액법

제52조【내용연수의 신고】

① 회사가 적용할 내용연수를 선택하여 납세지 관할 세무서장에게 신고한 경우에는 이 신고내용 연수에 의하여 감가상각범위액을 계산한다.

② 신설법인의 경우에는 법인세과세표준의 신고기한내에 한다.

③ 회사는 자산별 업종별 구분에 의한 기준내용연수가 다른 고정자산을 새로 취득하였거나 새로운 업종의 사업을 개시한 경우에 고정자산의 취득일 또는 사업개시일이 속하는 사업연도의 법인세과세표준의 신고기한내에 한다.

제53조【내용연수 변경신고】

① 회사가 사업장별로 납세지 관할 지방국세청장의 승인을 얻어 내용연수범위와 다른 내용연수를 적용하거나 적용하던 내용연수를 변경할 수 있다.

② 내용연수의 변경신고시 기준내용연수의 100분의 50을 가감한 범위내에서 내용연수를 정하여야 한다.

제54조【고정자산 세무조정】

① 회사가 감가상각비조정명세는 개별자산별로 구분 작성하여 보관한다.

② 법인세신고시 제출하여야 할 서류는 다음과 같다

  1. 감가상각비조정명세서합계표

  2. 감가상각비시부인명세서

  3. 취득 및 양도자산의 감가상각비조정명세서

제7장 회계단위간의 거래

제55조【본사계정】

회계단위간의 거래(사내거래)를 처리하기 위하여 본사에서는 지점계정을 설정하고 본사이외의 회계단위에서는 본사계정을 설정한다.

제56조【집중계산】

본사 이외의 각 회계단위간의 거래는 본사계정을 통하여 이루어지며 모두 본사에서 통합 정리한다. 다만, 해외지점간의 거래는 본사계정을 사용하지 않고 지점대 지점 거래로서 정리할 수 있으나 반드시 잔액을 일치시켜야 한다.

제57조【대체 통지서】

각 회계단위간의 거래는 대체 통지서에 의하며 대체 통지서는 4매 복사하여 그중 1매(대체전표)는 본사 경리부에 송부 정리한다.

제58조【보고 및 통보】

본사 이외의 회계단위간의 거래시 회계보고서는 매월말일기준 익월 5일까지 본사에 보고하여 본사는 이를 종합하여 정리한다.

제8장 원가계산

제59조【원가계산의 목적】

회사의 구매, 제조, 유통, 판매활동의 원가를 계산하여 제조원가와 관리원가를 파악하여 회사의 손익을 파악하여 경영능률향상과 재무제표작성에 목적을 둔다.

제60조【계산기간】

원가계산은 특별한 경우를 제이하고 매월별로 기간계산을 한다.

제61조【원가계산법】

① 원가계산방법은 원가계산준칙이 정하는 바에 의한다.

② 원가계산은 제조부문과 관리부문에 합당한 원가계산법을 적용한다.

③ 제조경비는 구매비와 노무비, 부대경비의 배부기준을 마련하여 제조경비를 산출한다.

④ 관리부분경비는 기말상품계산법으로 재고조사법, 개별법, 선입선출법, 후입선출법, 이동평균법, 총평균법, 단순평균법 등을 관리부문경비를 산출한다.

제62조【상품계정기록】

상품계정은 구입상품의 가액을 기록한다. 구입상품의 가액은 상품이 창고에 입고될 때까지 소요된 전비용이 포함된 가액으로 이를 기록한다.

제63조【상품원가계산법】

상품원가는 상품판매처에서 전기이월된 상품금액에서 당기에 구입한 상품금액을 합한금액에서 기발상품재고액을 차감하여 계산한다.

제64조【원가대체전표】

원가계산전에 전표와 장부, 수정사항을 확정하여 부문별집계과정을 거처 원가계산을 행하고 원가대체전표를 작성하여 결산정리를 한다.

제65조【재료원가계산】

재료구입원가는 그 구입대금과 부대되는 운반비등 제비용을 합계한 금액으로 한다.

제66조【노무비계산】

노무비는 고정인건비와 임시직과 일용직의 인건비와 외주 노무비의 지급액의 총액으로 한다.

제67조【외주비계산】

외주한 도급공사비는 계약조건에 의하여 지급한 금액과 지급하여야 할 금액의 총액을 계산한다.

제68조【원가요소별계산】

원가의 요소별 계산은 다음과 같이 원가명세서(보고서)를 작성하여야 한다.

1. 직접원가에 있어서는 전기이월액에 당기비용을 합계한 금액에서 차기이월을 공제한 금액으로 완성공사원가를 계산한다.

2. 간접비에 있어서는 원가계산기간의 간접비 발생비용의 총액을 부문별 사업규모에 따라

직접원가배부법에 의하여 배부한다.

제69조 【결산기준】

원가계산의 수치는 관련계정과목의 금액과 일치하여야 한다.

제9장 결　　산

제70조 【목적】

결산은 1회계기간의 회계기록을 정리하여 당해 기간의 경영성과 및 재무상태를 정확히 밝힘을 목적으로 한다.

제71조 【결산기준】

결산을 행함에 있어서는 기업회계기준에 의한 다음의 기준에 적합한 재무제표를 작성하여야 한다.

1. 재무상태 및 경영성과에 관한 진실하고 명확한 내용의 표시
2. 회계처리의 명료한 표시
3. 회계원칙 및 절차의 계속적용
4. 기타 일반적으로 공정 타당하다고 인정되는 회계기준의 적용

제72조 【결산책임자】

결산사무책임자는 직제규정에 따른다. 단, 정하지 않은 경우에는 본사는 경리부장, 각 사업장은 그 조직의 장이 결산사무책임자이다.

제73조 【결산종류】

결산은 월차결산 및 기말결산으로 한다.

제74조 【월차결산 1차】

① 각 회계단위의 결산사무책임자는 다음과 같이 업무처리 한다.
  1. 매월말에 회계기록을 정리한다.
  2. 미경과선급·미지급비용을 계산한다.
② 각 회계단위의 결산사무책임자는 다음의 서류를 작성하여 본사의 경리부장에게 제출한다.
  1. 잔액시산표
  2. 각 계정명세서
  3. 원가계산서
  4. 기타 부속서류

제75조 【월차결산 2차】

본사의 경리부장은 각 회계단위의 계산하여 다음 각 호의 서류를 작성하여 사장에게 보고한다.
  1. 합계잔액시산표
  2. 재무상태표
  3. 손익계산서
  4. 각 계정명세표
  5. 원가계산서

6. 기타 부속서류

제76조 【기말결산 1차】

① 각 회계단위의 결산사무책임자는 다음과 같이 업무처리 한다.

1. 매기말에 회계기록을 정리한다.
2. 미경과선급·미지급 등의 비용을 계산한다.
3. 감가상각 충당금의 확정, 재고자산의 수정 등 기타 필요한 계정을 정리한다.

② 각 회계단위의 결산사무책임자는 기말결산을 위하여 다음 각 호의 서류를 경리부장에게 제출한다.

1. 월차결산으로 제출할 서류로서 기 중의 누계를 해야 하는 것
2. 자산부채명세서
3. 기타 부속서류

제77조 【기말결산 2차】

본사의 경리부장은 회계단위의 계산을 종합하여 다음 각 호의 서류를 작성하여 사장에게 제출한다.

1. 재무상태표
2. 손익계산서
3. 잉여금처분계산서 또는 결손금처리계산서
4. 부속명세서
5. 자산부채내역서
6. 기타 부속서류

제78조 【재무제표의 작성】

회사는 정관에서 정한 바에 따라 경영실적에 따른 재무제표를 작성한다. 다만, 기결산자료로 갈음할 수 있다.

제79조 【경영분석】

경리부장은 월차 및 기말 결산서류를 토대로 경영분석 및 경영지표를 작성하여 월차 및 년차 추세 또는 동 업계와의 비교자료를 제출하여야 한다. 또한 경리부장은 결산에 있어 경영상의 중요한 변화를 발견하였을 때에는 그 변화의 원인을 규명하여 보고하여야 한다.

〈부 칙〉

제80조 【시행일】

이 규정은 ○○○○년 ○○월 ○○일부터 시행한다.

[116]
내부회계관리규정

제정 ○○○○년 ○○월 ○○일
개정 ○○○○년 ○○월 ○○일

〈총 칙〉

제1장 통칙

제1조【목적】

이 규정은 ○○주식회사(이하 "회사"라 한다)가 작성 및 공시하는 회계정보의 대내외적인 신뢰를 높이기 위하여 내부회계관리를 합리화하는데 필요한 사항을 정함을 목적으로 한다.

제2조【적용범위】

내부회계관리에 관한 사항은 법령 또는 정관에 정하여진 것 이외에는 이 규정이 정하는 바에 의한다.

제3조【용어의 정의】

① "내부회계관리"라 함은 신뢰할 수 있는 회계정보의 작성 및 공시를 위하여 회계의 부정과 오류를 예방하고 적시에 발견할 수 있도록 회계시스템을 관리 및 통제하는 절차와 과정을 말한다.

② "내부회계관리제도"라 함은 내부회계관리의 목적을 달성하기 위하여 필요한 사항을 정한 규정과 이를 관리 및 운영하는 조직의 제도를 말한다.

③ "내부회계관리자"는 대표이사가 지정한 상근 "○○이사(경리이사, 총무이사) 1인을 말한다.

제2장 회계정보관리

제4조【회계정보처리의 일반원칙】

회계정보의 식별, 측정, 분류, 보고 등 회계처리에 관하여는 기업회계기준이 정하는 바에 따른다. 단, 기업회계기준에서 정하지 않은 사항은 일반적으로 공정 타당하다고 인정되는 회계관행에 따른다.

제5조【회계업무의 처리】

회계정보에 대한 식별, 측정, 분류, 보고 등 회계처리 및 회계기록에 관한 사항은 이 장의 각 조에서 정한 업무처리규정에 따른다.

제6조【회계처리의 방침】

① 자산, 부채평가기준, 수익과 비용의 인식기준 등 구체적인 회계처리의 방침과 절차를 정하여 이사회 결의를 거쳐야 한다.

② 회계담당자는 회계처리 방법과 절차상의 문제발견 시 내부회계관리자에게 즉시 보고하여야 하며, 이를 시정하여 회계처리의 원칙에 따라 처리해야 한다.

③ 내부회계관리자는 발견한 회계정보의 중요도에 따라 이사회에 보고하고 그 결의에 따라 시정하여야 한다.

제7조【회계방침의 변경】

① 자산의 평가방법, 재무제표의 표시방법 등 회계방침을 변경하고자 하는 경우에는 이사회의 결의로 변경하여야 한다.

② 이사회는 회계방침의 변경에 대한 결의에 앞서 감사와 감사인의 의견을 들어야 한다.

제8조【회계정보의 보고】

회계시스템에 의해 산출되는 회계정보를 보고할 때에는 다음 각호를 명시하여 서면으로 보고한다.

    1. 보고서 제목(종류)

    2. 보고의무자

    3. 보고받는 자

    4. 보고일자

    5. 보고내용

제9조【회계거래의 기록방법】

① 모든 거래는 복식부기의 원리에 따라 정확하게 기록한다.

② 전표와 장부의 기록 방법과 절차는 "기업회계기준(서)"의 내용에 따라 기록한다.

③ 전산회계프로그램을 이용하여 기록하는 경우 제1항과 제2항의 내용을 충족한 프로그램을 사용하여야 하며, 프로그램의 명칭과 운용방법을 기록한후 기록하여야 한다.

제10조【회계정보의 공시】

법령에 의하여 공시하여야 할 회사의 정보에 회계정보가 포함되어 있는 경우에는 공시담당자는 내부회계관리자에게 그 내용을 서면으로 문의하고 서면으로 확인하여야 한다. 이 서면에는 공시

담당자 및 내부회계관리자가 각각 서명하여야 한다.

제11조【회계업무처리의 점검】

① 내부회계관리자는 회계정보의 유형별로 또는 회계정보를 산출하는 부서별로 시기를 정하여 매 3월에 1회 다음 각 호의 사항을 조사하고 이상의 유무를 대표이사와 이사회에 보고하여야 한다.

   1. 회계처리방법이 기업회계기준 및 본 규정을 준수하는지 여부

   2. 전표·회계보조부·회계장부, 기타 보고서가 정확한지 여부 및 적절한 보고 및 승인절차를 따랐는지 여부

   3. 최종보고서가 기초 회계정보를 정확히 반영하고 있는지 여부

   4. 회계담당자가 상급자로부터 법령 및 본 규정에 어긋나는 회계처리를 하도록 지시받은 사실의 유무

② 제1항의 조사를 한 결과 기업회계기준 및 본 규정을 준수하지 않은 사항이 있거나 오류가 있을 경우에는 즉시 시정하고, 그 원인과 관련자에 관해 대표이사와 이사회에 보고하여야 한다.

(참조 : 법 제4조 제1항 제2호 및 제3호)

제12조【회계기록의 관리 및 보존】

① 전표·회계보조부·회계장부 등 모든 회계정보는 컴퓨터에 입력하여야 한다. 대표이사는 회계기록이 재난이나 도난 등에 의해 손상되지 않도록 회사 내의 컴퓨터와 장소를 달리하는 컴퓨터에 동시에 기록을 보존하여야 한다.

② 회계기록의 담당자가 회계정보를 컴퓨터에 입력할 때에는 동시에 같은 내용을 내부회계관리자가 관리하는 컴퓨터에 전송하여야 한다. 회계기록의 담당자가 종전의 회계기록을 변경할 경우에는 내부회계관리자에게 그 이유를 설명하고 동의를 얻어야 한다.

③ 회계기록의 담당자는 회계기록이 수록된 전자문서에 암호를 부여하여 기록을 관리하고 타인이 접속할 수 없도록 하여야 한다. 회계담당자가 회계기록을 상급자에게 보고할 때에는 서면으로 출력하여 보고하거나, 기록을 복사해 전송하는 방식으로 보고하여야 한다.

> (참고) 1. 회계기록의 보존·관리를 위한 규정을 갖추고 있을 경우 : "회계관리규정 또는 문서관리규정 등 ○○규정에 따른다"라고 작성한다.
> 2. 관련규정이 없는 경우 : 현재 적용하는 전산회계관리시스템의 관리사항을 상기와 같이 규정으로 작성한다.

> 감사위원회를 자율적으로 설치하는 경우

제13조【회계기록의 관리·보존】

회사는 전표·회계보조부·회계장부 등 모든 회계기록은 다음 각 호와 같이 관리 및 보존한다.

   1. 전표·회계보조부·회계장부 등의 회계기록은 재난이나 도난으로부터 보호될 수 있도록 안전한 장소에 보관하고, 유사시 행동요령, 회계기록 보관 책임자 및 담당자, 위조·변조 및 훼손을 방지하기 위한 정기적인 점검일정 및 점검방법 등을 정하여 관리·보존하여

야 한다.

2. 회계기록에 대한 접근은 접근권한이 있는 자에게만 허락하고 기타 권한이 없는 자에게는 자료 접근을 원천적으로 금지하여야 한다.

3. 접근권한의 부여 및 변경에 대하여는 내부회계관리자의 신청에 의해 대표이사의 승인을 받아야 한다.

제3장 조직 및 운영

제14조【운영책임자】

회사 내부회계관리제도의 운영책임자는 대표이사로 하며, 대표이사는 내부회계관리제도가 원활히 작용하도록 관련임직원을 교육하고, 필요한 설비를 지원하여야 한다(참조 : 법 제4조 제1항 제5호).

제15조【내부회계관리자】

① 대표이사는 회사의 상근하는 이사로서 회계를 관리할 능력이 있는 자 중 1인을 내부회계관리자로 지명한다. 내부회계관리자는 정기총회 직후 지명하여 다음 정기총회 종료일까지 직무를 담당하도록 함을 원칙으로 하고, 그 중간에 교체할 경우에는 이사회에 그 이유를 설명하여야 한다.

> ※(참고) 내부회계관리자는 당해 기업의 상근하는 이사로서 원칙적으로 상법 제382조 규정에 따라 주주총회에서 선임된 이사이며 당해 기업의 상무에 종사하는 자를 지칭한다. 다만 주주총회에서 선임된 상근하는 이사가 1인이면서 당해 이사가 기업의 대표자인 경우 등 예외적인 경우에 한하여 주주총회에서 선임된 이사는 아니지만 기업의 상무에 종사하는 자로서 사장·부사장·전무·상무 등 회사의 업무를 집행할 권한이 있는 집행임원도 임명될 수 있다(재경부 증권41298-543, 2001.12.29).

② 내부회계관리자는 매 반기가 경과한 후 최초로 개최되는 이사회에 이 규정에 따른 회계관리제도의 운영실태에 관해 보고하고 같은 시기에 감사에게도 보고하여야 한다.

③ 내부회계관리자는 이 규정에 규정된 업무를 수행하며, 이사회 또는 감사(또는 감사위원회. 이하 같다)가 직무를 수행하기 위하여 자료제출을 요구하는 경우에는 지체 없이 이에 응하여야 한다.

제16조【회계정보관련 업무분장】

회사 회계정보의 작성 및 공시를 담당하는 임원 및 직원의 업무는 별표 제○호와 같이 분장한다.

> ※ 별표에 회계정보의 유형별로 부서와 책임자 및 담당자를 지정하고 공시를 담당하는 자도 같은 요령으로 기재한다. 또한 회계정보를 작성 및 공시하는 임원 및 직원 등 내부회계관리규정을 관리·운용하는 조직의 구성원은 공인회계사의 자격을 가진 자 등 회계전문가가 포함될 수 있도록 한다(참조 : 기업구조조정법 제4조1항5호).

제17조【내부회계관리규정 위반의 지시등】

① 대표이사 기타 임·직원이 회계정보담당자에게 이 규정을 위반하는 내용의 회계정보를 작성 또는 공시할 것을 지시하는 경우에는 당해 회계정보담당 임·직원은 이를 내부회계관리자 및

감사에게 즉시 보고하여야 한다.

② 내부회계관리자는 제1항의 보고를 받은 후 당해 지시가 위법·부당하다고 인정되는 경우에는 지체 없이 이사회의 소집을 청구하여 이사회에 보고하여야 한다.

③ 제1항에 의해 보고받은 내부회계관리자는 보고자의 신분 등에 관한 비밀을 유지하여야 한다.

> ※ 회계정보와 관련하여 감사인(주식회사의 외부감사에 관한법률 제3조의 감사인을 말하며 소속공인회계사를 포함한다)이 기업구조조정법 제6조 제1항이 규정하는 위반행위를 한 사실(기업의 임직원과 감사인이 공동으로 위반행위를 한 경우를 포함)을 알게 된 자의 고지 또는 신고는 증권선물위원회에 신고하는 방법에 의함(참조 : 기업구조조정법 제6조 제1항, 영 제5조).

제18조 【감사의 보고의무】

감사는 제9조 제2항 또는 제3항에 의해 내부회계관리자가 보고하는 내부회계관리제도의 운영실태를 평가하여 이사회에 서면으로 의견을 진술하고 이를 본점에 비치하여야 한다. 이 경우 내부회계관리제도의 관리 및 운영에 대하여 시정의견이 있는 경우에는 이를 포함하여 진술하여야 한다.

제19조 【내부회계관리제도의 공시】

① 증권거래법 제186조의2의 규정에 의하여 제출하는 사업보고서에는 다음 각 호의 사항을 기재한 서류(이하 "내부회계관리제도운영보고서"라 한다)를 첨부하여 이를 공시하여야 한다(감독규정제3조).

1. 내부회계관리규정과 이를 관리·운영하는 조직에 관한 사항
2. 내부회계관리자가 이사회 및 감사에게 보고한 내부회계관리제도 운용실태
3. 감사가 내부회계관리제도의 운용실태를 평가하여 이사회에 보고한 내용
4. 감사인이 감사보고서에 표시한 종합의견
5. 내부회계관리제도의 공시와 관련하여 기타 필요한 사항

② 제1항의 규정에 의한 "내부회계관리제도 운영보고서"는 감독규정에서 정하는 서식에 의한다.

제4장 보칙

제20조 【징계 등】

이 규정을 위반한 임·직원의 징계에 관하여는 인사규정 등 관련 규정에서 정하는 바에 따른다. 다만, 다음 각 호의 요건을 충족하는 신고자 및 고지자(이하 "신고자 등"이라 한다)에 대하여는 징계를 감면할 수 있다.

1. 신고자 등이 신고 또는 고지한 위반행위의 주도적 역할을 하지 아니하였고 다른 관련자들에 대하여 이를 강요한 사실이 없는 경우
2. 증권선물위원회, 감사인(주식회사의 외부감사에 관한법률 제3조의 감사인을 말하며 소속공인회계사를 포함한다) 및 감사가 신고자등이 신고 또는 고지한 위반행위에 관한 정보를 입수하지 아니하거나 정보를 입수하고 있어도 충분한 증거를 확보하지 아니한 상황에서 신고 또는 고지를 한 경우

3. 위반행위를 최초로 신고 또는 고지하여 그 위반행위를 입증하는 데 필요한 증거를 제
   공하고 조사가 완료될 때까지 협조를 한 경우
   참조 : 기업구조조정법 제6조 제1항, 영 제3조 제4호, 제6조)

제21조 【규정의 제·개정 및 세부사항】

① 내부회계관리자는 이사회에 이 규정의 개정을 건의할 수 있다.

② 이 규정이 정하는 범위 내에서 구체적인 집행에 필요한 사항은 이사회의 승인을 받아 대표이
   사가 정할 수 있다.

〈부   칙〉

제22조 【시행일】

이 규정은 ○○○○년 ○○월 ○○부터 시행한다.

[117]
경비지출관리규정

제정 ○○○○년 ○○월 ○○일
개정 ○○○○년 ○○월 ○○일

〈총 칙〉

제1장 통칙

제1조【목적】

　이 규정은 ○○주식회사(이하 "회사"라 한다)의 경비지출 절차와 내용을 정함을 목적으로 한다.

제2조【적용대상】

　이 규정은 본사와 지점 및 공장, 현장 등 회사의 모든 조직과 사원에게 적용한다.

제3조【지급원칙】

　① 회사의 경비 지급은 사장의 결제로 지급할 수 있다. 다만, 사장이 일정금액 이하의 경비지급을 위임한 경우에는 위임받은 자가 지급을 결제한다.

　② 회사의 경비는 경리부에서 지급한다.

제4조【증빙원칙】

　회사의 모든 비용은 지출증빙서류를 경리부서에 제출하여야 한다.

제2장 일반경비

제5조【일반경비】

　이 규정에서 일반경비라 함은 판매비와 관리비 중에서 인건비, 임차료 등 기업경영 전반 걸쳐 발생하는 필수불가결한 비용으로 소비성 경비를 제외한 비용을 말한다.

제6조【일반경비의 신청】

① 일반경비의 지출에 대한 품의는 소요경비금액에 따라 경비사용예정일에 대하여 다음 각 호와 같이 사전에 신청을 원칙으로 한다.

1. 30만원 미만 : 1일
2. 30만원 이상 50만원 미만 : 3일
3. 50만원 이상 100만원 미만 : 6일
4. 100만원 이상 500만원 미만 : 15일
5. 500만원 이상 1,000만원 이하 : 30일
6. 1,000만원 이상 : 30일 이상

② 제1항에도 불구하고 사장의 승인으로 그 일정을 단축 및 연장할 수 있다.

제7조【사후결제】

1건당 30만원 이하의 경비지출은 1일 결제 한도액 내에서 지급부서장의 권한으로 지급을 결정하고, 사장에게 사후 결제를 받을 수 있다.

제8조【지출절차】

일반경비지출은 경비사용부서장이 경비내역품의서를 사장에게 품의하여 지출승인을 받은 후에 지출승인서를 경리부서장에게 제출하여 경비를 지급받는다.

제9조【통상지출】

일반경비에서 통상적으로 매월 또는 반복하여 지급하는 제조경비 및 판매비와 관리비 중에서 다음의 각 호의 경우에는 사후결재를 할 수 있다.

1. 제조경비
2. 급료, 상여금, 식대
3. 임차료, 조세공과금, 통신비, 수도광열비
4. 여비교통비, 지급수수료
5. 교육비, 도서비, 기타 등

제3장 소비성 경비

제10조【소비성 경비】

소비성 경비는 다음 각 호와 같다.

1. 접대비
2. 기밀비
3. 사례금
4. 기타

제11조【소비성 경비 지급】

소비성 경비의 지급은 법인카드를 사용을 원칙으로 한다. 다만, 부득이한 경우 지급부서장의 결재로 현금 등을 사용할 수 있다.

제12조【사전품의】

소비성 경비의 지출에 대한 품의는 소요경비금액에 따라 경비사용예정일에 대하여 다음 각 호와 같이 사전에 품의 함을 원칙으로 한다.

1. 100만원 이하 : 5일
2. 100만원 이상 500만원 이하 : 10일
3. 500만원 이상 1,000만원 이하 : 30일
4. 1,000만원 이상 : 30일 이상

제13조【접대비 등】

회사가 업무와 관련하여 접대비 등의 사용을 목적으로 경비를 지출할 경우 관련업무 부서장이

사장의 승인을 받아야 할 비용은 다음 각 호와 같다.

  1. 접대비, 교제비   2. 기밀비, 사례비
  3. 기타 유사비용 등

제14조【기부금 등】

회사가 지출하는 기부금은 세법상 기부금으로 인정되는 한도내에서 사용함을 원칙으로 다음 각 호의 기부금에 한한다.

  1. 법정기부금(법인세법24조, 조특법73조, 76조)
  2. 지정기부금(재정경제부가 고시한 단체)
  3. 비영리법인에 대한 기부금(재정경제부가 고시한 단체)
  4. 기타 지정기부금(재정경제부가 인정한 장학금 등 기부금)

제15조【광고선전비 등】

회사가 광고선전을 목적으로 불특정 다수에게 지출하는 비용으로 다음 각 호에 한한다.

  1. 견본품 등의 기증품 (견본품, 달력, 수첩, 부채, 컵 등)
  2. 공동 광고선전비 (타 회사와 공동으로 지출하는 광고선전비용)
  3. 외국광고선전비
  4. 광고선 전용간판
  5. 거래처에 기증하는 선전용 간판 등

제4장 보칙

제16조【경비지출증빙】

① 건당 3만원 이상 경비지출자는 다음의 규증빙영수증은 회사에 제출한다.

  1. 전자세금계산서   2. 전자계산서
  3. 법인(사업자)신용카드매출전표   4. 사업자 지출증빙 현금영수증

② 건당 3만원(부가세포함) 미만의 경비지출자는 제1항 각 호외 영수증과 일반영수증을 회사에 제출한다.

제17조【세무관리】

회사의 임직원은 경비지출과 관련하여 증빙서류 미비에 따른 가산세 등의 세무상 불이익처분에 대비할 책무가 있다.

〈부   칙〉

제18조【시행일】

이 규정은 ○○○○년 ○○월 ○○일부터 시행한다.

〈서   식〉

(서식 1) 법인카드관리대장   (서식 2) 사업용계좌관리대장

(서식 1)

법인카드 관리대장

(부서 :   책임 :   담당 :   )

번호	법인카드명	사용한도	결제일	사용자	부서	수령일	확인
비고							

(서식 2)

사업용 계좌 관리대장

(부서 :   책임 :   담당 :   )

번호	은행(지점)	예금종류	계좌번호	개설일	신고일	비고
참고						

[118]
여비·교통비 지급규정

제정 ○○○○년 ○○월 ○○일
개정 ○○○○년 ○○월 ○○일

〈총 칙〉

제1장 통칙

제1조 【목적】

이 규정은 ○○주식회사(이하 "회사"라 한다)의 임직원의 여비와 교통비의 지급에 관한 기준과 절차를 정함에 목적이 있다.

제2조 【여비의 구분】

여비는 국내여비와 외국여비로 구분하며, 이를 출장여비와 부임여비로 구분한다.

제3조 【국내구분】

국내의 여비계상에 따른 여행지역의 구분은 다음과 같이 구분한다.

1. 특별시, 광역시, 각 도청소재지, 시
2. 기타의 지역

제4조 【외국구분】

외국의 여비계상에 따른 여행지역의 구분은 다음과 같이 구분한다.

1. 아시아, 중동
2. 북미, 남미
3. 유럽

    4. 대양주, 러시아, 기타

제5조【여비계산원칙】

출장여비 계산은 정상노선으로 한다. 다만, 천재지변, 기타 부득이 한 사유가 있을 때에는 우회노선으로 할 수 있다.

제6조【여비부담】

출장여비는 소속부서에서, 부임여비는 전임지에서 부담한다. 외국여비는 본사 또는 해외지점에서 부담한다. 그러나 지원근무를 위한 출장일때는 지원을 받은 소속처에서 부담한다.

제7조【주관부서】

여비의 지급은 경리부서에서 한다.

제2장 국내여비

제8조【출장여비】

① 임직원이 공무로 국내를 여행할 때에는 국내출장여비를 지급한다.
다만, 노정 20키로미터 미만의 출장에는 시내교통비에 준하여 지급한다.

② 국내출장여비는 이를 교통운임, 일당, 식비 및 숙박비로 구분하며 그 지급액은 지급표 기준에 의한 정액으로 한다. 그러나 임원을 수행하는 직원의 여비는 그 임원에게 지급되는 금액에 따라 지급할 수 있다.

③ 노정 50키로미터 미만의 출장으로서 유숙하지 아니할 때에는 숙박료를 지급하지 아니한다.

④ 노정 50키로미터 이상의 동일지역에 장기출장시 11일부터 20일까지는 10%, 21일부터는 20% 금액을 숙박비와 일당에서 감액 지급할 수 있다.

제9조【파견여비】

동일지역에 장기간 파견되어 체류하는 경우의 여비는 다음 각 호에 의한다.

    1. 교통운임은 실비로 한다.

    2. 파견기간이 10일을 초과할 때는 그 초과일수에 대하여는 정액의 30%, 20일을 초과할 때는 그 초과일수에 대하여는 정액의 50%를 일당 및 숙박료에서 감액 지급한다.

    3. 파견근무지에서 기타의 지역으로 출장할 때는 그 기간에는 제6조의 소정 일반 출장여비를 지급한다.

제10조【퇴직자 등의 여비】

퇴직 또는 휴직발령을 받은 직원이 사무인계 또는 잔무처리의 명을 받고 여행할 때는 전직에 상당한 출장여비를 지급할 수 있다.

제11조【교통수단의 선택】

① 출장자는 출장목적을 가장 효율적이며 경제적으로 수행할 수 있는 교통수단을 선택한다.

    1. 시내버스, 지하철, 택시

    2. 고속기차, 고속버스

    3. 렌트카 및 기타 교통수단

② 항공편을 이용하고자 할 때에는 사전에 출장부서장의 승인을 받아야 한다.

제12조 【지급액의 계산】

① 교통운임은 실비로하며 전조 2항의 특정된 경우에는 교통기관의 종별 및 등급과 노정에 따라 이를 계산한다.

② 일당은 출장일수에 따라 숙박비는 숙박야수에 따라 이를 계산한다.

③ 현장에서 본사로 출장중 주주거지가 본사와 동일할 경우에는 출장여비 중 숙박비를 지급하지 아니한다.

제13조 【여비의 전도 및 정산】

여비는 출발전에 계산액에 의하여 전도한다. 이 경우에는 귀임 후 5일 이내에 정산하여야 한다.

제14조 【기준외지급】

업무수행상 부득이한 때에는 소속 부서장 재량에 의하여 실비 범위 내에서 그 여비를 증감할 수 있다.

제15조 【여비지급의 제한】

회사의 숙박시설이 있는 현장 또는 공장에 대한 용무로 직원이 출장한 경우 회사 숙박시설을 이용할 수 있는 때에는 숙박비를 지급하지 아니한다.

제16조 【부임여비】

직원이 임용 또는 전임발령을 받고 신임지로 부임할 때에는 부임여비를 지급하며 부임여비는 교통운임, 부임수당 및 가족 이전료로 구성한다.

제17조 【부임여비의 지급기준】

① 교통운임은 실비로 한다.

② 부임수당은 일당 2일분과 숙박료 1일분으로 한다.

③ 가족 이전료는 전임하는 직원이 부임시 가족을 동반하거나 부임 후에 가족이 이사할 때에는 그 가족 1인당 다음과 같이 지급한다.

　1. 만 12세 이상에는 본인에 상당한 교통운임

　2. 만 6세 이상 12세 미만에 대하여는 전1호의 반액

　3. 만 6세미만의 가족에게는 지급하지 아니한다.

④ 가족 이전료 지급대상자

　1. 배우자

　2. 본인이 현실적으로 동거 부양하고 있는 직계존비속

⑤ 가족 이전료는 3개월 이내에 청구해야 하며 다음 증빙서류를 첨부해야 한다.

　1. 전입지의 주민등록 등본

　2. 자녀가 학생인 경우 전학증명서

　3. 가족이전에 대한 소속 부서장의 확인서

제3장 외국여비

제18조 【출장여비】

① 임직원이 해외출장을 하는 경우에는 사장의 승인에 의하여 해외출장여비를 지급한다.

② 해외출장여비는 교통운임 숙박료, 식비, 일비 및 준비금으로 구성되며, 그 지급기준은 다음과 같다.

1. 교통운임은 실비로 한다.
2. 숙박료 식비 및 일비는 해외출장지에 따라 사장이 결정한다.
3. 업무수행상 부득이 한 경우 사장이 인정할 때는 여비외 준비금을 지급할 수 있다.
4. 임원을 수행하는 직원의 여비는 그 임원에게 지급되는 금액에 따라 지급할 수 있다.

제19조 【여비정산】

해외출장에서 귀임하는 경우에는 여비 또는 경비 일절을 정산하되 그 기준은 다음과 같다.

1. 여비정산은 외국여비지급표에 의한다.
2. 여비정산은 귀임 후 5일 이내에 하여야 한다.
3. 해외지점의 숙박시설 및 식당을 이용시는 지출경비에서 숙박비와 식대를 제외한다.
4. 업무수행상 부득이한 지출은 증빙서류를 첨부하여 정산할 수 있다.

제20조 【부임여비】

① 임직원이 국내에서 외국으로 또는 타국간 전임발령을 받고 부임할 경우 부임여비를 지급한다.

② 외국부임여비 지급기준은 다음과 같다.

1. 교통운임은 항공료로서 편도운임으로 한다.
2. 부임여비는 별도로 정한다.
3. 사장의 승인을 득한 가족동반 부임시에는 법정배우자 1인과 자녀에 한하여 교통운임과 동반여비를 지급할 수 있다.

제21조 【귀국여비】

① 외국에서 고용계약기간이 만료되어 귀국하는 자와 외국에 부임한 후 전보 발령되어 귀국할 경우에는 귀국여비를 지급하되 그 기준은 다음과 같다.

② 교통운임은 항공료로서 편도운임을 보통운임으로 지급한다.

제22조 【가족사망시 여비보조】

외국에 근무하는 임직원의 부모, 처자가 사망시에는 본인에 대한 왕복항공료 실비를 보조 지급할 수 있다.

〈부 칙〉

제23조 【시행일】

이 규정은 ○○○○년 ○○월 ○○일부터 시행한다.

〈서 식〉

(서식 1) 국내여비지급표
(서식 2) 외국여비지급표

(서식 1)

국내여비지급표

직위 \ 구분	교통비 (철도 / 선박 / 항공 / 택시 / 렌트카)	숙박비 (1박)	식비 (1일 3식)	기타활동비 (1일)	합계
사장	고급 또는 실비	500,000원	300,000원	500,000원	
임원	고급 또는 실비	300,000원	100,000원	300,000원	
관리자	중급 또는 실비	200,000원	60,000원	200,000원	
사원	보통 또는 실비	100,000원	30,000원	100,000원	
귀빈	사장기준지급	사장기준지급	사장기준지급	없음	
초청자	임원기준지급	임원기준지급	임원기준지급	없음	
동반자	동반한 임원과 관리자 및 사원 기준 지급	사원기준지급	사원기준지급	없음	
참고	1. 교통비 : 출장국가 대중교통수단 기준으로 중급으로 책정한다. 2. 숙박비 : 출장국가 비즈니스호텔 기준으로 중급으로 책정한다. 3. 교통비는 실비정산을 원칙으로 한다. 4. 활동비는 업무추진비는 영수증 등에 따라 증감 정산한다.				
첨부	1. 교통비, 숙박비는 여행사 기준표 2. 활동비 등의 영수증 3. 기타 첨부서류				

(서식 2)

외국여비지급표					
직위＼구분	교통비 (철도 / 선박 / 항공 / 택시 / 렌트카)	숙박비 (1박)	식비 (1일 3식)	기타활동비 (1일)	합계
사장	고급 또는 실비	500,000원	300,000원	500,000원	
임원	고급 또는 실비	300,000원	200,000원	400,000원	
관리자	중급 또는 실비	200,000원	100,000원	300,000원	
사원	보통 또는 실비	200,000원	100,000원	200,000원	
귀빈	사장기준지급	사장기준 지급	사장기준지급	없음	
초청자	임원기준지급	임원기준 지급	임원기준지급	없음	
동반자	동반임직원 기준지급	사원기준지급	사원기준지급	없음	
참고	1. 교통비 : 출장국가 대중교통수단 기준으로 중급으로 책정한다. 2. 숙박비 : 출장국가 비즈니스호텔 기준으로 중급으로 책정한다. 3. 교통비는 실비정산을 원칙으로 한다. 4. 활동비는 업무추진비는 영수증 등에 따라 증감 정산한다.				
첨부	1. 교통비, 숙박비는 여행사 기준표 2. 활동비 등의 영수증 3. 기타 첨부서류				

[119]
접대비지급규정

제정 ○○○○년 ○○월 ○○일
개정 ○○○○년 ○○월 ○○일

〈총 칙〉

제1조【목적】

이 규정은 ○○주식회사(이하 "회사"라 한다)의 업무수행에 필요한 접대 및 교제에 따른 경비지급에 관한 절차와 관리에 대하여 정함을 목적으로 한다.

제2조【적용범위】

이 규정은 회사의 사원에게 적용한다.

제3조【정의】

이 규정에서 '접대비'라 함은 세법상 규정된 접대비를 뜻하며 회사의 특정한 업무를 수행함에서 지급되는 필요불가결한 경비로서 법인신용카드, 세금계산서 등을 수취한 지급금을 말한다.

제4조【접대비 대상】

회사의 업무 등과 관련하여 지출하는 1만원을 초과하는 접대비는 다음 각 호와 같다.

1. 업무비
2. 식사비
3. 경조사비 : 20만원 이내
4. 문화비
5. 기타 비용

제5조【일반접대비 한도】

회사의 ○○○○년도 일반접대비 한도는 연간 ○,○○○만원이다.

참고 접대비 한도(법인세법 제25조)
1. 일반법인 기본금액 : 연간 1,200만원, 중소기업 기본금액 : 연간 1,800만원
2. 일반수입금액별 접대비 한도 : 100억원 이하 : 0.2%, 500억원 이하 : 0.1%, 500억원 초과 : 0.03%
3. 특수관계인간 거래금액 : (총수입금액×적용률 - 일반수입금액×적용률)× 10%

제6조 【문화접대비 한도】

회사의 ○○○○년도 문화접대비 한도는 연간 일반수입금액의 10%이다.

제7조 【지급절차】

회사 운영상 또는 특정업무의 수행상 접대비지급이 불가피한 경우에는 경비지급규정, 출납규정 및 기타 규정에 따른 권한수임자의 승인으로 지급한다.

제8조 【접대비 품의】

접대비의 품의는 다음 각 호의 내용을 포함한다.

1. 접대대상
2. 접대목적
3. 접대 품목 및 장소
4. 접대비용
5. 기타

제9조 【접대비 지급】

접대비는 지급은 접대부서장의 접대사항승인을 거쳐 법인신용카드 사용명세서 등을 제출한 경우에 지급한다.

제10조 【지출증빙】

① 1만원을 초과하는 접대비의 지출은 법인신용카드매출전표(명세서)를 수취를 원칙으로 한다.

② 법인신용카드매출전표를 외의 지출증빙은 다음 각 호의 영수증을 수취한다.

1. 세금계산서 또는 계산서
2. 지출증빙 현금영수증

② 제1항과 제2항의 적격증빙이 어려운 경조사비용의 지출증빙은 품의서와 현장사진을 첨부하여 증빙한다.

제11조 【회계와 세무】

경리부서장은 접대비 사용 관련 부서장에게 접대비의 손비인정범위와 증빙서류수취를 주지시켜 세무회계처리상 회사에 불이익이 없도록 하여야 한다.

제12조 【접대보안】

회사의 임직원은 접대와 관련하여 인적사항, 접대내용, 기타접대사항을 발설하여서는 안 된다.

〈부   칙〉

제13조 【시행일】

이 규정은 ○○년 ○월 ○일부터 시행한다.

〈서   식〉

(서식 1) 접대비지출품의서

(서식 1)

<table>
<tr><td rowspan="2" colspan="2">접대비지출품의서</td><td rowspan="2">결
재</td><td>담당</td><td>팀장</td><td>사장</td></tr>
<tr><td></td><td></td><td></td></tr>
<tr><td>접대비용</td><td colspan="4">일금   원정 (₩   )</td></tr>
<tr><td>접대목적</td><td colspan="4"></td></tr>
<tr><td>접대일자</td><td colspan="4">20   년   월   일,   시</td></tr>
<tr><td rowspan="2">접대담당</td><td>성명</td><td colspan="2">부서</td><td>직급</td></tr>
<tr><td></td><td colspan="2"></td><td></td></tr>
<tr><td rowspan="2">접대고객</td><td>성명</td><td colspan="2">상호</td><td>직급</td></tr>
<tr><td></td><td colspan="2"></td><td></td></tr>
<tr><td rowspan="2">접대품목
(접대장소)</td><td>물품</td><td colspan="2">상호</td><td>주소/연락처</td></tr>
<tr><td></td><td colspan="2"></td><td></td></tr>
<tr><td rowspan="2">접대비용
(지출증빙)</td><td>법인카드</td><td colspan="2">현금영수증</td><td>기타</td></tr>
<tr><td></td><td colspan="2"></td><td></td></tr>
<tr><td>비 고</td><td colspan="4"></td></tr>
<tr><td colspan="5">상기와 같이 접대비명세서를 제출합니다.

20   년   월   일

신청자(부서: 직위:)   ㉑

○○주식회사 총무부장 귀중 귀하</td></tr>
</table>

[120]
출납업무관리규정

제정 ○○○○년 ○○월 ○○일
개정 ○○○○년 ○○월 ○○일

〈총 칙〉

제1조 【목적】

이 규정은 ○○주식회사(이하 "회사"라 한다) 금전의 출납에 관한 절차와 관리에 대하여 정함을 목적으로 한다.

제2조 【적용범위】

이 규정의 회사의 사원에게 적용한다.

제3조 【용어의 정의】

이 규정에서 사용하는 '출납'이란 회사의 금전으로 출금과 입금을 뜻한다.

제4조 【출납책임자】

회사의 금전출납책임자는 사장이 출납업무를 위임받은 경리부서장이다.

제5조 【출납담당자】

출납부서장은 부서 내 출납담당자를 지정하여 현금, 당좌예금, 예금 및 지급어음 등의 출납업무를 담당케 할수 있다.

제6조 【출납장소】

① 회사의 출납은 경리부서를 출납창구로 한정한다.

② 회사의 출납취급구역에 출납담당자를 제외한 임직원은 출입을 금지한다.

제7조 【현금의 출납】

사원에 대한 현금출납은 1회 30만원 이하 출납을 원칙으로 하고, 거래처의 출납은 사업용계좌출납을 원칙으로 한다.

제8조【예금의 출납】

① 예금출납은 사업용계좌의 보통예금, 저축예금, 기타 예금을 출납의 수단으로 사용한다.

② 예금출납 담당자는 예금의 입출을 확인하고 전표와 영수증을 수취 및 발행하여야 한다.

제9조【출금한도】

① 출납부서장의 출금 한도액은 자금관리규정, 경비지출규정에 정한 금액으로 한다. 다만, 정하지 않은 경우 다음 각 호와 같다.

    1. 일간 출금 한도액 : 500만원 이내

    2. 월간 출금 한도액 : 1,000만원 이내

② 각 부서장의 출금 한도액은 자금관리규정, 경비지출규정, 전결규정에서 정한 금액으로 한다. 다만, 정하지 않은 경우 다음 각 호와 같다.

    1. 1회 출금 한도액 :　50만원 이내

    2. 일간 출금 한도액 : 100만원 이내

    3. 월간 출금 한도액 : 500만원 이내

제10조【출금관리】

① 현금 출금은 사용인감을 날인한 입금표와 영수증을 수취하고, 장부에 출금을 기재하여야 한다.

② 예금 출금은 반드시 사업용 계좌에서 출금하고, 출금은행의 수납인과 출금일자가 기재된 출금표를 수취하고, 장부에 기재하여야 한다.

③ 개인에게 출금한 경우 일반영수증 또는 세금계산서를 수취하고, 전표와 장부를 기재하여야 한다.

④ 사업자에게 출금한 반드시 정규영수증을 수취하고, 전표와 장부를 기재하여야 한다.

제11조【입금관리】

① 현금의 입금은 입금전표와 영수증을 발행하고, 장부에 기재하여야 한다.

② 예금의 입금은 반드시 사업용 계좌를 사용하고, 입금은행의 입금일자와 입금내역을 확인하여 전표와 영수증을 발행하고, 장부를 기재하여야 한다.

③ 매출금의 입금은 거래처와 입금내역을 전표와 장부에 반드시 기재하여, 영수증 발행분과 미발행분을 구별하여 입금내역을 기재한다.

④ 매출금 외의 입금은 거래내역을 확인하여 전표와 영수증 발행하고, 장부에 기재한다.

제12조【출금마감】

① 회사의 거래처 관련 출납은 매일 오후 5:00시에 출납을 마감한다. 다만, 휴무일은 출납하지 않는다.

② 회사 임직원의 급여 또는 출장 등에 대한 지급은 매일 오후 6:00시에 출납을 마감한다. 다만, 휴무일은 출납하지 않는다.

제13조【출금금지】

출납담당자는 전표 없이 출금할 수 없다. 단, 외화예금 및 예금 등 차후 정식전표 발생이 불가피한 경우에는 관리대장으로 갈음할 수 있다.

제14조 【현금관리】

출납책임자는 매일 오후 6시까지 현금잔고를 일일 500만원 이하로 하고, 그 이상의 금액은 예금계좌로 입금하여 관리한다.

제15조 【장부관리】

출납담당자는 일일마감 후 현금, 어음수표장, 은행거래용인감, 명판, 현금수납인 등을 금고 및 일정장소에 격납한 후 책임자의 확인을 받는다.

제16조 【출납책임】

① 출납담당자는 출납 사고에 관한 일체의 책임을 지며 감독 책임순위는 담당자의 바로 위 상위자의 순으로 책임을 진다.

② 출납 사고가 발생하였을 때 담당자는 책임자를 거쳐 부서장에게 보고하고 책임자는 그 원인을 규명하여 처리한다.

〈부   칙〉

제17조 【시행일】

이 규정은 ○○○○년 ○○월 ○○일부터 시행한다.

〈서   식〉

(서식 1) 금전출납일계표

(서식 1)

		부서	책임자	담당자

금전출납일계표

일자	종류	수입	지출	잔고
	현금			
	예금			
	수표			
	어음			
	현금			
	예금			
	수표			
	어음			
	현금			
	예금			
	수표			
	어음			
	현금			
	예금			
	수표			
	어음			
	현금			
	예금			
	수표			
	어음			
참고
사항				

[121]
기밀비지급규정

제정 ○○○○년 ○○월 ○○일
개정 ○○○○년 ○○월 ○○일

〈총 칙〉

제1조【목적】

이 규정은 ○○주식회사(이하 "회사"라 한다)의 기밀업무수행에 필요한 비용 지급의 기준과 절차를 정함을 목적으로 한다.

제2조【적용범위】

이 규정의 적용대상자는 회사의 임직원으로 한다.

제2조【정의】

이 규정에서 '기밀비'란 회사 운영상 또는 특정한 업무수행에 지급되는 필요불가결한 경비로서 법인세법과 소득세법 등에 명시된 기밀비로 상대방으로부터 정규영수증 및 기타영수증을 받을 수 없고 용도를 명시할 수 없는 성질의 지급금을 말한다.

제3조【지급대상】

기밀비 사용대상은 다음 각 호와 같다.
1. 신규사업 관련 사항
2. 사업계약 관련 사항
3. 경영권 관련 사항
4. 기타 긴급 관련 사항

제4조【사용자】

기밀비의 사용은 사장의 사용 승인을 받은 임직원이다

제5조【예산책정】

① 당해 사업연도 기밀비의 예산총액은 매년 3월에 이사회에서 결정하여 책정한다.
② 당해 사업연도 기밀비의 예산총액은 전년도 매출총액의 1,000분지 1의 금액 또는 자본금의

100분지 1의 금액을 초과하여 책정할 수 없다.

제6조【지급신청】

① 기밀비의 사용은 대표이사의 승인으로 지급한다.

② 기밀비의 지급신청서는 서식 1호와 같다.

제7조【지급한도와 관리】

① 기밀비의 사용 한도는 연간예산책정 이내이며, 경영상 긴급한 경우 필요에 따라 사장의 승인으로 추가 예산을 집행하여 지급할 수 있다.

② 기밀비는 경리부에서 지급을 관리하고, 서식 2호 기밀비지급관리대장에 기재하여야 한다.

제8조【회계처리기준】

기밀비 지급의 회계처리는 법령에서 정한 기준에 따른다. 다만, 정함이 없는 경우에 접대비지급 기준에 따른다.

제9조【기밀보안】

기밀비 취급 관련 임직원은 어떠한 경우를 불문하고 기밀비 지급내용을 누설하여서는 않된다.

〈부　　칙〉

제10조【시행일】

이 규정은 ○○○○년 ○○월 ○○일부터 시행한다.

〈서　　식〉

(서식 1) 기밀비지급신청서(명세서)

(서식 2) 기밀비지급관리대장

(서식 1호)

기밀비지급신청서(명세서)	결재	담당	임원	사장

신청자		부서		직위	
목 적					
기 간	○○○○년 ○○월 ○○일 ~ ○○○○년 ○○월 ○○일 (일간)				
대 상					
장 소					
신청금액	일금 원정 ( )				

내 역	항 목	대 상	금 액	비 고
	합 계			

업 무	

상기와 같은 내용으로 기밀비 지급을 신청합니다.

20 년 월 일

신청인 : ○ ○ ○ (인)

(서식 2호)

기밀비지급관리대장			결재	담당	이사	사장

관리부서		책임자		담당자	

월 일	적 요	지급대상	지급액	사용부서	사용자	비고
참고						

[122]
전도금관리규정

제정 ○○○○년 ○○월 ○○일
개정 ○○○○년 ○○월 ○○일

〈총 칙〉

제1조【목적】

이 규정은 ○○주식회사(이하 "회사"라 한다)의 사업과 관련하여 전도금 지급과 관리에 관하여 정함을 목적으로 한다.

제2조【적용범위】

회사의 전도금은 다음 각 호의 사업장에 적용한다.

1. 건설현장
2. 생산공장
3. 지사 또는 지점
4. 영업소 또는 영업점
5. 임시 사무소 또는 영업점

제3조【정의】

이 규정에서 '전도금'이란 회사의 여러 사업장의 운영을 위해 본사에서 사업장에 보내주는 '경비'로 사업장별 월간경비 선지급금과 부서별 월간경비 선지급금 등을 뜻한다.

제4조【전도금의 관리책임】

전도금을 수급한 각 사업장의 장은 전도금의 사용과 관리의 모든 책임을 진다.

제5조【전도금의 계정】

전도금의 계정은 사업장 월간경비 선지급금과 부서별 월간경비 선지급금 등으로 처리한다.

제6조【장부의 작성】

전도금을 취급하는 각 사업장은 다음 각 호의 장부를 작성하여 비치하여야 한다.

1. 전도금 원장
2. 현금출납부

3. 예금원장

제7조【전도금의 범위】

　각 사업장의 장은 전도금에서 다음 각 호의 경비로 사용할 수 있다.

　　1. 일용근로자 인건비

　　2. 건당 30만원 이하의 수선비

　　3. 월간 수도광열비

　　4. 여비교통비

　　5. 통신비

　　6. 잡비

　　7. 건당 10만원 이하 기타경비

제8조【전도금의 신청】

　각 사업장의 장은 필요에 따라 매월 10일까지 익월 경비명세를 회사에 신청하여 전도금 지급 승인을 받아야 한다.

제9조【전도금의 지급】

　회사는 각 사업장의 전도금 지급 요청을 검토하여 사장의 결재로 승인하여 일괄지급 도는 분할지급을 할 수 있다.

제10조【전도금의 사용】

　① 각 사업장의 장은 전도금의 사용 목적에 국한하여 사용하여야 하며 다른 목적에 전용하거나 유용하여서는 아니 된다.

　② 전도금의 사용은 지출증빙규정에 의한 정규증빙 또는 기타증빙으로 사용증빙을 하여야 한다.

제11조【전도금의 정산】

　각 사업장에서 사용한 전도금은 매월 10일까지 본사의 경리부에 보고하여 정산하여야 한다.

〈부　　칙〉

제12조【시행일】

　이 규정은 ○○년 ○일부터 시행한다.

〈서　　식〉

(서식 1) 전도금관리대장

(서식 1)

<table>
<tr><td rowspan="2" colspan="3">전도금관리대장</td><td rowspan="2">결재</td><td>담당</td><td>과장</td><td>본부장</td><td>대표</td></tr>
<tr><td></td><td></td><td></td><td></td></tr>
<tr><td>관리부서</td><td></td><td>부서장</td><td></td><td colspan="2">담당자</td><td></td></tr>
<tr><td>기　간</td><td colspan="6">○○○○년　○○월　○○일 ~ ○○○○년　○○월　○○일</td></tr>
<tr><td>월 일</td><td colspan="2">사업장</td><td>지급</td><td>사용</td><td>정산</td><td>비고</td></tr>
<tr><td></td><td colspan="2"></td><td></td><td></td><td></td><td></td></tr>
<tr><td></td><td colspan="2"></td><td></td><td></td><td></td><td></td></tr>
<tr><td></td><td colspan="2"></td><td></td><td></td><td></td><td></td></tr>
<tr><td></td><td colspan="2"></td><td></td><td></td><td></td><td></td></tr>
<tr><td></td><td colspan="2"></td><td></td><td></td><td></td><td></td></tr>
<tr><td></td><td colspan="2"></td><td></td><td></td><td></td><td></td></tr>
<tr><td></td><td colspan="2"></td><td></td><td></td><td></td><td></td></tr>
<tr><td></td><td colspan="2"></td><td></td><td></td><td></td><td></td></tr>
<tr><td></td><td colspan="2"></td><td></td><td></td><td></td><td></td></tr>
<tr><td></td><td colspan="2"></td><td></td><td></td><td></td><td></td></tr>
<tr><td></td><td colspan="2"></td><td></td><td></td><td></td><td></td></tr>
<tr><td>참고</td><td colspan="6"></td></tr>
</table>

[123]
대손처리규정

제정 ○○○○년 ○○월 ○○일
개정 ○○○○년 ○○월 ○○일

〈총   칙〉

제1조【목적】

이 규정의 ○○주식회사(이하 "회사"라 한다)의 채권 중 부득이한 사유로 그 회수가 불가능한 채권의 대손처리 하는 데 필요한 기준 및 절차 등을 규정하는데 그 목적이 있다.

제2조【적용범위】

① 이 규정은 다음 각 호의 채권에 대하여 대손처리를 적용한다.

1. 받을어음
2. 미수금
3. 기타 단기채권
4. 외상매출금
5. 기타 회사의 매출채권

② 회사는 제1항 각 호의 채권 이외는 발생부서의 장과 경리부서의 장이 협의하여 대손처리 한다.

제3조【대손원칙】

회사는 당해 사업연도 회수가 불가능한 채권에 대하여 결산시에 대손충당금과 상계처리 한다.

제4조【대손대상채권】

법인세법에서 규정하고 있는 대손처리 대상채권을 준용한다.

1. 채무자의 파산, 강제집행, 형집행, 회사폐업으로 회수 불가능한 채권
2. 채무자의 사망, 실종, 행방불명으로 회수 불가능한 채권
3. 외상매출금 및 미수금으로서 상법상 소멸시효가 완성된 것
4. 어음 수표법에 의하여 소멸시효가 완성된 어음
5. 부도 발생일로부터 6월 이상 경과한 수표 또는 어음상의 채권

　　　7. 기타 법령에 의하여 압류가 불가능한 채권

제5조 【대손증빙】

　회사는 다음 각 호의 대손처리대상과 대손처리 증빙자료를 수취한다.

　　　1. 채무자 파산 : 배당 후 잔여채권임을 입증
　　　2. 강제집행 : 강제집행 후 잔여채권임을 입증
　　　3. 사업의 폐지 : 채무자 재산 없음을 입증
　　　4. 사망 및 실종 : 상속재산 없음을 입증

제6조 【대손충족채권】

　회사는 대손사유 발생으로 대손요건이 충족하는 채권은 다음 각 호의 채권이다.

　　　1. 소멸시효완성채권
　　　2. 대손승인채권
　　　3. 국세결손처분채권
　　　4. 경매취소압류채권

제7조 【대손발생부서장】

　대손채권 발생 부서장은 관리하고 있는 대손처리 대상채권을 대손처리할 시기에 소명자료를 첨부하여 대손처리 주관 부서로 송부할 책임이 있다.

제8조 【대손관리부서장】

　대손금 관리 주관부서장은 대손처리 대상채권 및 소명자료를 사전에 심사하고 그 책임의 한계를 평가할 수 있으며, 대손처리 확정시 대손처리에 필요한 전표를 작성하여 사장에게 보고할 책임이 있다.

제9조 【심의회】

　① 대손처리의 중요사항을 심의하기 위하여 사장의 직속으로 채권심의회를 구성한다.

　② 심의회의 구성은 다음과 같다.

　　　1. 위원장 : 사장
　　　2. 위　원 : 경리부장
　　　3. 위　원 : 자금부장
　　　4. 위　원 : 발생부서장
　　　5. 위　원 : 채권담당자
　　　6. 간　사 : 송무담당자

제10조 【채권심의】

　대손 발생시 심의회는 다음 각 호의 사항을 심의한다.

　　　1. 대손처리 적격 여부에 관한 사항
　　　2. 대손처리 계정과목 결정에 관한 사항
　　　3. 송무비 및 기타 채권행사를 위해 지출한 경비 중 회수불능 비용처리에 관한 사항
　　　4. 당사 인사규정 등에 의거 대손채권 관리책임자의 인사처리 회부에 관한 사항

5. 기타 대손처리에 관련된 사항

제11조【대손처리시기】

대손처리는 연 2회 실시하며, 반기 또는 기말결산 전에 실시함을 원칙으로 한다.

제12조【대손의 결정】

대손처리심의 위원회의 의결을 거쳐 사장의 결재를 얻은 후 대손을 확정한다.

제13조【대손의 확정】

대손처리가 확정된 때에는 자금부장은 대손처리에 필요한 전표 등을 작성하여 관리담당중역의 결재를 얻은 후 대손 처리한다.

〈부   칙〉

제14조【시행일】

이 규정은 ○○○○년 ○○월 ○○일부터 시행한다.

〈서   식〉

(서식 1) 대손처리관리대장

(서식 1)

대손처리관리대장	결재	담당	팀장	이사	사장

관리부서		책임자		담당자	
기간	사업 ○○기 : ○○○○년 ○○월 ○○일 ~ ○○○○년 ○○월 ○○일 (1년)				

월일	거래처	내역	공급일	대손발생일	처리
참고					

제27편

영업 관련 규정

[124]
영업관리규정

제정 ○○○○년 ○○월 ○○일
개정 ○○○○년 ○○월 ○○일

〈총 칙〉

제1장 통칙

제1조【목적】

이 규정은 ○○주식회사(이하 "회사"라 한다)의 영업계획과 거래관리, 매출관리와 매출채권 등의 영업관리 사항을 정함을 목적으로 한다.

제2조【적용범위】

① 다른 회사규정에서 정한 것 외에 회사의 영업 관련 조직 임직원에게 이 규정을 적용한다.

② 이 규정에 적용하는 회사의 영업 관련 조직은 다음 각 호와 같다.

1. 영업부
2. 관리부
3. 구매부
4. 물류부

제3조【주관부서】

① 영업관리의 주관부서는 영업부이다.

② 매출채권의 주관부서는 관리부이다.

③ 상품구매의 주관부서는 구매부이다.

④ 상품운송의 주관부서는 물류부이다.

제2장 거　래

제4조【현매거래】

① 회사는 현매거래계약을 체결한 거래처에 상품을 공급할 때 현금으로 결제받거나, 매일 또는 주간 거래액을 다음 주간에 결제받는 현매거래를 할 수 있다.

② 현매거래는 영업부서장이 결정한다.

제5조【위탁거래】

① 회사는 위탁거래계약을 체결한 거래처에 상품을 위탁하여 판매하고, 위탁판매액을 1월 이내에 결제받는 거래를 할 수 있다.

② 위탁거래는 영업부서장이 결정한다.

제6조【외상거래】

① 회사는 외상거래계약을 체결한 거래처에 상품을 외상으로 공급하고, 공급액을 1월 이내에 결제받는 거래를 할 수 있다.

② 외상거래는 영업부서장이 결정한다.

제7조【전매거래】

회사는 전매거래계약을 체결한 거래처에 상품공급과 결제조건을 사장이 결정하여 상품 중 일부 또는 전부를 판매하는 거래를 할 수 있다.

제8조【직판거래】

회사는 상품을 소비자에게 직접판매 할 수 있으며, 판매상품과 판매량 및 판매가 등은 소속 부서장이 결정하여 사장의 승인으로 판매할 수 있다.

제9조【특판거래】

회사는 신상품, 재고상품, 계절상품, 기획상품 등을 판매량과 판매가, 판매대상을 소속 부서장의 결정으로 사장이 승인하여 판매할 수 있다.

제3장 매출관리

제10조【판매계약의 조건】

판매계약의 거래조건은 다음과 각 호와 같다.

1. 매출액과 판매량
2. 매출채권 회수조건
3. 공급률
4. 보증금과 담보력
5. 재무상태

제11조【외상매출의 한도】

① 회사의 매출처별 외상매출회수금에 따른 상품공급총액과 외상매출 한도액은 120%이다.

② 영업부서장과 경리부서장, 물류(창고)부서장은 외상매출한도액을 초과하여 상품을 출고할 수

없다. 다만, 매출처별 전담사원의 요청으로 한도액 150% 이내에서 영업부장의 승인으로 출고할 수 있다.

③ 영업부서장은 매출처별 120% 초과 150% 이내의 출고를 3회를 초과하는 출고요청을 는 할 수 없다.

제12조 【매출계획의 수립】

매출계획은 매출처별 상품별 매출통계, 지역의 경제상황, 해당 판매점의 매출 및 매입의 예상을 기초로 하여 수립하여야 한다.

제13조 【매출처의 업무】

각 매출처에 대한 판매와 마케팅, 수금과 사무, 출고와 운송 등의 업무처리는 전담사원이 담당하는 것을 원칙으로 한다. 다만, 자금과 회계는 경리부서, 출고와 물류는 물류부서에서 담당한다.

제14조 【매출처의 감사】

영업부서장은 각 매출처에 대하여 판매와 관련하여 감찰 및 감사를 분기별 1회 이상 실시할 수 있다. 감사 및 감찰은 전담사원을 배제한다.

제15조 【매출처의 지원】

① 회사는 매출처별로 회사의 상품을 판매를 촉진하기 위한 지원을 영업부서장의 결정으로 매출처별 또는 판매점 모두를 대상으로 시행할 수 있다.

② 판매촉진을 위한 매출처에 대한 지원내용은 다음 각 호와 같다.

1. 판매촉진비 지원
2. 이벤트 행사비 지원
3. 상품홍보 인쇄물 배포비
4. 기타 지원

제16조 【매출보고】

판매점별 전담사원은 다음 각 호의 보고서를 영업부서장에게 제출하여야 한다.

1. 판매점의 당사상품 매출보고서
2. 판매점의 경쟁상품 보고서

제4장 매출채권

제17조 【대금회수】

① 일상거래 상태에 있는 수금으로서 판매원이 이를 담당하여 회수하고, 담당자와 부장의 협의에 의하여 당초에 약정한 지급조건에 따라 외상매출잔액표를 참조하여 매월 또는 수시 회수계획을 세워 출장하여 수금하거나 송금을 청구한다.

② 매출처의 지급연체가 심하여 통상적 방법으로는 징수하기 곤란한 경우로서, 특정인을 선정하여 수금을 위탁·회수할 수 있으며, 매출처에서 지급을 연체하여 일반회수가 곤란하다고 인정되는 때, 영업부서장의 승인으로 특별회수로 전환한다.

제18조 【외상매출금 회수기한】

① 회사의 상품공급에 따른 외상매출금 회수기한은 다음 각 호와 같다. 다만, 거래에 따라 그 기간을 사장의 결정으로 기한을 연장할 수 있다.

1. 10만원 이하 공급가 : 1일 이하

2. 10만원 이상 100만원 미만 공급가 : 1주일 이하

3. 100만원 이상 1,000만원 미만 공급가 : 2주일 이하

4. 1,000만원 이상 1억원 미만 공급가 : 1개월 이하

5. 1억원 이상 3억원 미만 공급가 : 3개월 이하

6. 3억원 이상 공급가 : 6개월 이하

② 1항 외의 외상매출금은 거래계약에 따라 그 기간을 사장의 결정으로 기한을 연장할 수 있다.

제19조【회수실적보고】

영업부서장은 매출처별로 매월의 외상매출잔액에 대한 당월회수금액과 익월회수예정액을 영업이사에게 보고하여야 한다.

제20조【출장회수】

영업부서장은 외상매출금이 150% 이상인 거래처에 대하여 특정사원을 선정하여 외상매출금을 출장하여 회수할 수 있다.

제21조【특별회수의 방법】

회사의 매출처별 외상매출금이 200% 이상인 거래처에 대하여 다음 각 호의 특별회수를 실시할 수 있다.

1. 법적 채권회수 시행

2. 채권회수회사 위임

3. 법원 강제집행 시행

제22조【특별회수의 결정】

회사는 영업부서장이 결정하여 사장의 승인으로 채권회수회사와 법원의 강제집행 등의 특별회수를 결정할 수 있다.

제23조【특별회수의 보고】

영업부장은 채권 특별회수에 대한 과정과 결과에 대하여 영업이사와 사장에게 보고하여야 한다.

제24조【채권회수의 위임】

① 회사는 악성 매출채권 회수기업을 선정하여 위임할 수 있으며, 매출채권의 위임은 사장의 승인으로 위임할 수 있다.

② 악성 매출채권은 다음 각 호와 같다.

1. 결제받는 일자가 6개월 이상인 매출채권

2. 거래처가 영업을 중지한 매출채권 거래처

3. 부도매출채권 거래처

4. 영업부서장이 거래 중지한 매출채권 거래처

제5장 영업보고

제25조【영업계획】

영업부서장은 다음 각 호의 영업계획을 매년 11월에 사장에게 보고하여야 한다.

1. 영업목표

2. 영업전략

3. 영업성과

제26조 【영업현황】

영업부서장은 다음 각 호의 영업현황을 매월 사장에게 보고하여야 한다.

    1. 매출액과 판매량

    2. 거래처와 영업채널

    3. 대금회수와 매출채권

〈부 칙〉

제27조 【시행일】

이 규정은 ○○○○년 ○○월 ○○일부터 시행한다.

〈서 식〉

(서식 1)

영업관리대장

(작성일 :   부서 :   직위 :   작성자 :   )

공급일	거래처	상품	수량	단가	공급가	수금	미수금	비고
참고								

[125]
영업채널관리규정

제정 ○○○○년 ○○월 ○○일
개정 ○○○○년 ○○월 ○○일

〈총 칙〉

제1장 통칙

제1조【목적】

이 규정은 ○○주식회사(이하 "회사"라 한다)의 영업조직과 영업망의 관리에 관한 사항을 정함을 목적으로 한다.

제2조【적용범위】

이 규정은 회사와 지사, 직영 판매점의 영업조직과 사원에게 적용한다. 다만, 다른 규정에서 특별히 정한 것 외는 이 규정에 의한다.

제3조【용어의 정의】

이 규정에서 "영업채널"이란 영업조직과 점포, 영업점, 영업소 등을 뜻한다.

제2장 영업부서

제4조【영업부서】

회사의 영업관련부서는 다음 각 호의 부서이다.

1. 영업관리부
2. 영업지원부

899

    3. 외주구매부
    4. 물류운송부
    5. 경영관리부

제5조 【영업관리】

영업관리부서는 다음 각 호의 부서에서 영업관리를 한다.

    1. 상품기획관리
    2. 상품판매관리
    3. 영업채널 및 판매점 관리
    4. 기타 업무

제6조 【영업지원】

영업지원부서는 거래처로부터 물품을 수주받아 물품을 창고 또는 물류팀, 구매팀에 발주하여 거래처에 입고하는 다음 각 호의 업무를 한다.

    1. 수주업무 : 거래처로부터 주문받는 업무
    2. 발주업무 : 수주받은 물품을 창고팀, 물류팀. 구매팀에 발주하는 업무
    3. 창고관리 업무

제7조 【외주구매】

외주구매부서는 영업지원부서에서 발주 받은 물품을 외주처에 수주하여 창고에 입고하거나, 거래처에 입고하는 업무를 한다.

제8조 【물류운송】

물류운송부서는 수주 및 발주 받은 물품을 창고에 보관하거나 거래처에 운송하는 업무를 한다.

제9조 【경영관리】

영업관리부서는 각 호의 업무를 처리한다.

    1. 계약업무 : 상품판매, 판매점 및 거래처, 수주 및 발주, 기타
    2. 입출금업무 : 보증금, 판매대금, 구매대금, 계약금, 기타
    3. 채권관리업무

제3장 영업채널

제10조 【채널종류】

회사는 영업관련 판매채널을 다음 각 호와 같이 둘 수 있다.

    1. 직영점 : 회사에서 직접 투자하여 운영하는 판매점
    2. 대리점 : 회사와 계약한 사외 계약자가 경영하는 판매점
    3. 영업소 : 회사와 계약한 사외 계약자가 경영하는 판매점
    4. 특약점 : 회사와 계약한 사외 계약자가 경영하는 판매점
    5. 취급소 : 회사와 계약한 사외 계약자가 경영하는 판매점

제11조 【개설기준】

판매점은 같은 상권과 지역에 특별한 경우를 제외하고 2 이상의 판매점을 둘 수 없다.

제12조【심사기준】

판매점의 개설 시 심사기준은 다음의 각 호와 같다.

1. 상권분석자료
2. 경쟁대리점, 경쟁상품 판매점 여부
3. 대리점개설 신청자의 영업능력 여부
4. 대리점개설 신청자의 자금능력 여부

제13조【개설조건】

판매점의 개설 조건은 다음 각 호를 충족하여야 한다.

1. 대리점 : 회사 상품만을 판매하는 단독점포
2. 영업점 : 회사 상품만을 판매하는 단독 또는 복합점포
3. 특약점 : 회사상품과 동일한 타사상품을 판매하지 않는 점포
4. 취급소 : 회사 제품을 취급하는 점포

제14조【개점보증금】

판매점 개설에 따른 보증금을 설정액은 다음 각 호와 같다.

1. 대리점 : 5,000만 원 이상
2. 영업소 : 3,00만 원 이상
3. 특약점 : 1,000만 원 이상
4. 취급소 : 500만 원 이상

제15조【개설서류】

판매점 개설 시 필요한 서류는 다음 가호와 같다.

1. 판매점계약서
2. 보증금 설정 및 보증증명서
3. 보증금 예치 확인서
4. 기타 관련서류

제16조【관리책임자】

판매점의 관리 책임자는 다음 각 호와 같다.

1. 직영점 : 영업관리부 직영점 팀장
2. 대리점 : 영업관리부 대리점 팀장
3. 영업점 : 영업관리부 영업점 팀장
4. 특약점 : 영업관리부 특약점 팀장
5. 취급소 : 영업관리부 취급소 팀장

제4장 관　　리

제17조【채널관리】

① 판매점 관리부서는 판매점에 대하여 외상매출금과 담보설정가액을 수시로 확인하여 매출채권확보에 조처를 하여야 한다.

② 판매점의 경영관리를 위하여 판매교육을 매월 한다.

③ 판매촉진을 위하여 지원제도를 운용할 수 있으며 세부사항은 별도로 정한다.

제18조【채널평가】

① 판매점의 영업실적을 월간, 분기, 반기 연간으로 기간별 실적을 다음 각 호와 같이 평가한다.

　　1. 1등급 최우수 판매점 : 판매목표 150% 이상 달성

　　2. 2등급 우수 판매점 : 판매목표 130% 이상 150% 미만 달성

　　3. 3등급 판매점 : 판매목표 100% 이상 130% 미만 달성

　　4. 4등급 판매점 : 판매목표 80% 이상 100% 미만 달성

　　5. 5등급 판매점 : 판매목표 70% 미만 달성

② 상기 제1항의 5호의 반기간 5등급 판매점은 심의대상 판매점으로 그 존폐를 관리한다.

제19조【채널지원】

판매점의 3개월 영업실적을 평가하여 우수 이상의 평가등급의 경우 각 호와 같이 지원한다.

　　1. 우수 : 1회 : 광고지원

　　2. 우수 2회 : 광고지원, 지원금(30만 원)

　　3. 우수 3회 : 광고지원, 지원금(50만 원)

　　4. 최우수 1회 : 광고지원, 공급물품 100만원 지원

　　5. 최우수 2회 : 광고지원, 공급물품 200만원 지원

　　6. 최우수 3회 : 광고지원, 공급물품 300만원 지원

제20조【판매보고】

판매점은 회사의 영업부장에게 다음 각 호의 판매보고를 해야 한다.

　　1. 주간·월간·연간 매출액 보고서

　　2. 주간·월간·연간 상품별 판매보고서

제21조【채널경고】

판매점의 12개월 영업실적을 평가하여 평가등급이 "D등급"은 다음 각 호와 같이 조치한다.

　　1. 1회 이상 : 1차 경고

　　2. 2회 이상 : 2차 경고 (상품출고제한)

　　3. 3회 이상 : 3차 징계 (상품출고금지)

　　4. 4회 이상 : 4차 징계 (출고상품회수)

　　5. 5회 이상 : 계약해지 (매출채권회수)

〈부　칙〉

제22조【시행일】

이 규정은 ○○○○년 ○○월 ○○일부터 시행한다.

〈서　식〉

(서식 1) 월별 영업채널별 실적표

(서식 1)

<table>
<tr><td colspan="9" align="center">월별 영업채널별 실적표</td></tr>
<tr><td colspan="9">(작성일 :　　　　　　부서 :　　　　직위 :　　　　작성자 :　　　　　　　)</td></tr>
<tr><td>번호</td><td>영업채널</td><td>1월</td><td>2월</td><td>3월</td><td>4월</td><td>5월</td><td>6월</td><td>합계</td></tr>
<tr><td></td><td></td><td></td><td></td><td></td><td></td><td></td><td></td><td></td></tr>
<tr><td></td><td></td><td></td><td></td><td></td><td></td><td></td><td></td><td></td></tr>
<tr><td></td><td></td><td></td><td></td><td></td><td></td><td></td><td></td><td></td></tr>
<tr><td></td><td></td><td></td><td></td><td></td><td></td><td></td><td></td><td></td></tr>
<tr><td></td><td></td><td></td><td></td><td></td><td></td><td></td><td></td><td></td></tr>
<tr><td></td><td></td><td></td><td></td><td></td><td></td><td></td><td></td><td></td></tr>
<tr><td></td><td></td><td></td><td></td><td></td><td></td><td></td><td></td><td></td></tr>
<tr><td></td><td></td><td></td><td></td><td></td><td></td><td></td><td></td><td></td></tr>
<tr><td></td><td></td><td></td><td></td><td></td><td></td><td></td><td></td><td></td></tr>
<tr><td></td><td></td><td></td><td></td><td></td><td></td><td></td><td></td><td></td></tr>
<tr><td></td><td></td><td></td><td></td><td></td><td></td><td></td><td></td><td></td></tr>
<tr><td>참고</td><td colspan="8"></td></tr>
</table>

[126]
영업지원관리규정

제정 ○○○○년 ○○월 ○○일
개정 ○○○○년 ○○월 ○○일

〈총 칙〉

제1장 통칙

제1조【목적】

이 규정은 ○○주식회사(이하 "회사"라 한다)가 경영목표달성을 위하여 영업을 지원하는 사항을 정함으로써 영업을 효율적으로 지원하여 경영활성화에 그 목적이 있다.

제2조【적용의 범위】

① 이 규정은 회사의 영업관리 및 영업채널 지원에 대하여 다른 회사규정에서 정함이 있는 것 외 이 규정을 적용한다.

② 이 규정은 회사의 영업채널에 대한 지원부서의 임직원에게 적용한다.

제3조【용어의 정의】

이 규정에서 용어의 정의는 다음 각 호와 같다.

1. "수주"란 회사에서 거래처로부터 상품을 주문받는 것을 말한다.
2. "발주"란 회사에서 구매처로 물품을 주문하는 것을 말한다.
3. "입고"란 회사에서 구매처로부터 물품을 받는 것을 말한다.

4. "출고"란 회사에서 거래처로 물품을 보내는 것을 말한다.

제2장 수주와 발주

제4조 【수발주부서】

회사의 거래처로부터 주문받는 상품의 수주업무는 영업부서에서 하며, 판매할 상품을 물품을 구매하는 발주업무는 다음 각 호의 구매부서에서 한다.

1. 수주업무 : 영업팀
2. 발주업무 : 구매팀

제5조 【수주방법】

영업팀은 거래처로부터 주문받는 상품의 수주방법은 다음 각 호의 방법으로 한다.

1. 수주전용 사이트를 통한 수주
2. 전화 또는 팩스를 통한 수주
3. 영업사원을 통한 수주

제6조 【발주방법】

구매팀은 구매처에 물품을 발주하여 구매하는 방법은 다음 각 호의 방법으로 한다.

1. 발주 전용 사이트를 통한 발주
2. 전화 또는 팩스를 통한 발주
3. 구매사원을 통한 발주

제7조 【상품입고】

구매팀에서 발주한 상품의 입고는 회사의 물류팀에 통보하고 창고에 입고한다. 다만, 수주처의 계약조건에 따라 구매물품을 구매처에서 판매처로 직접 출고할 수 있다.

제8조 【상품출고】

상품의 출고는 계약조건에 따라 영업팀, 구매팀, 경리팀의 승인으로 물류팀에서 출고한다.

제3장 판 매

제9조 【판매부서】

상품을 상품의 판매하는 주무부서는 영업부서의 다음 각 호의 팀에서 한다.

1. 영업총괄팀
2. 백화점팀
3. 양판점팀
4. 대리점팀
5. 직판팀

제10조 【판매절차】

상품의 판매는 영업팀이 거래처로부터 주문을 확인하고, 수주명세서를 경리팀장에게 제출하면, 경리팀장은 입금을 확인하고 거래명세서를 물류팀장에게 제출하면, 물류팀장은 출고증을 발부하여 거래처에 상품을 출고한다.

거래처		영업팀장		경리팀장		물류팀장
거 래	⇒	주 문	⇒	입금확인	⇒	출 고
서 류		수주명세서		거래명세서		출고명세서

제11조 【판매방법】

① 상품의 판매는 수시 판매를 원칙으로 한다. 다만, 수급조절 또는 판매정책상 유익하다고 인정되는 경우에는 고정거래처에 사장의 승인으로 연간계약 또는 분기별계약으로 판매할 수 있다

② 상품의 판매는 대금 선수를 원칙으로 한다. 다만, 사장이 판매정책상 필요하다고 인정하는 경우에 계약에 의한 외상판매를 할 수 있다.

제12조 【판매조건】

상품의 판매는 상품의 주문량, 공급가격, 인도조건, 결제방법 등의 판매조건을 충족하여야 판매한다.

제13조 【판매가격】

상품의 판매가격은 구매팀장, 생산팀장, 영업팀장, 기획팀장, 영업본부장이 결의하여 사장이 결정한다.

제4장 입고와 출고

제14조 【입출고부서】

구매부서에 구매한 물품을 입고와 거래처에 상품을 출고하는 업무는 다음 각 호의 물류부서에서 한다.

    1. 보관업무 : 창고팀
    2. 운송업무 : 운송팀

제15조 【상품입고】

구매팀에서 발주한 상품의 입고는 회사의 물류팀에 통보하고 창고에 입고한다. 다만, 수주처의 계약조건에 따라 구매물품을 구매처에서 판매처로 직접 출고할 수 있다.

제16조 【상품출고】

상품의 출고는 계약조건에 따라 영업팀, 구매팀, 경리팀의 승인으로 물류팀에서 출고한다.

제17조 【출고지시】

① 경리팀장은 상품대금을 수령을 확인하고 영업팀장에게 통보하고 영업팀장은 지체없이 물류부서에 상품출고를 지시하여야 한다.

② 물류부서는 영업팀장의 통보에 따라 거래처별로 출고대장에 기록하고 출고관리를 하여야 한다.

제18조 【정량적재】

물류부서의 운송팀은 물류운송차량의 적재방법별 출고비중을 산정하여 관리하고 동 비중에 따라 적재를 이행하여야 한다.

제19조 【출고지연】

물류관리팀은 상품을 출고함에서 창고와 재고관리상 상품출고가 지연 및 중지되는 때에는 영업팀장에 즉시 보고하여야 한다.

제5장 수 납

제20조 【수납부서】

① 회사의 상품판매와 구매물품의 결제와 입금과 출금의 수납관리는 경리팀에서 한다.

② 경리팀을 제외한 다른 부서에서는 상품의 판매와 구매 등의 대금의 직접 수금관리를 할 수 있으나, 금전의 급은 할 수 없다.

제21조 【대금수납】

① 상품 판매와 구매의 대금 수납은 회사의 사업용 계좌에서 입출금함을 원칙으로 한다.

② 상품 판매와 구매에 금융기관 발행한 자기앞수표와 당좌수표로 결제할 수 있다.

③ 거래처의 약속어음 결제는 계약조건에 따라 어음으로 수납할 수 있다.

제22조 【어음수납】

거래처로부터 계약조건이 아닌 어음을 받아야 하는 경우 소정절차에 따라 담보를 제공조건 계약으로 어음을 수납할 수 있다.

제23조 【미수채권의 관리】

① 어음의 결제가 지연되는 경우에 경리팀장은 지체없이 그 사유와 내역을 영업팀장에게 통보하여야 한다.

② 제1항의 통보를 받은 영업팀장은 지체없이 출고중지 또는 판매취소 등의 조치를 하여야 한다.

〈부 칙〉

제24조 【시행일】

이 규정은 ○○○○년 ○○월 ○○일부터 시행한다.

〈서 식〉

(서식 1) 수주(발주)대장

(서식 1)

회사명	
주 소	

수주(발주)대장
(일자: 년 월 일)

담당자		부 서	
전 화		e메일	

(　　　　　　　　　　　　　　귀중)

일자	품명	수량	단가	공급가	담당자	비고
참고						

[127]
판매관리규정

제정 ○○○○년 ○○월 ○○일
개정 ○○○○년 ○○월 ○○일

〈총 칙〉

제1장 통칙

제1조【목적】

이 규정은 ○○주식회사(이하 "회사"라고 한다)의 상품판매에 대하여 거래형태, 거래처, 거래관리 등의 판매와 영업에 대하여 관리사항을 정함을 목적으로 한다.

제2조【적용범위】

① 회사의 상품판매와 영업에 따른 관리에 대하여 다른 규정에서 특별히 정한 것이 있는 것 외에는 이 규정에 따른다.

② 이 규정은 회사의 상품판매와 관련된 전 부서와 판매점 등에 적용한다.

제3조【용어의 정의】

회사에서 판매와 관련된 하는 상품의 용어는 다음 각 호와 같다.

1. 상품 : 회사에서 생산하여 판매하는 제품과 타사에서 구매하여 당사에서 판매하는 물품을 말한다.
2. 제품 : 회사에서 직접 제조 및 생산한 물품 또는 서비스를 말한다.

제2장 판매구분

제4조 【현매거래】

① 현매거래계약을 체결한 거래처에 상품공급과 동시에 현금결제조건으로 공급하는 거래로 소속 부서장이 결정하여 사장의 승인으로 현매거래를 할 수 있다.

② 1항의 거래가 계속적 반복적으로 상품을 공급해야 하는 경우 1월 이내의 현금결제기한을 두어 결제받는 조건으로 소속 부서장의 결정으로 사장의 승인으로 현매거래를 할 수 있다.

제5조 【위탁거래】

위탁거래계약을 체결한 거래처에 상품을 위탁하여 판매하는 거래로, 1월 이하의 상품공급과 대금결제조건을 소속 부서장이 결정하여 사장의 승인으로 위탁거래를 할 수 있다.

제6조 【전매거래】

전매거래계약을 체결한 거래처에 상품 중 일부 또는 전부를 판매하는 거래로, 상품공급과 결제조건은 소속 부서장이 결정하여 사장의 승인으로 전매거래를 할 수 있다.

제7조 【직접판매】

회사는 상품을 소비자에게 직접판매 할 수 있으며, 판매상품과 판매량 및 판매가 등은 소속 부서장이 결정하여 사장의 승인으로 판매할 수 있다.

제8조 【특별판매】

회사는 신상품, 재고상품, 계절상품, 기획상품 등을 판매량과 판매가, 판매대상을 소속 부서장의 결정으로 사장이 승인하여 판매할 수 있다.

제9조 【도매 및 소매】

회사는 상품을 거래처를 대상으로 도매거래를, 최종 소비자를 대상으로 소매를 판매점장이 결정하여 사장의 승인으로 도소매거래를 할 수 있다.

제3장 판매계획

제10조 【판매계획】

사원은 다음 각 호의 판매계획을 수립하여 소속 부서장에게 보고하여야 한다.

1. 연(월)간 판매계획
2. 거래처별 판매계획
3. 상품별 판매계획
4. 담당자별 판매계획
5. 채널별 판매계획
6. 지역별 판매계획

제11조 【비용계획】

사원은 다음 각 호의 월별비용계획을 수립하여 소속 부서장에게 보고하여야 한다.

1. 월별 인건비
2. 월별 판매촉진비 (광고선전비, 행사비 등)

    3. 월별 유지비 (임차료, 차량유지비, 통신비, 기타 등)

    4. 다음(당해)연도 월별 목표매출액

제12조 【매출채권회수계획】

사원은 다음 각 호의 내용을 포함하는 월별 매출채권회수계획을 수립하여 소속 부서장에게 보고하여야 한다.

    1. 매출채권잔액

    2. 매출채권 회수율

    3. 매출채권 회수기간

    4. 매출채권 목표 회수액

제4장 판매관리

제13조 【견적관리】

상품견적은 1건당 500만 원 이상의 거래에 대하여 소속 부서장의 승인으로 견적서를 발부할 수 있다.

제14조 【수주관리】

상품의 발주는 부서장의 승인으로 다음 각 호와 같이 발주한다.

    1. 수주등록 : 수주일, 수주처, 수주담당자를 등록한다.

    2. 수주내역 : 수주상품, 수주량과 수주액을 관리한다.

    3. 수주조건 : 상품, 공급가, 결제조건 등을 부서장의 승인으로 관리한다.

    4. 수주마감 : 매일 9시부터 17시까지 수주하고, 휴일은 수주하지 않는다.

제15조 【발주관리】

상품의 발주는 부서장의 승인으로 다음 각 호와 같이 발주한다.

    1. 초도발주 : 신상품과 신규거래는 구매부와 협의하여 기초발주량을 발주한다.

    2. 예약발주 : 상품 출하일 기준 2일 전에 발주한다.

    3. 상시발주 : 상품 출하일 기준 1일 전에 발주한다.

    4. 추가발주 : 상시발주 상품의 주문마감전에 발주한다.

제16조 【판매일보 등】

사원은 발주한 상품에 대하여 다음 각 호의 판매일보를 작성하여야 한다.

    1, 거래처별 판매 일보 및 월보

    2. 상품별 판매 일보 및 월보

    3. 담당자별 판매 일보 및 월보

제17조 【판매보고】

① 사원은 매일 상품별, 거래처별, 지역별, 담당자별 판매보고를 소속 부서장에게 해야 한다.

② 소속 부서장은 매주 상품별, 거래처별, 지역별, 담당자별 판매보고를 사장에게 해야 한다.

제18조 【외상매출 관리】

① 회사는 거래처별로 외상매출금 한도액이 150%를 초과한 경우, 외상매출기한이 1.5개월을 초

과하는 경우 상품을 공급하지 않는다.

② 회사는 거래처별로 외상매출금 한도액이 200%를 초과한 경우, 외상매출기한이 3개월을 초과하는 경우 공급한 상품을 회수한다.

③ 회사는 거래처의 외상매출채권 회수가 불가능하다고 판단되는 거래처에 담보설정과 송무를 시행할 수 있다.

〈부   칙〉

제19조【시행일】

이 규정은 ○○○○년 ○○월 ○○일부터 시행한다.

〈서   식〉

(서식 1) 월별 판매계획

(서식 2) 담당자별 판매계획

(서식 3) 거래처별 판매계획

(서식 4) 상품별 판매계획

(서식 1)

월별 판매계획
(년   월 ~ 월)

항 목	1	2	3	4	5	6	7	8	9	10	11	12	합계
매 출 액													
매출원가													
1. 상품원가													
(1) 전기상품재고액													
(2) 당기상품매입액													
(3) 기말상품재고액													
2. 판매변동비													
(1) 판매운임													
(2) 보관료													
(3) 하역비													
(4) 포장비													
(5) 기타변동비													
3. 판매고정비													
(1) 인건비													
(2) 여비교통비													
(3) 통신비													
(4) 접대비													
(5) 차량비													
(6) 사무용품비													
(7) 기타고정비													
매출총이익													
참 고													

(서식 2)

담당자별 판매계획

(　　년　　월 ~ 　월)

담당자	전년 후기	연간 계획	1월	2월	3월	4월	5월	6월	반기 합계	전년 대비	비고
합계											

(서식 3)

거래처별 판매계획

(　　년　　월 ~ 　월)

거래처	전년 반기	1월	2월	3월	4월	5월	6월	합계	전년 대비	비고
합계										

(서식 4)

상품별 판매계획

(　　년　　월~　월)

상품	전년 반기	1월	2월	3월	4월	5월	6월	합계	전년 대비	비고
합계										

[128]
클레임처리규정

제정 ○○○○년 ○○월 ○○일
개정 ○○○○년 ○○월 ○○일

〈총 칙〉

제1장 통칙

제1조【목적】
이 규정은 ○○주식회사(이하 "회사"라고 한다)의 판매품과 서비스 등에 대하여 불량 또는 하자 발생 등의 절차 등에 관하여 정함을 목적으로 한다.

제2조【적용범위】
이 규정은 회사에서 판매한 제품이 불량 등의 하자가 발생한 경우 그 처리에 대하여 다른 규정에서 특별히 정한 것 외에는 이 규정에 따른다.

제3조【클레임의 정의】
이 규정에서 클레임(claim)은 소비자가 제기한 다음 각 호의 사유와 같다.
1. 수송하는 중에 발생한 품질상의 하자
2. 사용하는 중에 발생한 품질상의 하자
3. 포장의 하자
4. 계약 내용과 차이가 있는 경우

5. 기타

제2장 주 관

제4조 【클레임 부서】

회사의 제품에 대한 클레임 주관부서는 다음 각 호와 같다.

1. 클레임 접수 : 영업부서
2. 클레임 조사 : 기술부서
3. 클레임 해결 : 기술부서, 생산부서, 물류부서, 기타부서

제5조 【클레임 안내】

회사의 사원은 직무부서를 불문하고 클레임에 관한 신청 등에 관한 문의에 대하여 친절하고 정확하게 신속하게 안내하여야 한다.

제6조 【클레임 보고】

클레임 주관부서는 클레임에 대한 접수현황, 조사결과, 해결사항에 대하여 다음 각 호의 부서장에게 일간, 또는 주간 및 월간으로 보고해야 한다.

1. 영업부서장
2. 생산부서장
3. 기술부서장
4. 물류부서장
5. 클레임 발생원인 부서장

제3장 접 수

제7조 【접수】

클레임 접수자는 서면으로 다음 각 호의 사항을 기재하여 접수하여야 한다.

1. 신청자의 성명, 주소, 연락처
2. 클레임 상품명
3. 클레임 사항
4. 클레임 처리 해결비용
5. 처리기한

제8조 【접수보고】

클레임 접수자는 클레임 조사부서에 클레임 접수사항을 보고를 해야 한다.

제4장 조 사

제9조 【조사결정】

클레임 조사자는 클레임 신청자에게 다음 각 호에 대하여 설명하여야 한다.

1. 물품의 손상 여부
2. 비용의 발생 여부
3. 클레임 해결에 따른 시간

4. 기타 필요한 사항

제10조 【조사사항】

조사자는 다음 각 호의 사항을 조사하여, 소속 부서장에게 보고한다.

1. 현품상태
2. 발생원인
3. 기타

제11조 【긴급조사】

클레임처리에 관하여 클레임 접수 소속 부서장의 긴급조사 요구가 있을 때 조사부서장은 해당 블레임에 대하여 긴급조사를 실시할 수 있다.

제12조 【조사보고】

조사가 종료된 때에는 조사부서장은 조사결과를 클레임 주관부서장에게 보고한다.

제5장 해 결

제13조 【해결방안】

① 클레임 주관부서장은 다음 각 호와 같이 클레임을 처리할 수 있다.

1. 수리
2. 판매가 할인
3. 교환
4. 손해배상
5. 기타

② 클레임 주관부서장은 클레임 신청자에게 제1항의 클레임 해결방안을 설명하고 그에 대한 동의 얻어 클레임을 해결해야 한다.

제14조 【해결통보】

클레임 주관부서에서 제시한 클레임 해결방안에 동의한 신청자에게 크레임처리에 대한 절차와 방법을 신속하고 통보하여야 한다.

제15조 【판매할인】

클레임을 판매가를 할인하여 해결하는 경우, 영업부서장, 경리부서장에게 통보하고 클레임 신청자에게 송금한다.

제16조 【수리】

클레임 제품을 해결하기 위하여 수리하는 경우 무상수리와 유상수리로 구분하며, 무상수리는 제품판매조건에 해당하는 경우에 해당하며, 유상수리는 클레임 신청자의 동의로 유상으로 수리할 수 있다.

제17조 【교환】

클레임 주관부서장의 결정으로 클레임 물품에 대하여 동일한 물품으로 교환을 할 수 있다.

제18조 【배상】

클레임 제기 신청자가 손해배상을 청구하는 경우 다음 각 호의 경우에 사장의 승인으로 손해배상을 할 수 있다.

　　1. 클레임 제기 물품이 인적 피해를 준 경우

　　2. 법원의 판결로 손해배상을 해야 할 경우

　　3. 기타

제6장 기 록

제19조 【클레임기록】

클레임 주관부서는 다음 각 호와 같이 클레임 처리에 대하여 기록하여야 한다.

　　1. 클레임 접수에서 해결까지 사무처리 현황 : 영업부서 접수팀

　　2. 클레임 조사에서 해결까지 제품별 처리현황 : 기술부서 서비스팀

　　3. 클레임 해결에서 판매가 할인과 손해배상 현황 : 영업부서, 경리부서

　　4. 클레임 접수에서 해결까지 기술팀 생산적 결함 현황 : 생산부서, 기술부서

제20조 【보고】

클레임 주관부서장은 클레임 접수와 처리의 통계와 기술적요인과 생산적 요인 등을 취합하여 영업이사와 사장에게 보고하여야 한다.

〈부 칙〉

제21조 【시행일】

이 규정은 ○○○○년 ○○월 ○○일부터 시행한다.

〈서 식〉

(서식 1) 클레임처리대장

(서식 2) 클레임접수증

(서식 1)

클레임처리대장

(20 년 월 일)

담당	팀장	본부장	사장

NO	일자	클레임 사항	접수	처리	담당자	비고
	참고					

(서식 2)

클레임 접수증 (20 년 월 일)		접수 담당	접수 팀장	관리 팀장	본부장

접수시간		접수자	
신 청 자		전 화	
		주 소	
		기 타	
구매일자		잔여기간	
A/S 유효기간			
클레임 사항			
요청사항			
접 수 자 전달사항			
배상여부			
참 고			

[129]
매출채권관리규정

제정 ○○○○년 ○○월 ○○일
개정 ○○○○년 ○○월 ○○일

〈총   칙〉

제1조【목적】

이 규정은 ○○주식회사(이하 "회사"라고 한다)의 매출채권의 수금과 관리 등에 사항을 정함에 목적이 있다.

제2조【적용범위】

이 규정은 회사의 매출채권에 대한 수금관리업무에 대하여는 다른 규정에서 특별히 정한 것 외에는 이 규정에 의한다.

제3조【매출채권】

회사의 관리대상 매출채권은 다음과 같다.

1. 외상매출금
2. 위탁판매물품
3. 미결제 판매제품
4. 상품판매거래처
5. 기타 거래처

제4조【매출채권의 수금】

매출채권의 수금은 현금수금이 원칙이며, 단, 거래계약에 따라 현금수금 외 다음과 같이 할 수 있다.

1. 수표수금
2. 어음수금
3. 대물수금
4. 기타

제5조【매출채권 관리자】

회사의 매출채권의 관리자는 당해 상품매출 영업부서장이다.

제6조【매출채권의 결산】

매출채권의 결산은 매월 말일을 원칙으로 한다. 다만, 월말에 현금으로 수금하여 당일에 수납하지 못하였을 때 다음 월 1일까지로 수납한 것은 당월분 수금으로 본다.

제7조【현금의 수금】

외상매출금의 현금수금은 회사의 사업용계좌로 입금하는 것을 원칙으로 한다. 다만, 특별한 경우 수금사원이 직접 현금 또는 수표, 신용카드 등으로 수금할 수 있다.

제8조【수표의 수금】

외상매출금의 수표수금은 지급일이 1월 이내의 종이 또는 전자 수표로 국내은행에서 발행한 수표로, 종이 수표는 수금사원이 직접 인수하여 회사에 수납하여야 한다. 다만, 전자수표는 경리부서장이 발행은행의 전자문서로 전자수납한다.

제9조【어음의 수금】

외상매출금의 어음수금은 지급일이 3월 이내의 종이 또는 전자 어음으로 국내은행에서발행한 어음으로, 종이 어음은 수금사원이 직접 인수하여 회사에서 수납하여야 한다. 다만, 전자어음은 경리부서장이 발행은행의 전자문서로 전자수납한다.

제10조【어음수표의 관리】

외상매출대금으로 수납한 어음수표의 관리는 경리부서장이 하며, 어음수표의 발행번호, 발행금액, 추심일자, 발행은행, 발행처 등을 기재하여 관리해야 한다.

제11조【어음수표의 부도】

부도수표나 부도어음이 발생하면 어음담당자는 즉시 해당 부도수표 및 부도어음을 회수하여 입금담당자에게 반송하고 해당 금액의 입금을 취소하여야 한다.

제12조【매출채권의 회수기간】

① 받을어음 회수기간은 미수기간을 포함하여 90일을 초과할 수 없다.

② 수납기간을 초과한 받을어음은 연간 20%의 연체이자를 수령한 후 수납할 수 있다.

〈부 칙〉

제13조【시행일】

이 규정은 ○○○○년 ○○월 ○○일부터 시행한다.

〈서 식〉

(서식 1) 거래처별 매출채권대장

(서식 2) 외상매출금 수금관리대장

(서식 1)

거래처별 매출채권대장

(20 년 월 일 ~ 20 년 월 일)

(관리부서 :   부서장 :   담당자 :   )

번호	거래처	일자	품목	매출채권	합계	담당자
비고						

(서식 2)

외상매출금 수금관리대장

결재	담당	팀장	사장

(담당자 :   부서: : 직급   )

번호	거래처별	외상매출금	회수금	잔액	수금일
비고					

제28편

구매·자재 관련 규정

[130]
계약관리규정

제정 ○○○○년 ○○월 ○○일
개정 ○○○○년 ○○월 ○○일

〈총 칙〉

제1조【목적】

이 규정은 ○○주식회사(이하 "회사"라고 한다)의 자재와 제품 등의 생산에 따른 수주와 발주의 계약 원칙을 정하여 그에 따른 계약사항을 정함을 목적으로 한다.

제2조【적용범위】

이 규정은 회사의 구매와 생산 관련 계약에 관한 다음 각 호의 계약에 대하여 적용한다.

1. 상품 구매 및 생산 계약
2. 자재 구매 및 생산 계약
3. 기타 구매와 생산 계약

제3조【용어의 정의】

이 규정에서 "계약"이라 함은 회사가 물품과 용역의 발주와 수주에 따른 타사와 체결하는 모든 계약을 말한다.

제4조【계약당사자】

회사의 발주와 수주의 계약당사자는 사장이 계약당사자이다. 다만, 사장이 위임한 경우 위임받은 자가 계약당사자이다.

제5조【계약주관】

계약의 주관은 당해 업무를 주관하는 부서장이 하며, 주관부서장은 계약사무를 담당하는 계약사무담당자를 둘 수 있다.

제6조【자문위촉】

사장은 회사의 계약과 관련하여 계약을 자문하는 변호사 또는 법률사무소를 위촉할 수 있다.

제7조【자문사무】

회사의 계약과 관련하여 자문을 의뢰하는 경우 사전에 자문하는 것을 원칙으로 한다. 다만, 특별한 경우 사후 자문을 의뢰할 수 있다.

제8조 【계약사무】

① 회사의 계약관련 사무의 총괄은 총무 부서가 전담한다. 다만, 특별한 경우 계약주관부서장이 사무담당자를 특별히 정하여 계약사무를 담당하게 할 수 있다.

② 계약주관부서장이 사무를 담당하는 경우 최종계약결과의 사무서류를 총무 부서에 제출하여야 한다.

제9조 【계약원칙】

회사의 계약은 자문변호사의 입회하에 계약함을 원칙으로 한다. 다만, 특별한 사정으로 자문변호사가 입회하지 못하는 경우 사전에 자문함을 원칙으로 한다.

제10조 【계약방법】

회사는 다음 각 호의 방법으로 계약할 수 있다.

1. 일반계약
2. 수의계약
3. 입찰계약
4. 조달계약
5. 기타계약

제11조 【계약서의 생략】

다음 각 호에 해당하는 경우에는 계약서의 작성을 생략하고 거래명세 또는 지급결의서로 갈음할 수 있다.

1. 건당 500만 원, 월간 500만 원 미만으로 계속적 반복적 수주 또는 발주하는 경우
2. 건당 100만 원 미만의 일회성 수주 및 발주건
3. 기타 필요한 경우

제12조 【계약의 특례】

회사의 계속적 반복적으로 이루어지는 수주와 발주의 연간 또는 다년 계약으로 회사의 제품생산과 상품의 구매와 판매에 기여한 거래처에 대하여 우선하는 계약을 체결하거나, 물량 및 금액의 차이를 두는 계약을 할 수 있다.

제13조 【계약의 변경】

체결한 계약의 내용을 변경하고자 하는 경우 자문변호사의 자문을 거쳐 그 사유를 명시하여 사장의 결재로 변경할 수 있다.

〈부 칙〉

제14조 【시행일】

이 규정은 ○○○○년 ○○월 ○○일부터 시행한다.

〈서 식〉

(서식 1) 계약관리대장
(서식 2) 물품구매계약서

(서식 1)

계약관리대장

(담당자 :   부서: : 직위   )

결재			

NO	계약명	계약당사자	계약기간	계약부서 책 임 자	계약일
비 고					

(서식 2)

물품구매계약서

제1조 (계약당사자)

_____(이하 "발주자"라 한다) 과 _____(이하 "공급자"라 한다)는 물품구매계약서(이하 "계약서"라 한다)에 기재한 물품구매계약에 관하여 제2조의 규정에 따른 계약문서에서 정하는 바에 따라 신의와 성실을 바탕으로 이를 이행한다.

제2조 (계약문서)

1) 계약문서는 계약서, 물품구매계약 일반 약관, 물품설명서와 필요하면 도면 등으로 구성된다.
2) 명세서 및 설계도 내용이 불분명하거나 상호 모순되는 점이 있을 때는 공급자는 즉시 이 사실을 발주자에게 지적, 통지하여야 한다.
3) 발주자는 2항의 통지를 받은 때에는 즉시 그 사실을 조사 확인하고 발주자, 공급자 합의로 필요한 조처를 해야 한다.

제3조 (납품)

1) 공급자는 계약서상의 납부기한 내에 계약 전량을 납품장소에 현품으로 인도하고 검수요청을 하여야 하며, 발주자의 검수에 합격하고 발주자가 받으면 납품 완료된 것으로 한다.
2) 품목과 수량을 나누어 납품을 지시하거나 계약상 분할납품이 허용된 경우에는 분납 단위별로 검수받는다.
3) 공급자는 납품 지체가 예상되거나 지체사유가 발생하면 자재 사용부서 및 관련 부서에 지체사유와 납품 가능일 자를 사전에 납품연기신청서로 제출하여야 한다. 만일, 이를 이행치 않으면 발주자는 사후 지체에 따른 공제 혹은 계약을 해약하고 제재를 할 수 있다.

제4조 (규격 및 품질)

1) 모든 물품은 계약상에 명시된 명세서, 도면, 규격명세서 또는 견본품 등에 적합하여야 하며, 특별한 약정이 없을 때에는 발주자의 구매목적과 사용용도에 맞는 신품이어야 한다.
2) 구매되는 자재의 전산등록규격, 자재규격 또는 도면에 인용되거나 요구하는 사외규격 중 별도로 정하지 않은 최신 본을 적용한다.

제5조 (검수)

1) 검수는 발주자 자체 검수기준에 의하여 실시한다.
2) 검수는 납품된 물품을 하나하나 확인함을 원칙으로 한다. 다만, 전량 검사가 부적당하거나 곤란할 때에는 그 일부를 추출하여 검사할 수 있다.
3) 검수결과 계약과 일치된 때에는 합격 판정을 하고 검수 불합격된 때에는 해약할 수 있다. 다만, 발주자가 필요하다고 인정할 경우 공급자의 부담으로 재납품하게 할 수 있다. 이 경우 공급자는 재납품 후 재검수요청을 하여야 한다.
4) 공급자는 검수결과 불합격된 품목에 대해서는 즉시 반출, 재제작할 의무를 지며 불합격 발생

후 30일 경과시까지 반출하지 아니한 불합격 미반출품에 대하여는 반출의사가 없는 것으로 간주하여 발주자가 임의처리 할 수 있다. 단, 불합격품 처리방법을 별도로 약정한 경우에는 그러하지 아니한다.

5) 기타 검수절차와 이에 따른 권리의무는 특별히 다른 약정을 하지 않는 한 발주자의 검수기준은 적용한다.

6) 계약내용의 검수방법은 발주자의 사정에 따라 공급자와 별도의 합의하에 변경할 수 있다.

7) 자재규격 또는 제작도면 없이 구매되는 물품 중 검수코드에 의거 특정검사를 실시하는 경우는 전산등록규격에 기입된 재질의 해당규격을 기준으로 검수 및 판정한다.

제6조 (포장 및 표지)

1) 공급자는 납품하는 물품의 운송 과정중 유실이 없도록 충분히 포장하여야 하며, 다음 사항을 명기한 표지를 달아야 한다.

  1. 제작사 상호 및 계약자 상호

  2. 계약번호 (발주번호)

  3. 포장 단위별 일련번호, 품명, 규격, 단위, 수량

  4. 총중량, 순중량, 체적

  5. 취급상 주의사항

2) 표지는 견고하여야 하며, 당해 물품과 수명을 같이할 지구성 있는 표지로 함을 원칙으로 한다.

3) 공급자는 모든 계약물품에 대하여 상당기간 저장하여도 품질이 보존되도록 하여야 하며 해당 물품을 보호하기 위한 포장재는 환경에 유해하지 않는 재질을 사용하고, 폐기시 총량이 최소화 되도록 하여야 한다.

4) 공급자는 제조일로부터 일정기간이 지나면 물품의 성능저하 및 기능상실이 예상되는 시효성 자재에 대해서는 제조일, 저장유효기간을 필히 표시하여야 한다.

제7조 (권리의무의 양도금지)

공급자는 발주자의 서면 승인 없이는 권리의무를 제3자에게 양도할 수 없고 계약서에 명기된 제작자를 변경하거나 공급물품의 주요 부분 제조를 제3자에게 하도급 할 수 없다.

제8조 (특허 및 상호)

공급자는 계약이행에 관련된 특허, 상표, 허가 기타 행정상 문제처리와 비용부담의 책임을 진다.

제9조 (계약금의 지급)

발주자는 발주물품의 품질과 검수 기준을 통과한 물품을 공급자에게 공급할 것을 통보한 날로부터 5일 이내에 상호협의하여 계약금을 공급자에게 지급할 수 있다.

제10조 (구매대금의 지급)

1) 발주자는 공급자로부터 발주물품의 30%를 공급받은 날로부터 5일 이내에 공급받은 물품 가액의 20%를 공급자에게 지급한다.

2) 발주자는 공급자로부터 발주물품을 50% 공급받은 날로부터 5일 이내에 공급받은 물품 가액의 40%를 공급자에게 지급한다.

3) 발주자는 공급자로부터 발주물품을 100% 공급받은 날로부터 5일 이내에 공급받은 물품 가액의 90%를 공급자에게 지급한다.

4) 발주자는 공급자가 발주물품을 100% 공급받은 날로부터 30일 이내에 공급받은 물품에 이상이 없으면 공급받은 물품 가액의 100%를 공급자에게 지급한다.

제11조 (손해배상)
발주자와 공급자는 이 계약의 이행에서 손해가 발생한 경우 상호간에 공급자의 공급가를 70%를 기준으로 계산하여 배상할 것을 원칙으로 한다.

제12조 (계약 관련 송무)
발주자와 공급자는 이 계약의 이행에서 법원의 판결이 필요하여 소송을 진행할 경우 발주자의 주소지 관할 법원으로 한다.

20   년   월   일

(공급자) 상 호 :   (사업자등록번호:)
         주 소 :
         대표자 :   (인)

(발주자) 상 호 :   (사업자등록번호:)
         주 소 :
         대표자 :   (인)

[131]
구매관리규정

제정 ○○○○년 ○○월 ○○일
개정 ○○○○년 ○○월 ○○일

〈총　칙〉

제1장 통칙

제1조【목적】

이 규정은 ○○주식회사(이하 "회사"라 한다)가 생산 및 판매, 경영상 필요로 하는 물품 등을 직접구매 및 간접구매 등에 관련된 구매 절차와 원칙을 정하여 회사의 경영합리화에 기여함을 목적으로 한다.

제2조【적용범위】

이 규정에서 구매관련사항은 다음의 각 호와 같다.

1. 외국구매물품 관련 계약, 인수, 통관, 대금지급에 관한 사항
2. 국내구매물품 관련 계약, 인수, 운송, 대금지급에 관련된 사항

    3. 직접생산 및 간접생산 관련물품 구매사항

    4. 제1호, 제2호, 제3호 관련 원재료, 반물품, 기타 구매관련사항

    5. 제1호의 통관업무 관련사항

    6. 제2호, 제3호의 운반 및 수송에 관한 사항

    7. 기타 상기 각 호와 관련된 구매관련사항

제3조 【구매부서와 책임자】

회사의 구매부서와 책임자는 다음 각 호에 따른다.

    1. 총괄구매 : 구매부(구매부장)

    2. 부문구매 : 영업소(소장), 대리점(점장), 지점(지점장)

    3. 수입구매 : 무역부 (무역부장)

    4. 간이구매 : 해당부서(해당부서장)

    5. 기   타 : 총무부(총무부장)

제2장 구매방법

제4조 【생산소요물품】

① 회사의 생산에 필요한 물품구매는 생산제품의 소요자재 및 소요원재료의 소요계획에 따라 다음 각 호의 자료를 참조하여 구매계획을 세워야 한다.

    1. 생산물품 제조계획서 (일별, 주기별, 월별, 분기별, 연간)

    2. 생산물품 부분별 소요계획서

    3. 생산물품 현장별 소요계획서

    4. 전년도 생산관련 구매통계자료

    5. 기타

② 구매부서는 구매계획에 대한 사장의 승인으로 구매발주에 착수한다.

제5조 【판매소요물품】

구매부서는 판매물품의 통계자료를 영업부서 및 판매관련부서로부터 일별, 주기별, 월별, 격월별로 판매물품의 구매주기를 확인하여 판매부서의 판매물품 구매요청을 확인후에 구매계획에 대한 사장의 승인으로 구매발주에 착수한다.

제6조 【사후승인구매】

① 물품을 월 3회 이상 통상적으로 구매할 때는 물품사용 부서장이 구매부서장에게 신청하여, 물품을 조달한다.

② 제1항의 경우 구매부서장은 구매발주 후 월말에 사장의 사후승인을 받는다.

제7조 【직접구매】

① 회사의 모든 물품구매는 직접 구매함을 원칙으로 한다.

② 거래물품을 가능한 생산자로부터 구매함을 원칙으로 한다. 단, 생산자의 판매정책이 대리점 등에 한정할 경우 그에 따른다.

제8조 【우선구매처】

① 회사의 모든 구매물품은 특별한 사유가 발생하지 않는 한 기존거래처에서 구매를 우선한다.

② 제1항의 규정에도 불구하고 다음 각 호의 경우에는 소정의 절차를 거쳐 거래선을 변경할 수 있다.

1. 구매물품의 품질이 기존 거래처보다 월등할 경우
2. 구매물품의 구매단가와 거래조건이 기존거래처와 총구매비용의 3% 이상의 절감 효과가 있을 경우
3. 기존 거래처의 사정으로 물품구매가 불가능할 경우
4. 제1호 및 제2호의 규정에도 불구하고 일시구매물품의 총구매가액이 1,000만원 이상일 경우에는 구매선의 변경에는 사장의 승인 필요하다.

제9조【구매불가】

구매처가 다음 각 호에 해당하는 경우에는 구매를 할 수 없다.

1. 상대방이 금융거래 불량사업자의 경우
2. 구매물품의 품질이 저하된 경우
3. 구매물품의 단가가 관련업계보다 3% 이상의 고가인 경우
4. 구매물품의 인수비용이 관련업계보다 10% 이상 고가인 경우
5. 구매물품과 관련하여 정규영수증을 사용하지 않는 경우
6. 구매물품의 납기를 2회 이상 지연하여 손실이 발생한 경우
7. 특별한 사유 없이 거래상대방이 거래를 중단 한 경우
8. 기타 구매불가의 사유가 발생한 경우

제3장 간이구매

제10조【구매범위】

회사의 간이구매물품은 다음 각 호와 같다.

1. 일반소모품비
2. 사무용품과 문구용품
3. 컴퓨터 등의 소모품
4. 인쇄비와 용지비
5. 생산용 비품 등
6. 10만원 이하의 물품

제11조【구매절차】

간이물품구매는 구매요청부서, 구매담당부서, 대금결재부서 등의 구매활동과 관련한 관련 서류를 작성 및 수취하여 다음의 절차를 거쳐 구매한다.

담당부서	구매활동	관련서류
요청부서	구매목록작성	구매요청서 3부
구매부서	구매물품발주	물품주문서 2부

거 래 처	물품인도	거래명세서 1부
요청부서	물품인수	거래명세서 확인
구매부서	거래명세서확인	거래명세서 확인
경리부서	대금지급절차	증빙서류수취
사장	사후결재승인	관련서류제출

제12조 【구매확인】

구매부서는 구매요청 부서로부터 납품이 확인되면 거래처에서 수취한 거래명세서와 주문서와 확인하여 거래명세서를 경리부서에 송부하고 구매요청서, 주문서, 거래명세서, 대금결제명세서 정본 및 부본을 첨부하여 사장의 사후결재 승인을 받는다.

제13조 【대금결제】

경리부서는 구매부서의 확인을 거친 거래명세서를 확인한 후에 회사의 지급절차에 따라 거래대금을 지급한다.

제14조 【사후승인】

구매물품은 사장의 승인을 받는다. 단, 결재권한을 담당부서장에게 위임한 경우에는 담당부서장은 월말에 사후결재승인을 받는다.

제4장 일반구매

제15조 【구매절차】

자재부서는 특별한 사정이 없는 한 자재청구서 접수 후 신속히 발주하여 업무에 차질이 없도록 자재를 구매하여야 한다.

제16조 【시장조사】

구매담당자는 자재청구서 접수 후 적정한 가격과 양질의 자재를 적기에 구매할 수 있도록 신속한 시장조사를 실시하여야 한다.

제17조 【견적】

① 시장조사결과 가장 적정한 2개 처 이상의 업체로부터 동일한 방법과 조건으로 경쟁견적으로 한다. 다만, 부득이한 사유가 인정되는 경우 단일 견적으로도 자재를 구매할 수 있다.

② 경쟁견적은 봉함견적을 원칙으로 견적개봉은 다음의 개봉책임자 입회하에 개봉한다.

개봉책임자	실행예산금액
부　　　장	○○○만원 이상
과　　　장	○○○만원 미만

제18조【구매품의】

① 구매 담당자는 품질, 납기, 대금지급조건 등을 고려하여 실질적인 최저가격을 견적업체로 채택, 구매품의서를 작성한 후 전결권자의 결재를 받아야 한다.

② 구매담당자는 구매품의서 결재 후 주문서를 구매선에 발주하여 발주통보서를 즉시 현장 또는 해당 부서로 송부한다.

제19조【구매계약】

다음의 각호에 해당하는 경우를 제외하고는 구매승인 후 구매계약을 체결함을 원칙으로 한다.

　　1. 소액 구매인 경우

　　2. 단순품목으로 계약체결이 불필요한 경우

　　3. 업체 신용이 우수한 경우

　　4. 기타 계약체결이 불필요하다고 판단된 경우

제20조【전결한도】

전결한도금액은 별도로 정한 규정에 의하며 구입금액은 실행예산 내에서 집행될 수 있도록 최대한 노력을 하여야 한다.

제21조【납기관리】

① 자재관련 각 해당 부서는 납기관리를 위하여 일정 기간마다 진행상황을 관리할 수 있는 사후관리시스템을 강구한다.

② 납기는 납품 요청일자를 준수함을 원칙으로 한다. 단, 특수한 사유로 기내 납품이 불가능할 경우, 협의하여 최선의 방법을 강구해야 한다.

③ 잡품목은 주문서에 명기하되, 보관상 문제가 있거나, 규격이 변경되는 경우 등에는 별도의 납기를 지시할 수 있다.

제22조【대금지불】

① 구매부서원은 검수조서 입수 즉시 구매선으로부터 세금계산서를 징구, 관련서류를 첨부하여 자금집행부서로 자재대금 지불을 의뢰한다.

② 자재대금의 지불은 계약조건에 의해 지급함을 원칙으로 하며 대금지급절차는 자금집행부서의 지침에 의한다.

③ 선지급금이 발생될 경우는 이행보증증권 또는 이에 갈음할 수 있는 증서를 징구하며 이로 인해 발생될 수 있는 회사의 손해에 철저히 대비하여야 한다.

제23조【비축구매 및 단기계약구매】

자재의 안정적 조달, 비용절감 등 기회이익을 증대시키는 데 필요한 경우에는 단기계약구매 및 비축구매를 할 수 있다.

제5장 외국구매

제24조【구매절차】

외국구매절차는 원칙적으로 일반구매절차에 따른다.

제25조【시장조사】

구매담당자는 물품구매청구서 검토 시 수입허가사항, 통관 시 문제점, 보험 여부 등 수입절차상

문제점을 충분히 검토하여야 한다.

제26조 【구매견적】

① 견적은 국내 무역대리업자 및 직접 외국 공급자로부터 입수한다.

② 견적의 입수는 봉함으로 입수하되, 전보, 팩시밀리는 봉함견적으로 간주한다.

제27조 【구매계약】

수입물품은 구매승인서, 신용장, 기타 등의 무역계약으로 사장의 승인으로 구매계약을 체결한다.

제28조 【통관 및 입고】

① 통관관련 관세사무소와 및 운송업자의 지정은 별도의 품의에 의거 선정하여야 한다.

② 통관이 완료되면 사전에 현장의 검수장에게 물품에 대한 명세서 등을 송부하여 물품인수에 차질이 없도록 한다.

③ 공장의 검수자는 물품이 도착하면 최단시간 내에 검수를 완료하여야 하며 검수결과 사고 발생 시에는 지체없이 본사수입 담당자에게 통보하여 클레임처리에 지장이 없도록 하여야 한다.

제29조 【거래처 관리】

자재구매부서 책임자와 담당자는 구매관리와 대금지급에 품의와 증빙으로 만전을 기하며, 검수규정준수를 통한 품질하락방지와 구매비용절감을 위한 관리에 최대한 노력하여야 한다.

제6장 등 록

제30조 【거래처등록】

구매부서는 회사와 거래하는 모든 거래처의 구매업자등록부를 작성하여 비치하여야 하며, 그 작성사항은 다음 각 호와 같다.

1. 회사명
2. 사업자등록번호
3. 대표자, 책임부서장, 담당자의 성명
4. 주소, 전화, 팩스, 전자우편, 웹사이트
5. 대리점 및 지점 현황
6. 거래물품의 과세 및 면세 여부
7. 취급물품명세서
8. 회사연혁
9. 거래명세
10. 기타

제31조 【신규거래】

신규거래는 거래대상자(처)에 관한 신용조사 절차를 거쳐 그 결과에 따라 거래 여부를 구매부서장이 결정하여 사장의 사전 또는 사후 승인을 받아야 한다.

〈부 칙〉

제32조 【시행일】

이 규정은 ○○○○년 ○○월 ○○일부터 시행한다.

〈서 식〉

(서식 1) 구매처별 구매관리대장

(서식 2) 구매신청서

(서식 1)

구매처별 구매관리대장
(20   년   월   일 작성)

(관리부서: 책임자: 담당자:)

구매처명	품 목	규 격	구 매 내 역			
			수량	단가	공급가	비고
합계						

(서식 2)

구매신청서
(구매일자 : 20   년   월   일)

부서		성명		직위	
품 명		규격	단가	수량	금액
합 계					

[132]
자재관리규정

제정 ○○○○년 ○○월 ○○일
개정 ○○○○년 ○○월 ○○일

〈총 칙〉

제1장 통칙

제1조【목적】

이 규정은 ○○주식회사(이하 "회사"라 한다.)의 제품과 서비스의 생산과 시설 등을 관리하는 제 필요한 자재관리 기준과 절차를 정함을 목적으로 한다.

제2조【적용범위】

이 규정은 자재관리에 대하여 다른 회사규정에서 특별히 정한 것 외에 자재관리 시설과 이를 관리하고 취급하는 사원에게 적용한다.

제3조【용어의 정의】

① "자재"라 함은 제품과 서비스의 제조와 제공에 소요되는 물품 등을 말한다.
② "검수"라 함은 물품의 규격, 수량, 품질 등을 검사한 후 물품을 수령하는 것을 말한다.

제2장 자재계획

제4조【자재계획】

생산 및 자재수급부서는 자재수급의 효율적인 관리를 위하여 매월 말일까지 자재 소요현황과 자재 소요계획을 수립하여 자재부로 제출하여야 한다. 단, 자재관리상의 필요에 의해 작성시기를 회사에서 조정할 수 있다.

제5조【자재계획서】

① 자재 소요계획서는 원재료, 부품, 완제품 등으로 구분하고 실행예산과 생산공정을 근거로 하여 작성하여야 하며, 이는 자재의 조정계획, 시장조사의 기초자료가 되며, 자재청구의 근거가 될 수 있도록 작성되어야 한다.
② 신속하고 효율적인 자재소요계획서의 운영을 기하기 위하여 대상품목을 주요 품목으로 선정 작성할 수 있으며, 그 기준은 별도로 명시된 품목으로 하며 각 수급처의 특수성에 따른 주요 자재를 선정 작성토록 한다.

제6조【자재요청】

각 공장 및 수급부서는 자재소요계획서를 근거로 익월에 사용할 자재에 대하여 자재청구서를 작성하여 전월말 7일 전까지 현장 자재부서에 요청하여야 한다.

제7조【자재청구서】

자재청구서는 소정의 자재소요계획서에 의거 품목 및 규격, 단위, 단가, 총소요량 및 청구량, 납품요청일, 용도 등을 상세히 명기하여 제출하여야 한다.

제8조【자재구매】

자재의 구매는 구매관리규정에서 정한 절차와 원칙에 따른다.

제3장 자재검수

제9조【검수책임】

① 자재부서장은 취급자재의 규격, 수량, 품질 등의 검수 책임자이다.

② 구매부서장은 구매자재의 규격, 수량, 품질 등의 검수 책임자이다.

③ 생산부서장은 생산소요자재의 규격, 수량, 품질 등의 검수 책임자이다.

④ 창고부서장은 보관자재의 규격, 수량, 품질 등의 검수 책임자이다.

⑤ 운송부서장은 운송자재의 규격, 수량, 품질 등의 검수 책임자이다.

제10조【검수기준】

① 자재품질은 발주서의 품질기준과 품질인증기관의 증명이 품질검수기준이 된다.

② 자재규격은 발주서의 규격요건이 규격검수기준이다.

③ 자재수량은 발주서의 발주수량이 수량검수기준이다.

제11조【검수방법과 시기】

① 자재검수는 자재의 도착 즉시 전량에 대해 송장과 실물을 대조하여 실시하는 것이 원칙이나 자재의 특수성에 따라 부분검사, 발췌검사로 대치할 수 있다.

② 납입된 자재에 대하여 자재부서원은 발주통보서 및 전출전표에 의거하여 수량을 확인하고 담당기사는 시방서, 도면 등에 의거 규격과 품질을 검사한다.

③ 특별히 기술적인 검토를 요하는 자재는 해당 기술부서에 검사 의뢰하여야 하며 일정한 시험을 필요로 하는 자재는 지정된 시험기관의 검사서가 첨부되어야 한다. 이때 검사비용은 납품자가 부담함을 원칙으로 한다.

④ 검수 책임자는 검수결과 수량부족 또는 규격 및 품질상의 하자가 발견되어 불합격품으로 판정된 경우에는 즉시 교체토록 한다. 또는 기타 필요한 조치를 취하여야 한다.

제12조【검수결과보고】

① 자재부서원은 검수 완결 즉시 자재입고명세서를 작성, 검수결과를 본사에 보고하여 자재관리 및 대체 자재공급에 차질이 없도록 하여야 한다.

② 검수이상 발생시는 그 결과를 본사에 즉시 보고하고 담당부서장의 조치에 따라야 한다.

제13조【중간검수의무】

① 자재 발주부서는 제작물이나 특수사양에 의한 발주품에 대해서는 반드시 납품 전에 중간검수를 실시하여야 한다.

② 중간검수는 발주부서와 기술부서에서 공동으로 시행하며, 결과보고는 기술부서에서 작성하여 발주부서로 통보한다.

③ 중간검수 결과보고서는 대금지불시 첨부하여야 한다.

제4장 창고관리

제14조【입고절차】

① 자재부서원은 본사 또는 생산현장의 거래선으로 납품된 자재가 검수완료되면 입고처리한다.

② 자재창고의 재고분이 전용된 자재는 송장과 대조, 확인한 뒤 입고 처리한다.

③ 검수가 완료된 자재는 입고대장 및 카드에 기록하고 입고 전표를 제출한다.

제15조【출고절차】

① 생산현장 및 공장의 자재수급 담당자는 자재 출고전표를 작성하여 자재부서원에게 제출한다.

② 자재부서원은 전표를 접수하여 출고사항을 기록한 후 자재를 출고하고 출고대장 및 카드에 기재한다.

③ 자재창고나 타 공장으로 자재를 전출하고자 할 경우 본사 자재부서의 발송지시서에 따라 자재를 전출시킨다.

제16조【원가처리】

① 생산에 사용된 원재료는 이동평균법에 의한 출고금액을 재료비로 원가처리 한다.

② 환수가 예상되는 저장품은 별도 정하는 감가율에 의한 감가액을, 환수가 예상되지 않는 소모성 저장품에 대해선 100% 전액을 사용 목적에 따라 재료비, 노무비 또는 경비로 원가 처리한다.

③ 본사 창고 및 타 현장으로 전출하는 경우 전출단가는 이동평균법에 의한 재고단가를 적용함을 원칙으로 한다.

제17조【단수처리】

자재의 입·출고 시 단수처리는 다음 각 호에 의한다.

① 수량은 소수 둘째 자리 이하 절사하여 소수 첫째자리까지만 계상한다.

② 단가는 소수 셋째자리 이하는 절사하여 소수 둘째 자리까지만 계상한다.

③ 금액의 소수 이하는 절사한다.

제18조【유휴재현황】

① 공장보유 유휴재에 대하여 매월 말일 기준으로 기 발생된 유휴재 및 익월에 발생 예상되는 유휴재를 익월 5일까지 본사 자재부로 제출하여야 한다.

② 본사 자재부는 유휴자재의 활용을 위해 전 생산현장의 유휴자재 보고서를 취합하여 본사와 관련부서 및 각 생산현장에 통보하여야 한다.

제19조【자재전용】

① 본사 자재부는 공장 및 생산현장에서 청구한 자재 중 본사 자재창고 또는 각 생산현장의 유휴자재에 대하여는 자재 전용지시서를 작성하여 전출지시를 하여야 한다. 단, 긴급을 요하는 경우에는 우선 처리하고 사후지시를 할 수 있다.

② 사용이 완료되어 전용해야 할 자재는 원형으로 복원 또는 재사용이 가능한 자재는 보수 또는 수리하여 전출하여야 한다.

제20조【비용부담】

① 자재의 전용에 대한 운반비 및 부대비용은 본사 및 인수사업장에서 부담함을 원칙으로 한다.

② 운반도중 손망실품이 발생할 경우에는 전출사업장 및 전출자의 책임으로 한다.

제21조【전출·전입 자재】

자재전용지시에 의해 사업장간에 이루어지는 자재의 전출·입의 경우에는 자재발송 즉시 자재 입·출고 조서 4부를 작성하여 전출사업장 자재부서 1부 보관하고 본사 자재부 1부 및 전입사업장으로 2부를 송부한다. 전입사업장은 접수 후 1부를 자재부로 송부한다.

제5장 자재결산

제22조 【현장자재결산】

① 자재부서원은 당일에 발생한 자재수급사항을 자재수급카드에 기록 유지하여야 한다.

② 당일 자재 입·출고분에 대해서 발행 가능한 전표는 당일에 발행하여 월말 자재결산 일정에 차질이 발생하지 않도록 한다.

③ 전표 및 자재수급집계표 제출 시에는 본사의 전월 시정사항을 반영하고 경리자료와 대조, 확인하여야 한다.

제23조 【본사자재결산】

① 자재부는 생산현장의 전표를 접수하여 전출입 미달 여부 및 전표기재사항을 검토하여 집계한다.

② 결산보고서를 익월 ○일까지 입수하여 자재수급 집계표 및 자재수급현황을 각 해당 현장에 ○○일까지 발송한다.

③ 매월 결산 시에 전월 시정사항 반영과 자재관리규정 준수 여부를 점검하여, 익월 결산 시 시정사항을 발송한다.

④ 자재부 내의 구매, 전용, 투자, 재고 추이 등을 종합적으로 분석, 검토하여 자재결산보고서를 작성하여야 한다.

⑤ 본사 자재부는 매 반기별로 당기에 발생한 자재수급현황을 회계연도누계표를 작성하여 보고하여야 한다.

제6장 재고조사

제24조 【재고조사】

① 정기재고조사는 매년 6월 말과 12월 말을 기준으로 연간 2회 실시한다.

② 특별 재고조사는 아래 경우에 실시할 수 있다.

　　1. 도난 또는 재해 발생 시

　　2. 관리 책임자의 업무 인수인계시

　　3. 대표이사 변동 시

　　4. 기타 특별히 필요한 경우

제25조 【주관부서】

자재 재고조사의 주관부서는 본사 자재부서로 한다.

제26조 【조직구성】

자재재고조사를 위한 조직은 다음과 같이 구성한다.

① 조사책임자는 자재부장이 임명한다.

② 조사원은 조사 책임자가 임명한다.

③ 자재를 관리하고 있는 부서원은 그 자재의 조사자로 임명할 수 없다.

④ 조사원은 1조당 2명 이상으로 한다.

⑤ 조사책임자는 조사결과에 대한 책임을 진다.

제27조【재고조사기준】

자재의 재고조사는 조사시점의 현품과 현량을 기준으로 자재를 조사한다.

제28조【조사절차】

① 해당 조사책임자는 자체 재고조사 실시계획(조직도 및 일정)을 수립하여 재고조사 시행에 만전을 기한다.

② 해당 조사책임자는 자체 재고조사를 하고, 재고조사 결과보고서를 작성하여 본사, 공장, 생산부서를 거쳐 자재부로 제출한다.

③ 자재부는 접수된 재고조사 보고서를 검토하여 생산현장에 필요한 처리방안을 통보한다.

④ 자재부는 조사 기간에 지도팀을 구성하여 현장을 순시하며 재고조사방법을 지도 독려할 수 있다.

⑤ 해당 조사 책임자는 본사 자재부에서 통보한 처리방안에 따라 조치하고 그 결과를 결산에 반영한다.

제29조【검사방법】

자재재고조사 시 검사방법은 전량검사를 원칙으로 한다.

제30조【결과보고】

① 공장, 지점 등의 조사결과는 본사 자재부서에서 보고하여야 한다.

② 조사 책임자는 아래 각 항에 대한 발생원인 및 처리대책을 제시하여야 한다.

1. 잉여자산 재고현황
2. 실물 부족자재 현황
3. 6개월 이상의 장기 재고자재 현황
4. 기타 자재 현황
5. 문제점 및 대책

제31조【결과조치】

① 폐품은 폐품매각승인신청서를 작성, 본사의 승인을 득한 후 매각 또는 폐기한다.

② 보수 후 재사용 가능품목은 보수계획을 수립하여 생산현장에서 자체 보수한다.

③ 손망실분은 본사에서 손망실보고서를 검토 판단하여 통보한 내용에 따라서 조치한다.

④ 과다한 원가산정으로 실물재고가 기타자산으로 계상된 품목은 반기별 투자분에 한하여 본사 승인을 득한 후 생산원가를 취소하고 장부자산(재고자산)으로 계상한다.

제7장 자재보관

제32조【공장 내 창고】

자재창고는 담당자는 생산현장 내의 자재 입·출고를 관리하고 자재를 항상 사용 가능할 수 있도록 적재적소에 배치 보관하고 표시하여야 하며 시간적 경제적인 면에서 효과적으로 활용할 수 있도록 하여 생산비용 원가절감 및 생산시간 단축을 기하도록 한다.

제33조【자재창고구별】

자재는 야적품과 창고 내 보관품을 구별한 후 창고에 보관을 요하는 자재는 훼손, 분실, 기타사고방지를 위해 창고 또는 이에 준하는 장소에 보관하여야 하며 야적품은 야적지의 지리적 조건과 취급상 효율적인 제기능을 고려하여 보관 및 관리하여야 한다.

제34조【보관자재상태】

보관하는 자재는 품명과 규격별로 항상 정리된 상태를 유지하여야 한다.

제35조【자재손실방지】

현장자재부서원은 1일에 적어도 1회 이상 현장내 모든 공사장을 순회하여 취급 소홀로 인해 발생될지도 모를 자재의 폐품화 내지 손망실될 위험을 방지하여야 한다.

제36조【하도급관리】

하도급자에게 지급되는 제반 자재는 차용중에 의해 출고되고 반드시 서명날인을 받아야 하며 회수 시는 면밀한 검수를 한다.

제37조【창고관리책임】

① 자재창고에는 잠금장치가 설치되어 있어야 하며 열쇠는 관리책임자가 관리하여야 한다.

② 자재의 관리소홀로 자재가 폐품화 되거나 분실되는 경우에는 자재관리책임자가 책임을 지나 실제로 손망실을 초래한 자가 있을 때는 해당자가 책임을 진다.

제38조【원재료】

① 규격별 상태별로 정리정돈하되 창고 내에 보관함을 원칙으로 한다.

② 습기 등에 유의할 자재는 적정물량만을 보관 관리함을 원칙으로 한다.

제39조【보관】

① 자재는 창고에 보관하고 규격별, 상태별로 저장함을 원칙으로 한다.

② 인화성 물품은 별도 저장고를 설치 저장하여야 하며 안전표시판을 부착한다.

③ 공구는 일과 전에 현장에 출고하고 일과 후는 반납하여 보관함을 원칙으로 한다.

제40조【정밀기구】

① 먼지나 습기를 피할 수 있도록 별도로 보관해야 하며 특히 도난을 방지할 수 있도록 보관하여야 한다.

② 정밀기구는 유사시 최우선적으로 반출될 수 있어야 하고 반드시 관리책임자를 임명 관리토록 한다.

제41조【손실보고】

자재관리자는 보유자재가 규정소모율을 초과하여 파손, 분실, 망실, 유실 등이 되었을 때 즉시 그 원인을 규명하여 자재부로 신속히 유선으로 보고한 후 사진과 아래 내용으로 서면 보고하여 조치토록 한다.

    1. 사고의 발생일시 및 장소

    2. 자재의 품명, 규격, 수량, 단가 및 금액

    3. 사고 발생원인 또는 이유

    4. 손실 최초 발견자와 관리책임자

    5. 사고 후의 조치내용

    6. 기타 입증서류 및 현장 보존 사진

제42조 【손실처리】

① 자재부는 손실보고서를 접수하여 손실책임의 원인을 규명하여 내용을 검토한 후 변상조치 또는 결손처리 여부를 생산현장에 통보한다.

② 손실이 사외창고관리업체 또는 사내에서 고의 또는 중대한 과실로 말미암아 발생하였을 때 다음 각 호의 기준에 의거 변상 처리한다.

    1. 변상은 실물변상을 원칙으로 하며 실물변상이 어려울 때 현금으로 변상할 수 있다. 단, 현금 변상 시 그 금액이 과다할 때 6개월 이내에서 분할 변상할 수 있다.

    2. 변상액의 평가는 손실이 발생한 당시의 재고단가를 기준으로 한다.

    3. 변상책임은 실사용자와 관리책임자가 연대하여 책임을 진다.

③ 고정자산의 손실이 발생하였을 때 처리방안에 대한 기본품의서를 제출하여 경리부서와 합의를 거쳐 처리한다.

제8장 자재정산

제43조 【재고조사】

① 생산물품의 생산주기가 1개월인 것은 생산완료 1주일 전에, 생산물품의 생산주기가 6개월 이상인 것은 생산완료 1개월 전에 해당 생산현장재고를 정산조사함을 원칙으로 한다.

② 자재부는 재고조사 보고결과에 대한 조치사항을 통하여 정산시점에서의 손망실품 일괄투자 및 불용자재 전출 등의 문제점을 사전에 방지하도록 한다.

제44조 【자재환수】

공장의 생산품 정산에 따른 재고조사보고서의 재고물량을 자재부의 조치사항에 따라 자재창고에 환수한다.

제45조 【재료비확정】

재료비 확정 자재부는 정산 시 생산개시 이후 자재수급현황을 공장에 보내고, 생산개시 이후 자재수급현황을 근거로 생산재료비 집행금액을 확정한다.

제46조 【정산합의】

① 자재부는 정산보고서 상의 재료비와 자재부 결산 재료비를 대조하여 차이가 있으면 원인을 규명하여 조정한다.

② 자재부는 정산보고서 상의 재료비 외에 관리자료로서 추가자재 원가내용을 정하여 정산서에 합의한다.

제47조 【폐자재매각분】

생산현장발생 폐자재를 매각하여 영업외수익이 발생하였을 때는 생산현장수입으로 산출하여 재료비에서 차감할 수 있다.

제48조【자재사용료】

생산현장에서 기타 자재를 사용하였을 때 사용 중간시점을 전량 생산재고 평균단가에 따라 사용료를 재료비에 추가산정할 수 있다.

제49조【고정자산청구】

일반 자재와는 별도로 구분하여 현업 부서 합의를 득하여 자재청구절차에 의거 본사 자재부로 청구한다.

제50조【고정자산구입】

고정자산은 본사에서 구입하는 것을 원칙으로 하나, 생산현장구매조건이 유리한 경우 본사의 승인을 득하여 생산현장에서 구매할 수 있다.

제51조【고정자산 관리책임】

공구 및 기구에 대한 관리책임부서는 실사용부서로 함을 원칙으로 하며, 자재부서는 실사용부서에 이를 위임관리케 할 수 있다. 이 경우 발생하는 모든 손망실에 대한 책임은 실사용부서에 책임이 있다.

제52조【고정자산 관리방법】

① 고정자산은 취득과 동시에 고유번호를 부여하여 카드를 비치하고, 카드에는 고정자산의 주사용자를 지명하여 책임 관리토록 한다.

② 생산현장에 입고되는 모든 고정자산은 항시 통제장치가 된 안전한 곳에 보관되어야 한다.

③ 고정자산은 항시 사용 가능한 상태이어야 하며, 수리 및 보수에 따른 경비는 사용 중인 현장의 수선비로 처리한다.

제53조【손망실처리】

공구기구가 손망실 되거나 사용할 수 없는 경우 이 지침에서 정하는 자재 손망실 처리 또는 불용자재 처리절차에 의해 처리하여야 한다.

제54조【감가상각】

공구기구, 비품에 대한 사용료는 반기별로 1년에 2회 정률법에 따라 산출되며 생산원가에 반영토록 한다.

〈부　칙〉

제55조【시행일】

이 규정은 ○○○○년 ○○월 ○○일부터 시행한다.

〈서　식〉

(서식 1)

자재매입대장

담당	팀장	이사	사장

관리부서:　　　담당자:　　　직급:

NO	품명	수량	금액	매입처	매입일	비고
비고						

(서식 2)

자재입출고대장

결재	담당	팀장	이사	사장

(관리부서 :　　　담당자 :　　　직위 :　　　　)

품명	입고일	출고일	부서	성명	비고
참고					

[133]
창고관리규정

제정 ○○○○년 ○○월 ○○일
개정 ○○○○년 ○○월 ○○일

〈총 칙〉

제1장 통칙

제1조 【목적】

이 규정은 ○○주식회사(이하 "회사"라 한다)의 상품과 자재 등의 보관과 입고와 출고를 위한 업무와 절차를 규정하여 효율적이고 합리적인 창고관리를 수행하는 것을 목적으로 한다.

제2조 【적용범위】

이 규정은 다른 규정에서 특별히 정한 것을 제외하고 창고에 보관과 입출고하는 상품과 자재 등의 시설과 이를 취급하고 관리하는 사원에게 적용한다.

제3조 【용어의 정의】

이 규정에서 물품이란 상품, 제품, 자재를 통칭하며, 용어의 정의는 다음 각 호와 같다.

1. 상품 : 판매를 위해 생산한 제품과 구매한 물품
2. 제품 : 회사에서 생산한 물품

3. 자재 : 생산에 필요한 물품

제2장 책 임

제4조 【관리책임】

회사의 창고관리는 물류부서에서 담당하며, 창고관리 책임자는 물류부서장이 창고관리팀장을 겸직한다. 다만, 창고관리팀장이 없는 경우 자재부서(또는 구매부서, 자재부서, 생산부서)장이 창고관리팀장을 겸직할 수 있다.

제5조 【관리업무】

창고관리업무는 창고 등의 시설, 운반구, 기자재 등의 창고시설의 관리업무와 물품의 관리를 위한 주요업무는 다음 각 호와 같다.

1. 입고
2. 보관
3. 출고

제6조 【관리원칙】

창고관리팀장은 상품과 제품 및 자재의 창고관리 물품의 원상태 유지와 정확한 수량 등의 검수를 원칙으로 한다.

제3장 입 고

제7조 【입고원칙】

회사의 창고에 입고하는 모든 물품에 대하여 창고관리팀장의 입고승인을 받아야 하며, 창고관리팀장은 입고신청처에 물품의 입고 여부를 신속하게 통보하여야 한다.

제8조 【입고담당자】

창고관리책임자는 보관과 출고 담당자를 제외하는 입고담당자를 두어 입고관리를 전담하게 할 수 있다. 다만, 입고담당자가 없는 경우 보관 및 출고 담당자가 입고업무를 수행하게 할 수 있다.

제9조 【입고의 기록과 보고】

① 입고관리담당자는 입고물품에 대한 다음 각 호의 사항을 확인하여 입고기록을 하여야 한다.

1. 입고 신청처
2. 품목 : 상품, 제품, 자재
3. 품명, 수량, 크기 등
4. 파손 여부 등

② 입고관리담당자는 창고관리책임자에게 매일 입고현황을 보고하여야 한다.

제10조 【입고확인】

입고관리담당자는 입고가 승인된 물품에 대하여 물품명세서와 대조하여 훼손 및 파손 여부를 검토하고 입고를 확인하는 인수증에 인계자의 확인 및 서명을 받아야 한다.

제4장 보　관

제11조【보관원칙】

창고관리팀장은 물품의 보관관리책임자로 보관물품에 대한 명세를 사장 또는 담당이사에게 매일 보고하여야 한다.

제12조【보관구분】

창고에 보관하는 물품은 품목별로 다음과 같이 구분하여 보관한다.

　　1. 상품 : 구매하여 판매하는 물품

　　2. 제품 : 생산하여 판매하는 완제품과 반제품 및 부품으로 구분하여 보관

　　3. 자재 : 생산에 소요되는 원자재와 부자재로 구분하여 보관

제13조【보관담당자】

창고관리책임자는 입고와 출고를 담당자를 제외하는 보관담당자를 선정하여 보관관리를 전담하게 할 수 있다. 다만, 보관담당자가 없는 경우 입고 및 출고 담당자가 보관업무를 수행하게 할 수 있다.

제14조【보관기록】

보관관리담당자는 보관물품에 대한 다음 각 호의 보관사항을 기록하여야 한다.

　　1. 보관물품명, 수량, 크기

　　2. 보관위치, 물품받침(팔레트) 번호

　　3. 보관기간, 보관기한

　　4. 물품변질 가능성 여부

제15조【귀중품의 보관】

창고관리책임자는 귀중품을 보관은 창고의 특별시설에 다음 각 호와 같이 보관한다.

　　1. 1품목당 1,000만원 이상의 품목

　　2. 사외에 누설이 금지된 물품

　　3. 신제품으로 개발 중인 물품

　　4. 특허출원 중인 물품

　　5. 기타 귀중품으로 보관이 필요한 물품

제16조【위험물의 보관】

① 위험물의 보관창고는 구조와 설비 등이 소방법에 정해진 바에 따른다.

② 보관관리담당자는 보관물품에 대한 다음 각 호의 위험물취급사항을 지켜야 한다.

　　1. 화기사용금지

　　2. 중력, 마찰, 진도 등을 피해야 한다.

　　3. 직사 일광, 비 등의 침투를 피해야 한다.

　　4. 가능한 한 일몰 후의 취급은 하지 않는다.

　　5. 종류가 다른 위험물은 동일 장소에 저장하지 않는 것을 원칙으로 하되 동일 장소에 보관할 경우 별도 안전조치를 취해야 한다.

제17조 【위험방지 의무】

보관관리담당자는 보관관리를 위한 다음 각 호의 위험방지의 의무가 있다.

1. 위험물 작업 시 감독자의 작업지시를 성실히 지킬 의무가 있다.
2. 지게차 등 차량, 운반기기, 전동기기 등 작업기구 정비점검의 의무가 있다.
3. 위험물취급과 위험수반작업 시 소정의 보호구를 착용할 의무가 있다.
4. 유류, 화공약품류의 취급자격자가 취급하는 것이 원칙이며, 자격자가 아닌 자가 취급하여서는 안 된다.

제18조 【도난방지 의무】

보관관리담당자는 보관관리를 위한 다음 각 호의 도난방지의 의무가 있다.

1. 순회근무 : 일상근무자와 당직근무자의 수시 순회근무
2. 점검근무 : 보관물품 점검근무
3. 시스템 근무 : 카메라 등을 통한 촬영 시스템 근무
4. 기타 도난방지를 위한 업무 수행

제19조 【보고의무】

보관관리담당자는 보관물품에 대하여 다음 각 호의 사항을 창고관리책임자에게 보고하여야 한다.

1. 보관물품의 증감
2. 보관물품의 상태
3. 보관시설의 포화상태

제5장 출   고

제20조 【출고원칙】

창고에서 출고하는 모든 물품은 창고관리팀장의 출고승인을 받아야 하며, 창고관리팀장은 출고신청처에 물품의 출고 여부를 신속하게 통보하여야 한다.

제21조 【출고신청】

출고신청 부서장은 창고관리 부서장에게 다음 각 호의 사항을 기재한 출고신청(명세)서를 제출하여 승인을 받아야 출고할 수 있다.

1. 출고물품의 결재인, 신청인, 출고일시
2. 출고물품의 인수처, 수령자, 입고일시
3. 출고물품의 품명, 수량
4. 기타 필요한 출고 사항

제22조 【출고승인】

창고관리 부서장은 출고신청(명세)서를 확인하여 이상이 없음을 확인하고 출고하여야 한다.

제23조 【출고담당자】

창고관리책임자는 입고와 보관 담당자를 제외하는 출고담당자를 두어 출고관리를 전담하게 할 수 있다. 다만, 출고담당자가 없는 경우 입고 및 보관 담당자가 입고업무를 수행하게 할 수 있

다.

제24조 【출고의 기록과 보고】

① 입고관리담당자는 입고물품에 대하여 다음 각 호의 사항을 확인하여 기록하는 입고일지를 기록하여야 한다.

1. 출고신청자, 인수처
2. 품목 : 상품, 제품, 자재
3. 품명, 수량, 크기 등
4. 파손 여부 등

② 출고관리담당자는 창고관리책임자에게 매일 출고현황을 보고하여야 한다.

제25조 【출고확인】

입고관리담당자는 출고가 승인된 물품에 대하여 물품명세서와 대조하여는 훼손 및 파손 여부를 검토하여 출고를 확인하는 출고증에 인수자의 확인 및 서명을 받아야 한다.

제6장 재고조사

제26조 【정기조사】

창고관리 책임자는 정기재고조사를 상품과 제품, 자재별로 분류하여 다음 각 호의 정기재고조사를 시행하여야 하며, 필요에 따라 수시로 할 수 있다.

1. A품목 : 주간 1회
2. B품목 : 월간 1~2회 조사
3. C품목 : 분기 1~2회 조사

제27조 【조사보고】

① 창고관리담당자는 창고관리책임자에게 매월 10일에 재고조사보고서를 제출하여야 한다.

② 창고관리책임자는 재고수량과 장부상의 차이에 발생한 경우 그 원인과 책임에 대하여 이사 또는 사장에게 보고하여야 한다.

〈부 칙〉

제28조 【시행일】

이 규정은 ○○○○년 ○○월 ○○일부터 시행한다.

〈서 식〉

(서식 1) 창고관리현황

(서식 1)

창고관리현황

년   월   일

(부서명 :   책임자 :   담당자 :   )

NO	창고명	품명	보관량	입고처	입고일
비고					

제29편

생산관련 규정

[134]
생산관리규정

제정 ○○○○년 ○○월 ○○일
개정 ○○○○년 ○○월 ○○일

〈총 칙〉

제1장 통칙

제1조 【목적】

이 규정은 ○○주식회사(이하 "회사"라 한다)의 제품의 생산업무 절차를 표준화하여 실시함으로써 생산계획에 의한 수량 및 납기를 확보하고, 작업능률의 향상, 생산성 향상 및 원가 절감은 물론 생산제품의 품질이 일관성 있고, 지속적으로 발휘될 수 있는 상태를 유지함에 그 목적이 있다.

제2조 【적용범위】

이 규정은 회사의 제품생산을 위한 생산계획, 생산작업 지시, 공정진행관리, 재공량의 관리, 생산실적 보고 및 관리의 방법, 책임사항, 권한 및 요구사항에 대하여 적용한다.

제3조 【용어의 정의】

이 규정의 용어의 뜻은 다음 각 호와 같다.

1. 생산계획 : 생산할 제품의 품질과 수량 등의 계획이다.
2. 생산작업 : 생산하는 제품의 작업 방법이다.
3. 공정진행 : 생산하는 제품의 작업 순서이다.

제2장 생산관리

제4조【생산업무】

생산관리 본부장은 다음 각 호의 업무를 수행한다.

    1. 생산계획
    2. 생산작업
    3. 공정진행
    4. 품질관리
    5. 생산보고

제5조【품질관리】

품질관리팀장은 다음 각 호의 업무를 수행한다.

    1. 재료의 검사
    2. 자재의 검사
    3. 재공품의 검사
    4. 제품의 검사
    5. 불량품의 검사

제6조【자재관리】

자재관리팀장은 다음 각 호의 업무를 수행한다.

    1. 적기의 입출고관리
    2. 적기의 수요관리
    3. 정확한 분류관리
    4. 정확한 기록관리
    5. 적정의 재고관리

제7조【구매관리】

구매관리자는 최적의 구매가치관리 기준에 입각한 다음 각 호의 업무를 수행한다.

    1. 구매 납기관리
    2. 구매 재고관리
    3. 구매 외주관리
    4. 구매 운송관리
    5. 구매 비용관리
    6. 구매 잔재관리

제3장 생산계획

제8조【직접생산】

생산본부장은 직접 생산에 따른 다음 각 호의 생산계획을 수립하여 사장의 승인으로 직접생산계획을 확정한다.

    1. 매년 12월에 다음 연도의 연간 직접생산계획 보고
    2. 매반기 중 다음 반기의 직접생산계획 보고

3. 매분기 중 다음 분기의 직접생산계획 보고

4. 매월 중 다음 월의 직접생간계획 보고

제9조 【외주생산】

생산본부장은 외주 생산에 따른 다음 각 호의 제품별 생산계획을 수립하여 사장의 승인으로 외주생산계획을 확정한다.

1. ○○제품 연간 외주생산계획

2. ○○제품 반기 외주생산계획

3. ○○제품 분기 외주생산계획

4. ○○제품 월간 외주생산계획

제4장 공정진행

제10조 【작업통보】

생산본부장은 생산계획에 따른 작업방침과 생산계획을 다음 각 호의 부서장에게 통보하고 협조를 요청한다.

1. 생산 인력 : 인사부

2. 생산 원재료 : 자재부

3. 생산 자재 : 자재부

4. 생산 시제품 및 견본품 : 제품개발실

제11조 【작업방침】

생산본부장은 생산라인에 다음 각 호의 작업방침을 통보하고 확인한다.

1. 작업표준

2. 작업지침서와 작업매뉴얼

3. 생산목표

4. 품질목표

제12조 【작업확인】

생산본부장은 생산라인의 작업표준에 따른 생산현황을 확인하고 감독한다.

제13조 【작업기록】

생산본부장은 생산라인의 작업현황을 기록한다.

제14조 【작업중지】

생산본부장은 다음 각 호의 경우에 생산 작업을 중지할 수 있다.

1. 생산라인 인력에 사고 또는 건강상 중대한 이상이 발생한 때

2. 생산라인에서 품질결함 제품이 이 반복적으로 생산될 때

3. 기타 시정 및 예방 조치가 필요한 때

제15조 【작업보고】

각 생산팀장은 생산라인별 작업현황을 생산본부장에게 보고한다.

제16조【생산보고】
생산본부장은 매일 다음 각 호의 생산활동을 사장에게 보고한다.
> 1. 직접 생산현황
> 2. 외주 생산현황
> 3. 제품별 생산현황

제17조【생산기록】
생산본부장은 생산제품에 대한 기록을 문서로 작성하여 5년간 보관한다.
> 1. 제품별 생산 일보, 월보, 분기보, 반기보, 연보
> 2. 직접 생산 일보, 월보, 분기보, 반기보, 연보
> 3. 외주생산 월보, 분기보, 반기보, 연보

〈부　칙〉

제18조【시행일】
이 규정은 ○○○○년 ○○월 ○○일부터 시행한다.

〈서　식〉

(서식 1) 직접생산품 생산일보
(서식 2) 외주생산품 생산일보

(서식 1)

<table>
<tr><td colspan="6" style="text-align:center">직접생산품 생산일보
(20 년 월 일)</td><td rowspan="2">결
재</td><td>담당</td><td>팀장</td><td>사장</td></tr>
<tr><td colspan="6"></td><td></td><td></td><td></td></tr>
</table>

(부서 :   책임자 :   담당자 :   )

연월일	품명	생산량	불량품	완성품	비고
참고					

(서식 2)

<table>
<tr><td colspan="5" rowspan="2" style="text-align:center">외주생산품 생산일보
(20 년 월 일)</td><td>담당</td><td>팀장</td><td>공장장</td></tr>
<tr><td></td><td></td><td></td></tr>
</table>

(부서 :   책임자 :   담당자 :   )

종별	품 번	일 계	누 계	재 생 산		비 고
				일 계	누 계	
참고						

[135]
품질관리규정

제정 ○○○○년 ○○월 ○○일
개정 ○○○○년 ○○월 ○○일

〈총 칙〉

제1조【목적】

이 규정은 ○○주식회사(이하 "회사"라 한다)의 제품의 품질향상을 위하여 품질관리 기준과 절차를 함을 목적으로 한다.

제2조【적용범위】

품질관리 대상은 다음 각 호의 관리활동에 적용한다.

1. 재료관리
2. 수입관리
3. 공정관리
4. 제품관리
5. 기타 관리

제3조【품질관리팀】

품질관리팀은 다음 각 호의 팀장이 추천한 각각 2명의 팀원으로 구성한다.

1. 생산관리팀
2. 기술개발팀
3. 구매자재팀
4. 영업관리팀

제4조【품질책임자】

제품과 부품의 제조생산 관련 팀장은 품질관리 책임자이다.

제5조 【품질담당자】
부서별 품질관리책임자는 품질관리 담당자를 선임하여 부서의 품질관리업무를 수행하게 한다.

제6조 【원재료관리】
① 원재료의 품질관리는 구매 및 생산 부서의 관리방침에 따른다.
② 원재료의 품질검사는 기술부서 및 연구(실험)실의 검사방침에 따른다.
③ 원재료의 보관관리는 자재부서의 관리방침에 따른다.

제7조 【부품관리】
① 자사제조부품은 품질관리방침에 방침에 따른다.
② 외주부품은 구매, 검사, 보관의 관리방침에 따른다.
③ 부품의 보관은 자재부서의 보관방침에 따른다.

제8조 【외주제품관리】
① 외주 제품 및 반제품, 부품의 구매 및 생산, 기술 부서의 규격, 성능, 기술 검사를 통하여 품질의 등급을 설정하여 관리방침을 결정한다.
② 외주 제품 및 반제품의 보관관리는 자재부서의 관리방침에 따른다.
③ 외주 제품 및 반제품, 부품의 성능관리는 기술부서의 관리방침에 따른다.

제9조 【제품관리】
① 작업공정중의 제품 및 부품 관리는 생산공장의 관리방침에 따른다.
② 완성품의 성능검사는 기술부서의관리방침에 따른다.
③ 제품의 보관은 자재부서의 관리방침에 따른다.
④ 제품의 출하는 관리부서의 관리방침에 따른다.

제10조 【상품관리】
① 상품관리는 영업팀장이 관리한다.
② 영업팀장은 상품품질정보를 기술개발팀장, 생산팀장에게 품질관리팀에 제공하여야 한다.
③ 생산팀장과 기술개발팀장의 품질관리 담당자는 영업팀장에게 제품의 품질기록을 제공한다.

제11조 【포장관리】
① 제품의 포장관리는 생산부서, 영업부서의 관리방침에 따른다.
② 포장의 품질관리는 영업부서, 마케팅부서의 관리방침에 따른다.

제12조 【생산관리】
① 제품의 생산 및 제조 공정은 작업표준공정에 따라 품질관리 한다.
② 공정별 품질관리는 공정라인의 책임자의 지시에 따른다.
③ 생산공정의 부품별, 제품별 불량률에 대하여 생산부서는 관리방침을 정하여 불량률 기록을 기술부, 연구실, 경영진에 통보하여 품질관리에 반영한다.

제13조 【제품검사】
생산한 제품의 검사 항목은 다음 각 호와 같다.
    1. 성능검사
    2. 규격검사
    3. 형태검사

　　　4. 기술검사

　　　5. 안전검사

　　　6. 기타 검사

제14조 【기계공구관리】

제품생산의 기계와 공구의 품질관리는 다음 각 호와 같다.

　　　1. 오류검사

　　　2. 배선검사

　　　3. 장치검사

　　　4. 계측기 검사

　　　5. 사용공구검사

제15조 【기록관리】

제조와 검사, 출하와 반품 관련 팀장은 다음 각 호의 품질기록을 규정에 따라 관리해야 한다.

　　　1. 작업관리기록

　　　2. 공정관리기로

　　　3. 생산관리기록

　　　4. 제품관리기록

　　　5. 불량품관리기록

　　　6. 부품관리기록

제16조 【표준관리】

품질관리팀의 책임자는 제품과 공정의 다음 각 호의 표준관리방침에 따라 관리하여야 한다.

　　　1. 표준규격

　　　2. 표준공정

　　　3. 표준검사

　　　4. 표준업무

〈부　　칙〉

제17조 【시행일】

이 규정은 ○○○○년 ○○월 ○○일부터 시행한다.

〈서　　식〉

(서식 1) 품질검사신청서

(서식 1) 품질관리기준표

(서식 1)

품질검사신청서

신청자	사업장명					
	신청일자					
	성명		부서		직급	
	전화		팩스		메일	
	주소					
검사제품	품명					
	수량					
	제조공정					
검 사	검사기관					
	검사방법					
	검사자					
	검사일자					
검사결과						
검사서류						
비 고						

(서식 2)

품질관리기준표

생산팀 :　　　　　　　팀장 :　　　　　　　담당자 :

품번		품명		재질	
생산		인력		품질	
공정	생산량	인원	생산량	표준	불량률
비고					

[136]
공정관리규정

제정 ○○○○년 ○○월 ○○일
개정 ○○○○년 ○○월 ○○일

〈총 칙〉

제1장 통칙

제1조 【목적】

이 규정은 ○○주식회사(이하 "회사"라 한다)의 생산과 제조의 공정관리에 관한 제반 업무처리의 기준을 규정하여 공정 간의 관련 업무와 작업방법의 표준화로 공정의 안정과 제품의 품질향상을 목적으로 한다.

제2조 【적용범위】

이 규정은 회사에서 생산하는 모든 제품의 공정부문에 적용하며, 공정의 안정화를 통한 품질개선과 생산성 향상을 위한 공정의 품질관리와 생산활동에 적용한다.

제3조 【용어의 정의】

1. 공정 : 재료가 작업자(man), 기계와 설비(machine), 재료(material), 작업방식(method)에 의하여 제품으로 변환되는 과정이다.
2. 공정관리 : 제품생산을 위하여 재료를 투입하여 시설과 장비, 자재와 인재, 생산방법 등을 통하여 제품으로 산출되는 시간적 공간적 생산과정이다.
3. 공정통제 : 생산공정을 일정계획에 따라 각 작업의 진행상황을 정확히 파악하고, 공정의 진행을 계획대로 진행하도록 조정과 촉진 활동이다.
4 공정검사 : 생산 작업 중 공정 부품 및 반제품 검사를 말하며, 공정 작업자가 수행하는 자주검사와 품질관리 검사원이 수행하는 순회검사이다
5. 최종검사 : 생산의 마지막 공정에서 공정작업자 또는 품질관리 검사원이 하는 검사이다.
6. 자주검사 : 작업자가 작업 중에 자신의 공정을 규정된 검사장비와 검사방법에 의해 검사를 수행하는 것이다.
7. 특별공정 : 공정의 결함이 제품검사와 시험으로 결함을 검증할 수 없는 공정을 특별히 지정한 공정이다.
4. 품질관리 : 제품의 설계, 재료의 구입, 제품의 제조와 검사 등 제품의 품질향상을 위하여 생산활동 전반을 표준화와 안정화하는 관리이다.

제2장 책임과 권한

제4조 【사장】

사장의 공정관리 책임과 권한은 다음 각 호와 같다.

1. QC공정도 등 절차계획의 승인과 시행.
2. 제품생산의 일정계획의 승인과 시행
3. 제품생산에서 공정통제의 승인과 시행.

제5조 【생산본부장】

생산본부장의 공정관리 책임과 권한은 다음 각 호와 같다.

1. 공정관리 사항의 준수 및 기록 유지
2. 공정 이상 발견 시 조치 및 대책 건의
3. 공정관리항목 방법, 기준 등의 설정 변경 및 폐기 안 작성
4. 기타 제조공정 관리에 대한 제반 업무
5. 공정별 작업표준 작성

제3장 관리절차

제6조 【관리절차】

생산관리팀은 다음 각 호의 공정관리 절차를 확인하여야 한다.

1. 공정의 시스템 확인
2. 공정별 관리항목과 관리방법 규정

3. 정밀도와 정확도 조사
4. 공정별 조사사항의 결과검토
5. 관리항목의 선정

제7조【공정조사】

생산관리팀은 다음 각 호의 공정관리 사항을 조사한다.

1. 공정도
2. 관리항목
3. 관리방법
4. 검사항목
5. 검사방법

제8조【조사결과】

생산팀장은 공정관리 시스템의 조사결과에 다음 각 호와 같이 조치한다.

1. 검사사항을 검사서에 기록한다.
2. 문제사항을 현장에서 확인하여 진행 여부를 결정한다.
3. 개선사항을 작업표준에 반영한다.

제9조【관리항목】

생산팀장은 다음 각 호의 관리항목에 대한 한계치를 설정하고 관리한다.

1. 품질조건
2. 품질특성
3. 품질기준

제7조【관리도구】

생산팀장은 주요공정 관리항목과 검사항목에 대한 관리한계치를 다음 각 호의 품질관리의 7가지 통계적 기법을 적용하여 공정관리 상태를 분석한다.

1. 관리도
2. 체크시트
3. 산점도(scatter diagram)
4. 층별요인도
5. 특성요인도
6. 파레토그램
7. 히스토그램(histogram)

제8조【관리방법】

생산팀장은 공정의 특성과 연관성을 검토하여 공정별 관리항목 및 공정방법을 선정하여 관리한다.

제9조【관리기록】

① 생산팀장은 관리도법에 의한 공정관리를 기록한다.
② 생산팀장은 작성한 관리기록자료를 수시로 생산본부장에게 보고한다.

③ 생산팀장은 공정에 문제점이나 특이 현상이 발생하면 작업지시서와 제조공정도를 생산본부장에게 보고하고 조치를 한다.

제10조【관리예방】

생산팀장은 다음 각 호의 공정관리에 관리예방을 한다.

1. 시정(Correction) : 부적합품을 확실하게 제거하여 양품만 출하하는 조치를 한다.
2. 시정조치(Corrective Action) : 부적합품의 근본 원인을 제거하는 조치를 한다.
3. 예방조치(Preventive Action) : 부적합품의 잠재적 원인을 제거하는 조치를 한다.

제4장 공정평가

제11조【공정평가시점】

생산기술 담당자는 생산설비 설치 후 시험단계와 양산단계를 구분하여 전문분야 협의체 구성 후 초기 공정능력을 평가한다.

제12조【평가공정선정】

공정관리 검사 담당자는 다음 각 호와 같이 공정능력 평가공정을 선정한다.

1. 공정능력을 정상적으로 측정할 수 있는 평가공정
2. 해당작업이 중요 품질 특성치와 직접 관계되는 작업을 하는 공정
3. 공정 확인결과 불량률이 높거나 불량품이 발생할 가능성이 큰 공정
4. 도면 또는 관리 품질관리계획서 공정도에서 표기된 통계적 관리를 해야 할 공정의 특정치

제13조【공정평가】

초기공정능력 평가는 통계적 공정 관리운영규정에 따라 초기 공정능력 지수를 구하고 산출된 초기 공정 능력을 평가한다.

제5장 생산작업

제14조【생산작업】

① 생산팀장은 생산라인별 생산제품과 생산방법, 생산수량과 생산기한을 검토하는 생산계획을 수립하여 생산본부장에게 보고한다.
② 생산팀장은 생산계획서를 접수 및 검토하여 생산작업의 방법을 결정하여 생산반장에게 생산작업을 지시한다.

제15조【작업지시】

① 생산반장은 생산계획을 숙지하고 조회를 통하여 작업자에게 작업지시를 한다.
② 생산반장은 생산 품목과 수량을 지시하고, 품질문제와 안전수칙의 준수사항, 특이사항 등에 대한 교육과 지시한다.
③ 생산반장은 공정별로 해당 작업자를 배치한다.
④ 생산반장은 작업숙련도가 50% 이상인 작업자를 해당 공정에 배치하거나 미숙련자를 배치할 경우는 숙련자의 동일라인에 배치하여 미숙련공을 지도하게 한다.
⑤ 생산팀장은 특별공정에 자격이 부여된 작업자를 배치한다.

제16조 【초품검사】

① 생산작업자는 작업표준 점검표를 확인하여 공정별 작업 시작과 교대시 최초 생산제품을 초품 검사표에 검사사항을 기록한다.

② 작업자는 설비에 이상이 있을 시 일상점검표와 초품점검표에 기록하고 설비이상 내용을 즉시 생산조장에게 보고한다. 또한, 생산조장에게 보고하고, 생산조장은 생산반장에게 보고하고, 생산반장은 생산팀장에게 보고하고, 생산팀장은 생산본장에게 보고하고, 생산본부장은 사장에게 보고한다.

제17조 【작업시작】

생산팀장은 초품 검사결과 이상이 없으면 생산을 생산본부장의 승인으로 생산을 시작한다.

제18조 【문제해결】

① 공무팀장은 생산담당부서로부터 제조설비 정비 의뢰를 접수하면 즉시 정비하여 생산의 차질을 최소화한다.

② 생산작업자는 작업 조건검토 후 기준과 다를 때는 기준에 맞춰 재설정 후 작업에 임하며 전 작업의 최종제품과 비교한다.

③ 생산작업자는 초품검사 시 제품 특성 및 규격에 벗어날 때에는 즉시 반장에게 보고 후 조치를 받는다.

④ 생산반장은 초품이 규격에 벗어나거나 제품 특성이 맞지 않을 때에는 적절한 조처를 하며 자체적으로 해결할 수 없을 때에는 생산 관리 담당자에게 통보한다.

⑤ 생산팀장은 문제 해결에 4시간 이상의 시간이 필요한 경우 생산본부장의 승인으로 생산작업 일정을 변경할 수 있다.

제19조 【현장회의】

① 생산팀장은 생산라인에서 문제점이 발생하면 생산라인 생산반장, 생산조장, 생산작업자와 현장회의를 개최하여 원인분석과 개선대책을 수립하여 조처한다.

② 생산팀장은 현장회의를 개최하여 원인분석결과 적절한 개선책이 수립되지 않거나 특별한 사항이 발생하면 공정별 생산팀장, 생산본부장의 생산간부회의에 상정한다.

제6장 공정검사

제20조 【정기검사】

생산팀장은 생산계획에 따라 생산한 제품에 따라 월간 또는 일정 생산량에 대해 검사를 한다.

제21조 【자주검사】

작업반장과 생산조장은 작업공정에서 다음 각 호의 경우에 검사를 한다.

1. 설비에 이상이 생겼을 때
2. 성능검사를 받기 전 예비 검사가 필요할 때
3. 중간검사를 할 때
4. 설비수리 했을 때

제22조【순회검사】

품질관리팀은 자주검사에서 발견한 문제점과 제품에 품질 이상이 있는 경우 다음 각 호의 검사를 한다.

1. 공정별 품질검사
2. 생산라인별 품질검사
3. 생산인력별 품질검사

제23조【제품검사】

품질관리팀은 자주검사에서 합격한 제품에 대하여 검사를 실시한다.

제7장 공정변경

제24조【공정변경】

다음 각 호의 경우 공정의 변경으로 본다.

1. 설비의 변경
2. 작업방법의 변경
3. 라인별 인력의 변경
4. 재료의 변경

제25조【공정변경요건】

① 생산본부장은 초품의 검사와 제품품질의 문제가 연속적으로 발견하여 공정변경이 요구될 때 사장의 승인으로 공정을 변경한다.

② 생산팀장은 공정의 변경이 있을 시 생산라인의 작업자에게 공정변경 내용을 교육하여 변경된 공정의 작업방법을 숙지하도록 한다.

〈부 칙〉

제26조【시행일】

이 규정은 ○○○○년 ○○월 ○○일부터 시행한다.

〈서 식〉

(서식 1) 공정관리표1

(서식 2) 공정관리표2

(서식 1)

	팀명	
공정관리표1	팀장	
	일자	

생산라인	관리번호	설비명	품명	중량	성능	작업표준
비고						

(서식 2)

	팀명	
공정관리표2	팀장	
	일자	

품명	표준	재료	조립 1	조립 2	성능	작업반
비고						

[137]
검사관리규정

제정 ○○○○년 ○○월 ○○일
개정 ○○○○년 ○○월 ○○일

〈총 칙〉

제1장 통칙

제1조【목적】

이 규정은 ○○주식회사(이하 "회사"라 한다)의 제품 생산을 위한 생산공정과 제품의 품질향상을 위하는 데 그 목적이 있다.

제2조【적용범위】

이 규정은 회사의 직접생산과 외주생산을 하는 제품의 공정과 품질을 검사하는 수입검사, 외주검사, 공정검사, 제품검사에 대한 검사절차와 검사방법에 대하여 적용한다.

제3조【용어의 정의】

이 규정에서 사용하는 용어의 뜻은 다음 각 호와 같다.

1. 검사 : 개별제품과 로트에 대한 시험과 조사를 말한다.
2. 수입검사 : 회사에 입고되는 구매와 외주 부품과 제품의 검사이다.
3. 공정검사 : 제품생산의 공정 간에 작업자가 하는 검사이다.
4. 제품검사 : 제품성능과 제품규격, 제품수명 등의 검사이다.

5. 출하검사 : 제품을 출하할 때 하는 품질검사이다.

6. 검수 : 제품의 성분 등을 검사하지 않고 수량, 포장상태 등을 확인하는 것을 말한다.

7. 로트(LOT): 제품의 품질을 관리하기 위해, 동일 원료·동일 공정에서 생산하는 그룹을 나타내는 것을 말한다.

제2장 책임과 권한

제4조【품질관리팀】

품질관리팀은 다음 각 호의 업무를 수행한다.

1. 원자재와 부품의 수입검사를 주관하여야 한다.

2. 공정검사 및 제품검사를 주관하여야 한다.

3. 당사에서 할 수 없는 시험을 외부 공공기관에 의뢰하여야 한다.

제5조【자재관리팀】

자재관리팀은 창고에서 특별한 검사기술이 필요하지 않은 원자재와 부품에 대하여 다음 각 호의 업무를 수행한다.

1. 수입검사

2. 수량검사

3. 중량검사

4. 부피검사

5. 로트검사

제6조【생산관리팀】

생산관리팀은 다음 각 호의 업무를 수행한다.

1. 창고 등에서 생산관리팀으로 이동한 원자재와 부품을 관리한다.

2. 공정검사는 자주검사를 한다.

3. 각 공정 작업원의 직무교육을 한다.

4. 공정검사 결과가 부적합일 경우 품질관리팀에게 통보한다.

5. 고객이나 그 대리인의 입회검사 시 검사에 필요한 현장 조치를 한다.

6. 일반 공구와 소모품을 검사한다.

제7조【연구개발팀】

연구개발팀은 다음 각 호의 업무를 수행한다.

1. 검사의 전문성이 필요한 원자재와 부품을 검사한다.

2. 연구개발팀장은 제1항의 검사품목에 대한 분석결과를 관련부서 팀장에게 통보.

3. 연구개발팀장은 제1항의 검사품목에 대한 취급방법을 관련부서 팀장에게 통보한다.

제3장 검사담당

제8조【검사담당자의 선발】

검사담당자는 다음 각 호의 요건은 갖춘 자에서 선발한다.

1. 생산관리팀에서 3년 이상 근무한 고졸 또는 1년 이상 근무한 초대졸 이상 작업자

2. 한국산업규격(KS)과 국제표준화기구(ISO)의 교육 이수자

3. 사내 계측설비 취급교육 이수자

4. 사내 제품생산 관리교육 이수자

제9조【검사담당자의 교육】

검사담당자는 다음 각 호의 교육을 이수하여야 한다.

1. 검사방법 : 로트의 형성법, 샘플링방법, 합부판정방법, 불합격로트 또는 불량품의 처리 방법

2. 측정기기의 사용방법 : 측정기기의 정밀도 유지 및 사용방법, 취급상의 주의사항

3. 측정과 시험의 검사오차의 사항

4. 한도견본의 활용법

5. 검사기록의 작성법

6. 기타 검사업무 수행상 필요한 사항

제10조【검사담당자의 임명】

사장은 제8조의 요건을 갖춘 사원이 제9조의 교육을 이수한 사원에 대하여 연구개발팀장, 생산 관리팀장, 품질관리팀장, 자재관리팀장의 추천으로 생산 공정의 검사담당자를 임명한다.

제11조【검사담당자의 권한과 책임】

검사담당자의 권한과 책임은 다음 각 호와 같다.

1. 검사담당자는 직속 상사 외 검사업무에 관한 일체의 간섭을 받지 아니한다.

2. 검사담당자는 검사미필제품과 규격 미달품의 출고와 입고를 통제한다.

3. 검사담당자는 판정결과 판정기록에 대한 책임을 진다.

제4장 검사업무

제12조【수입검사】

① 수입검사 품목은 원자재와 부품과 그에 부수되는 재료이다.

② 구매품과 외주품이 납품되면 규격에 따라 품질관리담당은 수입검사를 하고 수입검사 성적서 를 작성, 합격 여부 판정을 하여 팀장의 결재를 받은 후 입고한다.

③ 국가 규격의 표시품 또는 납품 성적서를 첨부한 재료에 대해서는 수입검사를 생략할 수 있 다.

④ 수입검사 시에는 KS와 ISO의 특별검사수준을 기준으로 표본 수량을 적용하여 판별한다.

⑤ 수입검사결과 부적합품을 발견하면 시정 및 예방조치규정에 따라 처리한다.

제13조【공정검사】

① 공정검사는 품질관리담당이 필요에 따라 실시 여부를 결정한다.

② 선공정에서 후공정으로 공정이 이루어지는 경우 운송 전 공정 검사하여 제품검사 성적서를 첨부하여 후공정에 인도한다. 다만, 공정이 외주 시 수입검사 성적서로 대체한다.

③ 부적합품이 발생하면 부적합품관리규정에 따라 처리한다.

제14조【제품검사】

① 품질관리담당은 제품의 작업완료 후 생산관리팀으로부터 검사의뢰를 받아 검사한다.

② 품질관리담당은 제품검사 성적서를 작성하여 팀장의 결재 및 승인을 받아 창고관리팀장에게 통보 및 인계한다.

제5장 검사시행

제15조【검사실시의 기준】
검사담당은 종류에 따라 검사가 필요할 때에는 원칙적으로 미리 제정된 해당 검사규격에 의거 검사를 실시한다.

제16조【검사표준의 작성】
① 담당자는 검사규격에 검사항목, 검사로트구성, 표본추출방법, 합격판정개수검사방법, 측정기 및 합부 판정기준 등을 설정한다.
② 해당 물품의 검사규격이 제정되어 있지 않으면 품질관리팀장과 생산관리팀장 합의하여 잠정 적인 검사규격을 만들어 실시하되, 다음 사항을 참조하여 작성한다.
  1. KS 한국산업규격
  2. 납입자의 검사성적서
  3. 동일 업종의 타 기업 검사규격
  4. 외국 공업규격
③ 검사설비로 할 수 없는 항목에 대해서는 외부 시험 성적서로 대치한다.

제18조【합부의 판정】
① 검사규격에 의한 검사항목과 시험방법으로 합부 판정을 한다.
② 판정기준은 각 검사규격에 정한 판정기준에 따른다.
③ 판정상의 주의사항은 다음 각 호와 같다.
  1. 시험성적의 측정치가 객관적으로 수치가 정확한가를 확인한다.
  2. 관능검사는 객관적이고 정확한 판정인가 확인한다.
  3. 검사규격에 따라 검사원 단독으로 판정한다.
  4. 검사원은 타인의 간섭을 배제하고, 판정에 대한 책임을 진다.
④ 검사규격에는 없는 결함을 발견하면 검사담당자는 생산조장, 생산반장, 생산관리팀장에게 보고한다.
⑤ 검사규격에 없는 결함사항은 생산관리팀장과 생산본부장의 승인을 받아 검사항목에 포함한다.

제6장 검사완료

제19조【양품과 합격 로트】
검사를 끝낸 양품과 합격 로트에 대하여서는 다음 각 호와 같이 처리한다.
  1. 수입검사 : 창고담당팀은 창고관리규정에 따라 입고한다.
  2. 공정검사 : 후 공정으로 이동 또는 운송한다.
  3. 제품검사 : 포장에 규격을 기록하여 적재 장소에 모델별로 적재한다.

제20조【불량품과 불합격 로트】

① 수입검사 불량품과 불합격 로트는 다음 각 호와 같이 처리한다.

    1. 원자재와 부품 검사규격의 불합격품 및 로트 처리 방법에 따라 조치한다.

    2. 외주 구매 불합격품과 불합격 로트는 반품 또는 교환한다.

    3. 감가상각 수입검사 품목은 감가상각 정보를 구매팀에 통보한다.

② 공정검사 불합격품과 불합격 로트는 부적합품처리규정에 따라 처리한다.

③ 제품검사 불합격품과 불합격 로트는 1회의 재검사를 한다.

제20조 【검사성적서의 활용】

검사성적서의 활용은 다음 각 호와 같이 한다.

    1. 수입검사성적서 : 거래업체의 관리 및 검사규격의 검사방법, 조정자료로 활용한다.

    2. 공정검사성적서 : 관리기준의 적정여부 판정, 관리 이상 발생 원인 파악 및 대책수립의 자료로 활용한다.

    3. 제품검사성적서 : 품질 수준의 파악 및 검사규격의 검사방법 설정 자료로 활용한다.

제21조 【기록과 보존】

검사성적서의 기록과 보존은 다음과 같이 한다.

기록서명	서식 번호	보관 팀	보존기한
○○○ 공정/제품 검사성적서	2012-004-001	품질관리팀 생산관리팀	3년
○○○ 공정/제품 검사성적서	2012-004-002	품질관리팀 생산관리팀	3년
○○○ 공정/제품 검사성적서	2012-004-003	품질관리팀 생산관리팀	3년
○○○ 공정/제품 검사성적서	2012-004-004	품질관리팀 생산관리팀	3년
수입검사 성적서	2012-004-005	품질관리팀 생산관리팀	3년

〈부　칙〉

제22조 【시행일】

이 규정은 ○○○○년 ○○월 ○○일부터 시행한다.

제23조 【경과규정】

이 규정은 ○○○○년 ○○월 ○○일부터 수입검사는 KS 한국산업규격과 ISO 국제품질규격의 특별검사로 표본 추출하여 검사한다.

〈서　식〉

(서식 1) 검사성적서

(서식 1)

검사성적서		담당	팀장	본부장

검사번호		검사부서		검사일자	
검사품목		품목번호			

검사항목	
검 사 착안사항	
중 점 검사사항	
검사결과	
비 고	

[138]
부적합품관리규정

제정 ○○○○년 ○○월 ○○일
개정 ○○○○년 ○○월 ○○일

〈총 칙〉

제1장 통칙

제1조【목적】

이 규정은 ○○주식회사(이하 "회사"라 한다)의 생산제품의 품질관리를 위하여 생산과 공정에서 발생한 부적합품 관리의 기준과 절차를 정함에 목적이 있다.

제2조【적용범위】

이 규정은 회사의 직접 또는 외주 생산하는 제품과 부품 등의 생산과 공정에 발생하거나 발생한 부적합품의 식별과 관리에 적용한다.

제3조【용어의 정의】

이 규정에서 용어는 다음 각 호의 뜻이다.

1. 부적합품 : 원자재, 부품, 반제품, 완제품 중에서 양품과 다른 품질의 물품을 말한다.
2. 선품 : 혼입된 양품과 부적합품을 선별하여 구별한 물품을 말한다.
3. 반품 : 부적합품을 공급업체 또는 전 공정으로 반송한 물품을 말한다.
4. 재작업(Rework) : 가공부족으로 동일한 작업을 추가하여 실시하는 수리 또는 부적합 부품의 교환작업을 말한다.
5. 수정작업(Repair) : 부적합 내용을 제거하기 위하여 작업에 의한 수리하는 것을 말한다.

제2장 책임과 권한

제4조【사장】

부적합품의 처리는 사장의 승인을 받아야 한다.

제5조【품질관리팀장】

품질관리팀장은 부적합품을 다음 각 호와 같이 처리한다.

1. 부적합품의 격리하고 사용을 금지한다.
2. 부적합품에 대한 기록과 보관을 한다.
3. 재손실과 부선품의 검사를 한다.
4. 반송품의 판정을 한다.
5. 부적합품의 통합분석 및 보고를 한다.
6. 부적합품의 재발방지 활동을 한다.

제6조【연구개발팀장】

연구개발팀장은 다음 각 호의 업무를 수행한다.

1. 부적합품의 검사는 품질관리팀으로부터 검사한다.
2. 계속적이고 반복적인 부적합품에 대하여 사장에게 보고한다.
3. 부적합품의 식별 보관 협조 및 처리를 하여야 한다.

제7조【생산관리팀장】

생산관리팀장은 다음 각 호의 업무를 처리한다.

1. 부적합품의 대책 수립 및 시행을 한다.
2. 부적합품의 재활용 조치한다.
3. 부적합품의 통보 및 처리결과 승인한다.
4. 폐기품의 폐기처리 품의 한다.

제3장 구분

제8조【부적합품의 구분】

부적합품은 다음 각 호와 같이 구분한다.

1. 원자재와 부품 : 원자재와 부품의 수입검사에서 요구사항 및 규격에 미달한 품목
2. 외주품 : 외주품의 입고 시 수입검사에서 요구사항 및 규격에 미달한 품목
3. 중간제품 및 완제품 : 공정 중 중간검사 또는 완성품의 제품검사에서 요구사항 및 규격에 미달한 품목
4. 고객 반송품 : 고객에게 판매한 후 제품의 불량으로 반품된 제품.

제9조【부적합품의 식별】

검사결과 부적합품은 양품 및 타 물품과 혼입되지 않도록 식별표로 다음 각 호와 같이 식별한다.

1. 원자재와 부품 : 검사결과 부적합품으로 판정나면 수입검사성적서에 내용기입 후 부적

합 원자재와 부품에 식별표를 부착하여 식별한다.
2. 외주품 : 수입검사 시 부적합으로 판정되면 수입검사성적서에 내용기입 후 부적합 외주품식별표를 부착하여 식별한다.
3. 반제품 및 완제품 : 공정 중, 중간검사 및 최종 제품검사 시 부적합사항이 발생할 경우 경 부적합인경우 선조치 후 부적합품보고서를 작성하고 중 부적합인 경우 내용을 식별표에 기입하여 부착하여 식별한다.
4. 고객 반송품 : 부적합 내용을 부적합품보고서에 기입 후 식별표에 내용을 기입하여 부착하여 식별한다.

제10조【원자재와 부품】

원자재와 부품의 부적합품에 대한 확인과 조치는 다음 각 호와 같이 한다.
1. 자재담당은 수입검사의 부적합 사항을 수입검사 성적서에 기록하고 품질관리담당자에게 처리 의뢰한다.
2. 품질관리담당자는 부적합선사품 또는 납품처로 반품처리하며 수입검사 성적서에 조치 내용을 기록하고 생산관리팀장에게 통보한다.

제11조【외주품】

품질관리담당자는 수입검사에서 부적합으로 판정하면 수입검사 성적서에 판정내용을 기재하고 수정, 선별 또는 반품의 결정을 하여 조치내용을 수입검사 성적서에 기록하여 생산관리팀장에게 통보한다.

제12조【반제품 및 완제품】

① 생산팀장은 공정 중 또는 중간검사 및 완제품 검사에서 발생한 부적합품이 경부적합인 경우 선조치로 후 공정에 차질이 없도록 한 후 부적합품보고서를 작성하여 품질관리 담당에게 통보한다.
② 중부적합의 경우 식별표로 식별표시를 하고 품질관리 담당자에게 통보한다.
③ 품질관리담당자는 보고된 부적합품에 대하여 원인 및 결과를 분석, 부적합품보고서 및 부적합품 관리대장에 기록하여 관련 팀장과 본부장, 사장의 검토 및 승인을 받는다.

제12조【고객반송품】

① 고객지원팀은 반송된 제품을 지정장소에 하차하고 부적합품관리대장에 기록한 후 품질관리 담당자에게 검사의뢰를 한다.
② 품질관리담당자는 부적합 내용을 확인한 후 생산팀에 조치의뢰를 한다.
③ 생산관리팀장은 특채 대상을 제외하고는 원인분석 및 대책의 유효성 확인 후 재활용 및 폐기품으로 처리한다.

제4장 관리

제13조【부적합품 처리】

부적합품의 처리결과 및 승인은 다음 각 호와 같이 한다.
1. 담당자는 중요한 불량에 대해서 부적합품보고서를 작성하고 팀장에게 보고한다.
2. 팀장은 대책을 수립하여 담당자에게 통보하여야 한다.

3. 팀장은 팀에 대하여 시정과 예방조치규정에 따라 시정조치를 요구할 수 있다.

4. 사장은 처리결과를 확인하고 최종 승인한다.

제14조【기록과 보존】

부적합품은 다음 각 호의 문서에 기록하여 3년간 보존한다.

1. 부적합품관리대장

2. 부적합품보고서

3. 부적합품식별표

〈부 칙〉

제15조【시행일】

이 규정은 ○○○○년 ○○월 ○○일부터 시행한다.

〈서 식〉

(서식 1) 부적합품관리대장

(서식 2) 부적합품보고서

(서식 1)

부적합품관리대장

(관리부서 ;   책임자 :   담당자 :   )

번호	품명	부적합사항	납품처	부적합처리				처리 완료일	비고
				특채	재작업	폐기	반품		
참고									

(서식 2)

		작성	검토	승인
부적합품보고서		담당	팀장	사장

발행번호		발행부서		발행일자	
모델		도번		품명	

부적합 형　태	☐ 포장불량 ☐ 수량부족	☐ 서류미비 ☐ 기능결함 ☐ 치수결함	☐ 저장결함 ☐ 운송결함 ☐ 취급결함 ☐ 작업불량	☐ 설계오류 ☐ 작동오류 ☐ 기타(　　)
처리내용				
처리방안				☐ 특채 ☐ 수정 ☐ 재작업 ☐ 전용 ☐ 폐기 ☐ 반품
처리결과				
비　　고				

983

[139]
품질기록관리규정

제정 ○○○○년 ○○월 ○○일
개정 ○○○○년 ○○월 ○○일

〈총 칙〉

제1장 통칙

제1조【목적】

이 규정은 ○○주식회사(이하 "회사"라 한다)의 품질기록의 파악, 수집, 색인, 열람, 기록, 보관, 유지, 폐기에 대한 절차와 방법을 체계적으로 관리하여 실무에 적용하는데 그 목적이 있다.

제2조【적용범위】

이 규정은 회사의 직접생산과 외주생산의 모든 제품과 부품의 품질기록에 적용한다.

제3조【용어의 정의】

품질기록이라 함은 제품과 부품의 성능과 기능을 수치 또는 기타의 방법으로 문서에 기재한 내용이다.

제2장 책임과 권한

제4조【품질관리팀장】

품질관리팀장은 다음 각 호의 업무를 수행한다.
1. 전사적인 품질기록을 파악하여 유지하고 관리기준을 설정하여야 한다.
2. 품질기록에 대한 분실, 열화 및 손실방지를 위하여 적합한 환경을 유지하여야 한다.

제5조 【관련팀장】

회사의 제품 등의 품질기록 관련 부서장은 다음 각 호이다.

1. 생산관리팀장
2. 품질관리팀장
3. 연구개발팀장
4. 구매관리팀장
5. 자재관리팀장
6. 영업관리팀장

제6조 【팀장의 업무】

제5조의 팀장은 다음 각 호와 같이 품질기록 업무를 하여야 한다.

1. 품질기록을 수립, 분류, 편철, 보관 및 이관하여야 한다.
2. 보관중인 품질기록을 유지, 관리하여야 한다.
3. 품질기록으로 구분된 문서에 대하여 문서기록 절차에 따라 분류, 색인, 식별 표시를 하여 이를 적절히 보관 및 보존하여야 한다.

제3장 작성

제7조 【기재방법】

품질기록을 기재하는 일반적 방법은 다음 각 호와 같다.

1. 기록은 읽기 쉽고 오기 없이 간단하고 명료하게 기록하여 식별할 수 있도록 한다.
2. 공급업체 또는 고객 등 외부로부터 입수한 품질기록도 이 규정에 따라 유지 관리한다.
3. 품질기록은 전자문서와 종이문서로 기재한다.

제8조 【전자문서】

품질기록을 전자문서로 기록할 때 소프트웨어 흔글(HWP)과 워드(MS-word), 엑셀(Excel), 스마트문서(Smart), 웹(WEB) 프로그램으로 작성한다.

제9조 【문서의 보관】

① 종이문서 품질기록은 편철하여 보관함에 보관한다.
② 전자문서 품질기록은 CD와 하드디스크에 전자매체로 보관한다.

제10조 【기록의 대상】

회사의 기록의 대상은 다음 각 호와 같다.

1. 경영, 계약 및 견적검토의 기록
2. 외주관리 및 업체 평가에 관한 기록
3. 사내 품질감사의 시정조치 및 유효성 검증에 관한 기록
4. 제품에 대한 식별 및 추적성 관리에 관한 기록
5. 제조, 시험 및 검사공정에서 발생하는 품질에 관한 기록
6. 검사, 시험 및 설비 계측 장비의 교정에 관한 기록
7. 부적합사항에 관한 기록
8. 시정 및 예방조치에 관한 기록

9. 품질에 관련된 교육훈련에 관한 기록

제11조【기록의 작성】

일반 기록은 다음 경우에 의하여 작성한다.

1. 기록용지는 도면, 증빙, 전표, 장부, 기타 양식이 정하여진 경우를 제외하고는 백색 또는 미색 A4용지(210mm×297mm)를 사용한다.
2. 기록문자는 한글을 기본 문자로 쓰고 영어와 한문을 보조문자로 쓰며, 숫자는 아라비아 숫자로 표기한다.
3. 기록글자의 색상은 검정색 유성펜을 사용한다. 다만, 도표의 작성이나 강조, 수정, 주의 환기 등 특별한 목적을 위하여 다른 색깔을 사용할 수 있다.
4. 모든 기록은 기록일자와 시간과 기록자의 성명과 부서 및 직위를 기재한다.

제12조【기록의 수정】

품질기록의 삭제와 수정은 다음 각 호의 방법으로 한다.

1. 기록 일부를 삭제 또는 수정할 때에는 삭제할 문안 중앙에 두 줄을 그어 삭제 전의 문안을 알 수 있도록 하고, 여백에 수정문안을 기재하고, 비고란 또는 각주란에 서명과 일자를 기재한다.
2. 기록 일부를 칼로 긁거나 수정액 사용 등을 사용하여 삭제 또는 수정할 수 없다. 이와 같은 방법으로 삭제 및 수정한 것은 기록으로 보지 않는다.

제13조【기록 면 수의 표시】

품질기록 문서의 면 수의 표시는 다음 각 호의 방법으로 한다.

1. 기록 면이 2면 이상이면 면의 수는 면의 위 또는 아래에 표기한다.
2. 2면 이상 표기는 해당 면과 전체 면을 1/3과 같이 표기한다.
3. 첨부서류가 있는 경우 첨부서류도 제1항과 같이 표기한다.

제14조【공란의 표시】

품질기록이 완료된 문서는 공란이 없어야 하며, 공란은 "공란"으로 표기한다.

제15조【부본】

모든 발신하는 품질기록 문서는 반드시 부본을 작성하여 비치하여야 한다.

제4장 보존과 폐기

제16조【품질문서의 보관팀】

회사의 제품 생산과 공정의 제품관련 품질문서는 품질관리팀에서 보관한다.

제17조【종이문서의 보관】

종이문서 품질기록은 다음 각 호와 같이 편철하여 보관한다.

1. 품질기록의 원본 또는 사본은 발생 팀과 접수 팀에서 정해진 파일에 편철하며, 편철 방법은 좌철을 원칙으로 한다.
2. 편철이 부적절한 경우에는 봉투나 서류함에 별도로 보관할 수 있다.
3. 편철은 업무 기능별, 내용별, 사내외 등으로 구분하여 철하고, 상이한 내용의 품질기록

이 혼철되지 않도록 한다.

제18조【전자문서의 보관】

전자문서 품질기록은 다음 각 호와 같이 보관한다.

1. 소프트웨어 HWP, MS-word, Excel 프로그램 문서는 CD로 보관한다.
2. 제1항의 문서 중 변환이 가능한 문서는 PDF 파일로 변환하여 함께 CD로 보관한다.
3. 제1항과 제2항의 문서를 하드디스크 또는 서버에 보관하는 경우에는 보관자와 팀장은 사용문서에 사용자와 비밀번호를 부여하여 보관한다.

제19조【품질문서의 열람】

보관 중인 품질기록의 열람 및 대출은 품질관리팀장의 승인이 있어야 열람할 수 있다.

제20조【보존기간】

품질기록 문서의 보존은 법정보존기간이며, 법정보존기간이 없는 문서는 3년 이상 보관한다.

제21조【보존기간】

품질기록 문서의 폐기는 사장의 승인으로 폐기한다.

〈부 칙〉

제22조【시행일】

이 규정은 ○○○○년 ○○월 ○○일부터 시행한다.

〈서 식〉

(서식 1)

				담당	과장	팀장	사장
품질기록관리대장							
관리번호	품질기록 문서명	발생부서	발생일 폐기일	보존연한		확인	
비고							

[140]
외주관리규정

제정 ○○○○년 ○○월 ○○일
개정 ○○○○년 ○○월 ○○일

〈총 칙〉

제1장 통칙

제1조【목적】

이 규정은 ○○주식회사(이하 "회사"라 한다)의 경영 목표 달성을 위하여 제조 또는 서비스의 생산에 따른 합리적이고 효율적인 외주관리와 업무처리절차를 정하여 기업경영에 이바지하는 데 그 목적이 있다.

제2조 【적용의 범위】

이 규정은 특별히 다른 회사규정에 정한 것을 제외하고 회사 외주와 관련하여 제조와 서비스의 생산 관리와 감독하는 부서와 사원에게 적용한다.

제3조 【정의】

이 규정에서 "외주"라 함은 당사의 상품인 제품 또는 서비스를 타사에 위탁하여 제조 또는 생산함을 말한다.

제2장 선정관리

제4조 【협의회의 구성】

회사는 외주를 위한 외주협의회를 다음 각 호의 팀장으로 구성하고, 그 팀장 중 1인을 외주팀장으로 지명하여 외주업무를 총괄하게 한다.

1. 생산팀장	2. 기술팀장
3. 품질관리팀장	4. 자재팀장
5. 경리팀장	6. 그 외 필요한 팀의 장

제5조 【외주사의 선정】

① 외주사의 선정은 외주협의회의 추천으로 사장이 결정한다.

② 외주협의회는 다음 각 호의 역량을 평가하여 외주사를 사장에게 추천한다.

1. 경영자	2. 기술력
3. 생산력	4. 자금력과 결제기한
5. 생산설비	6. 기타 필요한 조건

제3장 조직관리

제6조 【외주팀】

외주담당은 외주팀장으로 선정된 팀이 담당하며, 다음의 각 호의 외주업무를 처리한다.

1. 주문서의 발행
2. 전표의 처리
3. 대금지급절차
4. 기타 내부적 사무처리
5. 외주사에 대한 절충·지도·원조
6. 기타 대외적 창구기능

제7조 【외주업무의 분담】

① 생산팀의 외주업무는 다음과 같다.

1. 외주의 결정
2. 외주발주의 청구처리
3. 지급자재의 출고의뢰
4. 외주팀의 작업 진척에 대한 협의·조치
5. 외주사 선정 시의 조사(외주팀에 협력)

② 외주팀의 외주업무는 다음과 같다.

1. 외주사의 선정 및 조사

2. 발주 및 구매계약의 체결

3. 지급자재의 지급의뢰 및 자재재고관리

4. 외주사의 납기관리 및 지도

5. 외주비의 지급 의뢰

③ 자재팀과 창고팀의 외주업무는 다음과 같다.

1. 지급자재의 출고

2. 외주사로부터의 자재수입 검수

④ 물류팀의 외주업무는 다음과 같다.

1. 지급자재의 외주사에의 수송

2. 외주품의 수입수송

⑤ 검사팀의 외주업무는 외주물품의 검사이다.

⑥ 경리과의 외주업무는 다음과 같다.

1. 외주비 단가의 검토

2. 지급자재 재고조사의 입회

⑦ 기술팀은 외주업무는 다음과 같다.

1. 지급자재의 취급기준 제정

2. 외주사 선정시의 조사(외주팀에 협력)

⑧ 품질관리팀의 외주업무는 외주사의 품질관리활동 조사 및 지도관리 이다.

제4장 발주관리

제8조 【발주결정】

외주의 결정은 발주 때마다 생산팀장이 외주의 필연성과 타당성에 대하여 검토하고 구매부장·경리부장·기술부장 및 공무과장과 협의한 다음에 하여야 한다. 다만, 이미 협의 결정되어 있는 외주사와 그 외주범위 내의 품목 및 기간인 경우에는 그러하지 아니하다.

제9조 【발주절차】

외주팀은 제조팀로부터 외주의뢰를 받은 때에는 외주하는 작업의 내용과 외주사의 생산능력을 검토하여 가장 적절한 외주사를 선정하고 발주사항을 명시하여 경제적인 발주를 한다.

제10조 【발주조건】

외주의 발주는 다음 각 호의 조건을 충족하여야 한다.

1. 품명(규격, 시방, 도면 등)	2. 수량
3. 단가	4. 납기
5. 인수장소 및 운임	6. 지급조건
7. 자재 지급조건	8. 검사방법
9. 불량품이 발생한 경우의 처리방법	10. 기타 특수조건(외주사에 따라 정한다)

제11조【계약서의 작성】

외주사와의 계약은 전조의 발주조건사항 중 원칙적인 항목에 대하여 사전에 계약서를 인쇄 작성하여 두고 발주 때마다 주문자의 독자적 항목만을 기재한 주문서·주문승낙서와 계약서를 사용하여야 한다.

제12조【적정발주량】

외주사의 능력·공정관리를 고려하여 되도록 1회의 발주량을 적당량으로 한다. 특히 동일 주문품은 되도록 일괄 발주하고, 분할납입의 방법을 취하는 대량발주는 분할주문방식을 실시한다.

제13조【외주단가】

외주단가는 원가구성 요소별로 상세히 분석·검토하고, 당사와 외주사 양자의 협의에 의하여 합리적으로 결정하여야 한다. 경리과는 되도록 외주가공 방법별로 단가의 산정방법을 구체적으로 사전에 제도화하여 일정한 기준을 정하여 두어야 한다.

제5장 재료관리

제14조【재료지급의 절차】

① 제조팀는 재료 사용량을 계산하여 외주팀에 외주재료의 지급을 의뢰한다.

② 자재창고과는 외주팀의 의뢰에 의하여 재료를 출고하며, 외주사에 대한 현품의 인도를 명확하게 한다.

③ 외주팀은 외주사별로 지급재료의 수불량을 확실히 파악하여야 한다.

제15조【재료지급】

① 재료의 지급은 재료지급기준을 사전에 정하고, 이에 따라 적정량을 지급하여야 한다.

② 재료지급기준은 기술팀에서 정한다.

제16조【부산물과 작업폐물의 처리】

부산물 및 작업폐물은 재료지급기준에 의거하여 정확히 계산하여 회수함을 원칙으로 한다. 회수가 곤란한 것에 대하여는 처분가격을 협정하고 발생량을 산정하여 외주사에 매각 처분한다.

제17조【불량지급자재의 처리】

① 지급자재에 불량품이 발견된 경우에는 유상·무상을 불문하고 그 불량자재를 인수하고 대체품을 무상 지급한다.

② 이미 가공이 실시되어 있는 경우에는 그 가공비를 지급함을 원칙으로 한다.

제18조【불량자재의 판정】

지급자재 불량의 판정은 당사의 검사팀에서 한다. 검사팀은 사전에 자재검사의 판정기준을 정하여 두어야 한다.

제19조【외주사의 책임사고 처리】

외주사가 지급자재를 분실·파손한 경우 또는 명백히 외주사의 책임으로 판정할 수 있는 사고로 인하여 지급자재가 사용 불능으로 된 때에는 외주사가 그 손해를 부담하여야 한다.

제20조 【가공불량의 처리】

외주사에서 가공 불량이 발생한 경우에는 그 재료비·가공비는 모두 외주사가 부담한다.

제22조 【가공불량의 판정】

가공 불량이 당사 지급자재의 불량에 의한 것인가, 외주사의 책임에 의한 것인가의 판정은 당사 검사팀에서 한다.

제22조 【지급자재의 재고관리】

① 외주팀은 지급자재의 보관에 대하여 감독하고, 정기적으로 재고량을 현품재고조사를 통하여 조사한다. 재고조사의 결과는 외주사 책임자의 확인을 받아 경리과장에게 보고한다.

② 외주팀과 지급자재의 재고조사를 하는 때에는 경리과는 이에 입회하여야 한다.

제6장 외주관리

제23조 【외주관리】

회사는 원재료 또는 부품과 제품을 외주처에서 생산할 때 다음 각 호의 외주사항을 평가하여 결정한다.

    1. 품질수준   2. 생산능력
    3. 결제조건   4. 운송조건

제24조 【발주관리】

외주거래처에 원료와 부품 등을 외주생산하는 경우 외주처의 생산능력과 품질수준을 평가하여 외주물량과 발주기간을 설정하여 발주한다.

제25조 【납기관리】

외주팀은 제조팀의 생산과 작업계획에 지장이 없도록 원재료와 부품의 납기를 관리하고, 외주처의 납기관리에 만전을 기한다.

제7장 품질관리

제26조 【품질검사】

품질관리과는 외주팀의 의뢰, 기타에 의하여 필요한 경우에는 외주사의 품질관리활동을 조사하며 외주사의 지도 육성에 노력하여야 한다.

제27조 【품질보고】

① 외주사의 품질관리에 관한 조사사항의 결과는 그때마다 보고서에 정리하여 소속팀장을 경유, 외주팀장에게 보고하여야 한다.

② 외주팀은 이 보고서를 외주관리에 참고한다.

제8장 납기관리

제28조 【납기절차】

① 물류팀는 외주사로부터 현품을 납품서와 함께 수령하여 점검하고, 또한 납품서를 근거로 품명·수량·기타조건 등이 합치하고 있는지를 대조한 후 납품서 1부를 물품수령의 증거로서 수

령인을 날인하여 외주사에 교부한다.

② 현품의 인수는 외주사와 물류팀이 입회하여 수량을 확인한다.

③ 외주품이 당사 현장에서 인수되는 때에는 현장의 담당자도 입회하여 현품을 인도함으로써 완료된 것으로 한다.

제29조 【검사의뢰】

① 물류팀은 외주품의 규격·품질·성능 검사 등의 검사·시험을 검사팀에 의뢰하여 그 적부 판정을 받는다.

② 물류팀은 검사팀로부터 적부통지 수령 후 납품서 및 청구서를 외주팀에 송부한다.

③ 외주팀은 납품서 수령에 의하여 납입을 확인한다.

제30조 【사고처리】

외주품의 검사 결과 불량품이 발생한 경우에는 외주팀은 관계부문과 협의하여 불량품의 처리, 비용의 부담, 앞으로의 사고방지 대책 등에 관하여 결정한다.

제31조 【검사】

검사팀은 외주품 납입시에는 사전에 정하여진 검사기준에 의하여 그 적부를 판정한다. 필요한 경우에는 출장검사를 하여 중간 검사를 실시한다.

제9장 결제관리

제31조 【결제방법】

외주비는 외주계약의 다음 각 호의 지급방법과 지급시기를 확인하여 결제한다.

    1. 외주비 계약금

    2. 외주비 중도금

    3. 외주비 잔금

제32조 【결제통보】

경리팀은 다음 각 호의 팀장에게 외주비 결제를 통보한다. 단, 다음 각 호의 팀장으로부터 외주물품의 입고와 품질에 문제가 된 물품의 결제는 연기할 수 있다.

    1. 본사 외주팀

    2. 본사 생산팀

    3. 본사 품질팀

제10장 지도와 육성

제34조 【외주처의 육성】

회사는 외주물품의 품질향상을 위하여 다음 각 호의 지도와 교육을 할 수 있다.

    1. 기술에 관한 지도와 교육

    2. 설비에 관한 지도와 교육

    3. 공정관리에 관한 지도와 교육

    4. 품질관리에 관한 지도와 교육

〈부　칙〉

제35조【시행일】

　이 규정은 ○○○○년 ○○월 ○○일부터 시행한다.

〈별표·서식〉

(서식 1)

외주업체관리대장

외주처 :　　　　　　외주처관리부서 :　　　　　　외주처관리담당자 :

외주물품		품질검사			납기		비고
외주물품명	수량	부품	완성품	불량률	발주일	납기일	
합계							
비고							

(별표 1)

외주업체등급평가표

(단위: 원)

관리부서 :　　　　　　　　　평가팀 :　　　　　　　　　평가일자 :

구　분	등급	내용	배점	점수	비　고
1 사업경력 (15)	A	10년 이상	15		
	B	8년 이상 ~ 10년 미만	12		
	C	6년 이상 ~ 8년 미만	9		
	D	4년 이상 ~ 6년 미만	6		
	E	4년 미만	3		
2 자 본 금 (10)	A	2억 이상	10		
	B	1.5억 이상 ~ 2억 미만	8		
	C	1억 이상 ~ 1.5억 미만	6		
	D	5천만 이상 ~ 1억 미만	4		
	E	5천만 미만	2		
3 장비보유현황 (10)	A	150% 이상	10		
	B	120% 이상 ~ 150% 미만	8		
	C	100% 이상 ~ 120% 미만	6		
	D	70% 이상 ~ 100% 미만	4		
	E	70% 미만	2		
4 전년도 공사실적기준 (10)	A	20억 이상	10		
	B	10억 이상 ~ 20억 미만	8		
	C	5억 이상 ~ 10억 미만	6		
	D	1억 이상 ~ 5억 미만	4		
	E	1억 이하	2		
5 회사유동 자산비율 (5)	A	150% 이상	5		
	B	120% 이상 ~ 150% 미만	4		
	C	100% 이상 ~ 120% 미만	3		
	D	70% 이상 ~ 100% 미만	2		
	E	70% 이하	1		

구　　분	등급	등급구분	배점	점수	비　　고
6 부채비율 (10)	A	100% 미만	10		
	B	100% 이상 ~ 150% 미만	8		
	C	150% 이상 ~ 200% 미만	6		
	D	200% 이상 ~ 250% 미만	4		
	E	250% 이상	2		
7 자본금 이익비율 (10)	A	100% 이상	10		
	B	70% 이상 ~ 100% 미만	8		
	C	40% 이상 ~ 70% 미만	6		
	D	20% 이상 ~ 20% 미만	4		
	E	10% 이상 ~ 20% 미만	2		
8 매출액 이익비율 (10)	A	20% 이상	10		
	B	10% 이상 ~ 20% 미만	8		
	C	10% 미만	6		
	D	-10% 이상 ~ 0% 미만	4		
	E	-10% 미만	2		
9 회사경영 능력평가 (5)	A	최우수	5		
	B	우수	4		
	C	보통	3		
	D	약간불량	2		
	E	불량	1		
10 업무협조 정도평가 (5)	A	아주 양호	5		
	B	양호	4		
	C	보통	3		
	D	약간 부족	2		
	E	아주 부족	1		
11 기술자격보유 (10)	A	7인 이상	10		
	B	5인 이상	8		
	C	4인 이상	6		
	D	3인 이상	4		
	E	2인 이상	2		
총　　　　계			(100)		

제30편

자산 관련 규정

[141]
자산관리규정

제정 ○○○○년 ○○월 ○○일
개정 ○○○○년 ○○월 ○○일

〈총 칙〉

제1조【목적】

이 규정은 ○○주식회사(이하 "회사"라 한다)의 유형자산과 고정자산의 관리와 운용에 대하여 정함을 목적으로 한다.

제2조【적용범위】

이 규정에서 적용하는 회사자산은 다음 각 호의 자산에 적용한다.

1. 토지
2. 건물
3. 구축물
4. 기계장치
5. 차량운반구
6. 건설용 장비
7. 공구와 기구
8. 비품
9. 기타 임대자산 및 임차자산
10. 기타 상기 각 호의 자산 부속물

제3조【용어의 정의】

이 규정에서 '자산'이란 회사의 경영상 필요하여 취득 및 보유한 유형자산 또는 고정자산(이하 "자산"이라 한다)을 뜻한다.

제4조【자산취득 결재권】

대표이사 사장은 회사 자산취득의 결재권자이다. 다만, 사장은 1건의 취득금액이 ○○○만원 미만, 1월간의 자산취득합계액이 ○○○만원 미만은 사용부서장에게 결재권을 위임할 수 있다.

제5조【사내자산의 취득】

① 사내에서 사용하는 ○○만원 이상의 자산은 사용부서장이 사내사용자산취득신청서를 제출하

여 사장의 승인으로 취득한다.

② 사내에서 사용하는 ○○만원 미만 긴급물품은 부서장의 결정으로 취득한다. 다만, 부서장은 취득자산에 대하여 대표이사 사장에게 사후 보고한다.

③ 사내에서 사용하는 자산의 취득시 구매물품대장 및 자산관리대장에 기록하여야 한다.

제6조【현장사용 자산취득】

① 현장에서 사용하는 ○○만원 이상의 자산은 현장소장이 현장사용자산취득신청서를 제출하여 사장의 승인으로 취득한다.

② 현장에 사용하는 ○○만원 미만의 긴급물품은 현장소장의 결정으로 취득한다. 다만, 현장소장은 취득자산에 대하여 대표이사 사장에게 사후 보고한다.

③ 현장에서 사용하는 자산의 취득시 구매물품대장 및 자산관리대장에 기록하여야 한다.

제7조【구매신청자산의 명세】

구매신청자산의 구매신청시 다음 각 호의 서류를 제출하여야 한다.

　　1. 구매비용명세서
　　2. 구매처별 구매가 비교표
　　3. 사용명세서
　　4. 구매기한
　　5. 기타 구매 관련 서류

제8조【관리분장】

① 회사자산의 총괄관리는 ○○(총무) 부에서 하며, 당해 부서장이 관리책임자이다.

② 회사자산의 운영관리는 당해 물품을 설치 및 보관하는 ○○(공장, 현장, 공무, 전기, 배전) 부서로 기계와 공구, 비품을 실제로 설치 또는 보관하여 사용 또는 임대하는 공장 및 현장 또는 부서에서 하며, 당해 공장장, 현장소장, 부서장이 관리책임자이다.

③ 회사자산의 사용관리는 당해 자산을 실제로 사용하는 사용부서 및 사용자이며 부서장과 사용자가 관리책임자이다.

④ 회사자산의 현장관리는 당해 자산을 사용하거나 보관하는 현장 및 부서에서 하며 부서장이 관리책임자이다.

⑤ 제1, 2, 3, 4항 외의 자산관리는 당해 자산을 사용하는 사용자이며 사용자가 관리책임자이다.

제9조【자산관리대장】

① 자산관리 총괄부서인 ○○부서는 회사 모든 자산의 취득, 운영, 손실, 매각에 대하여 기록한 자산관리총괄대장을 기록 및 비치하여 관리하여야 한다.

② 자산의 운영부서인 ○○부서는 운영 중인 개별자산의 운영실태와 사용실태를 기록한 ○○운영대장을 기록 및 비치하여 관리한다.

③ 자산의 사용부서는 자산의 사용신청, 보수 및 수리요청, 자산사용 등을 기록한 자산사용내용을 기록한 ○○사용기록대장을 기록 및 비치하여 관리한다.

제10조【자산관리와 책임】

① 회사자산은 ○○부서에서 총괄 관리하며, 부서장은 총괄관리책임자로 회사자산 전반에 걸쳐

자산의 재물조사, 감가상각계산, 자산재평가, 자산관리시스템, 총괄자산관리대장 등을 총괄하여 관리감독 한다.

② 회사 자산을 직접운영 및 사용하는 부서는 부서장이 책임자로 운영 및 사용자산의 관리와 보관 및 운영실태를 정확히 파악하고 자산이동, 수리, 유지관리 등 자산을 직접관리의 권한과 손실에 관한 책임을 진다.

③ 회사자산을 운용하는 종업원 개인은 회사자산의 운용과 사용의 최종책임자로 자산의 양호한 성능유지와 효율적인 운영을 위한 제반 조처를 하여야 하며 권리침해, 손·망실 등의 사실을 운영부서장 및 총괄부서로 통보해야 하며, 사용자 개인의 과실이 인정될 때 과실에 대한 책임을 진다.

제11조 【관리방법】

① 자산을 취득한 때에는 총괄부서, 운영부서, 사용부서는 등기 및 등록 등 관리보존에 필요한 인허가 절차를 밟고, 자산의 현황, 사용승인서, 법적 증명서류 등을 비치하여 자산현황을 유지 및 관리하여야 한다.

② 부동산 및 기계공구, 차량운반구 등의 취득 시 운영부서는 취득 관련 서류를 총괄부서에서 보관한다.

제12조 【자산의 매각 및 폐기】

① 자산의 매각 및 폐기 대상은 다음 각 호와 같다.

1. 내용연수가 경과된 것으로 그 성능이 현저히 저하되어 수리비 지출이 과다한 자산
2. 구형제품의 자산으로서 수리부품의 조달이 불가능한 자산
3. 장기 사장된 자산으로서 능률이 현저히 저하되는 자산
4. 기타매각 또는 폐기처분이 타당하다고 인정되는 자산

② 운영부서 또는 사용부서에서 고정자산을 매각할 때 관련 서류를 갖추어 운영부서를 거쳐 총괄부서로 의뢰하여야 한다.

③ 자산폐기 관련 서류
1. 사용불가 사유서
2. 사용불가 자산의 내용연수 기록표
3. 사용불가 자산의 사진
4. 기타 사용불가 사항

제13조 【자산의 임대】

① 사내임대는 자산운영부서는 자산사용부서 및 사용자의 사용신청서를 제출받아 임대내용을 총괄부서로 통보하고 임대한다.

② 사외임대는 총괄부서는 사용거래처와 임대계약을 체결한 후 임대내용을 운영부서와 경리부서로 통보하고 임대관리대장과 임대수입대장을 비치하여 현황관리를 한다.

제14조 【감가상각】

회사 고정자산의 내용연수 및 감가상각은 관련법령과 기업회계기준에 따른다.

제15조【소액자산관리】

회사 경영상 자산취득발생이 반복되고 자산취득액이 소액의 소규모자산인 다음 각 호의 경우의 자산관리는 사용부서에서 물품목록으로 자산관리를 대신할 수 있으며 운용부서, 총괄부서는 사용부서의 물품명세목록의 복사본으로 관리대장을 대체한다.

1. 내용연수가 1년 이상이고 취득금액이 거래단위별로 ○○○만원 미만의 물품으로 사용부서에서 총괄 및 개별관리 한다.

2. 자산의 평가액이 ○○○만원 미만의 기증 및 증여로 취득한 자산으로 사용부서에서 총괄 및 개별관리 한다.

3. 연구개발사용 물품으로 그 사용이 일시적인 물품으로서 그 평가액이 ○○○만원 미만의 자산으로 사용부서에서 총괄 및 개별관리 한다.

제16조【재물조사】

① 총괄부서는 연 1회 정기 재물조사와 필요에 따라 비정기 재물조사를 한다.

② 공장 및 현장은 매달 1회 정기적으로 재물조사를 하며 매일 시업과 종업에 당해 사용물품의 확인을 한다.

③ 재물조사는 총괄부서와 운영부서에서 자산에 대한 장부와 현물의 일치 여부 및 제반 운영실태를 정확하게 파악하며, 관리상의 문제점을 보완 개선함을 목적으로 한다.

④ 총괄부서는 재물조사요원을 선정하고 재물조사의 계획과 집행 및 사후관리에 대하여 제반업무를 분담 및 관장하여 실시한다.

제17조【재물조사보고】

총괄부서는 재물조사 결과를 대표이사 사장에게 보고할 의무가 있다.

〈부 칙〉

제18조【시행일】

이 규정은 ○○○○년 ○○월 ○○일부터 시행한다.

〈서 식〉

(서식 1) 자산실사표
(서식 2) 고정자산 등록대장
(서식 3) 고정자산 감가상각대장

(서식 1)

자산실사표

조사부서 :　　　　(정) 책임자 :　　　　　(부) 담당자 :　　　　　　　조사일자 :

실 사 자	㉙	확 인 자	㉙

상태별 ＼ 구분	실　　사　　수				불용사유
	활 용	활용예정	불용대상	계	
신　　품					
중 고 품					
수리품목 · 일부수리					
수리품목 · 전부수리					
폐　　품					
조사품목 합계					
비　　고					

(서식 2)

고정자산등록대장

(관리부서 :   책임자 :   담당자 :   조사일자 :   )

NO	자산명	취득가액	계정과목	세목	취득일	비고
참고						

(서식 3)

고정자산 감가상각대장

(관리부서 :   책임자 :   담당자 :   조사일자 :   )

NO	자산명	취득일	내용연수	상각률	기 초 장부가격	당 기 상각액	기 말 장부가격
비고							

[142]
차량관리규정

제정 ○○○○년 ○○월 ○○일
개정 ○○○○년 ○○월 ○○일

〈총 칙〉

제1장 통칙

제1조【목적】

이 규정은 ○○주식회사(이하 "회사"라 한다)의 소유차량의 관리 및 운영의 기준과 절차를 정함에 목적이 있다.

제2조【적용범위】

이 규정은 회사가 소유한 자동차와 임차한 차량에 적용한다.

제3조【차량의 정의】

이 규정에서 '차량'이란 다음 각 호의 차를 뜻한다.

1. 화물차
2. 지게차
3. 승용차
4. 기타 자동차

제2장 주관

제4조 【주관부서】

① 회사의 차량관리업무는 총무부에서 주관하며 다음 각 호의 업무를 수행한다.

    1. 차량의 배차 및 관리

    2. 운전원의 관리 및 안전교육

    3. 차량수리의 타당성 검토 및 지시, 집행, 확인

    4. 유류에 대한 사용량의 타당성 검토 및 확인

    5. 차량 구매 및 매각에 따른 기술감정 및 가격판정

    6. 차량의 수리, 주차, 유류 등 관리, 유지에 관한 비용의 청구서 및 영수증확인

    7. 운전원 및 정비원의 임명시 의견서 제출 및 관리

    8. 운전원의 징계요청 및 건의

    9. 임시직 운전원의 배차계획

    10. 운전원의 복무규칙상 근무수칙 준수

    11. 사고차량에 대한 대외업무 지원

    12. 차량의 임대, 폐차 직접관리

② 현장총무담당은 본사 총무부서의 주관아래 이 규정에 의거 차량관리 업무를 수행한다.

③ 차량종합보험은 본사 총무부 총무과에서 일괄처리한다.

제5조 【취득관리】

주관부서장은 취득차량에 대하여 다음의 각 호의 사항이 기재된 차량관리대장을 작성한다.

    1. 차량등록번호, 차종, 배기량, 구매일, 구매가격

    2. 차량용도, 화물차 톤수, 지게차 용량, 승합차 정원, 승용차 배기량

    3. 보험금액, 기간과 보험증권번호

    4. 정기검사일정, 검사기관명, 검사비용

    5. 정비품목, 정비비용, 기타 사항

제6조 【구매와 임차】

차량의 구매과 임차는 주관부서장이 품의하여 사장이 결정한다. 주관부서장은 구매와 임차 차량에 대하여 다음 각 호의 사항이 포함된 품의서를 사장에게 제출한다.

    1. 차량용도   2. 취득사유

    3. 예산편성 여부   4. 대금결제방법

    5. 차량종류   6. 기타 사유

제7조 【매각과 반납】

차량의 매각과 반납은 사용부서장의 품의로 사장이 결정한다.

제3장 운행

제8조 【차량운행】

① 회사의 모든 차량의 운행은 차량관리부서에서 배차한다.

② 차량의 사용은 차량사용자가 차량배차신청서를 제출하여 승인 후 운행한다.

③ 회사 차량 사용자는 업무 외 사적운행은 징계처분 대상이 된다.

④ 차량 사용자는 운행일지를 관리부서에 제출하여야 한다.

⑤ 차량 운행자는 교통사고가 발생하면 즉시 회사에 보고하고, 사고 조처를 하여야 한다.

제9조【주정차관리】

① 회사 차량은 회사 내의 지정주차장에 주차함을 원칙으로 한다. 다만, 공무로 운행 중인 차량과 특수한 경우에는 주관부서장이 지정하는 주차장에 주차할 수 있다.

② 주차가 부득이한 경우 해당 부서장이 주관 부서장에게 요청하여 유료주차할 수 있다.

제10조【운행관리】

주관부서장은 매 월말 회사 차량 운행상황을 작성하여 상위자에게 보고하여야 한다.

제11조【사용금지】

운전원은 회사업무 외에는 사적인 일에 회사 차량을 이용해서는 안 된다.

제12조【운행일지】

각 차량의 운전원은 운행일지를 매일 작성하여 익일 출근 시 주관부서에 제출하여야 한다.

제13조【현장관리】

① 현장의 차량관리 책임자는 본사 주관부서장의 차량관리 업무대행으로 현장총무가 하며, 본사와 동일한 소정절차에 따른 차량관리를 해야 한다.

② 현장에서는 규정된 차량운행의 차량운행일지와 정비대장을 작성해야 하며, 매월 1회 본사 총무과로 제출하여 결재를 받아야 한다.

제14조【차량서류와 공구류】

① 운전자는 차량검사증 및 기타 휴대하는 서류는 항상 청결하게 보관하여야 한다.

② 차량의 압류 시는 사유발생 즉시 주관부서에 직접 보고한다.

③ 차량공구 및 스페어타이어 등 장비부품은 항시 운행하는 차량에 비치하여야 한다.

④ 운전자가 교체될 때에는 소속 부서장이 전임자로부터 인계된 제반 증명서를 확인하고 장비와 공구대장을 대조하여 이상 유무를 확인하여야 하며, 차량인수인계 후의 미비점은 일체 차량인수자가 책임을 져야 한다.

제15조【주유기준】

차량의 연료공급은 차량에 따른 운행기준에 의하여 일시에 적량을 보급하고 운행거리를 기준으로 하여 다음에 의하여 처리한다.

1. 운행거리는 계기에 의해서 측정함을 원칙으로 한다.

2. 차량에 소요되는 주유 일체는 회사에서 지정한 주유소에서 실시하여야 하며, 주관부서에서 발급하는 전표를 사용하여야 한다. 단, 장거리 차량운행 및 기타 사정은 현지에서 주입 후 영수증을 청구하여 처리한다.

3. 운전자는 1일 업무가 끝난 후 적량의 주유를 함으로써 익일의 가동에 만전을 가해야 한다.

4. 일·월간의 주유현황표는 매 주유시 때마다 작성하며, 주행거리와 주유량은 차량운행일

지에 동일하여야 한다.

5. 매월말 주유현황표는 집계하여 주관부서장까지 결재를 득한 후, 주관부서와 운전자가 각각 보존한다.

제4장 정비

제16조 【차량정비】

정비 및 기타기준은 다음 각 호에 의한다.

1. 운전자는 운행전후에 철저한 일상점검을 하여야 하며, 수리해야 할 필요가 있을 때에는 수리내용을 주관부서에 보고하여야 한다

2. 수리가 완료된 후에는 반드시 정비사항을 정비대장에 기재, 작성해야 한다.

3. 사전승인을 받지 않고 운전자 임의대로 교환수리한 부분은 본인이 부담한다.

4. 정비비용은 차량수리비 지출품의서를 작성하여 결재 후 지급한다.

5. 차량의 각종 부품 및 오일은 사전점검을 철저히 하여 고장이 발생하지 않도록 교환, 수리하여야 한다.

제17조 【정기검사】

① 운전자는 자동차검사장 검사 공장점검 5일 전에 주관부서 차량관리자에게 검사증을 지참하여 검시일자를 통보하고 검사에 필요한 정비를 하여야 한다.

② 모든 차량에 운전자는 주관부서에서 작성 통보하는 검사일정 계획표에 의하여 입고 조치토록 한다.

③ 검사 일자를 통보받은 후 누락 또는 입고일자 지연 시는 사유규명 후 해당 운전사가 이에 따른 제반 벌과금을 부담토록 한다.

제18조 【차량반납】

① 모든 차량의 해당운전자는 퇴사 또는 보직변동 시 즉시 차량주관부서에 신고토록 하며, 즉시 해당 차량 및 공구와 비품을 반납해야 한다.

② 차량반납 시 확인할 사항은 다음과 같다.

1. 차체의 이상 유무
2. 차량의 공구 일체
3. 자동차 검사증
4. 봉인 탈락 유무
5. 기타(스페어타이어, 자동차열쇠)

③ 해당 운전자의 과실로 정식 인수인계가 이루어지지 않는 경우 해당 주관부서의 차량관리자의 입회확인 후 이상 발생 부분에 대해서는 전임자가 책임을 져야 한다.

제19조 【차량수리】

① 차량의 점검과 정비는 차량수리신청서를 관리부서장 제출하여 승인으로 수리한다.

② 사고 등으로 긴급하게 수리할 때 차량운행자가 수리 후 관리부서장의 승인을 받는다.

제20조 【차량보관】

① 회사 차량의 보관은 지정된 차고지에 보관함을 원칙으로 한다.

② 차고지 보관차량은 차고지 입고대장에 입고차량명, 입고일시, 입고 운전원 성명, 유류계량계수 등을 기재하여 관리한다.

제5장 사고

제21조【사고보고】

차량의 사고발생 시 다음 사항을 첨부하여 지체없이 주관부서에서 보고하여야 한다.

1. 사고보고서
2. 운전원 사고 경위서
3. 사고현장 약도
4. 기타 증거서류 다만, 운전원의 사고 경위서를 받을 수 없는 경우에는 동승자 기타 목격자의 진술로 대치할 수 있다.

제22조【사고의 책임과 보상】

① 주관부서장은 사고보고서를 접수하고, 경찰서, 보험사, 구급소방서 등에 신고하여 사고처리에 만전을 기한다.

② 전항의 사고가 운전원의 과실 또는 고의로 발생된 것이라면 그 정상에 따라 응분의 변상을 운전자가 해야 하며, 그 대가의 처분을 해야 한다.

③ 운전원의 과실 또는 부주의로 차량의 제도구 및 기타 부속품 파손, 분실 또는 도난 시 운전원이 시가에 상당하는 전액을 변상해야 한다.

④ 업무수행 중 발생한 차량사고에 대하여 자동차 종합보험으로 보전한다.

〈부 칙〉

제23조【시행일】

이 규정은 ○○○○년 ○○월 ○○일부터 시행한다.

〈서 식〉

(서식 1) 차량정비대장
(서식 2) 차량운행일보

(서식 1)

차량정비대장

| 차 종 | | | 차량번호 | | 구입일자 | |
| | | | 차대번호 | | | |

일 시	수리부분	부속명	정 비 내 역					비 고	확 인	
			수량	단가	공임	합계금액	수리기간		운전자	배차인
비 고										

(서식 2)

차량운행일보

결재			

입력구분	관리번호	차량번호	차종	운행자	작성일

운행내역	총 운행거리		전일 운행거리		금일 운행거리
	km		km		km

유　류	주유량		금액		세차비

소 모 품	품명		금　액	업 체 명	금　액

운행상황	부　터	까　지	운 행 구 간		운 행 거 리		목적지(용도)	통행료	
			출 발	도 착	시발점 km	구 간		통행료	주차비

비 고	

[143]
물품관리규정

제정 ○○○○년 ○○월 ○○일
개정 ○○○○년 ○○월 ○○일

〈총　칙〉

제1장 통칙

제1조【목적】

이 규정은 ○○주식회사(이하 "회사"라 한다)의 물품의 관리와 운용, 정비와 사후관리 등 회사 물품의 효율적이고 적정한 관리를 통해 최적의 경영환경을 이루는데 그 목적이 있다.

제2조【적용범위】

① 회사에서 사용하는 물품으로 다음 각 호의 사업장이 적용대상이다.

1. 본사
2. 지사

    3. 영업점

    4. 공장

② 회사에서 사용하는 다음 각 호의 물품이 적용대상이다.

    1. 비품

    2. 소모품

    3. 기타 물품

③ 도서는 물품관리대상에서 제외한다.

제3조【용어의 정의】

① "비품"이라 함은 취득금액이 100만원을 초과하는 사용기간 1년 이상의 감가상각대상자산의 물품을 말한다.

② "소모품"이라 함은 사용기간 1년 미만의 물품을 말한다.

③ "기타 물품"이라 함은 사무용품, 작업용품, 기자재 등으로 사용기간 1년 이상의 100만원 이하의 물품을 말한다.

제4조【다른 규정과의 관계】

회사의 물품 관리에 관하여는 다른 규정에 특별히 규정되어 있는 경우를 제외하고는 이 규정이 정하는 것에 따른다.

제2장 물품관리

제5조【비품관리】

관리부서는 비품을 감가상각대상자산으로 분류하여 자산등록대장과 물품관리대장에 등록하고, 사용부서에는 비품등록대장에 등록하여 관리한다.

제6조【소모품 관리】

관리부서는 소모품을 물품관리대장으로 관리하고, 사용부서는 소모품등록대장에 등록하여 관리한다.

제7조【기타물품 관리】

관리부서는 다음 각 호의 기타 물품을 물품관리대장 등록하여 관리하고, 사용부서는 기타물품등록대장에 등록하여 관리한다.

    1. 사무용품

    2. 작업용품

    3. 기자재

    4. 기타 품목

제8조【관리조직】

① 물품관리의 조직은 "관리부서"와 "사용부서"로 구분한다.

② 관리부서는 다음 각 호의 부서이며, 관리부서는 사용부서에서 물품을 원활하게 운용할 수 있도록 행정적 지원과 관리감독을 수행한다.

    1. 본사 : 경영관리팀

    2. 지사 : 관리팀

   3. 공장 : 생산관리팀

   4. 영업점 : 영업점 본부

③ 사용부서는 물품을 소유하고 운용하는 부서이며, 그 책임자는 다음 각 호와 같다.

   1. 정 책임자 : 부서장

   2. 부 책임자 : 파트장

   4. 실 책임자 : 사용자

제9조【권한과 책임】

① 관리부서장은 물품관리에 관한 정책을 관장하며, 정기조사 등을 통하여 사용부서의 물품관리를 감독 또는 지원하고, 필요시에 사용부서로 하여금 물품 관리에 필요한 조치를 요구할 수 있다.

② 정책임자는 관리감독하는 물품이 부책임자와 사용자의 관리체계에서 안전하고 효율적으로 운용되며 손실 및 분실이 발생하지 않도록 책임을 다하여야 한다.

③ 사용부서의 물품관리는 정책임자와 부책임자가 다음 각 호의 업무를 수행하고, 그에 대한 책임을 진다.

   1. 사용물품의 경제적 사용

   2. 사용물품의 안전한 보관 및 보존

   3. 사용물품의 이동, 반납 처리

   4. 인수인계

   5. 사용물품에 관한 물품조사, 손·망실 및 불용품 파악, 관계부서와의 협조

   6. 기타 물품사용에 관한 제반 사항

제10조【위원회】

회사는 물품관리에 관한 필요한 사항을 심의하기 위하여 다음 각 호의 사원으로 "물품관리위원회"를 설치하여 운영할 수 있다.

   1. 관리부서의 부서장과 팀원 1인

   2. 사용부서의 정책임자와 부책임자

   3. 구매팀장과 팀원 1인

   4. 창고관리팀장과 팀원 1인

제3장 물품운용

제11조【물품등록】

① 구매 또는 취득 비품은 검수팀에서 검수하여 비품등록대장과 자산등록대장과 물품관리대장에 등록하여야 한다.

② 구매 또는 취득 소모품은 소모품등록대장과 물품관리대장에 등록하여야 한다.

③ 구매 또는 취득 비품과 소모품을 제외한 기타 물품은 소모품등록대장과 물품관리대장에 등록하여야 한다.

④ 제1항, 제2항, 제3항의 물품은 물품관리대장에 등록을 완료한 후에 사용할 수 있다.

제12조 【임차물품】

① 회사에서 구매하지 않고 임차하여 사용하는 100만원을 초과하는 물품은 관리부서의 임차물품대장에 기록 후에 사용부서에서 사용한다.

② 사용부서에서 임차물품을 사용 후 반환할 때는 반환 후 1일 이내에 관리부서에 임차물품 반환 내증명서를 포함하는 반환내용을 통보하고 물품반환보고서를 제출하여야 한다.

제13조 【수증물품】

사용부서가 외부로부터 기증받은 물품은 수증물품보고서를 관리부서에 제출하여야 한다. 관리부서는 수증물품을 수증등록대장에 기증자와 수증부서, 수증사유, 수증일자, 수증목적 등을 기재하여야 한다.

제14조 【물품의 이동】

① 사내에서 물품을 이동하기 위해서는 사용부서에서 이동사유를 관리부서장에게 보고하여 관리부서장의 승인을 받아 물품을 이동하여야 한다.

② 관리부서와 사용부서, 이동부서는 물품의 이동내용을 물품이동대장에 이동일자, 이동내용을 기재하여야 한다.

제15조 【사외반출】

① 물품의 사외반출은 원칙적으로 할 수 없다. 다만, 다음 각 호의 경우에는 물품반출승인요청서(를 관리부서에 제출하여 승인을 받은 후 반출할 수 있다.

　1. 본사, 지사, 공장, 영업점 간 대여 또는 관리전환

　2. 전시회, 세미나, 보고, 품평회, 교육훈련 등 회사 업무상 반출

② 사용부서는 사외로 반출한 물품이 복귀하면 관리부서에 복귀 통보를 하여야 한다.

제16조 【사용처 변경】

관리부서는 물품의 효율적 사용을 위하여 사용부서의 동의를 얻어 물품이 필요한 회사의 다른 부서로 사용처를 변경할 수 있다.

제17조 【물품의 개조】

등록된 물품을 개조하여 본래의 형질을 변경하는 것은 원칙적으로 불가하다. 다만, 부득이한 경우 관리부서의 승인을 받아 시행할 수 있다.

제18조 【물품조사】

① 사용부서는 정기적으로 물품을 조사하고, 그 결과를 관리부서에 통보하여야 한다. 물품조사의 구체적인 방법 및 시기 등은 관리부서장이 정한다. 다만, 전체물품조사는 2년마다 정기적으로 실시하여야 한다.

② 관리부서는 전항의 물품조사와는 별도로 수시 물품조사를 할 수 있다. 사용부서는 관리부서의 물품조사가 원활하게 수행될 수 있도록 적극협조하여야 한다.

③ 물품조사의 사후조치는 세칙이 정하는 바에 따른다.

④ 관리부서는 물품조사 결과를 경영관리부서에 통보하여 예산편성 자료로 활용할 수 있도록 한다.

제19조 【손실·분실처리】

① 재해 또는 기타 사고로 물품이 갑자기 훼손되어 사용할 수 없거나 분실이 확인되었을 때, 사용부서는 바로 물품 손실·분실보고서를 관리부서에 제출한다.

② 관리부서는 접수된 손실·분실 물품을 사실조사하고, 사용부서에 직접적인 책임이 있는 경우 현물 변상을 통보한다.

제20조 【인수인계】

물품의 사용자가 변경될 때에는 자체 물품조사 결과에 의거 물품인수인계서를 작성하여 물품사용에 대한 책임한계를 분명히 하여야 한다.

제4장 물품정비

제21조 【정비책임】

관리부서장과 사용부서장은 활용성과 내구성 증진을 위한 지속적 정비가 필요한 물품에 대하여 중점관리하고 간접수리와 예방점검을 기록을 정비물품대장에 기록하고 관리하여야 할 책임이 있다.

제22조 【정비대상】

이 규정에서 정하는 정비대상은 물품은 정비대장에 등록된 기기에 한한다.

제23조 【정비지원】

기기의 정비에 관한 제반업무는 다음 각 호와 같다.

1. 각종 기기 정비·수리 및 기술 지원 업무
2. 외부 수리대상 기기 기술검사, 판정 및 지원 업무
3. 반납 기기 기술검사 및 기기상태 등급판정 업무
4. 자체 수리용 부품 구입 업무
5. 정비비용의 지원
6. 기타 정비사항

제24조 【정비종류】

회사 물품의 정비 및 수리의 종류는 다음 각 호와 같이 구분한다.

1. 직접정비 : 사용부서에서 부품을 구매하여 수리 등을 직접하는 정비
2. 출장정비 : 정비업체가 회사로 방문하여 해당 물품을 수리 등을 하는 정비
3. 외부정비 : 직접 및 출장 정비가 불가하여 제조사 또는 전문수리업체에 의뢰하여 물품을 외부로 반출하여 수리 등을 하는 정비

제25조 【정비절차】

사용부서에서 자체정비가 곤란한 기기는 다음 각 호와 같이 정비한다.

1. 사용부서는 물품정비를 관리부서에 정비지원신청서를 기재하여 신청한다.
2. 관리부서는 정비지원신청서를 검토하여 정비지원 우선순위를 결정하여 정비일정과 정비지원 사항을 사용부서에 통보한다.
3. 외부정비 업체에 의뢰한 정비물품은 사용부선장 또는 사용자가 시운전 후 정비완료 여

부를 결정한다.

제5장 반납과 폐기

제26조 【물품반납】

사용부서장은 그 소관에 속하는 물품 중에서 사용할 필요가 없거나, 사용할 수 없는 물품이 있을 때에는 관리부서장의 승인으로 반납하여야 한다.

제27조 【재생불가】

① 관리부서장은 다음 각 호의 물품은 사용할 수 없는 물품으로 보고 반납을 승인한다.
　　1. 파손 상태가 심하여 수리비용이 과다하여 경제성이 없는 물품
　　2. 부품의 단종으로 수리 자체가 불가능한 물품
　　3. 내구연한이 지난 물품
　　4. 기타 성능저하 및 활용성이 상실된 물품.
② 관리부서장은 제1항의 사용이 불가한 물품에 대하여 기술점검을 거쳐 반납을 승인한다.

제28조 【재활용】

반납물품 중에서 재활용 가치가 있다고 판단되는 물품은 아래 각 호와 같이 재활용한다.
　　1.경제적인 수리 후 사용을 희망하는 타 부서로 사용전환
　　2. 전시보관 하거나 분해와 결합 등의 실습용 물품으로 재활용
　　3. 분해하여 부품을 발췌 후 수리용 부품으로 재활용

제29조 【기증】

관리부서장은 반납물품에 대한 기증요청이 있을 때 사장의 승인으로 학교, 사회복지시설 등 외부기관에 기증할 수 있다.

제30조 【폐기와 매각】

① 반납물품 중에서 재활용 가치가 없는 물품은 자산대장에서 정리하고 폐기 및 매각처리 한다.
② 폐기 및 매각처리에서 발생하는 수익금과 지출경비는 수익금 입금과 경비사용 절차에 따라 처리한다.

제31조 【보칙】

이 규정에 정하지 않은 사항은 관리부서의 내부운영지침에 따른다.

〈부　칙〉

제32조 【시행일】

이 규정은 ○○○○년 ○○월 ○○일부터 시행한다.

제33조 【경과규정】

이 규정의 시행일로부터 비품관리규정을 폐지하고 이 규정을 한다.

(서식 1)

물품관리대장

결재	담당	팀장	본부장

(관리부서: 책임자: 담당자:)

품번	품명	취득가 (상각가)	등록일 (폐기일)	분류	사용부서	비고
비고						

(서식 2)

비품등록대장

결재	담당	팀장	본부장

(관리부서: 책임자: 담당자:)

품번	품명	취득가 (상각가)	취득일 (상각일)	상각기간	책임자	확인
비고						

(서식 3)

소모품등록대장

결재	담당	팀장	본부장

(사용부서 :   책임자 :   담당자 :   )

번호	품번	품명	취득가	구매처	구매일	폐기일	검수일
비고							

(서식 4)

기타물품등록대장

결재	담당	팀장	본부장

(사용부서 :   책임자 :   담당자 :   )

번호	품번	품명	취득가	구매처	구매일	폐기일	검수일
비고							

[144]
장비관리규정

제정 ○○○○년 ○○월 ○○일
개정 ○○○○년 ○○월 ○○일

〈총 칙〉

제1장 통칙

제1조【목적】

이 규정은 ○○주식회사(이하 "회사"라 한다)가 보유 및 사용하는 장비의 효율적이고 합리적인 운영과 관리를 목적으로 한다.

제2조【적용범위】

① 이 규정은 회사의 장비를 사용과 운전 또는 보관하고 있는 모든 부서에 적용한다.

② 이 규정은 회사가 사용 및 보유하고 있는 모든 기계, 도구, 설비, 장치 등의 장비에 적용한다.

제3조【용어의 정의】

① "장비"라 함은 회사의 사업에 사용하는 기계, 도구 등의 설비와 장치 등을 말한다.

② "장치"라 함은 회사의 사업에 사용하는 기계, 도구 등의 설치를 말한다.

③ "설비"라 함은 회사의 사업에 사용하는 기계, 도구 등의 시설을 말한다.

제2장 장비관리

제4조 【장비등록】

① 회사의 장비는 관리본부 관리부서의 장비관리대장에 등록하여야 사용할 수 있다.

② 회사가 보유하지 않은 장비는 사용부서장이 신청하여, 관리부서장의 임차하여 장비임차대장에 등록 후 사용할 수 있다.

제5조 【관리자】

① 회사 장비는 관리부서와 사용부서에 관리하고, 총괄관리는 관리본부장이 한다.

② 장비의 사용에 대한 관리 조직과 책임자는 다음 각 호와 같다.

1. 본사의 장비는 관리부서에서 관리하고, 관리책임자는 관리부서장이다.
2. 지사의 장비는 지사에서 관리하고, 관리책임자는 지사장이다.
3. 공장의 장비는 생산부서에서 관리하고, 관리책임자는 생산부서장이다.
4. 운송장비는 운송부서에서 관리하고, 관리책임자는 운송부서장이다.

제6조 【사용자】

① 장비의 사용부서장은 다음 각 호의 업무를 집행한다.

1. 장비의 운행
2. 장비의 정비
3. 기타 장비의 사용

② 장비의 사용부서장은 장비의 사용과 관리에 대한 지휘와 감독 및 교육에 대한 책임이 있다

③ 장비의 사용자는 장비의 운전, 정비, 보관 등의 사용에 대한 책임이 있다.

제7조 【관리업무】

장비의 관리조직과 관리책임자는 다음 각 호의 업무를 집행한다.

1. 장비의 구매　　　　　　　　2. 장비의 배치와 보관
3. 장비의 매각과 폐기　　　　　4. 기타 장비의 관리

제8조 【사용기록】

사용부서장은 장비의 사용과 관리에 대한 다음 각 호의 업무를 기록하여야 한다.

1. 장비운행　　　　　　　　　2. 장비정비
3. 장비사고　　　　　　　　　4. 운행기술

제8조 【현황보고】

① 장비의 사용자는 매일 사용현황을 사용부서장에게 보고하여야 한다.

② 사용본부장은 다음 각 호의 사항을 관리본부장에게 통보하여야 한다.

1. 매월 관리현황
2. 매월 정비현황
3. 매일 관리현황

③ 관리본부장은 다음 각 호의 사항을 사장에게 보고해야 한다.

1. 매년 12월에 장비 현황과 사용
2. 매월 전 월의 장비현황

3. 매월 전 월의 장비사용

제3장 장비운용

제9조【장비사용】

① 회사의 보유장비는 관리본부 관리부서에 등록한 장비에 한하여 사용부서장의 승인으로 사용할 수 있다.

② 회사가 보유하지 않은 장비는 사용부서장이 신청하여 관리부서장의 임차하여 사용부서장의 사용승인으로 사용할 수 있다.

제10조【사용신청】

① 사용부서장은 장비가 필요한 경우에 관리부서장에게 장비신청을 하여야 한다.

② 관리부서장은 신청받은 장비에 대하여 배치일정을 사용부서장에게 통보하여야 한다.

③ 긴급히 필요한 장비는 사용부서장과 관리부서장이 협의하여 신속하게 배치한다.

제11조【사용완료】

사용부서장은 장비사용이 완료된 때에는 즉시 관리부서에 통보하고, 장비를 반납하여야 한다.

제12조【운행일보】

① 장비 사용자는 장비의 사용자, 운행시간, 작업량, 소모량 등을 운행 또는 작업 일보를 작성하여야 한다.

② 장비 사용자가 운행 또는 작업 일보를 정정하고자 할 때에는 정정사항을 알 수 있도록 가로로 두 줄을 긋고 정정하여야 한다.

③ 운행일보는 사용자가 서명 및 날인으로 운행사실을 증명한다.

제4장 장비검사

제13조【일상점검】

① 사용자는 장비 사용 전에 다음 각 호의 사항을 점검하고, 장비점검일지에 기록하여야 한다.

  1. 장비의 사용 상태.   2. 부품의 사용 상태

  3. 장비의 에너지 사용 상태   4. 장비 사용예정 시간

② 사용자는 장비 사용 후에 제1항 각 호의 점검 내용을 장비점검일지에 기록하여야 한다.

제14조【정기점검】

① 사용부서장은 장비의 정기점검기간과 주요점검 내용은 다음 각 호와 같다.

  1. 주간점검 : 장비운전점검   2. 월간점검 : 장비부품점검

  3. 분기점검 : 장비결함점검   4. 반기점검 : 장비수검사

  5. 연간점검 : 장비불용검사

② 사용부서장은 제1항 각 호의 정기점검의 공통점검 사항은 다음 각 호와 한다.

  1. 장비사용시간   2. 부품교체 수량

  3. 시간당 에너지 사용기록   4. 장비의 사용장소

제15조【비상점검】

사용부서장은 장비에서 이상징후가 발생하면 장비운행을 중지하고 장비의 비상정검을 실시할

수 있다.

제16조 【운행금지】

사용부서장은 장비관리상태의 점검결과 다음의 각 호의 경우에 장비의 운행을 금지한다.

    1. 정비불량으로 운행에 지장이 있다고 인정될 때

    2. 중요한 결함이 발견되어 장비의 수명이 단축 또는 사고 발생의 우려가 인정될 때

    3. 장비의 무리한 사용으로 장비의 수명단축 및 사고발생의 우려가 있다고 인정될 때

제17조 【기술검사】

관리부서장은 다음 각 호의 장비에 대하여 기술검사를 실시하고 그 결과를 장비기술검사표에 기록 유지하여야 한다.

    1. 신규취득장비

    2. 불용 처분되는 장비

    3. 기타 기술검사가 필요한 장비

제5장 사고관리

제18조 【관리책임】

① 현장 장비관리자는 장비의 운영 및 보관, 관계인원의 근무 및 안전관리에 관한 책임을 진다.

② 현장에 배치된 장비사용 인원은 사용 현장소장의 지휘 감독을 받아야 한다.

③ 사용부서장은 다음 각 호의 사항에 대하여 관리책임이 있다.

    1. 가동상태   2. 장비관리

    3. 안전관리   4. 사고예방

제19조 【사고예방】

① 사용부서장은 인명사고가 발생에 대비한 신속한 조치에 대한 교육을 매일 작업 전에 현장 관리자와 근무자에게 실시하여 인명사고에 대비한 인명손실 최소화 행동을 숙지하여야 한다.

② 관리부서장은 사용자 대한 안전교육과 현장배치 안전운행의 감독에 대한 책임이 있디.

③ 사용부서장은 배치된 인원과 장비의 안전사고에 대하여 책임이 있다.

제20조 【사고처리】

① 사용부서장은 인명사고가 발생하면 신속하게 인명손실 최소화 행동을 할 수 있도록 하여야 한다.

② 사용부서장은 장비사고가 발생하여 장비의 운행이 불가한 경우 관리부서장에게 즉시 통보하고, 현장에서 불용장비를 정비장소로 이동하여야 한다.

③ 사용부서장은 인명사고시 사고인원 사고자 성명, 사고일자와 시간, 사고장소, 사고원인, 환자상태 등을 사진과 함께 보고서를 사장에게 제출하여야 한다.

④ 사용부서장은 장비사고시 장비명, 사고일자와 시간, 사고장소, 사고원인, 손실부분 등을 기재한 사고보고서를 본부장에게 제출하여야 한다.

⑤ 사고 현장 관리자는 사고시 즉시 사용부서장에게 보고하고, 사용부서장은 사고상태를 관리부서장과 본부장에게 보고하여야 한다.

제6장 장비폐기

제21조【폐기절차】

① 사용부서장은 불용물품을 관리부서장에게 통보하고, 불용물품을 반납하여야 한다.

② 관리부서장은 불용물품을 검사하여 재활용과 폐기 여부를 결정하고, 폐기물품 중에서 감가상
각대상 물품은 경영관리부서에 통보한다.

제22조【폐기기준】

관리부서장은 다음과 각 호와 같이 사용이 불가한 장비와 부품은 폐기한다.

1. 장비의 수명초과로 재활용 또는 매각할 수 없는 물품
2. 사고 등의 사유로 사용 또는 매각할 수 없는 물품

제22조【매각기준】

관리부서장은 다음과 각 호의 경우에 보유한 장비와 부품을 매각한다.

1. 장비의 수명이 초과하였으나 매도가 가능한 물품
2. 장비의 활용 전망이 적고, 장부상 잔존가 이상으로 매도가 가능한 물품
3. 장비의 성능이 현저히 저하하여 정비비용이 많은 물품

제23조【폐기 등】

장비 등의 폐기 또는 매각 자산은 다음 각 호의 신고 및 신청에 의한 사장의 승인으로 폐기 등을
할 수 있다.

1. 사용부서장의 장비 등의 사용불가 신고
2. 관리부서장의 장비 등의 폐기 또는 매각 신청

〈부　칙〉

제24조【시행일】

이 규정은 ○○○○년 ○○월 ○○일부터 시행한다.

〈서　식〉

(서식 1) 장비관리대장

(서식 2) 장비사용대장

(서식 3) 장비폐기대장

(서식 4) 장비매각대장

(서식 1)

장비관리대장

(202 년 월 일 ~ 202 년 월 일)

관리부서			부서장			책임자		
번호	장비명		분류	사용장소	사용부서	취득일	폐기일	확인

(서식 2)

장비사용대장

(202 년 월 일 ~ 202 년 월 일)

사용부서			부서장			담당자		
번호	장비명		업무	장소	사용일	반납일	사용자	확인

(서식 3)

장비매각대장
(202 년 월 일 ~ 202 년 월 일)

관리부서		부서장			담당자			
번호	장비명	취득일	매각일	취득가	매각가	사용부서	확인	

(서식 4)

장비폐기대장
(202 년 월 일 ~ 202 년 월 일)

사용부서		부서장			담당자			
번호	장비명	취득일	취득가	감가상각 내용연수	폐기일	사용부서	확인	

제31편

해외근무 관련 규정

[145]
해외지사 운영규정

제정 ○○○○년 ○○월 ○○일
개정 ○○○○년 ○○월 ○○일

〈총 칙〉

제1장 통칙

제1조【목 적】

이 규정은 ○○주식회사(이하 "회사 또는 본사"라 한다.)의 해외지사 설치와 운영에 관하여 정함을 목적으로 한다.

제2조【적용범위】

이 규정은 회사의 해외지사의 설치와 운영에 관하여 법령에 정한 것을 제외하고 이 규정에 따른다.

제3조【용어의 정의】

이 규정에서 "해외지사"란 외국에 설치한 회사의 조직으로 그 운영형태에 따라 해외법인, 해외지점, 해외사무소, 해외출장소 등을 해외지사라 한다.

제2장 설 치

제4조【해외법인】

① 외국에 설립하는 법인은 주주총회 또는 이사회의 결의로 대표이사가 설립한다.

② 해외법인은 제품생산, 제품판매, 물품구매, 무역업 등을 영위한다.

제6조【해외지점】

① 외국에 설치하는 지점은 이사회의 결의로 대표이사가 설치한다.

② 해외지점은 제품판매, 상품구매, 무역업 등을 영위한다.

제7조【해외사무소】

① 외국에 설치하는 사무소는 대표이사의 결정으로 설치한다.

② 해외사무소는 제품과 상품 등의 구매나 판매활동을 직접 하지 않고, 본사의 사업과 영업을 지원하는 활동을 한다.

제8조【해외출장소】

① 해외출장소의 설치는 본사 대표이사의 결정으로 설치한다.

② 해외출장소는 직접 손익활동 없이 본사의 외국의 업무를 수행한다.

제3장 운 영

제9조【해외지사의 운영】

본사는 해외지사를 다음 각 호와 같이 운영한다.

1. 해외법인은 지사장의 책임하에 손익활동과 독립채산제로 운영한다.
2. 해외지점은 지사장의 책임하에 손익활동과 독립채산제로 운영한다.
3. 해외 사무소와 출장소의 지사장의 책임하에 운영하며 본사에서 운영비를 지원한다.

제10조【지사장의 임면】

본사는 해외지사의 대표를 다음 각 호와 같이 임면한다.

1. 해외법인의 지사장은 본사의 대표이사가 추천하여 해외법인의 정관에 따라 임면한다.
2. 해외지점의 지사장은 본사의 대표이사가 이사회의 동의로 임면하거나, 인사관리규정에 따른다.
3. 해외 사무소와 출장소의 장은 본사의 대표이사가 임면한다.

제11조【주재원의 파견 등】

본사의 대표이사는 사원을 해외지사에 파견 또는 이동 근무를 명할 수 있으며, 해외지사장은 현지에서 사원을 채용하여 근무하게 할 수 있다. 다만, 파견 및 이동 근무는 사원의 동의를 받아 시행할 수 있다.

제12조【해외지사의 관리】

본사의 외국사업부는 해외지사를 총괄하여 지휘 및 관리 감독하고, 외국사업부서장은 그 내용과 결과를 대표이사에게 보고한다.

제4장 회계와 감사

제13조【독립회계】

지사는 지사단위로 독립회계를 시행하며 해외법인과 지점은 독립채산제를 원칙으로 한다.

제14조【회계연도】

지사의 회계년도는 매년 1월 1일부터 12월 31일까지를 원칙으로 하며, 현지관행상 본사와 회계기준이 다른 경우 현지 관행에 따른다.

제15조【회계책임자】

① 지사장은 지사의 회계책임자로 지사에서 발생하는 회계업무에 대하여 책임을 진다.

② 회계담당자는 지사장이 임명한 자로 지사장의 지휘 및 통제를 받아 지사의 회계업무를 담당한다.

제16조【감사】

① 해외지사장은 매년 1회 이상 내부감사를 실시하여야 한다.

② 본사의 감사부서는 매년 1회 또는 수시로 감사를 실시할 수 있다.

제5장 보 고

제16조【정기보고】

① 해외지사는 본사에 매월 10일까지 전월의 실적 및 경리 보고서를 제출해야 한다.

② 해외지사는 본사에 매년 11월 말까지 다음연도 사업계획과 예산계획, 인력계획의 연간계획서를 보고하여야 한다. 다만, 특별한 사정이 있는 경우 다음 해 1월 말까지 연장할 수 있다.

제17조【수시보고】

해외지사는 주재국의 정치, 경제, 기업동향 등을 수시로 본사에 보고해야 한다.

제6장 개 폐

제18조【설치와 폐쇄】

해외지사 등의 설치와 폐쇄, 통합 및 이전 등은 이사회의 승인으로 결의로 대표이사가 결정한다.

〈부 칙〉

제19조【시행일】

이 규정은 ○○○○년 ○○월 ○○일부터 시행한다.

〈서 식〉

(서식 1) 해외지사관리대장

(서식 2) 해외지사 취급상품 관리대장

(서식 1)

해외지사관리대장

(관리부서:　　　　　책임자:　　　　　담당자:　　　　　　　)

국적	도시	지사명	지사장	주재원	전화	팩스	e메일
비고							

(서식 2)

해외지사 취급상품 관리대장

(관리부서:　　　　　책임자:　　　　　담당자:　　　　　　　)

국적	도시	지사명	상품	판매수량	판매금액	전월대비	비고
			합계				
			합계				
비고							

[146]
해외지사 근무규정

제정 ○○○○년 ○○월 ○○일
개정 ○○○○년 ○○월 ○○일

〈총 칙〉

제1장 통칙

제1조【목 적】

이 규정은 ○○주식회사(이하 "회사"라고 한다)의 외국에 설치한 지사에 근무하는 사원의 인사와 복무 등의 사항을 정함으로써 해외지사근무의 합리적이고 효율적인 관리를 목적으로 한다.

제2조【적용범위】

이 규정은 회사의 사원에게 적용한다. 다만, 타 회사규정에서 특별히 정한 경우를 제외하고 이 규정을 적용한다.

제3조【용어의 정의】

이 규정에서 사용하는 "해외지사"란 본사가 외국에 설치한 '해외법인, 해외지점, 해외사무소, 해외출장소'를 뜻한다.

제2장 인사

제4조【외국근무자의 선발】

회사의 인사팀장은 해외지사에 근무할 사원을 현지여건을 검토하여 적정인력을 대표이사에게 복수로 추천하여, 대표이사가 결정하여 선발한다.

제5조 【예정자의 교육】

외국 근무 예정자는 다음 각 호의 교육을 회사 또는 해외지사에서 이수해야 한다.

1. 현지 근무 직무교육
2. 현지 기본법률과 기업문화
3. 현지 문화와 생활관습
4. 운전면허
5. 기타 필요한 교육

제6조 【사원의 동의】

외국 근무자로 선발된 사원은 외국근무에 필요한 서류에 동의 및 서약하여야 한다.

제7조 【대기발령】

외국근무자는 다음 각 호의 경우에 현지근무를 중단하고 귀국하여 발령대기 한다.

1. 현지 주재국의 법령에 저촉되어 계속근무가 불가능한 경우
2. 상병 등으로 3개월 이상의 근무가 불가한 경우
3. 본사 및 해외지사의 명예훼손 및 금전적 피해가 있는 경우
4. 회사 규정 등을 위반하여 외국근무가 불가한 경우
5. 근무태도 및 기타 행위로 해외지사 근무가 불가한 경우

제3장 근무

제8조 【근무기간】

해외지사에 근무하는 사원의 근무기간은 3년을 원칙으로 한다. 다만, 현지사정에 따라 대표이사의 결정으로 근무기간을 단축하거나 연장을 할 수 있다.

제9조 【근무원칙】

① 해외지사 근무자는 출근시각과 퇴근시각, 근무시간을 성실하게 지켜야 하며, 지사장은 근태관리 정확하게 하여야 한다.

② 외국근무자는 해외지사에서 직무분장, 직무권한, 위임전결 등의 맡은 바 직무를 성실히 수행하여야 하며, 회사는 책임을 다하지 않거나 불성실한 사원은 징계할 수 있다.

제10조 【충실의무】

① 해외지사 근무자는 근무 중 지켜야 하는 충실의무는 다음 각 호와 같다.

1. 안전의무 : 해외지사의 안전수칙을 준수하고 해외지사의 시설과 사원의 안전관리에 적극협조해야 할 의무가 있다.
2. 보건의무 : 해외지사의 보건수칙을 성실히 준수하고 보건관리에 적극협조해야 할 할 의무가 있다.
3. 보호의무 : 해외지사의 재산과 주요서류를 재해 등으로부터 보호할 의무가 있다.
4. 보고의무 : 직무상 발생한 중요한 사건에 대하여 지사장에게 보고할 의무가 있다.

② 제1항의 각 호의 의무사항을 위반 사원은 징계위원회에 부의 및 징계할 수 있다.

제11조 【금지행위】

① 해외지사 근무자는 근무 중 지켜야 하는 금지행위는 다음 각 호와 같다.

　1. 회사의 명예와 신뢰를 훼손하는 행위를 금지한다.

　2. 직무상 취득한 회사의 기밀 등의 누설을 금지한다.

　3. 다른 회사에 근무하거나 영리사업에 종사하는 겸업을 금지한다.

　4. 회사 또는 해외지사의 승낙 없이 근무지를 무단으로 이탈하는 행위를 금지한다.

　5. 해외지사의 시설과 물품을 사전 허락 없이 사적으로 사용을 금지한다.

　6. 직무와 관련하여 향응을 받거나 금품을 수수하는 행위를 금지한다.

　7. 해외지사 내에서 허락없이 근무질서에 반하는 상업적 행위를 금지한다.

　8. 지사장의 승인없이 무단으로 문서 등을 게시하거나 배포히는 행위를 금지한다.

② 제1항의 각 호의 금지행위를 위반 사원에게는 징계위원회에 부의 및 징계할 수 있다.

제12조 【권한남용】

사원은 정당한 사유없이 자신의 직무를 사내외 사람에게 위임하거나 강제할 수 없다.

제4장 급여

제13조 【급여계산】

① 해외지사에 근무하는 사원급여는 해외지사 급여규정에서 별도로 정한 규정에 따라 지급한다.

② 제1항의 해외지사 급여규정이 없는 경우 다음 각 호와 같이 국내회사의 급여체계에서 가산급여를 지급한다.

　1. 북미지역 : 100% 가산급여

　2. 중미 및 남미지역 : 150% 가산급여

　3. 유럽지역 : 150% 가산급여

　4. 아시아 지역 : 50% 가산급여

　5. 아프리카 지역 : 200% 가산급여

　6. 기타 지역 : 별도 임금계약체결

제14조 【급여지급방법】

해외지사에서 근무하는 사원의 급여는 원화로 사원의 계좌로 지급한다. 다만, 가족이 국내에 있는 경우 사원이 지정한 배우자 및 직계가족의 은행계좌로 지급할 수 있다.

제5장 복리후생

제15조 【가족동반】

외국근무자는 현지로 배우자와 미혼자녀에 대하여 동반할 수 있다. 다만, 가족을 동반하는 경우 현지 부임일로부터 2개월 이후 동반할 수 있다.

제16조 【주택 등 제공】

회사는 외국근무자에게 주택과 기본적 시설이 완비된 주택을 제공한다.

제17조 【건강진단】

외국근무자와 동반가족은 출국전에 종합건강진단을 받아야 하고, 외국근무기간 중에 연 1회의 건강진단을 실시하고, 비용은 회사가 부담한다..

제18조【의료보험 등】

외국근무자와 동반가족의 현지의료보험은 회사가 부담한다. 또한, 현지의료보험 적용대상이 아닌 상병은 회사가 부담한다.

제19조【국민연금】

외국근무자의 국민연금은 원칙적으로 국내 국민연금을 적용하며. 주재국이 해외지사 근무자에게 강제하는 회사부담금 연금보험은 회사가 부담하여 가입한다.

제20조【경조휴가】

① 해외지사 근무자에게 다음 각 호와 같이 경조휴가를 부여한다.

　　1. 부모, 배우자, 자녀, 배우자 부모의 사망 : 15일

　　2. 형제, 배우자 형제의 사망 : 5일

　　3. 본인의 결혼 : 10일

　　4. 직계비속이 결혼한 경우 : 5일

② 전항의 휴가를 위하여 소요되는 왕복항공료는 회사가 부담한다.

제21조【자녀 교육비】

외국근무자의 자녀가 유치원에서 고등학교까지의 학생인 경우 연간 교육비 200만원 이내에서, 대학생의 경우 연간 500만 원 내에서 교육비를 지원한다.

제22조【이주비 등】

해외지사 근무자와 동반가족의 전근에 필요한 교통비와 체재비, 화물비 등의 비용를 전액 회사가 지원한다.

〈부　칙〉

제23조【시행일】

이 규정은 ○○○○년 ○○월 ○○일부터 시행한다.

〈서　식〉

(서식 1) 해외지사 근무신청서

(서식 1)

해외지사 근무신청서

(인사팀장 :　　　 일자 :　　 년　 월　 일)

1. 인적

성명	직급	부서	생년월일	입사일	학력(전 공)	비　　고

2. 품행

3. 가족

관 계	성　　　　명	연 령	주　　　　　　　　소	직업 및 직위	비　　고

4. 재산

재산명	평가액	주소 (거래처명)	비　　고
부동산 (자택포함)			
금융자산			
기타자산 (지재권포함)			

(비고)

[147]
해외파견 근무규정

제정 ○○○○년 ○○월 ○○일
개정 ○○○○년 ○○월 ○○일

〈총 칙〉

제1장 통 칙

제1조 【목적】

이 규정은 ○○주식회사(이하 "회사"라 한다.)의 사업과 관련하여 해외에 파견근무 하는 임직원의 복무관리와 복리후생 등에 관한 사항을 정함을 목적으로 한다.

제2조 【적용범위】

파견직원의 복무관리, 보수 및 복지후생 등에 관하여 다른 규정에서 정한 경우를 제외하고는 이 규정이 정하는 바에 의한다.

제3조 【용어의 정의】

이 규정에서 사용하는 용어의 정의는 다음과 같다.

1. "해외파견"이란 해외에 30일을 초과하여 근무하는 것을 말한다.
2. "파견직원"이란 회사에서 해외에 파견하여 근무하는 임직원을 말한다.
3. "동반가족"이란 다음의 자를 말한다.
    가. 파견직원의 배우자
    나. 파견직원의 미혼자녀 중 20세 미만인 자
    다. 파견직원 또는 배우자의 직계존속 부모로서 사장의 동반허가를 받은 자

제2장 파견관리

제4조 【파견기간】
① 회사의 해외파견 직원의 해외근무 기간은 3년으로 한다.
② 회사의 사정에 따라 제1항의 기간을 연장할 때에는 파견직원의 동의와 사장의 승인으로 연장할 수 있다.
③ 파견직원 또는 동반가족의 질병 등 특별한 사유로 제1항의 기간을 단축할 때에는 사장의 승인으로 단축할 수 있다.

제5조 【파견선발】
① 해외파견 지원신청은 해외파견지원신청서(서식1)를 제출하여야.
② 해외파견 직원의 선발기준은 다음 각 호의 조건을 충족하여야 한다.
    1. 해외사업 직무수행 가능자
    2. 파견국가의 외국어 가능자
    3. 회사에 3년 이상 근속한 정규직 사원
    4. 징계처분을 받지 않은 근무성적 우수자
    5. 병역필 또는 면제자

제6조 【파견교육】
해외파견 예정 임직원은 동반가족을 포함하여 회사에서 실시하는 다음의 교육을 이수해야 한다.
    1. 파견직원 : 해외사업 직무교육
    2. 파견직원과 동반가족 : 파견국가의 언어, 문화, 현지동향

제7조 【파견과 복귀】
① 파견직원의 출국과 귀국은 회사의 명령에 따르며, 출국 2일 전 또는 복귀 2일 이내에 회사에 출국신고 또는 복귀신고를 신고하여야 한다.
② 파견직원이 부득이한 개인사유로 출국 또는 귀국이 지연될 때에는 사장의 사전승인을 받아야 한다.
③ 파견직원의 출국과 귀국에 따른 여비는 회사의 해외출장여비규정에 따라 지급한다.
④ 파견직원이 발생한 항공마일리지는 회사의 항공마일리지규정에 따른다.

제3장 복무관리

제8조 【관리의무】
① 해외사업부서장은 파견직원의 복무관리와 복리후생 등의 관리에 만전을 기하여야 한다.

② 해외사업부서장은 파견직원이 현지를 무단이탈하지 않도록 지도·감독하여야 한다. 또한 파견직원이 현지를 무단이탈한 때에는 지체없이 회사와 사장에게 그 상황을 보고하여야 한다.

제9조【준수의무】

① 파견직원은 파견근무 시 제 규정을 준수하고 맡은 바 직무의 책임을 다하여야 하며 회사의 재물과 사업을 훼손하는 행위를 하여서는 아니 된다.

② 파견직원은 판견복무 시 회사와 상사 지시사항을 신속·정확·충실히 처리하여야 한다.

③ 파견직원은 파견국가의 생활풍습과 공중도덕을 존중하여야 한다.

④ 파견직원은 파견담당업무에 관하여 기밀사항을 누설하여서는 안 된다.

제10조【보고의무】

파견직원은 해외사업부서장에게 1주간 1회 해외업무주간보고(서식2), 1개월에 1회 해외업무월간보고(서식3)를 보고하여야 한다.

제11조【사직금지 등】

① 파견직원은 해외근무기간에 사직을 할 수 없다.

② 파견직원이 다음에 해당하는 행위를 한 때에는 직권면직한다.

　　1. 파견직원이 국외에서 사직원을 제출한 경우

　　2. 파견직원이 귀국일자 경과 후 7일이 지나도 정당한 사유 없이 귀국하지 아니하는 경우

　　3. 파견직원이 국외에서 고의로 근무지를 이탈하여 행방을 감춘 경우

③ 제2항의 직권면직의 경우 파견에 직접 소요된 경비 일체를 변상하여야 한다.

제12조【근무시간과 휴일】

파견직원의 근무시간과 휴일은 회사의 취업규칙에 따른다. 다만, 주재국의 실정에 따라 해외사업부서장이 조정하여 운영할 수 있다.

제13조【휴가와 일시귀국】

① 파견직원의 휴가는 취업규칙이 정하는 바에 따라 부여한다.

② 파견직원 본인 또는 배우자의 직계 존비속과 배우자 사망 시에는 일시귀국할 수 있으며 이에 따른 왕복항공운임(동반가족 포함)은 해외출장여비규정에 따라 지급한다.

③ 가족을 동반하지 않는 파견직원은 3개월에 1회 가족면회를 위해 일시귀국할 수 있으며 이에 따른 왕복항공운임는 해외출장여비규정에 따라 지급한다.

제14조【가족동반】

파견직원은 해외파견 근무기간에 사장의 승인으로 가족을 동반하여 파견근무 할 수 있다.

제15조【출장근무 등】

① 파견직원은 직무수행을 위하여 일시귀국 또는 파견국내 또는 국외의 출장을 할 수 있다.

② 파견직원이 주재국 내외의 국가에 출장경비는 다음의 금액을 한도로 한다.

구분	교통비	1일 식비	1일 숙박비	사무용품비	1일 기타경비
지급한도	실비	100 USD	200 USD	실비	100 USD

③ 특별한 사정에 의하여 제1항의 지급한도를 초과하여 지출한 경우 실비증빙 경비에 대하여 해

외사업부서장의 승인으로 지급한다.

제16조【파견직원 인사평정】

해외파견 직원의 인사승진평정 100점 만점에 다음과 같이 가산하여 평정한다.

해외근무연수	1년	2년	3년	4년	5년
가점평정	5점	10점	15점	20점	25점

제4장 임금과 복지

제17조【임금과 수당】

파견직원에게는 다음의 임금과 수당을 지급한다.

   1. 급여규정 또는 근로계약서의 급여

   2. 해외근무수당

   3. 해외근무가족수당

제18조【해외근무수당】

① 파견직원에게 해외근속연수에 따라 다음과 같이 해외근무수당을 계산하여 지급한다.

근속연수	1년	2년	3년	4년	5년 이상
기본급기준 지급률	60%	70%	80%	90	100%

② 해외근무수당은 매월 매월 기본급여 지급일에 지급한다. 다만, 1개월 미만의 근무일수는 일할계산하여 지급한다.

③ 파견직원의 파견국 내외 출장근무는 일반근무일로 계산한다.

제19조【해외근무가족수당】

① 파견직원의 해외근무 가족수당은 월액으로 다음과 같이 계산하여 매월 지급한다.

지급대상	배우자	자녀	부모
해외근무 가족수당	30만원	1인당 20만원	총원 20만원

② 제1항의 파견직원의 해외근무가족수당은 다음 각 호의 경우에 지급한다.

   1. 파견직원은 가족을 동반할 경우 해외근무가족수당신청서(서식4)를 제출하여야 한다.

   2. 지급대상은 배우자 및 20세 미만의 자녀로 한다.

   3. 배우자에 대한 수당은 배우자가 파견국에 도착한 날, 그 밖에 그 지급 사유가 발생한 날이 속하는 달의 다음 달부터 지급한다.

   4. 자녀에 대한 수당은 파견국으로 출발한 날, 자녀가 출생한 날, 그 밖에 그 지급 사유가 발생한 날이 속하는 달의 다음 달부터 지급한다.

   5. 퇴직, 귀국, 자녀의 연령초과, 그 밖의 사유로 그 지급요건이 상실된 경우에는 그 사유가 발생한 날이 속하는 달분까지 지급한다.

6. 가족이 90일 이상 일시 귀국할 경우 당해기간의 해외근무 가족수당은 지급하지 아니한다.

제20조 【주택임차료 지급】

① 회사는 파견직원의 현지 주거안정을 위하여 파견직원의 주택임차료를 지급하며, 회사가 지급하는 파견직원의 주택의 규모와 임차료의 지급한도는 다음과 같다.

구분	주택규모	월임차료
지급한도	방2, 주방·화장실·거실 각 1	2,000 USD

② 파견직원은 주재국 주택임차료 지급현황을 매월 회사에 보고하여야 한다.

제21조 【자녀학자금 지원】

① 회사는 파견직원의 동반자녀가 유치원, 초등·중등·고등학교의 입학금과 등록금, 수업료 등의 학자금을 지원한다. 다만, 동반자녀의 학자금 지원한도는 다음과 같다.

구분	유치원	초등학교	중등학교	고등학교
월간 한도액	450 USD	500 USD	550 USD	600 USD

② 제1항의 파견직원 동반자녀 학자금지원신청은 해외근무 학자금지원신청서(서식6)에 의한다.

제22조 【사회보험료 지급】

① 파견직원과 동반가족의 안전보건을 위하여 다음 각 호에 해당하는 보험에 가입할 수 있으며 이에 필요한 비용을 회사가 부담할 수 있다.

　　1. 파견직원과 동반가족에 대한 현지의료보험

　　2. 파견국 법령에 따라 가입이 강제된 제보험

　　3. 파견직원이 파견국의 보험에 개별가입한 경우 납부보험료의 70%를 지급한다.

② 제1항의 사회보험료지원신청은 해외근무 보험료지원신청서(서식7)를-에 의한다.

제23조 【의료비 지원】

① 회사는 파견직원과 동반가족에게 파견기간에 의료보험료 또는 의료실비를 지원할 수 있다.

② 파견직원 또는 동반가족에게 의료실비가 지급되는 경우와 지원하는 의료실비는 다음과 같다.

　　1. 질병 또는 부상 등으로 진료와 약제, 수술 등 치료를 위하여 의료시설을 이용하는 경우 그 의료실비

　　2. 출산 또는 분만하는 경우 그 의료실비

③ 제1항과 제2항에 따른 의료비지급신청은 해외근무 의료비지급신청서(서식8)에 의한다.

제24조 【차량임차료 지급】

① 회사는 파견직원의 업무를 위하여 업무용 승용차를 지원할 수 있다. 업무용승요차의 임차료 지급한도는 다음과 같다.

구분	지원차량	월간 임차료
지급한도	승용차 1대	2,000 USD

② 제1항에 따른 차량임차료지급신청은 해외근무 차량임차료지급신청서(서식9)에 의하여 의한다.

제5장 현지채용

제25조【현지직원의 채용 등】

① 해외사업부서장은 1년 이내 고용기간의 현지직원을 사장의 승인으로 현지채용할 수 있다.

② 현지직원 채용 시 현지 관련 법규를 준수하여 채용하여야 한다.

③ 현지채용 채용 시 현지직원의 직무와 보수, 근무기간, 징계와 해고 등 고용조건을 명시한 고용계약서를 체결하여야 한다.

④ 해외사업부서장은 현지채용 직원의 복무규정과 임금과 복리후생의 규정을 사장의 승인으로 정하여 시행한다.

⑤ 현지직원의 채용과 해임 시에는 사장에 즉시 보고하여야 한다.

〈부 칙〉

제26조【시행일】

이 규정은 ○○○○년 ○○월 ○○일부터 시행한다.

〈서 식〉

(서식 1) 해외파견지원신청서
(서식 2) 해외주간업무보고
(서식 3) 해외월간업무보고
(서식 4) 해외근무 가족수당지급신청서
(서식 5) 해외근무 주택임차료지급신청서
(서식 6) 해외근무 학자금지원신청서
(서식 7) 해외근무 사회보험료지급신청서
(서식 8) 해외근무 의료비지급신청서
(서식 9) 해외근무 차량임차료지급신청서

(서식 1)

해외파견 지원신청서		결재	담당	과장	팀장

신청일		성명		부서	
입사일		근속연수		직급	

해외파견 지역				
해외파견 직무량		직무연수		
파견국 언어능력		영어능력		

재직근무평점	근태사항	
	직무성과	
	징계사항	
	기타사항	

지원사유	
자기추천사유	
과장추천사유	
팀장추천사유	
비고	

(서식 2)

	담당	과장	팀장
해외( ) 주간업무보고			

보고일		보고자	

(~) 금주의 주요업무	(~) 다음 주의 주요업무

비고	

(서식 3)

	담당	과장	팀장
해외( ) 월간업무보고			

보고일			보고자	

당월의 주요업무	다음월의 주요업무

현지사업동향	
비고	

(서식 4)

해외근무 가족수당 지급신청서

파견국가			성명	
직급			주민등록번호	
파견일자			파견기간	

가족사항	관계	성명	주민등록번호	파견국 도착일	비고

위와 같이 해외근무 가족수당을 신청합니다.

년   월   일

파견직원 :   (인)

(서식 5)

해외근무 주택임차료 지급신청서

직원명	직급	해외근무기간	파견국가

임차주택	임차료 (백만원)	계약기간	평형(㎡)

동반가족	배우자	자녀	부모

비고	(첨부) 주택임차계약서

위와 같이 해외근무 주택임차료 지급을 신청합니다.

년   월   일

파견직원 :   (인)

(서식 6)

해외근무 학자금 지원신청서

대상자녀	성 명	
	생년월일	
취학학교	학교명	
	학년 및 학기	
기간(영수증)		
학자금 납부명세		
지 급 액		
비 고		

위와 같이 해외근무 주택임차료 지급을 신청합니다.
년　월　일
파견직원 :　　　　　(인)

(서식 7)

해외근무 사회보험료 지급신청서

국가		성명		주민번호	
파견일		직급		근무연수	
동반가족	관계	성명	생년월일	도착일	비고
가입보험	보험명		보험회사		
	가입금액		가입일자		
	가입기간		계약조건		

위와 같이 의료보험료의 지급을 신청합니다.
년　월　일
파견직원 :　　　　　(인)

(서식 8)

해외근무 의료비 지급신청서

파견국가		성 명		파견일자	
발병자		관 계		생년월일	
상병명			발병일자		
의료기관명					
의료기관 주소					
치료기간			환자상태		
의료비용			신청비용		
산출근거	(제증빙서류)				

위와 같이 의료비 지원을 신청합니다.

년   월   일

파견직원   (인)

(서식 9)

해외근무 차량임차료 지급신청서

국가		성명		주민번호	
파견일		직급		근무연수	
임차차량	차량명		차량번호		
	임차료		임차기간		
	생산일자		보험관계		
	계약조건				

위와 같이 차량임차료 지급을 신청합니다.

년   월   일

파견직원 :   (인)

[148]
해외출장 관리규정

제정 ○○○○년 ○○월 ○○일
개정 ○○○○년 ○○월 ○○일

〈총 칙〉

제1장 통칙

제1조【목적】

이 규정은 ○○주식회사(이하 "회사"라고 한다) 임직원이 해외출장에 관한 절차와 관리에 대하여 정함을 목적으로 한다.

제2조【적용범위】

이 규정은 해외출장하는 회사의 임직원에게 적용한다. 다만, 이 규정에 없는 해외출장 관련 사항은 다른 회사규정에 정함에 따른다.

제3조【용어의 정의】

이 규정의 용어는 다음 각 호의 뜻과 같다.

1. "해외출장"이란 외국에서 회사의 업무를 단기간 근무하며 수행하는 것을 뜻한다.
2. "출장비용"이란 외국에서 단기근무에 드는 교통비와 체재비 등의 경비를 뜻한다.

제2장 출장절차

제4조【해외출장의 명령】

① 사원은 회사의 해외출장 명령을 거부할 수 없다. 다만, 특별한 사정이 있는 사원은 출장의 변경 또는 취소의 사유서를 출장 부서장에게 제출하여 승낙을 받아야 한다.

② 해외출장 명령을 받은 사원은 출장업무에 따른 출장기간과 출장비용에 대한 명세서를 출장 부서장에게 제출한다.

② 회사는 출장명령을 출장예정일 15일 전까지 사원에게 하여야 한다. 다만, 긴급하거나 보안이 필요한 경우 등 특별한 사정이 있는 경우는 예외로 한다.

제5조【해외출장의 구분】

사원의 해외출장은 다음 각 호와 같이 구분한다.

1. 일반출장 : 직무수행, 전시회 참관과 회의참석 등을 위한 일반업무 출장
2. 특별출장 : 수주와 발주, 전시회 출품과 회의발표 등을 위한 특별임무 출장
4. 연수출장 : 직무상 필요한 교육 및 연수를 위한 출장

제6조【해외출장의 계획】

사원은 출장 부서장에게 다음 각 호의 내용을 포함하는 해외출장계획서를 제출하여야 한다.

1. 출장업무
2. 출장기간
3. 출장비용

제7조【해외출장의 신청】

① 출장 부서장은 사장에게 해외출장예정일 10일 전까지 신청하여야 한다.

② 해외출장의 품의시 출장 부서장은 출장계획내용과 다음 각 호의 내용을 포함하는 품의서를 제출하여야 한다.

1. 해외출장의 목적
2. 해외출장의 성과 예상
3. 해외출장의 효과

제8조【해외출장의 승인】

① 회사의 모든 해외출장은 사장의 승인을 받아야 한다. 다만, 사장이 승인을 위임한 경우 위임받은 자가 승인을 결정한다.

② 출장 부서장은 사장에게 다음 각 호의 경우에 담당이사 또는 출장 부서장에게 해외출장 승인의 위임을 요청할 수 있다.

1. 사장이 국내에 부재중인 경우
2. 2일 이내의 출장기간의 경우
3. 5일 이내의 출장기간으로 동일목적의 수 회 반복 출장의 경우
4. 5일 이내의 출장기간으로 직무상 단순 출장의 업무의 경우
5. 해외출장일의 예측이 불가한 경우
6. 기타 위임이 필요한 경우

제9조【해외출장의 지원】

출장 부서장은 해외출장 사원에게 여권발급, 항공권구매, 출장비용 등의 해외출장에 관한 지원의 책임이 있다.

제3장 출장비용

제10조【출장비의 신청】

① 출장 부서장은 출장비명세서를 총무부서장에게 출장명령서와 출장비명세서, 출장비지급결의서를 제출하여 출장비지급요청을 하여야 한다.

② 총무부장은 제출받은 출장비명세서를 검토하여 10% 이내의 증감액을 결정하여 출장 전일까지 출장 부서장에게 지급하며, 10% 이상의 증감액이 발생하면 출장비명세서 수정계산과 재제출을 요청하여야 한다.

제11조【출장비의 계산】

① 해외출장비는 다음 각 호와 같이 계산한다.

1. 교통비 : 항공료, 택시비, 철도요금, 승선비, 통행료, 기타
2. 체재비 : 숙박비, 식비, 기타
3. 업무비 : 회의비, 입장권비, 여권비, 기타
4. 기타 필요 경비 : 접대비, 특수지역비, 기타

② 전항의 4호를 제외한 해외출장비계산은 실비계산하며, 4호의 경우 출장 부서장이 계산액을 결정한다.

제12조【출장비의 지급】

해외출장비는 출장비명세서 승인액을 지급하며, 지급방법은 외국사용이 가능한 회사의 법인카드로 지급한다. 다만, 법인카드사용 불가지역의 경우 여행자수표 또는 현금으로 지급한다.

제13조【출장비의 정산】

출장자는 해외출장 후 7일 이내에 출장비용정산명세서와 출장비용을 증명하는 서류를 총무부서장에게 제출하여 정액 및 증감액에 대하여 정산하여야 한다.

제4장 출장보고

제14조【중간보고】

① 해외출장자는 출장 부서장에게 출장현황과 목적달성 및 기타에 대해 중간보고를 해야 한다.

② 출장 부서장은 출장사원의 출장목적달성을 위한 중간보고를 지시하고, 출장업무지시를 해야 한다.

제15조【출장변경】

① 해외출장자는 출장업무와 출장기업과 상담자 또는 출장지역을 변경하는 경우 즉시 출장 부서장에게 변경에 따른 보고를 해야 한다.

② 해외출장 중에 출장비용이 증액되는 경우 출장 부서장에게 증액승인을 요청하고, 출장후 정산하여야 한다.

제16조【결과보고】

① 해외출장 후 출장자는 출장 부서장에게 즉시 출장결과를 구두보고하고, 5일 이내에 출장보고서를 제출하여야 한다.

② 해외출장보고서는 다음 각 호의 사항을 포함하여야 한다.

1. 출장업무에 대한 현황
2. 중간보고 사항에 대한 주요내용
3. 출장업무에 대한 문제점 및 개선점
4. 출장업무에 대한 출장자의 의견

〈부   칙〉

제17조【시행일】
　이 규정은 ○○○○년 ○○월 ○○일부터 시행한다.

〈서   식〉

(서식 1) 해외출장신청서

(서식 1)

<table>
<tr><td colspan="7" rowspan="2">해외출장신청서</td><td rowspan="2">결
재</td><td>담당</td><td>팀장</td><td>사장</td></tr>
<tr><td></td><td></td><td></td></tr>
<tr><td rowspan="2">신 청 자</td><td>성명</td><td>부서</td><td colspan="2">직급</td><td colspan="2">신청일</td><td colspan="3">년   월   일</td></tr>
<tr><td>성명</td><td>부서</td><td colspan="2">직급</td><td>성명</td><td>부서</td><td></td><td>직급</td></tr>
<tr><td rowspan="3">출 장 자</td><td></td><td></td><td colspan="2"></td><td></td><td></td><td colspan="2"></td></tr>
<tr><td></td><td></td><td colspan="2"></td><td></td><td></td><td colspan="2"></td></tr>
<tr><td></td><td></td><td colspan="2"></td><td></td><td></td><td colspan="2"></td></tr>
<tr><td>출장목적</td><td colspan="9"></td></tr>
<tr><td>출장지역</td><td colspan="9"></td></tr>
<tr><td>출장기간</td><td>출발일</td><td colspan="3">년   월   일</td><td>도착일</td><td colspan="4">년   월   일</td></tr>
<tr><td>일시</td><td>지역</td><td colspan="2">업무</td><td>숙박</td><td>교통</td><td>기타</td><td colspan="3">비 용 산 정</td></tr>
<tr><td></td><td></td><td colspan="2"></td><td></td><td></td><td></td><td></td><td>항목</td><td>비용</td></tr>
<tr><td></td><td></td><td colspan="2"></td><td></td><td></td><td></td><td></td><td></td><td></td></tr>
<tr><td></td><td></td><td colspan="2"></td><td></td><td></td><td></td><td></td><td></td><td></td></tr>
<tr><td></td><td></td><td colspan="2"></td><td></td><td></td><td></td><td></td><td></td><td></td></tr>
<tr><td></td><td></td><td colspan="2"></td><td></td><td></td><td></td><td></td><td></td><td></td></tr>
<tr><td></td><td></td><td colspan="2"></td><td></td><td></td><td></td><td></td><td></td><td></td></tr>
<tr><td></td><td></td><td colspan="2"></td><td></td><td></td><td></td><td></td><td></td><td></td></tr>
<tr><td></td><td></td><td colspan="2"></td><td></td><td></td><td></td><td></td><td></td><td></td></tr>
<tr><td></td><td></td><td colspan="2"></td><td></td><td></td><td></td><td></td><td></td><td></td></tr>
<tr><td></td><td></td><td colspan="2"></td><td></td><td></td><td></td><td></td><td></td><td></td></tr>
<tr><td></td><td></td><td colspan="2"></td><td></td><td></td><td></td><td></td><td></td><td></td></tr>
<tr><td></td><td></td><td colspan="2"></td><td></td><td></td><td></td><td></td><td></td><td></td></tr>
<tr><td></td><td></td><td colspan="2"></td><td></td><td></td><td></td><td></td><td>합계</td><td></td></tr>
<tr><td>비고</td><td colspan="9"></td></tr>
</table>

제32편

홈페이지 관련 규정

[149]
인터넷 홈페이지 관리규정

제정 ○○○○년 ○○월 ○○일
개정 ○○○○년 ○○월 ○○일

〈총 칙〉

제1장 통칙

제1조【목적】

이 규정은 ○○주식회사(이하 "회사"라 한다)의 인터넷 홈페이지(이하 "홈페이지"라 한다)의 효율적인 운영과 관리에 필요한 사항을 규정함을 목적으로 한다.

제2조【적용범위】

① 이 규정은 회사의 홈페이지 관리·운영 업무에 적용한다.

② 홈페이지 관리·운영에 관하여 법률에 특별히 정한 경우를 제외하고는 이 규정에 따른다.

제3조【용어의 정의】

이 규정에서 사용하는 용어의 뜻은 다음과 같다.

1. "홈페이지"란 인터넷에서 회사를 대표하여 각종 정보 및 서비스를 제공하기 위하여 인터넷에 www.○○○.kr의 URL에 구축한 웹사이트이다.

2. "홈페이지 운영 및 관리"이란 홈페이지의 구축, 운용, 개선, 개발, 폐지, 유지관리 등 운영 전반에 관한 사항을 총칭한다.

3. "자료"란 회사가 홈페이지에 등록한 모든 내용을 말한다.

4. "게시물"이란 홈페이지 이용자가 게시하는 모든 내용을 말한다.

제2장 홈페이지 운영체계

제4조 【관리체계】

① ○○○팀장은 홈페이지의 구축·운영에 관한 기본사항을 총괄·조정한다.

② 홈페이지의 구축 및 효율적인 관리의 책임은 ○○○팀장(이하 "관리책임자"라 한다)이 수행한다.

③ 홈페이지에 게시되는 자료의 효율적 관리를 위하여 ○○○팀장을 운영책임자로 하고, 주요 메뉴별로 홈페이지 운영담당자를 둔다.

④ 홈페이지에 게시되는 메뉴의 주관부서가 모호한 경우에는 운영책임자가 운영담당자를 직접 지정할 수 있다.

제5조 【관리책임자의 임무】

관리책임자는 다음 각 호의 업무를 수행한다.

1. 홈페이지 시스템의 구축·유지에 관한 계획 수립

2. 홈페이지 시스템의 구축·유지 예산에 관한 사항

3. 홈페이지 시스템의 유지보수 및 교육

4. 홈페이지 시스템과 콘텐츠 연계를 위한 표준에 관한 사항

5. 자료유실에 대비한 주기적인 백업 및 보안대책 강구

6. 기타 홈페이지 시스템 관리에 관한 사항

제6조 【운영책임자의 임무】

운영책임자는 다음 각 호의 업무를 수행한다.

1. 홈페이지 화면재설계, 디자인 변경 등 콘텐츠에 관한 계획 수립

2. 홈페이지 콘텐츠 개선 및 관련 예산에 관한 사항

3. 홈페이지 게시자료 선정, 운영실태 파악 및 평가

4. 주요 메뉴별 홈페이지 운영담당자의 지정

5. 홈페이지 관리·운영에 관한 지침제·개정

6. 기타 홈페이지 운영에 관한 사항

제7조 【운영담당자의 임무】

운영담당자는 다음 각 호의 업무를 수행한다.

1. 담당 메뉴의 자료 등록 등 운영에 관한 사항

2. 최신 자료의 갱신 및 발굴에 관한 사항

3. 게시물 점검 및 민원처리에 관한 사항

4. 기타 홈페이지 운영에 필요한 자료 요청 시 협조 등

제3장 홈페이지 구축 및 운영

제8조 【홈페이지 구축】

운영책임자 또는 관리책임자가 홈페이지를 구축·개선하고자 할 경우 다음 각 호의 요건이 충족되도록 하여야 한다.

1. 회사의 홈페이지임을 식별할 수 있도록 대표성과 신뢰성을 유지할 수 있어야 한다.
2. 이용자의 서비스제고 및 참여 등을 고려하여야 한다.
3. 홈페이지 구성의 일관성 및 통일성을 가져야 한다.
4. 홈페이지의 성능과 안정성, 유지·보수의 편의성을 고려하여야 한다.
5. 개인정보보호에 및 이용자의 요구사항도 충분히 고려하여야 한다.

제9조 【홈페이지 운영계획의 수립】

① 운영책임자는 매년 해당 연도에 추진할 홈페이지의 운영계획을 수립하여야 한다.
② 홈페이지 운영계획에는 다음 각 호의 사항이 포함되어야 한다.

1. 홈페이지 운영의 기본방향에 관한 사항
2. 홈페이지 개선, 콘텐츠 개선에 관한 사항
3. 홈페이지 홍보에 관한 사항
4. 기타 홈페이지 운영에 관한 중요사항

제10조 【홈페이지 운영】

① 운영담당자는 홈페이지에 항상 최신의 자료가제공될 수 있도록 하여야 한다.
② 운영책임자는 홈페이지를 통해 국민의 의견을 수렴하고 이를 홈페이지 운영에 적극 반영하여야 하며, 운영환경을 지속적으로 개선하여야 한다.
③ 홍보 팸플릿, 책자, 보도자료 등 회사가 생산하는 모든 자료에는 홈페이지 주소를 표기하여야 한다.

제11조 【평가 및 개선】

① 운영책임자는 주기적으로 홈페이지 운영 실태를 점검·평가하여 미흡한 부분에 대해서는 적절한 조치를 강구하는 등 홈페이지의 효율적인 운영과 활용도 제고를 도모하여야 한다.
② 관리책임자는 새로운 정보기술을 신속히 도입하여 국민에게 다양하고 편리한 서비스를 제공하도록 하여야 한다.
③ 운영책임자는 제1항 결과에 따라 예산의 범위 내에서 포상하거나 성과평가에 반영할 수 있다.

제12조 【서비스의 중단】

① 관리책임자는 다음 각 호에 해당하는 경우 홈페이지 서비스의 전부 또는 일부를 중단할 수 있다.

1. 홈페이지 기능 개선을 위한 정기점검의 경우
2. 시스템의 장애 등으로 서비스의 제공을 중단할 필요가 있을 경우
3. 천재지변 또는 서비스를 중단할 필요가 있는 경우
4. 기타 서비스 중단이 불가피한 경우

② 서비스의 전부 또는 일부가 중단될 경우 관리책임자는 사전에 중단사유, 중단시간 등의 안내 정보를 홈페이지에 게시하여야 한다. 단, 불가항력의 사유로 인한 서비스 중단은 제외한다.

③ 서비스가 중단되었을 경우, 빠른시간 내에 서비스를 제공할 수 있도록 최선의 노력을 하여야 한다.

제13조 【메뉴의 구성】

① 운영책임자는 회사 제품 및 상품의 홍보 및 서비스 강화를 위하여 다음 각 호와 관련된 메뉴를 구성하여 운영하여야 한다.

1. 회사의 소개, 공지사항 등의 알림 내용을 위한 메뉴
2. 고객의 다양한 의견수렴을 위한 메뉴
3. 회사 주요상품 및 통계자료 등의 자료제공을 위한 메뉴
4. 회사의 신제품 또는 신상품에 관한 메뉴
5. 기타 운영에 필요한 메뉴

제14조 【메뉴의 설치 · 변경】

① 운영책임자는 홈페이지 이용자의 편리성제고 및 운영의 효율성을 위하여 구성된 메뉴를 신규 설치 혹은 변경하여 운영할 수 있다.

② 홈페이지에 새로운 메뉴를 개설하고자 하는 부서는 개설 이유, 메뉴의 위치, 화면구성 및 주요내용 등에 관하여 담당자 및 담당부서장과 협의를 거친 후 별지 제1호 서식에 따라 운영책임자에게 메뉴 개설을 요청하여야 한다.

③ 홈페이지 메뉴 구성은 운영책임자가 총괄하되, 이용자의 편의를 위하여 메뉴체계를 효율적으로 구성하여야 한다.

제15조 【연계관리】

① 타 회사에서 홈페이지 콘텐츠 연계를 요청할 경우, 담당부서에서는 콘텐츠 제공의 필요성 및 연계방법 등에 대해 검토한 후 연계가 필요하다고 인정될 경우에는 운영책임자에게 홈페이지 연계를 요청하여야 한다.

② 타 회사의 홈페이지를 연계하여 서비스하거나 정보를 제공하도록 허용할 경우에는, 이에 대한 저작권 등 책임의 소재를 명확히 하여야 한다.

③ 운영책임자는 연계된 타 기관 홈페이지 운영상황을 분석 · 평가하여 활용실적이 미흡하거나 홈페이지의 내용이 충실하지 않다고 판단될 경우 링크를 삭제하는 등의 조치를 취할 수 있다.

제4장 홈페이지 자료관리

제16조 【자료실명제】

홈페이지에 등록되는 자료에는 작성자의 성명과 소속부서, 전화번호 등을 명시하여야 하고 자료 내용에 수반하는 제반 사항에 대해서는 작성자가 책임을 진다.

제17조 【자료의 등록 · 수정 · 삭제】

① 자료를 생산한 부서는 해당 자료의 홈페이지 게시 여부를 검토하여야 한다.

② 홈페이지에 자료(단순한 일반자료 제외)를 게시할 경우 해당 부서장의 확인을 받은 후 게시

하여야 하며, 자료 등록 등을 수행함에 있어 특별한 기술을 요하는 경우 관리책임자는 이를 적극 지원하여야 한다.

③ 자료를 생산한 해당 부서가 자료를 홈페이지에 등록·수정·삭제(이하 등록 등이라 한다)할 경우에는 운영담당자에게 요청하여야 한다.

④ 운영책임자는 홈페이지 운영상 필요한 경우, 해당 부서에 관련 자료를 요청할 수 있고 요청을 받은 부서는 특별한 사정이 없는 한 이에 응하여야 한다.

⑤ 운영책임자가 자료를 등록할 경우 주민등록번호, 여권번호 등 개인정보 보호법에 위반되는 비공개 대상정보는 등록하여서는 안 된다.

제18조【영문 등 홈페이지 자료 등록】

① 회사의 홍보를 위해 필요한 영문자료를 영문홈페이지에 게시·운영하여야 한다.

② 회사의 수출상품에 대한 영문 및 주요거래 국가의 언어로 자료를 홈페이지에 게재할 수 있다.

제19조【게시물 삭제】

① 운영책임자는 홈페이지의 효율적인 운영을 위하여 다음 각 호에 해당하는 게시물의 경우 이를 삭제할 수 있다.

1. 특정개인, 단체(특정종교 포함) 등에 대한 비방
2. 욕설, 음란물 등 불건전한 내용
3. 회사 외 타사의 홍보, 선전, 광고 등 상업적인 게시
4. 근거 없는 유언비어, 선동적인 내용
5. 유사, 동일한 내용을 반복적으로 게시한 경우
6. 기타 해당란의 설정취지에 부합되지 않은 경우 등

② 운영책임자는 게시물을 삭제할 경우 게시물삭제신청서에 의하여 삭제하고, 이를 삭제관리대장에 기록하여야 한다.

제20조【게시물의 등록】

① 홈페이지에 등록하는 게시물은 게시물등록신청서에 의하여 홈페이지에 게재한다.

② 운영책임자는 내용, 형식, 업무관련성 등을 참작하여 게재 여부를 결정한다.

③ 공지사항의 등록은 공지내용 책임자의 승인으로 게시물등록신청서에 의하여 홈페이지에 게재한다.

④ 제품 및 상품 소개 등의 등록은 제품등록신청부서장의 승인으로 게시물등록신청서에 의하여 홈페이지에 게재한다.

⑤ 팝업창 혹은 배너는 회사 업무와 직접적으로 관련된 목적 이외에는 게시하지 못한다.

제5장 시스템의 관리 및 보안 등

제21조【호스팅 관리】

① 회사의 인터넷 홈페이지의 호스팅은 호스팅 전문 업체에 위탁하여 호스팅 할 수 있다.

② 회사의 홈페이지 호스팅 계약은 1년을 단위로 계약기간으로 한다.

③ 시스템관리자와 운영관리자, 운영담당자는 호스팅업체의 담당자의 연락처를 확보하여 공유하

여야 한다.

제22조 【시스템의 관리】

① 관리책임자는 홈페이지의 정상적 운영을 위하여 주전산기, 통신장비, 통신망 등의 관리를 하여야 한다.

② 관리책임자는 홈페이지 관리를 위탁받은 자를 지휘·감독하고 관리상황을 기록·유지하여야 한다.

③ 관리책임자는 기존 홈페이지를 대폭 개선할 필요가 있다고 판단될 경우, 홈페이지 보수계획을 수립하여 기획조정실장에게 보고 후 추진한다.

제23조 【보안대책 및 자료백업】

① 관리책임자는 비인가자의 주전산기 접근 및 전자적 침해에 대비한 보안대책을 강구하고, 홈페이지 관리를 위탁받은 자로 하여금 수시로 이를 점검하도록 지시·감독 하여야 한다.

② 관리책임자는 자료유실에 대비하여 자료의 백업계획을 수립하고 이 계획에 따라 자료를 백업하여 별도 관리하여야 한다.

제24조 【개인정보의 보호】

① 홈페이지 운영에 관련된 직원은 정당한 이유가 있는 경우를 제외하고, 직무상 알게 된 개인정보에 관한 사항을 누설하거나 타인의 정보를 제공하는 등 부정하게 사용하여서는 아니 된다.

② 관리책임자는 개인정보보호방침을 홈페이지 메인화면에 게시한다.

제25조 【준용규정】

이 규정에서 특별히 정하지 않은 시스템관리 및 정보보호에 관한 사항은 회사의 개인정보보호규정을 준용한다.

〈부　칙〉

제26조 【시행일】

이 규정은 ○○○○년 ○○월 ○○일부터 시행한다.

〈서　식〉

(서식 1) 홈페이지메뉴개설신청서

(서식 2) 홈페이지 게시물 게재(삭제) 요청서

(서식 3) 홈페이지 게시물 삭제대장

(서식 2)

홈페이지 메뉴 개설 요청서

요청부서명		성 명	
직급 (직위)		전 화 번 호	
개설 메뉴명			
메뉴 위치			
개설 이유			
주요 내용			
붙임자료			

홈페이지관리규정에 따라 위와 같이 메뉴 신설을 요청합니다.

년   월   일

신청인 :   서명 또는 ㉙

부서장 :   서명 또는 ㉙

(서식 1)

홈페이지 게시물 등록(삭제) 요청서

(부서: 담당자:)

요청부서명		성　　명	
직급 (직위)		전 화 번 호	
구　분	□ 팝업　　□ 알림판　　□ 배너　　□ 자료　　□ 기타		
제　목			
주요내용			
게재 기간	년　　월　　일 ～　　년　　월　　일		
삭제일			
붙임자료			

홈페이지 관리규정 따라 위와 같이 홈페이지 등록(삭제)을 요청합니다.

년　　월　　일

신청인 :　　　　　　서명　또는　㉑

부서장 :　　　　　　서명　또는　㉑

(서식 3)

홈페이지 게시물 삭제기록 대장

(부서: 담당자:)

번호	게시물명	삭제 사유	등록일	삭제일	비고

[151]
온라인쇼핑몰 표준약관

제정 ○○○○년 ○○월 ○○일
개정 ○○○○년 ○○월 ○○일

〈총 칙〉

제1조 【목적】

이 약관은 ○○회사(전자상거래 사업자)가 운영하는 ○○쇼핑몰(이하 "몰"이라 한다)에서 제공하는 인터넷 관련 서비스(이하 "서비스"라 한다)를 이용함에 있어 사이버 몰과 이용자의 권리·의무 및 책임사항을 규정함을 목적으로 합니다.

제2조 【정의】

① "몰"이란 ○○회사가 재화 또는 용역(이하 "재화 등"이라 함)을 이용자에게 제공하기 위하여 컴퓨터 등 정보통신설비를 이용하여 재화 등을 거래할 수 있도록 설정한 가상의 영업장을 말하며, 아울러 사이버몰을 운영하는 사업자의 의미로도 사용합니다.

② "이용자"란 "몰"에 접속하여 이 약관에 따라 "몰"이 제공하는 서비스를 받는 회원 및 비회원을 말합니다.

③ '회원'이라 함은 "몰"에 회원등록을 한 자로서, 계속적으로 "몰"이 제공하는 서비스를 이용할 수 있는 자를 말합니다.

④ '비회원'이라 함은 회원에 가입하지 않고 "몰"이 제공하는 서비스를 이용하는 자를 말합니다.

제3조 【약관 등의 명시와 설명 및 개정】

① "몰"은 이 약관의 내용과 상호 및 대표자 성명, 영업소 소재지 주소(소비자의 불만을 처리할 수 있는 곳의 주소를 포함), 전화번호·모사전송번호·전자우편주소, 사업자등록번호, 통신판매

업 신고번호, 개인정보관리책임자등을 이용자가 쉽게 알 수 있도록 OO 사이버몰의 초기 서비스화면(전면)에 게시합니다. 다만, 약관의 내용은 이용자가 연결화면을 통하여 볼 수 있도록 할 수 있습니다.

② "몰은 이용자가 약관에 동의하기에 앞서 약관에 정하여져 있는 내용 중 청약철회·배송책임·환불조건 등과 같은 중요한 내용을 이용자가 이해할 수 있도록 별도의 연결화면 또는 팝업화면 등을 제공하여 이용자의 확인을 구하여야 합니다.

③ "몰"은 「전자상거래 등에서의 소비자보호에 관한 법률」, 「약관의 규제에 관한 법률」, 「전자문서 및 전자거래기본법」, 「전자금융거래법」, 「전자서명법」, 「정보통신망 이용촉진 및 정보보호 등에 관한 법률」, 「방문판매 등에 관한 법률」, 「소비자기본법」 등 관련 법을 위배하지 않는 범위에서 이 약관을 개정할 수 있습니다.

④ "몰"이 약관을 개정할 경우에는 적용일자 및 개정사유를 명시하여 현행약관과 함께 몰의 초기화면에 그 적용일자 7일 이전부터 적용일자 전일까지 공지합니다. 다만, 이용자에게 불리하게 약관내용을 변경하는 경우에는 최소한 30일 이상의 사전 유예기간을 두고 공지합니다. 이 경우 "몰"은 개정 전 내용과 개정 후 내용을 명확하게 비교하여 이용자가 알기 쉽도록 표시합니다.

⑤ "몰"이 약관을 개정할 경우에는 그 개정약관은 그 적용일자 이후에 체결되는 계약에만 적용되고 그 이전에 이미 체결된 계약에 대해서는 개정 전의 약관조항이 그대로 적용됩니다. 다만 이미 계약을 체결한 이용자가 개정약관 조항의 적용을 받기를 원하는 뜻을 제3항에 의한 개정약관의 공지기간 내에 "몰"에 송신하여 "몰"의 동의를 받은 경우에는 개정약관 조항이 적용됩니다.

⑥ 이 약관에서 정하지 아니한 사항과 이 약관의 해석에 관하여는 전자상거래 등에서의 소비자보호에 관한 법률, 약관의 규제 등에 관한 법률, 공정거래위원회가 정하는 전자상거래 등에서의 소비자 보호지침 및 관계법령 또는 상관례에 따릅니다.

제4조【서비스의 제공 및 변경】

① "몰"은 다음과 같은 업무를 수행합니다.

1. 재화 또는 용역에 대한 정보 제공 및 구매계약의 체결
2. 구매계약이 체결된 재화 또는 용역의 배송
3. 기타 "몰"이 정하는 업무

② "몰"은 재화 또는 용역의 품절 또는 기술적 사양의 변경 등의 경우에는 장차 체결되는 계약에 의해 제공할 재화 또는 용역의 내용을 변경할 수 있습니다. 이 경우에는 변경된 재화 또는 용역의 내용 및 제공일자를 명시하여 현재의 재화 또는 용역의 내용을 게시한 곳에 즉시 공지합니다.

③ "몰"이 제공하기로 이용자와 계약을 체결한 서비스의 내용을 재화등의 품절 또는 기술적 사양의 변경 등의 사유로 변경할 경우에는 그 사유를 이용자에게 통지 가능한 주소로 즉시 통지합니다.

④ 전항의 경우 "몰"은 이로 인하여 이용자가 입은 손해를 배상합니다. 다만, "몰"이 고의 또는 과실이 없음을 입증하는 경우에는 그러하지 아니합니다.

제5조 【서비스의 중단】

① "몰"은 컴퓨터 등 정보통신설비의 보수점검·교체 및 고장, 통신의 두절 등의 사유가 발생한 경우에는 서비스의 제공을 일시적으로 중단할 수 있습니다.

② "몰"은 제1항의 사유로 서비스의 제공이 일시적으로 중단됨으로 인하여 이용자 또는 제3자가 입은 손해에 대하여 배상합니다. 단, "몰"이 고의 또는 과실이 없음을 입증하는 경우에는 그러하지 아니합니다.

③ 사업종목의 전환, 사업의 포기, 업체 간의 통합 등의 이유로 서비스를 제공할 수 없게 되는 경우에는 "몰"은 제8조에 정한 방법으로 이용자에게 통지하고 당초 "몰"에서 제시한 조건에 따라 소비자에게 보상합니다. 다만, "몰"이 보상기준 등을 고지하지 아니한 경우에는 이용자들의 마일리지 또는 적립금 등을 "몰"에서 통용되는 통화가치에 상응하는 현물 또는 현금으로 이용자에게 지급합니다.

제6조 【회원가입】

① 이용자는 "몰"이 정한 가입 양식에 따라 회원정보를 기입한 후 이 약관에 동의한다는 의사표시를 함으로서 회원가입을 신청합니다.

② "몰"은 제1항과 같이 회원으로 가입할 것을 신청한 이용자 중 다음 각 호에 해당하지 않는 한 회원으로 등록합니다.

　　1. 가입신청자가 이 약관 제7조제3항에 의하여 이전에 회원자격을 상실한 적이 있는 경우, 다만 제7조제3항에 의한 회원자격 상실 후 3년이 경과한 자로서 "몰"의 회원재가입 승낙을 얻은 경우에는 예외로 한다.

　　2. 등록 내용에 허위, 기재누락, 오기가 있는 경우

　　3. 기타 회원으로 등록하는 것이 "몰"의 기술상 현저히 지장이 있다고 판단되는 경우

③ 회원가입계약의 성립 시기는 "몰"의 승낙이 회원에게 도달한 시점으로 합니다.

④ 회원은 회원가입 시 등록한 사항에 변경이 있는 경우, 상당한 기간 이내에 "몰"에 대하여 회원정보 수정 등의 방법으로 그 변경사항을 알려야 합니다.

제7조 【회원 탈퇴 및 자격 상실 등】

① 회원은 "몰"에 언제든지 탈퇴를 요청할 수 있으며 "몰"은 즉시 회원탈퇴를 처리합니다.

② 회원이 다음 각 호의 사유에 해당하는 경우, "몰"은 회원자격을 제한 및 정지시킬 수 있습니다.

　　1. 가입 신청 시에 허위 내용을 등록한 경우

　　2. "몰"을 이용하여 구입한 재화 등의 대금, 기타 "몰"이용에 관련하여 회원이 부담하는 채무를 기일에 지급하지 않는 경우

　　3. 다른 사람의 "몰" 이용을 방해하거나 그 정보를 도용하는 등 전자상거래 질서를 위협하는 경우

　　4. "몰"을 이용하여 법령 또는 이 약관이 금지하거나 공서양속에 반하는 행위를 하는 경우

③ "몰"이 회원 자격을 제한·정지 시킨 후, 동일한 행위가 2회 이상 반복되거나 30일 이내에 그 사유가 시정되지 아니하는 경우 "몰"은 회원자격을 상실시킬 수 있습니다.

④ "몰"이 회원자격을 상실시키는 경우에는 회원등록을 말소합니다. 이 경우 회원에게 이를 통지

하고, 회원등록 말소 전에 최소한 30일 이상의 기간을 정하여 소명할 기회를 부여합니다.

제8조 【회원에 대한 통지】

① "몰"이 회원에 대한 통지를 하는 경우, 회원이 "몰"과 미리 약정하여 지정한 전자우편 주소로 할 수 있습니다.

② "몰"은 불특정다수 회원에 대한 통지의 경우 1주일이상 "몰" 게시판에 게시함으로서 개별 통지에 갈음할 수 있습니다. 다만, 회원 본인의 거래와 관련하여 중대한 영향을 미치는 사항에 대하여는 개별통지를 합니다.

제9조 【구매신청 및 개인정보 제공 동의 등】

① "몰"이용자는 "몰"상에서 다음 또는 이와 유사한 방법에 의하여 구매를 신청하며, "몰"은 이용자가 구매신청을 함에 있어서 다음의 각 내용을 알기 쉽게 제공하여야 합니다.

　　1. 재화 등의 검색 및 선택

　　2. 받는 사람의 성명, 주소, 전화번호, 전자우편주소(또는 이동전화번호) 등의 입력

　　3. 약관내용, 청약철회권이 제한되는 서비스, 배송료·설치비 등의 비용부담과 관련한 내용에 대한 확인

　　4. 이 약관에 동의하고 위 3.호의 사항을 확인하거나 거부하는 표시
　　　(예, 마우스 클릭)

　　5. 재화등의 구매신청 및 이에 관한 확인 또는 "몰"의 확인에 대한 동의

　　6. 결제방법의 선택

② "몰"이 제3자에게 구매자 개인정보를 제공할 필요가 있는 경우 1) 개인정보를 제공받는 자, 2) 개인정보를 제공받는 자의 개인정보 이용목적, 3) 제공하는 개인정보의 항목, 4) 개인정보를 제공받는 자의 개인정보 보유 및 이용기간을 구매자에게 알리고 동의를 받아야 합니다. (동의를 받은 사항이 변경되는 경우에도 같습니다.)

③ "몰"이 제3자에게 구매자의 개인정보를 취급할 수 있도록 업무를 위탁하는 경우에는 1) 개인정보 취급위탁을 받는 자, 2) 개인정보 취급위탁을 하는 업무의 내용을 구매자에게 알리고 동의를 받아야 합니다. (동의를 받은 사항이 변경되는 경우에도 같습니다.) 다만, 서비스제공에 관한 계약이행을 위해 필요하고 구매자의 편의증진과 관련된 경우에는 「정보통신망 이용촉진 및 정보보호 등에 관한 법률」에서 정하고 있는 방법으로 개인정보 취급방침을 통해 알림으로써 고지절차와 동의절차를 거치지 않아도 됩니다.

제10조 【계약의 성립】

① "몰"은 제9조와 같은 구매신청에 대하여 다음 각 호에 해당하면 승낙하지 않을 수 있습니다. 다만, 미성년자와 계약을 체결하는 경우에는 법정대리인의 동의를 얻지 못하면 미성년자 본인 또는 법정대리인이 계약을 취소할 수 있다는 내용을 고지하여야 합니다.

　　1. 신청 내용에 허위, 기재누락, 오기가 있는 경우

　　2. 미성년자가 담배, 주류 등 청소년보호법에서 금지하는 재화 및 용역을 구매하는 경우

　　3. 기타 구매신청에 승낙하는 것이 "몰" 기술상 현저히 지장이 있다고 판단하는 경우

② "몰"의 승낙이 제12조제1항의 수신확인통지형태로 이용자에게 도달한 시점에 계약이 성립한

것으로 봅니다.

③ "몰"의 승낙의 의사표시에는 이용자의 구매 신청에 대한 확인 및 판매가능 여부, 구매신청의 정정 취소 등에 관한 정보 등을 포함하여야 합니다.

제11조【지급방법】

"몰"에서 구매한 재화 또는 용역에 대한 대금지급방법은 다음 각 호의 방법중 가용한 방법으로 할 수 있습니다. 단, "몰"은 이용자의 지급방법에 대하여 재화 등의 대금에 어떠한 명목의 수수료도 추가하여 징수할 수 없습니다.

1. 폰뱅킹, 인터넷뱅킹, 메일 뱅킹 등의 각종 계좌이체
2. 선불카드, 직불카드, 신용카드 등의 각종 카드 결제
3. 온라인무통장입금
4. 전자화폐에 의한 결제
5. 수령 시 대금지급
6. 마일리지 등 "몰"이 지급한 포인트에 의한 결제
7. "몰"과 계약을 맺었거나 "몰"이 인정한 상품권에 의한 결제
8. 기타 전자적 지급 방법에 의한 대금 지급 등

제12조【수신확인통지·구매신청 변경 및 취소】

① "몰"은 이용자의 구매신청이 있는 경우 이용자에게 수신확인통지를 합니다.

② 수신확인통지를 받은 이용자는 의사표시의 불일치 등이 있는 경우에는 수신확인통지를 받은 후 즉시 구매신청 변경 및 취소를 요청할 수 있고 "몰"은 배송 전에 이용자의 요청이 있는 경우에는 지체 없이 그 요청에 따라 처리하여야 합니다. 다만 이미 대금을 지불한 경우에는 제15조의 청약철회 등에 관한 규정에 따릅니다.

제13조【재화 등의 공급】

① "몰"은 이용자와 재화 등의 공급시기에 관하여 별도의 약정이 없는 이상, 이용자가 청약을 한 날부터 7일 이내에 재화 등을 배송할 수 있도록 주문제작, 포장 등 기타의 필요한 조치를 취합니다. 다만, "몰"이 이미 재화 등의 대금의 전부 또는 일부를 받은 경우에는 대금의 전부 또는 일부를 받은 날부터 3영업일 이내에 조치를 취합니다. 이때 "몰"은 이용자가 재화 등의 공급 절차 및 진행 사항을 확인할 수 있도록 적절한 조치를 합니다.

② "몰"은 이용자가 구매한 재화에 대해 배송수단, 수단별 배송비용 부담자, 수단별 배송기간 등을 명시합니다. 만약 "몰"이 약정 배송기간을 초과한 경우에는 그로 인한 이용자의 손해를 배상하여야 합니다. 다만 "몰"이 고의·과실이 없음을 입증한 경우에는 그러하지 아니합니다.

제14조【환급】

"몰"은 이용자가 구매신청한 재화 등이 품절 등의 사유로 인도 또는 제공을 할 수 없을 때에는 지체 없이 그 사유를 이용자에게 통지하고 사전에 재화 등의 대금을 받은 경우에는 대금을 받은 날부터 3영업일 이내에 환급하거나 환급에 필요한 조치를 취합니다.

제15조【청약철회 등】

① "몰"과 재화등의 구매에 관한 계약을 체결한 이용자는 「전자상거래 등에서의 소비자보호에

관한 법률」 제13조 제2항에 따른 계약내용에 관한 서면을 받은 날(그 서면을 받은 때보다 재화 등의 공급이 늦게 이루어진 경우에는 재화 등을 공급받거나 재화 등의 공급이 시작된 날을 말합니다)부터 7일 이내에는 청약의 철회를 할 수 있습니다. 다만, 청약철회에 관하여 「전자상거래 등에서의 소비자보호에 관한 법률」에 달리 정함이 있는 경우에는 동 법 규정에 따릅니다.

② 이용자는 재화 등을 배송 받은 경우 다음 각 호의 1에 해당하는 경우에는 반품 및 교환을 할 수 없습니다.

  1. 이용자에게 책임 있는 사유로 재화 등이 멸실 또는 훼손된 경우(다만, 재화 등의 내용을 확인하기 위하여 포장 등을 훼손한 경우에는 청약철회를 할 수 있습니다)

  2. 이용자의 사용 또는 일부 소비에 의하여 재화 등의 가치가 현저히 감소한 경우

  3. 시간의 경과에 의하여 재판매가 곤란할 정도로 재화등의 가치가 현저히 감소한 경우

  4. 같은 성능을 지닌 재화 등으로 복제가 가능한 경우 그 원본인 재화 등의 포장을 훼손한 경우

③ 제2항제2호 내지 제4호의 경우에 "몰"이 사전에 청약철회 등이 제한되는 사실을 소비자가 쉽게 알 수 있는 곳에 명기하거나 시용상품을 제공하는 등의 조치를 하지 않았다면 이용자의 청약철회 등이 제한되지 않습니다.

④ 이용자는 제1항 및 제2항의 규정에 불구하고 재화 등의 내용이 표시·광고 내용과 다르거나 계약내용과 다르게 이행된 때에는 당해 재화 등을 공급받은 날부터 3월 이내, 그 사실을 안 날 또는 알 수 있었던 날부터 30일 이내에 청약철회 등을 할 수 있습니다.

제16조 【청약철회 등의 효과】

① "몰"은 이용자로부터 재화 등을 반환받은 경우 3영업일 이내에 이미 지급받은 재화 등의 대금을 환급합니다. 이 경우 "몰"이 이용자에게 재화등의 환급을 지연한때에는 그 지연기간에 대하여 「전자상거래 등에서의 소비자보호에 관한 법률 시행령」 제21조의2에서 정하는 지연이자율을 곱하여 산정한 지연이자를 지급합니다.

② "몰"은 위 대금을 환급함에 있어서 이용자가 신용카드 또는 전자화폐 등의 결제수단으로 재화 등의 대금을 지급한 때에는 지체 없이 당해 결제수단을 제공한 사업자로 하여금 재화 등의 대금의 청구를 정지 또는 취소하도록 요청합니다.

③ 청약철회 등의 경우 공급받은 재화 등의 반환에 필요한 비용은 이용자가 부담합니다. "몰"은 이용자에게 청약철회 등을 이유로 위약금 또는 손해배상을 청구하지 않습니다. 다만 재화 등의 내용이 표시·광고 내용과 다르거나 계약내용과 다르게 이행되어 청약철회 등을 하는 경우 재화 등의 반환에 필요한 비용은 "몰"이 부담합니다.

④ 이용자가 재화 등을 제공받을 때 발송비를 부담한 경우에 "몰"은 청약철회 시 그 비용을 누가 부담하는지를 이용자가 알기 쉽도록 명확하게 표시합니다.

제17조 【개인정보보호】

① "몰"은 이용자의 개인정보 수집시 서비스제공을 위하여 필요한 범위에서 최소한의 개인정보를 수집합니다.

② "몰"은 회원가입시 구매계약이행에 필요한 정보를 미리 수집하지 않습니다. 다만, 관련 법령

상 의무이행을 위하여 구매계약 이전에 본인확인이 필요한 경우로서 최소한의 특정 개인정보를 수집하는 경우에는 그러하지 아니합니다.

③ "몰"은 이용자의 개인정보를 수집·이용하는 때에는 당해 이용자에게 그 목적을 고지하고 동의를 받습니다.

④ "몰"은 수집된 개인정보를 목적외의 용도로 이용할 수 없으며, 새로운 이용목적이 발생한 경우 또는 제3자에게 제공하는 경우에는 이용·제공단계에서 당해 이용자에게 그 목적을 고지하고 동의를 받습니다. 다만, 관련 법령에 달리 정함이 있는 경우에는 예외로 합니다.

⑤ "몰"이 제2항과 제3항에 의해 이용자의 동의를 받아야 하는 경우에는 개인정보관리 책임자의 신원(소속, 성명 및 전화번호, 기타 연락처), 정보의 수집목적 및 이용목적, 제3자에 대한 정보제공 관련사항(제공받은자, 제공목적 및 제공할 정보의 내용) 등 「정보통신망 이용촉진 및 정보보호 등에 관한 법률」 제22조제2항이 규정한 사항을 미리 명시하거나 고지해야 하며 이용자는 언제든지 이 동의를 철회할 수 있습니다.

⑥ 이용자는 언제든지 "몰"이 가지고 있는 자신의 개인정보에 대해 열람 및 오류정정을 요구할 수 있으며 "몰"은 이에 대해 지체 없이 필요한 조치를 취할 의무를 집니다. 이용자가 오류의 정정을 요구한 경우에는 "몰"은 그 오류를 정정할 때까지 당해 개인정보를 이용하지 않습니다.

⑦ "몰"은 개인정보 보호를 위하여 이용자의 개인정보를 취급하는 자를 최소한으로 제한하여야 하며 신용카드, 은행계좌 등을 포함한 이용자의 개인정보의 분실, 도난, 유출, 동의 없는 제3자 제공, 변조 등으로 인한 이용자의 손해에 대하여 모든 책임을 집니다.

⑧ "몰" 또는 그로부터 개인정보를 제공받은 제3자는 개인정보의 수집목적 또는 제공받은 목적을 달성한 때에는 당해 개인정보를 지체 없이 파기합니다.

⑨ "몰"은 개인정보의 수집·이용·제공에 관한 동의 란을 미리 선택한 것으로 설정해두지 않습니다. 또한 개인정보의 수집·이용·제공에 관한 이용자의 동의거절시 제한되는 서비스를 구체적으로 명시하고, 필수수집항목이 아닌 개인정보의 수집·이용·제공에 관한 이용자의 동의 거절을 이유로 회원가입 등 서비스 제공을 제한하거나 거절하지 않습니다.

제18조 【몰의 의무】

① "몰"은 법령과 이 약관이 금지하거나 공서양속에 반하는 행위를 하지 않으며 이 약관이 정하는 바에 따라 지속적이고, 안정적으로 재화·용역을 제공하는데 최선을 다하여야 합니다.

② "몰"은 이용자가 안전하게 인터넷 서비스를 이용할 수 있도록 이용자의 개인정보(신용정보 포함)보호를 위한 보안 시스템을 갖추어야 합니다.

③ "몰"이 상품이나 용역에 대하여 「표시·광고의 공정화에 관한 법률」 제3조 소정의 부당한 표시·광고행위를 함으로써 이용자가 손해를 입은 때에는 이를 배상할 책임을 집니다.

④ "몰"은 이용자가 원하지 않는 영리목적의 광고성 전자우편을 발송하지 않습니다.

제19조 【회원의 ID 및 비밀번호에 대한 의무】

① 제17조의 경우를 제외한 ID와 비밀번호에 관한 관리책임은 회원에게 있습니다.

② 회원은 자신의 ID 및 비밀번호를 제3자에게 이용하게 해서는 안됩니다.

③ 회원이 자신의 ID 및 비밀번호를 도난당하거나 제3자가 사용하고 있음을 인지한 경우에는 바

로 "몰"에 통보하고 "몰"의 안내가 있는 경우에는 그에 따라야 합니다.

제20조 【이용자의 의무】

이용자는 다음 행위를 하여서는 안 됩니다.

1. 신청 또는 변경시 허위 내용의 등록
2. 타인의 정보 도용
3. "몰"에 게시된 정보의 변경
4. "몰"이 정한 정보 이외의 정보(컴퓨터 프로그램 등) 등의 송신 또는 게시
5. "몰" 기타 제3자의 저작권 등 지적재산권에 대한 침해
6. "몰" 기타 제3자의 명예를 손상시키거나 업무를 방해하는 행위
7. 외설 또는 폭력적인 메시지, 화상, 음성, 기타 공서양속에 반하는 정보를 몰에 공개 또는 게시하는 행위

제21조 【연결 "몰" 과 피연결 "몰" 간의 관계】

① 상위 "몰"과 하위 "몰"이 하이퍼링크(예: 하이퍼링크의 대상에는 문자, 그림 및 동화상 등이 포함됨)방식 등으로 연결된 경우, 전자를 연결 "몰"(웹 사이트)이라고 하고 후자를 피연결 "몰"(웹사이트)이라고 합니다.

② 연결"몰"은 피연결"몰"이 독자적으로 제공하는 재화 등에 의하여 이용자와 행하는 거래에 대해서 보증 책임을 지지 않는다는 뜻을 연결"몰"의 초기화면 또는 연결되는 시점의 팝업화면으로 명시한 경우에는 그 거래에 대한 보증 책임을 지지 않습니다.

제22조 【저작권의 귀속 및 이용제한】

① "몰"이 작성한 저작물에 대한 저작권 기타 지적재산권은 "몰"에 귀속합니다.

② 이용자는 "몰"을 이용함으로써 얻은 정보 중 "몰"에게 지적재산권이 귀속된 정보를 "몰"의 사전 승낙 없이 복제, 송신, 출판, 배포, 방송 기타 방법에 의하여 영리목적으로 이용하거나 제3자에게 이용하게 하여서는 안됩니다.

③ "몰"은 약정에 따라 이용자에게 귀속된 저작권을 사용하는 경우 당해 이용자에게 통보하여야 합니다.

제23조 【분쟁해결】

① "몰"은 이용자가 제기하는 정당한 의견이나 불만을 반영하고 그 피해를 보상처리하기 위하여 피해보상처리기구를 설치·운영합니다.

② "몰"은 이용자로부터 제출되는 불만사항 및 의견은 우선적으로 그 사항을 처리합니다. 다만, 신속한 처리가 곤란한 경우에는 이용자에게 그 사유와 처리일정을 즉시 통보해 드립니다.

③ "몰"과 이용자 간에 발생한 전자상거래 분쟁과 관련하여 이용자의 피해구제신청이 있는 경우에는 공정거래위원회 또는 시·도지사가 의뢰하는 분쟁조정기관의 조정에 따를 수 있습니다.

제24조 【재판권 및 준거법】

① "몰"과 이용자 간에 발생한 전자상거래 분쟁에 관한 소송은 제소 당시의 이용자의 주소에 의하고, 주소가 없는 경우에는 거소를 관할하는 지방법원의 전속관할로 합니다. 다만, 제소 당시 이용자의 주소 또는 거소가 분명하지 않거나 외국 거주자의 경우에는 민사소송법상의 관

할법원에 제기합니다.

② "몰"과 이용자 간에 제기된 전자상거래 소송에는 한국법을 적용합니다.

〈부 칙〉

제25조 【시행일】

이 약관은 ○○○○년 ○○월 ○○일부터 시행한다.

[150]
온라인쇼핑몰 개인정보 처리방침

– 개인정보 처리방침 작성시 유의사항 –

✿ 개인정보 처리방침

1. "개인정보 처리방침" 이란 개인정보를 처리하고 있는 사업자/단체의 개인정보 처리기준 및 보호조치 등을 문서화하여 공개하는 것을 말함

2. 개인정보 보호법에서는 사업자 등 개인정보처리자로 하여금 개인정보 처리방침을 수립·공개하도록 의무화하고 있음 (법 제30조)

※ 개인정보 처리방침을 정하지 않거나 공개하지 않는 자는 1천만원 이하 과태료가 부과됨

✿ 개인정보보호 처리방침의 내용

개인정보 보호법 및 표준 개인정보 보호지침은 「개인정보 처리방침」에 포함되어야 하는 사항을 정하고 있음

〈 개인정보 처리방침 기재사항 〉

필수적 기재사항	임의적 기재사항
1. 개인정보의 처리 목적 2. 개인정보의 처리 및 보유 기간 3. 개인정보의 제3자 제공에 관한 사항 　(해당되는 경우에만 정함) 4. 개인정보처리의 위탁에 관한 사항 　(해당되는 경우에만 정함) 5. 정보주체와 법정대리인의 권리·의무 및 그 행사방법에 관한 사항 6. 처리하는 개인정보의 항목 7. 개인정보의 파기에 관한 사항 8. 개인정보 보호책임자에 관한 사항 9. 개인정보 처리방침의 변경에 관한 사항 10. 개인정보의 안전성 확보조치에 관한 사항 11. 개인정보 자동 수집 장치의 설치·운영 및 그 거부에 관한 사항	1. 정보주체의 권익침해에 대한 구제방법 2. 개인정보의 열람청구를 접수·처리하는 부서 3. 영상정보처리기기 운영·관리에 관한 사항 　(개인정보 보호법 제25조제7항에 따른 '영상정보처리기기 운영·관리방침'을 개인정보처리방침에 포함하여 정하는 경우)

※ 필수적 기재사항이란 개인정보 보호법 제30조, 시행령 제31조, 표준 개인정보 보호지침 제37조에 따라 「개인정보 처리방침」에 반드시 모두 포함해야 하는 사항임
※ 임의적 기재사항이란 「개인정보 처리방침」에 포함시킬지 여부를 사업자/단체 스스로가 개인정보 처리현황을 고려하여 자율적으로 정할 수 있는 사항임

● 개인정보처리방침 공개방법

1. 사업자, 단체 등의 인터넷 홈페이지에 지속적으로 게재해야 함

   ※ 반드시 "개인정보 처리방침"이라는 명칭을 사용하고, 글자크기·색상 등을 활용하여 다른 고지사항(이용약관, 저작권 안내 등)과 구분하여 정보주체가 쉽게 확인하도록 해야 함

2. 인터넷 홈페이지에 게재할 수 없는 경우 아래 방법으로 공개해야 함

   1) 사업자/단체 사무소 등의 보기쉬운 장소에 게시

   2) 간행물, 소식시, 홍보지, 청구서 등에 지속적 게재

   3) 사업자/단체 사무소가 있는 지역을 주된 보급지역으로 하는 일반일간신문 등에 게재

   4) 재화·용역 제공을 위해 사업자/단체와 정보주체가 작성한 계약서 등에 실어 정보주체에게 발급

온라인쇼핑몰 개인정보처리방침

제정 ○○○○년 ○○월 ○○일
개정 ○○○○년 ○○월 ○○일

[○○(주) 인터넷쇼핑몰 개인정보처리방침]

○○(주)(이하 '회사'라 한다)는 개인정보 보호법 제30조에 따라 정보 주체의 개인정보를 보호하고 이와 관련한 고충을 신속하고 원활하게 처리할 수 있도록 다음과 같이 개인정보 처리지침을 수립·공개합니다.

〈총 칙〉

제1조【개인정보의 처리목적】

회사는 다음의 목적을 위하여 개인정보를 처리합니다. 처리하고 있는 개인정보는 다음의 목적 이외의 용도로는 이용되지 않으며, 이용 목적이 변경되는 경우에는 개인정보 보호법 제18조에 따라 별도의 동의를 받는 등 필요한 조치를 이행할 예정입니다.

1. 홈페이지 회원 가입 및 관리

   회원 가입의사 확인, 회원제 서비스 제공에 따른 본인 식별·인증, 회원자격 유지·관리, 제한적 본인확인제 시행에 따른 본인확인, 서비스 부정이용 방지, 만 14세 미만 아동의 개인정보 처리시 법정대리인의 동의여부 확인, 각종 고지·통지, 고충처리 등을 목적으로 개인정보를 처리합니다.

2. 재화 또는 서비스 제공

   물품배송, 서비스 제공, 계약서·청구서 발송, 콘텐츠 제공, 맞춤서비스 제공, 본인인증, 연령인증, 요금결제·정산, 채권추심 등을 목적으로 개인정보를 처리합니다.

3. 고충처리

   민원인의 신원 확인, 민원사항 확인, 사실조사를 위한 연락·통지, 처리결과 통보 등의 목적으로 개인정보를 처리합니다.

제2조 【개인정보의 처리 및 보유기간】

① 회사는 법령에 따른 개인정보 보유·이용기간 또는 정보주체로부터 개인정보를 수집시에 동의받은 개인정보 보유·이용기간 내에서 개인정보를 처리·보유합니다.

② 각각의 개인정보 처리 및 보유 기간은 다음과 같습니다.

1. 홈페이지 회원 가입 및 관리 : 사업자/단체 홈페이지 탈퇴시까지. 다만, 다음의 사유에 해당하는 경우에는 해당 사유 종료시까지
   - 관계 법령 위반에 따른 수사·조사 등이 진행중인 경우에는 해당 수사·조사 종료시까지
   - 홈페이지 이용에 따른 채권·채무관계 잔존시에는 해당 채권·채무관계 정산시까지
2. 재화 또는 서비스 제공 : 재화·서비스 공급완료 및 요금결제·정산 완료시까지. 다만, 다음의 사유에 해당하는 경우에는 해당 기간 종료시까지
   1) 전자상거래 등에서의 소비자 보호에 관한 법률에 따른 표시·광고, 계약내용 및 이행 등 거래에 관한 기록
      - 표시·광고에 관한 기록 : 6개월
      - 계약 또는 청약철회, 대금결제, 재화 등의 공급기록 : 5년
      - 소비자 불만 또는 분쟁처리에 관한 기록 : 3년
   2) 「통신비밀보호법」 제41조에 따른 통신사실확인자료 보관
      - 가입자 전기통신일시, 개시·종료시간, 상대방 가입자번호, 사용도수, 발신기지국 위치 추적자료 : 1년
      - 컴퓨터통신, 인터넷 로그기록자료, 접속지 추적자료 : 3개월

제3조 【개인정보의 제3자 제공】

① 회사는 정보주체의 개인정보를 제1조【개인정보의 처리 목적)에서 명시한 범위 내에서만 처리하며, 정보주체의 동의, 법률의 특별한 규정 등 개인정보 보호법 제17조에 해당하는 경우에만 개인정보를 제3자에게 제공합니다.

② 회사는 다음과 같이 개인정보를 제3자에게 제공하고 있습니다.

1. 개인정보를 제공받는 자 : (주) ○○○ 카드
2. 제공받는 자의 개인정보 이용목적 : 이벤트 공동개최 등 업무제휴 및 제휴 신용카드 발급
3. 제공하는 개인정보 항목 : 성명, 주소, 전화번호, 이메일주소, 카드결제계좌정보, 신용도 정보
4. 제공받는 자의 보유·이용기간 : 신용카드 발급계약에 따른 거래기간동안

제4조 【개인정보처리의 위탁】

① 회사는 원활한 개인정보 업무처리를 위하여 다음과 같이 개인정보 처리업무를 위탁하고 있습니다.

1. 전화 상담센터 운영
   - 위탁받는 자 (수탁자) : ○○○ 컨택센터
   - 위탁하는 업무의 내용 : 전화상담 응대, 부서 및 직원 안내 등

2. A/S 센터 운영
- 위탁받는 자 (수탁자) : ○○○ 전자
- 위탁하는 업무의 내용 : 고객 대상 제품 A/S 제공

② 회사는 위탁계약 체결시 개인정보 보호법 제25조에 따라 위탁업무 수행목적 외 개인정보 처리금지, 기술적·관리적 보호조치, 재위탁 제한, 수탁자에 대한 관리·감독, 손해배상 등 책임에 관한 사항을 계약서 등 문서에 명시하고, 수탁자가 개인정보를 안전하게 처리하는지를 감독하고 있습니다.

③ 위탁업무의 내용이나 수탁자가 변경될 경우에는 지체없이 본 개인정보 처리방침을 통하여 공개하도록 하겠습니다.

제5조 【정보주체의 권리·의무 및 행사방법】

① 정보주체는 회사에 대해 언제든지 다음 각 호의 개인정보 보호 관련 권리를 행사할 수 있습니다.
1. 개인정보 열람요구
2. 오류 등이 있을 경우 정정 요구
3. 삭제요구
4. 처리정지 요구

② 제1항에 따른 권리 행사는 회사에 대해 서면, 전화, 전자우편, 모사전송(FA○) 등을 통하여 하실 수 있으며 회사는 이에 대해 지체없이 조치하겠습니다.

③ 정보주체가 개인정보의 오류 등에 대한 정정 또는 삭제를 요구한 경우에는 회사는 정정 또는 삭제를 완료할 때까지 당해 개인정보를 이용하거나 제공하지 않습니다.

④ 제1항에 따른 권리 행사는 정보주체의 법정대리인이나 위임을 받은 자 등 대리인을 통하여 하실 수 있습니다. 이 경우 개인정보 보호법 시행규칙 별지 제11호 서식에 따른 위임장을 제출하셔야 합니다.

⑤ 정보주체는 개인정보 보호법 등 관계법령을 위반하여 회사가 처리하고 있는 정보주체 본인이나 타인의 개인정보 및 사생활을 침해하여서는 아니됩니다.

제6조 【처리하는 개인정보 항목】

회사는 다음의 개인정보 항목을 처리하고 있습니다.

1. 홈페이지 회원 가입 및 관리
가.. 필수항목 : 성명, 생년월일, 아이디, 비밀번호, 주소, 전화번호, 성별, 이메일주소, 아이핀번호
나. 선택항목 : 결혼여부, 관심분야

2. 재화 또는 서비스 제공
- 필수항목 : 성명, 생년월일, 아이디, 비밀번호, 주소, 전화번호, 이메일주소, 아이핀번호, 신용카드번호, 은행계좌정보 등 결제정보
- 선택항목 : 관심분야, 과거 구매내역

3. 인터넷 서비스 이용과정에서 아래 개인정보 항목이 자동으로 생성되어 수집될 수 있습니다.
-IP주소, 쿠키, MAC주소, 서비스 이용기록, 방문기록, 불량 이용기록 등

제7조 【개인정보의 파기】

① 회사는 개인정보 보유기간의 경과, 처리목적 달성 등 개인정보가 불필요하게 되었을 때에는 지체없이 해당 개인정보를 파기합니다.

② 정보주체로부터 동의받은 개인정보 보유기간이 경과하거나 처리목적이 달성되었음에도 불구하고 다른 법령에 따라 개인정보를 계속 보존하여야 하는 경우에는, 해당 개인정보를 별도의 데이터베이스(DB)로 옮기거나 보관장소를 달리하여 보존합니다.

③ 개인정보 파기의 절차 및 방법은 다음과 같습니다.

　1. 파기절차 : 회사는 파기 사유가 발생한 개인정보를 선정하고, 회사의 개인정보 보호책임자의 승인을 받아 개인정보를 파기합니다.

　2. 파기방법 : 회사는 전자적 파일 형태로 기록·저장된 개인정보는 기록을 재생할 수 없도록 로우레벨포맷(Low Level Format) 등의 방법을 이용하여 파기하며, 종이 문서에 기록·저장된 개인정보는 분쇄기로 분쇄하거나 소각하여 파기합니다.

제8조 【개인정보의 안전성 확보조치】

회사는 개인정보의 안전성 확보를 위해 다음과 같은 조치를 취하고 있습니다.

　1. 관리적 조치 : 내부관리계획 수립·시행, 정기적 직원 교육 등

　2. 기술적 조치 : 개인정보처리시스템 등의 접근권한 관리, 접근통제시스템 설치, 고유식별정보 등의 암호화, 보안프로그램 설치

　3. 물리적 조치 : 전산실, 자료보관실 등의 접근통제

제9조 【개인정보 자동 수집 장치의 설치·운영 및 거부에 관한 사항】

① 회사는 이용자에게 개별적인 맞춤서비스를 제공하기 위해 이용정보를 저장하고 수시로 불러오는 '쿠키(cookie)'를 사용합니다.

② 쿠키는 웹사이트를 운영하는데 이용되는 서버(http)가 이용자의 컴퓨터 브라우저에게 보내는 소량의 정보이며 이용자들의 PC 컴퓨터내의 하드디스크에 저장되기도 합니다.

　1. 쿠키의 사용목적: 이용자가 방문한 각 서비스와 웹 사이트들에 대한 방문 및 이용형태, 인기 검색어, 보안접속 여부, 등을 파악하여 이용자에게 최적화된 정보 제공을 위해 사용됩니다.

　2. 쿠키의 설치·운영 및 거부 : 웹브라우저 상단의 도구〉인터넷 옵션〉개인정보 메뉴의 옵션 설정을 통해 쿠키 저장을 거부 할 수 있습니다.

　3. 쿠키 저장을 거부할 경우 맞춤형 서비스 이용에 어려움이 발생할 수 있습니다.

제10조 【개인정보 보호책임자】

① 회사는 개인정보 처리에 관한 업무를 총괄해서 책임지고, 개인정보 처리와 관련한 정보주체의 불만처리 및 피해구제 등을 위하여 아래와 같이 개인정보 보호책임자를 지정하고 있습니다.

　1. 개인정보 보호책임자

　　성명 : ○○○

　　직책 : ○○○ 이사

　　연락처 : 〈전화번호〉, 〈이메일〉, 〈팩스번호〉

※ 개인정보 보호 담당부서로 연결됩니다.

2. 개인정보 보호 담당부서

부서명 : ○○○ 팀

담당자 : ○○○

연락처 : 〈전화번호〉, 〈이메일〉, 〈팩스번호〉

② 정보주체께서는 회사의 서비스(또는 사업)을 이용하시면서 발생한 모든 개인정보 보호 관련 문의, 불만처리, 피해구제 등에 관한 사항을 개인정보 보호책임자 및 담당부서로 문의하실 수 있습니다. 회사는 정보주체의 문의에 대해 지체없이 답변 및 처리해드릴 것입니다.

제11조【개인정보 열람청구】

정보주체는 개인정보 보호법 제35조에 따른 개인정보의 열람 청구를 아래의 부서에 할 수 있습니다. 회사는 정보주체의 개인정보 열람청구가 신속하게 처리되도록 노력하겠습니다.

1. 개인정보 열람청구 접수·처리 부서

부서명 : ○○○

담당자 : ○○○

연락처 : 〈전화번호〉, 〈이메일〉, 〈팩스번호〉

제12조【권익침해 구제방법】

정보주체는 아래의 기관에 대해 개인정보 침해에 대한 피해구제, 상담 등을 문의하실 수 있습니다. 〈아래의 기관은 회사와는 별개의 기관으로서, 회사의 자체적인 개인정보 불만처리, 피해구제 결과에 만족하지 못하시거나 보다 자세한 도움이 필요하시면 문의하여 주시기 바랍니다〉

1. 개인정보 침해신고센터 (한국인터넷진흥원 운영)
   - 소관업무 : 개인정보 침해사실 신고, 상담 신청
   - 홈페이지 : privacy.kisa.or.kr
   - 전화 : (국번없이) 118
   - 주소 : (58324) 전남 나주시 진흥길 9(빛가람동 301-2) 3층 개인정보침해신고센터
2. 개인정보 분쟁조정위원회
   - 소관업무 : 개인정보 분쟁조정신청, 집단분쟁조정 (민사적 해결)
   - 홈페이지 : www.kopico.go.kr
   - 전화 : (국번없이) 1833-6972
   - 주소 : (03171)서울특별시 종로구 세종대로 209 정부서울청사 4층
3. 대검찰청 사이버범죄수사단 : 02-3480-3573 (www.spo.go.kr)
4. 경찰청 사이버안전국 : 182 (http://cyberbureau.police.go.kr)

제13조【영상정보처리기기 설치·운영】

① 〈사업자/단체명〉 은(는) 아래와 같이 영상정보처리기기를 설치·운영하고 있습니다.

1. 영상정보처리기기 설치근거·목적 : 〈사업자/단체명〉 의 시설안전·화재예방
2. 설치 대수, 설치 위치, 촬영 범위 : 사옥 로비·전시실 등 주요시설물에 00대 설치, 촬영 범위는 주요시설물의 전 공간을 촬영

3. 관리책임자, 담당부서 및 영상정보에 대한 접근권한자 : ○○○ 팀 ○○○ 과장
4. 영상정보 촬영시간, 보관기간, 보관장소, 처리방법
   - 촬영시간 : 24시간 촬영
   - 보관기간 : 촬영시부터 30일
   - 보관장소 및 처리방법 : ○○○팀 영상정보처리기기 통제실에 보관·처리
5. 영상정보 확인 방법 및 장소 : 관리책임자에 요구 (○○○팀)
6. 정보주체의 영상정보 열람 등 요구에 대한 조치 : 개인영상정보 열람·존재확인 청구서로 신청하여야 하며, 정보주체 자신이 촬영된 경우 또는 명백히 정보주체의 생명·신체·재산 이익을 위해 필요한 경우에 한해 열람을 허용함
7. 영상정보 보호를 위한 기술적·관리적·물리적 조치 : 내부관리계획 수립, 접근통제 및 접근권한 제한, 영상정보의 안전한 저장·전송기술 적용, 처리기록 보관 및 위·변조 방지조치, 보관시설 마련 및 잠금장치 설치 등

〈부 칙〉

제14조【시행일】

이 개인정보 처리방침은 ○○○○년 ○○월 ○○일부터 적용됩니다.

제15조【개인정보 처리방침 변경】

이전의 개인정보 처리방침은 아래에서 확인하실 수 있습니다.
   1. ○○○○년 ○○월 ○○일 적용
   2. ○○○○년 ○○월 ○○일 적용

제33편

표준근로계약서

[152] 표준 근로계약서

📋 근로계약서 작성방법

1. 표준근로계약서(기간의 정함이 없는 경우)
2. 표준근로계약서(기간의 정함이 있는 경우)
3. 건설일용근로자 표준근로계약서
4. 단시간근로자 표준근로계약서
5. 연소근로자 표준근로계약서
6. 영문 표준근로계약서

[152]
표준근로계약서

1. 근로계약서 작성방법

근로계약이란 근로자가 사용자에게 근로를 제공하고 사용자는 이에 대하여 임금을 지급함을 목적으로 체결된 계약을 말한다(근로기준법 제2조1항4호). 이는 근로계약이 근로자의 근로제공과 사용자의 임금지급이 교환되는 것을 목적으로 하는 쌍무계약임을 밝히며, 근로기준법(이하 '법'이라 한다)의 적용대상인 근로 관계의 기초를 형성하는 근로계약의 정의 또는 개념을 명확히 하고자 마련된 규정이라고 할 수 있다.

❀ 서면계약의 원칙

근로자를 채용할 때에는 서면으로 근로계약서를 작성해야 한다. 근로계약서에는 임금, 소정근로시간, 휴일, 휴가 및 취업의 장소와 업무 등을 기재한다. 근로계약서는 2부를 작성해서 당사자 간 한 부씩 보관한다.

❀ 근로계약의 일반명시사항

사용자는 근로계약을 체결할 때에 근로자에게 다음 각 호의 사항을 명시하여야 한다. 근로계약 체결 후 다음 각 호의 사항을 변경하는 경우에도 또한 같다. (근기법 제17조1항)

1. 임금
2. 소정근로시간
3. 주휴일, 공휴일(근기법 제55조에 따른 휴일)
4. 연차유급휴가 (근기법 제60조에 따른 연차 유급휴가)
5. 취업규칙 기재사항(근기령으로 정하는 근로조건)
6. 기숙사 규칙에 관한 사항 (근기령으로 정하는 근로조건)

❀ 일반근로자 근로계약의 서면명시사항

사용자는 근로계약을 체결할 때 다음의 근로조건이 명시된 서면을 근로자에게 교부하여야 한다. 다만, 본문에 따른 사항이 단체협약 또는 취업규칙의 변경 등 대통령령으로 정하는 사유로 인하여 변경되는 경우에는 근로자의 요구가 있으면 그 근로자에게 교부하여야 한다. (근기법 제17조2항)

   1. 임금의 구성항목·계산방법·지급방법

   2. 소정근로시간

   3. 주휴일, 공휴일에 관한 사항

   4. 연차유급휴가에 관한 사항

🌑 계약직 및 단시간근로자의 서면명시사항

사용자는 기간제근로자 또는 단시간근로자와 근로계약을 체결하는 때에는 다음 각 호의 모든 사항을 서면으로 명시하여야 한다. 다만, 제6호는 단시간근로자에 한한다.(기간제법 제17조)

   1. 근로계약기간에 관한 사항

   2. 근로시간·휴게에 관한 사항

   3. 임금의 구성항목·계산방법 및 지불방법에 관한 사항

   4. 휴일·휴가에 관한 사항

   5. 취업의 장소와 종사하여야 할 업무에 관한 사항

   6. 근로일 및 근로일별 근로시간(단시간근로자)

🌑 근로계약서 보존기간

근로자명부와 임금대장, 근로계약에 관한 중요서류를 사업장에 비치하고 3년간 보존해야 한다.

2. 근로계약의 유의사항

🌑 일반근로자의 근로계약기간

일반근로자의 근로계약기간은 기간의 제한이 없는 기간으로 일반적으로 정년까지의 기간을 말한다. 정년은 근로계약의 종료 사유, 즉 계약기간의 최대한도를 정한 것이라 본다.

🌑 기간제 근로계약기간

① 사용자는 기간제근로자를 사용할 때 2년을 초과하지 않는 기간으로 근로계약을 체결하여야 한다.

② 다만, 사업의 완료 또는 특정한 업무의 완성에 필요한 기간을 정하였을 때 등 일정한 예외에 해당하는 경우에는 2년을 초과하여 계약기간을 정할 수 있다.

③ 2년을 초과하는 예외에 해당하지 않음에도 2년을 초과하여 기간제근로자로 사용하는 경우에는 그 기간제근로자는 기간의 정함이 없는 근로계약을 체결한 근로자로 간주한다(기단법 제4조).

● **단시간근로자의 연장근로수당 지급**

① 아르바이트 등 단시간근로자는 "기간제 및 단시간근로자 보호 등에 관한 법률"에 따라 2014년 9년 19일부터 단시간근로자의 연장근로에 대하여 통상임금의 50%를 가산한 연장수당을 지급하여야 한다.

② 예를 들면 1일에 4시간을 근무하는 아르바이트생에게 2시간을 초과하여 근무하게 하는 경우 4시간을 초과한 2시간에 대하여 50%의 가산수당을 지급하여야 한다.

● **근로시간**

근로시간은 1일에 8시간, 1주에 40시간, 1주에 12시간의 연장근로시간을 지켜야 한다. 1일에 8시간, 1주에 40시간을 초과하여 근로할 때는 근로자대표와 반드시 합의하여야 한다. 이 경우에도 1주일에 12시간을 초과할 수 없다. (근기법 제50조)

● **휴게시간**

사용자는 근로시간이 4시간인 경우에는 30분 이상, 8시간인 경우에는 1시간 이상의 휴게시간을 근로시간 도중에 주어야 한다. 또한, 휴게시간은 근로자가 자유롭게 이용할 수 있다. (근기법 제54조)

● **주휴일**

사용자는 근로자에게 1주에 평균 1회 이상의 유급휴일을 보장하여야 한다. (근기법 제55조)

● **공휴일**

사용자는 다음의 날부터 근로자에게 공휴일을 유급으로 보장하여야 한다. 다만, 근로자대표와 서면으로 합의한 경우 특정한 근로일로 대체할 수 있다. (근기법 제56조)

 1. 상시근로자 300명 이상의 사업장 : 2020년 1월 1일
 2. 상시근로자 30명 이상 300명 미만의 사업장: 2021년 1월 1일
 3. 상시근로자 5인 이상 30명 미만의 사업장: 2022년 1월 1일

● **연차휴가** (근기법 제60조)

① 사용자는 1년간 80퍼센트 이상 출근한 근로자에게 15일의 유급휴가를 주어야 한다. 〈개정 2012. 2. 1.〉

② 사용자는 계속하여 근로한 기간이 1년 미만인 근로자 또는 1년간 80퍼센트 미만 출근한 근로자에게 1개월 개근 시 1일의 유급휴가를 주어야 한다. 〈개정 2012. 2. 1.〉

③ 사용자는 3년 이상 계속하여 근로한 근로자에게는 제1항에 따른 휴가에 최초 1년을 초과하는

계속 근로 연수 매 2년에 대하여 1일을 가산한 유급휴가를 주어야 한다. 이 경우 가산휴가를 포함한 총 휴가 일수는 25일을 한도로 한다.

④ ①②③에 따른 휴가는 1년간(계속하여 근로한 기간이 1년 미만인 근로자의 제2항에 따른 유급휴가는 최초 1년의 근로가 끝날 때까지의 기간을 말한다) 행사하지 아니하면 소멸된다. 다만, 사용자의 귀책사유로 사용하지 못한 경우에는 그러하지 아니하다. 〈개정 2020.3.31.〉

⬤ 임금의 지급 (근기법 제46조)

① 임금은 통화(通貨)로 직접 근로자에게 그 전액을 지급하여야 한다. 다만, 법령 또는 단체협약에 특별한 규정이 있는 경우에는 임금의 일부를 공제하거나 통화 이외의 것으로 지급할 수 있다.

② 임금은 매월 1회 이상 일정한 날짜를 정하여 지급하여야 한다. 다만, 임시로 지급하는 임금, 수당, 그 밖에 이에 준하는 것 또는 대통령령으로 정하는 임금에 대하여는 그러하지 아니하다.

⬤ 최저임금

1인 이상 근로자를 채용하는 사업장은 노동부 장관이 정하여 고시하는 최저임금 이상을 지급하여야 한다. 최저임금을 근로자가 쉽게 볼 수 있는 장소에 게시하거나 그 외의 적당한 방법으로 근로자에게 주지시켜야 한다.

표준근로계약서
(기간의 정함이 없는 경우)

_____(이하 "사업주"라 함)과(와)_____(이하 "근로자"라 함)은 다음과 같이 근로계약을 체결한다.

1. 근로개시일 :   년   월   일부터

2. 근무장소 :

3. 업무의 내용 :

4. 소정근로시간 :   시 분부터   시   분까지 (휴게시간 : 시 분 ~ 시   분)

5. 근무일/휴일 : 매주   일(또는 매일단위) 근무, 주휴일 매주   요일

6. 임 금

   - 월(일, 시간)급 :   원

   - 상여금 : 있음 (   )   원, 없음 (   )

   - 기타급여(제수당 등) : 있음 (   ),   없음 (   )

   ·   원,   ·   원

   ·   원,   ·   원

   - 임금지급일 : 매월(매주 또는 매일)   일(휴일의 경우는 전일 지급)

   - 지급방법 : 근로자에게 직접지급(   )

              근로자 명의 예금통장에 입금(   )

7. 연차유급휴가

   - 연차유급휴가는 근로기준법에서 정하는 바에 따라 부여함

8. 사회보험 적용 여부(해당란에 체크)

      □ 고용보험   □ 산재보험   □ 국민연금   □ 건강보험

9. 근로계약서 교부

   - 사업주는 근로계약을 체결함과 동시에 본 계약서를 사본하여 근로자의 교부요구와 관계없이 근로자에게 교부함 (근로기준법 제17조 이행)

10. 근로계약, 취업규칙 등의 성실한 이행의무

   - 사업주와 근로자는 각자가 근로계약, 취업규칙, 단체협약을 지키고 성실하게 이행하여

　야 함

11. 기　타

　　- 이 계약에 정함이 없는 사항은 근로기준법령에 의함

년　　　월　　　일

(사업주)　사업체명 :　　　　　　　　(전화 :　　　　　　)

　　　　　주　　소 :

　　　　　대 표 자 :　　　　　　(서명)

(근로자)　주　　소 :

　　　　　연 락 처 :

　　　　　성　　명 :　　　　　　(서명)

표준근로계약서
(기간의 정함이 있는 경우)

_____(이하 "사업주"라 함)과(와) _____(이하 "근로자"라 함)은 다음과 같이 근로계약을 체결한다.

1. 근로계약기간 :　　　　년　월　일부터　　　년　월　일까지

2. 근 무 장 소 :

3. 업무의 내용 :

4. 소정근로시간 :　시　분부터　　시　분까지 (휴게시간 :　시　분 ~　시　　분)

5. 근무일/휴일 : 매주　　일(또는 매일단위)근무, 주휴일 매주　　요일

6. 임　금

　- 월(일, 시간)급 :　　　　　　　　　원

　- 상여금 : 있음 (　　　)　　　　　　원, 없음 (　　　)

　- 기타급여(제수당 등) : 있음 (　　　), 없음 (　　　)

　　·　　　원,　　　　원

　　·　　　　원,　　　　원

　- 임금지급일 : 매월(매주 또는 매일)　　　일(휴일의 경우는 전일 지급)

　- 지급방법 : 근로자에게 직접지급(　　), 근로자 명의 예금통장에 입금(　　)

7. 연차유급휴가

　　- 연차유급휴가는 근로기준법에서 정하는 바에 따라 부여함

8. 사회보험 적용여부(해당란에 체크)

　　　□ 고용보험　□ 산재보험　□ 국민연금　□ 건강보험

9. 근로계약서 교부

　　- 사업주는 근로계약을 체결함과 동시에 본 계약서를 사본하여 근로자의 교부요구와 관계없이 근로자에게 교부함(근로기준법 제17조 이행)

10. 근로계약, 취업규칙 등의 성실한 이행의무

　　- 사업주와 근로자는 각자가 근로계약, 취업규칙, 단체협약을 지키고 성실하게 이행하여야 함

11. 기　타

　　- 이 계약에 정함이 없는 사항은 근로기준법령에 의함

년   월   일

(사업주) 사업체명 :   (전화 :   )

　　　　주　　소 :

　　　　대 표 자 :   (서명)

(근로자) 주　　소 :

　　　　연 락 처 :

　　　　성　　명 :   (서명)

건설일용근로자 표준근로계약서

_____(이하 "사업주"라 함)과(와)_____(이하 "근로자"라 함)은 다음과 같이 근로계약을 체결한다.

1. 근로계약기간 :   년   월   일부터   년   월   일까지
   ※ 근로계약기간을 정하지 않는 경우에는 "근로개시일"만 기재
2. 근 무 장 소 :
3. 업무의 내용(직종) :
4. 소정근로시간 :   시   분부터   시   분까지 (휴게시간 :   시   분 ~   시   분)
5. 근무일/휴일 : 매주   일(또는 매일 단위) 근무,
                주휴일 매주   요일(해당자에 한함)
   ※ 주휴일은 1주간 소정근로일을 모두 근로한 경우에 주당 1일을 유급으로 부여
6. 임   금
   - 월(일, 시간)급 :   원 (해당사항에 ○표)
   - 상여금 : 있음 (   )   원, 없음 (   )
   - 기타 제수당(시간외·야간·휴일근로수당 등):   원(내역별 기재)
     ·시간외 근로수당: 원(월   시간분)
     ·야 간 근로수당: 원(월   시간분)
     ·휴 일 근로수당: 원(월   시간분)
   - 임금지급일 : 매월(매주 또는 매일)   일(휴일의 경우는 전일 지급)
   - 지급방법 : 근로자에게 직접지급(   ),
                근로자명의 예금통장에 입금(   )

7. 연차유급휴가
   - 연차유급휴가는 근로기준법에서 정하는 바에 따라 부여함
8. 사회보험 적용 여부(해당란에 체크)
        □ 고용보험   □ 산재보험   □ 국민연금   □ 건강보험
9. 근로계약서 교부

- "사업주"는 근로계약을 체결함과 동시에 본 계약서를 사본하여 "근로자"의 교부요구와 관계없이 "근로자"에게 교부함(근로기준법 제17조 이행)

10. 근로계약, 취업규칙 등의 성실한 이행의무

- 사업주와 근로자는 각자가 근로계약, 취업규칙, 단체협약을 지키고 성실하게 이행하여야 함

11. 기 타

- 이 계약에 정함이 없는 사항은 근로기준법령에 의함

년   월   일

(사업주) 사업체명 :   (전화 :   )

        주   소 :

        대 표 자 :   (서명)

(근로자) 주   소 :

        연 락 처 :

        성   명 :   (서명)

단시간근로자 표준근로계약서

_____(이하 "사업주"라 함)과(와) _____(이하 "근로자"라 함)은 다음과 같이 근로계약을 체결한다.

1. 근로개시일 :   년   월   일부터

   ※ 근로계약기간을 정하는 경우에는

   "   년   월   일부터   년   월   일까지" 등으로 기재

2. 근 무 장 소 :

3. 업무의 내용 :

4. 근로일 및 근로일별 근로시간

구분	( )요일	( )요일	( )요일	( )요일	( )요일	( )요일
근로시간	시간	시간	시간	시간	시간	시간
시 업	시 분	시 분	시 분	시 분	시 분	시 분
종 업	시 분	시 분	시 분	시 분	시 분	시 분
휴게시간	시 분 ~ 시 분	시 분 ~ 시 분	시 분 ~ 시 분	시 분 ~ 시 분	시 분 ~ 시 분	시 분 ~ 시 분

  ○ 주휴일 : 매주   요일

5. 임 금

   - 시간(일, 월)급 :   원(해당사항에 ○표)

   - 상여금 : 있음 (   )   원, 없음 (   )

   - 기타급여(제수당 등) : 있음 :   원(내역별 기재), 없음 (   ),

   - 초과근로에 대한 가산임금 :   %

     ※ 단시간근로자와 사용자 사이에 근로하기로 정한 시간을 초과하여 근로하면 법정근로시간 내라도 통상임금의 100분의 50% 이상의 가산임금 지급('14.9.19. 시행)

   - 임금지급일 : 매월(매주 또는 매일)   일(휴일의 경우는 전일 지급)

   - 지급방법 : 근로자에게 직접지급(   )

               근로자 명의 예금통장에 입금(   )

6. 연차유급휴가 : 통상근로자의 근로시간에 비례하여 연차유급휴가 부여

7. 사회보험 적용여부(해당란에 체크)

　□ 고용보험　□ 산재보험　□ 국민연금　□ 건강보험

8. 근로계약서 교부

　- "사업주"는 근로계약을 체결함과 동시에 본 계약서를 사본하여 "근로자"의 교부요구와 관계없이 "근로자"에게 교부함(근로기준법 제17조 이행)

9. 근로계약, 취업규칙 등의 성실한 이행의무

　- 사업주와 근로자는 각자가 근로계약, 취업규칙, 단체협약을 지키고 성실하게 이행하여야 함

10. 기　타

　- 이 계약에 정함이 없는 사항은 근로기준법령에 의함

년　　　월　　　일

(사업주) 사업체명 :　　　　　　　　(전화 :　　　　　　　　)

　　　　주　　소 :

　　　　대 표 자 :　　　　　　　(서명)

(근로자) 주　　소 :

　　　　연 락 처 :

　　　　성　　명 :　　　　　　　(서명)

연소근로자 표준근로계약서
(18세 미만자)

_____(이하 "사업주"라 함)과(와)_____(이하 "근로자"라 함)은 다음과 같이 근로계약을 체결한다.

1. 근로개시일 :   년   월   일부터

   ※ 근로계약기간을 정하는 경우에는

   "   년 월 일부터   년 월 일까지" 등으로 기재

2. 근 무 장 소 :

3. 업무의 내용 :

4. 소정근로시간 :   시   분부터   시   분까지

   (휴게시간 : 시 분 ~ 시   분)

5. 근무일/휴일 : 매주   일(또는 매일단위)근무, 주휴일 매주   요일

6. 임 금

   - 월(일, 시간)급 :   원

   - 상여금 : 있음 (   )   원, 없음 (   )

   - 기타급여(제수당 등) : 있음 (   ),   없음 (   )

     ·   원,   ·   원

     ·   원,   ·   원

   - 임금지급일 : 매월(매주 또는 매일)   일(휴일의 경우는 전일 지급)

   - 지급방법 : 근로자에게 직접지급(   )

     근로자 명의 예금통장에 입금(   )

7. 연차유급휴가

   - 연차유급휴가는 근로기준법에서 정하는 바에 따라 부여함

8. 가족관계증명서 및 동의서

   - 가족관계기록사항에 관한 증명서 제출 여부:

   - 친권자 또는 후견인의 동의서 구비 여부 :

9. 사회보험 적용여부(해당란에 체크)

   □ 고용보험   □ 산재보험   □ 국민연금   □ 건강보험

10. 근로계약서 교부

 - 사업주는 근로계약을 체결함과 동시에 본 계약서를 사본하여 근로자의 교부요구와 관
  계없이 근로자에게 교부함(근로기준법 제17조, 제67조 이행)

11. 근로계약, 취업규칙 등의 성실한 이행의무

 - 사업주와 근로자는 각자가 근로계약, 취업규칙, 단체협약을 지키고 성실하게 이행하여
  야 함

12. 기타

 - 13세 이상 15세 미만인 자에 대해서는 고용노동부장관으로부터 취직인허증을 교부받아
  야 하며, 이 계약에 정함이 없는 사항은 근로기준법령에 의함

                              년   월   일

(사업주) 사업체명 :   (전화 :   )

        주   소 :

        대 표 자 :   (서명)

(근로자) 주   소 :

        연 락 처 :

        성   명 :   (서명)

친권자(후견인) 동의서

○ 친권자(후견인) 인적사항

     성　　명 :

     생년월일 :

     주　　소 :

     연 락 처 :

     연소근로자와의 관계 :

○ 연소근로자 인적사항

     성　　명 :　　　　　　　　　　　(만　　세)

     생년월일 :

     주　　소 :

     연 락 처 :

○ 사업장 개요

     회 사 명 :

     회사주소 :

     대 표 자 :

     회사전화 :

본인은 위 연소근로자　　　　　　가 위 사업장에서 근로를 하는 것에 대하여 동의합니다.

년　　월　　일

친권자(후견인)　　　　　　　(인)

첨　부 : 가족관계증명서 1부

(영문) 표준근로계약서
Standard Labor Contract

아래 당사자는 다음과 같이 근로계약을 체결하고 이를 성실히 이행할 것을 약정한다.

The following parties to the contract agree to fully comply with the terms of the contract stated hereinafter.

사용자 Employer	업체명 Name of the enterprise	전화번호 Phone number
	소재지 Location of the enterprise	
	성명 Name of the employer	사업자등록번호(주민등록번호) Identification number
근로자 Employee	성명 Name of the employee	생년월일 Birthdate
	본국주소 Address(Home Country)	

1. 근로계약기간	- 신규 또는 재입국자: (　　　) 개월 - 사업장변경자:　　년　월　일 ~　　년　월　일 * 수습기간 : [ ]활용(입국일부터 [ ]1개월 [ ]2개월 [ ]3개월 [ ]개월) [ ]미활용 ※ 신규 또는 재입국자의 근로계약기간은 입국일부터 기산함(다만, 「외국인근로자의 고용 등에 관한 법률」 제18조의4제1항에 따라 재입국(성실재입국)한 경우는 입국하여 근로를 시작한 날부터 기산함).
1. Term of Labor contract	- Newcomer or Re-entering employee: (　　) month(s) - Employee who changed workplace: from (　　YY/MM/DD) to (　YY/MM/DD) * Probation period: [ ] Included (for [ ] 1 month　[ ] 2 months　[ ] 3 months from entry date － or specify other:　　　.), [ ] Not included ※ The employment term for newcomers and re-entering employees will begin on their date of arrival in Korea, while the employment of those who re-entered through the committed workers' system will commence on their first day of work as stipulated in Article 18-4 (1) of Act on Foreign Workers` Employment, etc.
2. 근로장소	※ 근로자를 이 계약서에서 정한 장소 외에서 근로하게 해서는 안 됨.
2. Place of employment	※ The undersigned employee is not allowed to work apart from the contract enterprise.

3. 업무내용	- 업종: - 사업내용: - 직무내용: ※ 외국인근로자가 사업장에서 수행할 구체적인 업무를 반드시 기재	
3. Description of work	- Industry: - Business description: - Job description: ※ Detailed duties and responsibilities of the employee must be stated	

4. 근로시간	시 분 ~ 시 분 - 1일 평균 시간외 근로시간: 시간 (사업장 사정에 따라 변동 가능: 시간 이내) - 교대제 ([ ]2조2교대, [ ]3조3교대, [ ]4조3교대, [ ]기타)	※ 가사사용인, 개인간병인의 경우에는 기재를 생략할 수 있음. ※ Employers of workers in domestic help, nursing can omit the working hours.
4. Working hours	from ( ) to ( ) - average daily over time: hours (changeable depending on the condition of a company): up to hour(s)) - shift system ([ ]2groups 2shifts, [ ]3groups [ ]3shifts, [ ]4groups 3shifts, [ ]etc.)	
5. 휴게시간	1일 분	
5. Recess hours	( ) minutes per day	

6. 휴일	[ ]일요일 [ ]공휴일([ ]유급 [ ]무급) [ ]매주 토요일 [ ]격주 토요일, [ ]기타( )
6. Holidays	[ ]Sunday [ ]Legal holiday([ ]Paid [ ]Unpaid) [ ]Every saturday [ ]Every other Saturday [ ]etc.( )

7. 임금	1) 월 통상임금 ( )원 - 기본급(월, 시간, 일, 주)급] ( )원 - 고정적 수당: (수당 : 원), (수당: 원) - 상여금 (원) * 수습기간 중 임금 ( )원, 수습시작일부터 3개월 이내 근무기간 ( )원 2) 연장, 야간, 휴일근로에 대해서는 통상임금의 50%를 가산하여 수당 지급(상시 근로자 4인 이하 사업장에는 해당되지 않음)
7. Payment	1) Monthly Normal wages ( )won - Basic pay[(Monthly, hourly, daily, weekly) wage] ( )won - Fixed benefits: (benefits :)won, (benefits :)won - Bonus: ( )won * Wage during probation ( ) won, but for up to the first 3 months of probation period: ( ) won 2) Overtime, night shift or holiday will be paid 50% more than the employee's regular rate of pay(This is not applicable to business with 4 or less employees).

8. 임금지급일	매월 ( )일 또는 매주 ( )요일. 다만, 임금 지급일이 공휴일인 경우에는 전날에 지급함.
8. Payment date	Every ( )th day of the month or every (day) of the week. If the payment date falls on a holiday, the payment will be made on the day before the holiday.

10. 숙식제공	1) 숙박시설 제공
	 - 숙박시설 제공 여부: [ ]제공 [ ]미제공
	   제공 시, 숙박시설의 유형([ ]주택, [ ]고시원, [ ]오피스텔, [ ]숙박시설(여관, 호스텔, 펜션 등),
	   [ ]컨테이너, [ ]조립식 패널, [ ]사업장 건물, 기타 주택형태 시설( )
	 - 숙박시설 제공 시 근로자 부담금액: 매월 원
	2) 식사 제공
	 - 식사 제공 여부: 제공([ ]조식, [ ]중식, [ ]석식) [ ]미제공
	 - 식사 제공 시 근로자 부담금액: 매월 원
	※ 근로자의 비용 부담 수준은 사용자와 근로자 간 협의(신규 또는 재입국자의 경우 입국 이후)에 따라 별도로 결정.

10. Accommo - dations and Meals	1) Provision of accommodations - Provision of accommodations: [ ]Provided, [ ]Not provided (If provided, accommodation types: [ ]Detached houses, [ ]Goshiwans, [ ]Studio −flats, [ ]Lodging facilities(such as motels, hostels and pension hotels, etc.), [ ]Container boxes, [ ]SIP panel constructions, [ ]Rooms within the business building − or specify other housing or boarding facilities .) - Cost of accommodation paid by employee: won/month 2) Provision of meals - Provision of meals: [ ]Provided([ ]breakfast, [ ]lunch, [ ]dinner), [ ] Not provided - Cost of meals paid by employee: won/month ※ The amount of costs paid by employee, will be determined by mutual consultation between the employer and employee (Newcomers and re-entering employees will consult with their employers after arrival in Korea).
9. 지급방법	[ ]직접 지급, [ ]통장 입금 ※ 사용자는 근로자 명의로 된 예금통장 및 도장을 관리해서는 안 됨.
9. Payment methods	[ ]In person, [ ]By direct deposit transfer into the employee's account ※ The employer must not keep the bankbook and the seal of the employee.
11. 사용자와 근로자는 각자가 근로계약, 취업규칙, 단체협약을 지키고 성실하게 이행해야 한다.	
11. Both employees and employers shall comply with collective agreements, rules of employment, and terms of labor contracts and be obliged to fulfill them in good faith.	

12. 이 계약에서 정하지 않은 사항은 「근로기준법」에서 정하는 바에 따른다.

※ 가사서비스업 및 개인간병인에 종사하는 외국인근로자의 경우 근로시간, 휴일·휴가, 그 밖에 모든 근로조건에 대해 사용자와 자유롭게 계약을 체결하는 것이 가능합니다.

12. Other matters not regulated in this contract will follow provisions of the Labor Standards Act.

※ The terms and conditions of the labor contract for employees in domestic help and nursing can be freely decided through the agreement between an employer and an employee.

년   월   일

_____ (YY/MM/DD)

사용자: (서명 또는 인)
Employer: (signature)

근로자: (서명 또는 인)
Employee: (signature)

찾아보기

규정 관련 서식

정관 등

규정 관련 서식

■ ■ ■ ■
참고문헌

(무순)
홍복기. 회사법강의, 주식회사법
백태승. 민법총칙, 민법해설집
이시윤. 신민사소송법, 신민사집행법
이상윤. 노동법, 노동법정해, 근로기준법
김성수. 노사관계론
윤욱현. 새노동법해설
고진수. 임금피크제매뉴얼, 주40시간제도와 교대제근로
강영식. 채용에서 퇴직까지 인사노무관리
강석원. 회사설립과 경영, 회사법(주식회사), 총무인사업무매뉴얼
강석원. 취업규칙 작성과 운용
강석원, 임원보수와 퇴직금 규정 작성매뉴얼
안상근. 회사경리와 세무실무
안희탁. 연봉제 설계와 평가실무
강석원 최태규 이철호. 개인기업의 법인전환 실무
한국경영자총협회. 한국형 연봉제 도입과 운영
한국상장회사협의회. 상장회사표준정관, 이사회규정·위원회규정
코스닥상장법인협의회. 코스닥표준정관, 이사회규정
스톡옵션표준모델제정위원회, 스톡옵션표준모델
공정거래위원회. 표준약관, 표준하도급계약
금융감독원. 내부회계관리규정, 외환리스크관리규정
특허청. 직무발명보상규정
고용노동부. 취업규칙, 행정해석
일본산노종합연구소. 일본회사규정사례
일본경영자단체연합회. 직무분석사례
기타. 벤처기업·창업기업 등의 사규

업무서식 CD신청서

전화 (02) 562-4355 팩스 (02) 552-2210 메일 kofe@kofe.kr

기업 활동에 꼭 필요한 업무서식으로 구성하여 1,500서식을 수록한 CD입니다.

(회사규정집과 다른 별도의 업무서식입니다)

업무서식 (1,500서식)			
인사서식	노무서식	경영서식	기획서식
문서서식	경리서식	사무서식	영업서식
제품서식	생산서식	구매서식	자재서식

사용 S/W : 혼글 2007 이상, MS-Word 2007 이상   (할인가 9만원)

회 사 명		사업자번호	
대 표 자		업태/종목	/
주 소			
신 청 자		부서/직위	/
전 화		팩 스	
신한은행	110-149-162566 (예금주: 한국재정경제연구소)	입금일자	201 년 월 일

(사용권 부여에 따른 무단행위금지와 면책공고 서약)

이 업무서식(CD)은 법으로 보호받는 저작물로 무단 전재와 복제, 구매기업 외 사용 등 무단행위를 금지합니다. 발행처와 저작권자는 회사업무서식 내용의 적용 및 결과에 대하여 어떠한 법적 책임도 없음을 확인하며, 사용권은 구매기업에 한정하여 사용할 것을 서약하며 상기와 같이 신청합니다.

202 년   월   일

(대표자)   (명판과 직인)

(신청자)   (서명 또는 날인)

한국재정경제연구소(코페하우스) 귀중

*이 신청서와 사업자등록증을 팩스 또는 홈페이지로 신청 바랍니다.

회사규정집(19판) CD신청서

전화 (02) 562-4355 팩스 (02) 552-2210   메일 kofe@kofe.kr

회사규정집(19판) 구매기업에 한정하여 KOFE(코페하우스) 승인 후 판매합니다.

회사규정집(제19판) 수록 회사규정사례 150종

사용 S/W : 흔글 2007 이상, MS-Word 2007 이상   (할인가 132,000원)

회 사 명		사업자번호	
대 표 자		업태/종목	
주 소			
신 청 자		부서/직위	/
전 화		메일	
팩 스		책구매처	
신한은행	110-149-162566 (예금주: 한국재정경제연구소)	입금일자	201 년 월 일

(사용권 부여에 따른 무단행위금지와 면책공고 서약)

이 회사규정집(CD)의 내용은 법으로 보호받는 저작물로 무단 전재와 복제, 구매기업 외 사용 등 무단 행위를 금지합니다. 발행처와 저작권자는 회사규정집의 적용 및 결과에 대하여 어떠한 법적 책임도 없음을 확인하며, 사용권은 구매기업에 한정하여 사용할 것을 서약하며 상기와 같이 신청합니다.

202   년   월   일

(대표자)   (명판과 직인)

(신청자)   (서명 및 날인)

한국재정경제연구소(코페하우스) 귀중

* 이 신청서와 사업자등록증을 팩스로 또는 메일로 신청 바랍니다.

강 석 원

코페하우스 회사규정센터 소장

1986년부터 KOFE 회사규정센터를 설립하여 현재까지 우리나라 회사규정의 연구와 교육 및 컨설팅을 수행하고 있다. 특히 중소기업에 적합한 회사규정을 성장단계별로 설계하고 제정하는 데 힘쓰고 있다. 저서로는 KOFE 회사규정집, 임원보수와 퇴직금규정 작성매뉴얼, 총무인사업무매뉴얼, 회사설립과 경영, 연봉제도입과 운용, 취업규칙작성과 운용, 사업계획서 작성매뉴얼, 근로기준법 해설, 회사법 해설, 개인기업의 법인전환 등 다수가 있으며, 논문으로 「취업규칙의 변경에 대한 문제점에 관한 연구(연세대학교)」 등이 있다. 연세대학교 동 대학원에서 경영 법무를 전공·졸업하고, 한국재정경제연구소 국장·실장·소장을 역임하였다.

KOFE 회사규정집

발　　행	제 1 판 발행 1988년 6월 10일	
	제18판 발행 2017년 2월 20일	
	제19판 발행 2020년 7월 10일	
편 저 자	강 석 원	
발 행 처	한국재정경제연구소(코페하우스)	
출판등록	제2-584호(1988.6.1.)	
주　　소	서울특별시 강남구 테헤란로 406	
전　　화	(02) 562-4355	
팩　　스	(02) 552-2210	
메　　일	kofe@kofe.kr	
홈페이지	kofe.kr	

ISBN 978-89-93835-59-5 (13320)

값 90,000원

이 도서의 국립중앙도서관 출판예정도서목록(CIP)은 서지정보유통지원시스템 홈페이지(http://seoji.nl.go.kr)와 국가자료종합목록 구축시스템(http://kolis-net.nl.go.kr)에서 이용하실 수 있습니다.
(CIP제어번호 : CIP2020026726)